中華大藏經編輯局編

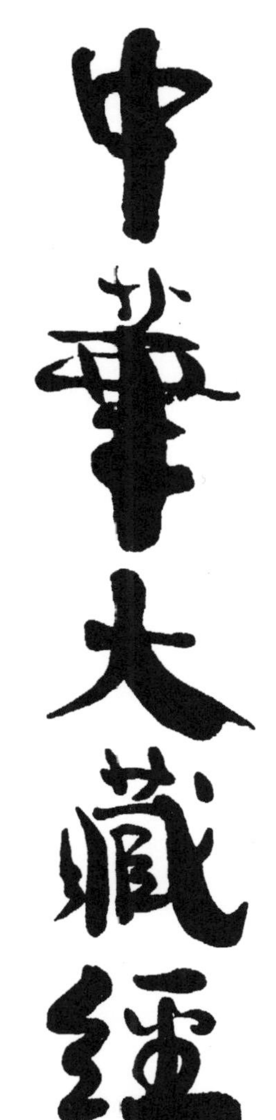

中華大藏經

漢文部分

八九

中華書局

圖書在版編目(CIP)數據

中華大藏經:漢文部分.第89册/《中華大藏經》編輯局編.
—北京:中華書局,1994.7(2021.5重印)
ISBN 978-7-101-01312-2

Ⅰ.中…　Ⅱ.中…　Ⅲ.大藏經　Ⅳ.B941

中國版本圖書館CIP數據核字(2020)第212086號

內封題簽:李一氓
裝幀設計:伍端端

中華大藏經(漢文部分)
第八九册
《中華大藏經》編輯局 編
*
中華書局出版發行
(北京市豐臺區太平橋西里38號　100073)
http://www.zhbc.com.cn
E-mail:zhbc@zhbc.com.cn
三河市航遠印刷有限公司印刷
*
787×1092毫米 1/16・56印張・2插頁
1994年7月第1版　2021年5月北京第4次印刷
定價:600.00元

ISBN 978-7-101-01312-2

中華大藏經（漢文部分）

第八十九册目録

千字文編次　鉅

一七六八　大方廣佛華嚴經疏鈔會本

第三十五—第八十

唐于闐國三藏沙門實叉難陀譯

唐清涼山大華嚴寺沙門澄觀撰述

（清藏本）

目録

大方廣佛華嚴經疏鈔會本第三十五之一　遵五

唐于闐國三藏沙門實叉難陀　譯

唐清涼山大華嚴寺沙門澄觀　撰述

第二離垢地所以來者論云如是已證正位依出世間道因清淨戒說第二菩薩離垢地言正位者即初地見道是出世間依此修於三學戒最在初故先來也前地雖證眞有戒未能無誤又以十度明義前施此戒故次明之下之八地依十度次以辨來意準此可知言正位下疏釋謂依上見道而有修道修道修行三學上正釋論前地下解妨妨云初地豈無戒耶答意可知

言離垢者慈氏云由極遠離犯戒垢故謂性戒成就非如初地思擇護戒唯識亦云具淨尸羅遠離微細毀犯煩惱垢故十住毗婆沙雖云行十善道離諸垢故亦不異戒瑜伽亦名增上戒住故此地中斷邪行障證最勝眞如皆約戒明謂性戒下是疏暗引世親攝論第七以釋瑜伽即揀劣顯勝釋成上極遠離之言不在作意而無悞故若具引瑜伽內十八云如是略說菩薩增上戒住謂意與淨故性戒具足故離一種犯戒垢故一切業道一切因果了知通達故乃至云若眞說者如十地經離垢地說離垢地由遠離一一切犯戒垢故彼離垢地增上戒住釋曰彼既指此故宜引彼唯識中言具淨尸羅乃二意一云具足別解脫及定共道共故離第三地始發定增能離過時此地已滿故有定共二云或唯別解脫亦能全離加行根本後起罪故十住婆沙即第一論入初地品釋地名中言

邪行障者謂所知障中俱生一分及彼所起誤犯三業能障二地由斯二地說斷二愚及彼麤重一微細誤犯愚即上俱生一分此能起業二種種業趣愚即彼所起誤犯三業言邪行下第三斷障即唯識文先斷邪行障中論不釋名攝論云謂於諸有身等邪行意云身等三業有十惡行名邪行障謂所知下出體所知揀異煩惱俱生揀於分別分別初地已斷盡故一分唯屬此地斷者從能障二地下具足論云能障二地極淨尸羅入二地時便能永斷釋曰以易不顯由此二下後斷愚也開上一障而爲二愚悉即現行麤重是種子二種種業趣愚者餘責爲名不取惡果豈名種種業中不一即爲種種種種非一即是餘責論更釋云或唯起業不了業愚謂前一是起業之愚後一即是不了業愚非所發業此二非必能起於業則其二愚一向是愚若依釋後之一愚亦愚品類問所知障不能發潤如何此中能發三業答唯識第一云續生煩惱發犯戒業通所知障此約悞犯故不相違言最勝者謂此眞如具無邊德於一切法最爲勝故此亦由翻破戒之失爲無邊德言最勝下第四證如戒爲最勝由具戒故證最勝如謂此如理最爲勝故如說離欲名爲最勝此亦由下是疏釋意顯戒勝故智度論第十五云大惡病中戒爲良藥大怖畏中戒爲守護死愚闇中戒爲明燈於惡道中戒爲橋梁死海水中戒爲大船故云最勝餘如戒經是以成於戒行得於最勝是以成下第五成行諸論皆同無等菩提之果並寄於戒顯地相別雖經論文異大旨不殊集等菩提下六得果戒於世間得人天身故於出世得菩提果並寄下結示

諸菩薩聞此最勝微妙地其心盡清淨一切皆歡喜皆從於座起踊住虛空中普散上妙華同時共稱讚

次正釋文文分三分初讚請分二正說分三重頌分今初五頌分二初三慶聞初地後二請說二地今初前二經家敘其三業慶喜

善哉金剛藏大智無畏者善說於此地菩薩所行法

後一發言申讚然此慶聞亦屬前地以領前請後故皆判屬後

解脫月菩薩知衆心清淨樂聞第二地所有諸行相即請金剛藏大慧願演說佛子皆樂聞所住第二地

後二中亦初序後請

爾時金剛藏菩薩告解脫月菩薩言佛子菩薩摩訶薩已修初地欲入第二地當起十種深心

第二正說分中先明地相後彰地果前中分二一發起淨即是入地心二佛子菩薩住離垢下自體淨即住地心三聚無誤地中正行名自體淨直心趣彼名發起淨三聚無誤下既釋論科　今初發起中三初結前標後次何等下徵列十名後菩薩以此下結行入位今初標云深心者深契理事故論經云直心而下列中總句同名直心明知深直義一名異（而下列者謂今經標云深心下列中總句則名直心論經標云深直心總句亦云直心則知義一而疏釋深心云深契事理者若以深心同論直心直心即是正念真如故深契理若順起信深心樂修一切善行即是契事顯義包含雙存理事）　論云十種直心者依清淨戒直心性戒成就隨所應作自然行故謂發起淨中戒成就順理事持是淨戒直心則令自體淨中性戒成就然性戒有二一久積成性二真如性中無破戒垢今稱如持使得性成故云成就（論云十種者論釋總句言性戒成就者總該三聚別對律儀隨所應作下通於二聚自然而行攝顯直義謂發起下疏釋上論於中有三初正釋二然性戒下釋成上義第二真如性戒成前發起淨中順理持戒第一久積成性成前則令自體淨中性戒成就三今稱如下變結上二義）

何等爲十所謂正直心柔軟心調伏心寂靜心純善心不雜心無顧戀心廣心大心

二徵列中列有十句初總餘別總云直心者瑜伽云於一切師長尊重福田不行虛誑意樂此約隨相別釋令論主爲順一乘緣起義故分爲總別別皆成總則令總中具於別義故不別釋總句別中初四律儀次三攝善後二饒益

一者柔輭直心共喜樂意持戒故瑜伽云於同法菩薩忍辱柔和易可共住（柔軟直心者引瑜伽意於他柔軟直就論意是自柔軟即善樂則持戒之人心無惱悔故生善樂）　二堪能者有自在力性善持戒煩惱魔事不能動轉難持能持故所以鵝珠草繫盡命無違（二堪能者依此性善持戒是因離果離故難持能持所以鵝珠下離業因既淨業也煩惱已下成上能持難持鵝珠即阿闍佛經大莊嚴論第十廣有其緣今當略示謂有一比丘至金師家其師正爲王家穿珠由比丘著赤色衣映珠似肉有鵝吞之金師失珠傍更無人決謂比丘盜其實珠鵝問言無遂加拷楚比丘了知珠爲鵝吞爲惜鵝命甘苦而已使言珠在金師問言何不早陳比丘見毒比丘答言我爲持戒惜鵝命故受斯楚苦鵝若不死說斷我命我亦不言金師白王王具陳上事王加敬言善哉比丘能於第三有諸比丘行於曠野爲賊劫剝著衣蓋盡草賊共議恐報王知欲殺之中有一賊語同伴言不須殺之比丘之法不傷草木可以草繫必不馳走賊從之既繫衣服風吹日暴蚊虻蠅蚤所咬食夜聞惡獸惡鳥之聲長老比丘勸諸少年而作是言人命無常要必當死今莫毀戒偈勸之中有偈云伊羅鉢龍王以其毀禁戒傷盜於樹葉命終墮龍中諸佛悉不記彼得出龍時能堅持禁戒斯事爲甚難時諸比丘聞偈已自相勸誡引昔作惡爲他殺害衆身無數今護聖戒分捨微軀至於明旦國王出獵初見禽獸復謂尼乾及至詢問具說護戒王心歡喜解縛稱讚海板比丘同此卷說此上二句即行修即是行體後二句即行修）　三守護根門不誤犯戒如良慧馬性自調伏以於諸行深見過故（三守護根門即修方便）　四寂靜者論云調伏柔輭不生高心故則似不恃前三所持是事寂靜瑜伽云於大涅槃深見勝利者斯即稱理寂靜（四寂靜者行守護根門前也廣引行成離過不犯持所持戒順於涅槃等者戒如空順涅槃矣）　五純善者謂純修妙善菩提分法能忍諸惱如真金故（五純善下次三攝善中初一自分攝善提分善二者上攝佛善言如真金者雖被鍛鍊精純無）

滅故後句離過又初通離善提分善次句別語戒善後句亦通離過六不雜者論云所得功德不生厭足依清淨戒更求勝戒樂寂靜故謂雖得前勿妙善而不厭則不雜懈怠樂於寂靜則不雜事亂身心俱寂即是勝戒

七諸有勢力棄而不顧不似難陀爲欲持戒七若諸有勢力棄而不顧正是論意不似難陀下略舉戒過於善側知諸有勢力亦因施等之所致故八大悲爲物不斷有願爲廣九大智隨有而無染故能作有情一切義利八九二句明饒益中前句彰悲正明饒益後句智導方爲愛見

菩薩以此十心得入第二離垢地

第三結行入位由上十心成於上品極圓滿故入斯戒住

第二自體淨中明三聚淨戒即分爲三初律儀論云離淨謂淨離殺等故此約隨戒亦名正受淨此約初受二攝善法戒三攝衆生戒此三聚戒攝前三位初攝治地住次攝饒益行思彼衆生墮惡等故後攝不壞迴向謂有智願等於法寶等皆不壞故律儀通於止作攝善唯約善行前二通於自利後一唯約益物律者法也儀謂儀範離諸過惡不違法制故論名離淨論有二名初云一者離戒即後釋初地竟云亦名正受淨受即受戒法門離即隨戒行相不殺等十順益名善要皆在已名之爲攝離諸過惡名攝善戒兼意有情名饒益衆生益而離過名饒益戒此義施於止作下第三料揀於中有二先汎揀二聚前二自利後一利他前中律儀即是惡止攝善即是善行又初律儀中雖有善行而施忍等不行非過故攝善中無所不行若爾今經前二同離殺等二俱寧分古釋有二義一同體義分約離過義邊說爲律儀順理能益判爲攝善二者隱顯相成律儀中有止作因離果離是其止行對治離者是其作行舉作助止說爲律儀攝善戒中亦有止作以止助作說爲攝善後又初律儀下雖揀初二初一滿故於中有二初正揀此已足難謂有問言律儀之中既有止作止即惡止作即善行作問攝善何言律儀但明惡止故有此答皆白論意謂論初外道問云佛說何法荅云惡止善行法釋曰殺等諸惡上息不作名爲惡止三業正行信受修習名爲善行外道便爲立後重過云外曰已說惡止不應復說善行內曰布施等是善行故謂布施是善非惡止故復次大菩薩惡已先止行四無量悲慈衆生復止何惡外曰布施是止慳法是故布施應是惡止內曰不然若布施便是惡止者諸不布施悉應有罪釋曰此是反難明施非惡止今翻順用明不施忍而無有罪又律儀中作謂持表說淨等不作有罪非施忍等故不同也若爾下展轉通難釋成前義先難亦是百論中意外曰已說善行不應復說惡止明曰止相息行相作二相違故是故說善行不攝惡止外曰是事實爾我不言惡止善行是一相但應止則是善行故言善行不應復說惡止釋曰此正同今經殺即是惡離殺名善故律儀中亦離殺等攝善戒中亦不殺等故二難分古釋有二下答先數昔解其第二解亦是百論中意前所引布施是止慳法答中後決云復次諸漏盡人慳貪已盡布施之時復止何惡或有人雖行布施慳心不止縱復能止然以善行爲本是故布施是善行釋曰此論意明布施雖有止惡以善行爲宗律儀雖有作持以止惡爲宗斯就正助分成二聚今更一釋此中唯約自修正行下攝善中亦令他修則攝二利之善及悲智之善又此唯巳分之善下攝善中上修佛善豈得同耶今更已下申今所釋非彈古義但助成別相耳大同後義在文易了

佛子菩薩住離垢地

今初律儀分三初標所依謂離垢地戒增上故二性自巳下正顯戒相三佛子至如是下結成增上今初律儀下第四釋文

性自遠離一切殺生不畜刀杖不懷怨恨有慚有愧仁恕具足於一切衆生有命之者常生利益慈念之心是菩薩尚不惡心惱諸衆生何況於他起衆生想故以重意而行殺害

二中有十善業道即爲十段今初離殺分二初總明後不畜下別顯今初性自遠離文屬殺生義該下九謂自性成就十善業道即自性戒然離有三種一要期離謂諸凡夫二方便離所謂二乘三自體離謂諸菩薩冥窮實性自體無染然諸菩薩同修自體而復有四一離現行所謂地前二除種子即是初地三除誤犯四顯性淨此二當於此地然性淨難彰寄除殺等以顯彼淨此通餘教若依此經地體懸絕寄顯地勝豈可地前位皆深今居地上方行十善今居地上方行十善者然十善通佛此亦不微差別說之人天因耳故今深玄不合行此又此善中先離殺者然小乘四重輕戒最初初有三義一者此戒人之喜犯二者劫初起過此最爲先餘之三戒亦皆次第三者嫌受殺業招潤生死二乘歎凝故制在先今十善十惡菩薩十重皆殺在初殺罪過重善惡皆初等菩薩大慈居十重首又智度論十五中說殺有十惡一心常懷毒世世不絕二衆生憎惡眼不喜見三常懷惡念思惟惡事四衆生見者如見蛇虎五睡時心怖覺亦不安六常有惡夢七命終之時狂怖惡死八種短命惡業因緣九身壞命終墮泥犂中十若得爲人常短壽命釋曰今但離殺十惡損亡故大論云遠離一切殺生者示現遠離利益勝故二別顯中有三種離一因離謂離殺因緣二於一切下對治離謂離殺法三是菩薩下果行離即離殺業今初因離復有二種一離受畜因謂不畜刀杖此雖是緣從通名因略舉此二餘呪藥等皆是此因二不懷下明離起因此正是因因即三毒不懷怨恨明離瞋因殺父害母亦不加報次有慚下明離貪因貪有二種一爲貪財利故造諸惡業乃至沒命心無恥愧今有慚愧故能離之二爲貪衆生捕養籠繫令生苦惱今有愍傷之仁恕已爲喻便能離之然起殺之癡必是邪見邪見難遣非對治不離是故論主就對治中明離於癡此略不說離起因者其受畜因畜則行殺爲受畜因有末必殺此則猶跡故名爲緣其貪等或起殺則親故名爲因二貪衆生者前則貪則此則貪味今有慈傷之仁者俗與云然傷不殺曰仁釋經仁字想已爲喻此釋恕字即涅槃經第十云一切畏刀杖無不受壽命恕已可爲喻勿殺勿行杖二對治離中亦有二種一生利益心是與衆生世出世間二種樂因二生慈念心謂令衆生得人天涅槃之果既於如是因果不顛倒求則離愚癡心起於殺因殺生祭祠等此中慈益約能對治即名爲離不同前後殺因殺果而爲所離若爾前有仁恕故離起貪因仁恕之心豈非能治前約本有仁等不起貪等非是發起仁恕之心今約於物發生慈益之心以爲能治故不同也殺生祭祀者亦百論文彼論因說捨罪福義以福捨罪以無相智捨福外便救云外曰常福無捨因緣故不應捨釋曰由前菩薩說捨福因由福滅時苦是故應捨外便云我有常福則無滅因故不應捨何謂常福彼云如經說能作馬祀是人度衰老死福報常生處常是福不應捨釋曰今但要彼愚癡故舉其過揀言不同彼論廣破言其無有常福故是愚癡邪見耳此中慈益下二揀濫於中又二先正揀顯因果離是依主釋今是持業三果行離者攬因成殺名業爲果今不正殺故名果離於中亦二一微細謂心念害二麤重謂身行害今經以細況麤麤中成殺有五因緣一身謂於他故他是所殺之體故名爲身此揀自身二事謂衆生故此揀非情三想謂起衆生想揀作死木等想四行謂故以重意重意是思故名爲行此揀錯誤五體謂身行加害斷命落究竟正是殺業故名爲體則揀前四以爲方便然雜集瑜伽緣皆有五而合初二爲事復加煩惱今以

煩惱是前起因故不重明又境想輕重等非此全要故略不明四行等者思即意業是行體故言揀錯誤者兩境歷然謂之錯一境易奪謂之誤如二人並立本欲殺東人刀及西人即名爲錯本欲殺張人王人來替或看闇處或不審實作張人殺名之爲誤本所非情及欲殺畜錯誤害人亦不成業五體謂身行加害者然諸衆生攬五陰成假名衆生念念生滅前滅後續非斷非常假立命根令其色心而得相續亦剎那滅前念既滅後念當生斷令不續名爲殺生亦名斷命對前未斷名落究竟故次疏云即揀前四以爲方便餘二段可知

性不偷盜菩薩於自資財常知止足於他慈恕不欲侵損若物屬他起他物想終不於此而生盜心乃至草葉不與不取何況其餘資生之具

第二離盜亦初句總非理損財不與而取故名爲盜別中亦三一因離二於他下對治離三若物下果行離遵五因中止謂少欲足十二謂知足自之所有尚生止足故無盜因然止足有二義一內心止足即離起因若廉貞之士渴死不飲盜泉二此地具無盡財故離受畜因然殺中殺具畜則爲因婬盜妻財以不足爲因一內心止者心足即是不貪故引廉貞之士書云廉士非不愛財致之以義憲云此無非理之貪也文選云渴不飲盜泉水熱不息惡木陰惡木豈無陰志士多苦心二此地具無盡財者從初地來檀度滿故即具無盡財故此地亦具從然殺中下對前料揀二對治離中由發起慈心恕己爲喻則於自資財尚捨而安彼豈侵損他然他有二一他人二他世不盜則不損當來資生二對治離者慈即與樂故論云對治者謂布施故則於自資財尚捨者我被他盜憂慮百端則怖於他同我憂苦言他有二義者義必有二而論經但云不壞他財論云以不貪故不壞當來資財以他人易故論不釋三果行離中亦有麤細不取草葉爲細餘資生爲麤而文通爲五緣一者身謂若物屬他此揀於自是他物體故名爲身二事經闕此句論經云他所用事三想謂起他物想四行謂翻終不盜心五體謂舉離本處乃至下是以細況麤而文通下次具緣成犯餘處亦帶四緣今闕是他總一緣成初二緣身揀自身取自身物不是盜故事揀無情要是他用雖非我物他不攝受亦非盜故如無主物想者知是他物行者即謂思心言翻終不盜心者應言盜心取也若無盜心雖知他物或變用取或同意取或攝令他知皆非盜也五體謂舉離本處者此是盜業究竟則顯前四方便亦是成業時分殺要斷命不積婬與境合盜要舉離如於林上手執其物雖與境合未名爲盜要須舉離纔離於林縱更不取亦已成盜殺婬於他正報成業故以身心而分麤細盜戒雖通依正但約損財故唯就外物以論麤細又殺有多類唯人成重故就麤中方說具緣盜易成犯故總明具緣若麤若細皆成盜體殺婬於他下三對顯差別一對殺婬以辨麤細二又殺有多下唯對於殺顯具緣處別則顯盜中通於麤細以辨具緣遵五二三

性不邪婬菩薩於自妻知足不求他妻於他妻妾他所護女親族媒定及爲法所護尚不生於貪染之心何況從事況於非道

第三離邪婬乖禮曰邪深愛曰婬別中亦三一因離謂自妻知足此亦二意一內心知足離於起因二自足妻色離受畜因故晉譯論經皆云自足妻色足妻乃由寄報輪王相同世間故得示有知足約心亦不妨梵行一內心知足者起因即貪貪心無滿故行邪婬二自足妻色者不足於妻方有邪故自足故無則足字兩用一唯取知足屬心二連上自妻足故離受畜因晉譯論經下通會三經自足乃由等者成彼二經明登地已上無非梵行但由寄報示有而已無有從事則顯自妻知足之言似不恆當但揀婬妖過度故云知足不妨從事知足約心者顯今經意以有知足之言則有離起因義無貪心故但云自足唯離受畜因耳亦不如梵行者但明心中知足非於事上知足正同淨名示有妻子

（常修梵行則知足之言妙矣翻斷自足之言未有梵行之相）二對治離謂不求他妻現在梵行淨故不求未來妻色他人之妻蓋不在言（現在梵行淨故者經說求天五欲修梵行者名汙梵行故）三於他妻下明果行離亦有麤細細約起心麤約從事而文分二初舉邪境後尚不下以細況麤初中邪境有三一不正二非時三非處非處一種在後況中初不正中他守護女此爲總句護有二種一不共護謂他妻妾唯夫護故二者共護謂親族媒定親謂父母族即宗族謂二親亡歿六親所護夫亡子等所護媒定謂已受禮聘二非時者即爲法所護然法有二一王法二佛法佛法謂修梵行時此復有二一分謂八戒二全謂具足等然此非時準智論十五及諸論中廣有其相今之所列意在不起染心故於自妻不委其事二以細況麤中有二重況一以染心況於正道從事二以染心及正道以況非道非道即前非處亦應以人況於餘類以後後麤鄙於前前故以其婬境無想疑故論主於此不約具緣經文不言作他女想約邪婬說亦有想疑爲顯此中自妻正境亦定無犯故不說也（他守護女者上取於他妻妾下取親族媒定當中一句爲不正中總共護者多人護故然女有三從一在家由父二出嫁由夫三夫沒由子繼三盡無由爲宗族所護言子等者等取孫姪等媒定之言通於在室及以曾嫁上言六親者即父母夫妻兄弟之親二全謂具足等者等取半戒十戒及於五戒以終身故得名爲全以其婬境下顯無具緣所以言無想疑者謂無人非人想道非道想及與生疑但與境合皆名犯也約邪婬說者難言四重之婬境合便犯故無想疑邪婬之戒豈無想疑謂自妻他妻想他妻自妻想及二生疑豈無不犯故今通云據此即有令顯菩薩於其自妻決修梵行故不於邪婬而說具緣）

性不妄語菩薩常作實語眞語時語乃至夢中亦不忍作覆藏之語無心欲作何況故犯第四離妄語違想背心名之爲妄（違想背心者設違於境若順於心不名妄故）別中分二初對治離後乃至下果行離今初對治即是因離不別明因何者有二義故一無外事故謂無刀杖妻財之外事故無受畜因二無異因故謂但用誑他思心即妄語因無別貪等以爲異因異因即起因故離彼誑心即成實語實語即是誑心對治故對治離即是因離不同身三故身三各具三離口四唯二意三唯一文中言實語者隨心想故謂縱實不見而心謂見而言見者亦名實語眞語者審善思量如事眞故謂由心思與事相似稱此而言若唯稱事而不稱心亦名妄語故加善思量言時語者論云知時語不起自身他身衰惱事故謂心事雖實而迴改見時或令自他而有衰惱今菩薩朝見言朝暮見言暮故曰知時晉經名隨亦順時義（無別貪等以爲異因者貪瞋對殺等即爲異因今誑他思心即是貪等故無離思之外別有異因身三各具下通揀三業此皆論意然其貪等通與七支而爲其因身三之因亦用思心然起有難易故論爲此釋是知起因自有二種謂近與遠身業難起故明貪等以爲遠因隱其近因之近因也口業易發但彰思心以爲近因隱彼貪等之遠因故不明因離且如有人先貪財色後用思心而起妄語斯則貪等而爲起因則妄語多因於惡口離間多等因瞋癡又如妻財以不足故而行婬盜是知亦有不足財故而行妄語故外典云貪不與無信期而無信自至斯則亦有受畜之因是知論主順經文畧且從難易及多分說身具三離口四唯二謂心事雖實下蹤釋上論以其時語恐濫言不應時機亦名綺語故顯其相彼綺語中雖是善言不應時機亦名綺語今明迴互見時令他損惱故不同也）二果行離中亦以細況麤夢中是細故犯是麤此言覆

藏之語者論經云不起覆見忍見婆沙云覆相妄語名爲覆見覆心妄語名爲忍見謂實見事心謂見言不見此謂覆已所見事相此翻眞語若實不見心生見想誑言不見於事雖實於見有違名爲忍見忍却已所見故此翻實語夢中眼見但是智見亦以細況麤者細屬於心夢聞不制令善薩無心夢亦不妄此言覆藏之語者細尊可知

性不兩舌菩薩於諸衆生無離間心無惱害心不將此語爲破彼故而向彼說不將彼語爲破此故而向此說未破者不令破已破者不增長不喜離間不樂離間不作離間語不說離間語若實若不實

第五言不乖離名離兩舌兩舌事成能令離間別中亦二初對治離後未破下果行離對治離者即不破壞行此約心果行離者通心反事即是差別令初心者謂傳說者必於心中憶持惡言欲將破壞方成離間故文云無離間心論經云無破壞心及爲破彼故等而論云二種明心受憶持者謂詐現親朋如野干詐親師子等又抑客成蹊曰離間親舊成寃曰惱害即不破壞行者謂若有離間之心發言則成離間令無此心故無離間之過無離間心即是離間對治而論標云一對治離二果行離竟便云對治離者謂不破壞行一者心二者差別乍觀此文則似論主就對治離中分心及差別然論意以對治離離解故別釋云謂不破十六壞行一者心遺五二者差別自是雙釋對治及果行章故下釋文牒內心釋對治明不破壞行牒差別方釋果故蹤以心屬於對治以其差別屬果行也如野干等者即四分律有善膊虎與善牙師子爲友爲野干所破廣如彼說二果行離差別有三謂身心業各有二義身壞二義者謂已破未破是離間體故名爲身二不喜下明心壞二義一隨喜他二自心樂三不作下業壞二義謂若細若麤細則實有惡言麤則不實虛構正傳離間之言故名爲業令菩薩並離故皆云不是離間體者身若是體與業何異身約正破業約所傳言業之麤細耳遺五十六

性不惡口所謂毒害語麤獷語苦他語令他瞋恨語現前語不現前語鄙惡語庸賤語不可樂聞語聞者不悅語瞋忿語如火燒心語怨結語熱惱語不可愛語不可樂語能壞自身他身語如是等語皆悉捨離常作潤澤語柔軟語悅意語可樂聞語聞者喜悅語善入人心語風雅典則語多人愛樂語多人悅樂語身心踊悅語

第六言不麤鄙名離惡口別中分二初果行離後常作下對治離前後諸業治望果行非全次第故先顯治後能離果今此歷遺五十七別相對先舉果行一時彰離後說能治次第翻前文義便故先明果行

今果行中先列所離後明能離今初有十七語句各一義而其論意展轉相釋於中有二前四一重總顯惡言體用後十三語重顯前四今初四語次第相釋初一總明語體次云何獨害以麤惡獷戾故云何麤獷苦他故如何苦他令他瞋恨故此之四語義一名異此之四語者義即體義體一名異耳後重顯中初有四語總釋前四於中初二明其語時謂前四有對面不對面故後二明前語體不出二類一鄙惡謂不遜故二庸賤常無教訓故後二明前語體者論經無庸賤語有不斷語而論總釋四語之後有對語不對語鄙惡常行釋曰即以常行釋於不斷文重釋云於中現前語者麤而不

斷不現前語者微而不斷意云對面爲麤不對爲微不斷通二今以經無不斷別有麤賤故更不樂論中再釋後九別釋上苦他令瞋爲損之相於中復二初二明說前麤鄙之言自違於戒何以違戒以能苦他令他瞋故云何苦他不喜聞故云何令瞋聞不悅故餘七語明自瞋忿心中發言令他違戒起瞋生苦初瞋忿語是自瞋語體下能令他瞋他瞋有二無饒益事一初五語翻喜生瞋謂聞時不愛如火燒心憶時不樂故生怨結熱惱者令心胷閉塞二末後句違樂致苦謂巳有同意樂事自身失壞令他失壞失壞相知之樂故後如是下明能離可知自違於戒者既能苦他又令瞋恚懊惱彼深故違惡口戒亦違自讚毀他之戒令他違戒者令犯瞋戒以憶持不樂遂生怨結前人求悔善言懺謝猶瞋不解便犯重戒

第二對治中有十種語翻前諸語而小不[十八][疏五]次謂潤澤翻苦他令瞋二語柔輭翻毒害麤獷其現前不現前無別體故不翻悅意語翻上瞋忿謂和悅意中而發言故樂聞喜悅翻不樂不悅上說麤鄙故不悅樂今說順人天故生悅樂又悅意下三語展轉相釋善入人心翻如火燒心熱惱怨結上以忿心發言故如火燒等今以言順涅槃故令善入人心風雅典則却翻上鄙惡麤賤前則街巷陋音今則言含經史故愛樂悅樂翻不可愛樂生三昧故身心踊悅翻壞自身他身生親善故謂潤澤者語必益他名爲潤澤故翻苦他令瞋二語謂柔軟者柔謂柔和軟謂善軟言爲戒攝故爲柔軟柔和即無毒害善軟即無麤獷獷謂獷戾易傷折故害謂損害如劍戟故今柔軟故無損無害論釋不獷云受行不斷遠公云常說非麤故云不獷故上釋獷云易傷折是故菩薩言必順道盡未來際常行善言斯亦天下之至柔馳騁天下之至堅也謂和悅意者易繫云安其身而後動易其心而後言注釋云易和易也翻上瞋忿理必然也今說順人天者世報違情故云悅樂又悅意下三語展轉相釋者重釋此三上各別配故故令展轉謂云何悅意可樂聞故云何樂聞聞者喜悅故善入人心者此以一語翻於三語言今說順涅槃故令善入人心等者等取餘二謂說涅槃則如甘露入於身心豈如火燒聞清涼樂豈當熱惱內外實寂怨結豈生生三昧故者總出所以前則聞時不喜憶時[疏五]不樂今聞順三昧[十九]法喜違神懷其正受輕安怡暢而言多人受樂者論云怨親中人無不愛樂以言順三昧何厚何薄論又云此語能作二種利益一他未生瞋恨令其不生故聞受樂發生三昧即是悅樂二者未生親友令生故即下身心踊悅由自身心歡喜敬信亦令他聞歡喜敬信歡喜敬信即是踊悅故疏云自身他身生親善故翻前失於相知之樂故古詩云悲莫悲兮生離別樂莫樂兮新相知世俗之樂尚爾況出世善友之樂哉

大方廣佛華嚴經疏鈔會本第三十五之一

大方廣佛華嚴經疏鈔會本第三十五之二　遵六

唐于闐國三藏沙門實叉難陀　譯

唐清涼山大華嚴寺沙門澄觀　撰述

性不綺語菩薩常樂思審語時語實語義語法語順道理語巧調伏語隨時籌量決定語是菩薩乃至戲笑尚恒思審何況故出散亂之言

第七言辭不正故云綺語其猶綺文總離可知別中亦二先對治後果行前中八語初一爲總故下結云戲笑尚恒思審是以菩薩常樂三思而後言則無散亂矣下七語別時之一字亦總亦別總者上言思審者謂思合其時語黙得中也云何爲時謂彼此無損自他成益時故論云善知言說時依彼此語故時語有幾略說有三一教化時語謂見非善衆生勸發生信令捨惡就善即時字別義次二教授時語令其憶念實語者不顛倒故謂學承有本轉相教誨後二釋上云何不倒以言含於義故稱行法故後三教誡時語令其修行地持教誡差別有五一制二聽三舉四折伏五令喜令三句攝之一謂有罪者制無罪者聽爲順道理二於制聽有缺如法舉之數數毀犯折伏與念云巧調伏三有實德者稱揚令喜故云決定又此一句總結上四謂若制若聽若舉若折皆須適時略說有三者一教化生信二教授生解三教誡成行即時字別義者時即教化體也以言含於義者即經義語義即義理亦云義利一謂有罪者制如殺盜等無罪者聽如富長等舉者律云不見不懺惡邪不捨舉棄衆外者爲除惡人令此舉者爲除其罪此是彰舉非擯舉也如法舉具舉德故謂一慈心不以瞋恚二利益不以損減三柔和不以麤獷四真實不以虛妄五知時不以非時具此五德名爲如法此云巧調伏論云毗尼釋以滅諍毗尼云滅亦調伏義又此一句下上釋文決定下釋隨時籌量一則籌量有罪無罪故律云知有罪無罪是名律師二則通皆籌量制聽舉折等故疏總舉皆須籌量得所

二是菩薩下果行離中亦以輕況重

性不貪欲菩薩於他財物他所資用不生貪心不願不求

第八離貪此下意三但有對治者以貪等是業有之本更無所依故非果行以非果故不可對之更立異因故但有其一今初

離貪謂離求欲心以貪是業等者有即是業亦是三有故十二緣中過去名業現在名有而貪若未決但名煩惱決即名業故爲業本耳不似殺等依貪等心方順身口行殺等事故云更無所依所依既非攬因所成殺等故無果行既無因果安有二離

別中有三一事二體三差別於他財物是事他所攝故此揀於已他攝有二一已現攝用二已雖不在作攝護想二他所資用是體謂所貪物體然用含二義一所用事謂金等二資用事謂飲食等三

不生貪下明差別正顯能治一始欲名求即他物想二希得屬已爲願即是樂欲三終起奪想爲貪此即方便及究竟并前他物即是五緣二他所資用者事但明他揀於自已體即金等是所貪物體揀非他用有雖非我貪不成業如山川等一所用事者然所貪物通於財色論等舉財亦可於色決貪是邪經境故此不論三終起奪想者論經有二貪心經云不生貪心不求不願不生貪心多是譯人見其言重畏去一貪復比論經倒爲其次蹤依論次亦倒釋經前輕後重是則貪心含於總別總則三句皆不貪性故意三中要具五緣若闕究竟但名煩惱今皆性離故以不不之故意三中下揀業異惑即瑜伽意本論亦云前二爲細後一爲麤麤即成業顯今菩薩細亦不起故並不之

性離瞋恚菩薩於一切衆生恒起慈心利益心哀愍心歡喜心和潤心攝受心永捨瞋恨

怨害熱惱常思順行仁慈祐益

第九離於忿怒含毒故名離瞋別中有三一別顯能治二永捨下總顯所治三常思下類通治益今初爲六種衆生起六種治論攝爲五一於寃生慈治於寃者欲加苦故二於惡行者生利益心治當危苦故三於貧及苦生哀愍歡喜二心以此二心有通有別通則可知故論合此別則貧窮者愍之憂苦者令其喜樂四於樂衆生生和潤心論名利潤治彼染著無利潤故五於發菩提心人起攝受心攝令成故治彼染著者以善法益令離故通則名利潤五於發菩提心等者論云於發菩提心衆生恐於無量利益行中動勞疲懈今攝令起造治彼疲懈令不退轉二總離障中亦有六障通障前六非一一別對故云總也於此六中攝爲三對初二已對他用辨寃親生怨故瞋敗親故恨怨則未生已生令其生長親則未生已生令不生長次二唯約唯已善不善法以明生長障善名怨增惡名害皆有已生未生後二唯就於他愛不愛事明其生長忌勝名熱謂見他愛事苦他名惱謂見他不愛事皆有已生未生等瑜伽云瞋恚方便究竟者謂於損害事期心決定正能成業今並不行故上云永離非一一別者論云此慈心等有六種障此非分別亦非一障對釋曰言非分別者亦非二障三障對前一治亦非一障對前多治等故云非分別今疏但云是總非別已合上二義增惡名害者易故不顯若依論中具委說者自身善法未生令不生已生令滅即障善法名怨自不善法未生者能生已生令增長即增惡名害後二於他亦然於他身中不愛事未生令生已生者令增長即苦他名惱他身愛事未生者令不生已生者令不隨順即是忌勝名熱三類通治益者謂前所不說者亦常思慈祐前所不說者上來畧說六類之人起慈等六心實則無生不化無益不起

又離邪見菩薩住於正道不行占卜不取惡戒心見正直無誑無諂於佛法僧起決定信

第十離於乖理推求不害性離者蓋文略耳別中治七種邪見一住正道者治異乘見小乘對大非正道故二不行占卜治虛妄分別見即是邪見夫吉凶悔吝由愛惡生故云虛妄三不取惡戒治於戒取四心見正直治於見取五無誑者治覆藏見六無諂治詐現不實見七於佛下治非清淨見不行占卜事者邪見有二此是淺近邪見非撥無因果深厚邪見夫吉凶悔悋者即周易意初會已引悔悋者言乎小疵也惡凶愛吉而吉凶尤多此所治七見釋有二門一約行二約人約行中初一願邪願小乘故次三解邪顛倒見故然邪見惡戒唯是外邪見取一種通於內邪謂學大乘者執語成見故次二行邪藏非詐善故後一信邪信世間故又於三寶決不信故故瑜伽邪見方便究竟者誹謗決定故然邪見者邪見唯外戒取有二一者惡戒獨頭而起此正是邪故偏舉之二附正戒起今所不取見取亦二一執異見亦獨頭起二附內法起而戒取多獨頭起故偏語惡戒爲取見取少獨頭起多分附內以難見故疏家偏明不獨起故疏云通內則知有外後一明信邪者以信世間爲究竟故故爲邪耳二約人者初四是邪梵行求衆生於中初一同法小乘後三外道次二是欲求後一有求今性不求名離邪見次二是欲求者即前藏非詐善求五欲故

佛子菩薩摩訶薩如是護持十善業道常無間斷

第三佛子下結成增上者此有三義一徧護十善即不闕義二常無間即清淨義誤犯之垢不起間故三常無斷即常護義具

斯三義得增上戒名

復作是念一切衆生墮惡趣者莫不皆以十不善業

第二復作是念下攝善法戒謂非唯律儀不闕不斷常攝善法亦無斷闕文中分三初略觀不善起攝善行次佛子下廣觀障治起攝善行三如是方便下總結勸修今初分二先明觀智後是故下明起願行今初墮惡道者有三種義一者乘惡行往故此即集因經云皆以十不善業二者依止自身能生苦惱此即能墮一切衆生三常墮種種苦相處斯即所墮惡趣上二皆苦果業者因義道者通到義既要用不善方墮惡道則非無因所用唯是不善故非邪因今初墮惡道等者此即明觀此有三意一何故知演六知諸衆生不斷十惡墮惡道故二何因知由前律儀自斷惡故三何故知菩薩大悲本爲物故有三種者依論分三一者乘惡行往故此即集因者論經云菩薩作如是思惟一切衆生墮惡道者皆以不離十不善道集因緣故今經闕集因緣之言即皆以字攝故論釋云集因者受行故謂十不善是所行法若有受行即墮惡道則非無因等者論云菩薩如是遠離無因倒因善解衆生自行惡行住非法處倒故非法處者即是善果

是故我當自修正行亦勸於他令修正行何以故若自不能修行正行令他修者無有是處

後起願行者由念衆生惡因果故便起大悲要心二利於中先正修二利後何以下徵以反釋後起願下文有二意一明起願之由由念衆生惡因果故二便起願故論通云菩薩如是深寂思惟已欲救衆生知自堪能

佛子此菩薩摩訶薩復作是念十不善業道是地獄畜生餓鬼受生因

第二廣觀障治明攝善法中謂觀五重善法於上上清淨佛善起增上心求學修行攝善法戒清淨行故若直就經文亦分二別先明觀智後是故下要心攝善今論將後段攝屬佛善故且分爲二先觀不善唯是所治後十善業下觀於善法通能所治演六今初具有苦集此中爲明攝善故略示其惡既果舉三塗則顯因亦三品如後攝衆生戒經文自具七第二廣觀障治疏中有二先總明來意於中有二先明觀故論云復觀察障對治不善業道及果善業道及果及上上清淨起增上心下二標衆行心全是論文若直就下釋文先順經則先明觀要心攝善是行今論既通屬佛善即佛善道於觀行則前四善但明於觀以前三善菩薩不行其菩薩先已行故且分爲二先觀不善等者此中總有四門一障治分別不善爲所治故二凡聖分別天人爲凡三乘爲聖三大小分別二乘爲小四因果分別菩薩爲因佛爲果故四重之中料揀五重十善不善唯屬所治是故別爲一段

十善業道是人天乃至有頂處受生因

後攝觀十善具諸法門然通相而辨善皆能治以順理益物正反惡故以順理益物者明善是能治故瓔珞云順理生心名善乖背爲惡故又益物爲善損物爲惡故云正反惡故若隨相分人天之善猶爲所治是苦集故文分五重今初人天十善以人天是世間之善故不分之實則亦具三品謂人善爲下欲天爲中色無色界爲上言三品者或由三時之心或約境有勝劣或心有輕重或自作教他等細論其義多品不同略言三五耳爲不善者反此可知瑜伽六十廣顯差別爲由三時等者畧衆四重一約時如欲行善時正行善時行善已時三時俱重爲上善隨一二輕爲中俱輕爲下二約境者如一不殺不殺蚊納爲上不殺畜生爲中不殺人爲下殺即反此三約心輕重者隨於一境如殺一畜種利重心處中心不獲已而殺爲上中下三品之惡三種不殺即三品之善四約自作教他者具自他爲上唯自非他爲中自雖不作而教他作爲下細論具義者將上四事交絡相望

則成多品如約殺境境是一重更以重心則為二重復三時重即為三重更教人殺為其四重餘可例思為不善者此有二意一者通相前前但約不殺今約殺等二者如一殺境前來不殺蚊蚋為上善等今殺蚊蚋為下惡殺畜為中惡殺人為上惡等引瑜伽六十釋為不善至下當明

又此上品十善業道以智慧修習心狹劣故怖三界故闕大悲故從他聞聲而解了故成聲聞乘

第二又此下辨聲聞善下三乘中各有三段初標所修善同次顯所用功異後結成自乘初標所修者下四十善唯佛一善獨云上上前三但云又上品十善次云二乘善同者若准論經菩薩亦云上上然云上者即前人天善中三品之上故五淨居是色界善為上而聖依此修故就上善論其差別次顯所用者此語即借莊子第一逍遙篇言也惠子謂莊子曰魏王貽我大瓠之種我樹之成而實五碩以盛水漿其堅不能自舉也剖之以為瓢則瓠落無所容非不呺然大也吾為其無用而掊之莊子曰夫子固拙於用大矣宋人有善為不龜手之藥者世世以洴澼絖為事[illegible]客聞之請買其方百金聚族而謀曰我世世洴澼絖不過數金今一朝而鬻技百金請與之客得之以說吳王越有難吳王使之將冬與越人水戰大敗越人裂地而封之能不龜手一也或以封或不免於洴澼絖則所用之異也今子有五碩之瓠何不慮以為大樽而浮乎江湖而憂其瓠落無所容則夫子猶有蓬之心也[illegible]今借此言一種十善猶不龜手之藥也凡夫用之處乎生死二乘用之纔能自免則猶漂絮也菩薩用之無濟無外則裂地而封矣

今聲聞中以智慧下明所用異於中初句對前彰勝以實相智修不同人天無智善故通觀上來善惡因果皆是苦集所觀境故於中初句者三乘皆有勝劣分別然前劣亦名所觀境界後勝即是能觀之行以實相智修者以經云以智慧修習論經云與智慧觀和合修行論云智慧觀者觀實相觀故釋曰謂實相者即四諦理雙照事理實也四諦之義下當結示即以智慧心中修十善故次心悕劣下對後顯劣有五種相一因集由集小因故心陿劣陿謂修行少善劣謂但能自利二畏苦即怖三界故三捨心即闕大悲捨衆生故一因集者苦集小因今成小行依之集道故名為集二畏苦者厭當苦故三捨心者即唯求自度上三唯劣菩薩下二兼劣緣覺四依止即經從他謂必藉師教故五觀即聞聲解了謂聞人無我法聲心通達故下二乘劣緣覺者四不及自悟五不及觀緣彼經云聞聲論云觀者念音聲故何者音聲我人衆生等但有名故釋曰此中論意言聲聞者謂衆生我人但有名故名為念聲義說聞聲非要耳聞總具二義故瑜伽論八十二云從他聽聞正法音聲又今他聞正法涅槃故曰聲聞即聲聞聲聞又瑜伽論八十四說四種聲聞今是趣寂四聲聞義玄中已明三成聲聞乘結成自乘三結成自來者論云如是彼音聲解入故衆生集我非法無我意云唯生無故但成聲聞乘然能治十善及與智慧即是道諦惡因果滅善因果中使滅名為滅諦成聲聞乘義含道滅然能治下結成四諦為聲聞乘惡因惡果二體俱亡善體不亡故上為道迷勝義愚等起於十善此便順滅滅此異於人天成聲聞亦者道即因乘滅即果乘

又此上品十善業道修治清淨不從他教自覺悟故大悲方便不具足故悟解甚深因緣法故成獨覺乘

第三緣覺善所用異中初句總明以能修習名修清淨未能圓修不名具足第三緣覺善者然緣覺聲聞各有二類總相而說聲聞觀諦緣覺觀緣聲聞依聲緣覺依現事而各成二者一聲聞聲聞謂本求聲聞亦觀四諦於最後身值佛成果謂二緣覺聲聞謂昔求緣覺觀十二緣於最後身值佛為說十二因緣教依聲悟故名緣覺聲聞言緣覺二者一緣覺緣覺謂本求緣覺於最後身不值佛世自藉現事因緣得道二聲聞緣覺謂先求聲聞悟得初果未現涅槃人天七返七返滿已值無佛世藉現事緣而得道果今此就其緣覺以明菩法此人勝故次不從下別顯有三種相一自覺謂異聲聞不從他聞顯依止勝二大悲下不能說法大悲不具無心起說方便不具力不堪說若有利物多但現通此劣菩薩方便不具者緣覺出世無九部經故此無所依故不能說

非是智慧劣於聲聞餘可準知 三悟解已下即觀少境界少有二義一對前顯勝以是利根但觀苦集便悟甚深之觀勝於聲聞二對後彰劣但觀人無我法不同菩薩求佛大智等故上之二乘廣如瑜伽本地中說 廣如瑜伽者有十七地聲聞地當第十三從二十一論至三十四即此卷中明緣覺地第二十四終此卷建立緣覺有五種相一種性二道三習四住五行言種性者謂由三相應正了知一本性獨覺先未證得彼菩提時有薄塵性由此不樂憒閙深樂寂靜二有薄悲性於利生事不樂三有中根性是慢行希顯無師無敵而證二道亦有三一百劫親承佛修薩善巧等二値佛世近善士聞法未得燸等一已得沙門果未究竟三習者依其三種習菩提分四住者初名麟角樂寂靜處後二名部行亦樂部眾五行謂依村落等守根正念神通化物不言說法又云一切本來一向趣寂釋曰今經論中通三種性總句修習顯已有習亦有道初自覺者即是麟角二不能說即是彼行亦是前明薄悲種性三觀少境界有二意前意由有道故後意通相而明餘多大同

遠六 又此上品十善業道修治清淨心廣無量故 十一 具足悲愍故方便所攝故發生大願故不捨眾生故希求諸佛大智故淨治菩薩諸地故淨修一切諸度故成菩薩廣大行

第四菩薩十善所用異中有四種相一因集二用三彼力四地四中初一行因次二行相後一行位因集者宿習善根依之起行此又三義一依一切善根起行故即修治清淨具足具足即一切善義今經闕此二字則不能異上辟支此明自利二心廣者即利他心三無量者即大衆心是二利行體

二具足悲愍是菩薩用 二是菩薩用者論云見諸衆生習行苦因及受苦時起悲愍心意云見行苦因愍其當苦見已受苦果悲欲攝之 三方便所攝即以四攝攝生是彼悲力

四發生下皆顯地義地雖有十就三祇滿處略舉三地以攝餘七一發生大願即淨深心初地二不捨衆生即不退轉地雖得寂滅不捨衆生即八地三希求佛智等即受大位地是第十地此有三句一觀求行證智度滿故二盡淨諸地障故三盡淨諸度敵故 一觀求行者論云三者受大位地是故求證佛廣大智二盡淨諸障斷二十二愚已斷二十唯如來地亦有二愚一於一切所知境界極微細著愚二極微細礙愚佛善方斷論云此中但說菩薩地廣成更是何故復說地淨波羅蜜淨釋曰此意云第十地但用初句即顯智地已滿何用後二論答意云以下二句顯成初句深廣之行謂一從初地來展轉淨障至此究竟故論云有上上清淨故二者一地一度淨故論云第一法清淨故第一法者即波羅蜜義 三成菩薩廣大行結成自乘

又此上上十善業道一切種清淨故乃至證十力四無畏故一切佛法皆得成就是故我今等行十善應令一切具足清淨

第五佛善上上是總一切下別有四種義 十三 顯上上事前三屬佛後一菩薩思齊 前三屬佛者是顯佛德唯明觀門後一思齊乃有二意一約所求德二地思齊即是行門二顯佛法殊勝亦是觀門四中一對凡彰淨二對小彰捨三通觀諸菩薩明方便四以自對佛明求 一者滅謂不善業道共習氣滅故種智清淨 一者滅者謂不善業道此是止惡止惡對習故有共言 二者捨謂乃至證十力無畏不共之法捨二乘故 二者捨者謂十力等自在成說十力降魔所作增上二乘所無故名爲捨 三者方便謂於菩薩乘一切佛法皆善巧成就故 三方便者通舉菩薩善巧修習令佛十善得圓滿故 十二 遠六 四菩薩求無厭足故云是故我今等行十善上雖列五重十善凡小但將化物非已所行菩薩十善先已安住故唯要心等行佛善佛善望已是餘殘未修一切智中自在純熟方爲具足亦滅習氣故云清淨 四菩薩求無厭足文有四

意一舉經明求二上雖下揀所行善三佛善下舉論意帖論云餘殘無猒足故四一切智下釋經應令具足清淨之言
如是方便菩薩當學
結勸可知
佛子此菩薩摩訶薩又作是念十不善業道上者地獄因中者畜生因下者餓鬼因 遵六 十三
第三佛子十不善業道下利益衆生戒文分爲二初廣明攝生後佛子菩薩如是護持於戒下結成益生之戒前中顯此戒增上有五種義一者智二者願三行四集五集果前中顯此者即論初生起云已上依大悲利益衆生戒增上但自善令悲無濟故云增上今初謂善知衆生苦因果故文分爲三初總明知因二於中下別顯知果三佛子下結成苦因今初總中果有三塗不同因有三時階降論名時差別三時復二一者約心謂如殺生欲殺正殺殺已三時俱重名爲上者隨一時輕爲中者三時俱輕爲下者二約時謂少時多時盡壽作等餘有三品如上十善中說復應於一一塗中各有三品等然依正法念經三塗各

有邊正正者爲重邊者爲輕正鬼望邊畜則餓鬼罪重故雜集等鬼次於獄若正畜望邊鬼則畜生罪重故今云下者餓鬼因論名時差別者論說智中云有三種相一時差別二報差別三習氣差別今以後二知果知因是時差別盡壽作者盡壽爲上二品多時爲中少時爲下而言等者此是瑜伽第五十三明於百行亦名百非十善用之名爲百行十惡用之即是百非等者等取少分殺多分殺全分殺自作教人以無量門稱揚讚述見殺生等深生慶悅生大歎喜歷於十惡即爲百非餘有三品等者上十善中釋三品竟及例云爲不善者及此可知瑜伽六十廣顯差別今指三品者彼略有四一約三時今已明竟二約境有勝劣三約心有輕重四約自作教他前十善中勝境不殺善則爲下不傷蚊蚋是上品善今即反此如前已明三約心有輕重者初義約三時輕重今約一時即有輕重故經說言重心殺熾過於輕心殺人等輕心中容重心以爲三品此心輕重亦約能起煩惱有上下故瑜伽第八云軟謂不善者爲歎品貪瞋癡所起等三品自作教他輕重如前善中瑜伽六十廣說者正說於惡論云殺生所引惡業有其四句一有作而非增長謂爲愚童及不思已悔等二不作而增長謂思欲殺等事三俱非可知餘 遵六 十四 業亦關意三業中無第二句於初句中無不思而作他過今作釋曰即上四句第一爲中品第二爲下品俱爲上品俱非或俱殺等並非三品上皆瑜伽意若準如來說寄藏經大迦葉問佛十惡何者最重佛答言殺及邪見釋曰此即十惡互望次又云十惡等乃至小罪堅執名犯若不堅執乃至無間不名爲犯釋曰此即約心意明邪見執著爲重言不犯者意是輕微故下文中初云盜塔寺物不名爲犯後言此人因

此墮墮因此解脫如人自天墮地亦因地起次經又云父得緣覺道子斷父命名殺中重者三寶物名盜中重母若出家得阿羅漢共爲不淨是婬中重若以不實語謗佛是妄語中重若兩舌語壞賢聖僧是兩舌中重若罵聖人是惡口中重言說壞亂求法之人是綺語中重若五逆初業是瞋恚中重欲劫奪持戒人是貪中重邪見中重謂之邊見結云此爲十惡中重釋曰此即約境勝劣但舉其重中下可知又云迦業若有衆生具斯十惡解知如來說因緣法無我無人無法本性常淨不說此人趣向惡道何以故無積集故釋曰此即淨名理觀識意亦是上來無執著心不名爲化亦同如來爲闍王說無能殺等非今正要義便故來今人解滅二別顯知果中十不善中各有二果差別一報果差別所謂三塗異熟二習氣果差別即人中殘報是正報之餘經中若生人中得二種是然雜集瑜伽等論開習氣果以之爲二一約內報名等流果即如經辨二約外報感增上果今經闕此下依彼顯異熟報果十惡依同今但解釋等流增上然二等流 遵六 十五 多是前重後輕輕即方便等流重即止惡等流即人中殘報者大中亦有殘報人中重故多故所以偏說然雜集等者即雜集第七論云又十不善業道異熟果者於三惡道中隨下中上受傍生餓鬼捺落迦異熟等流果者各隨其相感得自身衆具衰損所謂壽命短促常貧窮等如其所感增上果者各隨其相感得所有外事衰損所謂外具乏少光澤是殺生增上果下

引經列釋而等流但衆其一多同此經正惡等流其增上果亦唯衆一唯邪婬果但言塵坌妄語則云多諸臭穢餘並大同然其十善亦有三果等流但云謂即於彼處各隨其相感得自身衆具與感增上果者謂即於彼各隨其相感得外事與感更不引說亦感例惡得長壽無病等以經及論不別顯故疏例亦不明差別餘報瑜伽第九大同此說若準俱舍論云何緣此十各招三果落此令他受苦斷命壞滅故且初殺生令他受苦異熟果斷他命故受等流果令他失滅受增上果餘惡例知顯宗四十四中義亦同此而以受苦爲其加行蓋於地獄根本斷命感於等流又一師云先受異熟後受近增上及遠增上與今大同則加行根本俱招三果多是前重後輕者以瞋恚等流前輕後重故云多也

於中殺生之罪能令衆生墮於地獄畜生餓鬼若生人中得二種果報一者短命二者多病

十惡即分爲十初殺生中殺令夭折不終天年故得短命即正惡等流二未死受苦故複多病即方便等流怖無精光感外增上資具等物乏少光澤

偷盜之罪亦令衆生墮三惡道若生人中得二種果報一者貧窮二者共財不得自在

二盜損彼財故複貧窮令其不得稱意受用故共財不得自在感外田苗霜雹損耗

邪婬之罪亦令衆生墮三惡道若生人中得二種果報一者妻不貞良二者不得隨意眷屬

三婬中令其妻不貞故方便誑誘故婬之穢汙感外臭惡塵坌

妄語之罪亦令衆生墮三惡道若生人中得二種果報一者多被誹謗二者爲他所誑

四妄語等流又誹謗約違境被誑約違心言無實故外感農作事業多不諧偶

兩舌之罪亦令衆生墮三惡道若生人中得二種果報一者眷屬乖離二者親族弊惡

五兩舌中令他離間故親友成怨故由出不平之言外多險阻

惡口之罪亦令衆生墮三惡道若生人中得二種果報一者常聞惡聲二者言多諍訟

六惡口中語體惡故語用惡故言恒有諍違惱他人外感荊棘砂鹵等事

綺語之罪亦令衆生墮三惡道若生人中得二種果報一者言無人受二者語不明了

七綺語言無人受機不領故語不明了自綺錯故以言綺故外感果物不應其時

貪欲之罪亦令衆生墮三惡道若生人中得二種果報一者心不知足二者多欲無厭

八貪欲中已得不足故未得欲求故貪則念念欲多感外增上日日減少

瞋恚之罪亦令衆生墮三惡道若生人中得二種果報一者常被他人求其長短二者恒被於他之所惱害

九瞋恚中二種等流似前輕後重見其不可意故求彼長短二惱害彼故瞋不順物之情外感增上其味辛苦又多惡獸毒蟲

邪見之罪亦令衆生墮三惡道若生人中得二種果報一者生邪見家二者其心諂曲

十邪見還生邪見之家若水之流濕心見不正故多諂曲總由不正故外感上妙華果悉皆隱沒似淨不淨似安不安是以觀果知因應當除斷若水之流濕者即周易乾卦云水流濕火就燥雲從龍風從虎則各從其類也

佛子十不善業道能生此等無量無邊衆大苦聚

三結成苦因無邊苦聚由此生故

是故菩薩作如是念我當遠離十不善道以十善道爲法園苑愛樂安住

第二是故菩薩下明願依智起願願爲衆生自修善故但離惡因惡果自亡願修善因善果自至問惡名殺等離即不殺不殺即善離惡住善二相寧分答此有二意一離殺謂離作犯住善謂住止持體則不殊約持犯分二作持止犯反此可知二離惡但是惡止住善兼於善行具有止作二持止如前釋作義云何前三聚初已略指陳今當重釋謂非唯不殺護衆生命如護已命是第一善守他財物如自已有他妻亦然實語輭語和合饒益是語四善非直無貪更能惠施非唯不瞋慈悲和悅何但無於邪見乃成就正見智慧深廣斯即作也殘衆生下亦即前對治離也

自住其中亦勸他人令住其中

第三自住下明行依願起行如誓修故於中初依前願以起自行後亦勸下依於自

行正攝衆生

佛子此菩薩摩訶薩復於一切衆生生利益心安樂心慈心悲心怜愍心攝受心守護心自已心師心大師心

第四佛子下明集者依增上悲念衆生故生十種心此十亦可俱通一切依增上悲者正釋上集宇依前攝善起悲攝生名戒增上今依上悲欲拔衆生悲心能起利衆生事故名爲集論就別相爲八種衆生一於惡行衆生令住善行故名利益二爲苦衆生令得安樂三於怨憎衆生慈不加報四於貧苦者悲欲拔之五於樂衆生愍其放逸六於外道攝令正信七於同行者護令不退八於攝一切菩提願衆生取如自已以願同故論就別相者此之十心與離瞋中六心有同有異故論解釋亦小不同前六者一悲心二利益心三哀愍心四歡喜心五利潤心六攝受心望此十心有四差別一離合不同前惡行衆生此分爲二所謂惡行及外道故前攝善提願衆生此分爲二謂同行衆生二通別不同前於貧乏及苦衆生共起二心所謂憐愍及與樂心令此別與謂於苦衆生安樂心於貧生悲三起心不同前於貧所起憐愍憐貧苦故今於非貧所起於悲心欲拔苦故又復前者於樂衆生起利潤心令捨放逸住善法故令起憐愍心念其當受衆苦報故四前後不同前第二惡行衆生此爲第一後第四苦攝衆生此爲第三彼前第三貧窮衆生此爲第四除此四異餘皆相似四於貪苦衆生者前但言苦即違緣過廻今言貧苦者順緣不足愍其放逸者當受苦故故經云福德力故生多放逸生放逸故即無持戒以是因緣故墮地獄然十句爲八者後三通爲菩提有下中上下劣於已者攝如已心等於已者推如師心勝於已者同於佛也

後之二心亦約此類但後勝於前九觀彼衆生乘大乘道進趣之者敬之如師十觀集具足功德者敬如大師

第五作是念言下集果依前悲心起勝上欲欲拔濟故文中救攝十類衆生皆言又作文各有二先觀所化後我當下興濟拔心前即所治後即能治前集之中欲顯差別以其十心對八衆生今十類中一一生所容有如前十心救拔十中初一解邪故論云依增上顛倒爲首餘九行邪論開爲三初五化欲求衆生求外五欲故次二化有求衆生求三有中正報之果故後二化梵行求衆生求出道故通上爲四然此所化但攝集中前六而闕後二者以集者益物之心起心義寬乃至緣於具德生師仰故今此正論救拔故後二並非所救縱其

同行退轉須化亦無大乘之外別有安處可云拔出

大方廣佛華嚴經疏鈔會本第三十五之二

大方廣佛華嚴經疏鈔會本第三十五之三　遵七

唐于闐國三藏沙門實叉難陀　譯

唐清涼山大華嚴寺沙門澄觀　撰述

作是念言衆生可愍墮於邪見惡慧惡欲惡道稠林

今第一化顛倒衆生中先所化中邪見爲總謂四顛倒理外推求故名邪見次惡慧惡欲此二是別常樂二倒名爲惡慧專心分別方得行故我淨二倒名爲惡欲不假專念即能行故以性成故由計我淨便欲名等如涅槃說後惡道稠林者結其邪見爲諸過因惡道者非正道故顯前顛倒爲現行煩惱行處稠林者亦爲隨眠之因次惡慧者論云惡意惡心梵云末那此翻爲意梵云末底此云慧也譯勢相近譯者之誤今經爲正我淨等者然其四倒因計五陰依法計我謂想行蘊依身計淨謂依色蘊取像思應任運計我薄皮所覆任運計淨故不假專念若計心爲常多由思度計受爲樂要對境忘念則我淨如俱生常樂如分別故有難易遠公以我爲常本淨是樂原便以本末釋難易因說有九種本末一如起信真如爲本無明爲末依於真如有無明故二無明爲本三倒爲末三三倒之中見倒爲本想心爲末四三倒爲本四倒爲末五四倒之中我淨爲本常樂爲末六四倒爲本生惡道稠林爲末七即此爲本起現行惑爲末八諸惑爲本諸業爲末九諸業爲本苦果爲末今但舉第五耳此之九重於斷非要亦有少理故復錄之由計等者計我多欲名計淨多欲色如涅槃者發心品已引

我應令彼住於正見行眞實道

後結能治中住於正見通翻上邪行於實道翻惡道稠林行於實道者論釋正念正念即四念治四倒故

又作是念一切衆生分別彼我互相破壞鬪諍瞋恨熾然不息

第二化欲求中五段分二初三化現得五欲受用生過後二化未得五欲追求時過前中即分爲三一受不共財二受無厭足財三受貯積財今初已得之物不與他共於費用時生瞋過也先明所治互相破壞以爲總句破壞有二一鬪諍於言中二對怨於心中即分別彼我瞋恨已下結其增長由瞋恨故思念作報身心惡行熾然不息二對怨於心中者以文不次故舉帖之

我當令彼住於無上大慈之中

能治之中慈能治瞋如來之慈乃名無上

又作是念一切衆生貪取無厭唯求財利邪命自活

二化受無厭財衆生求時無厭以生貪過初所治中有二一貪取無厭明內心難滿二唯求財利者形於身口邪命自活結上三業三結上三業者邪語邪業皆爲邪命故

我當令彼住於清淨身語意業正命法中

後三業正命以爲能治

又作是念一切衆生常隨三毒種種煩惱因之熾然不解志求出要方便

三化受貯積財積而不散順生三毒增煩惱過初所治中染着生貪散用生瞋若積而能散何有貪瞋癡迷上二言種種煩惱因之熾然者直觀經意因上三毒更生煩惱若準論意因貯積財即是煩惱煩惱因體云何熾然謂實翫受用數爲煩惱之所燒故然癡有二過一迷前二亦復不知何者是火云何爲失二無求出意故云不解出要謂既迷火宅之爲樂寧有出心謂實翫受用者實翫即貪受用即瞋煩惱所燒通三毒說然癡有二下別明癡相亦復不知下成上迷前貪瞋之二即法華意彼經云父雖憐愍善言誘諭而諸子等樂著嬉戲不

肯信受不驚不畏了無出心亦復不知何者是火何者爲舍云何爲失但東西走戲視父而已然彼經火通因通果故彼經云爲度衆生生老病死憂悲苦惱三毒之火今此正明三毒之火實既受用亦即果火故彼經云亦以五欲財利故受種種苦失謂不知失於法身亦是不知苦集過失此中正明起惑故流不引何者爲舍舍即五蘊次文用之二無求出意者即迷滅道即是不知何者爲舍是故疏云迷火宅之爲樂是不讓滅不辭修道以求出離爲無求出意

我當令彼除滅一切煩惱大火安置清涼涅槃之處

後能治中涅槃清涼煩惱火滅故上三即起煩惱衆生

又作是念一切衆生爲愚癡重闇妄見厚瞙之所覆故入陰翳稠林失智慧光明行曠野險道起諸惡見

第二有二願化未得五欲追求時過即造業衆生分二初一明追求現報造諸惡行後一明追求後報造有漏善業今初先所治中有四種過一愚癡覆心過於中愚癡是癡體重闇是癡相亦是癡過餘皆癡過一重闇者迷現在苦不知是苦二妄見者於現下苦妄見樂故如見空華三厚瞙者不見未來當受苦報如瞖厚瞙都無所見也一愚癡者然其四過皆是集惡行過癡是根本謂爲現小樂造於罪行招當大苦故爲愚癡重闇下六字別明三過二字爲一其之所覆障過上二義二入陰翳下增惡遠善過初句增惡由迷興熟愚頑不善行增長結使名入陰翳稠林後失智慧光明者此明遠善也癡爲善行障故二入陰翳下開此過名以爲二義初增惡中陰翳是癡稠林翳使使即隨眠由愚癡心與使爲因以因依果爲陰翳林故疏云增長結使增長結使即是增惡此增惡事即業之過此明遠善者論云遠離無漏智慧無漏智慧即是善也亦由於癡爲此善障

三行曠野險道明受苦報過生死長廣迥無所依喻之曠野多難障礙復名險道流轉稱行三行曠野險道者疏取論意按經以釋然此二句論經不同故彼經云墮大黑暗處隨其所見到種種險道論釋云受至大對過患如經墮大黑暗處故是中對者黑暗示現如暗中行處處障礙如是相似法故受大對事成至諸惡趣是故名墮此釋上句多作罪因於臨終時見惡報相心生悔見過如經隨其所見到種種險道故見險道者悔見故見本罪相不能集彼對治正見隨其所見者於死時故釋曰二經文異皆上句明果下句明因而論經險道在因今經險道在果今經曠野即大黑暗處行即墮義今疏解釋亦不違論但略受生至大對之言爲受苦報過耳大即曠野對即障礙故疏云生死長責即曠野名大多難障礙即是對字論語小絆故按經釋耳

四起諸惡見者即無正對治過論云謂多作罪因於臨終時見惡報相心生悔見者或悔先所修或起惡見故名悔見而不能集正對治所以名過經云起諸惡見即論經隨其所見對種種險道惡見是能對故論釋下但云多作罪因於臨終時見惡報相意明下句是因所到險道即上句之果故釋上句云受大對事成至諸惡趣是故名墮由此今經善得論意譯迴險道在於上句刑定不知此意便合此經二句釋論隨其所見到種種險道復將前遠善失智慧光明爲論初句受至大對或言今經聞論上句隨大黑暗處俱不曉也或悔先所修者謂解追悔不能修習觀行對治但生追悔以擾於心故淨名令慰斷有疾菩薩云說悔先罪而不說入於過去二或起惡見者謂或平生曾修少善造罪至多臨終惡報撥善無益名爲惡見

我當令彼得無障礙清淨智眼知一切法如實相不隨他教

後能治中先得淨慧眼是體此眼有二能一見如實相二由見實相即不隨他具斯二義名眞慧眼以此二句總翻前過見前皆實故一見如實相者通於事理事實明信因果理實不取諸相故論經云得不隨他一切如實無障礙智故

又作是念一切衆生在於生死險道之中將墮地獄畜生餓鬼入惡見網中爲愚癡稠林所迷隨逐邪道行顛倒行譬如盲人無有導。

師非出要道謂爲出要入魔境界惡賊所攝隨順魔心遠離佛意

二化追求後報習善行者隨順險道過謂以迷出世勝義愚造福不動業求未來報則常在險道前所治中十句分三初句自體謂即生死故二將墜下障礙謂在之難出故三隨順下明失謂住之失於出離善故今初自體謂由世間少善爲根本故則人天報危故名險道初句自體者此句亦總亦別別即所隨生死自體總即能在謂修善人也總跳已明故但明自體二障礙者皆險道中事文有八句迷於苦集道滅如次各二一明有苦謂心雖求出而行順三塗如臨深淵故云將墜二入惡見網中此明迷苦於苦果中妄生樂想爲惡見網縈如世險道葛藟交加三爲愚下迷於集因謂爲愚癡所覆不知煩惱不覺業空若加深林不見危險四隨逐下明其造集世寡正道學即隨邪復起邪業爲行顛倒行如險路多岐動入豺狼之徑雖疲行不已欲進返廻五譬如盲人願無道體無正慧眼但得果貪著愛欲所盲故法華云著樂癡所盲即斯義也如無目涉險茫無所之六無有導師者明闕道緣導師者謂佛菩薩既離明導有二種失一當生惡道二今世後世雖處人天放逸障見故佛雖出世有不見聞如盲無遠七導師若不陷深坑六則坐而不進七非出要道謂爲出要者正迷於滅希求涅槃而趣興處謂於梵天乃至自在依正之所以爲涅槃推斯邪解以爲正見如在險道以塞爲通八入魔等者願有滅隨五種妙欲是魔境界貪著爲入六塵劫善謂之惡賊被牽爲攝佛雖出世者具七難故除佛前後乃至等者以論云謂梵天等梵世間等以爲出世正見故釋曰梵天是正梵世間是依三隨順下二句明失初句依止怨故失離惡法後句遠善友故失進善法人法俱失初句依止者以論遠七經有三句論云離七善導師依不善地如經遠善巧導師故二者依止怨地如經入魔意稠林故三者遠離作善知識地如經遠離佛意故今經以初似三故略無初句疏盡論意合初二句釋經一一句依止怨故是第二句失離惡法即第一句以依止怨必失遠於離惡之師此二相成故得合一也

我當拔出如是險難令住無畏一切智城

後能治中拔出險道總離前惡住無畏城是離之處若曠野遇城衆難何畏近對上文若無知動念則順魔心而遠佛意寂照雙運即出險難而入智城上來化欲求竟

又作是念一切衆生爲大瀑水波浪所沒

第三有二段化有求衆生初一道差別謂五趣流轉後一界差別三界繫閉今初先過後治過中初句爲總入欲下別總即沒在大河過六道漂溺如彼大河求有沒中所以是過然總中含下別義亦是賴耶瀑流七識波浪初一道差別者然道約輪轉故喻河流界約難出故比牢獄皆增苦過下明外道小乘多爭道過求有沒中者造善等業求於有果名爲沒中然其總中者總以六道爲河令取賴耶恒轉七識波浪並如前說

入欲流有流無明流見流生死洄澓愛河漂轉湍馳奔激不暇觀察爲欲覺恚覺害覺隨逐不捨

別中彼大瀑水波浪有三種相一自體漂流謂五趣因果二身見下爲因起難謂處之多害三安六處下便成大失失出離道今初自體有五種相一深二流三名四漂

五廣但有其一已爲難度況具斯五漂沒何疑

一深者即具足四流無量水故爲煩惱河二生死洄澓者流也上總四流煩惱因深故此苦果常流無竭上二即漂溺處於此生死而漂溺故故此苦果者相續義故如河雖浮若無流續則易枯涸於此生死者瑜伽八十六明由五種相當知順流而被漂溺一若於此漂溺二由此漂溺三依此漂溺四如此漂溺五漂溺時疏已具注於文之下兼餘釋本論以經別加四流異於愛故合四與五以爲一漂三愛河漂轉者名也前明四流雖無惑不攝愛潤生死由此漂溺偏受河名如愚墮河愛即難出由此漂溺者即瑜伽第二由愛故漂如河有大名其必深廣如恒河等四湍馳等者漂也此有二義一顯河急故云湍馳奔激謂雖寶愛身欲令長久而念念不住是漂溺時二由急故不能如實知其過失亦復不見涅槃彼岸故云不暇觀察是爲如此漂溺一瀑河急者即瑜伽第五漂溺時也纔水若度生死若纔聖道可生壯色人停刹那還愛樂欲修道三昧已無此邪果五爲欲覺等隨逐者廣也謂隨欲等覺徧覺五塵故名爲廣依此漂溺涅槃則以欲等以爲毒蟲隨欲等者五塵之境皆有順違故生三覺亦兼八覺如發心品此即約因故云依此漂溺若無惡覺即無漂故即瑜伽論五中第二涅槃則以欲等者即第二經純陀反數文殊令一顯佛無爲喩云譬如貧女止他客舍寄生一子是客舍主驅逐令去攜抱是兒欲至他國於其中路遇惡風雨寒苦並至爲諸蚊虻蜂螫毒蟲之所唼食僧宗曰爲其邪學之所抗折譬之風雨未免煩惱吞噬善根譬如毒蛇蟲今疏意云經以六道喩河流等即是果河應以欲等譬於毒蟲例如宗釋論無別釋故引異釋耳

身見羅刹於中執取將其永入愛欲稠林於所貪愛深生染著住我慢原阜

第二起難有四一者執執著我我所窟宅不能動發故云身見羅刹於中執取言於中者於陰窟之中執取之言亦含戒取第二起難有四者初一見次二愛後一慢由身見執者亦即俱舍由二不超欲由三復還下釋曰此即五順下分結由二不超欲者即欲貪及瞋由三復還下者即身見戒禁取疑經雖身見故前行疏云執取之言亦含戒取是同還欲界之惑略無疑耳故貪瞋二如守獄卒身見等三如防邏人二將其下轉還謂先捨欲已得生上界由身見執還生下界欲念之中若準涅槃愛見皆爲羅刹論經云愛見水中羅刹者譯者廻文不盡若準涅槃下欲會論經先引涅槃愛見羅刹皆乞浮囊如前引廻文不盡正會論文若盡應云水中愛見羅刹故於中執取正文於水即果流故疏配蘊窟三於所貪下中著謂於受用時求欲等樂著故求欲等樂著者此九論文初求五欲得已樂著衆生處處著故有等言四住我慢原阜者增慢謂於受用事時中我慢大慢憍慢自高輕彼故慢令心高故喩原阜上不停法雨下不見性水廣平曰原原自是高原上加阜則慢上過慢對涅槃岸以水爲患對佛性水則原阜爲非謂受用事時中我慢大慢憍慢者多恃才能云受用事大慢等三地有文我慢於等自大云大慢於上不恭託爲憍慢自高欵物總顯慢義而云原阜者爾雅云高平曰陸大陸曰阜賢首云四中初一見次二愛後一慢愛中一種子不滅故還來二現行深著故泥溺如人在河四事難出一被執住二被迴流三爲泥溺四滯枯洲不到彼岸合喩思之四滯枯洲者論經云我慢陸地之所燃枯論云一執二轉還三中著四者洲

安六處聚落無善救者無能度者

三明失中有三一善道無出意失安六處聚落故此無善因二惡道無救失此無救緣三無能度者興處去失謂離自善行生諸難處不値佛故此雙闕因緣通善惡道

我當於彼起大悲心以諸善根而爲救濟令

無災患離染寂靜住於一切智慧寶洲
後能治中初起化心後以諸下成化行化行有六一與善因謂六度萬行以爲船筏二作救緣三令無苦患四令離集染五證涅槃寂靜六令得菩提大智皆翻上三段思之云何能得此益論云以如實法云何如實了生死實性本如即苦患而證涅槃見煩惱本源性離即集染而成大智如斯教者眞與善因眞能救也皆翻上三段者謂一自體二起難三明失六中如一與善因即離自體既無自體即無難及失餘五亦然故云皆翻也

又作是念一切衆生處世牢獄多諸苦惱常懷愛憎自生憂怖貪欲重械之所繫縛無明稠林以爲覆障於三界内莫能自出

第二明界差別先過後治過中初句爲總三界繫縛猶如牢獄求有處之所以爲過次多諸下別別明世獄有五過隨逐一苦事二財盡三愛離四有縛五障礙三界之獄亦然此五示五種難差別一無病難無病是樂病則有苦與彼爲難下難義準之苦謂身諸病苦惱謂心病愁惱二常懷愛憎是貧生難愛彼資生求而不得憎彼貧窮遠之強會三親難親愛別離故生憂怖四戒難雖生上界蹔離犯戒不免戒行相違還爲貪械所縛謂報盡起於欲惡明上二界非欲永滅故此貪欲通繫三界五見難雖得世間八禪定智亦爲無明所覆與正見相違一苦事等者一鞭杖楚撻故二費用資財三親屬分張四枷鎖著體五垣墻防遏法說五中前三苦者一病苦二求不得苦三愛別離苦四戒難者謂後二是業一犯戒業上二界離無斷慨故不起犯戒五見難常邪見業癡爲本故

我當令彼永離三有住無障礙大涅槃中

後能治中若如實了知三界之相無有生死非實非虛則自無障礙果證圓寂

又作是念一切衆生執著於我

第四有二段化梵行求衆生分二初段化邪梵行求令捨邪歸正後段化同法小乘令捨權歸實今初先明過中初句爲總謂執著於我過然諸外道執見雖多以我爲本斷常等見皆因此生次於諸蘊下別

於諸蘊窟宅不求出離依六處空聚起四顛倒行爲四大毒蛇之所侵惱五蘊冤賊之所殺害受無量苦

別有六句前三失道故遠第一義樂後三失滅故具足諸苦今初一於諸蘊窟宅不求出離者無始發方便謂彼外道衆生欲趣涅槃以有我故於五陰舍不能動發二所趣不眞内入無我故名空聚我想妄計徧於六根故名爲依三造行不正既求涅槃應行八正翻行邪道四顛倒行以彼計蘊身受心法爲淨等故後三中一四大乖違苦謂老病死苦人皆欲遠由計我故四毒常侵二五陰隨逐苦五蘊具諸結過常能害人善法故三怨賊六受無量苦者上不說者皆在其中亦總結前五也無始發方便者則顯二是中間所趣不眞三是終造即行不眞此三失道翻有妄集後三失滅翻有妄苦前二内苦一四大即老病苦行五盛陰苦三總餘五苦人皆厭苦由著我故不能得出

我當令彼住於最勝無所著處所謂滅一切障礙無上涅槃

後能治中上由計我處處生著唯大涅槃

是無著處云何能得謂如實法如實法者略有三義一上怨賊等外道不知計我處之令菩薩教之觀過了無有人二假以世喻喻所不及則五陰等過於怨等三知其實性人法俱空皆是最勝無所著處餘如涅槃二十一說疏七

唯大涅槃者翻前失滅得如實法翻前失道十三三種如實前二事實後一理實餘如涅槃者即南經也此二經當二十三皆高貴德王品經中廣說三惡覺過令起六念善覺後有此經喻經云善男子譬如有王以四毒蛇盛之一篋令人瞻養餧飼卧起摩洗其身若令一蛇生瞋恚者我當準法戮之都市爾時其人聞王切令心生惶怖捨篋逃走王時復遣五旃陀羅拔刀隨後其人迴顧見後五人遂疾捨去是時五人以惡方便藏所持刀密遣一人詐爲親善而語之言汝可還來其人不信投一聚落欲自隱匿既入聚中窺看諸舍都不見人執諸坯器悉空無物既不見人求物不得而便坐地聞空中聲咄哉男子此聚空曠無有居民今夜當有六大賊來汝設遇者命將不全汝當云何而得免之爾時其人恐怖遂增復捨而去路値一河其河漂急無有船筏以怖畏故即取種種草木爲筏復更思惟我設住此當爲四大毒蛇五旃陀羅一詐親者及六大賊之所危害若渡此河筏不可依當投水死寧投水死終不爲彼蛇賊所害即推草筏置之水中身倚其上手把脚蹹截流而去既達彼岸安隱無患心意泰然恐怖消除釋曰上共引經在文可知下合文廣今當撮略云菩薩受大涅槃經觀身如篋四大如蛇蛇有四毒見毒觸毒氣毒齧毒常伺人便性各別異欲養無益四大亦爾又蛇以呪藥可治四大亦爾應遠離之

趣八聖道五旃陀羅即是五陰彼旃陀羅令人思愛別離怨憎集會又嚴器仗則能害人常有害意過害一切人無手足刀仗侍從則爲其害五陰亦爾令人遠善近惡煩惱自嚴器仗常害一切若無戒定慧刀善知識侍則爲其害陰又過彼彼害不能令墮地獄但害有罪亦不自害財貪可脫不必常害唯在一處殺已不墮五陰反此有智之人應當遠離依八正道六度萬行令心如虛空身如金剛一詐親善以喻於愛常伺人便令人輪轉但見身口不見其心愛但虛妄無有真實愛文過彼無始終故難知故難遠故若有智慧不爲其害空聚落者即是六入無人人空器等空者以明法空者凡夫遠望生不空想菩薩知空六大賊者即是六塵劫人善法不擇好惡令貧孤露作一闇撓無善防衛則爲其劫又過大賊賊劫現在唯劫欲界塵劫三世亦劫三界唯菩薩勇健有善僕從不爲其劫直去不迴河喻煩惱猶如駛流深難得底墮未至底即便命終衆生亦爾未至空底即便輪迴二十五有河唯沒身不沒善法煩惱反此故應勤修六度萬行以爲船筏至涅槃岸餘如彼經

又作是念一切衆生其心狹劣不行最上一切智道雖欲出離但樂聲聞辟支佛乘

第二化同法小乘初起過中有三初不求大因過利生懈怠爲陋佛法無量退沒不疏七十四證爲劣二不行下不願大果過三雖欲下明修行過不定聚衆生實有大乘出離之法而修行小乘不定聚者然三聚皆有且約長時入正定聚動經多劫故唯不定則可迴也

我當令住廣大佛法廣大智慧

後能治中廣大佛法即諸度萬行登地已上名爲廣大皆佛因法廣大智慧通於因果翻前陋劣總名廣大廣大佛法者亦是教道智慧即是證道上來廣明攝衆生竟

佛子菩薩如是護持於戒善能增長慈悲之心

第二佛子下結成攝生之戒護持於戒即前律儀及攝善法故能增長慈悲之心即益生戒

佛子菩薩住此離垢地以願力故得見多佛所謂見多百佛多千佛多百千佛多億佛多百億佛多千億佛多百千億佛如是乃至見多百千億那由他佛

第二位果唯無發趣三果同前故論云有疏七十五同者無者亦名果校量勝者三果皆勝初地故初調柔中二一調柔相二佛子此菩薩下別地行相三佛子是名下總結地名初中三謂法喻合法中三初見諸佛爲練行緣

於諸佛所以廣大心深心恭敬尊重承事供養衣服飲食臥具醫藥一切資生悉以奉施亦以供養一切衆僧以此善根迴向阿耨多羅三藐三菩提

二於諸佛下明能練行於中先供養

於諸佛所以尊重心復更受行十善道法隨其所受乃至菩提終不忘失

後於諸佛下受法更受十善即學佛善也是戒地故

是菩薩於無量百千億那由他劫遠離慳嫉破戒垢故布施持戒清淨滿足

三是菩薩下所練淨中對前勝者以離慳嫉破戒二種垢故

譬如真金置礬石中如法鍊已離一切垢轉復明淨

初地菩薩戒未淨故施亦未淨前就初地說檀度滿令更轉淨以離二垢說名離垢故故喻初地金但火鍊以除外垢今此置礬石中兼内淨體明云一切淨

菩薩住此離垢地亦復如是於無量百千億那由他劫遠離慳嫉破戒垢故布施持戒清淨滿足

法合可知

佛子此菩薩四攝法中愛語偏多十波羅蜜中持戒偏多餘非不行但隨力隨分

二別地行中以離語四過說愛語偏多

佛子是名略說菩薩摩訶薩第二離垢地

菩薩住此地多作轉輪聖王為大法主具足七寶有自在力

二菩薩住此下攝報果先明在家後若欲下出家在家中二先上勝身即金輪王

能除一切衆生慳貪破戒垢以善方便令其安住十善道中為大施主周給無盡布施愛語利行同事如是一切諸所作業皆不離念佛不離念法不離念僧乃至不離念具足一切種一切智智又作是念我當於一切衆生中為首為勝為殊勝為妙為微妙為上為無上乃至為一切智智依止者

後能除下明上勝果

是菩薩若欲捨家於佛法中勤行精進便能捨家妻子五欲既出家已勤行精進於一念頃得千三昧得見千佛知千佛神力能動千世界乃至能示現千身於一一身能示現千菩薩以為眷屬

二出家顯攝報果

若以菩薩殊勝願力自在示現過於是數百劫千劫乃至百千億那由他劫不能數知

三若以菩薩下願智果並如初地

爾時金剛藏菩薩欲重宣其義而說頌曰

質直柔軟及堪能　調伏寂靜與純善　速出生死廣大意　以此十心入二地

第三重頌中有十五頌分三初十頌位行於中有四初一頌頌十種直心

住此成就戒功德　遠離殺生不惱害　亦離偷盗及邪婬　妄惡乖離無義語

不貪財物常慈愍　正道直心無諂偽　離險捨慢極調柔　依教而行不放逸

二有二頌頌律儀戒

地獄畜生受衆苦　餓鬼燒然出猛餤　一切皆由罪所致　我當離彼住實法

人中隨意得受生乃至頂天禪定樂獨覺聲
聞佛乘道皆因十善而成就如是思惟不放
逸自持淨戒教他護
三二頌半頌攝善戒
復見羣生受衆苦轉更增益大悲心
凡愚邪智不正解常懷忿恨多諍訟貪求境
界無足期我應令彼除三毒
愚癡大闇所纏覆入大險道邪見網生死籠
檻怨所拘我應令彼摧魔賊
四流漂蕩心沒溺三界焚如苦無量計蘊爲
宅我在中爲欲度彼勤行道
設求出離心下劣捨於最上佛智慧我欲令
復住大乘發勤精進無厭足
四有四頌半頌攝衆生戒
菩薩住此集功德見無量佛咸供養億劫修
治善更明如以好藥鍊眞金
佛子住此作輪王普化衆生行十善所有善
法皆修習爲成十力救於世
欲捨王位及財寶卽棄居家依佛敎勇猛精
勤一念中獲千三昧見千佛

所有種種神通力此地菩薩皆能現願力所
作復過此無量自在度羣生
二有四頌頌位果
一切世間利益者所修菩薩最勝行如是第
二地功德爲諸佛子已開演
三有一頌結歎所説二地竟
大方廣佛華嚴經疏鈔會本第三十五之三

大方廣佛華嚴經疏鈔會本第三十五之四　遵八

唐于闐國三藏沙門實叉難陀　譯

唐清涼山大華嚴寺沙門澄觀　撰述

第三發光地所以來者前戒此定義次第故又前三地寄同世間施戒修法前二施戒竟今此顯修故深密云前位能持微細戒品未得圓滿世間等持等至及圓滿聞法總持爲令得此因說此地令勤修學此則具前二意所以來者來意中三初正明有二意一就三學二地是戒三地是定四地已上皆屬於慧故爲次第則令初地亦屬戒收又前三下二約寄位謂初地爲施二地爲戒三地爲修此三所以名世間者世間有情多分行故故俱舍云契經說有三福業事一施類福業事二戒類福業事三修類福業事此云何立福業事名頌云施戒修三類各隨其所應受福業事名差別如業道釋曰類謂性類此三各別一類性故定名修者頌云等引善名修極能熏心故謂離沉掉名之爲等等引生功德名之爲引此定地善極能熏心令成德類故獨名修此則具前下三會釋也謂一前位持戒未得等持即三學意二既言未得世間等持即寄位意在文可知言發光者智論四十九名爲光地本論及金光明十住婆沙等皆名明地光之與明眼目殊稱皆畧無發字仁王名明慧慧亦是明義旨皆同今統收下經及諸經論總有三義立發光名一以初住地十種淨心爲能發勝定聞持爲所發光以安住地竟方始聞法修得定故故瑜伽四十八云由聞行正法光明等持光明之所顯示故名發光地由內心淨能發光明是故說名增上心住既言由內心淨能發明知以十淨心爲能發也攝論金光明經意皆同此二以聞持爲能發勝定爲所發以聞法竟靜處修行方發定故瑜伽亦說等持爲光明故此約地中釋之三以勝定總持並爲能發彼四地證光明相以爲所發故下論云此約地滿心釋唯識亦云成就勝定大法總持能發無邊妙慧光故謂由得勝定發修慧光由得總持教法發聞思光彼無邊慧即是三慧故上本分論云隨聞思修照法顯現謂就此慧中四地證法爲所照三慧光明爲能照三慧是彼證智光明之相餘諸經論言雖少異並不出此故十淨心唯是能發證光明相唯是所發勝定一種通能所發是以此地偏得增上心名及金光者即第三經經云無量智慧光明三昧不可傾動無能摧伏聞持陀羅尼爲作本故是故三地說名明地言十住論即十住毗婆沙當第一仁王下當釋之攝論下四引例釋成攝論即當第七論云由無退轉等持等至所依止故大法光明所依止故名發光地世親釋云由此地中與三摩地三摩鉢底常不相離無退轉故於大乘法能作光明名發光地無性釋曰由無退轉等持等至所依止者謂此地中證希有定能發智光明了諸法故名發光得已不失名無退轉諸靜慮定名爲等持諸無色定名爲等至等持者心一境性等至者正受現前大法光明所依止者謂此地中與定相應無退轉故於諸大乘與經等法得智光明此地是彼所依因故名爲發光釋曰此二釋論皆當第七大同小異故疏畧指同於瑜伽次云金光明者如前已引三以勝定下第三會取第一二種所發以爲能發餘諸經論下第三總結揀定上恐學人欲見異釋故委出之實無異轍餘論之言今當更出顯揚第三云三地發光地謂諸菩薩住此地中善修治第三地故超過一切聲聞獨覺地證得極淨三摩地蘊大智光明之所依止是故此地名爲發光則亦不異前明矣又上言仁王名明慧地者即下卷中明三賢十聖各修一觀門皆名法師故故經云大牟尼言有修行十三觀門諸善男子爲大法王從習忍至金剛頂皆爲法師依持建立今言第三地者彼經云復次名明慧道人常以無相忍中行三明觀知三世法無來無去亦無住處心心寂滅盡滅三界癡煩惱故證得三明一切功德觀故釋曰立名小異義理同經若所離障通約三慧故本分論云闇相於聞思修諸法忘障唯識名闇鈍障謂所知障中俱

生一分令聞思修法忘失彼障三地勝定
總持及彼所發殊勝三慧入三地時便能
永斷由斯三地說斷二愚及彼麤重一欲
貪愚此障勝定及彼修慧二圓滿陀羅尼
愚此障聞思慧及障彼圓滿陀羅尼故若所離下第三離障初舉本分其名委具唯識立名則總釋義委具於彼論中先釋障忘失三慧故名聞鈍三慧別障如下愚中今但總說由斯已下釋斷二愚一欲貪愚但畧舉愚應有問云上標所知今何得舉欲貪煩惱答彼次論云彼昔多與欲貪俱故名欲貪愚今得勝定及修所成彼既來斷欲貪隨伏此無始來依彼轉故釋曰以欲貪故多住散亂故障定修慧以此欲貪依障而轉障盡欲亡二圓滿下此持通四一法持二義持三咒持四能得忍持以聞思與彼聞持極相近故所以偏說非不障修
若約所證唯就總持名證勝流真如唯識
云謂此真如所流教法於餘教法極爲勝
故梁攝論云從真如流出正體智正體智
流出後得智後得智流出大悲大悲流出
十二部經名爲勝流法界故下經中能捨
身命求此善說若約所證者四證如以明所流是教法故然所證如論自釋云此有二意一由得三慧照大乘法觀此教法根本真如即勝流故論釋云此如流教最爲勝故二若證此如說法勝故故疏結云能捨身命求此善說善說即勝然捨此身下即無性菩薩釋攝論言謂此所流教法最勝故捨身命求此善說

不以爲離其所成行亦唯禪及求法其所成行者即下猒分及求法行即方便攝行莊嚴論云第三住能生欲界而不退禪其所得
果亦法及禪梁攝論云通達勝流法界得
無邊法音果金光明云三地發心得難動
三昧果下文四無量五神通等皆定所攝其所得果者下引梁論證於得法引金光明證於得禪
佛子得聞此地行菩薩境界難思議靡不恭
敬心歡喜散華空中爲供養
次正釋文總分三分初讚請分二正說分
三重頌分今初六偈分二前三慶前後三
請後前中初偈集經者序
讚言善哉大山王慈心愍念諸衆生善說智
者律儀法第二地中之行相
是諸菩薩微妙行真實無異無差別爲欲利
益諸群生如是演說最清淨
後二偈發言讚能所說於中善哉是總第
八句是結別明能說有二前偈有慈後偈
有悲故云利益所說亦二前偈教相故云
律儀後偈證相故云微妙真實者契理故
無異者千聖同轍故無差別者理貫事故

一切人天供養者願爲演說第三地與法相
應諸智業如其境界希具闡
大仙所有施戒法忍辱精進禪智慧及以方
便慈悲道佛清淨行願皆說
後三請後中二初二偈大衆請前偈總請
三地之法謂如彼教法相應三智之業後
偈別請十度行法以地地通有故慈悲是
願道謂道力佛清淨行即無漏智
時解脫月復請言無畏大士金剛藏願說趣
入第三地柔和心者諸功德
末後一偈上首請
爾時金剛藏菩薩告解脫月菩薩言佛子菩
薩摩訶薩已淨第二地欲入第三地當起十
種深心
第二正說分中先明地行後辨地果前中
四分一起厭行分二厭行分三厭分四厭
果分此地修禪厭伏煩惱亦厭於禪故名
厭地設忻大法亦爲厭故正住地心住於
八禪故但名厭初入地心觀修彼行名厭
行分趣地方便起彼厭行地滿心中得無

量等是厭之果亦可初一是入心餘三是住心

今初分中有三初結前起後二何等下徵列十心三菩薩以是下結行入位初中標起云十種深心論經云深念心則異前二地單云深心謂更以十心念前十深心故瑜伽云若菩薩先於增上戒住已得十種清淨意樂復由餘十淨心意樂作意思惟成上品故入增上心住（則異前二地下疏取彼經以揀今文言更以十心者能念即此地初十心於禪定中求欲深故所念即是二地初十心欲求禪卻念淨戒戒清淨故乃得禪定次引瑜伽證成上義先明所念後復由餘十下即是能念起此十心在於地前修成下中未入此地故成上品方入三地三地即是增上心住）

何等爲十所謂清淨心安住心厭捨心離貪心不退心堅固心明盛心勇猛心廣心大心

二徵列中十心義分四對初二一對根本建立次三一對方便發修次三一對修已成就後二一對德用自在此四對中皆前離過後明成善

初言淨心者離過也論云依彼淨深念心謂依二地淨心起此趣地淨心故瑜伽云一者作意思惟我於十種淨心意樂已得清淨故二安住心者依不捨自乘及前十故此二依前故云根本建立後八依前起後（初言清淨心者然十皆清淨初句兼總偏得淨名依不捨自乘者謂所住大乘之法堅心不動此句是論總下及前十者即前地十不捨淨戒方得定故）次第二對方便發修者論云志求勝法起善方便三地勝定總持名爲勝法於中前二句離過一懸厭當欲二離於現貪後一造行進善若不勝進則名爲退故異第二若准瑜伽所修對治不復退失故下頌云不害若失對治則有害故（若不勝進者此未得不退故論云五依不捨自勝進）第三對中初一離過謂自地煩惱不能壞故名堅固心自地即第二以初十心未增未入三地故後二成善初句體成依等至八禪出入自在故云明盛後句用成即依前句禪定自在力雖生下地而不退失故云勇猛故下經云於禪能出能入者即明盛也又云不隨禪解脫力生者是勇猛也地滿方成今此作是思惟即得入地故瑜伽十心皆有作意思惟之言（謂自地煩惱者釋云二地一地有何煩惱謂障三地者是二地惑今不現前故云不壞依等至者論云三摩提自在三摩提是古梵語即三摩鉢底此云等至）第四對中初句自行離過依欲界生煩惱不能染故論名快心晉經名勝心皆以有智故不染煩惱今言廣者兼不樂陋小故後句利他自在依利衆生不斷諸有故云大心此廣大二心與前後有異（皆以有智故者以有智故慶快殊勝處染不染此廣大者諸乘有智上求爲大有悲兼物爲廣前地亦以不染爲大利他名勝今以利他非小乘故亦得名大智不求欲亦得稱廣）

菩薩以是十心得入第三地

三結行入地謂於前十心作意思惟便入增上心住

佛子菩薩摩訶薩住第三地已觀一切有爲法如實相所謂無常苦不淨不安隱敗壞不久住刹那生滅非從前際生非向後際去非於現在住

第二佛子菩薩摩訶薩住第三下厭行分中有三一修行護煩惱行以觀有爲可厭患故二見如是下修行護小乘行求一切

智深念衆生捨陋劣心故三菩薩如是厭離下修行方便攝行欲攝衆生不離無障碍智究竟方便等故又此三段攝前三位初及第二一半攝修行住次護小乘陋心下攝無恚恨行以慈悲故後段攝等一切佛迴向思惟佛智度衆生故又此下攝位前二自分後一勝進自分護小乘之過勝進依前進修今初二十句分二初十觀無常即知有爲體性後十觀無救者即就人彰過今初分三初顯觀時謂住地已揀前趣入次觀一切下總辯所觀言如實相者此有二義一事實謂無常等二理實謂即不生等今文具二後所謂下別示其相文有十句初總餘別總云無常者論云是中命行不住故謂命行二字是所無常法不住二字是無常義相續名命遷流名行命舉於內行通內外故下別中分出依正謂命行者即經有爲字此同涅槃我觀諸行悉皆無常別中九句初五句云何此無常即前命行後四句何者是無常即前不住云何此無常行命行是論經即有爲此問無常所以亦無常法何者是無常者不住是論經即無常字此問無常體相故

下經云刹那等初中有二義一隨事前三內報以顯無常後二外報以顯無常二據義五句以苦等四觀共顯無常初句即苦論云依身轉時力生三種苦故謂三苦依三受依觸生故依身轉方能生苦即是無常二即不淨依飲食力形色增損故三不安隱者依不護諸惡力橫夭壽等四敗壞者依世界成力成必滅故五不久住者此句依無我謂資生依主無有定力屬於五家非一處住不定我所反顯我無故論云依身者內報遷移名身轉時從觸生受從受生苦已是無常況三苦更起故是無常由轉生苦故轉為力形色增損者食為便利資內汗穢垢汗不淨顯現於外故云不淨以增損故即是無常依不護者論經此句亦云無常遠公釋云此以無常顯於無常以天壽等麤相無常雖有為法性是無常無我理細不顯無常今經異論云不安隱故疏直釋不配無常及與無我而通兩意作無常釋不異遠公作無我者過緣天逝不自在故下第五句正無我所故彼疏云不定我所反顯我無後四何者是無常然無常有二種一者少時無常即刹那生滅二自性不成實無常謂三世緣生俱無自性故不成實體即下三句一非從前際生者過去已滅故二非向後際去者現

在即滅無容從現轉至未來故三非於現在住者念念遷謝求其住相不可得故約三世遷滅求生等相皆不可得即入不生不滅是無常義此中三世約相續門如因前身有今身等若依生滅門則應從未來藏流入現在遷至過去二門不同也然無常者遠公釋云應有三種一分段無常分段兩向用之向前為無常所以今此為無常體性故此分段不出此二少時亦名念念無常故次經云剎那生滅四相遷故約三世下三結文意經從前際主即是生義今非從故名為不生向後際去即是滅義今非向故名為不滅亦應不住不住通於無生無滅為對生滅是無常義顯不生滅是無常義順淨名故此中三世下四揀不同謂諸經論中辨法有二一相續門者約就三時以辨一法當知是法從於過去來向於後世如人說言我從主來向於老去今是此門故云非從前際生等二以三時對別諸法名生滅門是則一法隨時為三三法相望過去已去當者方來現在今住故引有部從來來藏入現在事則謝往名過過往背今稱之為去在當名未當起之法趣現名來亦可來者是其現義當法未現名為未來今名現法住現相故名為現在依此門辨無生滅義今依前門故於未來義則可具言過去已滅未來未至現在無住故無生滅今依前門故於未來却名不去是故結云二門不同又觀此法無救無依與憂與悲苦惱同住愛憎所繫愁慼轉多無有停積貪恚癡火熾然

不息衆患所纏日夜增長如幻不實

第二又觀下明其無救初句總顯言此法者即前無常今又觀之不出生老病死如四方山來無逃避處無能救者第二又觀下無常理定非物能裁故云無救如四方山來即涅槃文如四諦品別有九句約生老病死初四約死以顯無救此相顯故所以先明一無依者於無常未至中無所依告救令不至二與憂者無常既至無能救者意地懼死所以懷憂三與悲者生陰轉壞死相現前於此中間彌增涕泗四苦惱同住者正捨壽時四大分散在於五根苦惱事中其力虛弱更以憂悲隨逐則憂苦轉增心生熱惱別中九句者即為四段初四約死次二約資生次一約老後二約病而生過不約人所愛故畧而無之就總相言約生老病死又生一種含在資生等中以諸增長位總名生故又此四段亦攝八苦二即求不得苦死兼愛別離苦病中兼有怨憎會苦五盛陰苦通在於四今初死苦望之遠近故有四句未至者自少及長皆歸死門一息尚還既言未至臨風微燭何所依憑故文殊云生死有畏菩薩當何所依淨名答云菩薩於生死畏中當依如來功德之力凡夫無此故無所依二死時將臨名為既至無常經云云何保形命不覺死來侵三死相現前若祢識昏時六腑空虛餘息奄奄心神悄悄或讀業報中陰現前內識外身皆有死相陰轉死相即曰中間難向死門故多涕泗四正捨命時風刀解體故曰分散氣絕神逝名捨命時無常經云命根氣欲盡支節悉分離衆苦與死俱此時徒歎恨兩目俱翻上死刀隨業下意想並慞惶無能相救濟五根已苦不能安排將前憂悲隨逐於苦增心熱惱言同住者即是相應義也明此死人但與憂悲苦惱同住故六地云死時別離愚迷貪戀心胷煩悶為憂涕泗咨嗟為歎在五根為苦在意地為憂憂苦轉多為惱若準涅槃直觀於死自有十義云夫死者於險難處無有資糧去處懸遠無有伴侶晝夜常行不知邊際深邃幽暗無有燈明入無門戶而有處所雖無痛處不可療治往無遮止到不得脫無所破壞見者愁毒雖非惡色而令人怖致在身邊不可覺知次二約資生事不知是苦妄生樂想對治不入故無救也謂五追求資生境有順違故愛憎所繫六於受用時苦多樂少云愁感轉多謂受而不散衆禍皆集用而毀損如損身命故曰苦多次二約資生者非唯不知追求受用皆悉是苦亦不知前皆悉是苦亦不知前皆歸於死而初追求愛順憎違求順不得即求不得苦增違而至即怨憎會苦六苦多樂少者且順妄樂名為樂少積而禍集已是苦矣散而貪戀斯苦更多亦受別離苦也七於身老時盛年壯色不可救令停積七於身老時者第三約老明無救也壯色不停猶如奔馬西日熙熙孰能駐之後二約病初一病因謂八於少壯時具樂等三受故貪等常燒不容法水熾然難救九於年衰時衆患所經如樹將朽日夜增長無能令免然病通始終老時多故論偏說老老即病緣後二約病者初一少時病後一老時病言病因者樂受生貪則房色竭其骨髓滋味煎其腸藏安得不病苦受生瞋則憤恚填於心胷不患危難安不病哉癡則愚暗不識是非動皆顛墜安不病哉九中然老亦病因而不云因者老亦即病謂年耆根熟形變色衰飲食不能氣力虛乏坐起苦極餘命無幾豈非病哉況加客病難復再康枯楊遭霜生茂無日隨風墜葉歸樹何期故論云後三句皆明身患事也何故不在初說示身數數患事可卒加故如幻不實總結前九故論云者問意云何謂前四後三是老病死同身患事何不一處併而說之而於中間間以追求答云示身數數患事者為欲彰身患事非適於老少故分兩處言可卒加者病之與死皆可卒至故復慮聞言既云患事非一何不前明老病相耶則患答云死過重故故前疏云此相顯故

見如是已於一切有為倍增厭離趣佛智慧見佛智慧不可思議無等無量難得無雜無惱無憂至無畏城不復退還能救無量苦難衆生

第二護小乘行有三十句前十句護小心後二十句護暱心今初先總後見佛下別總中初結前謂先觀無常已厭有為次觀

無救故倍增厭趣佛智慧明其生後正護小心求佛大智故別中十句分二前五攝功德大即求佛菩提後五清淨大即求涅槃果菩提是德修成名攝涅槃本有離障稱淨此二無礙菩提菩提斷俱名菩提智相智性皆名佛智（菩提菩提斷者如前已引智相智性即法華意）今初一神力攝功德大智用不測故二無比德學地無等故上二妙用自在三大義德利他無量故四無譏嫌德自行難得故五不同德外道無雜故顯上二利不同外道無利勤苦上三德行圓滿（上二妙用自在者結上句當體顯用下句寄對顯勝然此五句皆有攝功德大疏文從畧下清淨亦然皆帶總句三大義下三句前二正明德行圓滿後一寄對顯勝不雜外道故言大義者義即義利利他德廣故名為大四無譏嫌者淨德殊勝故言無雜者論名不同攝功德大前云寄對名為無比顯勝踰越二乘今云不雜即勝過外道）後五中義攝有三謂離惑苦得涅槃故一無惱者即離惑習無明不雜故二無憂者離苦苦依根本亡故憂悲隨盡三得涅槃有二義一得體謂無憂畏城亦是無餘涅槃二得用謂能建大事亦無住涅槃即後二句不住生死故云不復退還不住涅槃故能救無量苦難由俱不住方是世間涅槃勝事以斯為業則翻有為之業矣（一無惱者四住之結名之為惑四住種子名之為習及無明住地三類皆惑故並不雜雜即惱故苦依根本者身受名苦心受曰憂先由身苦後起心憂是故說苦以為根本憂為涅槃巨害故偏言之若據根本應言無苦一得體者無憂即無上苦無畏於惑惑苦雙亡名為無餘二得用者對上體言無住涅槃即體用雙具即具大智故不住生死具大悲故不住涅槃由俱不住下疏釋論也論云菩薩至涅槃城不復退還而能利益眾生得世間出世間勝事疏釋意云由不住涅槃能入世間不住生死能出世間此二無礙即是勝事勝事即無住涅槃故無住涅槃唯佛方得名為勝事以斯為業者以前菩提涅槃但無惑苦不言無業者以為利樂之業不與惑苦共俱故翻有為之業耳上來亦即淨樂我常）

菩薩如是見如來智慧無量利益見一切有為無量過患則於一切眾生生十種哀愍心

第二菩薩如是見如來智下護隱心有二十句前十悲其淪溺後十決志慈濟前中二先牒前標後謂見佛智勝利傷物不得有為過患愍物處之此是牒前則起悲心是為生後（謂見佛智者牒前護小有為下牒前護煩惱行所以不次者為順生後悲心便故）

何等為十所謂見諸眾生孤獨無依生哀愍心見諸眾生貧窮困乏生哀愍心見諸眾生三毒火然生哀愍心見諸眾生諸有牢獄之所禁閉生哀愍心見諸眾生煩惱稠林恒所覆障生哀愍心見諸眾生不善觀察生哀愍心見諸眾生無善法欲生哀愍心見諸眾生失諸佛法生哀愍心見諸眾生隨生死流生哀愍心見諸眾生失解脫方便生哀愍心是為十

二何等下正顯悲行文有十句初總餘別總由孤獨無依故生哀愍少而無父曰孤老而無子曰獨今眾生上遠慈尊又無方便下不利物又闕善心故云孤獨既孤且獨何所依救（今眾生下此有兩重父子一約人上遠慈尊是孤不化眾生是獨二約法又無方便為孤方便以為父故又闕善心為獨善心成實男故別）有九種孤獨無依初二依欲求眾生一已得心無厭足故貧窮無依經云知足之人雖貧而富不知足者雖富而貧未必無財方曰貧也二未得他財求無休息故三毒火然此即多欲多欲之人多求利故煩惱

亦多初求生貪不遂生瞋非理爲癡次三依有求衆生一閉苦果獄二集因覆障三無觀察道由生八難不聞法故由上三故安能得滅次三依有求由迷四諦故前二有障雖一無治故不證滅後四依梵行求衆生前三小乘一行小因不求大因勝善之法二保執小果不求菩提爲先佛法當知此輩皆是增上慢人三不得大般涅槃長隨變易生死後一外道雖求解脫以行邪故失於方便當知此輩者即是法華經文大意來得究竟謂爲究竟故然此文多同二地彼以廣解又上總別十句亦可通爲五對一無親無財二有惑有苦三有障無治四闕因失緣五順流背滅又上總別下上依論文此直就經耳

菩薩如是見衆生界無量苦惱發大精進作是念言此等衆生我應救我應脫我應淨我應度應著善處應令安住應令歡喜應令知見應令調伏應令涅槃

第二菩薩如是下決志救度中初結前生後作是念下正顯救心文有十句初總餘別別分爲三初三何處救度謂三道中一脫業結二淨惑染三度苦果次五以何行度謂授三學初二正授一著戒善處二勸住定慧三昧地故定慧合說謂四地已去方是慧地此地定增故慧是定中之慧耳後三明授法利益初二戒益一將受戒者令除疑生信衆生受佛戒便同大覺固應歡喜二已受者令知持犯見其勝益安固不動後一定慧益滅除沈掉故云調伏後一度果云何救度成令得有餘無餘涅槃故上皆論意初三等者論爲三段此是第一次五度行論云以何救度後一度果論云云何救度成就文皆具然初度處三道論主皆有妄想之言謂皆妄想因果可除斷故定慧合說者問此非慧地慧合定中亦非戒地戒何別說前戒已成不依定故此中之慧是定中慧故滅除沉掉者沉是昏沉是定順障是慧違障掉即掉舉是慧順障是定違障定多易沉慧多易掉故名順障沉不明了掉不寂靜故名違障論云滅除沉掉隨煩惱使者沉更掉即是隨惑使即隨眠種現俱亡故

道八 十六

有一理授行五句中初三是戒初著戒處次由持戒得心不悔故云安住後由不悔得心歡喜次一授慧故云知見後一授定故云調伏然三學對於三道有通有別別則戒無業結慧能斷惑定度苦果爲別對前次故先說慧然猶附論若直就經文對前十類生此十心一救孤獨故二脫貧窮故三淨三毒故四度有獄故五著無覆障處露地坐故六住善觀察故七得善法欲生歡喜故八知見性相同佛法故九調伏諸根不隨流故十應令涅槃得解脫方便故論非無理未若此順經文

道八 十七

菩薩如是厭離一切有爲如是愍念一切衆生知一切智智有勝利益

第三修行方便攝行謂修攝生方便之行故下經云以何方便而能拔濟即知不離佛智等故佛智等即是攝生之方便也第三修行方便攝行文中又二先釋行名文分爲四一發起攝行之因二作是思惟下思求方便攝行三便作是念下思得攝生方便四菩薩如是下依思修行後文分下科釋此方便攝行之相藏文已具今先畧示謂菩薩因前三種觀故知生死多過衆生未出佛智大利衆生未得便念衆生墮在衆苦何方拔之令得涅槃即知不離無障礙智乃至不離善巧多聞遊求正法得已思修入禪無色依定觀法得無生慧依無生慧生如實覺依如實覺得無礙智便能拔衆生出生死苦得涅槃樂攝相如是今初分二先牒前二行以

爲三因後欲依下依前三因以明發起令初一如是厭離一切有爲是牒護煩惱行爲離妄想因二如是愍念一切衆生是牒護陋心爲不捨一切世間因三知一切智智有勝利益是牒護小心爲發精進因謂既知佛智勝益則修行彼道以趣入故然三因之中初後是智中一是悲悲智爲因能求方便（先牒前者二行即護煩惱及離小乘護小行中有狹及小故有三因牒護煩惱行者謂三雜染皆爲妄想故疏前釋三種雜染皆名妄想二由念衆生常在世間不捨離故三知一切智智下名精進因者非男猛求不能證故問上文先求佛智後念衆生今何在後牒佛智耶答前由先念衆生處有爲過佛智勝利不能得之故起悲心悲其過後求佛智拯此沉溺）

欲依如來智慧救度衆生

後發起者既思三因欲將有益之智救可愍之衆生故說經者爲此發起故論云此言示現發起方便攝行故（遺八）十八

作是思惟此諸衆生墮在煩惱大苦之中以何方便而能拔濟令住究竟涅槃之樂

第二思求方便者亦只思前衆生墮有爲惑業苦中欲令永滅得大涅槃未知方便故思求之令經闕一業字論經具有（論經具有者彼云此諸衆生墮在大苦煩惱業中）問前決志救中知授三學滅業惑苦今何故言以何方便答令但思其能授智慧耳若爾前護小中已知如來智慧有大勢力及上因中云知一切智智有勝利益今何更思答前知智勝欲令物得今亦思其令得方便下乃知之要自得佛智方令他得

便作是念欲度衆生令住涅槃不離無障礙解脫智無障礙解脫智不離一切法如實覺一切法如實覺不離無行無生行慧光無行無生行慧光不離禪善巧決定觀察智禪善巧決定觀察智不離善巧多聞

第三思得方便中方便有五自古皆將配位論雖無文於理無失言有五者一佛無礙智二八地如實覺三四地無行慧四三地禪定五亦三地多聞（遺八）十九然此五中從微至著則後後起於前前故今觀求逆尋其本展轉相因並云不離此五之中多聞唯能起佛智唯所起中間三種通能所起論依此義攝五爲三一佛智窮盡果海名證畢竟盡二以中三皆有下從他起上能起他漸增至佛故攝爲一名起上上證畢竟盡三以聞慧爲彼中間起行所依名彼起依止行以其聞慧未是證行不得名起而忘軀求聞亦得稱行已知大旨（此五之中下衆論總釋於中有二一出經意成論爲三之由論依此義下二正顯論而論總云是中方便攝行有三種問前來豈非方便攝行何以至此始云攝行答上之二段牒前起後方欲傍求未得名爲方便攝行今此求得攝生方便方得其名證中最極名畢竟盡起中漸增名爲上上第三可知）次畧釋文一佛智名無障礙解脫者無二障故是離障解脫具十智力權實無礙故是作用解脫此是究竟攝生方便

二此智要依如實覺者八地得無生忍覺一切法如實性故若覺實性方能盡惑於事理無礙故佛智由起論釋一切法云來所說一切法者因音聲忍方得無生尋於能詮悟所詮故釋如實覺云隨順如實覺者因於順忍得無生故（釋如實覺者論總云彼盡以如來所說一切法隨順如實覺起故疏分論文兩段釋之先釋一切法而遠公云如來）

所說一切法畧有二種一三地中從佛所聞之法二當地中諸佛七勸所說之法今於此二起如實覺如實覺者隨順相應故一順三地所聞法起得無生忍及深行等疏衣此義云因音聲忍得無生忍然無生忍從四地起亦證三地之中所聞法故咸於順忍順忍之力得於無生故以順忍釋論隨順三地所聞即音聲忍二對七勸得如實覺即八地中得無量身及淨佛土十自在等得勸之後方成此故今約展轉故畧不明

三此覺不離無生慧者欲覺一切法遵八二十一切法不出二種一者自相謂色心等殊是有爲法體故名爲行二者同相色心雖殊同皆生住異滅所遷舉初攝後故但名生今四地菩薩了自及同皆緣生無性成無分別慧故云無行無生下一行字是慧行相以無行無生爲慧行相若如是行則得八地覺法自性也三此覺下第三方便無自相行及共相生爲慧行故疏文委具

四此慧不離禪等者謂此無生慧非定不發言禪善巧者得三地滿勝進分禪故出入自在亦不染禪故名善巧決定者於他四地決能發也觀察智者論云自智慧觀故謂即三地禪中之智非前所發四地無生之慧彼四地之慧此中名光明依此光明故名明地故四地證慧由三地禪中修慧而發得三地者淨禪有四一退分二住分三勝進分四決定分今即第三四即下於四地決定能發謂即三地者即修慧也是下經中觀於諸法不生不滅明是三地自智慧觀彼前四地下揀今修慧但是四地證前相故尋求趣本故名彼慧以爲光明中此三地得名明地

五此禪不離善巧多聞者此中修慧由後聞慧故三節皆遵八慧而慧不同言善巧多聞者不取聞相故二十一然佛智之因乃通十地而偏舉三者此地聞修近所行故四地是慧增之首故八地無功用之初故此中修慧者論云此是彼起依止行聞慧方便是起所依是故修行名彼起依止行意云由聞辭修故修求聞之行三節皆慧者一四地證慧二三地修慧三求法聞慧瑜伽八十三云慧有多種言慧光者即聞思慧慧耀者即修所成慧然此第五即是聞慧

大方廣佛華嚴經疏鈔會本第三十五之四

大方廣佛華嚴經疏鈔會本第三十五之五　遵九

唐于闐國三藏沙門實叉難陀譯

唐清涼山大華嚴寺沙門澄觀撰述

菩薩如是觀察了知已倍於正法勤求修習

第四依思修行上既逆推本由多聞今則順行先求聞慧而起聞行文中二初結前標後（初結前者標云正法通於教義五重方便不由求法故於正法倍復增求）

日夜唯願聞法喜法樂法依法隨法解法順法到法住法行法

後日夜下正起求行於中分二先明求法行後菩薩如是下明求行因

今初文有十句聞法者無慢心故二喜法者無妬心故三樂法者無折伏他心問義故此三約聽聞時（文有十下分之爲二先釋經十句即是三慧而有四節初三唯聞第四五六通聞思慧第七唯思後三唯修無慢心者有慢則不求一不妬他解故生善悅樂法故問無折伏他心好心好法名之爲喜終時愛味說以爲樂）四依大乘教自見正取不忘失故此揀求小不名善故自見正取者不由他悟故五隨自讀誦故六爲他解說故七順所聞法靜處思義故此三約已得法自他利時

八到法者依定修行到究竟故九住出世間智故十順佛解脫行故上之後三皆約修行然後二揀不同世間之行（八到法下於後三中初一是定後二是慧若隨位分到法初地住法即四地已上行法即八地已上九住出世等者即釋經住法而論經云歸依法論釋云依出世間智故謂四地證智是所歸依）若望後厭分正修此十皆是聞慧若望依思而行此十皆名爲行於中初日夜常聞以顯勤行喜法等九顯正修行又此十句若約所受唯教與義聞約教成修依於義思通教義（二能所求料揀以顯勤行者此即三地能求法行下九皆是所求修行之法思通教義者始依教思終則依義）

菩薩如是勤求佛法所有珍財皆無悋惜不見有物難得可重但於能說佛法之人生難遭想

第二求行因中二初常勤求因二菩薩如是下正修行因以前十句有此二故今初論云彼常勤行以何爲因示現恭敬重法畢竟盡故於中分六一總明輕財重法

是故菩薩於內外財爲求佛法悉能捨施

二是故菩薩下雙捨內外

無有恭敬而不能行無有憍慢而不能捨無有承事而不能作無有勤苦而不能受

三無有恭敬下內財敬事謂心則恭敬捨慢身則承事忘苦

若聞一句未曾聞法生大歡喜勝得三千大千世界滿中珍寶

四若聞一句下況捨外財

若聞一偈未聞正法生大歡喜勝得轉輪聖王位若得一偈未曾聞法能淨菩薩行勝得帝釋梵王位住無量百千劫

五若聞一偈下輕位重法人天王位終是無常句偈教義法王爲果一句一偈約聞教法淨菩薩行約聞義法

若有人言我有一句佛所說法能淨菩薩行汝今若能入大火坑受極大苦當以相與菩薩爾時作如是念我以一句佛所說法淨菩薩行故假使三千大千世界大火滿中尚欲從於梵天之上投身而下親自受取況小火坑而不能入然我今者爲求佛法應受一切地獄衆苦何況人中諸小苦惱

六若有人言下甘苦重法以一句之法能盡苦源地獄多劫誠可甘也

菩薩如是發勤精進求於佛法如其所聞觀察修行

二正修行因中初結前後如其下正顯因相謂靜處思惟正觀爲修行之因也然論經但云正觀無修行字故是思慧爲修行因若順今經此一段文乃是後文標舉耳

此菩薩得聞法已攝心安住於空閑處作是思惟如說修行乃得佛法非但口言而可清淨

大文第三此菩薩得聞法下明厭分者前明聞思今顯修慧即五種方便中第四禪善巧決定觀察智也論云云何厭分是菩薩聞諸法已知如說行乃得佛法入禪無色無量神通彼非樂處於中不染必定應作故謂不樂不染即是厭義其無量神通是厭之果皆修行力兼便舉來其無量下通妨以是猒果非猒分故通意可知經文七相一依何修二云何修三何處修四何故修五何時修六何所修七何爲修束此七相大爲三段初四修行次二證入後一入意經文七相者約義不同次科束爲三者順文分段今初此菩薩得聞法已即依何修以依正法故即了相作意今初修行有三初正釋文即依何修總示義相以依正法故者即釋成上義即了相作意者以論義收下瑜伽中爲順世禪了欣猒相即猒下苦麤障欣上淨妙離今云正法其義通深若約寄位全同瑜伽若約勸求淨菩薩行則所聞法必當深妙如下夜神所得四禪安住即云何修攝散住法是修相故即攝樂作意二第二相言即攝樂作意者下瑜伽釋少分觸證是加行益相次於空閑處即何處修空閑通於事理則無處非修即遠離作意三第三相言即遠離作意者下釋遠離云與斷道俱今空閑處何名斷道故疏云空閑通事理理之空閑即是道斷次作是思下即何故修要必修行方證得故即勝解作意然口言者通於說聽故瑜伽云非但聽聞文字音聲而得清淨也四第四相言即何故修者是修所以良以不修則不證故言勝解作意者下釋正是修行謂勝解於境印持爲性不可引轉爲業是故修行非此不成瑜伽云從此後超過聞思惟用修行於所起緣相發起勝解修奢摩他毗鉢舍那修習已如所尋伺麤相淨相數起勝解如是名爲勝解作意瑜伽三十三明修行八定皆有七種作意一了相作意謂了欣厭相故二勝解作意謂正是修行三遠離作意謂與斷道俱四攝樂作意謂少分觸證喜樂五觀察作意謂重觀試練六加行究竟作意謂心得離繫七加行究竟果作意謂無間證入上修行中已攝其四前修行因中有觀察作意後二作意在證入中七中前五通貫八定下八定中各有後二故此總修下亦總發六加行者論云從此倍更樂斷修習奢摩他毗鉢舍那鄰重觀察修習對治時時觀察先所已斷由是因緣從欲界繫一切煩惱心得離繫由此離時伏斷方便非是究竟永害種子當於爾時初禪靜慮地前加行道已得究竟一切煩惱對治作意已得生起是名加行究竟作意七加行等者論云從此無間由是因緣證入根本初靜慮定俱行作意名加行究竟果作意釋曰論就初禪略釋其相後例所餘今隨總舉故取大意略釋而已下例可知下八定者謂即離欲惡不善法等是加行究竟作意住初禪等即加行究竟果作意也故此總修者然有四句一總修總發謂總相修行不偏修一八定俱起名爲總發二別修別發謂偏修初禪發於初禪修二發二修空發空等三總修別發總相修行唯發一定等四別修總發謂唯修一定發得多定前二如修後二不如其故何耶宿世偏修今雖總修唯發一定如地有一種雨雖普潤唯一芽生四則昔修多門今雖修一諸定齊發如多種子共在一處少分沃潤諸芽齊生望定現前名之爲發望人修得稱之爲入然此即是天台之意今菩薩總修下皆總發若別修相具如瑜伽智論等說然皆即妄

即眞圓融自在又任運而發不同欣厭故
下論云三昧地故得不退禪不退即無漏
定也又釋内淨云修無漏不斷三昧故故
知一一皆同鳥迹然皆下三以經意總相深融所以融者以文歷
別更引瑜伽欣厭等言恐謂全是故此揀云以寄位故引法相宗證成經文據鳥跡
意理須融會
佛子是菩薩住此發光地時
第二佛子是菩薩下證入中分二初結前
即何時修證謂在三昧時是修行時正修
行竟是證入時論經云住此明地因如說
行故今經闕如說行言若但云住地豈初
安住即得此禪但前已有修行之言故今
畧耳謂在三昧下疏意有四一正釋文二論經下對彼辨異三今經下引今經
闕反成論有四但前下出經無異後即離下即何所修修
何所證謂證八定八定之義廣如別章畧
遺九　六
以四門分別一入意二釋名三體性四釋
文即當辨相今初下經云但隨順法故行
而無所染著論云以何義故入禪無色無
量神通爲五種衆生故一爲禪樂憍慢衆
生故入諸禪謂得世禪恃以生慢二爲無

色解脱憍慢衆生故入無色定謂外道證
此以爲涅槃恃以生慢菩薩示入八禪一
一過彼故攝伏之三爲苦惱衆生入慈悲
無量令安善處永與樂故入慈無量應解
彼苦令不受故入悲無量四爲得解脱衆
生故入喜捨無量謂喜其所得自離動亂
故五爲邪歸依衆生故入勝神通力令正
信故又示入禪定示定寂靜超欲等過令
物倣故善自調練知純熟故寄位次第法
應爾故尚不同二乘自爲豈與凡外同年
然無量神通即是厭果論主併舉者欲顯
皆爲順法故云何順法爲順菩薩大悲化
生法故廣如別章者大乘法師法先法華疏等皆有其章今疏四門已畧其
要論云以下二舉本論釋先問遠公云菩薩正應修習出世通禪等世法何要入耶
荅爲五種衆生故有四類法四等開故故成五種五爲邪歸者邪歸之人智慧微薄
遺九　七
取信耳目故爲現通方可信受二釋名者先通後別通中
先釋四禪禪邪西音此云靜慮靜謂寂靜
慮謂審慮故瑜伽三十三云於一所緣繫
念寂靜而審思慮故名靜慮是以靜能斷
結慮能正觀諸無色定有靜無慮雖能斷

結不能正觀欲界等持有慮無靜雖能正
觀不能斷結故唯色界獨受斯稱次無色
定者婆沙百四十一云此四地中超過一
切有色法故違害一切有色法故色法於
彼無容生故俱舍云無色謂無色若大衆
部及化地部亦許有色細故名無俱舍論
中廣破有色次別名者初四禪者一有尋
有伺靜慮二無尋無伺靜慮三離喜靜慮
四離樂靜慮俱舍定品云初具伺喜樂後
漸離前支即斯義也無色別名至文當釋
次無色下二釋無色其超過違害及無容生三相云何超過者地法增勝故言違害
者害有色故言無容生者如大中華故無色謂無色者所引俱舍皆是定品二十八
論下當具引俱舍論中廣破有色者論云皆無色故三無色名外雖云此因不成許
有色故若爾何故主無色名由彼色微故名無色如微黃物亦名無黃論主問云許
彼界中色有何相若彼唯有身語律儀身語既無律儀事有又無大種何以造色者
謂如有無漏律儀不留無漏依有漏大種故又彼定中亦遍有故若許於彼有色根
身如何可言彼色微少若謂於彼身量小故水中細蟲極微應名無色亦身量小不
可見故若謂彼身極清妙故中有色界應名無色若謂彼身清妙中極應唯有頂得
無色名如定生身有勝劣故更有廣破畧知其旨三體性者婆沙
云四靜慮有二種一〻得俱舍論云是善

性攝心一境性以善等持爲自性故若兼助伴五蘊爲性二生得隨地所繫五蘊爲性皆有色者定共戒故無色體性但除於色餘義同前故俱舍云無色亦如是四蘊離下地大乘宗中亦無異轍若會相歸性則八定支林一切皆空若事盡理現皆如來藏泯絕無寄則定亂兩亡若事理圓融一即一切一修得者頌云靜慮四各二於中生已說定謂善一境並伴五蘊性釋中云靜慮有二一生靜慮二定靜慮定即修得言於中生已說者即世界品說十七天即生靜慮即以無覆無記五蘊爲性今疏具有言善性攝者此言猶漫尅實言之以善等持而爲其性心一境性者謂能令心專一所緣無色下出無色體二先正釋就小乘明俱舍云四蘊離下地者次後偈云並上二近分總名除色想無色謂無色從色起從心今此正引初之七字出無色體謂亦用善性攝心一境性以善等持爲其自性但並助伴唯除色蘊無色無有隨轉色故其離下地自屬別立四名不同在一句中因便引耳下方別釋大乘宗下二就諸教料揀無異轍者即通諸教若會相下正明始教若事盡理現下辨終教從泯絕已下即是頓教若事理圓融下辨圓教

第四釋文初明四禪後說四空四禪之中雖支有多少論主並勸爲四一離障二對治三利益四彼二依止三昧四中後三是支初一非支雖後後所離是前前支望於當地並皆非支然四禪通說有十八支謂初三各五二四皆四爲欲惡難除第二禪喜深難拔故初三各五初三不然故二四唯四其間除重則唯有十謂一覺二觀此唯初禪三捨四念此通後二五喜局於前兩六樂該於前三七者一心徧於諸地八內淨唯二九正知唯三十捨受唯四若分二樂則有十一若內淨無別體則唯有九此等皆爲順益於禪故立支名故瑜伽十一云諸靜慮中雖有餘法然此勝故於修定者爲恩重故偏立爲支雖後後下通妨從初一非支上生難難云即初離障皆非是支二禪離障云滅覺觀覺觀即是初禪二支何言非支今答意云雖是前支於我非支餘二亦然二歷禪有異先正明俱舍頌云初禪具五支尋伺喜樂定二禪具四支內淨喜樂定三禪具五支捨念慧樂定四禪具四支捨念中受定故今疏云初三各五二四皆四爲欲惡下二出彼立支多少所以病深藥多賊微兵少其間下二來其實法此依大乘三事行捨異後捨受若分二樂者俱舍頌云此實事十一初二樂經安內淨即信根喜即是喜受謂初二禪樂是輕安樂第三禪樂是樂受樂故成十一若內淨者謂俱舍內淨即是信心大乘雜集等但合第三禪捨念正知三支以爲內淨無別內淨故但有九四建立爲支所以以益於禪故支即分義及因義故瑜伽下引證

即離欲惡不善法有覺有觀離生喜樂住初禪

今初初禪一即離欲惡不善法者此明離障以一即離貫於下三然諸論說大同小異若毘曇離五欲故名爲離欲斷十惡故名爲離惡除五蓋故名離不善法若智論八十八云離欲者謂離五欲惡不善法謂離五蓋五蓋將人入惡道故名惡障善法故名不善法辨蓋欲之相廣如智論十九及瑜伽十一雜集第八斷欲恚害恚即是惡害即不善法瑜伽三十三亦合惡不善法彼論云離欲者欲有二種一煩惱欲二事欲離亦有二一相應離二境界離言離惡不善法者煩惱欲因所生種種惡不善法即身口惡行此意則總辨欲界諸惡不善已明離障一煩惱下煩惱約內事欲爲外內心不與欲貪相應名相應離不染外境名境界離二有覺有觀者此有二支是修行對治新譯名尋伺皆初麤後細俱舍云尋伺心麤細智論云譬如振鈴麤聲喻覺細聲喻觀瑜伽十一以尋求伺察不淨

慈悲治欲界欲恚害障又五蓋中有欲恚害不死親里國上等覺今對惡覺起善覺察又智論四十四云小乘以欲恚惱覺爲麤親里國土等覺爲細又唯善覺爲細於摩訶衍皆麤則覺空爲細尋伺心麤細者即是界品釋曰尋爲尋求伺爲伺察心之麤性名之爲尋心之細性名之爲伺國土等者等取族姓及輕侮覺即是八覺廣如發心功德品說三離生喜樂者是修行利益慶離欲惡等是故生喜身心猗息及得解脱之樂故名爲樂由此名利益支瑜伽三十三云離者已得加行究竟作意故所言生者由此爲因爲緣無間生故已獲加行究竟果作意故喜樂者謂已獲得所希義故得大輕安身心調暢有堪能故經離生喜樂者瑜伽十一明斷除五法謂欲所引喜樂及憂不善所引憂喜及捨彼五受故生喜樂言喜者深慶適悅樂者身心適悅得無損害及解脱樂慶離欲惡等者等取不善法言身心猗息者猗者美也此輕安樂異解脱樂得大輕安下釋輕安義唯識第六云輕安者謂遠離麤重調暢身心堪任爲性對治昏沉轉依爲業釋曰謂離煩惱麤重爲輕身心調暢爲安令所依身輕安適悅名有堪能隨順瑜伽暴不釋經四住初禪者是彼二依止三昧謂於所緣審正觀察心一境性爲彼對治及利益

支之所依止依止定力尋等轉故其所離障以無行體非是支故不爲彼依而言初者欲界上進此最初故而言住者即安住義瑜伽云安住者謂於後時由所修習多成辦故得隨所樂得無艱難乃至七日七夜能正安住四禪此句大旨不殊

滅覺觀內淨一心無覺無觀定生喜樂住第

二禪

第二禪中一滅覺觀是所離障覺觀麤動發生三識亂於二禪如淨水波動則無所見故初禪能治爲此所治則病盡藥亡覺觀麤動發生三識者謂眼耳身遠公云初禪之中覺觀有三一定心二出定時三識身力麤動覺觀此三並是動亂之心二禪勝靜皆盡遣之二內淨一心無覺無觀者是修行對治言內淨者小乘是信能淨心相離外散動定等內流大乘即攬三禪三支以成故顯揚十九瑜伽六十三皆云內淨以捨念正知爲體以此三法尚爲喜覆力用未勝但能離外尋伺故合名內淨言一心者釋於內義唯緣法塵不同初禪有三識故故身子阿毘曇云欲界地中心行六處初禪地中心行四處謂無鼻舌識二禪已上心行一處唯意識身緣法塵故無覺無觀釋於淨義不同初禪有覺觀故前滅覺觀顯於所治此復言無顯能治無故非重也本論釋一心云修無漏不斷三昧行一境故欲異世間是如實修故不斷者相續一心行一境者對緣一心由此即名三昧無漏內淨之義前已總釋此與二宗顯揚雜集名內等淨顯揚第二云謂爲對治尋伺故攝念正知於自內體其心捨住遠離尋伺塵濁法故名內等淨雜集疏云所言等者謂內定體由離尋伺麤得平等捨住又念慧非一故名平等若婆沙云謂信平等令內心淨前滅覺觀下遍妨妨云謂上滅覺觀今復云無豈非重復答意中云前舉覺觀是此所滅云顯所治此言無者不同初禪用此覺觀以爲能治云顯能治無遠公云前滅覺觀如呼滅諦以爲無染此無覺觀如呼道諦以爲無染故本論下先引論後欲異世下疏釋論文上釋無漏此下釋一心然論經一心云心行一處今釋論文乃以二意釋行一處謂一以不斷三昧即約無漏相續無間即堅說一心二以行一境者約事對緣橫說一心由二禪已上唯以意識行法塵故由此即名下結成三昧無漏但緣一境即是三昧今復相續故是無漏無有漏法來相間故瑜伽論云世間靜慮但捨彼品麤重不捨種子無漏靜慮二種俱捨故無有間三定生喜樂此二支是修行利益初禪慶背欲惡故名離生今慶覺觀

心息故名定生如淨鑑止水故身心適悅若智論意即從初禪定生欲界無定故初但云離二禪雖離初禪煩惱初禪有定故又初禪離欲大障故如淨鑑止水者欲惡如泥初禪之定如淨動水今無欲惡復滅覺觀如淨止水是則初禪憂其所離此憂所得得亡照故若智論下叙異釋[遺八]也前解定生定在[十三]二禪今云定生定在初禪背於初禪有覺觀定得二禪故欲界無定為可背故初名離生二禪離離下通難難云初禪離欲惡即名為離生二禪離覺觀亦合名離生故為此通云初禪離欲惡無定名離生二禪離覺觀有定名定生然其設難雖難前解及通難云初禪有定二解俱成欲界無定為所背故即成前解初禪有定為所背故即通後解又初禪者初禪離欲大障初名離生二無大障二不名離四住第二禪即彼二依止三昧

離喜住捨有念正知身受樂諸聖所說能捨有念受樂住第三禪

第三禪中一離喜者是所離障謂二禪利益支喜心分別想生動亂三禪轉寂故須除遣如貧人得寶生喜失則深憂莫若雙絕喜憂方為快樂

二住捨有念正知三支是修行對治一住捨者即是捨數揀非捨受故諸經論皆名行捨行心調停捨彼喜過故顯揚云住捨者於已生喜不忍可故平等正直無動安住二有念者於喜不行中不忘明記故三正知者或時失念喜行於此分別正知而住謂住於捨瑜伽三十三大同於此上三即前內淨漸修轉勝至此別開深細寂靜故能治下地喜踊浮動二住捨者即是捨數者謂是善十一中一心數法善十一者唯識頌云善謂信慚愧無貪等三根勤安不放逸行捨及不害今明行捨即是其一彼論釋云言行捨者即精進三根令心平等正直無功用住為性對治掉舉不寂靜住為業釋曰此即四法為體故云精進三根三根即無貪無瞋無癡故次疏云揀非捨受捨受唯是無記非是善性故行捨善性故今揀之行心調停者行捨通捨貪等三不善根令對二禪之喜云捨喜過故顯揚下引論顯於捨相唯識通說行捨顯揚正釋三禪中捨故云住捨於已生喜不忍可者不忍可言即是揀義言平等正直無動安住者三品捨相一同唯識平等為初離沉掉故正直為次於染不怯故無動安住為後即寂靜住即上唯識云無功用住不忘明記為念義故遠公釋云念前喜過守心一境三正知者正知即慧遠公云分別喜過而言正者論名安慧遠[遺九]公云慧靜名安安[十四]即正義靜鑑雙流故名為正正故得安上三下結成勝義

二身受樂下是利益支於中初身受樂正顯支體正對二禪喜心浮動是故但言身受於樂設心受樂亦名身受故瑜伽云由捨念正知數修習故令心踊躍俱行喜受便得除滅離喜寂靜最極寂靜與喜相違心受生起彼於爾時色身意身領納受樂及輕安樂是故說言有身受樂又初禪喜樂如土石山頂有水二禪喜樂如純土山頂而有池水三禪之樂如純土山在大池內樂徧身外身在樂中是故心樂亦名身受次諸聖所說能捨有念受樂者釋成勝義謂下諸地無如是樂及無間捨上地有捨而復無樂故諸佛及佛弟子說第三禪具有能捨及念正知而復受樂故諸樂中三禪樂勝此瑜伽意不應別解文中畧牒尚闕正知但有捨念已殊上下設心受樂者下引瑜伽色身意身俱名身故故瑜伽下引證於中有五初明能治二令心下顯其治能即前離喜三離喜寂靜下生起下文身受樂義明是離喜之樂故云與喜相違心受生起心受中起即意身受樂四彼於下上釋身受樂義五是故下結釋經文上約根本說故遠[遺九]公云身受者受有[十五]二種謂身與心分別有二一約根本分別五識等受依色根生故名身受意識中受從意根生故名心受二約所益分別身心下品之受適暢在心名為心受上品之受適徧身心就所徧處從末為名故曰身受今從後義樂實心法此處增上徧滿身心故說身受顯樂增上樂是心受之義不待言說釋曰遠公有二義意但取後今疏具用上引瑜伽證成前義意識名身故云心受亦名身

受如土石下引山水喻即順後義約所益說有品數故則上喻於心石喻於身水總喻樂初禪心樂故如水不入石中二禪已徧身心如水遍山無石礙故然爲喜覆如土覆水但是潛潤二禪身樂遍增如池水在外水遍山內居然可知釋成勝義者上巢三山已知三禪樂故今方出勝義於中有六一上一句標二謂下正明勝義無如是樂者無有無喜勝樂及無間捨者明無能治行捨則下地有樂無捨上地有捨無樂今有捨有樂故樂最勝三故諸佛下引證消經明其有樂有捨四故諸樂下結成勝義五此瑜伽下結彈異解謂遠公將能捨兩字屬於上句云諸聖所說能捨釋云唯聖弟子能說能過堪能捨離非凡所能彰此樂深今將能捨兩字屬下云能捨有念受樂故樂爲勝諸聖者共說此樂捨最爲勝耳遠公但云勝樂不知何以得勝思之是故結云有文有理不應別解六文中下會經同論言但有捨念已殊上下者有捨念故異下有樂故異上

四住第三禪即彼二依止三昧

斷樂先除苦喜憂滅不苦不樂捨念清淨住第四禪

第四禪中一斷樂先除苦喜憂滅者即是離障三禪勝樂於此爲害如重病人觀妙音樂爲障四禪故須除遣故云斷樂得此定者即於爾時所有苦樂皆得超越故總集說先除苦等先之一字總貫下三二禪先除苦受三禪先滅喜受初禪先滅憂受并今斷樂則已滅四受依禪次第應先明憂爲對前樂先言除苦瑜伽十一云何故苦根初禪未斷答彼品麤重猶未斷故若爾何不現行答由其助伴相對憂根所攝諸苦彼已斷故若初靜慮已斷苦根是則行者入初靜慮及第二時受所作住差別應無由二俱有喜及樂故此意明不斷麤重故異二禪而無現行故立樂支若依小乘初二禪之樂但是輕安而非樂受三是樂受故不同也初正明問答初禪有樂那未斷苦答意可知若依小乘下約教揀異故俱舍云初二樂輕安則顯前論皆約樂受二不苦不樂者是利益支餘禪皆先明治今此先明益者乘前總無四受便舉不苦不樂明五受內唯有於捨是不動故若爾前來亦滅憂喜此何不言不憂不喜答五受明義無別不憂不喜三受明義苦樂攝於憂喜故但對之又此正斷於樂故宜對之又此正斷下明其所宜此亦遮難難言一種相攝何不舉不憂不喜攝苦樂耶答云一五受中無別名故二所對樂近憂苦遠故先已斷故三捨念清淨此二是對治支三禪捨念與樂受俱此斷樂受故云清淨然其能治大同三禪但所治喜樂故分二別喜心浮動常須正知樂受深細但須捨念若遠顯清淨者瑜伽云從初靜慮一切下地災患已斷謂尋伺喜樂入息出息是故此中捨念清淨鮮白由是此禪心住無動此論畧舉六事應兼無苦及憂故俱舍等明此禪中離八災患然四禪雖曰不動而猶有捨受未名無受瑜伽十一云又無相者經中說爲無相心定於此定中捨根永滅若非無相乃至有頂皆有捨受若遠顯下重顯清淨初引論上但對三禪明四清淨今總對前三以明清淨二蹤釋論文無苦及憂故云畧舉亦以遠故正明從初禪來下地災患已斷憂苦現行俱在欲界故畧不言故俱舍下論云第四名不動離八災患故八者謂尋伺苦樂憂喜出息入息

四住第四禪即彼二依止三昧䟽入上色定其身相狀如處室中入下四空如處虛空

第二四空空處等名同心一境性有何差別俱舍定品顯此差別由離下地染故立四名謂離第四禪立空無邊處離空無邊處立識無邊處等差別旣爾從何得名彼

次須云空無邊等三名從加行立非想非非想昧劣故立名謂修定前起加行位厭壞色故作勝解想思無邊空加行成時名空無邊處厭空想識厭識想無所有準此可知其第四空由想昧劣謂無下地明慧勝想得非想名有昧劣想名非非想故前三無色加行受名第四無色當體受稱以前三近分加行位中唯緣空等入根本位亦緣餘蘊故從加行受名第四非想加行根本同一所緣故當體受稱瑜伽論中亦同於此加行等想空識等殊至文當辨然此四空亦各有四謂離障等而經文中但各三句義含於四謂初段離障具對治義問若有治等爲有支不答準雜集等論諸無色奢摩他一味相故無有支分建立若依瓔珞本業四無色定各有五支謂想護止觀一心經論相違云何會通論依相似不同四禪覺觀等異又慧用劣名無支分經就相似同皆有五如初空定猒下色相起於空想即今對治護彼色相令不現前若超色想即名爲止是今離障空無邊行照了分明即是觀義是今利益一心即是彼二所依故五支顯然豈得判無違經依論

第二四空下初彰差別即前所引四蘊離下地離下地言是顯差別以前三下四出異所以所以同四無色受名不同者前三根本不一所緣故五瑜伽論云下五還九十八引例爲權乃有二意此是一意論六此中依於近分乃至未入上根本定唯緣虛空等若已得入上根本定亦緣虛空亦緣自地諸蘊釋曰言近分唯緣空者約八解脫道中少分而說解脫亦緣自地蘊故九無間道此全不論根本亦緣自地蘊者初剎那心緣自地蘊後心而得緣上下蘊今棟後心故云亦也第二釋者前三加行亦緣自蘊取其解脫道中以少分緣義及無間道緣自蘊故前釋從其多分俱舍唯取一義

大方廣佛華嚴經疏鈔會本第三十五之五

大方廣佛華嚴經疏鈔會本第三十五之六　遵十

唐于闐國三藏沙門實叉難陀　譯

唐清涼山大華嚴寺沙門澄觀　撰述

超一切色想滅有對想不念種種想入無邊虛空住虛空無邊處

遵十今初空處謂觀虛空作無邊行相能滅色想心安空定名空無邊處初空處下文三初標而言處者順正理云四空名處者謂有情生長處故文中三句初句含二義一明離障二明對治初句者以經三句邊爲義句故曲有三言離障者曲有三句謂離三有對等色

論云超一切色想者過眼識相此明超可見有對二滅有對想者耳鼻舌身識和合想滅故此滅不可見有對三不念種種想者不念意識和合想故意識分別一切法故說名種種此滅不可見無對意識雖緣非色之境今但取緣色自有種種皆云想者小乘以在色欲修起此定未捨色形故不言滅色但言滅想想取色相故偏滅之大乘之中決唯滅想若超色者說無色者後滅空識應無識空問香味之想初禪已

離色聲觸想二禪已除今云何言空定滅耶遠公答云香味二想雖盡初禪今云滅者治有四種一壞對治謂方便道觀下有漏無常等故二斷對治謂無礙道正斷下過三持對治謂解脫道爲首及後一切無間解脫持彼無爲不令失壞四遠分對治謂解脫爲首及後一切無礙解脫遠令前障畢竟不起今此空定據第四治色聲觸三云二禪雖滅者二禪已上乃至四禪當地雖無得借初禪三識之心見聞覺觸是故乃至第四猶有此想空定滅之此上所釋約次第修若於色界頓修空定則六識行境並皆得滅故論上言意緣一切法亦無揀故謂離三有對者俱舍界品中明十八界諸門分別總有二十二門今此要二謂問云幾有見無見幾有對無對偈云一有見謂色十有色有對釋曰十八界中謂色界一此一有見謂爲眼根所觀照故名爲有見五根五境此之十界有色有對謂此十界體是色故極微所成更相隨礙故名有對論云如手礙手如石礙石或二相礙手石名二應知有對總有三種一障礙有對即十色爲體障礙即有對持業釋也二境界有對謂十二界即六根六識法界一分謂於法界中唯取心所此十三法於色等境而能取故爲境所拘名爲有對境界之有對依主釋三所緣有對其

體即是七心界全謂六識及意并法界一分亦心所也言所緣者色等六境言有對者即七心等爲六境界所拘礙故然對是礙義礙有二種一障礙礙二拘礙礙三有對中障礙有對即障礙礙餘二有對是拘礙礙論自問云境界所緣彼有何別論答云若於彼法此有功能即說彼爲此法境界心心所法執彼而起彼於心等名爲所緣釋曰彼即六境此即根識等意云若根識等於色等境有能見等之功能故即諸色等爲我境界若心心所猶如羸人非杖不起託境方生即色境等名爲心等之所緣也是則境界有對能緣力強所緣有對所緣力強故所緣中但有七心境界之中具有根識以根不託境而生故故能取境遮名境界有對爲境引遮名所緣有對而大實釋云礙取境義遮名境界有對礙緣境義遮名所緣有對似非本意以論引種設足論四句分別境界有對謂一於水有礙非陸如魚等眼二於陸有礙非水如人等眼三俱礙如捕魚人及蝦蟆等眼四俱非礙謂除前根釋曰以此而明以見等爲礙耳非礙見等也又論自釋礙義云何眼等於自境界及自所緣轉時名爲有礙答云越彼於此此不轉故釋曰謂眼緣色不緣聲等故眼於色名爲有礙礙我餘緣故則礙取境義斯亦有理而疏不言礙取餘境但言礙取境邊故非論意三有對義彼論爲雖今已略顯然第三有對體雖七心要緣六境故亦有色又言等者等於下別遵十無對色故此無對色亦六境中法界攝耳論云超一切下二別釋三句句皆有三如初句中初標經二過眼識論釋三此明下即疏釋論下二句亦然其疏釋三句亦即俱舍界品明五蘊中色雖麤細門一可見有對者謂色境也二不可見有對者謂眼等五根聲香味觸也三無見無對者爲無表色今初可見有對即前界品中一可見謂色瑜伽名爲超於顯色論云次於虛空起勝解故所有青黃赤白相應顯色想由

不顯故及厭離故皆能超越滅有對想者標經而有對言因此句生耳鼻舌下論釋取四識和合但謂四塵即聲香味觸識必依根即熏前可見皆障礙有對故瑜伽云由不顯現超越彼想以爲因故所有種種衆多品類因諸顯色和合積集有障礙想皆得除遣不念下釋第三句先以論釋此滅下二疏釋先正釋後意識下通妨可知然此第三通於境界及所緣攝是法塵故意緣故已如上說瑜伽云由遠離彼想以爲因故所有彼種種聚中差別想轉謂欣食瓶衣車乘嚴具城舍軍林等想一切不作意轉皆云想者三釋想字先依小乘俱舍云亦總名除色想然無色亦二一者生得生即果果滅色形二者修得二修得在因身居欲修空定時但滅於想應有問言何不不滅餘故疏答云想取色相偏說滅非不滅餘大乘下二約大乘謂縱生無色亦唯滅想若超色相下以例反成謂生識處不滅於空生無所有不滅於識何生空處而滅色耶斯理善成初禪三識之心見聞覺觸是故乃至第四猶有此想空定滅之此上所識約次第修緣一切法者前明意識之中唯[illegible]想故今辨之知通一切論主但云滅意識和合想故意識分別一切法故說別異想會不揀言唯取意中之色想耳故知通也

已明離障云何對治前三句中不念之言含於對治謂不分別色等境故何以不念見無我故約菩薩實治故云無我若依有漏但猒苦麤以爲加行順正理云謂若有法雖與色俱而其自體不依屬色諸有於色求出離者必應最初思惟彼法謂虛空體雖與色俱而待色無方得顯了外法所攝其相無邊思惟彼時而能離色此即加行之相也已明離障下二釋對治上二句結前生後後前三句下正釋然其不念之言對治義顯初超次滅亦是對治上引瑜伽三句之內皆具對治謂由遠離彼想爲因等下總釋云除遣如是有色有對種種想已餘無邊想虛空勝解是也何以不念下即是論釋不念之言謂色無自實當體即空故云無我即法無我約菩薩下即疏釋論但厭苦麤者此即有漏六行伏惑謂厭下苦麤障欣上淨妙離略言苦麤然此對治經雖無文論主義取不念釋耳順正聖下引論釋成加行之相然云有法雖與色俱者有法即空空徧一切色非色處今明色中之空故云雖與色俱而其自體者空是無礙色是變礙故下經云譬如虛空徧至一切色非色處非至非不至何以故虛空無身故此約事空若約理空義亦同此故經頌云譬如法界徧一切不可見取爲一切是也上辨虛空之體諸有於色下辨觀行之相而待色無者然顯空相略有二義一滅色明空謂先有色今此已無故二對色明空此處是色無色處是空今待色無義舍二意故婆沙論入十云但由加行名空無邊處謂初業者先應思惟擣上樹上岸上舍上等諸空之相取此相已假相勝解觀察照了無邊空相以先思惟無邊空相而修加行展轉引起初無色定故說此名虛空無邊處曾聞苾芻出此定已便衆兩手捫摸虛空有見問言汝何所見苾芻答言我不見自身彼言汝身即在牀上如何餘處更覓自身故知入此定已亦不見身起定猶爾今疏但明加行之相

二入無邊虛空者是修行利益謂三色想絕則入空理廓爾無邊故

三住虛空無邊處者是彼二依止三昧瑜伽云由已超過近分加行究竟作意入上根本加行究竟果作意定是故說言空無邊處具足安住準瑜伽意四義之中離障是超下地對治是加行究竟作意利益是勝解作意彼二依止是加行究竟果作意前三爲近分後一是根本後之三定一同於此又此四義初何所超次云何能超三超前何緣四超何所證是加行究竟下即是第六以彼釋云謂心得離繫故言利益是勝解作意者以雖彼當第二釋云正是修行以下住二依止是加行究竟果作意彼釋云謂無間證入則知利益是正修行矣又此四義下第三結何所超者謂色云何超謂無分別何所緣者謂緣虛空無邊尤顯此句是修行相何所證者即是空處心一境性

超一切虛空無邊處入無邊識住識無邊處

二識無邊處心緣內識作無邊行相故以爲名初超虛空無邊處是明離障彼何所障外念爲麤故云何對治見彼外念麤分別過患故

二入無邊識是修行利益前明捨外今辨緣內正理云謂於純淨六識身能了知中

善取相已安住勝解由假想力思惟觀察
無邊識想由此加行爲先得入根本正理論下
引論證成加行之相言得入根本即彼二依止三昧後依止可知
超一切識無邊處入無少所有住無所有處
三無所有處者即內外皆無也初超無邊
識是明離障何過須超事念麤故云何對
治見麤念事分別過患
次入無少所有者修行利益前以捨外緣
內故爲麤念既無所取能取亦無故內外
俱無斯爲利益正理云見前無邊行相麤
動起此加行是故此處名最勝捨以於此
中不復樂作無邊行相心於所緣捨諸所
有寂然而住瑜伽云從識處上進時離其
識外更求餘境都無所得此意明識既爲
麤識外復無故無所有
後住無所有處是彼二依止
超一切無所有處住非有想非無想處
四非想中無下七地明了之想有昧劣想
故以爲名超一切無所有處是所離障
云何對治無彼無所有以見麤念分別過
患故爲能治既寂無所有云何名麤猶有
無所有想故
經闕一句論經則具彼云知非有想非無
想安隱即修行利益
即入非有想非無想處行是二依止瑜伽
云先入無所有處定超過一切有所有想
今復超過無所有想故言非想又言非無
想者非如無想及滅盡定一切諸想皆悉
滅盡唯有微細想緣無想境轉故即於此
處起勝解則超近分而入根本此中所以
不出三界者由緣無想境即是細想外道
不了謂爲涅槃未能無緣豈離心境況計
此爲我復生愛味故法華喻頭上火然若
知此患更求上進求上進時求上所緣竟
無所得無所得故滅而不轉則得滅受想
定也若未得此定猒想爲先後想不行即
入無想定然婆沙百四十一顯揚第三及
諸論皆明而文言浩博上引二論文略義
顯然婆沙論下指廣在餘言諸論者雜集第九亦廣分別今更約第
一義修略示四空謂觀色即空心安於空
是空處定次知空色不出於心是識處定
次心境兩亡爲無所有次亦亡無所有想
緣無想住名非想非非想若不緣此無想
則諸漏永寂今更約下約觀心釋兼通禪門
但隨順法故行而無所樂著
第三入意但順化衆生法不同凡小有愛
味等如前已釋
佛子此菩薩心隨於慈廣大無量不二無怨
無對無障無惱徧至一切處盡法界虛空界
徧一切世間
大文第四佛子此菩薩心隨下明其猒果
即前八定之所等引故名爲果文分爲三
初四無量即行方便果次五神通即行功
用果三此菩薩於諸禪下總結自在今初
所以先明者凡夫味定三界輪迴二乘上
升多皆趣滅菩薩因定發生慈悲廣利有
情成菩薩性然入之所以前論已辨爲對
生死涅槃分四爲二準瑜伽等四種無量
爲四有情謂緣求樂衆生興慈有苦興悲
有喜隨喜有感不染復應此四通緣一切

以智導之則無所著此四皆緣無量境故
名四無量若總相說皆以定慧而爲其體
若別明之慈即與樂無瞋爲體拔苦不害
慶他不嫉自他捨戚即是善捨此四皆下
四結總名
疏通始終之敘準大集第九云知諸衆生
心性本淨是名爲慈觀於一切等如虛空
是名爲悲斷準十一切喜是名爲喜八遠一切行
是名爲捨此通終頓若圓教明如離世間
品各有十義及圓融等若總相下五出體
二先總皆以定慧者雜集十二云慈等三
昧後得智中所建立故然論四無量總有
五門一以靜慮爲所依二以有情爲所緣
境界三與樂等相應爲行相四定慧爲自
體一切功德皆奢摩他毗鉢舍那之所攝
故五諸心心所以爲助伴疏皆舍有若別
明下二別出體無舍行相此有四句句皆
有二慈即與樂此明行相無瞋爲體即是
出體拔苦悲相不害出體慶他喜相不嫉
出體自他捨戚是捨行相即是善捨是出
捨體俱舍頌云無量有四種對治瞋等故
慈悲無瞋性喜喜捨無貪此行相如次與
樂及拔苦欣慰有情等緣欲界有情喜初
二靜慮餘六或五十不能斷諸惑人起定
成三釋曰初句標次句辨治治有四種一
聯二害三不欣慰四欲貪言瞋等者等取
下三次二句出體慈悲以無瞋爲性喜即
喜受捨即無貪此即婆沙論意若俱舍論
云悲以不害爲體故疏依之捨以無貪無
瞋共爲其體今言行捨是雜集慈次三句
行相與樂是慈行相拔苦是悲行相欣慰
是喜行相有情等是捨行相怨親平等故
次句明所緣唯緣欲界上界無瞋等故次
兩句明所依喜初二靜慮餘六者謂三無
量依於六地謂四靜慮及未至中間或五
者有餘師說唯依五地除未至定謂修無
量者是定與德已離欲者乃能修故或十

者欲令此四通依十地謂欲界定四靜慮
根本及四近分并中間禪有三義故不能
斷惑一有漏根本緣故二勝解作意相應
故斷惑要須真實作意故三徧緣一切有
情境界故斷惑要緣法作意故次句文中
明慮及成唯在人中成一即成三種
二初別顯慈行後住悲下類顯餘三初中
有十二句心隨於慈此句爲總隨有二義
一心不趣寂動皆舍慈二以此慈心隨逐準十
於物如犢逐母次十句別慈之種類總有九
其三初有七句八義衆生緣慈次一法緣
後二無緣緣謂緣念初緣假者欲與其樂
次緣人空但有蘊等善惡行法以用教化
後緣衆生體空欲令悟入初一通凡次一
通小後一唯大慈之種類者疏依常義經
論大同涅槃十五更有一
義云衆生緣者緣於五蘊願與樂故法緣
者緣諸衆生所須之物無緣者緣於如來
是名無緣慈者多緣於貧窮衆生如來大
師永離貧窮受第一樂若緣衆生則不緣
佛法亦如是以是義故緣如來者名
曰無緣次更有義即是今疏所明今初
八義曲復有四初四與樂正顯行相廣者
與欲界樂欲境廣多故大者與同喜樂謂
初二禪喜受俱故高出名大無量者與不
同喜樂三禪已上離苦離喜故深故名無
量不二者三樂平等與故上皆論意更有

一理廣則無樂不與大謂菩提涅槃無量
謂窮來際不二者無一不與故與欲界樂
即五欲樂
同喜之樂二禪之中一切因果三禪亦然
非唯樂受三禪已上以喜爲息離故名樂
不二者論云不二者亦是廣大無量即重
禪前三以此三樂徧與衆生不揀彼此云
平等與次二治障不愛之寬亦與其樂故無
怨障是愛之親亦與其樂非是偏情故無
對礙中人無愛不愛故非障也次二治障
者即經無
怨無對慈行平等不等是障怨應與苦今
皆與樂故無慈障怨與其樂可名治障觀
與其樂何名治障不以親故偏與故疏云
無偏情也與前不二有何別耶前唯就樂
以明不二今就
苦樂相對遣也次一清淨謂無身心不調
五蓋等障是行清淨慈次一清淨即經無
障然經云無障論
爲清淨由前治障得此無障無障即淨又
前是慈用用平等慈治於怨親此據慈體
體是禪果所依依禪治下欲惡等染故名
清淨身心不調造十惡業調故無之五蓋
等者等上十惡及怨親也言行清淨慈者
即淨名觀衆生品云行清淨慈諸法性淨
故契深行淨
障蓋不生準十後一攝果慈定起於色界正十
果慈之餘勢起欲界習果皆無苦惱之事
後一攝果即經無惱先依論釋故論云欲
色界中正受善果無苦惱事疏別配釋
故修慈經說修慈有十五利謂卧安覺安
天護人護眠無惡夢寤常歡喜水不能漂
火不能燒刀不能傷毒不能害常生善處

鎮受快樂正報梵世殘報人王遠果作佛皆慈之果然此中有多種果初現報果常生下後報果正報梵世望上生報望下正報殘報人王即是習果又初七用果水不漂等是增上果常生下異熟果殘報等流果作佛是離繫果修一慈心三報不斷五果俱圓無費一毫而功報無極幸諸後學思而修之修一慈下結示勸修三報即現生後五果即異熟等次徧至一切處即法緣慈橫徧十方豎通三界彼中所有一切諸法皆能緣念然法有二種一緣聖凡五蘊之法二者衆生所有分別作業之法此即所化差別故涅槃云緣利衆生法名爲法緣一緣聖凡五蘊之法者是祈與樂人見無我故如諸論說二者衆生所有分別作業法者即涅槃意隨其所作化與樂故後二句無緣者無緣有二一自體無緣豎窮還十一法空云盡法界二徧至無緣顯空無分齊橫盡虛空末句云徧一切世間者總結上慈成無量義也經徧至一切世間者正約有情世間義兼餘二正覺器界是所與故然約圓教雖世間品各有十義

住悲喜捨亦復如是

類三可知

佛子此菩薩得無量神通力能動大地以一身爲多身多身爲一身或隱或顯石壁山障所往無礙猶如虛空於虛空中跏趺而去同於飛鳥入地如水履水如地身出煙燄如大火聚復雨於水猶如大雲日月在空有大威力而能以手捫摸摩觸其身自在乃至梵世

第二佛子下得五神通明行功用果前内懷慈濟之心此外現救生之用從多分說但爲邪歸妙用難測曰神自在無壅曰通文中有五一神境二天耳三他心四宿住五天眼寄同世間故但得五外色内身皆神之境轉變多種偏受神名亦名神足依欲勤心觀之所成故亦名如意隨意成故餘名易了若語其體通是慧數別則前四是智後一是見見亦是智照了分明順眼義故偏立見名餘處天眼居神境次者顯自修者先成自根勝用次知他心後知往業故今約利他三業故天眼居末初一身業到化機所次二口業天耳聞佛說法聞衆方言以他心智隨種種言音皆盡知已將前所聞之法隨其方言之異復宜用何言之異而授與之後二意業宿住知其過去是何界種天眼見其未來遠近成益隨應化之餘如十通品辨順眼義者就眼辨智發體從眼故云約見天耳何不辨智就根名聞聞不順智不如眼故餘處已下七辨次第亦是三業分別五通皆智智皆意業今從用相故分三業今初身通文二初總明後能動下別顯總中云得者總修總得若準瑜伽三十三得四靜慮竟各各別修皆有假想則別修別得既寄位次第別亦無違然通依四禪多依第四後別中得三種自在一世間自在動大地故二以一身下身自在三石壁下作業自在後別顯者經有十句論攝爲三初二各一後八爲一論亦分八然總上事亦十八變文有不足故論直分疏以經難會在下說今且依論作業自在中八者一傍行無礙如經石壁山障還十二所往無礙猶如虛空故二者上行如經於虛空中跏趺而去同於飛鳥故三者下行如經入地如水故四者涉水不沒如經履水如地故五者身出煙焰如經身出煙焰如大火聚故六者身能注水如經復雨於水猶如大雲故七者身能捫摸如經日月在空有大威力而能以手捫摸摩觸故八者自在乃至梵世間器世間隨意轉變得自在故如經其身自在乃至梵世故釋曰若會十八變者三中初一即振動二中有

四一者一身爲多身是舒二者多身爲一身是卷三隱四顯三爲八中攝爲五種一一傍行二上行皆是往來三四皆轉變五六皆熾然七即衆象入身以高大故八即所作自在上三段中初一次四後五但有其十餘八略無論見多無別爲科釋餘如善住知識處明

此菩薩天耳清淨過於人耳悉聞人天若近若遠所有音聲乃至蚊蚋虻蠅等聲亦悉能聞 十三

第二天耳通初總標其體謂天耳清淨清淨有二義一離欲界法得靜慮引生清淨大種所造故二離於障礙審諦聞故由此故云過於人耳悉聞下顯用釋過人義遠細皆知故

此菩薩以他心智如實而知他衆生心所謂有貪心如實知有貪心離貪心如實知離貪心有瞋心離瞋心有癡心離癡心有煩惱心無煩惱心小心廣心大心無量心略心非略心散心非散心定心非定心解脫心非解脫心有上心無上心雜染心非雜染心廣心非廣心皆如實知菩薩如是以他心智知衆生心

第三他心通中三初總知他心者通於王所次所謂下別後菩薩如是下結別中二十六心行相各異然除小等四心餘皆障治間明善惡對顯總攝爲九一以初六心明隨煩惱謂隨緣現起煩惱相應故名爲隨非約小惑名隨言有貪者於可愛所緣貪纏所纏故離貪者遠離如是貪纏故下四例知即三不善根及三善根以爲能治論令但以能治亦因煩惱而來故皆名隨煩惱下使亦然言有貪下次別釋初對貪是心所心王之體與貪相應名貪纏所纏餘亦如是二有煩惱等二心明使即是隨眠二心明使者論中名使隨眠性成猶如公使隨逐捉縛故三小等四心名生約無記報心人心小欲天廣色天大無色二解脫無量以作空識無邊行相故上二不爾故非無量而論不明上二空處意明無所有及昧劣故或是略非略 十四 攝之或是略者以論經無略非略下釋即散不散中開出今以論中不說於上二無色故以此當之無所有想即是略也非想非非想中此想亦劣故名非略四有四心學三昧行略者謂由止行於內所緣繫縛其心故非略者太沈昧故或不一

所緣故散者太舉於五妙欲境隨順流散故非散者於妙所緣明了顯現故前二約定後二約慧定等均者則名等持論經合之爲二名攝不攝故論以散不散釋之有四心者異後得定以略釋止者故唯識釋睡眠云昧略爲性略揀寤時昧揀定中定中是略而不昧故繫緣一境即是昭義略非略中略心爲得非略爲失散非數中散則爲失非散爲得前二約定者以論無略非略但名學三昧行今以三昧有止觀品故別用之五有二心明得三昧定者正入根本定故不定者未入及起時故

六有二心明得解脫有縛無縛故

七有二心餘凡夫增上慢即前類之餘以得四禪謂爲四果即麤習行名上無此即細習行名無上以得四禪者得初禪謂得初果餘三如次八有二心妄行正行論經名求不求心希求名聞即是雜染反此非染論經名求者仍在上無上前 十五 九有二心大乘得失悲智兼濟爲廣隨闕非廣論闕此二九有二心大乘得失者論經無此論亦無義今以義釋耳上之九類不出三種初二煩惱次一是苦餘皆是業業有善惡耳亦即四諦開解脫爲滅善業爲道故皆如實知者審於事實

見理實故亦非心外見法亦非無境可知
若自他相絕則與衆生心同一體故無心
外也不壞能所故能知也又他心是總餘
皆是別六相圓融一乘之實知也上之九類下通相料揀有三一三雜染料揀二亦即下四諦料揀三皆如實下總釋如實知義有五教意初通小乘初教理實通人法二空故二亦非心外下通始終二教唯識之義通二教故三若自他下通於終頓兩教但同一體即是頓教兼取不壞能所知義即是終教又總取雙絕雙存亦圓教中同教義故四又他心下六相圓融唯屬圓教一乘之別教義
此菩薩念知無量宿命差別所謂念知一生
念知二生三生四生乃至十生二十三十乃
至百生無量百生無量千生無量百千生成
劫壞劫成壞劫無量成壞劫我曾在某處如
是名如是姓如是種族如是飲食如是壽命
如是久住如是苦樂我於彼死生於某處從
某處死生於此處如是形狀如是相貌如是
言音如是過去無量差別皆能憶念
第四宿住智通初總標誰能念即宿住之
智次所謂下別顯後如是過去下總結別
中初念何等事謂一生乃至多劫中事此

顯念時分次我曾下云何念即念相差別
也念彼因中名字不同姓謂父母家姓如
迦葉等種族即刹利等貴賤餘可知
此菩薩天眼清淨過於人眼見諸衆生生時
死時好色惡色善趣惡趣隨業而去若彼衆
生成就身惡行成就語惡行成就意惡行誹
謗賢聖具足邪見及邪見業因緣身壞命終
必墮惡趣生地獄中若彼衆生成就身善行
成就語善行成就意善行不謗賢聖具足正
見正見業因緣身壞命終必生善趣諸天之
中菩薩天眼皆如實知
第五天眼通論名生死智通約根約境異
故初總顯能見誰能見天眼故清淨者審
見故過人者遠見故次見諸下別顯所見
初見生死本有之果隨業之因若彼衆生
下云何見別見因果不同如二地攝善戒 疏二 十六
中辨菩薩下結
此菩薩於諸禪三昧三摩鉢底能入能出然
不隨其力受生但隨能滿菩提分處以意願
力而生其中

第三此菩薩下總結自在近結厭果遠結
前厭於何自在即前禪等禪謂四禪三昧
者四無量慈等三昧故三摩鉢底者論云
五神通此應譯者之誤合云三摩呬多以
此云等引五通即所引故三摩鉢底此云
等至非神通故云何自在智能入出則散 疏十 十七
動不能縛即生心時隨心用現在前故大
悲方便不隨受生則定不能縛若不隨禪
生當何所生不揀淨穢但能滿菩提分處
即生其中論主從勝及自利說謂諸佛菩
薩共生一處是能滿處以願力者非業繫
生故鈔出心時者此有三重自在上明散動不亂則入定自在此段欲入則入欲出便出則入出自在即是地初明成心也三大悲方便下受生自在則報果無縛論云彼厚深念心上成就示現者謂地初十種深心中第八心也今經當勇猛心故上論釋云又不隨釋解脫力生疏釋云地滿方成正指此也論主從勝等者佛菩薩處勝諸穢處及自利者爲滿自利菩提分故近佛菩薩若約利他瑜伽地持皆云隨他見已生道法處故今疏云不揀淨穢能滿二利菩提分處即生其中
佛子是菩薩住此發光地以願力故得見多
佛所謂見多百佛見多千佛見多百千佛乃
至見多百千億那由他佛

第二位果三果即爲三别初調柔果中三初調柔行體二此菩薩於四攝下别地行相三佛子是名下結說地相前中有法喻合法中三初練行緣二悉以下明能練行三見縛下明所練淨

悉以廣大心深心恭敬尊重承事供養衣服飲食卧具湯藥一切資生悉以奉施亦以供養一切衆僧以此善根迴向阿耨多羅三藐三菩提於其佛所恭敬聽法聞已受持隨力修行此菩薩觀一切法不生不滅因緣而有

二中先福行次迴向行後修智行言觀一切法不生不滅者即法性觀於清淨法中不見增故不生煩惱妄想中不見滅故不滅即法性觀者亦約真諦則顯因緣而有是因緣觀是俗諦觀不見增減者以法性中無淨穢故體無增減性無二故因緣而有此有二義一者成上由淨法從緣生故無可增妄法從緣滅故無可滅二約不壞相故雖體不生滅不礙生滅依對治因緣離煩惱妄想故滅轉勝清淨般若現前故生以一切法不生般若生故知一切法不滅妄想滅故以此該後則見縛等滅是不滅之滅也一者成上卽隨順觀世諦卽入第一義也二約不壞相者約卽真之俗也以一切法不生者卽大般若文悟法無生名般若故知無可滅照見惑源故妄滅也又以此三地世間滿故於禪定中爲此實觀生起後地無生行慧亦卽善巧決定觀察智也又以此下結說之由

見縛先滅一切欲縛色縛有縛無明縛皆轉微薄於無量百千億那由他劫不積集故邪貪邪瞋及以邪癡悉得除斷所有善根轉更明淨

三所練淨中先明斷惑後揀細異麤前中五縛卽五住煩惱若合色有卽是四縛縛衆生故亦名四流見縛先滅者初地見道已斷分別惑故一切欲等者論云一切修道中三縛及彼因同無明習氣皆悉微薄謂煩惱障三縛現行及種故云彼因與當地所知障種同滅故云同無明習氣習氣卽種義瑜伽四十八云捨欲貪故無欲縛棄捨靜慮等持故斷有縛若合色有者有當無色今合爲一卽上二界總名有縛故爲四縛四流義如初二地說上辨開合二見縛先滅下釋經則五中初一見道所斷已屬二地故云先也論云下先擧論謂煩惱下釋論言與當地所知障種同滅者以地地各別斷所知障而種現雙斷故此地初云此地斷暗鈍障謂所知障中俱生一分開成二愚及彼麤重麤重卽是種子所知種現體卽無明故云無明習氣習氣卽是麤重其俱生煩惱若約現行亦地地別斷故與所知障種現俱滅煩惱種子直至金剛方永斷盡今約現行故得云滅若約種子但言微薄以現斷故種隨微薄又斷現故亦得薄名後於無量下揀細異麤謂是斷細以多劫不積三不善根故細種漸斷善根轉淨言多劫者仁王經說初地經四阿僧祇劫二地五三地六細障難斷經劫轉多多劫不積故邪貪等斷然但斷細習非是斷麤麤障見道初地已斷麤障修者二地已斷故善根轉淨卽前信等揀細異麤有望於二地故得名細非望後地而得細名麤障見道者卽分別起麤障修者二地已斷者然煩惱有三一正起初地斷二誤心起者二地已斷三不善根使任運性成三地已上漸次斷之又貪等惑略有二種一者不善凡夫所起二者是善愛佛名貪憎厭世間說之爲瞋分別有無說以爲癡上三從斷是不善煩惱善煩惱斷亦有三處一者正起地上漸斷八地時盡二者習起八地已上漸次除斷十地時盡三者使性至佛乃盡今此但斷不善之性不說現斷至七地中方說斷於求佛貪等

佛子譬如眞金善巧鍊治秤兩不減轉更明

淨

喻言秤兩不減者厭離世間勝於前地信等入於厭火故自在不失滅也

菩薩亦復如是住此發光地不積集故邪貪邪瞋及以邪癡皆得除斷所有善根轉更明淨此菩薩忍辱心柔和心諧順心悅美心不瞋心不動心不濁心無高下心不望報心報恩心不諂心不誑心無險詖心皆轉清淨

三合中二先正合前行淨後此菩薩下別顯忍淨此地忍增故偏明之有十三心初二句爲總一他加惡辱能忍受故二菩薩他心謂他人陵我以剛強我則馳之以柔和故下諸句別釋此二他人陵我者即借老子之言彼云柔弱勝剛強又云天下之至柔馳騁天下之至堅倒而用之初有二心分別菩薩護他心二諧順心者以他於菩薩作惡疑菩薩瞋恨菩薩現同伴侶與之諧和二悅美者愛語論誘

次以三心分別加惡忍受謂身加惡而不瞋口毀辱而不動心嫉害而憂惱不能濁以萬頃之陂方其量故以萬頃之陂者蔡邕歎郭林宗云汪汪若萬頃之陂撓之不濁亦澄之不清言其量大也次有三心出上二因無高下者過去久離憍慢故不自高卑輕下於彼由此能柔和護他後二即加惡不改之固一不望報恩故益他被辱而忍受二受恩常念小恩大報故衆生於我有恩法爾應忍二受恩者即涅槃文十行已引衆生於我有恩者若無衆生不能成我普賢行故後三心顯上二心離障雖柔順護他而非諂實爲利益故不誑心無隱覆諂佞故無諂誑諂誑者諂佞也餘皆可知諂誑者毛詩序云內有進賢之心而無諂誑之心蒼頡篇云誑謂詭佞也

此菩薩於四攝中利行偏多一波羅蜜中忍波羅蜜偏多餘非不修但隨力隨分佛子是名菩薩第三發光地

菩薩住此地多作三十三天王

二菩薩住此下攝報果此下諸地攝報文皆分二初上勝身

能以方便令諸衆生捨離貪欲布施愛語利行同事如是一切諸所作業皆不離念佛不離念法不離念僧乃至不離念具足一切種一切智智

復能以下上勝果果中一自分行

後作是念我當於一切衆生中爲首爲勝爲殊勝爲妙爲微妙爲上爲無上乃至爲一切智智依止者若勤行精進於一念頃得百千三昧得見百千佛知百千佛神力能動百千佛世界乃至示現百千身一一身百千菩薩以爲眷屬

二復作是念下勝進行勝進果中經云得百千三昧者初地百二地千此爲十倍三地百千即已百倍四地億數然其百千已用中等數法百百變之方是一萬若百萬爲億四地望三亦是百倍五地一千億已是千倍六地百千億若云百箇千億亦是百倍若總云百千億則數難分七地百千億那由他則已有那由他倍由有百千億箇那由他故準僧祇品云一百洛叉爲一俱胝此中等數洛叉爲億俱胝爲兆次云俱胝俱胝爲一阿庾多阿庾多阿庾多爲一那由他自此已上皆用上等之數倍倍變之故百千億箇那由他已非心識思量之境況八地云百萬三千大千世界微塵數九地云百萬阿僧祇國土微塵數十地云不可說百千億那由他佛剎微塵數三昧等此上三地皆以剎塵當前一數故難思中難思也況一一地中皆悉結云若以殊勝願力復過於此百劫千劫百千億那由他劫不能數知此約行布況闇融耶以登地難量故略寄數以據深淺空中鳥跡難可宣示瓔珞亦云初地一念無相法身成就百萬阿僧祇功德雙照二諦心心寂滅法流水中不可以

凡心識思量二體法身況二地三地乃至等覺地但能應化道中可以初地有百身千身萬身乃至無量身等釋曰據此等文寄其數量非盡理說
若以菩薩殊勝願力自在示現過於此數百
劫千劫乃至百千億那由他劫不能數知
爾時金剛藏菩薩欲重宣其義而說頌曰
清淨安住明盛心厭離無貪無害心堅固勇 遺十 二十二
猛廣大心智者以此入三地
第三重頌十八頌分五初一頌起厭行分
菩薩住此發光地觀諸行法苦無常不淨敗
壞速歸滅無堅無住無來往
觀諸有爲如重病憂悲苦惱惑所纏三毒猛
火恒熾然無始時來不休息
二有十二頌頌厭行分於中初二護煩惱
行
厭離三有不貪著專求佛智無異念難測難 遺十 二十三
思無等倫無量無邊無逼惱
見佛智已愍衆生孤獨無依無救護三毒熾
然常困乏住諸有獄恒受苦
煩惱纏覆盲無目志樂下劣喪法寶隨順生
死怖涅槃我應救彼勤精進

次三護小乘行
將求智慧益衆生思何方便令解脫不離如
來無礙智彼復無生慧所起
心念此慧從聞得如是思惟自勤勵日夜聽
習無間然唯以正法爲尊重
國城財貝諸珍寶妻子眷屬及王位菩薩爲
法起敬心如是一切皆能捨
頭目耳鼻舌牙齒手足骨髓心血肉此等皆
捨未爲難但以聞法爲最難
設有人來語菩薩孰能投身大火聚我當與
汝佛法寶聞已投之無怯懼
假使火滿三千界身從梵世而投入爲求法
故不爲難況復人間諸小苦
從初發意至得佛其間所有阿鼻苦爲聞法
故皆能受何況人中諸苦事
後七方便攝行
聞已如理正思惟獲得四禪無色定四等五
通次第起不隨其力而受生
三一頌厭分及果
菩薩住此見多佛供養聽聞心決定斷諸邪

惑轉清淨如鍊真金體無減
住此多作忉利王化導無量諸天衆令捨貪
心住善道一向專求佛功德
佛子住此勤精進百千三昧皆具足見百千
佛相嚴身若以願力復過是 遺十 二十四
四三頌頌位果
一切衆生普利益彼諸菩薩最上行如是所
有第三地我依其義已解釋
五一頌結說三地竟
大方廣佛華嚴經疏鈔會本第三十五之六

大方廣佛華嚴經疏鈔會本第三十六之一　約一

唐于闐國三藏沙門實叉難陀　譯

唐清涼山大華嚴寺沙門澄觀　撰述

第四焰慧地所以來者瑜伽七十八引解深密明四種清淨能攝諸地前三即意樂戒定增上三清淨訖此下第四訖於佛地明慧增上故次來也又慧有多種四地正明覺分相應增上慧住故次來也又前地雖得世定總持而未能得菩提分法捨於定愛及與法愛今修證彼行故次來也若依本論前三寄世間今此出世次第故來若近望前地因前定開法此證智故次來也故論云依彼淨三昧聞持如實智淨顯示故引解深密者意欲雙明具經論故經當第四波羅蜜品觀自在問言佛說十地幾清淨幾分所攝佛言善男子當知諸地四種清淨十一分攝云何名為四種清淨能攝諸地謂增上意樂清淨攝初地增上戒清淨攝第二地增上心清淨攝第三地增上慧清淨攝於後後地轉勝妙故當知能攝從第四地乃至佛地釋曰上言十一分者即十地及佛地捨於定愛者前有八定故有定愛有聞持故有法愛言今修證彼者證彼菩提分法

言焰慧者法喻雙舉亦有三義一約初入地釋初入證智能燒前地解法慢薪故本分云不忘煩惱薪智火能燒故二約地中釋成唯識云安住最勝菩提分法燒煩惱薪慧焰增故由住第四地竟方修菩提分法明是地中若唯取此而為慧者未修道品應非焰地以此地正明菩提分法中該初後諸論多依此釋攝論云由諸菩提分法焚燒一切障故障即二障莊嚴論云以菩提分慧為焰自性以惑智二障為薪自性此地菩薩能起焰慧燒二障薪名焰慧地瑜伽七十八引深密經大同此說彼云所得菩提分法能燒煩惱智火如鍛金光明經顯揚論不殊此意三約地滿從證智摩尼放阿含光故名為焰下論具之二約地中下有四一引論正釋然唯識文即攝論意次下正引即攝論第七意世親釋云由此地中安住最勝菩提分法由住此故能燒一切根本煩惱及隨煩惱皆為灰燼然以菩提分而為慧者非皆是慧慧之餘故從喻為名由住第四下二以文成上約地中義以此下四釋妨難難云若許此第一釋者何以諸論多依第二故為此通攝論云下二出多釋文畧舉五釋一攝論即上第七論二莊嚴論當第十三三引瑜伽論亦第四文多同前四引金光明即第三經云能燒煩惱以智慧光增長光明故是修行道品依處是故四地名為焰慧五引顯揚

亦當第三論云燄慧地者謂諸菩薩住此地中先善修治第三地故超過一切聲聞緣覺地證得極清淨緣諸覺分取法境微妙慧燄能現前燒一切煩惱是故此地名為燄慧然上五釋義皆相成故疏總云不殊此意三約地滿者前約證智為燄此約教智為燄然所燒煩惱即所離微細煩惱現行障謂所知障中俱生一分亦攝定愛法愛菩提分法特違於彼故能燒之由斯四地說斷二愚及彼麤重一等至愛愚味八定故二法愛愚即解法慢今得無漏定及無漏教故違於彼然所燒下三斷障四初舉唯識然唯識一分之下更有論云第六識俱身見等攝最下品故不作意緣遠隨現行故名微細釋曰第七識言揀第七識第七識俱以微細故此地未斷今言微細望前地說有三義故立微細名一第六識中分別身見名為上品唯不善故獨頭貪等名為中品通善不善此唯無記故名下品二不作意緣故即任運生義三遠隨行故從無始來隨逐於身故有上三義故名微細論云彼障四地菩提分法入四地時便能永斷釋曰以有身見不能觀身為不淨等問上言所知障中俱生一分那名煩惱答此所知障昔時多分與煩惱障同一體起立煩惱名由菩提分正斷所知彼之身見亦不行故前之三地何不爾耶以相同世間今此出世方能離之亦攝定愛下二出本論名名離解法慢障畧云解法實亦有定本分中說亦唯識文論云身見等言亦攝無始所知障攝定愛法愛彼定法愛三地尚增入四地時方能永害由斯四地說斷二愚及彼麤重一等至愛愚即是此中定愛俱者二法愛愚即是此中法愛俱者所知障攝二愚斷

故頌偈二愛亦永不行今得無漏定者即彼疏釋愚即所知愛即煩惱故說俱斷由此證得無攝受眞如謂此眞如無所繫屬非我執等所依取故由此證得下四證如亦前唯識引攝論文世親釋云於此如中無計我所如北洲人無繫屬故應說此如非我執我慢我愛無明邊見我所見等所依取故得此眞如寧有定法之受便能成菩提分行及不住道行精進不退得此眞如下是今疏結成由達無攝受眞如便得攝生之果由達無下六得果者不爲我攝方能攝生

佛子聞此廣大行可樂深妙殊勝法心皆勇悅大歡喜普散衆華供養佛

演說如是妙法時大地海水皆震動一切天女咸歡喜悉吐妙音同讚歎自在天王大欣慶雨摩尼寶供養佛

次正釋文文亦三分一讚請二正說三重頌今初六偈分二初二偈半集經者序述

地海動者表無明厚地大愛海水可傾竭故

讚言佛爲我出興演說第一功德行如是智者諸地義於百千劫甚難得我今忽然而得聞菩薩勝行妙法音

願更演說聰慧者後地決定無餘道利益一切諸天人此諸佛子皆樂聞勇猛大心解脫月請金剛藏言佛子從此轉入第四地所有行相願宣說

後三偈半正明讚請於中初二偈半天王請後一衆首請

爾時金剛藏菩薩告解脫月菩薩言佛子菩薩摩訶薩第三地善清淨已欲入第四燄慧地當修行十法明門

第二正說分中二初明地相後明地果前中論爲四分一清淨對治修行增長因分謂清淨等是次二分今趣地方便爲彼之因二佛子菩薩住此焰慧下清淨分是初入地出障行故三佛子菩薩住此第四下對治修行增長分即正住地行道品等行能有所除故云對治進習上上名修行增長四佛子至所有身見下彼果分此即地滿是中二分之果又此四分即加行無間解脫勝進四道又四中初一入心後三住心出心在調柔果住心中三分攝前三位初清淨分即攝生貴住次攝至一切處迴向後攝無盡行至文當知又此四分者第二四道科如雜集第九說俱舍賢聖品云應知一切道略說唯有四謂加行無間解脫勝進道釋曰加行道者謂引無間道前之加行也無間道者謂斷惑道也解脫道者無間道後名解脫道謂已解脫所應斷障最初所生勝進道者除前三外所餘諸道漸勝進故即解脫道後所起諸道也是涅槃路故名爲道釋曰所起諸道者準雜集即爲斷餘品煩惱所有加行無間更有異釋大意皆同四中又下三依三心科具如初地今初因分文三初結前標後次何等下徵列別名三菩薩以此下結行入位今初十法明門者門即通入之義故論經名入明爲能入之門法爲所入之處故論云得證地智光明依彼智明入如來所說法中言證地智者即四第證智也光明者即三地慧光謂三地中得此四地證智前相故併舉二處之智以釋於明亦猶地前明得定也故前地論云彼慧此中名光明即其義也言所說法者前求多聞從佛聞說衆生法界等十種之法便以智光游入數數游入游入即是修行修行即下觀察觀察增上極圓滿故方得證入四地今初因分者當四文即第一清

淨對治修行增長因分以是次二分因故唯勝一因字耳論經名入者引證論經云當以十法明入四地故五便以下五通釋下句依後智明入如來所說法中論經云思惟是今經觀察

何等爲十所謂觀察衆生界觀察法界觀察世界觀察虛空界觀察識界觀察欲界觀察色界觀察無色界觀察廣心信解界觀察大心信解界

二徵列中有十種差別觀察此十略以三重釋之一初句爲總本爲衆生故餘九爲別皆衆生事故二前八爲染後二爲淨三前五推能依至所依後五依所依立能依三前五下三能所依釋前中一觀衆生假名差別假有三種一因成假二相續假三相待假爲空詮故先觀之因成有二一五蘊和合假名某甲則入衆生空二陰亦因緣而有則入法空二空所顯卽是眞如不壞假名空有不二卽是中道言相續者由前陰滅後陰續生念念相續假而非實亦入二空眞實言相待者待非衆生以說衆生入實亦然此一推假入實餘九例知故論但顯

差別之相二法界者論當第三是依正之因卽染法界此從別義若淨法界通爲十依則十與法界究竟無別三世界者彼假名衆生所住依報四依正所依虛空瑜伽名爲平等勝義卽是理空皆無盡故因成有二者謂人法二空二空所顯下會其三觀言卽是眞如自有二意一者順法相宗二空非眞如故二成三諦假名爲有諦二空爲無諦眞如爲中道第一義諦已有三諦三觀矣又空有不二總爲眞空不壞假名卽是假觀合上空假以爲中道下觀二假倒此成觀故相續後結云亦入二空眞實眞實卽是眞如異名名相待假後結例可知五染淨所依是本識界後五依此所依立後能依故此識界前後兩向向前爲依正依向後爲染淨依後五依此下文二先總明此識亦通二宗若生滅識生染淨依他亦依心有卽法相宗若眞妄和合識亦主染淨卽法性宗並如前說初三句由煩惱使染成染分依他有三界差別著欲著受及著想故三界唯心故後二廣大信解成淨分依他論經前是勝心信解依煩惱不染與聲聞同後大心信解依不捨衆生不同聲聞著欲等者由著欲故有於欲界由著受故有於色界謂四禪天不出四受又著正受故由著想故有無色界空想識想無所有想非想非非想雖欲絶想亦不出想三界唯心總結上文如下大地今

經卽前云廣則明護恆兼濟之心後是大心卽是護小求大菩提則二心俱異二乘前觀衆生同體大悲後觀衆生具佛知見誓令同得又皆言界者通事理也事卽曲盡差別理則一一入實卽淨法界故皆爲明門

菩薩以此十法明門得入第四燄慧地

三結行入位觀察圓滿與十理冥則入四地故瑜伽四十八云先於增上心住以求多聞增上力故已得十法明入由此十法明入成上品故極圓滿故入初增上慧住

佛子菩薩住此燄慧地則能以十種智成熟法故得彼內法生如來家

大文第二淸淨分卽攝生貴住故前文云於諸佛聖教中生云何淸淨於如來家轉有勢力故文中三初總明次何等下徵釋三是爲十者總結初中文有三句末句生家是總相初句十智爲能生因次句內法爲所生家由以十智觀察下諸行等十法得成熟故成熟則除滅三地解法智障攝

四地出世勝智契於法體故云得彼內法內法者顯非外相此法即如來所說教化之法名如來家此地寄出世之首故名爲生初總明三初牒經釋初句十智爲能生者即下所列之十句也智因所觀而成十智內法者難釋以證性故亦是如來教化之法故名爲內何時得耶論云此法明入同時得故應知若爾何異前分而云前分爲此因耶答因分觀十未得上品猶在三地得上品竟即入四地與此同時若遠公云十智十入名異體一故即同時而自問云兩法相似可得言同明智體一何待言同彼自釋云此雖體一隨門有別是故說同云何門別前就衆生世界等十以彰法明今此乃說三寶等以說法智故云別也復應難云所觀既異何名體一故應如前鈔家之釋復應同云前觀十明得入四地此前未觀十智云何言生故應答言有二義故一前以能化觀于所化今以所化成能化法爲分能所所觀少殊能所相成故得一時二者前十明門下相會性今此十智雖舉十二相意在一性故云內法性相少異分之成二性相不離故得一時問何以將此教化之法爲如來家論云如來自身所有諸法以是法故顯示如來釋曰若乘此法不名如來故此十法佛所安住名之爲家然如來家略有三種一菩提心家初住即生二大教家四住即生三法界家初地證故生今此攝四住故以智契教法合於法界具下十義故名爲生然如來下二辨家不同準下林神八地亦生生無生忍家故如來亦名究竟生家故云畢耳若瑜伽但云長如來家論經亦但云於如來家轉有勢力意明初地已生家二三地起修方便早有勢力今依三地之聞成出世智故云轉有此中智契即無行無生行慧光若瑜伽下三會論釋二論意同此中智契下顯所證體成上內法即前地中五方便內第三方便也何等爲十所謂深心不退故於三寶中生淨信畢竟不壞故觀諸行生滅故觀諸法自性無生故觀世間成壞故觀因業有生故觀生死涅槃故觀衆生國土業故觀前際後際故觀無所有盡故是爲十

二徵列中列有十句論攝爲四初句自住處畢竟智謂大乘是菩薩自所住處深心相應爲住畢竟即是不退謂大乘等者釋上名也然上論主一時列四名已屬經竟重復料揀解釋今初云自住處畢竟智即初列名謂大乘下是後重釋論具云菩薩自住處者謂大乘法中故二同敬三寶畢竟智謂證三寶同體成不壞信故上二約行德差別初自分後勝進故上二約行德者三寶是已之上故云勝進下有二智約智解差別初證後教謂三有二句明真如智謂見第一義諦二無我故一但有蘊等諸行而生滅流轉故無人我二即此蘊等諸法本來不生故無法我

四餘六句明分別說智謂是教智故名爲說知世諦故名爲分別分別染淨故謂初二句是染後三句是淨第三句具染淨各有因果即是四諦故四餘六句下即論立名謂是教智下雙釋論分別染淨故是論總釋謂初二句下是雙釋論謂初二句名隨煩惱染即是苦諦依正二報隨煩惱集因所生故謂初句依報次句正報故云有生同因於業業與煩惱二俱集因故論與經影略而說故論與經者經云因業有生論云初二句隨煩惱染故第三句中初觀生死論經名世間即煩惱染上句以因顯果云因業有生此句以果顯因故云生死生死以煩惱爲體故即是集諦此順論意次觀涅槃是所有淨即是滅諦若直就經文亦可因業有生是集諦生死涅槃復雙觀苦滅耳此順論意者以論云煩惱今將經文生死就論故云論意後三句隨所淨即是道諦隨順前滅故三中初一利他行論云諸佛世界中教化衆生自業成熟故準此論意譯此

初句應言觀諸國土化衆生業則不濫前因業有生後二句自利行謂觀煩惱染及涅槃淨爲順滅之道初句約事觀煩惱無始故爲前際涅槃無終故爲後際後句順理觀煩惱本空無有損滅故無可盡涅槃性淨非新增益自性盡故皆名無所有盡煩惱影取生死涅槃影取菩提菩提之智亦符理故然是世諦中觀故異前如智即不濫前因業有生者今云觀衆生國土業故濫前也菩提之智下三通影取菩提難恐有難云涅槃性盡云無所有盡菩提非性何言無所有盡故以符理全同涅槃然是世諦下四通約順理解以約理釋濫前如智故通云異異相云何猶相見道中亦觀非安立諦而是後得此亦如是雖觀於如而是敎智又後二句即本有今無偈意亦是觀緣起法無明行爲前際生老死爲後際無明滅行滅自性滅故各無所有盡如六地中又後二句下五更顯別理自有兩意一即四出偈謂觀前際後際故即本有今無本無今有觀無所有盡故三世有法無有是處第五經疏已廣分別亦是下觀緣生觀然上十智正觀如來敎化之智智之別相必由所觀不觀所觀安識佛智佛智證彼內法四地菩薩亦如是證思之自下大文第三對治修行增長分中二初護煩惱行後菩薩修行如是下明護小乘行

前是大智自利異凡後是大悲利他異小此二相導成不住道無所不至故攝至一切處迴向也今初即修菩提分法前是大智者二行總有四對一名自利利他對二大智大悲對三護凡護小對四不住生死涅槃對即非凡夫行非聖賢行是菩薩行後結成無住以攝前位論主別有道品論故此不釋今略爲四門一釋名菩提是覺分是因義此三十七爲諸乘覺因故亦云道品品即是類因爲果類故別名至文自顯論主別有道等者出不釋所以今之四門亦無所不具爲諸乘者通三乘菩提故俱舍賢聖品云覺謂盡無生順此故名分釋曰覺者無明睡眠皆永斷故盡無生智爲此覺體三十七品順趣菩提名菩提分今順亦因義二顯同異瑜伽四十四大乘菩提分乃有多種三十七品乃是其中別義通於大小涅槃亦說三十七品爲涅槃因非大涅槃因無量阿僧祇道品爲大涅槃因故下五地中說無量道品及離世間品說道及助道皆名無量今約寄位故但三十七耳若準智論但三十七無所不攝即無量道品亦在其中如分別四諦有無量相但心行大小不同淨名云道品是道場是法身因大集名

菩薩寶炬陀羅尼涅槃云若人能觀八正道即見佛性名得醍醐皆約大說如分別下二引證晴引涅槃第十三經南本十二迦葉菩薩白佛言世尊佛昔一時在恒河岸尸首林中爾時如來取少許樹葉告諸比丘我今手中葉多一切因地草木葉多諸比丘言世尊一切因地草木葉多不可稱計如來所捉少不足言諸比丘我所覺了一切諸法如因大地生草木等爲諸衆生所宣說者如手中葉[illegible][illegible]世尊爾時說如是言如來所了無量諸法若入四諦即爲已說若不爾者應有五諦佛讚迦葉善哉善哉善男子汝今所問則能利益安隱快樂無量衆生善男子如是諸法悉已攝在四聖諦中下云智有二種一者中智二者上智善男子知諸陰苦是名中智分別諸陰有無量相悉是諸苦非是聲聞緣覺所知是名上智廣說云云又云善男子知愛因緣能生五陰是名中智一人起愛無邊無量聲聞緣覺所不能知是名上智又云善男子知滅煩惱是名中智分別煩惱不可稱計滅亦如是不可稱計非是聲聞緣覺所知是名上智又云善男子知是道相能離煩惱是名中智分別道相無量無邊所離煩惱亦無量無邊非諸聲聞緣覺所知是名上智釋曰皆明四諦有無量相而皆攝在四諦之中故知三十七品若分別之有無量相則三十七攝無量道品但心行者三抹下釋文中廣見其相淨名下第四廣證大義總引三經一引淨名二文一引即光嚴童子經初已引今舉其中云三十七道品是道場捨有爲故下結云善男子菩薩若應諸波羅蜜教化衆生諸有所作舉足下足當知皆從道場來住於佛法矣釋曰意明得道之處即是道場萬行得道即爲道場即大菩提因也二即法身因亦淨名方便品由國王等皆來問疾因以身疾廣爲說法諸仁者是身無常無強無力

疏豐廣謂身意便云諸仁者此可患厭當樂佛身佛身者即法身也從無量功德智慧生從戒定慧解脫解脫知見生從慈悲喜捨生從布施持戒忍辱柔和勤行精進諸禪解脫三昧多聞智慧諸波羅蜜生從六通生從三明生從三十七道品生既云能生法身明非小矣大集名實炬者示非小也寶具諸德故炬能破暗故攝一切法名陀羅尼豈是小耶涅槃云下四引涅槃第二十九經南本二十七佛言善男子衆鈔十三生佛性不一不二諸佛平等猶如虛空一切衆生同共有之若有能修八聖道者當知是人即得明見善男子雪山有草名曰忍辱牛若食之則成醍醐衆生佛性亦復如是釋曰斯爲正義下師子吼釋難亦云如佛所說若有修習八聖道者則見佛性是義不然下難意云道若是一餘人無分故佛乘平坦之路以況八正明知八正能見佛性即非小矣疏中義引

三明體性雖三十七品但以十法而爲根本謂信戒念精進定慧除喜捨思惟由信二戒三念開爲四精進定慧此三各八餘四各一故成三十七品復束此十以三蘊爲體謂戒是無表色喜支是受餘皆行蘊五類法中但二爲體謂色及心所若取助伴則通五蘊若取所緣通一切法廣顯差別如智論二十一二及五十三瑜伽二十八九及四十五雜集第十下所解釋依此諸論三明體性下初標列俱舍賢聖品亦云此實事唯十謂慧勤定信念喜捨輕安及戒尋爲體釋曰尋即此中思惟輕安即除

是智論之名即經猗覺分猗者美也即輕安義由信二下二辨義言信二者即一信根二信力言戒三者即八正中正語正業正命言念開爲四者一念根二念力三七覺中念覺四八正中正念言精進爲八者即四正勤爲四五精進根六精進力七精進覺分八正精進言定有八者謂四神足爲四五定根六定力七定覺分八正定言慧有八者四念處爲四四念慧爲體都近名念故五慧根六慧力七擇法覺分擇法即慧故八正見見即慧故言餘四各一者即除喜捨思惟也由依斷闕及不闕者爲二類故不依俱舍之次而先信次戒等者毗婆沙則實事有十二以戒中分出正語及與正業以身語業不相離故餘九同前今依瑜伽俱舍故但有十二五蘊出體由有三義初起實出體唯有三蘊二五類出體由攝受行以爲心所故於五類唯有二類則無心王及不相應并無爲故三相應出體所依心王必依於想取心等相故雜集云助伴者謂彼相應心心法等二總指宗源不欲繁文令知本故四正釋文即是行相三十七品總有七類一對治顛倒道即四念處二斷諸懈怠道謂四正勤三引發神通道謂四神足四現觀方便道所謂五根五親近現觀道即是五力六鈔十四現觀自體道謂七覺分七現觀後起道謂八正道總有七類者即雜集瑜伽之意其中義旨至文當釋此七次者若聞法已先當念持次即勤修勤故攝心調柔調柔故信等成根根增爲力次七覺分別八正正行有時八正在前則未辨

名道已辨名覺然上猶寄位若約行者初心通修況入地菩薩此七下明次第初正明即雜集意故彼論釋七覺云七覺所緣即四聖諦如實性釋八正云八正所緣境者即此後時四聖諦如實性由見道後所緣境界即先所見如實性爲體釋曰此則八正是修道矣若舉俱舍賢聖品中七覺即當修道故彼論問云當言何位何覺分增偈答云初業順決擇及修道見位念住等七品應知次第增釋曰初業者即修別相總相念住此初業謂能照身等四境慧用勝故說念住增言順決擇者即煖等四位也且煖法位中能證異品分決殊勝功德勤用勝故說正勤增言增頂法位中能持善趣無退轉位定用勝故說神足增忍法位中必不退墮善根堅固得增上義說五根增世第一位中非世惑法所能屈伏得無屈義說五力增言及修見道位者修道位中近菩提位助覺勝故說七覺增見道位中速疾而轉通行勝故說八正增有餘師說於見道位建立覺支如實覺知四聖諦故於見修二位建立八聖道支以此二位俱通直往涅槃城故釋曰後解正順今經見道後說修道見是七覺前解雖七覺居前而名修道八正爲見義當約位八正在前智論亦云修道用故名覺見道用故名道同俱舍初意亦是義當八正居前以見道後有修道故又俱舍云七覺八道支一向是無漏三四五根鈔十五力皆通於二種則非見道之前別有修也今疏意符雜集及俱舍後師故以七覺至現觀自體八正爲現觀後起有時下會異釋即上俱舍意然上猶寄位下第三圓融於中有三初句指前是約位說隨增勝義若約行者二諸教證明初心通修者大小乘說皆初通修況入地下三況出入證又已證如豈不齊具今初對治顛倒道名四念處四謂身受心法念謂念

慧身等爲其念慧所安住處故亦名念住瑜伽云若於此住即是身等若由此住即是念慧今初對治顛倒道文前有七一釋名若云念處處唯約所住若云念住住通能所體實是慧以慧觀守境由念得住體實是慧下第二出體若準雜集具二爲與念相近隣近名念體論云念住自體謂慧及念由佛經中有隨觀言及念住言故今疏隨增說慧爲體故俱舍云四念住正斷神足隨增上慧勤定爲體實法加行善言加行善者即相應五蘊即下明助伴正勤神足例此念處一時辨體而疏云由念得住者即婆沙意若俱舍云理實由慧令念住境如實見者能明記故所以但取以慧爲體今疏依婆沙者是其源故要須明記慧方住故數具以慧由念而住雜集云一切菩提分法皆由五門而得建立一所緣二自體三助伴四修習五修果文或略無義必須具今初念處身等是所緣念慧爲自體循身觀等爲修習破四顛倒趣入四諦身等離繫以爲其果雜集云下三辨相差別亦當引證證上前後出體等文即第十論今初念下二約當科釋一所緣如彰四所由二自體如上出體三修習如下釋文故此三門列名而已破四顛倒下引論辨果趣入四諦者由身念處趣入苦諦所有色身皆行苦故麤重所顯故是故修觀行時能治於此輕安於身差別生故由受念住趣入集諦以樂等諸受是和合愛等所依處故由心念住趣入滅諦觀離我識尚無所有懼我斷門生涅槃怖永遠離故由法念住趣入道諦爲

斷所治法修能治法故身等離繫者是論云又此四種如其次第能證得身受心法離繫之果由此修習漸能遠離身等麤重故問上列有五何唯釋四答有二義故一經唯有四故上疏云文或略無二前已總明出體中云別兼助伴五蘊爲性故若別說者雜集云謂彼相應心心法等彼者彼念慧二法釋曰論云等者等取心不相應行及同時四相亦是助伴類非一故此身等四前三即三蘊而合想行爲法念者爲明我所依事我受用事我自體事我染淨事故要此四者治四倒故謂觀身不淨治於淨倒觀受是苦觀心無常觀法無我治三可知四彰四所由二初對我對蘊開合爲破我故我有四類故合爲四即是釋前所緣之境故雜集云念住所緣即身受心法上已畧明又云復有四事謂我所依事等疏但列名論主釋云由顛倒覺愚癡凡夫多分計我依止有根身故即依執所受用苦樂即執受所了境相即是執事由貪等染汙由信等清淨即執染淨是故最初爲正觀察真實事相故建立此四種事爲所緣境二除障有四故即是重明第五修果爲治四倒合五爲四言治三可知者如初句苦治樂倒常治常無我治我故彼論云修不治觀故了知諸受皆是苦故通達諸識依緣差別念念變異故觀察染淨雖有諸法無作用者能如是知是名修果此次第者從麤至細教對治故智論云此身既爾不淨衆生貪者以其情塵生諸受故計之爲樂誰受此樂故次觀心念念生滅後觀二蘊皆不自在破此四倒行

四正行開實相門若爾說四倒中何以常樂我淨而爲其次此約先重後輕爲次第故五彰其次第今從麤至細者身色最麤受領外境望身次麤心復爲次不約境故法最爲細攝涅槃故麤者易治故云從麤至細教對治故智度論下證次第對治之相破此四倒下結勸功能亦是修果對於常等以無常等而爲王行而非實相由此悟入故稱爲門二解妨妨以相違答以義別此約輕重前約麤細故謂常倒最重由計心王而爲常故生邪見等集因集果無善無惡故最爲重樂次輕前但計妄樂不必邪見執樂常等生過淺故次於想行計有主宰主宰不礙有修行故此復次輕計身爲淨但生妄貪無大過故故爲最輕然此四處皆容各起四倒從多計說各語其一六明倒通局容各起四即是通義如一身上計其相續但住爲常有身爲樂身即是我紅輝練色如玉故名爲淨餘三準思從多計下辨其局義身多計淨受多計樂等然觀不淨等通於大小瑜伽四十五云菩薩於聲聞道品如實了知如聲聞地云何大乘如實了知謂勝義修及世俗修世俗修者即觀不淨等然不計實勝義修者謂離相性七明觀相同異引瑜伽釋小乘略指大乘具二諦修其世俗修多同小乘但知緣假不計爲實則異小耳大集般若等皆性相雙觀智論亦爾乃至不念身受心法無行經云觀身畢竟空觀受內外空觀心無所有觀法但有名

此約如實然有二意一則法性湛然常樂我淨即遣無常等倒二此入法空俱遣八倒

初正證修相先引二經一論明具二修後引無行有如實修而智論云乃至不念身受心法者越於世諦故云乃至觀身空等亦不取空具如實也文中二意通前經論但以法性唯破四倒多約性相雙修而說後意法空寂寥唯約真實說故中論云諸佛或說我或說於非我諸法實相中無我無非我亦應云諸佛或說常或說於無常諸法實相中無常無無常樂淨亦爾

勝鬘亦說四念能除八倒

二廣引證成具上二意勝鬘云凡夫識者二見顛倒一切阿羅漢辟支佛智者則是淸淨邊見者凡夫於五陰我見妄想計著生於二見是名邊見所謂常見斷見見諸行無常是斷見非正見見涅槃常是常見非正見妄想見故作如是見於身諸根分別思惟現法見壞於有相續不見續故起於斷見妄想見故於心相續愚暗不解不知剎那間意識境界起於常見妄想見故故於彼義若過若不及作異想分別若斷若常顛倒衆生於五陰中無常常想苦生樂想無我我想不淨淨想一切羅漢及辟支佛淸淨智者於一切智境界及如來法身本所不見或有衆生信佛語故起常想樂想我想淨想非顛倒見是名正見何以故如來法身是常波羅蜜於佛法身作是見者是名正見正見者是佛真子從佛口生從正法生從法化生得法財世尊淨智者一切阿羅漢辟支佛智波羅蜜此淨智者雖曰淨智於彼滅諦尚非境界況四德智釋曰此上經文乃有數重初見諸行無常涅槃是常名斷常見者自有二意一以取相心見不合法體故斯最深空則常與無常二見雙泯方能見理二者見生死實有可斷涅槃實有可證亦不合法體不知有諍說生死無諍說涅槃生死及涅槃二俱不可得故若如此知即非二見二從於身諸根下約生死諸蘊起斷常見從於彼義下雙結上二以第一義起見著故爲若過第二義不知剎那壞爲斷不知心相續爲常爲不及故上皆妄見三從或有起生下明其正見謂破生死無常常想等爲二衆淨智見如來法身常樂我淨爲著盡正見破常等倒廣病而略藥不言修無常行以破常等故顯如來常但舉其藥而略其病不言二乘謂法身等亦無常等故然皆約五蘊即是總明四念隨一一陰容起四倒之義若取言總意別倒無常常想即屬心念苦有樂想即是受念無我我想即是法念不淨淨想即是身念既是三重破於八倒故云勝鬘亦說四念能除八倒

既除八倒則成八行涅槃雙樹四雙八隻四枯四榮正表於此

三結成正義倒上勝鬘亦有三意若約初意取著生死無常涅槃常等即是八倒無念而如生死無常涅槃常等即是八行若依第二意計於生死若常無常等皆成顛倒故爲八倒則非常非無常等而爲八行若依第三意謂生死常等佛無常等即成八倒若謂生死無常等佛法常等即成八行依第三意即雙照常無常故經引二鳥騎常與無常不相捨離依前二意雙遣常無常等故中論云諸佛或說我或說於非我諸法實相中無我無非我亦應云諸佛或說常或說於無常諸法實相中無常無非常等餘如下說言涅槃雙樹四雙八隻者引事證成如來涅槃之處四面各有一雙娑羅之樹名娑羅林娑羅此云堅固法瑤云風霜不能改四時真能遷以況法身金剛之質老死不能變念念不能易常樂之相也言四雙者第三十經云善男子東方雙者破於無常以成於常乃至北方雙者破於不淨以得於淨釋曰既云乃至者應言南方雙者破苦得樂西方雙者破於無我以得於我又闍維經云東方一雙在於佛後西方一雙在於佛前南方一雙在於佛足北方一雙在於佛首入涅槃已東西二雙合爲一樹南北二雙亦合爲一二合皆悉垂覆如來其樹慘然皆悉變白第一經云爾時娑羅樹林忽然變白猶如白鶴釋曰爲對前後先舉東次西前爲破四倒右脇而臥又首北者增一阿含云表於佛法久住北天長阿含第四云佛告阿難安我頭南首面向北使佛法久住北天者此必譯人不善廻文豈有首南而面北耶故北首爲正然彼經云表尚順方機今以意求北方主滅表證寂滅故兼顯嚴道背苦觀寂然經文說樹無枯榮言表法之中則有常無常等衆智者釋云有枯榮既衆常等或以義求或別有據衆備亮云樹高五丈許上合下離其華甚白其實如瓶香味具足今以二樹鮮榮二樹枯悴明法不偏釋曰然未知所據理甚昭彰故以一枯表世間無常一榮表涅槃常等人不究之但見於事不知如來示此楨祥以表八行遣此八倒

大品明以一切種修四念處

大品下三別示觀相然上引證兼此別示具五教意初瑜伽中聲聞地說即小乘教次約大乘二諦別修即初教意二引大乘集般若雙明通於二意若性相抗行即證成前義若性相交徹即終教意三引無行經即頓教意今引大品一切種修即圓教意疏文有三初引經標示言一切種修者即以一切種智同佛修故三智之義已如前引然有三意一者對乘小乘一切智菩薩道種智如來一切種智今非此意二者別對三諦亦明三智今亦非此三者約教圓故一諦三諦圓融修耳通因通果今當此意

云何一切種修應觀此身之色法性緣生故一色一切色緣生即空故一切色一色法性中故非一非一切雙照一一切亦非

色非不色雙照色不色身念既爾餘三亦然法性緣生者謂觀此身色非唯但是虛妄顛倒所生之色或謂不淨實謂爲空乃是迷於法性令於法性隨緣而生名爲性起以性融相故一多自在該即中論四諦品偈意因緣所生法我說即是空亦爲是假名亦是中道義此偈四句初句總顯所依下三句皆釋此句謂二因緣故空三因緣故有四因緣故中今法性緣生故一色一切色即因緣故有也若三乘緣生但各各緣生今是法性緣生法性融故令一色一切色大品云一切法趣色則一切皆色況十一色衆一全收次句云緣生即空故一切色一色者即論釋緣生故空則差別萬株但一性空之色次法性中故非一非一切雙無一一切者即論因緣故中雙非即是雙遮辨中以一與一切互即奪故下雙照辨中性相歷然不可壞故亦非色等者二約性相以明三觀則一多相並上之數釋皆屬相攝非色爲性文但顯中暴緣空假若具應言法性緣生故色緣生即空故非色法性即中故非色非不色等亦具遮照中道之義云何枯榮表此念處謂法性之色實非是淨凡夫計淨是名顛倒實非不淨二乘計不淨是名顛倒今觀色種即空一切即空空中無淨云何染著則凡淨倒破枯念處成色種不壞假名則一切皆假分別名相不可盡極假智常淨云何滯空而取灰斷言色不淨是名二乘不淨倒破榮念處成是以八倒俱破枯榮雙立觀色本際非空非假則一切非空非假非空故非不淨倒非假故非淨倒既非二邊乃名中道佛會此理故於中間而般涅槃餘三類此假智常淨者由假觀中分別名相知凡之不淨妄計爲淨二乘謂實妄謂不淨今依佛慧如螺髻見故云常淨是以下後斷中道於中二意先結前生後即雙照辨中後觀色本際下雙遮辨中是則對治法藥其數有四法性觀智名之爲念一諦三諦名之爲處一切即空諸倒枯榮無不空寂一切即假二邊雙樹無不成立一切即中無非法界初正結四念如常所明身等但是所緣觀無常等但破常等今是法性之四一一皆破八倒故云法藥稱性觀智方稱爲念四念之處皆具三諦一切圓融只一念心廣遠若此故深觀念處即坐道場更不須餘機宜不同故說餘品一科既爾深與餘六倣此可知下文之中但略釋相說者有力一一開示今經但云觀身不言淨不淨等從通相說顯包含故

大方廣佛華嚴經疏鈔會本第三十六之一

大方廣佛華嚴經疏鈔會本第三十六之二　約二

唐于闐國三藏沙門實叉難陀　譯

唐清涼山大華嚴寺沙門澄觀撰述

佛子菩薩住此第四地觀內身循身觀勤勇念知除世間貪憂觀外身循身觀勤勇念知除世間貪憂觀內外身循身觀勤勇念知除世間貪憂

文中二初別觀身念後如是下類顯餘三今初觀身自有內等三觀此三智論瑜伽廣顯其相今略舉一兩瑜伽云內自有情色爲內身外非情色爲外身他有情數爲內外身初即自身我愛愛故次即資具等我所愛故後即眷屬妻子彼我我愛我所愛故智論二十八亦廣明此五十三又云自身名內他身名外而不明內外取下釋意但合前二故所以有此三者破三種邪行故有人著內情多捨妻財以全身有著外情多貪財喪軀爲妻捨命有二俱著破此三邪成三正行此約三人對治各別若約一人起觀始終謂先觀自身求淨等不可得或當外有次便觀外復不可得便生疑云我觀內時於外或錯觀外之時於內或錯次內外俱觀亦不可得初二是別後一是總以斯二釋明知但合前二爲內外身今初觀身者瑜伽明三各別有體身是聚義故外無情亦得名身智論二意前約三人修觀各別後約一人修觀淺深今初觀內身初標別所緣今初觀內身者疏文有四一所緣念處所緣即身受心法今明內身即別舉身中少分以爲所緣次循身觀者總顯修相智論云尋隨觀察知其不淨等然循有二義一尋義五種不淨徧尋求故二隨義謂雖寅目了見身之影像隨順本質相似性故前標內身即是本質今云循身即是影像此雜集意次循身下二修習先總標舉以何尋求瑜伽云即聞思修慧此雜集意者論文語隱故取意釋論云云何修循身觀由隨觀分別影像身與本質身平等隨觀於身境隨觀身相似性故名於身循身觀由隨觀察分別影像身門審諦觀察本質身故次勤勇念知顯修之儀以貪等世事無始惡習離之甚難過於世間慈父離於孝子故須精進方能除遣次勤勇下二別顯修儀疏順經略若准雜集云又修習者謂欲勤策勵勇猛不息正念正知及不放逸修習差別故此有九修一論云欲修習爲對治不作意隨煩惱二勤修習爲對治懈怠隨煩惱三策修習爲對治沈掉隨煩惱四勵修習爲對治心下劣性隨煩惱心下劣性者謂於下勝品所證功德由自輕蔑心生怯弱性五勇猛修習爲對治踈漏疲倦隨煩惱踈漏疲倦者謂能引蚑宜等處所過惱六不息修習爲對治得少善法生知足喜隨煩惱由得少善生知足喜故止息所餘勝進善品七正念修習爲對治忘失尊教隨煩惱八正知修習爲對治毀犯追悔隨煩惱毀犯追悔者謂於往來等事不正而行先越學處後生悔惱九不放逸修習爲對治捨諸善軛隨煩惱捨善軛者由放逸過失故於所造修勝進善品捨勤方便不能究竟釋曰今經但有其四而疏文中以四收九而文有三初明勤意過於世間慈父等者智論云雖別常人易離別知識難離別知識易離別親戚難離別親戚易離別自身難離親戚即父母等故云過也故須勤勇勤即欲勤策勵勇謂勇猛不息念則明記不忘知則決斷無悔勤即欲勤下二正釋修相即以論四修釋一勤字四皆勤類故次以五六二修釋勇故云勇謂勇猛不息三念四知同論七八又心若馳散當念老病死苦三惡道苦身命無常佛法欲滅名爲念知則能鞭心令復本觀便生勤勇具上諸義則不放逸又心若馳散下三重釋念知含其第九不放逸修言重釋者上釋明本念知今釋策其退敗準西域法維那秉衆於晨朝時常誦此言以策懈怠言則能鞭心令復本觀者即莊子意如人驅羊不及群者謂之爲後鞭令及群故云鞭後修心如羊馳散如不及群令復本觀即及群也無常三途等即是鞭也次言除世間貪憂者即觀之果有所離故觀身不淨本爲治

貪行者既離五欲世樂未得定樂或時生
憂如魚樂水常求樂事還念本欲多生此
二故偏遣之又貪爲五蓋之首貪除則五
蓋盡去如破竹初節憂於五受之中偏能
障定如滅惡賊先除巨害故偏說之
其不淨等廣如二論如實觀相已如上說
次觀外身及內外身所觀小異觀相大同
其不淨下謂助伴自性等
如是觀內受外受內外受循受觀觀內心外
心內外心循心觀觀內法外法內外法循法
觀勤勇念知除世間貪憂
後例餘三念處者準瑜伽意依前內等三
身生受心法故受心法隨所依生亦有內
等準瑜伽等者釋後三念處內等三觀引二論明初瑜伽意云如觀上內身以自身五根爲境對之成觸觸故生受領不淨等是名內受觀上外身及內外身生受例然如受既爾心法亦然
智論之意大同於此論問云
於四念中心唯是內受法唯外身通內外
云何於四皆有內等答受有二種一身二
心心受名內身受名外又意識相應受名
內五識相應受名外等心雖是內緣外法

故名外五識一向是外又定心爲內散心
爲外法雖是外緣內法心數法名內緣外
法心數法及無爲心不相應行是外智論云者釋有小異心唯是內者心是已之心王意根攝故言受法唯外者謂十二入中受唯在外法入攝故受必受於六塵境故法謂想行想取外相行卽思惟等觸前境故故
唯在外言身通內外者觀於自身爲內妻子等爲外答受有二下論答破文有三初別明三念內外二義謂此三念前二各二義受中一約身心二受五根所受名身受六識所受名心受第二義就六識中自分內外次心雖下明心念二義後法雖是外下法唯一義謂唯心故初義大同瑜伽餘皆不同
後三念處亦合
前二以爲內外餘如二論其循歷觀相如
先總說
復次此菩薩未生諸惡不善法爲不生故欲
生勤精進發心正斷已生諸惡不善法爲斷
故欲生勤精進發心正斷未生諸善法爲生
故欲生勤精進發心正行已生諸善法爲住
四
約二
不失故修令增廣故欲生勤精進發心正行
第二正勤者四念智火若得勤風則無所
不燒故次辨之第二正勤下疏文有四一來意中謂躡前斷法瑜變辨瑜伽但云如是於四念住中慣習行故已能除遣麤重顛倒已能了達善不善法從此無間於未生善法爲令生故等
精進爲其自體
精進者第二出

體卽善十一中勤也唯識云勤謂精進於善惡品修斷事中勇捍爲性對治懈怠滿善爲業勇表勝進揀諸染法捍表精純揀淨無記卽顯精進唯善性攝釋曰勇明念念高勝非如染法設雖增長望諸善品皆名爲退不得名進捍表精純不同無覆無記之淨也
故總名勤揀非九十五種相違之勤
故名爲正雖是一勤隨義分四前二勤斷
約三
五
二惡是止惡行後二勤修二善是作善行
二善二惡皆所緣境前中未生之惡遏令
不生已生之惡斷令不續後二未生善令
生已生令廣故總名勤下三釋名有三一正釋分二先乃前出體以釋
總名前二勤斷下釋別名義當辨相於中有三初束四爲二不出惡止善行前中未生下三揀四別相未生之惡遏令不生者過者止也經云爲不生故瑜伽云若未和合未現前名未生爲令不生發起希願我當令彼一切皆不復生言已生之惡斷令不續者經云爲斷故瑜伽云已和合已現前名已生先已和合爲斷故發起希願我當癸復一切皆不忌受斷滅除遣釋曰只令不續卽斷滅除遣故遠公云已起謝往云何可除此乃斷於已生種類在未來者令不相續非謂斷於起已滅者後二未生者經云爲生故瑜伽云謂於未得未現前所有善法爲欲令得令現在前發心希願發起猛利希求獲得欲求現前言已生令廣者經云爲令增廣瑜伽云謂已獲得已現在前所有善法於此善法已得不失已得不退依是說言爲欲令住於此善法明了現前無暗鈍性依是說言令不忘失於此善法已得現前數數修習成滿究竟依是說言令修圓滿令經文略但云增廣亦攝瑜伽令住明了及圓滿言遠公亦云已

生謂往云何可棠曰此亦棠彼已生種類在未來者令其類起上云圓滿已是種類亦名四正斷後二是修而言斷者善是斷處正修斷者斷懈怠故故瑜伽云一律儀斷二者斷斷三修習斷四防護斷故瑜伽下五引論正證後二是斷以四皆名斷故一律儀斷者即已生惡法由於已生惡不善事應修律儀令其斷滅不應忍受二斷斷者即未生惡法爲欲令彼不現行斷爲欲令彼不現前斷故斷名爲斷未斷釋曰此意由明斷絕不生三脩習斷者即未生善法由於善法數數脩習先所未得能令現前能有所斷名脩習斷四防護斷即已生一切善法由於已得已現在前諸善法中遠離放逸脩不放逸能令善法住不忘失脩習圓滿防護已生所有善法能有所斷名防護斷釋曰上疏云善是斷處正脩斷者斷懈怠故即斷意也由脩習爲能斷故然瑜伽初釋先明未生惡與今經次同而說四斷即先明已生惡不正釋所以而下結云復云何知此中略義謂爲顯示於黑白品捨取事中增上意樂圓滿及加行圓滿是故宣說四種正斷釋曰意明是二惡二善各以前義爲增上意樂後義爲加行圓滿已生惡令斷是意樂未生不生即是圓滿故先辨已生此約脩行之時前據說時先明未生後辨已生謂爲物說時應云若未約二六生惡莫令生已生者即須斷若脩行時爾時有惡即須除生莫令復生故遠公云惡中先說惡生莫除約說時非行時也善中先明未生者善非本有習之方起是以先起未生故釋中又云亦可已生是其先成無明住地細故後除未生是其四住現惑麤故先斷然其善惡有通有別別正取前念處觀中懈怠五蓋等以爲不善其能對治爲所生善約大乘說勤觀法性除實相之外皆名爲惡然其善惡下三揀通局疏文有二先明局也此門兼揀權實疏唯顯實然瑜伽云云何名惡不善法謂欲塵染汙身語意惡行所攝及能起彼所有煩惱云何名爲一切善法謂若彼對治若善對治若結對治釋曰此即疏文中別者是也論下廣說惡不善相大意不出前若約大乘下此言辨通此應有二一通一切事惡二約理說如今疏文唯實相爲善餘皆爲惡則取善相亦名爲惡斯則實教脩正斷意亦應言若有可斷不名眞斷無斷斷者則無所斷無勤之勤方名爲勤故法句經云若起諸精進是妄非精進若能無有妄精進無有涯就一一勤中文皆有四今初一未生不善法此舉所緣二爲不生故明修觀意三欲生者起希願心是修習依止即增上意樂圓滿四勤精進下正顯修習即加行圓滿勤精進者常自策勵發心正斷者謂策心持心餘三處文例此可知就一一者釋文中三初釋初勤疏節經文以爲四節初一所緣後二脩習第三脩果前已出體助伴一種念處總明五門具矣雜集論云約二七正斷脩習如經所說欲生策勵發起正勤策心持心此中諸句顯脩正勤及所依止所依止者謂欲樂爲先發精進故疏云云發希願心希願即欲勤精進下即雜集云正勤者爲策勵等於止舉捨相作意等中若由止等相作意不懈廢所緣境純脩對治爾時名策勵即勤精進字發心正斷者謂若沉沒隨煩惱生時爲欲損減彼故以淨妙等作意策練其心若掉舉隨煩惱生時即以內證略攝門制持其心爾時名爲發起正勤而疏增上意樂加行圓滿即瑜伽文彼論結云當知此中由欲增上意樂圓滿由自策勵發勤精進策心持心故加行圓滿瑜伽師云唯有如是正所應作事謂爲斷滅所應斷事及爲證得所應得事先當起希願樂等細尋上二論疏文易了

若二惡不生棄捨二善得生增廣是正勤果若二惡下三顯果中已生未生之惡棄捨已生已生未生之善增廣已生善雜集論云正斷果者謂盡棄捨一切所治於能治中若得若增是名脩果第三四神足者以勤過散亂智火微弱故須定制則所欲自在

神即神通足即是定瑜伽云如有足者能往能還騰躍勇健能得能證世間勝法世殊勝法說名爲神彼能到此故名神足此舉喻也由出世法最勝自在是最勝神欲等四定能證此故名爲神足亦名如意足所欲如心故神即神通下二釋名也引論中二先喻後內出世下合

神足所緣即種種變事

神足自體即三摩地

欲勤心觀皆是助伴欲謂猛利樂欲勤謂精進無間心即是定謂專心守境觀即是慧由聞教法內自揀擇由欲增上力證心一境性名爲欲定餘三亦然勤觀心性名

爲上定皆從加行受名欲勤心下五明助伴卽是辨相於中有二一標釋也標四助者謂由此四觀能助故若通明助伴已見念處之初釋中言欲者瑜伽意云謂能生樂欲於諸不善自性因緣過患對治審正思察起心一境念於諸善法自性因緣功能出離審正思察住一境念卽由如是多脩習故觸一境性能害現行故名欲定勤謂精勤者謂自策自勵發勤精進以斷二惡脩二善故心卽是定者謂專心守護卽名為心此是加行得心一境性故名為定雜集云心三摩地者謂由先脩定力觸心一境性所以者何由於前生數脩定力令彼種子功能增長由種子力令心任運於三摩地隨順轉發由此速證心一境性釋曰此明由昔種子其心任運趣定卽是加行亦有經論名為念定繫意住故故能守境由欲增上力下結成定名皆從加行下受別名也卽以因名果若四皆名定則因從果稱此四

加行即前正勤中欲生勤精進發心正斷等以發心中持心能生心定持太舉故策心能生觀定策太沉故是以隨一念處有四正勤隨一正勤有四神足此四加行下二彰其所因因前正勤生故前云欲生此名欲定前云勤精進此為勤定前發心中開出策心持心故有心觀二定

復次此菩薩修行欲定斷行成就神足依止厭依止離依止滅迴向於捨

修行精進定心定觀定斷行成就神足依止厭依止離依止滅迴向於捨

文中先別明欲定後修行精進下通顯餘三今初言修行欲定者標舉所修助伴自體斷行二字總顯修相亦修之果標舉所脩者欲爲助伴定爲自體斷行等者對下依止厭等別明脩相故云總明對下成就神足正明於果故云亦脩之果云何修相此復二種一修習欲定能斷現行諸惑纏故二爲欲永害所有隨眠修八斷行謂欲勤信安念正知思及捨云何亦果若將斷行屬下成就則斷行成就亦神足果次成就神足唯是彼果脩八斷行者疏文具足瑜伽二十九釋欲勤心觀竟云如是脩習時有八斷行為欲永害諸隨眠故為令三摩地得圓滿故差別而轉一欲二策勵三信四安五念六正知七思八捨瑜伽意云欲希望樂欲我於何時脩定圓滿滅惡隨眠二策勵不捨加行三於上所證深生信解四心生歡喜漸除麤重五安住其心於奢摩他六住毘鉢舍那慧品七心造所作能順止觀八三世之中心無染汙結云由二因緣於隨眠斷分別了知謂由境界不現見思及由境界現見捨故對文可知雜集同此更依彼釋論云如是八種略攝爲四一加行二攝受三繫屬四對治一加行者謂欲精進信欲爲精進依信爲欲因所以者何一由欲求故爲得此義故發勤精進如是欲求不離於信有體等故二攝受者謂要由此輕安攝益身心故三繫屬者謂正念正知由不妄所緣安心一境故若有放逸生如實了知故隨其次第四對治者謂思捨策心持心二加行力已生沉掉能遠離故又能引發離隨煩惱止等相故與前九脩亦大同也

後依止厭下復顯修相兼辨所緣準雜集論五根已下方緣四諦爲境七覺已下方有依止厭等以爲修相今經神足即緣四諦而修謂緣苦修必依厭苦若緣集修必依離欲若緣滅修必求證滅若緣道修必趣滅苦之行能捨於苦緣此境時必求修習故云迴向復顯脩相者對上斷行兼顯脩故名為復顯卽脩習門兼辨所緣者緣四諦故卽第一所緣也緣此境時者雜集之中名為棄捨義一同此亦是加行等四道下文依止厭等並同此釋亦是加行等者卽遠公意此約分位而釋一加行道為厭觀過厭背故二見道為離除見惑故三脩道為滅斷脩惑故四無學道為捨同涅槃故亦卽雜集八斷之中攝為四義厭卽加行離卽攝受得輕安故滅卽繫屬不忘所緣心一境故回向於捨卽是對治捨沉掉故何以念處正勤無此四耶得定成就方有此故第

四五根現觀方便道增上名根五根自體即信等五此五通於生起出世間法而爲增上前四復能起後得增上名而信爲上首能起餘四第四五根文前有四一總標舉既屬忍位忍可諦理脩印順定故爲方便亦卽所緣故論云五根所緣境者謂四聖諦由諦現觀方便所攝作此行故此五通下四別釋五得根名此中有二先明五根通望出世以得根名前四復能下後明前四復望於後以得根名謂信起後四進起後三念起後二定起後一

其最後慧根唯望出世而有增上即瑜伽意

復次此菩薩修行信根依止厭依止離依止滅迴向於捨修行精進根念根定根慧根依止厭依止離依止滅迴向於捨

文中先別明信根後通顯餘四二段中各先標舉所修後依止等別顯修相下之三科例此可知

今此所修即於諦實深忍樂欲餘四即於前所信策勤而行明記不忘繫緣一境揀擇是非餘如前說今此所修下二顯修相若通顯修相即依止厭等故下總例云餘如前說今但別示信等之相於中二先釋信後例釋餘四此文稍略雜集論中皆相躡云精進根者既於諸諦生忍可已為覺悟故起精進行脩習念根於諸諦實發精進已起不忘失行脩習定根於諸諦實既繫念已起心一性行脩習慧根已於諸諦心既得定起揀擇行脩習斷慧疏文雖略義已備矣然始入佛法即有信心未有定慧不得名根今由前三科則信不可拔然始入下第三通妨難云佛法大海初信能入何以至此方立信耶通意可知今由前三科者即三四也故瑜伽云由如是增上心學增上慧學所有瑜伽故於大師弟子所證深生信解深生淨信此清淨信增上義故說名信根復應問言信由三科信不可拔餘四由何復不可拔答餘四前脩至此成根於理何失此中念即念處中念進即正勤定則神足慧即緣四諦慧前三至此總得名根此中念者四別示體性前雖總云即信等為體未知信等從何而來故此示之念進定三即前三品為順三品故先明念慧即緣四諦慧即依止厭等念已配於念處故云慧是緣四諦慧理實體根通前三科四念慧為體故正勤勤觀二善故神足有觀定故然其後二但是助伴故不說之四念雖即慧是其體現名念故所以但云觀四諦慧以為慧也又前三科前二雖未建立依止厭等而義通四諦故云緣四諦慧若依位者在於見道之前則以速發現觀而為其果今在四地即應以發後地為果若依位下第五辨果於中有二先依論辨雜集云五根脩果謂能速發現觀由此增上力故不久便能生見道故又能脩治煗頂引發忍世第一法即於現身已入順決擇分位故今在四地下二就細辨

復次此菩薩修行信力依止厭依止離依止滅迴向於捨修行精進力念力定力慧力依止厭依止離依止滅迴向於捨

第五五力即前五根增長魔梵惑等不能屈伏故名為力又能損滅不信等障故復名力智論云能破煩惱得無生忍故名為力魔梵惑下一不為他伏於中先引雜集及瑜伽二十九云若復了知前後所證而有差別隨此能於後後所證出世間法生深勝解難伏制故說名信力誰不能伏此清淨信若天若魔若諸沙門婆羅門若餘世間無有如法能引奪者諸煩惱纏亦不能伏故名難伏此為上首此為前行餘精進等亦名為力又能損減下二能伏於他引於二論以果釋力文中分二先暗引雜集論云所說果者謂能損減不信等障故勝過於前雖與五根所緣境界自體相似然不可屈伏等義有差別故別立覺分今疏即此論文兼含瑜伽但明伏他論云由上諸力具大威勢摧伏一切魔軍勢力能證一切諸漏永盡是故名力智度論下二明引智度論以果釋力然依雜集即現觀觀近道義通大小今約菩薩故得無生法忍若初地見道稱無生者亦是現觀

第六七覺覺謂覺了若依位說即現觀自性如實覺慧覺法自性覺支自體即念等七若依位下二別示覺體釋成覺義是釋通名故瑜伽云諸已證入正性離生補特伽羅如實覺慧用此為支故名覺支即釋名意也亦即所緣故雜集云七覺所緣謂四聖諦如實性實性者即勝義清淨所緣故故疏云覺法自性法自性者即四諦如實性覺即上如實覺慧之用以所觀境釋成覺義亦以能覺顯所觀境二義相成覺支自體下第二出體然上約如實總體今辨隨相別體謂七各一法為性念定擇法即別境五中念定慧三擇即慧故精進猗捨即善十一中三法所攝精進即勤猗即輕安捨即行捨喜即受蘊受即遍行五法中攝

復次此菩薩修行念覺分依止厭依止離依止滅迴向於捨修行擇法覺分精進覺分喜覺分猗覺分定覺分捨覺分依止厭依止離依止滅迴向於捨

文中亦二先別明念覺後通顯餘六然七

覺分七皆自體而差別者覺為自體餘六皆覺之分謂念是所依支由繫念故令諸善法皆不忘失擇法是自體支覺自相故精進是出離支由此勢力能到所到故喜是利益支由心勇悅身調適故猗定捨三是不染汙支猗即輕安由此不染汙故謂由安故能除麤重定者依此不染汙故謂依止定得轉依故捨者體是不染汙故謂行捨平等永除貪憂不染汙位為自性故然七覺分下第二辨相兼顯分義於中有三先總明謂七於心所各別有體以覺統餘故擇法一支以為覺體餘六皆分順成覺義謂念是下二別示其相全是雜集論文總收七覺不出三品念通定慧次三是慧後三定攝雖是前三至此增故總收七覺下第三會通相攝即瑜伽意於中有二先正相攝念通定慧者編行定慧故四念是慧須得念故神足是定心定須念方守境故雖是前三下二通妨謂有問言既是前三此何重說增故名覺依位所明能斷見惑以為其果依位所明下第四辨果雜集論云覺支脩果者謂見道所斷煩惱永斷由七覺支是見道自體故瑜伽云最初獲得七覺支故名初有學見聖迹已則永斷滅見道所斷一切煩惱唯餘脩道所斷煩惱又雖一刹那七法俱起而隨行相各說功能念除妄念擇除不正知

餘除懈怠惛沈麤重散亂掉舉上約通說又雖一刹那下第五分位謂雖見道迅速有十六心義則一刹那中七法俱起功能不同不可言一如七味香擣篩和合焚如麻子七香齊發念除妄念下別示異相大乘七覺不念諸法故決擇不可得故離進息相故絕憂喜故除安心緣皆叵得故性定之中無定亂故亦不見於能所捨故大乘七覺下六明理觀即頓門禪意不念諸法即是念覺故普人云眞如無念非念法能階實相無生豈生心能到無念念者則念眞如無生生者生乎實相故起信云若知離念無有能念所念是名隨順若離於念名為得入淨名亦云常求無念實相智慧故般若云若念一切法則不念般若波羅蜜不念一切法則念般若波羅蜜等餘可虛求

大方廣佛華嚴經疏鈔會本第三十六之二

大方廣佛華嚴經疏鈔會本第三十之三　約三

唐于闐國三藏沙門實叉難陀　譯

唐清涼山大華嚴寺沙門澄觀撰述

復次此菩薩修行正見依止厭依止離依止滅迴向於捨修行正思惟正語正業正命正精進正念正定約三依止厭依止離依止滅迴向於捨

第七八正若依位說即現觀後起道爲斷修道諸煩惱故第七八正疏文有七一約七類辨意言約類者即七類中現觀後起道言辨意者爲斷修道諸藏故總含雜集五門之中所緣境也故彼論云八正所緣境者謂即後時四聖諦如實性由見道後所緣境界即先所見諸諦如實性爲體釋曰即疏文中現觀後起意也離八邪故名爲八正開通涅槃故名爲道亦云八聖道聖者道故離八邪下第二釋名瑜伽論云何因緣故名八支聖道諸聖有學已見跡者由八支攝行跡正道能無餘斷一切煩惱能於解脫究竟作證是故名爲八支聖道對疏可知八正自體即正見等文中亦先別明正見後通顯餘七言正見者是分別支依前所證眞實揀擇故正思惟者是誨示他支如其所證方便安立思惟名義發語言故次三是令他信支謂正語者善依所證問答決擇令他信有見清淨故正業者身業進止正行具足令他信有戒清淨故正命者如法乞求依聖種住離五邪命令他信有命清淨故正精進者是淨煩惱障支由此永斷一切結故正念者是淨隨煩惱支由不忘失正止舉相永不容受沈掉等故正定者是能淨最勝功德障支由此引發神通等無量勝功德故文中已下第四釋文即當辨相全是雜集之文而合八爲六合戒三故瑜伽文廣意不殊此故釋正見云當知此中若覺支時所得眞覺若得彼已以慧安立如證而覺總畧此二合名正見釋曰所得是一安立是二即二見道合名正見依前所證者即眞見道依實揀擇即相見道正精進者瑜伽論云依正見及正思惟正語業命勤修行者所有一切欲勤精進出離勇猛勢力發起策勵其心相續無間令雜集意但顯功能不顯其相正念者瑜伽論云由四念住增上力故得無顛倒所攝正念及與正定若能如上分別誨示等即是道支之果若能如上下第五辨果言分別誨示等者上攝八爲六今等取後四故雜集云道支修果者謂分別誨示欲令他信煩惱障淨隨煩惱障淨最勝功德障淨故然其八中語業命三是戒蘊攝念定是定餘三是慧定慧大同諸品但增勝耳戒則前來未有覺支雖有定共律儀無表相徵此中正行故新建立此寄位說然其八中下第六類攝即瑜伽意以戒定慧三流類攝之於中有二先正攝爲三學定慧大同下二對同揀異異唯在戒故瑜伽問云何故此名聖所愛戒以諸聖者賢善正了長時愛樂欣慕悅意我於何時當正獲得諸語惡行諸法惡行諸邪命等不作律儀由彼長時於此尸羅深心愛樂欣慕悅意故獲得此名聖所愛戒既獲得已終不正知而說妄語等釋曰即二新建立意也約三若依此經離世間品八正是菩薩道一者正見遠離邪見乃至第八正定善巧方便於一三昧出生菩薩不可思議法一切三昧則與前說旨趣懸殊若依此下七顯權實由上所明皆約寄位故示本經眞實之義今文畧舉具云隨順菩提修八聖道是菩薩道所謂正見道遠離一切諸邪見故起正思惟捨妄分別心常隨順一切智故常行正語離語四過順聖言故恒修正業教化衆生令調伏故安住正命頭陀知足威儀審正隨順菩提行四聖種一切過失皆永離故起正精進勤修一切菩薩苦行入佛十力無罣礙故心常正念悉能憶持一切言音除滅世間散動心故心常正定善入菩薩不思議解脫門於一三昧中出入一切諸三昧故釋曰據此文證豈不深玄約三三上之七類總以喻顯法性如大地念處如種子正勤爲種植神足如柚芽五根如生根五力如莖葉增長開七覺華結八正果上之七類總以喻顯下即第五段然婆沙智論皆有此文並皆以樹況於道品故名道樹

菩薩修行如是功德爲不捨一切衆生故本願所持故大悲爲首故大慈成就故思念一切智智故成就莊嚴佛土故成就如來力無所畏不共佛法相好音聲悉具足故求於上上殊勝道故隨順所聞甚深佛解脫故思惟大智善巧方便故

第二護小乘行中十句初總餘別總中如是功德指前道品爲不捨衆生正明護義不同二乘之獨善故別中具有悲智已出於小況以此導前九句爲四一始二益三希四行前三護小心後一護小行一始者大願爲起行之本故二慈悲益物上二護陋心三思念種智爲希此護小也四行中有五句前四自利初二求果一修淨土行求佛依報二修起佛法行求佛十力等正報之法後二求因三求彼地方便無厭足行謂五六七地故云上上勝道四修入不退轉地行即八地已上覺法自性順佛解脫也彼一利他即教化衆生行必須善巧

佛子菩薩住此燄慧地所有身見爲首我人衆生壽命蘊界處所起執著出沒思惟觀察治故我所故財物故著處故於如是等一切皆離

大文第四彼果分中即攝無盡行離障成德窮盡生界爲利樂故果有二種一離障果從護煩惱生二成德果從護小乘生前中又二一煩惱染生遠離果此離惑障二業染生遠離果此離業障皆言生者煩惱染等猶如生食今是寄位出世之首能離彼生大文第四者前已指經故此不牒即從佛子菩薩住此燄慧地所有身見下是然總唯二果前一開二後一開四便成六果然有二門一行斷分別故云二中一離障果二成德果二對前分別故云前從護煩惱生後從護小乘生隨文釋中具以六果別別對前今初一是護煩惱者以修道品對治行故遠離煩惱顯涅槃故業亦隨亡初爲二果今初離惑先舉所離後於如是下結成能離就所離中所起執著出沒是約三四此總相餘皆是別總中執著是前地中解法慢也論云我知大知者我知謂執我能知大知謂執所知大法出沒者是前地中正受慢也出者三昧起義故謂修起彼定沒者三昧滅義故謂定所除今計我能修此定此定即我所修故論云我修我所修已釋總句所起執著者此是斷惑正斷三地正受解法慢故別有五種一本二起三行四護五過本即所有身見至蘊界處於中身見爲總我等爲別別中我人等四爲人我慢蘊界處三是法我慢而云約三本者有二義故五一以此我爲解法正受二慢之本二者身見復爲二我及六十二見之本有此差別此中身見若約實位準唯識論此地斷第六識中俱生身見及所起過由得出世道品治故以分別起者初地斷故是以瑜伽名爲微細薩迦耶見若約寄位準仁王經四地名須陀洹位以寄出世之首故則亦得斷分別身見本即所有等者疏文有三一釋經此中二我計執自高說爲我慢非定法慢此中身見下三出所斷體於中有二一約實位說具引唯識已見初地二約寄位既是初果初斷見故

二思惟者明起謂不正思惟而起慢故

三觀察者明行謂心行緣中多觀所得若法若定求覓勝相令他知故

四治故下三句明護治者數數觀察修治

所見我所者起於我想取彼勝相屬我已故財物者如畜財者受用護持故以上三事防護自已所得以上三事者三事即一治故二我所故三財物故自已有所得即前執著出沒法定兩慢此爲所護總用四句釋論護字五著處者明過謂心堅安處法定二事故五中前三起慢方便後二隨助慢心上總及顯相正是所起五中已下總料揀也五即前一本二起三行四護五過後結離中由得道品正助方便無不離也由得道品者正謂正道助即助道方便即方便道並如前說此菩薩若見業是如來所訶煩惱所染皆悉捨離若見業是順菩薩道如來所讚皆悉修行

第二此菩薩下明離業染上修道品正離煩惱煩惱既去業亦隨亡亡不善業而修善業文中先亡惡後進善惡有二義故不應作一佛所不讚者尊敬佛故不爲二煩惱染者畏惡名故不作惡名則違利生道故進善有二義反此可知又不作煩惱所染異凡夫業作順菩薩道業則異二乘

佛子此菩薩隨所起方便慧修習於道及助道分

第二成德果中有四一於勝功德生增上心欲果二彼說法尊中起報恩心果三彼方便行中發勤精進果四彼增上欲本心界滿足果此之四果前三從前生後一復從此三果生前中初二護小心果後一護小行果前中初果者由本欲上求下救今更爲物轉轉上求故云增上第二成德果文中有二先開章名如下釋次此之四果下二辨所從初二護小者對下小行故云小心通上狹心皆小乘心今此二果俱從狹小二心所生言二果者一增上心欲果二報恩心果上護狹心是利他心上護小心是自利心護二利行爲報佛心俱護小乘即是心欲今更增上即是其果修此二利爲報佛恩故是其果言後一護小者即發勤精進果前護行中修二利行謂成就莊嚴佛土等有五句經前四自利後一利他今皆勤行即是其果上言後一復從前三果生者即增上欲本心界滿足果謂於前既增上心欲得滿足故報恩滿足故於勤精進得滿足故下疏文具前中初果下隨文釋也先釋第一果通約護小故云上求下救文中二初牒前修因後如是而得下顯所得果今初即牒前護小乘中總句也隨所起方便慧者牒前不捨一切衆生故不捨衆生而修道品是有方便則道品慧解修習於道及助道者即前修習如是功德也道即四地證智助道即菩提分法今初牒前者總句經云菩薩修行如是功德爲不捨一切衆生故疏文具引經文配釋如是而得潤澤心柔軟心調順心利益安樂心無雜染心求上上勝法心求殊勝智慧心救一切世間心恭敬尊德無違教命心隨所聞法皆善修行心

二顯所得果有十句初總餘別總云潤澤者深欲愛敬故謂由修二道自有所潤深欲敬上由爲物修潤及含生深欲愛下別中九句釋彼潤澤有三種勝一柔輭心者明樂行勝謂證法適神故二調順者調和善順緣中無礙是三昧自在勝上二是行體三利益下七句明離過對治勝此是行用於中初句總利他無過故利益自利無過故安樂下六句隨過別顯若不寄對難顯性淨之德六句即離六過經中皆是能治一無雜染心治爲利於貪過及爲名妬心過二治少欲功德過三治不求勝智過上三皆自利四治懈怠不攝衆生過上

四皆離於行生過後二離於教生過謂五治自見取不遵勝教過六治捨爲首不隨說行過如說修行於聞思中最爲其首今捨彼首所以爲過又上斆生即前悲果求殊勝智即上求果 二治少欲者謂不欲布施頭陀等今求上上勝法治之三治不求者上不求功德此不求智慧此二治不攝善初一治不離惡則離惡止善行總爲自利四即利他則離自利利他二行之過亦是自分後二亦勝進前解後行五治自見取者執取自見以爲勝故

此菩薩知恩知報恩心極和善同住安樂質直柔軟無稠林行無有我慢善受教誨得說者意

第二此菩薩下說法尊中起報恩心果謂前地中從佛聞法是說法尊今起傳法修行之心則爲以報諸佛恩也上希求種智由知佛有恩故今思報亦上求果 起報恩心果疏 約三 八 文有二先對三地明報恩義則通對狹小後上希求下即近對護小乘中護小心也 文中先別明後總結今初十句初總餘別總云知恩者謂若隨順師教行報恩行方是知恩故 先別明後總結亦可別明是報恩行總結三心是報恩德 別中等者二三中彼行有九種類攝爲七 各二句故此是

論攝亦可九句 一知報恩者依尊起報恩心尊即是佛此爲恩主故偏名報恩 初一報恩心中六報恩行後二解釋今初總欲起行順佛化意也 二有二句依同法起報恩心此明順同行善友意 二有二句者即心極和善同住安樂和善自行同住不擾於人故共爲同法起報恩此明隨順者以於同行起 約三 九 和順故同行即受善友之教故於善友成報恩行 三質直柔軟二句依法起行謂隨順受教不違師命故云質直發修行事逢苦能忍故云柔軟 依法起行者依師受法造緣修行名依法行順師受教知之言知不知言不知故名爲直以石投水水能受石心能受境如水柔輭 四無稠林行者依受用衣食於施主所自過不覆故 無稠林下有一句云無諂曲心論釋云不妄說已德經以稠林含於諂曲蹤以不覆亦含自誑 五離實有德而不高慢六善受教誨得師言詮七於教不倒得師意旨

上七品中初二依人次三依行後二依教所依雖異皆同報恩 初二依人下通相收束約經初有三句一句於師二句於友次三依行經有四句前二成德後二離過後二依教一領教二得旨

此菩薩如是忍成就如是調柔成就如是寂滅成就

二此菩薩如是下總結謂十句不出此三忍即心極和善同住安樂調柔即質直柔輭寂滅即通結餘句 寂滅等者無覆無慢受教得旨皆寂滅義 此依古釋直順經文若準論經三句小異忍名善心成就調柔云寂滅寂滅云善寂滅論云善心成就者是對治修行增長故者結前增上心欲果此果從前第三分護煩惱行及護小衆行二種對治生彼治此滿故名善心今云忍者即忍可也論云寂滅心成就者是前對治修行增長力故即結前二離障果由護煩惱對治家力得無二障故既無二障故曰調柔論云如是善寂滅心成就者彼果前二句顯釋曰善即初句寂滅即第二句總合上二爲善寂滅成彼報恩心果云彼果前二句顯由此一果通從前二種對治增上及二遠離生故釋曰總上三句結前四果

如是忍調柔寂滅成就淨治後地業作意修行時

第三如是忍調柔下發勤精進果謂行二利行勤無怠故於前不捨衆生護小行中修勤故名方便行中正是無盡行相 謂行一利 約三 十 下釋此果名於前不捨下辨所生處正是無盡行相者以今經文釋成第四無盡正行相 文中二先牒其得時 先牒前者此果正從護小乘行生而是前果成時此果即成 得不休息精進不雜染精進不退轉精進廣大精進無邊精進熾然精進無等等精進無

能壞精進成熟一切眾生精進善分別道非道精進

後得不休下正顯於中十句初總餘別別有九種不休息義一不雜染者彼精進行平等流注故雜染者共懈怠共滦故滦則著而太過懈則墮而不及若琴絃之急緩若不進不怠為平等流二不退自乘上二自利三起廣念利他之心四為無邊眾生作利益願起攝取行上二利他上皆自分若琴絃者此是如來教守樓那彼是大富長者之子足不履地出家之後精勤修道足下血流佛問汝曾鼓琴耶答云曾鼓絃緩如何答云不鳴絃急如何答云即絕當如何可答云不緩不急佛誨之言修道亦爾下四勝進謂五熾然者常志順行猶如熾火上進叵滅論經名光明兼照他地六修習過餘七魔惑莫壞上三自利八攝取眾生即是利他上八

約二

十一

皆行六修習者即經無等等精進前向行修之初此句行修之次依前起行行修勝出故名過餘後向行修之終故無能壞後一是解謂九自斷疑惑決是非故能伏他言如無畏故若能具此為正修習九自斷疑者即善分別道非道言如無畏者謂如四無畏言是出苦道若有難言若言聖道能出苦者何故阿羅漢有瘡疾等佛於此離正見無由心無怯畏善為決斷論云能斷疑惑等者降伏他言正修習故疏分二疑二疑皆斷為正修習

是菩薩心界清淨深心不失悟解明利善根增長離世垢濁斷諸疑惑明斷具足喜樂充滿佛親護念無量志樂皆悉成就

第四是菩薩下彼增上欲本心界滿足果菩提分心是本心界正念真如修上道品故云滿足本心界者疏文三初釋名即是經中總句心界清淨即滿足界即性義心性差別故先釋心界菩提分者謂依菩提心樂欲心也即前增上心欲果釋滿足云正念真如修上道品者以稱如修是滿足故即前起報恩心果由精進故瑜伽四十八躡前精進後即云由此因緣所有意樂增上意樂勝解界性皆得圓滿故知此果從前二果生謂意樂即第一果增上意樂即第二果勝解界性即此心界謂由第三精進令前二果增長故云滿足由精進者是滿足因文中十句初總餘別別有九種一深心不失者彼道品心修行增益故此一自分下皆勝進二於五地已上勝上證中明鑒決斷故三即彼上證因謂對治善根治行過前故云增長四除滅所治煩惱障垢五斷除此地中祕密疑事即是智障微細法慢為祕密疑事由無攝受則能除之上二除內障六觸境明斷七依勝樂行三昧適神八上依佛力化眾生故九論云依現無量三昧心智障清淨故此除定中智障若直就經文總顯本願皆得成就下皆勝進者勝進八句前六自利後二利他前中為四一第二句於他起解二第三句於他起行三有三句行成離障一除煩惱障二除所知障云祕密疑事微細法慢者是下下品慢難知為微細微細故祕密八上依下二句利他此句由佛護故成利他行九即利他德先舉論後此除下疏揀異第五句智障含顯於化生中現多三昧定障解脫方能化生

佛子菩薩住此燄慧地以願力故得見多佛所謂見多百佛見多千佛見多百千佛乃至見多百千億那由他佛

第二位果中亦三初調柔中四一調柔行

約三

十二

二如摩尼下明教智淨三此菩薩下別地行相四佛子下總結地相初中三一練行緣二皆恭敬下明能練行三又更下明所練淨

皆恭敬尊重承事供養衣服卧具飲食湯藥

一切資生悉以奉施亦以供養一切衆僧

二中一供佛福行

以此善根皆悉迴向阿耨多羅三藐三菩提

二以此下迴向大行

於彼佛所恭敬聽法聞已受持具足修行復於彼諸佛法中出家修道

三於彼下聽法慧行於中先在家後復於下出家然登地已上具十法界身若出若在何啻不可然隨義隱顯有無前却以前三地寄同世間還依世法初二人王故有三地天王故無四地已上寄出世之首故重明有表心出家故於調柔行中明之欲順天無出家不於攝報中辨六地已上表證法平等無出無在故皆無出家四地已上者既爲出世不依世間法也言已上者兼五地故上明有無表心出家前却何以前二在攝報中此在調柔之中故云表心出家於行中說

又更修治深心信解經無量百千億那由他劫令諸善根轉復明淨佛子譬如金師鍊治真金作莊嚴具餘所有金皆不能及菩薩摩訶薩亦復如是住於此地所有善根下地善根所不能及

三所練淨中有法喻合金莊嚴具者以三地阿含金現作此四地證智嚴具故餘所有金者即未作嚴具之金

如摩尼寶清淨光輪能放光明非諸餘寶之所能及風雨等緣悉不能壞菩薩摩訶薩亦復如是住於此地下地菩薩所不能及衆魔煩惱悉不能壞

二教智淨者以此地成就證淨從體起用故偏有此文前以教成證故喻金爲嚴具今從證起教故喻摩尼放光摩尼寶珠即證智體無垢名淨寂照名光圓滿名輪具上三義故稱證智言能放光明者名即放阿含光也謂以此證智證入無量教法門義故故能照光明即是證智所照教法以爲智處證能普照示現於教得教光明依證起焰故地名燄慧即放阿含光者此地之中道品行德從教修起故名阿含又道品智能知教法亦名阿含又此道品差別行德可以言顯亦名阿含即證體上有阿含起名示現也非餘寶下對前顯勝風等不壞對他彰堅風等不壞者經云風雨等緣所不能壞不似火光風飄雨濕皆能滅無令風吹不斷雨洗還明而云等者餘光不奪不似星月日光映故合中下地不及即合上餘寶不及魔合上風煩惱合雨

此菩薩於四攝中同事偏多十波羅蜜中精進偏多餘非不修但隨力隨分佛子是名畧說菩薩摩訶薩第四燄慧地

餘並如前別地行中不捨衆生修道品故同事偏多

菩薩住此地多作須夜摩天王以善方便能除衆生身見等惑令住正見布施愛語利行同事如是一切諸所作業皆不離念佛不離念法不離念僧乃至不離念具足一切種一切智智

攝報果中破衆生身見者自破微細見故餘例前知

復作是念我當於一切衆生中爲首爲勝爲殊勝爲妙爲微妙爲上爲無上乃至爲一切智智依止者

是菩薩若發勤精進於一念頃得入億數三昧得見億數佛得知億數佛神力能動億數世界乃至能示現億數身一一身億數菩薩以爲眷屬

若以菩薩殊勝願力自在示現過於此數百

劫千劫乃至百千億那由他劫不能數知

爾時金剛藏菩薩欲重宣其義而說頌言

菩薩已淨第三地次觀衆生世法界空界識界及三界心解悉了能趣入

第三重頌有十七頌分三初十二頌頌位行次四頌位果後一顯名結說前中四初一頌增長四分

始登錟地增勢力生如來家永不退於佛法僧信不壞觀法無常無有起

觀世成壞業有生生死涅槃刹等業觀前後際亦觀盡如是修行生佛家

次二頌清淨分

得是法已增慈愍轉更勤修四念處身受心法内外觀世間貪愛皆除遣

菩薩修治四勤行惡法除滅善增長神足根力悉善修七覺八道亦如是

三有四頌頌修行增長分於中初二頌護煩惱

爲度衆生修彼行本願所護慈悲首求一切智及佛土亦念如來十種力

四無所畏不共法殊特相好深美音亦求妙道解脫處及大方便修行彼

後二頌護小乘

身見爲首六十二我及我所無量種蘊界處等諸取著此四地中一切離

如來所訶煩惱行以無義利皆除斷智者修行清淨業爲度衆生無不作

菩薩勤修不懈怠即得十心皆具足專求佛道無厭倦志期受職度衆生

恭敬尊德修行法知恩易誨無慍暴捨慢離諂心調柔轉更精勤不退轉

菩薩住此錟慧地其心清淨永不失悟解決定善增長疑網垢濁悉皆離

四有五頌頌修行增長果

此地菩薩人中勝供那由他無量佛聽聞正法亦出家不可沮壞如真金 約三 十六

菩薩住此具功德以智方便修行道不爲衆魔心退轉譬如妙寶無能壞

住此多作錟天王於法自在衆所尊普化群生除惡見專求佛智修善業

菩薩勤加精進力獲三昧等皆億數若以願智力所爲過於此數無能知

如是菩薩第四地所行清淨微妙道功德義智共相應我爲佛子已宣說

餘並可知　第四地竟

大方廣佛華嚴經疏鈔會本第三十六之三 約三 十七

大方廣佛華嚴經疏鈔會本第三十六之四　約四

唐于闐國三藏沙門實叉難陀　譯

唐清涼山大華嚴寺沙門澄觀撰述

第五難勝地所以來者略有四義一約寄位四五六地寄出世間前寄初果此寄羅漢義次第故雖有四果舉於始終以攝中間此依本論約所觀行相以後六地既觀緣起寄同緣覺故但二地寄於聲聞仁王下卷瓔珞上卷約人配位以七地未離分段故四五六七寄同聲聞二前明覺分相應慧今辨諸諦相應慧故三前得出世未能順世今能五明攝化故次明之四前得三十七菩提分今辨方便所攝菩提故此後三意出於瑜伽仁王下二約他經於中有二初雙牒二經約人以配據前地論約所觀行二以七地未斷分段故者是賢首畧釋七爲羅漢之由然瑜伽攝論唯識皆云初二三地相同世間四五六地寄同聲聞者正明配位即仁王文經云爾燄聖覺達地菩薩修行順法忍逆五見流集無量功德住須陀洹第五地云勝進達菩薩於順道忍以四無畏觀那由他諦內道論外道論藥方工術故我是一切智人滅三界疑等煩惱故集無量功德故即斯沱含第六地云常現真實住順忍中作中道觀盡三界集因集果一切煩惱盡故乃至證阿那含第七地云玄達菩薩十阿僧祇劫修無生法樂忍滅三界習因業果住後身中無量功德皆成就無生智盡智五分法身皆滿足第十地阿羅漢梵天位釋曰言第十者此經通約三賢十聖爲十三位修十三觀故云十等

言難勝者解深密云即由於彼菩提分法方便修習最極艱難名極難勝此從初說故初分經云善修菩提分法故等攝大乘云由真諦智與世間智更互相違合此難合令相應故唯識同此世親釋云由此地中知真諦智是無分別知世間工巧等智是有分別此二相違應修令合能合難合令相應故名極難勝此通初中後瑜伽云今此地中顯示菩薩於聖諦決定妙智極難可勝名難勝地唯約地中莊嚴論云於此五地有二種難一勸化無惱難二生不從心無惱難此地菩薩能退二難於難得勝此多約地滿顯揚論云證得極淨緣諦所知諸微妙慧成極難成不住流轉寂靜聖道名極難勝此大同本分上諸經論多舉難勝之法未知何等無能勝耶十住論云功德力成一切諸魔不能壞故此對人顯勝亦兼於惑煩惱魔故然諸經論言異意同皆辨真俗無礙若據實位約仁王經初地菩薩四天王即雙照二諦平等道今約寄位前寄出世此方却入故云無礙此從初說下二疏釋初分經下引證言初分者即勝慢對治而是治當地慢隨順如道經云佛子菩薩住此第五地已善修菩提分法故善淨深心故復轉求上勝道故隨順真如故即其文也唯識同此者上引攝論即是本論唯識全取彼論世親釋下即釋攝論於中一先舉論能合難合下後釋勝相瑜伽云者即四十八論諸相應增上住文莊嚴論即第十三彼偈云難退有二種能退故難勝今疏所引即彼論釋顯揚論當第十三此但引於當地之文此前論云五難勝地謂諸菩薩住此地中先善修治第四地起一切聲聞獨覺證得已下疏文全同但有人云諸法微妙慧蘊今畧無二字義已足故其十住論亦十住婆沙第一然諸經論下四結前旨同若據實位下實寄對辨既初地中已能雙照豈至五地方有雙行故知約寄即彼經上卷菩薩行品

故此地中斷於下乘般涅槃障者即前四地出世厭生死苦樂趣涅槃此障五地今入真俗無差別道便能斷之此斷欣厭即是二愚故此地中下三明斷障先標名即前四地下釋意則已盡唯識具云五於下乘般涅槃障謂所知障中俱生一分令厭生死樂趣涅槃同於二乘厭苦欣滅彼障五地無分別道入五地時便能永斷由斯五地說斷二愚及彼麤重一純作意背生死愚即是此中厭生死者二純作意向涅槃愚即是此中樂涅槃者釋曰此地真如名類無別故緣彼道名無差別本分名

身淨我慢障四地出世取身淨故由此欣滅如前已釋餘諸經論言異意同由此證得類無差別眞如亦約生死涅槃皆平等故由斯證得者四證如踈亦生死涅槃皆平等故成類無別唯識釋云謂此眞如類無差別非如眼等類有異故此由難見攝論名爲相續無差別法界世親釋云謂於此中體無有異非如眼等隨諸有情相續差別各各有異無性意同而梁論云由此法界能令三世諸佛相續身不異者衆生迷此萬類之異諸佛證此居然不變中邊論云由通達此得十意樂平等淨心者上約極果此正順今其所成行亦成二種謂諸諦增上慧行五明處敎化行其所成行下五成行舉此二者以證淨智而達五明成於眞俗不相達故此二無礙故得無差別法身之果皆義旨相順此二無礙下第六得果無差別法身二諦均故故疏結云義旨相順

菩薩聞此勝地行於法解悟心歡喜空中雨華讚歎言善哉大士金剛藏

次正釋文文亦三分初讚請分中九頌半分二初八頌半供讚後一頌請說前中三

初一菩薩供讚

自在天王與天衆聞法踊躍住虛空普放種種妙光雲供養如來喜充徧

次一天王衆餘皆天女

天諸婇女奏天樂亦以言辭歌讚佛悉以善薩威神故於彼聲中發是言

於中三初一偈標

佛願久遠今乃滿佛道久遠今乃得釋迦文佛至天宮利天人者久乃見

大海久遠今始動佛光久遠今乃放衆生久遠始安樂大悲音聲久乃聞

次四偈半讚於中初二偈美感應皆言久者佛應由機機難有故大海動者動佛智海竭苦海故

功德彼岸皆已到憍慢黑闇皆已滅最極清淨如虛空不染世法猶蓮華

大牟尼尊現於世譬如須彌出巨海供養能盡一切苦供養必得諸佛智此應供處供無等是故歡心供養佛

後二偈半讚具德初偈具智斷次半具恩

後一具此三德是故應供

如是無量諸天女發此言辭稱讚已一切恭敬喜充滿瞻仰如來黙然住

是時大士解脫月復請無畏金剛藏第五地中諸行相唯願佛子爲宣說

三一偈結讚及請說並可知

第二正說分中先明位行後辨位果前中論分爲三初勝慢對治二佛子菩薩摩訶薩如實知下不住道行勝三佛子菩薩摩訶薩住此下明彼果勝初即加行道及初住地無間道次即正住地解脫道後即地滿勝進道初言勝慢者慢有二種一他地慢謂四地中得出世智取其勝相名爲勝慢今以十種淨心爲治二自地慢謂於此十心希求勝相復以爲慢以隨順如道爲治此二通名勝慢故此一分有其二道初即加行下疏釋但屬四道不釋其名下疏自釋論云勝慢對治者謂十平等深淨心者前段能治也又云同念不退轉心者後段能治也言同念者即後總句順如與如同一念故不退轉者即後段末句略舉初後以該中間前地治解法慢此治身淨分別慢所治有殊不濫前地言身淨者得出世智不染身故論云勝慢下此釋分名然論具云勝慢對治者謂十平等深淨心同念不退轉心故前已說解法慢對治今此地中說身淨分別慢對治釋曰上皆論文疏已分釋先正釋名具分二慢

即後等皆總句經云隨順真如故可法同如即十平等然十平等已是隨如何故名同由取勝相則不順如今若順如則不取勝相故爲能治前地治下對前揀濫雖與前地同皆治慢前是世間所治則劣今治出世身淨之慢則勝於前故名勝慢安得濫哉言身淨者前創出世成念處觀不染於身即是身淨取此不染所以爲治淨無淨相慢何由生

爾時金剛藏菩薩告解脫月菩薩言佛子菩薩摩訶薩第四地所行道善圓滿已欲入第五難勝地當以十種平等清淨心趣入

文中二先治他地慢後佛子菩薩摩訶薩住此下治自地慢前中三初結前舉後二徵起正顯三結能入地今初平等有二義一是如理二是因果淨法千聖同規名深淨心是此地觀解故論云於平等中心得清淨故名深淨心者此向向上成二平等以約如法而論等故名之爲深以約淨法而論等故名之爲淨故云深淨心也二者向下則成此地觀解之心則五字分一平等二字是淨所依其深淨心是能依心故次引論云於平等中心得清淨言深淨心即是論經今經但云清淨心耳此復何異後地觀察十平等法此有三異一此地治前於淨起慢故偏明淨法平等後地對此依真入俗通觀染淨諸法皆悉平等二此約舉等理以顯心淨後地舉觀察以入等理三此通理事二等後地一向約理融二諦故此皆地背相捨後漸勝故此有三下答一所治通局通染則勝二能所前後若舉所等以成能等此心猶淺若舉能觀以入所觀此觀則深三能治通局一向局理六地則深故雖結云此皆地地背相捨離以勝捨劣又上三義亦皆相成由初所治局故能治則通事理皆等何獨身淨由所治通能治則局一理平等無染淨故淨慢未除以等成觀此五地中已成等觀後六地中以觀入理則以初後成於中間

何等爲十所謂於過去佛法平等清淨心未來佛法平等清淨心現在佛法平等清淨心戒平等清淨心心平等清淨心除見疑悔平等清淨心道非道智平等清淨心修行智見平等清淨心於一切菩提分法上上觀察平等清淨心教化一切衆生平等清淨心

二正顯中十心分二初三明諸佛法論云謂三世力等者即果位十力等也即果位者此一等字等餘果法謂四無所畏十八不共三身四智等非釋平等平等淨心前已總釋後七明隨順諸佛法二利因行順成果故於中前六自利後一利他前中合爲三學初戒次定餘四慧故離爲七淨一戒淨二定淨三見淨四度疑淨見疑相顯經合一句爲成十故五道非道淨此前五淨大小名同小乘六名行淨七行斷淨以彼宗中趣盡滅故今大乘六名行斷經云修行知見略無斷字七名思量菩提分法上上淨以依行斷起勝求故前中等者釋前六中二門分別一約行勝屬經文云何見疑二淨相顯此二同是根本六種煩惱之中二故戒取依於六上開出又執爲道相微雜見別爲一句若約位者初二在見道前以創背凡過宜以戒防欲生真慧理須習定然夫合理判屬世間次三在見道以見道中斷身見故斷疑故斷戒取故戒取是非道知無漏慧是正道入見道時十使俱斷偏言三者涅槃經說此三重故又十使中五見及疑但障見道餘四通於見修故略不言就其六中三本三隨偏語其本邊見隨身見邪見隨疑見取隨戒取故斷三結三隨亦斷但立三淨上五大小並同小乘行淨在修道起斷行故行斷在無學道依行證斷故大乘後二皆在修道斷障成德故有二也行實同時欲生真慧者即出世見道慧也

次三在見道等者疏釋此三而文有三一正釋二入見道下徵問三涅槃下引答問中言十使俱斷者開之成八十八使答有二意一引涅槃已約重故涅槃三十三因釋觀方迦葉問云如來說須陀洹斷煩惱如四十里水云何言斷三結一我見二非因見因三疑網佛答云此三重故亦攝須陀洹人一切所斷結故譬如王出雖有四兵但言王出又云此三何緣獨得名重一切衆生常所起故徵難識故難可斷故能爲一切煩惱因故是三對治之慾敵故謂戒定慧又衆生聞斷多則退轉故但說三又十使下二約見修所斷分別餘四等者謂貪瞋慢無明見道之中四障見道亦皆已斷有障修者不與斷名故畧不言三本三隨者隨者是末身見即我我於過去爲有爲無故名常見我於未來爲作無作則起斷見故說邊見隨於身見言邪見者撥無因果以於諦理猶豫不決遂撥爲無故說邪見隨於疑網既非因計因必取爲實故見取隨於戒取根本既斷枝條自亡又言隨者三本名轉如手轉輪三隨名隨如輪隨手上五大小並同者結前五淨生後二淨二淨大小開合不同在位亦別於中有二先約小乘後約大乘於大乘中先行後位約行同時義分斷障斷即行淨成德即菩提分法上上淨若約位分七地已還爲行斷修道斷結故八地已上入法流中順菩提故

約四

名思量上上餘文易了若約位下二約位辨即增微分別七

八

地已還雖亦進行斷障義增八地已上非不斷障進行多故是以二位各得一名

菩薩摩訶薩以此十種平等清淨心得入菩薩第五地

佛子菩薩摩訶薩住此第五地已

第二明如道行又順經意前明入心從此已下皆明住心又順經意下以不依論但順三心此之半分及後二分皆是住心攝於三位此隨如道攝第五住應分爲三此攝方便具足住修行十心是方便義不退轉者即是住義二不住道行勝攝離癡亂行智清淨等無癡亂故三彼果勝攝無盡功德

約四

九

藏回向攝德無盡故智清淨者即下經文十重觀察四諦法門名智清淨正是無癡知第一義如實而知即無亂義而言等者等取益衆生勤方便勝皆無癡義與彼行中釋於無癡義甚相順攝德無盡者下有四果第一即名攝功德果下三皆是功德果故今且順論此明如道行於中三初標分位爲顯隨如已入五地次以善下總顯後願力下別明

以善修菩提分法故善淨深心故復轉求上勝道故隨順真如故

二總顯中四句皆是正修諸行故總名順如謂前二句爲所治即四地修菩提分以前十心能善清淨得入五地於此淨心希求勝相即復是慢慢在文外故以後二句而爲能治初句轉求不住道行勝爲能治謂不住淨心而起諸行即治住淨慢故後句雖起諸行不退失前平等深淨之心則能隨順真如平等即如故總中四句者問四中初一是四地行何言皆是正修行耶又後經云入五地已善修菩提分耶答有二意一能治之行必因所治展轉相由皆是修行二者四地道品取其淨相以十淨心而能治之即入五地入五地已菩提分法不取淨相而非不行不取而行方能善修故後十淨雖是所治隨如道時亦不捨前十淨心也若遠公云皆正修行是論通難恐有難云若此如道取前淨心淨心復取四地覺分亦應覺分由三地生何不取耶故此答云此四即是四地已上皆正修行三地既是世間之法故不言耳亦是一理後句雖起者即經隨順真如論云隨順如道行者彼平等中深淨心不退轉現成就故隨彼平等清淨法住釋曰不退轉心即此隨如末句意云既以前句治於深心取淨相竟今以不取深淨之心隨至不退轉行常於平等中住爲順如道故疏云雖起諸行不退失前平等深淨之心次論結云菩薩如是深心安住名爲隨順如道故疏云則能隨順真如正是取此論文也言平等即如者會論就經經云隨如論取平等云何是同故云平等即如如前已釋問論云深心安住何異前隨彼平等淨法住答云前唯住平等故疏云不失平等今言深心則行順如爲深心生

願力所持故於一切衆生悲愍不捨故積集福智助道故精勤修習不息故出生善巧方便故觀察照明上上地故受如來護念故念智力所持故得不退轉心

後別明中顯上隨如之行有其八種經有

九句前七各一後二爲一八中前二是起行心一自利願即修菩提心二利他悲即不疲倦心後六是行謂三得善根力四不捨衆行五善巧修行六無厭足故照明上上七得他勝力八自得勝力此有二句初句具三慧念是聞思智即修慧後句勝進究竟上六行中前三自分後三勝進各有初中後思之後別明者問八皆事行何名如行答有二意一此助顯真如觀故二如中起行俱無所著方顯隨如別行可知但第七句念智力所持故疏順經釋論經云得念意與智力故即以意爲思慧遠公云念是聞慧念持教故意是思慧伺求思義故智是修慧以前離障上勝進故此之三句同名智力今經無意與言故以念當二慧智當於修

佛子此菩薩摩訶薩如實知此是苦聖諦此是苦集聖諦此是苦滅聖諦此是苦滅道聖諦

第二不住道行勝有二種觀一所知法中智清淨勝二佛子至得如是諸諦下利益衆生勤方便勝初即自利護煩惱行故不住世間後即利他護小乘行不住涅槃同時相導名不住道今初智勝分二先明四諦實法分別後善知俗下復就此四明十觀門化生差別此乃十種觀於四諦非謂觀十四諦也故瑜伽住品云此地於四聖諦由十行相如實了知今初言實法者有佛無佛苦集二諦體是妄想雜染因果滅道二諦體是出世清淨因果此約諦實義釋若約審諦釋者前二無佛不能知此是苦是集寧有後二滅道因果餘如本品一所知者諦是所知之法智於其中照見離垢故名清淨悲愍物名利益衆生無憚疲勤善巧爲方便故瑜伽者即四十八論云如是菩薩住此住中多分希求智殊勝性於四聖諦由十行相如實了知言實法者然有二義一約真實名實已如疏文二約對下十門隨機異名故名實法後十觀中略啓四門一制立謂四諦義含法界菩薩窮照無遺隨智異說難窮略舉十明無盡然十皆菩薩自智智相難明故論約化生以明其異以此通名所知法中智清淨也

二明開合此十總唯是一化生分別若隨所化大小分二前九化小後一化大故若隨化所起則分爲三前五生解次四起行後一令證故約人不同離以爲七初爲根未熟乃至七爲大乘可化故至文當知二明開合者疏文有四初一是合後三是開一約所化法分別二約所益分別三約化類分別三對實法以明通別此十望前四諦前五通觀四諦謂一世俗者觀四諦法相二觀其性空三通觀性相無礙四觀性相各異五觀此四緣起集成次四別觀四諦謂六七八九如次觀苦集滅道後一但觀滅道菩薩地因證佛智故遠公後五亦通觀四諦謂迷於四諦故爲苦集悟其四諦故成滅道後一窮四諦緣起實性清淨法界成大乘道亦有此理三對實法者六七八九此四唯別但各一故第十門望前五門則名爲別但觀滅道之二諦故望六至九唯觀一一諦則亦名通遠公後五者何名通別所觀通四所感唯一亦得稱別

善知俗諦善知第一義諦善知相諦善知差別諦善知成立諦善知事諦善知生諦善知盡無生諦善知入道智諦善知一切菩薩地次第成就諦乃至善知如來智成就諦

四正釋文文分爲二初列十名

此菩薩隨衆生心樂令歡喜故知俗諦通達一實相故知第一義諦覺法自相共相故知

相諦了諸法分位差別故知差別諦善分別蘊界處故知成立諦覺身心苦惱故知事諦覺諸趣生相續故知生諦一切熱惱畢竟滅故知盡無生智諦出生無二故知入道智諦正覺一切行相故善知一切菩薩地次第相續成就乃至如來智成就諦以[十三]信解智力知非以究竟智力知

後此菩薩下次第解釋於中略爲二初一依瑜伽二依本論今初瑜伽十句不顯文詞下略所說義闕其第十知菩薩地而亦有十句文有三節初三名爲此說謂是所爲故一依曉悟他故知俗諦二依自內智知第一義三依俱處所故知相諦謂自相是俗共相是真二體不分故名俱處次今經兩句彼應有三名由此說謂由三藏教之所說故故云依於契經調伏本母名由此說經中分位差別應是調伏知蘊界處義當本母此中第十義當契經三有四句名如此說謂如四諦相各別知故即依於現在衆苦自性故知事諦依於未來苦生因性依於因盡彼盡無生性依於修習彼斷方便性如次可知今初瑜伽者即上住品論云一切文詞如契經說但取經義其所立義似今論釋但有小異故別出之文有三節者彼先具列三節之名一爲此說二由此說三如此說下䟽具辨如次可知者如苦集滅道四諦次第即是今經六七八九二依本論者攝十爲七初一爲根未熟衆生謂未堪入大爲說四諦十六行等名知世諦即四重二諦中第三重內俗也不同瑜伽通於大小及根生熟爲說四諦等者謂苦下有四即苦空無常無我集下有四集因生緣滅下有四滅盡妙離道亦有四道如行出故是俗諦即四重者一假實二諦二事理二諦三四諦勝義二諦四安立非安立二諦廣如玄中今是第三重中俗者以四諦爲俗故遠公亦說三理二諦一就相分別情想之有名爲世諦無相之空名第一義二相實相對妄想之法情有理無名爲世諦即此經中空如來藏真實之法相寂體有名第一義即不空如來藏也三就實分別不空藏中體名真諦用名世諦今諸諦第一就第二門似非得意不同等者瑜伽但云依曉悟他是以通也二爲根熟堪入大故爲說法空第一義諦爲說法空等者即四重中第三重內勝義與前第一四諦之俗共爲第三重二諦也三爲疑惑衆生故知相諦謂有闇第一義諦猶豫不決若是空耶則無因果若是有耶云何言空今明即俗自相是空共相俱處無違故名相諦

四爲謬解迷惑深法衆生故知差別謂前緣二境故名爲疑今聞俱處便謂是一名爲謬解今明體雖不異性相分位歷然差別三之與四明上二諦非一異義三即非異四即非一又三即二而不二經云覺自共相論云俱處四即不二而二論疑是一由不二故經了差別由而二故又四即於諦常自二三即於解常自一五爲離正念衆生故知成[十四]立諦謂既聞差別謂皆有體名離正念今明差別但是緣成無有自性故云成立隨言顯示故論經名說成諦五即總了二諦緣起相性即仁王云通達此無二真入第一義六爲正見衆生知事等四諦由無前疑執故名正見可令知苦斷集證滅修道事即苦諦生即集因無生是滅因亡曰盡即盡智也後果不起名爲無生即無生智也若小乘說現在惑亡說名爲盡利根之人保彼煩惱當更不起名曰無生此盡無生是其滅體無學之智如是而[十五]知意在取滅故爲滅諦道言無二者論下重釋云一行故謂稱滅而知故云一行前列實法四諦明其所觀此中四諦明當如是觀六爲正見者前中三疑四謬五離正念並非正見今無此非方爲正見故

可明示四諦差別則不隨事執不謂空無可令知苦斷集證滅修道矣事謂苦事所有受皆苦故集能生苦無學之智者是釋經智字爲答外問滅是滅理何得言智故此釋云意在取滅道言無二者畧牒經文具云出生無二故論經云起不二行故既稱滅知故不生二行前列實法下應有問言此之四諦與前實法俱列四諦有何別耶答意可知若準遠公上釋則前實法四門各別今則一一皆迷前四故有不同亦是理

一七爲大乘可化衆生故知菩薩地乃至如來智諦謂先住大乘化令進故言正覺一切相者大乘要須於五明處善巧知故菩薩地是因言次第相續者如從初地入二地乃至十地入佛地大果也以信解等者爲釋外疑六地已上乃至佛智未曾證入彼云何知故此釋云信解鏡像觀智力知非成就智鏡像即影像觀未得本質故未得本質者本質有二一約未證佛智則佛智爲本質二既未證於如來之智於一切智所知之法即是本質亦影像知一切所證未親證故

佛子此菩薩摩訶薩得如是諸諦智已

第二利益衆生勤方便中二先總起悲觀二佛子下別起悲觀總中三初結前次如實下觀過後菩薩下起悲第二利益者既爲利益觀有爲等何偏明悲對上觀諦智清淨故其中雖有諸行悲爲主故

如實知一切有爲法虛妄詐僞誑惑愚夫

觀過中先明非眞後誑惑下對人彰過今初虛妄二字觀内五蘊謂妄想常等不相似無故虛此明所取非眞理無不同情有故云不相似無也常作我想慢事故妄此辯能取不實非有計有常樂我淨皆名我想非唯我見我爲本故獨云我想也虛妄二字者是疏標舉謂妄想下論釋從此明下疏釋論常作我想慢事故妄者論釋從此辯下疏釋詐僞二字觀外六塵世法牽取愚夫故詐此顯能取迷眞謂由妄取令彼世法隱虛詐實使其貪取也世法盡壞故僞此明所取不實世法相似相續似有義利而實速滅無利故僞詐僞二字者是疏標舉世法牽取愚夫故詐是論釋此顯下疏釋論其世法盡壞故僞是論此明下疏釋論後對人彰過者上虛僞二境引心總名爲誑妄詐二心迷境皆名爲惑十六上虛僞二境者虛是內境僞是外境皆能引心合皆名誑妄是內心詐是外心皆能迷境故合名惑約四論云常等相無非有似有故虛事中意正取者此解虛是誑義謂令意正取故是誑也又云我想慢事正取故妄事是惑此解妄是惑義世法利盡故誑事牽心此解僞是誑義世法愚癡凡夫牽取故詐事相現此解詐是惑義論云常等下向來疏文合於二境二心以配誑惑論中內外能所別明先明於內先所取後能取後世法盡利下明外能所亦先明所取後明能取細尋易了愚夫即是依彼正取我慢之人愚夫等者上釋誑惑下釋愚夫前有十七兩對今雖就前五蘊能所以明愚夫五陰是人也約四

菩薩爾時於諸衆生轉增大悲生大慈光明

三起慈悲者憐愍故悲勝利益故慈不住道行勝故云轉增皆言大者勝前地故云光明者救生方便智成故轉增光明俱通慈悲文有影略轉前慈愍分同諸佛故名爲生

佛子此菩薩摩訶薩得如是智力不捨一切衆生常求佛智

第二別起悲觀中二先明化生願二如實觀下明化他心今初先牒前得是智力近牒觀有爲遠牒觀諸諦不捨衆生牒前慈悲後常求佛智正明起願願救衆生義故第二別起悲觀正明起願者經云求佛智而云救生正同三地欲救衆生不離佛智

如實觀一切有爲行前際後際

二化心中二先明大悲觀後佛子菩薩摩
訶薩復作是念此諸衆生下明大慈觀前
中悲有二相一如實觀苦因緣集故即知
苦體性二佛子至復作是念此諸凡夫下
觀深重苦久而多故即就人彰過前中四
初總標二際二知從下順觀二際三虛妄
下逆觀二際四若有下結如實知今初前
即過去後即未來顯無始終流轉相故
知從前際無明有愛故生生死流轉於諸蘊
宅不能動出增長苦聚
二順觀中二先明前際後如前下類顯後
際前中復二先顯緣集苦聚後無我下顯
二空無我今初無明有愛顯流轉因能發
能潤此以爲本故生即是果故涅槃云生
死本際凡有二種一者無明二者有愛是
二中間有生老死今菩薩觀此而起大悲
亦同淨名從癡有愛即我病生矣然生果
有三一欲求衆生故流轉生死欲貪即是
受身本故二妄梵行求衆生故於蘊宅不
能動出外道計我常住其中故三有求衆
生故增長苦聚三有皆苦故今初文者義至於此從故
生下皆屬果攝苦取經句應至故生以爲句終
無我無壽者無養育者無更數取後趣身者
離我我所如前際後際亦如是皆無所有
後顯空無我及類顯後際並顯可知 約四 十八
虛妄貪著斷盡出離
三逆觀中順即苦集逆即道滅虛妄斷盡
即是滅也出離是道
若有若無皆如實知
四結如實知即雙結二際逆順有無三義
一約凡夫但有苦集而無滅道二約菩薩
順有逆無三雙約凡聖眞滅本有道亦符
之妄苦本空集亦同爾凡夫迷故不覺不
知菩薩正了名知如實
佛子此菩薩摩訶薩復作是念此諸凡夫愚 約四 十九
癡無智甚爲可愍有無數身已滅今滅當滅
第二觀深重苦者無始隨逐故深種種苦
事故重文中二初總標可愍不知本空故
名愚癡不知厭離故云無智亦可俱通故
爲可愍二有無數下釋可愍所由由迷二
苦故初明深苦不知故爲可愍
如是盡滅不能於身而生厭想
後如是盡下明重苦不知故爲可愍於中
二初牒前訶後初牒前訶後者牒前深苦訶後重苦
轉更增長機關苦事隨生死流不能還返於
諸蘊宅不求出離
二轉更下正明重苦於中三初觀生苦機
關苦事即是生苦言機關者顯無我故抽
之即動息手便無若造業因生生不息隨
生死下明有集愛於諸蘊下明離滅道機關
苦事者遠公釋云容物動處名之爲機於中轉者說以爲關因名爲機苦果隨轉說之爲關今疏意亦爾不別配二字

大方廣佛華嚴經疏鈔會本第三十六之四

大方廣佛華嚴經疏鈔會本第三十六之五　約五

唐于闐國三藏沙門實叉難陀　譯

唐清涼山大華嚴寺沙門澄觀　撰述

不知憂畏四大毒蛇不能拔出諸慢見箭不能息滅貪恚癡火不能破壞無明黑暗不能乾竭愛欲大海約五不求十力大聖導師入魔意稠林

二不知下觀老病死四大毒蛇是不知病苦不能拔下明具彼集文有四句一妄梵行求衆生不能拔出諸慢見箭外道多起故二欲求衆生受欲者不能息三毒火三欲求衆生行惡行者不破無明以見少利行惡行後受大苦故云黑闇四有求衆生不竭愛欲大海三有之愛廣無邊故觀如實中說彼三求以爲苦果今爲集者三求皆能爲集因而受果故二文互舉次不求十力大聖導師明遠彼滅不向滅者故入魔意下明遠彼道順怨道故二欲求者欲求闕二一縱情五欲不懼當報是造惡行者二但躭五欲未必造惡今是此人順境生貪違則生瞋癡迷上二不言習善行者善行多在有求之中亦以過經故畧不說亦得含在受欲之中觀如實下對前料揀明遠彼滅者故論云趣涅槃是處不求十力大聖導師意云欲趣涅槃之滅不求證滅之者耳順怨道者煩惱結使名爲稠林是魔所行故名怨道既趣怨道即遠真道

於生死海中爲覺觀波濤之所漂溺

三於生死下總結過患舉生死海總顯於苦覺觀波濤總明有集此中兼顯死苦之義畧不明老畧不明老者上依論觀生老病死生苦在初病可辛加通於老少故經明之今生死言即兼死苦老言不顯故云畧無亦合有也

佛子此菩薩摩訶薩復作是念此諸衆生受如是苦孤窮困迫無救無依無洲無舍無導無目無明覆翳黑暗纏裹

二大慈觀中二初觀境興慈後佛子下廣顯饒益前中二先觀境後我今下興慈今初即觀前衆生受深重苦以爲慈境文中先總無救下別總中無父曰孤明前無所恃塗盡曰窮明後無所依任重無替曰困常受生死故强力所逼曰迫業惑所陵故總中無父者下別之中總有八事具釋四字前之四事明其有苦後之四事明其有惡各用二事釋前之一後別中無救無依釋上孤義論云謂現報已受不可救脫當報因招無善爲依次無洲無舍釋上窮義溺於生死波濤不聞正法智洲爲對治故在於生死曠野不爲善友慈舍庇故次無導無目釋上困義離於寂靜正念思惟究竟前導故離於正見之明目故既無導無目非困如何約五次無明下釋上迫義無明者無明住地舊煩惱故黑闇者四住客塵故常起邪念故爲其覆翳不聞正法故爲彼纏裹常起邪念流注者依無明住地起妄想心名爲邪念流注相續故曰常起不同四住善惡間生不間正法者四住之惑容有善間間則不纏不間善間故爲纏裹

我今爲彼一切衆生修行福智助道之法獨一發心不求伴侶以是功德令諸衆生畢竟清淨乃至獲得如來十力無礙智慧

二興慈中獨拔修善令物得菩提涅槃之樂二興慈中經有三節一爲物修因二獨一下孤標大志三以是下以善益物初令淨障爲涅槃因及畢竟清淨亦涅槃果後乃至下疏總釋義亦已周圓約五

佛子此菩薩摩訶薩以如是智慧觀察所修善根皆爲救護一切衆生利益一切衆生安樂一切衆生哀愍一切衆生成就一切衆生解脫一切衆生攝受一切衆生令一切衆生

離諸苦惱令一切衆生普得清淨令一切衆生悉皆調伏令一切衆生入般涅槃

第二廣願饒益亦彰慈所爲文中二先牒前總明上來修善皆爲救護即是慈相先牒前者畧舉修善實則兼前智慧觀察見生有苦有惡無治無救故修善根而爲饒益皆慈相也以善智慧能饒益故後利益下別顯救護有十種相前二爲救未來後八通於現未一住不善衆生令住善法利益二住善法衆生令得安樂果謂成彼善故三愍貧乏者與資生具四修行多障者令其成就上二救順緣不足苦五世間繫閉者令得解脫下有五種令諸外道信解正法謂六未信攝令正信七令離無利勤苦八疑惑衆生疑除解淨九已住決定勤修三學以調三業十已住三學令得涅槃上三即解行證論意皆爲外道理實後三兼通餘類上來不住道行勝竟前二爲救者令住善因得於樂果屬未來故即利樂義類見上文上句未住令住下句先住微善後令增長故得樂果亦是上令捨惡後令增善下有五種者前五世樂下五出世一起信二去耶三正解四起行五得果

佛子菩薩摩訶薩住此第五難勝地名爲念者不忘諸法故名爲智者能善決了故名爲有趣者知經意趣次第連合故

自下大文第三明彼果勝即不住道行勝之果有四勝果一攝功德勝二名爲無厭足下修行勝三佛子菩薩摩訶薩如是勤修下教化衆生勝四佛子菩薩摩訶薩爲利益下起隨順世間智勝四中初二自利即所知法中智清淨果初自分後勝進後二即利他勤方便果前化他行後化他智有四聖果下文二先指文列名後四中下釋其善別前列名中一攝功德勝者聞等功德修成名攝二修行勝者勝進所行善修習故三四利他三利他行四利他智

今初攝功德中十句初三攝聞勝然有二義一即三慧如次配聞思修二顯二持念即聞持智及有趣即是義持義有多種略說二種善巧謂智即法智勝有趣即義智勝然二釋皆聞在初故論名攝聞勝

名爲慙愧者自護護他故名爲堅固者不捨戒行故

次二攝戒勝一忍辱柔和勝即戒因成也謂內懷慙愧不誑幽明自護七支不招譏毀故能持戒二戒無缺勝即戒體成也乃至命難不捨戒故一忍辱者能忍他惱名爲忍辱能耩護他說爲柔和以柔忍故緣不能動二皆拒惡故名爲愧惟崇戒善故稱爲慚謂內懷下釋慚愧相慚者羞天故不誑幽愧者羞人故不誑明不招譏毀即是護他乃至命難者釋堅固言鵞珠草繫即命難也

名爲覺者能觀是處非處故名爲隨智者不隨於他故名爲隨慧者善知義非義句差別故名爲神通者善修禪定故名爲方便善巧者能隨世行故

後五攝智勝一者因緣集智此知法相智無因倒因名爲非處正因緣集名之爲處知處治於非處故名覺者二者證智知魔事對治隨識分別皆魔事故三知妄說智異說對治助知教智正說爲義句邪說爲非義句邪正交雜揀邪得正名善分別四神力起用智依定起通治邪依故五化衆生智折伏攝受隨世宜故上五中前三自利後二利他

名爲無厭足者善集福德故名爲不休息者常求智慧故名爲不疲倦者集大慈悲故名

爲爲他勤修者欲令一切衆生入涅槃故

第二修行勝有十一句前四自分一增長因行集五度福故二依止因行慧爲所依故此自利福智對三化生不疲行四令物證滅行此二利他因果對一增長者福能生智故名爲因二依止因行依慧生福名依止因名爲勤求不懈者求如來力無畏不共法故名爲發意能行者成就莊嚴佛土故名爲勤修種種善業者能具足相好故名爲常勤修習者求莊嚴佛身語意故名爲大尊重恭敬法者於一切菩薩法師處如教而行故名爲心無障礙者以大方便常行世間故名爲日夜遠離餘心者常樂教化一切衆生故

後七勝進五起佛法行六起淨土行此依正一對七依佛法身起行相好法身故八約五依佛所作起行顯三密用故此六二外相內密對上四皆起菩提九敬重法行進依勝已故上五自利後二利他十願取有行十一離小乘行即顯是揀非對六起淨土行者論重釋云云何莊嚴無煩惱染得堅固智慧衆生住在其中及佛法莊嚴故者意云淨土有二種淨一相淨七珍嚴等易故不明二住處衆生淨二法門流布淨後二難故論重出之既發意能成即具三淨之因廣如初地淨土願中七依佛法身者依彼相好起行求故下依義皆錯九敬重法行者上來行德依法咸故

佛子菩薩摩訶薩如是勤修行時以布施教化衆生以愛語利行同事教化衆生

第三教化衆生勝中二初正明化生後佛子下結行成益今初分二初總以四攝攝生

示現色身教化衆生演說諸法教化衆生開示菩薩行教化衆生顯示如來大威力教化衆生示生死過患教化衆生稱讚如來智慧利益教化衆生現大神通力教化衆生以種種方便行教化衆生

後示現色身下別明四攝文有八句一示色身是同事攝隨順衆生應化自衆故應化自衆者隨彼衆類以身同故即八地中身同事也約五二演說法即愛語攝諦語法語爲愛語性七一切種愛語中多約開演論云爲疑惑衆生即一切門中之語也一切種者一切愛語皆有三種一慰喻愛語二慶悅愛語三勝益愛語三開示下皆利行攝此句爲於菩提無方便衆生示菩薩行即利行自性四於大乘疲倦衆生示佛威力即一切利行未成令成故五爲樂世間衆生著財位故示其過患明位大憂大財多禍多六爲不信大乘先未行勝善讚如來智七爲無智外道示以神通上三即難行利行八總顯一切門一切種利行故云種種方便三皆開示因果之益即利行自性者即九門之一唯有一也即一切利行者一切亦三此是其一言有三者一現法利行二後法利行三現法後法利行以勸離欲令成就故上三即難行者難行唯三八總顯一切門者一切門有四一不信令信二犯戒令戒滿三惡慧令慧滿四慳悋令捨滿言一切種者或六或七如淨行品然利行者示其所學約令行邊即是利行約其示邊即是愛語如瑜伽然者即指其源瑜伽九門淨行品已引利行愛語亦可參用由彼愛語示其所學即爲利行故次下廣明布施故別中略無四攝廣義如瑜伽四十三辯

佛子此菩薩摩訶薩能如是勤方便教化衆生心恒相續趣佛智慧所作善根無有退轉常勤修學殊勝行法

第二結行成益中初結前心恒下成益趣佛智者爲化衆生更求勝力餘文已作不

退未作增修第二結行成益者亦名勝進行也

佛子此菩薩摩訶薩爲利益衆生故世間技藝靡不該習

第四隨順世智勝者明染障對治染即煩惱障即所知第四隨順世智勝者明染即煩惱是第五內明爲治障即所知是前四明爲治

文約五分爲三初總標多門八二所謂下別示其相三及餘下總結成益

所謂文字筭數

二中顯五明相故大般若云五地菩薩學五明故即分爲五一文字筭數是其聲明通治懦智障言文字者名句文身即聲論中法施設建立故筭數即數建立故又治取與生疑障然瑜伽十三中列五次第云一內明二醫方明三因明四聲明五工巧明令染在前正順彼論算數建立者第十五中說聲明論云云何聲明當知此處畧有六相一法施設建立相二義施設建立相三補特伽羅施設建立相四時施設建立相五數施設建立相六處所根栽施設建立相一法施設建立相者謂名句文身及五德相應聲不鄙陋二義施設建立畧有十種一根建立謂見聞等二大種建立謂依持洗潤等三業建立謂往來宣說思忿等四尋求建立謂追訪等五非法建立謂殺盜等六法建立謂施戒等七興盛建立謂談得言悅等八衰損建立謂破壞怖畏等九受用建立謂飲食覆障等十守雙建立謂育養盛滿等三補特伽羅施設建立謂男女女聲相差別四時施設建立者謂過現未來三時聲相差別等五數施設建立謂三數聲相差別一者一數二者二數三者多數六處所根栽施設建立者畧有五相一相續二名號三總畧四彼益五宣說若頌等名爲根栽如是二種總名處所根栽建立釋曰今當第五又數以記數筭以記位謂一縱十橫等瑜伽約五中意畧已具矣九

圖書印璽地水火風種種諸論咸所通達

二圖書至咸通達即當因明咸通達者正是明義種種論者言論尚論諍論毀謗論順正論教道論等類非一故地水火風即是諍論中攝謂諸邪見計不同故順世外道唯地爲因一切皆以微塵成故水風二仙外道以風水爲因世界水成故風輪持故事火外道以火爲因火成熟故咸通達者釋總名也種種諸論者即七例中論體也七例如初地疏鈔具引即六論爲體等即等上亦等其類六中隨一容有多故地水火下畧示六論之二於一淨論自有其四圖書印璽即尚論隨世所聞故又此圖書亦正教量即治所用事中忘障論云取與寄付即事中障聞法思義解中障作不作已作未作應作不應作皆業中障印璽亦是現量又治所取物不守護障璽即王印圖書印下即六中之第二論也隨世所聞即釋上義出所宗尚故又此圖書下重釋即因明中論所據也所據有十謂所成立有二即自性差別能成立有八謂宗因喻同異類現比教量下慧現量即治所用事者即是本論論中但有書字爲所用事中忘障取與下即論釋此障論但通云取與寄付聞法思義作不作事已作未作事應作不應作事此對治故書釋曰今但以義節畧論文於此一障自爲三節一事中障二解中障三業中障便以疏解意言作不作者但作者書之言作不作者書之言不作未必惡不作而善作也下二準之印璽等者論中有印而無於璽今以加璽故云亦是現量顯現可見故又治所取物不守雙障即是論釋印字如璽米等以印印之則無強取

又善方藥療治諸病顛狂乾消鬼魅蠱毒悉能除斷

三又善下即醫方明即四大不調衆生毒相病障對治故三又善下然瑜伽醫方明有四一病相善巧二病因善巧三於已生病永滅善巧四已斷病不復更生善巧今文具之即四大不調下即本論文善療能斷皆除斷方便斷已不生故名爲善約五從善療下疏以瑜伽四十義解釋一即第三除斷方便二即第四斷已不生故涅槃云世醫所療治雖差還復生如來所治者畢竟不發其療治除斷即是第三其一善字即當第四癲至蠱毒病相病因於中顛等內四大鬼等外衆生蠱毒通二有草毒蛇等毒故論經說呪藥等即病因死因

對治即善方藥攝從顛至蠱下辨初二義先總指經後於中下別屬顛等內四大下皆本論釋然顛狂乾消正明病相四大不調故沉重虵病相冷水病相黃熱火病相風相多端其顛狂二事亦是病因由顛狂故患食不食食不應食應作不應作等故生諸病鬼魅蠱毒正是病因因鬼魅等而生病故亦是病相鬼等病故從論經下疏會論經令經無呪故論以藥呪爲能治即是令經善方藥攝病因死因即是所治以呪藥力應死不死

文筆讚詠歌舞妓樂戲笑談說悉善其事國城村邑宮宅園苑泉流陂池草樹花藥凡所布列咸得其宜金銀摩尼真珠瑠璃螺貝璧玉珊瑚等藏悉知其處出以示人日月星宿鳥鳴地震夜夢吉凶身相休咎咸善觀察一無錯謬

四文筆下工巧明文筆讚詠即書筭計度數印工業中書所攝故韻屬曰文對詞曰筆顯德爲讚寄情曰詠四文筆下瑜伽工巧有十一種今畧有六一書筭計度數印工業而文筆讚詠但屬書攝其筭數計度通其二明前疏之中已說聲明故此不攝次歌至談說即音樂工業悉善其事通上二文皆憂惱障對治二音樂工業皆憂惱者即是本論凡言對治皆是本論絃竹娛耳故除憂惱國城至其宜即營造工業三營造二業草樹華果亦兼營

農工業此即不喜樂障對治四營農工業而言亦者草樹華果有兩句故布列宮苑即是營造樹之園圃即是營農此即等者峻宇彫牆禾軒玉砌居然悅情池塘生春草園柳變鳴禽洪波雖淵漁清風吹落華縱意杯流閒歡愛彌日月豈能憂哉金至示人即生成工業繫閉障對治五生成工業能作能成故繫閉等者家有千金不死於市何能閉哉

日月至無錯謬即占相工業是所得報分過惡因障對治謂皆由前世惡因感此凶吉等故日月五星以爲七曜及二十八宿並上知天文地震即下知地理夜夢至休咎即中知人情鳥鳴即察鳥情亦是人情所感咸善無謬總究上三才即占相者先擧論謂皆由下是疏釋論不知識去所作業因便取外相爲吉凶源乃造惡業排凶招吉安得可耶今示因招使修德業排凶招吉即爲能治日月五星者東方歲星主春主木西方太白主金主秋南方熒惑主火主夏北方辰星主水主冬中方鎮星以主於土通主四季星者散也列位布散漢書云星者金之散氣與人相應凡物之精上爲列星也言二十八宿者謂角亢氐房心尾箕斗牛女虛危室壁奎婁胃昴畢觜參井鬼柳星張翼軫廣如大集四十中經云娑婆世界主大梵天王釋提桓因四天王等而白佛言過去天仙分布安置諸宿辰曜攝護國土養育衆生於四方中各有所主東方七宿一者角宿主於衆鳥二者亢宿主於出家求聖道者三者氐宿主水生衆生四者房宿主行車求利五者心宿主洲渚衆生六者尾宿七者箕宿主於國師南方七宿一者井宿主於金師二者鬼宿主於一切國王大臣三者柳宿主雪山龍四者星宿主巨富人五者張宿主於盜賊六者翼宿主於貴人七者軫宿主須彌吒國西方七宿一者奎宿主行船人二者婁宿主於商人三者胃宿主婆樓迦國四者昴宿主於水牛五者畢宿主於一切衆生六者觜宿主鞞提訶國七者參宿主於剎利北方七宿一者斗宿主兗部沙國二者牛宿主剎利及安鉢竭國三者女宿主秧御摩陀國四者虛宿主般遮羅國五者危宿主著華冠者六者室宿主乾陀羅國輸盧那國及諸龍蛇蛾行之類七者壁宿主乾闍婆善音樂者大德婆伽婆過去天仙如是布置四方諸宿攝護國土養育衆生釋曰此皆西域之事此方所主分野等又有差殊經文有之畧知去就未窮玄象非我之懸難勝聖人不習而利然天垂象聖人則之故繫辭云辭也者各指其所之易與天地準故能彌綸天地之道仰以觀於天文俯以察於地理是故知幽明之故原始反終故知死生之說釋曰其知幽明即中知人情喻伽之中餘六工業者一和合二呪術三商賈四成就五防邪六事王廣如彼釋

持戒入禪神通無量四無色等

五持戒下內明治五種染一持戒治破戒染二入禪治貪欲染三神通治邪歸依染四無量治妄行功德染謂治殺生祀祠求梵福故五四無色定治妄修解脫染謂治殺生者即智論百論皆說外道殺馬祀梵天祈生梵世今以慈悲喜捨四無量心能生梵天治其邪見五四無色定者外道以彼爲涅槃故今能入之示其謬計此經論中唯說世間爲內明者經明隨順世間智故上來所釋多依本論

及瑜伽十三四五其中更有別理恐厭繁文（上來等者本論亦不全屬五明但有治障治染之別瑜伽之中廣顯五明與此相應故雙用之）又論與經有不次者但可以論就經不可迴經從論（又論與經下意據古人今疏以論就經之次古人依論次第與經刊定記中全寫探玄亦不對會二經之殊況辨論釋與經之異恐尋論者及見古疏惟其不同故結示耳）約五 十三

及餘一切世間之事但於衆生不爲損惱爲利益故咸悉開示漸令安住無上佛法

第三總結成益者此起世智具四種相一異障中無障故云但於衆生不爲損惱事中不知名之爲障損惱生事復是事中異障令無此捕獵等之異障二與無過樂即爲利益故謂雖不惱令其樂著亦不爲之三發起清淨即咸悉開示謂能起助道之事四所用清淨即漸令安住無上佛法謂用此得淨故（但於衆生者賢首品云若見世界始成立衆生未有資身具是時菩薩爲工匠爲之示現種種業不作通惱衆生物但作利益世間事即其義也而論但云異障中無障故餘皆如疏釋三發起清淨論經云憐愍衆生故出者出即今經咸悉開示）

佛子菩薩住是難勝地以願力故得見多佛所謂見多百佛見多千佛見多百千佛乃至見多百千億那由他佛悉恭敬尊重承事供養衣服飲食卧具湯藥一切資生悉以奉施亦以供養一切衆僧以此善根迴向阿耨多羅三藐三菩提於諸佛所恭敬聽法聞已受持隨力修行復於彼諸佛法中而得出家既出家已又更聞法得陀羅尼爲聞持法師住此地中經於百劫經於千劫乃至無量百千億那由他劫所有善根轉更明淨

第二位果亦有三果初調柔果亦四一調柔行二教智淨三別地行相四結說地相前中有法喻合法中正起行內又更聞法得陀羅尼者論云非得義持者對勝顯劣般若未現前故所以得聞持者得二難故一地初十平等心難得能得故二地中樂約四 十四 出世間智現世間智此不住道難得能得故此之二難對劣顯勝故得聞持不同三地唯世間聞持

佛子譬如真金以硨磲磨瑩轉更明淨

喻中真金硨磲磨瑩者證智契如事爲直金教智光明能示現如事猶彼硨磲（證智契如者論云此地智光明真如事示現如經諸佛子譬如真金等釋曰證智爲真金如如爲所契之理智爲能契之事事合於如如故云如事教智能顯上之如事故如硨磲）

此地菩薩所有善根亦復如是以方便慧思惟觀察轉更明淨

佛子菩薩住此難勝地以方便智成就功德下地善根所不能及佛子如日月星宿宮殿光明風力所持不可沮壞亦非餘風所能傾動此地菩薩所有善根亦復如是以方便智隨逐觀察不可沮壞亦非一切聲聞獨覺世間善根所能傾動

二佛子菩薩住此難勝下教智淨中日月等者論云依阿含增長智慧光明勝前地智故謂勝前地珠光餘文如前（日月等光者遠公云梵本唯以星光喻於此地意云六地方用月光喻故理應合然餘如前釋）約五 十五

此菩薩十波羅蜜中禪波羅蜜偏多餘非不修但隨力隨分佛子是名略說菩薩摩訶薩第五難勝地

菩薩住此地多作兜率陀天王於諸衆生所作自在摧伏一切外道邪見能令衆生住實

諦中布施愛語利行同事如是一切諸所作業皆不離念佛不離念法不離念僧乃至不離念具足一切種一切智智復作是念我當於衆生中爲首爲勝爲殊勝爲妙爲微妙爲上爲無上乃至爲一切智智依止者此菩薩若發勤精進於一念頃得千億三昧見千億佛知千億佛神力能動千億佛世界乃至示現千億身一一身示千億菩薩以爲眷屬若以菩薩殊勝願力自在示現過於此數百劫千劫乃至百千億那由他劫不能數知

爾時金剛藏菩薩欲重宣其義而說頌曰

菩薩四地已清淨思惟三世佛平等戒心除疑道非道如是觀察入五地

念處爲弓根利箭正勤爲馬神足車五力堅鎧破怨敵勇健不退入五地

慚愧爲衣覺分鬘淨戒爲香禪塗香智慧方便妙莊嚴入總持林三昧苑

如意爲足正念頸慈悲爲眼智慧牙人中師子無我吼破煩惱怨入五地

第三重頌二十二頌分三初十七偈頌地行次四頌地果後一結說初中又三初五偈三句頌勝慢對治於中初四偈頌十平等

菩薩住此第五地轉修勝上清淨道志求佛法不退轉思念慈悲無厭倦

餘二頌

積集福智勝功德精勤方便觀上地佛力所加具念慧

頌如道行

了知四諦皆如實善知世諦勝義諦相諦差別成立諦事諦生盡及道諦

乃至如來無礙諦如是觀諦雖微妙未得無礙勝解脫以此得生大功德是故超過世智慧

第二了知下六偈三句頌不住道於中初兩偈一句頌所知法中智清淨

既觀諦已知有爲體性虛僞無堅實得佛慈愍光明分爲利衆生求佛智

觀諸有爲先後際無明黑闇愛纏縛流轉遲迴苦聚中無我無人無壽命

愛取爲因受來苦欲求邊際不可得迷妄漂流無返期此等可愍我應度

蘊宅界蛇諸見箭心火猛熾癡闇重愛河漂轉不暇觀苦海淪胥闕明導

如是知已勤精進所作皆爲度衆生

後既觀諦下四偈半頌教化衆生勤方便於中初一偈頌總觀有爲虛僞起慈悲二心次一偈半頌悲觀中觀緣集苦次一頌半頌觀深重苦後半頌大慈觀

名爲有念有慧者乃至覺解方便者

習行福智無厭足恭敬多聞不疲倦國土相好皆莊嚴如是一切爲衆生

爲欲教化諸世間善知書數印等法亦復善解諸方藥療治衆病悉令愈

文辭歌舞皆巧妙宮宅園池悉安隱寶藏非一咸示人利益無量衆生故

日月星宿地震動乃至身相亦觀察四禪無色及神通爲益世間皆顯示

第三名爲下四偈半頌彼果勝中初半偈頌攝功德勝次一頌修行勝於中如是一

切爲衆生句兼頌教化衆生勝
智者住此難勝地供那由佛亦聽法如以妙
寶磨真金所有善根轉明淨
譬如星宿在虛空風力所持無損動亦如蓮
華不著水如是大士行於世
住此多作兜率王能摧異道諸邪見所修諸
善爲佛智願得十力救衆生
後三頌超世智勝
彼後修行大精進即時供養千億佛得定動
刹亦復然願力所作過於是
如是第五難勝地人中最上真實道我以種
種方便力爲諸佛子宣說竟
頌位果三果可知五地竟
大方廣佛華嚴經疏鈔會本第三十六之五

大方廣佛華嚴經疏鈔會本第三十七之一　約六

唐于闐國三藏沙門實叉難陀　譯

唐清涼山大華嚴寺沙門澄觀撰述

第六現前地所以來者已說諸諦相應慧次說緣起流轉止息相應慧寄緣覺地故次來也又四地出世未能隨世五地能隨而不能破染淨之見此地觀察無染淨法界破彼見故故瑜伽云前地雖能於生死涅槃棄捨一向背趣作意而未能於生死流轉如實觀察又由於彼多生厭故未能多住無相作意爲令此分得圓滿故精勤修習令得圓滿故次來也所以來者來意有二前約寄位及三學說謂五寄聲聞六寄緣覺從四地去皆屬慧學今亦對五以辯來意慧與寄位名義相似故合爲一又四地下第二意約斷障證如以辯來意四五六地同共順忍染淨相帶故舉四地四地出世唯淨五地見染可隨此地能亡染淨而言觀察約加行說故瑜伽下引證論文有三一明五地之德證上能隨勝於四地二而未能下明無六地之德證上不能破染淨之惕見然有二意一不如實觀無染淨故二又由下多生厭故三爲令下對五地不能故此能來正名現前者莊嚴論云不住生死涅槃觀慧現前故此約初住地以前五地雙觀故今得現前十住論云降魔事已菩薩道法皆現在前亦約初說瑜伽引深密經云現前觀察諸行流轉又於無相多修作意方得現前者多修無相此約地初觀十平等故觀察流轉此約地中已入地竟方觀緣起故攝論云由緣起智能令般若波羅蜜多現在前故此釋正順今經約地中說無性釋云謂此地中住緣起智由此智力令無分別智而得現前悟一切法無染無淨唯識同於攝論上本分云有間般若現前者揀後地故故所斷障亦斷染淨唯識名爲麤相現行障謂所知障中俱生一分執有染淨麤相現行彼障六地無染淨道入六地時便能永斷以觀十平等故十住論云者生死涅槃即菩薩魔事生死是凡夫行涅槃是二乘行故生公云三界塗阻二乘路險五百由旬是菩薩惡道甚難過矣今超聖意亦越凡情故能隔之又智論云除諸法實相皆菩薩魔事今論取若能契實相故過魔事由斯六地說斷二愚及彼麤重一現觀察行流轉愚即是此中執有染者諸行流轉染分攝故二相多現行愚即是此中執有淨相故相觀多行未能多時住無相觀初愚即執苦集後愚即執滅道本分名微細煩惱習者執細染淨即是煩惱形於前地故說爲微唯識形後名爲麤相由斷此愚便證無染淨眞如謂此眞如本性無染亦不可說後方淨故攝論名爲無染淨法界後成般若行亦得自他相續無染淨果其揆一也

菩薩既聞諸勝行其心歡喜雨妙華放淨光明散寶珠供養如來稱善說

後正釋文亦有三分初讚請分九頌分二前八頌半讚後半頌請讚中分二初一菩薩讚餘諸天讚供於中三

百千天衆皆欣慶共在空中散衆寶華鬘瓔珞及幢旛寶蓋塗香咸供佛

初一天衆

自在天王并眷屬心生歡喜住空中散寶成雲持供養讚言佛子快宣說

次一天王

無量天女空中住共以樂音歌讚佛音中悉作如是言佛語能除煩惱病

法性本寂無諸相猶如虛空不分別超諸取
著絕言道眞實平等常清淨
若能通達諸法性於有於無心不動為欲救
世勤修行此佛口生眞佛子
不取衆相而行施本絕諸惡堅持戒解法無
害常堪忍知法性離具精進
已盡煩惱入諸禪善達性空分別法具足智
力能博濟滅除衆惡稱大士
後五頌半天女於中初三句集經者敘述
標讚佛果佛語下正讚此句讚教次一偈
讚理次三偈讚行於中初偈悲智無礙行
後二十度圓修行本絕諸惡者見惡可除
非眞持戒善達性空即般若度分別法即
方便度智力即二度博濟兼願
如是妙音千萬種讚已默然瞻仰佛解脫月
語金剛藏以何行相入後地
後半結默半結請
第二正說亦分為二初地行後地果前中
同於前地亦有三分一勝慢對治二佛子
至如是觀已下明不住道行勝三佛子至

以如是十種下明彼果勝亦初分即入心
後二即住心住中前即攝正心住後即攝
善現行及隨順善根迴向至文當知今且
依論然三分雖同而漸超勝相云何謂
第四地說衆生我慢解法慢治第五地中
說身淨慢治今第六地說取染淨相慢治約六 四
所治漸細故曰勝也所治既細後二亦過
謂第四下釋顯勝相以四五六地皆治慢故是以對之遠公云四五六地同是順忍行相廣同所以對之亦有理在若爾前之三地同是信忍何不通對七八九地是無生忍為難亦然故依治慢通對諸地下言漸細則顯前麤故此三地後後細於前前
論文具示三慢而麤細相隱今當示之四治三地衆生我等依世間起此慢最麤五治四地身淨慢依出世間起故知漸細六麤治五慢雙就世間及出世起故更細也言衆生我慢等者準四地果中治有四慢一離衆生我著謂離我人衆生壽命二離法我著謂蘊界處三離解法慢經云執著論云我知四離正受慢治經云出沒論云離我修我所修等今此但云衆生我慢解法慢者以此四中初二是本後二是所起本及所起各舉初一以攝一故畧無法慢及正受慢餘如四地說身淨慢者四地之中得出世智修四念處名為身淨所治既細下出初分為勝今以上例後則不住道行及彼果分皆勝也
二染淨慢者前觀四諦苦集名染
滅道為淨又十平等隨順如道但約淨說
染相未亡對染有淨亦名取淨染淨慢者下二釋分

名即當地能所治於中有三初衆所治先正衆染淨又十平等下解妨先問有二句展轉而起下答當知但約淨下答此上一句雙答前二一者上問云十平等法何有染淨故今答云前十平等但約淨法謂三世佛法及七淨故二者上問云前五地初取十勝相以隨如道而為能治如豈染淨故今答云亦約淨以破前十淨同一如故染相未亡者此通伏難難云前地觀於淨如染慢許生何有淨慢故今答云前所五約六觀如入觀則能出觀隨有猶見染相染相既存對染苦集還生淨相滅道之見故有斯慢雖有三重數難染淨之相皆存今以十種染淨平等法
而為能治下觀緣起雖有染淨悟空深故
不名取慢今以十染淨下第二能治此之一治諸難都寂謂既染淨平等則異前地十淨平等二者染淨既等不唯但能觀於淨如則雙通二三之兩收也又多修無相出觀少故便為能治下觀緣起下解妨上引前難後今引後難前緣起逆順同前四諦染淨相故答云五地初能入俗悟空未深無相般若悟空方深
爾時金剛藏菩薩告解脫月菩薩言佛子菩
薩摩訶薩已具足第五地欲入第六現前地
當觀察十平等法
今初勝慢治中分四一牒前標後二何等
下徵列十心三菩薩如是下結其行能四
得明利下辨行分齊
何等為十所謂一切法無相故平等無體故
平等無生故平等無滅故平等本來清淨故

平等無戲論故平等無取捨故平等寂靜故平等如幻如夢如影如響如水中月如鏡中像如燄如化故平等有無不二故平等

列中十句初總餘別總云一切法者論云是十二入以三科中蘊不攝無爲處界攝盡而處次於蘊又名生門順無生義故偏舉之言無相者論云自性無相故謂十二入緣成之相有來即無非推之使無故云自性無也故瑜伽云由有勝義自性無相平等性故亦同淨名不念内外行於平等等總云一切法者經中有三初一切法是平等法體二無相是平等因三平等是所成義別中九句明九種相皆自性無故論云相分別對治有九種謂體生等九是其所治無之一字是自性無以爲能治論以初自性無貫下九句故但顯所治相之差約六六別一無體故平等者論經云無想論云十二入自相想謂内六根取外六塵之相總名爲想即十二入之體故今經云體想取像爲體故亦自性無故經云無體故平等下皆準此上遣分別心二生者念展轉行相謂諸入苦果虛妄分別爲本故三成者生展轉行相謂生即苦果從果起因故云展轉上二遣染分依他但舉緣成已顯無生無成義矣四即遣淨相謂本來自淨非滅惑方淨故云平等五遣分別相謂道能分別揀擇滅惑若有分別則有戲論今本無戲論故無分別上二遣淨分依他六遣出沒謂眞如之性在妄爲沒離垢爲出今妄體即眞故無可捨眞體即空故無可取七遣染相即由上義染本寂靜即是眞如無別眞矣上二遣圓成即十二入之眞性八遣我非有相此有二意一類前釋謂有執言但我非有不無於事故云如幻等事有亦不實二者此句遣無由上以無遣有恐便執無故遣云如幻夢等但無其實非約六七是全無故不應執我非有相諸喻雖異大旨無殊亦可八喻別對前來總別八句謂如幻無相故如夢想現故果生如影故因成如響故本淨如水月不可取故正智但是鏡智現故焰不可攬亦巨捨故化無心現常寂然故九遣成壞相成即是有壞即是無緣起爲成無性爲壞緣成即無性故有無不二別中前七以無遣有然其疏中解前七句自有五意一依論總句是十二入則別句皆十二入謂十二入體十二入生等二者通遣十二入上三性之義初句遣遍計故云此遣分別分別古譯遍計之名次四染分淨分俱遣依他六七皆遣圓成疏文自具三者爲破前地之慢慢依四諦而起初二遣苦故初云想二云生者諸入苦果次一遣集以成是苦之因故第四句遣滅故云非滅惑方淨第五句遣道故云謂道分別六七亦遣滅然四是滅惑名滅六七即顯滅理之滅故皆云眞如四約進觀後位有十二緣觀前三遣染緣起體生即識等七苦成即三煩惱二業故次三遣淨緣起謂四遣無明滅行滅等五遣能逆觀之智六即所顯眞體七雙遣染淨染淨平等故五約五法初一遣名及與妄想言分別故次三遣相染淨以相故五遣正智無分別故六七遣如如以離取捨本來寂靜故然遠公更有一意謂約三空初之一句遣分別想即是空門中間五句遣其名相是無相門末後一句遣取捨願顯無願門此與初地義同初地以空門治分別無相治相無願治取捨故此非無理疏以十句皆通三空故不顯之但有五意耳上之九句初七以無遣有次一以喻遣無後一不二遣俱則雙非入中矣上之九句下第二總相料揀疏文有二一明遣三會一謂遣有遣無及俱有無會非有無之中道也又此不二則不壞有無謂說空遣於有執說有爲遣空迷有是不異空之有空是不異有之空無別空

有而爲二也是遣俱句又此不二下第二重明第九感不壞義能遣俱句及俱非句即分爲二初以不壞有無成俱非義以遣俱句先標不二意云若無有無將何不二故涅槃云若無一二云何說言非一非二故不二義成於不壞謂說空下辯相於中先明不壞以成俱非此句明不壞空而非立相空故空非空也言說有爲遣空遠者此句明不壞有而非無於有故有非有也故或俱非次云有約六八是不異空之有空是不異有之空者此二句顯經不二成不壞義次云無別空有而爲二者正遣俱也又既不二亦不壞有無則不異無之有是不有之有不異有之無是不無之無則亦遣俱非又既不二亦下二明不壞有無以成俱句遣俱非也上二句標則不異無下二顯相此句將不二立有次云不異有之無等者將不異立無也是爲不二故不壞不壞則空有雙存結云則遣俱非斯乃四句百非諸見皆絶方爲般若現前之因斯乃四句下三結歎謂上遣四句又借俱非以遣俱句非立俱非今將俱句以遣俱非非立俱也離遣四句不壞四句存泯無礙故結云百非四句諸見皆絶然遠公但有初段遣三會一彼云此與涅槃十一空大同彼亦用前八以空遣有第九一空以有遣無第十空空有無俱遣彼處大空就空實以論亦是一理十一空義至下當明

菩薩如是觀一切法自性清淨隨順無違得入第六現前地

第三結得入地文有五句一牒前所觀十平等法二自性清淨者遠離前地染淨慢垢三隨順眞如十平等法四以無分別心無違所觀五由前四能得入六地

得明利隨順忍未得無生法忍

第四辨行分齊中二句得明利忍對前顯勝未得無生對後彰劣約六九仁王經中說有五忍謂伏信順無生寂滅前四各有下中上地前得伏忍三品九地如次配次三忍十地及佛得寂滅忍若瓔珞中開出等覺則亦有三品仁王下二彰忍數仁王五忍歷位但成十四瓔珞加一五忍之相辨差別中當影出之今四五六皆得順忍此當上品治於細慢故云明利言隨順者順後無生忍故今四五六下三會釋經文由慢有麤細故忍分三品四地治衆生我慢解法慢麤得下品忍五地治身淨慢次細得中品忍此地治淨慢細得上品忍故云治於細慢故云明利明者無不鑒利無不破然治由習增故從下至上障由漸斷故從麤至細言順於後地者順忍有二義一者順法故十忍品云法有亦順知法無亦順知二者順忍未證無生隨順彼忍故今約位說前爲後因正宜此釋由此地破相趣入眞境故順上地無生忍也然約實位初地即得無生今約寄位當七八九寄位何以有此不同謂若約空無我理爲無生者即初地證如所以名得謂若約下三辯差別相於中有二先明通相通則初地明得謂初地得無我亦得名空平等亦可名爲無生無我即是空無生故六地名空平等理亦可得名無生無我空平等理即是無生空無我故七地已上得無生忍亦可得名無我及空平等以無生理即是無我空平等故名爲通今不得者有四義故今不得下二釋別相非喻初地未得此忍而此六地亦未得之以約分別無我與空及無生理三相異故一約空理淺深初地觀法虛假破性顯空但名無我今此地中破相趣寂但名平等若約證實反望由來常寂無相可生斯理轉深故七地方得若約契本常寂斯理最妙故十地後得一約空下釋有四門即分四別第一門中正開前約理通義初顯無我言破性顯空者若人若法皆無性故無性故空此則義當信忍擧初攝後故云初地今此地豈唯無性相亦不存故經文云無相無體故平等非唯有相空相亦遣方爲眞空平等理也義當順忍擧後攝前義該四五若約證實下當無生忍擧初攝後義該八九而言證實反望者上之二義但破空性相故今此已證反望性相本來常寂何俟破竟方說無我及空平等斯理轉深者則上空平等中亦合言斯義漸深文畧無耳若約契本下即寂滅忍擧初該後云十地後得而言契本常寂者前無生忍證實望相則前所破與所證未同今寂滅忍契所破常寂即所證故故云最妙二就行分別六地已前漸起諸行謂初願次戒等故名爲生七地已上念念頓起一切諸行故云無生二就行者此約生起名生七地頓起何名

無生以起行皆遍無可新起故云無生三約空有二法六地已前空有間起名之為生七地已上寂用雙行故名無生三約空有者亦是生起之生不同前行隨一行中有空有故入觀起空出觀起有故間起名生七地常在觀而涉有不迷於空觀空不礙於有故稱方便更無出入之殊故云無生四約修分別行修未熟名之為生行修純熟名曰無生此則七地已還未得無生故經就八地方顯無生四約修分別者此約生熟之生生澀名生純熟名不生七地猶有功用故名生澀八地無功任運而進故云純熟

佛子此菩薩摩訶薩如是觀已復以大悲為首大悲增上大悲滿足觀世間生滅

第二不住道行勝中分三初總顯心境二作是念下別明觀相三佛子菩薩至如是十種下結成觀名今初有二先如是觀已結前所以結者由前觀察隨順得至不住道故第二不住等者然總觀心境遠公約入心明不住道從作是念下就正住地明不住道今但為標不取古釋由前觀察者故論經云是菩薩如是觀一切法隨順得至論釋云得至不住道行勝故今經畧無隨順得至之言而言如是觀已意則合有故疏取論顯前釋之後復以下正顯文有四句前三辨能觀心後一標所觀境前三皆悲後一是智由此相導故名不住故論結云不住生死涅槃故

今初三中為物觀緣總稱大悲隨觀不同故分三別一首者初義先起大悲而觀緣故故論云不捨過去現在未來大悲攝勝故以雖同一切智觀觀三世流轉厭離有為而以大悲為先故勝二乘以雖同下釋論正釋勝字若無大悲即同二乘今有故勝然一切種智觀者即大品經以聲聞名一切智菩薩名道種智如來為一切種智此則橫對大小因果分此三別不同謂佛為一切種智觀三世流轉者將下經意釋論不捨過去現在未來之言其猒離有為即下論觀名依大悲為首立此觀故而以大悲下正釋勝義二增上者論云一切法中智清淨故謂以道相智觀不唯但觀三世而徧了諸法故云一切法中以此導前今悲增上故下經云大悲轉增謂以道相下釋論即菩薩自智也不唯但觀三世對上顯勝次遍了諸法下當相辯勝言了諸法者若內若外有為無為無不知故以此導下明由智勝故悲成增上三滿足者論云一切種微細因緣集觀故謂以一切種智委照無遺故名微細謂以一切下釋論即如來智也三悲為次後後轉深智轉勝故據論現文初則雙明悲智俱護煩惱小乘後但唯語於智義當但護煩惱既三俱稱悲即下三觀則皆雙護凡小俱通二利皆雙不住也據論現文下三義門料揀於中有三初明二護自有二義一按論文由上三大悲為首者不捨過去現在未來即是智義大悲攝故即是悲義悲護小乘智護煩惱後二但言一切法中智清淨故一切種微細因緣集明唯約智既三俱下第二通例悲即護凡小二護即具二利有智故不住生死有悲故不住涅槃故三義具矣

後句標所觀者前滅後生染生淨滅故前滅後生者無明緣行前緣已滅引起後故若前不滅則墮常故若後不生即是斷故無明緣行者由前滅故後方得生十二皆然自是一義言染生淨滅者無明緣行行緣識等即是染生無明滅故行滅者斯為淨滅下引雜集名染淨觀又次經云由著我故世間生為生不著我者則無生處名滅

第二別明觀相即緣起觀然緣起深義佛教所宗乘智階差淺深多種然緣起等者自古諸德多云三教之宗儒宗五常道宗自然佛宗因緣然老子云道生一一生二二生三三生萬物似有因緣而非正因緣言道生一者道即虛無自然故彼又云人法地地法天天法道道法自然謂虛通曰道即自然而然是則雖有因緣亦成自然之義耳佛法雖有無師智自然智而是常住真理要假緣顯則亦因緣矣故教說三世修因契果非彼無因惡因故楞伽經大慧白佛言世尊說常不思議彼諸外道亦說常不思議何以異耶佛言彼諸外道無有常不思議以無因故我說常不思議有因因於內證豈得同耶是則真常亦因緣顯淨名云說法不有亦不無以因緣故諸法生法華亦云諸佛兩足尊知法常無性佛種從緣起

是故說一乘下經又云一切諸法因緣為
本中論云未曾有一法不從因緣生是故
一切法無不是空者則真空中道亦因緣
矣若爾涅槃十六云我觀諸行悉皆無常
云何知耶以因緣故若一切法從緣生者
則知無常是諸外道無有一法不從緣生
是故無常則外道有因緣矣釋曰此明外
道在因緣內執於緣相以為常住是故破
之言無常耳今明教詮因緣妙理具常無
常豈得同耶況復宗者從多分說所以因
約六
緣是所宗尚不應致疑乘智階差者乘謂
十三
三乘五乘三乘觀緣巳如上說五乘人天
亦以戒善為因緣矣智謂智慧如下所引
下智觀者得聲聞菩提等以大乘中既分
因果故智異小乘言階差者復有二意一
則上結隨乘智異二如一菩提隨觀深淺
亦多階級
故云多種龍樹云因緣有二一內二外外
即水土穀芽等內即十二因緣今正辨內
龍樹等者二引論畧開即十二門論文云
謂水土人工時節穀子為因緣而芽得生
乳及酵煖人工為緣而酪得生泥團輪
繩及陶師等緣而器得成皆外因緣也然
外由內變本末相收即總含法界一大緣
起染淨交徹義門非一下當略示然外由
內變下
三融通無礙外諸器界內識頓變增上之
果亦因自業故云內變言本末相收者內
即是本外即是末以唯心義則內收外託
境生心則末亦收內若以法性為本法性
融通緣起相由則塵包大身毛容剎土是
故合為一大緣起染淨交徹者然瑜伽云
緣起門云何謂依八門緣起流轉一內識
生門二外緣成熟門三有情世間生死門
四器世間成壞門五食任持門六自所作
業增上勢力受用隨業所得愛非愛果門
七威勢門八清淨門釋曰然論不釋義畧
可知八清淨即無明滅行滅等七威勢即

勢用緣生無明緣行等六自所作業即正
是有支習氣五食任持即四食不同隨界
通局四器界可知三有情揀外無情二及
外緣門如論說一內識生即名言習氣言
下當畧示者非但門有其八義亦無量散
在經疏隨文釋中及下辯釋緣起竟處總
結十門之意收十為五乃至顯四佛性融
為大緣起等義門既散今且就內畧示染
淨一染緣起二淨緣起三染淨變融緣起
此三緣起各有四門染中四者一緣集一
心門二攝本從末門三攝末歸本門四本
末依持門第二淨緣起亦四門者一本有
門二修生門三本有即修生門四修生即
本有門第三染淨變融亦四門者一翻染
順淨門二以淨應染門三會染即淨門四
染盡淨泯門以此諸門及該內外無盡事
理並合為一無障無
礙法界大緣起也今經文內略顯十重
窮究性相以顯無盡非唯寄位同於二乘
言十重者一有支相續二攝歸一心三自
業助成四不相捨離五三道不斷六三際
輪迴七三苦集成八因緣生滅九生滅繫
縛十隨順無所有盡各有逆順即成二十
故下經云如是逆順觀察逆即緣滅順即
十四
約六
緣生此約逆順生死流注以為逆順若準
對法第四此中逆順彼名染淨染淨之中
各有逆順則成四十至下當說今以易故
經中略無但二十重論主復以上三悲觀
門解此十重則成六十古人兼取彼果分

中三空觀之則有一百八十重觀於緣起
今經文下二乘經顯深於中有二先總科
經文有十重以顯無盡古人兼取者疏意
不異此釋亦不言非故舉古人不言去取
若依染淨逆順成四十重三觀歷之成百
二十斯
理然也論三觀者一一相諦差別觀二大悲
隨順觀三一切相智觀初但觀二諦有為
無有我故即大悲為首觀也二悲隨物增
即大悲增上觀三即委悉窮究因緣性相
諸門觀故即大悲滿足觀初一下同二乘
一切智也次一自顯菩薩道相智後即上
同諸佛一切種智故涅槃云十二因緣下
智觀故得聲聞菩提中智觀故得緣覺菩
提上智觀故得菩薩菩提上上智觀故得
佛菩提初二菩提即初觀意餘二各一可
知前約為物三皆稱悲今約觀心三皆智
觀是知三句各有悲智相導融此三觀唯
十五
約六
在一心甚深般若於是而現初但觀下二
釋相皆以前
經三悲會之初一下者三會同大品三智
故涅槃下四以涅槃證成涅槃開於二乘
教行不同故二乘異大品合其理果是一
故合二乘義皆符此故得並引前約為物
下五釋通妨難為有問言經是三悲論為
三觀豈得引前以成今說故為此通融此
三觀下六融通顯勝言三觀一心者即同
空假中也一人頓修非約乘分言甚深般

若者般若有二一者是共如云欲得聲聞乘當學般若等法華亦云一切諸法皆悉空寂無生無滅無大無小無漏無為如是思惟不生喜樂即共般若此名為淺今悲智雙運理事齊觀故其所發即是不共為甚深般若然論三觀雖徧

釋經而與十門開合不等然論三觀下二以論會經於中有三初標舉言與十門下如初觀總束一門為三則經開論合而分第二一心所攝前半為第一義即經合論開其第三觀開初門前半為染淨分別觀後半屬依止觀即經合論開以八九二門為無初一切智始觀即經開論合初相諦差別

觀攝經十門總為三段一成答相差別此攝十中初門二第一義差別攝經第二門中之半三名世諦差別攝餘八門半所以分三者初一顯妄我非有後二顯真俗非無真辨緣性俗明緣相義理周備故第一別釋三觀開合初中有二先正明言十中初問者即有支相續門二攝第二門中之半者即攝歸一心前半經云佛子此菩薩摩訶薩復作是念三界所有唯是一心是也攝餘八門半者半即第二一心門中從如來於此分別演說下及盡第十門第一

大悲隨順觀分十為四一觀眾生愚癡顛倒攝十門中第一門二餘處求解脫攝第二門三異道求解脫攝次四門四求異解脫攝後四門此之四觀初一就情彰過後三就法辨非於中二是所依理非對彼正

理名所取我以為餘處三是所依行法非舉其法非明其行失後一明所求果非以苦欲捨苦故第二大悲隨順觀中亦二先正明一觀眾生愚癡顛倒者謂癡迷性相倒執我所故二餘處求解脫者謂凡夫愚癡顛倒應於阿賴耶識及阿陀那識中求解脫乃於餘處我我所中求解脫故第二一心門明唯一心可於中求十六約六心外無法故三異道者論云顛倒因此有四種一實性因二自在因三苦行因四無因如次四門破之一自業助成門明有支各有二種由業能生非由實性二不相捨離門明以無明等為行等因非由自在三三道不斷門明業惑而為苦因欲求脫苦當斷業惑反修苦行是起妄業計苦行心即是煩惱如是妄想寧是解脫因耶四三際輪迴門謂既以前際二支是中際五支因中際三支是後際二支因何得言無因耶四求異解脫者謂不識真解脫求三界苦等為解脫故真解脫者有四種相一離一切苦相二無為相三遠離涂相四出世間相此四即涅槃樂常淨我故下四段破之一即第七三苦集成但有妄苦而無真樂二即第八因緣生滅無有常德三即第九生滅繫縛但是涂縛無有淨德四即第十隨順無所有盡以順有故非是出世故無我德也此之四觀下二出四所以亦揀四門之別相也第三一切相

智觀攝十為九一染淨分別觀攝初半門二依止觀攝初門後半及第二門三方便觀四因緣相觀五入諦觀六力無力信入依觀七增上慢非增上慢信入觀上五門如次各攝一門八無始觀攝八九二門九

種種觀攝第十門釋相差別至文當知第二等者一計我緣生為涂無我緣滅為淨一依止觀攝初門次半及第二門者謂初門有二佛子從後佛子明迷真起妄緣相次第半門明依第一義以不知故即起諸緣是為涂依第二門明見第一義諸緣轉滅便為淨依三方便觀即第三自業助成門謂因緣有支各有二業為起後方便若滅前前則後後不生是解脫方便四因緣相約六觀即第四不相捨離門謂有支十七無作故既由前前令後後不斷助成後後則後後無性何有前前能作後後以後無作為緣之相五入諦觀即第五三道不斷門三道苦集諦故逆觀即滅道故六力無力信入依觀即第六三際輪迴門謂此三際為因義邊名為有力果義邊名為無力若約二際前際於現五有力於當二無力中際愛等於當有力於現無力以斯三際化彼凡夫令信入依行七增上慢信入觀即第七三苦集成門不如實知微苦我慢即增上慢若知微若非增上慢不知令知名為信入八無始觀此有二意一約俗說因緣為生滅之本生死無際故因緣無始二約真說見法緣集無有本性可為依止故名無始攝八九二門者第八門因緣生滅但一念緣生即是不主故云無始第九門隨順轉故而生非有本也九種種下即隨順無所有盡門由隨順有故有欲色愛等之殊故云種種然其三觀俱通

二利若隨相分別相諦觀即自利次大悲觀明其利他一切相智通於二利於中分別復各不同前五自利次二利他後二二利成熟於中已下別明言次二利他者即六力無力及七增上慢皆令他信入故前五中初二通染淨一示染淨相二示

染淨依後三惟觀染於中初二建立染法一染法之因二染法之緣後一就染觀過初二通染淨初門名染淨分別故次門述為染依悟為淨依故疏列云一示染淨相二示染淨依後三唯觀染以第三方便觀一染法之因自業助成故上文云亦解脫方便者約逆觀說本明染法言二染法之緣者即第四因緣相觀前約一業觀能生後故說為因今約助成不相捨離故說為緣後一就染觀過者以入諦觀正約順觀但苦集故次二利他中初一化凡後一化小次二利他者有力無力令凡信入能所生義即增上慢非增上慢令小信入以微細行苦二乘不知故後二二利成熟中初眞諦觀見法緣集無本性故名為無始後俗諦觀但順緣轉故云種種初眞諦觀者上釋無始雖通二義約眞為正故後俗諦觀者有種種故已知大意次正釋文依經十段而並以論三觀次第釋之更無別理已知大意下次正釋文於中有三一總示釋疑言而並以三觀等者由古德解釋總有四重一直釋經文後三方依論三觀重釋其義不知直釋名為何觀既別無觀如何異論故有別觀又不出名亦令論主釋未盡理故云但以三觀釋之更無別理經之十段前五佛子次三復次後二又字以為揀別唯初門中中間有一佛子

今初有支相續門先依相諦差別觀三段之中當成答相三字即分為三初至則無生處辨定無我即論明成謂雙舉解惑釋成無我故則知緣集但是妄我二復作是念下倒惑起緣即論明答謂對難釋通無我義故三後佛子迷眞起妄緣相次第即論明相今初有支下三依論科釋於中亦三初依論正科約六十八此三若望十門皆顯妄我非有三自相望合之為二前二顯起因緣明緣無我後一起緣次第明緣有相經依此義中間加一佛子皆有染淨

今初成者將觀緣起先釋成無我辨定所宗一以貫諸則顯十門皆成無我此是正破我執習氣今初成者下正釋經文此是正破者二辯定所破即唯識第八釋外難頌難云若無外緣云何有情生死相續故有頌曰由諸業習氣二取習氣俱前異熟既盡復生餘異熟釋曰下取意釋熏習氣分名為習氣即是種子諸業習氣即罪等三業二取習氣總有四種一相見二名約六色三心及心所四十九本末第八異熟名之為本六識異熟名之為末業是增上緣二取因緣互相助成故生死流轉此第一師義第二師云生死相續由諸習氣然諸習氣總有三種下亦義引一名言習氣二我執習氣三有支習氣謂招三界異熟業種廣如下明名言習氣前已頻引即下經云於三界田中植心種子言我執習氣者下具引論文謂虛妄執我我所種子我執有二一俱生我執即修所斷我我所執二分別我執即見所斷我我所執隨二我執所熏成種令有情等自他差別解云然俱生我執通六七識分別我執唯第六識因我執故相分之中亦熏五蘊種子即名言熏習我執種子令自他差別故別立之有支我執皆增上緣頌明二取習氣即我執名言取我我所及取名言故皆名二取釋曰今經破此我執亦即俱舍頌說前後中際為遣他愚惑以三際愚俱愚我故如下三際輪迴中釋瑜伽論中亦遣三際愚惑於我與俱舍同又云遣三際愚遣內無知若遣非情無知即遣我所故今破二我以顯二空

大方廣佛華嚴經疏鈔會本第三十七之一

大方廣佛華嚴經疏鈔會本第三十七之二　約七

唐于闐國三藏沙門實叉難陀　譯

唐清涼山大華嚴寺沙門澄觀　撰述

作是念世間受生皆由著我若離此著則無生處

文中二句初言世間受生皆由著我者即反舉惑情明我非理但是苦集故若離此著則無生處者即順舉解心明理非我是滅道故此直順經文已無我義成矣但是苦集者世間受生即是妄苦著我之心即是集因是滅道者若離此著即是道諦則無生處即是滅諦

論經言受身處生者以我執習氣但令自他差別故論云五道中所有生死差別若五道差別自由業招耳論經言下二舉論經會釋於中四意

一舉論經二以我執下以唯識意釋成論經唯識論云隨二我執所熏成種令有情等自他差別故論云下舉本論自釋既言五道之中所有生死明是一一道中自他之身差別義耳若五道下以業習氣成上我執但令自他差別之義謂業能令自他共有若人天苦樂六道即有支習氣若我執習氣亦二取攝已如上辯又論主反徵惑情顯成無我初徵著我明凡應同聖過云若第一義中實有我相者此按定所執著我之心即是第一義智此反以縱立謂稱實我知故次云不應世間受身處生者以理正徵闡若我是滅理著心是道則凡應同聖得於涅槃何以著我世間受生耶此中應爲立過云若第一義中實有我者凡應同聖爲立宗以有能證第一義中實我智故爲出因如諸生盡聖人爲同喻此則凡應同聖凡既同聖即無凡夫復成一過初徵著我下先依百論縱奪以破於中二意先標舉若第一義

下二舉論牒釋然論但云若第一義中實有我相者著我之心即是第一義智次云不應世間受身處生今疏節論以爲三段無疏有四初句牒定次句縱立三以後句正徵四何以著我下即疏舉經反質結破但觀向引論文自分主客云何結破然有二意一結成縱破縱其有我已成過故舉經反成二著我既世間生明知著我之心非第一義智所著之我非第一義明理無我失即奪破其我此中應爲下二依因明立量破疏文已具然總意云謂第一義我是有法凡應同聖是宗法以我是持自性法有彼凡應同聖宗中法法與有法和合爲宗因云以有第一義中實我智故同喩如生盡聖人上三支已具凡應同聖此句合結應云生盡聖人有實智生盡聖人是聖人凡夫既有實我智同彼聖人是聖人而言生盡者遂不定過若但云聖人恐有難云爲如須陀洹七反受生之聖人耶爲如羅漢我生已盡之聖人耶故定取後句

大乘頓悟八地已上即同羅漢漸悟初地許其生盡次凡既同聖下例成一過凡應同聖是濫亂過今無聖人是斷滅過次反徵後句明聖應同凡過云又復若第一義中實有我相者若離著我應常生世間以不稱實同於妄執非第一義智故此中應爲立過云以理實有我聖應同凡爲宗次聖證無我違理倒惑非聖智故爲出因如諸凡夫爲同喻此則結成聖應同凡過聖既同凡則無聖人復是一過又復下牒論釋然論但云若我則應常生世間今疏亦有兩重解釋文著小異前而分爲三初以百論縱奪勢釋然舉前論亦有三而文稍略喻意疏爲三初徵定所執二若離下即以理正徵三以不稱實下疏釋論意即同前第二反縱立而論含在前若離此著句中謂第一義中實有於我以爲異理今離著我則不應理同於凡夫違妄執一斷則縱成此已有法下二立量破應云第一義中實我是有法聖應同凡云宗法因云以有我迷理倒惑故應同喩云如諸凡夫則三支已具疏云凡此則結成聖應同凡者即合結也應云凡夫有倒惑凡夫是凡夫聖人有倒惑同彼凡夫是凡夫成雜亂過次云聖既同凡下例結一過成斷滅過是以經云若離此著則無生處則反顯妄情定是過也是以經云下三舉經雙結反質以破言雙結者雙結百論因明結百論者謂縱其有我聖應同凡爲縱破今離我不生明定無我即是奪破結因明立量但是縱成其過是他比量今舉經無我則彼量不成

謂雖我既不受生則知第一義中定無有我妄有智故故結云反顯妄情定是過也二過既成則無我理昭然可見

第二倒惑起緣即論明答答外伏難故兩難二答一執情徵理難情乖正理答二常求下執相徵實難相不依我答今初難云若實無我云何著我如空中無人豈計有人既著於我不著無我明知有我答云由無智故於無我處執著於我非由有我如翳見空華豈空中有華第二難云若實無我何以貪著於我世間受生爲緣次第明知有我方得爲緣次第生起答云正由無我計我癡愛爲本倒惑造業乃至老死何要我耶答意正爾

疏文分三初明倒惑順起染緣二此因緣故下正智逆觀結酬無我三菩薩如是下就人結觀

今初然十二支即爲十二別亦無間然而諸論中多攝爲四一能引支謂無明行能引識等五果種故二所引支謂識等五是前二支所引發故三能生支謂愛取有近生當來生老死故四所生支即生老死是愛取有近所生故此約二世一重因果明生引別若依三世兩重因果則生引互通今經並具今初下以義收東瑜伽對法皆同爲四今依攝識第八論文未盡下疏具之然能所引皆在因中能生所生因果對說故攝識第八明十五依處建立十因中三習氣依處謂內外種未成熟位即依此處立牽引因謂能牽引遠自果故今取起種但名能引其能所生即後論云四有潤種子依處謂內外種已成熟位即依此處立生起因謂能生起近自果故正當今文愛取有三是已潤故此約二世下會通經論若準唯識三世小乘今桉下經具明二義言生引互通者無明行中有愛取有愛取有中有無明行識等五果即生老死俱是果位並如下說

且依十二支分爲五初至有無辨無明支且依十二者以此經中次第行列故又欲總收二世三世故然就經文且合分五

復作是念凡夫無智執著於我常求有無無智是癡常求有無即是有愛無智是癡下略釋故論云此示無明有愛是二有支爲根本故有愛即三有之愛也亦同涅槃生死本際凡有二種一者無明二者有愛是二中間即有生老病死然依三世諸惑謝往總名無明略舉發潤有支本故若約二世雖諸煩惱皆能發潤而發業位無明力增故名無明然依三世下通難釋成應有難云既舉二支爲有支本那得上判唯屬無明故爲此通初依三世即俱舍云宿惑謂無明則過去若無明若愛皆名無明二依二世即唯識文諸惑皆能發業豈無愛耶唯取能發正感後世善惡業者以爲其體唯取能發下正出其體即唯識初能引後彼論具云此中無明唯取能發正感後世善惡業者即彼所發乃名爲行由此一切順現受業別助當業皆非行支釋曰即彼已下出行支體下文方用故引此無明體是見道全脩道一分希當爲有於有樂事欲常住故求斷爲無於有苦事願斷滅故希常爲有下以論釋經論云是中無智至有無者希求常斷餘文疏釋

不正思惟起於妄行行於邪道罪行福行不動行積集增長

次不正思惟至增長明行支文有七句初三行過次三行體後一結成

初云不正思惟者是行俱無明涅槃說此爲無明因亦無明攝躡前起後故因果互舉次句就人彰過謂起妄行者必是凡夫無明爲因求有造業故故初地云凡所作業皆顛倒相應反示菩薩勝義謂菩薩雖行於有起於善行以明爲因不求有造不名妄行下句就法彰過論云示於解脫處不正行故若行涅槃路方爲正道初云不正者此有二意一者爲無明支通諸煩惱已如前明今取正起行時迷於行過即行俱無明

非前發業無明支攝涅槃說者取第二意為無明支要與行俱獨頭起者非無明支則此一句猶是無明故下疏云獨前起後論經但云恒隨邪念妄行邪道邪念卽是無明異名是故論云恒隨邪念示無明因逺公釋云明行用無明為因言涅槃說者卽三十七經南經三十三迦葉菩薩品因說無明是一切諸漏報本迦葉菩薩言世尊如來昔於十二部經說言不善思惟因緣生於貪欲瞋癡今何因緣乃說無明佛言善男子如是二法互為因果互相増長不善思惟生於無明無明因緣生不善思惟善男子其能生長諸煩惱者皆悉名為煩惱因緣親近如是煩惱因緣名為無明不善思惟釋曰既互相生故卽無明瑜伽問云若說無明以不如理作意為因何因緣故於緣起教中不先說耶答彼唯是不斷因非雜染因故所以者何非不愚者起此作意依雜染因說緣起教無明目性是染汙法不如理作意自性非染汙故彼不能染汙無明然由無明力所染汙又生雜染業煩惱力之所熏發業之初因謂初緣起是故不說不如理作意釋曰若瑜伽意則前凡夫無智是起業無明不善思惟非無明體不立為支今明能生無明亦無明攝論如剋體此經從通言顯前起後因果互舉者此中正明行支卽無明緣行故云牒前起後卽舉其因前正說起業無明卽舉其果故云互舉若準涅槃無明能生不善思惟則知無明亦有因義正為支體不可說因耳次句就人彰通疏文有四一釋經二故初地下引證既言顚倒相應卽是求有迷三界苦謂為樂故三反示下卽是論釋四謂菩薩下是疏釋論卽唯識諸門分別中第六有漏無漏門謂有支皆是有漏無漏非有支故菩薩勝義卽是無漏亦是第十一無學無學分別門故彼論云一切皆唯非學無學聖人者所起有漏善業明為緣故違有支故非有支攝由此癡知聖必不造感後有業於後苦果不迷求故故

今疏文用於彼意體虛不眞故名妄行菩薩善知故不名妄若行涅槃下是疏釋論

次三句辨行體相以三業相應思造三行故謂由迷異熟愚違正信解起感三途惡業及人天別報苦業皆名罪行然別必兼總唯感別報非行支故由迷眞實義愚不知三界皆苦妄謂為樂起欲界善業名福行八禪淨業名不動行以三業相應者總出業體亦卽唯識第八三性分別門大乘三業皆思為體動身之思名為身業發語之思名為語業思之當體卽是意業三行卽是經中三句皆通三業則通色非色位謂由下顯三業相然愚略有二一迷異熟愚一迷眞實義愚初愚謂迷當報不知善惡感當苦樂故於現在忿情造惡謂殺生等有三品故成三塗因如二地說及人天者五戒及下品十善是人總報之業前曾損他感諸根缺等卽是別報曾決罰他亦招此報故為苦業然別下釋感別報非為行支義唯識亦云由此一切順現受業別助當業皆非行支以無明支於發業中有能通發總別雜者有能但發總報之者亦有但發別報之者唯取初二為無明支之所發起行支所攝第三非是行支所攝故疏揀云唯感別報非行支故有迷眞實者卽第二愚三界苦果業感是集卽道理勝義故名眞實今謂苦為樂迷業是集故起福行八禪淨業亦是此愚後句結成行支謂作已無悔積集增長有遷流故

於諸行中植心種子有漏有取

次於諸行下明識支謂既發行已由行熏心令此本識能招當來生老死故名之為種若無行熏終不成種故云於諸行中植心種子

即是所引識等五種於一剎那為行所集無有前後約為異熟六根之種名六處支為異熟觸受種名觸受支除本識種為識支體及此三種諸餘異熟蘊種皆名色支故無前後因位難知但依當起分位說五有殊五不離心但名心種又隱餘四就現說故卽是所引下一總明五種是所引支約為異熟下二別示五相既云此五起無前後故不依次而論具云此中識種謂本識因除後三因餘因皆是名色種攝後之三因如名次第卽後三種釋曰三因卽六處觸受疏已別配識支卽是第八識種望當異熟親因緣故因位難知下三釋通妨難謂有難言既無前後何以先識後觸受耶故為此通五不離心下會釋經文既有五種何以但名植心種子故為此釋而有二意一約總別云不離心二約隱顯熏會今疏但名此段為識支故識等五支皆通因果識則顯因隱果四則顯果隱因後果但說生名色芽不說識故然唯識論中但識等種以為所引而集論中說此識支通於能引正取業種為識支故識種乃是名色支攝緣起經說通能所引業種識種俱名識故識種但是名色所依非

名色故不同集論然唯識下第二會通集論欲顯不同故舉集論識為能引是彼所立正取業種是出所以以行熏心招當果識故為識支若爾識種何收故云名色名色寬故業種識種下二正辯所立由業熏識招於當識故以二種名為識支業種能引識種所引共為識支識種但是下三出彼纘意總彈集論言但是所依非名色體依根本識方說餘識有羯剌藍故為果既爾為因亦然今經意同緣起經說通取二故雙舉行識今經意下第二會今經故雙舉行識出同之文既言於諸行中植心種子義當識支明通取二論云此中起心種子者示生老死體性者謂未來二果以此識種為親因故論云此中下三申今論釋顯心偏得種名亦顯此是因緣之義次有漏有取成上種義謂行及識等名言種子皆通無漏今與三漏相應故名有支如初地中以欲等四流起心種故有漏是愛有取是取愛取潤故能招後有次有漏下疏文有三初總顯文意二如初地下引證彼經云欲流有流無明流見流起心意識種子三有漏下別釋經文既舉愛取種未潤時但名所引愛取潤竟故名能生復起後有生及老死所謂業為田識為種無明闇覆愛水為潤我慢溉灌見網增長生名色芽

次復起下辨名色支初之二句文含二意一者成上種義由起生死心得種名二者總標後義現行名等皆生老死故即同初地於三界田中復生苦芽

所謂下別亦有二意一通約十二自至生名色芽是識生名色後所謂下二釋別句總中言現行名等皆生老死者等取五果謂識名色六入觸受此五從初結生直至於受諸增長位總名為生諸衰變位名之為老蘊壞為死不離此五依三世說現在五果即是過去生老死也二為顯前來已具十因則辨有支生於生死名色居初次第辨耳謂由前心等五種有漏有取愛取潤故復起後有是標有支生於二果今別顯有支之相二為顯下此明二世一時而辨能生所生支於中有六一略標舉於中有三初標十因生於二果二名色下通妨謂有問言若生二果應云生生老死何言生名色芽答云為欲顯於當來二果差別之相次第說五故在於種名色居初耳三謂由下就經略辨下別當具

故唯識云愛取合潤能引業種及所引因轉名為有俱能近有後果故故唯識下二引論證成論文具云三能生支謂愛取有近生當來生老死故謂緣迷內異熟果愚發生能招後有諸業為緣引發親生當來生老死位五果種已即前指也復迷於外增上果愚矚螺也集緣境界受發起貪愛勢即支是緣愛復生欲等四取即支也取愛取合潤能引業種及所引因即果五支轉名為有俱能近有後果故今疏略引但取合潤成有義耳

瑜伽第十唯說業種名為有者此能正感異熟果故如後段說三十八中復說唯識等五名為有者親生當來識等五故瑜伽第十下三會通異辭總有二文皆唯識論略通瑜伽今顯引論名及次耳初唯說業種意云因是善惡果是無記名異熟果識等五體親正為因能生無力正生果故不得名有瑜伽問云何故不說自體為自體緣耶答由彼自體若不得餘緣於自體染不能增長亦不積滅是故不說即斯意也如後段者後段經云取所起有漏業為有是也三十八下即第二意唯取五種意取因緣擇去業種增上緣故實則總有八支共立有名唯除無明通有成九今經復加無明則通前十因共招二果實則總有八支下四結成正義業種為一識等為五則所潤有六是有支體愛取令潤如水入芽能所合故論言有八合八為有有無別體故云假有即唯識論諸門分別中假實分別論云十二有支九實三假一已潤六支合名有故二即生死三相位別立生死故今當其一

若以十二是前世二果則一世中具十二矣若以十二下五傍攝異門謂今世十因所依即前世之二果故成十二然生老死雖識等五雖無別體增長衰變相有異故是似有故故成十二今文中無故云傍攝且約有支文有六緣且約有支下第六依文正解上二句標由上開二義今癡識生名色但取有生於生故云且約有支一業為田即是行種望所生果但為增上緣故一業為田下別釋即是行種者現行之業當念即謝熏識為種是所潤故望所生果者如田無

種不能生故

二識爲種即是識等五種爲後生死作親因故如世種植依田肥瘦然其菽麥隨自種生論總釋云隨順攝取罪福等行業爲地故此正明隨順於愛攝前行識之種而成有支也二識爲種者此識爲種以識等五未至現行卽名言種望於後世生死之果是因緣故故云親因此卽自體緣起也次如世下變喻上二若無業因識不成種故感苦樂唯善惡業是故識種三習氣中唯是名言非有支故 十 約七

三無明闇覆論主取前經無明故云前說無智闇障無明覆蔽此則依於等能發起遠爲助故亦是舉於前世例今世故準唯識意非前發業無明即是覆業無明亦是愛攝即迷外增上果愚又諸煩惱皆能潤故以約十因同一世故三無明者釋此一句就文分四一舉論釋二此則下釋論意言等能發起者卽俱舍論等起之義論云等起有二種因及緣剎那如次第應知名轉名隨轉釋曰初句標表無表色等起有二種次句分釋 約七 十二 別一因等起二緣等起發業前心名因等起在先爲因故與業俱心名[illegible]剎那等起同剎那時故下句立名因等起心名轉轉名爲起將作業時能引發故剎那等起名爲隨轉謂隨業轉正作業時不相離故解曰今取業前無明卽因等起也故遠爲助三引例釋卽依三世爲例前世無明既具一切煩惱今現愛取之中亦具諸惑故四引他論此之無明亦是能潤愛取所攝前是發業無明此是覆業無明故不同卽迷

外增上果愚者出愛支中無明之相亦唯識文如前已引次又諸煩惱下亦唯識文爲成前義又亦不局迷外增上故唯識云一切煩惱皆能潤業而潤業位愛取力勝耳次以約十因者十因同世必是生報之業能發能潤一處俱故若遠公意無明有四一迷理無明義通終始二發業無明在於行前三覆業無明此在行後識前四愛生無明與識同時識在後望過去種子愛心識在於識後望能生識與識同時今是第四受生無明

四愛水爲潤論主指前常求有無之愛即是舉例亦即是前標中有漏以前有愛無明攝故論主指前者故論云常求有無愛水潤故明是指前今云卽是舉例者此中之愛不異無明支中愛故亦卽是前者前云有漏是愛有取是取故是此中愛支以前有愛者彼是無明中愛卽發業愛耳今是潤業之愛故不同也

五我慢溉灌者即是取支要數溉灌方生有芽我語等取爲我慢故若悟無我容不生故要數溉灌者故唯識云於潤業位愛力偏增說愛如水能沃潤故要數溉灌方生有芽且依初後分愛取二謂愛初名愛愛後名取我語等者卽上論云緣愛復生欲等四取釋曰一欲取二見取三戒取四我語取今順經中我慢之言先舉我語以等餘三言欲取者謂取五妙欲境故喻伽云欲取云何謂於諸欲所生貪欲見取云何謂除薩迦耶見於所餘見所有貪欲戒禁取云何謂於邪願所有貪欲我語取云何謂於薩迦耶見所有貪欲有人釋云戒謂惡戒禁謂狗牛等戒我語謂內識依之說我故有餘師說我見我慢名爲我語云何此二獨名我語由此二種說有我故我非有故說名我語如契經說苾芻當知愚昧無聞異生之類隨假言說起於我執於中無我及與我所云瑜伽亦云欲取唯生欲界苦果餘三通生三界苦果

六見網增長亦是取支見取攝故我見爲本諸見生故今無漏法不能壞故名之爲網今無漏下出見網名意網卽是喻已下種子復加土覆恐有蟲鳥羅之以網則禽獸不能侵今此已下生死之種更羅見網則無漏鳥獸不能侵損決定受生 約七 十二

論總釋云如是住如是生心者總顯生名色芽由無明愛令上識種安住業地名色心生故論總釋者以論總釋無明覆蔽故常求有無愛水潤故竟便云如是住如是生心故疏以此二句總顯生名色芽謂識爲能住種業爲所住地愛取無明是住因緣故云由無明愛令上識種安住業地此釋如是住下云名色心生者釋如是生心名色爲能生心上皆爲所生

次却釋我慢彼經云我心溉灌論云我是我所我我想是慢者謂我是我所釋我字以非但執我亦執行業是我所修故次我我想是慢者釋彼心字心即想義依我起於我想以陵他故名之爲慢正同今經次却釋我慢者言却釋者經有六句方釋於四慢見未釋便卽總釋已竟更釋慢見故云却釋謂我是下疏釋論文

次釋見網云我生不生生即是常不生是斷斷常爲本具足六十二見故末句云如是種種諸見也次釋見網者此中論文具云我生不生如是等種種見網餘是疏釋

如初

地中始於無明終至識支皆名邪見然遠公諸德皆云我我所者受生之時自見巳身名之爲我見父母精血名爲我所又謂父母是我夫妻當受生時與父母競色謂巳諍得便起勝想故名爲慢我生者我唯此處生不於餘處生此並通取中有求生之愛於理無失如初地下引證意云初地從無明下有九句經皆名邪見今上六句經文無明業識皆名見網然上諸句皆明能生生名色芽即是所生當報五果初結生蘊即是識支即是所生下二立理合云生識故引俱舍意識正結生蘊故 約七 十三

今以前辨識種隱於餘四今辨現行略其總報所依欲顯識與名色次第相生義故復欲顯其通種現故有隱顯今以前下初明隱顯五種伍顯心種五現但顯後四五種得名望於五果豈得五果而無識耶故云略其總報總報即第八識大乘第八是識支體餘之七識名色支攝故依於第八故云所依欲顯識生下二出隱顯所以所以有二一欲顯識緣名色故若種現皆五則識緣名色不成復欲顯下顯通種現通種異小通現異於唯識之義然名色等必有所依本識故初地云於三界田復生苦芽所謂名色共生論云共阿賴耶識生故即此後文云與識共生然名色下後明名色與識不相離故如二束蘆先正明故初地下引證總引三文一引前經但云苦芽不局名色二引論釋既名色共阿賴耶生則知名色依現行識三即此下引文證次下當釋以此三文即知此中具於二支隱於識支顯名色耳

名色增長生五根諸根相對生觸觸對生受受後希求生愛愛增長生取取增長生有有生巳於諸趣中起五蘊身名生生巳衰變爲老終殁爲死於老死時生諸熱惱因熱惱故憂愁悲歎衆苦皆集

五名色增長下辨六入等八支當起如後段明然此一段意欲答於受生所以故具出諸惑隱顯等殊不在顯相顯相在於後段然此一段下出指所以以此段中未欲顯相故

此因緣故集無有集者任運而滅亦無滅者

二約逆觀結酬無我初二句約生明無我但曰無明等集非由我集又上句揀無因下句揀邪因後二句約滅明無我刹那性滅無使之然下句揀邪因者以我爲因是邪因故此衛世意彼以神我爲作者故若僧佉師則以冥性而爲作者我是知者而非作者 約七 十四

菩薩如是隨順觀察緣起之相

三就人結觀如是觀者即隨順緣起之理

第三迷真起妄緣相次第者即論相差別也論云若因緣無我以何相住因緣集行謂當相名住生後爲行故經意云迷諸諦理起相集耳論云下論主假設外微謂當相下是疏釋論然成答相三通是有支相續而兩重緣相差別

云何略有五異一前約妄我起緣即迷我執此約迷諦起緣即迷真實義略有五異下答顯包含於中有二先別明一約所迷有異前迷無我即迷真空此迷真實義即是妙有以文云不了第一義故二前約緣起此約緣次故前通取十因一處共起名色此中一向單說次第二約起次不同可知二前通三世二世以許十因同一世故義取亦通五世此唯三世以名色等唯約現故義取亦通一世三約世有通局言義取亦通五世者後段當明言此唯三世者此句標也以名色等唯約現故者出所以也前段名色等五就種爲義則是二世後列五果皆約現行即果酬昔因依於二果上復起愛取招後生死則有三世今此段中既唯約現故但有三義取亦通一世者至下當知 約七 十五

四前文欲明三世並備於無明中說有愛故於現在中說無明故此中三世互有隱顯不許相通四前文者四約緣有隱顯言於無明中下出備相也無明在於過去識有愛取則備三惑夫行即是有未潤名行潤即有故有二業

矣必依七苦別說為五總說為二故此明
過去備十二矣但舉經文無明之中說有
愛取例餘必有言於現在中說無明故者
明現在中具十二也現在愛取之內既有
無明則三歲具矣則所潤有行已同過去
有於二支無明行也現在八支居然可知
增長衰變亦
具生老死矣
五前爲答難此爲辨相如論意故五前爲答難者約答相差別及取下結違可知之有斯五異
兩處辨緣共明相續總破癡倒故但束爲
十門之一

佛子此菩薩摩訶薩復作是念於第一義諦
不了故名無明
文中亦二　初順後逆文中亦二下釋文然下釋名多依俱舍俱舍與涅槃二十七義則全同小有別爰至文當知　順中初無明支
言於第一義不了者然十二支皆依真起
無有自性故下偈云觀諸因緣實義空也
而無明最初親迷諦理而起於行既橫從
空起不可復原故令無明特受迷稱初無明支
疏文有三初辯得名意明次第辯下通難
何於無明偏受迷稱後而無明下答顯可
知言次順次者瑜伽問云何因緣故無明等
支作如是次第答諸愚癡者要先愚於所
應知事次卽於彼發起邪行　等
此無明約人迷理橫從空起　論經云諸
諦第一義者即四諦也故對法云真實義
愚者謂迷四聖諦所迷即是實義能迷即
愚論經云下二會論經以上云實義空則
以真空為第一義準論經意乃是四諦
為第一義即四重勝義中道理勝義故次
引對法證成論經亦順涅槃我昔與汝等
不識四真諦是故久流轉生死大苦海故
瑜伽中廣說無明歷一切法謂若內若外
若業若果佛法僧等皆是無明
明今略舉四諦則無所不攝別有闇法名
爲無明非但遮詮明無而已別有闇法下三出無明體
約七
性於中有二先正出體別有一法是明所
治後非但下揀濫此揀二義卽二師解謂
一師云無明者謂體非明此卽遮詮如非
有非無法體非是有無故第二師云應謂
明無此但無彼明處卽名無明故今揀之
非明無而已理則盡矣獨恐難是具引論
釋俱舍第十論云無明何義頌謂體非明
榔鄔智聯若爾無明應是眼等釋曰難也
眼等五根亦非智明故論云既爾此義應
是無智明也釋曰此第二釋謂明無之處
卽名無明論云若爾無明體應非有釋曰
難也若是明無之處名無明者無是無他
體應非有論云為明有體二揀鄰義不濫餘
一揀鄰頌曰明所治無明如非親實等釋曰
上句明有實體謂此無明不了四諦明所
對治名曰無明與明相違方名無明非是
離明之外皆是無明故不同第一亦非明
無之處名為無明不同第二下句舉喻釋
成論云如諸親友所治怨敵親友相違名
非親友非異親友非親友無釋曰此以怨
十六
喻無明親友喻明非親友者卽是怨家怨
有體矣言非異親友者非異親友之外餘
人皆名非親友也此喻無明不濫眼等言
非親友無者非無父母朋友卽名非親友
也此喻無明非無體也言實等者以上非
字貫下實等亦如非實者諦語名實此所
對治虛誑言論名為非實非異於實皆名
非實物觀亦非實無名為非實非此有明無非等
取非法非義非事如不善法名為非法不
善義名為非義不善事名為非事此與善
法等相違名非法等皆明有體非無故論
結云如是無明則有實體是明所治非異
非無釋曰非異揀初義非無揀第二無明
若無有體何能與行為緣經說無明能染
於慧令不清淨明
有體也餘如彼說

所作業果是行
二所作業果名行者行支也業即罪等三
業是彼無明所起果故故偈云所作思業約七十七
愚癡果而論云是中無明所作業果者所
謂名色者此出果體體謂行體即名色故
遠公釋論云行有三業意業爲名身口爲
色故婆沙云名色有二一方便名色二報
名色若云名色緣識即方便名色若云識
緣名色即報名色今以行爲方便名色此出
果下三疏釋論以名色通為生死之體以
無明等是行蘊等各別法故各自有體今
行該通故取通體以為其體遠公釋下四
舉古釋義無所違但引婆沙名色緣識此
名色在因中識緣名色是六處別名則似
名色與識有前後義大乘亦有互相緣義
義則不然因果之中皆二互相緣
此是因中互為緣義如下當說

大方廣佛華嚴經疏鈔會本第三十七之二

大方廣佛華嚴經疏鈔會本第三十七之三 約八

唐于闐國三藏沙門實叉難陀 譯

唐清涼山大華嚴寺沙門澄觀撰述

行依止初心是識

三行依止下識支論云於中識者彼依止故彼即是行此中語倒應言依彼故論經云依行有初心識謂由行熏心有當果種乃至現行故瑜伽云因識爲緣相續果識前後次第

彼即是行下二釋論言由行熏心等者行謂罪等業唯識云此雖纔起無間即滅無義能招當異熟果而熏本識起自功能即此功能說爲習氣是業氣分熏習所成揀當現業故云習氣如是熏習展轉相續至成熟時招異熟果此顯當果勝增上緣釋曰但觀所引及下瑜伽疏文可知

與識共生四取蘊爲名色

四與識下名色支初一識字即是現行識支識爲種邊唯是賴耶在現行位通於六識今揀現非種故云共生四蘊識蘊已屬所依識故

四與識下名色支疏文有三初正釋經言四蘊者謂色受想行則色蘊爲色三蘊爲名何以無識故次釋云識蘊已屬所依識支故上且順經

若言四蘊曰名羯刺藍等爲色則所依現行之識亦唯賴耶

若言四蘊下二引異釋先引唯識即第三論引經證

有第八識下文當具引論文言所依現行之識亦唯賴耶者以非色四蘊爲名則名支之中已有識竟故唯識云眼等轉識攝在名中此識若無說誰爲識釋曰故以第八爲識支也恐有救云名中識蘊是眼等五識支即是第六識故故次論云亦不可說名中識蘊謂五識身識謂第六羯邏藍時無五識故釋曰大小共許初七日內無五識故故大乘以第七識爲名中識俱舍亦云名謂非色即是四蘊然其識蘊豈在第六又俱舍說唯約位說在於識後不說與識同時互依上云羯邏藍等者此云雜識父母不淨爲雜深可厭惡爲穢而言等者此上初位等餘四位故俱舍總云最初羯邏藍此云薄酪一也二云次生頞部曇此云胞也三從此生閉尸此云軟肉四閉尸生健南此云堅肉五次鉢羅奢佉此云支節此之五位皆名色支此第五位亦六處攝下有三句皆六處支偈云後髮毛爪等及色根諸相漸次而轉增皆第五位攝若取一生皆名色攝即六處觸受皆屬名色故云等也

瑜伽云俱有依根曰色等無間依根曰名則通五蘊爲體即四七日來根未滿位

瑜伽論下後引瑜伽俱有依根已見問明品即眼等色根與識同時名爲俱有意取色根等無間依者要前念滅引生後念故此即瑜伽約三際出因緣體文然此段論文數處引用今當具引故彼論云云何緣起體

此問

答略說由三種相建立緣起謂從前際中際生從中際後際生中際生已若趣流轉若趣清淨究竟云何從前際中際生中際生已後趣流轉謂如有一不了前際無明所攝無明爲緣於福非福及與不動身語意業若作若增長由此隨業識乃至命終流轉不絕能爲後有相續識因此識將生果時由外食愛正現在前以爲助伴從彼前際既捨命已於現在世自體得生在母胎中以因識爲緣相續果識前後次第而生乃至羯邏藍等位差別而轉在母胎中相續果識與名色俱乃至衰老漸漸增長爾時感生受業名色與異熟果又異熟識即依名色而轉由必依託六處轉故是故經言名色緣識俱有依根曰色等無間依根曰名隨其所應爲六識所依依止彼故故乃至命終諸識流轉又五色根若根所依大種若根處所若彼能生大種曰色所餘曰名由識執受諸根相續方得流轉故此二種依止於識相續不斷由此道理於現在識緣名色名色緣識猶如束蘆乃至命終相依而轉如是名爲從前際中際諸行緣起生中際生已流轉不絕當知此中依胎生者云云何從中際後際諸行緣起生謂中際已生補特伽羅受二種先業果謂受內異熟果及境界所生外增上果此補特伽羅或聞非正法故或先慣習故於二果愚由愚內異熟果故於後有生苦不如實知由迷後有後際無明增上力故如前諸行若作若增長由此新作所作業故說此識名隨業識即於現法中說無明爲緣故行生行爲緣故識生此識於現法中名曰因識能攝受後生果識故釋由此上一段論文三節疏要一出名色支體二亦證名色與識互依三證二世立三際義下文畧指應尋此文即四七日來者示其分齊

論云名色與識共生故者此言揀濫恐人誤謂名共色生故又云識名色遞相依故者釋前共義謂識由名色得起名色依識得存如水與塵互相依持以爲泥團亦如束蘆乃至命終相依而轉故上答文總名苦果爲名色芽

論云名色下三乘論釋共生之義然不示名色之相直說共生之義然論兩句相續云名色與識共生故識名

色遍相依故令疏離而釋之則前句正釋共義初地經云名色共阿賴耶識生故又云識下出共所以名色釋前共義者卽上所引瑜伽之意亦同以云識前三證有第八之文二論云又契經說識緣名色名色緣識如是二法展轉相依譬如束蘆俱時而轉若無此識名色自體不應有故謂彼經中自作是釋名謂非色四蘊色謂羯邏藍等此二與識相依而住如二束蘆更互為緣恒俱時轉不相捨離眼等五識攝在名中此識若無說誰為識等釋曰上引論文具有三節初正證相依義二謂彼下前證四名故上云下當引論三眼等下前已引竟一段義周故復重引言如束蘆者如立二束之蘆二頭相依方得安立去東西倒去西東倒名色與識互依其義亦然下第五門亦有此喻故上答文下引上為證若果總為名色明知名色必共識俱也然上諸文已顯體相未知何獨此二相依喻伽問云已說一切支非更互為緣何故建立名色與識互為緣耶答識於現法中用名色為緣故名色復於後法中用識為緣故所以者何以於母腹中有相續時說互為緣故由識為緣於母腹中諸精血等名色所攝受和合共成羯邏藍性卽此名色為緣復令彼識於此得住釋曰二義之中前標卽通現果名色與閉識為緣今識得住卽名色緣識義故上行支亦以名色為體名色總故後義正辯入胎互為緣義卽今文所用已知互為緣相四蘊何獨普稱為名專一師釋云在胎蒙昧未辯苦樂微有名而已此依分位六處之前識支之後可爾既二相依從生至死皆名色攝何得稱名俱舍論云名唯行攝何四皆名總有四釋四蘊稱名之義一師云隨所立名根境勢力於義轉變故說為名問云何隨名勢力轉變答謂隨種種勢共立名名於彼彼義轉變詮表卽如牛馬色味等名問此復何緣標以名稱答於彼彼境轉變而緣解云已上論文此師意者如今時名隨於古昔名之勢力得於義轉變詮表或詮此境或詮彼境名為轉變名既如此四蘊亦然謂受等四蘊隨根境勢力於境轉變而緣轉變如名故標名稱言轉變緣者謂緣此緣彼名轉變緣也第二師云又隨類名此解意者謂一切法不通二類一者色類二者非色類四蘊與名同非色類以似名故四蘊為名第三師云隨名顯故此解意者謂色法麤著不須名顯如眼見也四蘊微細要須名顯必藉名故故標名稱也第四師云有餘師說四無色蘊捨此身已轉趣餘生轉變如名故標名稱解云此師約捨身名轉變初師據緣境名轉變轉變雖同二釋別也釋曰上皆俱舍論疏不斷得失若取易知第二三師理易分明任情去取

名色增長為六處

五六處支謂四七日後諸根滿位六處明盛名增成意處色增成餘五俱舍云從生眼等根三和前六處五六處支於中有三初正釋名增成意處者四蘊為名之時未分識相今意識明了故名為增故上唯識云在名中時但有第七今發第六故名意處此增增明色增增多云成餘五為堅肉時未分五根但名一色今色根漸具故開為五俱舍下引證生眼等後三和前也前段為明意根本有云成五根耳前段為明下二解妨謂有問言前段經云名色增長則生五根今何得言名色增長為六處耶故為此通意根本有卽是七識故云生五根今但意增云成六處明意非新生故俱舍十一五果之中前三胎內餘二胎外俱舍十一下三總結分位通結前三小乘識支初託胎時識明顯故羯邏藍等五位皆名色支卽從第五位至未出胎皆六處攝以第五位經時長故餘如前辯

根境識三事和合是觸

六觸謂觸對雖有三和於三受因尚未了知但能觸對六觸者卽根境識三和所生能有觸對故名為觸俱舍頌云觸六三和生觸雖是一據識分六小乘難云五識根境許同時起可得三和意根過去識居現在法或未來何得三和彼有二釋一云意法為因發識為果卽三和義二云意法識三同一觸果卽三和上之二釋不約同世而說三和若大乘宗七意根俱得同世然薩婆多三和外別有觸法是心所法若經部宗三和卽觸正順今文然此六觸攝之為二前五名為對觸意觸名增語觸雖無對所依眼等是有對故依主受名名增語名能詮表增勝於語眼等五識唯緣青等不緣青名意識能緣青等亦緣於名從境立名名增語觸雖有三和下卽俱舍意頌云於三受因異未了知名觸三受因者謂三受境境能生受故名為因卽出胎後三兩歲來卽未了三故不名受

觸共生有受

七受支分別三受領納於觸名觸共生此前四支唯約現行七受支俱舍云在婬愛前受謂五六歲去至十四五來已了三受因差別相未起婬愛但名為受涅槃經云染著一愛名之為受謂衣食愛俱舍頌云從此生六受五觸身餘心謂於六觸生於六受謂眼觸為緣所生諸受等六中前五名為身受依色根故色根聚集卽名為身身之受故意觸所生名為心受心之受故領納於觸已如前釋此前四支下總結行相若小乘說約位明支

五皆現行今就大乘識支通種故四現行

於受染著是愛

八愛支以三受中樂受纏綿希求故云染著即是中下品貪此雖通緣內外二果諸論多取緣外境愛增上果生八愛支俱舍云貪貲具婬愛謂十五六後貪妙貲具婬愛現行未廣追求但名爲愛然疏中云樂等纏綿希求等者等餘二受纏綿約樂受等求通二故俱舍云從此三受引生三愛謂由苦遍有於樂受發生欲愛或有於樂非苦非樂受發生色愛或有唯於非苦非樂受生無色愛即是中下皆唯識文

愛增長是取

九取支雖攝餘惑而愛潤勝故說是愛增然上二支通現及種九取支俱舍云遍馳求名取取謂貪也年旣長大貪五欲境四方馳求不憚勞倦愛取別者初起名愛相續轉盛別立取名雖攝餘惑下即唯識論正是彼論會此經文然上二支者愛支初起即是現行當念即能熏識成種依此愛種而生於取取即現行是故經云愛增爲取下會四緣中愛望於取有因緣者以愛種子增成於取取即愛種之現行故故同一貪初心爲愛轉盛名取即此愛種便是取種是故二支皆通種現

取所起有漏業爲有

十有支由四取心中所起諸業故名有漏此業親能招當果故名之爲有此約三世不同前段愛取合潤業等名有此前之業已隔現行名色等故十有支者俱舍論云有謂正能造牽當有果業由馳求故積集能牽當有果業名爲有若言有當果故此則有者但是有無之義若言當有之果則有是三有故唯識云俱能近有後有果故則有有二義一者能有彼果二者當有今能有彼因從果稱故業名有然唯識論雖約二世有義不殊此約三世者對前揀濫在文可知

從業起蘊爲生

十一生支約增上緣云從業起始從中有未衰變來皆名爲生十一生支言約增上緣者以經云從業起蘊名生故業是善惡生是無記異熟果故若約因緣從二取種現生於生義如前說始從中有下彰其分齊亦唯識文言從中有者中有漸滅後有陰生故未衰變者四十已來若俱舍云結當有名生從此捨命正結當有此位五蘊總名爲生當來生支即如今識當來生顯立以生名此與涅槃一無有二故云現在識名生現在名色六處觸受名爲老死據此經論生支位局唯初託胎名色位後皆屬老死不同唯識

蘊熟爲老蘊壞爲死

十二老死即諸衰變位名爲蘊熟十二老死支疏文有三初正釋文諸衰變位者亦唯識文四十已後容顏漸衰即屬於老若俱舍云至當受老死義如生支說故上二支體通五蘊唯是現行故上二支者第二示體然上引俱舍彼約分位緣起一一支下皆有彼位五蘊及無明顯故立無明名等言則十二支皆具五蘊今從增勝有具不具故結此二具五蘊也餘不結者隨本支體而爲蘊攝種現亦然雖是於苦不同上識通於種現

欲令生厭合五成二以顯三苦老非定有附死立支別離等五餘時雖有死時多故偏就死說欲令生厭下第三通妨畧有三妨一云未來生死即現識等何以現在立五未來立二俱舍通此但云畧果及畧因由中可比二現在五果未來說二故云畧果現在二惑過去說一無明故云畧因由中已廣故初後畧比二可知過此更說便爲無用上即論意若爾何不初後目前不觀廣說因果可比於中是故應言示迷本際因合一惑現所起惑明示始終令其不行當相辯差別示五位當果今厭合爲老死然唯識論雖約二世亦有此問論云何緣所生但立生老死所引別立識等五支答云因位難知差別相故依當果位別立五支果位易了差別相故總立二支以顯三苦則令疏文含於二意欲令生厭合立二支即是前意合立二支以顯三苦即唯識意謂生顯行苦老顯壞苦死顯苦苦唯識雖約種現不同三苦生厭三世宜用老非定有者亦唯識文意有問言老位極長何不別立答意云謂有夭逝不至老故死時等下三有妨云別離憂悲等自小及長皆悉有之何爲附在老死支中通云多故復應問言老旣不定附死立支病亦不定何不附立答云病又不遍兼不定故老遍三界故附立支諸趣界中除中天者皆有衰相故復應問言名色不遍何故立支謂色界全欲界化生六處頓起何有名色唯識答云定故立支胎卵濕生六處未滿定有名色又名色支亦是遍有有色化生初受生位雖具五根而未有用尚時未名六處支故初生無色雖定有意根而不明了未名意處故有名色由斯論說十二有支一切一分上二界有即是唯識引於瑜伽第十文也餘如前說然此

一段有支亦通一生前後建立餘支可知

唯生一種通取於前耳思之然此一段下二以義重釋謂卽於今生初迷諦理二卽作業三業依初心爲識如下一念緣生但通取一生長時故云前後建立言唯生一種通取前者謂有問言旣云一生生在初託胎時今居有後那言一生故今答云通取前來諸增長位皆從有起此有雖是過去之有但取所生以成十二亦可有支之後所起五蘊卽名爲生旣云義取不可剋定

死時離別愚迷貪戀心胸煩悶爲愁涕泗咨嗟爲歎在五根爲苦在意地爲憂憂苦轉多爲惱如是但有苦樹增長

後逆觀中一結是苦樹謂無明行引識至受爲苦芽愛緣引受至有是守養生老死爲苦樹從芽守養是增長義又於現法中無明造業爲小苦樹若愛取潤則得增長不潤尚滅況更增耶又初二爲根次二爲身次三爲枝次三爲華後二爲果後逆觀中初結皮苦相有三節一二世因果相望唯取七苦爲苦樹惑業五因爲苦緣五種爲苦芽二果爲樹此瑜伽第十二又於下以因爲果云於現法中現法之時亦是二世之義若愛取潤則增長者亦潤行種及識種耳三又初下通取十二緣若因若果爲一苦樹無明發業故爲苦樹根若不發業不受後有果故識與名色爲苦樹身以識與名色從因至果互相依持爲生死體故次六入觸受依名色上開顯增長對境領受如枝依身而開剔故約二世說但是因中約果說耳次愛取合潤或有決定當生故脩如華上十爲因故後二是苦果上三苦依一世後之一釋可通三世依過二因招識名色之體而爲樹身六入觸受現行開顯等爲枝巳是苦樹竟依上復起當因故三所華應當二果爲苦樹果則雖是一樹義有兩重

無我無我所

無我我所結成無我

無作無受者

無作無受結成於空無作無受下三結成於空者經有者字明似人空人空卽上無我今無作受之體在因爲作在果爲受能作能受卽是於我所作所受同體我所然我爲能作唯勝論義苦數論師我非能作實性能作旣能作望我有同不同所作受等非局我所則自在等亦名作者故識一切因果之法名爲顯空是則無明亦爲能作行爲所作又行爲能受識等爲所受則亦無性皆悉空寂

復作是念若有作者則有作事若無作者亦無作事第一義中俱不可得

復作是念下以我況法結成勝義故復作下四結成勝義者上顯無病所病有異今明空理一理無差故異上空故瑜伽說由十種相緣起甚深六義依無常一義依苦一義依空二義依無我二義故瑜伽說下二總顯甚深於中有三初總標初言甚深者瑜伽第十問云如世尊說緣起甚深此甚深義云何應知答由十種相應知緣起甚深之義謂依無常義苦義空義無我義釋曰下直釋十義但云依無常義者便列十義今疏取下釋意便總配云六義依無常一義依苦等

今初一從自種子亦待他緣二從他亦待自三俱從無作用四此二因性非不是有此四義卽前段中但因緣故集無有集者五雖無始其相成就而刹那滅六雖刹那滅而似停住此二卽前任運而滅亦無滅者一義依苦者一味苦相而似三相故結云苦樹一義依空者謂離有情作者受者然似不離顯現卽今無作無受二義依無我者一雖實無我似我相現卽今無我我所二依勝義諦雖不可說而言諸法自性可說卽今復作是念已下經文十義備矣今初一從下二別釋初釋無常六義然此文雖解如從自種子亦待他緣與第二句從他亦待自二句何別故每句中皆有兩義從自種子是自生義亦待他緣不自生義下三例之故雖集第四云又諸法不從自生亦不從他生不共不無因生非不自作他作因緣生是故甚深故不自生亦從自生不他生亦從他生不共生亦從共因緣生上三句中皆有二義若唯自種生非曰甚深若唯不自生亦非甚深故一句業二方曰甚深正同中論因緣所生法卽空卽假卽中之義雖集釋不自生等自有二義至第八門當知下總結云若緣起理非自非他遣雙句者猶爲甚深況總亡四句是故緣起最極甚深釋曰不見此論瑜伽雖了故從自種子是自生義亦待他

緣卽以他遺自者以自遺他義二從他者是他生義亦待自者以自遺他義三俱從者共生義無作用者以無性遺共義四此二因性非不是有者以共功能遺無因義前之三句有無性緣生二義故皆有存亡第四句不立無因故雖有以共遺無因義耳五相雖成就而不礙滅六滅而似傳初之四句就緣所生法以論甚深五六二句以所生法對有爲之相以論甚深前四以是緣生之法是故無常後之二句剎那滅故是故無常餘文可知**由前緣相皆是似義故逆觀中直顯眞實性相無礙故爲甚深緣起之觀正在於此**由前緣下初約眞實智故瑜伽云應以幾智知緣起耶答以二智謂法住智及眞實智云何眞實智謂如觀甚深然瑜伽甚深之義皆性相對說如云從自義種子是相亦待他緣是性謂以他破自顯不自生餘如上說今經逆觀唯顯不自生義不顯從自種子義以從自種子卽是識爲種復起後有生及老死故此不說十義皆然故云由前緣相皆是似義十箇似義皆在相中故特由性相無礙故曰甚深云正在於此**又無作作者卽顯緣生非天人作若佛出世若不出世安住法性法住法界故於此一觀已爲甚深況加後二**又無作作者下二約 約八 十二 法住智結成甚深故瑜伽云云何法住智謂如如佛施設開示無倒而知次重徵釋云如世尊言若佛出世若不出世安住法性法住法界云何法性等答是諸緣起無始時來理成就性是名法性如成就性以無倒所以者何若是諸緣起非我所作亦非餘作顚倒文句安立是名法住由此法住以彼法性爲因是故說彼名爲法界釋曰但觀論文疏自明了**二約大悲隨順觀者四觀之中此**

第一門卽當第一愚癡顚倒觀論總釋云**隨所著處愚癡及顚倒此事觀故謂十二因緣是所著處癡迷性相倒執我所**下別**釋意明癡隨所迷立二顚倒一從初至則無生處明迷緣性之無我執我成倒以著我故則世間生明是顚倒若離此著則無生處反顯此著必是顚倒二復作下竟初一門明愚緣相之緣生疑惑顚倒謂無智故常求有無滯斷常之二塗故云疑惑致緣相之相續明是顚倒今菩薩順彼衆生愚倒之事起悲觀察名爲事觀**論總釋下初論釋也先舉論謂十二下疏釋論遠公亦云不錯無我故曰愚癡謬執有我稱曰顚倒此言小局下別釋下二別開二倒前意由迷緣性故是愚癡無我執我故是顚倒以著我下論舉經意明倒所以第二意明迷於緣起不知從緣無眞實故卽是愚癡疑惑不決卽是顚倒謂無智下以經釋成無智求有釋成愚癡滯斷常下釋成疑惑致緣相之相續釋疑是倒義今此菩薩下三知釋總中事觀二倒相顯事義方明故在後釋**三約一切相智觀九觀之中此門攝第一觀全及第二之半謂初成答二文名染淨分別觀此有二意一著我爲染離我爲淨二著我故緣相生爲染離我故緣相滅爲淨後相經文卽屬第二依止觀謂雖依第一義以不知故卽起諸緣是爲染依見第一義諸緣則滅便爲淨依相諦觀中不知故成緣相大悲觀中不知便爲顚倒**三約一切相智觀文中有四一彰門所攝言及第二觀之一半者第二卽依止觀依止有二一依第一義卽是相續二依一心卽第一心所攝門第一一義一心故但半耳二謂初成答下二別顯二觀初染淨有二前意約因後意約果卽雜集等染淨義相諦觀下三舉其二觀顯此爲勝以前二觀但有不知今具知不知爲染淨故深細也**然上相續一門經文無二隨義分三初明倒惑起緣實無有我成一切智觀次順癡倒事成道相智觀後委究解惑染淨性相成種智觀又初順根本次順後得後卽無礙雖無我所不壞相故而起大悲能所本空悲而無著雙窮性相不滯自他三觀一心成無礙智甚深般若寧不現前一門尚然況加餘九**約八 十二 然上相續下四總結一門深廣之相於中有三初成横對三乘三智三智之義已如前配又初順下二局人乘三智然通因果雖無我所下三融其三皆而成一心初空卽假故不礙起悲二能所下假不礙空悲而無著三雙窮下中卽空卽假不滯自他自卽根本他卽後得四三觀下總結無礙成般若因五一門下結歎深廣

佛子此菩薩摩訶薩復作是念三界所有唯是一心

第二一心所攝門中然此一門乃含多意且分二別一攝末歸本門二如來於此下本末依持門今初依論三觀初約相諦卽當第二第一義諦觀論生起云云何第一義差別如是證第一義則得解脫彼觀故此明修觀所以以第一義是緣生之性若見緣性則脫緣縛故修彼觀而論經雖云皆一心作意取能作一心故云第一義觀而論經雖云下後釋上觀所以以若取三界虛妄卽是所作便爲世諦今取能作爲第一義論云但是一心者一切三界唯心轉故此言則總轉者起作義亦轉變義論云下二論釋經文此言則總下疏釋論上取觀名唯是能作今云三界唯心轉故則通能所然能所有二若法性宗以第一義隨緣成有卽爲能作所有心境皆通所作以不思議熏不思議變是現識因故若法相宗第一義心但是所變非是能作有三能變謂第八等故一卷唯識論云又復有義大乘經說三界唯心唯是心者但有內心無色香等外諸境界此云何知如十地經說三界虛妄但是一心作故心意與識及了別等如是四法義一名異此依相應心說非不相應心說心有二種一相應心所謂一切煩惱結使受想行等皆心相應以是故言心意與識及了別義一名異故二不相

應心所謂第一義諦常住不變自性清淨心故言三界虛妄但一心作是相應心今依法性故云第一義心以爲能作言轉者起作義亦轉變義者卽唯識意彼論第三總釋三能變云能變有二一因能變二果能變釋此二變皆云生起故彼論云一因能變謂第八識中等流異熟二因習氣等流習氣由七識中善惡無記熏令生長異熟習氣由六識中有漏善惡熏令生長釋曰種子生現行名因習氣於中有二先標後釋等流卽七識中三性種子各生自現唯除第八不能熏故異熟習氣唯除第七七是無記非異熟因前是因緣此增上緣論云二果能變謂前二種習氣力故有八識生現種種相釋曰卽前二因所生現果謂有緣法能變現者名果能變種種相者卽第八識相應心所相見分等論別釋云等流習氣爲因緣故八識體相差別而生名等流果果似因故釋曰卽以現識三性種子各自生現論云異熟增上緣感第八識酬引業力恒相續故立異熟名感前六識酬滿業者從異熟起名異熟生不名異熟有間斷故卽前異熟及異熟生名異熟果果異因故釋曰八識是總果故是異熟生主引生餘感六識業名之爲滿業等以上論文皆以生起而釋變義故疏云轉卽轉生亦轉變義又下論中釋第二能變依彼轉緣彼云轉謂流轉顯示此識恒依彼識取所緣故彼疏釋云流是相續義轉是生起義謂依第八或種或現相續起義又彼論第一釋由假說我法有種種相轉云轉謂隨緣施設有異又云彼相皆依識所轉變而假施設又云變謂識體轉似二分釋曰言彼相者卽上我法識體卽是自證分此相見俱依自證起故上來正意爲證以起以變釋論轉字然已具於能變之相前後經疏皆要此文然此一文諸教同引證成唯心然此一文下二廣開章門於中有三初總標舉唯識攝論等皆指華嚴一心作義

云何一心而作三界略有三義一二乘之人謂有前境不了唯心縱聞一心但謂眞諦之一或謂由心轉變非皆是心二異熟賴耶名爲一心揀無外境故說一心三如來藏性清淨一心理無二體故說一心此初一心菩薩不爲此觀後二一心經意正明通於三觀約清淨一心爲第一觀通此二心爲後二觀後二一心略如問明廣開有十初之一門假說一心謂實有外法但由心變動故下之九門實唯一心廣開有十下三開三爲十上三義中初一不開第二爲次三開第三爲後六然皆從寬至狹二相見俱存故說一心此通八識及諸心所并所變相分本影具足由有支等熏習力故變現三界依正等報如攝大乘及唯識等諸論廣說二相見俱存者唯識正義四師各立已見問明今此從多故云相見八識心王及諸心所皆有二分當體卽見分從并所變下卽是相分相有二義一識所頓變卽是本質識等緣境唯變影緣不得本質由有支等者影變因果已如上說三攝相歸見故說一心亦通王數但所變相分無別種生能見識生帶彼影起如解深密經二十唯識觀所緣緣論

具說斯義三攝相下然初及四五皆唯識所破彼論初云又爲謂示謬執我法迷唯識者令達二空於唯識理如實知故此破凡外今文所無次論復云有迷謬唯識理者釋曰下皆廢法廣破四師此標也次論復云或執外境如識非無釋曰此卽有宗依十二處數執心境俱有是第一義論云或執內識如境非有釋曰此破清辯依密意空執攝識亦集論云或執諸識用別體同釋曰卽大乘一類菩薩言八識體唯是一也如一水鏡多波像生卽當此中第五義也論云或執離心無別心所釋曰此卽經部覺天所計以有經言士夫六界染淨由心無心所相雖於蘊中亦有心所但於識上分位假立無別實有然清辯計雖攝皆空强遣中道而立唯境順世亦立唯四大種成有情故若依此義應有四句清辯順世有境無心中道大乘有心無境一切有部有心有境邪見攝無都無心境然其有王無所卽此第四而今指經論與彼不同然第三義言如解深密者卽第一經心意識相品第三廣慧菩薩問佛菩薩於心意識祕密善巧佛答云廣慧當知於六趣生死彼有情及四生身外生起於中最初一切種子心識成熟展轉和合增長廣大依二執受一者有色諸根及所依執受二者相名分別言說戲論習氣執受有色界中具二執受無色界中不具二種釋曰無色不具卽無色根則唯有相名分別習氣明是唯見次下經云廣慧阿陀那識爲依止爲建立故六識身轉謂眼耳鼻舌身意識此中有識眼及色爲緣生眼識與眼識俱隨行同時同境有分別意識轉等則知皆是唯立見分此見亦卽安慧所立一自證分謂多立有相見二分去相取見爲自證耳言二十唯識者亦名唯識二十論有二十偈故世親菩薩造唐三藏譯最初卽云安立大乘三界唯心以契經說三界唯心心意識了別名之差別此中說心意兼心所唯遮外境不違相應內識

生時似外境現如眼有翳見髮蠅等於中都無少分實義釋曰此亦明唯心義復有一卷唯識論天親菩薩造後魏瞿曇般若流支譯細尋乃是二十唯識同本異譯而文稍顯著先列二十偈初偈云唯識無境界以無塵望見如人目有翳見毛月等事偈竟問云初偈明何義答曰凡作論有三義一者立義卽是初句二者引證卽第二句三者譬前卽下二句下文廣釋亦明外相無實唯心現故名攝相歸見言觀所緣緣論者但有兩紙陳那菩薩造論云諸有欲令眼等五識以外色作所緣緣者或執極微許有實體能生識故或執和合以識生時帶彼相故二俱非理所以者何極微於五識設緣非所緣彼相識無故猶如眼根等釋曰此破前極微生識長行破意云眼等能發識識上無眼相極微能發識識豈有微相故無所緣又偈云和合於五識設緣非所緣彼體實無故猶如第二月釋曰觀長行意此破上和合以生識謂彼執言堅等多相和合一處有是現量境能發於識破意云和合法無實故如眼錯亂見第二月釋曰以無上二相唯有於識故名攝相歸見然陳那立於三分令言無相者相實無故下正義云彼所緣緣非全不有內識如外現爲識所緣緣許彼相在識及能生識故釋曰長行內識似外境現爲所緣緣許眼等識帶彼相起及彼生識故結云諸唯識內境相爲所緣緣理極成也則非全無相相全屬識故云歸見然上疏引約八 十六 皆賢首意欲成十義故復引之法相立識如前所引唯識論辯四攝數歸王故說一心唯通八識以彼心所依王無體亦心變故如莊嚴論說四攝數歸王下具名大乘莊嚴經論無著菩薩造有十三卷第四卷述求品第十二中有此意也論云自界及二光癡共諸惑起如是諸分別二實應遠離釋曰自界謂自阿賴耶識種子二光謂能取

光所取光此等分別由共無明及諸餘惑故得生起如是諸分別二實應遠離二實謂所取實及能取實如是二實染淨應求遠離釋曰此說求染淨亦攝末歸本義第五勢初同此品說求唯識人云能取及所取此二唯心光貪光及信光二光無二法釋曰求唯識人應知能取所取此之二種唯是心光卽釋上半如是貪等煩惱光及信等善法光如是二光亦無染淨二法何以故不離心光別有貪等信等染淨法故二約八 十七 光亦無二相偈云種種心光起如是種種相光體非體故不得彼法實釋曰種種心光卽是種種事相或異時起或同時起異時起者謂貪光瞋光等同時起者謂信光進光等光體非體者如是染位心數淨位心數唯有光相而無光體是故世尊不說彼爲眞實之法釋曰上二偈卽是正意也其釋曰字皆是論文五以末歸本故說一心謂七轉識皆是本識差別功能無別體故楞伽云藏識海常住境界風所動種種諸識浪騰躍而轉生又云譬如巨海浪無有若干相諸識心如是異亦不可得既云離水無別有浪明離本識無別前七五以末歸本下其五六七三門全同閒明但爲明其自淺之深故復重說耳後之三心卽玄中具謂唯心所現故法性融通故等說六攝相歸性故說一心謂此八識皆無自體唯如來藏平等顯現餘相皆盡經云一切衆生卽涅槃相等楞伽云不壞相有八無相亦無相如是等文誠證非一

七性相俱融故說一心謂如來藏舉體隨緣成辦諸事而其自性本不生滅卽此理事渾融無礙是故一心二諦皆無障礙起信云依一心法有二種門乃至不相離故又密嚴云佛說如來藏以爲阿賴耶及如金與指環喻等又勝鬘云自性清淨心不染而染難可了知染而不染亦難可了知皆明性淨隨染舉體成俗卽生滅門染性常淨本來眞淨卽眞如門斯則卽淨之染不礙眞而恒俗卽染之淨不破俗而恒眞是故不礙一心雙存二諦深思有味

八融事相入故說一心謂由心性圓融無礙以性成事事亦鎔融不相障礙一入一切一中解無量等一一塵內各見法界天人修羅不離一塵其文非一

九令事相卽故說一心謂依性之事事無別事心性旣無彼此之異事亦一切卽一上文云一卽是多多卽一等

十帝網無礙故說一心謂一中有一切彼一切中復有一切重重無盡皆以心識如來藏性圓融無盡故

上之十門初一小教次三涉權次三就實後三約圓中不共若下同諸乘通十無礙一部大宗非獨此品隨一一門成觀各異可以虛求上之十門下二約教分別卽具五教涉權是始教就實通二一卽終教終教亦名實教故其攝相歸性亦通頓教以後三教皆同一乘並揀於權故頓亦名實後三圓融卽是圓教而言不共者圓教有二一同教二別教卽不共不共共實頓故二同一教者同頓同會故今顯是別故云不共若同者同諸乘下約融通說若下同同教一乘卽收次三就實若同於三乘亦收前四以其圓教如海包含無不具故

第二本末依持門此下終於十門皆是世諦差別緣相本寂但應觀眞何以復觀世諦差別論云隨順觀世諦卽入第一義故俗爲眞詮了俗無性方見眞耳中論云若不知世諦不得第一義故此觀有六一何者是染染依止觀卽雙辨能依所依攝此半門二因觀觀染因故攝次二門三攝過觀唯苦集故四護過觀護凡邪見故五不厭厭觀防小慢故上三次第各攝一門六深觀顯因緣之理妙過情取故此攝後三門六中初二建立染相次一就染觀過次二正觀防非後一觀行深極第二本末依持門疏文有六一標門分齊卽八門半論云隨順下三引論正答同涅槃第十二卷佛答文殊義已見玄文中論云下五引他論證卽四諦品亦見上文此觀有六下六依總開別謂於世諦八門半中爲六觀故於中三初列釋一一觀中文皆有二觀字已上依論標名觀字向下是疏辨意因有自他故須二門卽染依止名爲他因第二因觀名爲自因染有四句故攝三門他因卽第二自業助成自因卽第四不相捨離故皆染因攝過卽第五三道不斷門謂惑業苦惑業集故護過卽第六三際輪廻門說此能除外道三過三過如下不厭厭觀卽第七三苦集成門凡小不厭菩薩厭故深觀卽後三門四句求生不可得故無生而生故曰深觀豈同情取六中初二下二料揀攝六爲四初二染相者一卽能依所依二卽自因他因皆迷染相下三可知

今此半門卽染依止觀因緣有分爲染而此染相依止一心故論云此是二諦差別以純眞不生單妄不成一心之眞雜染之俗此二和合有因緣集今此半門下三別釋初門於中有二初出論意觀因緣有分爲染者此論自釋何者是染分分卽支義而此染下釋染依止此卽論主生起之文而論但云因緣有分依止一心疏開釋之故本論云下二論解經具云此是二諦差別一心雜染和合因緣集觀疏文畧耳以純眞不生下三疏釋是而立

如來於此分別演說十二有支皆依一心如經中三初總謂依一心分別十二則十二

爲一心所持而特言如來說者一心頓具非佛不知故謂顯如來過去覺緣性已等相續起展轉傳說故

大方廣佛華嚴經疏鈔會本第三十七之八

大方廣佛華嚴經疏鈔會本第三十七之四　約九

唐于闐國三藏沙門實叉難陀　譯

唐清涼山大華嚴寺沙門澄觀　撰述

何以故隨事貪欲與心共生心是識事是行於行迷惑是無明與無明及心共生是名色名色增長是六處六處三分合爲觸觸共生是受受無厭足是愛愛攝不捨是取彼諸有支生是有有所起名生生熟爲老老壞爲死

次徵意云十二有支三世行列前後引生何以今說皆依一心後釋中論無別解古來諸德但云離本識心一切不成而其釋相經生越世此雖不失依持之義未爲得旨

今謂說主巧示非唯三世不離眞心今一念心頓具十二彌顯前後不離一心此同俱舍第九明刹那十二因緣也

是以此一門中含多緣起一含攝論二種緣起彼第二云若略說緣起有二一分別自性緣起謂依阿賴耶識諸法生起即今一心依持二分別愛非愛緣起謂十二緣起於善惡趣能分別愛非愛種種自體爲緣性故即通今釋文及前後九段一分別自性者即二取習氣二愛非愛緣起即諸業習氣全同唯識由諸業習氣二取習氣俱前異熟既盡後生餘異熟也二舍俱舍第九四種緣起一者刹那二者連縛三者分位四者遠續後三通餘九門此中正當第一彼云云何刹那謂刹那頃由貪行殺等具有十二彼廣說相與此大同二舍俱舍下即第二約義攝五於中有三初標列標列唯四何言攝五下有例釋同時同體義此中下別釋刹那即消經文故今不必依次意顯一心頓具隨事貪欲與心共生者此則總指所行之事貪事非一隨取一事於一念中則具十二故今不必依次者初即識支一是行支三方無明故不依次而俱舍具有十二下云彙是無明思即是行猶依次第況不依次非一刹那謂行此貪事必依心起復了別前境故心即識支謂行此貪下識支然有二義一依心起是大乘義即八識心復了別下即俱舍意於諸境界了別名識事是行者貪事即是意業之行若形身口亦是二行不知貪過能招於苦名於行迷惑與無明及心共生是名色者名色是總爲二所依名與共生故晉經云識所依處爲名色故俱舍云識俱三蘊總稱名色意明以受蘊自是受支故名色增長是六處者不生五識唯名十界五識依生乃名十處識依相顯即是增長增長之言宜譯爲開顯俱舍云住名色根說爲六處謂六根是別以別依總開成於六稱住名色不生五識者十界即五根五境以十八界根識別故若明十二處攝識在根故云五識依生乃名十處五根加意故云六處大乘意根異識支故俱舍小乘即第六識是識支體故云住名色根爲六處彼疏釋云眼等五識住名色根故說五根以名六處雖勝是五六處攝故貪必對境爲觸受必領觸貪必對境者釋觸也論云六處對餘和合是觸釋云餘謂觸境貪即是愛名受無厭愛攝不捨即是欲取釋取順經云是欲取若俱舍云與此相應諸纏名取彼疏釋云即無慙無愧惛沉掉舉等與貪相應也愛取潤前六支成有故但前諸有支生即是有義釋有順經云諸支生若俱舍云起身語一業名有有所起者即前諸法起便是生義生熟爲老者物生即異故老壞爲死者刹那滅故又依大乘當相壞故故經云初生即有滅不爲愚者說故老壞爲死全同論文刹那滅故是彼疏釋此若不斷則名連縛十二支位五蘊皆名分位即此順後無始來有名爲遠

續此若不斷下二界釋餘三緣起論云連縛者如品類足論謂遍有爲十二支位所有五蘊皆分位攝即此悉遠相續無始說爲遠續上皆論文釋曰連縛要因果無間相連起也若情非情皆有生滅念念相續故剎那連縛通一切有爲分位緣起要約頓生受業及不定業三世十二支五蘊分位若遠續者即前分位遠相續耳順正理論云遠續緣起謂前後際有順後受業及不定業無始流轉如說無明有愛本際不可知等連縛緣起取相鄰接相繫不斷彼疏釋亦遠續唯隔越連縛唯無間遠續唯異熟因若熟無情亦同類因連縛定非異熟異熟因非連縛故通同類通行能作除相應俱有此二非前後故大小理通或六八識異耳

非聖教量孰信斯旨論主不解殆似踈遺大小理通者二總結亦是釋妨謂有問言令釋一乘唯一心法何以却引俱舍爲證故爲此答一心之義小乘立六大有八等則不同也若一剎那具十二支則大小皆具非聖教量者結示令信也自古不爲此釋令總約一念十二故以聖教是證非應說矣言論主不釋殆似踈遺者論主造俱舍論非是不知將爲易解故不解釋由論不釋令後誤解即似踈遺殆者近也近似之言顯非失矣此文正辨同時異體十二有支若同時同體亦具十二

謂迷第一義即是無明有漏有取便名爲行體即是識亦即名色即是意處對境名觸領境名受染境名愛著境名取招報爲有體現名生即異滅爲老死

以此十二有支約時通說總有六種一依五世說十二支謂過去無明行復從過去過去煩惱生此則煩惱生惑業過去二因生現五果則惑業生苦若現生未來未來更生未來則苦復生苦此依三世推因徵果假說有五非約展轉不墮無窮以此十二下初正明也即涅槃三十七意南經三十四迦業問觀業苦如來釋之經云智者復觀煩惱因緣生於煩惱業因緣故亦生煩惱煩惱因緣復生於業業因緣故生苦苦因緣故生於煩惱煩惱因緣生於有支有因緣故生苦有因緣故生有有因緣故生業業因緣故生煩惱煩惱因緣故生苦苦因緣故生苦善男子智者若能作如是觀當知是人能觀業苦遠公釋云此就五世以明因緣謂過去過去有二支煩惱因緣生煩惱者從彼過去過去煩惱生於過去無明也業因緣故亦生煩惱者從彼過去過去業行生於其次過去無明其次過去亦立二支煩惱因緣復生業者過去無明生於行支業生苦者謂從前行生現識支現在世中立其四支苦因緣故生煩惱者謂於現在五果起於愛取煩惱因緣生於有者從現愛取起現有支有因緣故生苦者從現有支生未來生死支有因緣故生有者從現有支生未來有現在世中善惡二業爲同類因生未來善惡業故其次未來出於三支有因緣生業者未來業行前後相生業因緣故生煩惱者從未來世所造業起未來世潤生煩惱煩惱因緣生苦者從未來世潤生煩惱生於未來未來生支未來未來唯立一支苦因緣生苦者從彼未來未來生支生彼世老死支也釋曰以上疏文對此經釋於義可了但疏文稍畧此依三世下二釋妨謂有問言若過去無明更依過去則前無始未來老死更生未來老死之果則未來無窮則無明非無因老死非無果有無窮過故今答云今依推過去無明非因自然後因宿智未來不得對治則苦果無窮因果相關故有五世五世之外更不關涉故非無窮若約三世輪環無無窮過二依三世三依二世四依一世前後建立並如初門中辨五同時異體六同時同體即如此文

二約大悲隨順觀中即當第二餘處求解脫二約大悲下此文有六一標觀名故論徵云云何餘處求解脫耶謂是凡夫愚癡顛倒常應於阿賴耶識及阿陀那識中求解脫反於餘處我我所中求解脫故

經明唯是一心則心外無我法當於一心中求經明唯是下三以義意引經而爲對治於我等中求爲非於心中求爲是

亦同淨名諸佛解脫當於衆生心行中求亦同淨名下四引例爲釋即問疾品因問空室之由尊者歸本有三重問答一問空當於何求答曰當於六十二見中求又問六十二見當於何求答曰當於諸佛解脫中求又問諸佛解脫當於何求答曰當於一切衆生心行中求然尋古釋畧有三意第一意云說見中空則顯空非是見佛解脫中無見則知見非解脫衆生心中無佛解脫當知諸佛解脫中則非衆生親契空矣即生公意二云空智因於見生則空智無性無性故智空諸佛解脫而有邪因正生邪亦空矣諸佛解脫因悟衆生心行則解脫空矣三者約其空體無二所以互求理無不遍此意近於今經今經正明於眞

妄心求見妄性空悟本真體如下當釋言阿賴耶此云藏識能藏一切雜染品法令不失故我見愛等執藏以爲自內我故此名唯在異生有學阿陀那者此云執持執持種子及色根故此名通一切位此二即心之別名論主意明心舍染淨故雙舉二名釋一心義言阿頼耶者五會釋論文然唯識第三明第八識總有七名故彼論云然第八識雖諸有情皆悉成就而隨義別立種種名謂或名心由種種法熏習種子所積集故或名阿陀那執持種子及諸色根令不壞故或名所知依能與染淨所知諸法爲依止故或名種子識能遍任持世出世間諸種子故此等諸名通一切位釋曰前名心者望種積集此種子識唯望能生故不立也次論云或名阿頼耶攝藏一切雜染品法令不失故我見愛等執藏以爲自內我故此名唯在異生有學非無學位不退菩薩有雜染法執藏義故釋曰然準頼耶有三藏義故上論云此識具有能藏所藏執藏義故謂與雜染互爲緣故有情執爲自內我故釋曰言互爲緣即具能所二義一能持染種種名所藏識是能藏謂現行異熟能持種子二是雜染法所熏所依則染法名能藏此識爲所藏起信疏云人藏自體於諸法中大衆法師云謂由七轉識熏成種子識體與種子無異性故亦隨所藏種子不離轉識藏在轉識中又爲第七之所執藏今但出二義闕所藏者約通無漏不說所藏次論云或名異熟識能引生死善不善業異熟果故此名唯在異生二乘諸菩薩位非如來地猶有異熟無記法故釋曰此通二乘無學十地菩薩以如來唯善無無記故次論云或名無垢識最極清淨諸無漏法所依止故此名唯在如來地有菩薩二乘及異生位持有漏種可受熏習未得善淨第八識故釋曰非煩惱依故名無垢今論唯舉二名者頼耶意在唯染阿陀那意在通淨略舉一對通爲所求之處其理已同故疏云論主意明心舍染淨求義

云何若有我執成阿頼耶若我執亡則捨頼耶名唯阿陀那持無漏種則妄心斯滅約九真心顯現故下偈云心若滅者生死盡即六妄滅也非心體滅求義云何下六別釋求相即示二無我觀先舉迷若我執亡下後明悟即捨頼耶名者唯識云阿羅漢位捨以三藏中無我愛執藏故羅漢捨若約菩薩義當八地已出三界言妄心斯滅真心顯現者即起信意前疏已引故下偈下引證先引當經且云了達三界依心有十二因緣亦復然生死皆由心所作心若滅者生死盡次云即妄滅也非心體滅者即略引起信成經滅義故彼文云但心相滅非心體滅楞伽亦云若阿頼耶滅不異外道斷見戲論前疏已用三約一切相智觀即當第二依止觀明此緣集依於二種一依第一義已如前說二依心識即是今文前唯約淨此通染淨依約九義如前又前即依真起妄此則顯妄依真七即當第二者疏有二解唯依第一義故唯約淨此明有支依持故通染淨第二解中依真起妄者不了第一義諦名無明等故顯妄依真者十二因緣皆依一心如是而立故佛子此中無明有二種業一令衆生迷於所

緣二與行作生起因行亦有二種業一能生未來報二與識作生起因識亦有二種業一令諸有相續二與名色作生起因名色亦有二種業一互相助成二與六處作生起因六處亦有二種業一各取自境界二與觸作生起因觸亦有二種業一能觸所緣二與受作生起因受亦有二種業一能領受愛憎等事二與愛作生起因愛亦有二種業一染著可愛事二與取作生起因取亦有二種業一令諸煩惱相續二與有作生起因有亦有二種業一能令於餘趣中生二與生作生起因生亦有二種業一能起諸蘊二與老作生起因老亦有二種業一令諸根變異二與死作生起因死亦有二種業一能壞諸行二不覺知故相續不絕

第三自業助成中亦三初約相諦觀者此下二門即當因觀因有二一他因觀二自因觀第三自業助成者然雜集論名建立支業各具二業故全同今經遠公云行望無明異故名爲他因從前無明生後無明名爲自因

他因小通自因有妨以論云自因觀者離前支無後支經言無明因緣能生諸行故他因小通下三辨違以知無明異行故許其通而又不知無明望行具自他義但爲他因故云小通耳言自因有妨者以違論故論主既引無明因緣生行證離前支則無後支明以無明爲前行爲後矣況自因緣內無有無明生無明支今謂他因者全賴前支生後支故此揀自性故大悲觀中揀於冥性一切相觀名爲方便唯從無明生於行故名爲自因此揀餘因能生於行亦猶於略定從乳生不從石出故大悲觀破於自在等因一切相智顯因緣相故三觀取意小異文旨大同諸德不尋論文妄爲異釋故入悲下二引二觀爲證大悲觀中冥性即外道之自生與自性義同故以他因破其自生自生即外道從他生義故以自因破其他生一切相智中他因乃前爲後之方便自因即爲因緣之相此義極顯故舉略喻正喻自因亦喻他因略不從自生必假乳爲因故此則乳爲略家他因以乳非略必要從乳生不從滿石等生故乳爲略家自因以若不要從乳生者因同非因故若無他義乳即是略俱失因果三觀取意下第二總結由大同故得引爲證諸德下結彈然自因他因即俱舍等此有彼有此生彼生俱舍第九云云何世尊說前二句此此同論答云謂依此有彼有此生彼生於緣起決定故如餘處說依無明有諸行得有非離無明可有諸行又爲顯示諸支轉生謂依此支有彼支得有由彼支生故餘支得生又

爲顯示三際轉生謂前際有中際得有由中際生後際得生又爲顯示觀轉二緣謂有無明無間生行或展轉力諸行万生有餘師說如是二句爲破無因常因二論謂非無因諸行可有亦非由常自性我等無生因故諸行得生若爾便成前句無用但由後句此生彼生能具破於無因常因等故軌範師釋此二句爲顯因果因果不斷及生云云有師釋爲顯因果住生云云釋曰上皆論文今當會釋此即雜集等及上經中是事有故是事有是事起故是事起起即生義已如前釋今且會二因前支有故後支得有即自因義以要不離前方有後故此生彼生即他因義此支生時彼支別故故前第四釋此有彼有爲觀因此生彼生爲展轉因展轉者即是他義要從前支即是自義若望大悲隨順觀則前第五爲破二因義甚相順以自因破無因略要因乳故以他因破於常因必假他因非自性等故是則先破二因未爲失意既今經意順上論意自他昭然則諸古德非獨闕尋本論亦不見於他論意旨今此一門即他因觀經明各有二業則一是自業二是助成而並云他者特由無明迷於所緣方爲行因若了所緣寧起妄行又初明自業顯是他義二明生後顯是因義餘十一支倣此思準今此一門下二別釋此段於中有二先以二業釋他因義此有二釋前合釋以自業之他助成後支之因二別配二字可知然生起然生起下之因即增上緣以緣名因從通義說二別釋經文先釋助成經中助成唯增上緣而云作生起因者從通相說別則因觀緣跡通則因即是緣故俱舍中四緣攝於六因論云說有四種緣因緣五因性等無

間非後心心所以生所緣一切法增上即能作若唯識論亦攝十因以爲四緣六因十因前疏已觀今意但顯通耳於四緣中諸支相望增上定有故緣起經及此文中唯明有一餘之三緣有無不定故略不明於四緣下二廣顯差別即唯識緣生中諸門分別內四緣分別門疏多依彼就文分四今初總顯具闕彼論具云諸支相望增上定有餘之三緣有無不定契經依定唯說有一釋曰對疏可知然增上體寬故皆定有餘三緣局故有無不定謂愛望於取有望於生有因緣義以愛增爲取識增爲有故若說識支是業種者行望於識亦作因緣餘支相望無因緣義而集論說無明望行有因緣者依無明時業習氣說無明俱故假說無明實是行種瑜伽論說諸支相望無因緣者依現愛取唯業有說上四位相望明有因緣初二定實次一不定後一假說謂愛望下初愛是取家因緣者夫言因緣要辨體親生既愛增爲取則愛是取種能生現取故爲因緣識增爲有者有無別體由愛取潤五種成有有即識種生支即識現行識種有生現故有得是生家因緣若說識支下二依不定此是唯識會對法意若以識種爲識支行非識親因今以業種爲識支故行得爲識之因緣此則現行爲種因緣識是業種如初章辨而集論下四會通他論先會集論即第四卷先標彼有後依無明下顯其有義明是假說謂依無明俱時之思業之習氣與無明俱假說業

種以爲無明實是行種生行現行耳然集論中名建立支緣論云建立支緣者謂習氣故引發故思惟故俱有故建立支緣隨其所慝依四緣相建立支緣且如無明望行前生習氣故得爲緣由彼熏習相續所生諸業能造後有故一當於爾時現行無明能引發故爲等無間緣二由彼發差別諸行流轉相續生故思惟彼故爲所緣緣三以計最勝等不如理思惟緣愚癡位爲境界故彼俱有故爲增上緣由彼增上緣力令相慝思顯例緣境而造作故四如是一切隨其所慝令盡釋曰上於無明望行具作四緣既例一切令盡當知則十二支皆具四緣大乘法師釋曰此唯識論依於別體故互有無彼依分位故得皆具彼以無明爲法之式例於餘支今唯識論且偏會之釋曰此大乘法師意以明唯識不曉彼意不合唯會無明與行故下疏云既約因言已合餘三則皆具四瑜伽論下二會大論第十說有三緣無有因緣上勝大論從依現愛取下會上有義大論言無上具說有上有四位不定假說此不須會但會二位實有因緣也依現愛取者會前愛望於取有因緣義彼以愛增爲取種生現故得爲因緣今以現行之愛望現行取非從自種安得因緣言唯業有說者會前有望於生得爲因緣前以識種起生現行得爲因緣今以業種爲有而起於生業非識體但爲增上安爲因緣故瑜伽云何故相望皆無因緣答因緣者自體種子因所顯故（約九）（十一）今現行愛取非是種子以業望生非自體故大乘法師云若無此論難解瑜伽上四位下第二料揀非唯識論是識意耳爲上可知

無明望行愛望於取生望老死有餘二緣並以現行相望無間引生故行等思心可反緣故有望於生受望於愛無等無間有所緣緣以種望現故所生現行卻緣種故餘支相望二俱非有

無明望行者二辨餘二緣自有三義初三位具二先擧論文從並以下疏釋並以現行相望總出有二緣所以言無間引生者明有等無間緣謂等無間緣要是現行心心所法前念謝滅引生後念故無明心心所滅引行思心受心所滅引起取心此中愛支亦約現行生及老死但是識與名色增長衰變增長心滅引生衰變故此三位有等無間言行等思心可反緣故者明有所緣緣等者等於取及老死謂行之思可得反緣前無明支故無明支即是行家所緣緣也二取亦心所故得緣愛愛是取家所緣緣也老死心所可緣於生生即老死所緣緣也皆言反緣者後支緣前故有望於生者此即第二二位相望但具一緣此上論文以種望現下釋上等無間義以等無間要是現行心心所法相引生故今有是種子生是現行安得有之受亦種子受是現行故非無間所生現行者釋有所緣緣義生是現行能緣有種愛是現行能緣受種故有及受爲所緣緣餘支相望者三明全無二也餘支者即更有六位相望總無二緣謂行望識識望名色名色望六入六入望觸觸望受支取望有支所以無等無間者其果皆非現心心所相引生故謂識等至愛皆是種子有亦種子行爲識因取爲有因難是現行所生識有即是種故非等無間所以非所緣緣者既非現行心心所法何有緣慮

此中且依隣近順次不相雜亂實緣起說異此相望爲緣不定以其逆順各有次第及超間故

此中且依下三結例無方亦唯識論意於中有二先擧論文然其論中乃有四重一依鄰近則異隔越或唯越一越二越多二依順次則異逆次唯將無明作行之緣不以行爲無明緣等三依不相雜亂異於雜亂若集論說以無明望行乃取無明其中行種而爲無明故是雜亂四依實緣起說者異於假說如向無明俱時業之習氣實是行種假說無明後之二義大同小異異此相望者即異上四義是向鈔中所異是也既異隔越等故疏云以其逆順各有次第及超間故且約第一隔越者如無明與識等五及有但一增上唯能生起彼種子故無明與愛取老死爲二緣謂所緣增上緣餘一切緣準此可知二約逆次（約九）（十二）者亦有鄰次隔越令合說之老死與生愛取行無明爲二緣謂所緣增上餘但增上三若相雜亂有二一順二逆順中有鄰次隔越如對法前無明望行是隔越與前實緣不殊亦約識等五種而說若約當生隨其所應逆次之中有鄰有間此應思準上約緣起說此約增上說然有遠近乃至諸支一一應作然此中識等五依當起位諸支隔越逆次超間相雜爲緣一一思準

爲緣既多義不同經約揀要從定有說又約因言已含餘三

爲緣既多義下四會通經意於中有二先明經中但有增上總言爲生起因故若雜集六因名成起相非謂鄰近緣如無明望行由此無間生當有故又約因言者二總明具四如雜集說無約位故但言生起因不定增上故若瑜伽意生起即是增上緣耳故論問云若諸支相望無因緣者何故說言依因果體性建立緣起耶答依增上緣所攝引發因牽引因生起因故說名爲因故大乘法師釋云即以此文證生起因唯說增上緣然生起因若別說者十因之一言十因者瑜伽三十八菩提分品云一隨說因二觀待因三牽引因四攝受因五生起因六引發因七定別因八同事因九相違因十不相違因謂一切法名爲先故想想爲先故說是名彼諸法隨說因觀待此故此爲因故於彼彼事若求若取此名彼觀待因如觀待手故手爲因故有執持業觀

待足故足爲因有往來業觀待節爲因故可丞中業觀待飢渴爲因故於諸飲食若求若取隨如是等無量道理應當了知觀待因相一切種子望後自果名牽引因除種子外所餘諸緣名攝受因即諸種子望初自果名生起因即初種子所生起果望後種子所牽引果名引發因種種異類各別因緣名定別因若觀待因若牽引因若攝受因若生起因若引發因若定別因如是諸因總攝爲一名同事因於所生法能障礙因名相違因此障礙因若關若離名不相違因餘如彼釋下次復云此一切因二因所攝一能生因二方便當知此中牽引種子生起種子名能生因所餘諸因名方便因釋曰意明三五是能生因次即云因復有四種一因緣二等無間緣三所緣緣四增上緣當知此中若能生因名爲因緣若方便因是增上緣等無間緣及所緣緣唯望一切心心所法前生開導所攝受故所緣境界所攝受故方生方轉是故當知等無間緣及所緣緣攝受因攝餘如彼論廣明釋曰彼論中十因別義今云生起因即十因中第五因也即增上緣今疏依通更以別理前能生後或親因生或是增上或等無間或爲所緣通云生起如分位緣生位位五蘊故容具四緣如上集論說耳十因之義唯識廣明四緣之義廣其如二論今但畧知名目大意以消經耳十二支各初自業不異前之二門論主唯解老死二業者以此難故舉一例諸然無明無因老死無果故前十一各與後支爲生起因老死無果與誰爲因經文意顯與無明爲因則無明非無因老死非無果故云不覺知故相續不絕不覺知者即無明

也是以十二因緣猶如循環如汲井輪無有斷絕反顯若能覺知則無復生死論主總以二業爲後生因故云壞五陰身能作後生因以不見知故能作後生因意明前陰但滅則後陰生故初爲因後意不知即是無明無明爲因則十二支相續不絕不見此意徒自云云其十二支下二釋自業於中先指前不欲繫詞故五不見下五結彈古釋遠公云不知雖是無明死支爲主攝屬死支如似生時亦有結業名爲生支即是云云不見論意若以一支兼餘支者則須無明遍於十二何獨死中偏說無明今明老死能生無明故爲此釋諸德既昧故曰云云二約大悲隨順觀四觀之中此下四段明第三異道求解脫

論云顛倒因有三種性因自在因苦行因及無因此有四因如次四門破之前三是邪因故併云顛倒此有四下先總釋也爲揀濫故昔人見論云顛倒因有三種後列乃四或欲合前二以應前三不知上三是邪因故併云顛倒後一自是無因邪因無因合成四過耳一性即冥性謂僧佉計此爲所知因謂知此冥性即得解脫故前云異處求解脫顯其理非此中雖云所知意取行非一性即冥性下二別釋四因初性因中先正釋後前云下對一心門揀濫所以揀者由此冥性是其外理今云行非者取其能知得解脫故名爲行僧佉之計廣如玄中二即迦羅鳩馱計自在天爲所求因謂自在天瞋衆生受苦自在天喜衆生受樂求其喜故二即迦羅等者此即名也姓迦旃延言計自在天者涅槃第十七吉德大臣之所師事謂闍王言如王所言世無良醫治惡業者曰今有大師名迦羅鳩馱迦旃延一切知見乃至云爲諸弟子說如是法若人殺害一切衆生心無慙愧終不墮惡猶如虛空不受塵水有慙愧者即入地獄猶如大水潤濕於地一切衆生悉是自在天之所作自在天喜衆生安樂自在天瞋衆生苦惱一切衆生若罪若福乃是自在之所爲作云何當言人有罪福譬如工匠作機關木人行住坐臥唯不能言衆生亦爾自在天者譬如工匠其木人者譬衆生身如是造作誰當有罪如是大師今者近在王舍城住往速往詣若得見者衆罪消滅王即答言審有是人能滅我罪我當歸依三刪闍夜計苦行爲所修因但修苦行以酬往業則得解脫故三刪闍夜者即名也是毗羅胝之子涅槃中云實德大臣爲闍王說云刪闍夜爲諸弟子說如是法一切衆生若爲王者自在隨意造作善惡悉無有罪如火燒物無淨不淨下取意引如地普載如水俱洗如風能吹乃至云如秋髠樹春則還生雖後髠研實無有罪一切衆生亦復如是此間命終還生此間以還生故當有何罪一切衆生苦樂果報悉皆不由現在業果因在過去現在受果現在無因未來無果以現果故衆生持戒勤修精進進現果惡以持戒故則得無滿盡有漏業以盡業故衆苦得盡衆苦盡故便得解脫唯願大王遠往其所四無因即耆多計衆生

不由因得萬法自然若知此者便得解脫

四無因者阿耆多名也翅舍欽婆羅弊衣也亦有云阿耆多翅舍皆名也即悉知義大臣所師經云阿耆多一切知見云告諸弟子作如是言若自作若教他作若自斫若教他斫若自炙若教他炙若自害若教他害若自倫若教他倫若自婬若教他婬若自妄語若教他妄語若自飲酒若教他飲酒若殺一村一城一國若以刀輪殺一切衆生若恒河已南布施衆生恒河已北殺害衆生悉無罪福無戒施定等上已釋竟疏因此便引涅槃餘之三師第四無所長大臣師尼健陀若提子告諸弟子言無善無施無父無母無今世後世無阿羅漢無修無道一切衆生經八萬劫於生死輪自然解脫有罪無罪悉亦如是如四大河所謂辛頭河恒河博叉私陀悉入大海無有差別一切衆生亦復如是得解脫時悉無差別五藏德大臣所宗即末伽梨俱賒離子爲諸弟子說如是法一切衆生身有七分何等爲七地水火風苦樂壽命如是七法非化非作不可毀害如伊師迦草安住不動如須彌山不捨不作猶如乳酪各不諍訟若苦若樂若善不善投之利力無所傷害何以故七分空中無妨礙故命亦無害何以故無有害者及死者故無作無受無說無聽無有念者及以教者常說是法六即日月稱大臣所宗富蘭那說如是法無黑業無黑報無白業無白報無黑白業。無黑白業報無有上業及以下業已上畧明六師之計廣如諸論

衆生於上邪因無因異道中求經欲以正折邪故舉四門令於中求不應於上邪見中求此門即破實性謂因緣有支各二種業而能生彼因緣事不由實性故斷前支緣則後支不續一生之中便得解脫汝之實性縱八萬劫知亦無脫期

三約一切相智觀即當第三方便觀謂因緣有支各有二業爲起後方便若滅前前即不生後後是解脫方便三約一切相智觀然論但云因緣有支二種業能起因緣事故今疏乃義加解脫方便又二業中經文後一爲起後因疏意云若無自業何能起後故云二業爲起後方便

第四不相捨離中三門同前初約相諦即當自因觀自因之義已見上文第四不相捨離門自因之義下相先指前章疏云唯從無明生行等名自因是也又論云自因觀者無明等自生因觀緣事故謂離前支無後支故如不離無明有行等則無明唯是行自因也以是自故令行不斷以是因故但云助成又論云下二引論廣釋於中亦二先標即論主生起之文引論不盡此下更云何者是無明等因緣行不斷助成故釋曰此是論宗先舉經釋成自因以易故不引又與下廣釋義同故畧不引然無明等自生因觀是自義緣事二字是其因義謂離前支下第二廣釋即下釋經論文釋自因義然具足論云自因觀者不相捨離觀故離前支無後支觀故不離無明則成行觀若不離無明有行者不應言無明緣行若離無明有行成者異則不成是故偈言衆因緣生法是則不即因亦復不異因不斷亦不常釋曰今疏以言間論釋之對文可見今更委釋此中疏取論意但以不即不離成自因義不即故因義成不離故自義成於中疏文有其三段一順釋明要具不即離義自因方成然文但有不離之言意則已有不即之義於中離前支無後支者以義標次如不離無明有行等則指經釋成並同論文但初門不相捨離之言中間加一如字即出彼論從則無明唯是行因是疏釋論意成其自義以是自故下結成二義謂自及因義即是論經然令經文一時並舉不斷助成若論經文亦各別歷十二因緣云是中無明緣行者無明因緣令行不斷助成故行緣識者行因緣故令識不斷助成故等令初論意云以無明令行不斷爲自義助成是因義助成是不即令不斷是不離故上標云自生因觀是自義緣事是因也自生因觀即令行不斷緣事即是助成

約九　十六　約九　十七

若唯不離無明有行則成太即不應言無明緣行若全離無明有行則成太離無明則非行因故論云異則不成若雖不離下第二反釋太即則無明即行不得言無明與行爲緣太離則無明不干於行何殊色於行耶不即不離則名自因亦二義成矣故論主引中論偈云衆因緣生法是則不即因亦復不異因非斷亦非常初句汎舉也次句以是所生非能生故亦復不異因者從於能生生所生故非斷亦非常者不即故不常不異故不斷又不即因故果不斷因不常不異因故果不常因不斷又以不即故因果俱不斷不異故因果俱不常非無

因常故又亦反此非相續常故又以不離是不即故即不常爲不斷思之不即不離下結示正義於中有二先標言二義成矣者即不斷助成之二義初句泛舉下雙釋切句是樂一切因緣生法非局此十二因緣二三兩句明不即離第四一句總歸中道非斷常義初一是總正是因滅不常果續不斷之義故云不即故不常即乃因至於果便墮今常言不異故不斷者從因生果是果續義故是不斷異則果不續因便墮於斷次下三義於此開出而取意別又不即下第二意於不即不離二義之上名成不斷不常初言不即因故果不斷因不常者不即則有果故果不斷因不與果俱故因不常次云不異因故果不常因不斷者果從因生故果非常不異則因能生果故因不斷此上因果交絡明不斷常又以不即下第三又以不即故因果俱不斷等者當一句上即具不斷不常不即有因有果故俱不斷不異故因果俱不常者此義難見故釋云非無因常不異則果從因生故非無因常不即則因由果顯亦非無因常然無因常乃有二義一如涅槃云是諸外道無有一法不從緣生是故無常如來佛性虛空不從緣生是故爲常則是真常非此所明二者外道所計微塵世性前無有因故說爲常此是邪常是今所揀又亦反下第四又亦反此應云不即故因果俱不常不異故因果俱不斷不斷義易故更不釋謂不異則從因有果俱不斷滅不斷不常不常難見故今釋云非相續常者若即因者因則至果如泥至瓶此因則當果即是因果亦相續常也此常則是邪見故今揀之前不斷相續則是正義以果續不斷故又以不離不第五合不即不離及不斷不常以爲一致上五釋中初一望次三即從總開別此一望前四即合於前開故令思之以成深觀

佛子此中無明緣行乃至生緣老死者由無明乃至生爲緣令行乃至老死不斷助成故文中先順後逆順中而論云無明有二種一子時二果時是中子時者令行不斷有二種義故緣事示現者子是種子果是現行現行之果雖前已謝故不取之種子續故令行不斷能助成行故取子時亦可初起無明名之爲子還至行時名之爲果由前等引之力令行不斷助成行故偏取子時餘十一支皆有二時例此可了一子時下即釋

自因自因之義前已廣引今但釋論子果之言疏中二釋正順論意亦順涅槃第二十九師子吼問陰無繫者云何繫縛佛答以煩惱鎖繫縛五陰因此便說名色繫縛衆生繫縛名色等師子吼難云若名色繫縛者阿羅漢未離名色亦應繫縛佛答云善男子解脫有二種一子斷二果斷言子斷者名煩惱斷未斷果故名果繫縛又引油燈以喻煩惱衆生釋曰此明爲因義邊名子羅漢斷煩惱因未脫果縛故似後義以論言無明有二是則爲因之時即是前支能起於後若前支至後但有種子非是正發後支之因故取子時子即因耳故論云是中子時者令行不斷有二義故以自體助成二義皆屬前支故而名因爲子者如穀子生芽故果即是行行時有行俱無明非發業者故不取之餘支例然皆以前支爲後支緣令後不斷助成後支故疏正意在其後解

無明滅則行滅乃至生滅則老死滅者由無明乃至生不爲緣令諸行乃至老死斷滅不助成故

後逆觀論云先際後際滅中際亦無後逆觀論云下有二先引論然經文中亦歷十二云無明滅故則行滅無明因緣無行滅不助成故行滅故則識滅行因緣無識滅不助成故等而論云先際後際滅中際亦無者意云若前際無明行無中際五果則無後際愛取有無中際苦果後更不生總顯無因則無果義而謂愛取有爲後際者即次第六段三際輪迴門中將愛取有以因從果名後際是故不說者十二因緣不出三際過未既無中豈得有是故不說有不斷助成義又不說者滅則滅前諸義故不假說子果等殊是故不說下此釋上論是故不說之言而有二釋前約經明故云不斷助成後約論意故云不說子果二約大悲隨順觀破顛倒因中以自在天爲衆生因今以無明等爲行等因尚不從於餘支豈得從乎自在三約一切相智觀即當第四因緣相觀有支無作故者既由前前令後後不斷助成後後則後後無性何有前前能作後後即以無作爲緣之相是種智境三約一切下三種緣生中無作緣生也三種緣生者如十藏中謂是事有故是事有是無作緣生是事起故是

事起是無常緣生無明緣行是勢用緣生今前二觀是無常義今是無作又無常義初門已明勢用一門通於前後亦廣在初門

約九

大方廣佛華嚴經疏鈔會本第三十七之四

云

大方廣佛華嚴經疏鈔會本第三十七之五 約十

唐于闐國三藏沙門實叉難陀 譯

唐清涼山大華嚴寺沙門澄觀 撰述

佛子此中無明愛取不斷是煩惱道行有不斷是業道餘分不斷是苦道

第五三道不斷一依論相諦中六觀之內名攝過觀謂以三道攝十二支則顯有支但攝於苦因果過患業惑是因苦即是果亦有順逆名攝過觀者即唯識論感苦相攝門初順觀中文含二義一約三世則過去無明現在愛取名爲煩惱雖同煩惱過去迷於本際與無明名現在牽生後果由於愛取過去下約強弱分別過迷本際建立生死強愛取引果強從其本末隱顯互彰行有是業者宿業名行現業名有雖同是業過去已定當相名行未來未有業能有之功能立稱現在五果未來二果同皆是苦現報已定當相受名未來未起從過患立若約二世前十同世則煩惱有二能發能潤雖諸煩惱皆能發潤於發業位無明力增潤業受生愛取力勝各偏受名以無熏發唯一無明數數漑灌故分愛取從其本末下二本末分別無明是本過去說之愛取是末現在說之前則約用此則約體此亦俱舍以略攝廣中云三煩惱二業七事亦名苦略果及略因由中可比二釋曰上二句正以惑業苦攝十二下二句解妨謂有問云一種是惑何以前際唯一無明中際分成愛取一種是苦何以後際唯二中具五耶故爲此通後際二是略果前際一是略因由中之五比知後二由中之二比前之一若更廣說便爲無用但出略廣不出略之所以唯識則有若約二世下是唯識論卽釋能生後問答分別故彼論中前有問言何緣發業總立無明潤業位中別立愛取答曰雖諸煩惱皆能發潤而發業位無明力增以具十一殊勝事故謂所緣等廣如經說於潤業位愛取偏增說愛如水能沃潤故要數漑灌方生有芽且依初後分二愛取無熏發義立一無明釋曰上皆論文以論對疏廣略可知然彼論問乃有二意一問立名不同一種是惑前立無明後立愛取等二問廣略有異故問總立無明別立愛取故下答中具有二問先答立名不同約勝劣門後要數漑灌下答中二問發業潤業熏不熏故斯則出於廣略所以言十一殊勝事者緣起經說一所緣殊勝遍緣染淨故二行相殊勝隱眞顯妄故三因緣殊勝惑業生本故四等起殊勝等能發起能引所引能生所生緣起法故五轉異殊勝隨眠纏縛相應不共四轉異故六邪行殊勝依諦起增益損減行故七相狀殊勝微細自相過愛非愛共相轉故八作業殊勝作流轉所依事作寂止能障事故九障礙殊勝障礙殊勝法故十隨轉殊勝乃至有頂猶有轉故十一對治殊勝二種妙智所對治故故不說餘亦名發業支言且依初後者謂愛取初後分愛取二以愛爲初取爲後故其實有多現行潤也業亦有二未潤已潤未潤名行初造作故已潤名有近生當有故若總取識等種爲所潤則亦苦攝故唯識云有支一分是業所攝就苦七中五約種說二約現行種位難知依當果位別顯爲五果位易了故唯立二並如前說業亦有二者亦唯識論如初章說

三道皆言不斷者謂從三煩惱生於二業從彼二業復生七苦七復生三故如輪轉如淨意菩薩十二因緣論廣明三道皆言下亦是釋於始終之難顯無始終先正釋後引證前中從三煩惱生於二業者從一無明生一行業從愛取二生一有業二業生七苦者從一行業生識等五從一有業生生老死故十復生三者識等五苦生愛取二生死二苦生無明故上云不了知故生死流轉如淨意菩薩者彼論偈與此相應偈云煩惱初八九業二及與十餘七說爲苦三攝十二法從三故生二從二故生七從七復生三是故如輪轉一切世間法唯因果無人但從諸法空還生於空法若準俱舍亦爲通難故論問云若緣起支唯十二者不說老死果生死應有終不說無明因生死應有始或應更立餘緣起支餘復有餘成無窮矣答云不應更立然無前過此中世尊由義已顯云何已顯頌曰從惑生惑業從業生於事從事事惑生有支理唯此釋曰初句有二一從惑生惑者謂從愛生取二從惑生業者謂取生有無明生行次句有一義謂從行生識及從有生生皆從業生事第三句有二善一從事生事謂識生名色乃至徧生受及生生老死二從事生惑謂受生愛義亦應有老死生無明上一事字即是能生下事

惑字即二所生從生二字兩通用之第四句結釋酬難謂諸有支唯此十二道理足矣上所引論文則小異義意大同

前後際分別滅三道斷如是三道離我我所但有生滅猶如束蘆

後前後際下逆觀分二初明對治斷謂斷前際無明行及後際愛取有則七苦不生

後如是三道下明自性斷故淨意云一切世間法唯因果無人但從諸法空還生於空法是則生滅因果如二束蘆互相依立不能獨成則知無性二我俱空如二束蘆者謂因果互依初門已有但約識與名色互依今通十二因緣然要云束蘆者又取中空十二因緣相有名生虛無名滅生滅假集亦如束蘆

二約大悲觀中即當破異道求中苦行因計謂以業惑而爲苦因欲求脫苦當斷業惑反修苦行是起妄業計苦行心即是煩惱如是妄想寧是解脫樂因計苦行心者正是邪見亦見取亦是愚癡上業此惑皆集諦故是苦因非解脫因此亦即是宿作因外道並如前說

三一切相智觀中即第五入諦觀三道苦集諦故謂業惑皆集故瑜伽云生老死現法爲苦識等五當來爲苦者五約種說故唯識云十二皆苦諦攝取蘊性故五亦集諦業煩惱性故此則業惑通於二諦約其逆觀即滅道諦滅分別心亦即道故三一切相智觀即第五入諦觀者隨有二釋前正論意

又體三道即性淨三德涅槃佛性一實諦故又體三道下二即天台意下都結中當更分別約十四

復次無明緣行者是觀過去識乃至受是觀現在愛乃至有是觀未來於是以後展轉相續

第六三際輪迴初約相諦名護過觀謂說三際護三過故三際不同諸教三說一依唯識合能所引開能所生故前十現在後二未來十因二果定不同世因中前七與愛等三或同或異謂生報定同後報便異若二三七各定同世如是一重因果足顯輪轉及離斷常此則但以二世具十二支不許三世兩重因果若爾云何三際今之二果乃是前際十因之果三際不同下二釋三際唯識分四一敘意合能所引者初二能引次五所引要一世故十因下正立直至斷常皆是論文其生報定同後報便異是義釋耳此則下結成論意故彼論次云施設兩重實爲無用或應過此便致無窮釋曰言無窮者若愚前際說過二因更有愚於前前際者二因猶少應更多說若謂愚於後際說二果者亦有愚於後後際者二果猶少應更說多若爾下會通彼論成三際義

二依智論俱舍生引俱開初二過去次八現在後二未來故成三世現八之中前五是果酬於過去後三是因復招未來則二重因果各具三道可得抗行二依智論下即第二釋言生引俱開者然俱舍中不說生引今約大乘又對唯識合能所引故云俱開是故結云三道抗行謂無明行即是能生非要愛等潤竟方能約十五

三依此經意明三世故開能所引爲前中際爲遮前七定同世故復示無明迷本際故二屬過去合能所生總爲後際爲遮愛等但是潤故示因招果令厭因故以因從果五屬未來則能所引生及所發潤皆容互有經無生死者同許爲果略不明之論經具也明文昭然何爲唯取二世不受三耶三依此經者即第三釋即是大乘有三世義唯識判三爲小乘者特違至教言爲遮前七定同世者即上唯識言爲遮愛等但是潤故者所遮亦是唯識論意今明愛等同無明行具發潤等示因招果者正說以因從果所以示果過患由愛等因應厭因故亦通妨難謂有問言前之二世當世世以明何得未來以因從果答意可知則能所下結示本義謂能引之二許有能生能生之三必有能引所引之五通其所生而言客有者以大乘中雖說三世而於五果通種及現約爲種邊但爲所

引約現行邊即是所生未潤之二但名能引已潤之二即名能生發業愛等但名能引已潤愛等即名能生故皆容互有明文略然者結彈唯識非不許其立二世義取二非三故爲非耳

已知大意次正釋文文有順逆順中有二先明一往三世後於是下明流轉三世今初云無明緣行是觀過去者觀有二義一觀現在生是過去二因所作二則知識等是彼過去當來之果因果相屬反覆相成如是方名見過去因義能防三過言識乃至受是觀現在者亦有二義一觀現在識等由過業得二復知識等能得未來果報以不得對治依起愛等故現在目覩故分兩向明其二義言愛乃至有是觀未來者此未來因決得來果一往定故

如是方名等者亦是遮難恐有難言經但說二支在於過去論主何爲反覆相屬故今答云要知過去因能招現果現果必從過去二因生方能護於先業等過如下當

約十六

釋現在等者此亦通難謂有問言前說無明行之二因唯對現在反覆相成今明現在五法亦應反覆何因兩向故今答云前來二因因謝過去故須對現以說彼因現果已成方知彼因招果不失今之現在非獨酬於過去之因復依現招未來果故兩向明之若更相成不異前二復應難言前說無明已說現果酬於過因今何重說是過去果此應答云前酬過去爲成過去今說過招爲成現在故非重也所以二法兩

向明之此未來因者上句釋成亦是通難謂有難言現在愛等從果名未過去無明等何不從果而名現耶故今答云來果未至從果名未知其決得令其生厭過因已謝何得名現復應問言現在愛等從果名未現在識等應從因名過亦如向答未因決得故從果名未現在已得何要名過復應問言釋前過現反覆兩向今辨未來何以但將因對果耶答前二經文直說過現不說相成故論相成今此經文經自將現

對於未來故論不釋一往定者結成二義謂說一分三世名爲一往理數如是解之爲定對一下展轉故云一往是一向理故

二流轉三世者謂不得對治復有後世於後世上轉生後世後後無窮

已知三際云何護過謂外與內因緣之法立三種過一者一切身一時生過何以故無異因故此過從前自因而生謂既無自在等而爲異因唯無明行爲識等因行有多種何以不得六道齊生二者自業無受報過何以故無作者故此過從於無作緣

約十七

生作者即我三者失業過何以故未受果報業已謝故此過從於無常緣生

已知三際下第二護過於中有二先過一一過內文皆有三初標名二徵釋三辨所從所從是疏標釋皆論前之二過以前望後後之一過以後望前由無明行在報前故未受果報業已謝失果在於後望前之業以成過故

此上辨過云何護耶

若見三際則能護之然過去業有三種義故不得報一未作二作已未潤三得對治今無明緣行則顯已作現識等五則顯已潤已受愛取有三則知未得對治於已作業既有潤未潤殊斯爲異因已潤則受生報未潤則受後報潤未潤殊豈得六道一時齊受此爲異因何用自在既自造異因自招二報非他身受何言自業無受報耶假者自造何用我耶若已作業不得對治潤則便主知業不失因雖先滅勢力續故現見得報不可言失三過度矣

然過去下初泛明不受報業今言一未作者此言難解謂若未作則未名業故今依瑜伽其未作業名爲不作論第九云不作業者謂若不思業若不思所起不起身業語業釋曰據此不作即任運所起非故意思故名有思又無思已不起身口故不受報故九地釋表無表業云作無作作即身口無作即意如殺盜等心雖欲作不作不形身口故不受報若全不作名不受報耶何要待言又何得論云業有三種而論但云作已未得報其未潤言是疏不義加三得對治者即瑜伽中名不增長業增長三業總有十種一夢所作業二無知所作業三無故思所作業四不利不數所作業五狂亂所作業六失念所作業七非樂欲所作業八自性無記業九悔所損業十對治所損業除此十種所餘諸業名爲增長今無明下二舉今經明得報義於中有

二先正明對前三不得報今無明緣行則顯已作者此揀第一未作業也既爲無明所發之行此行要是能感當報故非向來不思之業現識等者則前無明行等已得潤竟故今受果此則過去二因已含發潤愛取有故者謂若得對治不應依現更起愛等此後更有論反釋云若斷愛取雖有作業則無明行不能生有釋曰則顯現在亦有無明與行是所潤等觀此論意則過二因具於發潤但衆發業之名現在愛等亦約十八有發潤但顯潤名故上疏云皆容互有思之亦可現在愛取不潤過去後報之業故不能生有於已作下第二結酬外難上立三過語雖影略總相皆由無異因故異因即我今明不要我爲異因即已造已潤不得對治而爲異因此語是前說過後論論出三過竟云此三種過以見過去世等異因故受生報等差別故釋曰上論總出其過總明答之今出過所以竟方用結酬已潤則受下四正明護過三過即爲三別今初雖一身中具六道業潤者先受那得一時此即已潤異因既自下護第二過二報即是生報後報此即已造爲異因若已下護第三過即不得對治爲異因言勢力續故者小乘則是後後連持大乘則是已熏成種後能得果故云勢力三過度矣者結也

無明滅行滅者是觀待斷

後無明滅下逆觀即得對治義此滅則彼滅是觀待斷又因觀能滅揀自性滅故云觀待

然十二緣三世並備但隨化迹隱顯分三令知過去因招今苦器今斷愛等當果不生則愚癡絕命於慧刃愛水焦乾於智火高羅四開於六趣無生起遍於八極矣

然十二緣下第二結示謂過去二因即含有愛等能潤業等必依過去識等上起始生終死等過具十二矣現七果上起發潤等現亦具矣然七事中五即生死而總別分故說具七當雖說二同現亦具二必有五及起因故是以上言皆容互有並如前說故約十九言但隨化跡隱顯分三從今知下出隱顯意義如前說則愚癡下是逆觀意以智慧劍破發業惑以智慧火乾於現在潤業愛取則七苦不生能所引生即四面網此即史記書湯出遇畋捕者祝云自天而下從地而出四方來者皆入吾網中湯見之歎三面網祝云可上者上可下者下可東者東可西者西可南者南可北者北負吾命者入吾網中顯法令寬也今亦不留一面故曰四開皆證無生若鳥出網以適八方

二約大悲隨順觀治異道求中無因之見示三際因果既先際二是中際五因中際之三是後際二因若無如是等事衆生亦無斯因有矣何得言無

三約一切相智中當力無力信入依觀論云先中後際化勝故謂此三際爲因義邊皆名有力爲果義邊名爲無力若約三世前際於現五有力於當二無力中際愛等於當有力於現無力以斯三際化彼凡夫令信入依行化中之勝如是窮究爲種智境

謂此三際下次於中有三一釋力無力二以斯三下釋信入依義有三化中下釋化勝離取三際方顯化勝亦是瑜伽緣起差別故瑜伽云緣起差別云何謂於前際無知等如經廣說於前際無知云何謂於過去諸行等起不如理分別謂我於過去爲曾有耶爲曾無耶曾何體性曾何種類所有無知等亦即俱舍云說前後中際爲遣他愚惑故彼論云契經何故唯說有情故有上偈釋云世尊爲遣三際愚惑故說緣起惟約有情問如何有情前際愚惑謂於前際生如是疑我於過去世爲曾有非有何等我曾有云何我曾有釋曰此有三疑初疑我有無二疑我體性爲即蘊我離蘊我耶三疑我差別爲當常我無常我耶問如何有情後際愚惑答謂於後際生如是疑說於未來世爲當有非有何等我當有云何我當有釋曰三疑如前但曾當有異耳問如何有情中際愚惑答謂於中際生如是疑何等是我此我云何我誰所有我當有誰釋曰此有四疑何等是我者疑我自性也此我云何者疑我差別也我誰所有者疑我因也謂此現在我過去誰因所有也我當有誰者疑我果也謂我當有誰果也爲除如是三際愚惑故經唯說有情緣起以契經說苾芻諦聽若有苾芻於諸緣起已生諸法能以如實正慧觀見彼必不於三際愚惑謂我過去爲曾有非有等釋曰大小論殊其旨皆一今三際無我斯惑自亡故以三際化彼凡夫除其我愚信入無我修無我行爲化之勝

第七三苦聚集初約相諦即當六觀之中第五不厭厭觀論云厭種種微苦分別所有受皆是苦故此約微細行苦又云及厭種種麤苦故此約壞及苦苦皆凡夫不厭菩薩厭故又初微苦二乘

不厭菩薩亦厭二乘雖知捨受行苦不窮
委細有無量相及變易苦故云不知二乘下通妨恐有問言四禪已上皆唯行苦二乘已超何言不厭故有此通此有二意一約界內無即涅槃十二云苦有無量相非諸聲聞緣覺所知二及變易苦謂出三界究竟無餘故
約十 復次十二有支名爲三苦此中無明行乃至
十 六處是行苦觸受是苦苦餘是壞苦
文中亦有順逆順中從相增說以配三苦
前五遷流相顯名爲行苦觸受二支觸對
生苦故云苦苦餘但壞樂故名壞苦老死
約十 十二 壞生亦名壞苦順中自有三門一隨相增減門二實理遍通門三三受分別門上二即唯識三苦分別門第三即三受分別門引論廣釋今初即隨相增減門觸對生苦者因於苦緣生於苦心故云苦苦然其觸受既通三受偏言苦苦者就增說故亦訶責故老死壞生者此遮外難恐有難言老死無樂何名壞苦故爲此釋則壞苦有二一者壞樂二是壞業業正能壞生即是壞業得名壞苦若準瑜
伽唯識十二支全分皆行苦攝有漏法故
十二支少分苦苦攝十二支中各容有苦
故十一少分壞苦所攝以老死位中多無
樂受依樂立壞所以言無若約壞生如今
經說若依捨受以立行苦則除老死老死

位中無容捨故以此三苦從三受生謂苦
受生苦苦樂受生壞苦捨受生行苦故二
苦皆言少分者十二支中具三苦性若是
二苦必是行苦故言全分有是行苦而非
二苦又是二苦各不攝二故云少分若準瑜伽下二引論廣釋於中有一先舉論即理實遍通門正唯識文瑜伽同此若依捨受下二釋上壞苦十一之言除老死故以此三苦下三釋成老死無捨受言即三受分別門也二苦皆言下四釋少分全分若是下諸有漏法刹那性故有是下釋二少分而有二義一二苦不遍捨受故名少分又是下壞及苦苦各不相攝兼無捨受故各不攝二以壞苦中無有苦受苦苦之中無樂受故
無明滅行滅者是三苦斷
逆觀可知
二約大悲隨順觀此下四段當第四求異
解脫謂不識眞解脫求三界苦等爲解脫
故名之求異眞解脫者有四種相一離一
切苦相二無爲相三遠離染相四出世間
相此四即涅槃樂常淨我故涅槃云於世
間法自在遠離名爲我故故下四段經明
其但有四妄而無四德令此明其有苦無
樂故論云彼行苦事隨逐乃至無色有縛

彼計無色爲涅槃者豈非妄苦耶此四節涅槃下
雖釋上論如次配其四德等故涅槃下唯證第四我相隱故三約一切
相智此當第七增上慢非增上慢信入觀
不如實知微苦我慢即增上慢若知微苦
非增上慢不知令知名爲信入不如實知者此即論
約十 十三 文從此即下疏釋上論然論標名有增上慢釋中即無故疏揩論我慢即增上慢從本說故若知下釋非增上慢言又不如實知者涅槃云聲聞有苦有諦而無眞實故
第八因緣生滅亦名從緣無性初約一切
智觀此下三門皆明深觀謂四句求緣皆
無有生無生而生故曰深觀第八因緣生滅門初觀有
三一釋觀名一義名深一無生故二生與無生無障礙故此門明不自
生不他生第九門明不共生第十門明不
無因生釋此四句略有二意一破邪二顯
理理外妄計曰邪邪亡則理顯理顯則惑
亡反覆相順然自他等四是計是依不之
一字是藥是理窮生之理不出自等自等
若無生將安寄故以不不之則惑亡理顯
言是計是依者計是破邪之所依是顯理之所是藥者是破邪之能是理者是顯理之能若望顯理理爲所顯令用不爲理令於自等而見於理見理因不故以不爲能顯後窮生下彰破顯之功然其所計略有三類一者外

道謂冥性爲自梵天爲他微塵和合爲共自然爲無因又此四計亦是僧佉衛世若提子勒沙婆也然其所計下別釋二章先破邪中分之爲二先出計中乃有三類凡小如前夜摩偈說二小乘同類因爲自異熟因爲他俱有因爲共計無明支託虛而起亦曰無因上計亦通大乘執相之者二小乘下同類因者因果相似如善五蘊與善五蘊展轉相望爲同類因異熟因者唯諸不善及有漏善相望故也俱有因者如四大種更互相望爲俱有因三約大乘果法爲自衆緣爲他合此爲共離此爲無因又賴耶自種爲自衆緣爲他合此爲共離此爲無因又法從眞起爲自從妄起爲他合此爲共離此爲無因三約大乘下自有三義前二通法相及無相宗後一是法性宗皆執法成病故俱爲所破至顯理中當知其相所計雖衆但顯正理諸計自亡所計雖衆下第二明破但指顯理而爲能破同一不故顯理復二一約無生以顯深觀二約生無生無礙以顯深觀先中略爲二解一約展轉釋法從緣故不自生既無有自對誰說他又一切法總爲自故又他望於他亦是自故既無有他故不他生自他不立合誰爲共有因尚不生無因

何得生法從緣者卽對前果法爲自衆緣爲他義說通於二論一通中論青目釋不自生云萬物無有從自體生必待衆因緣復次若從自體生則一法有二體一謂生二謂生者若離餘因從自體生者則無因無緣又生更有生生則無窮釋曰據此卽以果體爲自也二通對法先明三句無生後辨不礙三作初云不從自生者謂一切法非自所作彼未生時無自性故釋曰此之釋自同青目意論云不他生者謂彼諸緣非作者故不共生者卽由於此二種因故釋曰二種因者卽指上二句自他二句各旣不生合亦不生後辨三作云然非不自作他作因生故甚深此意以三作釋不無因故云緣望於果有功能故因望於果亦然合上爲三作故旣從三作故非無因然觀三作則自亦是因今疏中經不自他等卽中論偈意偈釋自生卽是下文因緣形奪中用故云如諸法自性不在於緣中此以他破自次云以無自性故他性亦復無此卽以自破他憑公云以自破他凡有三種一總二卽三相待今疏卽全有此三初云旣無有自對誰爲他卽第三相待破無自可待對故如無長故無短次云又一切法總爲自故卽第一總義萬法皆自如百人一處皆用己爲自則他不是自今破一自則他亦破矣次云又他望於他亦是自故者卽第二卽義謂如兩人二互相望此言自指彼爲他他亦自言我卽是自指此爲他故其兩人皆有於自破此入自他人之自亦已亡故從自他不立下卽雙用自他破共生義如二盲人雖不見色合豈見耶從有因尚不生者卽以三作破無因耳此中非謂非是無因而立有因衆況以釋因緣和合合是生義尚不得生豈用無因而立生義故四句求生生不可得無生之理顯然可觀正理旣顯計何由生二約因緣形奪釋故對法云自種有故不從他待衆緣故非

自作無作用故不共生有功能故非無因論解同此二約因緣者卽就前計以因爲自以緣爲他而顯理也然對法初散釋亦以破自爲先故云又有差別謂待衆緣故非自作雖有衆緣無種子不生故非他作彼俱無作用故非共作種子及衆緣皆有功能故非無因生是故如是說自種有故不從他等一如今疏釋曰初句以自破他如於外法以穀子爲自水等爲他內法識種爲自業種增上緣爲他若無種子決不生果故不他生次句以他破自故云待衆故非自作次無作用故不共生卽以和合無性破共次有功能故非無因者以共破無因言論解同此者今取論解同對法也如下釋文中辨彼論結云若緣起理非自非他遣雙句者猶爲甚深況總亡四句是故緣起最極甚深若爾自種有故則是自生豈曰無生此乃假自破他非立於自次句假他遣自故中論云如諸法自性不在於緣中也下二句例然惟審詳之若爾下釋妨揀濫古人多以非無因是從因生故爲此問答引中論證唯證假他破自以自破他等已如前說故此論難見意云汝立自性而能生者不合更假其餘因緣若有自性而復假緣則此自性應在緣中今水土緣中無穀自性明不自生下二句者卽以無作用破共非立無作用生以共破無因非因立也此別顯無生義故令審詳使物莫濫若顯甚深次下當說二約無礙者但因緣生果各有二義謂全有力全無力緣望於果若全有力則因全無力故云因不生緣生故云不自生二因望果全有力

亦然故云緣不生自因生故故不他生三二力不俱故不共生四二無力不俱故不無因二約無礙下此門更分二先明事理無礙無力故無生有力故不礙生則生不礙無生無生不礙生亦取前對法偈明之而用意有別亦同初門不自生非不自作等則上二句顯不生第四句不礙三作此復二義一約用則力用交徹有相入義謂有力攝無力故故十忍品云菩薩善知緣起法於一法中解衆多衆多法中解了一等二據體有空不空有相即義謂非但因力歸緣亦乃因體由緣而顯全攝同緣因如虛空故上文云一即是多多即一等力無力必俱故常相即入是爲無盡大緣起甚深之觀此復二義下依此力無力成於事事無礙法門謂成相入及相卽義如前玄中

大方廣佛華嚴經疏鈔會本第三十七之五

大方廣佛華嚴經疏鈔會本第三十七之六　法一

唐于闐國三藏沙門實叉難陀　譯

唐清涼山大華嚴寺沙門澄觀撰述

復次無明緣行者無明因緣能生諸行無明滅行滅者以無無明諸行亦無餘亦如是

法　一

文中亦有順逆初順觀中經云無明緣行者牒也無明因緣能生諸行者釋也論云有分非他作自因生故此以不他生釋經因字謂如行支唯從無明故云自因即上自因觀也二者非自作緣生故此以不自生釋經緣字謂行支但假無明爲緣非有行自體在無明中從自而生即他因觀但取揀餘不親生故名因顯前非後踈故名緣非謂四緣之因緣也餘並可知中論言有分者分即支義此以不他生下是疏釋論二非自作者亦是論文餘皆疏釋言非謂下此句揀濫以古德釋云無明望行無因緣義言因緣者有其二義一自種爲因無明爲緣此二合說故云因緣然隱此親種顯彼勝緣故云無明因緣也二但彼增上緣望自增上果還是親因故說無明爲行因緣此解失意故今揀之若取有力增上揀無力增上爲親因者於理則可然亦非因緣故爲失意後例餘者謂其餘支及與逆觀謂順觀尚即自他不生逆觀豈有自他可滅二約大悲觀即異求中計非想等以爲涅槃又計妙行爲解脫者非是常德但是生滅故可悲之又計妙行者以六行伏惑爲解脫者解脫因故既有欣厭心亦生滅耳三約一切相智觀此及後門名無始觀此有二意一若約俗說因緣爲生滅之本生死無際故因緣無始二約眞說見法緣集無有本性可依故名無始即淨名云從無住本立一切法故染淨眞性皆無始終顯染可除但云無始餘如別說論云中際因緣生故後際生即舉此第八門隨順縛故即第九門謂但一念從緣生即是不生故無始也不言初際生者意顯無初故今不起妄即不生故此有二意者約俗是賢首意約真是遠公意前中言生死無際者即中論本際品云大聖之所說本際不可得生死無有始亦復無有終若無有始終中當云何有是故於此中先後共亦無釋曰據此則上二偈前是俗諦無始後偈便入真諦而俗諦無終者約多人說故今直就事明但有無始二約真說俱無始終何以但言無始今謂無明從空而起故但云無始即淨名下雙顯二義無住之本即是真諦立一切法即是俗諦俗依真立真既無始俗亦無始而論但名爲無始致令二德各見不同今疏以理而通二德並皆全取故染淨者結示通妨染之與淨即上俗諦皆依無住故無始終言依無住者非依無住展轉生來無住即是實相異名故無一法不同實相真性即上約真諦說理無始終顯染可除下通妨妨云何以但言無始故爲此通餘如別說者然初地中已畧顯示今更畧明謂或說真性無始無終性無生滅故恒沙性德依體說相亦無始終證淨善提有始無終創修成故說之有始實同真性故無有終生死妄法無始有終未曾離念故無有始妄可斷故本有今無故說有終若約以因招果說者無明爲始老死爲終有始有終約智符理理無始終智亦無

法一

始不爾真智不同真故妄法有二亦無始終一則從緣舉體空故無可始終二即妄同真故無始終如波即濕同性無終隨順觀俗即真諦故若有始終不即真故故疏結云則染淨真理皆無始終論云下引論牒釋即合二門爲一無始故雙牒釋不言初際下通上中際因緣生故意顯無初故者約俗諦門無明無始故今不起妄下反釋論意故云不生今即中際不起愛取何有後際生老死耶

又無明緣行者是生繫縛無明滅行滅者是滅繫縛餘亦如是

第九生滅繫縛者亦名似有若無初一切智觀中明不共生文中三初順觀經中但明無明爲緣縛行令行繫屬無明斯則緣

法二　三

生而爲不共者論云非二作但隨順生故無知者故作時不住故意謂但行順無明緣不得不生互無知者故非二作若爾但隨順生即是共生何要知者故末句云既從緣生則念念不住誰爲共耶此同對法

無作用故又中論云和合即無性云何和
合生亦名等者生滅繫縛但順經文似有若無即是經意故論云不共生也文中順觀之內有三初牒經文徵起共義論云下二舉論解釋非二作是摽但隨順下論有三釋明不共義意謂下三疏釋論文即就論三義展轉相承疏有二節先合釋前二但行順無明不得不生是第一意既言隨順故明緣會不得不生即無生矣二云何以隨順即得無生行與無明二互相依無知者故由上二義故非自作若爾下二別釋第三義以不住釋上無知如河中水湍流奔逝故無相知此同對法下以論證成對法即如前文又中論云即是過意據文即因果品云若因衆因緣而有和合法和合自不生云何能生果如來品云陰合為如來則無有自性等皆其義也
次無明滅下逆觀謂滅但滅於繫縛既無共
生安有共滅言有生滅皆是繫縛次無明滅下逆觀下釋逆觀但釋不共滅義生滅之相類前可知三類餘可知
二約大悲觀謂彼外道異求非想天等為
解脱者菩薩觀之但是染縛非是涅槃真
淨之德
三約一切相智觀明無始觀中隨順縛故
而生非有本也
又無明緣行者是隨順無所有觀無明滅行
滅者是隨順盡滅觀餘亦如是
第十無所有盡觀亦名泯同平等三觀之

中初一切智觀即深觀中顯非無因經亦
三節初順觀中由行從無明緣生緣生即
性故云隨順無所有
次逆觀中滅亦緣滅緣滅無滅方順盡滅
之理
然論經順觀云是隨順有者顯無性緣生
故不能不有二經雖殊同明緣生故非無
因無因何失若無因生生應常生非不生
也何以故無定因故此即縱破亦可恒不
生何以故無因生故此即奪其生義故無
因生非佛法所樂以無因能生大邪見故然論經下二會二經令經兩段皆隨順無所有若論經順觀中經論皆隨順有逆觀方云隨順無所有盡疏家但含順觀之中順有順無逆觀義同所以不會令經取緣生無性論經即無性緣生二義相成故同違無因無因何失下是論結無因之過無定因者若有定因因會則生不會不生今無定因故應常生故無因下結無因過中論云無因乃成大過謂布施持戒應墮地獄殺生偷盜則應生天諸修妙行無涅槃等
二約大悲隨順觀即求異解脱中外道
計非想無所有處等為涅槃以順有故非
是出世故無我德而妄計解脱故可悲之
三約一切相智觀當第九種種觀此即世

諦觀由隨順有故有欲色無色愛等之殊
故云種種即真順有未失順無上來別釋
十門竟此即世諦觀者以論經云隨順有故從即真順有下會論經同今經謂雖順有虛相都盡唯第一義諦故云未失順無
佛子菩薩摩訶薩如是十種逆順觀諸緣起
所謂有支相續故一心所攝故自業差別故
不相捨離故三道不斷故觀過去現在未來
故三苦聚集故因緣生滅故生滅繫縛故無
所有盡觀故
自下第三總結十名既云逆順觀察則前
二門關逆觀者乃文畧耳則前二門者即一心所攝及自業助成門也所以無者但是畧故若出所以者其一心中本末依持即是順觀初第一義心是攝末歸本義當逆觀故畧無耳其自業助成順觀之中二業相顯逆觀應言無明若不迷於所緣則不與行作生起因則似無明無用有體故畧無耳若欲着者應言若無無明迷於所緣則不與行作生起因亦可着在故云畧無一心中應云若不迷一心則不起因緣亦是逆義故下偈云心若滅者生死盡以此疏文但云畧無
然此逆順若對法第四名為染淨染淨
中各有逆順論云雜染逆順故清淨逆順
故染中順者無明緣行等故逆者謂誰老
死集乃至無明故緣起經云由誰有故而

有老死如是老死復由何緣初句推因後句審因清淨逆順者無明滅則行滅順也由誰滅無故老死滅無逆也今文畧無但約染淨爲逆順耳然此逆順下後引文會釋先引論有二逆順今經但一緣起經中釋於對法誰老死言此有七十七智謂十二緣除無明支餘十一支各有七故由誰有故即是推因推此老死從何因生知從於生即是推因如是老死復由何緣即是審因謂審此老死定由何緣定知因生三世各二故有其六七即法住智謂觀前所不攝諸有漏慧遍知義故謂遍知三世緣起教法名前不攝以爲第七前六眞實智此一法住智合成七智一切異生及諸聖者俱有此智入見道位方有四十四智近四諦故住教等法是闇慧故名法住智如實而知是思修慧名眞實智此約染明逆若清淨逆但改誰有爲誰滅耳然此逆順約支體說經以染淨爲逆順者約順生死逆生死說然上鈔云四十四智謂逆觀老死以至於行各作四諦觀說耳

言諸緣起者十二非一曰諸前前爲緣今後後起又由煩惱繫縛往諸趣中數數生起故名緣起亦云緣生生即起義亦約果說言諸緣起下二釋總名或名緣起自有二義一通約十二緣二以因對果說次亦云緣生亦有二說一生即是起一約果說者即生起義殊是俱舍意論云如世尊說吾今爲汝說緣起法緣已生法此二何異問也答有二義一云且本論文此二無別釋曰即前疏文生即起義後義即是論主正釋偈云此中意正說因起果已生釋曰世親明此契經中意十二有支爲因義遣即名緣起因起果故爲果義邊皆名緣生從緣生故故十二所望不同二義皆成其餘如瑜伽第九第十三十一九十三唯識第八上來多依此諸論解十名可知餘如瑜伽者二引文會釋結示根本瑜伽總上四卷皆明緣起釋名正當第十總有五釋論云問何故說爲緣起答云由煩惱繫縛往諸趣中數數生起故名緣起此依字釋名謂依緣字起字二字別故而緣非起即是今疏第二釋也二云復次依託衆緣速謝滅已續和合起故名緣起此依剎那義釋三云復次衆緣過去而不捨離依自相續而得生起故名緣起如說此有故彼有此生故後生非餘依此義故釋名應知四云復次數數謝滅復相續起故名緣起此依數壞數起義釋曰此上三釋皆是今疏第一義前諸緣今後後起前前爲緣故不捨離即第三義前若不滅復何由起即含第四前後不同必有剎那即第二義故其三意大同小異顯合爲一五云復次於過去世覺緣性已等相續起故名緣起如世尊言我已覺悟正起宣說即由此名展轉傳說故名緣起釋曰瑜伽五義初一緣非是起以因爲緣以果爲起二緣即是起剎那剎那從緣而起此揀大衆部十二因緣是無爲法亦揀正量部三即無間因果前因爲緣而後緣起四無始因果前已謝滅後更起因招果不斷然通因果即緣即起五緣是所覺起是教法依悟說教故名緣起此是自釋五相不同非餘師義對會疏文已如向說然五義非依起即生義唯俱舍意分二不同又指唯識第八彼中廣釋如上具引下以諸門分別有十七門義亦畧具言十七門者第一假實分別門謂十二支九實三假一已潤六支合爲有故二生三老死三相位別故第二一非一事門五是一事謂無明識觸受與愛餘非一事上之二門攝在第一有支相續門第三染與不染門無明愛取三唯是染煩惱性故七皆不染異熟果故七分位中容起善染故瑜伽第十假通二業有通二有無無記此即第五三道不斷門第四獨雜分別門無明愛取說名獨相不共餘支相文雜故餘是雜相五色非色門六唯無色謂無明識觸受愛取餘通二種六有漏無漏門皆是有漏唯有爲攝無漏無爲非有支故上三亦如初門七有爲無爲門有漏無漏門中已具八因緣生滅及第九生滅門中已具第八三性門無明愛取唯通不善有覆無記行唯善惡有通善惡無覆無記餘七唯是無覆無記七分位中亦起善染故瑜伽第十說七通二性此一亦如初門九三界分別門雖皆通三界而有分有全欲界則全二界無染六處不具無色唯名故此門畧無十能治所治門上地行支能伏下地即麤苦等六種行相有求上生而起彼故此門畧無十一學等分別門一切皆唯非學無學聖者所起有漏善業明爲緣故違有支故非有支攝由此應知聖必不造感後有業於後苦果不迷求故有問言若爾雜修五淨居業應非行支若是行支聖便造業若非行支如何生彼感總報耶故論答云雜修淨應資下故業生淨居等於理無違意云不還果等以有漏無漏前後雜修第四淨應資無雲等三天故業生淨居等於理無違此總報業及名言種凡時已造生第四釋下三天業一地繫故後由無漏資生故業生淨居天非是聖者新造業也十二二斷分別門有義無明唯見所斷要迷諦理能發行故聖必不造後有業故非修斷愛取二支唯修所斷貪求當有而潤生九種命終心俱生愛俱故餘九皆通見修二斷有義一切皆通見修二斷大論第十說預流果已斷一切一分有支無全斷者故若無明支唯見所斷寧說預流無全斷者若愛取有唯修所斷寧說彼已斷一切支一分釋曰皆斷一分者則無明支非見斷由有一分無明在故愛取二支非唯修斷入見道時斷

一分故此門經顯畢無會在初門逆觀之內十三三受門十樂捨俱受不與受共相應故老死位中多分無樂及客捨故十一苦俱唯除於受非受俱故此門舍在第七三苦集成門十四三苦門全同第七十五四諦門即當第五三道不斷門中故有入諦之觀十六四緣門全同第三自業助成門十七哀苦相攝門亦如三道不斷門攝釋曰上十七門全分同者已如上指故散在諸門從多分指恐厭繁博故疏略耳十名可知者前已廣釋疏順聲律小有加減及與廻互大旨無違然各攝三觀體勢星羅今重以十門本意收攝初門明染淨因起二明緣起本源三因果有空四相成無作五陳其諦理六力用交參七窮苦慢除八形奪無始九有無無本十眞俗無違然各攝下第三以義總收恐難領會十門義故於中有四一總出十門之意於上三觀相參而用謂三觀小異論取不同就其經文故可爲一一染淨因起者相諦觀中明成答相答於外難成無我義無我即淨故大悲觀名愚癡顛倒以著我故則生爲染無我則得無生爲淨一切相智名染淨分別染淨正是第三觀名今此中義通於理三觀因起之字定通三處二緣起本源者直就經說故初觀名第一義諦是一心本世諦一心依本起末第二觀中阿陀那識迷執爲我即染淨本悟即是解脫根本故一切相智名依止觀故爲本源三因果有空者相諦觀中名他因觀由無明故方得有行斯則有矣既從緣有斯則空矣大悲觀中破於實性斯有因緣一切相智觀名方便觀以各二業爲後方便亦即有即空義耳四相成無作者即不相捨離相諦觀中名自因觀謂離前支無後支故云相成相成故無作大悲觀中破於自在故須因緣相成無別作者一切相智觀名因緣相有支無作故五陳其諦理者即三道不斷相諦名攝過觀但攝苦集故大悲名破苦行因亦由唯苦集故一切相智名爲入諦兼取逆觀即滅道故六力用交參者即三際輪迴初名護過觀三際因果爲因有力爲果無力能護失業等三過故大悲觀中治異道求中無因之見因有力故一切相智觀力無力信入並是力用交參七窮苦慢除即三苦聚集初名不厭厭觀令厭微苦即窮苦義大悲觀中名破求異中謂三界有涅槃但是苦故今能窮之一切相智中名增上慢信入亦窮微苦非增慢矣八形奪無始者即因緣生滅初即深觀名不自不他以他奪自以自奪他大悲觀中名無常德以形奪故一切相智觀名無始觀因緣無初故九有無無本有本者即生滅繫縛初即深觀中明不共生明非二作互無知者故有無本無作用故不能生則無亦無本大悲觀既無有淨德安有本耶一切相智觀既明無始無始即是本二諦無始故有無無本十眞俗無違者即無所有盡初深觀中顯非無因眞不違俗無所有盡俗不違眞大悲觀中以順有故無有我德一切相智種種觀故亦不違俗故其三觀取文小異大旨多同故以本意收爲一致復收十門不出五意初門迷理成事次門理事依持次六成事義門第九事理雙泯後一事理無礙故唯四門不出事理故唯四門下三收五爲二言四門者謂上雖五意但有四門一事二理三事理雙泯四事理無礙故前三意但是事理三四二門不出事理故爲二也若從事理無礙交徹則涉入重重若依事理逆順雙融則眞門寂寂故法性緣起甚深甚深即此因緣名因佛性觀緣之智即因因性因因至果成菩提性因性至果成涅槃性因果無礙是緣起性惟虛已而思之若從事理下四總相融通即成事事無礙及泯絕無寄自下大文第三

佛子菩薩至以如是下明彼果勝亦前攝正心住故知緣生此下攝善現行故三空等現前依論云果者有五種相一得對治行勝及離障勝二得修行勝三得三昧勝四得不壞心勝五得自在力勝各有佛子以爲揀別唯第二段有二佛子

佛子菩薩摩訶薩以如是十種相觀諸緣起

初中二先明對治勝後菩薩如是下明離障勝今初即三解脫門亦名三三昧三昧即當體受名解脫依他受稱此三能通涅槃解脫故名爲門文中二初牒前後正顯今初意通五果由前十觀得此三空等果故謂以三空觀緣得第一第三果三悲觀緣得第二第四果三望於初初是能治三是所成四望於二二是能修四是堅固第五通從二觀而生今初意通五果者正舉經中牒前之意意明十

門通成五果故遠於古人別配屬故謂違公云一對治及離障勝是勝慢對治果前修十種法平等觀而爲對治此地滿中更以甚深三脫爲治名對治勝前治五地染淨慢障今此文更除微細我心及有無等名滅障勝二修行勝是前不住道行勝果依前不住更起勝修名修行勝三得三昧勝望前治勝以說果也前得三脫而爲對治彼治轉增名三昧勝四得不壞心勝者望前滅障以說其果由滅障故三昧之心不可壞名不壞心五自在力勝望前修行以說果也依前修行上進無礙名自在力釋曰此上意明前之二果從前文生後三果從前二果生今疏乃有二意一總釋但明總是不住道行勝果不住道行勝初總摽心境有三悲三智經云復以大悲爲首大悲增上大悲滿足觀世間生滅釋曰觀世間生滅即智對上三悲以成三智斯則五果不出於二於中三節初二悲智修治次二悲智所成堅固後一雙明二果自在

此即隅句相對亦可展轉而生由有治故離障離障故行勝有治故三昧勝三昧勝故心不壞心不壞故得自在也

知無我無人無壽命自性空無作者無受者即得空解脫門現在前 法二

二知無我下正顯三空三空各有別顯總 十一 結初空門中別顯有三初三句明衆生空次自性空明法空此上二句明二我體空三無作受顯二我作用空由體空故並不能作因受果結云現前者智與境冥故 顯二

我下意明人法俱有能作之義故皆明作者非約人我獨爲其空

觀諸有支皆自性滅畢竟解脫無有少法相生即時得無相解脫門現在前

二無相門中亦三一者滅障即觀諸支皆自性滅謂若入空門不得空亦不取空相則事已辦若見法先有後說爲空及取空相非眞知空故名爲障故修無相了自性滅則不取空障 謂若入空門下二舉正顯非智論云是三解脫摩訶衍中但是一法以行因緣故說有三種觀諸法空是名空門空中不可取相是時空門轉名無相門無相中不應有所作爲三界生是時無相轉名無作如城三門一人之身不得一時從三門入諸法實相是涅槃城城有三門若入空門不得空亦不取相是人直入事已辦故不須二門若見法下三舉非顯修智論云若取諸法空相生憍慢言我知實相應學無相門以滅空相相故修無相下結成修意爲滅障故 二所以不取者得對治故謂知空亦復空名畢竟解脫三既有能治治於所治則念想不行故云無有少法相生能所斯寂則無相現前 遠公云三中一滅障即取性心亡二得對治即得理爲治三念想不行即取相心滅亦初一異凡夫後二異二乘

如是入空無相已無有願求唯除大悲爲首教化衆生即時得無願解脫門現在前

三無願門亦有三種相一依止謂依前入空無相方得無願故二體即無有願求不求三界等故三勝即大悲化生勝二乘故 一依止者智論云若於無相中生戲論分別有所作應修無作門令無戲論分別即能修無願故爲依止 又上三空通緣諸法實相觀於世間即涅槃相故亦不同二乘餘如智論二十二說 又上三空下揀智論云阿毗曇空門緣苦諦攝五蘊無相門緣數緣盡無作緣三諦攝五蘊摩訶衍三門通緣一切法實相以是三解脫門觀世間即是涅槃釋曰對文可知餘如智論者論云經說涅槃一門今言三者法雖是一而義有三復次應度三種障謂愛多見多愛見等者見多者說空門愛多者說無作門愛見等者說無相門謂無男女等相故斷愛無一異等相斷見皆是彼中餘義

菩薩如是修三解脫門離彼我想離作者受者想離有無想

第二明離障勝中先牒前修由修得離故初離三想是空門所離次離有無想是無相門所離亦無願門所離不見有可求故 法一 十二 初離三想者離彼我想爲一離作者想爲二離受者想爲三離有無想雖通二門無願一門多約離有 已知離障云何爲勝經中三句次第勝五四地及此地方便故謂於五地中以十平等深淨心遠離四地身淨我慢

此用深空滅離二我故此勝也此用深空者即離彼我想通於人法二我無也云何爲深五地唯約淨法說十平等今直說深空又前是加行觀察今已住空般若現前故二四地中以道品治三地中正受出沒等慢此用空觀以離作受故勝二四地道品有身受等故三此地方便但用十平等破顯有無今此地滿用深無相破遣有無一切蕩盡故此勝也三此地初用十平等十相未泯故

佛子此菩薩摩訶薩大悲轉增精勤修習爲未滿菩提分法令圓滿故

第二大悲轉增下修行勝中二先總明修心悲增心中修故是利他心爲未滿菩提下兼於自利亦修所爲言悲增者前觀十平等已起三悲今十門觀緣彌悲衆生纏於妄法

作是念一切有爲有和合則轉無和合則不轉緣集則轉緣不集則不轉我如是知有爲法多諸過患當斷此和合因緣然爲成就衆生故亦不畢竟滅於諸行

後作是念下別顯於中二先明修行後而恒下明修勝今初又二先發勇猛修行謂勵志始修故後佛子下明丈夫志修行果決終成故又初則悲智勇修後則窮證性相今初先智後悲智中先知後厭初中上二句明緣有合離謂業惑相資有爲方生如無明緣行等後二句明緣有具闕集即是具謂業惑隨闕必不轉生如雖有行無愛潤等後我如是下厭既知有爲苦過必斷和合集因然爲下修悲益物不盡有爲

佛子菩薩如是觀察有爲多諸過惡無有自性不生不滅

二丈夫志修中初厭相見彼有爲多過是對礙法故厭之後無有下證性由了有爲自性同相本無生滅便能滅於對礙而與理冥初厭相者前勇修中先知後厭今丈夫志修先厭後證明漸勝也

而恒起大悲不捨衆生即得般若波羅蜜現前名無障礙智光明成就如是智光明已雖修習菩提分因緣而不住有爲中雖觀有爲法自性寂滅亦不住寂滅中以菩提分法未圓滿故

第二修勝者謂不住勝相現前故有三種勝一初二句明般若因勝以是不住所以顯前大智而起悲故二即得下般若體現勝般若是通名無障礙智是別稱無礙佛智雖未成就今般若能照此智此智前相名曰光明光明即門也三成就如是下明般若用勝亦是不住之相謂上二句涉事不失理故不住有爲後二句見理不壞事故不住無爲即有爲涅槃平等證故以菩提下不住所爲智慧助道未滿足故不住有爲功德助道未滿足故不住無爲又俱未滿故俱不住廣如淨名下卷大品中亦云菩薩念言今是行時非證時故即此所爲亦是所以又俱未滿者即淨名第三菩薩行品衆香菩薩欲歸本國白佛求法云唯然世尊願賜少法還於彼土當念如來佛告諸菩薩有盡無盡無解脫法門汝等當學何謂爲盡謂有爲法何謂無盡謂無爲法如菩薩者不盡有爲不住無爲何謂不盡有爲謂不離大慈不捨大悲發一切智心而不忽忘乃至云以大乘教成菩薩僧心無放逸不失衆善行如此法是名菩薩不盡有爲何謂不住無爲謂修學空不以空爲證修學無相無作不以無相無作爲證乃至云觀諸法虛妄無我無人無主無相本願未滿而不虛福德禪定智慧修如此法是名菩薩不住無爲又具福德故不住無爲具智慧故不盡有爲大慈悲故不住無爲滿本願故不盡有爲

集法樂故不住無爲隨授藥故不盡有爲知衆生病故不住無爲滅衆生病故不盡有爲釋曰然淨名意但據二乘謂二乘盡有住無有爲三相故名爲盡無爲無相故名爲住若盡若住即是有礙不盡不住爲無礙法然是一法就事相分故爲二別盡有即無起行修德之地住無即絕慈悲化道之能是故大士並不爲也而彼經文先正釋不住不盡後又具攝德下釋不住不盡所以謂夫德之積也必涉有津若住無爲則功德不具具智慧故不盡有爲者智之明也必由廣博若發捨故有則智慧不具故大悲不盡然彼文廣故指其文若望此經但是不住無爲之義耳關於不住有爲之義今疏句云功德助道未滿足故未住無爲即全同淨名文意言智慧助道未滿足故不住有爲者則側用淨名彼具智慧不盡有爲以盡有爲不成廣智故不盡矣今以住有爲不成深智故不住矣則是具智慧故不住生死具大悲故不住涅槃義耳言又俱未滿故俱不住者謂應反上智慧助道未滿足故不住無爲功德助道未滿足故不住有爲謂若住無爲不成種智是爲不入生死大海則不能生一切智實若住有爲自論生死安能成就諸佛功德亦是具大智故不住涅槃具大悲故不住生死謂若住涅槃非是七經之智若住生死非無實見之悲餘義至下當釋大品中下亦成上義若是證時住無爲也故七地云雖行實際而不作證即此所爲者所爲成智慧不住有爲等所以者何以有智慧故不住有爲也餘可例知

佛子菩薩住此現前地得入空三昧自性空三昧第一義空三昧第一空三昧大空三昧合空三昧起空三昧如實不分別空三昧不捨離空三昧離不離空三昧

第三明三昧勝中二先明空定後如是十無相下例顯餘二前中復二先舉十上首後此菩薩下總結多門今初十中論分爲四一除第四前五名觀二以第四名不放逸三以第七名得增上四以餘三名爲因事今初觀是觀解前三就相觀空一入空者是人空亦是總句二即法空三即取前二空爲第一義觀之亦空後二就實觀空謂四觀本識空如來藏包含無外故云大空五觀七轉識不離如來藏和合而起皆無自體故云合空楞伽云七識亦如是心俱和合生又云不壞相有八無相亦無相也如來藏者遠公云大者寬廣謂真識體中統含法界恒沙佛法同體平等相參而起無有一法別守自性是故名爲隨順法界無門不在故名大空五觀等者即真識之用用而常寂故說爲空故疏云皆無自體即是空義楞伽云下開明已引十法一　十六　忍更明

二不放逸者依解起行行修究竟故名第一論云分別善修行故自分第一也修行無厭足故勝進第一也依解起行者此有二意一釋論中不放逸言所作究竟離放逸過故二即復由此修究竟故經稱第一下引論釋

三得增上者因修成德功德起故

四因事者依德起用故有三種用初一自利名智障淨因事謂分別是智障令得如實空能淨分別後二利他一教化衆生因事依空起悲故不捨離二願取有因事由得空故離染隨順有故不離諸有上依論解已爲深妙法二四因事者依德起用是釋因義德是用因分別爲智十七障者即分別因緣相也又此十空與涅槃十一空多同少異更依釋之前八證實空後二起用空故入空即彼内空外空内外十一入故自性即性空非今始無故第一義空名義全同第一空者彼名空空謂前空但空第一義今明若有若無本來自空故彼經云是有是無是名空空是是非是是是名空空謂是非亦當體空故如是空空乃是二乘所迷没處十地菩薩通達少分故名第一今亦約少分也大空名同彼名般若波羅蜜合即内外空也合無合故起即有爲空八即無爲空如實即無爲故不捨等二名義俱別若欲會者九即無始空無始不離生死而即空故十即無所有空謂離與

不離皆無所有故又此十者經當第十六南經十五疏當第六為答修捨衆故迦葉菩薩白佛言世尊云何名空佛言善男子空空者所謂內空外空內外空有為空無為空無始空性空無所有空第一義空空空大空彼疏釋云前十相空空後一義真空就彼妄情所取法中以明義名為一相空說真實中以辨空義名曰真空亦得說言前十境空後一智空真智矣於妄分齊情外有法破之顯寂故於十種就境明空據實以求心外無法一切諸法皆即真心真心體寂故後一種就智說空故地論云一切法如說自體空名智自空就前十中初八以無破有為空第九以有遣無為空第十以其非有非無變持有無名之為空與地經十平等同就前八中前七名其衆生及法無性故空後一明其衆生及法無相故空因緣假中而明無性名無性空畢竟空中無因緣相名無相空就前七中初六明其衆生無性即是生空後一明其諸法無性即是法空復前六中初五就其現在觀空後一就其過去觀空現中初三就內外觀事以觀空理後二就其有為無為法相觀空就前三中衆生名內非情為外就內法中觀無神主衆生壽命名為內空外法體觀彼外法非我我所故名外空等云其無始空經云菩薩見生死無始皆悉空寂所謂空者常樂我淨皆悉空寂變易衆生壽命三寶佛性及無為法是名菩薩觀無始空第一空者此當第十遠公云是有是無乃就詮辨理是有勝前第一義空以有破無故言是有是無勝前八空以前八空中以無破有故曰是無就此有無以說空義故曰空空是是非是是是名空空者破詮顯理前向雖復就詮辨理非留彼詮故復破云是向有是向無是兩俱非是方名空空非留有無說為空空是義云何已如上辨因緣諸法有無同體故就無為有說有為無無為有故有即非有有即無故無即非無非有非無

故曰空空十地菩薩下說人顯勝如是下寄對顯異毗曇論中說聲聞人先觀五陰非我我所直名為空後觀前智亦復非是我及我所故曰空空成實論中先觀生法空無自性空無自性直名為空後觀前智亦空無性故曰空空今此所論離有無相故曰不同上來十空與地論十法互出其義相似彼中初一總相明空餘九是別別中初七以無破有同此初八彼中第八以有破無同此第九後中後一以變非破有無同此空空也釋曰上皆遠公之意以十一空會十平等今將十一空以會十空義則全別然此十空由前平等加行而成故二處多同互證皆得然遠公釋義於理無華消於經文乃成由巧又有為無為唯屬生空義成太局又總取前有無釋於空空亦經無我攝今疏釋空空而文中五初牒名對經二謂前空下暴釋三故彼下引經四謂是下釋經亦當體空者釋經是是非是是是名空空義謂非但有無是非亦爾謂空有兩亡為是計是即是故名是是即上空字而不礙變存故此是是即非是是即下空字故言空空斯則是即非故非是非即是故非非故疏云是非亦當體空耳五如是下歎勝然經有二句今疏經前畧釋是經上句意經云是有是無是名空空者意云即空是有即有是無故云是有是無無既是有則無非無矣故云空空既即有是空則空亦非空故云空空正同十平等中有無不二故平等也由不二故雙存由非不二故雙奪故今疏云若有若無本來自空以有即無故有空矣空即有故是空空矣是以遣空總有二義一以重空遣空如淨名云唯有空病空病亦空中論云諸佛說空法為離於有見若復見有空諸佛所不化二以有遣空謂空即是有故非空也故經云色即是空非色滅空故空非空也是則不異有之空則空非空不異空之有則有非有今正取空非空義由空非空即是有非有義又空故非有重言空故非空又空故不礙空重言空故不礙有非空非有能空能有雙融互現自在無礙是故十地通達少分豈是二乘之所能知故言第一今此地中亦約少分者通妨妨云既言十地通其少分今此六地云何經得今此地中亦約少分耳餘文可思

此菩薩得如是十空三昧門為首百千空三昧皆悉現前如是十無相十無願三昧門為首百千無相無願三昧門皆悉現前

餘結等可知

大方廣佛華嚴經疏鈔會本第三十七之六

唐于闐國三藏沙門實叉難陀　譯

唐清涼山大華嚴寺沙門澄觀　撰述

佛子菩薩住此現前地復更修習滿足不可壞心決定心純善心甚深心不退轉心不休息心廣大心無邊心求智心方便慧相應心皆悉圓滿

第四不壞心果此下二段亦即攝隨順堅固一切善根迴向此為進善後起大行今初不壞心者由障滅行成若智若悲皆不退壞[今初不壞心者言由障滅即第一果行成是第二果若智第三第一若悲即第二也]文有十句初總餘別別有九種不壞一信理決定二行堪調柔三不怖甚深四自乘不退五勝進無息六泯絕自他七利生無邊八上來地智九巧化衆生亦可對前十三昧心以明不壞恐厭繁文九並堅固皆云不壞十皆具足名悉圓滿[亦可對前者遠公云此九別句即十空三昧以法空第一義空合故故九攝十九中亦四初四就前觀以說不壞次一就前不放逸以說不壞次一就前得增上以說不壞後三就前因事以說不壞今初疏云一信理決是者論云一信觀不壞即就前入空三昧以明不壞以論經前云信空三昧故二疏云行堪調柔者即論堪受不壞此就前法空及第一義空三昧以說不壞取有心息能入法空第一義空故論云堪受於空不著經云純善不著於空即第一義空疏加行字即前觀二空之行三即論云於容處不驚不怖不壞就前大空以說不壞阿賴耶識微容難測名為容處經云甚深於容能入故稱不怖四即論自乘不動不壞就前合空以明不壞行合如來藏故自乘不退五即論發精進不壞就前不放逸第一義空三昧以明不壞能起行脩故云精進故疏云勝進無息六即論離慳嫉破戒垢不壞就前得增上起空三昧以明不壞前就行德今就斷德前約利他今約自利然論經云淨心故約斷釋今經云廣大心廣即悲心大即智心是二利心二心相導故泯絕自他下三不壞就前三種因事以明不壞但七八前却以第六總明悲智今七八別明悲智前後俱通故七即論廣利益衆生不壞於前救化衆生因事不捨離空三昧明不壞八即論上求勝解脫不壞就前智障淨因事如實不分別空三昧明不壞義如前說九即論化衆生行不壞就前願取有因事離不離空三昧明不壞帶空涉有故云方便相應然疏離恐繁文不具配屬釋文之中皆已含具]

佛子菩薩以此十心順佛菩提不懼異論入諸智地離二乘道趣於佛智諸煩惱魔無能沮壞住於菩薩智慧光明於空無相無願法中皆善修習方便智慧恒共相應菩提分法常行不捨

第五自在力勝中二初顯其相後佛子下結其分齊前中十句初總不懼下別總云此心者此前十心順佛菩提者能深入趣向故論云得般若波羅蜜行力勝能深入故則知此前十心皆是般若現前心也[順佛菩提者以論經云隨順成就起向阿耨多羅三藐三菩提不退轉故為此釋此隨順言亦是順忍順向無生忍故以經約究竟故直順菩提]別中九句依上十不壞心而得自在趣向一不懼異論即能伏他力二上入智地名斷疑力得法空故三自乘不動力以離小故四容處決信力趣鏡智故此與前二前却者此二相成故五諸魔不壞力精進故六治惑堅固力任智明故七徧治力具三空故處有不染故八化生力即前第九方便相應九智障淨力即前上求智地前智居中導二悲故此智居後顯悲智相異故[即能伏者是論釋義對前]諸力名皆是[總句不可壞心及決定心下論文二云得法空故者對純善心以前純善對法空三昧故然初句全牒經第二句義牒經下七句不牒經直舉論文三對前第四不退轉心四對前第三甚深心故此與前二前却以不動故入甚深入甚深故不動故云相成五對不休息六對廣大七對無邊八對第九九對第八會其前後如之疏具]

佛子菩薩住此現前地中得般若波羅蜜行增上得第三明利順忍以於諸法如實相隨順無違故

第二結中由般若現前故順忍明利言第三者三品忍中爲最上故

佛子菩薩住此現前地已以願力故得見多佛所謂見多百佛乃至見多百千億那由他佛

第二位果中三果同前就調柔中分四初調柔行二教智淨三別地行相四結說地名前中有法喻合法中三初鍊行緣

悉以廣大心深心供養恭敬尊重讚歎衣服飲食臥具湯藥一切資生悉以奉施亦以供養一切衆僧以此善根迴向阿耨多羅三藐三菩提於諸佛所恭敬聽法聞已受持得如實三昧智慧光明隨順修行憶持不捨又得諸佛甚深法藏

次悉以下能鍊行於中聞已受持下是得義持三昧慧光是所持義隨順修行此句示現得義持因何事耶謂因依前三昧勝故得如實奢摩他等憶持不捨正顯能持又得已下亦是所持

經於百劫經於千劫乃至無量百千億那由他劫所有善根轉更明淨

三經於下明所鍊淨轉更明淨者解脫彼障故又由前證得彼佛法藏義故

法二 四

譬如眞金以毘瑠璃寶數數磨瑩轉更明淨

喻中眞金喻證亦喻信等瑠璃喻方便智由方便智數磨令出世證智發教智光轉勝前也

此地菩薩所有善根亦復如是以方便慧隨逐觀察轉更明淨轉復寂滅無能映蔽

合中方便慧即上不住道合前瑠璃隨逐觀察合數磨瑩轉更明淨者般若現前故轉復寂滅者證智脫彼障故

譬如月光照衆生身令得清涼四種風輪所不能壞此地菩薩所有善根亦復如是能滅無量百千億那由他衆生煩惱熾火四種魔道所不能壞

一譬如月下明教智淨以月光寬大勝於前地但取月輪爲喻也四種風輪者出現品有能持等四種風輪非今四輪以彼不是壞散風故有散壞風復無四種未見經論不可定斷且就義釋即四時之風春曰和風喻煩惱魔順愛心故夏曰炎風喻於蘊魔多熱惱故秋曰涼風亦曰金風喻於死魔果熟收殺故冬曰寒風喻於天魔敗藏人善故行四魔行即是魔道餘文可知

法二 五

出現品者即初總明出現中一名能持能持大水故二名能消能消大水故三名建立建立一切諸處所故四名莊嚴莊嚴分布成善巧故釋曰既持既嚴故非散壞有散壞者意業中第九相云佛子譬如風災壞世界時有大風起名曰散壞能壞三千大千世界鐵圍山等皆成碎末即散壞風唯一無四也

此菩薩十波羅蜜中般若波羅蜜偏多餘非不修但隨力隨分

佛子是名略說菩薩摩訶薩第六現前地

菩薩住此地多作善化天王所作自在一切聲聞所有問難無能退屈能令衆生除滅我慢深入緣起布施愛語利行同事如是一切諸所作業皆不離念佛乃至不離念具足一切種一切智智復作是念我當於一切衆生

中爲首爲勝乃至爲一切智智依止者此菩
薩若勤行精進於一念頃得百千億三昧乃
至示現百千億菩薩以爲眷屬
攝報中言聲聞難問無能屈者已知二乘
緣諦等故
若以願力自在示現過於此數乃至百千億
那由他劫不能數知
爾時金剛藏菩薩欲重宣其義而說頌曰
菩薩圓滿五地已觀法無相亦無性無生無
滅本清淨無有戲論無取捨
體相寂滅如幻等有無不二離分別隨順法
性如是觀此智得成入六地明利順忍智具
足
第三重頌二十二頌分三初十七偈頌位
行次四頌位果後一結說前中三初二頌
一句頌勝慢對治二有十偈三句頌不住
道行勝三有四偈頌彼果勝
觀察世間生滅相
二中有三初一句頌總顯心境
以癡闇力世間生若滅癡闇世無有

觀諸因緣實義空不壞假名和合用無作無
受無思念諸行如雲徧興起
不知眞諦名無明所作思業愚癡果識起共
生是名色如是乃至衆苦聚
次九偈一句頌別明觀相即爲十段第一
有二偈半頌有支行列 法一 六
了達三界依心有十二因緣亦復然生死皆
由心所作心若滅者生死盡
二一偈頌攝歸一心既云心滅則生死盡
故知不可唯約眞心以眞妄和合是說依
心即眞之妄既滅即妄之眞不無故起信
云但心相滅非心體滅故起信者論有問云若心滅者云何相續若相續者云何說究竟滅答曰所言滅者唯心相滅非心體滅如風依水而有動相若水滅者則風相斷絕無所依止以水不滅風相相續唯風滅故動相隨滅非是水滅無明亦爾依心體而動若心體滅則衆生斷絕無所依止以體不滅心得相 七 續唯癡滅故 法二 心相隨滅非心體滅釋曰現文可知楞伽亦云若心體滅則本識滅本識滅者不異外道斷見戲論
無明所作有二種緣中不了爲行因如是乃
至老終殁從此苦生無有盡
三一偈頌自業差別

無明爲緣不可斷彼緣若盡悉皆滅
四半偈頌不相捨離
愚癡愛取煩惱支行有是業餘皆苦
五半偈頌三道不斷
癡至六處是行苦觸受增長是苦苦所餘有
支是壞苦若見無我三苦滅
六一偈越頌第七三苦聚集
無明與行爲過去識至於受現在轉愛取有
生未來苦觀待若斷邊際盡
七一偈却頌第六三際輪環
無明爲緣是生縛於緣得離縛乃盡
八半偈越頌第九生滅繫縛
從因生果離則斷觀察於此知性空
九有半偈却頌因緣生滅
隨順無明起諸有若不隨順諸有斷此有彼
有無亦然
十有三句頌無所有盡觀
十種思惟心離著有支相續一心攝自業不
離及三道三際三苦因緣生繫縛起滅順無
盡

第三十種下有五句頌總結十名
如是普觀緣起行無作無受無真實如幻如
夢如光影亦如愚夫逐陽燄
如是觀察入於空知緣性離得無相了其虛
妄無所願唯除慈愍爲衆生
三如是下頌彼果勝中初二頌對治勝
大士修行解脫門轉益大悲求佛法知諸有
爲和合作志樂決定勤行道
次一頌修行勝
空三昧門具百千無相無願亦復然
次半偈頌三昧勝
般若順忍皆增上解脫智慧得成滿
後二句通頌後二勝以義通故
復以深心多供佛於佛教中修習道得佛法
藏增善根如金瑠璃所磨瑩
如月清涼被衆物四風來觸無能壞此地菩
薩超魔道亦息羣生煩惱熱
此地多作善化王化導衆生除我慢所作皆
求一切智悉已超勝聲聞道
此地菩薩勤精進獲諸三昧百千億亦見若
千無量佛譬如盛夏空中日
甚深微妙難見知聲聞獨覺無能了如是菩
薩第六地我爲佛子已宣說
位果等可知　六地竟
第七遠行地所以來者已說緣起相應慧
住寄於緣覺次說有加行有功用無相住
寄菩薩地故次來也瑜伽云前地雖能多
住無相作意而未能令無相作意無間無
缺多修習住爲令滿故次有此來又前功
用未滿今令滿故（初來意有二一正釋約慧寄位雙辨瑜伽下二引證約慧於中先舉六地爲入因後鳴令下正辨此來）言遠行者通
有四義成唯識云至無相住功用後邊出
過世間二乘道故此有三義同於本分已
如前釋解深密云能遠證入無缺無間無
相作意與清淨地共相隣接故名遠行此
有二義初義即三中無相揀異前地云無
間缺後義由隣後地即能遠去故故下經
云二界中間此能過故亦是前行後遠攝
大乘云至功用行最後邊者但是一義世
親釋云雖一切相不能動搖而於無相猶
名有行者此解功用之言謂起功用住無
相故金光明經同深密初義莊嚴論中同
深密後義雖有四義然通有二義立遠行
名一從前遠來至功用邊二此功用行邊
能遠去後位故十住論云去三界遠近法
王位故名遠地仁王名遠達地者亦通二
義（成唯識下二釋總舉五釋意符唯識以包含故此有三義者一善攝無相到無相邊故名遠行二功用至極故名遠行三望前超過故名遠行及釋善備並如前說二引深密卽第四經亦是前行後遠者指上二義爲前後耳三引攝論攝釋卽第七論四引金光明卽當第三五引莊嚴論卽第十三偈云離道鄰一道遠去名遠行論釋云菩薩於七地中近一乘道故名爲遠去問誰遠去答功用方便究竟此遠能去故名遠行十住論卽第一卷卽當後義仁主卽當下卷奉持品旣言遠達則亦通從前來達向後位）然其能遠去行正是無相故所離
障離細相現行障謂六地執生滅細相現
行故此生滅相卽是二愚一細相現行愚
謂執有緣生流轉細生相故二純作意求
無相愚卽執有細還滅相故以純作意於
無相勤求未能空中起有勝行至此地中
方能斷之（故所離下正明亦唯識論具云七細相現行障謂所知障中俱生一分執有生滅細相現行彼障七地妙無相道入七地時便能永斷由斯七地說）

斷二惑及彼麁重一細相現行惑即是此中執有生者猶取流轉細生相故二既作意求無相惑即是此中執有滅者當取還滅細滅相故純於無相作意勤求未能空中起有勝行釋曰今疏便以釋言辭之義已受具由執還滅故求無相又相有二種一有二無無者爲細以常在無相故不執生更不作意勤求無相故能證得法無差別真如以了種種教法同真無相故故能證下正辯所證唯識云七地無別真如謂此真如雖多教法種種安立而無異故彼疏釋云謂雖諸教法依如建立如無異故又於教中立種種名法界實相而如無異今疏中云以了種種教法同真無相者謂雖諸教法隨機種種不失平等一味之相故中邊論云第七地中所證法界名種種法無差別由通達知此以法無相不行契經等種種法相中故能空中起有勝行故成方便度二行雙行乃至亦得無相之果故知以純無相不礙起行爲此地別義乃至下第六得果欲顯七門義理相順故云乃至得果者中邊論云通達種種法無別法界得一切法無相果故故知以下結成總意

法二　十一

是時天衆心歡喜散寶成雲在空住普發種種妙音聲告於最勝清淨者

了達勝義智自在成就功德百千億人中蓮華無所著爲利羣生演深行

次正釋文亦有三分初讚請中有十二頌前十讚後二請前中分四初二天衆讚說主

自在天王在空中放大光明照佛身亦散最上妙香雲普供除憂煩惱者

次一天主光雲供佛表智契法身故

爾時天衆皆歡喜悉發美音同讚述我等聞斯地功德則爲已獲大善利

三有一頌天衆慶聞

天女是時心慶悅競奏樂音千萬種悉以如來神力故音中共作如是言

四有六頌天女樂音讚佛於中初一顯聲因緣

威儀寂靜最無比能調難調世應供已超一切諸世間而行於世闡妙道

雖現種種無量身知身一一無所有巧以言辭說諸法不取文字音聲相

往詣百千諸國土以諸上供供養佛智慧自在無所著不生於我佛國想

雖勤教化諸衆生而無彼已一切心雖已修成廣大善而於善法不生著

餘五正顯讚詞於中初四讚寂用無礙

以見一切諸世間貪恚癡火常熾然於諸想念悉皆離發起大悲精進力

後一明起用所由即悲智無礙將說雙行故承力讚此

一切諸天及天女種種供養稱讚已悉共同時默然住瞻仰人尊願聞法

時解脫月復請言此諸大衆心清淨第七地中諸行相唯願佛子爲宣說

後請可知

爾時金剛藏菩薩告解脫月菩薩言佛子菩薩摩訶薩具足第六地行已欲入第七遠行地當修十種方便慧起殊勝道

十二　法二

第二正說分中二先行後果行中有五種相差別一樂無作行對治差別二彼障對治差別三雙行勝差別四前上地勝差別五彼果差別行中有五下文三初列五中初一是趣地方便即當入心餘四爲住出心在果入住中初即初住地次一正住地次一說雖在後義該始終後一地滿二五中下對三心料揀初

言樂無作者樂著般若觀空故即細相現行障此地隨有不著爲能對治二謂向離能治前地樂空之心以其有量有功用即復是障故修無量無功用行以爲對治三垢障既盡故止觀雙行四明此地功用過前六地勝後三地上即後也五由地滿故說雙行果（初言下釋其名相）今初分中有四初結前標後二何等下徵顯其相三菩薩以如是下結行功能四入已下彰其分齊今初具足六地行已即是結前義舍所治無相行故以般若無相行滿於此生著非增上行故次欲入下明其標後十種方便即是能治謂前樂無作不名方便不能起增上行非殊勝道今以十種不捨衆生法無我智以爲能治治前樂心名方便慧便能攝取增上行故名起殊勝道是則即有修空故不住空是空中方便慧即空涉有故不住有是有中殊勝道道即行也所行殊勝故名增上於何增上謂前所寄世出世中即空故勝於世間即能涉有故勝出世間

前六地中雖亦修悲不住於無而在寂不能出空方作故不得方便殊勝之名雖行空行有而多著空但名樂無作治（義含所治者正意結前故謂前樂下二別釋方便慧殊勝道之所以由樂無作不能涉有故非方便不起勝行豈爲勝道今以十種下顯得名所由前六地下五解相濫難云前亦有即空涉有何不得名方便勝道答意可知雖行空下六通所治名局難亦躡前起難云前地既許雙遊空有何以偏名樂無作行釋意可知後應問云前地何以偏樂無作答治於五地取有慢故）何等爲十所謂雖善修空無相無願三昧而慈悲不捨衆生雖得諸佛平等法而樂常供養佛雖入觀空智門而勤集福德雖遠離三界而莊嚴三界雖畢竟寂滅諸煩惱燄而能爲一切衆生起滅貪瞋癡煩惱燄雖知諸法如幻如夢如影如響如燄如化如水中月如鏡中像自性無二而隨心作業無量差別雖知一切國土猶如虛空而能以清淨妙行莊嚴佛土雖知諸佛法身本性無身而以相好莊嚴其身雖知諸佛音聲性空寂滅不可言說而能隨一切衆生出種種差別清淨音聲雖隨諸佛了知三世唯是一念而隨衆生意解分別以種種相種種時種種劫數而修諸行

二徵顯中所以勝行得增上無勝者由下十義故義各二句皆上句觀空下句涉有上句得下句即成空中方便慧下句得上句即成有中殊勝行不滯空有並致雖言論主攝十爲四種功德謂前三各一後七爲一故（論主下別釋四中前三自利後一利他前中論當第一今當第二第二是第一今順經次一是離過後二成德成德之中前成福報後成內德）一初句即護惡行因事菩薩惡行有其二種一不樂利樂二起愛見今由上句故無愛見由下句故能利樂若二中互闕皆有惡行今由二句護之爲無愛見之悲因事（一初句下於中先舉惡行後今由下明護上句護下句無愛見惡行下句護上句無棄利樂惡行）二即財及身勝因事由供佛故獲財及身由得平等故二事皆勝勝財則隨物所須勝身隨意取其何類（二即財下成勝報也下句是身財得上句故身財俱勝上句得下句故不滯寂一同初句勝財則隨物下辨二勝相此二若勝能集助道）三護善根因事善根即勤集福德爲菩提資糧今以即空智而集是得彼勝

因增上令所集功德法皆成增上波羅蜜行名之爲護雖有慈悲但是增上意樂故三皆自利三護善根下於中有二先正釋言是得波勝因增上者勝因增上即觀空智慧後雖有下通妨結成謂第一句雖有慈悲但是意樂未正利他故三自利然疏釋文皆先釋下句涉有勝行後釋上句以導下句二皆互資例如初門後七同是利他合爲第四攝衆生因事即爲七種初一隨物受生次二化令離障後四攝令住善初中願力受生爲作衆生上首故須莊嚴三界但是願生非由業感故云遠離

二說對治故謂示起煩惱欲令治斷而知性寂方爲第一義治令見常自寂故

三爲滅智障故障有四種如五地隨世智中說令隨衆生心作書論等無量事業而爲能治障有四種下前論云是中書等有四種障對治四種障者一所用事中忘障二邪見軟智障三所取物中不守護障四取與生疑障以書治初障因聲二論治第二障印治第三障算數治第四障令文書是第一治論是第二等印等取印算數等無量事業總以結之而爲能治通上四也

四於大法衆會集故爲物起嚴土行此明依報下三明正報三輪益物四於大法下此上明望益修因淨土之中聖賢集會諸上善人俱會一處與諸菩薩同一志行無有怨嫉令物修因當獲淨土人寶爲嚴而集會故

五即身業無身現身者令生五福謂見聞親近供養修行故自身無身同佛法身故下二亦然令生五福下見唯約眼聞但約耳親近約身供養捨財修行通三業言自身無身同佛法身故者佛以法爲身清淨如虛空所現衆色形令入此法中令[法三]菩薩亦無身現身[十六]登地已上分證法身同佛身故下二亦然者即總例口意同身皆即體起用無言現言無知而知並如經文六即口業轉法輪故

七即意業於無長短中隨問善釋記三世事起三世行故於無長短下三世是長一念是短今明三世即一念是實是空則無長短不礙能知種種時節長短劫事

菩薩以如是十種方便慧起殊勝行從第六地入第七地

第三總結勝能中論釋云此十種發起殊勝行興對攝取對治攝取者皆上下二句相對名爲共對由此上下各能對治皆上[法二][十六]句治凡下句治小隨治不同義如前說由二攝取名殊勝行對治前障第三總結者具此十行入七地故疏論釋云下所以釋者由上釋十句但明其中所起勝行未顯方便殊勝之由今總釋之先舉論後皆上下疏釋於中有三初解共對次由此下釋對治上句治凡者觀空下句治小者起行故後由二攝取下通釋兩箇攝取以上共對亦有攝取對治亦有攝取此二攝取大旨則同上句攝取下句則不滯小下句攝取上句則上不滯凡此是共對攝取成殊勝行上句治凡不攝下句非眞實治下句治小不攝上句亦非實治二互相攝皆成勝行又若別說上句攝下即空中方便慧下句攝上爲有中殊勝行二既和合通得名爲十種方便亦得名爲十種勝行故論但云此十種發[法三][十七]起殊勝行既空有無滯故能對治六地之中樂無作行也

入已此行常現在前名爲住第七遠行地

四彰分齊者明無相無間故無相地名從此而立此亦即攝前不退住不同前六前六得住地已捨入地心以修解入非以行入此以行入故常行不捨名不退住言此以行入故常行不捨者七地功用行滿方便涉有故得行入之名

佛子菩薩摩訶薩住此第七地已入無量衆生界入無量諸佛教化衆生業

第二佛子菩薩摩訶薩住此第七下彼障對治即攝無著行有量功用皆不著故言對治者有二種相一修行無量種治前有量障二此菩薩作是念下修行無功用行治前有功用障令初有二十句攝成十對一一對中皆上句明境界無量爲所知所

化後句明佛德業無量爲能知能化菩薩入彼佛化以用化生要則攝十爲五即五無量界為所知所化者所知即智境所化即悲境要則攝十為五者所以要為此攝者以此說無量要治於有量要雖有五故為此攝如前頻釋一即眾生界無量二世界無量三法界無量四調伏界無量五調伏方便界無量然此五界唯佛窮證能化德業用於五界菩薩修入能化德業趣入五界又此五中初一所化次二化處後二化法正化即前三是所後二是能望能化知五界皆所將此十對能化所化望於菩薩皆是所入則入皆修入證入亦了達也初一對眾生無量論云隨所化何等眾生此對爲總十對皆爲利眾生故言何等者類非一故釋經無量之言隨所者隨多類宜而以無量化眾生業而化故

入無量世界網入無量諸佛清淨國土

二有一對眾生住何等處謂住世界無量以淨土行化故

入無量種種差別法入無量諸佛現覺智入無量劫數入無量諸佛覺了三世智

三有二對以何等智慧化初對橫窮諸法智後對豎窮三世智皆是種智二對約其所知皆是法界無量

入無量眾生差別信解入無量諸佛示現種種名色身入無量眾生欲樂諸根差別入無量諸佛語言音聲令眾生歡喜入無量眾生種種心行入無量諸佛了知廣大智

四有三對明調伏界無量初二對明以何

法二

十八

等心於中初對隨眾生信樂種種天身菩薩以名色身化故謂心隨其樂同修天行得天身故口隨其信以名句身說彼行故第二對知普根欲不同以隨類音稱根說故次一對以何等行謂知現在心行不同以偏趣行說對治故

入無量聲聞乘信解入無量諸佛說智道令信解入無量辟支佛所成就入無量諸佛說甚深智慧門令趣入入無量諸菩薩方便行入無量諸佛所說大乘集成事令菩薩得入

法三

十九

五有三對明調伏方便界論云置何等乘謂置三乘故初對爲聲聞說智道令證滅故次對爲緣覺說深智令知因緣故後對爲菩薩說地度集成事稱彼方便涉有故

此菩薩作是念如是無量如來境界乃至於百千億那由他劫不能得知我悉應以無功用無分別心成就圓滿

第二修無功用行中二先加行趣求後佛子此菩薩下正顯修行今初先牒前無量爲所趣求我悉下要期以無功無相攝取彼境無分別者謂不取性相忘緣等照即無相觀也加以無功無相尤勝然任放天性不由勤策自然而行亡功合道名無功用八地方證今要心任彼故云應以由功用行此已滿故此則修行無功非如八地任運無功也

佛子此菩薩以深智慧如是觀察常勤修習方便慧起殊勝道安住不動

二正顯中初牒前觀智次常勤修下是修行相方便已下是所修法即前空中方便慧有中殊勝行既以無功無相智修能治功用有相之障後安住不動顯觀成相此即行成不動非如八地相用不動

無有一念休息廢捨行住坐臥乃至睡夢未曾暫與蓋障相應

第三無有一念下辨雙行勝文分四別一二行雙無間二常不捨下信勝三此菩薩於念念下能作大義四佛子此十下菩提分差別四中前三別顯後一總該三中前一自分後二勝進一二行下初總敘名意疏皆具釋今當總釋一內證行止觀並起爲二行雙行常現相續名爲無間始起勝進於上決定名爲信勝三依信起行有義利故名爲義勝故名大修起名作行成覺因名菩提分具多義稱爲差別四中前三下二料揀然四含多義故曰總該亦勝進攝今初無有一念休息廢捨者正顯雙行無間之義謂不捨前不動之止觀察之觀爲止觀二行雙行一念不休即無間義次行住下顯無間時謂四儀睡寤舉睡夢者以昧況審今初無有下全捨爲休暫廢爲息以昧況寤者睡眠皆以昧略爲性略揀寤時昧揀定中定中雖略而不昧故今爲對寤但舉昧耳常不捨於如是想念法二二信勝者論云彼無量智中殊異義莊嚴二十相現前專念故者專念忍可即是信義常信前十無量二嚴佛境故名爲勝此菩薩於念念中常能具足十波羅蜜何以故念念皆以大悲爲首修行佛法向佛智故所有善根爲求佛智施與衆生是名檀那波羅蜜能滅一切諸煩惱熱是名尸羅波羅蜜慈悲爲首不損衆生是名羼提波羅蜜求勝善法無有厭足是名毗梨耶波羅蜜一切智道常現在前未嘗散亂是名禪那波羅蜜能忍諸法無生無滅是名般若波羅蜜能出生法二無量智是名方便波羅蜜能求上上勝智是二十三名願波羅蜜一切異論及諸魔衆無能沮壞是名力波羅蜜如實了知一切法是名智波羅蜜

三作大義者一念頓具十度之行義利廣故念念修起故名爲作文中二先總明後何以下徵釋徵云十度行異一念寧圓釋文分二先明能具所以由悲智雙運故後所有下顯所具之相檀通悲智忍唯約悲餘皆約智然此中十相意令一念十相不同故三檀等中隨取其一可以意得理實無所不具故下菩提分中云一切皆滿前六可知故三檀下遠公云施中但有法施戒中但有律儀律儀中有三離一因離二對治離三果行離今唯因離滅煩惱故尸羅此云清涼忍唯辨他不饒益精進唯明攝善禪定唯明引生功德般若唯明第一義慧然索經文義頗易求故云可知後之四度是論自釋但釋後四方便涉事云無量智以是智故又能出生施等行願以攝衆生故名方便願中由此願智能求八地已上上上大波羅蜜攝取彼勝行故次力中以是智故遠離布施等障故不爲彼動智中以是智故布施等一切種差別如實了知爲化衆生故此四相皆從用立名通成前六亦有別成前六等並如初會中辨一念具十念皆然初心欲修至此方得一念具十下明得分齊初心圓觀亦即修此今此證得七地特明

大方廣佛華嚴經疏鈔會本第三十七之七

大方廣佛華嚴經疏鈔會本第三十七之八　法三

唐于闐國三藏沙門實叉難陀　譯

唐清涼山大華嚴寺沙門澄觀撰述

佛子此十波羅蜜菩薩於念念中皆得具足如是四攝四持三十七品三解脫門畧說乃至一切菩提分法於念念中皆悉圓滿（疏三）

四菩提分差別中有四種相前二攝善後二離過一依大乘行謂十度自利此即大義結文爲顯十度通二義故論將屬後巧用經文（爲顯十度下一成義利即前利他二求菩提即今自利結文是一而義兩成故云巧用）二四攝者即依教化衆生三四持等即依煩惱障增上淨故謂依四持爲所住處以三解脫爲所依門修行三十七品則得煩惱障淨任持自分故名爲持亦名四家所住處故四者一般若家此是能照二者諦家即是所照三捨煩惱家四苦清淨家由初二勝業離此惑苦若約別說初一見道前次三即見修無學（三四持等者等取三十七品三解脫門謂依四持下二願淨藏要由此三方能淨故任持下三釋總名揀非勝進云持自分亦名四家下四出異名所住處故若釋成家義亦可得名四種住處謂智住處等亦名成位處四者下五釋四體相即就家釋由初二下六結成四義由緣若顯諦名初一業得或滅苦淨故有四也若約別觀下七約位分別則初亦名智位二見實位三斷位四證滅位然其此四通於諸位故云若約別說以配四位耳）四畧說下依智障清淨以無所不具故離塵沙無明

爾時解脫月菩薩問金剛藏菩薩言佛子菩薩但於此第七地中滿足一切菩提分法爲諸地中亦能滿足

第四爾時解脫月下前上地勝差別中二初明勝前六地二何以故菩薩從初下明勝後三地勝即增上義前中二先問問意云若先已具此何獨言若先未具何得成此（先問意者從前一切菩提分法念念皆悉圓滿中生問意可知）

金剛藏菩薩言佛子菩薩於十地中皆能滿足菩提分法然第七地最爲殊勝何以故此第七地功用行滿得入智慧自在行故

後答中三初標次徵後釋釋中二先別顯此地勝相功用行滿即自分滿足得入下勝進趣後由此二義故能勝前智慧即八地證智自在即五通大用十自在等（得入智下勝進趣後者經中但云得入智慧自在行故論經云乃得入智慧神通行故論釋云通者五神通智者如前說釋曰如前十方便智上七地修此十智至於八地無功而成以於此地故得指之然論神通即今自在號全二鄉故以自在指十自在十自在亦神通）

佛子菩薩於初地中緣一切佛法願求故滿足菩提分法（疏三）第二地離心垢故第三地願轉增長得法光明故第四地入道故第五地順世所作故第六地入甚深法門故第七地起一切佛法故皆亦滿足菩提分法

二佛子下通示諸地滿相即遠釋十地皆滿足言近釋七地功用滿語故論徵云云何此地中方便行滿足方便即功用也具十方便故論自釋云彼餘世間出世間中更起殊勝行是故比七地中起一切佛法故者謂前三世間次三出世此則更互各一殊勝行今一切中具起所以名滿（疏三）（故論徵下二舉論徵釋以成前義）初地願中具二地戒中具三地聞中具而云願增長者欲依如來智慧利衆生故餘可知（欲依如來智即求願義）七地一切者瑜伽論中說佛功德七地皆得八地成

就九地具足十地圓滿有少餘障未名清淨離已即是清淨菩提有少餘障下即果累無常微細習氣故

何以故菩薩從初地乃至第七地成就智功用分以此力故從第八地乃至第十無功用行皆悉成就佛子譬如有二世界一處雜染一處純淨是二中間難可得過唯除菩薩有大方便神通願力佛子菩薩諸地亦復如是有雜染行有清淨行是二中間難可得過唯除菩薩有大願力方便智慧乃能得過

二明勝後三地文中四一法二喻三合四因論生論今初先徵後釋徵意云何以前六各一至七方具一切釋云從初積集至此成故此酬前徵由此便能令後三地勝行成就斯乃勝由勝前但約能入八地勝後令後地無功行成乃至十地要由積功以至無功之功故要由積功者結成勝後地義後地無功用因於此地功用成故名之為勝非行體勝合中有雜染行合雜染世界然有二義一即前六二通前七有清淨行合純淨界即後三地中間難過亦有二義一若六地爲雜則七地爲中間若七地皆雜則從七至八即曰中間難過者猶娑婆之於極樂淨穢域絕前六後三難過亦爾要得此地大願方便方能越之淨由此到染由此過故此一地最爲勝要一若六地下通論染淨乃有四門一云外凡人位說爲純染善趣已上乃至解行名爲染淨初地已上乃名純淨二善趣亦染種姓已上爲染淨純淨同前三若地前皆染初至七地亦名染淨八地已上乃名純淨四染義如前十地皆染淨佛爲純淨今是第三門耳

解脫月菩薩言佛子此七地菩薩爲是染行爲是淨行

四因論生論中先問後答問意云前後可知但言中間爲何所屬

金剛藏菩薩言佛子從初地至七地所行諸行皆捨離煩惱業以迴向無上菩提故分得平等道故然未名爲超煩惱行

答意明非染非淨亦得名爲亦染亦淨故名中間於中二先通將七地對後彰劣攝此第七通於染淨則成前七地皆是染淨相雜非純染行故論云從初地來離一切煩惱示現如是此地名爲染淨非染行故

二佛子此第七下別將此地對前彰勝顯此第七雙非染淨故成前第七是中間義示現如是下謂約行非染約位在染中今初通中有法喻合法中初標離惑業顯是淨故此以迴向下釋上淨義以二因故後然未下即由上二顯同前染非報行故以二因故者二因即經中一迴向菩提故二分得平等道故後然未下即經然未名爲超煩惱行疏今釋云由上二因故非超也上用二因得名清淨成於行淨今以二因卻同染者既因迴向及分平等而得淨名明非淨位故同於染不同八地報行淨也

佛子譬如轉輪聖王乘天象寶遊四天下知有貧窮困苦之人而不爲彼衆患所染然未名爲超過人位若捨王身生於梵世乘天宮殿見千世界遊千世界示現梵天光明威德爾乃名爲超過人位

次喻中輪王喻七地隨分捨功用道故梵王喻於八地報得初禪遊千界故然法中對問但明前七喻中舉勝顯劣故兼明上地次譬喻中略舉其要此是行淨義揀異梵王報得淨耳然準合中二喻各有五節至下當知然云梵上遊千界者即千四天下準俱舍論二禪量等小千三禪等中

千四禪等大千娑沙有義初禪之量卽等小千故生梵世得遊千界

佛子菩薩亦復如是始從初地至於十地乘波羅蜜乘遊行世間知諸世間煩惱過患以乘正道故不爲煩惱過失所染然未名爲超煩惱行若捨一切有功用行從第七地入第八地乘菩薩清淨乘遊行世間知煩惱過失不爲所染爾乃名爲超煩惱行以得一切盡超過故

合文準此可知

佛子此第七地菩薩盡超過多貪等諸煩惱衆住此地不名有煩惱者不名無煩惱者何以故一切煩惱不現行故不名有者求如來智心未滿故不名無者

第二別明此地雙非染淨初總明盡超過多貪等者盡超故勝前求佛之心爲貪厭世爲瞋取空著有爲癡至此盡超前求佛下示其所超此有二類一約所求道中辦貪瞋癡卽是所知障中智卽障義前六地有七地都超又初地超貪檀度滿故二三超瞋尸忍滿故三亦超癡得聞持故四地超慢道品離我相故五地超疑了諸諦故六地超見入般若故此地總超隨惑等常在觀故故云盡超而云多者顯非報行故則細者未超又初地下正超煩惱前之六地於俱生中分分別超此都盡故云諸煩惱衆衆卽多也故唯識云能永伏盡如阿羅漢而云多下上明總超卽是非染此下明其細者未超卽是非淨由此生下雙非之義故論先云住是第七菩薩地過多貪欲等諸煩惱衆者未至報地故卽云是故此地不名離者明知臨前明雙非也次住此下正明形前望後以顯雙非後何以下釋雙非義常在觀故惑不現行卽過前也有功用行名求未滿卽劣後也功用卽是煩惱以有起動故

佛子菩薩住此第七地以深淨心成就身業成就語業成就意業所有一切不善業道如來所訶皆已捨離一切善業如來所讚常善修行

第五佛子菩薩住此第七下彼果分中論主此中名雙行果此果實通諸分以雙行是正住行親生此果故又以雙行該於諸分皆雙行故名雙行果文分四果一業清淨二得勝三昧三過地四得勝行遠公云初卽彼障對治果二卽雙行果三卽前上地勝果勝行轉增故四卽業槃作行對治果以彼方便及起勝行滿足在此故又初一卽自他二行雙行二卽定慧雙行三卽悲智等雙行四卽寂用雙行第五佛子下疏文有五一釋總名二文分下開章三遠公下辦所從然疏意欲通故引遠公爲配於中有四初由於離障故至此中三業皆淨二由前雙行一念不捨止觀雙行三昧轉增故名爲勝三勝行轉增故得過地四由前有方便智起殊勝行今此行成名得勝行又初下雙辯有相就初果中復分四種一者戒清淨於中初約性戒明戒但三業淨後所有已下約智聰明戒則惡止善行就初果中復分爲四者一戒清淨二世間智淨三得自身勝四得勝力又此四中初三自分後一勝進前中初離過後二成善善中二前行用後行體然疏皆具擧今易見耳

世間所有經書技術如五地中說皆自然而行不假功用

二世間所有下世間智淨此辦行用

此菩薩於三千大千世界中爲大明師唯除如來及八地已上其餘菩薩深心妙行無與等者

三此菩薩下明得自身勝此明行體論云心行二平等無與等者謂深心及妙行爲

二深心即證行猶是十方便妙行即教行亦是前起勝行此二齊起故云平等不同前地有無間生

諸禪三昧三摩鉢底神通解脱皆得現前然是修成非如八地報得成就此地菩薩於念念中具足修習方便智力及一切菩提分法轉勝圓滿

四諸禪下明得勝力謂得禪等現前勝功德力故上三自分此一勝進文中二初明離定障禪等已見品初論云寂滅樂行故此釋三昧是現法樂住禪次云滅定三摩跋提者以三摩鉢底有其五種一四無色二八勝處三十徧處四滅盡定五無想定前四菩薩多入爲化衆生後一不入非聖法故今於五中正意在於滅定故論別明法三下解脱月亦因此言問何位中能入定滅八也後此地下離智障可知初明離者二即智障由上對治故離二障然禪等雖前已釋今略要知禪即四禪三三昧三三昧三摩鉢底如疏有五論三摩提即三摩鉢底之古譯耳神通謂五神通解脱謂八解脱經中先彰所成後然是下對後揀劣論中先略指云四得勝力禪等現前勝如經等次重分別云是中依禪起三昧三摩跋提神通解脱爲教化衆生故寂滅樂行故滅定三摩跋提如是次第釋曰此中論主明得勝力具足二禪四禪爲能起一一起得三昧等即引生功德禪二爲教化衆生故即出引生之意是饒益衆生禪三寂滅樂行下即現法樂住禪然九次第定皆是現法樂住今從最勝舉其滅定正是此地之所安住故疏云正意在此下約於此以辨勝行定散自在故云勝行耳後此地下標此業清淨果即前變行果也論三則變行有四一二九行變無間二信勝此二三昧爲果三作大義四菩提分差別即業清淨爲果

佛子菩薩住此地入菩薩善觀擇三昧善擇義三昧最勝慧三昧分別義藏三昧如實分別義三昧

第二佛子菩薩住此地下明三昧勝分二初別舉十名後入如是下總結多類今初前五自利後五利他又前五起戒後五成行又前五現法樂住後五利益衆生前中初二知理次二知教後義一知事一云善觀擇者依未觀義伏心令觀二依已觀義重更思審故論經云善思義三昧三依一名說無量義故云最勝四依一義說無量名故云分別義含於名故稱爲藏五依通一切五明處如事實故三依一名即知數旨四一義多名是知教詮論經三名益意三昧者義能澄心故

善住堅固根三昧智慧神通門三昧法界業三昧如來勝利三昧種種義藏生死涅槃門三昧

後五中初一依煩惱障淨眞如觀堅固根故般若云不動法界故眞如觀爲堅起信云眞如三昧爲諸定之本故此云根此一顯行深後四依智障淨以顯行廣爲治四障故今即能治障在文外四中初一助道次二證道後一不住道初智通者治勝功德障智通即是勝德下三倣此以智與通化利鈍二類令入一實故名爲門二治無礙智障雙照事理二法界爲業故三治於深上佛法怯弱障大悲勝利安住涅槃能建大事是佛深上故四治不住行障種種義藏者種種善根故此善能生不住故名爲藏修有爲善根故不住涅槃修無爲善根故不住生死種種善根即無住之門

入如是等具足大智神通門百千三昧淨治此地

後結可知

是菩薩得此三昧善治淨方便慧故大悲力故超過二乘地得觀察智慧地

第三是菩薩得此下明過地於中三一行修善巧過二作業廣大過三修行勝入過

今初過法有二一巧智二深悲過相亦二一下過二乘二上過智地智慧地即八地無功用智由此地中雙觀止觀便至彼處法流水中任運雙流趣佛智海

佛子菩薩住此地善淨無量身業無相行善淨無量語業無相行善淨無量意業無相行故得無生法忍光明

二佛子菩薩住此下作廣業大過中二先正顯過後解脫月下彰過分齊今初中先對下彰出過言無相者即前樂無作對治無量者即前無量對治入定離相二乘容有而非無量故此無量顯異二乘善淨之言顯過下地謂修方便行滿足故後得無生法忍光明對上彰入過是彼八地無生法忍明相現前故下地未得故

解脫月菩薩言佛子菩薩從初地來所有無量身語意業豈不超過二乘耶

二彰過分齊中二先難即執前同後難

金剛藏菩薩言佛子彼悉超過然但以願求諸佛法故非是自智觀察之力今第七地自智力故一切二乘所不能及譬如王子生在王家王后所生具足王相生已即勝一切臣衆但以王力非是自力若身長大藝業悉成乃以自力超過一切菩薩摩訶薩亦復如是初發心時以志求大法故超過一切聲聞獨覺今住此地以自所行智慧力故出過一切二乘之上

後答即揀後異前答有法喻合法中非自力者障現行故喻中王家即如來家王后即得真法喜修二利故名爲王相合中大法即法中佛果法自所行者即殊勝行智慧力者即方便智於此二中常不出觀故是自力能過此約寄位廣如初地中辨餘文可知（此約寄位者前六寄凡小故未過也）

佛子菩薩住此第七地得甚深遠離無行常行身語意業勤求上道而不捨離是故菩薩雖行實際而不作證

三佛子下明行修勝入過謂非但如前廣多無量而力用難測深無分量勝而過也論云神力亦無量者神即難測義也文中言甚深者即遠入無底故遠離者彼前障滅故無行者無相之行無所行故彼前六地不能行故常行者此無間故得此三業即當體深入過勤求下即趣後勝入故二乘亦有離彼相業而得少爲足不能上求菩提求過故也是故已下結雙行故

解脫月菩薩言佛子菩薩從何地來能入滅定

第四解脫月下明得勝行於中二先得寂滅勝行在定不住故即方便智也二佛子此菩薩下得發起勝即起殊勝行前中先問後答

金剛藏菩薩言佛子菩薩從第六地來能入滅定今住此地能念念入亦念念起而不作證故此菩薩名爲成就不可思議身語意業

行於實際而不作證譬如有人乘船入海以善巧力不遭水難此地菩薩亦復如是乘波羅蜜船行實際海以願力故而不證滅

答中先明得法分齊六地入深緣起之實際未念念入者有出觀故後今住下辨勝過劣於中有法喻合法中先正明得而不證後此菩薩下出不證所以得方便即寂起用故成不思議三業故能不起滅定現諸威儀故能不起下即淨名第一身子章前已引竟然十通品第十十通云菩薩摩訶薩以一切法滅盡三昧智通於念念中入一切法滅盡三昧亦不退菩薩道不捨菩薩事不捨大慈大悲心修習波羅蜜未嘗休息即動寂無二也喻云善巧力者知行船法知水相故準大品經未善巧前亦有其喻方便未成入水便敗故準大品下經云譬如有人不曉船法乘船入海沒溺而死菩薩亦爾未得方便波羅蜜多入實際海則證實際次云譬如有人善知船法雖入大海而不沒溺菩薩亦爾得方便波羅蜜雖入實際而不作證合云波羅蜜船即般若等也以願力者是方便不捨有因

佛子此菩薩得如是三昧智力以大方便雖示現生死而恒住涅槃雖眷屬圍繞而常樂遠離雖以願力三界受生而不為世法所染雖常寂滅以方便力而還熾然雖然不燒雖隨順佛智而示入聲聞辟支佛地雖得佛境界藏而示住魔境界雖超魔道而現行魔法雖示同外道行而不捨佛法雖示隨順一切世間而常行一切出世間法所有一切莊嚴之事出過一切天龍夜叉乾闥婆阿脩羅迦樓羅緊那羅摩睺羅伽人及非人帝釋梵王四天王等之所有者而不捨離樂法之心

二明發起勝行中亦是上來已攝無著行此下攝平等隨順一切眾生迴向且依發起勝行文分為二初牒前標後由得滅定三昧不作證智故成後大方便也後雖示下正顯勝行經有十句論為八種共對治攝謂後三為一故能治所治二行共俱互相攝故如示生死為所治以恒住涅槃為能治能治攝於所治則不為生死所染亦得以涅槃為所治示現生死為能治能治攝於所治而不證於涅槃他皆倣此

八中初一為總故云生死涅槃論云一起功德行謂入生死為福業事故淨名云生死畏中當依如來功德之力不入生死海不得無價寶珠何有功德

二上首攝餘行謂既示生死必為上首攝眷屬故

三願取有行非業所拘故處而不染

四家不斷行謂雖言不染而示有妻子名家不斷雖然不燒者示有常修梵行故唯此一句具空中方便慧有中殊勝行上下皆應倣此從畧故無四家不斷行中雖言不染而示有妻子即空中方便慧是觀於空不礙有故雖然不燒即有中殊勝行涉有不迷於空故唯此經文具斯二言上下應有而不具者皆用二句互相攝導已具二故如雖示生死得下而住涅槃即有中殊勝行下住涅槃得上示生死即空中方便慧故義已盡但文不具

五者入行謂非獨化凡亦轉二乘入佛慧故

六資生行謂雖知五欲即道含攝佛法而飲食資身睡夢資神皆順五欲十軍是魔境界皆順五欲者約五欲境即是魔王所緣之境若將資神及益身等即分齊境十軍已見初會

七退行謂示老病死衰退即四魔等法不行其因名超魔道即四魔者老病衰退總是蘊魔死即死魔老病之時亦有惑俱即煩惱魔而言等者兼有十魔不求有生即不

行其因生必老死故八者轉行謂初四化凡次一化小次二化魔令由自行不染故轉凡之感令絶其因此有三種一見貪轉外道著諸見故如佛示學二仙二障礙轉如佛示學書算等三所有下貪轉如佛處於王宮不生染者此有三者無數煩惱不出此三謂見愛無明又見愛即利鈍二使無明薰縛所知則二障皆縛如佛示學者本行集云一阿羅羅仙人二欝頭藍弗仙人

佛子菩薩成就如是智慧住遠行地以願力故得見多佛所謂見多百佛乃至見多百千億那由他佛

第二位果初調柔中文亦有四初調柔行體中亦有法喻合法中亦三初緣

於彼佛所以廣大心增勝心供養恭敬尊重讃歎衣服飲食卧具醫藥一切資生悉以奉施亦以供養一切衆僧以此善根廻向阿耨多羅三藐三菩提復於佛所恭敬聽法聞已受持獲如實三昧智慧光明隨順修行於諸佛所護持正法常爲如來之所讃喜一切二乘所有問難無能退屈

次於彼下能練行淨言護持正法者由方便行滿守護於他故得於三界爲大師所以能護

利益衆生法忍清淨如是經無量百千億那由他劫所有善根轉更增勝

三利益衆生下明所練淨論云此地釋名應知者即以經文爲釋名謂利益衆生是有中殊勝行法忍清淨即空中方便智此二是行善根轉更增勝者明功用究竟即是遠義

譬如眞金以衆妙寶間錯莊嚴轉更增勝倍益光明餘莊嚴具所不能及

喻中金喻證智信等善根衆寶間錯者即一切菩提分法方便行功用滿足故令前善根轉勝

菩薩住此第七地所有善根亦復如是以方便慧力轉更明淨非是二乘之所能及佛子譬如日光星月等光無能及者閻浮提地所有泥潦悉能乾竭此遠行地菩薩亦復如是一切二乘無有能及悉能乾竭一切衆生諸惑泥潦

第二佛子譬如日光下明教智淨先喻後合喻中光義如前地而此日光盛故勝彼月光以月光清涼如般若故日光用廣如方便故餘並可知

此菩薩十波羅蜜中方便波羅蜜偏多餘非不修但隨力隨分佛子是名畧說菩薩摩訶薩第七遠行地菩薩住此地多作自在天王善爲衆生說證智法令其證入布施愛語利行同事如是一切諸所作業皆不離念佛乃至不離念具足一切種一切智智復作是念我當於一切衆生中爲首爲勝乃至爲一切智智依止者此菩薩若發勤精進於一念頃得百千億那由他三昧乃至示現百千億那由他菩薩以爲眷屬若以菩薩殊勝願力自在示現過於此數乃至百千億那由他劫不能數知

爾時金剛藏菩薩欲重宣其義而說頌曰

第一義智三昧道六地修行心滿足即時成就方便慧菩薩以此入七地

雖明三脫起慈悲雖等如來勤供佛雖觀於

空集福德菩薩以此升七地

遠離三界而莊嚴滅除惑火而起餤知法無二勤作業了剎皆空樂嚴土

解身不動具諸相達聲性離善開演入於一念事各別智者以此升七地

第三重頌二十一頌分三初十七頌半頌位行次二頌半頌位果後一頌歎勝結說

前中分五初四頌樂無作行對治

觀察此法得明了廣爲群迷興利益入衆生界無有邊佛教化業亦無量

國土諸法與劫數解欲心行悉能入說三乘法亦無限如是教化諸群生

次二頌彼障對治中無量畧不頌無功用行

菩薩勤求最勝道動息不捨方便慧一一廻向佛菩提念念成就波羅蜜

發心廻向是布施滅惑爲戒不害忍求善無厭斯進策於道不動即修禪

忍受無生名般若廻向方便希求願無能摧力善了智如是一切皆成滿

三有三頌頌雙行無間

初地攀緣功德滿二地離垢三諍息四地入道五順行第六無生智光照

七住菩提功德滿種種大願皆具足以是能令八地中一切所作咸清淨

此地難過智乃超譬如世界二中間亦如聖王無染著然未名爲總超度

若住第八智地中爾乃踰於心境界如梵觀世超人位如蓮處水無染著

此地雖超諸惑衆不名有惑非無惑以無煩惱於中行而求佛智心未足

四有五頌頌前上地勝分言三諍息者約忍慶故又得法光明故無有諍

世間所有衆技藝經書辭論普明了禪定三昧及神通如是修行悉成就

菩薩修成七住道超過一切二乘行初地願成此由智譬如王子力具足

成就甚深仍進道心心寂滅不取證譬如乘船入海中在水不爲水所溺

方便慧行功德具一切世間無能了

五有三頌半頌雙行果

供養多佛心益明如以妙寶莊嚴金

此地菩薩智最明如日舒光竭愛水又作自在天中主化導群生修正智

若以勇猛精勤力獲多三昧見多佛百千億數那由他願力自在復過是

此是菩薩遠行地方便智慧清淨道一切世間天及人聲聞獨覺無能知

大方廣佛華嚴經疏鈔會本第三十七之八

大方廣佛華嚴經疏鈔會本第三十八之一　法四

唐于闐國三藏沙門實叉難陀　譯

唐清涼山大華嚴寺沙門澄觀　撰述

第八不動地所以來者瑜伽云雖於無相作意無缺無間多修習住而未能於無相住中捨離功用又未能得於相自在修習得滿故次來也又約寄位初之三地寄同世間次有四地寄三乘法第八已去寄顯一乘莊嚴論釋第七地云近一乘故梁論亦說八地已上以爲一乘是知從前差別進入一乘故次來也

言不動者總有三義故成唯識云無分別智任運相續相用煩惱不能動故謂任運故功用不能動相續故相不能動總由上二煩惱不動與本分大同而金光明云無相正思惟修得自在諸煩惱行不能令動但有二義由相於前已不動故行即功用攝論云由一切相有功用行不能動故此則畧無煩惱無性釋意云第七地行動相不動此中行相俱不動世親同此解深密云由於無相得無功用於諸法中不爲現前煩惱所動此但約煩惱不動上二十住論云若天魔梵沙門婆羅門無能動其願故此即約人不能動人亦是相仁王名等觀地者上皆對他立名此約當體受稱即無相觀下經自有釋名至彼當知若不動名諸論雖異竝不出前三言不動下二釋名總引八釋無性世親釋論則有十釋下結不出三義而唯識最具謂任運下初疏釋即第九論二與本分下即本論云報行純熟無相無間故名不動報行純熟即是功用不動前地所修今此位成名爲報熟空有常行名爲無間不爲空有間故常在無相觀故而金光明者即第三經先舉經但有二義下疏釋不言不爲相動故但二義由相於前下疏出經意前常在無相觀相已不動此經無相正思惟修是常無相故煩惱不動得自在故功用不動四攝論先舉論此則略無煩惱是疏釋論而言略無者非全無也或以相用即煩惱故無性下引彼釋論當其第一彼文繁廣故言意云無性具云言不動者謂一切相及一切行不能動彼心故第七地中雖一切相所不能動相不現行故然不自在任運而轉有加行故第八地中任運而轉不作加行故是名七八地差別次云世親同此者亦七論云由此地所有諸相及一切行皆不能動無分別智任運流行五解深密即第四經亦以相行即煩惱也六十住論亦是第一論此即約人下疏釋七仁王者即下卷經後上皆下疏釋即常在無相觀故名等觀故所離障亦離無相中作加行障由有加行未能現相及土此地能斷說斷二愚一於無相作功用愚二於相自在愚令於相中不自在故故所離障下三所離障亦唯識論令當具出論云八無相中作加行障謂所知障中俱生一分令無相觀不任運起前之五地有相觀多無相觀少於第六地有相觀少無相觀多第七地中純無相觀雖恒相續而有加行由無相中有加行故未能任運現相及土如是加行障八地中無功用道若得入時便能永斷彼永斷故得二自在由斯八地說斷二愚及彼麤重一於無相作功用愚二於無相作自在愚令於相中不自在故此亦攝相土一分故八地已上純無漏道任運起故三界煩惱永不現行第七識中細所知障猶可現起生空智果不違彼故釋曰求無相故名曰加行令無相觀不任運故五地觀心劣故無相觀少六地觀染淨平等故無相觀多七地作加行故然準發忘於無相中有加行智體非是障以善住故只由所斷障令作加行故說名爲加行障也由此第七有加行故雖現金等諸相及土非任運現故以爲障生空智者謂生空智所引後得智及滅盡定也金光明中諾二愚云一無相法多用功力無明二執相自在難可度無明餘二可知疏但攝要大吉義已略周餘如前說其所證如名不增減以住無相不隨淨染有增減故即此亦名相土自在所依真如證此真如現相現土皆自在故其所證下四所證如亦唯識文具云八不增減眞如謂此眞如離增減執不隨染淨有增減故即此亦名相土自在所依眞如謂若證得此眞如已現相現土俱自在故以論對疏廣略可知此名即攝論名世親釋云謂於此中雖染減時而無有減

清淨增勝而無有增無性釋云法外無用所以不增諸法不滅所以不減無性復釋一同世親中邊論云由通達此圓滿證得無生法忍於諸清淨雜染法中不見一法有增有減上礙不增減世親釋相土自在所依真如云於諸相中而得自在名相自在隨其所欲即能現前故於所現土而得自在如欲令土成金寶等隨意成故釋四相約現身土約器界故下文所成行亦名無生法忍相土自在所成行下五成行略舉其二故莊嚴論第八云雖淨佛土而無起作無功用即自在義及所得果即定自在等皆由無相無功用故及所得下六得果言定自在等者即梁論云通達無增減法界定自在等得法身果慧云等者第九自在金光明經八地發心得證三昧

是時天王及天衆聞此勝行皆歡喜爲欲供養於如來及以無央大菩薩

雨妙華旛及幢蓋香鬘瓔珞與寶衣無量無邊千萬種悉以摩尼作嚴飾

次正釋文亦有三分初讚請中有十二頌分二前十讚後二請前中二初二天王天衆供讚

天女同時奏天樂普發種種妙音聲供養於佛幷佛子共作是言而讚歎

一切見者兩足尊哀愍衆生現神力令此種種諸天樂普發妙音咸得聞

後八天女樂讚於中二初二標讚所依餘六正顯讚德總讚如來身土自在將說身土自在故於中毛端約剎論處毛孔約身

於一毛端百千億那由他國微塵數如是無量諸如來於中安住說妙法

一毛孔內無量剎各有四洲及大海須彌鐵圍亦復然悉見在中無迫隘

一毛端處有六趣三種惡道及人天諸龍神衆阿修羅各隨自業受果報

於彼一切剎土中悉有如來演妙音隨順一切衆生心爲轉最上淨法輪

剎中種種衆生身身中復有種種剎人天諸趣各各異佛悉知已爲說法

大剎隨念變爲小小剎隨念亦變大如是神通無有量世間共說不能盡

六中前四依正互在五依正重重六轉變自在兼結無盡

普發此等妙音聲稱讚如來功德已衆會歡喜默然住一心瞻仰欲聽說

時解脫月復請言今此衆會皆寂靜願說隨次之所入第八地中諸行相

後請可知

爾時金剛藏菩薩告解脫月菩薩言佛子菩薩摩訶薩於七地中

第二正說分中二先地行後地果前中有七種差別一總明方便集作地分二入一切法本來無生下得淨忍分三佛子菩薩成就此忍下得勝行分四佛子菩薩住此第八地以大下淨佛國土分五佛子菩薩成就如是身智下得自在分六此菩薩如是入已下大勝分七佛子此菩薩智地下釋名分第二正說下分二先依論科七中初二是趣地方便一是遠方便總前七地集作此地方便故二是近方便前地得忍光明此修熟令淨故三是初住地行謂依前淨忍發起勝修故次二即安住地行謂四是正住之始依前勝行更起修淨佛土之行五即正住之終由淨土行成德無礙六是地滿行

此地望前通皆是勝今復地滿勝中之勝故云大勝七即辦德彰號通於始終又前二分即是入心餘是住心後七中下料揀先以論對經料揀後又前二下約三心料揀七名廣義至文當知略已釋竟今初分二先標集德處謂總前七地非獨第七第七雖亦有下十法而非次第以是功用行滿無功用際故總集之即四節中當第三也先標等者於中先揀正釋故論云七地總相後以是下出總所以四節之總初地已釋謂一入位二入地三入無功用四善滿地盡

善修習方便慧善清淨諸道善集助道法

善修已下正顯所集有十一句分二前三同相諸地通行故後八別相諸地異修故前三同相者此是體相非揀相也同中三句一二種無我上上證故此即證道地地轉勝名上上證巧證不著經云方便一二種無我下即論文此下疏釋十地同證二無我理下之二句皆有三段一舉經二舉論釋三疏釋論二善淨諸道者不住道清淨故悲智雙運故名爲諸三善集助道者彼方便智行所攝滿足助菩提分法故方便是前證道行即不住道悲智等行故菩提分即是彼二所攝之助

助彼二故

大願力所攝如來力所加自善力所持常念如來力無所畏不共佛法善清淨深心思覺能成就福德智慧大慈大悲不捨衆生入無量智道

後大願下別相攝八爲七一初地大願攝持能至此故二二地攝善戒中如來力加故彼經爲證十力四無所畏等故是故我今等行十善等即上承佛力三地中因修自證禪定神通名自善力所持四常念下論云四地中所說法分別智教化智障淨勝念通達佛法者謂前十法明門是智分別即前觀察依彼智明入如來所說法中次教化智即彼經清淨分中以十種智成就法故生如來家障淨勝者即彼論釋謂滅三地智障攝四地勝智故上之二段皆念通達佛法故與此同四常念下即經常念如來力無所畏不共佛法次牒論文論有二節一先牒前文二念通達佛法即以前釋此就牒前文中牒兩處文一所說法分別智即牒前因分中義後敎化智障淨勝牒前清淨分中義謂前十法下疏釋論依前二段釋之先釋牒前因分中義故云謂前十法明門是智故前疏云明爲能入之門法爲所入之法此上疏指前經依彼智下彼論具云得經地智光明依彼智明入如來所說法中釋曰得證地智即四地證智其光明即前三地得此四地證智而處智俱欲通達佛法佛法是三地求多聞所得即十法明門中所觀察衆生界法界世界等次敎化智者即釋論牒第二段經先標勝經具云以十種智成就法故得彼內法生如來家障淨勝者即論牒前論釋謂滅三地下疏取意釋論若具論文言云何於如來家轉有勢力依止多聞智障究竟故除滅智障攝勝故今疏已釋上之二段下釋論念通達佛法即以前釋此也二處皆念通達佛法佛法即力無畏等五地中有十種平等深淨心故云善淨深心此心即是思量六能成下六地中三種大悲故云成就福德三皆觀因緣集即成就智慧三種大悲者即大悲爲首大悲增上大悲滿足觀因緣生滅七中二句以近此地故初空中方便智有中殊勝行皆是大慈大悲不捨衆生行次句即前以無量衆生界故入無量智道七中二句者一大慈大悲不捨衆生二入無量智道疏云以無量衆生界故入無量智道者全是論文入無量衆生界是彼初句無量智道是彼第十六句以與此相應故應具二十句十對第二句云入無量諸佛化衆生衆三入無量世界綱四入無量諸佛清淨國土餘廣如彼

入一切法本來無生無起無相無成無壞無盡無轉

第二淨忍分有十五句分三初十正明無生忍次四明無生忍淨後一結得忍名然無生忍畧有二種一約法二約行約法則諸無起作之理皆曰無生慧心安此故名為忍即正明中意約行則報行純熟智冥於理無相無功曠若虛空湛猶渟海心識妄惑寂然不起方曰無生即淨忍中意前一猶通諸地未得於後不稱淨忍然無生下就類

明忍成前三段之中前二段也今初段中言一切法者總該萬有理事之法入即證達以歷事難窮畧陳其十十中相從為四無生前七為一名事無生後三各一二自性無生三數差別無生四作業無生四中一破相二破性三因泯法四四果離八即前二破相入如後二證實捨相若寄位初加行二正體四後得三通始終又四中約法性收不出真妄妄法本空稱曰無生真法離相亦曰無生依佛性等論說三性無生如初會說四中下三顯功能然相實名事泯事入理名事緣生良以無生緣起成事是故泯事即是無生故能破相即違有相也二破性者破違有性也法體名性以一切法各有性故泯性入知名性無生良以無生緣起成性是故泯性即是無生三因泯者即離因相因有始終三世分異名數差別證實返望本無此[illegible]名數差別無生故地持云不知無言自性事故三世差別以知無言自性事故三世中一切平等四果離者即離果相果位業用名為作業證實法四以望無業可得名九業無生是故結云前二破相入如後二證實捨相一破有相二破無相二俱破相二俱入如三四皆證實並捨相如文思之若寄位下四約位捨相入實相入實故是加行性相變遺故為根本用是後得於理必然三通始終三世別故又四中下五出體大同第六三性但合為眞妄耳則妄通依他遍計眞唯圓成依佛性下六指廣即三性分別言佛性論者即彼三性品論云由有三性故說不了義經違三性者自然顯了名了義經如經中說若人得無生法忍則不退墮問云此言云何成立答曰由三性故則得成立如來約分別性故說本來無生忍約依他性故說自性無生忍約眞實性故說或垢若本性無生忍釋曰若取文顯初一似約遍計以云本來無主數第二同約依他以論云自性無生故後二約圓成以第三約位有垢淨故第四約佛明所證故知而尋之初一修成有依他故本有即圓成故約位亦從緣故佛所入處緣起遍故又本來無生該下文故故疏更不廣釋但指前文第二經事無生中前四不增正顯無生後三不減亦即無減法本不生今則無減以初攝後皆曰無生後三不減下略有二意一者是無生中別義故次云以初攝後皆曰無生二者亦應名無滅忍即如前疏中說今亦從總但云無生然此無生滅即不增減眞如別是此地之所證故別言七者為治七種實故實者隨相執定故一淨分法中本有實謂計自性住性為事物有今為治此故云本來無生本性離故先若有生後應滅故別中七者下二別釋隨相執實即是所治欲顯無生反立七實然文含二義一者此之七實通於凡聖故疏但案文釋二者約位分別於中有二先明前四為遣初地已上後三為遣外凡解行前中又二先別明後結束前中一淨分法中本有實者是論謂計自性下疏釋先舉所治今為治此下引經為能治下七皆然此初多約初地自性住性即第一義空以初證故若謂有物在於心中為事物有故為所治故今治之本來無生無生豈是事物有耶言本性離故者此釋經文無生之義若先有生下反以成立即淨名云法本不生今則無滅得此無生法忍是為入不二法門二新新生實計習所成性為實治此云無起從緣起故二新新生實者二地已上乃至七地修道漸增說為新新能治中言從緣起故者以從緣起起即無起三相實即計前二性所生行相治此云無相前二能生無故三相實者即第八地至十地無功用相是上二相智無功用是集起相無生理現是本有相四後際實謂計於佛果後際出纏治云無成真如出纏非新成故菩薩成佛時煩惱作菩提故上四初一自性住佛性次二引出後一至得果性又此四展轉釋

疑可知四後際實者佛果究竟為後果即菩提涅槃能治中云真如出纏釋無涅槃實菩薩成佛下顯無菩提實上四下後結束有兩重初約三佛性三佛性義至十地更明大旨可知又此四下二展轉收束謂何以知無本有實新熏無成故何以知無成二相不可得故何以知不可得菩提涅槃亦離相故五先際實謂對佛果後際衆生煩惱爲先治云無壞煩惱即空無可壞故菩薩未成佛時菩提作煩惱故染淨和合以爲衆生前遣淨分此遣染分又前即不空藏此即空藏皆不可得五先際實下第二釋後三句遣地前執初即煩惱二即生體是有為故三通上二亦即是業初句治中云煩惱無可壞者是性空門菩提作煩惱約妙有稱實門染淨和合下此中染即煩惱淨即如來藏即不生滅與生滅和合名爲衆生上明不生不生今辨生滅不生又前即不空藏者以佛性妙有故此即空藏者不與煩惱相應故今二藏雙遣云皆不可得六論云盡實諸衆生者謂執衆生念念盡故揀上煩惱故特云諸衆生故上經云一切凡夫行莫不速歸盡治此云無盡其性如虛空故上經云下即須彌頂上偈讚品菩薩偈以上半為所治下半其性如虛空故說無有盡為能治餘並可知所以先遣地上者正此所證故從細至麤故又後舉地前以麤況細麤未證性此應合有今不可得況於地上佛性之性七論云雜染實淨分中者謂修行位中轉染向淨治此云無轉若定有實不可轉故論經云不行謂能轉之行不可得故

無性爲性

第二無性爲性者即自性無生此則顯詮論經云非有有性者明非有彼定執自性此則遮詮遮顯雖殊義旨不異第二無性下此自性無生於中有三一會二經非有即是無性有性即是為性故云義旨不殊無性即是法無我理此理既以無性爲其自性則自體無性非是先有今無亦非全無真體故云爲性以前觀事無生正忍此理故論云彼觀事故是此忍不得言無無性即是下釋文先釋無性執法有性名之為我如地堅性水濕性等以無我故名性無生非先有今無者揀斷滅無中論云先有而今無是則為斷滅亦非全無下釋為性字於中二先反立次以前觀事下順成妙有故論云下引證言觀事者此無我理是四地乃至七地所觀事故明知是有又是所忍法故若無所忍則無如可證斯則非有非無以顯中道此二亦不二又此理亦非所觀事外故論云所有觀法無我理無二相故斯則非即非離無二爲中道義斯則非有下會歸中道有二中道而文三節初正立二種中道一非有非無為中道無性則非有為性則非無既即以無性為性故云此二不二即以性無體有為真諦中道又此理下不即不離為中道即事顯理為二諦中道七實皆事不之一字即是於理斯即於諦常自二於顯常自一今通違此無二真入第一義也故論下引論證上疏家立二中道皆因論主無二相言由無二故法無我理得為諸法自性無生遠公破古云人言觀心與法無我理心境不二非也者實如所破斯則下結成

中後際皆悉平等

第三初中後際皆悉平等者即數差別無生於三時中染淨法不增減故謂先際非染增淨減後際非淨增染減中際亦非半增半減以知三際皆空無自性故第三中後疏文有二先正明即正證無增無減真如若隨相說前際染增淨減後際淨增染減中際半增半減今約理性空故非之然準瑜伽前三句約三世此中約位以明三際故論就染淨明之然準瑜伽下後揀濫濫前三句故前三句者即第四後際實第五先際第六盡實正約衆生當中際故故今釋云此明三世約時辨異今此約位以明三際前際即七地已前後際即九地已後中際即當八地雖約位有殊而體無增減又前三際先際唯染後際唯淨中自約生今之三際皆通染淨又不同也故疏結云論就染淨明之

無分別如如智之所入處

第四無分別下作業差別無生果位作用名業差別如智貫之則無差別無差別即是無生下如是理如上如是智如智如於

真理故無分別此智是佛究竟入處今菩薩證如同佛入處故論云於真如中淨無分別佛智故第四無分別下疏文有二先正明引論正證同佛入處以論經云眞如無分別入一切智故今疏用佛智釋之若眞就今文但是八地自無分別智耳要無分別眞智方入非是俗智能入無生鈔四如是四種皆是示現無生忍觀十三如是四種下總結以論云如是無生法忍觀示現故今超其文論意云此中廣說無生理者成於此地無生觀故

離一切心意識分別想無所取著猶如虛空入一切法如虛空性

第二離一切下明忍淨中初句離障後三顯治前言離者論云示現行遠離謂契實捨妄名行遠離揀非心體離也第二離一切下忍淨中二謂離一切心識分別想總為離障所離之中心意識三別為兩類分別想字通其二處故先牒之所離一切畧有二種一離心者離報心憶想分別謂第八異熟識轉現徧行亦不行故一離心者牒經謂離報心憶想分別此即以論釋經心字然論具云報分別境界想攝受分別境界想其報分別境界想正釋心字謂第八下疏釋論異熟識是報心故彼七地中修無漏因感此變易異熟果體即是報心轉現遍行者轉現二字即起信論以第八賴耶有其三細謂業轉現業相最細菩薩地盡方能離之今得此忍轉現不行即見相二分亦不行也言遍行者唯識等論第八賴耶與心所俱唯有遍行五數謂觸作意受想思今與此忍相應斷故亦不行故疏轉現遍行亦不行故兩云亦著如入滅定前七不行第八持身今八二分亦復不行顯轉深也即是經中離心分別想二離意識者離方便心憶想分別論云離攝受分別性想故謂六七識及中心所等亦不行故是則心行處滅名離一切想二離意識者牒經二字離方便心憶想分別者疏取論意釋經意即第七識即前六此之意識是異熟生經名方便論云下以論證上方便之義言攝受分別性想者第七內攝受六識外分別此等王所皆然不行謂六七下疏釋論意及與經意謂六七識即是王及中心所者六七二識所攝心所一切不行故疏結云心行處滅不同七地猶有觀求之心

後無所取下明治上但明所治非有今明能治不無故論云想者遠離障法想非無治法想者治助無分別智後無所取下釋能治中疏文有三初結前生後先正明故論云下以論為證此之論文亦是揀濫上云滅一切心意識分別想但是滅障法想障法想者即有分別觀解之想有治想者即無分別智是則鈔四別境五中慧所十四不泯但無分別上言不行耳所以明此有二義故一揀異斷滅外道無想二乘滅盡故二揀異如來尚是照寂非寂照故所以明此下第二彰立有治想所以一揀凡小此是揀劣外道無想無有此慧二乘滅定亦無此慧想受盡滅故故此比於滅定彼所行著此亦不行如前一切心等彼所無著此中別有謂無分別智二揀如來即揀勝來忘無分別智故故雙照云等覺照寂妙覺寂照今八地無生亦照寂故菩薩照寂即同佛故是故智障有其三門一是智障所謂分別有無之心二是體障謂觀非有非無之解立已能如故曰體障三是治想謂妄識中含如正慧依此地中有其三義初一四地乃至七地斷除四五六地斷除分別取有之心謂解法便身淨後等入七地時斷除分別取無之心八地已上斷除體障前第七地離除分別有無之心猶見已心以為能觀如為所觀如不即心能觀之心不即如故心如別故心外求法故有功用法外立心故有體障從第七地入八地時破捨此障觀察如外由來無心心外無如如外無心心不異如心外無如如不異心故能如心泯同法界廣大不動以不異故自外推求故捨功用不復如外建立神智故滅體障體障滅故名無障想第三治想至佛方滅故入八地離無障想而有治想從入地已上無生忍體轉轉寂滅今彼治想運運自七至佛乃窮今此未盡故說非無故云此想於下地有三種勝一無功自然行故云無所取著謂無取果心任性自進故此顯治妙二徧一切法想故云猶如虛空此顯治廣三入真如不動自然行故云入一切法如虛空性此顯治深鈔四故云此想下第三十五別釋文相然總將此論釋有治義下釋三勝一無功自然行故者即是論文謂無取果心者曉釋經文任性自進是疏釋論觀心純熟不假作意任運趣果名任性自進無取自進故名為妙二空遍一切故名治廣顯無生智無不遍矣三者入如而行故深此則入於起信離念相者等虛空界無所不徧法界一相故

云入一切法如虛空性然論云不動自然行者任性趣故非謂有彼自然行心故上離即止此治即觀無功雙運唯證相應勿滯言也（此則入於下以起信意總收上義起信所入即是本覺故論云所言覺者謂心體離念離念相者等虛空界無所不遍法界一相即是如來平等法身依此法身說名本覺釋曰今入虛空即入法身本覺故上離下引論會釋結無生法忍之止觀耳）

是名得無生法忍

結名可知

佛子菩薩成就此忍即時得入第八不動地

第三得勝行中二初明深行勝對前彰出二佛子此地菩薩下發起勝對後彰入前中亦是攝童真住文中二先結前生後以入第八地是結前入位生後深行爲所依故

爲深行菩薩難可知無差別離一切相一切想一切執著無量無邊一切聲聞辟支佛所不能及離諸諠諍寂滅現前

二爲深行下正顯深行先法後喻法中八句初一總相位行玄奧故餘七別相一離

可知者即難入深正是對下彰出（餘七別下顯文有二先隨文釋一明七地不知故云正是對下彰出）二無差別者同行深與諸無漏淨地菩薩同故如參在麥聚故難知差別（二即觀勝彰等等於得八地人）三離一切下境界深分齊殊絕故由所取相離能取

十四

相不現前故復言離一切執著者護此地

十六

一切所治障想故（三正示勝相故云分齊殊絕即分齊境也故下總束三句為境分殊絕義此地下著勝也捨也此是論主別此句揀於上二為有問言但離相想於義已足何須更舉一切執著故今通云以上相想言通善惡今明除所治障想謂貪求佛法故論經云離一切貪著非除能治無分別智想以此治想為能護故如上淨忍分中無所取著也）四無量無邊即修行深自利無分量利他無邊故（四即二利行體）五一切等明不退深二乘不能壞其勝故前句當相辯大此句寄對以明（五即寄對顯勝不可形奪過其勝相云不退也故合上二為正行廣大）六離諸諠諍即離障深謂離功用障故（六離功用之動）七寂滅現前即對治現前深以證真如爲能治故一切寂滅（七有報行之治故合以為離障寂靜今經但合寂滅現前論經云一切寂靜而現前故真如一切寂靜現前故釋曰上句教道寂靜下句證道寂靜是故疏云以證真如為能治故一切寂靜其一切言即含教也）上七別中相從束

爲三分能離前地四種惱患謂初三明此地境分殊絕離第四微細想行過謂求如來智猶未息等次二明正行廣大離前第三化生勤方便過謂十無量等猶有勤故後二明離障寂滅離前二過一離第二淨

十七

地勤方便過即前修無功用日夜常修及行住坐卧皆起道等二離第一有行有間發過此之四過如地持說瑜伽名四災患義次亦同（上七別中下第二收束治障束七爲三初有三句二三皆二句）（故言四種惱患者第一有行有間發過第二淨也勤方便過第三化生勤方便過第四微細想行過此之四過從細至麤經中說治從麤至細故下對中從細至麤離第四者此最麤也求如來智此患既未休二明即下是惱十患今相想斯逆故此過今後二無明既求十對於化衆生業名勤方便今自無分量利他三節於有無業二邊故無此過今後二下此方便一節無第二過疏中引上二文皆是勤方便前障後障對治中修無功用行無功用行即牒前科文日夜常修即是牒前論經若今經云佛子此菩薩以深智慧如是觀察常勤修習方便智慧釋曰常勤修習即日夜常修及行住下即引第三雙行勝中二行雙無間文言無有一念休息相應釋日住坐卧乃至睡夢未曾雙與益障相應釋行住坐卧無功即是淨地勤方便未能任運無功故成其過一念止觀雙行亦未息行心故皆成過二離第一者此第三節復離此過若遠公云謂七地中十方便慧發起勝行無功用心名為有行有間發釋曰發即發起若以十方便為有行此）

行最麁又無功用心卽淨地勸方便則似義重今治卽前信勝及作大義皆有行發起而言有間者約修無功用未得任運無功用則有功用之間耳又上通說第三二句通離二過亦得離障離有行有間發過寂靜離淨地勸方便過以離過寂靜返顯相成故合為一雙治二過

大方廣佛華嚴經疏鈔會本第三十八之一

大方廣佛華嚴經疏鈔會本第三十八之二　法五

唐于闐國三藏沙門實叉難陀　譯

唐清涼山大華嚴寺沙門澄觀撰述

譬如比丘具足神通得心自在次第乃至入滅盡定一切動心憶想分別悉皆止息此菩法五 一薩摩訶薩亦復如是住不動地即捨一切功用行得無功用法身口意業念務皆息住於報行

第二喻中文有三喻從後次第喻前三段爲順治障從細至麤故法中顯隱故從麤至細三中各有喻合今初滅定喻喻前離障寂滅喻中那含羅漢心解脫人多能入之九次第定當其第九故云乃至動心息者謂所依六七心王已滅能依心所憶想自亡第二喻中滅定之義前地已說法界品更明能依心者以論云集彼依止故爲此釋合中住不動地合入滅定即捨已下合動心止息即捨一切功用行者過所治故得無功用法者明得彼治法故身口等息者以得無功用法自然行故即同前無所取著離第一有行有間發過合中下合文分三一

正合經文即捨一切功用行者牒經過所治故者即是論釋謂所治者即七地中功用之心得無功用法者牒經得彼治法者論釋以有八地無功用分別智爲能治故身口意下牒經以得無功用法自然行者論釋以自然行不作意故云身口等息非謂不行行故云自然行也譬如舟船乘風入海但見不施功非船不進故疏引淨忍分中無所取著以爲證成故前論云非無治法離第一下二結成離過即結上合意

住於報行者文含二意一亦成上示現得有功用行相違法謂得無功用地故此約教道同前無所取著二者謂善住阿賴耶識眞如法中故此約證道同前入一切法如虛空性即離第二淨地勤方便過不同前地修無功用故云報行報行者前地所修報熟現前故住眞如者以本識有二分一妄染分凡夫所住二眞淨分此地所住由住眞如故捨黎耶之名又佛地單住眞如不云黎耶眞如今爲有變易報在是法五 二故雙舉則黎耶言約異熟識如來但名無垢識故住於報行下三別釋能治此牒經下疏釋前意明教道者無功無分別智可寄言故住眞如下五重釋論文而有二意一雖舉賴耶但取眞如以第八地捨賴耶名故唯識云阿羅漢位捨釋曰大乘第八地同於羅漢以捨分段出三界故又佛地下二存其賴耶則顯譯論不善用名以第八識有其多名故賴耶但是局

凡位故異熟麤至菩薩地盡雖同第八不應存賴耶名耳第八名則已見上文

譬如有人夢中見身墮在大河爲欲度故發大勇猛施大方便以大勇猛施方便故即便覺寤既覺寤已所作皆息菩薩亦爾見衆生身在四流中爲救度故發大勇猛起大精進以勇猛精進故至此不動地既至此已一切功用靡不皆息二行相行悉不現前

第二夢寤喻喻前正行廣大論云示此行護彼過想者離彼化生勤方便過故有正智想者非無此地無功智故如從夢寤雖無夢想非無寤想但此行寂滅故云所作皆息論云示下次顯喻意意明護過所護一切功用行有正智想同前得無功用法如從夢下三釋顯喻相即喻前意雖無夢想喻護彼過想非無寤想喻有正智想但此行寂滅者通妨妨云若有正智何以文云所作皆息答意可知法五 三合中勇猛約心精進約行合上方便並是功用二行已下出所息障依內證淸淨生死涅槃二心不行名二行不現如彼寤時此彼岸無依外緣境界受用念想不行故云相行不現即離化生聖道等想如彼寤時人船俱無合中見人墮河

喻中身自墮者衆生病即菩薩病故合中勇猛下四釋合文但顯權過化生動方便不行耳以內證釋二行不行如覺夢二岸以外緣釋相行不行如覺夢人船船即化生聖道餘畧不合者具即以菩薩合前有人謂七地菩薩至不動地令覺寤也

佛子如生梵世欲界煩惱皆不現前住不動地亦復如是一切心意識行皆不現前此菩薩摩訶薩菩薩心佛心菩提心涅槃心尚不現起況復起於世間之心

第三生梵天喻喻境分殊絕第三生梵天喻中分五一舉所喻畧不釋喻合中初正合下地心意識不現行合欲界心不現行也所以不行者得報行故此離微細想行過故論云此說遠離勝也合中下二釋合文即經住不動下文所以不行下三論釋不行所以明有治故經文畧無後此菩薩下舉勝況劣謂佛等不順行世間一分心等尚不行況順行世間一分心耶佛心等者即七地求如來智心也此中但況世間亦應以大況小大尚不行況小乘耶則若世若出世若人若法若因若果若智若斷皆不行也謂佛等者以論云此中順行不順行二分心等佛等不行故謂一心中分染淨二分以淨況染則若世下疏束成對畧有四對兼於大小則有五對若世者即經況復起於世間之心若出世者佛等心也若人即佛菩薩若法即菩提涅槃若因即菩薩若果即佛若智即菩提若斷即涅槃小雖經無對菩薩有論文具之論云佛等不行故大乘小乘差別故大乘中衆生法差別故衆生是人無學學差別佛等涅槃差別應知是中順行者順行分中心等不行故如經一切心意識不行故是中不順行者不順行分中佛等不行故如經佛心乃至涅槃心不行故大乘小乘差別大乘中差別者佛菩薩涅槃差別故小乘中差別者聲聞涅槃阿羅漢等差別故大乘中衆生差別者佛菩薩差別故法差別者菩提涅槃差別故小乘中無學學差別衆是中法差別者涅槃差別無學差別者阿羅漢差別有學差別者阿那含等差別如是等皆悉不行故釋曰恐欲知論故復委出亦不出於上言五對然論差別之言一一事中皆有差別如有學中有三果四向等菩提有多種菩提等非全所要故疏畧之藏出世中偏多舉者出世易着今兼着故

佛子此地菩薩本願力故諸佛世尊親現其前與如來智令其得入法流門中

第二明發起勝行此下亦是攝尊重行因勸起行法五皆尊重故勝亦尊重之義文中四四一說主總敘二作如是下正顯勸辭三佛子諸佛世尊下顯勸所爲四佛子若諸佛下彰勸之益今初願即勸因如第三勸中論云本願力住故者迴文未盡應言住本

願力故迴文未盡應言住本願力者謂安住本願利衆生故得諸佛勸遂公業論釋云本願住三門分別一將本願從前地來同求此地無生忍亦爲本願二釋住義三說住之意二中得已心息更無去意故名爲住然住不住畧有四種一觀入分別始時不住終則樂住終前地來求趣無生以未得故所以不住今此得之樂着故住二起用分別始得樂住終則不住今此始得樂寂故住以佛爲勸勸以不住三論五就寂分別始終常住謂佛菩薩隨所證入無響諸故四就用分別諸佛菩薩一切不住常就世間利衆生故令言住者約前二門第三明住之意有二一顯此地所得深寂難捨故二明諸佛勸說所以釋曰上遠公之意順論解釋非不有由令以此經本願力故明其本願是勸之由以此釋論應言住本願也住忍須勸是下勸益中辯又由經住故勸意則有故疏釋云決彼無生上水令起無功用行無生止水即住忍義若將今願力住爲住忍者非經論意諸佛世尊下總顯勸相諸佛所以與智勸者轉彼深行樂足之心令入法流門故法流者決彼無生止水令起無功用行河任運趣佛智海即以能趣爲門又法流者即是行海言與智者有二意故一現與覺念猶彼意加二令起修取故名爲與下之七勸皆佛智攝故但云與智前地未淨此忍故云方與以得此忍攝德本故一與之後不復欲沉下之七勸下通妨乃有四重一有妨云下之七勸義相不同何以此中但云有智故此通云七不出智二前地

未淨下問云佛慧平等何以偏與此地菩薩通意可知三以得此下徵有問言何以要得此忍即與智耶答意可知四一與下復應問言九十己得何不與耶得已不失故不重與作如是言善哉善哉善男子此忍第一順諸佛法

二正顯勸辭中有二先讚將欲取之必固與之

然善男子我等所有十力無畏十八不共諸佛之法汝今未得汝應爲欲成就此法勤加精進勿復放捨於此忍門

後然善男子下勸於中有七一勸修如來善調御智二勸悲愍衆生三勸成其本願四勸求無礙智五勸成佛外報六勸證佛內明無量勝行七勸總修無遺成徧知道遠公攝七爲二前六舉多未作轉其住心後一明其少作能成增其去心經無此文論似有意於理無違今攝爲三前三勸其下化初一化法次一正化後一化願次三勸其上求初一折其所得非勝後二引其求佛勝果若外若內三最後一勸總結多門以所作無邊別說難盡故然七皆含轉住增去於中有七者七勸如文亦有總名令初勸中識文有四一列七名二遠公下敘古釋三經無下辨違順四令攝下申正釋然七皆含者正據遠公前六轉住後一增去如初願中勿復放捨即是轉住令勤精進並非增去除可思準遠公亦攝前六爲三對二利初對一自利未滿二所化未出第二對三所化未滿四自德未勝第三對五化業未勝六己德未窮亦是一理令初有三一明多未作以未得修十力等教授衆生法故二汝應下勸令修習三勿復下莫捨忍門然捨有二義一若以放捨身心住此忍門斯則不應故云勿復是以論云若不捨此忍行不得成就一切佛法此令捨著二全棄捨則所不應故論云依彼有力能作故故云勿復放捨此令依之

又善男子汝雖得是寂滅解脫然諸凡夫未能證得種種煩惱皆悉現前種種覺觀常相侵害汝當愍念如是衆生

第二勸中三初明自所得忍二然諸下明他無忍起過在家多有煩惱出家多起覺觀皆是衆生無利益事三汝當下勸起悲心悲心依上而轉出家多起下皆是論意意云出家斷除煩惱不與之俱爲斷此故未善方便故多覺觀故起惡覺乃至不忘善覺故言悲心悲心依上而轉者釋論以論初云依彼衆生大利益事現起煩惱使彼在家出家分中雜着煩惱衆生轉故故是大悲依彼轉也

又善男子汝當憶念本所誓願普大饒益一切衆生皆令得入不可思議智慧之門

第三勸中願有二種一依廣心下化衆生二皆令得下依大心然有二義一令他得二令自得自得佛智依此智行能廣利故

又善男子此諸法法性若佛出世若不出世常住不異諸佛不以得此法故名爲如來一切二乘亦能得此無分別法

第四勸中有三初法性眞常定其所尚定其所尚者所尚即無生法忍所忍即諸法實性故三地中語八地爲一切法如實覺法性即實相眞如理無變與故云出世不出世不異次諸佛下奪其異佛勸其上求以有深無礙智大用無涯方不共二乘故以有深無礙智者即下偈云法性眞常離心念二乘於此亦能得不以此故爲世尊但以甚深無礙智意示甚深無礙智爲世尊耳對下同於二乘故此不共後一切下抑同二乘令不住忍三歎渡河同涉理故功行疲倦趣寂爲垢故應勿住抑同二乘者此一乘旨二乘絕分非是共理約寄位中勸其莫作故

抑令同下三獸度河身是抑耳河即是通理如彼身子自領解云我等同入法性故功行疲倦者此下是論意斷則三乘皆功行疲欲趣於寂是菩薩垢故論云依不共義功行疲倦彼垢轉故謂玄轉進

又善男子汝觀我等身相無量智慧無量國
土無量方便無量光明無量清淨音聲亦無
有量汝今宜應成就此事 法五 八
第五勸中舉身相等六皆是化生事業若
成就此法則有力化生故勸修成就
又善男子汝今適得此一法明所謂一切法
無生無分別善男子如來法明無量入無量
作無量轉乃至百千億那由他劫不可得知
汝應修行成就此法
第六勸中有三初明其所得未廣次善男
子下示佛無量勝行無量入者所入法門
差別故作是法門業用轉是業用上上不
斷後汝應下結勸
又善男子汝觀十方無量國土無量衆生無
量法種種差別悉應如實通達其事
第七勸中二先舉三種無量即淨土中三
自在行後悉應下結勸明少作在既言悉

應通達明少分觀察即能成就去佛非遥
此同德生勸於善財勿以少行而生知足
故云無量 三自在行者即三世間自在耳
佛子諸佛世尊與此菩薩如是等無量起智
門令其能起無量無邊差別智業
第三顯勸所爲令起智業故 法五 九
佛子若諸佛不與此菩薩起智門者彼時即
入究竟涅槃棄捨一切利衆生業
第四彰勸益中亦是所爲爲是故勸於中
二先明不勸之損故不得不勸後以諸佛
下彰勸之益是故須勸今初有二一自損
既不與智即入涅槃故應須與故論云
入涅槃者與智慧示現二者損他不利生
故問始行之流尚修無住豈深智地取滅
須勸 問一 頗有一人佛不與智便取滅不 問二
答有四義故是以須勸一爲引斥定性二
乘明菩薩此地大寂滅處猶有勸起況彼
所得寧爲究竟二爲警覺漸悟菩薩樂寂
之習三爲發起始行無厭上求四爲顯此
地甚深玄奧難捨所以須勸但有此深奧

法流之處必有諸佛作七勸擂故無一人
便取永寂又設佛不勸亦無趣寂爲顯勸
益假以爲言 問始行之流下此下問答通對不勸之失勸益爲問先與二問下具四答須勸可知但有此深奧下後例深故勸答二問中答文有三初答云定有佛勸無有無勸此自有三一正明無自無勸而趣寂者二又設下假設以明三爲顯下結上不勸之損言耳
以諸佛與如是等無量無邊起智門故
第二勸益中有法喻合法中三初牒前與
智彰益之因故論云彼行中攝功德因勝
故云何勝諸佛同作教授說故 故論云彼行中攝功德因勝者彼行即無生忍行由有忍行故佛與智此二皆因此因皆勝故能攝德正與智而能攝德故疏論但以與智爲因轉推得智之因復由得忍
於一念頃所生智業從初發心乃至七地所
修諸行百分不及一乃至百千億那由他分
亦不及一如是阿僧祇分歌羅分算數分譬
喻分優波尼沙陀分亦不及一 法五 十
二於一下起行速疾
何以故佛子是菩薩先以一身起行今住此
地得無量身無量音聲無量智慧無量受生
無量淨國教化無量衆生供養無量諸佛入

無量法門具無量神通有無量衆會道場差別住無量身語意業集一切菩薩行以不動法故

三何以下釋疾所由謂先唯一身故長時劣此一念此地身等無量故一念頓超有

十一句前十別明後一總結十中初六依教化衆生次二依自集助道後二依障清淨

十中一多身隨現所以多者論云一切菩薩身信解如自一身故謂智契同體故能即一爲多此實報能爲不同前諸地變〔十中一多下上通相料揀此下隨句別釋釋此初句即是經中今住此地得無量身所以多下舉論釋多所以信解即是勝解勝解印持一切菩薩即是我身故有多身謂智契下釋上信解爲一所以前來諸地雖有信解未與理冥今與理冥故成多耳此實報下釋通妨難云初地百身二地千身如是漸增乃至七地有法五十二百千億那由他身何得言一故今答云彼前多身皆云示現即變化爲非實報得以其前地功用分別未捨離故不能合法凡所爲作名心自在非法自在是故不得就法說多此地功用分別心息契合法界凡所爲作名法自在以法門無量隨法論身身亦無量舉身知既爾餘可例知〕此對前一身餘音聲等對前起行類亦無量二圓音隨說三隨所知智四隨取何類生五隨應以何圖六隨其教化何類衆生七隨供養集福德助道八隨入何法門集智慧助道九隨神通障淨十隨智慧障淨故能處無量衆會隨機說法皆言隨者隨宜非一釋無量言故隨時之義其大矣哉〔此對前下釋其餘句餘並可知〕後一結釋中先結謂起行衆多不離三業後以不動法故者釋由無相無功無有間斷故相用不動任運集成

佛子譬如乘船欲入大海未至於海多用功力若至海已但隨風去不假人力以至大海一日所行比於未至其未至時設經百歲亦不能及

喻中船喻彼行速疾論云應知因勝示現者釋疾所由船由入海故疾行入無生故疾

佛子菩薩摩訶薩亦復如是積集廣大善根資糧乘大乘船到菩薩行海於一念頃以無功用智入一切智智境界本有功用行經於無量百千億那由他劫所不能及

合中初合未至海即前七地次到菩薩下合若至海即第八地無生之智亦是行故名爲行海又頓能徧起即深而廣亦得名海無功用智以合上風一切智境明其趣果前喻所無以無生智同佛智海故喻不分本有已下合前校量

大文第四淨土分者問經中但云大方便智一切觀察皆如實知廣說化生應形作用瑜伽論中十自在前起智門後但云得分身智何以論主判爲淨土分耶答淨土有二一是能淨之因二是所淨之果此有二對一相淨果謂寶嚴等以行業爲因謂直心等二自在淨果謂三世間圓融等以德業爲因謂淨土三昧等今約後對然淨土行業始起在凡滿在十地淨土德業始起不動終在如來〔今約下揀定既約位釋成始起於此故偏有淨土分也〕法五十二

佛子菩薩住此第八地以大方便善巧智所起無功用覺慧觀一切智智所行境

文分三別一器世間自在行二衆生世間

自在行三智正覺世間自在行初是化處次是所化後是能化具後二淨方名淨土然初一多約能淨後二多約所淨文影略耳就初分二先總標衆無功用智爲能觀智智所行境爲所觀方便善巧即無功用因在於七地修無功用令得自在智所行境者即世界成壞能觀智即下如實知此總科方便善巧下別牒釋言即無功用因者由於七地得空中方便慧有中殊勝行修此無功故 法五 十三

所謂觀世間成觀世間壞

後所謂下別顯其相有五種自在一隨心欲二隨何欲三隨時欲四隨廣陿欲五隨心幾許欲今初觀世間成壞論云隨心所欲彼能現及不現故者謂約能淨論隨隨自心欲知即能知故約所淨論隨隨衆生心樂欲見者則現成現壞不欲見者則不現故經云觀知則唯約因論主欲顯義兼於果故云隨現即轉變自在下之四段隨現準知

由此業集故成由此業盡故壞

二由此業下明隨何欲謂隨物欲知何業成壞皆能現故

幾時成幾時壞幾時成住幾時壞住皆如實知

三幾時成下明隨時欲謂隨時長短即能現故若約能淨即隨時智如此世界成二十劫初劫成器餘成衆生壞亦二十先壞衆生後一壞器並稱事稱理名如實知

又知地界小相大相無量相差別相知水火風界小相大相無量相差別相

四又知地下隨廣陿欲彼能現故文中三初知四大差別即是廣相二知微塵下是知陿相三隨何世界所有地水下知能所成即雙明廣陿相今初中小相者非定地報識境界大相者定地境界乃至四禪緣三千故無量者如來境界上三是事分齊皆以境界智知差別相者是法分齊故以相智知其自相同相差別故後類餘易了初知四大差別即是廣相者謂知大分齊小相者下散心所知少故名小定心所知廣故名大初禪量等四洲二禪量等小千三等中千四等大千故云乃至量既遍等故能遍緣無量相者佛智稱事理之實故無分量差別相者若大小即是分齊知地堅相水濕相等名知自相同無常等名知共相皆是法分齊也 法五 十四

知微塵細相差別相無量差別相隨何世界中所有微塵聚及微塵差別相皆如實知

二知微塵中細者透金塵故論經次云麤相者隙塵故差別同前無量差別者一塵之中含多法故塵之麤細俱通定散故不云小大細者透金塵故者俱舍云極微微金水兔羊牛隙塵蟣蝨麥指節後後增七倍隙塵乃塵中最麤無一極微獨處而住故不說初而七極微爲一微塵此亦最細而名是通故取第三透金之塵以爲細也一塵之中含多法者能造所造一聚而現必具堅濕煖動色香味觸故云多法

隨何世界中所有地水火風界各若干微塵所有寶物若干微塵衆生身若干微塵國土身若干微塵皆如實知知衆生大身小身各若干微塵成知地獄身畜生身餓鬼身阿修羅身天身人身各若干微塵成得如是知微塵差別智 法五 十五

三知能所成中二先總知內外二知地獄下別明六道斯即楞伽責所不問意顯窮幽又云無性故斯即楞伽下謂大慧菩薩發一百八問云我名爲大慧通達於大乘今以百八義仰諮尊中上下問云何淨其念云何念增長等列問竟

佛讚善財問竟然後責其所問不盡云諸山須彌地巨海日月量下中上衆生身各數微塵一一刹數塵亏亏數有幾肘步拘樓舍半由一由旬乃至云是等所應請何須問餘事聲聞辟支佛佛及最勝子身各有幾數何故不問此釋曰此即責所不問也

又知欲界色界無色界成知欲界色界無色界境知欲界色界無色界小相大相無量相差别相得如是觀三界差别智

第五又知欲界下明隨心幾許欲即能現故文中二初約智知自在上即三界互望論大小今即一界之中自分大小欲界中人境爲小天境爲大色中覺觀爲小無覺觀爲大無色界中論云佛法中凡境爲小聲聞菩薩爲大者爲揀外道妄取爲涅槃故特云佛法如來所知一切三界皆名無量相佛法中者問無色無色無有分量何有大小答大乘之中許有色故離世間品明菩薩鼻根聞無色界宮殿香故此有二意一無麤有細二無其相色有通果色故

佛子此菩薩復起智明敎化衆生所謂善知衆生身差别善分别衆生身善觀察所生處隨其所應而爲現身敎化成熟

第二佛子此菩薩復起下約通明自在隨物現化文中三一隨機現化於中初標能化智次所謂下明所知機有三句一知身類不同故二知隨身宜用方便異故三生何等界能利生故後隨其下正明隨化雖言現身意在生處故屬器界

此菩薩於一三千大千世界隨衆生身信解差别以智光明普現受生如是若二若三乃至百千乃至不可說三千大千世界隨衆生身信解差别普於其中示現受生

二此菩薩於一三千下明化分齊

此菩薩成就如是智慧故於一佛刹其身不動乃至不可說佛刹衆會中悉現其身

三此菩薩成就下明現自在謂不動而徧猶月入百川

法五　十六

佛子此菩薩隨諸衆生身心信解種種差别於彼佛國衆會之中而現其身

第二佛子此菩薩下明衆生世間自在行謂隨感能應調伏衆生自在故於中三初總明感應

所謂於沙門衆中示沙門形婆羅門衆中示婆羅門形刹利衆中示刹利形如是毗舍衆首陁衆居士衆四天王衆三十三天衆夜摩天衆兜率陁天衆化樂天衆他化自在天衆魔衆梵衆乃至阿迦尼吒天衆中各隨其類而爲現形

法五　十七

二所謂下别顯感應於中顯化生行有二自在一化同物身沙門中現沙門形等故即身自同事

又應以聲聞身得度者現聲聞形應以辟支佛身得度者現辟支佛形應以菩薩身得度者現菩薩形應以如來身得度者現如來形

二又應下化應物心以身不必同其所化即心自同事故論云彼行化衆生身心自同事以身不必同者如有居士欲見佛身爲現佛身佛身不同居士而隨心樂名心同事

佛子菩薩如是於一切不可說佛國土中隨諸衆生信樂差别如是如是而爲現身

三佛子菩薩如是下總結感應如是如是者現類衆多故若身若心無偏頓應故論

結云自身心等分示現也

佛子此菩薩遠離一切身想分別住於平等

第三佛子此菩薩遠離下明智正覺世間自在行遠公云若就行境應名二諦自在行今就行體名智正覺智於二諦正覺無礙故名自在今更一釋以所知十身皆是毗盧遮那正覺之體亦得從境名智正覺能令相作亦自在故（今就行體者以智正覺一切法故）文中二初明第一義智後此菩薩下明世諦智今初上句離妄下句住實由自身他身不分別故住於平等不分別言非唯照同一性亦乃能所照亡論云此不同二乘第一義智示現者以彼不得法空不能即俗而眞非一異故

此菩薩知衆生身國土身業報身聲聞身獨覺身菩薩身如來身智身法身虛空身

二明俗諦智中有三一總知十身二此菩薩下令十身相作顯通自在三此菩薩知衆生身下別顯知相彰智自在今初十身論攝爲三初三染分次六淨分後一不二分皆言分者同一大緣起法界分爲十故即染分依他淨分依他同依一實故

染中三者初是衆生世間次國土世間業報身者彼二生因謂業煩惱經略煩惱故論具之而云報者業能招報從果立名若是所招寧法五異上二然國土身十八合通於淨且從一類以判爲染（經畧煩惱者論云是中衆生世間器世間彼二生因業煩惱是染分故）次六總以三乘爲淨分於中前四是人菩薩及佛但因果之異次一是能證智後一是所證法故論云此三乘隨何智隨何法彼淨顯示謂因法智殊顯三乘別（謂因法智殊者智法有殊故三乘異亦以三乘明法智故）後虛空身是不二分者通爲二依非染淨故觀下別顯多約事空義兼於理（義兼理空者無量周遍等皆兼於理亦由此故爲二所依）法五

此菩薩知諸衆生心之所樂能十九以衆生身作自身亦作國土身業報身乃至虛空身又知衆生心之所樂能以國土身作自身亦作衆生身業報身乃至虛空身又知諸衆生心之所樂能以業報身作自身亦作衆生身國土身乃至虛空身又知衆生心之所樂能以自身作衆生身國土身乃至虛空身

二諸身相作皆先明相作所由由隨機故文中二一別顯相作略有四翻云何法智虛空得爲自身入法智中自然應現自已身故令於虛空忽見自身故名爲作作餘亦爾（云何法智者此假問也法中理法理法無形智體虛空皆無形質不可作身云何言作答意云智證於法自然應現即是作義亦猶體理成智理寂無相而成有知故今於虛空下通虛空作自此三作自既爾自作此三亦然異同理智及虛空故）

隨諸衆生所樂不同則於此身現如是形

二隨諸衆生下總結例餘上但舉四翻理應具十成一百身然自身即是菩薩若將自望菩薩別則有百一十身故云則如是現所以相作得無礙者廣如懸談今文略有三意一由證即事第一義故事無理外之事事隨理而融通故此章初先明勝義二者緣起相由故三業用自在故晉經偈云菩薩於因緣和合中自在乃至能隨意爲現於佛身今經略無此偈論主但釋相

作之意云彼自在中所作攝取行種種示現者謂彼正覺自在中作攝取衆生行故隨心樂種種示現所以相作下出其所因以經文中但云隨衆生心之所樂故則唯是業用門而無德相故具出所以例前可知則經文中但有第二義第一義畧無第二引晉經文證者第二因緣和合是緣起故上顯相作之因論主但明相作之意然隨衆生樂通因通意意欲攝生故是意也說隨意能作卽業用因

大方廣佛華嚴經疏鈔會本第三十八之二

大方廣佛華嚴經疏鈔會本第三十八之三　法六

唐于闐國三藏沙門實叉難陀　譯

唐清涼山大華嚴寺沙門澄觀撰述

此菩薩知衆生集業身報身煩惱身色身無色身

第三別顯知相中十身爲八以三身合故然共類例應各具十文或闕略且從顯說初衆生身有五相初三業生煩惱妄想染差別此約總明三界後二約上二界即就報開別若總開三界五趣則具十矣若總開下色身無欲色二界加無色爲三界集業煩惱爲二報身即五趣報故爲十也

又知國土身小相大相無量相染相淨相廣相倒住相正住相普入相方網差別相

二國土身具有十相前八一切相後二眞實義相前中初三分齊相即小中大千次二染淨差別次廣即寬陜差別此略無陜次二依住差別眞實中一重頓入名爲普入十方交絡故云方網又重重現故多同初地又重重現下雙釋普入及方網言塵能受剎剎以塵成亦能受剎重重皆入名爲普入既交絡入九方入東東入西時帶餘九入西入南時帶東諸方而入於南故成重重即初地中如帝網差別故爲眞實義故

知業報身假名差別知聲聞身獨覺身菩薩身假名差別

三四二段共有四身皆云假名差別者但有自相同相差別假名分別實無我人餘亦假名偏語此四者業因尚假苦果可知聖人尚假況於凡類又三乘聖人方能知假佛德超絕不得云假

知如來身有菩提身願身化身力持身相好莊嚴身威勢身意生身福德身法身智身

五知佛身自有十相餘之九身既是佛身一一有此則已成百若更相作則重重無盡菩提身者示成正覺故二願生兜率故三所有佛應化故揀異獼猴鹿馬等化故云應化即王宮生身四自身舍利住持故上四於三身中皆化身攝四自身下舍利梵言此翻名身若云舍利羅此云身骨論經名受神力身此身是佛攝受衆生留化神力故出現品中解王延壽喩正喩力持身也五所有實報身無邊相海等揀三十二等故云實報即三中報身六所有光明攝伏衆生故云威勢即通報化六所有下論經名光明身故遠公云喜軟衆生慈光攝取剛强衆生威光伏取故云攝伏七意生身者論云所有同異世間出世間心得自在解脫故者同謂同類異謂異類世即地前出世地上謂若凡若聖若同若異由得自在解脫故隨意俱生即種類俱生無作行意生身也此通變化及他受用八福德者所有不共二乘之福能作廣大利益因故故種少善根必之佛果九法身者所有如來無漏界故斯即所證法體故離世間品十佛中名法界佛諸漏永盡非漏隨增性淨圓明故名無漏界是藏義生義含無邊德生世出世諸樂事故十智身者所有無障礙智謂大圓鏡智已出障垢證平等性故次云此智能作一切事者即成所作智彼事差別皆悉能知者即妙觀察智此通四身但兩重十身一一圓融故異諸教九法身者所有如來無漏界故者即是論文同於唯識轉依之果論云此即無漏界不思議善常安樂解脫身大牟尼名法論曰前修習位所得轉依應知即是究竟位攝此謂此前二轉依果即是究竟無漏界攝諸漏永盡非漏隨增性淨圓明故名無漏界是藏義此中含容無邊稀有大功德法或是因義能生五

乘世出世間利樂事故釋曰此即釋其初句今既所用諸漏永盡者此即離彼相應縛義非漏隨增者此即顯離所緣縛義故性淨揀異二乘無學有所知障不名淨故圓明揀彼十地菩薩未圓滿故具此諸義名無漏界餘義可知釋第二句論云此轉依果又不思議超過尋思言議道故微妙甚深自內證故非諸世間喻所喻故此又是善白法性故清淨法界遠離生滅極安隱故四智心品妙用無方極巧便故二種皆有順益相故違不善故俱說爲善此又是常無盡期故清淨法界無生無滅性無變易故說爲常四智心品所依常故無斷盡故亦說爲常非自性常釋第三句云此又安樂無逼惱故清淨法界眾相寂靜故名安樂四智心品永離惱害故名安樂此二自性皆無逼惱及能安樂一切有情故二轉依俱名安樂二乘所得二轉依果唯是遠離煩惱障種無殊勝法故但名解脫大覺世尊成就無上寂靜法故名大牟尼此牟尼尊所得二果永離二障亦名法身無量無邊力無畏等大功德法所莊嚴故體依聚義故得名身故此法身五法爲性非淨法界獨名法身二轉依果皆此攝故釋曰今此疏中正用初句義則包含正取所證能證四智智身攝故彼處通說菩提涅槃二種果故四智之義類見上文言此通四身者智真於理同法性身大圓鏡智相應淨識能頻現於自受用身平等性智現他受用身成所作智起變化身是則智身通於四也又妙觀察智亦通四身通觀四故但兩重下通非圓宗難可知也

知智身善思量相如實決擇相果行所攝相世間出世間差別相三乘差別相共相不共相出離相非出離相學相無學相

六知智身有十一相攝爲三類初二約體分別初通聞思二即修慧俱通理教次果行相即因果分別行即是因通於三慧果唯證入相離前三餘有八智皆約位分別於中初一是總世間俗智名之爲世三乘聖智名爲出世又道前名世見道已去名出世五三乘者於出世中大小分別小乘十智等中乘七十七智等大乘權實無量六七二相於大乘中最妙分別甚深般若不共二乘相似般若是則名共八九二相通說三乘縛解分別於新熏性習未習故.後三通於三乘修成分別果唯證入者此明智身了於諸法法有違證二義不同今就果說故唯證知言相離前三者離聞思修相如初地示說分齊中說然此通約因果而說若分三乘小乘四果爲果趣四果四爲行中乘無學爲果有學爲行無數出入故無四果大乘之中佛果爲果餘皆爲行小乘十智等者即法類四諦他心世俗及盡無生前己曾解中乘法六七十七者廣如六四地鈔中不共等者共不共義前已頻釋後二通下即學無學前行果中中乘雖約學無學明意在行果小乘學中亦有果故大乘位位容有果故故疏上來但約總說又此學等略有三門一約理三乘同學未證名學證竟無學凡夫非學非無學二以小望大二乘於大亦非學非無學三就修成之德義同初門今就智明疏云修成分別耳

知法身平等相不壞相隨時隨俗假名差別相眾生非眾生法差別相佛法聖僧法差別相

七知法身前能知智此所知法並通一切智法不同前佛法智唯屬如來七知法身中文二先通揀濫謂第六智身及此法身對上如來身上十身法六中智身法身以五料揀耳文有五相一平等相即是理法論云無量法門明等一法身故者謂法門雖殊同詮平等法身生佛無二故揀理異事皆世諦門攝一法身者前佛中取法此法中取佛門各異故也揀理異事下遮難難云若是平等法身應名第一義智所知故爲此答第一義智無分別故亦猶相見道中觀非安立諦而是後得智攝二不壞相即是行法論云如聞取故謂稱理起行名如聞取行符乎理則冥之菩提名不可壞三即教法隨所化眾生根性相應時說差別故理本無言假言顯理若權若實皆是隨俗假名

四即重顯理法所徧之境此通染淨平等法身徧情非情故四即重顯者論但云有根無根差別相故有根身即眾生有根身故無根即非情今以四法收法無遺謂教理行果理是所詮乃通事理初句明理此句即事理外無事故言所遍之境此通染淨等皆悉平等則顯前

之法身是淨法法身故前釋云法門雖殊同詮平等五即果法唯約於淨故論云第一相差別三乘同證第一義故隨智有異三種不同故所顯理亦說深淺若約功德等異如常所辯論云第一相者有二義疏是一義更云三寶最勝故隨智有異者即一切賢聖皆以無為法而有差別大品云由平等故分別須菩提等故所顯理者小乘人空如兎之足中乘修習如馬之足大乘二空深徹底故若約功德者小乘三生緣覺百劫菩薩三祇乃至三學萬行差別非一皆以一相統之則四法一揆

知虛空身無量相周徧相無形相無異相無邊相顯現色身相

八知虛空身文有六相一無量相芥子中空亦無分量故二徧至一切色非色處故三不可見故今世人見者但見空一顯色想心謂見故涅槃經中廣破見空又此舍無為空故亦不可見四無異相者無障礙故謂不同色法彼此相異有障礙故五無邊相謂無始終起盡之邊故六能通受色相持所持故故下經云譬如虛空寬廣非色而能顯現一切諸色既因色分別彼是虛空則知因空顯彼為色三不可見者釋無形相世人見者但見空一顯色者雜集第一云云何建立色蘊謂諸所有色若四大種所造色者謂眼等五根色聲香味觸所攝一分及法處所攝色次釋色云色者謂四大種所造眼根所了義謂青黃赤白長短方圓麤細高下若正不正光影明暗煙雲塵霧迥色表色空一顯色此復三種謂妙不妙俱相違色此青等二十五色建立由六種因謂相故安立故損益故作所依故作相故莊嚴故如其次第四十八云迥色者謂離餘法六礙觸方所可得空一顯色者謂上所見青等顯色釋曰若智論說上空謂作青白影色見故又依小乘毗曇宗空有二種一是有為除色為空二是無為本來常無有為六可見故令世人同共見之無為不可見故令說言不可見相成實論中虛空唯一不可眼見世人見者但見空中光明之色想心於中知無實物作虛空解便謂見空其實不見涅槃中同成實說廣破虛空有為可見令此經疏符不可見六能通受色相者此即論文釋經顯現色身相疏文可知而論經云顯色身別異相意云能顯於色而與色異上言無異自約空體耳若遠公云謂因色像空有差別謂屋內空屋外空等此乃以色顯空不順今經空能顯色

佛子菩薩成就如是身智已

大文第五自在分中分二初牒前為因修法六行三種世間自在行故得十自在此但約七智通說若依攝論以六度為因如下別明第五自在分釋曰此中通有四門一辨相二治障三出因四得位文皆已具此但約智者對下六度但明一智為通遠公別配修前器世間自在行故得財自在一切世界莊嚴之事悉能示現修前衆生世間自在行故得生自在隨化衆生處處現生修前智正覺世間自在行故得六自在一得命自在經第一義成法身故欲久近住隨意悉能二得心自在知二諦故能入無量三昧法門三得業自在於報身得自在故一切業報隨意示現四得信解自在知如來身及知聲聞緣覺菩薩故生信解五得法自在知法身故六得智自在知智身故通修前三故得二自在一得願自在一切所徵隨心皆得二得如意自在隨意轉故釋曰雖有此釋乃成穿鑿故疏但云約智通說別配依下取於攝論六度為因

得命自在心自在財自在業自在生自在願自在解自在如意自在智自在法自在

二得命下顯自在果命自在者不可說不可說劫命住持故心則無量阿僧祇三昧入智故財謂一切世界無量莊嚴嚴飾住持示現故上三以施為因如次以一切時一切處一切物施故業則如現生後時業報生持示現故生則一切世界生示現故上二自在以戒為因戒調身語成勝業故復由戒淨隨欲生故願則隨心所欲佛國土時示成三菩提故此則由進策勤無懈發故解則一切世界中徧滿示現故論經名信解攝論名勝解皆一義耳用忍為因以修忍時隨衆生意故得一切皆隨心轉

謂變地爲金等如意則一切佛國中如意作變事示現故以定爲因智則如來力無畏不共法相好莊嚴三菩提示現故法則無中無邊法門明示現故上二同以般若爲因內照所知得智自在應根宜說得法自在於此十中若智若通皆無壅滯故云自在二（得命下疏文有三一別釋經文即辨相及因經但標名今依論經一一具釋經有難見即以論釋兼以攝論六度之因次第配釋）論以此十治十怖畏一治死怖畏二治煩惱垢染怖畏三治貧窮四治惡業五治惡道六治求不得七治謗法罪業八治追求時縛不活九法自在治云何疑十智自在治大衆威德此二如論次此十亦即初地五畏細故漸開此中二四七即是惡名惡名本故三六屬不活九屬第十故約因而論此地方得約果而論圓滿在佛此約行布下離世間上賢首品皆有此十而約普賢位通貫始終

得此十自在故則爲不思議智者無量智者廣大智者無能壞智者

大文第六得此巳下明大勝分於中三初智大智解殊勝故二業大行業寬廣故三彼二所住功德大智業所成故今初文有五句初句牒前爲因則爲下正顯顯有四智初一爲總謂不住世間涅槃寂用難測名不思議此不思議有三一修行盡至不思議謂證涅槃無分量故二所知不思議廣照世境故三除障不思議謂令眞如出所知障天魔外道不能壞故

此菩薩如是入巳如是成就巳

第二此菩薩下業大有三初二句牒前爲因一入自在二成就智次得畢竟下正顯業大三佛子下總結多門（一入自在者即經云如是入巳牒前十自在也二成就智即經云如是成就巳即牒前爲不思議智者等）

得畢竟無過失身業無過失語業無過失意業身語意業隨智慧行般若波羅蜜增上大悲爲首方便善巧善能分別善起大願佛力所護常勤修習利衆生智普住無邊差別世界

正顯中有十二句初三明三業淨當相辨業後九約修辨業攝爲四相初一句明起論云能起能起同時謂身語意是所起智慧爲能起此三業起必與能起同時故經云隨行智爲導首故二般若下四句智攝不染作利衆生行等謂由般若攝彼大悲故不染愛見能起方便利衆生行三善起下二句因攝謂內由大願爲自行他行之因又外蒙佛攝得成二因四後二句作業所持初句利益衆生後句淨佛國土（故經云下經文但有身語意業隨智慧行論經云智慧爲首智隨順轉故雖具用二句之意以智先導釋其隨行初智導起起巳不失於智即是隨行故）

佛子舉要言之菩薩住此不動地身語意業諸有所作皆能積集一切佛法

後總結可知

佛子菩薩住此地

第三佛子菩薩住此下彼二所住功德大中三初標所住分齊次得善下顯所住德三此菩薩下結成功德

得善住深心力一切煩惱不行故得善住勝心力不離於道故得善住大悲力不捨利益

衆生故得善住大悲力救護一切世間故得善住陀羅尼力不忘於法故得善住辯才力善觀察分別一切法故得善住神通力普往無邊世界故得善住大願力不捨一切菩薩所作故得善住波羅蜜力成就一切佛法故得如來護念力一切種一切智智現前故

二中十句依七種功德謂初四爲一善住道功德此是德體以二利行爲菩薩道故初二自利先契理離障名爲深心後對治堅固名爲勝心後二慈悲利他後六各一約修辨德初三三輪化益修上利他後三願行相符外招佛護修上自利（二中十句者謂依此七種功德宣說彼所住功德法故此段名所住功德大也後二慈悲者餘處慈能與樂悲能拔苦今悲不捨衆生慈却救護世間以慈悲皆通與樂拔苦故後三願行相符等願即第八行即第九佛護即第十）法六　十一

此菩薩得如是智力能現一切諸所作事於諸事中無有過咎

三結成中近結此段遠結前三得如是智結前智大以智證理得無憎愛故次能現下結作業大平等作故後於諸下結所住功德大得七功德無過咎故

佛子此菩薩智地名爲不動地無能沮壞故名爲不退轉地智慧無退故名爲難得地一切世間無能測故名爲童真地離一切過失故名爲生地隨樂自在故名爲成地更無所作故名爲究竟地智慧決定故名爲變化地隨願成就故名爲力持地他不能動故名爲無功用地先已成就故

大文第七釋名分亦攝真如相迴向稱如不動等故釋名分二一地釋名即約法明位二智者釋名即約人彰德（第七釋名分一地釋名約法明位者廣明此地有不動德故二約人者廣明住此地菩薩有不動德故法即本有此德如於菩提人由得地故成勝德猶如此覺者）今初十句論攝爲六遠公復攝六爲二初二自分後四勝進勝進中復三初一發修離過次二因修成德一成教道德二成證道德後一依德成位亦有斯理（今初十句者初三四六皆攝二故疏文有三一總科初二自分前一離過畢竟後一所證深玄餘句可知）言爲六者一初二句名染對治一治下地功用行小乘願諸魔業故名不動地二治煩惱習行故名不轉上二即相用煩惱不能動也二次一句得甚深故可知（言爲六下二依論釋初染治中功用小願魔業皆是業染第七地功用之心名功用行六地中樂空之心名小乘願前五地中着有之心名諸魔業亦可七地所起行修名功用行二乘之心名小乘願凡夫之心名諸魔業今離功用治功用行遠離有無間隔過故治小願魔業故名不動此一爲總故諸經論皆立此名）法六　十二

三有二句發行清淨上句發淨謂得真無漏三業無失不破觀心能發趣行然其八地應對八住合名童真而論經中名王子者似不順文下句行淨正行之時離障自在故（三有二句者即勝進中發修離過前句發修之時離功用過名爲發淨後句修行之時離不成過名爲行淨隨意成故論經名王子者經云名爲王子地離家過故遠公釋云如世王子生在王家無有眷屬等過菩薩如是生在佛家無有修行功用之過釋曰觀經之意但取離過）四次二句名世間出世間有作淨勝上句悲故隨世有作自無所作下句出世有作以智善分別故智障淨故皆決定義（四次二句下兼第五門即勝進中因修成德德義不同有其二種一者有作即教道功德本無今有方便修起故名有作即第四門二者無作即證道功德本有今顯非從修起名爲無作即第五門與加分中有作善法淨無作法淨相似今第四中功德名世間智慧名出世間前中隨世有作釋經名爲成地自無所作釋經更無所作故下句中以智慧善分別故即是論經

智障淨故是論釋上善分別言皆決定義疏將彼經及論皆就今經決定之言五有一句彼二無作淨勝謂於世出世名爲彼二願力變化而不滯寂故云無作即無住涅槃五有一句下即踰道也即經名爲變化地隨願成就故今經但有其用論經云名爲涅槃地善起大願故遠公云涅槃地者即無作體體寂滅故善起大願以用顯體非小涅槃故疏法六釋云化不滯寂成無住涅槃十三六有二句菩薩地勝即分位過前上句勝六地以六地觀空爲他有動今念念發起殊勝行故下句勝七地上依論釋六有二句者即遠公依德成位上句可知下句勝七地有功用此地報熟名無功用言先已成就者論經云善起先道故遠公就諸地中分別云有三一不起先道謂前大地當地別智不無前行二起而不善謂七地念念修起一切佛法前六地中所有諸行至此皆起而功用心起不名爲善三亦起亦善謂此八地前七地中所修諸行是其先道至此地中報熟現前名起先道報熟現前非功用生故名善起隨意順經先已成就即是七地之中修無功用爲先已成就故今無功此意是總易故不釋今更指文別爲一解

謂此諸名對前經立初二從淨忍分受名、得無生忍入不動故此句爲總此智現前故無退壞次二約得勝行分受名一得爲深行菩薩不可知故二離一切相等諸過失故次三約淨土分受名生地謂器世間自在隨樂生故成地衆生世間自在隨物成身自無作故究竟地智正覺世間決二諦故次一約自在分隨願成就方名自在次一約大勝分得深心等十種力持故後無功用通該始終依此釋者似若論家闕指明據今更指文者第三順經釋但是指文義不異論故疏云則似論家闕指明據

佛子菩薩成就如是智慧

第二佛子菩薩成就下智者釋名中三初牒前爲因由得智地故二入佛下正就人顯三於無量下總結所住

入佛境界佛功德照順佛威儀佛境現前

就人顯中以何義故菩薩名爲得不動地有二義故一一向不動謂行修上順故二一體不動謂與諸菩薩行體同故一向不動是勝進行一體不動是自分行先明勝進者舉彼勝求顯於自分從上滿也文中先總明後常爲下別顯今初文有四句皆含二義論總釋云佛性隨順因故佛性即初句以梵云馱都譯通界性致譯論經云得入佛性即是法身果性故論云佛性者界滿足勝故究竟見性故云滿足此即分齊境界菩薩由得地智能上入之隨順因者即下三句由三爲因故能隨順佛境一攝功德佛功德照者善清淨義故謂以無垢慧善照佛德即是攝義二者行謂正行威儀順同佛故法六三者近即佛境現前近如十四可覩故今初文有四句者謂一向一體以遠公將此總屬於一向不動則此四句明一向義後十方明不動故疏案定云皆含二義謂由入佛境故一向上順亦與菩薩同一體性下三句準之以論先釋四句竟方云是中一向不動者如經日夜常爲善知識加諸佛加故等故疏將此四句爲總三者近者由其前二故近佛也

常爲如來之所護念梵釋四王金剛力士常隨侍衛恒不捨離諸大三昧能現無量諸身差別於一一身有大勢力報得神通三昧自在隨有可化衆生之處示成正覺

後別明中先明一向不動經論十句今經法六闕一十五初一總顯佛加解參玄極上德被已故既常爲佛加故名一向不動餘句別依五種功德以顯不動一供養功德即梵釋四王論經王下有奉迎之言二守護功德謂金剛等現形衛故三依止功德恒不捨

三昧故四國土清淨功德即能現諸身差
別若器若衆生皆能隨現故云無量謂金剛等
者此前亦有但宜衛耳如來常有八金剛神列其八面此地菩薩隨分得之五
於一一下教化衆生功德此復五種前三
自分後二勝進一願取諸有多爲主導故
云有大勢力一根心使智力即報得神通
窮三際中衆生根欲等故三無量法力三
昧自在轉法輪故四受力彼經云能受無
量記故今經闕此五說力即隨有可化示
成正覺眞能說故論經此後更有一句結
云是菩薩如是通達論云一向不動故前三
自分者即三輪也謂身口意論云一向下論釋結如是通達如是通達故一向不動義耳

佛子菩薩如是入大乘會獲大神通放大光
明入無礙法界知世界差別示現一切諸大
功德隨意自在善能通達前際後際普伏一
切魔邪之道深入如來所行境界

二佛子下明一體不動文有十句初總餘
別總云入大乘會者謂入同類大乘衆數
故入數者不破壞義和合如一故別有九
種具此九種堪入衆數
一智不壞獲法智通故二說不壞謂放教
智光故三解脫不壞謂不住行證入空有
等無礙法界業用無礙故四佛國清淨不
壞知世界自在故五入大乘不壞智能示
現大功德故六神通不壞隨意自在故七 疏六 十六
善能下能解釋義不壞稱三際說故八普
伏下坐道場不壞萬行及菩提樹下伏魔
耶故九正覺不壞入如來境同佛覺故一智不壞者論經云善思量大乘通故即法智通者以論會經既云智大經云獲大神通明是法智通也即十通第九於六通中漏盡開出故亦證智二教智三不住上三自利下六利他初句淨土行後五化法益物於中前三自分即意身口稱三際說者先際生死後際涅槃中際聖賢也八善伏下二句勝進坐道場稱佛方便成正覺者成佛慶人前中泛明坐道場畧有三說一就法門即萬行道場二就實成約金剛三昧一念成佛三約化相菩提樹下今正約後然經但言普伏一切魔邪之道而論云坐道場坐道場即降魔故伏魔亦三一約法門一切生死涅槃皆是魔道修一切智則伏其道矣二約實說無明習氣以爲魔道金剛喻定方能摧之三約化相菩提樹下降於天魔今亦據後九正覺不壞者上入佛境同佛覺故即是一切法如實覺故同無障礙智餘如初地中說

於無量國土修菩薩行以能獲得不退轉法
是故說名住不動地

第三總結所住中行無障礙不斷不轉念
不退故

佛子菩薩住此不動地已以三昧力常得現
見無量諸佛恒不捨離承事供養此菩薩於
一一劫一一世界見無量百佛無量千佛乃 疏六 十七
至無量百千億那由他佛恭敬尊重承事供
養一切資生悉以奉施於諸佛所得於如來
甚深法藏受世界差別等無量法明若有問
難世界差別如是等事無能屈者如是經於
無量百劫無量千劫乃至無量百千億那由
他劫所有善根轉增明淨

第二位果調柔中先調柔行法說中受世
界差別等無量法明者等取衆生智正覺
故論名彼因相故者以所受法爲自在因
故

譬如眞金治作寶冠置閻浮提主聖王頂上
一切臣民諸莊嚴具無與等者

喻中眞金作閻浮提主冠者喻得清淨地
身心勝故以此地中報行純熟三世間自

在故特加於王無與等者喻善根光明轉更明淨

此地菩薩所有善根亦復如是一切二乘乃至第七地菩薩所有善根無能及者以住此地大智光明普滅衆生煩惱黑闇善能開闡智慧門故

佛子譬如千世界主大梵天王能普運慈心普放光明滿千世界此地菩薩亦復如是能放光明照百萬佛刹微塵數世界令諸衆生滅煩惱火而得清凉

三佛子譬如下教智淨梵王普放光明者勝前日光一多故二淨故三廣故

此菩薩十波羅蜜中願波羅蜜增上餘波羅蜜非不修行但隨力隨分

是名略說諸菩薩摩訶薩第八不動地若廣說者經無量劫不可窮盡

佛子菩薩摩訶薩住此地多作大梵天王主千世界最勝自在善說諸義能與聲聞辟支佛諸菩薩波羅蜜道若有問難世界差別無能退屈布施愛語利行同事如是一切諸所作業皆不離念佛乃至不離念一切種一切智智

復作是念我當於一切衆生中爲首爲勝乃至爲一切智智依止者此菩薩若以發起大精進力於一念頃得百萬三千大千世界微塵數三昧乃至示現百萬三千大千世界微塵數菩薩以爲眷屬

若以菩薩殊勝願力自在示現過於是數乃至百千億那由他劫不能數知

爾時金剛藏菩薩欲重宣其義而說頌曰

七地修治方便慧善集助道大願力復得人尊所攝持爲求勝智登八住功德成就恒慈愍智慧廣大等虛空

第三重頌分中二十二頌分三初十八偈半頌位行次二偈半頌位果後一結說分齊令初頌上七分即爲七段初一偈半頌集作地分

聞法能生決定力是則寂滅無生忍知法無生無起相無成無壞無盡轉離有平等絶分別超諸心行如空住

二一偈半頌淨忍分

成就是忍超戲論甚深不動恒寂滅一切世間無能知心相取著悉皆離

住於此地不分別譬如比丘入滅定如夢度河覺則無如生梵天絶下欲

三有七偈頌得勝行分於中二初二頌深行勝

以本願力蒙勸導歎其忍勝與灌頂語言我等衆佛法汝今未獲當勤進

汝雖已滅煩惱火世間惑焰猶熾然當念本願度衆生悉使修因趣解脫

法性眞常離心念二乘於此亦能得不以此故爲世尊但以甚深無礙智

如是人天所應供與此智慧令觀察無邊佛法悉得成一念超過曩衆行

菩薩住兹妙智地則獲廣大神通力一念分身徧十方如船入海因風濟

後五頌發起勝於中云但以甚深無礙智者長行所無故知唯念法性則同二乘事理事事皆無障礙是菩薩學故晉經全有

一偈云但以得無礙甚深微妙智通達三世故乃得名爲佛又此一句亦可總頌餘勸

心無功用任智力悉知國土成壞住諸界種種各殊異小大無量皆能了

三千世界四大種六趣衆生身各別及以衆寶微塵數以智觀察悉無餘

菩薩能知一切身爲化衆生同彼形國土無量種種别悉爲現形無不徧

譬如日月住虛空一切水中皆現影住於法界無所動隨心現影亦復然

隨其心樂各不同一切衆中皆現身聲聞獨覺與菩薩及以佛身靡不現

衆生國土業報身種種聖人智法身虛空身相皆平等普爲衆生而示作

四有六偈頌淨佛國土分於中三初二器世間次三衆生世間後一智正覺世間

十種聖智普觀察復順慈悲作衆業

五有半偈頌十自在故晉經云能得於十種妙大自在智

所有佛法皆成就持戒不動如須彌十力成就不動搖一切魔衆無能轉

六一偈頌大勝分

諸佛護念天王禮密跡金剛恒侍衛此地功德無邊際千萬億劫說不盡

七一偈頌釋名分密跡者古譯爲力士餘文可知也

復以供佛善益明如王頂上莊嚴具菩薩住此第八地多作梵王千界主

演說三乘無有窮慈光普照除衆惑一念所獲諸三昧百萬世界微塵等諸所作事悉亦然願力示現復過是

菩薩第八不動地我爲汝等已略說若欲次第廣分别經於億劫不能盡

大方廣佛華嚴經疏鈔會本第三十八之三

大方廣佛華嚴經疏鈔會本第三十八之四　法七

唐于闐國三藏沙門實叉難陀　譯

唐清涼山大華嚴寺沙門澄觀　撰述

第九善慧地所以來者瑜伽意云前雖於無相住中捨離功用亦能於相自在而未能於異名衆相訓詞差別一切品類宣說法中得大自在爲令此分得圓滿故次有此來

言善慧者攝大乘云由得最勝無礙智故無性釋云謂得最勝四無礙解無礙解智於諸智中最爲殊勝智即是慧故名善慧即下文中十種四無礙是也莊嚴論云於九地中四無礙慧最爲殊勝云何勝耶於一刹那三千世界所有人天異類異音異義問此菩薩能以一音普答衆問徧斷衆疑故此同下文金光明云說法自在無患累故增長智慧自在無礙者此兼顯離障名勝深密意亦同此瑜伽住品十住論成唯識等文辭小異義旨無殊仁王名爲慧光者言兼法喩智論名善相從所了得名能所離殊皆明說法之慧言善慧下二釋名總有九釋一攝論當第七論從即下文下難會經二莊嚴論即第十三頌云四辯智力巧善說稱善慧今疏即是彼論長行此同下文即疏會經三金光明即第三卷後此豪下疏會釋四深密經意會即第四卷經云發得廣大無礙智慧五瑜伽住品即四十八論上文來意亦同此卷論云由此地中一切有情利益安樂意樂清淨速得菩薩無礙解慧由此善能宣說正法是故此地名爲善慧六十住論亦當第一論云其慧轉明調柔增上故七成唯識亦當第九論云成就微妙四無礙解能遍十方善說法故從文詞下會上三論八仁王下亦即下卷九智論可知

故所離障離利他中不欲行障有四辯故四無礙障分成二愚前三爲一名於無量所說法無量名句字後慧辯陀羅尼自在愚謂所說法是義名句字是法後後慧辯是詞陀羅尼自在愚通於上三二辯才自在愚即愚第四無礙故所離下第三離障亦唯識文具云九利他中不欲行障謂所知障中俱生一分令於利樂有情事中不欲勤行樂修己利彼障九地四無礙解入九地時便能永斷由斷九地說斷二愚及彼麤重一於無量所說法無量名句字後後慧辯陀羅尼自在愚此唯識述於無量所說法陀羅尼自在者謂義無礙解即於所詮總持自在於一義中現一切義故也二於無量名句字陀羅尼自在者謂法無礙解即於能詮總持自在於一名句字中現一切名句字故三於後後慧辯陀羅尼自在者謂詞無礙解即於言音展轉訓釋總持自在於一音聲中現一切音聲故二辯才自在愚辯才自在者謂辯無礙解善達機宜巧爲說故愚能障此四種自在皆是此中第九障攝釋曰此用能障無礙解所知障種以爲體性以八地已上六識中所知障無現行故金光明亦云一說法無量名句味無量智慧不能持無明二四無礙辯未得自在無明釋曰此則第二愚亦許通四但上能持此約能說即說上三耳攝論云一無量所說法無量名句味難善巧言自在陀羅尼無明二於四無礙解決疑生解無明釋曰第二愚亦通四無礙解本論名辯不能利衆生障釋曰唯識不欲此論不能不能故不欲耳疏但攝略以對論文廣狹可知互相映發疏論俱易

故所證眞如名智自在所依謂若證得此眞如已於無礙解得自在故故所證下四所證如亦唯識文攝論名同無性釋云謂此地中得無礙解所依止故分證得智波羅蜜多於一切法不隨其言善能了知諸意趣義如實成就一切有情受勝法樂釋曰無礙解等釋自在義分證得等釋於智義中邊論云有四自在一無分別自在二淨土自在三智自在四業自在法界爲此四種所依止義第八地唯能通達初二自在所依止義後二如次在後二地

便成善達法器自在說法行下第五成行莊嚴論云四辯自在成熟衆生疏即說此注經自無邊總持廣受法行勤即達此注經器

梁論云由通上眞如得應身果金光明中得智藏三昧皆一義耳梁論云下第六得果初即成熟衆生果後即總持法義果

說此菩薩八地時如來現大神通力震動十方諸國土無量億數難思議

一切知見無上尊其身普放大光明照耀彼諸無量土悉使衆生獲安樂

次正釋文三分之内初讃請中有十三頌分三初二如來現相顯說無功用行無動之動難思議故特此讚遺

菩薩無量百千億俱時踊在虛空住以過諸天上妙供供養說中最勝者

次十頌別讃後一頌結請別讃中亦三初一菩薩供

大自在王自在天悉共同心喜無量各以種種衆供具供養甚深功德海

次一天王供

復有天女千萬億身心歡喜悉充徧各奏樂音無量種供養人中大導師

後八天女供讃於中二初一供餘七讃

是時衆樂同時奏百千萬億無量別悉以善逝威神力演出妙音而讃歎

讃中二初一標讃

寂靜調柔無垢害隨所入地善修習心如虛空詣十方廣說佛道悟群生

天上人間一切處悉現無等妙莊嚴以從如來功德生令其見者樂佛智

後六顯詞於中亦二初二讃菩薩通於八地及說法主

不離一刹詣衆土如月普現照世間音聲心念悉皆滅譬猶谷響無不應

若有衆生心下劣爲彼演說聲聞行若心明利樂辟支則爲彼說中乘道

若有慈悲樂饒益爲說菩薩所行事若有最勝智慧心則示如來無上法

譬如幻師作衆事種種形相皆非實菩薩智幻亦如是雖現一切離有無

後四雙讃佛及菩薩三輪化益此文云菩薩幻智後結云讃佛已故文中通讃八九地如月普現前地有故此法師位隨機說權實故如月普現者偈云譬如日月住虛空一切水中皆現影住於法界無所動隨心現影亦復然從此法釬下即九地之德下文廣具文中三初一身無心而普應次二口隨機而演說後一喻結心常契中既特云最勝智心示如來法權實明矣故瓔珞經中說十種善前九依三乘人各成三乘第十名佛乘種性謂初聞佛法即發佛心唯觀如如修佛智慧終不爲悲願纏心一向不起二乘作意第九爲悲願纏心故此云慈悲樂饒益明文若斯云何不信

如是美音千萬種歌讃佛已默然住解脫月言今衆淨願說九地所行道

爾時金剛藏菩薩告解脫月菩薩言佛子菩薩摩訶薩以如是無量智思量觀察

第二正說分先明地行文有四分一法師方便成就謂此地能起辯才說法名法師地趣地行立名方便故二智成就具能知法之智慧故三入行成就達所化器之心行故四說成就稱根正授故四中初一入心餘皆住心亦攝三位至下當知然第八地中但淨佛土教化衆生此地辯才力故教化衆生成就一切相能教化故一切相者具上四分故第二正說文三一總科二四中下會三心三然第八下顯地別相此是論文亦是通難恐有難云第八地中於三世間已得自在普與衆生身心同事復能多身多音說法利樂衆生何以此地方名法師有說成等故爲此

通從成就下辨勝過劣初分中三初牒前起後前得二諦等智故次欲更下正顯方便三得入下結行入地前得二諦等者二諦即是淨土分中等者等取諸佛勸起無量智慧思量觀察即是思修若準論經云無量智慧善思量智遠公云廣謂無量深曰善思量上佛勸與無量智即是廣也淨忍即是深智然不出二諦故疏但以二諦等之

欲更求轉勝寂滅解脫復修習如來智慧入如來祕密法觀察不思議大智性淨諸陀羅尼三昧門具廣大神通入差別世界修力無畏不共法隨諸佛轉法輪不捨大悲本願力得入菩薩第九善慧地

正顯中文有十句不離二利論云一一五三句示現者初句利他次句自利故云一一次五利他後三自利故云五三示現之言通上四段初句依無色得解脫想可化衆生利益他故化其令得大般涅槃故云轉勝論主謂菩薩不求自滅故作此釋然經既云更求寂滅何妨自求以七八九地同得無生八地得忍寂滅現前依勸起修此求上品名爲轉勝即用而寂眞解脫故若依此義前二自利亦可十句俱通二利於理無失且依論解二依未得究竟自利益故復修習如來智慧初句利他者此依論主有兩對二利疏意更有二意一爲三節以合初二爲自利故二者十句皆通二利總遠公云自分所成以用化人勝進所成未堪化人業未熟故但可自利勝進云更求勝進豈無利他

三依根熟菩薩化入如來祕密三密化益故四依邪念修行可化衆生令觀察不思議智得正念故謂觀無念見智性故五依未知法衆生轉法輪令得知故即淨陀羅尼三昧門皆說法所依故六依邪歸依衆生具廣大神通令入正法故七依信生天衆生令入差別世界佛淨土故上五中一無證二無行三無解後二無信三依根熟下五門利他言根熟者阿含行成堪能入證絕念修行可利生故四不觀智性盡爲邪念五未知令知六邪歸依者即諸外道取信耳目故以通化七諸佛淨土超過諸天無退轉故上五下結上利他竟故下三自利中八依正覺內證智德故修力等九依轉法輪外化恩德十依無住涅槃斷德

佛子菩薩摩訶薩住此善慧地如實知善不善無記法行有漏無漏法行世間出世間法行思議不思議法行定不定法行聲聞獨覺法行菩薩行法行如來地法行有爲法行無爲法行

第二佛子菩薩住此下智成就此下二三段攝王子住知法知根皆法王軌度等故且依智成文中初總知三性謂淨染不二不二即無記不二即無記者不同前二故云不二淨即是善順理清昇故染即不善違理雜穢故後有漏下展轉別開一於淨法開漏無漏謂施戒等取相心修與漏相應名爲有漏無漏反此一於淨法下俱舍云有漏無漏法除道諦有漏於彼漏隨增故說名有漏四諦之中苦集二諦是有漏法漏即煩惱漏過無窮故漏法於彼苦集隨增苦集有彼漏故名爲有漏論云無漏謂道諦及三種無爲由其道諦是有爲無漏故於有漏除於道諦令疏中云與漏相應即漏隨增義言施戒等取相心修者以善中間出漏故舉其施等等取忍進禪慧令漏於彼施等善法而隨增故相心修善是集諦攝三界因故言無漏反此者即離相心修漏不隨增即爲道諦俱舍云緣滅道諦諸漏雖生而不隨增故非有漏約於見道分世出世前來頻有二於無漏開出見道已前名世見道已去名出世三即就上二世出世異名爲思議即世出世名不思議亦可於出世中約教證二道

三即就下思不思議乃有二意前約圓行布地前地上相對以明後約教證二道唯就地上四彼有漏思議中定能證入名之爲定爲緣所動名爲不定亦可佛性定有餘一切法皆悉不定三聚定等下文自說四彼有漏者以思議通於二義今明定能證入意取地前思議故兼取有漏之善言定能證入者大乘之中種性堅固名之爲定爲緣所動名爲不定故仁王受持品云習忍已前十善菩薩有退有進譬如輕毛隨風東西是諸菩薩亦復如是雖以十千劫行十正道發三菩提心乃入習忍亦常學三伏忍法而不可定名是不定人是定人者入生空位聖人性故必不起五逆十重等若通諸乘說小乘忍心已去名定餘必不定

五總上諸善開出三乘謂諦緣度等皆通上四故唯佛果一是唯無漏等而屬菩薩乘果五總上者三乘皆有漏無漏世及出世教證二道定不定等故云皆通

六於三乘法中亦有爲無爲依順行故此是善體故後明之謂滅諦緣性彼岸真理皆名無爲道諦緣智能證修起皆名有爲如來一切皆是無爲佛智有爲非極說故涅槃令覆有爲相故三乘聖人依此起行依此差別故名順行六於三乘下先舉論後此是下疏釋於中又二先辨次二謂滅緣諦下釋然有爲無爲及漏無漏如十藏品世及出世教證二道初地已廣今隨三乘畧明爲等滅諦即是小乘無爲小乘四諦三是有爲故緣性即是中乘無爲逆順觀等皆是緣相因緣性離是名無爲彼岸眞理大乘無爲大約六度故云彼岸彼岸有二一是涅槃修六度因得涅槃果居然無爲二窮行究竟即同無爲又眞理言通於三乘同入二空之眞理故道諦已下三乘有爲對前可知如來無爲前已類釋三乘聖人下釋上論文依順行言然有二意一依起行二亦依無爲成差別位

此菩薩以如是智慧如實知衆生心稠林煩惱稠林業稠林根稠林解稠林性稠林樂欲稠林隨眠稠林受生稠林習氣相續稠林三聚差別稠林

第三此菩薩以如是下明入行成就於中三初總標章門二此菩薩如實知下依章廣釋三佛子菩薩隨順下總結安住今初有十一林一衆生心者是總故論云依共以通是下十染淨共依故菩薩依此而知故名爲依下依義準之一衆生心下疏文有二初隨文釋此言總別通有三意一約本末即如今文心爲本是總十林是別然本末容可由一生多總別要一具多是經宗意二就末中三雜染爲總餘七是別此約依本開末七不離三故三以三聚爲總根等爲別此約以時該於法故今初心爲總者論云依共者論唯二字以通是下疏釋先釋共字其染淨共依但釋共字菩薩依此下方釋依字餘十是別不出三雜染故論云依煩惱業生生是苦果今當第九論釋餘七云依共染煩惱染淨等依定不定時謂次根等四同是業故名共隨眠即煩惱種名染眠伏藏識令心染汙故受生即生如前已說餘二通三故不出三也二云何通謂習氣無別體是染淨等氣分故三聚但是約時定不定故餘十是別者即第二重總別義也今經已前是因生是苦果皆當第九論以經三是總故以生居前後習氣三聚俱通因果論釋餘七下二釋餘七於中有四一總釋七林文中有三初句標舉二依共染下舉一論三謂次下隨釋然上論七林總有四節一依共字攝根解性欲四林二染字即隨眠林三煩惱染淨等即習氣林四依定不定時即三聚林四節皆合有其依字初一後一有依中二畧無以初依字該於中二若具應云依共依染依煩惱染淨依定不定時也今釋四節文亦有四初釋共字謂次根解性欲同是業故二隨眠下釋染字故三地中論趣煩惱名貪嗔癡顯起隨眠名爲染也以常隨心令心穢濁無時暫淨故名爲染然論經使如下當釋三受生即生下此非釋論以經次第至於生故指前總中故前云不出業煩惱生世四餘二下釋論第三四節習氣三聚二稠林也於中有二上二句總釋言餘二通三者即是習氣及三聚林通三雜染故不出者隨眠是煩惱根等是業今二復通故上標云不出三雜染也二云何通下二別釋二林此句徵問後謂習氣下釋前論第三云煩惱染淨等是習氣林染攝煩惱故疏畧無煩惱之言又欲將染淨通根解性欲而言等者等取生欲雜染以三雜染皆有習氣故

故下釋中有頓悟習氣業習氣道差別習氣即是生故不言心習氣者心是總故爲十依故三聚但是下釋上論第四節依定不定時是三聚林故論又別釋根信性欲相似之義云彼復定不定時根等次第根等相似信等者由下經文以根例三故此重釋相似之義亦須約時故云彼復定不定時約何論時亦約根等四事次第也云何次第謂根等相似似何等耶謂信等故如宿習名根印持名解依根起解故云次第解必似根故云相似習解成性性必似解依性起欲欲復似性若相似未熟時即名不定熟名正定全無邪定故時依根等論經名解爲信是信解故論又別釋下第二重釋根等相似之義即重釋上依共之言以言共是於業復相似故於中有四一生起論文二彼復下舉論三由下經文下彰釋所以由相似故經舉根林以例三林論上云共故今顯共相似之義四亦須下正釋論文爲四展轉相生皆徵上起下而文分五一釋彼復定不定時云亦須約時顯上四義但云亦須約時合云根等四林亦須約時亦者釋論復字以前釋二聚約時今重約時故云亦也二約何下第二節徵於上句釋下根等次第三云何下徵上第二釋下根等相似四似何等下徵上第三釋下信等二字五如宿習下顯上相似次第之義唯初根解此二相望有於次第及與相似性欲但明相似之義次第可知故畧集之若相似下第三例釋三聚

三聚亦由上四生故是故上云三聚爲總十皆名稠林者多故名林難知曰稠論經十林皆有行字謂不正信義故名心行等稠林心行若絕證信圓明非稠林行然此十名多如發心品辨而習氣一通於二義一者殘習二者種子熏習如下當辨

此菩薩如實知衆生心種種相所謂雜起相速轉相壞不壞相無形質相無邊際相清淨相垢無垢相縛不縛相幻所作相隨諸趣生相如是百千萬億乃至無量皆如實知

第二依章廣釋文分九段以解性欲合一例故今初心中三謂總別結別中畧舉十門攝之爲八二三後二合故

一差別相心意及識六種別故此八緣境許得齊起故名雜起又雜起者必與所俱極少猶有徧行五故心意及識下第八名心第七名意前六名識然有通別已見問明今更畧釋大乘法師釋云心積集義意思量義識了別義積集有二一集行相二集種子初通諸識後唯第八思量有二一無間覺二現思量初通諸識後唯第七了別有二一細二麤細通諸識麤唯前六此八緣起者唯識第七云依止根本識五識隨緣現或俱或不俱如濤波依水釋曰此有二門初句六識共依門下三句六識俱轉門此中正是後門論云根本識者阿陀那識集淨諸識生根本故依止者謂前六轉識以根本識爲共親依釋曰此釋第一句緣阿陀那通至佛果故若言頓耶位局乘故但言六者第七識緣恒時具故又此正明六識義故言爲共親依者共依即是現行本識識皆共故親依即是彼種子識各別種故次釋下三句六識俱轉門論云五識者謂前五轉識種類相似故總說之隨緣現言顯非常起緣謂作意根境等緣謂五識身內依本識外隨作意五根境等衆緣和合方得現前由此或俱或不俱等外緣合者有頓漸故如水濤波隨緣多少此等法喻廣說如經釋曰言種類相似者一俱依色根故二同緣色境三俱緣現在四俱有間斷言謂作意等即眼具九緣等經初已說言廣如經者即解深密云廣慧如大瀑流水若有一浪生緣現前唯一浪轉乃至若多浪生緣現前有多浪轉諸識亦爾然彼更有淨明鏡喻恐繁不引極少猶下即如第八心所俱門謂唯與觸及作意受想思俱餘識心所多少之義廣如彼論

二速轉下二句明行相四相遷流故速即是住住體輕危速就異故轉者是異壞即是滅不壞是生故論經但一句云輕轉生不生相論云住異生滅行故論云住異者住釋上輕異釋上轉生釋於生滅釋不生

三無形質者第一義相觀彼心離心故云何離謂心身不可得故身者體依聚義即同起信心體離念等云何離者從初至不可得唯除此句餘微餘皆論文從身者下雖釋言心體離念等等取虛空界法界一相皆無形義

四無邊際即自

相順行無量境界取故取境不同故名為自取境不同者此下雙釋八識緣境有同有異前五轉識緣五塵境是現量故第六意識緣一切法通三量故第七末那緣賴耶爲境是非量故第八賴耶緣於三境謂種子根身器世間故亦現量攝廣如唯識上四相初一是所相二是能相此二並心之相三是心之空

法七

十三

性性相不同合為心體四即心用此四並通染淨後四明淨心隨緣由第五隨煩惱緣成六七隨業生緣成第八上四相下結前言心之空性者空如來藏故涅槃云空者所謂生死故後四明淨心者標也次由第五下總釋也隨現煩惱故有第六隨煩惱種故成第七故論云第六七心染不染故心縛解故此二句煩惱染示現第八變隨業生染故論云第八句心隨道故生染示現以隨業受生故云隨業生緣菩薩幻生亦菩薩業謂第五清淨者自性不染相即自覺聖智真妄所依不空性也染而不染名自性淨次下二句即不染而染謂第五清淨下當句別釋此即自性清淨心對前空性是不空性是則相辯真空性為妙有也不染染等前已類釋謂六垢無垢者即同煩惱不同煩惱相隨緣有垢性恒離故七縛不縛者同使不同使相義不異前但種現有別耳八有二句同名因相隨因受生故菩薩以

幻智願力生故餘衆生隨業諸趣生故隨因受生者通釋二句菩薩以下別釋二句幻所作相同於摩耶大願智幻耳又知諸煩惱種種相所謂久遠隨行相無邊引起相俱生不捨相眠起一義相與心相應不相應相隨趣受生而住相三界差別相愛見癡慢如箭深入過患相三業因緣不絕相畧說乃至八萬四千皆如實知第二釋煩惱稠林亦三別中九句攝為三種事後七合故第二釋煩惱稠林攝為三種事者一即遠入相二難知相三染相一遠入相乃至有頂故此約四住現行下至金剛自約種說久者無始常隨故明分齊深至於有頂故四住攝於無始無明現惑攝種故釋古云下至金剛自約種說遠公見偈云釋定境排仍退轉金剛遣滅方畢竟釋有頂云謂至于地金剛頂故今彈云彼須隨眠稠林約俱生種何得證此二無邊引起者難知相言無邊者修習無量善根故引起

法七

十四

者引起惑故惑與善俱所以難知即勝鬘中恒河沙等上煩惱也上明豎深此辨橫廣二無邊引起者論云二難知無量善根等修業行故餘如疏釋言恒沙等上煩惱者以善無邊一一善上皆有煩惱故亦即所知未盡則無法之上而無惑也三俱生下七句合為染相即三雜染謂此煩

惱亦與業生二俱起故即分為三初三句當體明煩惱染一俱生不離者明隨所縛此句總明能所所縛即妄心謂惑與妄心遞共同事故云俱生生即是事能離惑不名妄心離心惑依何住故迭共相

十四

法七

依名為不捨二眠起一義者是以何縛謂使為能縛使即隨眠起即現行現行由使不得解脫以現及種同一惑義故然下辨使不必與現行俱此中現行必由於使如有種子未必有芽若已有芽必依種子故云一義三與心相應不相應者是所縛事事即真心若被妄染名與相應是縛非解心性淨故名不相應示可解脫初三句下別釋三段既此三中初句既總即能縛別二為能縛三即所縛妄心今初論自釋所縛云迭共同事迭共相依不相應故今疏取意開展釋之以論同事相依釋經俱生生即是事

十五

法七

者然有二義一夫言俱生必有二物煩惱是一與何物俱即妄心事同時生也二生即生雜染則煩惱與生事俱也從然離惑下以論相依釋經不捨二眠起一義者別明能縛從謂使為能縛下出能縛用等云以何縛謂使為縛眠為用即現行如由使下釋其縛義煩惱縛心使縛煩惱使如毛繩縛人由入水故今繩急然下辨使等者通相濫妨此中使同下使故等意云此約使為惑因後正顯使故不濫也遠公

釋云使有二義一繫縛義通性及起二隨逐義局在性成今約繫縛亦是一理而下隨眠亦有繫縛故但依疏三與心相應下卽別舉所縛然縛別顯能縛所縛而必至有如纏縛人若言以何物縛是單說能而必有所縛之人若不爾者何得縛名如說何人被縛必有能縛之物故下二句各兼能所而二正取能三正取所惡之事卽眞心者出所縛體卽自性清淨心若被下卽被縛相因無明風動不守自性成其染心也染而不染云心性淨言示可解脫者若定是染則不可脫故中論云集若有定性先來所未斷於今云何斷二隨趣下有二句約生明煩惱染論云身事生道界因故者苦報集起名身事生上句是道因下句是界因二隨趣下謂就生雖染中明於煩惱先舉論總釋從苦報下釋論從上句下以經對論道界因道界因言彰惑之過三愛見下二句約業明煩惱染初句明於三分中業因障解脫故言三分者愛是欲求中追求現報受欲行者見是邪梵行求癡是欲求中追求現報習惡行者故論云無戒衆生爲現少樂習衆惡行愚癡之甚慢通上三而多屬見有求屬牛染所攝故此畧無上三俱障解脫過患難拔如箭入木故外道得非想定尚與見慢相應上即論意亦可見愛等通七識中煩惱故云深入下句明此惑隨順世間身口

意業不斷起因故三愛見下先總明初句下別釋釋初句中先瞭論言三分下疏釋三卽愛義是業之因疏文委具而文有因節一以二來釋三分業二慢通上三下會通經論二經有四惑論但說三三故又三求中惟說二故通意可知三上三俱障下以論障解脫言釋經如箭深入通患四亦可知下疏別立理下句下釋三業因緣不斷相結中八萬四千煩惱隨好品自十五明賢劫經中亦有其相結中八萬下然隨好品正明煩惱賢十六劫自說八萬度門而取所治亦是煩惱故復引之此經具名賢劫定意經有十三卷第二卷末有喜王菩薩宴坐七日過七日已詣佛所請行何三昧能悉通達八萬四千諸度法門佛告喜王有三昧門名了諸法本行菩薩行時便能通達諸度法門諸度法門者諸佛育三百五十功德一一功德各修六度爲因然彼第二卷末喜王菩薩起請如來切列章門第三卷初喜王再請一一解釋至第九卷經方終其三百五十度中最初名修習進行法修度無極其度無極言卽波羅蜜義乃是三百五十之總名其光耀度乃當第二其分布舍利是最後度其間諸相隨好力無所畏十八不共三十七品五眼六通等皆是所成卽以六度爲二千一百其一一各有六度隨事各各不同而初言二千一百竟卽云是一千一百其中別有一百度無極主除四大六衰今槩有餘獨步三界亦可將此都成前度言如是二千一百諸度無極及是百度無極是二千一百諸度無極貪欲恚癡等分四事二千一百合八千四百各有十事合八萬四千不言十事是前四大六衰及至第九經總釋竟卽云是八千四百一度爲十合八萬四千諸度無極亦不言十對因大六衰次云此八萬四千諸度除八萬四千衆塲塵勞遂成八萬四千三昧門立八萬四千空行欲以義取應以四大六

衰成八千四百而人以四大六衰成二千一百似非經意又此皆是菩薩所修之法亦非如來一代經如是多會說法下諸卷廣說千佛名及因緣然不說四大六衰之相第十三卷末云三乘五陰十二牽連四大六衰諸藏雖眼則義會四大六塵六塵衰損善法故經中但言一度爲十經既不釋今以義推乃有二義一如古釋四大六衰成之二以義推如一梳度下經具十餘十七五亦然則八千四百既一一具十斯理無十七失亦有云四大者貪嗔嫉妬及衆生想此能障四無量故六衰者慳嫉放逸不忍懈息散亂愚癡能障六種波羅蜜故此乃理求未有所出難以取愚又經中既云於其一百對四大六衰若如向說則盡對四大六衰又有云若依大乘菩薩藏說貪嗔邪見及慢爲四種各二萬一千有唯貪香味觸法色不貪聲等有唯貪聲不貪色等有俱貪香味觸法當知亦是色中多種有貪外色不貪內色有反此者亦有俱者外色中有多差別十形四顯八差別等各各別俱貪或少或多或遍貪著聲香味觸各亦多門是故貪行二萬一千嗔邪見慢當知亦爾釋曰非無所以未詳所據

大方廣佛華嚴經疏鈔會本第三十八之四

大方廣佛華嚴經疏鈔會本第三十八之五　法八

于闐國三藏沙門實叉難陀　譯

唐清涼山大華嚴寺沙門澄觀撰述

又知諸業種種相所謂善不善無記相有表示無表示相與心同生不離相因自性剎那壞而次第集果不失相有報無報相受黑黑等衆報相如田無量相凡聖差別相現受生受後受相乘非乘定不定相略說乃至八萬四千皆如實知

第三釋業亦三別中十句爲九種差別後二合故第三業稠林然論有二先正解後重分別今疏將下重分別文合在前文正解中用九句分二前八對果辨業後一明定不定就前八中遠公攝爲三對初三一對次三一對後二一對三對之中皆初對果明業爲因後復就業體隨義分別

初一道因差別謂通說三性爲六趣因引業唯善惡各有三品二地已說滿業通三性名言熏習亦通三性許爲因種故又俱舍十七以三性因對五種果無記亦能招果故論主通以三爲道因或既不招異熟則論主言總意別初一道因者此即對果明業疏文有二先通三性感五趣果故唯善惡今初引業唯善惡者俱舍業品云一業引一生多業能圓滿釋云引業謂總報業但由一業唯引一生若許一業能引多生時分定業應成雜亂若此一生多業所引應衆同分分分差別以業果別故注云分分差別者謂數死數生多業能圓滿者別報業也謂一生身圓滿莊嚴許由多業譬如畫師先以一色圖其形狀後填衆彩一色圖形喻引業一故後填衆彩喻滿業多是故雖同稟人身於其中間有支體色力莊嚴缺減各有三品二地已說者彼經云十善業道是人天乃至有頂處受生因意明下品十善是人因中品十善是欲天因上品十善是色無色界因下辨二乘除如來皆同上故其十惡業略有三種經云佛子此菩薩摩訶薩又作是念十不善業道上者地獄因中者畜生因下者餓鬼因皆三品也滿業通三性者唯識第八云然諸習氣總有三種一名言習氣謂有爲法各別親種二我執習氣三有支習氣下二習氣六地廣明其名言習氣問明已釋爲明三性故復重衆論釋名言習氣云名言有二一表義名言即能詮義音聲差別二顯境名言即能了境心心所法隨二名言所熏成種作有爲法名別因緣彼疏釋云名言熏習即三性法各自親種表義名言即能詮義音聲差別者挾無詮聲彼非名故然名乃是聲上屈曲唯無記性不能熏成色心等種然因名起種名名言種謂因於名今心了知而成種故今經從因起之義乃顯境名言故云許爲因種又俱舍等者彼疏第五初論云前所言果有五種此中何業有幾種果頌曰斷道有漏業具足有五果無漏業有四謂唯除異熟餘有漏善惡亦四除離業餘無漏無記三除前所除釋曰斷道即無間道也廣配如彼彼中第二三性相對論云已總分別諸業有果次辨異門有業果相於中先辨善等三果頌曰善等於善等初有四二三中有二三四後二三三果釋曰上善等即業下善等即法初即善業以善法爲四果謂除異熟異熟唯無記以不善爲二果謂士夫增上以無記爲三果除等流離繫故云初有四二三言中有二三四者中即不善業以善爲二果謂增上士用以不善爲三果加於等流以無記爲四果謂除離繫言後二三三者後即無記以善爲二果謂士用增上以不善爲三果除異熟離繫以無記爲三果亦除異熟離繫解曰既無記望善惡無記有二三三果明有果也況別不離總爲因無失或既不招下二明道因明是善惡謂既曰無異熟總報果體即無果義論主言總明三爲道因別意但取善惡爲因

二有表示等者自性差別然論經此句云作未作相此則並以思爲自性故論云此有二種一籌量時此在意地唯有審慮一種思故釋未作義二作業時釋經作字有決定思若在身語唯發動思成唯識云動身之思名爲身業發語之思名爲語業然今既云有表示等即表無表業各通三業表則三皆是思無表則非心非色或說色收義如別說二有表示者自性差別此下二句唯就業體隨義差別云自性者造作之義是業自性論初釋中但云自性差別論云此有二種下此是論主後重釋文論主但云一籌量時二作業時從此在意地下疏釋初義言在意地者未形身口言有審慮決定二種思者今言唯有審慮一種思者正明論中未作之意雖在意地未有決定未成業道未受報故如六地業有二義不受果報一未作業上引瑜伽已廣顯示二作業時者此句論文從釋經作字下疏釋通三業也言決定思者即是意業至決

定思方成業道能招報故言若在身語下辨餘二業成唯識下引論經成彼論第一廣破外宗表無表色覺小乘引經問言世尊經中說有三業撥身語意豈不違經故論答云不撥為無但言非色能動身思說名身業能發語思說名語業審決二思意相應故動作意故說名意業釋曰此出三業體然思有三種一審慮思二決定思三動發思然初二思是發身語遠近加行然發動思正發身語即是二業體然初二思與意俱故作動意故名為意業故總以思為三業體釋曰故意業中要具二思方成業道如上已明今約成業但云決定故審經云分別不可分別相然今既云下但順經文而非論意表即表彰相可見故無表反此俱舍業品云世別由業生思及思所作思即是意業所作謂身語釋曰謂有開言世從何生初句答云從業而生次句示二種業一者思業二者思已即下之二句開二為三然其意業約等起立業既是思與意相應意等引起名為意業言身業者約所依立身謂色身業依身起故名身業言語業者約自性立語即業故次開二業成表無表偈云此身語二業俱表無表性釋曰論釋此二其文繁廣今當畧示初立有宗正理云身表許別形故形為身表如合掌等許有別形形即是表表善惡故表即是業此之形色依身起故名為身業次破正量部云非行動為體行故動即是有有為剎那後有盡故此之滅法更不待因身表是果果必待因故論主次復破有宗云形色亦非實有應二根取謂依多顯色假立長等無別極微故假非實若言有實顯是眼境形可身取今顯即形應二根取形雖是表而非是業業是思故依身行門故名身業次立語云語表許言聲謂且許之以其言聲為語業體業體亦以發語之思以為語業語門行故語之業故則分同大乘言無表者俱舍云無表雖以色為其性如有表業而非表示令他了知故名無

表又頌云亂心無心等隨流淨不淨大種所造故由此說無表上依小乘唯識論示正義云然心為因令識所變示色等相生滅相續轉趣餘方似有動作表示心故假名身表然因心故識變似變生滅相續似有表示假名語業釋曰唯識但約心變即異小乘次明無表云表既不實無表寧真然依思顯善惡分限假立無表理亦無違次下大小乘對辨然俱舍意唯身語二俱表無表而唯識意無表既依表上假立是故疏云表則三皆是思若以非色非心而為無表則意亦有矣故瑜伽五十三云云何表業畧有三種一染污二善三無記若於身語意十不善業道不離現行增上力故有身語表業名染污表業所治三也若即於彼誓受遠離所有身語表名善表業此身語善表也若諸威儀路工巧處一分所有身語表業名無記表業此身語無記表業若有不欲表示於他唯自起心內意思擇不說語言但發善染污無記法現行意表業名意業釋曰此顯意業亦具三性自能曉了名我今造作如是事業別表於後意俱之表名為意表意為無表如理思之故知大乘三皆有表廣如別章大乘法師法苑中十門分別一辨名二出體三假實分別四具支多少五得捨分齊六依他有無七四大造性八應成差別九先後得捨十釋諸妨難

三與心同生

不離者方便差別心共生熏心不別生果

故謂此業思與等起意識共生隨其善惡生已即熏本識成名言等種種似能熏故云不別生果即不離義

方便心業者心為起業之方便故經云與心同生不離者業共心生生已不離此言業行常依心王也與等起者俱舍頌云等起有二種因及緣剎那如次第應知名轉名隨轉引論解釋已如六地然今此中正同緣等起也與所起業同剎那故故云意識共生言隨其善惡生已即熏成名言等種者此文影畧若善惡熏即成業種意識等熏成名言種由上有意識共生故然要由業熏心方成種故云爾耳雖中等言等於業種言種似能熏亦有二義一似善惡惡生苦果善生樂果二似名言所熏第八成異熟種能熏七識等成名色等種上二並言不別生果言即不離義者結歸於經謂業種不離心得果不離種也

四因自性等者盡集果差別謂無始業因以是有為故自性剎那壞故云盡此顯非常而得持至果功不敗亡故云集果不失此顯非斷前念雖滅後念續存故云次第亦是因即頓熏果則次第如識等五也

四因自等者此下第二對三句前二句對果論業後句約業差別前中此句明業得果不失壞也言而得持至果者即俱舍得得違持義論偈云得謂獲成就非得此相違得非得唯自於相續二滅然此得得以持此義如券持債故古經論名不失法中論云不失法如券業如貿財物然大乘雖立有得不許有實而云熏習成種前句已引前念雖滅下釋經次第之言然有二意一即就上因滅果生以明次第二亦是因即頓熏下

唯就果中以明次第如六地明

五有報無報者論云已受果未受果差別過去生報業現在已受名為有報後報未受名為無報非謂全無更有一理謂已悔之業則許無報有報可知

論云等者此句明業得報遲速言過去生報業現在已受者且約一相隨近以明若

今世受更是前前所造之業即亦得是後報之業名為已受是則後報之業已潤有報未潤無報亦應云已熟已受未熟未受更有一理者上是六地緣生中義外三過中此通一業無報上論答云業有三義故不受報一未造二未潤三得對治前即第二義今即第三未造之業即前未作是也六黑黑等衆報者對差別謂四業相對成差別故初二黑白相對後二漏無漏相對言黑黑者即四中初一因果俱惡故又因果俱與無明相應故即三塗業等者等於餘三謂二名白白業因果俱善故俱與智明相應故即色界善業三黑白業即欲界善業因中善惡雜故受報亦愛非愛雜四非黑非白業謂諸無漏業無異熟故對上黑白二業立雙非名言衆報相者上三有報故論云業集成就故若俱舍意其黑白業約相續說以無一業及一異熟是黑亦白五相違故言相續者謂或意樂黑方便白如為誑他行敬事等或意樂白方便黑如慜弟子現麤語等若以義推正以諂心而行敬事亦可同時餘廣如雜集第八俱舍十六初二等者釋論對字然其論經具有四句云黑業白業黑白業非黑非白業論釋云黑業對白白業對黑不黑

不白對二業二業即是第三黑白業也後二漏無漏相對漏即亦黑亦白業故又今黑黑之言全依俱舍次下當引即四中下別釋然以惡釋於黑乃是通義剎者因惡染汚果惡鄙微不可愛樂通以善釋於白別亦不同因白體不染汚果白則可愛樂故然上黑是因能都黑果故下黑是果能酬黑因故白因白果例此可知顯睹無漏業者無白異熟故曰非白體非染汚故曰非黑今以無漏非染義可知故但云無異法八熟耳然俱舍論云此非白言六是寄意說以佛於彼大空經中告阿難陀諸無學法純善純白一向無罪釋曰既言純白明非白者是寄意說為成四句致非白言故疏云對上黑白二業立雙非名若準雜集但言非黑白業無兩非字故論云非黑者離煩惱垢故白者一向清淨故然上四業前二因果共立黑黑白白第三唯就因中立名第四亦雙非因果立名因明非黑果明非白上三有報者由約異熟名報無漏無異熟故說有三報者約果名報無漏既有四果則上之四句皆名有報若俱舍等者為生後釋不許善惡同時故此指俱舍明約相續非約自性然上四句全俱舍意故彼論云又經中說業有四種或有業黑黑異熟或有業白白異熟或有業黑白黑白異熟或有業非黑非白無異熟業能盡諸業其相云何頌曰依黑等有殊所說四種業惡色欲界善能盡彼無漏應知如次第亦黑白俱非釋曰上來疏文用論已周細尋法八自見謂初二句總標次句即前三業惡是欲界惡業色是色界善業欲是欲界善業能盡彼無漏即第四業彼即前之三業以為所治無漏能治之謂能盡彼前三是無漏業後二句結餘廣如雜集等者俱舍之義上已具用雜集之義大同俱舍今更具出論云復次有四種諸業差別謂黑黑異熟業白白異熟業黑白白黑異熟業非白黑無異熟業能盡諸業黑黑異熟業者謂不善業由染汚故不可愛異熟故白白異

熟業者謂二界善業不染汚故可愛異熟故黑白白黑異熟業者謂欲界業雜業善不善雜故云何一業亦善不善此中不約生剎那相說一種業亦善不善然約意樂及方便總說一業是此經意約此二種若黑若白互不相似建立一種黑白業故或有業意樂故黑方便故白意樂故白方便故黑者如有一人為欲誑他先現其相令信已故行於惠施乃至出家方便故黑意樂故白者如有一人欲令子及門徒遠危處安由憐愍心現發種種身語麤惡遜於此時發生雜染非黑白無異熟業能盡諸業者謂於方便無間道中諸無漏業以方便無間道是彼諸業斷對治故非黑者離煩惱垢故白者一向清淨故無異熟者生死相違故能盡諸業者由無漏業力永拔黑等三有漏業與異熟習氣故釋曰在文易了但云非黑者非煩惱垢此揀前黑黑業一向清淨者揀前有漏善業為煩惱所發言由無漏業力永拔者即由加行無間二無漏智同時思業從智慧說故言永拔所拔即三有漏業習氣也餘義與上所引俱舍一而無二故疏總指七如田無量者因緣差別謂識種為因業田為緣隨田高下等殊令種亦多差別故論經云業田無量相因緣差別者彰業能為緣容因種故隨田高下者上句單約喻下句雙合法喻又云令種差別者且約喻明如穀子隨田肥瘦非令種穀而生豆芽若約江南為橘江北為枳則亦少有變種之義然亦流類非全差別也若約法說識種無異由業善惡識招苦樂即令種異也八凡聖差別者即已集未集差別出世未集世已集故出世等者約凡未能集聖法故以釋經文凡聖差別九十二句定不定差別前句明三種時

報定不定謂現作現得報名現受現作次來生獲報名生受現作第三生去方得報名後受於此三中各有定不定謂前二時定報通定不定後一時報俱通定不定謂現作下疏釋經文三受之義疏文已具然經部師云順現受業其力最勝必受生報後報若順生受其力稍劣必受後受不受現受順後受業其力最劣不受現生唯受後受隨初熟位名順現等也釋曰義似有餘或有各造一生之業人天並造先受人報後受於天豈要令其重受人耶然其三受畧說有三因一由於因如於佛僧慈定滅定及無諍定見修道中作供養者得現樂報於父母王等作損惱業得現苦報二由業體如不動業得樂生報五熱間業得苦生報三由行願多福之人罪得生報現世輕受疾得菩提故多罪之人都無現報以造重惡趣生報故諸相好業皆得後報不可一生即成佛故又諸輪王多受後報劫滅修因劫增受果故謂前二下二釋然即俱舍頌云此有定不定定三順現等或說業有五餘師說四句釋曰初句標次句別釋現生後三即三定業加於不定即有四業或說業有五者或有欲令不定受業復有二種於異熟及時有定不定開為二種一異熟定時不定謂果必定受於三世時即不定也二異熟與時二俱不定謂果與時俱不定受但有果定時不定無有時定果不定者但於時定於果必定以時離果無別性故雖開合有異其理無別也餘師說四句者謂譬喻師說業分八種故為四句彼許時定於果不定於不定中時復分三兼前五業故成八種第一句者於時分定異熟不定謂順現等三業三世時定於果不定若現在世其果即受現若不受來更不受於時必定於果不定順現既然生

後亦爾此分三種謂一順現定果不定二順生定果不定三順後定果不定第二句業於異熟定時不定此但為一謂果定時不定第三句有業於二俱定謂順現等定得異熟此有三種一順現時果俱定二順生時果俱定三順後時果俱定第四句者有業於二俱不定謂不定業非定得異熟此但為一謂果不定時不定也釋曰上俱舍三師後後漸開疏中總攝而言小異言此三俱有定不定為已總攝三師而正收初師即俱舍云此有定不定三順現等兼不定為四謂前二下別示其相雖通第三師四句而有通局前二時定者以現若受名現報業現若不受非現報業生報亦然要次生受方名生報故說前二時則定也報通定不定者有造現報之業應合現受更遇勝緣排而不受此報不定生報亦爾無有移此更別時故無時不定也後一俱通定不定者即第四句時報俱不定及第三句時報俱定并第二句報定時不定謂順後受不定業有業定受而不定一生二生多生故是報定時不定有不定業於第三生應合受之遇緣業壞是為時定報不定也或復有業未定生數而受果報忽遇緣壞故俱不定然俱舍中報定時不定義通三報今何就於順後受耶答俱舍以業就時謂有業定受而或現或生或後今明以時取業要現受報方名現業現若受者即現定業現若不受即非現業故無時不定也若是生受即是生業不受則非生報之業故無生報時不定也各取一義亦不相逸問現見有業合受現報而以力排便受生報或合生報由異因緣便受後報如未利夫人尊精施戒合受生報生兜率天臨終小嗔先生蝎中七日之後轉報生天問據此二業皆有報定而時不定何得言無答現報緣排而受生者即是生報不名現報時不定也生報亦然思之可解對前三師疏意便當第四師也業力甚深不妙廣解或當更有餘經論明

第十句

明乘非乘定不定乘即三乘唯修自乘業名定乍修此乘復修彼乘名爲不定非乘謂世間無運出義故定者難度不定易度故定者下此約非乘及與二乘各於自分已定大乘若定更不須度是故不言定者易度結中亦言八萬四千者惑因既爾所趣之業亦然根等諸門皆成八萬翻此即顯波羅蜜門三昧門等根等諸門者由惑有業惑有階降業亦如之惑依根有勝劣性有差異解有淺深欲有輕重各成八萬言翻此即顯等者下明能治一一惑等皆到彼岸窮理盡性即是八萬四千度門若於惑等寂妄不動即是八萬四千三昧若於惑等一一無爲即八萬四千解脫

又知諸根輭中勝相先際後際差別無差別相上中下相煩惱俱生不相離相乘非乘定不定相淳熟調柔相隨根網輕轉壞相增上能無壞相退不退差別相遠隨共生不同相略說乃至八萬四千皆如實知

第四釋根中二先別後結別中十相爲九差別五六合故第四根稠林根義已見於第九迴向別中十相者總科也東九為三初六隨法義分別次二就人分別以論云聲聞菩薩故後一約行以辨其根初中又三初三淨根第四染根後二通染淨一說器差別謂說法所授之器信等五根有下中上故亦

是鈍中利謂於教理受有遲速及多少故受有遲速者鈍者遲少利者速多中者水雁之間淺深亦爾二根轉差別過未爲先後際現在已定兩望論差謂前上中下根於三際中互望轉變若後轉爲中上前根則下後轉爲下前根則增是差別義不轉則平是無差別故論云前後根前根下增平故

三三性差別謂約菩薩等三乘根性相形爲上中下故不同第一通於三乘三乘根性者小乘為下緣覺為中大乘為上亦猶羊鹿牛形之大小也四煩惱染差別謂喜樂等五受根隨貪等煩惱得增上故謂喜樂者喜樂生於貪憂苦生於嗔捨根生於癡後於此類煩惱而有勝用故名煩惱染根五六二相明定不定差別初句乘非乘皆約熟不熟明大乘中熟者定不熟者不定小乘中熟者不定可轉向大乘故疏八不熟者定各隨自乘而解脫故若世間非十一乘熟者不定可化入道故不熟者報已定故且暫捨之即離世間中待時方化清淨捨也後句淳熟調柔一向是定大乘中者前章約業明定不定今此約根居然自別又前定不定明難易度今此約熟明定不定耳即離世間者彼有十種清淨捨然有二類待時今皆當之一以第四云於法器衆生待時而化於無法器亦不生嫌清淨捨釋曰今但用法器待時二第九捨云或有衆生根已成熟或生恚念而未能知最上之法待時而化清淨捨今全用之是以疏云且暫捨之

六隨根網輕轉壞者順行差別此知眼等根順行境界得增上故於中有三種順行一依身順行謂六入展轉迭共相縛如網魚鳥不得解脫故云根網此行內境二生滅順行謂體是有爲生住不久故云輕易可異滅故云轉壞三觀行取相順行此行外境即論經云取相今文闕此或根網中收一依身者此論語倒云身依順行今疏正用謂六入者如意識遍緣於六根中根法隨識亦行六中眼見自身耳聞自聲聲身並在內根所攝由根隨識緣於眼根令根被縛不得解脫餘例可知故云展轉二生滅順行此言是倒若正應云順行生滅根與心王相隨染污故順生滅易可異滅者以生住釋輕以異釋轉以滅釋壞三觀行順行者以覺觀心行六塵故或根網中收者六根取於六塵根網塵也六塵引於六根塵網根也故其根網攝論取相七聲聞淨差別望凡夫二乘行增上故以二乘根由滅障能成故煩惱無能壞七聲聞淨下下二約人今初聲聞言望凡夫二乘行增上故者然論下重釋云聲聞淨者行增上滅障能成故今疏取論釋經此上釋增上謂二乘淨根對望凡夫不求涅槃今能求故故於出世得增上也從以二乘根下釋無能壞焉釋論中滅障能成八菩薩淨差別此通三種退不退也八菩薩淨者即大乘根三不退大者即位正念也九遠隨等者示一切根攝差別謂三無漏根總攝諸根三者一始行即未知當知根二方便即已知根正在修道故名方便三報疏八熟者即具知根謂前信等共三無漏根生十二而隨優劣三位不同自始至末故名遠隨此之三根於修無學涅槃得增上故九遠隨下此一約行即經遠隨共生不同相論經云深入共生種種差別相種種即不同深入即遠隨言示一切根攝下是論釋經論重釋云一切根攝差別者始行方便報熟根異故從謂三無漏下疏釋論文初修爲始正行善巧爲方便究竟名報熟配三無漏義見上文謂前信等下以論會經釋不同遠隨之言其信等共三無漏根釋共生義根與法行相應起故而隨已下釋不同義自始至末下釋遠隨義此之三根下釋成根義以勝用光顯增上名根此上九中初二約信等三五七八並約三乘通於諸根四約五受六約眼等九約三無漏根二十二根已明十九男女命根不足可辨餘如俱舍根品廣說即然細分無量故結云乃至八萬四千此上九下總以義收並如趣向品

又知諸解輭中上諸性輭中上樂欲輭中上

皆略說乃至八萬四千
第五例三稠林謂解性欲此三與根性相
順入舉一可反三隅故皆略例第五例三下然解性欲三畧如十力章廣如發心功德品言性相順入者依根生解依解成性依性起欲皆悉相似名爲相順義理相參名爲順入以此例根更不廣說
法八　十三
又知諸隨眠種種相所謂與深心共生相與
心共生相心相應不相應差別相久遠隨行
相無始不拔相與一切禪定解脫三昧三摩
鉢底神通相違相三界相續受生繫縛相令
無邊心相續現起相開諸處門相堅實難治
相地處成就不成就相唯以聖道拔出相
第六釋隨眠先總後別總中晉及論經皆
名爲使論云隨順逐縛義故如世公使隨
逐衆生得便繫縛即是隨眠眠伏藏識隨
逐纏繞故此唯約種不同小宗第六釋隨眠此唯約種者集瑜伽第二云於諸法自體中所有種子若煩惱品所攝亦名麤重亦名隨眠若異熟品所攝及餘無記品所攝唯名麤重不名隨眠若信等善根所攝種子不名麤重亦非隨眠何以故由此法生時所依自體唯有堪能非不堪能故別有
十二句論攝爲二前六明何處隨逐後六
明以何隨逐前六明等者論中且據隨逐以明若約繫縛亦應云何處繫縛以何繫縛若隨眠亦應言何處隨眠以何隨眠故下釋中久安眠處等今
初爲五一合初二句約心明處初句於報
心隨逐正顯眠伏藏識即久安眠處而言
深者無始來有微細難知故下句於非報
心隨逐即轉識分別事識不離現事而生
故但云心即暫迴轉處今初爲五者一約心明處二就界明處三就位明處四就時明處五約行明處今初言報心者異熟賴耶總報體故微細等義頻見上文不離現事者故唯識等記前七識爲異熟生非是報體酬昔心種不得名報而七識皆依第八託緣現起名不離現事種隨現起或有或無名暫迴轉處如人假寐不必本房二相應不相應者約三界明處
唯與當界心相應不與異界心相應故故
論云欲色無色或上中下差別無色惑微
所以名下等雖則隨眠性皆成就隨其現
惑亦有不相應義二相應不相應中初取論意立名唯與下疏釋相應等相故論云下引證約界言之從無色惑微下疏釋論文下中上言等取色界
法八　十四
惑中欲界惑上此約惑體遠公云欲界爲下等約界勝劣雖則隨眠下通妨謂有聞言隨在一界皆成三界所有隨眠如生上界下界惑種亦皆成就如何云有相應及與不相應耶故今答云就其現惑說種相應非生上界失下界種等然今案經但有相應不相應言故爲此釋若準論經云相應不相應不離相則現惑有相應不相應而隨眠常不離也
三久遠隨行相者約地明處論
云隨順乃至有頂故然有頂之言通有二
義一至金剛之頂二至三有之頂今取通
大小義直云有頂論經但云遠入今云久
遠亦無始來上至九地頂故一至金剛之頂者謂金剛喻定之前猶有無生死之有故名有頂以俱生惑種此時方斷故以上煩惱林中云下至金剛自約種說雖有二義疏意扶此故上升云三約位明處今取通下會經不言金剛者欲通大小故下偈既云金剛道滅方畢竟即前義爲正也九地之言亦通二義對上三有之頂即三界九地之九謂欲界四禪四空應爲九耳若順前義即善慧地第十當其斷盡位故
四無始不拔相此約時明
處處既無邊時亦無始唯智能怖隨眠怨
賊既未曾有聞思修智故不能拔出四約時易了唯智能怖下此即論意以論經云無始來不恐怖相故論爲此釋論云無邊世界唯智能怖畏如怨賊未曾有聞思修慧是故不滅疏取論意會釋今經五與
一切禪定等者此約行明處由隨眠隨逐
令世間禪定等不能滅愛見等心不能隨
順正修行故名爲相違故下偈云禪定境
法八　十五
排仍退轉也不能隨順者論經神通下有正修行言故餘可知後
三界下明以何隨逐即顯隨逐之相由此
相故名爲隨眠此有六種一於上三有不
斷隨逐所以三有不斷相似相續者由有

此使作繫縛故如世眠者不能起牀後二界下明以何隨逐中除第四句彰隨眠體盧舍五亦就前處以明隨逐而文不次一即與前第二約界明處以明隨逐不斷即是隨逐之相二遠時隨逐即於上無始時令心相續現起無邊知世眠者夢心相續二即於前第四約時明處以辨隨逐即眠令無邊細相續開諸處門者一身生隨逐謂於前一身之現起相而論經云無始來相續集細眠中雙會無始無邊然其相續即隨逐相三上報非報心明隨逐也如世眠者夢中見聞於中二義一令眼等諸根門集生六種識時使與同生故云開門此明外逐方便心二論云及阿賴耶熏故此明內熏報心論經門字下更有集字即阿賴耶集起之心然是諸處通依故今經義含耳三開諸處門即於第一約心明處以辨隨逐集主六識即隨逐相餘如疏文但言今經義含者諸處之中意處攝賴耶故四堅實難治即不實隨逐謂修禪等時不得真實對治故不實堅實如世重眠不得重觸大聲無由起故四堅實下彰隨眠體虛不就前處言不實堅實者經云堅實難治論云不實隨逐不實即是隨眠隨逐至禪定等故是堅實即不實難治是隨逐相五地處等者微細隨逐此於上有頂處九地中六入處煩惱身

隨逐故然九地有二義一約三界九地雖並成就細故不知成處多少名不成就如世眠者夢中謂覺二以善慧爲九地十地猶有故名微細不成就者此地中分有斷除故故下偈云金剛道滅方畢竟故五地處者五即就前第三約位明處以辨隨逐言九地中六入處者以論經云地入隨順不隨法八十六顯相論釋云九地中六入處煩惱身隨逐故釋曰身即體也然九地下是疏釋論對二有頂存二九地二約善慧九地中就所知障種十地猶有等覺二愚從入地來地地雙斷故於九地已斷十八故云此地分有斷除次引金剛方畢竟雙證上二金剛方畢明十地猶有既言方畢明九已有除又約煩惱障種金剛頓斷亦成於經地地之中皆有成就義六離苦隨逐謂唯無分別智出世間聖道方能拔出如眠得觸六離苦隨逐者此就前第五約行明處辨隨逐義唯以出世聖道方能離者則反顯世間之道諸定等不能離也故論云餘行不能離故此以不能離即隨逐相前第五中以有處就爲隨逐相

大方廣佛華嚴經疏鈔會本第三十八之五

大方廣佛華嚴經疏鈔會本第三十八之六　法九

唐于闐國三藏沙門實叉難陀　譯

唐清涼山大華嚴寺沙門澄觀撰述

又知受生種種相所謂隨業受生相六趣差別相有色無色差別相有想無想差別相業為田愛水潤無明暗覆識為種子生後有芽相名色俱生不相離相癡愛希求續有相欲受欲生無始樂著相妄謂出三界貪求相

第七釋受生稠林中十句先總後別論通為八一身種種謂形類多故二業因種種

第七受生稠林論通為八者八中前七對因顯果後一約對後苦彰能生集就前七對中攝為三對謂初二次三後二其三對中一皆初當相論生後對因說生就初對中一身種當相論生二業因種種對因辨生由業不同故生成種種

三住處種種四四五二句色想上下種種五同外色因種種謂田等取外同喻故第二對三句中前二

句當相論生三住處種種非唯六趣一趣之中無量處故四四五二句色想上下種種者今經二句為論中一句經云有色無色差別相有想無想差別相二界有色無色界為無色無想天為無想餘皆有想而言上下者以無色為上有色為下無想為上有想為下應更有非想非非想亦無想收而論但云色想上下故遠公問云無色云何得為色中上下釋云彼無麤色有細色故又問無想云何得為想中上下答義同前意云彼無麤想有細想故餘如初地中辨五同外色種種即對因辨生以舉通業之因顯有芽故廣如大地

六自體種種名色與識俱生相依不離是報自體故七本順生因種種謂癡愛為本順生求有令有續故第三對中六自體種種即當相論生亦如六地然有體唯名有體唯色有體具二故云種種七本順生下即攝因辨生此上論文謂癡愛下疏順論釋若遠公云論文語倒若正應云順本生因顯現在之生本因癡愛依今生上還起癡愛故云順本本不違理八末後二句集苦諦種種謂三求不同皆是集因但集苦果故云種種上句顯欲有二求欲受即欲求貪愛共取追求不已故欲生即有求愛生三有自得勝身復攝眷屬故言無始樂著者顯上一求之過下句即邪梵行求由心取著故不知三界輪迴貪求三界小大無量之相妄謂涅槃謂或拍腹為道或計無想非想為涅槃故八末後下約對

後果彰其生集故名集苦諦種種謂三求下疏取論意以為解釋論中先總釋論名後上句下別消經文先釋上句二求言欲受者受即樂受欲生五欲增取追求招於當苦言欲生者體即是想取三界勝相而欲生故下句即邪梵行求中初總明此言輪迴即論往來上下次貪求三界下別說小即欲界大即色界無量即空識二無色並如八地妄謂涅槃總相而說或謂拍腹即檀提婆羅門拍腹唱言我身即道是計欲界為道無想即計色界為道非想即計無色界為道則上二無色亦在其中二界偏舉此二天者外道多計為涅槃故然論經云貪著三界想出想故而論以無想天釋經想字意云彼有細想外道妄計以為無想有想謂無云想出想成實論中亦謂無想天但無麤想而有細想故論結云外道妄計謂出有輪故知三求但增集因展轉招苦

又知習氣種種相所謂行不行差別相隨趣熏習相隨眾生行熏習相隨業煩惱熏習相善不善無記熏習相隨入後有熏習相次第熏習相不斷煩惱遠行不捨熏習相實非實熏習相見聞親近聲聞獨覺菩薩如來熏習相

第八釋習氣中亦先總後別總云習氣既通二義不可局於羅漢餘習雖標習氣別中皆言熏習

第八習氣林總有四義初標章中即餘習熏習而為二義標章通故雖標習氣下二引文證成熏習之義故唯識第二云內種必由熏習生長親能生果是因緣故外種熏習或有或無為增上緣所辦成果必以內種為彼因緣是共相種所生果故

熏謂熏灼如外香氣習謂習學唯約有情習必能熏以成氣分故云習氣即賴耶識以為所熏以恒住一類是無記性可受熏故前七轉識以為能熏由有生

滅勢力增盛有增減故能所共相和合故名熏習此如攝論及唯識第二若依起信眞如亦能內熏佛善友等以爲外熏內外和合以成氣分前中雖聞教等亦因識能領受故判識爲能熏今並通此文中旣有因熏與果等定知熏習種成爲氣分義謂熏熏灼下第三正釋於中有二先釋名卽唯識文卽賴耶下釋熏習義於中有三一法相宗亦唯識文問明已廣今疏文具更略示之論云所熏能熏各具四義令種生長故名熏習何等爲所熏四義釋曰疏云卽賴耶識以爲所熏者出所熏體唯有賴耶具四義故得名所熏以恒住一類下卽出四義此上一句卽第一義論云一堅住性若法始終一類相續能持習氣乃是所熏此遮轉識及聲風等性不堅住故非所熏二是無記性者卽第二義論云二無記性若法平等無所違逆能容習氣乃是所熏此遮善染勢力強盛無所容納故非所熏由此如來第八淨識唯帶舊種非新受熏北極善故三可受熏故者卽第三義論云三可熏性若法自在性非堅密能受習氣乃是所熏此揀心所及無爲法依他堅密故非所熏心所不自在無爲性堅密四能所共相和合者論云四與能熏共和合性若與能熏同時同處不卽不離乃是所熏此遮他身刹那前後無和合義故非所熏此義疏家在於能熏第四合舉前七轉識者卽出能熏體由有生滅下卽出四義論云何等名爲能熏四義一有生滅若法非常能有作用生長習氣乃是能熏此遮無爲前後不變無生長用故非能熏二勢力增盛者卽第二義論云二有勝用若有生滅勢力增盛能引習氣乃是能熏此遮異

熟心心所等勢力羸劣故非能熏疏具釋云言勝用者謂前七識可是能熏揀前六識異熟生者及第八心王心所非是能緣而不強盛不名爲勝故非能熏三有增減故者卽第三義論云三有增減若有勝用可增可減攝植習氣乃是能熏此遮佛果圓滿善法無增無減故非能熏彼若能熏便非圓滿前後佛果應有勝劣能所二法者卽合辨第四能熏論云四與所熏和合而轉若與所熏同時同處不卽不離乃是能熏此遮他身刹那前後無和合義故非能熏自他不得互熏前後不得互熏論云唯七轉識及彼心所有此勝用而增減者具此四義可是能熏釋曰所以能所第四合者有二義故一以二種第四但能所具言全同故二用此文別爲總結故論結云如是能熏與所熏識俱生俱滅熏習義成令所熏中種子生長如熏苣勝容名熏習若依起信下第二法性宗中熏習之義並如問明前中雖聞等第三揀濫通妨亦唯識意故云前中亦爲揀於起信等中善友聞法爲外熏故今並通此者四通結上文性相二宗熏習之義及論二義經文皆具別中十種差別一與果現在非現在差別謂過去善惡業因與今現果同起名行不同起名不行如人行施今得人身亦常好施等此卽因習別中乃有下別釋疏文有二先當句釋後總結東結東中略今若具說前七約時明習次一約道後二約人前中又三初二對過說習次三現在望現說習後三以現望後說習疏文皆具今初初句卽因習也二隨趣熏者道熏差別如從天來今猶鮮淨廣明道習如大威燈光仙人所問經此卽果習上二皆是對過說

今二卽果習如大威燈光仙人者彼云同疑經此仙爲首廣有問答末後諸仙同問此義云眾生業持猶如流星各各別異云何得成眞寶聚集下取意引佛言無時方處而持得聚集過一乘已若菩薩地中方得聚集無餘涅槃中方得聚集如百川歸海又云我雖說煩惱平等中聚集亦非聚集如風吹蟲聚在一處風息還散眾生亦爾業風吹聚地獄餓鬼等處業盡還散又問禽云先同在六道後人中相遇云何得知先來聚集佛言大仙人所有眾生若相見時心不歡喜生嗔結恨或時頭痛或時失禁大小便利當知是華巳於先世地獄之中曾聚集相又問若先世曾在畜生中百千萬身一處者云何可知佛言彼生人中各相見時結成嗔怨常見其便我當何時見得其便卽畜生中曾聚集相若餘鬼中來常樂臭穢復多貪食該欲與他心不去離生惱貪著或復見彼富貴勢力心生嫉妬復常欲得彼人財物若有先世同在人中曾共一處者於現世中若相見時更生欲心若有先世共在天中若相見時各以眼道遠相攝取共相春一仙人聞此稱讚如來是一切智三隨眾生行者親近眾生熏差別此是緣習故宜遠惡近善慎所習也所以昔王不立廐於寺而立之於屠三隨眾生行者此下三句現望現在以說習氣所以昔王下卽智論文謂此王有象可以敵國每有怨敵莊嚴器仗無不尅勝後敵國皆懼久而無敵遂於寺中立廐養之久聞僧眾禮念熏心馴善成性後有鄰國兵象相侵嚴象敵之都不肯戰其王憂愁慮其國敗智臣白王此象久處精舍見聞善事與之化矣可處屠坊令常見殺後未經久惡心還起畜生尚爾況復於人近善不善近惡不惡四隨業等者功業煩惱熏差別功業

者釋經業字謂是起作事業揀非業因如鍜金之子宜教數息等煩惱習者如人喜眠眠則滋多等四隨業下四五二句約因說習第四約於作業之因第五約於善惡之因如鍜金之子等明法品已引莊嚴經論說舍利弗錯教弟子一白骨觀一數息觀經歷多年各不得定以是因緣即生邪見言無涅槃無漏之法一其有者我應得之何以故我能善持所受戒故我於爾時見是比丘生邪見心即喚舍利弗而呵責之汝不善教云何乃為是二弟子顛倒說法汝二弟子其性各異一是浣衣一是金師金師之子應教數息觀浣衣之子應教白骨觀以汝錯教令是二人生於惡心我於爾時為是二人如應說法二人聞已得羅漢果是故我為一切衆生真善知識非舍利弗及目連也釋曰以此文證明是工業之習非業因也業即下善惡是耳如人喜眠者即涅槃十九大臣皆為闍王說此偈曰若常愁苦愁遂增長如人喜眠眠則滋多貪婬嗜酒亦復如是五善不善等者善業等熏差別此業即是業因以是善等三性望來果稱業故如久行施者施心轉濃等上三唯約現世以明習氣

六隨入後有者中陰熏差別中有即是本有後故如梵行人至中有內亦無染欲中有者以經文隨入後有論判為中陰熏故故俱舍云本有謂死前居生剎那後則本有即是今身未至當有於二中間說為中有有俱舍云生死二有中五蘊名中有故七次第者與果次第熏差別謂修善惡業於後有位諸趣之中受果次第習亦與果次第無差上二約現望後以說熏習七次第等者此言後有即當本有也遠公釋次第云中有能與生陰之果為方便故名為次第疏意云如在因中先多作善後則無惡後與果時初即多樂後便有苦先苦後樂義亦準之則受果時如因次第上二約現者第六現望中陰第七現望當有八不斷等者離世間禪因熏差別謂諸無漏定名離世間禪修學無漏即是彼因由未斷煩惱雖修無漏亦為煩惱牽煩惱隨至無漏名為遠行行亦入義八不斷下此一約道明熏習無漏聖道亦有熏故九實非實者同法異外道行解脫熏差別同法釋實即三乘同佛法故異外道釋非實在佛法外故名為異行者上二之因解脫者上二之果各有熏習好習本法故曾修小乘今雖學大先發小習餘可準知此即邪正雙明約修證說亦含三乘餘習之相九實非實下後二約人亦含三乘者智論第三云譬如香在器中其香雖去習氣故在如人被縛初得脫時身猶不便如畢陵伽罵恒河女亦第二論會利弗嗔亦當第二謂身子為上座羅漢羅瘦佛問其故彼說偈云若人食油則得力若食酥者得好色食麻滓者無氣力大德世尊自當知佛問誰為上座答和上舍利弗佛言舍利弗食不淨食令日中炙後後令止不肯歸已炙不合止佛遷引昔為蛇傷王咒師設火坑令其嗽毒若不嗽者當入火坑彼自思惟我已能吐云何更嗽遂投身入火故其嗔習至今不已其大迦葉舞即智論四十七餘如第二疏鈔十乘熏差別唯就於正約其見聞故法華安樂行令不親近二乘恐習成種故法華安樂行者經云又不親近求聲聞比丘比丘尼優婆塞優婆夷亦不問訊若於房中若經行處若在講堂中不共住止即不令近也恐習成種即是疏釋上來十種前七約時三世三有互望明習通於善惡八明惡隨於善後二約人種種習氣皆能了之令成如來無習氣之習氣智故

又知衆生正定邪定不定相所謂正見正定相邪見邪定相二俱不定相五逆邪定相五根正定相二俱不定相八邪邪定相正性正定相更不作二俱離不定相深著邪法邪定相習行聖道正定相二俱捨不定相

第九釋三聚稠林亦先總後別論通為五總即第一有涅槃法無涅槃法三乘中一向定差別無即邪定有即正定各於自乘定故離此不定論畧不釋此就種性約位以明外亞無涅槃三乘聖人定有內凡不定又約一期久遠非究竟無第九三聚林論通為五者

一約生死涅槃之果以分次二偏說生死之因後二偏說涅槃之因又約一期下揀法相宗無性之義二善行惡行因差別此約解惑以分三聚謂正見是善行因邪見惡行因二見定起二行名之爲定言二俱不定者無正慧決擇又不撥無因果率之則可清升任之則便鄙替故曰不定下不定倣此可知故論皆不釋此約解惑者解爲善因惑爲惡因正見卽三善根中無癡定起善業無貪無嗔不定起善則爲不定涅槃經說邪見一種定起惡業故爲邪定三則輕微善惡以爲不定前三善根者四善根中唯世第一定入離生故三不定三惡道善道因差別此約行業以辨四外道聲聞因差別此約位以分翻彼八正名曰八邪外道邪位定正性離生聖人位定已入見道故前三善根則名不定五菩薩差別此約修大乘者得失以分著邪是失所謂六蔽聖道爲得卽六度等

佛子菩薩隨順如是智慧名住善慧地

第三總結安住文屬入行論意總結前三故云前三種事成就方能安住此地總結前三若卽一法師方便成就二智成就三入行成就

住此地已了知衆生諸行差別教化調伏令得解脫

大文第四住此地已下明說成就亦攝善法行辯才饒益多同彼故文中二先牒前總顯謂了心行方善說故大文第四先牒前者住此地已名爲牒前了知已下卽是總顯先了心行後教化調伏令得解脫卽是善說

佛子此菩薩善能演說聲聞乘法獨覺乘法菩薩乘法如來地法

後佛子下廣顯說成有三成就一智成就謂知法知器知化儀故二口業成就能起說故三法師自在成就得陀羅尼等成彼德故各有佛子以爲揀別令初分二先明隨所知之法二一切下隨所依之器此二何異前文智成入成前二各別而知今此總收以法逗器令初所知法卽三乘一乘解脫差別各含教證教道以將化生令器熟故證道以將度生令得解脫體正度故此二何異下問答料揀先問後前二下答謂若前二別知智成如別知本草別明入成如別知脈經今此依脈知病授本草藥教道以將化生者文無教證故各含之其教證言在前總中教化調伏卽是教道令得解脫卽是證道此三乘中皆具此二以論經前文總中但云此菩薩住善慧地已如實知衆生如是諸行差別之相隨其解脫而與因緣無有教化調伏之言及至此經所知法中論經却云是菩薩如實知化衆生法如實知度衆生法說聲聞乘法說辟支佛乘法說菩薩乘法說如來地法說法論釋云何者隨所知說解脫器得熟故卽證解脫體正度故卽證疏依論經有教證義仍取前文教化等言故云含有

一切行處智隨行故能隨衆生根性欲解所行有異諸趣差別亦隨受生煩惱眠縛諸業習氣而爲說法令生信解增益智慧各於其乘而得解脫

二隨所依中文有三節初總明次能隨下別顯後令生下結益論主通收爲七種器一說所說法對器自釋云隨應度者授對治法故卽總中二句下句是說所說法上句卽所對之器論主通收者謂收上總明爲第一器收下總結爲第七器一說所說法對器中先舉論卽總中下指經別中初能隨及後而爲說法卽上說所說法中間根等諸林卽是所對之器於中準論經衆生下有心字卽是心稠林通爲五種器初衆生心根性欲解明所說法器成謂十一林之中此五正顯已成信等法器可隨根欲等說故別顯之別中等者別但開總故先配總中二句以初後六字配經中智

隨行句以中間諸林配一切行處而疏但配屬論以前將論屬經意故初衆生下牒經經無心字論中文有及下喻中復要此心故依論義生加然論經具云菩薩如是知巳如實爲衆生說法令得解脱隨心差別隨使差別隨根差別隨信差別隨境界差別隨種種行習氣隨順一切境界隨智隨順性行稠林隨生煩惱業習氣轉隨聚差別隨乘信解令得脱而爲說法釋曰論依上經分成七器初有總心今經略無心後有使今經爲眠縛在於向後今經云性在於第二論云性行文在於後故今疏中但順經文會取論意以配屬耳此五正顯者然心心一種但是總依未成器故論經中則有心字釋義不牒但云隨根隨信而爲說法故疏但云已成信等法器不言於心以是總依故言有五

二所行有異含其二義一約能行之行名種種異行器即上根等能行二所行之境即上根等所行名譬喻器總喻上五故如世稼穡具五因緣彼所種物成就堪用一有心物二有根益其生为三有可生性四含潤欲發五決定可生喻上心等故云譬喻一約能行者然論經中具於二句論別將屬於二器一云隨譬喻器如經隨境界差別種種行習氣故二云隨種種異行器如經隨順一切境界智故今隨經既闕二句但有所行有異即論前句中種種行習氣故疏取意開成二器以順論文言種種異行者如根有於能行信進念定慧等言種種所行之境者即所信佛法僧等乃至所知如根既爾性解欲等亦然能勝解者即持心印所勝解者即所印境謂所解具理等能行即有根性等殊名種種行所行境中隨於一境即須有五

故爲譬喻如種一穀即具五義謂修一定一定如穀一須作意如有心物以物心斷種不生故二有定根三習成性如一蓮穀雖有心根今已枯悴即無生性四現起樂欲五勝解印持不可引轉名決定可生故疏結云喻上心等

四諸聚差別者即定不定根轉器亦通上根等即定不定者定通邪正二俱不定即是轉言通上根等者根性欲解皆悉有於定不定義

五亦隨下隨辭辯器以彼生煩惱業熏難捨要作同行巧辯方能化故以彼生煩惱者即三雜染生即是苦煩惱攝眠縛眠縛即是隨眠是論之使而論乃在第一心下故此不言然其類例不合在前多是譯人見其性義謂是隨眠故類前後名之爲使以性同種性似種子故而論前文闕性宇義必譯人失論經意故今疏文直案今經論意釋義甚符順

疏三結成益即隨乘因能乘出器以上諸義不出自乘解脱故三結成益下即第七器言以上諸義不出自乘者上六器義不出三乘

佛子菩薩住此善慧地作大法師具法師行善能守護如來法藏

第二佛子菩薩住此下口業成就曲分爲二先總明具說之德二以無量下正明口業成就今初亦是智成就以具法師行即是智故而言說者護如來法藏通於說故斯則內持於智外口說故何名具法師行

深妙義中具二十種功德故一知時二正意三頓四相續五漸六次七句義漸次八示九喜十勸十一具德十二不毀十三不亂十四如法十五隨衆十六慈心十七安隱心十八憐愍心十九不著名利二十不自讚毀他廣釋如論今初亦是下義有兩兼故云亦是而智先已說此中之智爲成口業故論但云口業成就何名具下先引本論舉論列名廣釋如論者以文多稍易非正釋經故略指耳今具出之論二十德分之爲二前十五種是隨順說外順說儀故後之五德是清淨說內心無過故前十五中義分爲六初有兩句量他所宜二有二句量法所宜三有三義量化所宜此與量他而有別者前者量他受法之心及法威儀今此量化量物機性四從八示下三義量物所宜五第十一具德一句亦量自所宜與第二量法興者前量說心及量說事今量說智六從十二不致下四義明其說能順益巳知大旨次當解釋初言時者觀察物心無留難時而爲說法論云是中時者無八難故如偈說云如王懷憂惱病恚著諸欲喻處無侍衛譏佞無忠臣如是八難特智臣不應語心王亦如是非時不應說釋曰論但兩偈更無解釋今當釋之前一偈半是喻但半偈合王喻衆生於所說法取捨自在故一如人憂惱言不入心衆生憂惱法不入心二病苦喻衆生有苦法不入心三恚四欲可知五喻惡喻八難處六無善法爲無侍七惡友譏佞八無善友忠臣此八皆爲法之難二正意者論云正威儀住非不正住此義云何自立他坐不應爲說法如是等事如戒經中廣說何以故諸佛菩薩敬重法故以恭敬故令他生尊重心聞法恭

敬攝心聽故釋曰上量他所宜覺二有二
句量法所宜者即三頓四相續論云頓者
是菩薩正意爲一切衆生說一切離慳法
垢故釋曰說一切法是法頓也離慳法垢
故即心頓也生多法廣事離難畫但捨慳
垢即名頓矣論云相續者說無休息捨諸
法中嫉姤意故釋曰說無休息者說相續
也捨嫉姤意心相續也事難常俱但捨姤
心即名相續第三三句量化所宜者謂五
漸六次七句義漸次論云漸者如字句次
第說故釋曰法九此約教明論云次十三者如字句
次第義亦如是說故釋曰此依義也論云
句義漸次者說同義法不說不同義法故
釋曰此依行法次第說亦可於前教及義
中說同義法不說不同義法是義云何如
四諦中苦說有作集滅道中亦說有作善
說無作集滅道中亦說無作如是一切不
相問雜故曰同義四有三句量物所宜者
謂八示九喜十勸論云示者示所應示等
故釋曰如小乘根應示小等等者授所應
授照所應照等論云喜者喜所應喜等量
宜開曉令歡喜故論云勸者怯弱衆生勸
令勇猛故五一句亦量自者論云具德者
現智比知阿舍所證具說故釋曰現比一
對情意分別教證一對約境分別備此四
種能莛之德故云具德六句四句明具說
能順益謂十二不毀至第十五論云不毀
者隨順善道說故釋曰說能隨順出世之
道論云不亂者不動不難正入非稠林故
釋曰此明說能順理不動者言不太淺太
淺失理名之爲動不雜者說不太深不雜
深隱言正入者顯前不動言能顯理令人
正入非稠林者顯前不雜語不深隱不如
稠林難見知故論云如法者具說四聖諦
故釋曰謂說稱於四諦法相能令人知苦
斷集證滅修道故論云隨衆者於四衆八
部隨所應聞而爲說法故釋曰此明說順
於人故論總結云如是十五種相菩薩隨
順利益他說一切法故後之五種是清淨
說者謂十六慈心下是論云慈心者於怨

衆生起恚心說法故釋曰怨多嗔故論云
安隱心者於惡行衆生中起利益心說法
故釋曰惡行必當受大苦故論云憐愍心
者於受苦樂放逸衆生中起憐愍利樂心
說法故釋曰於受苦者恐其現苦於受樂
放逸者恐其當苦論云不著名聞利養者
心不希望常行遠離故釋曰未得不怖已
得能離故論云不自讚毀他者離我慢嫉
姤隨煩惱爲衆生說法故釋曰隨緣現起
名隨煩惱以離我慢故不自讚以離嫉姤
故不毀他論結云如是五種相菩薩自心
清淨故論又總結云具此二十事能作法
師是名住大法
師深妙義中
涅槃具七善知名大法師
與此略同慈氏說說具十德者名大法師
攝義具足一善知法義二能廣宣說三處
衆無畏四無斷辯才五巧方便說六法隨
法行七威儀具足八勇猛精進九身心無
倦十成就忍力會之亦同
下二引他文此涅槃具七善知
中有三一引涅槃先雜廣引今略列名一
知法二知義三知時四知足五知自六知
衆七知尊卑慈氏論下二引論二十者一
善知法義即攝三事一漸二次三句義漸
次二能廣宣說攝二即頓及具德三處衆
無畏即隨衆四無斷辯才即相續五方便
善巧攝三一知時二示三喜六法隨法行
攝二一如法二安隱心第七威儀具足即
正意八勇猛精進即攝二義一勸二憐愍
九身心無倦攝於三德一不毀二不亂三
慈心十成就忍力即攝德二一不著名聞
利養二不自讚毀他故諸經論開合不同
大旨無別會之亦同下會瑜伽同上二文
一會七善知謂一善知法義即是初二二
具上二義故能廣說三處衆無畏即知衆
四辯才無斷即知時五善巧方便即知尊

卑六法隨法行即知自七威儀具足亦知
尊卑八勇猛精進即是知足九身心無倦
十成就忍力皆
由具上七故
以無量善巧智起四無礙辯用菩薩言辭而
演說法此菩薩常隨四無礙智轉無暫捨離
何等爲四所謂法無礙智義無礙智辭無礙
智樂說無礙智 法九 十四
第二正明口業中先略明後此菩薩以法
下廣顯今初先顯名體謂外由菩薩美妙
言辭而演法義名四無礙辯內由智起名
四無礙智文辯體者此智即無漏後得爲
體故云善巧即上知法知機智也義無礙
解或通正體
今初先顯名體者文有三節
一顯名體經文是一義含二名
體謂經從初至而演說法皆是釋名有二
名故次辯體者重取善巧智字以爲辯體
義無礙下遺辭別釋義名所以知是
差別即後得智無心照理即通正體
次此
菩薩下約位顯勝以初地分得此地任運
故無暫捨
法九 約位顯勝文意可知 十五 然此無暫
捨離論名不壞論云不壞者不
動故即無
暫捨義
後何等下徵列名字智緣法等
無拘礙故法。等皆智境界從境分四
後何
等下
三徵列名字於中有二先釋通名
上釋名中但釋辯智今釋無礙
一法者
法體謂法自體有軌持故即二空所攝即

眞之俗境故論云遠離二邊生法所攝如色礙相等一法者下別釋四名然唯識云法無礙智緣能詮教法爲境義無礙智卽於所詮總持自在於一義中現一切義故詞無礙智卽於言音展轉訓釋總持自在於一聲中現一切音聲故樂說無礙智緣機巧說爲境又云辯才自在者謂辯無礙解善達機宜巧爲說法俱舍亦以法緣能詮釋云名身者所謂想章字總說釋曰以想釋名以章釋句以字釋文以總釋身論云名謂作想解云想者取像或契約義若取像名想想是心所如說於色能生色想因名生想名爲作想若契約義想卽是想名謂諸賢聖共爲契約立色等名名卽是想由此名想顯有詮表故名作想餘義準說今之本論釋法無礙不局能詮故云法體如色礙相然論一時列名云是中四無礙境界者一法體二法境界體三正得與衆生四正求與無量門後方牒釋今疏四中文皆三節一牒經擧論立名二謂字下是疏釋論三故論云下擧論牒釋今初法中論牒釋內以色從緣集非定斷常故離二邊辯俗異眞云生法所攝卽二執所依之法言如色礙相者正出法體二義者法境界體謂於法體上差別境義卽上二空所攝眞諦之境故論云卽彼遠離二邊生法所攝中如實智境界故然得此眞智者由菩薩於生法二執所攝境中以智安住求彼色等但是虛妄卽俗而眞是彼色等之中別義上卽遠公之意其猶不生不滅是無常義亦可不約二諦法約自體義約差別謂十

一色等虛妄分別之相卽是別義言如實智者稱事實也二義中第三段內文曲會四一衆論牒釋二然得下遠公釋論以法爲俗以義爲眞應有問言法義不同何以論文皆有遠離二邊生法所攝故釋意云隨順觀察世諦卽入第一義故三上卽下疏成遠公義四亦可下是疏別義於中二先正釋彼言如實下辯妨妨云若義亦俗疏九論何名如實答十六云約如事實三詞者正得與衆生謂得彼方言與他說故故論云於彼如實智境中隨他所喜言說正知此釋正得隨他言說正如而與故此釋與衆生

四樂說者正求與無量門謂樂說乃辯中別義七辯剖析名無量門論云於彼隨他所喜言語正知無量種種義語隨知而與故正求與者邪求不與二廣顯中理實此四通該一切且約圓數以列十門各有復次論云後五是淨者謂三乘行果則顯前五是三乘教理通於染淨言十者一依自相謂知事法體各殊故二依同相謂知理法若性若相各有同理故三行相此約時辯法三世遷流故上三知義卽是所詮四說相此知教法上四皆約所知五智相此約能知六

無我慢相此約所離明淨七小乘大乘相此約所行上二通辨諸乘行果後三別約一乘八菩薩地相此約因行後二知果九如來地相約體十作住持相約用然十中法義則別後二多同皆詞則說於法義樂法九說乃詞中別義亦有以詞說於法十七樂說說義十中皆四無礙卽四種相言十者下二列名略釋其十相名卽是論文謂字已下皆是疏釋然十中下三總就十中釋無礙義亦多以下如第七大小乘相中法知一乘義知諸乘詞云說一切乘無差別卽同一乘樂說云說一一乘無邊法卽同說諸乘意

大方廣佛華嚴經疏鈔會本第三十八之六

大方廣佛華嚴經疏鈔會本第三十八之七　法十

唐于闐國三藏沙門實叉難陀　譯

唐清涼山大華嚴寺沙門澄觀　撰述

此菩薩以法無礙智知諸法自相義無礙智知諸法別相辭無礙智無錯謬說樂說無礙智無斷盡說法十

今初自相有四種者一生法自相謂知色是變礙相等一生法下次別釋然論諸段皆有三節一總列四名二總舉經帖三重更牒釋疏文之中以論三段一一別配四無礙義今初自相論總列名云一生法自相二差別自相三想堅固自相四彼想差別自相一生法自相者論標名也謂知色下疏釋世法集起故名爲生自性門中辨此生法名生自相下三倒然

二義者差別自相謂知色有十一處等上

二約總別以分法義後二同體義分二義下論立名謂知下疏釋即生法之中差別義也十一處者五根五境及法處所攝色也上二義下疏結前生後然上諸義論無重釋

三想堅固自相想者起言所依亦以慧心取彼二種相故一隨自所覺諸法相二隨彼彼所化言詞所宜相以所覺法隨彼言詞爲彼生說說無錯謬名爲堅固論經云不壞者壞即錯也三想堅固下是論文名想者下疏釋即論重釋中意論具牒釋第三句經云是中不壞說者隨所覺諸相隨彼彼衆生說法故今疏中先釋想字言亦以慧心取彼二種相故者總釋言慧心取者揀異凡想一隨自所覺諸法者即論隨所覺諸相二隨彼下即釋隨彼彼衆生說法說無錯下以經成論論經下會通二經

四彼想差別自相想義同上但以次第不息以多異名堅固彼義令他愛樂名不斷盡四彼想下論立名也想義下即疏釋亦論重釋中意論云次第不斷說者次第不息無量衆多異名爲堅固彼義故疏文可知令他愛樂亦樂說義此自相一門是總故論前總中亦依此釋諸經論中亦多依此

復次以法無礙智知諸法自性義無礙智知諸法生滅辭無礙智安立一切法不斷說無礙智隨所安立不可壞無邊說

第二同相約性與相分於法義第二同相中論亦二節謂列名經帖重釋一同於前文中初總標法義

一一切法同相謂諸法同以無性爲自性故一一切法下二別釋四義此初知法先論立名謂字下疏釋論無重釋法十

二有爲法同相同生滅故謂觀無常門生滅相得入初句法無我性故無我智境得成是則生滅是常義也二中初論立名同生滅相下是疏釋論謂觀下即論重釋論具云是中無常門入無我義中第二同相初智境界成疏文有四初釋是中無常門二得入下釋入無我義中三故下釋第二同相初智境界成四是下疏以義結若準攝無常門入初無性亦是不生不滅是無常義今以經中法尚無自性即是常也義明生滅是無當也故以無常生滅是無性常家義用三嗣四辨準此可知

三一切法假名同相故云安立所立之法已是假名更以言詮假名而詮名不斷說

四假名假名同相謂不壞前假名更能以異異無邊假名說故重言假名

復次以法無礙智知現在法差別義無礙智知過去未來法差別辭無礙智於去來今法無錯謬說樂說無礙智於一一世無邊法明了說

第三行相中約三世以分法義第三行相初論亦三節疏亦先總分法義

一生行相現法緣生故設知過未來亦名現在以三世皆是當世現在故故論云過去未來彼彼世間攝受故一生行相者論法十立名現法緣下疏釋論名設知下論重牒釋疏中有二先取意釋論本文云一一世現在世故論云下明引論釋釋上一一現在之言

二已生未生行相設知現在亦名過未以現是過家未來家過故是則當世而知名法逆見過未能知現在是則名義爲菩薩智境二已生下知義先舉

論後設知下難取義釋具足論云見過去
未來世知現在世彼菩薩智境界戒釋曰
蹟文分二先正取意釋二是則下結示上
二云何逆見過未知現在耶見過去法謝
未法未生則知現在
從未而生必當謝滅
三物假名行相總說
三世之物不謬故
四說事行相然所說事不出三世總相物
中故云一一世但曲明異異事法故云無
邊法明 三四可知
復次以法無礙智知法差別義無礙智知義
差別辭無礙智隨其言音說樂說無礙智隨
其心樂說
第四說相中約本釋以分法義一修多羅
相故但云法二解釋相所以名義三隨順
相隨類言音故四相似說相謂隨心樂聞
何法宜何譬喻說似彼心故 第四說相約本釋以分法
義釋即法等次隨音隨心以分詞
辯別必帶總皆合有說前三畧無
復次法無礙智以法智知差別不異義無礙
智以比智知差別如實辭無礙智以世智差
別說樂說無礙智以第一義智善巧說
第五智相約法類以分法義一現見智二
比智比即類也然所知境即是二諦法比

等智是無礙體從體立稱不同前後又法
比等智通於大小四無礙智唯局大乘故
涅槃說唯菩薩有聲聞設有少故名無若
就二智所觀並通大小約能觀智唯局大
乘於大乘中依觀所取能取以立法類 第五
法十 智相疏文有五一分法義既四以法比分於
法義下約說淺深分詞樂說比即類也然
所知下二定其境體若倒前後法比二智
是所知境經文既云以法智知差別不異
即是就能為無礙體二諦為境然法比約
情智二諦約事理又法比下三辨二行通
局法比則通無礙則局故涅槃下證無礙
智即第十六經梵行品廣說四無礙竟云
聲聞無四無礙無三種法故一者必須耍
語然後授法二者必須蠱語然後授法三
者不耍不蠱語然後授法故聲聞設有者
是通妨難即彼經中迦葉菩薩難云若聲
聞無者何以如來說舍利弗等有四無礙
佛答意云如四河入海此之四河皆有無
量水而言等海者無有是處即少故名無
意也次下又云或得一得二得三不得具
四故名為無即其義也從若就下結成通
局非唯法比通於大小今無礙智所觀亦
通大小但能觀無礙局大乘耳即以法無
礙智知法知境及能知智名法智知差別
不異也下三例然於大乘下四正明大乘
法比之相即是釋文於中有二先雙標法
比
一法智觀如故云現見謂觀差別二諦
同如不異故 一法智下二別釋四相論云
一現見智疏中有二先釋現
見後謂觀下釋成現見所以即論重釋中
意然論經云以法無礙智知諸法差別不
壞方便釋曰其不壞方便即今經不異論
重釋云是中法智者知諦差別不異方便

法智差別不壞方便故釋曰其知諦差別
即釋經中知法差別二諦不同名法差別
言不異方便者釋不壞方便從法智下重
樂經帖故取意云差別二諦同如不異同
如即是不
異所以
二比智即觀前能觀如實分別
之智類餘亦爾類何等耶比知如前差別
即如實故 二比智下釋義無礙比智二字
法十 是論即觀下疏釋亦即論中重
釋之意彼經云以義無礙智以五比智如實
知諸法差別釋曰此與今文顯倒論重釋
云比智者此如實分別餘亦如是比知實
諸差別可知釋曰以現所知類度諸法故
曰如是疏中取意其觀前能觀如實分別
之智即如實分別從類餘下釋論餘亦如
是從類何下徵釋比智如實諦差別如故
為是順經中云差別如實故如在下差別
即如實正辨順上二諦同如了二諦
如即如實諦知差別耳細尋易見
三欲
得方便智謂此是相見道依真假說後得
智攝故云世智若欲得第一義假說以為
方便 三欲得下即論謂字下釋證第一義
名之為得欲趣向證必假俗諦為方
便故論經云以詞無礙智以世智正見故
知說法論重釋中不釋此句疏以相見道
釋正
見
四得智謂雖以世智說而與第一義
相應非顛倒異方名樂說故云善巧可以
證得第一義故 言四得智即論謂字下取
論意釋論重釋云第一義
智方便者非顛倒異樂說應知以論經云
樂說無礙智以第一義智正方便說故論
牒之疏中先釋論非顛倒次故云下說
結以經帖後可以證下釋論立名
餘如
唯識雜集各第九瑜伽十六說上迴向品

疏已略明 餘如下第五指其本源論則可知迴向即第六迴向十六智實處明彼說三心見道亦有法類一內遣有情假緣智二內遣諸法假緣智三遍遣一切有情諸法假緣智前二名法智各別緣故後一名類智總合緣故有說十六心見道自有二義一依知智二依上下諦並如前說然有部則時通處別現智知於三世之法名爲時通比智亦然現智唯知欲界之法比智知於上二界法名爲處別若依經部成實論明則處通時別二智通知三界名爲處通法智知於現在比智知於過未名爲時別成實十六無邊空處品中問此定能緣何地答此定緣一切地及滅道問曰有人言諸無色定雖能緣滅但緣比智分滅不緣現智分滅是事云何答曰緣一切滅以現智緣現自在地滅以比智緣餘滅道亦是能緣一切釋曰現智即法智也若依深密相續解脫經時處俱非定現見見法名爲現見智知他方及他世名爲比智又更分別於一切現所知名現智類度解者名爲比智故不可時處定也俱舍即當第二十三大同唯識觀上下諦一十六心偈云世第一無間即緣欲界苦生無漏法忍忍次生法智次緣餘界苦生類忍類智緣集滅道諦各生四亦然如是十六心名聖諦現觀此總有三種謂見緣事別釋曰從世第一無間即緣欲界苦聖諦境生無漏法名苦法智忍苦忍無間緣欲苦諦次生法智名苦法智此智無間次緣餘法十六界苦聖諦境有類智忍生名苦類智忍此忍無間即緣此境有類智生名苦類智如緣苦諦餘三亦然有十六心言苦法忍者苦是苦諦法忍緣苦法名苦法忍果是等流智唯無漏爲顯此忍亦唯無漏舉後等流以爲標別故忍名智者從果爲名如苦果樹樹非苦果從果得名故云智忍餘可例知言現觀者現前觀聖諦故言有三者一見現觀即無漏慧見諦分明故二緣現觀此無漏慧及慧相應心心所法同一所

緣故三事現觀前相應及餘俱有同一事業故除俱有者謂道共戒及生等四相有因故名俱有也餘廣如彼

復次法無礙智知諸法一相不壞義無礙智知蘊界處諦緣起善巧辭無礙智以一切世間易解了美妙音聲文字說樂說無礙智以轉勝無邊法明說

第六無我慢相中約真俗以分法義 第六無我慢相言約真俗者通就三乘二諦明之故世諦中歷三乘法詞及樂說但總別分之

一第一義諦無我故云一相言不壞者不壞無我故若言我知無我我證無我則壞無我以有能所故

二世諦無我故云蘊等迷蘊著積聚我迷界著異因我計種族別故迷處著欲我計爲生門能受入故迷諦緣起著作我皆明因果有造作故並是法我亦通人我今隨順觀察世諦緣生無實以爲對治得入第法十七一義法無我名善巧方便故蘊界等是菩薩智境所治之我 迷五蘊者以聚生門種族是蘊處界義故迷積聚爲蘊謂有我人亦謂聚色以爲色蘊等迷十八界者約法我六根六塵生識正因因各異故有此法我若外道計中有人我以爲異因使知塵等迷十二處者迷於六入根塵相順眼見色等逆生貪著則有法我或謂神我於中能著猶如一人在於六向見色聞聲等迷諦緣者迷於四諦十二因緣皆謂以因能作果故人我可知故蹟雙結並是法我亦通人我今隨順下上辨斷遣之病即是我慢此下辨能遣之藥即是無我觀世緣生故無有實無實即實爲第一義故上六地論云隨順觀察世諦即入第一義從故蘊界等下結成蘊等爲智之境

三說美妙無我慳情稱美順理爲妙

四說無上無我故云轉勝詞中差別故曰無邊法明

復次法無礙智知一乘平等性義無礙智知諸乘差別性辭無礙智說一切乘無差別樂說無礙智說一一乘無邊法

第七大小乘相中約權實以分法義 第七大小乘相者知實爲法知權爲義會三歸一爲詞開方便門爲樂說

一觀不異唯一事實故 唯一事實者即法華云唯此一事實餘二則非真

二性相就彼根性有三乘故 二中順機說權即是義意

三解脫相會彼三乘同歸一實解脫相中無差別故論云依同解脫不懼者法華云今我喜無畏但說無上道故 三中三乘同歸一實者第一經云舍利弗當知諸佛語無異於佛所說法當生大信力世尊法久後要當說真實告諸聲聞衆及求緣覺乘我令脫苦縛逮得涅槃者佛以方便力

示以三乘教衆生處處著引之令得出又第三經云汝等所行是菩薩道漸漸修學悉當成佛三周之經皆是會三方便歸一眞實一解脫相者第三經藥草喻品云如來知是一相一味之法所謂解脫相離相滅相究竟涅槃常寂滅相終歸於空即解脫中無差別也又第二經云但離虛妄名爲解脫其實未得一切解脫則一切解脫三乘同歸也法華云下釋成上論亦方便品先有一偈云舍利弗當知鈍根小智人著相憍慢者不能信是法釋曰此偈則明如來有畏畏其謗故次即云今我喜無畏於諸菩薩中正直捨方便但說無上道四念相即開方便門隨機念異心行不同以多法明說諸乘法無皆爲一事故論云隨順解脫即開方便有二義一於一佛乘分別說三名之爲開即初施權故信解品末云隨諸衆生宿世善根又知成熟未成熟者種種籌量分別知已於一乘道隨宜說三等是也二開者開除開發故第四經云此經開方便門示眞實相斷即說三爲方便名之爲開然皆爲一事下疏是也第一經云我此九部法隨順衆生說入大乘爲本以故說是經亦即長行中云諸佛世尊唯以一大事因緣故出現於世又云舍利弗諸佛如來但教化菩薩諸有所作常爲一事唯以佛之知見示悟衆生即其文也故引論明隨順解脫即方便多門皆順解脫也

復次法無礙智知一切菩薩行智行法行智隨證義無礙智知十地分位義差別辯無礙智說地道無差別相樂說無礙智說一一地無邊行相

第八菩薩地相中約地體相以分法義第八菩薩地相者說地體爲法地相爲義三詞者說相不違體四衆說者體相隨機此之體相即證教二道亦即前義說二大亦即不可說及可說義總收一品之意廣如文分及諸分中一智相一切菩薩行者總標也何者是耶謂所證法行能證智行何以此二名菩薩行以智契如故故經云智隨證論云觀智說故此菩薩行即十地智體一智相下即前釋法無礙上句論標名從一切下釋經解釋有兩重徵釋何者下此徵法體經法行智行後徵法智何以名菩薩行答意可知故經云下雙舉經論以帖言論云觀智說者論具云是中一切菩薩行者法行智行是現觀智說故二說相謂體雖一智相有十地分位故然此分位由心差別故論云十地差別者謂心而名說相者約口言也以論經云義無量者說十地差別故作是釋斯則異前義大斯則異前者顯義無礙即說是大兩法無礙是義大也三與方便相謂巧說十地授與衆生不顛倒教授與地證道無有差別故謂巧說十地者釋方便言從教與下釋無差別言乃有二意一稱機不倒爲無差別二不違證道爲無差別如鳥跡合空四入無量門相入諸地相差別故

復次法無礙智知一切如來一念成正覺義無礙智知體種種時種種處等各差別辭無礙智說成正覺差別樂說無礙智於一一句法無量劫說不盡

第九如來地相約眞應以分法義謂一法身相即始本無二之法身故云一念成正覺第九如來地相中以始本無二釋一念者以起信云謂一念相應慧無明頓盡名一切智言一念相應者即始覺與本覺相應故彼論云如菩薩地盡滿足方便一念相應覺心初起心無初相以遠離微細念故得見心性心即常住名究竟覺正是始本無二相也次上論釋本覺竟云何以故本覺義者對始覺義說以始覺者即同本覺又云若得無念者則知心相生住異滅以無念等故而實無有始覺之異以四相俱時而有皆無自立本來平等同一覺故以始覺同於本覺無復始本之異爲一念相應亦是一念頓覺一切法故淨名云一念知一切法是道場成就一切智故餘並可知二色身相種種時者隨何劫中種種處者隨何國土依報事各差別者隨何等佛身正報事

三正覺相通說正覺十佛差別故

四說相佛德無盡故說亦無盡

復次法無礙智知一切如來語力無所畏不共佛法大慈大悲辯才方便轉法輪一切智智隨證義無礙智知如來隨八萬四千衆生

心行根解差別音聲辭無礙智隨一切衆生行以如來音聲差別說樂說無礙智隨衆生信解以如來智清淨行圓滿說

第十作住持相約諸佛能說德所說聲教以分法義第十作住持相約就能所以分法義亦是總別總知如來所轉法輪名法別知八萬四千差別爲義而前意義長故疏但舉一意詞及樂說同體義分依前法義起說名詞詞中差別說爲樂說一覺相即作住持德覺法性相故語者隨自意語隨他意語隨自他意語此能說法故十力破魔憍慢無畏伏外道不共異二乘慈悲故常說辯才故能說方便者隨順物機轉法輪者正說此上皆一切智智隨證隨自意等者論主但云語者能說法故疏以涅槃意明如來說法不出三語即三十五迦葉品中因說若言衆生定有佛性名爲執著若言定無是則妄語便云如我說十二部經或隨自意語等初會已引今更畧示如五百比丘各說身因問佛佛言我爲欲界衆生說父母以爲身因注十一結云是名隨自意語次云如答把吒長者問瞿曇知幻惑是幻人佛反問云汝識王舍城中氣嘘旃陀羅不答云我知佛言汝知旃陀羅而非旃陀羅我知幻者豈是幻人結云是名隨他意語次言世智說有我亦說有世智說無我亦說無是隨自他語等十力已下轉法輪之德言上皆一切智智下結釋經文二差別相知佛隨心種性等差別聲教故

三說相用前音聲差別說故

四彼無量相異異說故隨信解者示現善薩無盡樂說故以如來智等者諸佛法身以利生爲行此行合智故無垢清淨不可破壞故云圓滿此地分得故用之而說

佛子菩薩住第九地得如是善巧無礙智得如來妙法藏作大法師

第三佛子菩薩住第九地下法師自在成就中二先牒前標後二得義下正顯成就有四種事一持成就得不失故二說成就巧能演故三問答成就斷疑網故四受持成就更受勝法故則前三自分後一勝進又前一釋得妙法藏後三釋作大法師於此四種皆無縛著即攝第九迴向也第三法師自在成就二又前下對釋標文

得義陀羅尼法陀羅尼智陀羅尼光照陀羅尼善慧陀羅尼衆財陀羅尼威德陀羅尼無礙門陀羅尼無邊際陀羅尼種種義陀羅尼如是等百萬阿僧祇陀羅尼門皆得圓滿以百萬阿僧祇善巧音聲辯才門而演說法

今初分二初列十持持先已得後此菩薩得如是下用前十持持當所得今初先列十持並從所起業用立名初三起意業次三起身業後四起口業

一持義二持教法三持能知智四普暎者注十慈光攝受五剛強者善慧降伏十二種種施爲故六上供諸佛下攝貧窮故名衆財七於大衆中壓劣衆生示教大乘威德勝利令生喜故八不斷辯才智常說故九無盡樂說深說故十種種義樂說廣說故一義持下三別釋然以人望法十皆所持約三業中亦有能所初三意中義教所持次三是能知身業三中通能所攝而初二以正報攝後一以依攝後四口中七以教攝二八以辦九十所說深廣九無盡樂說深者深約契理何有盡時十廣可知後如是下總結以百萬下顯持之用

此菩薩得如是百萬阿僧祇陀羅尼門已於無量佛所一一佛前悉以如是百萬阿僧祇陀羅尼門聽聞正法聞已不忘以無量差別門爲他演說

二持當得中聞已不忘正顯持義爲他演說亦持之用

此菩薩初見於佛頭頂禮敬即於佛所得無量法門此所得法門非餘聞持諸大聚聞於百千劫所能領受

第二此菩薩初見下明說成就於中三初顯所受法多[法十]

此菩薩得如是陁羅尼如是無礙[十三]智坐於法座而說於法大千世界滿中衆生隨其心樂差別爲說唯除諸佛及受職菩薩其餘衆會威德光明無能與比

二此菩薩得如是下能廣開演

此菩薩處於法座欲以一音令諸大衆皆得解了即得解了或時欲以種種音聲令諸大衆皆得開悟或時心欲放大光明演說法門或時心欲於其身上一一毛孔皆演法音或時心欲乃至三千大千世界所有一切形無形物皆悉演出妙法言音或時心欲發一言音周徧法界悉令解了或時心欲一切言音皆作法音恒住不滅或時心欲一切世界簫笛鐘鼓及以歌詠一切樂聲皆演法音或時心欲於一字中一切法句言音差別皆悉具足或時心欲令不可說無量世界地水火風四大聚中所有微塵一一塵中皆悉演出不可說法門如是所念一切隨心無不得者

三此菩薩處於法座下明起說自在

佛子此菩薩假使三千大千世界所有衆生咸至其前一一皆以無量言音而興問難一一問難各各不同菩薩於一念頃悉能領受仍以一音普爲解釋令隨心樂各得歡喜如是乃至不可說世界所有衆生一剎那間一一皆以無量言音而興問難一一問難各各不同菩薩於一念頃悉能領受亦以一音普爲解釋各隨心樂令得歡喜乃至不可說不可說世界滿中衆生菩薩皆能隨其心樂隨根隨解而爲說法承佛神力廣作佛事普爲一切作所依怙[法十]

第三佛子此菩薩假使下問答成就[十四]初界答難二明一切世界

佛子此菩薩復更精進成就智明假使一毛端處有不可說世界微塵數諸佛衆會一一衆會有不可說世界微塵數衆生一一衆生有不可說世界微塵數性欲彼諸佛隨其性欲各與法門如一毛端處一切法界處悉亦如是如是所說無量法門菩薩於一念中悉能領受無有忘失

第四佛子此菩薩復更下受持成就可知

佛子菩薩住此第九地晝夜專勤更無餘念唯入佛境界親近如來入諸菩薩甚深解脫常在三昧恒見諸佛未曾捨離一一劫中見無量佛無量百佛無量千佛乃至無量百千億那由他佛恭敬尊重承事供養於諸佛所種種問難得說法陁羅尼所有善根轉更明淨

第二佛子菩薩住此下明位果三果同前但初調柔見佛緣中初依內證近佛法身後依三昧[法十]見佛色身餘文可知[十五]

譬如真金善巧金師用作寶冠轉輪聖王以嚴其首四天下內一切小王及諸臣民諸莊嚴具無與等者此第九地菩薩善根亦復如是一切聲聞辟支佛及下地菩薩所有善根無能與等

佛子譬如二千世界主大梵天王身出光明二千界中幽遠之處悉能照耀除其黑闇此地菩薩所有善根亦復如是能出光明照衆生心煩惱黑闇皆令息滅

此菩薩十波羅蜜中力波羅蜜最勝餘波羅蜜非不修行但隨力隨分

佛子是名略說菩薩摩訶薩第九善慧地若廣說者於無量劫亦不能盡

佛子菩薩摩訶薩住此地多作二千世界主大梵天王善能統理自在饒益能爲一切聲聞緣覺及諸菩薩分別演說波羅蜜行隨衆生心所有問難無能屈者布施愛語利行同事如是一切諸所作業皆不離念佛乃至不離念一切種一切智智復作是念我當於一切衆生中爲首爲勝乃至爲一切智智依止者此菩薩若發勤精進於一念頃得百萬阿僧祇國土微塵數三昧乃至示現百萬阿僧祇國土微塵數菩薩以爲眷屬

若以菩薩殊勝願力自在示現過於此數乃至百千億那由他劫不能數知

爾時金剛藏菩薩欲重宣其義而說頌曰

無量智力善觀察最上微妙世難知普入如來秘密處利益衆生入九地

總持三昧皆自在獲大神通入衆刹力智無畏不共法願力悲心入九地

第三重頌分中二十四頌分三初十九頌地行次四頌位果後一結歎今初具頌上四分初二頌法師方便

住於此地持法藏了善不善及無記有漏無漏世出世思不思議悉善知

若法決定不決定三乘所作悉觀察有爲無爲行差別如是而知入世間

次二頌智成就

若欲知諸衆生心則能以智如實知種種速轉壞非壞無質無邊等衆相

煩惱無邊恒共伴眠起一義續諸趣業性種種各差別因壞果集皆能了

諸根種種下中上先後際等無量別解性樂欲亦復然八萬四千靡不知

衆生惑見恒隨縛無始稠林未除翦與志共俱心並生常相羈繫不斷絕

但唯妄想非實物不離於心無處所禪定境排仍退轉金剛道滅方畢竟

六趣受生各差別業田愛潤無明覆識爲種子名色芽三界無始恒相續

惑業心習生諸趣若離於此不復生衆生悉在三聚中或溺於見或行道

次七頌入行成就

住於此地善觀察隨其心樂及根解

四有八偈頌說成就於中初半偈頌智成就

悉以無礙妙辯才如其所應差別說處於法座如師子亦如牛王寶山王

又如龍王布密雲霔甘露雨充大海善知法性及與義隨順言辭能辯說

次二偈頌口業成就其中諸喻長行所無

總持百萬阿僧祇譬如大海受衆雨總持三昧皆清淨能於一念見多佛

一一佛所皆聞法復以妙音而演暢

後五偈半頌法師自在成就於中初一偈

半頌持

若欲三千大千界教化一切諸群生如雲雨

布無不及隨其根欲悉令喜

次一偈頌說

毛端佛衆無有數衆生心樂亦無極悉應其

心與法門一切法界皆如是

次一頌問答

菩薩勤加精進力復獲功德轉增勝聞持爾

所諸法門如地能持一切種

十方無量諸衆生咸來親近會中坐一念隨

心各問難一音普對悉充足

後二頌受持兼頌問答

住於此地爲法王隨機誨誘無厭倦日夜見

佛未曾捨入深寂滅智解脫

供養諸佛善益明如王頂上妙寶冠復使衆

生煩惱滅譬如梵王光普照

住此多作大梵王以三乘法化衆生所行善

業普饒益乃至當成一切智

一念所入諸三昧阿僧祇刹微塵數見佛説

法亦復然願力所作復過此

此是第九善慧地大智菩薩所行處甚深微

妙難可見我爲佛子已宣說

大方廣佛華嚴經疏鈔會本第三十八之七 法十 十八

大方廣佛華嚴經疏鈔會本第三十九之一　韓一

唐于闐國三藏沙門實叉難陀　譯

唐清涼山大華嚴寺沙門澄觀撰述

第十法雲地所以來者瑜伽意云雖於一切品類宣說法中得大自在而未能得圓滿法身現前證受今精勤修習已得圓滿故有此來論云於九地中已作淨佛國土及化衆生第十地中修行令智覺滿此是勝故以八九二地同無功用故對之顯勝有此地來又一乘中最居極故瑜伽唯攝第九於中有三先明九地所能次而未下明前地不能則是舉劣顯勝後今精勤下顯此地之能即舉勝揀劣論云下二引本論通攝前九故云於九地中非第九也已作淨佛國土即第八地及化衆生即第九地既通前九而偏語八九者從三通無功用故衆來異又八多約身九多約語今云智滿多約意業故勝於前言智覺滿者智度圓故菩薩地盡故次釋名下自有釋名分今且略解雲者是喻略有三義一含水義二覆空義三霔雨義約法就喻則有多義雲有四義一喻智慧二喻法身三喻應身四喻多聞熏因空亦四義一喻真如二喻麤重三喻法身四喻梨耶攝大乘論云由得總緣一切法智含藏一切陀羅尼門三摩地門此喻含水義總緣一切法契經等智不離真如如雲合空總持三昧即是水也又云譬如大雲能覆如空廣大障故此喻覆空義即以前智能覆惑智二障又云又於法身能圓滿故此有二義一喻霔雨義即上之智出生功德充滿所依法身故二喻徧滿即前之智自滿法身耳故金光明云法身如虛空智慧如大雲成唯識中亦有三義全同攝論而瑜伽云麤重之身廣如虛空法身圓滿譬如大雲皆能徧覆此同攝論第二義而無性釋以智覆空此以法身者智滿則法身圓滿起信論云顯現法身智純淨故本分云得大法身具足自在亦以法身喻雲真諦三藏釋金光明經云虛空喻三法身雲喻三道之智此法喻亦齊似非經意此喻位極非道前故莊嚴論第十三云於第十地中由三昧門及陀羅尼門攝一切聞熏習因徧滿阿梨耶識中譬如浮雲徧滿虛空能以此聞熏習雲於一一剎耶於一一相於一一好於一一毛孔雨無量無邊法雨充足一切所化衆生由能如雲雨法雨故故名法雲此從法身未及佛故立賴耶名十住論云於無佛世界能雨法雨故瑜伽又意云言大雲者未現等覺若現等覺能雨大雨作利益故是則寄雲不雨含德而已然諸釋雖衆不出三義謂以智慧含德徧斷諸障徧證法身故亦四義下影出如空以標名雖無釋有空故攝大乘下以諸經論釋上空雲總有九釋衆攝論三義成十一義一引攝論釋有三義此即第一義從此喻下疏釋彼論此句即疏從總緣下無性釋論彼釋具云由得總緣一切法智總緣一切契經等不離真如此一切法共相境界智譬如大雲陀羅尼門三摩地門猶如淨水智能藏彼雲如含水有能生彼勝功德故釋曰共相境智者雲與空合如智與境實又共相即是總釋之義今疏取其要言釋彼本論義已盡矣又云下即攝論第二義從此喻下疏釋彼論從即以下取無性意擇彼釋具云又如大雲覆隱虛空如是總緣一切法智覆隱如空廣大充道惑智二障言覆隱者隔義斷義又於法身下攝論第三義從此有下疏釋亦取無性意與性釋此云又如大雲澍清冷水充滿處空如是總緣一切法智出無量味勝功德充滿所依法身釋曰彼言雖多疏以收盡次四可知真諦三藏下六引真諦於中先言虛空喻三法身者譬如虛空空有三義一容受義譬如自性法身不礙生死二無邊義譬如顯了法身謂雖得顯了猶未究竟如空有清淨處有塵霧處

如前内法身遍解泰中道也三清淨無塵霧義譬如聖果法身雲喻三道之智者即智覺如大雲譬如如智有其三義一道前性得二道内修得三遺後至得文言遍者性得如如智遍如如理滿者修得如如智滿如如理覆者至得如如理境智相稱雲即是雨雨有三義一能除塵謂道前自性智清淨無染義二能光垢道内滅除惡業三能生萌芽道後能生如如萌芽又塵空如法身雲如應身此法喻下二疏斷得失先取後似非經意下奪之謂若如上釋迫前歷得法雲之名名既此立故似非經意而言似者以約理可通故謂道前雖有雲義三義未足不得此名十地位滿方得名耳此則可適故云似也莊嚴論下七引莊嚴先引論此從法下疏釋喻加下九重引瑜如先衆論後是別下疏釋即周易小畜卦語易云小畜亨密雲不雨自我西郊象曰小畜柔得位而上下應之曰小畜健而巽剛中而志行乃亨密雲不雨上徃也自我西郊施未行也釋曰彼況文王當紂之時身為西伯有君之德猶如密雲未有君位德未施行猶如不雨今況十地含佛之德未等正覺是故但云含德而已所覆麤重即所離障謂於諸法中未得自在障此障十地大法智雲及所含藏所起事業故斯即二愚障所起業名大神通愚障

大智雲即悟入微細秘密愚

斷此障故便能證得業自在等所依真如謂神通作業總持定門皆自在故便成受位等行

具智波羅密得化身三昧等果即是雲雨

究竟成佛法身及所證如皆亦所偏虛空其旨一耳

淨居天衆那由他　聞此地中諸勝行
空中踊躍心歡喜　悉共虔誠供養佛

不可思議菩薩衆　亦在空中大歡喜
俱然最上悅意香　普熏衆會令清淨

自在天王與天衆　無量億數在虛空
普散天衣供養佛　百千萬種續紛下

次正釋文文中三分先讚請中有十六偈前十三讚後三偈請前中亦二前三偈但申供養有三類可知

天諸婇女無有量　靡不歡欣供養佛
各奏種種妙樂音　悉以此言而讚歎

後十偈天女供讚於中亦二初一總標供讚

佛身安坐一國土　一切世界悉現身
身相端嚴無量億　法界廣大悉充滿

於一毛孔放光明　普滅世間煩惱闇
國土微塵可知數　此光明數不可測

餘九正顯讚辭於中亦二前八讚佛德能後一勸修利益前中亦二前五讚大用自在後顯自在所由前中亦二前二用益普周

或見如來具衆相　轉於無上正法輪
或見遊行諸佛刹　或見寂然安不動

後三隨見不等於中亦二初一總明

或現住於兜率宮　或現下生入母胎
或示住胎或出胎　悉令無量國中見

或現出家修世道　或現道場成正覺
或現說法或涅槃　普使十方無不覩

後二八相顯

譬如幻師知幻術　在於大衆多所作
如來智慧亦復然　於世間中普現身

佛住甚深真法性　寂滅無相同虛空
而於第一實義中　示現種種所行事

所作利益衆生事　皆依法性而得有
相與無相無差別　入於究竟皆無相

所由中亦二初一智了世幻故文有喻合後二證窮性相故於中半偈證體半偈起用半偈用不離體半偈體用泯絶

若有欲得如來智慧離一切妄分別有無通達皆平等疾作人天大導師

無量無邊天女衆種種言音稱讚已身心寂靜共安樂瞻仰如來默然住

即時菩薩解脫月知諸衆會咸寂靜向金剛藏而請言大無畏者真佛子

從第九地入十地所有功德諸行相及以神通變化事願聽慧者爲宣說

後三請中初一結默念請後二上首言請

爾時金剛藏菩薩摩訶薩告解脫月菩薩言佛子菩薩摩訶薩從初地乃至第九地以如是無量智慧觀察覺了已善思惟修習善滿足白法集無邊助道法增長大福德智慧廣行大悲知世界差別入衆生界稠林入如來所行處隨順如來寂滅行常觀察如來力無所畏不共佛法名爲得一切種一切智智受職位

第二正說論分八分一方便作滿足地分攝前九地所修總爲方便滿此地故二得三昧分初住地行行德無量偏舉受職之所依故三得受位分正住地行依前定力攝佛智故四入大盡分是地滿行望前諸地行已窮盡今後地滿盡之極故五釋名分此地究窮辯德顯稱故六神通力有上無上分地滿足已妙用自在形前無上形佛劣故七地影像分以喻顯法如因影像知形質故八地利益分彰說殊勝勸修趣入故第二正說疏大有二依論總科便以疏釋一後之二分通該十地將前攝後云此地有八若依前長科後二分通則此地分二先明地行後彰位果地行之中方有六分如上所列六中初一是入心餘是住心出心即調柔果已如前說二後之二分下料揀於中有三初料揀論次若依前下以經對論後六中下對前三心今初分中二先總明後善滿下別顯今初無量智者阿含廣故觀察覺了者證智深故實性論中地上菩薩起二修行一約根本智名如實修即此證智二約後得智名徧修行即此廣智諸地具起上二種行今於上二決擇思修

別中十句攝爲七相初三七八二處合故七中一善修行故即是同相謂初三句明證助不住諸地同修故初句證道無漏白法故何以得證由次句助道何因成助由後句不住道增福德故不住無爲增智慧故不住有爲

後六別相謂二廣行大悲即普徧隨順自利利他相此總前七地合爲一相以七地差別之相八地之初已辨故此總舉普徧釋廣隨順釋行大悲利他而成自業故云自利

三一句令佛土淨即八地相下三相即九地以親證此故多舉之

謂四一句教化衆生相即九地自分行入十一稠林故即九地者則願後二相是勝進行五有二句善解相謂解達真如是佛所行處故善順如來能證寂滅行故真如是佛行處者今此九地入向十地何名入如來所行答十地同佛境相應故六無默足相常觀察力等欲趣入故上句解此句行並九地勝進故前地云晝夜專勤更無餘念唯入佛境界故

七地盡至入相謂十地離窮故同前諸地
結行入位已屬第十故云名爲得受職位七地盡者即經名爲得下經文十地學窮名爲地盡依行得證說爲登入
佛子菩薩摩訶薩以如是智慧入受職地已
第二佛子菩薩摩訶薩以如是下明三昧
分於中二初牒前起後
即得菩薩離垢三昧入法界差別三昧莊嚴
道場三昧一切種華光三昧海藏三昧海印
三昧虛空界廣大三昧觀一切法自性三昧
知一切衆生心行三昧一切佛皆現前三昧
後即得下正顯於中四初舉十名二如是
等下結所得數三菩薩於此下彰入滿足
四其最後下顯最後名今初十中初總餘
別總云離垢者離煩惱垢故是障盡地徧
受此名別中九定離八種垢第二三昧分別中九定者六七合故然下說一一結之若從上科八中前七自分後一勝進前中前六自利後一利他前中前五法身行後一攝淨土行前中有三一解二行三成德一入
容無垢謂解入事事法界深容之處不與
惑俱故不與惑俱者釋無垢義就總開別皆帶無垢無垢即不與惑俱故初句示其帶總云不與惑俱二近無垢萬行已圓道場斯

近故如淨名說上來初一解次一行下三
成德下三成德者即身口意密也三放光無垢謂光開
心華令其見實亦能坐種種大寶蓮華光
無不照故初放光中疏雙就身智二光正意在身四陀羅尼
無垢如海包藏
五越通無垢則無心頓現上五皆起法身
之定也
六齊二定清淨佛土無垢上句無量則盡
法界之疆域下句正觀窮國土之體性上
六自利上句無量者即經虛空界廣大三昧此同自受用刹下句窮國土之體性即法性土此能窮究七化生無垢上之二利皆自
分行
八正覺無垢謂勝進上覺將成菩提時一
切諸佛迭共現前而證知故如下受職處
說以本覺將現前故
如是等百萬阿僧祇三昧皆現在前
二結數者亦是眷屬皆現前者久修成故
不加功才自然現故
菩薩於此一切三昧若入若起皆得善巧亦
善了知一切三昧所作差別

三彰入滿足中能入者遍方便定體入起
相即隱顯無方故云善巧善了所作即知
業用
其最後三昧名受一切智勝職位
四彰最後名者將說受位分故一切智者
佛無分別智也論經重言智者兼後得智
二智平等名受位也
此三昧現在前時有大寶蓮華忽然出生其
華廣大量等百萬三千大千世界以衆妙寶
間錯莊嚴超過一切世間境界出世善根之
所生起知諸法如幻性衆行所成恒放光明
普照法界非諸天處之所能有毗瑠璃摩尼
寶爲莖栴檀王爲臺碼碯爲鬚閻浮檀金爲
葉其華常有無量光明衆寶爲藏寶網彌覆
十三千大千世界微塵數蓮華以爲眷屬
第三此三昧現在前下明受位分於中有
四一法二喻三合四結第三受位分自有十段者文中法喻合結今初有六一座二身三眷屬四相五出
處六得位六中前五自分德備後一上攝
佛果前中初三位體次一位相後一位用

前三即依正眷屬今初隨何等座謂大寶華王座故於中二先明主華自有十相一主相即寶蓮華如世之華上者為主菩薩之華大寶故上二其華下量相為量二廣大三以衆妙下勝相具德一一則衆寶間錯故勝法則衆德為嚴故亦如上說有同時具足相應廣狹自在一多相容華德故四超過下地相生處故四法界智地為華生處故五出世下因相五因如種植六知諸下成相六成如出水七恒放下第一義相正觀普照法界現事故如世蓮華開敷蕊皆爲第一故七第一相然華有三時之異一華而未敷二處中盛時三彫而將落今非初後正處中盛時正觀普照等彼流光法界現事如開蕊莖披敷見蓮華實雙表事理照著權實開榮八非諸天下功德相菩薩德招故八世之蓮華人德感故令此之華出世德感九毗瑠璃下體相九瑠璃為莖瑠種為樂瑪瑙為我權金為常白德為體十其華下莊嚴相十智光圓照如來藏教網遐張為莊嚴也二十三千下明眷屬華

爾時菩薩坐此華座身相大小正相稱可

第二爾時下隨何等身殊妙之身稱於座故

無量菩薩以爲眷屬各坐其餘蓮華之上周帀圍繞一一各得百萬三昧向大菩薩一心瞻仰

第三無量下隨何眷屬

佛子此大菩薩幷其眷屬坐華座時所有光明及以言音普皆充滿十方法界一切世界咸悉震動惡趣休息國土嚴淨同行菩薩靡不來集人天音樂同時發聲所有衆生悉得安樂以不思議供養之具供一切佛諸佛衆會悉皆顯現

第四佛子此大下隨何等相周徧作業爲其相故

佛子此菩薩坐彼大蓮華座時於兩足下放百萬阿僧祇光明普照十方諸大地獄滅衆生苦於兩膝輪放百萬阿僧祇光明普照十方諸畜生趣滅衆生苦於齊輪中放百萬阿僧祇光明普照十方閻羅王界滅衆生苦從左右脇放百萬阿僧祇光明普照十方一切人趣滅衆生苦從兩手中放百萬阿僧祇光明普照十方一切諸天及阿脩羅所有宮殿從兩肩上放百萬阿僧祇光明普照十方一切聲聞從其項背放百萬阿僧祇光明普照十方辟支佛身

第五佛子此菩薩坐彼下隨何出處十處出光令惡道出離菩薩增行故文分爲四一舒光作業二衆聖咸知三下類奔風四同聲相應今初十處放光有三種業一利益業二發覺業三攝伏業今類例相從且分爲四一前之七光但有益業前五益凡後二益小

從其面門放百萬阿僧祇光明普照十方初始發心乃至九地諸菩薩身

二第八一光有二業半一者益九地已還菩薩故二者發覺令知故言一半者但有攝義攝彼令來故

從兩眉間放百萬阿僧祇光明普照十方受職菩薩令魔宮殿悉皆不現

三第九一光亦二業半一益等位菩薩故下文彼光既令此益此光必益於彼故二發覺令知故言一半者魔宮不現是伏業故

從其頂上放百萬阿僧祇三千大千世界微
塵數光明普照十方一切世界諸佛如來道
場衆會
四第十頂光但有發覺文分爲三一顯照
分齊
右繞十帀住虛空中成光明網名熾然光明 十三
發起種種諸供養事供養於佛餘諸菩薩從
初發心乃至九地所有供養而比於此百分
不及一乃至算數譬喻所不能及其光明網
普於十方一一如來衆會之前雨衆妙香華
鬘衣服幢旛寶蓋諸摩尼等莊嚴之具以爲
供養皆從出世善根所生超過一切世間境
界若有衆生見知此者皆於阿耨多羅三藐
三菩提得不退轉
二右繞下正顯作業謂興供成益益言不
退菩提者論有四義一於登地證決定故
二入正定聚故三定離放逸惡故四定集
善事故
佛子此大光明作於如是供養事畢復繞十
方一切世界一一諸佛道場衆會經十帀已

從諸如來足下而入
三佛子下事訖收光言足下入者若約教
相頂光入足顯深徽故若約證實終極之
智從下趣入諸佛境故論釋後段云平
等攝故顯證佛境即自證故若約敎相者顯有二意前
約敎相人之所賤其通於是人之所貴其過於頂頂光入足故顯敎深二若約證下自有二意文乃有三一頂光入足顯此菩薩入他佛境二故論下引證三顯證佛境即自證故者是第二意入自佛境因圓趣果故論言平等攝者此有二意一如來下攝足收其光菩薩上攝光入佛境云平等攝二入他佛境即入自境自他佛境無二體故云平等攝是以慈中引論證上攀下第一平等下疏自具而約二光以明相攝謂菩薩光入足佛光入頂今但入足已顯相攝餘可知也
爾時諸佛及諸菩薩知某世界中某菩薩摩
訶薩能行如是廣大之行到受職位
第二爾時下衆聖咸知
佛子是時十方無量無邊乃至九地諸菩薩
衆皆來圍繞恭敬供養一心觀察正觀察時
其諸菩薩即各獲得十千三昧
第三佛子是時下下位斉風申敬獲益文
並可知
當爾之時十方所有受職菩薩皆於金剛莊

嚴臆德相中出大光明名能壞魔怨百萬阿
僧祇光明以爲眷屬普照十方現於無量神
通變化作是事已而來入此菩薩摩訶薩金
剛莊嚴臆德相中其光入已令此菩薩所有
智慧勢力增長過百千倍
第四當爾之時下同聲相應以修平等因 十四
行互相資故表內吉祥深廣之德嚴心已
圓故外於此相放光相益又上此照彼放
眉間光表中道已照令彼照此乃於胷相
者表心契懸同德圓魔盡名壞魔怨第四當爾
下同聲相應文中有四一總顯相應之由同聲相應者即周易乾卦文言之語易云同聲相應同氣相求水流濕火就燥雲從龍風從虎聖人作而萬物覩本乎天者親其上本乎地者親其下亦各從其類也今取同位故曰同聲則謂何能有相益顯如世明友互相成益故二表內下釋德相放光之由三又上此下對前會釋下彼光照此此增智力令此照彼彼益何疑四德圓下釋光明號
十五
爾時十方一切諸佛從眉間出清淨光明名
增益一切智神通無數光明以爲眷屬普照
十方一切世界右繞十帀示現如來廣大自
在開悟無量百千億那由他諸菩薩衆周徧
震動一切佛刹滅除一切諸惡道苦隱蔽一

切諸魔宮殿示一切佛得菩提處道場衆會
莊嚴威德如是普照盡虛空徧法界一切世
界已而來至此菩薩會上周帀右繞示現種
種莊嚴之事
第六爾時十方下明隨所得位於中二一
放光於中十業初光名即益業益一切智
令成佛故二眷屬光是因業三示佛是敬
業四開悟業五振動業六止惡業七降魔
業八示現業九卷舒業十示現種種即變
化業
現是事已從大菩薩頂上而入其眷屬光明
亦各入彼諸菩薩頂當爾之時此菩薩得先
所未得百萬三昧名爲已得受職之位入佛
境界具足十力墮在佛數
二現是事已下入頂成益入頂者若約化
相上收於下也若約實義照極心源名爲
智頂成果在已是爲光入若約化相者纔但有二初身光入菩薩色身之頂無爲化相即上收下就實約義中曲復有二一約相顯實即諸佛智光入菩薩心頂二直就實論自智已圓當成之果顯在心源是故結云果成在已
論云諸如來光明彼菩薩迭互智平等攝

受故謂菩薩頂光入佛足則因上進於果
也佛光入菩薩頂果收因也亦因收果入
則無迹因果雙亡名平等也論云下引證謂菩薩下疏釋言亦因收果者上義佛果下收今菩薩頂收得佛光耳上釋迭互攝受入則下釋平等攝受
當爾之時下得益名爲下結位入佛
境者所證同也具十力者行德同也墮佛
數者如始出家便墮僧數
佛子如轉輪聖王所生太子母是正后身相
具足其轉輪王令此太子坐白象寶妙金之
座張大網幔建大幢旛然香散花奏諸音樂
取四大海水置金瓶內王執此瓶灌太子頂
是時即名受王職位墮在灌頂剎利王數即
能具足行十善道亦得名爲轉輪聖王
第二佛子如轉輪下喻喻上六事文少不
次初喻隨何身疏一初喻隨何身者即經云如轉輪聖王所生太子母是十六正后身相具足是也然論經云王女寶所生準智論玉女不生乃是一訣準薩遮尼揵子經第三千子皆玉女生彼名夫人實餘則可知
二其轉輪下喻
隨何座三張太下喻隨何相四取四大下
喻隨所得位王喻真身手喻應身缾喻白
毫水喻於光應有第三隨何等眷屬謂文

武百寮以爲輔弼五即能下明隨何等出
處隨所得位者然論釋云此菩薩同得位時名爲菩住遠公有二釋一明同上王子得位時二同佛得位時
菩薩受職亦復如是諸佛智水灌其頂故名
爲受職具足如來十種力故墮在佛數
第三菩薩受職下合疏一但合隨所得位十七正意
在此故
佛子是名菩薩受大智職菩薩以此大智職
故能行無量百千萬億那由他難行之行增
長無量智慧功德名爲安住法雲地
第四佛子下總結結斯一分
大文第四佛子菩薩住此法雲下明入大
盡分於中有五種大一智大二解脫大三
三昧大四陀羅尼大五神通大此五依五
種義一依正覺實智義離智障故二依心
自在義離煩惱障故三依發心即成就一
切事義意定力故四依一切世間隨利益
衆生義意能徧持口能徧隨故五依堪能
度衆生義身及諸通廣能運故前二自利
後三利他大文第四大盡分中文有四一依論科二此五下論釋義三

前二下料揀四文中下辯經二中五義之內義字向上皆是論文義字已下即是雖釋然前二離藏智二障成心慧二解脫後三利他即是三業一意二口雖云意持正在口説三即身通

大方廣佛華嚴經疏鈔會本第三十九之二

大方廣佛華嚴經疏鈔會本第三十九之三　韓二

唐于闐國三藏沙門實叉難陀　譯

唐清涼山大華嚴寺沙門澄觀撰述

佛子菩薩摩訶薩住此法雲地如實知欲界集色界集無色界集世界集法界集有爲界集無爲界集衆生界集識界集虛空界集涅槃界集此菩薩如實知諸見煩惱行集知世界成壞集知聲聞行集辟支佛行集菩薩行集如來力無所畏色身法身集一切種一切智智集示得菩提轉法輪集入一切法分別決定智集舉要言之以一切智知一切集

文中三前二別明後三合例今初智大分二先別明後總結今初有七種智一集智大二應化智大三加持智大四入微細智大五密處智大六入劫智大七入道智大此七展轉相生今初集智依能斷疑力了法緣集故今初集智下疏文有四一總彰大意然論中文有三節一總立七名謂一集智大等如向疏引二總辨七智之所依起略顯其相三總釋七智之相今疏文中分爲七段一一智內皆有三重如今集智云今初集智即第一列名二依能下即論第二依起之一三了法下即第三段釋義下之六智皆具此三然迭互釋

緣集云統唯一種或分爲二一妄緣集三界虛妄唯一心作如夢所見但是心解二眞緣集一切諸法皆眞心起如夢所見皆睡心作或說爲三一眞妄離合爲三離爲前二分爲第三第二約心識論三一事緣集從事識起一切法二妄緣集從其妄緣起一切法三眞緣集眞識體中具過一切恒沙性德互相集成故言緣集又從眞識起一切法故經說言若無藏識七識不住不得猒苦樂求涅槃由如來藏故起諸法三就有爲無爲說三一有爲緣集二無爲緣集三具二緣集並如六地已說文中先別明後舉要下總結前中有二十集皆明因緣集然通眞妄及與和合故有三分一染分二淨分三滅分在文六重三攝以義類即前三中第一三也在文雖大不出前三收攝已竟釋義已周一唯染謂初四及衆生集諸見煩惱集一唯染中已攝六集二唯淨謂聲聞已下諸集二有七集三唯滅謂虛空三唯一集四淨染合說謂識及有爲世界成壞四有三集五淨滅合說謂無爲及涅槃擇滅無爲爲淨非擇滅爲滅性淨涅槃稱滅餘三涅槃爲淨五唯二集無爲有三虛空已別說竟但二無爲一淨二滅涅槃有四餘無餘及與無住皆約修顯故得稱淨六唯一集故有二十六通染淨滅謂法界故論云隨所正不正以法界通善不善及無爲故而論諸句皆有隨所言者隨何等差別皆能知故六通染下有四

一揀通三二故論下引證三以法界下顯釋順上善法界爲淨不善法界爲染無爲法界爲滅無爲與善爲正不善不正四而論下會釋論文然上以其三事開合故爲六段而文不次又經與論經次亦小異若依今文辨次第者然望論經論經開二一無世界集二無最後入一切法分別決定智集彼意來世界即十界成壞將後入一切法集要於總結故但十八并結十九今爲世界是總逗佛果主如世界成就品通有爲成無爲壞義成壞之別唯器衆生後次與此亦有小異以法界爲虛空之後衆生識界居爲無爲前五依今經以於次者先明三界通於依正總辨衆生所依次云世界通於染淨次辨法界向上爲上四所依向下與爲無爲等而爲所依法界是總以性從緣則有爲無爲衆生是能迷之人識界爲衆生之本虛空是衆生等住處涅類是衆生所歸煩惱是能迷之因行業於業則顯前皆是果故此句初有此菩薩言由煩惱因感界成壞次三辨反源之人如來下四辨反源之果結云一切者非止二十故也

佛子此菩薩摩訶薩以如是上上覺慧如實知衆生業化煩惱化諸見化世界化法界化聲聞化辟支佛化菩薩化如來化一切分別無分別化如是等皆如實知

第二佛子下明應化智中三初牒前起後以依前緣集智身起化用故論云依彼身起力犬如實下正顯後如是下總結中十句初三衆生世間自在化化起衆生善

至業及利鈍使令衆生見似真造作故次一句爲世間自在化次五智正覺世間自在名三乘正覺故一法界化爲三乘所說法行餘四化爲三乘人及果後一通三世間有情有分別器無分別智正覺通上二也第二應化智亦具上三謂一列名二依起三釋相在文分二先標名一總科即將羅經前文釋論第二勝所依起其第三釋義易解不舉論云是中應化智者衆生應化等差別遠公云然化有三種一據始起有分別心而作變化二就息想論物見我化我實不化三就真實說緣起門中皆是真實作用法門之所示現今依後義是故依前緣集故而起化用

又如實知佛持法持僧持業持煩惱持時持願持供養持行持劫持智持如是等皆如實知

第三又如實知佛持下加持智論云依如是如是轉行力謂依彼應化常化不絕爲加持行其事非一重言如是謂依彼下三疏釋論依起是第三段中釋義常化不絕爲加持故即以不絕是轉義如轉法輪有十一句初三不斷三寶是境界持餘八是行持於中初二逆行勝熱炙身無厭行虐婆須染欲徧行處邪皆其事也後六順行前四

起因行時謂起因之時願等因體後二得果在時時謂長劫智即果體謂一切智智故不斷三寶者不斷是三寶中持義謂佛種不斷即是佛持等願等因體者望上時持故名因體就體有二願是起行方便之心供養及行即依願正行供養攝福行攝智故

又如實知諸佛如來入微細智所謂修行微細智命終微細智受生微細智出家微細智現神通微細智成正覺微細智轉法輪微細智住壽命微細智般涅槃微細智教法住微細智如是等皆如實知

第四又如實知諸佛下微細智謂知佛化用微細自在故論云依彼應化加持善集不二作故謂依前應化等三智合爲不二之智作此微細化用故隨一事即具前三非但八相一具餘七文並可知四三智者一應化二加釋二持三善集即前緣集智所以合者集智最智餘二多悲悲智無礙爲佛微細非但八相者但應化一智即能令一而具一切令一一事皆具三智故爲微細以如來證此法門故別有十事多同八相八相不具

又入如來祕密處所謂身祕密語祕密心祕密時非時思量祕密授菩薩記祕密攝衆生祕密種種乘祕密一切衆生根行差別祕密業所作祕密得菩提行祕密如是等皆如實知

第五又入下密處智依護根未熟衆生不令驚怖故現麤隱細而祕密俱成初三即總顯三密次三別顯釋二起化密一意知化時五二口與其記謂懈怠者遲記怯退者速記或引實行聲聞與應化者記又昔但記菩薩則於聲聞記爲祕密隨機隱顯後攝衆生密論經云攝伏謂攝受折伏皆通身口次一教密約實則無三說三三即爲密但爲化菩薩故約機非一說一一亦爲密後三約所知明密知根種種知業萬差知逆順行皆得菩提故爲密也初三下釋文文含多義前諸疏文已皆具矣

又知諸佛所有入劫智所謂一劫入阿僧祇劫阿僧祇劫入一劫有數劫入無數劫無數劫入有數劫一念入劫劫入一念劫入非劫非劫入劫有佛劫入無佛劫無佛劫入有佛劫過去未來劫入現在劫現在劫入過去未

來劫過去劫入未來劫未來劫入過去劫長劫入短劫短劫入長劫如是等皆如實知

第六又知下入劫智依命行加持捨自在意謂劫時遷流名爲命行一攝一切名曰加持一入一切名之爲捨以餐已隨他故劫隨心轉名爲自在（謂劫下三疏釋論含於入劫之相）亦十世隔法異成門也以得不思議解脫不見長短一多大小互相即入等並如發心品

又知如來諸所入智所謂入毛道智入微塵智入國土身正覺智入衆生身正覺智入衆生心正覺智入衆生行正覺智入隨順一切處正覺智入示現徧行智入示現順行智入示現逆行智入示現思議不思議世間了知不了知行智入示現聲聞智辟支佛智菩薩行如來行智（轉二）六

第七又知如來下入道智論云依對治意說謂徧入諸道若逆若順皆爲對治無非入道此約知凡夫道若約知化凡夫道即此逆順等便是佛道（謂道入下三疏釋依起顯前標名具於三義一明知凡夫道道謂業惑以逆順等皆所知故二若約下知化凡夫道謂一切善法下論名對治即順字攝之及第三知化凡夫即是佛道文正出此）別中有十四句初句總入所化謂毛道凡夫隨風不定故論經云入凡夫道論云依凡夫地（初句爲總者義通三義）餘句別顯所化略有三種一依我慢行者令入微塵智觀破摶聚唯塵無我故二依信求生天者入淨國土過於所信故餘皆依覺觀者於中初句起覺觀身次二句正顯覺觀心行差別次句明所覺境上四即所化之覺觀次四句能化化之行初句總顯徧行故次二隨宜若逆若順後句若深若淺後四句化令入三乘果（別顯三種中前二皆第一知凡夫道其中觀破摶聚者四十八經當具解釋次四句者即化凡夫道亦兼第三知凡夫道即是佛道後四化果其中思議等並如九地）

佛子一切諸佛所有智慧廣大無量此地菩薩皆能得入（轉二）七

第二佛子一切下總結前七皆佛之智菩薩能入故名智大

佛子菩薩摩訶薩住此地

第二佛子至住此地下明解脫大中三初標得位

即得菩薩不思議解脫無障礙解脫淨觀察解脫普照明解脫如來藏解脫隨順無礙輪解脫通達三世解脫法界藏解脫光明輪解脫無餘境界解脫

次即得下略顯有十初依神通境界轉變自在言念不及故如淨名所得二能至無量世界以願智力無拘礙故三明離障解脫故云淨觀離障有二並皆知之一約位則世出世間所離不同二就出世中學無學別此學無學並通三乘上三中前二約通此一約智共爲一對總相以明約身明通就人顯智次三一對一通二智四約心明通普照物機隨意轉變一時普應如觀音普門示現故次二約法明智謂五即法陀羅尼顯如來藏中蘊恒沙德故六即能破他言隨彼言破無礙圓滿故次二一對相入通智約時明通由達三世劫隨意住持相入故約因緣集顯智一切種智包藏法界之中故後二一對約相即明通智約

身明通不離一身光明輪而普照故是解脫光輪約時明智即一而能知多故第二解脫下總有四對疏中已配此十爲首有無量百千阿僧祇解脫門皆於此第十地中得

後此十下結廣

如是乃至無量百千阿僧祇三昧門無量百千阿僧祇陀羅尼門無量百千阿僧祇神通門皆悉成就

第三如是乃至下總例餘三大畫分竟

佛子此菩薩摩訶薩通達如是智慧隨順無量菩提成就善巧念力

大文第五佛子菩薩摩訶薩通達如是下釋名分中三一能受如來大法雲雨故名法雲二佛子此地菩薩以自願下明能注雨滅惑故名法雲三佛子此地菩薩於一念下明注雨生善故名法雲然後之二段從自受名今此一段從所受立名論云雲法相似以徧覆故此地中聞法相似猶如虛空身徧覆故謂佛身雲徧覆法界法雨亦多唯此能受故名法雲今此一段下此文有三初此上揀別二引論釋三謂佛身下疏釋論然此一段若從所受應名法雨地若從能受應名法海地今從受處名爲法雲雲當佛身而論意又以聞法相似猶如虛空則以虛空爲能受菩薩身遍覆故雲爲所受之法以雲義多含故影出之文中二先總明能受之德由前七智成就念力能受多法此智實成多德故云無量菩提近說受持之義耳由前七智者七智正是此地別行所以舉之成就念力偏語受法之德此智實成下釋經隨順無量菩提之言由因成果就故云隨順無量菩提無量之德皆隨順也

十方無量諸佛所有無量大法明大法照大法雨於一念項皆能安能受能攝能持譬如娑伽羅龍王所霔大雨唯除大海餘一切處皆不能安不能受不能攝不能持如來祕密藏大法明大法照大法雨亦復如是唯除第十地菩薩餘一切衆生聲聞獨覺乃至第九地菩薩皆不能安不能受不能攝不能持

二十方下別顯受法之相於中三初總顯受多二歷數顯多三問答顯多今初有法喻合法中三一明所受法多二大法明下所受法妙故下合云祕密藏也文有三句上二句性故謂三慧所知名法自性大法明是聞思智攝受故照是修慧所攝受故下句作故謂說授衆生如雲與他雨法雨故三於一念下顯能受德一念者速故既多妙又速展轉顯勝能安者堪能安受文故受者信受故上二受文攝者思惟攝取義故持者攝受彼文義成二持故此但顯說下喻合兼及顯不能文並易了上二句者論一時具云聞法者性故作故二事示現疏難破之謂三慧下疏釋論大法明下牒論釋經然今經云安受攝持論經云受堪思持思即是攝堪即是安受堪雖倒俱是聞慧疏取義順經不違論釋

佛子譬如大海能安能受能攝能持一大龍王所霔大雨若二若三乃至無量諸龍王雨於一念間一時霔下皆能安能受能攝能持何以故以是無量廣大器故住法雲地菩薩亦復如是能安能受能攝能持一佛法明法照法雨若二若三乃至無量於一念項一時演說悉亦如是是故此地名爲法雲

第二佛子譬如大海下歷數顯多中先喻後合海能安者受一切水故受者不濁故

涵如不信攝者餘水數入失本名故持者用不可盡故

解脫月菩薩言佛子此地菩薩於一念間能於幾如來所安受攝持大法明大法照大法雨

第三解脫月下問答顯多中先問後答

金剛藏菩薩言佛子不可以筭數能知我當爲汝說其譬喻佛子譬如十方各有十不可說百千億那由他佛刹微塵數世界其世界中一一衆生皆得聞持陀羅尼爲佛侍者聲聞衆中多聞第一如金剛蓮華上佛所大勝比丘然一衆生所受之法餘不重受佛子於汝意云何此諸衆生所受之法爲有量耶爲無量耶解脫月菩薩言其數甚多無量無邊金剛藏菩薩言佛子我爲汝說令汝得解佛子此法雲地菩薩於一佛所一念之頃所安所受所攝所持大法明大法照大法雨三世法藏前爾所世界一切衆生所聞持法於此百分不及一乃至譬喻亦不能及

答中二先校量顯示一佛之所受法廣多

如一佛所如是十方如前所說爾所世界微塵數佛復過此數無量無邊於彼一一諸如來所所有法明法照法雨三世法藏皆能安能受能攝能持是故此地名爲法雲

後如一佛下類顯多佛言三世法藏者三世佛法之藏也而論云於法界中三種事藏者意取法明照雨藴在法界故以彼經云法界藏故故爲此釋

佛子此地菩薩以自願力起大悲雲震大法雷通明無畏以爲電光福德智慧而爲密雲現種種身周旋往返於一念頃普徧十方百千億那由他世界微塵數國土演說大法摧伏魔怨復過此數於無量百千億那由他世界微塵數國土隨諸衆生心之所樂霔甘露雨滅除一切衆惑塵燄是故此地名爲法雲

第二注雨滅惑釋名中此中雲等如出現品廣明悲雲普覆故法雷驚蟄故通明無畏照機速疾令見道故以福智因成種種身如雲形顯多故法雨正能破四魔故

佛子此地菩薩於一世界從兜率天下乃至涅槃隨所應度衆生心而現佛事若二若三乃至如上微塵數國土復過於此乃至無量百千億那由他世界微塵數國土皆亦如是是故此地名爲法雲

第三注雨生善釋名八相漸益故可知

佛子此地菩薩智慧明達神通自在

大文第六神通力有上無上分中有六種相一依內二依外三自相四作住持相五令歡喜相六者大勝若就經文分二前四合爲一段正顯神通後二爲一斷疑顯勝今初分二先別明後總結別中三初明依內智慧明達者即起通之智亦陀羅尼二神通者是通體三自在即通德亦攝不思議解脫及與三昧具此三事即通無上智慧明達者經但兩句論經亦但云住此地於智慧得上自在力善擇大智神通隨心所念而論云是中依內者有其四種一不思議解脫二三昧三起智陀羅尼四神通如前所說釋曰今疏取意各別配經亦具此四論言如前所說者即大盡分中五種大但合智及陀羅尼耳以陀羅尼智爲體故

隨其心念能以狹世界作廣世界廣世界作狹世界

第二隨其下依外謂業用依外境而起故亦是第三依自相謂轉變作用是神通相故此之二段者即以轉變外事爲神通自相故此二經文是一義分爲二今依自相釋文自有二種一轉變外事於中三一同類略廣轉

垢世界作淨世界淨世界作垢世界亂住次住倒住正住如是無量一切世界皆能互作

二垢世界下垢淨異事轉

或隨心念於一塵中置一世界須彌盧等一切山川塵相如故世界不減或復於一微塵之中置二置三乃至不可說世界須彌盧等一切山川而彼微塵體相如本於中世界悉得明現或隨心念於一世界中示現二世界莊嚴乃至不可說世界莊嚴或於一世界莊嚴中示現二世界乃至不可說世界或隨心念以不可說世界中衆生置一世界或隨心念以一世界中衆生置不可說世界而於衆生無所嬈害

三或隨心下塵容世界等是自在轉

或隨心念於一毛孔示現一切佛境界莊嚴之事

二或隨心念於一毛下應化自身可知

或隨心念於一念中示現不可說世界微塵數身一一身示現如是微塵數手一一手各執恒河沙數華奩香篋鬘蓋幢幡周徧十方供養於佛一一身復示現爾許微塵數頭一一頭復現爾許微塵數舌於念念中周徧十方歎佛功德或隨心念於一念間普徧十方示成正覺乃至涅槃及以國土莊嚴之事或現其身普徧三世而於身中有無量諸佛及佛國土莊嚴之事世界成壞靡不皆現或於自身一毛孔中出一切風而於衆生無所惱害或隨心念以無邊世界爲一大海此海水中現大蓮華光明嚴好徧覆無量無邊世界於中示現大菩提樹莊嚴之事乃至示成一切種智或於其身現十方世界一切光明摩尼寶珠日月星宿雲雷等光靡不皆現或以口噓氣能動十方無量世界而不令衆生有驚怖想或現十方風災火災及以水災或隨衆生心之所樂示現色身莊嚴具足或於自身示現佛身或於佛身而現自身或於佛身現巳國土或於巳國土而現佛身

第三或隨心念於一念中示現不可說下作生持相謂常用不絕故

佛子此法雲地菩薩能現如是及餘無量百千億那由他自在神力

爾時會中諸菩薩及天龍夜叉乾闥婆阿脩羅護世四王釋提桓因梵天淨居摩醯首羅諸天子等咸作是念若菩薩神通智力能如是者佛復云何

第二爾時下斷疑顯勝中二先斷疑後顯勝今初即論生喜由疑除故於中二先示自神通力斷疑二說法斷疑今初有二問答初一問答顯神力無上令衆歡喜後一問答顯神力有上令衆歡喜前中先問後答問中先大衆生疑舉佛疑菩薩如上之事佛可得爾菩薩豈然

爾時解脫月菩薩知諸衆會心之所念白金剛藏菩薩言佛子今此大衆聞其菩薩神通智力墮在疑網善哉仁者爲斷彼疑當少示

不能盡

二入此下衆覩希奇表通自在故佛號通王

金剛藏菩薩示現如是大神力已還令衆會各在本處時諸大衆得未曾有生奇特想默現菩薩神力莊嚴之事

後上首爲請

時金剛藏菩薩即入一切佛國土體性三昧

答中二一入定現通二問答決擇今初即事爲驗故於中三一法主入定國土體性無所不融故能一身包含無外（國土體性者此金剛藏正用前作住持相中於其身中示有無量國土莊嚴之事及於自身示現佛身）

入此三昧時諸菩薩及一切大衆皆自見身在金剛藏菩薩身內於中悉見三千大千世界所有種種莊嚴之事經於億劫說不能盡

又於其中見菩提樹其身周圍十萬三千大千世界高百萬三千大千世界枝葉所蔭亦復如是稱樹形量有師子座座上有佛號一切智通王一切大衆悉見其佛坐菩提樹下師子座上種種諸相以爲莊嚴假使億劫說

然而住向金剛藏一心贍仰

三金剛下攝用增敬

爾時解脫月菩薩白金剛藏菩薩言佛子今此三昧甚爲希有有大勢力其名何等金剛藏言此三昧名一切佛國土體性

（韓二十六）

第二爾時解脫月下問答決擇中三初問名字

又問此三昧境界云何答言佛子若菩薩修此三昧隨心所念能於身中現恒河沙世界微塵數佛剎復過此數無量無邊

二又問下業用分齊

佛子菩薩住法雲地得如是等無量百千諸大三昧故此菩薩身身業不可測知語語業意意業神通自在觀察三世三昧境界智慧境界遊戲一切諸解脫門變化所作神力所作光明所作略說乃至舉足下足如是一切諸有所作乃至法王子住善慧地菩薩皆不能知

三佛子菩薩住下類顯廣多於中二初但結多定已顯業用難思

佛子此法雲地菩薩所有境界略說如是若廣說者假使無量百千阿僧祇劫亦不能盡

後佛子此法雲下結略顯廣則餘德無盡此中亦即大盡中事（此中等者前文標中已有五大今復結之故云亦是謂初總標三業即神通自在餘具五大一觀察三世即第一智大二三昧境界即第三三昧大三智境界即四陀羅尼大四遊戲下即第二解脫大五變化下即第五神通大）（韓二十七）

解脫月菩薩言佛子若菩薩神通境界如是佛神通力其復云何

第二解脫月下顯有上中謂劣於佛故先問後答問中即舉菩薩疑佛謂菩薩既實得爾則佛應不勝若言勝者其相云何故問辭則同疑意懸隔（問中等者謂信菩薩神通謂佛應不勝前舉佛疑菩薩則謂佛得亦疑菩薩不得故問同意別）

金剛藏言佛子譬如有人於四天下取一塊土而作是言爲無邊世界大地土多爲此土多我觀汝問亦復如是如來智慧無邊無等云何而與菩薩比量

答中三一總訶問非顯佛德無量

復次佛子如四天下取少許土餘者無量此

法雲地神通智慧於無量劫但說少分況如來地

二復次下舉所未說顯佛德無量謂向所說乃是十地德之少分如四天下之少土全將菩薩之德以比如來狀如四天下土以比無邊大地況將已說之少分以比如來則如一塊以比無邊大地佛證極故

佛子我今爲汝引事爲證令汝得知如來境界佛子假使十方一一方各有無邊世界微塵數諸佛國土一一國土得如是地菩薩充滿如甘蔗竹葦稻麻叢林彼諸菩薩於百千億那由他劫修菩薩行所生智慧比一如來智慧境界百分不及一乃至優波尼沙陀分亦不能及

三佛子我今下引事類顯佛德無量

大方廣佛華嚴經疏鈔會本第三十九之三

大方廣佛華嚴經疏鈔會本第三十九之三　韓三

唐于闐國三藏沙門實叉難陀　譯

唐清凉山大華嚴寺沙門澄觀撰述

佛子此菩薩住如是智慧不異如來身語意業不捨菩薩諸三昧力於無數劫承事供養一切諸佛一一劫中以一切種供養之具而爲供養一切諸佛神力所加智慧光明轉更增勝於法界中所有問難善爲解釋百千億劫無能屈者佛子譬如金師以上妙眞金作嚴身具大摩尼寶鈿厠其間自在天王身自服戴其餘天人莊嚴之具所不能及此地菩薩亦復如是始從初地乃至九地一切菩薩所有智行皆不能及

此地菩薩智慧光明能令衆生乃至入於一切智智餘智光明無能如是佛子譬如摩醯首羅天王光明能令衆生身心清涼一切光明所不能及此地菩薩智慧光明亦復如是能令衆生皆得清涼乃至住於一切智智一切聲聞辟支佛乃至第九地菩薩智慧光明悉不能及

第二佛子菩薩住如是智慧下說法斷疑者謂此地菩薩智慧能令衆生入一切智復顯上說其德不虛故疑除生喜然此下文當出地心比前諸地卽調柔果而論復將入前分中欲顯義門多勢終似惑人若準上例上來地行竟此下第二明其位果於中亦有三果今初調柔果中五一調柔行二此地菩薩智慧下教智淨三佛子此菩薩已能安住下勝過自在四此菩薩十波羅蜜下別地行相五佛子是名下總結地名五中前二合爲說法令喜可知

佛子此菩薩摩訶薩已能安住如是智慧諸佛世尊復更爲說三世智法界差別智徧一切世界智照一切世界智慈念一切衆生智舉要言之乃至爲說得一切智智

後三及餘二果俱名大勝顯義多含故論連前勢爲果已定更不重言就大勝中初三明神通勝二攝報中得十不可說等名算數勝此二種事勝一切地故名大勝偏舉此二者以是神通有上無上門中明故就前三中先明勝過自在於中三初牒前次諸佛下別顯後舉要下總結別中五句爲三初句卽能斷疑行謂令通達三世之中所有道義故二一句速疾神通行聞說如來祕密法界故三餘三句等作助行謂以平等三道助通化益故於中初句作淨佛國土平等化卽是助道次句作法明平等化謂教智化後句作正覺平等化謂慈念令得證知故論經云令一切衆生得證法故

此菩薩十波羅蜜中智波羅蜜最爲增上餘波羅蜜非不修行

佛子是名略說菩薩摩訶薩第十法雲地若廣說者假使無量阿僧祇劫亦不能盡

佛子菩薩住此地多作摩醯首羅天王於法自在能授衆生聲聞獨覺一切菩薩波羅蜜行於法界中所有問難無能屈者布施愛語利行同事如是一切諸所作業皆不離念佛乃至不離念具足一切種一切智智復作是念我當於一切衆生爲首爲勝乃至爲一切

智智依止者若勤加精進於一念頃得十不可說百千億那由他佛剎微塵數三昧乃至示現爾所微塵數菩薩以爲眷屬若以菩薩殊勝願力自在示現過於此數所謂若修行若莊嚴若信解若所作若身若語若光明若諸根若神變若音聲若行處乃至百千億那由他劫不能數知

餘別地結名及筭數等並可知

大文第八佛子此菩薩摩訶薩十地行相下地影像分於中四喻謂池山海珠喻四功德前二是阿含德後二證德前二下以二德收之然遠公前三皆阿含今以海喻十德互過故喻證德此二教證亦可隔句相對池望於海是修成相對地中真屬合修爲教如池喻起修之行海喻捨妄契真實德互過猶如義大第二山喻第四珠喻即能詮就實相對寄言顯十如彼十山爲教智真體無二如珠更含餘量累示其一前中池喻修行功德即諸地中起修之行前中池喻下第三依論列釋標巧德名皆是論文餘皆疏釋然下論隨文釋中亦自解釋釋第一云依本願修二山喻上勝功德即依修成德德位高出故釋第二山德云依一切智增上行十地故三海喻難度能度大果功德即修所成德能至大果故謂大海難度十德皆徧故名能度大海難成由攬十德能成智海故云大果此釋法喻兼含矣釋第三海喻云因果相顯故今十德過海即因順於果海攬十德即果順於因四珠喻轉盡堅固功德謂從初地轉至法雲障盡證堅故釋第四珠喻云過十寶性即障盡證堅又十地有三一是修地因前果後故初二喻顯之二是成地隨分修成即是佛智故珠喻顯之三是法地就佛智法開之爲十故海喻顯之以後一融前二無有障礙又十地有三者第二修顯分別以修成法三而收四喻前二是修故亦即是教次一是成亦順於證三是法地順佛果海故以海喻融前二也前二即是修成含池山珠之三喻也又此四喻皆喻十地與彼佛智非一非異無差別之差別而旨趣各殊初一喻始異終同次山喻能所依別所依之地則一能依之山不同此則無差之差上二喻有能所依下二喻直喻地智不立能所三海喻全一佛智之體而十德不同德非別物又互相徧不同於山斯乃無差別之差別差即無差四珠喻唯是一珠前後之異唯一智體前後增明喻雖無差別不礙差別初一下別顯池非是海故云始異入海即池之水故云終同同異先後即始差別終無差也二山喻一佛智地出十地山故云無差之差上二下結前生後三海則因果交徹四珠雖一證智不礙分十又初喻前後體別前非是後而後包前次喻前前非後後後非前前而同依一體海喻前後雖殊而前後相徧珠喻前後一體而前前非後後後後必具前前又初一喻下第二約前後論非一異則十地相望以爲前後初一即是圓家漸次喻圓中漸珠喻即是漸圓海喻即圓圓也四喻圓融初即是下第三結歸圓融此言自天台生而小不同彼處漸圓是漸教家圓令亦圓教行布之極耳圓亦與後不同乃是初後圓融名圓圓非是圓教圓滿名圓圓也是知上取相顯前二喻教後二喻證理實四喻一一之中皆有教證如珠喻中珠體即證治穿等教池初四河即是於教入海爲證故約非一皆是教道約非異義皆是證道又非一非異二義不同即是教道互融爲證勿滯語言上來所解在論雖無理必應爾若得斯旨不疑十地差別等相上來所解下第四結示本意言上來所解者唯除四喻喻四功德餘皆疏意故云在論雖無

佛子此菩薩摩訶薩十地行相次第現前則能趣入一切智智

今初修行德中有法喻合法中始從歡喜終至法雲名次第行相次第既具則入智

海今初文下二正釋文然論但云是中會行功德者依本願力修行以四攝法作利益行自善增長及得菩提自利益行應知次論牒經帖義文意可知

譬如阿耨達池出四大河其河流注徧閻浮提既無盡竭復更增長乃至入海令其充滿

譬中四大河者面各出一故具如十定品而言大者阿含婆沙云出二十河以四河去池四十里各分爲四并本四爲二十今就本河所以言大下云增長攝餘十六而勝鬘云八者以東面五河人皆具見餘三大河名聲普聞十二小河不聞不見故但言八

佛子菩薩亦爾從菩提心流出善根大願之水以四攝法充滿衆生無有窮盡復更增長乃至入於一切智海令其充滿

合中菩提心合池流出善根等合四河依菩提心修四攝行自善增長故準十定四河今文含具一願智河即大願之水二波羅蜜河三三昧河即今善根四大悲河即以四攝法充滿衆生故言無有窮盡等者合上無盡竭大願等皆無盡也

佛子菩薩十地因佛智故而有差別

第二山喻上勝功德中有四初總舉於法次如因下總顯於喻三佛子如雪山下法喻對顯四佛子此十寶下總結法喻今初言因佛智者爲修平等佛智而起諸行修既未窮故隨十地之行各一增上斯乃爲修無差而成於差以本統末非全隔越

如因大地有十山王何等爲十所謂雪山王香山王鞞陀梨山王神仙山王由乾陀山王馬耳山王尼民陀羅山王斫羯羅山王計都末底山王須彌盧山王

第二總顯於喻喻意可知鞞陀黎者此云種種持由乾陀此云雙持迴文即云持雙也尼民陀羅此云持邊斫迦羅此曰輪圍計都末底此云幢慧第二總以喻顯然此十山與俱舍論多同小異彼偈云蘇迷盧處中次踰健達羅伊沙陀羅山朅地洛迦山蘇達梨舍那頞濕縛羯拏毘那怛迦山尼民達羅山於大洲等外有鐵輪圍山前七金所成蘇迷盧四寶釋於梵名如升須彌山頂品然須彌處中次七金繞輪圍第九今有十山爲次又別爲順十地所出異故一雪二香俱舍九中所無三鞞陀梨陀梨亦云跋羅下周復云毘陀則正當第三伊沙陀羅此云持軸與種種持義亦大同四神仙應是第五蘇達梨舍那此云善見以仙居故五由乾陀羅即第二持雙六馬耳全同第六頞濕縛羯拏七尼民陀羅全同第八彼卻無翻但約其形名爲魚背八斫羯羅同彼第九九計都末底義同朅地落迦彼亦無翻但說其相故論經名衆相山十蘇迷盧全同第一既加香雪應除象鼻三藏楚夏既各不同言詞輕重難爲剋定

佛子如雪山王一切藥草咸在其中取不可盡菩薩所住歡喜地亦復如是一切世間經書技藝文頌呪術咸在其中說不可盡佛子如香山王一切諸香咸集其中取不可盡菩薩所住離垢地亦復如是一切菩薩戒行威儀咸在其中說不可盡佛子如鞞陀梨山王純寶所成一切衆寶咸在其中取不可盡菩薩所住發光地亦復如是一切世間禪定神通解脫三昧三摩鉢底咸在其中說不可盡佛子如神仙山王純寶所成五通神仙咸住其中無有窮盡菩薩所住燄慧地亦復如是一切道中殊勝智慧咸在其中說不可盡佛子如由乾陀羅山王純寶所成夜叉大神咸住其中無有窮盡菩薩所住難勝地亦復如是一切自在如意神通咸在其中說不可盡佛子如馬耳山王純寶所成一切諸果咸在

其中取不可盡菩薩所住現前地亦復如是入緣起理聲聞果證咸在其中說不可盡如尼民陀羅山王純寶所成大力龍神咸住其中無有窮盡菩薩所住遠行地亦復如是方便智慧獨覺果證咸在其中說不可盡如斫羯羅山王純寶所成諸自在衆咸住其中無有窮盡菩薩所住不動地亦復如是一切菩薩自在行差別世界咸在其中說不可盡如計都山王純寶所成大威德阿修羅王咸住其中無有窮盡菩薩所住善慧地亦復如是一切世間生滅智行咸在其中說不可盡如須彌盧山王純寶所成大威德諸天咸住其中無有窮盡菩薩所住法雲地亦復如是如來力無畏不共法一切佛事咸在其中問答宣說不可窮盡

第三法喻對顯中語其山體前二土山餘八是寶故論云是中純淨諸寶山喻八種地三地世間云何言淨論云厭地善清淨故謂能修善厭伏煩惱亦得爲淨喻以寶山若語山中所有卽明各有增上義也初地聖智法藥二地戒香三地禪等可貴如寶四地出世如仙五地善巧自在如夜叉六地以五地修四諦因相同聲聞未能出彼六地超彼成果無盡七方便善巧如彼龍神超前緣起之因名緣覺果八地無功用心自在故此自在衆卽是密迹諸神九地善巧攝生大力相故十地佛德如天已淳淨故（修羅總有五種住處一在地上二最居下最居下者在於海底卽毘摩質多羅阿修羅王其力最大統領無量修羅眷屬次上二萬一千由旬有阿修羅王名曰勇健威勢次劣亦統無量修羅眷屬次上二萬一千由旬有修羅王名曰花鬘威勢弱亦統無量修羅眷屬次上二萬一千由旬有修羅王名曰羅睺勢力最劣亦統無量修羅眷屬今此所說應是彼王最居上者）論云前三及六非衆生數餘皆衆生數就非衆生數中有二種事一初二及第六是受用事資內報故第三寶是守護積聚事受用中有二一藥是四大增損對治二香及果卽長養衆生以揵闥婆常食香氣故衆生數中復有六種難對治一五通福田治貧窮難以供彼仙能生福故二夜叉治死難威制眷屬不令害人故三龍治儉難降時雨故四諸自在衆治不調伏難調伏難調故五修羅治惡業難以呪術力制諸眷屬不造諸惡故六大威德天治修羅怨敵難以四天王三十三天俱處此山故論但顯喻義含於法今略合之初地法藥初破無明故二地戒六地無漏慧資法身故三地禪等可蘊積故四地道品資助能生福故五地修無住不永滅故七地功用滿足無所少故八地三世間化得自在故九地善知稠林得無礙辯破惑業故十地如佛降四魔故皆言集在其中者如所說事能生一切物故不可盡者隨順修行不永斷不蹔息故（四地道品卽第一治貧窮五地卽第二治死七地卽第三治儉八地卽第四治不調伏九地卽第五治惡十地卽第六治修羅）

佛子此十寶山王同在大海差別得名菩薩十地亦復如是同在一切智中差別得名

第四總結法喻卽結成本意本意有二一既同一智海得差別名則差非差也二互相顯義謂彼十大山因海得高勝名若在餘處不足爲高故大海亦因大山得深廣

名舍斯大義故十地亦爾因修佛智故得高勝佛智亦因十地所不能窮方顯深廣故論云因果相顯前言依地即一切智地生長住持故此言依海即一切智海由深廣故以山依二處法含二義故更顯之又地則但依海兼明入故韓三一一山十皆深入大海一一地智皆入佛智又一一山下皆有於地則一一地中皆有佛地又山在海海則非山山若依地山即是地法合是顯非一異義思之又山出海上高下等殊若入海中量皆齊等十地教行則優劣懸差若證如入智量皆平等二互相顯者意但因依果令則互依

佛子譬如大海以十種相得大海名不可移奪何等爲十一次第漸深二不受死屍三餘水入中皆失本名四普同一味五無量珍寶六無能至底韓三七廣大無量十一八大身所居九潮不過限十普受大雨無有盈溢菩薩行亦復如是以十相故名菩薩行不可移奪何等爲十所謂歡喜地出生大願漸次深故離垢地不受一切破戒屍故發光地捨離世間假名字故焰慧地與佛功德同一味故難勝地出生無量方便神通世間所作衆珍寶故現前地觀察緣生甚深理故遠行地廣大覺慧善觀察故不動地示現廣大莊嚴事故善慧地得深解脫行於世間如實而知不過限故法雲地能受一切諸佛如來大法明雨無厭足故

第三大海十相明難度能度大果功德先喻後合皆有總別合中總云不可移奪者此有二義一果海因十地相不可奪其果海深廣之名二地行因相由依智海不可奪其因行之稱以是海家之相故果家之因故若奪因相則果亦不成喻中約果名不可奪法中舉因名不可奪文影略耳故論云因果相順故云何相順謂十地如大海此總舉也能度難度者顯因順果也如海十相方能成海得大菩提果故果順因也如海成時不夫十相離十相而無海離十地而無佛智故十地即智海也今初總云下疏文分四一順釋不奪二若奪下反以成立三喻中下會通法喻成俱不奪以喻中云得大海名不可移奪明約果也法合則云名菩薩行不可移奪故知約因四故論下云引論證成由經影略故論雙明然論具云難度能度大果功德者因果相順故十地如大海難度能度得大菩提果故今以言揀之故論易了然上統有三種地一修地二成地三法地今明相順正在後二度即到也別中攝十爲八一易入功德以漸故二淨功德三平等功德四護功德護白一味恒不失故五利益功德利世間故六六七二句合爲不竭功德以深廣故七住處功德無功用行是菩薩所住故經云大身者以無量身修菩薩行十身相作故八末後二句合名護世間功德九地潮不過限不誤傷物知機授法不差根器十地若無大海水溺四洲餘不能受必生毀謗又得此二法用護世間以深廣故者六深七廣餘可知然涅槃三十三明海有八德一漸漸轉深二深難得底三同一鹹味四潮不過限五有種種寶藏六大身衆生所居七不宿死屍八一切萬流大雨韓三十二投之不增不減釋曰彼經通喻佛法廣有合相今喻次第喻於十地故加至十不同彼次

佛子譬如大摩尼珠有十種性出過衆寶何等爲十一者從大海出二者巧匠治理三者圓滿無缺四者清淨離垢五者內外明徹六

者善巧鑽穿七者貫以寶縷八者置在瑠璃高幢之上九者普放一切種種光明十者能隨王意雨衆寶物如衆生心充滿其願佛子當知菩薩亦復如是有十種事出過衆聖何等爲十一者疏三發一切智心二者持戒頭陀正十三行明淨三者諸禪三昧圓滿無缺四者道行清白離諸垢穢五者方便神通內外明徹六者緣起智慧善能鑽穿七者貫以種種方便智縷八者置於自在高幢之上九者觀衆生行放聞持光十者受佛智職墮在佛數能爲衆生廣作佛事

第四寶珠喻轉盡堅固功德者先喻後合各有總別總云過衆寶者論經云過十寶性雖不列名論但云過瑠璃等意但取玻瓈等不能出寶者以況小乘八輩及緣覺行果但有淨相無利生用今以出寶乃至放光則出過衆寶故取之爲喻故論云以出故取亦可以出海故取之除不出者闕餘義故八輩爲八緣覺果行爲二總成爲十緣覺根利不數入觀故無多果依學無學但分爲二無利生用者合不能出寶下引論出故取者正證出寶無出海義別中攝十爲八合六七八故八中一出功德可取者選擇出海故由初地中如智善觀出煩惱海也二色功德由治理之則色明淨故三形相四無垢五明淨並可知六起行功德即次下三句謂智行穿徹方便行攝持自在行高顯故相用不染猶彼瑠璃頌云金剛取不動不壞上三皆是寶相莊嚴故合爲一後二句明功用殊勝謂七神力功德聞持普照體用微妙故八不護功德謂隨王雨寶無護惜故約法則得佛正智受位如王令一切衆生同已善根藏故如隨意雨寶故合云廣作佛事合文可知一出生功德論具云一出功德選擇而取以善觀故疏已卅開解釋

佛子此集一切種一切智功德菩薩行法門品若諸衆生不種善根不可得聞

大文第九佛子此集下地利益分於中三初顯法利益二如此世界下結通十方三爾時復以下他方來證令初分二初生信功德後雨衆天下供養功德令初復二先明說益生信謂欲令物生決定信故說利益後爾時下動地生信令初亦二先總歎難聞

解脫月菩薩言聞此法門得幾所福

後解脫月下問答顯益

金剛藏菩薩言如一切智所集福德聞此法門福德如是疏三十四

答中二先正顯等於佛智

何以故非不聞此功德法門而能信解受持讀誦何況精進如說修行是故當知要得聞此集一切智功德法門乃能信解受持修習然後至於一切智地

後何以下徵以釋成先反後順然聞有二義一者汎爾聞爲遠益故二不取聞相初後圓融眞實聞故聞已等佛何更修也若更修行等多佛故然聞有二義下疏文分二先正釋順明不取聞疏三相即涅槃經云若有聞經不作聞相不作十五說相不作句相不作字相如是一切乃爲聞經釋曰此釋理而聞前數已引從初後圓融即此經意言等佛者此經說佛智慧觀境今能正聞如彼真觀故云等佛聞已等佛下通妨先妨後若更下答亦由一多無障礙故

爾時佛神力故法如是故十方各有十億佛

刹微塵數世界六種十八相動所謂動徧動等徧動起徧起等徧起踊徧踊等徧踊震徧震等徧震吼徧吼等徧吼擊徧擊等徧擊

第二動地生信中佛力爲緣而動地者亦爲生信故又法如是者亦是因也餘如初會第二動地者然準論經云一動二踊三上去四起五下去六吼遠公釋云上去是令人覺下去謂振下如世塵物振撼餘如華藏品

兩衆天華天鬘天衣及諸天寶莊嚴之具幢旛繒蓋奏天伎樂其音和雅同時發聲讚一切智地所有功德

供養功德者非謂供養能生功德顯此法勝能令供養是地功德上生信亦然

如此世界他化自在天王宮演說此法十方所有一切世界悉亦如是

爾時復以佛神力故十方各十億佛刹微塵數世界外有十億佛刹微塵數菩薩而來此會作如是言善哉善哉金剛藏快說此法我等悉亦同名金剛藏所住世界各各差別悉名金剛德佛號金剛幢我等住在本世界中皆承如來威神之力而說此法衆會悉等文字句義與此所說無有增減悉以佛神力而來此會爲汝作證如我等今者入此世界如是十方一切世界悉亦如是而往作證

爾時金剛藏菩薩觀察十方一切衆會普周法界

第三重頌分若取長科即當第十於中二先說偈儀意後正顯偈辭今初先說偈儀

欲讚歎發一切智智心欲示現菩薩境界欲淨治菩薩行力欲說攝取一切種智道欲除滅一切世間垢欲施與一切智欲示現不思議智莊嚴欲顯示一切菩薩諸功德欲令如是地義轉更開顯承佛神力而說頌言

後欲讚下說意意有九句大旨同前諸會今約當會以釋初句即顯初地次句即二地以三聚戒爲行境故三即三四二地厭禪出世智皆淨治行力故四即五地五明成種智故五即六地般若能除垢故六即七地空有無礙與一切智故七即八地無功不思議智莊嚴三世間故八即九地十地能說能受諸功德故九即總結便指上八句如是地義以頌說之云更開顯

其心寂滅恒調順平等無礙如虛空離諸垢濁住於道此殊勝行汝應聽

第二正顯偈辭有四十二頌分三初一偈總讚勸聽後一偈結說無盡

白千億劫修諸善供養無量無邊佛聲聞獨覺亦復然爲利衆生發大心

精勤持戒常柔忍慚愧福智皆具足志求佛智修廣慧願得十力發大心

三世諸佛咸供養一切國土悉嚴淨

中間正頌分八初十三偈頌方便作滿足地分於中初二頌半總頌前九地同相中善擇功德

了知諸法皆平等爲利衆生發大心住於初地生是心永離衆惡常歡喜

願力廣修諸善法以悲愍故入後位戒聞具足念衆生滌除垢穢心明潔

觀察世間三毒火廣大解者趣三地

三有一切皆無常如箭入身苦熾然厭離有爲求佛法廣大智人趣燄地

念慧具足得道智供養百千無量佛常觀最

勝諸功德斯人趣入難勝地
智慧方便善觀察種種示現救衆生復供十
力無上尊趣入無生現前地
世所難知而能知不受於我離有無法性本
寂隨緣轉得此微妙向七地
智慧方便心廣大難行難伏難了知雖證寂
滅勤修習能趣如空不動地
佛勸令從寂滅起廣修種種諸智業具十自
在觀世間以此而升善慧地
以微妙智觀衆生心行業惑等稠林爲欲化
其令趣道演說諸佛勝義藏
次第修行具衆善乃至九地集福慧常求諸
佛最上法得佛智水灌其頂
餘頌諸地別義若依總攝即次第頌前十
地前八地中唯三地半偈餘各一頌九地
有三頌兼結入位
獲得無數諸三昧亦善了知其作業最後三
昧名受職住廣大境恒不動
二有一偈頌三昧分
菩薩得此三昧時大寶蓮華忽然現身量稱
彼於中坐佛子圍繞同觀察
放大光明百千億滅除一切衆生苦復於頂
上放光明普入十方諸佛會
悉住空中作光網供養佛已從足入即時諸
佛悉了知令此佛子登職位
十方菩薩來觀察受職大士舒光照諸佛眉
間亦放光普照而來從頂入
十方世界咸震動一切地獄苦消滅是時諸
佛與其職如轉輪王第一子
若蒙諸佛與灌頂是則名登法雲地
三有五偈半頌受位分
智慧增長無有邊開悟一切諸世間欲界色
界無色界法界世界衆生界有數無數及虛
空如是一切咸通達
一切化用大威力諸佛加持微細智祕密劫
數毛道等皆能如實而觀察
受生捨俗成正道轉妙法輪入涅槃乃至寂
滅解脫法及所未說皆能了
四有三偈半頌大盡分
菩薩住此法雲地具足念力持佛法譬如大
海受龍雨此地受法亦復然
十方無量諸衆生悉得聞持持佛法於一佛
所所聞法過於彼數無有量
以昔智願威神力一念普徧十方土霔甘露
雨滅煩惱是故佛說名法雲
五有三偈頌釋名分
神通示現徧十方超出人天世間境復過是
數無量億世智思惟必迷悶
一舉足量智功德乃至九地不能知何況一
切諸衆生及以聲聞辟支佛
六有二偈頌神通力有上無上分
此地菩薩供養佛十方國土悉周徧亦供現
前諸聖衆具足莊嚴佛功德
住於此地復爲說三世法界無礙智衆生國
土悉亦然乃至一切佛功德
此地菩薩智光明能示衆生正法路自在天
光除世間此光滅闇亦如是
住此多作三界王善能演說三乘法無量三
昧一念得所見諸佛亦如是
此地我今已略說若欲廣說不可盡

七有四偈半頌前位果亦是神通分攝如

長行辨

如是諸地佛智中　如十山王嶷然住
初地藝業不可盡　譬如雪山集衆藥
二地戒聞如香山　三如鞞陀發妙華
燄慧道寶無有盡　譬如仙山仁善住
五地神通如由乾　六如馬耳具衆果
七地大慧如尼民　八地自在如輪圍
九如計都集無礙　十如須彌具衆德

八有七頌半頌地影像分於中初三偈半

頌山喻

初地願首二持戒　三地功德四專一
五地微妙六甚深　七廣大慧八莊嚴
九地思量微妙義　出過一切世間道
十地受持諸佛法　如是行海無盡竭

次二頌海喻

十行超世發心初　持戒第二禪第三
行淨第四成就五　緣生第六貫穿七
第八置在金剛幢　第九觀察衆稠林
第十灌頂隨王意　如是德寶漸清淨

後二頌珠喻池及地利益分文略不頌

十方國土碎爲塵　可於一念知其數
毫末度空可知量　億劫說此不可盡

其利益分亦可結說無盡頌之十地竟

大方廣佛華嚴經疏鈔會本第三十九之三

大方廣佛華嚴經疏鈔會本第四十之二　韓四

唐于闐國三藏沙門實叉難陀　譯

唐清涼山大華嚴寺沙門澄觀撰述

十定品第二十七

初明來意先辨會來會來有二一約圓融謂前明普門中所具差別正位故寄歷人天今明位後德用不離普門是則會別入普有此會來重會普光意在斯矣等妙二位全同如來普光明智故二約次第前明十地今顯等妙二覺故來以極果由於始信故重會普光謂前依本不動智體起差別之位今位極成果不離本智之因後出現因果因是果中之因得果不捨因故果是果中之果大用無涯故二品來者爲答第二會中十定問故謂前等者此中意有三節初第二會爲所依普門次四會即普門差別此會即歸普初即根本次即依本起末後即會末歸本故言重會普光意在斯矣等妙二位者結成入普所以以此會說等妙二覺全同普光明智即是會歸之義問等覺同妙覺於理可然妙覺之外何有如來普光明智爲所同耶答說等覺說妙覺即是約位普光明智不屬因果該通因果其由自覺聖智超絕因果故七卷楞伽妙覺位外更立自覺聖智之位亦猶佛性有因有果有因因有果果以因取之是因佛性以果取之是果佛性然則佛性非因非果普光明智亦復如是體絕因果爲因果依果方究竟故云如來普光明智以極果下二釋妨於中二難一釋直會難初正通云謂有難言若次第明位何以重會普光故爲此適謂前依本下顯其所以何以極果由於始信信依本智而起今不離本智故斯則以因成果攝果歸因然因有二種一約本有恒沙性德信解行願等無不具故二約修起謂依本信德而起信心依本解德而起解心如起信云以知法性無慳貪故隨順修行檀波羅蜜等故一一修起皆帶本有俱來至果無間道中一時頓圓解脫道中因果交徹名爲得果果亦有二一者本有菩提涅槃一切佛法本覺具故二者修起今證菩提始覺悟故始覺同本無復始本之異名究竟覺則二果無礙然二因本從本覺體上起來則二因與本覺無礙始覺既同本覺則果全同於二因則二因與果交徹故因該果海果徹因源故今重會普光表斯玄趣問若此交徹即是圓融何名次第答雖帶本有起因亦次第先因後果故得果雖該於因亦成次第故得果後方說融前前圓融中若因若果並是普光明智差別之德別常依普不相捨離此有前後成在一時故不同也後出現下二通難跡之難謂有難云極果由於始信重會普光極果之後何得更有平等因果故爲此通明此因果皆爲極果故不違理

第二釋名會名有二一約處名重會普光明殿會由第二會已曾會此故重意如前約法明說普法會二品名者定謂心一境性十是數之圓極以普賢深定妙用無涯寄十以顯無盡故云十定品即帶數釋若依梵本具云如來十三昧品以等覺三昧上同佛故三世諸佛之所行故云如來三昧譯家以義通因果故略如來二字然三昧爲定雖非敵對由等持心至一境故義旨相順從略云定又別行本名等目菩薩所問三昧經皆人法雙舉梵本是依主釋別行即依士釋

三宗趣者會以普賢因果德用圓備爲宗令物證入爲趣品以普賢三昧無礙自在無邊大用而爲宗趣品以普賢等者不同前文宗趣別說者意二義故一者例前令物證入爲趣二者今諸菩薩亦得無礙自在無邊大用而爲其趣則此疏文通宗通趣

次正釋文此會有十一品經分二前六明因圓後五明果滿若依古德前九明生解因果後二明平等因果前中亦二前六品明位後因相後三品明差別因果相然六品之因若約次第與前五會俱是差別之因若約圓融等同果相故與果同會果是對因之果與因同會平等因果由差別成亦與此同會然六品下釋妨難此有二難今初正通重會之難謂有難云若約差別因果者因因不同因與果異如何等覺之因與妙

覺果同會而說故今答云若約差別不合同會有圓融義所以得同故云若約圓融等同果相故果是對因下二有難云若爾因是圓融可同果會果是差別之果何得同因會耶故今答云只緣是差別果對因說果是相待之果劣故同因又復難云對因之果劣故同因之會平等因果同果俱勝何同此會故今通云平等因果由差別成若無差別平等無依故須同會今初此因即是等覺然文有等覺之義而無等覺之名者以此等覺亦即十地之勝進故今初此因下第二別顯因門但釋六品疏文分三初總彰七旨以諸古德不立等覺故今定有是以諸教開合不同仁王等合此勝進入於十地是以不立等覺故教化品中約五忍分位於寂滅忍唯有上下下忍中行名爲菩薩即第十地上忍中行爲薩婆若此謂如來若依瓔珞開此勝進爲無垢地即是等覺然等覺照寂妙覺寂照又賢聖覺觀品中說六種性及六堅六忍等瑜伽具有二義七十八引深密經說十一地第十法雲十一說名佛地唯有二十二愚得佛地時由斷二愚一於一切所知境極微細著愚即俱生極微細所知障種二極微細礙愚即是任運煩惱障種斷此便能證大菩提更不別

說等覺斷證論復有文亦立等覺又菩薩地云此菩薩雖已修行功德海滿由未能捨三種法故不名妙覺一由未捨劣無漏法二由未捨白淨無記法三由未捨有漏善法至妙覺位方捨此三是以諸教下二引教成立證者開合疏意扶開故下結云有等覺明矣引二經一論文有二節二經一開一合一論具於開合說六種性者即後經第一品當第三賢聖覺觀品經云佛子六種性者是一切菩薩功德瓔珞莊嚴菩薩二種法身菩薩所有百萬阿僧祇功德行瓔珞若一切菩薩不入瓔珞功德門得入正位者無有是處佛子性者所謂習種性性種性道種性聖種性等覺性妙覺性釋曰一種習性即十住二性種性即十行三道種性即十廻向四聖種性即十地五六可知復名六堅者謂信堅法堅修堅德堅頂堅覺堅頂堅即等覺覺堅即妙覺言六忍者經云復名六忍信忍法忍修忍正忍無垢忍一切智忍而言等者等取六慧六觀云復一名六慧聞慧思慧修慧無相慧照寂慧寂照慧經云復次六觀住觀行觀向觀地觀無相觀一切種智觀亦有相承記於六定瓔珞無文言六定者一習定二相定三性定四道慧定五道種慧定六大覺正觀慧定此五種六皆以第五當於等覺故有明矣論復有下即第五十論明百四十不共佛法約因果位辨差別中云若時菩薩坐道場住最後身於菩薩道善資糧極善圓滿時無無師修三十七菩提分法得一剎那名無障礙智三摩地是菩薩學道所攝金剛喻定後疏云此明因滿菩薩位中最後位也此位亦名等覺菩薩論從此無間第二剎那頓得其餘不共佛法謂如來十力為初一切種妙智為後皆極清淨

悉得無上彼疏云此彰得果釋曰準此論文於十地後金剛斷定一剎那中名為等覺第二剎那為妙覺也故說八義與佛不同論云問一切安住到究竟地菩薩智等如來智等云何應知此二差別彼疏云此初問也論云一如明眼人隔於輕縠觀一色像一切安住到究竟地菩薩妙智於一切境當知亦爾如明眼人無所障隔觀眾色像如來妙智於一切法當知亦爾二如畫事業圓布眾彩唯後妙色未淨修治云如畫事業圓布眾彩最後妙色巳淨修治三如明眼人於微闇中觀見眾色如明眼人離一切闇觀見眾色四如明眼人遠觀眾色如明眼人近觀眾色五如輕翳眼觀視眾色如極淨眼觀視眾色六如處胎身云如出胎身七如阿羅漢夢中心行如阿羅漢後覺時心八如昧智體如明智體釋曰其云云下皆前配菩薩後配如來唯第六喻改妙智字為一身字第七前改智為心第八敗壓為智體餘五皆如初句彼踏釋云初之五喻約二智體以辨差別第八一喻約二智用以明差別第六七喻如次身心以辨差別觀前五喻義通生法二智用故等覺之位第八識有漏故身亦然義同處胎即五八識有漏虛妄義同在夢論曰是故當知一切安住到究竟地諸菩薩衆與諸如來妙智身心有八差別又瑜伽論菩薩地更有一文言劣無漏者唯識第十釋轉依中名所棄捨謂劣無漏種即第十地中所生現行金剛道中方能捨故二由未捨白淨無記者即異熟識第八地中捨賴耶名第十地中猶名異熟識至如來位方捨異熟名無垢識三由未捨有漏善法者即與二障種俱其二障種是所斷捨今經欲顯開合無礙故存其義不彰其名下離世間品智慧助道具中既云隨順六堅固法有等覺明矣故存其義者即六堅固法已是有文有義

定與下第十三昧廣說等覺之相云此菩薩住此三昧得十種法同去來今一切諸佛何等為十所謂得諸相好同於諸佛等普眼問云若此菩薩得如來法同諸如來法何故不名佛何故不名十力何故不名一切智等亦有十句普賢具答云佛子此菩薩摩訶薩已能修習去來今世一切菩薩種種行願入智境界則名為佛於如來所修菩薩行無有休息說名菩薩如來諸力皆悉已入則名十力雖成十力行普賢行無有休息說名菩薩知一切法而能演說名一切智雖能演說一切諸法於一一法善巧思惟未嘗止息說名菩薩知一切法無有二相是則說名悟一切法於二不二一切諸法差別之道善巧觀察展轉增勝無有休息說名菩薩等下引伊羅鉢那象王為供帝釋化身上天或捨象身現作天身無能分別是象是天象之與天更互相似此等覺義豈不照然更有餘文恐繁不引文中分二前三品

正答前問後三品總顯深廣今初分二前
二品明業用廣大後一品明智慧深玄前
中亦二初品就定明用後品就通明用

爾時世尊在摩竭提國阿蘭若法菩提場中

前中分五一序分二請分三示說者分四
本分五說分初中三初總顯三成就二始
成下別顯三成就三與十佛刹下別顯衆
成就

始成正覺於普光明殿入刹那際諸佛三昧
以一切智自神通力現如來身清淨無礙無
所依止無有攀緣住奢摩他最極寂靜具大
威德無所染著能令見者悉得開悟隨宜出
興不失於時恒住一相所謂無相

二中分三初約主顯時二於普光明下約
主彰處三入刹那下就德顯主於中十句
即攝二十一種功德中二十別句總句即
前始成正覺故二十一種功德要尋昇兜率品自當曉之然此段文亦是古德所不能知今以攝佛功德釋之有如符契智者當曉一入刹那
際三昧者即窮法真源謂時之極促名曰
刹那窮彼刹那時相都寂無際之際名刹
那際即攝二句謂二行永絕及達無相法
若有二行則有刹那二行既絕則刹那無
際由達清淨真如本無相故所以此中特
名入刹那際者為顯將說等覺位故菩薩
地盡唯有果累無常生相未寂猶名識藏
若以無間智覺心初起心無初相遠離微
細念故即無刹那若入此際即見心性常
住名究竟覺故云諸佛三昧亦顯差別歷
位不離最初刹那際故所以此中者有三一總徵說意前後歎德皆無此故菩薩地盡下三釋刹那際然有二釋初以本業起信參而釋之菩薩地盡是起信文義通一處言唯有果累無常者即本業下卷經云菩薩所時住大寂門中登大山臺入百千三昧澄佛儀用唯有果累無常生滅二心心心無為行過十地解與佛同坐佛坐處等釋曰果累無常生滅者未轉依位變易生死名為果累體是無常有生滅也言生相未寂者即起信意業相未亡也猶名識藏者亦起信意未顯現法身故上辨等覺尚有刹那未至其際若以無間下釋成際義刹那盡處名之為際故云即無刹那亦起信文前已曾引若入此下釋諸佛三昧亦起信文應有問言上云菩薩地盡是等覺者何名諸佛三昧故引此文成諸佛義亦顯前來是別下是第二義上約合前後無際今明後際不離初際是窮生死之本際二以一
切智自神通力現如來身者依通起用此
攝二句一切智通即住於佛住謂由一切
智無有功用自神通力常作佛事故次現
如來身即攝得佛平等謂依上一切智現
身利樂有情故

三清淨無礙攝三句謂清淨攝二句一攝
到無障處謂慣習覺慧永斷所治故云清
淨二攝不可轉法由清淨故他不能轉無
礙者即所行無礙世間八法不能礙故

四無所依止無有攀緣即立不思議謂雖
立教法不依世間故非諸世間所能攀緣
故

五住奢摩他最極寂靜即普現三世以見三世平等如理無異爲最寂靜

六具大威德即身恒充滿一切世間現受用變化身大利樂故

七無所染著即智恒明達一切諸法謂於諸法善決定故無有染也

八能令見者悉得開悟此攝二句一攝了一切行謂知有情性行差別隨開悟故二攝除一切疑謂知彼遠劫微少善根亦令開悟故

九隨宜出興不失於時亦攝二句一攝無能測身謂如其勝解而示現身如摩尼珠名隨宜出生不失於時二攝一切菩薩等所求智謂調伏有情攝受付囑等皆不失時故

十恒住一相所謂無相攝餘五句謂到佛究竟無二彼岸等隨義雖殊皆由一相無相而成可以意得餘如升兜率品辨

與十佛剎微塵數菩薩摩訶薩俱

第三别顯衆成就中五一擧數二靡不下歎德三其名下列名四如是等下結數五往昔下集意

靡不皆入灌頂之位具菩薩行等於法界無量無邊獲諸菩薩普見三昧大悲安隱一切衆生神通自在同於如來智慧深入演真實義具一切智降伏衆魔雖入世間心恒寂靜住於菩薩無住解脫

歎德中十一句初二句總位極行圓故餘九爲别前四自分德初二行相一深二廣後二行體一定二悲後五勝進德前三同佛三業大用可知後二同佛無住涅槃初句釋謂不住涅槃故入世間不住生死故心恒寂靜後句結德屬人

其名曰金剛慧菩薩無等慧菩薩義語慧菩薩最勝慧菩薩常捨慧菩薩那伽慧菩薩成就慧菩薩調順慧菩薩大力慧菩薩難思慧菩薩無礙慧菩薩增上慧菩薩普供慧菩薩如理慧菩薩善巧慧菩薩法自在慧菩薩法慧菩薩寂靜慧菩薩虛空慧菩薩一相慧菩薩善慧菩薩如幻慧菩薩廣大慧菩薩勢力慧菩薩世間慧菩薩佛地慧菩薩真實慧菩薩尊勝慧菩薩智光慧菩薩無邊慧菩薩

三列名中一百菩薩初有三十同名慧者表純德故

念莊嚴菩薩達空際菩薩性莊嚴菩薩甚深境菩薩善解處非處菩薩大光明菩薩常光明菩薩了佛種菩薩心王菩薩一行菩薩常現神通菩薩智慧芽菩薩功德處菩薩法燈菩薩照世菩薩持世菩薩最安隱菩薩最上菩薩無上菩薩無比菩薩超倫菩薩無礙行菩薩光明燄菩薩月光菩薩一塵菩薩堅固行菩薩霔法雨菩薩最勝幢菩薩普莊嚴菩薩智眼菩薩法眼菩薩慧雲菩薩總持王菩薩無住願菩薩智藏菩薩心王菩薩内覺慧菩薩住佛智菩薩陀羅尼勇健力菩薩持地力菩薩妙月菩薩須彌頂菩薩寶頂菩薩普光照菩薩威德王菩薩智慧輪菩薩大威德菩薩大龍相菩薩質直行菩薩不退轉菩薩持法幢菩薩無忘失菩薩攝諸趣菩薩不思議決定慧菩薩遊戲無邊智菩薩無盡妙法

藏菩薩智日菩薩法日菩薩智藏菩薩智渾菩薩普見菩薩不空見菩薩金剛蹋菩薩金剛智菩薩金剛燄菩薩金剛慧菩薩普眼菩薩佛日菩薩持佛金剛祕密義菩薩普眼境界智莊嚴菩薩

念莊嚴下七十菩薩别名者表雜德故

如是等菩薩摩訶薩十佛刹微塵數

四結數

往昔皆與毗盧遮那如來同修菩薩諸善根行

五集意

爾時普眼菩薩摩訶薩承佛神力從座而起偏袒右肩右膝著地合掌白佛言世尊我於如來應正等覺欲有所問願垂哀許

大文第二爾時普眼下請分中四一普眼請問要以普眼方見普法故

佛言普眼恣汝所問當爲汝説令汝心喜

二佛言下如來許問

普眼菩薩言世尊普賢菩薩及住普賢所有行願諸菩薩衆成就幾何三昧解脱而於菩薩諸大三昧或入或出或時安住以於菩薩不可思議廣大三昧善入出故能於一切三昧自在神通變化無有休息

三普眼下舉法正問

佛言善哉普眼汝爲利益去來現在諸菩薩衆而問斯義

四佛言善哉下歎問利益

普眼普賢菩薩今現在此

大文第三普眼普賢菩薩下示説者分以法屬普賢故示其令請於中有六一示人令問二聞名獲益三推求不見四教起見方五依教而求六爲現身相今初分三一示處

已能成就不可思議自在神通出過一切諸菩薩上難可值遇從於無量菩薩行生菩薩大願悉已清淨所行之行皆無退轉無量波羅蜜門無礙陀羅尼門無盡辯才門皆悉已得清淨無礙大悲利益一切衆生以本願力盡未來際而無厭倦

二已能下歎德

汝應請彼彼當爲汝説其三昧自在解脱

三汝應請下教問

爾時會中諸菩薩衆聞普賢名即時獲得不可思議無量三昧其心無礙寂然不動智慧廣大難可測量境界甚深無能與等現前悉見無數諸佛得如來力同如來性去來現在靡不明照所有福德不可窮盡一切神通皆已具足

第二爾時下聞名獲益中獲十種益文並可知

其諸菩薩於普賢所心生尊重渴仰欲見悉於衆會周徧觀察而竟不覩亦不見其所坐之座此由如來威力所持亦是普賢神通自在使其然耳

第三其諸菩薩下推求不見中有三推求皆悉不見一渴仰推求不見二重觀察不見三以三昧力推求不見文各有釋今初先求不見後此由下釋不見所以威力持者欲令大衆渴仰得顯深旨故

爾時普眼菩薩白佛言世尊普賢菩薩今何

所在佛言普眼普賢菩薩今現在此道場衆會親近我住初無動移

二重求中三一審問重示法本湛然故初無移動

是時普眼及諸菩薩復更觀察道場衆會周徧求覓白佛言世尊我等今者猶未得見普賢菩薩其身及座

二是時普眼下推求不見猶謂可見故

佛言如是善男子汝等何故而不得見

三佛言如是下釋不見所由於中二初印定後徵起

善男子普賢菩薩住處甚深不可說故普賢菩薩獲無邊智慧門入師子奮迅定得無上自在用入清淨無礙際生如來十種力以法界藏爲身一切如來共所護念於一念頃悉能證入三世諸佛無差別智是故汝等不能見耳

後善男子下正釋所由以住處甚深故文有十句初句總次八句別後一句結別中四對一廣智勝定深謂智門無邊有邊之智爲觀定用起伏無畏展促自在唯以出世定求故不可見次二外用內證深次二得力成身深後二多護遠證深由上八深故不能見

爾時普眼菩薩聞如來說普賢菩薩清淨功德得十千阿僧祇三昧

第三爾時普眼下以三昧力推求不見於中分四一新獲三昧

以三昧力復徧觀察渴仰欲見普賢菩薩亦不能覩其餘一切諸菩薩衆俱亦不見

二以三昧下以定推求

時普眼菩薩從三昧起白佛言世尊我已入十千阿僧祇三昧求見普賢而竟不得不見其身及身業語及語業意及意業座及住處悉皆不見

三時普眼下自陳不見

佛言如是如是善男子當知皆以普賢菩薩住不思議解脫之力

四佛言下釋不見所由於中五一約法總標由住難思解脫翻上三昧可思入故

普眼於汝意云何頗有人能說幻術文字中種種幻相所住處不答言不也佛言普眼幻中幻相尚不可說何況普賢菩薩祕密身境界祕密語境界祕密意境界而於其中能入能見

二普眼於汝意下以近況遠

何以故普賢菩薩境界甚深不可思議無有量已過量舉要言之普賢菩薩以金剛慧普入法界於一切世界無所行無所住知一切衆生身皆即非身無去無來得無斷盡無差別自在神通無依無作無有動轉至於法界究竟邊際

三何以下徵釋所由釋中二初略標深廣翻上三昧尚有數故後舉要下舉略顯廣文有十句初句總以金剛慧達差別法界俱空故餘句別由了空故一世界無住處二衆生無可化三寂無去來四豎無斷盡五橫泯差別六體非體故不礙現通七用非用故無依無作八不離如如故無動轉九理事圓故窮法界邊

善男子若有得見普賢菩薩若得承事若得聞名若有思惟若有憶念若生信解若勤觀察若始趣向若正求覓若興誓願相續不絕皆獲利益無空過者

四善男子若有下彰見之益

爾時普眼及一切菩薩衆於普賢菩薩心生渴仰願得瞻覲作如是言南無一切諸佛南無普賢菩薩如是三稱頭頂禮敬

五爾時普眼下歸敬彌增文顯可知

大方廣佛華嚴經疏鈔會本第四十之一

大方廣佛華嚴經疏鈔會本第四十之二　韓五

唐于闐國三藏沙門實叉難陀　譯

唐清涼山大華嚴寺沙門澄觀撰述

爾時佛告普眼菩薩及諸衆會言諸佛子汝等宜更禮敬普賢殷勤求請又應專至觀察十方想普賢身現在其前如是思惟周徧法界深心信解厭離一切誓與普賢同一行願入於不二眞實之法其身普現一切世間悉知衆生諸根差別徧一切處集普賢道若能發起如是大願則當得見普賢菩薩

第四教起見方中初令策勤前心次又應下别示深觀上捨境别求故未識其體今令十方齊觀知其體周下依此觀是以得見後誓與下起願思齊具上三心則能得見

是時普眼聞佛此語與諸菩薩俱時頂禮求請得見普賢大士

第五是時普眼下依教修行然普眼位深而猶重習觀修者略有二意一位未等故二示深獎物故

爾時普賢菩薩即以解脫神通之力如其所應爲現色身令彼一切諸菩薩衆皆見普賢親近如來於此一切菩薩衆中坐蓮華座亦見於餘一切世界一切佛所從彼次第相續而來亦見在彼一切佛所演說一切諸菩薩行開示一切智智之道闡明一切菩薩神通分别一切菩薩威德示現一切三世諸佛

第六爾時普賢下爲現身相於中五一爲衆現身不見顯深現不礙用故

是時普眼菩薩及一切菩薩衆見此神變其心踊躍生大歡喜莫不頂禮普賢菩薩心生尊重如見十方一切諸佛

二是時普眼下衆觀喜敬

是時以佛大威神力及諸菩薩信解之力普賢菩薩本願力故自然而雨十千種雲所謂種種華雲種種鬘雲種種香雲種種末香雲種種蓋雲種種衣雲種種嚴具雲種種珍寶雲種種燒香雲種種繒綵雲不可說世界六種震動奏天音樂其聲遠聞不可說世界放大光明其光普照不可說世界令三惡趣悉得除滅嚴淨不可說世界令不可說菩薩入普賢行不可說菩薩成普賢行不可說菩薩於普賢行願悉得圓滿成阿耨多羅三藐三菩提

三是時以佛下現瑞成益

爾時普眼菩薩白佛言世尊普賢菩薩是住大威德者住無等者住無過者住不退者住平等者住不壞者住一切差別法者住一切無差別法者住一切衆生善巧心所住者住一切法自在解脫三昧者

四爾時普眼下歎德廣深於中十句無等者下無等故無過者上無過故餘可知

佛言如是如是普眼如汝所說普賢菩薩有阿僧祇清淨功德所謂無等莊嚴功德無量寶功德不思議海功德無量相功德無邊雲功德無邊際不可稱讚功德無盡法功德不可說功德一切佛功德稱揚讚歎不可盡功德

五佛言如是下如來印述初印後述述中十一句初句總後所謂下别别有十德一

二嚴德二圓明德三深廣德四色相德五慈覆德六超勝德七知法德八絶言德九同佛德十讚無盡德

爾時如來告普賢菩薩言普賢汝應爲普眼及此會中諸菩薩衆說十大三昧令得善入成滿普賢所有行願

大文第四爾時如來告下本分有四一舉益令說二何者下列所說名三此十大下歎定勝德四是故普賢下結勸成益今初分二初勸說成益

諸菩薩摩訶薩說此十大三昧故令過去菩薩已得出離現在菩薩今得出離未來菩薩當得出離

後諸菩薩下引例證勸以三世諸菩薩若說此定皆成益故

何者爲十一者普光大三昧二者妙光大三昧三者次第徧往諸佛國土大三昧四者清淨深心行大三昧五者知過去莊嚴藏大三昧六者智光明藏大三昧七者了知一切世界佛莊嚴大三昧八者衆生差別身大三昧九者法界自在大三昧十者無礙輪大三昧

第二列名中皆云大者因滿之定稱法界故一普光者身心業用周徧全包爲普智照自在名光二妙光者身智徧照爲光勝用交映爲妙三十方無餘之刹皆至入定爲徧往往無雜亂不礙時節歷然爲次第即能起用名神通以智用如理本自徧故四明達諸法本自清淨離於想念契理深心依此起用徧供諸佛請法起說名之爲行五佛出劫刹等事皆名莊嚴過去門中包此無盡爲藏亦名過去清淨藏者入定能入劫一念無緣起定能受法三輪無著皆名清淨六未來藏中包含諸佛及佛法等名之爲藏智慧徹照稱曰光明七現在諸佛作用衆會身相益物皆曰莊嚴橫徧十方故云一切現可目覩故不云藏八於差別衆生身內外入定起定皆自在故雖通三種世間從多但云衆生前後諸定皆從多說九於根等十八界自在入出又知事法界邊際與理法界無礙自在故十無礙輪者三輪攝化皆自在故又得十無礙滿佛果故無盡大用一一無礙皆悉圓滿能摧伏故尋初後際不得邊故

此十大三昧諸大菩薩乃能善入去來現在一切諸佛已說當說現說

第三歎定勝德於中四一約人以歎人勝故法勝

若諸菩薩愛樂尊重修習不懈則得成就

二若諸菩薩下約修以歎於中二先明修成

如是之人則名爲佛則名如來亦則名爲得十力人亦名導師亦名大導師亦名一切智亦名一切見亦名住無礙亦名達諸境亦名一切法自在

後如是下修益於中亦二初有十句明上等佛果（初有十句者亦是等覺之義顯矣然一品始末等佛義多）

此菩薩普入一切世界而於世界無所著普入一切衆生界而於衆生無所取普入一切身而於身無所礙普入一切法界而知法界無有邊親近三世一切佛明見一切諸佛法

巧說一切文字了達一切假名成就一切菩
薩清淨道安住一切菩薩差別行於一念中
普得一切三世智普知一切三世法普說一
切諸佛教普轉一切不退輪於去來現在一
一世普證一切菩提道於此一一菩提中普
了一切佛所說
後此菩薩普入下明身智周徧皆言普入
者一一皆窮帝網境故文顯可知
此是諸菩薩法相門是諸菩薩智覺門是一
切種智無勝幢門是普賢菩薩諸行願門是
猛利神通誓願門是一切總持辯才門是三
世諸法差別門是一切諸佛示現門是以薩
婆若安立一切衆生門是以佛神力嚴淨一
切世界門
三此是諸菩薩下直就法歎明此十定該
攝諸法體相用等一一超勝故十門五對
一境智通悟二因果遊入三通辯出處四
佛法所從五嚴土攝生罔不由此
若菩薩入此三昧得法界力無有窮盡得虛
空行無有障礙得法王位無量自在譬如世

間灌頂受職得無邊智一切通達得廣大力
十種圓滿成無諍心入寂滅際大悲無畏猶
如師子爲智慧丈夫然正法明燈一切功德
歎不可盡聲聞獨覺莫能思議
四若菩薩入此下約證以歎前約修歎望
於佛果以顯終同此約證歎直就此定以
明業用亦二十句前十明勝德無限文顯
可知
得法界智住無動際而能隨俗種種開演住
於無相善入法相得自性清淨藏生如來清
淨家善開種種差別法門而以智慧了無所
有善知於時常行法施開悟一切名爲智者
普攝衆生悉令清淨以方便智示成佛道而
常修行菩薩之行無有斷盡入一切智方便
境界示現種種廣大神通
後得法界智下明智德自在
是故普賢汝今應當分別廣說一切菩薩十
大三昧今此衆會咸皆願聞
第四結勸文並可知
爾時普賢菩薩承如來旨觀普眼等諸菩薩

衆而告之言
大文第五爾時普賢下說分中三初承旨
總告二佛子云何下別釋十定三第四十
三卷末云佛子此是下總結十歎
佛子云何爲菩薩摩訶薩普光明三昧
二中十定即爲十段各有標釋結
佛子此菩薩摩訶薩有十種無盡法何者爲
十所謂諸佛出現智無盡衆生變化智無盡
世界如影智無盡深入法界智無盡善攝菩
薩智無盡菩薩不退智無盡善觀一切法義
智無盡善持心力智無盡住廣大菩提心智
無盡住一切佛法一切智願力智無盡佛子
是名菩薩摩訶薩十種無盡法
就初定釋中分五一智無盡二心無邊三
定自在四智巧現五觀超絕各有佛子以
爲揀別五中初二定方便次一定體後二
定用又前三各有標徵釋結今初釋中十
句五對初二所事所化次二化處化法如
影者無實故隨現故次二攝護始終次二
所持能持後二始心終願

佛子此菩薩摩訶薩發十種無邊心何等爲十所謂發度脫一切衆生無邊心發承事一切諸佛無邊心發供養一切諸佛無邊心發普見一切諸佛無邊心發受持一切佛法不忘失無邊心發示現一切佛無量神變無邊心發爲得佛力故不捨一切菩提行無邊心發普入一切智微細境界說一切佛法無邊心發普入佛不思議廣大境界無邊心發於佛辯才起深志樂領受諸佛法無邊心發示現種種自在身入一切如來道場衆會無邊心是爲十

第二心無邊者前明所知無盡今辨對境發心以境無邊故心無邊有十一句者增數十也

佛子此菩薩摩訶薩有十種入三昧差別智何者爲十所謂東方入定西方起西方入定東方起南方入定北方起北方入定南方起東北方入定西南方起西南方入定東北方起西北方入定東南方起東南方入定西北方起下方入定上方起上方入定下方起是爲十

第三定自在者由前大智大心故於三昧自在方處非一入出不同故云差別文並可知

佛子此菩薩摩訶薩有十種入大三昧善巧智何者爲十佛子菩薩摩訶薩以三千大千世界爲一蓮華現身徧此蓮華之上結跏趺坐身中復現三千大千世界其中有百億四天下一一四天下現百億身一一身入百億百億三千大千世界於彼世界一一四天下現百億百億菩薩修行一一菩薩修行生百億百億決定解一一決定解令百億百億根性圓滿一一根性成百億百億菩薩法不退業然所現身非一非多入定出定無所錯亂

第四智巧現分三初標二徵三釋初法說中二初十句別明展轉深細二總顯離相分明

佛子如羅睺阿修羅王本身長七百由旬化形長十六萬八千由旬於大海中出其半身與須彌山而正齊等佛子彼阿修羅王雖化其身長十六萬八千由旬然亦不壞本身之相諸蘊界處悉皆如本心不錯亂不於變化身而作他想於其本身生非已想本受生身恒受諸樂化身常現種種自在神通威力

二舉喻

佛子阿修羅王有貪恚癡具足憍慢尚能如是變現其身何況菩薩摩訶薩能深了達心法如幻一切世間皆悉如夢一切諸佛出興於世皆如影像一切世界猶如變化言語音聲悉皆如響見如實法以如實法而爲其身知一切法本性清淨了知身心無有實體其身普住無量境界以佛智慧廣大光明淨修一切菩提之行

三佛子阿修羅下以劣況勝

佛子菩薩摩訶薩住此三昧超過世間遠離世間無能惑亂無能映奪佛子譬如比丘觀察內身住不淨觀審見其身皆是不淨菩薩摩訶薩亦復如是住此三昧觀察法身見諸世間普入其身於中明見一切世間及世間法於諸世間及世間法皆無所著

第五觀超絕中分三初法二喻三合具前化現故云法身法性包含故一時頓見由此義故無能映奪故云皆無著

佛子是名菩薩摩訶薩第一普光明大三昧善巧智

佛子下總結 疏五

佛子云何爲菩薩摩訶薩妙光明三昧 十

二妙光明大三昧分三初標

佛子此菩薩摩訶薩能入三千大千世界微塵數三千大千世界於一一世界現三千大千世界微塵數身一一身放三千大千世界微塵數光一一光現三千大千世界微塵數色一一色照三千大千世界微塵數世界一一世界中調伏三千大千世界微塵數衆生是諸世界種種不同菩薩悉知所謂世界雜 疏五 十一 染世界清淨世界所因世界建立世界同住世界光色世界來往如是一切菩薩悉知菩薩悉入是諸世界亦悉來入菩薩之身然諸世界無有雜亂種種諸法亦不壞滅

二釋二初法中四初佛子此菩薩下明身雲展入二明身智俱入三明其卷入四明展卷無礙也

佛子譬如日出繞須彌山照七寶山其七寶山及寶山間皆有光影分明顯現

二喻文有二喻喻前互入無雜亂義文分爲二一寶山光影喻二先喻有五初佛子譬如下明日光現影喻七寶山者即七金山如十地末所列其名但除妙高及雪香二山山間有七香海海現日影山以淨金亦能現影

其寶山上所有日影莫不顯現山間影中其七山間所有日影亦悉顯現山上影中如是展轉更相影現

第二其寶山下明兩影互現正喻菩薩自他互入以彼影明淨如今之鏡故能互現

或說日影出七寶山或說日影出七山間或說日影入七寶山或說日影入七山間

第三或說日影下得名不同謂水中本影現山上影時此所現影從山上出來入山間若山上本影現水中影時此所現影從山間出入七金寶山上故正入時即名爲出所喻可知

但此日影更相照現無有邊際

第四但此下明重現無盡喻菩薩帝網身土 重現者古德立帝網義理有帝網之名而無廣說之處以昔未有此品經文故

此一段文誠可證也

體性非有亦復非無不住於山不離於山不住於水亦不離水

五體性下明體離二邊既離二邊故能互現而無雜亂謂取不可得故非有影現分明故非無不住不離者謂不住成上非有不離成上非無若有定住則不能相入若其離者則無可相入故不離不住方能相入

佛子菩薩摩訶薩亦復如是住此妙光廣大 疏五 十二 三昧不壞世間安立之相不滅世間諸法自性不住世界內不住世界外於諸世界無所分別亦不壞於世界之相觀一切法一相無相亦不壞於諸法自性住眞如性恒不捨離

二佛子下法合直明不壞不住故得互入

無亂明不壞性相謂若壞性相則無可相入若住內外則不能相入謂若住世間內則不能身包世界若住世界外則不能徧入世界由俱無住故能互入次釋其所以由定無分別而不壞相慧觀一相而不壞

諸 於諸世界下釋上不壞不住之所以也此句標從由定無分別下正釋所以先釋兩對經文前對約定後對約慧定慧之中皆權實無礙而動靜相卽上句釋於諸世界無所分別亦不壞於世界之相次句慧觀一相而不壞諸卽釋經觀一切法一相無相亦不壞於諸法自性 論五 十三

既事理雙遊故不壞不住 既事理雙遊下結成釋上定無分別慧覽一相故不住也定不壞相慧不壞諸故不壞也又二句中不壞卽不壞相二句中無分別觀一相故卽不壞性二句中不壞諸相故不住理二句中無分別觀一相故不住事故由雙遊故得不壞不住

若不壞不住則住眞如恒不捨離 若不壞下釋經住眞如性恒不捨離不壞性相故住眞如以眞如卽事而眞故由無所住故住眞如良以諸法本無住故若心有住則為非住故大品云若住一切法不住般若波羅蜜不住一切法則住般若波羅蜜又云若住一切法不住一切法若不住一切法則住一切法故上經云一切法無住定處不可得諸佛住於此畢竟不動搖善知識云無住住者則住眞如卽其事也

既卽事不捨故相隨性而融通

如無不在故同眞如而內外互入 既卽事不捨下結成喻中重現無盡之義謂由住卽事眞如如融於事事便如理理既無所不在故身卽理亦無所不遍眞如無所不包故卽如之身亦含一切故云如無不在故同眞如內外互入

佛子譬如幻師善知幻術

二幻師善巧喩初總喩二初喩三初佛子譬如下總明能幻

住四衢道作諸幻事於一日中一須臾頃或現一日或現一夜或復現作七日七夜半月一月一年百年隨其所欲皆能示現城邑聚落泉流河海日月雲雨宮殿屋宅如是一切靡不具足

二住四衢下明依本時處現幻時處喩互相入

不以示現經年歲故壞其根本一日一時不以本時極短促故壞其所現日月年歲幻相明現本日不滅

後不以示現下本末互不相礙喩不壞相

菩薩摩訶薩亦復如是入此妙光廣大三昧現阿僧祇世界入一世界其阿僧祇世界一一皆有地水火風大海諸山城邑聚落園林屋宅天宮龍宮夜叉宮乾闥婆宮阿修羅宮迦樓羅宮緊那羅宮摩睺羅伽宮種種莊嚴皆悉具足欲界色界無色界小千世界大千世界業行果報死此生彼一切世間所有時節須臾晝夜半月一月一歲百歲成劫壞劫雜染國土清淨國土廣大國土狹小國土於 論五 十四
中諸佛出興于世佛刹清淨菩薩衆會周帀圍繞神通自在敎化衆生其諸國土所在方處無量人衆悉皆充滿殊形異趣種種衆生無量無邊不可思議去來現在清淨業力出生無量上妙珍寶如是等事咸悉示現入一世界

後菩薩下合中五一明一多相容不同合上現多時處

菩薩於此普皆明見普入普觀普思普了以無盡智皆如實知 論五

二菩薩於此下明智鑒不昧合前能幻之術 十五

不以彼世界多故壞此一世界不以此世界一故壞彼多世界

三不以彼下合不壞本末之相

何以故

四何以下徵釋所由先徵意云何以互入得不壞相

菩薩知一切法皆無我故是名入無命法無作法者菩薩於一切世間勤修行無諍法故是名住無我法者菩薩如實見一切身皆從緣起故是名住無衆生法者菩薩知一切生滅法皆從因生故是名住無補伽羅法者菩薩知諸法本性平等故是名住無意生無摩納婆法者

釋意有三一由知人無我故人我之相已見上文

菩薩知一切法本性寂靜故是名住寂靜法者菩薩知一切法一相故是名住無分別法者菩薩知法界無有種種差別法故是名住不思議法者

二菩薩知一切法本性下知法無我故

菩薩勤修一切方便善調伏衆生故是名住大悲法者

三菩薩勤修下得同體大悲故由此故能融通事理

佛子菩薩如是能以阿僧祇世界入一世界知無數衆生種種差別見無數菩薩各各發趣觀無數諸佛處處出興彼諸如來所演說法其諸菩薩悉能領受亦見自身於中修行

第五佛子菩薩如是下結成上義於中三

一結上多入一

然不捨此處而見在彼亦不捨彼處而見在此彼身此身無有差別入法界故

二然不捨下結上不壞性相

常勤觀察無有休息不捨智慧無退轉故

後常勤下結上明鑒

如有幻師隨於一處作諸幻術不以幻地故壞於本地不以幻日故壞於本日

第二別喻中有三逆喻總中三段一幻不壞本喻別喻不壞相二如世幻者下幻必依處喻別喻前依本時處現多時處三如彼幻師作諸幻事下明幻師不迷喻別喻前能幻令初先喻

菩薩摩訶薩亦復如是於無國土現有國土於有國土現無國土於有衆生現無衆生於無衆生現有衆生無色現色色現無色初不亂後後不亂初

後合合中先正合

菩薩了知一切世法悉亦如是同於幻化知法幻故知智幻知智幻故知業幻知智幻業幻已起於幻智觀一切業

後菩薩了知下釋其所以

如世幻者不於處外而現其幻亦不於幻外而有其處

第二幻必依處喻先喻後合喻中略無幻必依時準合應有

菩薩摩訶薩亦復如是不於虛空外入世間亦不於世間外入虛空

合中分二先合依處後合依時前中初總合以記物現故空即事空

何以故虛空世間無差別故

次何以下徵釋所以由理無差故

住於世間亦住虛空菩薩摩訶薩於虛空中能見能修一切世間種種差別妙莊嚴業

後住於世下結成自在

於一念頃悉能了知無數世界若成若壞亦知諸劫相續次第能於一念現無數劫亦不令其一念廣大

二於一念下合於依時於中先正顯

菩薩摩訶薩得不思議解脱幻智到於彼岸住於幻際入世幻數思惟諸法悉皆如幻不違幻世盡於幻智了知三世與幻無別決定通達心無邊際如諸如來住如幻智其心平等菩薩摩訶薩亦復如是知諸世間皆悉如幻於一切處皆無所著無有我所

後菩薩摩訶薩得下釋其所由以得幻智同於佛故

如彼幻師作諸幻事雖不與彼幻事同住而於幻事亦無迷惑菩薩摩訶薩亦復如是知一切法到於彼岸心不計我能入於法亦不於法而有錯亂

第三幻師不迷喻文並可知

是爲菩薩摩訶薩第二妙光明大三昧善巧智

大方廣佛華嚴經疏鈔會本第四十之二

大方廣佛華嚴經疏鈔會本第四十一　韓六

唐于闐國三藏沙門實叉難陀　譯

唐清涼山大華嚴寺沙門澄觀撰述

佛子云何爲菩薩摩訶薩次第徧往諸佛國土神通三昧佛子此菩薩摩訶薩過於東方無數世界復過爾所世界微塵數世界於彼諸世界中入此三昧

第三定中釋内有三謂法喻合法中五一明徧刹入定

或刹那入或須臾入或相續入或日初分時入或日中分時入或日後分時入或夜初分時入或夜中分時入或夜後分時入或一日入或五日入或半月入或一月入或一年入或百年入或千年入或百千年入或億年入或百千億年入或百千那由他億年入或一劫入或百劫入或百千劫入或百千那由他億劫入或無數劫入或無量劫入或無邊劫入或無等劫入或不可數劫入或不可稱劫入或不可思劫入或不可量劫入或不可說劫入或不可說不可說劫入

二或刹那下明入時次第

若久若近若法若時種種不同

三若久下總結多門

菩薩於彼不生分別心無染著不作二不作不二不作普不作別

四菩薩於彼下心契定體

雖離此分別而以神通方便從三昧起於一切法不忘不失至於究竟

五雖離此下不廢起通

譬如日天子周行照曜晝夜不住日出名晝日没名夜晝亦不生夜亦不滅

菩薩摩訶薩於無數世界入神通三昧入三昧已明見爾所無數世界亦復如是

佛子是爲菩薩摩訶薩第三次第徧往諸佛國土神通大三昧善巧智

佛子云何爲菩薩摩訶薩清淨深心行三昧

佛子此菩薩摩訶薩知諸佛身數等衆生覺無量佛過阿僧祇世界微塵數

第四定中釋内分二先明定内深心行後明定起深心行今初分二先起行後深心

前中先舉内

於彼一一諸如來所以一切種種妙香而作供養以一切種種妙華而作供養以一切種種蓋大如阿僧祇佛刹而作供養以超過一切世界一切上妙莊嚴具而作供養散一切種種寶而作供養以一切種種莊嚴具莊嚴經行處而作供養以一切無數上妙摩尼寶藏而作供養以佛神力所流出過諸天上味飲食而作供養一切佛刹種種上妙諸供養具能以神力普皆攝取而作供養

後於彼一一下起行於中先明外事供養行

於彼一一諸如來所恭敬尊重頭頂禮敬舉身布地請問佛法讚佛平等稱揚諸佛廣大功德入於諸佛所入大悲得佛平等無礙之力於一念頃一切佛所勤求妙法

後於彼一一恭敬等三業供養行

然於諸佛出興於世入般涅槃如是之相皆無所得

然於諸佛下明深心中二先法說

如散動心了別所緣心起不知何所緣起心滅不知何所緣滅此菩薩摩訶薩亦復如是終不分別如來出世及涅槃相

後如散動下喻況於中二喻各有喻合一妄念無知喻喻其契實無念

佛子如日中陽燄不從雲生不從池生不處於陸不住於水非有非無非善非惡非清非濁不堪飲漱不可穢汙非有體非無體非有味非無味以因緣故而現水相爲識所了遠望似水而興水想近之則無水想自滅此菩薩摩訶薩亦復如是不得如來出興於世及涅槃相諸佛有相及以無相皆是想心之所分別

二陽燄似水喻喻其了妄同真文並可知

佛子此三昧名爲清淨深心行菩薩摩訶薩於此三昧入已而起起已不失譬如有人從睡得寤憶所夢事覺時雖無夢中境界而能憶念心不忘失菩薩摩訶薩亦復如是入於三昧見佛聞法從定而起憶持不忘而以此法開曉一切道場衆會莊嚴一切諸佛國土無量義趣悉得明達一切法門皆亦清淨然大智炬長諸佛種無畏具足辯才不竭開示演說甚深法藏

第二佛子此三昧下明定起深心行中初法次喻後合合中上明供養自利行今明開演利他行文影略耳開演深理即深心起行也

是爲菩薩摩訶薩第四清淨深心行大三昧善巧智佛子云何爲菩薩摩訶薩知過去莊嚴藏三昧佛子此菩薩摩訶薩能知過去諸佛出現所謂劫次第中諸刹次第刹次第中諸劫次第劫次第中諸佛出現次第佛出現次第中說法次第說法次第中諸心樂次第心樂次第中諸根次第根次第中調伏次第調伏次第中諸佛壽命次第壽命次第中知億那由他年歲數量次第

第五定釋中有五一對境辨智

佛子此菩薩摩訶薩得如是無邊次第智故則知過去諸佛則知過去諸刹則知過去法門則知過去諸劫則知過去諸法則知過去諸心則知過去諸解則知過去諸衆生則知過去諸煩惱則知過去諸儀式則知過去諸清淨

二正顯智知各有十句皆是過去藏中之法

佛子此三昧名過去清淨藏於一念中能入百劫能入千劫能入百千劫能入百千億那由他劫能入無數劫能入無量劫能入無邊劫能入無等劫能入不可數劫能入不可稱劫能入不可思劫能入不可量劫能入不可說劫能入不可說不可說劫

三所知時分有十四重即釋過去之義

佛子彼菩薩摩訶薩入此三昧不滅現在不緣過去

四顯知相狀不滅現在者不捨也不緣過去者不取也謂但約過去門顯非有取捨而緣上四各一佛子

佛子彼菩薩摩訶薩從此三昧起於如來所受十種不可思議灌頂法亦得亦清淨亦成就亦入亦證亦滿亦持平等了知三輪清淨

五明出定獲益有三初舉數辨相有十句初句總位終成果名受灌頂法也餘句別一屬已二淨障三究竟四始入五正證六修滿七持令不失八無知而知九淨三輪總該前九如約智辨三輪者謂無能知所知及正知故餘可思準

何等爲十一者辯不違義二者說法無盡三者訓詞無失四者樂說不斷五者心無恐畏六者語必誠實七者衆生所依八者救脫三界九者善根最勝十者調御妙法

二何等下徵列其名初四是四無礙辯次二自利不畏深法如言能行次二利他爲善者依爲惡者救後二總明二利勝妙

佛子此是十種灌頂法若菩薩入此三昧從三昧起無間則得如歌羅邏入胎藏時於一念間識則託生菩薩摩訶薩亦復如是從此定起於如來所一念則得此十種法

三佛子下結得速疾有法喻合歌羅邏者此云薄略餘可知也歌羅邏者梵語唐云俱是古義新云羯剌藍此云雜穢

佛子是名菩薩摩訶薩第五知過去莊嚴藏大三昧善巧智

佛子云何爲菩薩摩訶薩智光明藏三昧佛子彼菩薩摩訶薩住此三昧能知未來一切世界一切劫中所有諸佛

第六智光明藏三昧釋中分二前明定業用後彰定利益初中分六一總知諸佛

若已說若未說若已授記若未授記種種名號各各不同所謂無數名無量名無邊名無等名不可數名不可稱名不可思名不可量名不可說名

二若已說下知多名號

當出現於世當利益衆生當作法王當興佛事當說福利當讚善義當說白分義當淨治諸惡當安住功德當開示第一義諦當入灌頂位當成一切智

三當出現下知當所作

彼諸如來修圓滿行發圓滿願入圓滿智有圓滿衆備圓滿莊嚴集圓滿功德悟圓滿法得圓滿果具圓滿相成圓滿覺

四彼諸如來修下問知彼因圓果滿

彼諸如來名姓種族方便善巧神通變化成熟衆生入般涅槃如是一切皆悉了知

五彼諸如來名姓下知現所作

此菩薩於一念中能入一劫百劫千劫百千劫百千億那由他劫入閻浮提微塵數劫入四天下微塵數劫入小千世界微塵數劫入中千世界微塵數劫入大千世界微塵數劫入百佛刹微塵數劫入百千佛刹微塵數劫入百千億那由他佛刹微塵數劫入無數佛刹微塵數劫入無量佛刹微塵數劫入無邊佛刹微塵數劫入無等佛刹微塵數劫入不可數佛刹微塵數劫入不可稱佛刹微塵數劫入不可思佛刹微塵數劫入不可量佛刹微塵數劫入不可說佛刹微塵數劫入不可說不可說佛刹微塵數劫如是未來一切世界所有劫數能以智慧皆悉了知

六此菩薩於一念下明知分齊其中大千即是佛刹而重言者多是遺脫應言百佛刹也餘並可知

以了知故其心後入十種持門何者爲十所謂入佛持故得不可說佛刹微塵數諸佛護念入法持故得十種陀羅尼光明無盡辯才入行持故出生圓滿殊勝諸願入力持故無能映蔽無能摧伏入智持故所行佛法無有障礙入大悲持故轉於不退清淨法輪入差別善巧句持故轉一切文字輪淨一切法門地入師子受生法持故開法關鑰出欲淤泥入智力持故修菩薩行常不休息入善友力持故令無邊衆生普得清淨入無住力持故入不可說不可說廣大劫入法力持故以無礙方便智知一切法自性清淨

二以了知下彰定利益於中四前二自利後二利他謂一令心入持益即由上知故持之不失由持不失得持之益一心中持佛得佛護益二心入持法得總持辯才益餘句倣此有十二者增數十也師子受生者不畏生死苦故示生死實性名開法關鑰了生死本空故出欲淤泥智力持者定慧雙運也入無住力持則大劫不離一念

佛子菩薩摩訶薩住此三昧已善巧住不可說不可說劫善巧住不可說不可說剎善巧知不可說不可說種種衆生善巧知不可說不可說衆生異相善巧知不可說不可說同異業報善巧知不可說不可說精進諸根習氣相續差別諸行善巧知不可說不可說無量染淨種種思惟善巧知不可說不可說法種種義無量文字演說言辭善巧知不可說不可說種種佛出現種族時節現相說法施爲佛事入般涅槃善巧知不可說不可說無邊智慧門善巧知不可說不可說一切神通無量變現佛子譬如日出世間所有村營城邑宮殿屋宅山澤鳥獸樹林華果如是一切種種諸物有目之人悉得明見佛子日光平等無有分別而能令目見種種相此大三昧亦復如是體性平等無有分別能令菩薩知不可說不可說百千億那由他差別之相

二佛子至住此三昧下明得善巧益有法喻合然善巧有二一如事善巧故法云不可說無量喻云見種種物二如理善巧故云日光平等又由此二無礙方名善巧故合云無分別而能知

佛子此菩薩摩訶薩如是了知時令諸衆生得十種不空何等爲十一者見不空令諸衆生生善根故二者聞不空令諸衆生得成熟故三者同住不空令諸衆生心調伏故四者發起不空令諸衆生如言而作通達一切諸法義故五者行不空令無邊世界皆清淨故六者親近不空於不可說不可說佛刹諸如來所斷不可說不可說衆生疑故七者願不空隨所念衆生令作勝供養成就諸願故八者善巧法不空皆令得住無礙解脫清淨智故九者雨法雨不空於不可說不可說諸根衆生中方便開示一切智行令住佛道故十者出現不空現無邊相令一切衆生皆蒙照故

三佛子至如是了知下明得不空益

佛子菩薩摩訶薩住此三昧得十種不空時諸天王衆皆來頂禮諸龍王衆興大香雲諸夜叉王頂禮其足阿脩羅王恭敬供養迦樓

羅王前後圍繞諸梵天王悉來勸請緊那羅王摩睺羅伽王咸共稱讚乾闥婆王常來覲近諸人王衆承事供養

四佛子至住此三昧下十王敬養益

佛子是爲菩薩摩訶薩第六智光明藏大三昧善巧智

佛子云何爲菩薩摩訶薩了知一切世界佛莊嚴三昧佛子此三昧何故名了知一切世界佛莊嚴

第七三昧釋中二先明定體用後明定利益前中亦二先徵後釋所以重徵者前通徵一定此則別徵莊嚴

佛子菩薩摩訶薩住此三昧能次第入東方世界能次第入南方世界西方北方四維上下所有世界悉亦如是能次第入

後佛子菩薩下釋中二先釋一切世界以是現在故但云十方

皆見諸佛出興於世亦見彼佛一切神力亦見諸佛所有遊戲亦見諸佛廣大威德亦見諸佛最勝自在亦見諸佛大師子吼亦見諸佛所修諸行亦見諸佛種種莊嚴亦見諸佛神足變化亦見諸佛衆會雲集

二皆見諸佛下釋其莊嚴於中二先總列十門皆是莊嚴其中第八別明莊嚴者即功德智慧以嚴其心色相光明以嚴身也

衆會清淨衆會廣大衆會一相衆會多相衆會處所衆會居止衆會成熟衆會調伏衆會威德如是一切悉皆明見

後衆會清淨下別顯嚴相以廣前二一廣衆會二廣莊嚴今初有三初明見他二見自三能見今初亦三初見衆會體相

亦見衆會其量大小等閻浮提亦見衆會等四天下亦見衆會等小千界亦見衆會等中千界亦見衆會量等三千大千世界亦見衆會充滿百千億那由他佛剎亦見衆會充滿阿僧祇佛剎亦見衆會充滿百佛剎微塵數佛剎亦見衆會充滿千佛剎微塵數佛剎亦見衆會充滿百千億那由他佛剎微塵數佛剎亦見衆會充滿無數佛剎微塵數佛剎亦見衆會充滿無量佛剎微塵數佛剎亦見衆會充滿無邊佛剎微塵數佛剎亦見衆會充滿無等佛剎微塵數佛剎亦見衆會充滿不可數佛剎微塵數佛剎亦見衆會充滿不可稱佛剎微塵數佛剎亦見衆會充滿不可思佛剎微塵數佛剎亦見衆會充滿不可量佛剎微塵數佛剎亦見衆會充滿不可說佛剎微塵數佛剎亦見衆會充滿不可說不可說佛剎微塵數佛剎

次亦見衆會下明見分量

亦見諸佛於彼衆會道場中示現種種相種種時種種國土種種變化種種神通種種莊嚴種種自在種種形量種種事業

後亦見諸佛於彼下見佛作用

菩薩摩訶薩亦見自身往彼衆會亦自見身在彼說法亦自見身受持佛語亦自見身善知緣起亦自見身住在虛空亦自見身住於法身亦自見身不生染著亦自見身不住分別亦自見身無有疲倦亦自見身普入諸智亦自見身普知諸義亦自見身普入諸地亦自見身普入諸趣亦自見身普知方便亦自

見身普住佛前亦自見身普入諸力亦自見
身普入眞如亦自見身普入無諍亦自見身
普入諸法

二菩薩摩訶薩下明見自可知

如是見時不分別國土不分別衆生不分別
佛不分別法不執著身不執著身業不執著
心不執著意譬如諸法不分別自性不分別
音聲而自性不捨名字不滅菩薩摩訶薩亦
復如是不捨於行隨世所作而於此二無所
執著

三如是見時下明能見有法喻合法中明
無分別而見喻中明能所詮不自云我是
能所詮而不捨能所詮以喻無分別故而
知也合中先合不捨後而於下合不分別

佛子菩薩摩訶薩見佛無量光色無量形相
圓滿成就平等清淨一一現前分明證了

二佛子至見佛無量光色下廣上莊嚴中
二先以法說後以喻顯前中二先標章門
略舉四種莊嚴皆分明證了

或見佛身種種光明或見佛身圓光一尋或
見佛身如盛日色或見佛身微妙光色或見
佛身作清淨色或見佛身作黃金色或見佛
身作金剛色或見佛身作紺青色或見佛身
作無邊色或見佛身作大青摩尼寶色

後或見佛身下依章別釋即分爲四一釋
無量光色

或見佛身其量七肘或見佛身其量八肘或
見佛身其量九肘或見佛身其量十肘或見
佛身二十肘量或見佛身三十肘量如是乃
至一百肘量一千肘量或見佛身一俱盧舍
量或見佛身半由旬量或見佛身一由旬量
或見佛身十由旬量或見佛身百由旬量或
見佛身千由旬量或見佛身百千由旬量或
見佛身閻浮提量或見佛身四天下量或見
佛身小千界量或見佛身中千界量或見佛
身大千界量或見佛身百大千世界量或見
佛身千大千世界量或見佛身百千大千世
界量或見佛身百千億那由他大千世界量
或見佛身無數大千世界量或見佛身無量
大千世界量或見佛身無邊大千世界量或
見佛身無等大千世界量或見佛身不可數
大千世界量或見佛身不可稱大千世界量
或見佛身不可思大千世界量或見佛身不
可量大千世界量或見佛身不可說大千世
界量或見佛身不可說不可說大千世界量

二或見佛身其量下釋無量形相

佛子菩薩如是見諸如來無量色相無量形
狀無量示現無量光明無量光明網其光分
量等于法界於法界中無所不照普令發起
無上智慧

三佛子菩薩如是見下釋上圓滿成就顯
前二圓滿故

又見佛身無有染著無有障礙上妙清淨

四又見佛下釋上平等清淨即兼內二嚴

佛子菩薩如是見於佛身而如來身不增不
減譬如虛空於蟲所食芥子孔中亦不減小
於無數世界中亦不增廣其諸佛身亦復如
是見大之時亦無所增見小之時亦無所減
佛子譬如月輪閻浮提人見其形小而亦不
減月中住者見其形大而亦不增菩薩摩訶

薩亦復如是住此三昧隨其心樂見諸佛身種種化相言辭演法受持不忘而如來身不增不減佛子譬如衆生命終之後將受生時不離於心所見清淨菩薩摩訶薩亦復如是不離於此甚深三昧所見清淨

二佛子菩薩如是見於佛下以喻顯中三一空無增減喻喻法性身無可增減空之大小在於世界及於芥子非空體然如法性之身應器成異二月無增減喻喻真常色身體不易故證有近遠隨心見殊前喻但喻佛身此喻兼喻光色及圓滿成就三隨心現境喻喻上清淨菩薩心淨則見佛淨在於如來何淨何垢

佛子菩薩摩訶薩住此三昧成就十種速疾法何者爲十所謂速增諸行圓滿大願速以法光照耀世間速以方便轉於法輪度脫衆生速隨衆生業示現諸佛清淨國土速以平等智趣入十力速與一切如來同住速以大慈力摧破魔軍速斷衆生疑令生歡喜速隨勝解示現神變速以種種妙法言辭淨諸世間

第二佛子至住此三昧下明定利益略舉七種益各有佛子以爲揀別第一速成行願益有標徵釋可知

佛子此菩薩摩訶薩復得十種法印印一切法何等爲十一者同去來今一切諸佛平等善根二者同諸如來得無邊際智慧法身三者同諸如來住不二法四者同諸如來觀察三世無量境界皆悉平等五者同諸如來得了達法界無礙境界六者同諸如來成就十力所行無礙七者同諸如來永絕二行住無諍法八者同諸如來教化衆生恒不止息九者同諸如來於智善巧義善巧中能善觀察十者同諸如來與一切佛平等無二

第二法印同佛益有十句五對初二福慧同次二二諦境智同次二體用同次二二利同後二善巧平等同

佛子若菩薩摩訶薩成就此了知一切世界佛莊嚴大三昧善巧方便門是無師者不由他教自入一切佛法故是丈夫者能開悟一切衆生故是清淨者知心性本淨故是第一者能度脫一切世間故是安慰者能開曉一切衆生故是安住者未住佛種性者令得住故是真實知者入一切智門故是無異想者所言無二故是住法藏者誓願了知一切佛法故是能雨法雨者隨衆生心樂悉令充足故

第三以德成人益可知

佛子譬如帝釋於頂髻中置摩尼寶以寶力故威光轉盛其釋天王初獲此寶則得十法出過一切三十三天何等爲十一者色相二者形體三者示現四者眷屬五者資具六者音聲七者神通八者自在九者慧解十者智用如是十種悉過一切三十三天菩薩摩訶薩亦復如是初始獲得此三昧時則得十種廣大智藏何等爲十一者照耀一切佛刹智二者知一切衆生受生智三者普作三世變化智四者普入一切佛身智五者通達一切佛法智六者普攝一切淨法智七者普令一切衆生入法身智八者現見一切法普眼清

淨智九者一切自在到於彼岸智十者安住一切廣大法普盡無餘智

第四智德包含益於中 一先喻後合各有十句合中總標合初獲即得十句合前十事唯八九不次以智雖是一從所知別故 佛剎合色相二衆生合形體三變化合示現四入佛合眷屬以互爲主伴如眷屬故五通達佛法爲助道資具六普攝淨法則圓音示人七皆令入法方是神通八普眼清淨超合慧解九自在卻合自在十住法合智用

佛子菩薩摩訶薩住此三昧獲得十種最清淨威德身何等爲十一者爲照耀不可說不可說世界故放不可說不可說光明輪二者爲令世界咸清淨故放不可說不可說數量色相光明輪三者爲調伏衆生故放不可說不可說光明輪四者爲親近一切諸佛故化作不可說不可說身五者爲承事供養一切諸佛故雨不可說不可說種種殊妙香華雲六者爲承事供養一切佛及調伏一切衆生故於一一毛孔中化作不可說不可說種種音樂七者爲成熟衆生故現不可說不可說種種無量自在神變八者爲於十方種種名號一切佛所請問法故一步超過不可說不可說世界九者爲令一切衆生見聞之者皆不空故現不可說不可說種種無量清淨色相身無能見頂十者爲與衆生開示無量秘密法故發不可說不可說音聲語言

第五身威超勝益有標有釋

佛子菩薩摩訶薩得此十種最清淨威德身已能令衆生得十種圓滿何等爲十一者能令衆生得見於佛二者能令衆生深信於佛三者能令衆生聽聞於法四者能令衆生知有佛世界五者能令衆生見佛神變六者能令衆生念所集業七者能令衆生定心圓滿八者能令衆生入佛清淨九者能令衆生發菩提心十者能令衆生圓滿佛智

第六令他圓滿益先牒前起後徵列名相

佛子菩薩摩訶薩令衆生得十種圓滿已復爲衆生作十種佛事何等爲十所謂以音聲作佛事爲成熟衆生故以色形作佛事爲調伏衆生故以憶念作佛事爲清淨衆生故以震動世界作佛事爲令衆生離惡趣故以方便覺悟作佛事爲令衆生不失念故以夢中現相作佛事爲令衆生恒正念故以放大光明作佛事爲普攝取諸衆生故以修菩薩行作佛事爲令衆生住勝願故以成正等覺作佛事爲令衆生知幻法故以轉妙法輪作佛事爲衆說法不失時故以現住壽命作佛事爲調伏一切衆生故以示般涅槃作佛事知諸衆生起疲厭故

第七轉作佛事益亦先牒前起後徵列名相文並可知

佛子是爲菩薩摩訶薩第七了知一切世界佛莊嚴大三昧善巧智

大方廣佛華嚴經疏鈔會本第四十一

大方廣佛華嚴經疏鈔會本第四十二　韓七

唐于闐國三藏沙門實叉難陀　譯

唐清涼山大華嚴寺沙門澄觀撰述

佛子云何爲菩薩摩訶薩一切衆生差别身三昧佛子菩薩摩訶薩住此三昧得十種無所著何者爲十所謂於一切刹無所著於一切方無所著於一切劫無所著於一切衆無所著於一切法無所著於一切菩薩無所著於一切菩薩願無所著於一切三昧無所著於一切佛無所著於一切地無所著是爲十

第八一切衆生差别身三昧釋中分五一明能入智二顯入出之相三明入定之益四明境界自在五總結究竟今初由得十種無著成後出入自在一切地者佛地菩薩地等

佛子菩薩摩訶薩於此三昧云何入云何起佛子菩薩摩訶薩於此三昧内身入外身起外身入内身起同身入異身起異身入同身起人身入夜叉身起夜叉身入龍身起龍身入阿脩羅身起阿脩羅身入天身起天身入梵王身起梵王身入欲界身起

二入出相中二先徵起後釋相於中先法後喻法中略辨十類以表無盡一一諸類正報相對明入出

天中入地獄起地獄入人間起人間入餘趣起

二天中入下六趣依報明入出

千身入一身起一身入千身起那由他身入一身起一身入那由他身起

三千身入下一多相對

閻浮提衆生衆中入西瞿陀尼衆生衆中起西瞿陀尼衆生衆中入北拘盧衆生衆中起北拘盧衆生衆中入東毗提訶衆生衆中起東毗提訶衆生衆中入三天下衆生衆中起三天下衆生衆中入四天下衆生衆中起四天下衆生衆中入一切海差别衆生衆中起一切海差别衆生衆中入一切海神衆中起

四閻浮提下四洲大海相對

一切海神衆中入一切海水大中起一切海水大中入一切海地大中起一切海地大中入一切海火大中起一切海火大中入一切海風大中起一切海風大中入一切四大種中起一切四大種中入無生法中起無生法中入妙高山中起妙高山中入七寶山中起七寶山中入一切地種種稼穡樹林黑山中起一切地種種稼穡樹林黑山中入一切妙香華寶莊嚴中起

五一切海神下大種事法相對其無生法乘四大種生便故來

一切妙香華寶莊嚴中入一切四天下下方上方一切衆生受生中起

六一切妙香華下諸方相對

一切四天下下方上方一切衆生受生中入小千世界衆生衆中起小千世界衆生衆中入中千世界衆生衆中起中千世界衆生衆中入大千世界衆生衆中起大千世界衆生衆中入百千億那由他三千大千世界衆生衆中起百千億那由他三千大千世界衆生衆中入無數世界衆生衆中起無數世界衆生衆中入無量世界衆生衆中起無量世界

衆生衆中入無邊佛刹衆生衆中起無邊佛刹衆生衆中入無等佛刹衆生衆中起無等佛刹衆生衆中入不可數世界衆生衆中起不可數世界衆生衆中入不可稱世界衆生衆中起不可稱世界衆生衆中入不可思世界衆生衆中起不可思世界衆生衆中入不可量世界衆生衆中起不可量世界衆生衆中入不可說世界衆生衆中起不可說世界衆生衆中入不可說不可說世界衆生衆中起

七一切四天下下衆數多火相對

不可說不可說世界衆生衆中入雜染衆生衆中起雜染衆生衆中入清淨衆生衆中起清淨衆生衆中入雜染衆生衆中起

八不可說不可說衆生衆中入下染淨相對

眼處入耳處起耳處入眼處起鼻處入舌處起舌處入鼻處起身處入意處起意處入身處起自處入他處起他處入自處起

九眼處下諸界相對

一微塵中入無數世界微塵中起無數世界微塵中入一微塵中起聲聞入獨覺起獨覺入聲聞起自身入佛身起佛身入自身起一念入億劫起億劫入一念起同念入別時起別時入同念起前際入後際起後際入前際起前際入中際起中際入前際起三世入剎那起剎那入三世起眞如入言說起言說入眞如起

十一微塵下雜明諸類相對爲麁細凡聖念劫眞妄等其入出等義如賢首品

佛子譬如有人爲鬼所持其身戰動不能自安鬼不現身令他身然菩薩摩訶薩住此三昧亦復如是自身入定他身起他身入定自身起

二喩顯中有四喩喩前十類各有法合一鬼力持人喩喩第一第四多約身故

佛子譬如死屍以呪力故而能起行隨所作事皆得成就屍之與呪雖各差別而能和合成就彼事菩薩摩訶薩住此三昧亦復如是同境入定異境起異境入定同境起

第二呪起死屍喩喩第二五六多約依報境故

佛子譬如比丘得心自在或以一身作多身或以多身作一身非一身没多身生非多身没一身生菩薩摩訶薩住此三昧亦復如是一身入定多身起多身入定一身起

第三羅漢現通喩喩第三第七多約數故

佛子譬如大地其味一種所生苗稼種種味別地雖無差別然味有殊異菩薩摩訶薩住此三昧亦復如是無所分別然有一種入定多種起多種入定一種起

第四地一苗多喩喩後三門雜明種種故喩合相映文理自顯

佛子菩薩摩訶薩住此三昧得十種稱讚法之所稱讚何者爲十所謂入眞如故名爲如來覺一切法故名之爲佛爲一切世間所稱讚故名爲法師知一切法故名一切智爲一切世間所歸依故名所依處了達一切法方便故名爲導師引一切衆生入薩婆若道故名大導師爲一切世間燈故名爲光明心志

圓滿義利成就所作皆辦住無礙智分別了知一切諸法故名爲十力自在通達一切法輪故名一切見者是爲十

第三佛子至住此三昧下入定益中有三一得讚同佛果益皆上句顯義下句結名

十力義中云心志圓滿者明力自利義義利成就顯力利他所作皆辦彰力圓滿住無礙智總顯力體分別了知一切諸法通明力用餘文可知

佛子菩薩摩訶薩住此三昧復得十種光明照耀何者爲十所謂得一切諸佛光明與彼平等故得一切世界光明普能嚴淨故得一切衆生光明悉往調伏故得無量無畏光明法界爲場演說故得無差別光明知一切法無種種性故得方便光明於一切法離欲際而證入故得眞實光明於一切法離欲際心平等故得徧一切世間神變光明蒙佛所加恒不息故得善思惟光明到一切佛自在岸故得一切法眞如光明於一毛孔中善說一切故是爲十

二身智光照益

佛子菩薩摩訶薩住此三昧復得十種無所作何者爲十所謂身業無所作語業無所作意業無所作神通無所作了法無性無所作知業不壞無所作無差別智無所作無生起智無所作知法無滅無所作隨順於文不壞於義無所作是爲十

三業用無作益皆有佛子文相並顯

佛子菩薩摩訶薩住此三昧無量境界種種差別所謂一入多起多入一起同入異起異入同起細入麤起麤入細起大入小起小入大起順入逆起逆入順起無身入有身起有身入無身起無相入有相起有相入無相起起中入入中起如是皆是此之三昧自在境界

第四佛子至住此三昧無量境下明境界自在先法後喻今初前第二段但明入起今兼明逆順有無等爲種種境界起中入者即用之寂故入中起者即寂之用故是知菩薩之定常入常起常雙入出常無入出方爲自在爲顯自在寄諸境界交絡而明是知菩薩之定者結成難思若以定門觀則常入定以用門觀則常出定以用門觀則常起用實則動寂雙故常雙入出矣然動靜唯物捧其體極動靜斯亡故常無入起又入即起故無入起即入故無起若然何以經云麤細入起等故下釋云爲顯自在故寄諸境界交絡而明若云一入多起即云自在若云無入無起何名自在常入常起自在之相亦然廣如賢首品辨

佛子譬如幻師持呪得成能現種種差別形相呪與幻別而能作幻呪唯是聲而能幻作眼識所知種種諸色耳識所知種種諸聲鼻識所知種種諸香舌識所知種種諸味身識所知種種諸觸意識所知種種境界菩薩摩訶薩住此三昧亦復如是同中入定異中起異中入定同中起

二喻顯中文有六喻皆自有合一幻現六境喻喻前同異

佛子譬如三十三天共阿脩羅鬪戰之時諸天得勝脩羅退衂阿脩羅王其身長大七百由旬四兵圍繞無數千萬以幻術力將諸軍衆同時走入藕絲孔中菩薩摩訶薩亦復如是已善成就諸幻智地幻智即是菩薩菩薩

即是幻智是故能於無差別法中入定差別法中起差別法中入定無差別法中起

二修羅窟匿喻喻前麤細小大二對約理事相望則無差別爲細差別爲麤理細事麤故或無差爲麤總相入故差別爲細別[韓七]相入故無差則大周法界差則隨事成小[八]若唯約事明大小並差別所收若約理事等者由標云喩麤細大小二對及經合中云無差別中入定差別法中起等故爲此釋於中先釋麤細後釋大小前中有二意取義雖異麤細是同前則理細事麤後則總麤別細別於一一事中而入理故則後對唯約理說無差則下釋上大小一對亦有二意初一事理對明大小若唯約事下唯就事明大小可知

佛子譬如農夫田中下種種子在下果生於上菩薩摩訶薩住此三昧亦復如是一中入定多中起多中入定一中起

三農夫下種喻喻明上下合辨一多文影[韓七]略耳[八]

佛子譬如男女赤白和合或有衆生於中受生爾時名爲歌羅邏位從此次第住母胎中滿足十月善業力故一切支分皆得成就諸根不缺心意明了具歌羅邏與彼六根體狀各別以業力故而能令彼次第成就受同異類種種果報菩薩摩訶薩亦復如是從一切智歌羅邏位信解願力漸次增長其心廣大任運自在無中入定有中起有中入定無中起

四受胎生長喻喻上有身無身如彼從無[韓七]之有故[九]

佛子譬如龍宮依地而立不依虛空龍依宮住亦不在空而能興雲徧滿空中有人仰視所見宮殿當知皆是乾闥婆城非是龍宮佛子龍雖處下而雲布上菩薩摩訶薩住此三昧亦復如是於無相入有相起於有相入無相起

五龍下雲上喻喻有相無相

佛子譬如妙光大梵天王所住之宮名一切世間最勝清淨藏此大宮中普見三千大千世界諸四天下天宮龍宮夜叉宮乾闥婆宮阿脩羅宮迦樓羅宮緊那羅宮摩睺羅伽宮人間住處及三惡道須彌山等種種諸山大海江河陂澤泉源城邑聚落樹林衆寶如是一切種種莊嚴盡大輪圍所有邊際乃至空中微細遊塵莫不皆於梵宮顯現如於明鏡見其面像菩薩摩訶薩住此一切衆生差別身大三昧知種種剎見種種佛度種種衆證種種法成種種行滿種種解入種種三昧起種種神通得種種智慧住種種剎那際

六梵宮普現喻喻上入中起起中入及逆順相對故合云種種

佛子此菩薩摩訶薩到十種神通彼岸何者爲十所謂到諸佛盡虛空徧法界神通彼岸到菩薩究竟無差別自在神通彼岸到能發起菩薩廣大行願入如來門佛事神通彼岸到能震動一切世界一切境界悉令清淨神通彼岸到能自在知一切衆生不思議業果皆如幻化神通彼岸到能自在知諸三昧麤細入出差別相神通彼岸到能勇猛入如來境界而於其中發生大願神通彼岸到能化作佛化轉法輪調伏衆生令生佛種令入佛乘速得成就神通彼岸到能了知不可說一切祕密文句而轉法輪令百千億那由他不

可說不可說法門皆得清淨神通彼岸到不假晝夜年月劫數一念悉能三世示現神通彼岸是爲十

第五佛子至到神通彼岸下總結究竟並顯可知

佛子是名菩薩摩訶薩第八一切衆生差別身大三昧善巧智

佛子云何爲菩薩摩訶薩法界自在三昧佛子此菩薩摩訶薩於自眼處乃至意處入三昧名法界自在

第九法界自在三昧釋中四一顯定體用二明定成益三以喻寄顯四總結雙行今初分三初總顯名體謂於眼等法界得自在故

菩薩於自身一一毛孔中入此三昧

二菩薩於自身下彰入定處謂於毛孔中入眼等定顯互用自在故謂於毛孔下然常途所明互用者但眼處能作耳處等事耳處能作眼鼻事等故六根互用今約十八界明則有數重之互一諸根互二分圓互毛孔身根中互能入眼等定故三一多互謂一根頓作多根事故四根境互謂根入境定如賢首品說以此云法界必該十八界故五復有一根入多境一境入多根六復有六識對境以明互入等

自然能知諸世間知諸世間法知諸世界知億那由他世界知阿僧祇世界知不可說佛刹微塵數世界見一切世界中有佛出興菩薩衆會悉皆充滿光明清淨淳善無雜廣大莊嚴種種衆寶以爲嚴飾

三自然下明定功用於中四一了三世間

菩薩於彼或一劫百劫千劫億劫百千億那由他劫無數劫無量劫無邊劫無等劫不可數劫不可稱劫不可思劫不可量劫不可說劫不可說不可說劫不可說不可說佛刹微塵數劫修菩薩行常不休息

二菩薩於彼下多劫修行

又於如是無量劫中住此三昧亦入亦起亦成就世界亦調伏衆生亦徧了法界亦普知三世亦演說諸法亦現大神通種種方便無著無礙

三又下入出無礙

以於法界得自在故善分別眼善分別耳善分別鼻善分別舌善分別身善分別意如是種種差別不同悉善分別盡其邊際

四以於法界下結成自在此有二義一於理法界自在故能善分別眼等界二善分別眼等十八界即是事法界自在此二無礙及事事無礙故云如是種種皆横盡其邊豎窮其際

菩薩如是善知見巳能生起十千億陀羅尼法光明成就十千億清淨行獲得十千億諸根圓滿十千億神通能入十千億三昧成就十千億神力長養十千億諸力圓滿十千億深心運動十千億力持示現十千億神變具足十千億菩薩無礙圓滿十千億菩薩助道積集十千億菩薩藏照明十千億菩薩方便演說十千億諸義成就十千億諸願出生十千億迴向淨治十千億菩薩正位明了十千億法門開示十千億演說修治十千億菩薩清淨

第二菩薩如是下明定成益中辨十種益一生多功德益有二十一句各十千億

佛子菩薩摩訶薩復有無數功德無〔邊〕功德

無邊功德無等功德不可數功德不可稱功德不可思功德不可量功德不可說功德無盡功德佛子此菩薩於如是功德皆已辦具皆已積集皆已莊嚴皆已清淨皆已瑩徹皆已攝受皆能出生皆可稱歎皆得堅固皆已成就

韓七 十三

二佛子至復有無數下具無盡德益隨前一事皆至無盡故於中二十句前十句所具之多後十句能具之相清淨者除垢故瑩徹者發本智光故

佛子菩薩摩訶薩住此三昧爲東方十千阿僧祇佛刹微塵數名號諸佛之所攝受一一名號復有十千阿僧祇佛刹微塵數佛各各差別如東方南西北方四維上下亦復如是

三佛子至住此三昧下諸佛攝受益於中三初明攝受

彼諸佛悉現其前爲現諸佛清淨刹爲說諸佛無量身爲說諸佛難思眼爲說諸佛無量耳爲說諸佛清淨鼻爲說諸佛清淨舌爲說諸佛無住心爲說如來無上神通

次彼諸佛下現身說法

令修如來無上菩提令得如來清淨音聲開示如來不退法輪顯示如來無邊衆會令入如來無邊秘密讚歎如來一切善根令入如來平等之法宣說如來三世種性示現如來無量色相闡揚如來護念之法演暢如來微妙法音辯明一切諸佛世界宣揚一切諸佛三昧示現諸佛衆會次第護持諸佛不思議法說一切法猶如幻化明諸法性無有動轉開示一切無上法輪讚美如來無量功德令入一切諸三昧雲令知其心如幻如化無邊無盡

後令修下令其修證

佛子菩薩摩訶薩住此法界自在三昧時彼十方各十千阿僧祇佛刹微塵數名號如來一一名中各有十千阿僧祇佛刹微塵數佛同時護念令此菩薩得無邊身令此菩薩得無礙心令此菩薩於一切法得無忘念令此菩薩於一切法得決定慧令此菩薩轉更聰敏於一切法皆能領受令此菩薩於一切法悉能明了令此菩薩諸根猛利於神通法悉得善巧令此菩薩境界無礙周行法界恒不休息令此菩薩得無礙智畢竟清淨令此菩薩以神通力一切世界示現成佛

四佛子至住此法界下諸佛護念益攝受攝之屬佛護念即佛力來加

韓七 十四

佛子菩薩摩訶薩住此三昧得十種海何者爲十所謂得諸佛海咸覩見故得衆生海悉調伏故得諸法海能以智慧悉了知故得諸刹海以無性無作神通皆往詣故得功德海一切修行悉圓滿故得神通海能廣示現令開悟故得諸根海種種不同悉善知故得諸心海知一切衆生種種差別無量心故得諸行海能以願力悉圓滿故得諸願海悉使成就永清淨故

韓七 十五

五得十海深廣益

佛子菩薩摩訶薩得如是十種海已復得十種殊勝何等爲十一者於一切衆生中最爲第一二者於一切諸天中最爲殊特三者於一切梵王中最極自在四者於諸世間無所

染著五者一切世間無能映蔽六者一切諸魔不能惑亂七者普入諸趣無所罣礙八者處處受生知不堅固九者一切佛法皆得自在十者一切神通悉能示現

六得殊勝超絕益亞可知

佛子菩薩摩訶薩得如是十種殊勝已復得十種力於衆生界修習諸行何等爲十一謂勇健力調伏世間故二謂精進力恒不退轉故三謂無著力離諸垢染故四謂寂靜力於一切法無諍論故五謂逆順力於一切法心自在故六謂法性力於諸義中得自在故七謂無礙力智慧廣大故八謂無畏力能說諸法故九謂辯才力能持諸法故十謂開示力智慧無邊故

七得諸力幹能益於中初列十力

佛子此十種力是廣大力最勝力無能摧伏力無量力善集力不動力堅固力智慧力成就力勝定力清淨力極清淨力法身力法光明力法燈力法門力無能壞力極勇猛力大丈夫力善丈夫修習力成正覺力過去積集善根力安住無量善根力住如來力力心思惟力增長菩薩歡喜力出生菩薩淨信力增長菩薩勇猛力菩提心所生力菩薩清淨深心力菩薩殊勝深心力菩薩善根熏習力究竟諸法力無障礙身力入方便善巧法門力清淨妙法力安住大勢一切世間不能傾動力一切衆生無能映蔽力

後佛子此十種力下顯其超勝隨前一一力皆具此三十八力

佛子此菩薩摩訶薩於如是無量功德法能生能成就能圓滿能照明能具足能徧具足能廣大能堅固能增長能淨治能徧淨治

八佛子此菩薩下結能圓滿益

此菩薩功德邊際智慧邊際修行邊際法門邊際自在邊際苦行邊際成就邊際清淨邊際出離邊際法自在邊際無能說者此菩薩所獲得所成就所趣入所現前所有境界所有觀察所有證入所有清淨所有了知所有建立一切法門於不可說劫無能說盡

九此菩薩功德下自德無邊故他不能說益

佛子菩薩摩訶薩住此三昧能了知無數無量無邊無等不可數不可稱不可思不可量不可說不可說不可說一切三昧彼一一三昧所有境界無量廣大於境界中若入若起若住所有相狀所有示現所有行處所有等流所有自性所有除滅所有出離如是一切靡不明見

十佛子至住此三昧下三昧無邊自無不了益上十段中前七別明後三總結

佛子譬如無熱惱大龍王宮流出四河無濁無雜無有垢穢光色清淨猶如虛空其池四面各有一口一一口中流出一河於象口中出恒伽河師子口中出私陀河於牛口中出信度河於馬口中出縛芻河其四大河流出之時恒伽河口流出銀沙私陀河口流出金剛沙信度河口流出金沙縛芻河口流出瑠璃沙恒伽河口作白銀色私陀河口作金剛色信度河口作黃金色縛芻河口作瑠璃色一一河口廣一由旬其四大河旣流出已各

共圍繞大池七帀隨其方面四向分流澒涌奔馳入於大海其河旋繞一一之間有天寶所成優鉢羅華波頭摩華拘物頭華芬陀利華奇香發越妙色清淨種種華葉種種臺蘂悉是衆寶自然映徹成放光明互相照現其無熱池周圍廣大五十由旬衆寶妙沙徧布其底種種摩尼以爲嚴飾無量妙寶莊嚴其岸栴檀妙香普散其中優鉢羅華波頭摩華拘物頭華芬陀利華及餘寶華皆悉徧滿微風吹動香氣遠徹華林寶樹周帀圍繞日光出時普皆照明池河内外一切衆物接影連輝成光明網如是衆物若遠若近若高若下若廣若狹若麤若細乃至極小一沙一塵悉是妙寶光明鑒徹靡不於中日輪影現亦復展轉更相現影如是衆影不增不減非合非散皆如本質而得明見

第三喻顯中正顯前體用及益亦明前所未顯故不全似上文文中二先總舉喻體

佛子如無熱大池於四口中流出四河入於大海菩薩摩訶薩亦復如是從四辯才流出諸行究竟入於一切智海

後佛子如無熱下對喻別合有十三門各先喻後合一合流沙入海喻中先總明喻合雖舉四河意在四口出沙故下第九別明四河

如恒伽大河從銀色象口流出銀沙菩薩摩訶薩亦復如是以義辯才說一切如來所說一切義門出生一切清淨白法究竟入於無礙智海如私陀大河從金剛色師子口流出金剛沙菩薩摩訶薩亦復如是以法辯才爲一切衆生說佛金剛句引出金剛智究竟入於無礙智海如信度大河從金色牛口流出金沙菩薩摩訶薩亦復如是以訓詞辯說隨順世間緣起方便開悟衆生令皆歡喜調伏成熟究竟入於緣起方便海如縛芻大河於瑠璃色馬口流出瑠璃沙菩薩摩訶薩亦復如是以無盡辯雨百千億那由他不可說法令其聞者皆得潤洽究竟入於諸佛法海

後如恒伽下別明四辯即喻四口所說即喻四沙若開四辯總別爲五則有十七門

如四大河隨順圍繞無熱池已四方入海

二如四大河下合遶池入海喻於中先喻後合

菩薩摩訶薩亦復如是成就隨順身業隨順語業隨順意業成就智爲前導身業智爲前導語業智爲前導意業四方流注究竟入爲一切智海佛子何者名爲菩薩四方佛子所謂見一切佛而得開悟聞一切法受持不忘圓滿一切波羅蜜行大悲說法滿足衆生

合中先合遶池菩提心智名之爲池三業隨順智慧即爲遶義後佛子下合其四方

如四大河圍繞大池於其中間優鉢羅華波頭摩華拘物頭華芬陀利華皆悉徧滿菩薩摩訶薩亦復如是於菩提心中間不捨衆生說法調伏悉令圓滿無量三昧見佛國土莊嚴清淨

三如四大河圍遶下合池間寶華喻說法有開數之義三寶有感果之能莊嚴清淨皆華上之別義

如無熱大池寶樹圍繞菩薩摩訶薩亦復如

是現佛國土莊嚴圍繞令諸衆生趣向菩提

四合寶樹蓮池喻

如無熱大池其中縱廣五十由旬清淨無濁菩薩摩訶薩亦復如是菩提之心其量無邊善根充滿清淨無濁

五合大池清淨喻即是池體

如無熱大池以無量寶莊嚴其岸散栴檀香徧滿其中菩薩摩訶薩亦復如是以百千億十種智寶嚴菩提心大願之岸普散一切衆善妙香

六合栴檀香岸喻十種智寶有二義一即離世間中十種如實智二即他心等十種智也

如無熱大池底布金沙種種摩尼間錯莊嚴菩薩摩訶薩亦復如是微妙智慧周徧觀察不可思議菩薩解脫種種法寶間錯莊嚴得一切法無礙光明住於一切諸佛所住入於一切甚深方便

七合底布金寶喻妙智合金沙解脫合摩尼無礙光明合二種故光住佛所住入於甚深合布其底上四段各以如無熱大池爲首

如阿那婆達多龍王永離龍中所有熱惱菩薩摩訶薩亦復如是永離一切世間憂惱雖現受生而無染著

八如阿那下合龍王無惱喻即合池名名因龍得故

如四大河潤澤一切閻浮提地既潤澤已入於大海菩薩摩訶薩亦復如是以四智河潤澤天人沙門婆羅門令其普入阿耨多羅三藐三菩提智慧大海以四種力而爲莊嚴何者爲四一者願智河救護調伏一切衆生常不休息二者波羅蜜智河修菩提行饒益衆生去來今世相續無盡究竟入於諸佛智海三者菩薩三昧智河無數三昧以爲莊嚴見一切佛入諸佛海四者大悲智河大慈自在普救衆生方便攝取無有休息修行祕密功德之門究竟入於十力大海

九合四河潤澤喻

如四大河從無熱池既流出已究竟無盡入於大海菩薩摩訶薩亦復如是以大願力修菩薩行自在知見無有窮盡究竟入於一切智海

十合四河無盡喻

如四大河入於大海無能爲礙令不入者菩薩摩訶薩亦復如是常勤修習普賢行願成就一切智慧光明住於一切佛菩提法入如來智無有障礙

十一合入海無障喻

如四大河奔流入海經於累劫亦無疲厭菩薩摩訶薩亦復如是以普賢行願盡未來劫修菩薩行入如來海不生疲厭

十二合入海無厭喻上之四喻各以如四大河而爲喻首上之一喻皆以菩薩而爲合初

佛子如日光出時無熱池中金沙銀沙金剛沙瑠璃沙及餘一切種種寶物皆有日影於中顯現其金沙等一切寶物亦各展轉而現其影互相鑒徹無所妨礙

十三佛子如日光下合衆寶交影喻先喻

後合

菩薩摩訶薩亦復如是住此三昧於自身一一毛孔中悉見不可說不可說佛剎微塵數諸佛如來亦見彼佛所有國土道場衆會一一佛所聽法受持信解供養各經不可說不可說億那由他劫而不想念時節長短其諸衆會亦無迫隘何以故以微妙心入無邊法界故入無等差別業果故入不思議三昧境界故入不思議思惟境界故入一切佛自在境界故得一切佛所護念故得一切佛大神變故得諸如來難得難知十種力故入普賢菩薩行圓滿境界故得一切佛無勞倦神通力故

合中二先正合後何以下徵釋深入所由

佛子菩薩摩訶薩雖能於定一念入出而亦不廢長時在定亦無所著雖於境界無所依住而亦不捨一切所緣雖善入剎那際而爲利益一切衆生現佛神通無有厭足雖等入法界而不得其邊雖無所住無有處所而恒趣入一切智道以變化力普入無量衆生衆中具足莊嚴一切世界雖離世間顚倒分別超過一切分別之地亦不捨於種種諸相雖能具足方便善巧而究竟清淨雖不分別菩薩諸地而皆已善入佛子譬如虛空雖能容受一切諸物而離有無菩薩摩訶薩亦復如是雖普入一切世間而離世間想雖勤度一切衆生而離衆生想雖深知一切法而離諸法想雖樂見一切佛而離諸佛想雖善入種種三昧而知一切法自性皆如無所染著雖以無邊辯才演無盡法句而心恒住離文字法雖樂觀察無言說法而恒示現清淨音聲雖住一切離言法際而恒示現種種色相雖敎化衆生而知一切法畢竟性空雖勤修大悲度脫衆生而知衆生界無盡無散雖了達法界常住不變而以三輪調伏衆生恒不休息雖常安住如來所住而智慧清淨心無怖畏分別演說種種諸法轉於法輪常不休息

第四佛子至雖能於定下總結雙行謂權實定散無障礙故於中三先法次佛子下喻後菩薩下合然法中明卽寂而用喻合乃明卽用而寂文影略耳

佛子是爲菩薩摩訶薩第九法界自在大三昧善巧智

大方廣佛華嚴經疏鈔會本第四十二

大方廣佛華嚴經疏鈔會本第四十三之一　韓八

唐于闐國三藏沙門實叉難陀　譯

唐清涼山大華嚴寺沙門澄觀撰述

佛子云何爲菩薩摩訶薩無礙輪三昧

第十無礙輪三昧亦初徵次釋後結

佛子菩薩摩訶薩入此三昧時住無礙身業無礙語業無礙意業住無礙佛國土得無礙成就衆生智獲無礙調伏衆生智放無礙光明現無礙光明網示無礙廣大變化轉無礙清淨法輪得菩薩無礙自在

釋中三初明入時方便二佛子菩薩摩訶薩住此三昧已下明入已智用三佛子菩薩摩訶薩入普賢所住下定滿成益今初有二十二句無願定名初十一句因用無礙是無礙義後普入下有十一句住果圓滿即是輪義今初段中即此無礙無所不摧亦即輪義初三句三業無礙次句器世間無礙次二句衆生世間無礙餘句智正覺無礙

普入諸佛力普住諸佛智作佛所作淨佛所淨現佛神通令佛歡喜行如來行住如來道常得親近無量諸佛作諸佛事紹諸佛種

後住果中二智通權實故云普住三作利樂事四淨二障種七智契佛境餘七可知（二智通者此有十一句但指二三四七四句釋之故云餘七可知）

佛子菩薩摩訶薩住此三昧已觀一切智總觀一切智別觀一切智隨順一切智顯示一切智攀緣一切智見一切智總見一切智別見一切智

第二入已智用中四第一攝佛功德二證入諸法三普德無盡四結示勸修初中即攝如來二十一種殊勝功德以此位等佛故其間或全同佛相或有約因相似而次第無差於中三初總明妙悟皆滿次別顯二十一德後顯德勝能今初十句初句標滿時餘九顯滿相然一切智若對種智即是根本若直語佛智則通權實今此顯通於中初三句始觀言觀一切智者標也云何觀觀有二種一總觀謂權實齊觀故二別觀此是實此是權權中有多差別皆審照了故次三句中順亦初句標次云何隨順由前總觀故頓能顯示由前別觀故各各攀緣後三句総契釋同前觀但由前觀察今證見分明耳（初三句者以妙悟皆滿是佛今就等覺故云觀順礙觀據順故名菩薩據三句見即名爲佛耳皆等覺之義）

於普賢菩薩廣大願廣大心廣大行廣大所趣廣大所入廣大光明廣大出現廣大護念廣大變化廣大道

二於普賢下別明二十一種功德分二十段後二合故今初第一明二行永絕即於所知一向無障轉功德然有二義一謂非如二乘有無智故二不同凡夫現行生死起諸雜染不同二乘現行涅槃棄利樂事世尊無彼今菩薩亦無文中廣顯利樂即不同二乘皆與智俱即不同凡夫就文分二先總明大用常恒二佛子此菩薩有一蓮華下別顯一用前中二先法說後喻明今初法說中二先正明後徵釋今初先明行體（即於所知者即攝論無著立名然有二義下釋初義即無性釋無著義後意乃是佛地論親光所釋疏家收但取親光所解消文）

不斷不退無休無替無倦無捨無散無亂常
增進恒相續
後不斷下辨常恒
何以故此菩薩摩訶薩於諸法中成就大願
發行大乘入於佛法大方便海以勝願力於
諸菩薩所行之行智慧明照皆得善巧具足
菩薩神通變化善能護念一切衆生如去來
今一切諸佛之所護念於諸衆生恒起大悲
成就如來不變異法
二徵釋中徵意云何以得此智滿行常釋
意云願行善成智慧善巧故
佛子譬如有人以摩尼寶置色衣中其摩尼
寶雖同衣色不捨自性、
第二喻顯中四初喻二合三徵四釋今初
摩尼寶置色衣中即總喻菩薩心智置佛
智中雖同衣色喻前智滿十句故合云觀
一切智等不捨自性喻前行常二十句
菩薩摩訶薩亦復如是成就智慧以爲心寶
觀一切智普皆明現然不捨於菩薩諸行
二合如喻辨

何以故
三徵意云何得已能滿智而不斷行耶
菩薩摩訶薩發大誓願利益一切衆生度脫
一切衆生承事一切諸佛嚴淨一切世界安
慰衆生深入法海爲淨衆生界現大自在給
施衆生普照世間入於無邊幻化法門不退
不轉無疲無猒
四釋意云菩薩無障礙願法應爾故窮盡
生界益無疲故文中二先法說可知
佛子譬如虛空持衆世界若成若住無猒無
倦無羸無朽無散無壞無變無異無有差別
不捨自性何以故虛空自性法應爾故菩薩
摩訶薩亦復如是立無量大願度一切衆生
心無猒倦
後轉以喻況於中三喻皆喻利生無厭各
有法合一虛空持剎喻喻大願法爾故無
厭
佛子譬如涅槃去來現在無量衆生於中滅
度終無猒倦何以故一切諸法本性清淨是
謂涅槃云何於中而有猒倦菩薩摩訶薩亦

復如是爲欲度脫一切衆生皆令出離而現
於世云何而起疲猒之心
二涅槃普滅喻喻爲淨衆生故無厭上二
喻悲
佛子如薩婆若能令過去未來現在一切菩
薩於諸佛家已現當生乃至令成無上菩提
終無疲猒何以故一切智與法界無二故於
一切法無所著故菩薩摩訶薩亦復如是其
心平等住一切智云何而有疲猒之心
三佛智普成喻喻能所不二故無厭此一
喻智既非愛見之悲何有猒乎
佛子此菩薩摩訶薩有一蓮華其華廣大盡
十方際以不可說葉不可說寶不可說香而
爲莊嚴其不可說寶復各示現種種衆寶清
淨妙好極善安住其華常放衆色光明普照
十方一切世界無所障礙真金爲網彌覆其
上寶鐸徐搖出微妙音其音演暢一切智法
第二別顯一用中二初明依果殊勝後菩
薩摩訶薩於此華下正報自在前中二先
明相嚴過前十地故窮十方際過前十地者十地華

云量等百萬三千大千世界故今盡十方剎是也上十信及十地蓮華亦不言量數今義等皆不可說明是等覺之依報也

此大蓮華具足如來清淨莊嚴一切善根之所生起吉祥爲表神力所現有十千阿僧祇清淨功德菩薩妙道之所成就一切智心之所流出十方佛影於中顯現世間瞻仰猶如佛塔眾生見者無不禮敬從能了幻正法所生一切世間不可爲喻

後此大蓮華下辨德嚴自內而觀量周法界自外而觀許眾生見斯乃即小之大也

菩薩摩訶薩於此華上結跏趺坐其身大小與華相稱

二正報中二初明身量大小

一切諸佛神力所加令菩薩身一一毛孔各出百萬億那由他不可說佛剎微塵數光明一一光明現百萬億那由他不可說佛剎微塵數摩尼寶其寶皆名普光明藏種種色相以爲莊嚴無量功德之所成就眾寶及華以爲羅網彌覆其上散百千億那由他殊勝妙香無量色相種種莊嚴復現不思議寶莊嚴蓋以覆其上一一摩尼寶悉現百萬億那由他不可說佛剎微塵數樓閣一一樓閣現百萬億那由他不可說佛剎微塵數蓮華藏師子之座一一師子座現百萬億那由他不可說佛剎微塵數光明一一光明現百萬億那由他不可說佛剎微塵數色相一一色相現百萬億那由他不可說佛剎微塵數光明輪一一光明輪現百萬億那由他不可說佛剎微塵數毘盧遮那摩尼寶華一一華現百萬億那由他不可說佛剎微塵數臺一一臺現百萬億那由他不可說佛剎微塵數佛一一佛現百萬億那由他不可說佛剎微塵數神變一一神變淨百萬億那由他不可說佛剎微塵數眾生眾一一眾生眾中現百萬億那由他不可說佛剎微塵數諸佛自在一一自在雨百萬億那由他不可說佛剎微塵數佛法一一佛法有百萬億那由他不可說佛剎微塵數修多羅一一修多羅說百萬億那由他不可說佛剎微塵數法門一一法門有百萬億那由他不可說佛剎微塵數金剛智所入法輪差別言辭各別演說一一法輪成熟百萬億那由他不可說佛剎微塵數眾生界一一眾生界有百萬億那由他不可說佛剎微塵數眾生於佛法中而得調伏

後一切諸佛下明佛加放光有二十重後後重中皆倍前前百萬億那由他不可說佛剎微塵數倍則數難量矣

佛子菩薩摩訶薩住此三昧示現如是神通境界無量變化悉知如幻而不染著

第二佛子菩薩至住此三昧下明達無相法即同諸如來於最清淨真如能入功德

初結前生後達無相故不染

安住無邊不可說法自性清淨法界實相如來種性無礙際中無去無來非先非後甚深無底現量所得以智自入不由他悟心不迷亂亦無分別

後安住下正顯安住即是入義謂此真如非有非無故云無邊定有定無即是邊故不可說法即離言真如其法界實相及無礙際皆真如異名而云如來種性者諸佛

以無性真如而為性故出現品云皆同一性所謂無性法華云知法常無性佛種從緣起無去來等重顯真如即是中道故深無底現量已下別明能入之義謂此真如下釋文先釋無邊故經云無相者無有無等相故即無有無二邊之義言不可離言真如者真如有二一安立真如謂真實如常寄言顯故二離言真如故起信云心真如者即是一法界大總相法門體所謂心性不生不滅一切諸法唯依妄念而有差別若離心念則無一切境界之相是故一切法從本已來離言說相離名字相離心緣相畢竟平等無有變易不可破壞唯是一心故名真如以一切言說假名無實但隨妄念不可得故言真如者亦無有相謂言說之極因言遣言此真如體無有可遣以一切法悉皆真故亦無可立以一切法皆同如故當知一切法不可說不可念故名真如釋曰此即離言真如意也次下論文云復次真如依言說分別有二種義何者為二一者如實空以能究竟顯實故二者如實不空以有自體具足無漏性功德故釋曰上即依言真如也法華云下此義玄中已引今是義引若具云諸佛兩足尊知法常無性佛種從緣起是故說一乘無去無來者中道非唯非有非無非斷非常等皆中道義

為去來今一切諸佛之所稱讚從諸佛力之所流出入於一切諸佛境界體性如實淨眼現證慧眼普見成就佛眼為世明燈行於智眼所知境界廣能開示微妙法門

第三為去來今下明住於佛住德謂佛無功用常住聖天梵住故文中先三世佛讚文通前後二段從諸佛力下正顯其義謂入一切佛境即聖天等所住境也淨眼現證下明能住相十眼圓明而安住故文有五眼餘但義含

成菩提心趣勝丈夫於諸境界無有障礙入智種性出生諸智離世生法而現受生神通變化方便調伏如是一切無非善巧

第四成菩提心下明得佛平等德謂佛佛相望有三平等故文即為三初明所依平等諸佛皆依清淨智故文中始發菩提心終成種智出生智用皆所依也次離世生法下明意樂平等同以調生為意樂故後神通變化下作業平等同作受用變化業故

功德解欲悉皆清淨最極微妙具足圓滿智慧廣大猶如虛空善能觀察眾聖境界信行願力堅固不動功德無盡世所稱歎於一切佛所觀之藏大菩提處一切智海集眾妙寶為大智者猶如蓮華自性清淨眾生見者皆生歡喜咸得利益智光普照見無量佛淨一切法

第五功德解欲下明到無障處德以修一切障對治故福智皆淨離於一障文中初二句功德次二句智慧各上句障淨下句德滿次二句重顯功德餘四句重顯智慧

所行寂靜於諸佛法究竟無礙恒以方便住佛菩提功德行中而得出生具菩薩智為菩薩首一切諸佛共所護念得佛威神成佛法身念力難思於境一緣而無所緣其行廣大無相無礙等于法界無量無邊所證菩提猶如虛空無有邊際無所縛著

第六所行寂靜下明不可轉法德謂教證二法他不能轉文中初一句略標教證謂寂靜證也諸佛法教也恒以下別顯教念力下重顯證既如空無著等他安能轉耶

於諸世間普作饒益一切智海善根所流悉能通達無量境界已善成就清淨施法住菩薩心淨菩薩種能隨順生諸佛菩提於諸佛

法皆得善巧具微妙行成堅固力

第七於諸世間下明所行無礙德謂雖於世間作利樂事世間八法不能礙故文中住菩薩心成堅固力等即不礙之因也

一切諸佛自在威神衆生難聞菩薩悉知入不二門住無相法雖復永捨一切諸相而能廣說種種諸法隨諸衆生心樂欲解悉使調伏咸令歡喜

第八一切諸佛下明立不思議德謂安立正法凡愚不能思故文中初總顯一切教法皆是如來威力之所建立菩薩能知反顯凡夫不思入不二下別顯安立難思之相謂依無相而廣說故隨欲解之多端故並難思也

法界爲身無有分別智慧境界不可窮盡志常勇猛心恒平等見一切佛功德邊際了一切劫差別次第

第九法界爲身下明普見三世以身心等於法界故於三世事記別無差在文可見

開示一切法安住一切剎嚴淨一切諸佛國土顯現一切正法光明演去來今一切佛法示諸菩薩所住之處爲世明燈生諸善根永離世間常生佛所

第十開示一切法下明身恒充滿一切國土謂爲開法故示現受用變化之身徧諸世界而爲利樂文相亦顯

得佛智慧明了第一一切諸佛皆共攝受已入未來諸佛之數從諸善友而得出生所有志求皆無不果

第十一得佛智慧下明智恒明達一切諸法謂於境善決能斷他疑故文相亦顯

具大威德住增上意隨所聽聞咸能善說

第十二具大威德下明了一切行謂具增上意樂能了有情意樂性行如其所應而爲現身即有威德

亦爲開示聞法善根住實際輪於一切法心無障礙不捨諸行離諸分別

第十三亦爲開示下明除一切疑謂聲聞人言其全無少分善根今能開示令其知當生如來妙智故心不障礙

於一切治心無動念得智慧明滅諸癡闇悉能明照一切佛法不壞諸有而生其中了知一切諸有境界從本已來無有動作身語意業皆悉無邊

第十四於一切法心無動下明無能測身然有二義一謂其身非虛妄分別所起無煩惱業生雜染故不可測初一行經顯之二其身雖無分別如摩尼珠然由佛增上及衆生勝解力見金色等而佛無有分別即不壞諸有下經文顯之

雖隨世俗演說種種無量文字而恒不壞離文字法深入佛海知一切法但有假名於諸境界無繫無著

第十五雖隨世俗下明一切菩薩等所求智謂菩薩以無量文字調伏有情要依佛所聞法爲先獲得妙智故諸菩薩等皆求也文相甚顯

了一切法空無所有所修諸行從法界生

第十六了一切法下明到佛無二究竟彼岸謂了一切法空法界等即佛無二法身

依此法身修波羅蜜多等行而得圓滿爲從法界生

猶如虛空無相無形深入法界隨順演說於一境門生一切智

第十七猶如虛空下明具足如來平等解脫謂一一如來所現身土皆徧法界猶如虛空無相無形不相障礙而不相雜隨其化緣現各別故故文云隨順演說於一境門生一切智慧各順一一境故

觀十力地以智修學智爲橋梁至薩婆若以智慧眼見法無礙善入諸地

第十八觀十力地下即證無中邊佛平等地謂三種佛身平等徧滿無有中邊之異故至薩婆若即自受用智爲橋梁即通變化見法無礙即是法身結云善入諸地者即佛十地也

知種種義一一法門悉得明了

第十九知種種下明盡於法界謂此法界最清淨故能起等流契經等法極此法界於當來世作諸有情隨應利樂今文但有所起略無能起

所有大願靡不成就

第二十所有大願靡不成就即等虛空界窮未來際無有盡故方云成就上來略辨若廣引諸論如升兜率品

佛子菩薩摩訶薩以此開示一切如來無差別性此是無礙方便之門此能出生菩薩衆會此法唯是三昧境界此能勇進入薩婆若此能開顯諸三昧門此能無礙普入諸刹此能調伏一切衆生此能住於無衆生際此能開示一切佛法此於境界皆無所得

第三佛子以此開示下顯德勝能中二初總明後雖一切下別顯今初先標謂用此會事之德開示佛平等徃者同有二十一種功德故後此是下總歎前德

雖一切時演說開示而恒遠離妄想分別雖知諸法皆無所作而能示現一切作業雖知諸佛無有二相而能顯示一切諸佛雖知無色而演說諸色雖知無受而演說諸受雖知無想而演說諸想雖知無行而演說諸行雖知無識而演說諸識恒以法輪開示一切雖知法無生而常轉法輪雖知法無差別而說諸差別門雖知諸法無有生滅而說一切生滅之相雖知諸法無麤無細而說諸法麤細之相雖知諸法無上中下而能宣說最上之法雖知諸法不可言說而能演說清淨言辭雖知諸法無內無外而說一切內外諸法雖知諸法不可了知而說種種智慧觀察雖知諸法無有真實而說出離真實之道雖知諸法畢竟無盡而能演說盡諸有漏雖知諸法無違無諍然亦不無自他差別雖知諸法畢竟無師而常尊敬一切師長雖知諸法不由他悟而常尊敬諸善知識雖知法無轉而轉法輪雖知法無起而示諸因緣雖知諸法無有前際而廣說過去雖知諸法無有後際而廣說未來雖知諸法無有中際而廣說現在雖知諸法無有作者而說諸作業雖知諸法無有因緣而說諸集因雖知諸法無有等比而說平等不平等道雖知諸法無有言說而決定說三世之法雖知諸法無有所依而說

依善法而得出離雖知法無身而廣說法身雖知三世諸佛無邊而能演說唯有一佛雖知法無色而現種種色雖知法無見而廣說諸見雖知法無相而說種種相雖知諸法無有境界而廣宣說智慧境界雖知諸法無有差別而說行果種種差別雖知諸法無有出離而說清淨諸出離行雖知諸法本來常住而說一切諸流轉法雖知諸法無有照明而恒廣說照明之法

二別顯中餘九不言且廣初無礙之義自有四十一句初句有不礙無以有是無之有故後四十句明無不礙有以無是有之無故又前是二而不二後是不二而二及寂用相即等並顯可知

佛子菩薩摩訶薩入如是大威德三昧智輪則能證得一切佛法則能趣入一切佛法則能成就則能圓滿則能積集則能清淨則能安住則能了達與一切法自性相應

第二佛子菩薩入如是下證入諸法用中四初明證入二離證相三徵四釋今初十句初句明能證之定三昧智輪尚順梵語若正應云智輪三昧因定最勝名大威德則能下顯所證法謂證佛果法初句總無爲果爲證有爲果曰得餘句別趣入釋證成就釋得圓滿通二積集約因圓清淨謂障盡定能安住慧能了達定慧兩亡則自性相應爲證入也

而此菩薩摩訶薩不作是念有若干諸菩薩若干菩薩法若干菩薩究竟若干幻究竟若干化究竟若干神通成就若干智成就若干思惟若干證入若干趣向若干境界

二而此下明離證相以無念方證故尚不念無礙慧境況所證法有若干耶

何以故

三徵意有三一何以證而無念耶二何以一定得多果耶三何以因定得果法耶

菩薩三昧如是體性如是無邊如是殊勝故

四釋中二初略別釋後此三昧下廣以通釋今初別釋三徵一體性離念故二定體雖一用無邊故三以殊勝故因得果法

此三昧種種境界種種威力種種深入

後廣通釋者謂文廣義通通明上三句於中二先總標境是定之所緣深入是定證契威力是定之用三皆定體皆言種種故上云無邊具三又多故云殊勝

所謂入不可說智門入離分別諸莊嚴入無邊殊勝波羅蜜入無數禪定入百千億那由他不可說廣大智入見無邊佛勝妙藏入於境界不休息入清淨信解助道法入諸根猛利大神通入於境界心無礙入見一切佛平等眼入積集普賢勝志行入住那羅延妙智身入說如來智慧海入起無量種自在神變入生一切佛無盡智門入住一切佛現前境界入淨普賢菩薩自在智入開示無比普門智入普知法界一切微細境界入普現法界一切微細境界入一切殊勝智光明入一切自在邊際入一切辯才法門際入徧法界智慧身入成就一切處徧行道入善住一切差別三昧入知一切諸佛心

後所謂下別顯有二十八句句皆有上三

義如初句入即深入義不可說等即無邊義智門即境界義其間或有闕無邊義量文略耳知智在說說爲智門二入功德智慧不二之莊嚴六入不空如來藏七悲智之境觀度無休餘可知

佛子此菩薩摩訶薩住普賢行念念入百億不可說三昧然不見普賢菩薩三昧及佛境界莊嚴前際

第三佛子此菩薩住普賢下普德無盡於中四一正顯無盡謂非唯上列諸用又能念念入多三昧亦不能盡

何以故

二徵徵意云既念念入多何以不盡

知一切法究竟無盡故知一切佛刹無邊故知一切衆生界不思議故知前際無始故知未來無窮故知現在盡虛空徧法界無邊故知一切諸佛境界不可思議故知一切菩薩行無數故知一切諸佛辯才所說境界不可說無邊故知一切幻心所緣法無量故

三釋意云此三昧緣境究竟無盡故文有十句初總餘別並可知

佛子如如意珠隨有所求一切皆得求者無盡意皆滿足而珠勢力終不匱止菩薩摩訶薩亦復如是入此三昧知心如幻出生一切諸法境界周徧無盡不匱不息何以故菩薩摩訶薩成就普賢無礙行智觀察無量廣大幻境猶如影像無增減故

四喻況於中有三喻喻前無盡各有喻合前二合中復加徵釋一如意隨求喻喻定心隨應出法無盡徵意云何以出法無盡不匱息耶釋意云了多幻境皆同影像緣至則生何有盡耶體無增減何有匱息耶

佛子譬如凡夫各別生心已生現生及以當生無有邊際無斷無盡其心流轉相續不絕不可思議菩薩摩訶薩亦復如是入此普幻門三昧無有邊際不可測量何以故了達普賢菩薩普幻門無量法故

二生心各別喻喻緣境無盡可知

佛子譬如難陀跋難陀摩那斯龍王及餘大龍降雨之時滴如車軸無有邊際雖如是雨雨終不盡此是諸龍無作境界

三龍王降雨喻喻入法無盡於中初喻後合

菩薩摩訶薩亦復如是住此三昧入普賢菩薩諸三昧門智門法門見諸佛門往諸方門心自在門加持門神變門神通門幻化門諸法如幻門不可說不可說諸菩薩充滿門親近不可說不可說佛刹微塵數如來正覺門入不可說不可說廣大幻網門知不可說不可說差別廣大佛刹門知不可說不可說有體性無體性世界門知不可說不可說衆生想門知不可說不可說時劫差別門知不可說不可說世界成壞門知不可說不可說覆住仰住諸佛刹門

合中分三初正明入法合滴如車軸謂入廣大法故初句總智門下別皆云門者自他遊入故幻網者一切皆幻互爲緣起相交映故世界性空故無體隨緣染淨故有體又法性土故有體事土從緣故無體又淨刹順理故有體染刹妄成故無體餘可

知世界性空下釋經有體性無體性世界門文有三釋一雙約事理明謂緣生故有無性故空義即法性宗一義亦無相宗義二云又法性土故有體者亦約性相而含二宗之義若就法性宗釋性上取空義相上取有義今性上取有義相上取空義謂緣生故空義若共二宗釋者法性有體是法相宗義事土無體是法性宗義然可會通故今通用三又淨剎順理下唯就相土以明有體無體之義淨順於理是事淨順上法性土染剎妄成即從緣無性義又第二義亦順瓔珞仁王三賢十聖住果報唯佛一人居淨土三賢十聖忍中行唯佛一人能盡源亦順涅槃空者所謂生死不空者謂大涅槃餘義如前後說也其一品內更有文義皆前後已有故不委示

於一念中皆如實知

二於一念下入法時分合前降雨之時

大方廣佛華嚴經疏鈔會本第四十三之一

大方廣佛華嚴經疏鈔會本第四十三之二　韓九

唐于闐國三藏沙門實叉難陀　譯

唐清涼山大華嚴寺沙門澄觀撰述

如是入時無有邊際無有窮盡不疲不厭不斷不息無退無失於諸法中不住非處恒正思惟不沉不舉 韓九 一

三如是入時下明入時相用合前無邊無盡無作境界於中三初十句明其相狀次求一切智下明其業用三徵釋所由今初初二句合雲無邊兩無盡不疲下合無作境無作即無功用故身不疲心不厭不末斷不暫息未入常入故不退已入末常故不失無法非所入門故不住非處無心不契故恒正思惟不沉不舉正是入相

求一切智常無退捨爲一切佛剎照世明燈轉不可說不可說法輪以妙辯才諮問如來無窮盡時示成佛道無有邊際調伏衆生恒無廢捨常勤修習普賢行願未曾休息示現無量不可說不可說色相身無有斷絕

二業用者隨入一一門皆有斯業門門即不可盡文顯可知

何以故

三徵釋中徵意有二一云菩薩豈無行滿成佛何以業用無際限耶二云設橫顯無盡可爾何以一一門中用即無盡

譬如然火隨所有緣於爾所時火起不息

後釋意亦二一云菩薩本爲衆生生無盡故用亦無盡二釋後意云生及世界既如虛空故隨一門即用無盡如芥子中空由此不但一門成多一念亦能成多事矣文中三初喻明火隨薪緣薪多火在喻菩薩生界緣廣用無有涯

菩薩摩訶薩亦復如是觀察衆生界法界世界猶如虛空無有邊際乃至能於一念之頃往不可說不可說佛剎微塵數佛所一一佛所入不可說不可說一切智種種差別法令不可說不可說衆生界出家爲道勤修善根究竟清淨令不可說不可說菩薩於普賢行願未決定者而得決定安住普賢智慧之門以無量方便入不可說不可說三世成住壞廣大差別劫於不可說不可說成住壞世間差別境界起於爾所大悲大願調伏無量一切衆生悉使無餘

次合可知

何以故此菩薩摩訶薩爲欲度脫一切衆生修普賢行生普賢智滿足普賢所有行願 韓九 二

後轉徵釋徵意云菩薩何以起多業用釋意云爲普度生滿普願故

是故諸菩薩應於如是種類如是境界如是威德如是廣大如是無量如是不思議如是普照明如是一切諸佛現前住如是一切如來所護念如是成就往昔善根如是其心無礙不動三昧之中

第四是故諸菩薩下結示勸修中二初結勸勸修二佛子至如是修行普賢行下總 韓九 三 結顯示令初謂菩薩心窮生界定用無涯故應修習文中二初舉所修之法後勸加下示勸修相令初是故諸菩薩五字該下二段其所修法有十一句末後一句舉定名體前之十句別明無礙輪之業用於中

倒牒前來諸文初種類者業用非一故如合龍喻中入法衆多是種類義二境界者即定所緣如前妄念緣境喻三威德者即通顯定用如前珠能出生喻四此上三種皆悉廣大一一無涯如前不見三昧前際故五數不可極如前入不可說智門等即無邊故六並絕心言如前不作是念有若干菩薩等故七皆與智俱如前雖知諸法無作而能示現一切作業是權實明照故八體用齊於佛境則諸佛現前如前觀十力地至薩婆若故九如來護念如前諸佛攝受已入未來諸佛數故十非但現用自在亦成普善如前功德解欲悉清淨故

勤加修習離諸熱惱無有疲厭心不退轉立深志樂勇猛無怯順三昧境界入難思智地

第二示修相中二初略示離過進德

不依文字不著世間不取諸法不起分別不染著世事不分別境界

後不依下別示離過進德於中先離過

於諸法智但應安住不應稱量所謂親近一切智悟解佛菩提成就法光明施與一切衆生善根於魔界中拔出衆生令其得入佛法境界令不捨大願勤觀出道增廣淨境成就諸度於一切佛深生信解常應觀察一切法性無時暫捨應知自身與諸法性普皆平等應當明解世間所作示其如法智慧方便應常精進無有休息應觀自身善根鮮少應勤增長他諸善根應自修行一切智道應勤增長菩薩境界應樂親近諸善知識應與同行而共止住應不分別佛應不捨離念應常安住平等法界應知一切心識如幻應知世間諸行如夢應知諸佛願力出現猶如影像應知一切諸廣大業猶如變化應知言語悉皆如響應觀諸法一切如幻應知一切生滅之法皆如音聲應知所往一切佛刹皆無體性應為請問如來佛法不生疲倦應為開悟一切世間勤加教誨而不捨離應為調伏一切衆生知時說法而不休息

後於諸法下進德文並可知

佛子菩薩摩訶薩如是修行普賢之行如是圓滿菩薩境界如是通達出離之道如是受持三世佛法如是觀察一切智門如是思惟不變異法如是明潔增上志樂如是信解一切如來如是了知佛廣大力如是決定無所礙心如是攝受一切衆生

第二總結顯示者遠則通結前來諸段近則逆結上來進德之文欲一一配屬恐厭繁文近則逆結下前經從於諸法智但應安住不應量下是進德文今有十一初一後一皆是總意初句明前皆普賢行末後明前皆爲攝生中間九句攝前進德卽爲九段一如是圓滿菩薩境界卽前經云應爲請問如來佛法下三句以三句中初一上求佛道法二下化衆生皆是菩薩之境界故二如是通達出離之道卽前應觀諸法一切如幻下三句如幻如響皆無體性是出離法故三如是受持三世佛法卽前應知諸佛力下三句四如是觀察一切智門卽前應常安住平等法界下三句五如是思惟不變易法卽前應不分別佛下二句六如是明潔增上志樂卽前應當明解世間所作下八句八句皆增上志樂故七如是信解一切如來卽前如一切佛深生信解下三句八如是了知佛廣大力卽前於魔界中拔出衆生下至成就諸度四句九如是決定心無所礙卽前所謂親近一切智下四句末句如是總結攝生已如前釋對前諸段顯取耳

佛子菩薩摩訶薩入普賢菩薩所住如是大智慧三昧時

大文第三定滿成益文屬此定意兼前九
於中四一外感佛加益二內德圓滿益三
上攝佛果益四正同佛果益初中五一辦
加所依謂在定時故

十方各有不可說不可說國土一一國土各
有不可說不可說佛刹微塵數如來名號一
一名號各有不可說不可說佛刹微塵數諸
佛而現其前

二十方下顯能加者

與如來念力令不忘失如來境界與一切法
究竟慧令入一切智與知一切法種種義決
定慧令受持一切佛法趣入無礙與無上佛
菩提令入一切智開悟法界與菩薩究竟慧
令得一切法光明無諸黑闇與菩薩不退智
令知時非時善巧方便調伏衆生與無障礙
菩薩辯才令悟解無邊法演說無盡與神通
變化力令現不可說不可說差別身無邊色
相種種不同開悟衆生與圓滿言音令現不
可說不可說差別音聲種種言辭開悟衆生
與不唐捐力令一切衆生若得見形若得聞
法皆悉成就無空過者

三與如來下正顯加相

佛子菩薩摩訶薩如是滿足普賢行故得如
來力淨出離道滿一切智以無礙辯才神通
變化究竟調伏一切衆生具佛威德淨普賢
行住普賢道盡未來際爲欲調伏一切衆生
轉一切佛微妙法輪

四佛子菩薩下加以成用文並可知

何以故佛子此菩薩摩訶薩成就如是殊勝
大願諸菩薩行則爲一切世間法師則爲一
切世間法日則爲一切世間智月則爲一切
世間須彌山王巍然高出堅固不動則爲一
切世間無涯智海則爲一切世間正法明燈
普照無邊相續不斷爲一切衆生開示無邊
清淨功德皆令安住功德善根順一切智大
願平等修習普賢廣大之行常能勸發無量
衆生住不可說不可說廣大行三昧現大自
在

五何以下徵釋所由徵意云普行既滿何
須盡未來際行調生行耶釋意云無障礙
願法應爾故已成大願真能調故

佛子此菩薩摩訶薩獲如是智證如是法於
如是法審住明見得如是神力住如是境界
現如是神變起如是神通常安住大悲常利
益衆生開示衆生安隱正道建立福智大光
明幢證不思議解脫住一切智解脫到諸佛
解脫彼岸學不思議解脫方便門已得成就
入法界差別門無有錯亂於普賢不可說不
可說三昧遊戲自在住師子奮迅智心意無
礙

第二佛子此菩薩獲如是下內德圓滿益
中四初牒前住定之因圓通牒上文並顯
可知

其心恒住十大法藏何者爲十所謂住憶念
一切諸佛住憶念一切佛法住調伏一切衆
生大悲住示現不思議清淨國土智住深入
諸佛境界決定解住去來現在一切佛平等
相菩提住無礙無著際住一切法無相性住
去來現在一切佛平等善根住去來現在一
切如來法界無差別身語意業先導智住觀

察三世一切諸佛受生出家詣道場成正覺轉法輪般涅槃悉入刹那際佛子此十大法藏廣大無量不可數不可稱不可思不可說無窮盡難忍受一切世智無能稱述

二其心恒住下別示所滿十表無盡

佛子此菩薩摩訶薩已到普賢諸行彼岸證清淨法忘力廣大開示衆生無量善根增長菩薩一切勢力於念念頃滿足菩薩一切功德成就菩薩一切諸行得一切佛陀羅尼法受持一切諸佛所說雖常安住真如實際而隨一切世俗言說示現調伏一切衆生

三佛子此菩薩至已到普賢下總結究竟

何以故菩薩摩訶薩住此三昧法如是故

四何以下徵釋所由徵意云菩薩何以能滿爾所德耶釋意可知

佛子菩薩摩訶薩以此三昧得一切佛廣大智得巧說一切廣大法自在辯才得一切世中最爲殊勝清淨無畏法得入一切三昧智得一切菩薩善巧方便得一切法光明門到安慰一切世間法彼岸知一切衆生時非時照十方世界一切處令一切衆生得勝智作一切世間無上師安住一切諸功德開示一切衆生清淨三昧令入最上智

第三佛子至以此三昧下上攝佛果益中三初正明

何以故菩薩摩訶薩如是修行則利益衆生則增長大悲則親近善知識則見一切佛則了一切法則詣一切刹則入一切方則入一切世則悟一切法平等性則知一切佛平等性則住一切智平等性

次何以故徵徵意云上是佛德何能攝耶後菩薩下釋意云住此三昧能所作無餘同如來故於中三初正顯無餘之業故皆云一切

於此法中作如是業不作餘業住未足心住不散亂心住專一心住勤修心住決定心住不變異心如是思惟如是作業如是究竟

二於此法中下明作業行相初句總顯依前而作更不作餘不足之業住未足等顯其作義如是已下總結前作

佛子菩薩摩訶薩無異語異作有如語如作

三佛子下遮難重釋謂廣前作如是業不作餘業文中三初略標舉其中如作通身及意

何以故譬如金剛以不可壞而得其名終無有時離於不壞菩薩摩訶薩亦復如是以諸行法而得其名終無有時離諸行法

次徵徵意云何以不作餘耶後廣釋釋意云若作異前非菩薩故文有十喻即爲十段各自有合一金剛不壞喻喻行體堅牢

譬如真金以有妙色而得其名終無有時離於妙色菩薩摩訶薩亦復如是以諸善業而得其名終無有時離諸善業

二真金妙色喻喻善業外飾

譬如日天子以光明輪而得其名終無有時離光明輪菩薩摩訶薩亦復如是以智慧光而得其名終無有時離智慧光

三日輪光明喻喻智慧圓明

譬如須彌山王以四寶峯處於大海逈然高出而得其名終無有時捨離四峯菩薩摩訶

薩亦復如是以諸善根處在於世逈然高出
而得其名終無有時捨離善根
四須彌四峯喻喻善根超出不合四峯若
合可以四善薩行合也
譬如大地以持一切而得其名終無有時捨
離能持善薩摩訶薩亦復如是以度一切而
得其名終無有時捨離大悲
五大地能持喻喻大悲荷負
譬如大海以含衆水而得其名終無有時捨
離於水善薩摩訶薩亦復如是以諸大願而
得其名終不暫捨度衆生願
六大海含水喻喻大願普育
譬如軍將以能慣習戰闘之法而得其名終
無有時捨離此能善薩摩訶薩亦復如是以
能慣習如是三昧而得其名乃至成就一切
智智終無有時捨離此行
七軍將明戰喻喻習定防怨
如轉輪王馭四天下常勤守護一切衆生令
無横死恒受快樂善薩摩訶薩亦復如是入
如是等諸大三昧常勤化度一切衆生乃至
令其究竟清淨
八輪王護世喻喻定清物感
譬如種子植之於地乃至能令莖葉增長善
薩摩訶薩亦復如是修普賢行乃至能令一
切衆生善法增長
九植種生長喻喻行增物善
譬如大雲於夏暑月降霔大雨乃至增長一
切種子
十時雨生種喻喻法雨普成先喻後合
善薩摩訶薩亦復如是入如是等諸大三昧
修善薩行雨大法雨乃至能令一切衆生究
竟清淨究竟涅槃究竟安隱究竟彼岸究竟
歡喜究竟斷疑爲諸衆生究竟福田令其施
業皆得清淨令其皆住不退轉道令其同得
一切智智令其皆得出離三界令其皆得究
竟之智令其皆得諸佛如來究竟之法置諸
衆生一切智處
合中二先正合後徵釋前中云乃至者越
初生種直合終成故由應時而降故獲斯
十四種益一得智果淨二障故二得斷果
達無相法故三得恩果住大悲故四得所
依清淨究竟彼岸果上四自利餘皆利他
五了有情行令他歡喜自離十怖則自歡
喜六得斷疑七成應供次下諸句由此而
成文並可知
何以故善薩摩訶薩成就此法智慧明了入
法界門能淨善薩不可思議無量諸行
後徵釋中徵意云善薩依何行力說法成
斯大益釋意云由成大智證法界故尚能
淨無量行豈止成衆生耶文中二初標後
所謂下釋
所謂能淨諸智求一切智故能淨衆生使調
伏故能淨刹土常廻向故能淨諸法普了知
故能淨無畏無怯弱故能淨無礙辯巧演說
故能淨陀羅尼於一切法得自在故能淨親
近行常見一切佛興世故
釋中三初列所淨功德
佛子善薩摩訶薩住此三昧得如是等百千
億那由他不可說不可說清淨功德
二佛子下結其廣多以別說難盡故

於如是等三昧境界得自在故一切諸佛所加被故自善根力之所流故入智慧地大威力故諸善知識引導力故摧伏一切諸魔力故同分善根淳淨力故廣大誓願欲樂力故所種善根成就力故超諸世間無盡之福無對力故

三於如是等下顯能淨因同分善根者一一善根迴向法界成主伴故超諸世間等者法性相應所修之福故超於世法性不並真故無有對餘並易了

佛子菩薩摩訶薩住此三昧得十種法同去來今一切諸佛何者爲十所謂得諸相好種種莊嚴同於諸佛能放清淨大光明網同於諸佛神通變化調伏衆生同於諸佛無邊色身清淨圓音同於諸佛隨衆生業現淨佛國同於諸佛一切衆生所有語言皆能攝持不忘不失同於諸佛無盡辯才隨衆生心而轉法輪令生智慧同於諸佛大師子吼無所怯畏以無量法開悟羣生同於諸佛於一念頃以大神通普入三世同於諸佛普能顯示一切衆生諸佛莊嚴諸佛威力諸佛境界同於諸佛

第四佛子菩薩摩訶薩住此三昧下正明佛果益於中二初正顯同有標徵及列等覺之名由此而立

爾時普眼菩薩白普賢菩薩言佛子此菩薩摩訶薩得如是法同諸如來

二爾時普眼下問答料揀於中先問後答問中先牒前同佛

何故不名佛何故不名十力何故不名一切智何故不名一切法中得菩提者何故不得名爲普眼何故不名一切境中無礙見者何故不名覺一切法何故不名與三世佛無二住者何故不名住實際者何故修行普賢行願猶未休息何故不能究竟法界捨菩薩道

後何故下陳已所疑於中初疑不名爲果後問不捨於因

爾時普賢菩薩告普眼菩薩言善哉佛子如汝所言若此菩薩摩訶薩同一切佛以何義故不名爲佛乃至不能捨菩薩道

後爾時普賢下答中二初讚問牒疑

佛子此菩薩摩訶薩已能修習去來今世一切菩薩種種行願入智境界則名爲佛於如來所修菩薩行無有休息說名菩薩如來諸力皆悉已入則名十力雖成十力行普賢行而無休息說名菩薩知一切法而能演說名一切智雖能演說一切諸法於一一法善巧思惟未嘗止息說名菩薩知一切法無有二相是則說名悟一切法於二不二一切諸法差別之道善巧觀察展轉增勝無有休息說名菩薩已能明見普眼境界說名普眼雖能證得普眼境界念念增長未曾休息說名菩薩於一切法悉能明照離諸闇障名無礙見常勤憶念無礙見者說名菩薩已得諸佛智慧之眼是則說名覺一切法觀諸如來正覺智眼而不放逸說名菩薩住佛所住與佛無二說名與佛無二住者爲佛攝受修諸智慧說名菩薩常觀一切世間實際是則說名住實際者雖常觀察諸法實際而不證入亦不捨離說名菩薩不來不去無同無異此等分

別悉皆未息是則說名休息願者廣大修習圓滿不退則名未息普賢願者了知法界無有邊際一切諸法一相無相是則說名究竟法界捨菩薩道雖知法界無有邊際而知一切種種異相起大悲心度諸衆生盡未來際無有疲猒是則說名普賢菩薩

後佛子此菩薩下正答所問於中三一法說二喻況三法合今初十一段次第答前十一問在文易了意猶難見謂何得已入十力而普行無息耶今總以喻顯如人習誦雖已得通而數溫習不如久精下香象喻顯相雖相似而體不同故瓔珞云等覺照寂妙覺寂照亦似功用滿位此無功用也亦顯得果不捨因盡未來際皆位後普賢故

佛子譬如伊羅鉢那象王住金脅山七寶窟中其窟周圍悉以七寶而爲欄楯寶多羅樹次第行列真金羅網彌覆其上象身潔白猶如珂雪上立金幢金爲瓔珞寶網覆鼻寶鈴垂下七支成就六牙具足端正充滿見者欣樂調良善順心無所逆

喻中三一舉象王依正勝嚴伊羅鉢那此云香葉常居第一金山之脇

若天帝釋將欲遊行爾時象王即知其意便於寶窟而沒其形至忉利天釋主之前以神通力種種變現令其身有三十三頭於一一頭化作七牙於一一牙化作七池一一池中有七蓮華一一華中有七采女一時俱奏百千天樂是時帝釋乘茲寶象從難勝殿往詣華園芬陀利華徧滿其中是時帝釋至華園已從象而下入於一切寶莊嚴殿無量采女以爲侍從歌詠妓樂受諸快樂爾時象王復以神通隱其象形現作天身與三十三天及諸采女於芬陀利華園之內歡娛戲樂所現身相光明衣服往來進止語笑觀瞻皆如彼天等無有異無能分別此象此天象之與天更互相似

二若天帝下明象王神變自在言七牙者準賢首品但有六牙或是譯者類後三七便言七耳若作表義于何不可無能分別此象此天者正意取此以喻菩薩等佛之義

佛子彼伊羅鉢那象王於金脅山七寶窟中無所變化至於三十三天之上爲欲供養釋提桓因化作種種諸可樂物受天快樂與天無異

三佛子彼伊羅下明不壞本而能現

佛子菩薩摩訶薩亦復如是修習普賢菩薩行願及諸三昧以爲衆寶莊嚴之具七菩提分爲菩薩身所放光明以之爲網建大法幢鳴大法鐘大悲爲窟堅固大願以爲其牙智慧無畏猶如師子法繒繫頂開示祕密到諸菩薩行願彼岸

第三法合中分四一具衆行嚴合前依正二爲欲安處下明因果無礙合前神變自在三佛子菩薩摩訶薩本身下結成不壞因而現果合前不壞本而能現四何以故下徵釋重合初中可知

爲欲安處菩提之座成一切智得最正覺增長普賢廣大行願不退不息不斷不捨大悲

精進盡未來際度脫一切苦惱衆生

二中二一明修無礙行所爲於中先爲果

後增長下爲因

不捨普賢道現成最正覺

二不捨普賢下正顯無礙行相於中先總明以法界因果無障礙故

現不可說不可說成正覺門現不可說不可說轉法輪門現不可說不可說住深心門於不可說不可說廣大國土現涅槃變化門

後現不可說下別顯於中分三初顯因門果行文有四果一智果二說法果三般若相應果四斷果

於不可說不可說差別世界而現受生修普賢行現不可說不可說如來於不可說不可說廣大國土菩提樹下成最正覺不可說不

經九 十八

可說菩薩衆親近圍繞或於一念頃修普賢行而成正覺或須臾頃或於一時或於一日或於半月或於一月或於一年或無數年或於一劫如是乃至不可說不可說劫修普賢行而成正覺

次於不可說至而現受生下顯果從因行及說得時不同隨物現故

復於一切諸佛剎中而爲上首親近於佛頂禮供養請問觀察如幻境界淨修菩薩無量諸行無量諸智種種神變種種威德種種智慧種種境界種種神通種種自在種種解脫種種法明種種教化調伏之法

後復於一切下顯果門因行並可知

佛子菩薩摩訶薩本身不滅以行願力於一切處如是變現

第三明不壞因而現果中本身不壞即因不壞合在窟無變一切處變現即能現果合在天神變

何以故欲以普賢自在神力調伏一切衆生故令不可說不可說衆生得清淨故令其

經九 十九

求斷生死輪故嚴淨廣大諸世界故常見一切諸如來故深入一切佛法流故憶念三世諸佛種故憶念十方一切佛法及法身故普修一切菩薩諸行使圓滿故入普賢流自在能證一切智故

四徵釋重合中先徵意云因果相違云何因門現果果復爲因釋意云謂衆生法應如是故文中二先釋果作因意十句可知

佛子汝應觀此菩薩摩訶薩不捨普賢行不斷菩薩道見一切佛證一切智自在受用一切智法

後佛子汝應下釋因現果意於中四一法說謂不捨因而現果

如伊羅鉢那象王不捨象身往三十三天爲天所乘受天快樂作天遊戲承事天主與天采女而作歡娛同於諸天無有差別

二如伊羅下舉前喻顯

佛子菩薩摩訶薩亦復如是不捨普賢大乘諸行不退諸願得佛自在具一切智證佛解脫無障無礙成就清淨於諸國土無所染著於佛法中無所分別雖知諸法普皆平等無有二相而恒明見一切佛土雖已等同三世諸佛而修菩薩行相續不斷

三佛子下重以法合於中初明不捨因而現果後雖知諸法普皆平等下不壞果而

現因

佛子菩薩摩訶薩安住如是普賢行願廣大之法當知是人心得清淨

四佛子至安住下歎勝上來釋相竟

佛子此是菩薩摩訶薩第十無礙輪大三昧殊勝心廣大智

第三結名可知上來別釋十定竟

佛子此是菩薩摩訶薩所住普賢行十大三昧輪

最後佛子即大文第三總結十數

大方廣佛華嚴經疏鈔會本第四十三之二

唐于闐國三藏沙門實叉難陀　譯

唐清涼山大華嚴寺沙門澄觀　撰述

十通品第二十八

初來意爲答第二會中十通問故以二品疏十一明業用廣大前定此通義次第故亦由依定發通

二釋名者通即神通謂妙用難測曰神自在無擁曰通妙用無極寄十顯圓晉經本業俱稱十明者委照無遺故然通與明經論皆異故智度第三云直知過去宿命之事爲通若知過去因緣行業爲明等今以此經通即委照亦得稱明如文廣說故下經云非諸菩薩通明境界晉經意存順義今譯務不違文然通與下初引論有問曰神通與明有何等異答曰直知過去宿命事是名爲通若知過去行業爲明復次直知死此生彼是名爲通知行因緣際會不失是名爲明復次直盡結使不知更生更不生是名漏盡通若知漏盡更不復生是名爲明釋曰此論前文釋明行足所謂三明以三明對於六通辨差別也今疏但舉一明末云等者等於後二今以此經下第二會釋經文於中有二先會晉經明文順義皆委照文有證故晉經意存下二會今經文言務不違文者

三文有十通同六通故明但有三十無從故通梵語云乞栗地野明云婁耻多宗趣者智用自在爲宗爲滿等覺無方攝化爲趣

爾時普賢菩薩摩訶薩告諸菩薩言佛子菩薩摩訶薩有十種通

次正釋文長分爲四一舉數標告二徵數列釋三總歎勝能四結數辨果今初言十者一他心二天眼三知過去劫宿住四盡未來際劫五無礙清淨天耳六無體性無動作往一切佛剎七善分別一切言辭八無數色身九一切法智十入一切法滅盡三昧此十皆言智通者皆以大智爲體性故若隨相說前八量智後二理智據實唯一無礙大智此十亦是開彼六通天眼天耳神足漏盡各分二故天眼約見現未分成二四天耳約音聲言辭分出五七亦是約聞聖教及諸類言辭故神足約業用及色身分成六八漏盡約慧定分成九十一三不分故六爲十然小乘六通智用有分三乘平徧亦非曲盡今一乘十通智用重重徧周法界猶如帝網念劫圓融故尚超彼明況於通用爲顯圓旨開成十通一他心者以經無總列故今列名文中有四一列別名此十皆言下二辨其通稱通名神通已如上說今但釋智字便當出體若隨相下辨智差別此十亦是下三對六開合但看前列次第在文易了然小乘下四通妨難謂有難言十通全異可分權實十六之殊疏十二既依六開何能過六故今釋之名數小異義旨全乖文有三節一明小乘二辨三乘三釋一乘言小乘智用有分者宿命但知八萬劫事天眼但見三千世界天耳他心神足皆局三千之內漏盡不盡所如故云有分三乘平徧明其不盡重重一乘重重居然有異如天眼見塵中之剎剎中之塵塵剎之佛佛身毛孔塵剎重重彼重重剎中如來說法天耳皆聞彼中衆生他心盡了一念即知多剎況局八萬之中一塵即往剎無窮況局三千之內三明雖如因起未盡重重故云尚越彼明況於小乘六通之境次有難云若爾但明六通而義有異已揀權實何要十耶故云託事顯圓故開爲十十十十法門是本宗故

何者爲十

第二何者下徵數列釋中先總徵疏十三後佛子下別釋十通即爲十段段各有三謂標釋結

佛子菩薩摩訶薩以他心智通

今初標云他心者智以他心爲所緣故若直就所緣應名心差別通若所若王種類

多種皆能知故並依主受名今初標下疏文有二一釋名文中有三初能所合釋智爲能緣他心爲所緣二直就所釋三若所若王下顯智覺狹然智緣他心諸說不同安慧論師云佛智緣他心緣得本質餘皆變影護法論師則佛亦變影若緣本質得心外法壞唯識故但極似本質有異因人依唯識宗護法爲正以今經望前亦未失以攝境從心不壞境故能所兩亡不礙存故第一義唯心非一非異正緣他時即是自故以即佛心之衆生心非即衆生心之佛心爲所緣以即衆生心之佛心非即佛心之衆生心爲能緣如是鎔融故非一非異若離佛外別有衆生更須變影却失眞唯識義然智緣下第二辨相於中有二先敘異釋即彼二十唯識偈云他心智云何緣境不如實如知自心智不知如佛境不知如佛境者唯佛得本質故依唯識下二會今經意於中有三初標所取取前安慧故云望前亦未爲失以攝境下初直出所以即示法相宗有其三義一云攝境從心者即示心境有無彼得本質恐壞唯心既不壞境得之何妨壞有何失以無心者無心於萬物萬物未嘗無此得在於神靜失在於物虛謂物實有故若唯心壞境則得在於境空失在於心有故以境由心變故說唯心所變不無何必須壞若以緣生無性則心境兩亡故云借心以遣境境遣而心亡非獨存心矣二能

所兩亡者上不壞境且遣攝質之病今遣空有之理故心境並許存亡心境相籍故空有相依緣生故有有即存也空即亡也空有交徵存亡兩全三第一義雙心者正出具分雙心之理上第一釋雙有雙心之義尚通生滅雙心第二義雙兩亡不爲兩未言心境相攝令明具分唯識故云第一義唯心同第一義故非異不壞能所故非一非一故有能所緣他義成矣非異故能所平等唯心義成矣云正緣他時即是自故者結成得於本質無心外過以即自故不失唯識以即佛心下二示法性他心之相此有兩對前對明所緣復對明能緣今初言即佛心之衆生心者明所緣衆生心即是佛心也明不異次云非即衆生心之佛心者明衆生心與佛心非即非即故有所緣義非異故不壞唯心義言爲所緣者結成所緣揀非能緣也次辨能緣云以即衆生心之佛心者此明能緣佛心即是衆生心此明非異次云非即佛心之衆生心者此明佛心與衆生心有非一義非一故爲能緣非異故不壞唯識之義言爲能緣者結成能緣揀非所緣也更以喻況如水和乳乳爲所和喻衆生心是所緣水爲能和喻佛心爲能緣以此二和合如似一味鷄王呞之乳盡水存則知非一然此水名即乳之水又此乳名即水之乳二離相即而有不一之義故應喻之以即水之乳非即乳之水爲所和以即乳之水非即水之乳爲能和義可知矣若離佛外下第三鎔彈護法言却失眞唯識者不知外質即佛心故

知一三千大千世界衆生心差別所謂善心不善心廣心狹心大心小心順生死心背生死心聲聞心獨覺心菩薩心聲聞行心獨覺行心菩薩行心天心龍心夜叉心乾闥婆心阿修羅心迦樓羅心緊那羅心摩睺羅伽心人心非人心地獄心畜生心閻魔王處心餓鬼心諸難處衆生心如是等無量差別種種衆生心悉分別知

二知一下釋相中二初知一剎後如一下以少類多前中三初總次所謂下別後如是下結別中有三十類心闕第三無記晉經具有於中前十約相總顯後二十心約人別顯前中初二約性總該諸心次二約行兼濟獨善故次二約報天大人小故上四唯善次二約向背而順通三性善唯有漏背唯是善通漏無漏約人辨中初六約乘前三是果後三是因即前背生死心及廣狹心次八部約類即前順生死及大小心地獄等約趣亦順生死是不善心餘並可知

如一世界如是百世界千世界百千世界百千億那由他世界乃至不可說不可說佛剎微塵數世界中所有衆生心悉分別知

是名菩薩摩訶薩第一善知他心智神通

佛子菩薩摩訶薩以無礙清淨天眼智通

第二天眼標云無礙者見自在故清淨者離障故天眼即通

見無量不可說不可說佛刹微塵數世界中衆生死此生彼善趣惡趣福相罪相或好或醜或垢或淨如是品類無量衆生所謂天衆龍衆夜叉衆乾闥婆衆阿修羅衆迦樓羅衆緊那羅衆摩睺羅伽衆人衆非人衆微細身衆生衆廣大身衆生衆小衆大衆如是種種衆生衆中以無礙眼悉皆明見隨所積集業隨所受苦樂隨心隨分別隨見隨言說隨因隨業隨所緣隨所起悉皆見之無有錯謬

二見無量下釋中分三初總明多界相殊其善惡趣等後後展開如問明品次所謂下別明多類非一隨一一類有前罪等三如是種種下委照分明前但覩其現相此則照其因緣十明之目由此而立於中初能見分明次隨所下所見委悉言隨所者所知非一故後悉皆下結其無謬文並可知

是名菩薩摩訶薩第二無礙天眼智神通

佛子菩薩摩訶薩以宿住隨念智通

第三宿住通標中謝往之事名宿住在過去明了記憶爲隨念即宿住之隨念宿住隨念之通

能知自身及不可說不可說佛刹微塵數世界中一切衆生過去不可說不可說佛刹微塵數劫宿住之事所謂某處生如是名如是姓如是種族如是飲食如是苦樂從無始來於諸有中以因以緣展轉滋長次第相續輪迴不絕種種品類種種國土種種趣生種種形相種種業行種種結使種種心念種種因緣受生差別如是等事皆悉了知

二能知下釋相中二一知凡事於中先總所謂下別

又憶過去爾所佛刹微塵數劫爾所佛刹微塵數世界中有爾所佛刹微塵數諸佛一一佛如是名號如是出興如是衆會如是父母如是侍者如是聲聞如是最勝二大弟子於如是城邑如是出家復於如是菩提樹下成最正覺於如是處坐如是座演說如是若干經典如是利益爾所衆生於爾所時住於壽命施作如是若干佛事依無餘依般涅槃界而般涅槃般涅槃後法住久近如是一切悉能憶念

二又憶過去下知佛事於中亦二先約界顯多但知其果

又憶念不可說不可說佛刹微塵數諸佛名號一一名號有不可說不可說佛刹微塵數佛從初發心起願修行供養諸佛調伏衆生衆會說法壽命多少神通變化乃至入於無餘涅槃般涅槃後法住久近造立塔廟種種莊嚴令諸衆生種植善根皆悉能知

後又憶念下約人顯多兼知其因皆以菩薩得九世眼如見現在故若不爾者過去之法若不落謝不名過去若已落謝無法可知若但曾經心中有種影現前故說憶知者是則但見自心不見彼法又曾不經事應不憶知又但見現在非是過去何名宿住餘文可知皆以已下此釋知義而云見者是知見也此上正明

二若不爾下反難成立三若但下遮救謂恐救云昔曾見事事則雖滅見種猶存故得知耳是則下為遮此救文有三破一奪破謂但見心不見法故所見不同豈見現心名宿住智二又曾下縱許有種能知見者昔不經事應不知見謂昔為人何能昔見今得宿智廣遠皆知三又但見下結成即乖名破

是名菩薩摩訶薩第三知過去際劫宿住智神通

佛子菩薩摩訶薩以知盡未來際劫智通

第四知劫通亦從境受名

知不可說不可說佛刹微塵數世界中所有劫一一劫中所有衆生命終受生諸有相續業行果報若善若不善若出離若不出離若決定若不決定若邪定若正定若善根與使俱若善根不與使俱若具足善根若不具足善根若攝取善根若不攝取善根若積集善根若不積集善根若積集罪法若不積集罪法如是一切皆能了知又知不可說不可說佛刹微塵數世界盡未來際有不可說不可說佛刹微塵數劫一一劫有不可說不可說佛刹微塵數諸佛名號一一名號有不可說不可說佛刹微塵數諸佛如來一一如來從初發心起願立行供養諸佛教化衆生衆會說法壽命多少神通變化乃至入於無餘涅槃般涅槃後法住久近造立塔廟種種莊嚴令諸衆生種植善根如是等事悉能了知

二知不可說下釋相中二先知凡後又知下知佛前中亦二先明所依劫但寄多界以顯多劫非有際限名及後段皆盡未來此位所知同於佛故後一一下顯能依事義如十地中辨

然大乘宗未來世法體用俱無今云何知依方便教但見現在因種知當果相非見未來法體若一乘宗於九世中未來中現在體用俱有今稱實而知然非現在之現在故稱未來然大乘下總徵知義謂小乘或說三世俱有未來但未有用或縱可見而未有體大乘體用俱無則無可知見依方便教下答中有二初依權教立理答謂見因知果如見色相知後吉凶若一乘下二通妨謂問云若爾何名見未來耶答意可知 此有若是性有即同小乘若是緣有緣今未會云何言有若今時看緣性俱無以是現在未來定非有故若逐未來時看以是未來之現在故還如今有此有若是下立理重難縱其性有緣有二俱有過若今時看下四以理會通謂不向今時看未若向今時看未此未即是現在未來如何得有若逐未下向未來看未未是未之現在矣故異於今

是名菩薩摩訶薩第四知盡未來際劫智神通

佛子菩薩摩訶薩成就無礙清淨天耳

第五天耳通初標名略無智通若直云天耳即當體受名若取無礙清淨之天耳即依有德業受稱

圓滿廣大聰徹離障了達無礙具足成就於諸一切所有音聲欲聞不聞隨意自在

二圓滿下釋相中三初總顯德業自在二佛子下別示一方業用三如東方下舉一例餘今初九句皆約用辨德前之標名即是總句一圓滿者能互用故二徧聞十方及九世故三一時領覽通其源故四離二障故五明了所知故六緣不能礙故七非如權小聞有分限不盡重重故八已證得故九於一切皆自在故謂欲聞則細遠無逃欲不聞則近大不擾故云自在

佛子東方有不可說不可說佛刹微塵數佛

第二別示一方業用中二初舉多佛欲顯聞廣

是諸佛所說所示所開所演所安立所教化所調伏所憶念所分別甚深廣大種種差別無量方便無量善巧清淨之法於彼一切皆能受持

二是諸佛下顯聞憶持於中二先聞持教法隨釋可知

又於其中若義若文若一人若衆會如其音辭如其智慧如所了達如所示現如所調伏如其境界如其所依如其出道於彼一切悉能記持不忘不失不斷不退無迷無惑爲他演說令得悟解終不忘失一文一句

後又於下顯持圓滿即能持之相於中二先舉所持上文通顯佛所說法今辨所說差別後於彼下辨能持相兼明轉化餘文可知

如東方南西北方四維上下亦復如是

是名菩薩摩訶薩第五無礙清淨天耳智神通

佛子菩薩摩訶薩住無體性神通無作神通平等神通廣大神通無量神通無依神通隨念神通起神通不起神通不退神通不斷神通不壞神通增長神通隨詣神通

第六無體性智通初標名中有十四名初一總通即無體性餘皆別別中一無功作用二同理平等三能普徧四量難知五非謂依體起用六但隨念即形七現有作用八不動本處九作必究竟十用無間歇亦不斷佛種十一他不能壞十二能生善根十三隨何所詣於十三中初二五八是無體性義餘即神通義此二無礙故受斯名

此菩薩聞極遠一切世界中諸佛名所謂無數世界無量世界乃至不可說不可說佛刹微塵數世界中諸佛名聞其名已即自見身在彼佛所

二此菩薩下釋相中三一明廣大謂聞多刹佛名即見身在彼多刹故

彼諸世界或仰或覆各各形狀各各方所各各差別無邊無礙種種國土種種時劫無量功德各別莊嚴彼彼如來於中出現示現神變稱揚名號無量無數各各不同此菩薩一得聞彼諸如來名不動本處而見其身在彼佛所禮拜尊重承事供養問菩薩法入佛智慧悉能了達諸佛國土道場衆會及所說法至於究竟無所取著

二彼諸世界下明無量不起等義謂又於彼佛重聞佛名便往敬事受道無著故

如是經不可說不可說佛刹微塵數劫普至十方而無所往然詣刹覲佛聽法請道無有斷絕無有廢捨無有休息無有疲猒修菩薩行成就大願悉令具足曾無退轉爲令如來廣大種性不斷絕故

三如是經下明不斷義謂於多時體用無礙故

是名菩薩摩訶薩第六住無體性無動作往一切佛刹智神通

佛子菩薩摩訶薩以善分別一切衆生言音智通

第七善分別言音通中初標名從所了得名即依主立稱若從所發得名即通持業

知不可說不可說佛刹微塵數世界中衆生種種言辭所謂聖言辭非聖言辭天言辭龍言辭夜叉言辭乾闥婆阿修羅迦樓羅緊那羅摩睺羅伽人及非人乃至不可說不可說衆生所有言辭各各表示種種差別如是一切皆能了知

二知不可說下釋相中二先知言詞有標列及結

此菩薩隨所入世界能知其中一切衆生所有性欲如其性欲爲出言辭悉令解了無有疑惑如日光出現普照衆色令有目者悉得明見菩薩摩訶薩亦復如是以善分別一切言辭智深入一切言辭雲所有言辭令諸世間聰慧之者悉得解了

後此菩薩下明發言詞謂隨樂差別而發言故有法喻合文並可知

是名菩薩摩訶薩第七善分別一切言辭智神通

佛子菩薩摩訶薩以出生無量阿僧祇色身莊嚴智通

第八色身莊嚴智通依所現得名即有財立稱

知一切法遠離色相無差別相無種種相無無量相無分別相無青黃赤白相

二知一切下釋相中三初知無色以色即空故二菩薩如是下明能現色以空即色故三佛子下雙明無色現色所爲不礙悲故

今初由了法界無定實色舉體即空非斷空故空中無色不礙色故存亡隱顯皆自在故方能隨樂現種種色故先明之今初由了下疏文有二先彰大意意明此是即色之空非絕色之真空故不礙現色於中先明即色之空故能現色由上無實色故即色是空既即色是空故非斷空又無定實則顯非常非是斷空又顯非斷以定有則常定無則斷故令非斷常即真法界從空中無色下明空不礙色故能現色然此段文乃合多意一第一謂色空相望總有三義一相違義故云空中無色二不相礙義故云不礙色故三相作義故前云無定實色舉體即空非斷空故謂此幻色若不舉體即空不成幻色亦合云色中無空故色不礙空舉體即色非斷滅故以此正說了無色義故唯說色即空邊下第二段能現色

遣方合明於色無空等此三無礙方日真空亦稱妙有二第二此之二句遣於地前三空亂意謂無定實色舉體即空非斷空故遣第二疑空滅色取斷滅空以空中無色遣第三疑空是物謂空為有今明空尚無色豈有體非況色中無空空定無體次云不礙色故即遣第一疑空異色取色外空既云不礙於色明非色外離此三過方曰真空清淨法界三第三亦含法界觀意即第一真空絕相觀彼有四門第一會色歸空觀即今門意第二明空即色觀是第二段能現色意第三空色無礙觀即此第三段無色現色意第四泯絕無寄觀亦在此段之中彼第一會色歸空觀中有四句各先標後釋前三標染皆同云色不即空以即空故今云無定實色以舉體即空非斷空故即彼第一句彼云以色不即空是斷空故云不即空以色舉體是真空故云以即空故今云不礙色即彼第二句青黃之相非即真空之理故云色不即空然青黃無體莫不皆空故云以即空故良以青黃無體之空非即青黃故云不即空要有青黃方說無體明不礙色矣次今云空中無色即彼第三句空中無色故不即空會色無體故云以即空故良由會色歸空空中必無色是故由色空故色非空也上三句以法據情第四便云色即是空謂凡是色法必不異真空以諸色法必無性故是故色即是空此即今疏第一法界無定實色舉體即空是也存亡隱顯者總成前義於中二意一者結上空中無色亡也不礙色故存也舉體即空非斷空故無存亡也存亡約色隱顯約空空理真常不可言亡而色存即空隱色亡則空顯此唯約會色歸空以說若無第二不礙現色是明空即色觀論存亡隱顯者色即是空則色亡空顯空即是色則空隱色存然皆即亡即存即隱即顯故云自在即以總結為彼第三空色無礙觀其泯絕無寄在下釋文

於中六句初一總知色

性離相亦無有法而爲空故餘五別明離何等相一離差別相麤妙長短等同一無生體故二種種異相虛故三無量多相離故又無大小絕分量故四但妄分別求叵得故色空二見皆情取故即與不即斯見絕故上通形顯五離顯相依形有故四但妄下即彼泯絕無寄意也彼云謂此所觀眞空不可言即色不即色即空不即空一切法皆不可此語亦不受過絕無寄非言所及非解所到是謂行境何以故以生心動念即乖法體失正念故以今䟽文對彼所引相攝可知

菩薩如是入於法界能現其身作種種色

二能現色中初結前標後以即空之色爲妙色故又空色不二成上眞空不二而二現斯妙色色空融即爲眞法界緣起無盡即一現多以即色故成妙色也又色空下將今對前反覆相成初空色不二成上眞空以今成前次不二而二以前成後次色空融即下融上二文歸初法界

所謂無邊色無量色清淨色莊嚴色普徧色無比色普照色增上色無違逆色具諸相色離衆惡色大威力色可尊重色無窮盡色衆雜妙色極端嚴色不可量色善守護色能成熟色隨化者色無障礙色甚明徹色無垢濁色極澄淨色大勇健色不思議方便色不可壞色離瑕翳色無障闇色善安住色妙莊嚴色諸相端嚴色種種隨好色大尊貴色妙境界色善磨瑩色清淨深心色熾然明盛色最勝廣大色無間斷色無所依色無等比色充滿不可說佛剎色增長色堅固色攝受色最勝功德色隨諸心樂色清淨解了色積集衆妙色善巧決定色無有障礙色虛空明淨色清淨可樂色離諸塵垢色不可稱量色妙見色普見色隨時示現色寂靜色離貪色眞實福田色能作安隱色離諸怖畏色離愚癡行色智慧勇猛色身相無礙色遊行普徧色心無所依色大慈所起色大悲所現色平等出離色具足福德色隨心憶念色無邊妙寶色寶藏光明色衆生信樂色一切智現前色歡喜眼色衆寶莊嚴第一色無有處所色自在示現色種種神通色生如來家色過諸譬喻色周徧法界色衆皆往詣色種種色成就色出離色隨所化者威儀色見無厭足色種種明淨色能放無數光網色不可說光明種種差別色不可思香光明超過三界色不可量日輪光明照耀色示現無比月身色無量可愛樂華雲色出生種種蓮華鬘雲莊嚴色超過一切世間香燄普熏色出生一切如來藏色不可說音聲開示演暢一切法色具足一切普賢行色

後緣起無盡下成後無涯其眞空妙色之旨廣如問明

後所謂下別顯不同有一百三種或從色相立名或就德用受稱可以意求然皆是稱法界之色不同變礙但隨所顯以立色名

佛子菩薩摩訶薩深入如是無色法界能現此等種種色身令所化者見令所化者念爲所化者轉法輪隨所化者時隨所化者相令所化者親近令所化者開悟爲所化者起種種神通爲所化者現種種自在爲所化者施種種能事

三雙明所爲中初結前後今所化下顯其所爲有十句並可知

是名菩薩摩訶薩爲度一切衆生故勤修成

就第八無數色身智神通

佛子菩薩摩訶薩以一切法智通

第九一切法智通初標名從所知眞俗等法受稱

知一切法無有名字無有種性無來無去非異非不異非種種非不種種非二非不二

二知一切下釋相中二初明知法即內證事理後此菩薩下明演法即外益衆生亦是前明即事常理後明即理恒事用寂寂用無障礙故今初又二初約離言顯實二無我下約二空顯實今初初三句一向顯實一名無得物之功故二緣成無性故三體絕去來故下有三句相對顯實然此三對釋有三義一唯約顯實則相待而空故異相互無故云不異遮異言不異亦無不異可得云非不異二約雙顯體則不異相非不異三約雙遮相即性故非異性即相故非不異又相非相故不異性非性故非不異故離二邊不住中道下二對例知然此三對者然此三義散在經論古德隨見取捨不同以今蹤意並皆收之而取義各別蓋爲正解合其三意方盡玄旨然此三對皆由下句成則上非異句義旨皆同同是遣差別相故下句對上別成三重第一唯的顯實者則拂迹入玄非異者拂差別相也非不異者拂上不異之迹則遣之又遣之以至於無遣耳而文中二先總明兩句故云則相待而空故次先破異云異相互無故云不異者此卽中論破合品中意以小乘立見可見見者三事和合因將異以破之云異法當有合見等無有異異法不成故見等云何合釋曰此但總明無異異則無合次例破異云非但可見等異相不可得所有一切法皆名無異相釋曰上總言無下出無所以云異因異有異異離異無異若法所因出是法不異因謂如眼於色異色於眼異是名為異今明因色異故眼異故云異因異有異若離於色眼與離異故云異離異無異然則眼色二異相因而成則無定眼色而成於異故云若法所因出是法不異因亦由梁椽成舍舍不異於梁椽等法故云法所因出法不異因若眼如舍則色如梁等若色如舍則眼如梁等故互爲所因所以號云異相互無謂眼色相因無定異故無定異故又與長短異長中無短相長無可對故無有長短中無長相短無可對故無有短既無長短執言異耶故云異相互無故無異又長中自無長相短中自無短相將何長短而說異耶亦中論意亦百論意故中論云異中無異相不異中亦無無有異相故則無彼此異百論破一品中外通立一內破若因果不異三世應爲一彼救云不然因果相待成故如長短注云如因長見短因短見長如見泥團觀餅則因觀土則是果內破曰因他相違共過故非長中長相亦非短中及共中法云若實有長相若長中有若短中有若共中有是皆不可得何以故長中無長相以因他故因短爲長故短中亦無長相性相違故若短中有長不名爲短共中亦無長二俱過故若長中有若短中有先已說二過故將何共耶長相既無短相亦爾若無長短云何相待上來破異竟爲物異下以相待門釋無不異謂無異可待故故二雙絕以與性空亦百論云若無長短云何相待意也二約雙顯者謂上但顯實則雙性而非相今性相皆異故云雙顯謂由體一故非異相差別故非不異此舉雙是以顯雙非三約雙遮下文有二意一前明相卽故得雙遮謂相本是異今卽性故無有異也故非異性本是一今卽相故無有一也故非不異二又相非相下明當相自離故得雙非故離二邊下結成玄旨

無我無比不生不滅不動不壞無實無虛一相無相非無非有非法非非法不隨於俗非不隨俗非業非非業非報非非報非有爲非無爲非第一義非不第一義非道非非道非出離非不出離非量非無量非世間非出世間非從因生非不從因生非決定非不決定非成就非不成就非出非不出非分別非不分別非如理非不如理

二約二空顯中亦初三對一向顯實無比者無有我所與我爲比對故餘二可知無實下亦通三釋準前知之且約顯實以釋一虛實皆緣顯故二法性不並眞故一相一亦不爲一故無相有無皆法待對故無法與非法但假施設並就實而求能治所

治無不變寂餘皆倣此法性不並下即影公云法性不並真聖賢無異道由理無異味故一亦不爲一者即法句經云森羅及萬像一法之所印云何一法中而當有差別即上一相也次云一亦不爲一爲欲破諸數淺智著諸法見一以爲一即下句意有無皆法者釋非無非有謂有即有法無即無法故云有無皆法言待對故無者三論初章中偈云若有有可有則有無可無今無有可有亦無無可無謂因無立有有假無生故非有因有說無無因有立故非無若離上起上云無相即是無義今非彼無相故云非無對尚不存有安得立故云非無非有皆待對故無也法與非法者然法非法有其三義一者有法爲法無法爲非法上已破有無故今非此義二者惡法爲非法善法爲法三以相爲法以性爲非法今通此二善惡相因亦假施設達相之法明性爲非法相既不存性不安立故法尚應捨何況非法性相相因亦假設耳並就實下結成顯實上一一對中多以上句爲所治下句爲能治如虛是所治實爲能治法是所治非法爲能治既並歸實故皆雙寂餘皆倣此者釋不隨於俗非不隨俗已下經文

此菩薩不取世俗諦不住第一義不分別諸法不建立文字隨順寂滅性

第二演法外益中三一牒前成智爲起用所依故

不捨一切願見義知法興布法雲降霔法雨

二不捨下正明演法

雖知實相不可言說而以方便無盡辯才隨法隨義次第開演以於諸法言辭辯說皆得善巧大慈大悲悉已清淨能於一切離文字法中出生文字與法與義隨順無違爲說諸法悉從緣起

三雖知實相下寂用無礙於中三初寂不礙用

雖有言說而無所著演一切法辯才無盡分別安立開發示導令諸法性具足明顯斷衆疑網悉得清淨雖攝衆生不捨真實

次雖有言說下用不礙寂

於不二法而無退轉常能演說無礙法門以衆妙音隨衆生心普雨法雨而不失時

後於不二下寂用無二

是名菩薩摩訶薩第九一切法智神通

佛子菩薩摩訶薩以一切法滅盡三昧智通

第十滅定智通中三初標名云一切法滅盡者謂五聚之法皆當體寂滅故斯即理滅不同餘宗滅定但明事滅唯滅六七心心所法不滅第八等斯即理下揀定謂對餘宗揀定體用於中有三初揀理事斯即理滅者即是本宗法界體寂故不同已下是揀相宗但事滅最麁心不行方獨爲滅但事滅故不能即定而用證理滅故定散無礙由即事而理故不礙滅即理而事故不礙用是以文云雖念念入而不廢菩薩道等但事滅下二揀功能不等先明事滅六七不行何能起用證理滅下辨理滅功高既即事而理故定散無礙亦非心定而身起用亦不獨明定散雙絕但是事理無礙故上七地云雖行實際而不作證能念念入亦念念起及淨名云不起滅定現諸威儀皆斯義也亦非心定下三遮救重揀恐彼救云心想既滅定前加行令身起用故令揀之亦非我宗心正在定不能起故此遮法相次亦非獨明定散雙絕者此遮禪宗止觀兩亡不定不亂約理頓明亦頓亦意故非經宗後但是事理下方顯正義契無礙之理故得定散自在故七地下引二經證並如前說事理非一故一切法滅盡之神通非異故滅盡即神通通二釋也

於念念中入一切法滅盡三昧

二於念念下釋相中二先明即定體用自在後此菩薩住三昧時下明入定時分自在前中亦二先標入定

亦不退菩薩道不捨菩薩事不捨大慈大悲心修習波羅蜜未嘗休息觀察一切佛國土

無有厭倦不捨度衆生願不斷轉法輪事不厭教化衆生業不捨供養諸佛行不捨一切法自在門不捨常見一切佛不捨常聞一切法知一切法平等無礙自在成就一切佛法所有勝願皆得圓滿了知一切國土差別入佛種性到於彼岸能於彼彼諸世界中學一切法了法無相知一切法皆從緣起無有體性然隨世俗方便演說雖於諸法心無所住然順衆生諸根欲樂方便爲說種種諸法

二亦不退下明不礙用於中初二句總未作不退現作不捨正簡事滅以顯真滅餘句別明文顯可知

此菩薩住三昧時隨其心樂或住一劫或住百劫或住千劫或住億劫或住百億劫或住千億劫或住百千億劫或住那由他億劫或住百那由他億劫或住千那由他億劫或住百千那由他億劫或住無數劫或住無量劫乃至或住不可說不可說劫

第二明入定時分自在中三初長短隨心

菩薩入此一切法滅盡三昧雖復經於爾所劫住而身不離散不羸瘦不變異非見非不見不滅不壞不疲不懈不可盡竭

二菩薩入此下威儀不忒

雖於有於無悉無所作而能成辦諸菩薩事所謂恒不捨離一切衆生教化調伏未曾失時令其增長一切佛法於菩薩行悉得圓滿爲欲利益一切衆生神通變化無有休息譬如光影普現一切而於三昧寂然不動

三雖於有無下不礙起用定散雙行於中先法後喻光影普現寂然無心隨器虧盈體無來去

是爲菩薩摩訶薩入一切法滅盡三昧智神通

三是爲下結名

佛子菩薩摩訶薩住於如是十種神通一切天人不能思議一切衆生不能思議一切聲聞一切獨覺及餘一切諸菩薩衆如是皆悉不能思議此菩薩身業不可思議語業不可思議意業不可思議三昧自在不可思議智慧境界不可思議

大文第三佛子菩薩下總歎勝能中二一形劣顯勝劣不測故

唯除諸佛及有得此神通菩薩餘無能說此人功德稱揚讚歎

二唯除下以勝顯勝謂佛等方測故

佛子是爲菩薩摩訶薩十種神通若菩薩摩訶薩住此神通悉得一切三世無礙智神通

大文第四佛子是爲下結數辦果文顯可知

大方廣佛華嚴經疏鈔會本第四十四之一

大方廣佛華嚴經疏鈔會本第四十四之三　癸一

唐于闐國三藏沙門實叉難陀　譯

唐清涼山大華嚴寺沙門澄觀撰述

十忍品第二十九

初來意者爲答普光十頂問故義如前釋前二已明通定用廣今此辨其智慧深與故次來也

二釋名者忍謂忍解印可即智照觀達審圖顯十

三宗趣者智行深與爲宗爲得佛果無礙無盡爲趣

然此忍行約位即等覺後心爲斷微細無明若約圓融實通五位寄終極說體即是智不同餘宗忍因智果雖是一智隨義別說二三四五等諸教不同今此圓教故說十忍雖是一智下三辨類言是一者一無生忍二謂人空法空忍二謂佛性論說三無性忍及地持論說有信忍順忍及無生忍四亦有二義一如八地論中一事無生二自性無生三數差別無生四作業無生二者思益經中說有四忍一無生忍二無滅忍三因緣忍四無住忍釋經序中已具引竟言五忍者即仁王經一伏忍等如十地說而言等者乃有多義一等六忍如瓔珞說十定初已引或說十忍如八地或說十四十五如仁王瓔珞並如十住十地品引言諸教不同者通辨諸忍約教不同小乘不立忍名上來諸門多通始終獨一無生乘通頓教

爾時普賢菩薩告諸菩薩言佛子菩薩摩訶薩有十種忍

四正釋文文有長行偈頌前中四一舉數歎勝二列名顯要三依名廣釋四總結其名今初先舉數

若得此忍則得到於一切菩薩無礙忍地一切佛法無礙無盡

後若得下歎勝到無礙地即自分因圓佛法無礙即勝進果滿

何者爲十所謂音聲忍順忍無生法忍如幻忍如燄忍如夢忍如響忍如影忍如化忍如空忍

第二何者爲十下列名顯要中初徵數次列名後顯要名中前三約法後七就喻

三中初一約教謂忍於教聲從境爲名音聲之忍次一約行順諸法故順即是忍三無生忍者若約忍無生理即無生之忍若約無生之智及煩惱不生則無生即忍通二釋也又此三忍若通相說前二皆是無生忍之加行順向無生後一方契若約當位三忍條然以不應此位方有順無生忍故順但順理不是順忍若爾何異無生順忍通順事理故不同無生經云法有亦順知等又依五忍位當寂滅今約三忍明義故當無生如地持說三無生忍自有二義一理智雙明二若約無生之智下唯就智說具如八地即是忍淨忍淨後二一智不生即無分別智體無念處故二煩惱不生妄想不起故若約位下二反顯非局謂依地持音聲屬資糧位順忍屬加行位無生忍屬正證故言三忍通然通然不同以不應下結非局義順但順理下三通妨難文有兩難第一正難云加行之位幽無生忍故名順忍今不約位那有順忍故今通云順有二義一順無生忍即是加行今順無生之理故非約位次躡歎難云若圓何異無生次順忍通順下遠難既通事理故不同無生但順於理證云已下引經證成然無生異順更有一義謂但順理無生忍智不生欲明順忍雙異二義故但約雙順事理是揀二別又上躡云前二通屬無生加行者約此等覺自說加行不同前取三忍迥然又依五忍下二雜有局義是勝非劣五忍明義無生則當七八九地三忍明義正證已後俱通無生雖有此義而此既有音聲忍是知定通局非正意後七約喻中並是依主謂如幻之忍等故光統云前四喻音聲電化喻順忍空喻無生電即今之影喻又云幻者起無起

相皺者境無境相夢者知無知相響者聞無聞相電者住無住相今既云影應云現無現相化者有無有相空者爲無爲相此則能喻局於一相所喻義通多法在文雖無於理無失光疏云下先以七喻對上三法義類同故又云幻下二別顯喻相大同攝論言起無起者幻法從緣無定性故境無境者六塵之境如燄似水而非水故知無知者夢中知覺非實覺故聞無聞者谷所發響非本聲故住非住者電即晉經取淨名意是身如電念念不住從今既云影下類彼以釋亦淨名意經云是身如影彼業緣現故云現無現相化以無而忽有故云有無有相空以不礙施爲故云爲無爲指皆取喻中別義此則能喻下二號爲會通言能喻局於一相者幻中但有起無起相而無境無境相知無知等六相乃至空喻但有爲無爲相而無起無起等故云局一言所喻義通多法者如起無起相通明緣起之法不局內外等殊有無有相但明萬有即虛不局菩薩能化等故云通多法如境無境聞無聞亦有局義故疏致於義通之言從在文雖無下總成其義又古德云觀識如幻想如燄受如夢聲如響行如電色如化總觀一切蘊界處等畢竟空故如虛空也此釋順後會偈文故今影喻亦喻於行又古德下二賢首釋先敘昔此釋下會通文則攝成意則暗奪謂後離世間品偈有別喻義則可成而下正釋所喻既通但順後經故爲暗奪言離世間偈者經云觀色如聚沫受如水上泡想如熱時燄諸行如芭蕉心識猶如幻示現種種事如是知諸蘊智

者雖所著即其文也言故今影喻亦喻於行者今文影喻當晉電故對上光疏故致亦言若依攝論第五八喻皆喻依他起性然並爲遣疑所疑不同故所喻亦異一以外人聞依他起相但是妄分別有非真實義遂即生疑云若無實義何有所行境界故說如幻謂幻者幻作所緣六處豈有實耶二疑云若無實何有心心法轉故說如燄飄動非水似水妄有心轉三疑云若無實何有愛非愛受用故說如夢中實無男女而有愛非愛受用覺時亦爾四疑云若無實何有戲論言說故說如響實無有聲聽者謂有五疑云若無實何有善惡業果故說如影謂如鏡影像故亦非實六疑云若無實何以菩薩作利樂事故說如化謂變化者雖知不實而作化事菩薩亦爾然彼論無空喻而影喻是鏡像更有映質光影喻喻種種識無實又有水月喻喻定地境界無實今經以義類同故合在影中至文當知若依攝論下三引攝論分二先引論不欲繁文略中義引恐欲委究故鈔具明論云復次何緣如經所說於依他起自性說幻等喻此總問也於依他起自性

爲除他虛妄疑執此總義也世親釋虛妄疑云謂於虛妄依他起性所有諸疑論云他復云何於依他起自性有虛妄疑牒徵也由他於此起如是疑總牒牒也下別釋一論亦云何實無有義而有所行境界爲除此疑說幻事喻解日此中疑意從前論生以前論云緣他起相是虛妄分別唯識爲性是無所有非真實義從此生疑故云若無實義何有境界下文諸疑皆從此生故每疑前皆有云何無義喻釋之中皆云爲除此疑說如燄喻等無性釋幻喻意云如無實象而有幻象爲所緣境界依他起性亦復如是雖無色等所緣六處同遍計度似有所緣六處顯現解曰無實似有何要實耶下文謂喻酬意皆爾二論云云何無義心心法轉爲除此疑說陽燄喻釋日又如陽燄於飄動時實無有水而有水覺外器世間亦復如是三論云云何無義有愛非愛受用差別爲除此疑說所夢喻釋日又如夢中睡眠所起心心法聚極成昧略雖無女等種種境界有愛非愛境界受用覺時亦爾四論云云何無義淨不淨業愛非愛果差別而生爲除此疑說影像喻釋曰又如影像於鏡等中還見本質而爲我今乃見影像而此影像實無所有非等引地善惡思業本質爲緣影像果生亦復如是五論云云何無義種種識轉爲除此疑說光影喻釋日又如光影由弄影者映蔽其光起種種影非等引中種種諸識於無實義差別而轉六論云云何無義種種戲論言說而轉爲除此疑說谷響喻釋日又如谷響實無有聲而令爲者似聞多種言說境界雖種言說論業亦爾七論云云何無義而有實取諸三摩地所行境轉爲除此疑說水月喻釋日又如水月由水澄滑澄論性故無無有月而月可取緣實義境之所顯修間滑爲性論三摩地相處之意本復如是無無所緣實義境界而似有轉此與影像有何差別定不定地而有差別有說而等衆緣和合水鏡等中而等影

生分明可取如衆緣力頗胝迦等種種色生爲不爾耶所取差別如鑑水鏡月面等影分明可得頗胝迦等所現象色則不如是故非同喻又非我等許有水等種種實義有法不成故非比量八論云云何無義有諸菩薩無顛倒心爲辦有情諸利樂事故思受生爲除此疑說變化喻釋曰又如變化依此變化說名變化雖無有實而能化者無有顛倒於所化事動作功用菩薩亦爾雖無遍計所執有情於依他起諸有

情類由哀愍故而往彼彼諸所生處攝受自體論下總結云應知此中唯有爾所虛妄疑事所謂內一外二受用差別三身業四語業五三種意業非等引地六若等引地七若無顛倒八於此八事諸佛世尊說八種喻諸有智者聞是所說於定不定二地義中能正解了解曰上依徵論次第具引具釋曰下皆無性釋其解曰下即鈔家意然其論釋疑但由疑異故舉八喻不必相違故論皆釋最初若無有義疏直依經

文之次第以引論文若判定記一一相顯既經論中次第不同如何經中復成相顯然彼論下第二經論對辯然論望經略有四異疏有三節初明有無二而影下是顯名異三更有下讚其開合於中有二先辯論開所由由義異故後今經下明經合所以以類同故更有一意爲成十故以加三法故合此三下文當說然若唯爲成十何不合在於餘喻中故疏但顯類同之義言至下當知者即影喻中廣開其相因者經

論次第而有前却經爲對前三種法故次不同論下釋具出易故此無

遠公

見其無空便以空喻喻無爲法非不有理而違下經經云衆生及諸法皆如空故若爾云何釋空喻耶謂彼疑情雖遣猶謂諸法有不實相故云如空畢竟無物餘義廣

如攝論及別章說

遠公下四與違公有四一取意敘昔然違公依於二師解斷七喻前六爲俗知俗非實故說如幻知俗假有故說如影知俗心起故說如夢知變不實故說如響知俗覺有故說如電知變易無體故說如化知後一知真知真變相故如虛空前六是有爲空後一即無爲空以前六喻多同光統及與攝論故疏不引但取意云見其攝論八喻依他故不立空今經有空明喻無爲非不有理

下二辨順違初句順理空比無喻似無爲故而違已下辨其違文以文中空喻竟故若爾下三徵徵正釋先徵意云依釋違文自云何解從謂彼疑情下即成正解取攝論勢以攝空喻彼論雖無假使有者爲如我釋餘義下四結廣從略攝論之廣已如上引別章之文抄已略具

金剛般若九喻亦皆喻有爲

金剛般若下五敘般若論言九喻者羅什譯經但有六喻九依魏經偈云一切有爲

法如星翳燈幻露泡夢電雲無著論當第十八上求佛地住處明流轉不染天親當二十七說法入寂疑謂佛既涅槃何能說法故執此偈爲了有爲如幻等即無有爲是爲大智最不住生死涅非無幻事說不離有爲即是大悲故不住涅槃以是無住涅槃故能入寂而說法也無著頌云見相及於識器身受用事過去現在法亦觀未來世論自解云此偈顯示四有爲相一自性相即初句攝三喻二著所住味相即如幻喻三隨順過失相即露泡二喻四隨順出離相即夢電雲三喻釋初相云於中自性相者共相見識此相如星應如是見無智暗中有後光故有智因中無彼光故解日古有二釋一者古來諸德皆以共相見識解自性相含於三喻此三皆是生死自體性故從此相如是下別解星喻而云此相者但此上相字非此一句以見翳翳喻識屬燈喻故此解甚明但不顯天親天親云能見心論本復如是以天親云譬如星

猶爲日所映有而不現能見心法亦復如是故又見相二字於偈不次若廻偈云相見及於識理則緣違而天親又以星配於見翳配相故二者大雲別爲一解云此相如星者全指上文共相見識以爲此相謂第六識起分別見緣共相境故喻如星夜有光明五識各緣故非共相第七意識恒行染污配屬翳喻若第八識所緣行相俱不可如以微細故又緣計度種分別故不合星喻星喻晨須有智明故見即分別耳

此釋亦是一理則成論家不釋自性相義驗之何爲又令共相見識之中燈喻不明故不及舊解今爲一解並異兩家謂此之言全舊舊共相見識則如大雲而不亦此句獨解如星識如星下別解三喻應云此相如星如翳如燈以星喻在初故先緣解耳又不依古星喻個分今以星喻喻於見分星有別了之能同見分故亦順天親能見心法亦復如是皆喻相分獨有妄見謂有空花之外相故燈喻自證分此不異論

著爲此解亦順偈中見相及於識義次第故亦得論家共相見識解自性義又通八識三分共是識故而爲自相不獨體六而爲共等論別解星喻言無智暗中有光等者若無般若喻之如暗便有見分名有彼先若有智日識見便空云有智[illegible]中無徒光矣論次解翳喻云人法我見如翳應如是見何以故以取無義故解日眼若有翳妄取空花心有妄見妄取我法無處妄取名取無義論次解燈喻云識如燈應如是見何以故渴愛潤取緣故識然解曰愛潤於取而成識緣故令識炎然增盛則愛如油取如住識相燈燄燈體即是第八炎盛即是七轉二解著所住味相論云於中著所住味相者味著顛倒境界故彼如幻應如是見解曰即偈說字六境爲所住愛心味著無實爲實名顯倒境如幻六境令人謂真三解隨順過失相論云於中隨順過失相著無常等隨順故彼露譬喻者顯示相體解有以隨順無常故解曰即偈中

身字是身無常不久散滅如朝露故論云彼泡譬喻者顯示隨順苦體以受如泡故解曰即偈受用事也受如泡者不久立故三受即爲三苦無樂可著名隨順苦四解隨順出離相論云隨順出離相者隨順人法無我出離攀緣得出離故說無我謂出離也解曰以於攀緣也云何隨順論云隨順者謂通去等行以夢等譬喻顯示解曰但以夢等觀於三世則隨順出離矣夢者論云彼過去行所念處故如夢寤念夢時都無所有夢望覺時即是過去論曰現在者不久時故如電可知論云未來者彼祖惡種子似虛空引出心故如雲解曰依空出雲如種生現有漏爲粗惡論結云如是知三世行轉生已則通達無我此顯示隨順出離相故上依論經故有九喻若依秦經但有六喻加一影喻云一切有爲法如夢幻泡影如露亦如電應作如是觀次第本不同論而將影喻添前則成十喻古人亦釋影喻攝星翳燈雲則六喻攝九

若大品智論十喻通喻一切若依大品下第六段依大品智論所明十喻者一如幻二如燄三如水中月四如虛空五如響六如揵闥婆城七如夢八如影九如鏡中像十如化智論第七廣明其相什公有僞公有譏下釋文中並已含具但開揵城大同幻故欲成十忍故不出之又加三法故合三影皆爲成圓十耳楞伽亦通楞伽亦通者即是第七多同大品今經長行多同前通而偈所喻亦有局者顯義無方故已釋列名今經長行下二疏爲會通言偈有局者如下響喻云一切諸世間種種諸音聲非內亦非外了知悉如響是

此十種忍三世諸佛已說今說當說

此十種下顯要要故同說

佛子云何爲菩薩摩訶薩音聲忍謂聞諸佛所說之法不驚不怖不畏深信悟解愛樂趣向專心憶念修習安住是名菩薩摩訶薩第一音聲忍

大文第三佛子云何下依名廣釋即爲十段前七皆三謂徵起釋義結名初忍釋中十一句初一總舉所聞謂三無性等法餘顯能聞入法謂聞無相不驚以解徧計無所有故聞無生不怖以解依他無生故聞無性不畏以解眞如無性性故又釋於眞空法聞時不驚越思時不驚怖修時不定畏又聞有無所有不驚聞空無所有故不畏並如諸般若論說謂聞無相者此不驚等同金剛經諸論皆釋天親論第二有其二解一云不驚者謂於諸無生之理心不驚愕起生道故不怖者謂於諸法無和合相心不怖懼而於世俗和合相中相續分別不執爲實故不畏者心不如是永決定執又釋決下第二釋云復次不驚等言如眞次第謂聞時思時修習時心安不動衆生等超已遠離故無著論第二云聲聞衆中世尊說有法及空法於聽聞時聞有法無有故驚聞空法無有故怖於思量時於二不有理聞不能相應故長更有一釋納三種無性故即疏意能斷金剛般若論第二云驚者謂於非處生懼若正釋梵音應云違怖也違越正理如越正道可默遙故言怖者應云續

怖相續生懼怖既生已不能除斷故言畏者應言定畏生決定心一向長懼此等若無便成心離惶惑今疏中總有三釋初一即無著第二釋而展彼論文次釋即合其三釋一正是天親第二納三慧釋亦別配論文二初句越字次句義字後句定字即正是能斷金剛意三者即此三字亦兼天親第一釋意又聞有無等者即第三釋即同無著第一解故疏三釋已含諸論五釋

深信者聞慧之始悟解者聞慧之終初信久解故

愛樂者思慧之初愛法樂觀故趣向爲終久思向修故愛樂等者論云云何菩薩法隨法行當知此行略有五種謂如所求如何受法身語意業無顚倒轉正慧正修此標列五行也論云云何菩薩於法正慧謂諸菩薩獨居閑靜隨所聞法樂欲思惟樂欲稱量樂欲觀察乃至云是菩薩由即於此已所得忍數數作意令堅牢故能於其修隨順趣入釋曰樂欲思惟即經中愛樂隨順趣向初終之義論中廣明今疏略顯愛樂法樂觀爲初久思向修爲終

專心憶念者修慧之初起加行故修習爲終正明造修至定根本故安住者依定發慧證理相應故具如瑜伽菩薩地中專心等者論云云何於法正修當知此修略有四相一者奢摩他二者毗鉢舍那三者修奢摩他毗鉢舍那四者樂修奢摩他毗鉢舍那乃至云如是一切所作業由前四種修相皆得成菩提釋曰論說四種修相印此經中專心憶念修習安住修初後相論亦廣明今疏略具以起加行爲初以成根本定及依定發慧而爲其體具如瑜伽者即第三十八萬種性品菩薩所受學法七種方便於中具多勝解法隨法行第二方

便中廣說此義論云云何菩薩具多勝解謂諸菩薩於其八種勝解依處具足成就淨信爲先決定喜樂乃至云八者於善言善語善說勝解依處具足成就淨信爲先決定喜樂謂於契經應頌記別等皆具多勝解彼疏云契經等法是解所印之境名勝解處信與勝解得進爲因今取彼信所生勝解故信爲先言決定者顯勝解之體喜樂言顯勝解之果喜樂即是喜受也或即欲樂釋曰論言信解即此經中深信悟解故晉經中但云信解

佛子云何爲菩薩摩訶薩順忍謂於諸法思惟觀察平等無違隨順了知令心清淨正住修習趣入成就是名菩薩摩訶薩第二順忍

第二順忍釋中有四重止觀一創修止觀謂止思一境觀觀事理釋中等者既行順諸法行中之要唯止與觀故止思一境者謂創修之時繫緣一境不揀事理經云思惟二漸次上觀謂上安事境順其理故名平等無違觀達事理名隨順了知偈云法有亦順知法無亦順知故謂止安事境者謂前創修事理容刹令漸深入故即事入玄上二之止皆通隨緣體真止中俗止止也二處之觀並通空假皆觀達觀也三純熟止觀謂止惑不生名令心清淨觀徹前境爲正住修習謂止惑不生者即止息止也以妄息名止故其正住修習者即雙住空有中道不偏故云正住義通觀實及與觀達故云觀徹前境四契合止觀寂實理境名爲趣入智顯於心故云成就寂實理境者即不止止謂既與理冥非止非不止強名曰止智顯於心者即不觀觀法界洞朗非觀非不觀而強名曰觀耳上四皆止觀俱行如是方爲真實順忍上四等者亦容有止觀別修則未爲真實順忍若俱運者方爲真耳

佛子云何爲菩薩摩訶薩無生法忍佛子此菩薩摩訶薩不見有少法生亦不見有少法滅

第三無生忍釋中有二先總明後何以下徵釋今初若具皆應牒無盡等此二總故略標之釋中具有皆此別義

何以故

後徵釋中徵意有二一云何以得知無生滅耶二云既稱無生法忍何以復言不見法滅

若無生則無滅若無滅則無盡若無盡則離垢若離垢則無差別若無差別則無處所若無處所則寂靜若寂靜則離欲若離欲則無作若無作則無願若無願則無住若無住則無去無來

釋中釋初徵意云真法本自不生從緣之法無性故不生以無生故何有於滅此則以緣集釋無生以無生釋無滅此中畧無緣集偈文具有云何無生釋無滅耶此有二意一云若先是生後必可滅本既不生今則無滅二云既即緣無性稱曰不生則不待滅竟方無故次云無滅此二爲總餘可倣之偈文具有者偈云菩薩亦如是觀察一切法悉皆因緣起無生故無滅釋第二徵意云夫無生忍非獨無生必諸法都寂今從初義立無生稱故無滅等成無生義釋第二徵意下此中疏文有三初舉總標別稱爲無生若從別義亦可得稱無滅忍等是以信力入印度經明此忍能淨初歡喜地云一謂得無生忍亦令他住又云無生忍者謂證寂滅故二得無滅忍亦令他住又云無滅忍者證無生故斯文可據若從別義下即第二以初攝後釋但標無生是以信力入印度經等者彼經廣說初地之相其第二卷云復次文殊師利菩薩摩訶薩有五種法則能清淨初歡喜地得大無畏安隱之處何等爲五一謂菩薩生如是心我已得住無生法忍故生安隱心爲令他住無生忍故起安隱心又言無生忍者謂證寂滅故二謂菩薩生如是心我已得住無滅法忍故生安隱心爲令他住無滅法忍故起安隱心又言無滅法忍者謂證無生法忍故三謂菩薩生如是

心我已得住身念智故生安隱心爲令他住身念智故起妄亂心又言身念智者謂離身心故四謂得受念智受念智者謂息一切受五謂得心念智心念智者謂起心如幻故後二略引勢同前三今但取前二故疏不具引然引有二意一正證第二義明有無滅忍二兼證初義以無滅成無生故故後經云無滅忍者證無生故亦得名無盡忍等又此諸句各有二義一以前前釋後後以後後成前前前前有故後後有前前無故後後無二者諸句一一皆在無生句中正無生時諸義頓足以是即事之理非斷滅故即理之智無能所故又此諸句下三重釋前義猶無生中頓具諸義具相云何故下廣釋疏文分三初雙標二門然二門總釋前之初義其第一後後成前前兼釋第二從別之義以得無生忍則得無滅等忍故無滅等忍淨無生等忍故然文旨包含畧爲三釋一唯約理二具理智三唯約智今初云何前前有故則後後有謂生法旣滅滅則終盡盡則是垢染法染則前後別異別則方處不同有處則能所非寂不寂則有所欲有欲則有營作作則有所願求願則心住願事住則有去有來今由前前無故後後斯寂故以後後顯成無生此順長行然文旨下二開章別釋正釋第一門合釋第二門故下牒初門今初云何下釋唯約理然無生理中無有次第由所遣生等有次第故以不不之亦成次第故竟先明生滅盡等理所依事之次第也今由前前下方顯無生之次第故以後後者上方明前前有故後後有等今例結前以前前釋後後以後後成前前二雙約理智者初二是總含於理智次四顯理無生後六顯智無生故偈云其心無染著等理智契合名無生忍次四顯理者以盡是有爲垢是煩惱及別是事異處是方隅並所觀境今了即異爲理無生後六顯智者以心妄動即名爲生著心寂靜即智不生故偈云下引鎔約智契合下結成上義偈舉一句具云無滅故盡無盡故無染釋曰此即顯約理也次偈云於世變異法了知無變異無異則無處則寂靜其心無染著顯盡衆生釋曰此即後六顯智證寂一切顯智分明等言等餘皆約智相三唯約智者由了從緣無生則智無有起故名無生無生之智湛然不遷故云無滅無滅故用無斷盡次垢念皆離常無差異傍無方所照而常寂遇境無染雖爲而無作雖悲而無願處世而無住等法界而無去來皆以前釋後以後成前言亡慮絕寂照湛然名無生忍三唯約智下初由了從緣成智之由故智無起契上理故起即生義湛然不遷體不滅無不動約理無生可滅正同十地義大之中無生無滅非一往滅餘皆甚深般若無生真智妙用不同但空唯遣諸過審須思之若唯約知無生理名無生忍未足深玄唯若約知下三結彈古義即刊定記彼中但云法從緣故各無自生生旣無生滅依何滅故今彈云若理無生知之爲忍小聖亦有故非等覺深玄之忍

是名菩薩摩訶薩第三無生法忍

大方廣佛華嚴經疏鈔會本第四十四之二

大方廣佛華嚴經疏鈔會本第四十四之三　巽二

唐于闐國三藏沙門實叉難陀　譯

唐清涼山大華嚴寺沙門澄觀撰述

佛子云何爲菩薩摩訶薩如幻忍佛子此菩薩摩訶薩知一切法皆悉如幻從因緣起於一法中解多法於多法中解一法

疏第四如幻忍釋中先略後廣略中二先了幻緣相後此菩薩下成就忍行

今初有三初指法同喻次從因緣起者彰幻所由由緣生不實故後於一法下顯其幻相

初一切法即是所喻所喻通局已見上文此意明通通爲無爲故大品云設有一法過涅槃者我亦說言如夢如幻涅槃雖眞從緣顯故遣著心故廣中合云了世如幻則似有爲然有法世亦通無爲此爲有爲所隱覆故所以名世故後云菩提涅槃亦皆不見者了平等故涅槃雖眞下三釋經妨難謂有難言妄法緣生可許如幻涅槃眞實又不從緣如何同幻故牒釋之釋有二意一明雖眞而亦從緣顯雖非緣生而是緣顯亦空無性二明涅槃非幻爲破著涅槃心云如幻耳是則破心中涅槃亦顯涅槃體即眞空而成妙有故並如智論廣中合云下四引文決擇初引局文明涅槃非幻次然有法世下以法通眞故該涅槃三此爲有爲所隱覆下釋眞是世義四後云下引經成立該通一切

就法喻中各開五法如結一巾幻作一馬一有所依之巾二幻師術法三所現幻馬四馬生即是馬死五愚小謂有初巾喻法性二術喻能起因緣謂業惑等三喻依他起法即衆生等四喻依他無性即是圓成故廣說皆云非也五喻取爲人法今菩薩反此故云解了就法喻中下第二合釋前之二段以開五義中具有能所成故於中分四第一總開義門五法不出三性初一圓成二三依他謂二因三果四明依圓相即五即遍計所執疏二今經云從因緣起能起即第二所起即第三以第二爲因令悟第三成第四遣第五爲歸第一理今經云下第二對經顯意言以第二爲因者從緣生故令悟第三即是依他成第四者即事歸理遣第五爲者遍計情亡歸第一者圓成理顯疏三然緣亦從緣故緣果俱幻中論云譬如幻化人復作幻化人即斯意也然緣亦下三通妨難謂有難云若以第二爲緣令第三依他爲有無性者第二業惑應當是實不從緣故今釋云亦從緣起謂業從惑生惑由虛妄分別本豈無性皆託因緣故引中論明因果俱幻故論合云如初幻化人是則名爲業幻化人所作則名爲業果既來有一法不從緣生爲彰緣起故分能所

然上五義各具有無一巾性有相無爲馬所隱故二術用有體無以依巾無體故三馬相有實無以實無而現故四生即是無死即是有以無礙故五情有理無但妄見故然上五義下四別明義理於中有二先成有無疏二言有無者以三性中各有二義皆有無故圓成二者一性有二相無依他二者一緣有二性無遍計二者一情有二理無初中即圓成二義術馬皆是依他二義而術是能成之因託眞而起故用有體無用有即是緣有體無即是性無三馬是所成之果故相有實無相有即是緣有實無即是性無四明依圓不雜即事同眞生喻於妄死喻於眞事泯理顯故生無死有以無礙故者出其所因即事理無礙也五中就情則有妄見分明故覆理則無以是妄計必非有故所以幻喻廣說有無者以惑情所執有無皆失理無惑計有無皆眞是知幻喻諸法非實非虛非空非有若無於有不成於無若無於無不成於有有無交徹萬化齊融故

又五中各有四句準思可知又五中下先正顯也初性有相無四者一有眞性有故二空無諸相故三亦有亦空義門異故四非有非空互融奪故疏三二用有體無四者一有遮眞有用故二空依眞無體故三亦有亦空體用不壞故四非有非空無體之用故疏三非有即用無體故非空三相有實無四者一有事相現故二空緣成無實故三俱存無性不礙緣成緣成不礙無性故四俱非緣成即無性故非有無性即緣成故非空四生即是無死即是有四者一眞性顯故二依他即無性故三法相雙存故四性相即奪故五情有理無四者一遍計妄情能相生死故二即理而求不可得故三要由

理無方知情有若無情有不顯理無故四情有即理無理無即情有故然皆具德不同四謗然皆具德者二揀非也言四謗者謂定有者是增益謗若定無者是損減謗亦有亦無相違謗非有非無戲論謗謂以具德故出不同所由謂上明四句即是具德以稱具故不同情計定執四句今重顯初門具德之義一真如是有義以遮情依故不空義故不可壞故二真性是空以離相故離緣義故對染說故三真如亦有亦空以具德故逆順自在故體鎔融故四真性非有非空以二不二故定取不可得故餘之四句前已略明又皆即有之空方為具德之空即空之有方為具德之有是則非有之有非空之空為具德耳又盡有之空盡空之有方為具德又隨一句必具餘三若隨闕者則非具德又四句齊照成解境故四句齊泯成行境故皆言亡慮絕方為具德耳是知著依四謗四句皆絕若依具德四句不亡不即不離方知幻法故楞伽第二令觀四句謂一異俱不俱有無非有非無常無常等若以諸門交絡成多四句亦可思準若以諸門者二重重四句也總有四節成二十重第一節有八重一以第一門中有對第二門中無成四句謂一者緣起是有以真性妙有故二緣起是無業寂無體故三亦有亦無雙照真妄故四非有非無真妄雙絕故二以第一門中無對第二門中有成四句謂一緣起是有業惑有用招生死故二是無一真法界絕諸相故三亦有亦無雙照真妄故四非有非無真妄雙絕故三以第一門中有對第三門中無成四句謂一緣起是有真性有故二是無以事無真實故三亦有亦無雙照事理故四非有非無事理相即互相泯故四以第一門中無對第三門中有成四句謂一事相有故二理相空故三空有雙現故四空有互泯故五以第一門中有對第四門中無成四句謂一

真性有故二事即虛故三雙照二故四互奪故六以第一門中無對第四門中有成四句謂一無性之理有故二理無相故三二真齊現故四非有非無真中違故七以第一門中有對第五門中無成四句一真理有故二情有計於理無故三有處妄計無故四性有即是理無理無即是性有故八以第一門中無對第五門中有成四句一有各情有故二無理無相故三俱存妄理無相方是妄情有故四俱非妄情之有即真理無相故非有真性無相能為妄情所依故染無此上以第一門有無對下四門有無成八重四句第二以第二門中有無對下三門又成六重四句第三以第三門中有無對下二門復成四重四句第四以第四門有無對第五門有無成兩重四句都成二十重四句不得以後為首更對於前以不具前門為首對於後故今具出八重其十二重取類思之恐繁不出後顯幻相略為二解一約相類謂解一無實則知一切皆然並從緣故故云一中解多等二約圓融復有三義一以理從事故說相即如馬頭之巾不異足巾說頭即足故一即多等無行經云貪欲即是道者貪欲性故諸法即貪欲者即貪實故二以理融事一多相即如馬頭無別有即以巾為頭以巾體圓融故令頭即足故云一中解多等三約緣起相由力則法界同一幻網令一多相即如幻師術力令多即一等賢首品云或現須臾作百

年等以幻法虛無障礙故相即既爾相入亦然入則一中有多等異體既爾同體亦然一門既爾餘門思準一約相類者如觀一葉落知天下秋見一華開知天下春矣二約圓融下疏有三意初即事理無礙義二以理融事下兩門事事無礙義前門即法性融通門三即緣起相由門一門已下三以門例門如緣起相由門既爾無定性唯心現等諸門亦然又相即入既爾微細相容安立門等亦然此菩薩知諸法如幻已了達剎土了達眾生了達法界了達世間平等了達佛出現平等了達三世平等成就種種神通變化二成忍行中由知法幻成二種行一忍智現前云了平等二幻用無礙云成通化云何平等一理事平等如巾馬無二故色即空等二理理平等如頭足俱巾巾無別故如賢聖同如三事事平等如前一多中說譬如幻非象非馬非車非步非男非女非童男非童女非樹非葉非華非果非地非水非火非風非晝非夜非日非月非半月非一月非一年非百年非一劫非多劫非定非亂非純非雜非一非異非廣非狹非多非少非量

非無量非麤非細非是一切種種衆物

第二譬如下廣中三一喻二合三忍行成

初中二先明性無即體空義故結云非是

一切種種之物所非之事亦可次第對前

情非情境〔所非之事者如非男非女即對前了達衆生非地水火風即對前了達國土等〕

種種非幻幻非種種然由幻故示現種種差

別之事

二種種非幻下明其相有即相差別義故

云然由幻故示現別事於中初二句結前

生後種種非幻者衆等非術故下句反此

法合可知然由下正顯相有雖互相非然

由因起果虛而假現又喻智了平等而起

化用〔象等非術者即因果相異門依他之果非遍計緣故下句反此者術非象等明遍計非依他下明相有即因果相成〕

菩薩摩訶薩亦復如是觀一切世間如幻所

謂業世間煩惱世間國土世間法世間時世

間趣世間成世間壞世間運動世間造作世

間

第二菩薩下法合又有總別皆言世間者

有二義一可破壞故即喻有爲二隱覆名

世亦通無爲則法通五類趣謂五趣成壞

約器一期說故運動通情非情念念移故

造作唯情現營爲故

菩薩摩訶薩觀一切世間如幻時不見衆生

生不見衆生滅不見國土生不見國土滅不

見諸法生不見諸法滅不見過去可分別不

見未來有起作不見現在一念住不觀察菩

提不分別菩提不見佛出現不見佛涅槃不

見住大願不見入正位不出平等性

第三菩薩至觀一切下成忍行中二先成

眞智行由了體空故故結云不出平等性

又前法中明即寂之照云了平等此明即

智之止故云不見是知無幻之幻方是幻

法絕見之見方爲見幻

是菩薩雖成就佛國土知國土無差別雖成

就衆生界知衆生無差別雖普觀法界而安

住法性寂然不動雖達三世平等而不違分

別三世法雖成就蘊處而永斷所依雖度脫

衆生而了知法界平等無種種差別雖知一

切法遠離文字不可言說而常說法辯才無

盡雖不取著化衆生事而不捨大悲爲度一

切轉於法輪雖爲開示過去因緣而知因緣

性無有動轉

二是菩薩下明動寂無二亦權實不二故

經云智不得有無而興大悲心由了體空

不壞幻相差別故如象生即是象死〔故經云者〕〔二引證也即楞伽第一大慧讚佛偈然彼經歎佛了達三性初偈云世間離生滅猶如虛空花智不得有無而興大悲心此明了遍計次偈云一切法如幻遠離於心識智不得有無而興大悲遠離於斷常世間恒如夢智不得有無而興大悲心此上二偈明了依他次偈云知人法無我煩惱及爾燄常清淨無相而興大悲心此偈明了圓成又此上偈準金光明意即顯佛具三身謂了遍計成化身了依他成報身了圓成成法身然四偈下半皆同今文正引依他中如幻下半其知夢下半如夢忍中更引〕此二相對應成四句謂此二無二故非

異無不二故非一非一即非異故非非一

非異即非一故非非異亦絕雙照故非亦

一亦異〔此二相對下五義門料揀於中有四初就第二門似有無性顯成四句一非異二非一三非非一非非異四非亦一亦異其所遣病者一者異二者一三者非一非異四者亦一亦異如疏忌之楞伽第忍名見妄想故須破之〕若以

巾上二義對象上二義辨非一異略有十

句若以巾下初標所依言巾上二句者一任自性義二成象義初卽不變義後卽通釋義象上二義者一體空義二差別義初卽無性後卽幻有一以巾上成象義對象上差別義合爲一際名不異此是以本隨末就末明不異經云法身流轉五道名爲衆生如來藏受苦樂與因俱若生若滅等一以巾下第二別釋十句卽分爲十初四句非異次四句非一九十二句雙上二門明非一異就初非異中第一句卽隨緣與差別不異第二句不變與體空不異第三句卽合前二句以無礙第四句卽合前二句以相奪今初句中經云法身流轉下引證引二經證問明已辨今當更釋初法身流轉五道名曰衆生卽不增不減經法身卽是真如流轉五道卽是隨緣名曰衆生是差別義次如來藏受苦樂與因俱若生若滅卽楞伽第四依云大慧七識不流轉不受苦樂非涅槃因大慧如來藏受苦樂與因俱若生若滅解曰七識念念生滅無常當起卽謝如河流轉自體無成故不受苦樂既非染依亦非無漏涅槃依夫其如來藏真常普遍而在六道迷此能令隨緣成事受苦樂果與七識俱名與因俱不守自性而成此七識依此而得生滅云若生若滅此明如來藏卽是真如隨緣故受苦樂等二以巾上任自位義與象上體空義合爲一際名不異此是以末歸本就本明不異經云一切衆生卽如不復更滅等二以巾上者任自卽是不變體空相卽是如故二義相順而會相歸性故云以末歸本本卽是性末卽相故經云一切下引證卽淨名經彌勒章中然彼經云爲從如生得授記耶爲從如滅得授記耶若以如生得授記者如無有生若以如滅得授記者如無有滅一切衆生皆如也一切法亦如也衆聖賢亦如也至於彌勒亦如也若彌勒得授記者一切衆生亦應授記所以者何夫如者不二不異若彌勒得阿耨多羅三藐三菩提者一切衆生皆亦應得所以者何一切衆生卽菩提相若彌勒得滅度者一切衆生亦當滅度所以者何諸佛知一切衆生畢竟寂滅卽涅槃相不復更滅是故彌勒無以此法誘諸天子今牒文略舉二句之意而言等者此有二意一者等餘淨名之文如上所引是二者等餘一切皆如之文故此經云一切法皆如諸佛境亦然乃至無一法如巾有生滅等三以攝末所歸之本與攝本所從之末此二雙融無礙不異此是本末平等爲不異以前二經文不相離故三以攝末下此句卽合前二句令無障礙成此一句斯乃卽差別之體空與卽不變之隨緣相成故不異言攝末所歸之本者卽差別之體空也是前第二句體空是本差別是末斯卽本融於末也令末同本故差別卽體空言與攝本所從之末者卽不變之隨緣也是前第一句由不變舉體隨緣成差別故末融於本令本同末也故云此二雙融由不變舉體隨緣故本不礙末差別卽體空故末不礙本故云無礙特由法身成衆生緣得衆生卽如由衆生卽如方知無身流轉五道作衆生也則第一句本等於末第二句末等於本故云本末平等正本等末時卽末等於本故上二經亦不相違故云前二經文不相離故既合前二句相成爲第三句故用前二經以證此句四以所攝歸本之末亦與所攝隨末之本此二相奪故名不異此是本末雙泯明不異以真妄平等異不可得故四以所攝者此句亦合前二句相奪以成此句前以卽體空之差別與卽隨緣之不變相奪故不異然同用前二句而意懸隔第三句用第一句取卽不變之隨緣故本成末今第四句用初句取卽隨緣之不變卽本奪末也但顯倒而已第三句用第二句取卽差別之體空故末成本今第四句用第三句取卽體空之差別末奪於本也亦但倒耳故義隱隔言所攝歸本之末者卽體空之差別也卽第二句言所攝隨末之本者卽隨緣之不變也卽第一句由隨緣卽不變故奪差別令體空卽末寂也由體空卽差別故奪不變令隨緣故本寂也以全本爲末故本便隱全末爲本故末便亡是則真如隨緣成衆生未曾失於真體故今衆生非衆生也衆生體空卽法身時未曾無衆生故法身非法身也故二雙絕二既互絕則真妄平等無可異也次下四門明非一謂五以巾任自位義與象上相差別義此二本末相違相背故名非一楞伽云如來藏不在阿賴耶中是故七識有生滅如來藏者不生滅此之謂也次下四門者此句總標謂第五門性相相違故非一第六門性相相害故非一第七門但合五六二門明違害不同故非一第八亦合五六二門明存泯不同故非一其五六門但交互第二門耳謂上第二門以不變對體空故則不異今對差別則不一耳第六亦然五中先正明言本末相違背故者謂本則寂無二相末則差別萬端故相違也楞伽云下引證可知起信疏云此中唯生滅是七識唯不生滅是如來藏二義既分遂使梨耶無別自體故云不在中此約不二義非約不和合也何以故此中如來藏不生滅卽七識生滅之不生滅故與自生滅

不一也七識生滅卽如來藏不生滅之生滅故與自不生滅不一也此中非直不乖不異以明不一亦乃由不異故成於不一何以故若如來藏隨緣作生滅時失自不生滅者則不得有生滅是故由不生滅得有生滅者是則不異故不一也釋日上所引義和會非一異義今此分門正明不一若會非一異今其相同卽第十門令以因七識生滅之文便引會耳

六巾上成象義與象上體空義此二本末相反相害故非一楞伽云七識不流轉不受苦樂非涅槃因唯如來藏受苦樂等

六巾上者此段有二初正明謂第一句以成象對差別則不異今對體空故不一楞伽云下後引證卽第四經如前已引但前雖具引意在如來藏受苦樂以取隨緣成法故今疏雖具引意取七識不流轉義以成相反末卽空故言七識不流轉者以本害末令末空故無可流轉唯如來藏受苦樂者末害本故不守自性清淨之體隨緣成有始欲成象被體空違方欲體空故成象違故非一也

七以初相奪與次相害此二義別故名非一謂相背則各相背捨相去懸遠相害則相與敵對親相食害是故近遠非一以前經文不相雜故

七以初相背如二怨家不喜相見亦如參辰夫妻反目相害如二怨家以死相敵如父母之讐不與同天亦猶二虎之鬭勢不兩全

八以極相害俱泯而不泯與極相背俱存而不存不存不泯義爲非一此是成壞非一以七識卽空而是有故眞如卽隱而是顯故

八以極相害者亦合五六二句取不泯不存明不一俱泯不泯卽第六句俱存不存卽第五句何者以前第五相違是存第六相害是泯然存上有不存之義泯上有不泯之義若唯泯無不泯則色空俱亡無可相卽以不全泯故雖相卽而色空歷然若唯存無不存則色空各有定性不得相卽由有不存故雖歷然而得相卽以體虛故是以第七但合五六之存泯今第八門乃合五六之不存不泯故七八二門雖同合五六二義不同言此是成壞不一者不存是壞不泯是成

九上四非一與四非異而亦非一以義不雜故

九上四非一者上四門非一不是非異故二門不一

十然亦不異以理徧通故法無二故

十總融前八稱眞法界故亦非異既無二理豈一異有殊

若以不異門取諸門極相和會若以非一門取諸門極相違害極違而極順者是無障礙法也

巾象相對既爾術等相對交絡諸句準之上下諸文非一異義皆準此釋餘文可知

上下諸門下四例釋前後若依叡公十喩之讚多顯空理如幻喩云幻惑愚目流眄無已長勤世間父父子子我實非我妄想而起若了如幻此心自止然彼有十喩水月鏡像既合影中更有揵城之喩愚同幻術彼揵闥婆城諭讚云世法空寂如彼鬼城凌晨數影現此都京愚夫馳走隨風而征終朝乃悟窮嗷失聲

是名菩薩摩訶薩第四如幻忍

佛子云何爲菩薩摩訶薩如燄忍佛子此菩薩摩訶薩知一切世間同於陽燄

第五如燄忍釋中有三一指法同喩所喩如前二譬如下別顯喩相三總以法合

譬如陽燄無有方所非內非外非有非無非斷非常非一色非種種色亦非無色

二中若別開義門亦具五義一空地二陽氣三氣與空地合而有燄四燄似水卽無水五令渴鹿謂有初喩如來藏二喩無明習氣三喩習氣熏動心海起緣生似法四喩依他無生五喩凡小執實若十喩論法喩各有多義如彼廣說其有無等義如幻應知經文有二初喩體空

第五如燄忍若十喩者智論釋如燄云燄以日光風動塵故曠野中動如野馬無智人初見謂之爲水男女之相亦復如是結使煩惱日光熱氣諸行之塵邪憶念風生死曠野中轉無智者謂爲一相爲男爲女是名如燄復次若遠見燄想爲水近則無水想無智之人亦復如是若遠聖法不知無我不知諸法空於衆界入性空法中生於人想男想女想近聖法者則知諸法實相是時虛誑種種妄想盡除以是故說諸菩薩摩訶薩知諸法如燄釋日彼就妄說生死爲曠野今就眞妄合說故以空地喩如來藏叡公云燄惑癡愛樂之無極非身想身非色見色實無可樂莫之能識若有智慧此心自息

但隨世間言說顯示

後但隨下喻其相有

菩薩如是如實觀察了知諸法現證一切令得圓滿

三菩薩下法合中初明了法後現證下明成忍行

是名菩薩摩訶薩第五如燄忍 經三 十五

大方廣佛華嚴經疏鈔會本第四十四之三

大方廣佛華嚴經疏鈔會本第四十四之四　兼三

唐于闐國三藏沙門實叉難陀　譯

唐清涼山大華嚴寺沙門澄觀　撰述

佛子云何爲菩薩摩訶薩如夢忍佛子此菩薩摩訶薩知一切世間如夢

第六如夢忍釋中亦三一標法同喻

譬如夢非世間非離世間非欲界非色界非無色界非生非沒非染非淨而有示現

二譬如下正舉喻相然開此夢義亦有五法一所依謂悟心以喻本識二所因謂睡蓋以喻無明習氣三所現謂夢相差别以喻緣所起法四此夢事非有而有但心變故非見前法五令夢者取以爲實一所依者本識無所熏故則無無明等亦可喻如來藏喻本識者諸宗共許故法相宗明如來藏不受熏故二所因者智論云復次如夢中無喜事而喜無嗔事而嗔無怖事而怖三界衆生亦復如是無明眠力故不應喜而嗔等四此夢事者智論云夢有五種一若身中不調若熱氣多則夢見火見黃見赤二若冷氣多見水見白三若風氣多則見飛見黑四又復所聞見事多思惟念故則五或天與夢欲令知於未來事故是五種夢皆無實事而妄見世人亦復如是五道之中衆生身見力因緣故見四種我衆色是我色是我所我中有色色中有我如色受想行識亦復如是四五二十得實智覺已知無實釋曰論中身見力合上身中不調五道衆生亦可合前五夢初火如地獄火塗道故白如人善法故黑如畜生愚癡故多思如鬼天與如天故然周禮列子皆說六夢與此五夢有同有異言六夢者一正夢二噩夢三思夢四寤夢五喜夢六懼夢正夢謂不思慮息然而夢共天神與夢大同餘五多是見聞多攝莊子第二齊物篇云莊周夢爲蝴蝶自適適志與不知周也注蝴蝶而不知周則與殊死不異也然周所在無不適志則當生而係生者必當死而戀死矣由此觀之知夫在生而哀死者誤矣俄然覺則蘧蘧然周也不知周之夢爲蝴蝶歟蝴蝶之夢爲周歟周與蝴蝶必有分矣此之謂物化意云昨日之夢於今化矣生死之變豈異於此又自周而言蝴蝶稱覺未必非夢此亦可喻爲法如夢矣又列子中有人晝爲主役而夜夢爲人君主則夜夢被役二者各有其美也但心變者此通喻合約喻者卽通妨難也謂有難言若無實者何以夢中見色聞聲等耶故智論云不應言論無實之事何以故得緣便生夢中之識有種種緣若無緣云何生故令答云夢中五識不行所見五塵但心發五故智論云無也不應見而見故如夢中見人頭有角見身飛等人實無角身實不飛故二約法者但心變故合而有義不見前境合非有義　文中初明俱非喻法非有後云而示現有喻法而有雙辨爲俱句互奪爲雙非

然此四句皆由以是夢故謂一以是夢故有夢事現於夢者爲有二既言是夢其性必虛於無實處而見實故然語有則全攝無而爲有言無則全攝有而爲無以非二相故非但相有性無而已思之然語有下揀濫於中又二先正舉謂有無交徹卽夢事而性虛卽性虛是夢事約法卽性空是幻有卽幻有爲性空若是定有不得爲空若是斷空不得爲有既無性故有卽全攝無而爲有也既緣生故空則全攝有而爲無故結云非有二相非但相有下二揀非也謂諸宗計多有此說但空自性不空於法如法相宗但無遍計非無依他設學三論不得意者亦云法無自性故說爲空則令相不空矣今既無性緣生故有有體卽空緣生無性故空空而常有要互交徹方是真空妙有故其言大同而言有異故令思之若得此意則下二句義旨可知三以是夢故必具二義全有之無與全無之有二門峙立不相是故非是半有半無四既言是夢必是雙非形奪俱融二相盡故然此俱非不違雙是以若不奪無令盡無以爲無若不奪有令盡無以爲有是故存亡不礙俱泯自在方爲夢自在法門然此俱非下二融通亦爲揀濫謂尋常雙是義涉相違尋常雙非義發戲論故令雙融令離二諦成具德句謂非但二不相違亦乃二句相成故云若不奪無令盡無以爲無言奪無令盡者非無也奪有令盡者非有也謂若無非無則無亦無何者若無不盡是定性無故非真無下句亦然若無非有則無亦有以有不盡是定性有非真有故故以非有非無成上亦有亦無亦更合說俱句成於俱非舍在俱句及下結中故略不明若欲别明應云以亦有是卽無之有故成非有以亦無是卽有之無故成非無是故存亡不礙者結成也存卽是有亡卽是無俱卽亦有

亦無泯卽非有非無皆互交徹故云自在無破又存者存四句亡者亡四句俱者亦存亦亡泯者非存非亡故日夢自在法門互爲抗行豈名自在是故經云世間恒如夢智不得有無此之謂也世間等者三引證也卽楞伽第一此卽中間兩句若具應云遠離於斷常世間恒如夢智不得有無而興大悲心前如幻忍抄已具引

菩薩摩訶薩亦復如是知一切世間悉同於夢無有變異故如夢自性故如夢執著故如夢性離故如夢本性故如夢所現故如夢無差別故如夢想分別故如夢覺時故

第三菩薩下合喻中十句初句爲總次無有下別別中初句近上總句略無如夢二字於九句中前八辨夢後一明覺就前八中攝爲四對初二明常無常門體虛無變卽是常義自性無恒是無常義次二辨眞妄門妄由著生眞由性離次二性相門性本一如相現多種後二明一異門但是一心一而無別隨相分別異異不同又雖是一夢相現多種上之四門各雙存互奪以爲四句思之可見上之四門者如第一常無常門云一者常二無常三合前卽成亦常亦無常故云雙存四約互奪卽成非常非無常無常奪常故非常常奪無常故非無常謂正以體虛無實卽自性無恒故下三門例知也後一句明覺卽止觀門謂要在覺時方知是夢正夢之時不知是夢純昏心故設知是夢亦未覺故覺時了夢知實無夢然由夢方有覺故辨夢覺時若離於夢夢覺斯絕觀了上之多門止不取於夢妄如此方爲了夢法門謂要在下二說立覺所以亦是解妨謂有問言此明夢忍那說覺時故今釋云覺夢相成故須說覺於中初以覺成夢以未覺時不知是夢故要在覺時方知是夢者正辨須覺所以謂大夢之夜則必有後大覺之明謂我世尊方知三界皆如夢故上引楞伽歎佛能了於夢正夢時者謂爲實故爲諸凡夫長眠大夜不生厭求故叙公云夢中說夢純昏心也設知是夢者此通妨難謂亦有人夢知是夢如人重眠忽有夢生了知我夢以睡重故取覺不能喻諸菩薩從初發心卽知三界皆夢豈非是覺何用更說覺時故今釋云亦未是覺未大覺故故起信云若人了知前念起惡能止後念令其不起雖復名覺卽是不覺有生滅故無明覆心不自在故覺時了夢者非唯覺時知夢亦知無夢如八地菩薩夢渡河喻證無生忍不見生死此岸涅槃彼岸能渡所渡皆叵得故況於大覺故經云又念衆生苦欲說無由脫今日以證菩提豁然無所有然由於夢者上辨以覺成夢此辨以夢成覺對夢說覺無夢無覺既了夢無夢對何說覺故覺夢斯絕如無不覺則無始覺覺夢雙絕方爲妙覺觀了下釋止觀義照上四門故名爲觀覺夢斯絕卽不取於夢妄故無量義經歎佛云智恬情怕慮凝靜意滅識亡心亦寂永斷夢妄思想念無復諸大陰界入卽知究竟了夢唯我世尊獻公頌云長夜之內大夢所成皆由心畫適造衆形神傳五道倫盡跉躡若能悟之卽破無明

是名菩薩摩訶薩第六如夢忍

佛子云何爲菩薩摩訶薩如響忍佛子此菩薩摩訶薩聞佛說法觀諸法性修學成就到於彼岸

第七如響忍釋中分三一忍行所因二知一切下成忍之相三此菩薩下忍成之益今初由聞起觀能成忍故

知一切音聲悉同於響無來無去如是示現

二中先法後喻法中有二一指法同喻略顯其相通知一切音聲如響無去無來明其體空如是示現彰其相有

佛子此菩薩摩訶薩觀如來聲不從內出不從外出亦不從於內外而出雖了此聲非內非外非內外出而能示現善巧名句成就演說

二佛子下了知佛聲如響非獨但喻世間聲故於中先明卽有之無離機無聲故非內離佛無聲故非外二法相依故非內外

若言内外合者便有二聲内外相依即顯無性後雖了此聲下明即無之有故牒非三而能巧現

譬如谷響從緣所起

第二譬如下喻顯於中四一喻二合三轉喻四重合今初直舉從緣所起明響無性無性之相已見法中然有五法一空谷二有聲此二是緣三聲擊空谷便有響應此明所起四有而非真此彰無性五愚小謂有亦有有無等義如上準之然此一喻通喻三法一喻上一切聲則谷喻猴鐩聲喻風氣二喻上如來聲則谷喻如來聲喻緣感三喻一切法今經略無晉本具有大品十喻亦響喻一切則谷喻如來藏聲喻無明習氣

而與法性無有違令諸衆生隨類各解而得修學

二而與下合但合佛聲以從近故然初至令諸衆生隨類各解言含法喻謂約法則如來之聲不違法性而能隨類合上能巧示現約喻則不違本聲事法之性隨其呼人類別各解

如帝釋夫人阿脩羅女名曰舍支於一音中出千種音亦不心念令如是出

三如帝釋下轉以喻顯此有二意一則喻上佛聲一音隨類二則喻下菩薩無心普演

菩薩摩訶薩亦復如是入無分別界成就善巧隨類之音於無邊世界中恒轉法輪

四菩薩下重合

此菩薩善能觀察一切衆生以廣長舌相而爲演說其聲無礙徧十方土令隨所宜聞法各異

第三此菩薩下忍成之益於中二一隨機徧說

雖知聲無起而普現音聲雖知無所說而廣說諸法妙音平等隨類各解悉以智慧而能了達

二雖知聲下明權實雙行以同於響性相無礙故是則由聞如響之教了如響之聲發如響之音演如響之法也驗文可見肇公讚云聲以響酬相和如一無扣而應誰辨虛實業雖虛喜聲稱不失若映斯照朗如皎日又爲讚曰響無所在緣會發聲不知自我喜怒交爭妄和真心事像萬形莫知其本終日響響

是名菩薩摩訶薩第七如響忍

佛子云何爲菩薩摩訶薩如影忍

第八如影忍文分四別一標二釋三結四果

佛子此菩薩摩訶薩非於世間生非於世間沒非在世間内非在世間外非行於世間非不行世間非同於世間非異於世間非往於世間非不往世間非住於世間非不住世間非是世間非出世間

釋中有三謂法喻合今初法中有十一對分三初七對雙遮顯性以成止行如影無實故

非修菩薩行非捨於大願非實非不實

二非修下二對雙照性相以成觀行如影雖虛而現故性則非修相乃不捨眞即俗故非實俗即眞故非不實性則非修者釋成雙照之義如

前文云非是世間義當出世下句云非世間即攝上出世世與出世俱故曰雙遮今文若云非修菩薩行則由通雙遮既云非捨於大願明是雙照謂非修菩薩行即爲照實非捨於大願即是照權故得雙照之名耳次明非實非不實例然雙照真俗耳

雖常行一切佛法而能辦一切世間事不隨世間流亦不住法流

三雖常下二對遮照無礙成雙運自在行初對雙照真俗即權實雙行後對雙遮真俗即權實雙寂遮照一時爲雙運互奪無礙爲自在以此結上二段同斯無礙爲忍相之深玄遮照一時者若約權實俱行爲雙運竟今遮照爲雙運則此中方有即合前二門爲此第三門矣既言遮照一時則全遮爲照全照爲遮則二門峙立以照奪遮遮亡以遮奪照照寂則爲遮照兩亡矣言無礙者自有二意一遮不礙照照不礙遮二者雙存不礙雙奪雙奪不礙雙存故云無礙如此方稱自在故下結云以此結上二段同斯無礙故曰深玄

譬如日月男子女人舍宅山林河泉等物

二譬如下喻中文具五法一日等爲所依本質二於油下明能現之處上二是緣三而現其影明緣之所起四影與油下明有之非有五然諸下愚小謂有今初若約影喻別喻菩薩現身則日等喻悲智願等若約影喻通喻一切法則日等喻因其河泉二種雖通能現且爲所現長河飛泉入鏡中故其河泉下二揀能喻通局言雖通能現者以河泉之中見日月故故爲能現言且爲所現者以下經云於油於水下方明能現故今河泉以爲所現長河飛泉入鏡中故者出是所現之相登樓持鏡則黃河一帶盡入鏡中瀑布千丈現於徑尺王右丞云隔總雲霧生衣上卷幔山泉入鏡中明是所現矣

於油於水於身於實於明鏡等清淨物中

二能現中亦有通別別喻機感及應現處通喻於緣謂無明等別喻機感者日月既喻菩薩則水等喻機亦喻菩薩應如影落百川喻菩薩身光徧法界百川江河喻所現國土之處也

然此文具攝論三喻然此文下第二別開喻言此二句總標下成三義即分三別一以油水對上日月爲水月喻喻於定地所引境界以水有潤滑澄清性故鏡等影像闕此潤等喻非定地一以油水者則月影喻菩薩悲智水喻機心水中月喻定境界謂定中見佛等亦喻徧處定境青黃赤白等故出現偈云譬如淨月在虛空能蔽衆星示盈缺一切水中皆現影諸有觀瞻悉對前如來淨月亦復然能蔽餘乘示修短普現人天淨心水一切皆謂對其前叡公偈頌云水月不真唯有虛影人亦如是終莫之領爲之驅驅背此真淨若能悟之超然獨醒

二以於身對上日月爲光影喻身映日等而有影故弄影多端故喻於諸識二以於身等者日月喻菩薩悲智身喻物機日照發影以喻現身等而言映日等者等取經上月字及燈燭故弄影多端者上約別喻菩薩現身此約通喻一切諸識動身俯仰即是弄影形端影正形曲影斜故云多端以況八識依身有異亦喻七識依第八識對境差別叡公頌云光不照處謂之爲影不照慧明生死長永捨遠奧逸而行橫榛若能悟之狂滅自醒

三以實鏡等對上男子等爲影像喻喻非定地果報以鏡中影像離於本質別現鏡等之中故喻於果與因處別前映質之影雖因日等影乃隨身不於日內而現故喻諸識雖託境生異自在我非在於境三以實鏡者釋第三喻疏從通疏云喻非定地果報此攝論意對前水月等定境故云非定地則鏡喻於因故云謂無明等本質喻緣影喻果報故淨名云是身如影從業緣現又鏡喻本識如來藏性本質喻無明業等像喻果報如問明品若將鏡像別喻菩薩現身則鏡等喻菩薩本質喻機像喻菩薩所現之身以鏡中影像者第二對喻彈異明此鏡像得果報名果與因別故若影在身外前映質下辨前異此日月在天影現在身身即喻因則所現法得與因俱故喻諸識下合上

而現其影雖隨日等影乃隨身此就通喻諸識以說若將光影喻菩薩現身則影隨身異不在日光則身由生異不在菩薩智日令異叡公頌云形不入鏡光照而有世亦如是業影而受不知此者長嬰其咎若能悟之還神氣學

三明所起中亦有通別二果可知

影與油等非一非異非離非合於川流中亦
不漂度於池井內亦不沉沒雖現其中無所
染著

四明有非有中攝多義門於中一異合離
通顯影義各有四句如幻喻辨然一異約
此影彼影合離約影對水等於中一異者此據經中諸對通局此通三影故云通顯　次於川流下別顯影義不
通二影如月映淮流流水不將月去光臨
潭上萬仞不見光沉喻菩薩同世還流不
漂生死證眞寂滅不沉涅槃次於川流下唯明水月之影一異約此者自揀一對義旨不同顯無重言之失言此影者江中之月若與水一不可在河若與江河不同應有兩月言合離約影對水等者水影若合水池月亦應流水影若離去水應有影在又合離者合意亦二如二意合一異不冒一則無雙如氷成水水影與水異則月可出水影與水一則有水即月亦不可移合離之義不異前釋不通二影者唯水月故非通鏡像及於映質以文但云川流池井故言月映淮流者故文選云月映清流　後雖現下雙結有無喻性
相交徹兼於鏡像兼於鏡像者以文云雖現其中故通鏡像亦不通映質映質之影無現中故若取日照身影入於水中則亦通之然是水影中攝

然諸衆生知於此處有是影現亦知彼處無
如是影遠物近物雖皆影現影不隨物而有
近遠

五取爲有中由以有無爲有無不知即影
了不可取故成執著於中先取有無爲著
後遠物下舉影正義顯上爲執不知此影
無遠近故不知此影者即釋經中影不隨物而有遠近如執鏡能池池中月出而此影不近天上之月去地四萬二千由旬影落潭中而亦不遠以喻菩薩遠在他方恒住此故雖在此處常在彼故安有遠近之異相耶一切遠近皆類此知

菩薩摩訶薩亦復如是能知自身及以他身
一切皆是智之境界不作二解謂自他別而
於自國土於他國土各各差別一時普現

第三菩薩下合中二先正合前文於中初
舉智境合前本質次而於下合前油等後
各各下合前現影

如種子中無有根芽莖節枝葉而能生起如
是等事菩薩摩訶薩亦復如是於無二法中
分別二相善巧方便通達無礙

二如種子下轉以喻合非有之有於中先
喻後合有無無礙名爲方便等

是名菩薩摩訶薩第八如影忍

菩薩摩訶薩成就此忍雖不往詣十方國土
而能普現一切佛刹亦不離此亦不到彼如
影普現所行無礙令諸衆生見差別身同於
世間堅實之相

第四果中三初得稱性之身如影不往而
至不分而徧故

然此差別即非差別別與不別無所障礙

次然此下結成無礙以無差是差之無差
故雖不往而徧令物見殊差是無差之差
故雖徧而不在彼此

此菩薩從於如來種性而生身語及意清淨
無礙故能獲得無邊色相清淨之身

後此菩薩下顯此身因其無邊身近局果
中亦通前法

佛子云何爲菩薩摩訶薩如化忍

第九如化忍文分四別一標二釋三結四
果標云化者無而忽有故

佛子此菩薩摩訶薩知一切世間皆悉如化

釋中有三謂法喻合法中二先總標標法
同喻具能所知既知一切世間不局所化
情類略標世間應具出世

所謂一切衆生意業化覺想所起故一切世間諸行化分別所起故一切苦樂顛倒化妄取所起故一切世間不實法化言說所現故一切煩惱分別化想念所起故

後所謂下別顯先顯所知後顯能知前中第三十句前五染化後五淨化今初不出惑業十三苦三前四是苦即五蘊相一識由想起二行因識生分別是識故三受因想起想取愛憎相故四色亦行生無記報色如沫不實名言熏習即是行故五即是惑惑由想行念即行故業通二處初句意業此句分別皆是業故此中意等從緣無性如化不實本無今有如化相現故仁王云法本自無因緣生諸淨化二義倣此可悉故仁王皆證上不實相現二義然有二義一因緣生之即是相現由緣生故有來即無云法本自無即無實義二者兩句共成一義謂自者從也從無之有日生非本先有故云法本自無過緣即起故云因緣生諸斯即但用因緣生諸即成二義謂因緣生故相有緣生無性故無實正順無而忽有名化故引此文此文即第二卷護國品第五普明王爲千王說偈此後更有偈云盛者必衰實者皆虛衆生蠢蠢都如幻居聲響俱空國土亦如等總有八偈及事據並如彼經也淨化二義者即不實相現之二義也

復有清淨調伏化無分別所現故於三世不轉化無生平等故菩薩願力化廣大修行故如來大悲化方便示現故轉法輪方便化智慧無畏辯才所說故

後復有下明後五淨中一方便調生依眞智故二湛然眞智由理成故故上文云智入三世了法平等三願由行滿四慈悲復依方便立故五具無畏辯能轉法故四慈悲者即出現品文故彼偈云譬如樹林依地有地依於水得不壞水輪依風風依空而其虛空無所依一切佛法依慈悲慈悲復依方便立方便依智智依慧無礙慧身無所依彼說五重相依今此但要慈悲依方便方便即後得智慈悲以後得智爲體後得智中興樂拔苦故

菩薩如是了知世間出世間化現證知廣大知無邊知如事知自在知眞實知非虛妄見所能傾動隨世所行亦不失壞

二菩薩如是下別顯能知於中初二句結前生後世間結前染出世結前淨亦結餘所不盡謂乃至一法過於涅槃亦如化故或說涅槃不如化者大品云爲新發意菩薩恐其驚怖分別生滅方如化故餘如幻說了知之言即是生後次現證下正顯能知上言了知知有六義一若事若理非比度故二傍無遺故三契中道故四稱俗境故五眞俗無礙故六歸一實諦故後非虛妄下結上六知處眞道而不傾行非道而不壞第三十四

大方廣佛華嚴經疏鈔會本第四十四之四

大方廣佛華嚴經疏鈔會本第四十四之五　弊四

唐于闐國三藏沙門實叉難陀　譯

唐清涼山大華嚴寺沙門澄觀撰述

譬如化不從心起不從心法起不從業起不受果報非世間生非世間滅不可隨逐不可攬觸非久住非須臾住非行世間非離世間不專繫一方不普屬諸方非有量非無量不厭不息非不厭息非凡非聖非染非淨非生非死非智非愚非見非不見非依世間非入法界非黠慧非遲鈍非取非不取非生死非涅槃非有非無有

第二譬如下喻中應開四義一能化者以喻因緣二化現事喻所起果三現用而無實四愚小謂真故十喻傳云猶如化事雖空無實能令衆生憂苦瞋恚喜樂癡惑諸法亦爾云何無實如彼化人無生老死苦樂異餘人故文中有四十句初句標次三十七句一向雙非以顯無實後非有非無有義通二種一亦是雙非謂無有亦無故二雙融性相化不實故非有現化事故非無有對成四句及一異等準前思之謂無有者疏有二句云非有非無有今偏釋非無有句謂非有即是無有今亦遣彼無有故云非有非無有故云無有亦無上句易故不釋叡公云衆生如化非有非真不違此者轉如車輪解法清淨無我無人衆垢消除如日無雲

菩薩如是善巧方便行於世間修菩薩道了知世法分身化往

第三菩薩如是下合中二先化行後佛子下化益前中四一起化用以同化相有故然但云菩薩如是者以上諸非一一通法故指上如是爲善巧方便

不著世間不取自身於世於身無所分別不住世間不離世間不住於法不離於法

二不著下明化智以了化不實故以本願故不棄捨一衆生界不調伏少衆生界不分別法非不分別知諸法性無來無去雖無所有而滿足佛法

三以本願下雙非顯中

了法如化非有非無

四了法下結示化旨

佛子菩薩摩訶薩如是安住如化忍時悉能滿足一切諸佛菩提之道利益衆生是名菩薩摩訶薩第九如化忍

化益及結文顯可知

菩薩摩訶薩成就此忍凡有所作悉同於化譬如化士於一切佛刹無所依住於一切世間無所取著於一切佛法不生分別而趣佛菩提無有懈倦修菩薩行離諸顛倒雖無有身而現一切身雖無所住而住衆國土雖無有色而普現衆色雖不著實際而明照法性平等圓滿

第四果中先得利他業用之果

佛子此菩薩摩訶薩於一切法無所依止名解脫者一切過失悉皆捨離名調伏者不動不轉普入一切如來衆會名神通者於無生法已得善巧名無退者具一切力須彌鐵圍不能爲障名無礙者

後佛子下得依自利立勝名果

佛子云何爲菩薩摩訶薩如空忍

第十如空忍中亦四謂標釋結果標云如空如空所喻通一切法佛地喻清淨法界

以離差別相故及中邊等論喻圓成實但是此中一義如空所喻通一切法標云如空者隨文有四一顯所喻通局上是本經之意通喻一切二佛地論下引論明通局然其喻相小異諸喻諸喻開義多分有五雖正取所成幻等以喻於法而亦取緣等以顯無性此中喻相不開別法直指於空具含多義以喻於法又此諸喻若約能喻前五多取似有以破實有化喻以不有有破似有此喻以性相俱絕破於一切又前六遣有會空多依空立有少此一遣有入空少依空立有多又上所喻則通一切此中能喻則具多義所喻各隨別義喻一類法又前六下三重將空喻對六明空有不同義成諸喻共喻於空空喻都成於有此中能喻者謂如一空有無相義有無起義一味義等言所喻各別者謂無相但喻事法界無起但喻世界一味但喻敎法等故然龍樹十喻以四復次釋如空義一近無遠有謂如虛空非可見法以遠視故眼光迴轉則見縹色一切諸法亦復如是空無所有以凡夫人遠無漏慧棄捨實相則見彼我男女等物而實此物竟無所有二約性淨不染三約無初中後四約體實無物及佛地有十復次上八地中空有十義皆是畧明及佛地十義菩薩八地十義此之二經文皆十義意各不同佛地十義喻如來清淨法界今當具引卽第三論去至第四論方終第一義者經云妙生當知清淨法界譬如虛空雖遍諸色種種相中而不可說有種種相體唯一味如是如來清淨法界雖復遍至種種相類所知境界而不可說有種種相體唯一味二云又如虛空雖遍諸色不相捨離而不為色過所染汚如是如來清淨法界緣遍一切衆生心性由真實故不相捨離而不為彼過所染汚三云又如虛空含容一切身語意業而此虛空無有起作如是如來含容一切智所變化利衆生事清淨法界無有起作四當第四卷初故云又如虛空中種種色相現生現滅而此虛空無生無滅如是云云諸智變化利衆生事現生現滅而淨法界無生無滅五云又如虛空種種色相現增現滅而此虛空無增無減如是云云顯示如來甘露聖教有增有減而淨法界無增無減六云又如虛空十方色相無邊無盡是虛空界無邊盡故而此盡空無去無來無動無轉如是云云建立十方一切衆生利益安樂種種作用無邊無盡清淨法界無邊盡故而淨法界無去無來無轉無動七云又如虛空三千世界現壞現成而虛空界無壞無成如是云云現無量相成等正覺或復示現入大涅槃而淨法界非成等正覺非入寂滅八云又如依空種種色相壞爛燒爍變異可得而虛空界非彼所變亦無勞蔽如是依止如來淨界衆生界內種種學處身語意業毀犯可得而淨法界非彼變異亦無勞藏九云又如依空大地大山光明水火帝釋眷屬乃至日月種種可得而虛空界非彼諸相如是依止如來淨界戒蘊定蘊慧蘊解脫解脫知見諸蘊可得而淨法界非彼諸相十云又如空中種種因緣展轉生起三千大千無量世界周輪可得而虛空界無所起作如是如來清淨法界具無差相諸佛衆會周輪可得而淨法界無所起作釋曰上之十義具出經文如是字下皆有如來清淨法界之言餘並依經而論皆廣釋大意相似故顯不引論亦不具列經文言大意相似者通與一切法非卽離義耳上正辨五法之中一真法界故以虛空十義為喻若略取別相者一體唯一味二性淨無染三無起作四無生滅五無增減六無去來動轉七無成壞八無變易勞倦九非諸相十無所起作觀其經文十與三同而三是含容無起作十是生起無起作三合云無能所若觀論結十應言無分別三應云無作意今略引論釋釋第一云次當顯示淨法界相釋難決擇法界差別謂有離言若諸如來法界為性法界則用真如為體真如卽是諸法共相諸法既有種種差別法界隨彼云何無有種種差別法界若有壁種差別云何清淨非頗胝迦種種依止共相應故無種種相為釋此難故說最初太虛空喻意云雖遍種種不隨成形不捨自性故二有難云法界遍在一切則與貪等而共相應云何不如有漏心法成不清淨故今通云性清淨故非彼體故不為所染三有難云如來清淨法界真如為體則無戲論亦無起作云何得容利有情事故今通云由先願力為增上緣與諸衆生作利樂事任運而住無有分別而無戲論四有難云若淨法界遍在一切不相捨離一向隨轉是則法界應有生滅故故今通云雖遍一切世俗施設則有生滅真勝義體不生不滅五有難言若淨法界遍在一切不相捨離如來聖教現有增減法界亦應增減故今通云然世俗理說有增減非真法界而有增減六有難云若諸如來法界為體如來施與有情利樂或去或來法界應有來去故今通云就受用身說有去來非法界體而有去來七有難云若無去來云何得有成等正覺故今通

云成者約世俗勝義無成壞八有難云若法界遍一切有情之類云何有情得有毀犯故令通云衆生有毀犯法界無變異九有難云若法界遍一切應無有戒等無漏有難云若通云爲增上緣增長一切自無諸相相故令通云若一切佛法界爲體應無受用云何得有衆會差別故令通云約別別因緣所得非如來身有戲論分別等以上十難對上經文居然易了上八地者十相不同謂一無量相二周徧相三無形相四無異相五無邊相六顯現色身相文唯有六例合有十耳但語於空又不別喻相法然別義有此不同同義諸喻無別故獻公云十喻以喻空空必待此喻借言以會意意盡無會處若得出長羅住此無所住若能映斯照萬象無來去餘無礙義如前後說故獻公下二引證成於空義是同此唯但總結十喻之讃若別明空讃云空有名無用無色人亦如是莫之能識妄造妄若百骸孔隸馳空求空竭其力亦顯空義耳餘無礙義三結成此經之大意也經疏前已有說如如幻忍等後亦有說如德齊空中說前後遠文文更多矣

佛子此菩薩摩訶薩了一切法界猶如虛空以無相故一切世界猶如虛空以無起故一切法猶如虛空以無二故一切衆生行猶如虛空無所行故一切佛猶如虛空無分別故一切佛力猶如虛空無差別故一切禪定猶如虛空三際平等故所說一切法猶如虛空

不可言說故一切佛身猶如虛空無著無礙故

第二釋中二先忍解之相後忍行成益今初先別明以空九義喻九種法隨義雖別然其總意亦以緣成無性故空九句各初標法同喻後出所以一標事法界如空下出所以者以無相故謂從緣無性其相自虛即事是理法界故此句爲總二世界共業所起故三軌儀教法一味法界所流故及餘六句並準初句二世界者出現品當說

菩薩如是以如虛空方便了一切法皆無所有

後菩薩如是下總結

佛子菩薩摩訶薩以如虛空忍智了一切法時得如虛空身身業得如虛空語語業得如虛空意意業

第二佛子下忍行成益中三初總明得如空三業業具

譬如虛空一切法依不生不殁菩薩摩訶薩亦復如是一切法身不生不殁譬如虛空不可破壞菩薩摩訶薩亦復如是智慧諸力不可破壞譬如虛空一切世間之所依止而無所依菩薩摩訶薩亦復如是一切諸法之所依止而無所依譬如虛空無生無滅能持一切世間生滅菩薩摩訶薩亦復如是無向無得能示向得普使世間修行清淨譬如虛空無方無隅而能顯現無邊方隅菩薩摩訶薩亦復如是無業無報而能顯示種種業報譬如虛空非行非住而能示現種種威儀菩薩摩訶薩亦復如是非行非住而能分別一切諸行譬如虛空非色非非色而能示現種種諸色菩薩摩訶薩亦復如是非世間色非出世間色而能示現一切諸色譬如虛空非久非近而能久住現一切物菩薩摩訶薩亦復如是非久非近而能久住顯示菩薩所行諸行譬如虛空非淨非穢不離淨穢菩薩摩訶薩亦復如是非障非無障不離障無障譬如虛空一切世間皆現其前非現一切世間之前菩薩摩訶薩亦復如是一切諸法皆現其前非現一切諸法之前譬如虛空普入一切

而無邊際菩薩摩訶薩亦復如是普入諸法而菩薩心無有邊際

二譬如下別顯德齊虛空於中初二句一向喻實無依為依巳下皆顯性相無礙從緣有故無性空故又此二相即故便成四句一緣生故空緣生故有二無性故空無性故有三緣生故有無性故空四即反此餘一異等並倒此知四即反此者謂無性故有緣生故空並如問明品若對經文應言從緣有故為世界依無性空故而無所依四句但出空義所以差別耳無法出空故皆現其前空不可見故不現法前餘並文顯無法出空下別釋譬如虛空一切世間皆現其前非現一切世間之前

何以故菩薩所作如虛空故謂所有修習所有嚴淨所有成就皆悉平等一體一味一種分量如虛空清淨徧一切處如是證知一切諸法於一切法無有分別

三何以下徵釋得益之由所以得者釋意云空觀成故於中二先智證齊空故一體者真如平等故一味者解脫不殊故一種分量者大小皆稱性故一味解脫者涅槃云一切同一甘露一解脫味淨名云解脫味為槃故餘文及頌文並可知

嚴淨一切諸佛國土圓滿一切無所依身了一切方無有迷惑具一切力不可摧壞滿足一切無邊功德巳到一切甚深法處通達一切波羅蜜道普坐一切金剛之座普發一切隨類之音為一切世間轉於法輪未曾失時

後嚴淨下德用滿空故

是名菩薩摩訶薩第十如空忍

結名可知

菩薩摩訶薩成就此忍得無來身以無去故得無生身以無滅故得不動身以無壞故得不實身離虛妄故得一相身以無相故得無量身佛力無量故得平等身同如相故得無差別身等觀三世故得至一切處身淨眼等照無障礙故得離欲際身知一切法無合散故得虛空無邊際身福德藏無盡如虛空故得無斷無盡法性平等辯才身知一切法相唯是一相無性為性如虛空故得無量無礙音聲身無所障礙如虛空故得具足一切善巧清淨菩薩行身於一切處皆無障礙如虛空故得一切佛法海次第相續身不可斷絕如虛空故得一切佛剎中現無量佛剎身離諸貪著如虛空無邊故得示現一切自在法無休息身如虛空大海無邊際故得一切不可壞堅固勢力身如虛空任持一切世間故得諸根明利如金剛堅固不可壞身如虛空一切劫火不能燒故得持一切世間力身智慧力如虛空故

果中得二十種身前十與十行及離世間大分相似然通相多從德用立名可以意得

佛子是名菩薩摩訶薩十種忍

大文第四佛子至是名下總結十忍

爾時普賢菩薩摩訶薩欲重宣其義而說頌言

譬如世有人聞有寶藏處以其可得故心生大歡喜如是大智慧菩薩真佛子聽聞諸佛法甚深寂滅相

第二祇夜一百七頌大分為二百偈頌前七偈結歎前中但頌廣釋即為十段段各

十偈初有十頌頌音聲忍於中先二偈頌
所聞佛說
聞此深法時其心得安隱不驚亦不怖亦不生恐畏大士求菩提聞斯廣大音心淨能堪忍於此無疑惑自念以聞此甚深微妙法當成一切智人天大導師菩薩聞此音其心大歡喜發生堅固意願求諸佛法以樂菩提故其心漸調伏令信益增長於法無違謗是故聞此音其心得堪忍安住而不動修行菩薩行爲求菩提故專行向彼道精進無退轉不捨衆善軛以求菩提道其心無恐畏聞法增勇猛供佛令歡喜
餘頌能聞入法於中一偈頌不驚怖畏一偈深信一偈悟解二偈愛樂一偈修習安住後二偈頌趣向專心憶念
如有大福人獲得真金藏隨身所應服造作莊嚴具菩薩亦如是聞此甚深義思惟增智海以修隨順法法有亦順知法無亦順知隨彼法如是如是知諸法成就清淨心明徹大歡喜知法從緣起勇猛勤修習平等觀諸法了知其自性不違佛法藏普覺一切法志樂常堅固嚴淨佛菩提不動如須彌一心求正覺以發精進意復修三昧道無量劫勤行未曾有退失菩薩所入法是佛所行處於此能了知其心無厭怠如無等所說平等觀諸法非不平等忍能成平等智隨順佛所說成就此忍門如法而了知亦不分別法
二有十偈頌順忍於中初一偈三句頌思惟次二偈一句頌隨順了知令心清淨次一却頌觀察平等無違餘頌正住修習
三十三天中所有諸天子共同一器食所食各不同所食種種食不從十方來如其所修業自然咸在器菩薩亦如是觀察一切法悉從因緣起無生故無滅
三有十偈頌無生忍初三頌標以前三忍
皆是法說故偈初各加其喻
無滅故無盡無盡故無染於世變異法了知無變異無異則無處無處則寂滅其心無染著願度諸羣生專念於佛法未嘗有散動而以悲願心方便行於世勤求於十力處世而不住無去亦無來方便善說法
次四頌釋
此忍最爲上了法無有盡入於真法界實亦無所入菩薩住此忍普見諸如來同時與授記斯名受佛職了達三世法寂滅清淨相而能化衆生置於善道中
後三結歎
世間種種法一切皆如幻若能如是知其心無所動諸業從心生故說心如幻若離此分別普滅諸有趣譬如工幻師普現諸色像徒令衆貪樂畢竟無所得世間亦如是一切皆如幻無性亦無生示現有種種
第四頌如幻忍初六頌畧說於中前四頌指法同喻及顯緣相
度脫諸衆生令知法如幻衆生不異幻了幻無衆生衆生及國土三世所有法如是悉無餘一切皆如幻
後二頌成就忍行
幻作男女形及象馬牛羊屋宅池泉類園林華果等幻物無知覺亦無有住處畢竟寂滅

相但隨分別現
後四頌廣於中初二頌喻
菩薩能如是普見諸世間有無一切法了達悉如幻
次一頌合
衆生及國土種種業所造入於如幻際於彼無依著
後一頌忍行成
如是得善巧寂滅無戲論住於無礙地普現大威力
第五如是下頌如燄忍初一攝前生後以明觀意
勇猛諸佛子隨順入妙法善觀一切想纏網於世間衆想如陽燄令衆生倒解菩薩善知想捨離一切倒衆生各別異形類非一種了達皆是想一切無真實十方諸衆生皆爲想所覆若捨顛倒見則滅世間想世間如陽燄以想有差別知世住於想遠離三顛倒
次五頌指法同喻
譬如熱時燄世見謂爲水水實無所有智者不應求
次一頌喻
衆生亦復然世趣皆無有如燄住於想無礙心境界若離於諸想亦離諸戲論愚癡著想者悉令得解脫遠離憍慢心除滅世間想住盡無盡處是菩薩方便
後三頌合
菩薩了世法一切皆如夢非處非無處體性恒寂滅諸法無分別如夢不異心三世諸世間一切悉如是夢體無生滅亦無有方所三界悉如是見者心解脫夢不在世間不在非世間此二不分別得入於忍地譬如夢中見種種諸異相世間亦如是與夢無差別住於夢定者了世皆如夢非同非異非一非種種衆生諸剎業雜染及清淨如是悉了知與夢皆平等菩薩所行及以諸大願明了皆如夢與世亦無別了世皆空寂不壞於世法譬如夢所見長短等諸色是名如夢忍因此了世法疾成無礙智廣度諸羣生
第六菩薩了下頌如夢忍中正頌前合兼頌標喻十頌頌前九句一頌無變二一頌頌自性上二兼頌標法三頌執著寤則解脫兼頌前喻四頌性離五超頌所現六卻頌本性七八二頌頌無差別九頌想分別十頌覺時思之可了
修行如是行出生廣大解巧知諸法性於法心無著
第七修行下頌如響忍初一偈頌忍行所因文云修行如是行似結前喻既言知諸法性義同忍行
一切諸世間種種諸音聲非內亦非外了之悉如響如聞種種響心不生分別菩薩聞音聲其心亦如是
次二偈頌聞一切聲如響
瞻仰諸如來及聽說法音演契經無量雖聞無所著如響無來處所聞聲亦然而能分別法與法無乖謬
次二頌知如來聲如響
善了諸音聲於聲不分別知聲悉空寂普出清淨音了法不在言善入無言際而能示言

說如響徧世間了知言語道具足音聲分知聲性空寂以世言音說如世所有音示同分別法其音悉周徧開悟諸羣生菩薩獲此忍淨音化世間善巧說三世於世無所著

餘頌忍成之益其喻徧諸偈中

爲欲利世間專意求菩提而常入法性於彼無分別普觀諸世間寂滅無體性而恒爲饒益修行意不動

第八爲欲下頌如影忍頌法說十對喻合含在其中初二偈頌非世生沒謂了寂故不生饒益故不沒

不住於世間不離於世間於世無所依依處不可得

次偈頌非在內外不住故不內不離故不外

了知世間性於性無染著雖不依世間化世令超度

次偈頌非行不行了無染故非行化世故非不行

世間所有法悉知其自性了法無有二無二亦無著

次偈頌非同非異知自性故非同了無二故非異

心不離世間亦不住世間非於世間外修行一切智

次偈頌非往不往第一句不往餘三句非不往

譬如水中影非內亦非外菩薩求菩提了世非世間不於世住出以世不可說

次六句頌非住非不住於中初二句兼別頌喻故云非內外

亦不在內外如影現世間

次亦不在內外二句頌非是世間非出世間

入此甚深義離垢悉明徹不捨本誓心普照智慧燈

次入此一偈頌非修菩薩行非捨於大願

世間無邊際智入悉齊等普化諸羣生令其捨衆著

次一偈頌雖常行一切佛法而能辦一切世間事其實不實及不住世流法流義通結上故畧不頌

觀察甚深法利益羣生衆從此入於智修行一切道菩薩觀諸法諦了悉如化而行如化行畢竟永不捨隨順化自性修習菩提道一切法如化菩薩行亦然

第九觀察下頌如化忍初三偈頌總知一切世間如化

一切諸世間及以無量業平等悉如化畢竟住寂滅

次一頌染法化

三世所有佛一切亦如化本願修諸行變化成如來佛以大慈悲度脱化衆生度脱亦如化化力爲說法

次二頌淨法化言度脱亦如化者爲釋疑故謂觀察衆生如化何用化之故此答云化若有實可招來難度既如化化之何妨

如世皆如化不分別世間化事種種殊皆由業差別修習菩提行莊嚴於化藏無量善莊嚴如業作世間化法離分別亦不分別法此

二俱寂滅菩薩行如是化海了於智化性印世間化非生滅法智慧亦如是

　餘頌法合

第十忍明觀衆生及諸法體性皆寂滅如空無處所

　第十頌如空忍初一偈頌忍解之相餘頌忍行成益

獲此如空智永離諸取著如空無種種於世無所礙成就空忍力如空無有盡境界如虛空不作空分別虛空無體性亦復非斷滅亦無種種別智力亦如是虛空無初際亦復無中後其量不可得菩薩智亦然如是觀法性一切如虛空無生亦無滅菩薩之所得

　於中初五偈頌別顯德齊虛空

自住如空法復爲衆生說降伏一切魔皆斯忍方便世間相差別皆空無有相入於無相處諸相悉平等唯以一方便普入衆世間謂知三世法悉等虛空性

　次三偈頌徵釋得忍之由

智慧與音聲及以菩薩身其性如虛空一切皆寂滅

　後一偈却頌上總明得如空三業

如是十種忍佛子所修行其心善安住廣爲衆生說於此善修學成就廣大力法力及智力爲菩提方便通達此忍門成就無礙智超過一切衆轉於無上輪

　末後七偈結歎中二前三二利行圓言超過一切正顯十頂之義

所修廣大行其量不可得調御師智海乃能分別知捨我而修行入於深法性心常住淨法以是施羣生衆生及刹塵尚可知其數菩薩諸功德無能度其限菩薩能成就如是十種忍智慧及所行衆生莫能測

　後四顯深難測上智所知

大方廣佛華嚴經疏鈔會本第四十四之五

大方廣佛華嚴經疏鈔會本第四十五之一　槃五

唐于闐國三藏沙門實叉難陀　譯

唐清涼山大華嚴寺沙門澄觀　撰述

阿僧祇品第三十

初來意有二一通謂前三品別答前問此下三品總明等覺深奧故二別謂前既智圓謐極此品校量行德難思故次來也又難思佛德菩薩盡窮故亦爲遠答變化海故故下偈中廣顯變化大用又通顯一部之數量故初來意者一通以後三品對前三品二別辨者則此品對十忍品自有三意一答第二會初二一爲遠答下答第一會中十海三又通上顯一部之數初中後有二意一直難答二又難思下明菩薩知佛德下科偈大同具此二意

二釋名者阿之言無僧祇曰數今帶數名若晉本云心王菩薩問阿僧祇品兼能問人卽人法雙舉及菩薩所問之算數梵本同此然僧祇是十大數之創首經論多用故以標名又顯此數卽離數故寄無數標名全帶數名者無數乃是一百二十四數之一故人法雙舉者若人法不同卽是相違下言及菩薩所問之數卽是依主然僧下通妨妨云僧祇非是後數何以偏摽通意可知

三宗趣者寄數顯德分齊爲宗令知普賢諸佛離數重重無盡爲趣

四正釋文此下三品總顯深奧卽爲三別此品明勝德無數次品明盡一切時後品明徧一切處然此三品初一通明佛菩薩德次品正顯佛德兼明菩薩後品唯明菩薩所以爾者亦是等覺亦名佛故位後普賢是佛菩薩故四釋文下光顯科有二一直就法料揀此上品下約人料揀

爾時心王菩薩白佛言世尊諸佛如來演說阿僧祇無量無邊無等不可數不可稱不可思不可量不可說不可說不可說

今初一品先問後答問中二先牒佛所說後世尊下正明諮問令初所以心王問者表數不離心數與非數皆自在故又顯此數統收前後辨超勝故所以偏問十者舉後攝初顯無盡故前後文中多用此故故文云如來演說但問本數已攝諸轉表數不雖者此釋心字數與非數下釋王字王以自在爲義故又顯此數下雙明心王二字心者統攝諸法一切最勝故王者統御四海爲最勝故所以偏問下料揀所問言轉者謂阿僧祇阿僧祇爲一阿僧祇轉等

世尊云何阿僧祇乃至不可說不可說耶

佛告心王菩薩言善哉善哉善男子汝今爲欲令諸世間入佛所知數量之義而問如來應正等覺

第二佛告下答中四一讚問成益令入佛所知數者以是圓教所明深廣無涯唯佛方測不同凡小所知如黃帝算法但有二十三數始從一二終至正載已說天地不容小乘六十已至無數此有百二十四倍倍變之故非餘測故數之終寄不可說況復偈初更積不可說歷諸塵刹以顯無盡所以佛自答者正表難思故又明此品統語因位終德故佛說之如從一二者從一至十爲十次有十三數謂十十爲百十百爲千次萬億兆京垓秭壤溝澗正載言載者天地不能容載故小乘六十者卽俱舍論說六十向後更無數也卽第十二論引解脫經說六十數中阿僧企耶是第五十二數彼文具列從一至十爲十乃至跋羅攙爲一阿僧企耶於此數中亡失餘八但五十二今云小乘六十已至無數者此之無數謂此外更無非是阿僧企耶也

善男子諦聽諦聽善思念之當爲汝說

二善男子下誡聽許說

時心王菩薩唯然受教
三時心王下敬受尊命
佛言善男子一百洛叉爲一俱胝俱胝俱胝俱胝
爲一阿庾多阿庾多阿庾多爲一那由他那
由他那由他爲一頻婆羅頻婆羅頻婆羅爲
一矜羯羅矜羯羅矜羯羅爲一阿伽羅阿伽
羅阿伽羅爲一最勝最勝最勝爲一摩婆(上聲)
羅摩婆羅摩婆羅爲一阿婆(上聲)羅阿婆羅阿
婆羅爲一多婆(上聲)羅多婆羅多婆羅爲一界
分界分界分爲一普摩普摩普摩爲一禰摩
禰摩禰摩爲一阿婆(上聲)鈐阿婆鈐阿婆鈐爲
一彌伽(上聲)婆彌伽婆彌伽婆爲一毗攞伽毗
攞伽毗攞伽爲一毗伽(上聲)婆毗伽婆毗伽婆
爲一僧羯邏摩僧羯邏摩僧羯邏摩爲一毗
薩羅毗薩羅毗薩羅爲一毗贍婆毗贍婆毗
贍婆爲一毗盛伽毗盛伽毗盛伽爲一毗素
陀毗素陀毗素陀爲一毗婆訶毗婆訶毗婆
訶爲一毗薄底毗薄底毗薄底爲一毗佉擔
毗佉擔毗佉擔爲一稱量稱量稱量爲一一
持一持一持爲一異路異路異路爲一顛倒

顛倒顛倒爲一三末耶三末耶三末耶爲一
毗覩羅毗覩羅毗覩羅爲一奚婆(上聲)羅奚婆
羅奚婆羅爲一伺察伺察伺察爲一周廣周
廣周廣爲一高出高出高出爲一最妙最妙
最妙爲一泥羅婆泥羅婆泥羅婆爲一訶理
婆訶理婆訶理婆爲一一動一動一動爲一
訶理蒲訶理蒲訶理蒲爲一訶理三訶理三
訶理三爲一奚魯伽奚魯伽奚魯伽爲一達
攞步陀達攞步陀達攞步陀爲一訶魯那訶
魯那訶魯那爲一摩魯陀摩魯陀摩魯陀爲
一懺慕陀懺慕陀懺慕陀爲一瑿攞陀瑿攞
陀瑿攞陀爲一摩魯摩摩魯摩摩魯摩爲一
調伏調伏調伏爲一離憍慢離憍慢離憍慢
爲一不動不動不動爲一極量極量極量爲
一阿麽怛羅阿麽怛羅阿麽怛羅爲一勃麽
怛羅勃麽怛羅勃麽怛羅爲一伽麽怛羅伽
麽怛羅伽麽怛羅爲一那麽怛羅那麽怛羅
那麽怛羅爲一奚麽怛羅奚麽怛羅奚麽怛
羅爲一鞞麽怛羅鞞麽怛羅鞞麽怛羅爲一
鉢羅麽怛羅鉢羅麽怛羅鉢羅麽怛羅爲一

尸婆麽怛羅尸婆麽怛羅尸婆麽怛羅爲一
翳羅翳羅翳羅爲一薜羅薜羅薜羅爲一諦
羅諦羅諦羅爲一偈羅偈羅偈羅爲一窣步
羅窣步羅窣步羅爲一泥羅泥羅泥羅爲一
計羅計羅計羅爲一細羅細羅細羅爲一睥
羅睥羅睥羅爲一謎羅謎羅謎羅爲一娑攞
荼娑攞荼娑攞荼爲一謎魯陀謎魯陀謎魯
陀爲一契魯陀契魯陀契魯陀爲一摩覩羅
摩覩羅摩覩羅爲一娑母羅娑母羅娑母羅
爲一阿野娑阿野娑阿野娑爲一迦麽羅迦
麽羅迦麽羅爲一摩伽婆摩伽婆摩伽婆爲
一阿怛羅阿怛羅阿怛羅爲一醯魯耶醯魯
耶醯魯耶爲一薜魯婆薜魯婆薜魯婆爲一
羯羅波羯羅波羯羅波爲一訶婆婆訶婆婆
訶婆婆爲一毗婆(上聲)羅毗婆羅毗婆羅爲一
那婆(上聲)羅那婆羅那婆羅爲一摩攞羅摩攞
羅摩攞羅爲一娑婆(上聲)羅娑婆羅娑婆羅爲
一迷攞普迷攞普迷攞普爲一者麽羅者麽
羅者麽羅爲一馱麽羅馱麽羅馱麽羅爲一
鉢攞麽陀鉢攞麽陀鉢攞麽陀爲一毗伽摩

毗伽摩毗伽摩爲一烏波䟦多烏波䟦多烏波䟦多爲一演說演說爲一無盡無盡無盡爲一出生出生爲一無我無我無我爲一阿畔多阿畔多爲一青蓮華青蓮華青蓮華爲一鉢頭摩鉢頭摩爲一僧祇僧祇爲一趣趣爲一至至至爲一阿僧祇阿僧祇爲一阿僧祇轉阿僧祇轉爲一無量無量無量爲一無量轉無量轉爲一無邊無邊無邊爲一無邊轉無邊轉爲一無等無等無等爲一無等轉無等轉爲一不可數不可數爲一不可數轉不可數轉不可數轉爲一不可稱不可稱爲一不可稱轉不可稱轉爲一不可思不可思爲一不可思轉不可思轉不可思轉爲一不可量不可量爲一不可量轉不可量轉爲一不可說不可說不可說爲一不可說轉不可說轉爲一不可說不可說此又不可說不可說爲一不可說不可說轉

四佛言下正答所疑於中二先長行明能數之數廣多後偈頌顯所數之德無盡今初問乃舉後難知答則始終具說初言一百洛叉爲一俱胝者是中等數洛叉是萬俱胝是億故光明覺品云過一億梵本皆云俱胝故若依俱舍以洛叉爲億則俱胝當兆也若兼取一十百千萬等下數法則通有百三十七數由前易故略不說之俱胝已下並是上等數法倍倍變故餘如光明覺品說其中多存梵音但是數名更無別理末後云此又不可說不可說者若類前具牒便有四箇不可說字故譯家云此又二字替一不可說不可說爲譯之巧若依俱舍者彼論十一種三輪頌云安立器世間風輪最居下其量廣無數厚十六洛叉次上水輪深十一億二萬下八洛叉水餘凝結成金謂十一億是此方言下洛叉即是梵語若並從此方合云下八億是水餘凝結成金故知以洛叉爲億便有四箇者謂取前例合云不可說不可說不可說不可說爲一不可說轉上兩不可說不可說不可說是所積之一數謂一箇不可說不可說兩箇不可說不可說乃至不可說不可說箇不可說不可說故有四箇今以此又二字替郤兩箇不可說字豈非妙耶所以舉此者以刊定記破經此又字爲長故

爾時世尊爲心王菩薩而說頌言

不可言說不可說　充滿一切不可說　不可言說諸劫中　說不可說不可盡

不可言說諸佛刹　皆悉碎末爲微塵　一塵中刹不可說　如一一切皆如是

此不可說諸佛刹　一念碎塵不可說　念念所碎悉亦然　盡不可說劫恒爾

此塵有刹不可說　此刹爲塵說更難　以不可說筭數法　不可說劫如是數　以此諸塵數諸劫　一塵十萬不可說

第二偈頌百二十偈大分爲二前六明普賢德廣說不可盡餘偈明佛德深廣普賢窮究前中分二前四偈半明能數多後一偈半顯所數廣今初積數自有十重以顯無盡是知上至不可說轉尚約順機據佛所知實無盡故言十重者一初句積不可說至不可說然此應積最後不可說不可說轉而但積不可說者有二義故一取言易故下偈多用故二表言所不及之數故二次三句將上所積充滿一切不可說中

於中初句標後二句釋謂何者是一切不可說釋云不可說劫中說不盡者三半偈將上諸不可說一一是一剎皆碎爲塵四半偈即前一一塵有不可說剎五半偈將前諸塵中剎一念徧碎爲塵六半偈念念碎塵復盡多劫七一句明前所碎塵復有多剎八一句即此多剎復碎爲塵九半偈以多算數經於多劫數上諸塵云如是數十以上諸塵數劫一塵有十萬箇不可說劫如是重重無盡無盡

爾劫稱讚一普賢無能盡其功德量於一微細毛端處有不可說諸普賢一切毛端悉亦爾如是乃至徧法界

第二顯所數廣中略舉三重一將上諸劫讚一普賢之德不盡二況一塵中有多普賢三況徧法界塵皆有多矣是知德無盡故若不以稱性之心思之心惑狂亂

一毛端處所有剎其數無量不可說盡虛空量諸毛端一一處剎悉如是

彼毛端處諸國土無量種類差別住有不可說異類剎有不可說同類剎

不可言說毛端處皆有淨剎不可說種種莊嚴不可說種種奇妙不可說

第二一毛端下一百一十四偈明佛德深廣普賢窮究即廣顯變化之相於中二前九十一頌明果德無礙因位善窮後不可言說諸如來下明果德深廣因能趣入前中亦二先明果法無礙後菩薩悉能下明因位善窮前中亦二先三偈明依報自在則果德深廣者趣入約說諸前甚窮約解了又所舉德一約無礙二約深廣則二不同然趣入普賢無通無礙深廣蓋影略耳

於彼一一毛端處演不可說諸佛名一一名有諸如來皆不可說不可說

一一諸佛於身上現不可說諸毛孔於彼一一毛孔中現衆色相不可說不可言說諸毛孔咸放光明不可說

後於彼一一毛端處演不可說下明依正融攝即入自在於中五初二偈半依中現正

於彼一一光明中悉現蓮華不可說於彼一一蓮華內悉有衆葉不可說

不可說華衆葉中各現色相不可說彼不可說諸色內復現衆葉不可說

葉中光明不可說光中色相不可說此不可說色相中一一現光不可說

光中現月不可說月復現月不可說於不可說諸月中一一現光不可說

於彼一一光明內復現於日不可說於不可說諸日中一一現色不可說

於彼一一諸色內又現光明不可說於彼一一光明內現不可說師子座

一一嚴具不可說一一光明不可說光中妙色不可說色中淨光不可說

於彼一一淨光內復現種種妙光明此光復現種種光不可言說不可說

如是種種光明內各現妙寶如須彌一一光中所現寶不可言說不可說

二於彼一一光明下十一偈半正中現依初現蓮華光明

彼如須彌一妙寶現衆剎土不可說盡須彌

寶無有餘示現刹土皆如是
以一刹土末爲塵一塵色相不可說衆刹爲
塵塵有相不可言說不可說如是種種諸塵
相皆出光明不可說

後彼如須彌下淨土之用

光中現佛不可說佛所說法不可說法中妙
偈不可說聞偈得解不可說
不可說解念念中顯了眞諦不可說示現未
來一切佛常演說法無窮盡
一一佛法不可說種種清淨不可說出妙音
聲不可說轉正法輪不可說
於彼一一法輪中演修多羅不可說於彼一
一修多羅分別法門不可說
於彼一一法門中又說諸法不可說於彼一
一諸法中調伏衆生不可說

三光中現佛下五偈依中現正說法

或復於一毛端處不可說劫常安住如一毛
端餘悉然所住劫數皆如是

四或復下一偈明現時常住

其心無礙不可說變化諸佛不可說一一變
化諸如來復現於化不可說
彼佛法身不可說彼佛分身不可說莊嚴無
量不可說往詣十方不可說
周行國土不可說觀察衆生不可說清淨衆
生不可說調伏衆生不可說
彼諸莊嚴不可說彼諸神力不可說彼諸自
在不可說彼諸神變不可說
所有神通不可說所有境界不可說所有加
持不可說所住世間不可說
清淨實相不可說說修多羅不可說於彼一
一修多羅演說法門不可說
於彼一一法門中又說諸法不可說於彼一
一諸法中所有決定不可說
於彼一一決定中調伏衆生不可說不可言
說同類法不可言說同類心
不可言說異類法不可言說異類心不可言
說異類根不可言說異類語
念念於諸所行處調伏衆生不可說所有神
變不可說所有示現不可說於中時劫不可
說於中差別不可說

五其心無礙下十偈半明自在調生

菩薩悉能分別說諸明算者莫能辨

第二因位善窮中二先半偈結前生後

一毛端處大小刹雜染清淨麤細刹如是一
切不可說一一明了可分別
以一國土碎爲塵其塵無量不可說如是塵
數無邊刹俱來共集一毛端
此諸國土不可說共集毛端無迫隘不使毛
端有增大而彼國土俱來集
於中所有諸國土形相如本無雜亂如一國
土不亂餘一切國土皆如是
虛空境界無邊際悉布毛端使充滿如是毛
端諸國土菩薩一念皆能說
於一微細毛孔中不可說刹次第入毛孔能
受彼諸刹諸刹不能徧毛孔
入時劫數不可說受時劫數不可說於此行
列安住時一切諸劫無能說
如是攝受安住已所有境界不可說入時方
便不可說入已所作不可說

餘偈正顯因德於中有十初八偈明帝網

身土是起行處又前文明其展徧此明包
容文影略耳言毛孔悉能受諸剎等者稱
法性之一毛故受多剎而無外不壞相之
多剎安徧悟者之一毛內外緣起非即離
故稱法性之一毛者此中文亦影略蓋具諸剎毛孔皆有稱性及不壞相義今毛上取稱性義故如法性之無外剎上取不壞相義故不遍稱性之毛而著悟者之言更有一意亦文影略謂毛安悟者則願剎因迷有迷則有分悟則無邊前義直就法論後義約人取法思之可見內外緣起者亦有二義一約內外共爲緣起由不卽故有能所入由不離故得相入二約內外緣起與真法性不卽不離此復二義一由內外不卽法性故有能所入不離法性故毛能包剎能遍入二者毛約不離法性如理而包剎約不卽法性不遍毛孔思之成觀
意根明了不可說遊歷諸方不可說勇猛精
進不可說自在神變不可說
所有思惟不可說所有大願不可說所有境
界不可說一切通達不可說
身業清淨不可說語業清淨不可說意業清
淨不可說信解清淨不可說
妙智清淨不可說妙慧清淨不可說了諸實
相不可說斷諸疑惑不可說
出離生死不可說超升正位不可說甚深三
昧不可說了達一切不可說
二意根明了下五偈三業勤勇行
一切衆生不可說一切佛剎不可說知衆生
身不可說知其心樂不可說
知其業果不可說知其意解不可說知其品
類不可說知其種性不可說
知其受身不可說知其生處不可說知其正
生不可說知其生已不可說
知其解了不可說知其趣向不可說知其言
語不可說知其作業不可說菩薩如是大慈
悲利益一切諸世間
三一切衆生下應器攝生行
普現其身不可說入諸佛剎不可說見諸菩
薩不可說發生智慧不可說
請問正法不可說敷揚佛教不可說現種種
身不可說詣諸國土不可說
示現神通不可說普徧十方不可說處處分
身不可說親近諸佛不可說
作諸供具不可說種種無量不可說清淨衆
寶不可說上妙蓮華不可說最勝香鬘不可
說供養如來不可說
清淨信心不可說最勝悟解不可說增上志
樂不可說恭敬諸佛不可說
四普現其身下五偈半明游方供佛行
修行於施不可說其心過去不可說有求皆
施不可說一切悉施不可說
持戒清淨不可說心意清淨不可說讚歎諸
佛不可說愛樂正法不可說
成就諸忍不可說無生法忍不可說具足寂
靜不可說住寂靜地不可說
起大精進不可說其心過去不可說不退轉
心不可說不傾動心不可說
一切定藏不可說觀察諸法不可說寂然在
定不可說了達諸禪不可說
智慧通達不可說三昧自在不可說了達諸
法不可說明見諸佛不可說
修無量行不可說發廣大願不可說甚深境
界不可說清淨法門不可說
菩薩法力不可說菩薩法住不可說彼諸正
念不可說彼諸法界不可說

修方便智不可說學甚深智不可說無量智慧不可說究竟智慧不可說
彼諸法智不可說彼淨法輪不可說彼大法雲不可說彼大法雨不可說
彼諸神力不可說彼諸方便不可說入空寂智不可說念念相續不可說
無量行門不可說念念恒住不可說

五修行於施下廣修十度行

諸佛剎海不可說悉能往詣不可說諸剎差別不可說種種清淨不可說
差別莊嚴不可說無邊色相不可說種種間錯不可說種種妙好不可說
清淨佛土不可說雜染世界不可說

六諸佛剎海下二偈半遊剎自在行

了知眾生不可說知其種性不可說知其業報不可說知其心行不可說
知其根性不可說知其解欲不可說雜染清淨不可說觀察調伏不可說
變化自在不可說現種種身不可說修行精進不可說度脫眾生不可說
示現神變不可說放大光明不可說種種色相不可說令眾生淨不可說

七了知眾生下明調伏眾生行

一一毛孔不可說放光明網不可說光網現色不可說普照佛剎不可說
勇猛無畏不可說方便善巧不可說調伏眾生不可說令出生死不可說
清淨身業不可說清淨語業不可說無邊意業不可說殊勝妙行不可說
成就智寶不可說深入法界不可說菩薩總持不可說善能修學不可說
智者音聲不可說音聲清淨不可說正念真實不可說開悟眾生不可說
具足威儀不可說清淨修行不可說成就無畏不可說調伏世間不可說
諸佛子眾不可說清淨勝行不可說稱歎諸佛不可說讚揚無盡不可說
世間導師不可說演說讚歎不可說

八一一毛孔不可說下七偈半三業深淨行

彼諸菩薩不可說清淨功德不可說
彼諸邊際不可說能住其中不可說住中智慧不可說盡諸劫住無能說
欣樂諸佛不可說智慧平等不可說善入諸法不可說於法無礙不可說
三世如空不可說三世智慧不可說了達三世不可說住於智慧不可說
殊勝妙行不可說無量大願不可說清淨大願不可說成就菩提不可說
諸佛菩提不可說發生智慧不可說分別義理不可說知一切法不可說
嚴淨佛剎不可說修行諸力不可說長時修習不可說一念悟解不可說
諸佛自在不可說廣演正法不可說種種神力不可說示現世間不可說
清淨法輪不可說勇猛能轉不可說種種開演不可說哀愍世間不可說

九彼諸菩薩下願智自在行

不可言說一切劫讚不可說諸功德不可說劫猶可盡不可說德不可盡

十不可言說一切劫下一偈結德無盡

不可言說諸如來不可言說諸舌根歎佛不可言說德不可說劫無能盡

十方所有諸衆生一切同時成正覺於中一佛普能現不可言說一切身

此不可說中一身示現於頭不可說此不可說中一頭示現於舌不可說

此不可說中一舌示現於聲不可說此不可說中一聲經於劫住不可說

如一如是一切佛如一如是一切身如一如是一切頭如一如是一切舌

如一如是一切聲不可說劫恒讚佛不可說劫猶可盡歎佛功德無能盡

第二明果德深廣因能趣入中先果後因前中三初六偈總歎佛德

一微塵中能悉有不可言說蓮華界一一蓮華世界中賢首如來不可說

乃至法界悉周徧其中所有諸微塵世界若成若住壞其數無量不可說

一微塵處無邊際無量諸剎普入來十方差別不可說剎海分布不可說

二一微塵中能悉有下別明依報

一一剎中有如來壽命劫數不可說諸佛所行不可說甚深妙法不可說

神通大力不可說無障礙智不可說入於毛孔不可說毛孔因緣不可說

成就十力不可說覺悟菩提不可說入淨法界不可說獲深智藏不可說

三一一剎中有如來下三偈別明正報

種種數量不可說如其一切悉了知種種形量不可說於此靡不皆通達

種種三昧不可說悉能經劫於中住於不可說諸佛所所行清淨不可說

得不可說無礙心往詣十方不可說神力示現不可說所行無際不可說

往詣衆剎不可說了達諸佛不可說精進勇猛不可說智慧通達不可說

於法非行非不行入諸境界不可說不可稱說諸大劫恒遊十方不可說

方便智慧不可說真實智慧不可說神通智慧不可說念念示現不可說

於不可說諸佛法一一了知不可說

第二種種數量下明因德趣入於中二先自分行

能於一時證菩提或種種時而證入

毛端佛剎不可說塵中佛剎不可說如是佛剎皆往詣見諸如來不可說

通達一實不可說善入佛種不可說諸佛國土不可說悉能往詣成菩提

國土衆生及諸佛體性差別不可說如是三世無有邊菩薩一切皆明見

後能於一時證菩提下勝進行且從相顯略科然上諸德德德圓融無盡無盡唯忘懷體之且從相顯下結釋顯深

大方廣佛華嚴經疏鈔會本第四十五之一

大方廣佛華嚴經疏鈔會本第四十五之二 鈔六

唐于闐國三藏沙門實叉難陀 譯

唐清涼山大華嚴寺沙門澄觀撰述

壽量品第三十一

初來意者夫玄鑒虛朗出乎數域之表豈有殊形萬狀脩短之壽哉然應物隨機能無不形而無不壽故上品彰其實德此品以辨隨機雖少至多顯時無不徧即前多德之一故粗廣之亦爲遠答壽量海故所以來也初來意中二先立理正顯十身壽量且寄三身明之謂真身無修短應身示有修短玄謂玄理鑑謂鑑照理智冥契以爲真身玄故則虛凝鑑故則朗徹出乎數不可語其壽命短長出乎域不可言其形量所在又出乎數不可說其一身多身出乎域不可同其人天之壽若開上能所證別則三身義具然應物下辨其應化故經云佛以法爲身清淨如虛空所現衆色形令入此法中又云如來真身本無二應物隨機遍十方等

二釋名者壽謂報命量即分限染淨土之報壽隨機見之分限以顯無盡之命無限之量壽之量故壽有斯量通二釋也別行經名無邊佛土經即以處顯人二釋名者亦依真應以立其名然諸經論說三身壽量化則有始有終長短萬品報則有始無終一得永常法身無始無終凝然不變故法華中以伽耶生雙林滅化身也我本行菩薩道時所成壽命報身也常住不滅法身也此經宗意三身既融三壽無礙即長能短即短恒長無長無短長短存焉一一圓融言思斯絕

三宗趣者應物脩短爲宗顯窮來際無限爲趣以就同教且積劣之勝若就別教則脩短圓融故

爾時心王菩薩摩訶薩於衆會中告諸菩薩言

大正釋文初集經者敘而心王說者以順旨故佛壽自在故

佛子此娑婆世界釋迦牟尼佛刹一劫於極樂世界阿彌陀佛刹爲一日一夜極樂世界一劫於袈裟幢世界金剛堅佛刹爲一日一夜袈裟幢世界一劫於不退轉音聲輪世界善勝光明蓮華開敷佛刹爲一日一夜不退轉音聲輪世界一劫於離垢世界法幢佛刹爲一日一夜離垢世界一劫於善燈世界師子佛刹爲一日一夜善燈世界一劫於妙光明世界光明藏佛刹爲一日一夜妙光明世界一劫於難超過世界法光明蓮華開敷佛刹爲一日一夜難超過世界一劫於莊嚴慧世界一切神通光明佛刹爲一日一夜莊嚴慧世界一劫於鏡光明世界月智佛刹爲一日一夜

二佛子下正說於中三初別舉十刹相望

佛子如是次第乃至過百萬阿僧祇世界

次佛子如是下舉略顯廣

最後世界一劫於勝蓮華世界賢勝佛刹爲一日一夜普賢菩薩及諸同行大菩薩等充滿其中

三最後世界下舉其玄極且如以劫爲日未歷十重則劫不可說況百萬僧祇則最後之刹已鄰刹海平等故舉普賢等充滿明極位所居由此名爲兼顯菩薩已鄰刹海者猶有數限故致鄰言刹海平等無數量故

諸菩薩住處品第三十二

初來意者上約化益盡一切時今明菩薩徧一切處故次來也故僧祇中明法界毛端之處皆有多多普賢此則據實而談今約機緣所宜指有方所使物欣厭翹心有歸若知能住菩薩毛含刹海所住之處塵

納無邊則未有一方非菩薩住亦遠答前壽量海同菩薩隨機住壽興故昔將此品遠答第二會初同意十句非唯義意不同抑亦文不相夾

二釋名者菩薩大悲隨機住處能住非一故名曰諸菩薩之住處故以爲名

三宗趣者隨機應感方所爲宗使物歸憑及悟無方爲趣

爾時心王菩薩摩訶薩於衆會中告諸菩薩言

次正釋文文中二先集經者叙亦心王説者隨所統王皆自在故亦表心隨智住無障礙故

佛子東方有處名仙人山從昔已來諸菩薩衆於中止住現有菩薩名金剛勝與其眷屬諸菩薩衆三百人俱常在其中而演説法

二佛子下正説住處有二十二處前十依八方山海以上下非凡至故不明之山海包藏仁智棲止表大智高深故能止能照故後十二處城邑雜居由盡物機表大悲無遺故則知菩薩無不在矣今初第六是海中之山第十海中之窟餘皆是山一仙人山者相傳是東海蓬萊山、若爾則亦兼海

山海包藏下釋山海意此句約事山藏海納言仁智棲止者寄外典説夫子云仁者樂山智者樂水意云仁者好山如山之安固不動智者好水如水之清鑑洗滌流止從緣故非要仁即住山智即近水也表大智下正約所表唯一大智雙合上二高如山深如海止即是山照即是海

南方有處名勝峯山從昔已來諸菩薩衆於中止住現有菩薩名曰法慧與其眷屬諸菩薩衆五百人俱常在其中而演説法

二勝峯即德雲所住晉本名樓閣山即婁施羅所居

西方有處名金剛燄山從昔已來諸菩薩衆於中止住現有菩薩名精進無畏行與其眷屬諸菩薩衆三百人俱常在其中而演説法

三金剛燄在西海之濱

北方有處名香積山從昔已來諸菩薩衆於中止住現有菩薩名曰香象與其眷屬諸菩薩衆三千人俱常在其中而演説法

四香積山昔云應是雪北之香山

昔云攀者凡有應是之言即是帶疑事難融會不可剪知固當多聞闕疑矣言雪北者俱合論説雪北香南有阿耨達池故知雪山在香之南至

東北方有處名清涼山從昔已來諸菩薩衆於中止住現有菩薩名文殊師利與其眷屬諸菩薩衆一萬人俱常在其中而演説法

五清涼山即代州鴈門郡五臺山也於中現有清涼寺以歲積堅氷夏仍飛雪曾無炎暑故曰清涼五峯聳出頂無林木有如壘土之臺故曰五臺表我大聖五智已圓五眼已淨總五部之真祕洞五陰之真源故首戴五佛之冠頂分五方之髻運五乘之要清五濁之災矣

清涼山疏文分六一畧釋經文然畧有二名言代州五臺即五臺縣及業時兩縣之界往者非一可畧言也表我大聖下第二彰其所表多出金剛頂瑜伽亦有以理推析言大聖者即文殊也不指其名直言大聖今山中稱念但云大聖菩薩即舉總稱別指吉祥耳言五智者若準佛地經論五法播大覺性謂四智菩提一真法界依金剛頂即一真法界名清淨法界智故成五智二五眼可知三言五部者一佛部二金剛部三寶部四蓮華部五羯磨部一切諸天真言皆屬寶部諸鬼神真言屬羯磨部四五陰者即我五陰表是五臺中有大覺即不動智佛妙慧自在即是文殊五言首戴五佛之冠者諸大菩薩多有此冠而大聖不論叢冠六復常有五髻然諸五類例大同謂當中髻即中臺表之毗盧遮那佛

居是佛部主法界清淨智亦佛眼也其東一毉即是東臺是阿閦佛居爲金剛部主是大圓鏡智即是慧眼其南一毉即是南臺寶生如來所居是寶部主是平等性智即是天眼其西一毉即是西臺阿彌陀如來所居是蓮華部主即妙觀察智即是法眼其北一毉即是北臺不空成就如來所居是羯磨部主是成所作智即是肉眼七若配五乘中即佛乘東菩薩乘南緣覺乘西聲聞乘北人天乘若人天乘別北即人乘合佛菩薩餘如次第八若清五濁但取五不同不必如次若配五陰中即識陰東爲行陰南爲想陰西爲受陰北爲色陰例爲其次識爲主故然五如來皆有種子一一觀行各各不同學審教者方知其要今但畧屬而已

然但云東北方者其言猶漫案實藏陀羅尼經云我滅度後於贍部洲東北方有國名大振那其國中間有山號爲五頂文殊師利童子游行居住爲諸菩薩衆於中說法及與無量無數藥叉羅剎緊那羅摩睺羅伽人非人等圍遶供養恭敬斯言審矣

然但云下三定方所以經不指國名但云東北故引經定所以此經不指者以在八方之例餘之七方皆不指國名在下文故今恐淺識者感故引經證此經亦名八字陀羅尼經廣說文殊之德疏引循畧今更引之謂彼經金剛密跡主菩薩問如來云文殊師利於何處方面住復何方如能行利益如來荅云我滅度已下疏文全引下有偈云文殊大菩薩不捨大悲願變身爲童真或惡或露體或處小兒叢遊戲邑聚落或作貧窮人衰形爲老狀亦現饑寒苦巡行坊市鄽求乞衣財寶令人發一施與滿一切願使令發信心信

心既發已爲說六度法領萬諸菩薩居於五頂山放億衆光明人天咸悉覩罪垢皆消滅或得聞持法一切陀羅尼秘密深藏門修行證實法究竟佛果願具空三昧門習盡泥洹路文殊大願力與佛同境界下更廣讚其德不能繁叙畧當尋經

其山靈迹備諸傳記余幼尋茲典每至斯文皆掩卷長歎遂不遠萬里委命棲託聖境相誘十載于茲其感應昭著盈于耳目及夫夏景勝事尤多歷歷龍宮夜開千月纖纖細草朝間百華或萬聖羅空或五雲凝岫圓光映乎山翠瑞鳥翥于煙霄唯聞大聖之名無復人間之慮入聖境者接武華凡心者架肩相視互謂非凡觸目皆爲佛事其山勢寺宇難以盡言

其山靈跡下四顯聖靈於中有二初畧指諸文本傳甚廣畧有六門一立名標化二封域里數三臺頂塔廟四諸寺廨宇五古今靈感六聞名禮敬功德然今文中皆已畧有今初二句通指前五門地里誌云其山層巒秀峙路徑紆深靈岳神溪非薄俗所居悉是棲神禪寂之士實捜造微之儔矣余幼尋下二自迷見聞於中有三先敘至山源由由此菩薩住處清涼山之文當時逆魁亂常兵戈蜂起豺狼滿路山川阻絕不憚而遊故云委命棲託遠難五千反覆萬里始本暫遊日復一日遂馳聖境一十五年作賦至斯正當十載頃山勢寺宇下畧指佳境其山在長安東北一千六百里雁代州之東南百餘里左鄰恒岳秀出千峯右棲孟津長流一帶北臨絕塞遏萬里之煙塵南擁汾陽爲大國之艮背迴泊日月蓄洩雲龍雖積雪夏凝而名花萬品寒風勁烈而瑞草千般丹嶂橫開翠屏疊起排雲擬霧時逢物外之峯捫矗層危每到非常之境白雲凝布奪萬里之澄江果日將昇見三尺之大海五峯一一難具言也言寺宇者北齊崇敬置立伽藍見有故壤二百餘所當時棲託寺有八爲貞元已來數罕過十或五峯抱出或雙嶺中開或疊起巖中或聳居雲外不可具言也

自大師蹤跡於西天妙德揚輝於東夏雖法身長在而雞山空掩於荒榛應現有方而鷲嶺得名於茲土神僧顯彰於靈境宣公上稟於諸天漢明肇啓於崇基魏帝中孚於至化北齊數州以傾俸有唐九帝之迴光

自大師下五徵源由彙彰聖迹初對正叙本源大集經中佛將涅槃委諸菩薩分衛大千此土多有毒龍爲害人多愛樂大乘故妙吉祥菩薩處斯以行化故云妙德揚輝於東夏文殊般涅槃經云若但聞名者除十二億劫生死之罪若禮拜者恒生佛家若稱名字一日七日文殊必降若有宿障夢中得見得見形像斯人位階聖果應化廣大故曰場譯次對處上兩句初成上大師蹤迹彙遺妙難闡有聞言常在靈鷲山及餘諸住處何言勝迹故今云二聖之本本皆湛然二聖之迹迹有隱顯今靈鷲山盡是荒榛所肩雞山即是雞足亦鷲嶺所嘗感現下成上揚輝於東夏山似靈鷲故言鷲嶺得名次下當說神僧等者感通傳云宇文後周時文殊化爲梵僧來遊此土云故禮禪迦葉佛說法處并往文殊師利所住之處名清涼山唐初長安師子國僧九十九夏三果人也聞斯聖迹既行至此禮清涼山皆神僧顯影也宣公等者南山感通傳云時有天人姓

陸君玄暢來謂云弟子周穆王時生天余乃問曰宇內所從自昔相傳文殊在清涼山領五百仙人說法經中說文殊久住娑婆世界娑婆則大千之總號如何偏在此方天人答曰文殊是諸佛之先師隨緣利見應變不同大士大功非凡境界不勞評薄但知多在清涼五臺之中往往有人見之不得不信故云上聚於諸天又今山南有清涼府五臺縣山北有五臺府亦可萬代之龜鏡故緣感矣濱明等者接感通傳云今五臺山東南三十里現有大孚靈鷲寺兩堂舊跡猶存南有花園可二頃許四時發彩人莫究之或云是漢明所立又云魏文所作互說不同如何天答曰俱是二帝所作周穆王時已有佛法此山靈異文殊所居周穆於中造寺供養及阿育王亦依置塔漢明之初摩騰天眼亦見有塔請帝王立寺山形似於靈鷲故號為大孚靈鷲寺大孚者弘信也帝信佛理立寺勸人花圖今在寺前殘之碑王或改為大花園寺至則天大聖皇后與于闐三藏譯華嚴經見菩薩住清涼山因改為大華嚴寺焉五頂攢擁中開山心嵩坎乾坤得其中理千巖巒秀萬壑森沉拔鷲嶺之仙華成華嚴之一葉信可謂衆靈翔巢之冲府衆賢觀聖之玄都矣所以前云鷲嶺得名於茲土北齊等者傳云北齊高帝萬崇大數置二百餘寺於茲山割八州租稅而供山衆衣藥之資至今猶有五道場莊有唐等者自我大唐至于今聖相繼九葉無不迴於聖鑑言今聖者當德宗帝傾仰靈山御劄天衣每允於五頂中使香藥不斷於歲時金閣岩堯於雲端猶疑聖化竹林森聳於廡畔究似天來故得百辟歸集九州持供雲委霧合市地盈山非我諸佛之祖師積萬行於曠劫慈雲彌漫而普覆智海照湛而包納廊法界為疆域盡衆生為願門熟雖應感若茲宿善何濮過斯遠跡情瞿不巳形於緣言

五天殉命以奔風八表亡軀而襲託

其有居神州而一生不到亦奚異舍衛三億之徒哉願皆修敬

五天殉命下六勤物修敬初二句引例勤修五天竺國祖云二十萬里熟知其實數耶若以陸行從經數百國雲山幾萬重或捫索懸虛或飛梯架迥或風行雪臥或木食松棲或懸嶽畏群或盜賊相繼若水行洪濤無岸靈島難迴精怪播風鯨鯢鼓浪日月出沒於波底黿鼉飄颺於夢中縱使浪息風停只見水涵於天際舟行桿舉猶將息念作生涯雖此懸危而三藏名僧相繼而至總緣大聖委命輕生故云五天殉命以奔風八表等者自東自西自南自北天徼月窟海潮日出有耳目者不憚艱辛遠而必至焉其所居神州下二正勸即反舉不往之失以彰往者之得謂慈嶺之東地方數千里曰赤縣神州即有唐中華之國也去清涼之境途程不遠坦然通衢車馬溢路隨方觀化不失家常往必感徵如何不往是知不往即是三億之徒故今東鐵分茅方面之重無不傾仰西域諸王恨生五天不產東夏並唯遙禮大聖每多仰羨此君故有遊西天者先問曾居五臺山不若不曾居棄而不願今此圖衆生宿因多幸得從中華諸佛祖師不解修敬故此難之三億之徒者智論第十一云佛出世難值如優曇華時一有之如是罪人輪轉三惡道或在人天中佛出世時天人不見如說舍衛城中有九億家三億家眼見佛三億家耳聞有佛而眼不見三億家不見不聞佛在舍衛國二十五年而此衆生不見不聞何況遠者故今中華有人曾到五臺山即亦聞亦見有聞清涼而不得到即同聞名不見只近五臺亦有不聞不見之者況於遠乎故勸修敬若見文殊功德之廣如簡畧說廣在經文

海中有處名金剛山從昔已來諸菩薩衆於中止住現有菩薩名曰法起與其眷屬諸菩薩衆千二百人俱常在其中而演說法

六金剛山謂東海近東有山名為金剛雖非全體是金而上下四周乃至山間流水砂中皆悉有金遠望即謂全體是金又海東人自古相傳此山往往有聖人出現然晉本此處當其第九以與第十莊嚴窟俱在海中故而今居此者意是八方之內東北方攝故若不然者何以正說八方忽然語海又晉本海中有二住處一名枳怛那現有菩薩名曇無竭有萬二千菩薩眷屬言枳怛者具云昵枳多此云涌出金剛語體涌出語狀曇無竭者此云法生亦云法勇亦云法尚今言法起與生勇義同即常啼之友也菩薩眷屬十倍今經或前譯之誤

東南方有處名支提山從昔已來諸菩薩衆於中止住現有菩薩名曰天冠與其眷屬諸菩薩衆一千人俱常在其中而演說法

七支提山者此云生淨信之所有舍利者

爲塔無舍利曰支提或山形似塔或彼有支提故以爲名昔云既指清涼爲東北則東南影響吳越然吳越靈山雖衆取其形似者天台之南赤城山也直聳雲際赩若霞起巖樹相映分成數重其間有白道猷之遺蹤或即當之矣然剡川有三學山中有歡喜王菩薩屢持燈而出名雖不同而天竺望之即是東南亦有見其持寶冠者則密示其名也希後賢以審之

西南方有處名光明山從昔已來諸菩薩衆於中止住現有菩薩名曰賢勝與其眷屬諸菩薩衆三千人俱常在其中而演說法

八光明山昔云應是與補怛洛迦山相連以晋譯觀音住山爲光明今文非觀音住處而云光明故言連也

西北方有處名香風山從昔已來諸菩薩衆於中止住現有菩薩名曰香光與其眷屬諸菩薩衆五千人俱常在其中而演說法

九香風山疑是香山西畔

大海之中復有住處名莊嚴窟從昔已來諸菩薩衆於中止住

十莊嚴窟者對上第六海中故云復有晋本云二名功德莊嚴窟

毗舍離南有一住處名善住根從昔已來諸菩薩衆於中止住

從城邑十二處中一毗舍離者即毗耶離此云廣嚴城亦曰廣博即是中印度淨名所居之城言南者案西域記第七云此城南十四五里有塔是七百賢聖重結集處更南八九十里有僧伽藍其側有過去四佛座及經行遺跡之處應是其所晋本第二更有一處名巴連弗邑有處名金燈僧伽藍昔云具言波吒補怛囉此云黃華子即黃華女之子創居此處亦中天摩伽陀國具如西域記第八今經闕此一處案西域記

者彼云吠舍釐國即毗耶離梵音楚夏云城東南行十四五里至大窣堵波是七百賢聖重結集處佛涅槃後百一十年吠舍釐城有諸苾芻遠離佛法謬行戒律時長老耶舍陀住憍薩羅國長老三菩伽住秣菟羅國長老釐波多住韓若國長老沙羅住吠舍黎國長老富闍蘇彌羅住娑羅梨弗國諸大羅漢心得自在皆得三明有大名稱衆所知識皆是尊者阿難弟子時耶舍陀遣使告諸賢聖守集吠舍釐城猶少一人未滿七百是時富闍蘇彌羅以天眼見諸大賢聖集議法事運神足至法會時三菩伽於大衆中右袒長跪揚言曰衆無諠譁欽哉念哉昔大聖法王善權寂滅歲月雖淹言教尚在吠舍釐城懈怠苾芻謬於戒律有十事出違十力教今諸賢者深明持犯俱是大德阿難指誨念報佛恩重宣聖旨時諸大衆莫不悲感即名集諸苾芻依毗柰耶訶責制止削除謬法宣明聖教七百賢聖結集南行八九十里至濕吠多補羅僧伽藍層臺輪奐重閣翬飛僧衆清肅並學大乘其側有過去四佛座及經行遺跡之處其傍窣堵波無憂王之所建也如來在昔南趣摩揭陀國北顧吠舍釐城中途止息遺跡之處名已建等並西域記第八云摩竭陀國殑伽河南有故城周七十餘里荒蕪雖久基址尚存昔者人壽無量歲時號拘蘇摩補羅城唐言香花宮城王宮多花故以名焉逮乎人壽數千歲更名波吒釐子城舊云巴連弗邑訛也初有婆羅門高才博學門人數千傳以受業與諸學徒相從遊觀有一書生徘徊悵望同儔謂曰夫何憂乎曰盛色方剛羈遊履影歲月已積藝業無成顧此爲言憂心彌劇於是學徒戲言之曰今將爲子求婚姻親乃假立二人爲男父母二人爲女父母遂坐波吒釐樹謂女婿樹也採時果酌清流陳婚姻之緒請合好之期時俟女父攀花枝以授書生曰斯嘉偶也幸無辭焉書生之心欣然自得日暮言歸懷戀而止學徒曰前言戲耳幸可同歸林中猛獸恐相殘害書生遂留往來樹側景夕之後異光燭野管弦清雅帷帳陳列俄見老翁策杖來慰頃有一嫗携引少女並賓從盈路袪服奏樂翁乃指少女曰此君之弱室也酣歌樂讌經七日焉學徒疑爲獸害往而求之乃見獨坐陰樹若對上客告與同歸辭不從命後自入城拜謁親故說其始末聞者驚駭與諸友人同往林中咸見花樹是一大宅僮僕役使驅馳往來而彼老翁從容

猨對陳餜來樂賓主禮備諸友還城具告遠近其十歲之後生一男子謂其妻曰吾今欲歸未忍離阻適復留心樓寄飄零其妻旣聞具以白父翁謂書生曰人生行樂詎必故鄉今將築室宜無異志於是役使靈從功成不日香花舊城遷都此邑由彼子故神爲築城自爾之後因名波吒釐子城焉

摩度羅城有一住處名滿足窟從昔已來諸菩薩衆於中止住

二云摩度羅者亦曰摩偷羅此云孔雀亦云密蓋並是古世因事亦中印度言滿足窟者彼國有舍利弗等塔及文殊師利塔於王城西五六里有山寺是烏波毱多所造寺北有巖中間有石窟是毱多度人安籌之所具如西域記第四說安籌雖是從事多是安聖窟中二摩度羅亦云摩偷羅亦中印度境西域記第四者依記名秣菟羅國記中不說孔雀之緣言有舍利等塔者等取大目揵連及當樓那塔言寺北有巖等者記云城東行五六里至一山伽藍跡巖爲室因谷爲門尊者烏波毱多唐言近護之所建也其中則有如來指爪窣堵波伽藍北巖間有石室高二十餘尺廣三十餘尺四寸細籌塡積其內尊者近護說法化道夫妻俱證阿羅漢果乃下一籌異室別族雖證不記安籌等者恐人設難云旣是毱多建窟乃是佛滅之後百年中事今是始成說經那是彼窟故爲此通

俱珍那城有一住處名曰法座從昔已來諸菩薩衆於中止住

三俱珍那者具云俱陳那耶俱珍姓也此云大盆那耶法律也謂池形如大盆往昔有仙於側修法律後人以此爲姓因爲城名三俱珍那城者大同釋嬌陳如名

清淨彼岸城有一住處名目真鄰陀窟從昔已來諸菩薩衆於中止住

四清淨彼岸城是南印度目真此云解脫即龍之名鄰陀云處即龍所居處目真等者西域記第八云自支隣陀龍王池其水清黑其味甘美西岸有小精舍中作佛像昔如來初成正覺於此宴坐七日入定時此龍王警衛如來即以其身繞佛七帀化出多頭俯垂爲蓋故池東岸有其室焉

摩蘭陀國有一住處名無礙龍王建立從昔已來諸菩薩衆於中止住

五摩蘭陀國未詳所在晉經無國但云風地謂有風孔處即龍所居摩蘭陀者更以義推摩蘭陀即摩伽陀無礙龍王建立正是普光法堂是今說法之處耳以不指云此處故云未詳所在

甘菩遮國有一住處名出生慈從昔已來諸菩薩衆於中止住

六甘菩遮國正云紺蒲即是果名其果赤白圓滿乍似此方林檎而腹三約橫文此國多端正女人面似紺蒲三約文成以女名國出生慈者大集經中但名慈窟大集經者即月藏分第十亦但列名無別指處下當具引月藏之文

震旦國有一住處名那羅延窟從昔已來諸菩薩衆於中止住

七震旦國即此大唐亦云眞丹或云支那皆梵音楚夏此云多思惟以情慮多端故前爲成八方故清涼直云東北今在諸國之類故舉國名此云多思惟者婆沙亦云支那此云漢也西域記云大漢具云摩訶支那故眞諦三藏云衣執意云是衣冠人物之國皆是義翻疏翻爲正那羅延者此云堅牢昔云即青州界有東牢山現有古佛聖跡此應是也然牢山乃是登州亦青州分野其山靈迹亦多然今之到此山在蔚州東靈迹顯著不減清涼時稱普賢所居往往有覩彼亦有五臺南臺有窟難究其底時稱那羅延窟或即是此亦青州分野者爲別九州東爲青州則天下分其九分野矣然今之到此山者相傳云以是秦始皇築長城到此畢工故立其名

疏勒國有一住處名牛頭山從昔已來諸菩薩衆於中止住

八踈勒國具云佉路數怛勒是彼國山名因山立號或翻爲惡性因國人以立名然牛頭山在今于闐國此云地乳佛滅百年方立此國具如西域記以集經之時未開尚屬踈勒故耳晉本但云邊國故或指江表牛頭今譯既明定非此也八踈勒國者西域第十二云出葱嶺其烏鍛國此國城西二百餘里至一大山從此北行山磧曠野五百餘里至佉沙國舊云爲踈勒者乃得其城號也正音宜云室利訖栗多底踈勒之言猶爲訛也釋曰疏依古釋即日照三藏釋西域記云佉沙國周五千餘里多砂磧少壤土稼穡殷盛花果繁茂從此東南行五百餘里濟河踰沙至斫句迦國唐言沮渠周千餘里國南境有大山崖嶺嵯峨峯巒重疊華木凌寒春秋一觀溪澗浚瀨飛流四注崖龕石室基布巖林印度得果人多運神通輕舉遠遊棲止於此諸阿羅漢於此寂滅者衆是故多有窣堵波也今猶現有三阿羅漢居巖岫中入滅心定形若羸人鬚髮恒長故諸沙門時往爲剃而此國中大乘經典部數尤多佛法至處莫斯爲盛也十萬頌爲部者凡有十數自茲已降其流實廣釋曰據此華嚴等經却在此國從此而東踰嶺越谷行八百餘里至瞿薩旦那國唐言地乳即其俗之雅言也俗語謂之漢那凶奴謂之于遁諸胡謂之豁旦印度謂之屈丹舊曰于闐者訛也瞿薩旦那國周四千餘里砂磧大半壤土隘狹宜穀稼多衆果崇尚佛法伽藍百有餘所僧徒五千餘人並多習學大乘教法王甚驍武敬重佛法自云毗沙門天之祚胤也昔者此國虛曠無人毗沙門天於此棲宅無憂王太子在呾叉始羅國被抉目王怒譴謫輔佐遷其豪族出於雪山北居荒谷閒遷人逐牧至此西界推舉酋豪尊立爲王當是時也東土帝子蒙譴流徙居此東界羣下勸進又自稱王歲月已積風教不通各因畋獵遇會荒澤更問宗緒因而爭長忿形辭語便欲交兵或有諫曰今何遽乎因獵決戰未盡兵鋒宜歸治兵期而後集於是廻駕各歸其國校習戎馬督勵士卒至期兵會旗鼓相望旦日合戰西主不利因而逐北遂斬其酋東主乘勝撫集亡國遷都中地方建城郭憂其無土恐難成功宣告遠近誰識地理時有塗灰外道負大瓠盛滿水而自進曰我知地理遂以其水屈曲遺流周而復始因即疾歸忽而不見依彼水迹峙其基增遂得興工即斯國治令王所都於此城也城非崇峻攻擊難剋自古已來未能有勝其王遷都作邑建國安人工績已成齒耋云暮未有胤嗣恐絶宗緒乃往毘沙門天王所祈禱請嗣神像額上剖出嬰孩捧以迴駕國人稱慶既不飲乳恐其不壽尋詣神祠重請養育神前之地忽然隆起其狀如乳神童飲吮遂至成立智勇光前風教遐被遂營神祠崇先祖也自茲已降奕世相承傳國君臨不失其緒故今神廟多諸珍寶拜祀享祭無替於時地乳所育因爲國號王城南十餘里有伽第十六 十六藍先此國王爲毗盧折那唐言遍照阿羅漢建也王城西南二十餘里至瞿室餕勒[illegible]伽山唐言牛角山峯兩起巖隍四絶於崖谷間建一伽藍其中佛像時燭光明昔如來曾至此處爲諸天人畧說法要懸記此地當建國土敬崇遺法遵習大乘即今處也牛角山有大石室中有阿羅漢入滅心定待慈氏佛數百年間供養無替近者崖崩擁塞門徑國王興兵欲除崩石即黑蜂羣飛毒螫人衆以故至今石門不闕釋曰據此亦爲聖居咸指江表牛頭山者即金陵南四十里有山名牛頭闕由此山有雙峯故一名雙闕一名天闕一名南郊一名仙窟皆以異朝改革不定按域地誌云此山高一千四百尺周迴四十七里準西域記及舊華嚴經菩薩住處品心王菩薩告諸菩薩言東北方邊夷國土名牛頭若按新經云疏勒國有一住處名牛頭山如前所引西域記文此與真丹處則異也此文見金陵塔寺記第十六古老相傳云是辟支佛現形之所而前後文多云菩薩於中十七止住而其靈應往往有之

迦葉彌羅國有一住處名曰次第從昔已來諸菩薩衆於中止住

九迦葉彌羅晉譯爲罽賓此翻爲阿誰入即末田乞地之所略如音義廣出西域記第三九迦濕彌羅記第三云北印度境末田乞地即阿羅漢名昔云末田地新云末田底迦迦濕彌羅國周七千餘里四境負山山極峭峻雖有門徑而復陰狹自古隣敵無能攻伐云昔此國本龍池也世尊自烏仗那國降惡神已欲還中國乘空當此國上告阿難曰我涅槃後有末田底迦阿羅漢當於此地建國安人弘暢佛法如來寂滅之後第五十年阿難弟子末田底迦阿羅漢者得六神通具八解脫聞佛懸記心自慶悅便來至此於大山巖宴坐林中現大神通龍見深信請所欲阿羅漢曰願於池內惠以容膝龍王於是縮水奉施羅漢神通廣身龍王縱力縮池池空水盡龍翻請池阿羅漢於此西北爲留一池周百餘里自餘枝屬別居小池龍王曰池地總施願恒受供末田底迦曰我今不久無餘涅槃雖欲受請其可得乎龍王重請五百羅漢常受我供乃至法盡法盡之後還取此國以爲居池末田底迦從其所

詩時阿羅漢既得地已運大神力立五百伽藍於諸異國買鬻賤人以充役使以供僧衆末田底迦入寂滅後彼諸賤人自立君長鄰境諸國鄙其賤種莫與交親謂之訖利多唐言買得今時泉水已多流溢

增長歡喜城有一住處名尊者窟從昔已來諸菩薩衆於中止住

十增長歡喜城古釋云即南印度尊者窟者即上座部所居之所

菴浮梨摩國有一住處名見億藏光明從昔已來諸菩薩衆於中止住

十一庵浮棃摩此云無垢即是果名此國豐而且勝故以為名在中印度境

乾陀羅國有一住處名苫婆羅窟從昔已來諸菩薩衆於中止住

十二乾陀羅國此云持地國多得道果者護持不為他國侵害故或云香徧徧國秂草先發故苫婆羅者是香華樹名與初品苫末羅梵言輕重耳徧窟側近多生此故相傳云是佛留影之所具如西域記及大集月藏分第十十二乾陀羅國西域記第三云健馱邏國有伽膩色迦王以如來涅槃之後第四百年應期撫運王風遠被殊俗內附機務餘暇每習佛

經曰請一僧入宮說法而法異儀部執不同王用深疑無以去惑時脇尊者曰如來去世歲月逾遠時弟子部執師資異謂各據聞見共為矛盾時王聞已甚用感傷悲歎良久謂尊者曰猥以餘福幸遵前緒去聖雖遠猶為有幸敢忘庸鄙紹隆法教隨其部執具釋三藏遂乃集聖僧七日供養欲集法事先下勅令去凡留聖衆猶多復去有學無學猶多次取三明六通具者猶多次取內閑三藏外達五明乃至四百九十九人後一世友未得羅漢等廣集三藏凡三十萬頌後王以銅鍱鏤寫石函封緘全捨此國與僧故多聖居也苦末羅妾此翻為黃色初品巧幻術修此羅王苦去羅王乃偈共長行應梵互出與釋不同偈云紅色光神又其城東南十餘里有窟堵波中有佛牙長可寸半其色黃白彼多聖迹故是聖佛居相傳云者即西域記第二說那揭羅國城西南二十餘里有伽藍西南深澗陗絕瀑布飛流懸崖壁立東岸石壁有大洞穴瞿波羅龍之所居也門徑狹小窟穴冥闇崖石津滴磎徑餘流昔有佛影煥若真容相好具足儼然如在近代已來人不遍覩縱有所見髣髴而已至誠祈請有冥感者乃暫明示尚不能久昔如來在世之時此龍為牧牛之士供王乳酪進奉失宜既獲譴責心懷恚恨即以金錢買花供養受記窣堵波願為惡龍破國害王即趣石壁投身而死遂居此窟為大龍王便欲出穴成本惡願適起此心如來巳鑒愍此國人為龍所害運神通力自中印度至龍所龍見如來毒心遂止受不殺戒願護正法因請如來常居此窟諸聖弟子恒受我供如來告曰吾將寂滅為汝留影遣五羅漢常受汝供正法隱沒其事無替汝若毒心奮怒當觀吾留影以慈心善故毒心當止此賢劫中當來世尊亦悲汝等皆留影像釋曰此與觀佛三昧海經大同已如初會鈔引西域記云此國無別君長屬迦畢試國去健馱邏國不遠或曾

屬之耳具如西域記者此即總指上來諸處引西域記不局一卷月藏分的指第十然月藏分當第十二有十卷經中即建立塔寺品第十九爾時娑婆世界主大梵天王釋提桓因曰四大天王等及諸眷屬從坐而起合掌向佛一心敬禮而作是言佛說於四天下中所有過去諸佛如來之所建立住持大塔牟尼諸佛所依住處於現在世及未來世而常不空佛為菩薩摩訶薩等降大法雨皆悉充滿初名衆仙所興次名德積次名金剛焰次名香室次名眹婆梨次名賢城次名須質多羅次名水光次名香熏次名善建立次名遮波羅次名金燈次名樂住次名牟隣陀次名金剛地次名慈窟次名那羅延窟次名渠摩娑羅香次名惠項次名大德窟次名善現次名青讚茂次名虛空子次名牛頭栴檀室次名難勝此是過去諸佛建立住持大塔常為菩薩等之所加護於是我等常所供養世尊所有聲聞弟子於現在世及未來世復有幾所塔寺住處令我等護持養育然此初數處與此經同可以意得故不具引下取意引爾時世尊微笑面門放種種光時四天下有無量百千諸佛住處而現東州八萬佛現北州百千西州五百南州二百五十千佛處現廣說諸國各有佛現等下諸天護等發願護持此文之終都無結束或是經來不盡閻浮既爾餘方餘界異類界等可以倣之法界身雲則無在不在矣

大方廣佛華嚴經疏鈔會本第四十五之二

大方廣佛華嚴經疏鈔會本第四十六之一　弊七

唐于闐國三藏沙門實叉難陀　譯

唐清涼山大華嚴寺沙門澄觀　撰述

佛不思議法品第三十三

初明來意先通後別通則此下五品爲答弊七第二會初如來地等十句問故古德但有三品答前謂前明修生之因今辨修生之果因圓果滿故次來也若答前問何以重請由因果隔絕念法希聞因德尚深果必玄妙故念請耳別明此品則前品因終此品果始故次來也古德但有三品者以後二品別爲平等因果故用品雖廣狹不同答果義等若答前問下二解妨先問以前六會共答前問皆不重請故問此品何以重請因果下古德答此乃有二意一曰是屬急前齋會同目故不別問此下是果果隔於因故此重問二念法希奇果不思議故復念請因德已下出念法希奇之相上是通意別明此下二唯明此品二釋名者如來果法迥超言慮故以爲名斯卽佛之不思議法也

三宗趣者先總後別總明說佛果德體用心言罔及爲宗令總忘言絕想速滿爲趣別就宗中三門分別一通辨佛德若說百四十不共佛法通於權小若五法攝大覺性猶通於權若言唯一味實德者約理頓說若言具無盡德是此所明故後文中初標十問答具多門類通十方一一無盡初通辯佛德言百四十不共者已見光明覺品今重舉總數謂三十二相八十種好四一切種清淨十力四無所畏三念住三不護大悲無忘失法永斷習氣一切種妙智爲百四十而通權小者小乘亦說但相劣耳權大說者皆悉超勝此約五教已有其二若五法下正明實教故云通權權實皆有但實教中會歸法性不壞相耳若言唯一味下二即頓教若言具無盡下三即圓教從故後文中下四辨今經是圓教德二別顯義相諸佛功德不出二種一者修生二者本有初謂信等本無今有後謂真如具性功德此二無礙應成四句一唯修生二唯本有以性相融分故三本有修生謂如來藏待彼了因本隱今顯故四修生本有無分別智冥符理故若權教所明二德不雜法報四句亦有差殊依此經宗雖有四義而無四事本有如真金修生如嚴具然由嚴具方顯金德嚴具無體全攬金成故唯金不礙嚴具唯法身而不礙報化唯嚴具亦然旣互全收故十身無礙八相該於法界丈六徧於十方諸根毛孔各無限量亦不礙量量與無量無有障礙二別顯義相於中有三初正顯二德言信等者此通行位信爲萬行之首則該進念定等位亦以信爲初五十二位所有行德皆有二位故若權教下三揀權異實初明權教言不雜者如轉依果有二一所生得卽是四智二所顯得卽是涅槃涅槃本有四智修生修生有二爲修顯無爲故二不雜法報四句者遮救恐外救云我宗亦有四句何異前融一唯法卽在纏法身二唯報卽四智菩提三亦法亦報謂真如出纏具諸功德四非法非報所謂應化今言亦有差殊者正揀權也雖有四句染淨時乖法報非一思之依此經宗下二顯實教舉喻四句喻上四句一本有如真金是前第二句二修生如嚴具喻第一句三然由嚴具方顯金德喻第四句修生本有四嚴具無體全攬金成喻第三句此卽合初二句成三四句離初二句無三四句三四兩句同在一時更無別體以此細尋權實斯顯五故唯金下結第二句歸初句六唯嚴具亦然結第一句歸第二句此約喻說若望前法但初句爲第二第二句爲舊一耳從旣互全收下結歸本宗無礙之相今更以喻總喻二德如修生在因漸顯於本有在果圓滿於本有非本有理有漸有圓如初生月明雖漸滿而當帶圓月以圓月常在故故十五日月遍在三弊七初一二三等中則知滿果遍在因位亦令後後常具前前前前常具後後以初一日有二日月乃至十五日月以十五日月卽初月故法合可知由此故云修生本有以初圓時先已圓故本有修生以初生時亦已圓故忘懷思之三顯不思議之義泛明有四一理妙難測二事廣難知三行深越世四果用超情今文通四正

辨後一就後一中後開爲四一何者不思議略辨十種一智超世表二悲越常情三無思成事四同染恒淨五所作祕密六業用廣大七多少即入八分圓自在九依正無礙十理事一味文並具之恐繁不引二於何不思議此有四位一過世間二越權小三超因位四顯法自體三云何不思議亦有四種謂非聞思修及報智境故四何用不思議亦有四種謂令信向故起行求故隨分證故圓滿得故前並是宗唯何用爲趣即此宗趣可以釋名一何者下徵不思議法體答謂智悲等二於何下徵不思議人答謂世間等此人不能思議三云何下徵不思議體謂聞思等思不及故四何用下徵不思議意謂如來說法本欲利生令絕言思於物何益答意云令信入故謂欲證入要須心絕動搖言忘戲論耳次正釋文五品分二初品總明佛德後四別顯佛德

古德後二爲平等因果此但三品果法有將此三配體相用後二可然初品有妨有相用故今依賢首初品總顯佛德體用次品別顯勝德之相後品別明勝德用益又初品明德次品明相後品明好後之四品者是疏新

爾時大會中有諸菩薩作是念意欲將五品答其十問然有三重一此品總明佛德具答十問如下科釋二者一一門中含答十問亦如下釋三者五品廣答十問如下說分之初古德已下敘昔疏且述古便依三品科經

今初分四一請分二加分三證分四說分

初中二先明請人

諸佛國土云何不思議諸佛本願云何不思議諸佛種性云何不思議諸佛出現云何不思議諸佛身云何不思議諸佛音聲云何不思議諸佛智慧云何不思議諸佛自在云何不思議諸佛無礙云何不思議諸佛解脫云何不思議

後諸佛下正顯所念十法皆云不思議即前果用超情離於說相故此十句義並多含皆通真應不得一向就應而辨後諸佛下正顯所念疏文有三一略示法體不得一向下結彈異釋然此十問攝前普光後二十句所成果問謂身攝六根智攝佛境佛地及最勝三問自在攝五一神力二神通三十力四無畏五三昧此並前開此合然此十下對前相攝今當先列第二會初二十句問一如來地二如來境界三如來神力四如來所行五如來十力六如來無畏七如來三昧八如來神通九如來自在十如來無礙十一如來眼十二如來耳十三如來鼻十四如來舌十五如來身十六如來意十七如來辯才十八如來智慧十九如來最勝二十欠光明故唯有十九然句句皆有云何是言經中十句次第可知此中攝彼不依次第對前成三類故一前開此合二前合此開三無開合欲以此少攝彼之多故先明前開此合乃有三句攝前十六句第二前合此開以前二句攝五句第三佛彼此一句對此中初會有三次此開有六後此不開有一具足十句彼前初開有十六次合有二後不開合亦一成十九句就初前開中第一身攝六根者身即六中之一業攝大光明一句故有七句第二智慧攝三業能攝智爲四第三自在攝五業能攝自在爲六故成十前境界中開出國土所化所依之境故前所行中開出出現本願種性種性即悲智之行本願就因辨行故出現是佛普賢行故出現與行互有寬陿下出現品行是其一故前之無礙此開解脫作用無礙名解脫故所以開合者顯義無方故名多同者顯不異故前境界下第二前合此開中亦有三節而初境界國土無能攝句境界由前智慧已攝竟故故雖三節但有二句境界是所化之境國土是所依之境第二節所行攝二即有能攝然三皆行故言出現與行互有寬狹者遍難恐有難言彼十門出現行是其一如何此行能攝彼耶故以互有寬狹通之如以菩提爲門則菩提之性攝於涅槃若以涅槃爲門則涅槃攝於菩提前之無礙者是

第二節則前但有一此則具於無礙解脫音聲即辯雖無開合名有寬陿義旨大同音聲即辯下第三無開合前後各一句

更爲立圖

佛不思議法品初十問　如來名號品二十問。

一國土　二本願　三種性　四出現　五身　六音聲　七智慧　八自在　九無礙　十解脫

二如來境　四所行　十一眼　十二耳　十三鼻　十四舌　十五身　十六意　二十光明　十七辯才　一佛地　十八智慧　十九最勝　三神力　五十力　六無畏　七三昧　八神通　九自在　十無礙

此十義相第二會中已釋至下說分重明

爾時世尊知諸菩薩心之所念則以神力加持智慧攝受光明照耀威勢充滿令青蓮華藏菩薩住佛無畏入佛法界獲佛威德神通自在得佛無礙廣大觀察知一切佛種性次第住不可說佛法方便

第二爾時世尊下加分中三初加因神知機故次則以下顯加相三業加故初句總餘句別謂意語身以光即教光故後令青蓮華下加所爲爲具說德故文有八句一外制無畏二內證深寂此意業勝三威德內充四神用外徹此身業勝五具四無礙是語業勝六徧觀機教爲廣大七智性無差爲次第八授記善巧爲方便皆說德也所以加青蓮華藏者果德離言藉因顯故因果同時故性德無染最超勝故一德具含一切功德故七智性無差者成十九最勝彼欠二十光明行次第本性無差性隨次第而終不易果德離言者此文有四節此對表華之義經宗有因果二分十地已明華引果故二因果下表蓮華義謂有問言是華引果何要蓮華故答云餘華華前果後此華不有則已有則華實雙含又無染故故舉蓮華三又問言蓮華有四何要舉青故疏答云最勝超故智論云水生華勝者即優鉢羅華故四又蓮華一蓮多子表一含一切故此釋藏義

爾時青蓮華藏菩薩則能通達無礙法界則能安住離障深行則能成滿普賢大願則能知見一切佛法以大悲心觀察衆生欲令清淨精進修習無有厭怠受行一切諸菩薩法於一念中出生佛智解了一切無盡智門總持辯才皆悉具足

第三爾時青蓮華下證分十句初四自利次三利他上皆自分後於一念下三句勝進並顯可知

承佛神力告蓮華藏菩薩言

第四承佛下說分分二先承力總告告蓮華藏者非同佛心無以受佛德故亦名蓮華不言青者不礙能說爲最勝故

佛子諸佛世尊有無量住所謂常住大悲住種種身作諸佛事住平等意轉淨法輪住四辯才說無量法住不思議一切佛法住清淨音徧無量土住不可說甚深法界住現一切最勝神通住能開示無有障礙究竟之法

後佛子諸佛下正顯佛德略有二義一總下五品共答十問此品答佛種性佛以功德爲種性故次二品答身次一品答本願後一品答出現其國土問初會已廣餘或經來未盡或前後攝之二者此品具答十問謂佛德無量略顯三十二門門皆具

十有三百二十德以顯無盡普以初十標宗略答具答十問所餘唯有別答而超次答前十問今謂三十二門如次答前十問而門門皆含答十欲顯佛德一具一切故亦顯所問能包含故而其標門之名多不同前者爲顯佛德無邊量故文分爲十初二門答國土問第二念念出生下二門答本願問第三不思議境下二門答種性問第四普入下二門答出現問第五離過清淨下五門答身問第六演說下二門答音聲問第七最勝下三門答智慧問第八自在下八門答自在問第九決定下三門答無礙問第十一切智住下三門答解脫問以身及自在含前普光諸問多故用門亦多而文多有三謂標釋結義相至文當顯今初二門答國土者國土即是所依所住初門明其常住法門後門明其徧住法界不唯國土不在方所爲真土也今初文二初標後釋釋中九句顯於如來應機說法含答十問則十問皆成住處下皆倣之一起應之心答種性問悲爲種性故二演法之身答身問三轉法之意答本願問本願平等利一切故四能轉之辯答音聲問音出辯故五所轉之法答自在自在不思議故六轉音周徧答國土國土是音所至故七所顯之理答智慧智慧能住法界故八能化之通答神通問九演法之益答無礙問文唯九句脫於出現或通前諸句出現皆能作前九故答此十問既爾答初二會類例可知今初下釋文但明記上十問尋文易了或開或合顯義無方

佛子諸佛世尊有十種法普徧無量無邊法界何等爲十所謂一切諸佛有無邊際身色相清淨普入諸趣而無染著一切諸佛有無邊際無障礙眼於一切法悉能明見一切諸佛有無邊際無障礙耳悉能解了一切音聲一切諸佛有無邊際鼻能到諸佛自在彼岸一切諸佛有廣長舌出妙音聲周徧法界一切諸佛有無邊際身應衆生心咸令得見一切諸佛有無邊際意住於無礙平等法身一切諸佛有無邊際無礙解脫示現無盡大神通力一切諸佛有無邊際清淨世界隨衆生樂現衆佛土具足無量種種莊嚴而於其中不生染著一切諸佛有無邊際菩薩行願得圓滿智遊戲自在悉能通達一切佛法佛子是爲如來應正等覺普徧法界無邊際十種佛法

二普徧法界者明其徧住謂六根三業皆徧法界土故標中無量是事法界無邊是理此二無礙及事事無礙法界並爲所徧列中則顯前十皆徧一無邊身含答三問一正答身其普徧諸趣是有悲性及出現義次六是身別相亦是於身兼答普光眼等六問出妙音聲答音聲問第八答三問謂無礙答第九解脫答第十神通力答自在第九別答國土第十答本願及智慧問

佛子諸佛世尊有十種念念出生智何等爲十所謂一切諸佛於一念中悉能示現無量世界從天來下一切諸佛於一念中悉能示現無量世界菩薩受生一切諸佛於一念中悉能示現無量世界出家學道一切諸佛於

一念中悉能示現無量世界菩提樹下成等正覺一切諸佛於一念中悉能示現無量世界轉妙法輪一切諸佛於一念中悉能示現無量世界教化衆生供養諸佛一切諸佛於一念中悉能示現無量世界不可言說種種佛身一切諸佛於一念中悉能示現無量世界種種莊嚴無數莊嚴如來自在一切智藏一切諸佛於一念中悉能示現無量世界無量無數清淨衆生一切諸佛於一念中悉能示現無量世界三世諸佛種種根性種種精進種種行解於三世中成等正覺是爲十

第二念念出生智下二門答本願問此門明乘願現其八相後門明願不失時今初然願以後得智爲體從其願智生八相等非生智也別中一乘願下生二受生種族三學解脫道四明其出現五音聲六化生嚴國七現身八自在相嚴福嚴如來藏故九是無礙十即智慧正徧知故

佛子諸佛世尊有十種不失時何等爲十所謂一切諸佛成等正覺不失時一切諸佛成熟有緣不失時一切諸佛授菩薩記不失時一切諸佛隨衆生心示現神力不失時一切諸佛隨衆生解示現佛身不失時一切諸佛住於大捨不失時一切諸佛入諸聚落不失時一切諸佛攝諸淨信不失時一切諸佛調惡衆生不失時一切諸佛現不思議諸佛神通不失時是爲十

二不失時者行止在緣根熟化現未熟便捨非願不周若機熟失時便違本願別中一出現二成本願有緣三知種性與記四自在五現身六智住於捨七六根無礙八淨國攝信九强音調惡十即不思議解脫

佛子諸佛世尊有十種無比不思議境界何等爲十所謂一切諸佛一跏趺坐徧滿十方無量世界一切諸佛說一義句悉能開示一切佛法一切諸佛放一光明悉能徧照一切世界一切諸佛於一身中悉能示現一切諸身一切諸佛於一處中悉能示現一切世界一切諸佛於一智中悉能決了一切諸法無所罣礙一切諸佛於一念中悉能徧往十方世界一切諸佛於一念中悉現如來無量威德一切諸佛於一念中普緣三世佛及衆生心無雜亂一切諸佛於一念中與去來今一切諸佛體同無二是爲十

第三不思議境界下二門答種性問此門雙明報應種性皆真正故後門唯明法身種性今初體相超言念故云不思議下位不及故云無比別中一身二音三乘願放光如其本願所得光故四出現五國土六智慧七自在八威德種族九無雜之礙十解脫體同上之五段皆略指陳兼答十問已下恐繁不顯說者隨宜

佛子諸佛世尊能出生十種智何者爲十所謂一切諸佛知一切法無所趣向而能出生迴向願智一切諸佛知一切法皆無有身而能出生清淨身智一切諸佛知一切法本來無二而能出生能覺悟智一切諸佛知一切法無我無衆生而能出生調衆生智一切諸佛知一切法本來無相而能出生了諸相智一切諸佛知一切世界無有成壞而能出生

了成壞智一切諸佛知一切法無有造作而能出生知業果智一切諸佛知一切法無有言說而能出生了言說智一切諸佛知一切法無有染淨而能出生知染淨智一切諸佛知一切法無有生滅而能出生了生滅智是爲十

二出生智者明法身爲種性也從無性中出其智慧非答智慧故別中十各二句皆上句知性即無性之性爲能生後句出生智用

佛子諸佛世尊有十種普入法何等爲十所謂一切諸佛有淨妙身普入三世一切諸佛皆悉具足三種自在普化衆生一切諸佛皆悉具足諸陀羅尼普能受持一切佛法一切諸佛皆悉具足四種辯才普轉一切清淨法輪一切諸佛皆悉具足平等大悲恒不捨離一切衆生一切諸佛皆悉具足甚深禪定恒普觀察一切衆生一切諸佛皆悉具足利他善根調伏衆生無有休息一切諸佛皆悉具足無所礙心普能安住一切法界一切諸佛皆悉具足無礙神力一念普現三世諸佛一切諸佛皆悉具足無礙智慧一念普立三世劫數是爲十

第四普入下二門答出現問此門明徧現常現非有出沒方爲真現故別中云普現三世諸佛況自身耶又一現即一切現以三世佛無二體故如文殊般若中辨別中云三種自在者即三業化也

佛子諸佛世尊有十種難信受廣大法何等爲十所謂一切諸佛悉能摧滅一切諸魔一切諸佛悉能降伏一切外道一切諸佛悉能調伏一切衆生咸令歡悅一切諸佛悉能往詣一切世界化導群品一切諸佛悉能智證甚深法界一切諸佛悉皆能以無二之身現種種身充滿世界一切諸佛悉皆能以清淨音聲起四辯才說法無斷凡有信受功不唐捐一切諸佛皆悉能於一毛孔中出現諸佛與一切世界微塵數等無有斷絕一切諸佛皆悉能於一微塵中示現衆剎與一切世界微塵數等具足種種上妙莊嚴恒於其中轉妙法輪教化衆生而微塵不大世界不小常以證智安住法界一切諸佛皆悉了達清淨法界以智光明破世癡闇令於佛法悉得開曉隨逐如來住十力中是爲十

第二十種廣大法者明出現之相謂大用無涯故云廣大凡小莫測故難信受文顯可知

大方廣佛華嚴經疏鈔會本第四十六之一

大方廣佛華嚴經疏鈔會本第四十六之三　輿八

唐于闐國三藏沙門實叉難陀　譯

唐清涼山大華嚴寺沙門澄觀　撰述

佛子諸佛世尊有十種大功德離過清淨何等爲十所謂一切諸佛具大威德離過清淨一切諸佛悉於三世如來家生種族調善離過清淨一切諸佛盡未來際心無所住離過清淨一切諸佛於三世法皆無所著離過清淨一切諸佛知種種性皆是一性無所從來離過清淨一切諸佛前際後際福德無盡等於法界離過清淨一切諸佛無邊身相徧十方刹隨時調伏一切衆生離過清淨一切諸佛獲四無畏離諸恐怖於衆會中大師子吼明了分別一切諸法離過清淨一切諸佛於不可說不可說劫入般涅槃衆生聞名獲無量福如佛現在功德無異離過清淨一切諸佛遠在不可說不可說世界中若有衆生一心正念則皆得見離過清淨是爲十

第五離過清淨下五門答身問即分爲五

一此門總顯無過如來三業隨智慧行故三業等事不出於身故別中十句多同出現品身之十相思之（別中十句者彼之十相即是十身一普入成益恒即威勢身二無心普應相即是化身故云種族調善三平等隨應即菩提身由菩薩智無所住故平等隨應四無著無礙即智身五周遍十方即是法身故云一性六嚴刹益生即福德身七無生潛益即相好莊嚴身八嚴好滿願即是願身願力周法界恒轉妙法輪故九窮盡後際即力持身故彼經中以譬王延壽喻佛雖涅槃而不失利樂十圓迴等住即意生身故云心念則現以彼十相十身對今經文一無差異其有難者隨句已釋若依彼次此一即彼三二即彼七三即彼四四即彼二五即彼一六即彼九七即彼五八即彼十九即彼八十即彼六但彼文廣理無二也）

佛子諸佛世尊有十種究竟清淨何等爲十所謂一切諸佛往昔大願究竟清淨一切諸佛所持梵行究竟清淨一切諸佛離世衆惑究竟清淨一切諸佛莊嚴國土究竟清淨一切諸佛所有眷屬究竟清淨一切諸佛所有種族究竟清淨一切諸佛色身相好究竟清淨一切諸佛法身無染究竟清淨一切諸佛一切智智無有障礙究竟清淨一切諸佛解脫自在所作已辦到於彼岸究竟清淨是爲十

二究竟清淨明過不生揀異因淨故云究竟惑障諸垢永不起故別中前五功德身淨次三色身次一法身次一智身後一意生等身淨也（後一意生者由言解脫自在故云意生身言等身者等取願身化身等也）

佛子諸佛世尊於一切世界一切時有十種佛事何等爲十一者若有衆生專心憶念則現其前二者若有衆生心不調順則爲說法三者若有衆生能生淨信必令獲得無量善根四者若有衆生能入法位悉皆現證無不了知五者教化衆生無有疲厭六者遊諸佛刹往來無礙七者大悲不捨一切衆生八者現變化身恒不斷絕九者神通自在未嘗休息十者安住法界能徧觀察是爲十

三十種作佛事即明身之業用別中亦多同出現品身相

佛子諸佛世尊有十種無盡智海法何等爲十所謂一切諸佛無邊法身無盡智海法一切諸佛無量佛事無盡智海法一切諸佛佛眼境界無盡智海法一切諸佛無量無數難思善根無盡智海法一切諸佛普雨一切甘

露妙法無盡智海法一切諸佛讚佛功德無盡智海法一切諸佛往昔所修種種願行無盡智海法一切諸佛盡未來際恒作佛事無盡智海法一切諸佛了知一切衆生心行無盡智海法一切諸佛福智莊嚴無能過者無盡智海法是爲十

四無盡智海法者即如來六根三業皆智慧深廣相應故亦别廣智身可知

佛子諸佛世尊有十種常法何等爲十所謂一切諸佛常行一切諸波羅蜜一切諸佛於一切法常離迷惑一切諸佛常具大悲一切諸佛常有十力一切諸佛常轉法輪一切諸佛常爲衆生示成正覺一切諸佛常樂調伏一切衆生一切諸佛心常正念不二之法一切諸佛化衆生已常示入於無餘涅槃諸佛境界無邊際故是爲十

五十種常法者明身中意業恒常用無斷故

佛子諸佛世尊有十種演說無量諸佛法門何等爲十所謂一切諸佛演說無量衆生界門一切諸佛演說無量衆生行門一切諸佛演說無量衆生業果門一切諸佛演說無量化衆生門一切諸佛演說無量淨衆生門一切諸佛演說無量菩薩行門一切諸佛演說無量菩薩願門一切諸佛演說無量一切世界成壞劫門一切諸佛演說無量菩薩深心淨佛刹門一切諸佛演說無量一切世界三世諸佛於彼彼劫次第出現門一切諸佛演說一切諸佛智門是爲十佛子諸佛世尊有十種爲衆生作佛事何等爲十所謂一切諸佛示現色身爲衆生作佛事一切諸佛出妙音聲爲衆生作佛事一切諸佛有所受爲衆生作佛事一切諸佛無所受爲衆生作佛事一切諸佛以地水火風爲衆生作佛事一切諸佛神力自在示現一切所緣境界爲衆生作佛事一切諸佛種種名號爲衆生作佛事一切諸佛以佛刹境界爲衆生作佛事一切諸佛嚴淨佛刹爲衆生作佛事一切諸佛寂寞無言爲衆生作佛事是爲十

第六演說無量下二門答音聲問此門明以音聲辯說兼答普光辯問後門十種作佛事明種種說法謂六塵四大舉動施爲皆能顯法成益無非佛事非獨音聲如淨名說别中初身二音三四皆智受爲成彼檀故不受令彼做佛行少欲故又以無所受受諸受故餘可知

佛子諸佛世尊有十種最勝法何等爲十所謂一切諸佛大願堅固不可沮壞所言必作言無有二一切諸佛爲欲圓滿一切功德盡未來劫修菩薩行不生懈倦一切諸佛爲欲調伏一切衆生故往不可說不可說世界如是而爲一切衆生而無斷絶一切諸佛於信於毁二種衆生大悲普觀平等無異一切諸佛從初發心乃至成佛終不退失菩提之心一切諸佛積集無量諸善功德皆以迴向一切智性於諸世間終無染著一切諸佛於諸佛所修學三業唯行佛行非二乘行皆爲迴向一切智性成於無上正等菩提一切諸佛放大光明其光平等照一切處及照一切諸佛之法令諸菩薩心得清淨滿一切智一切

諸佛捨離世樂不貪不染而普願世間離苦得樂無諸戲論一切諸佛愍諸衆生受種種苦守護佛種行佛境界出離生死逮十力地是爲十

第七最勝法下三門答智慧問初此一門總明權實因果之智兼答普光最勝之問智慧最勝故結云住十力地兼答佛地之問別中四即三念處行餘可思之四即三念者亦云三念住念謂能緣慧處謂不增不減平等之理初一心聽法不憂二一心聽法不喜三常行捨心以法界中滅退相不可得故增進相不可得即涅槃相故如次配之

佛子諸佛世尊有十種無障礙住何等爲十所謂一切諸佛皆能往一切世界無障礙住一切諸佛皆能住一切世界無障礙住一切諸佛皆能於一切世界行住坐卧無障礙住一切諸佛皆能於一切世界演說正法無障礙住一切諸佛皆能於一切世界住兜率天宮無障礙住一切諸佛皆能入法界一切三世無障礙住一切諸佛皆能坐法界一切道場無障礙住一切諸佛皆能念念觀一切衆生心行以三種自在教化調伏無障礙住一切諸佛皆能以一身住無量不思議佛所及一切處利益衆生無障礙住一切諸佛皆能開示無量諸佛所說正法無障礙住是爲十

二無障礙住明智慧離障以智慧所作無礙故一切無礙

佛子諸佛世尊有十種最勝無上莊嚴何等爲十所謂一切諸佛皆悉具足諸相隨好是爲諸佛第一最勝無上身莊嚴一切諸佛皆悉具足六十種音一一音有五百分一一分無量百千清淨之音以爲嚴好能於法界一切衆中無諸恐怖大師子吼演說如來甚深法義衆生聞者靡不歡喜隨其根欲悉得調伏是爲諸佛第二最勝無上語莊嚴一切諸佛皆具十力諸大三昧十八不共莊嚴意業所行境界通達無礙一切佛法咸得無餘法界莊嚴而爲莊嚴法界衆生心之所行去來現在各各差別於一念中悉能明見是爲諸佛第三最勝無上意莊嚴一切諸佛皆悉能放無數光明一一光明有不可說光明網以爲眷屬普照一切諸佛國土滅除一切世間黑闇示現無量諸佛出興其身平等悉皆清淨所作佛事咸不唐捐能令衆生至不退轉是爲諸佛第四最勝無上光明莊嚴一切諸佛現微笑時皆於口中放百千億那由他阿僧祇光明一一光明各有無量不思議種種色徧照十方一切世界於大衆中發誠實語授無量無數不思議衆生阿耨多羅三藐三菩提記是爲諸佛第五離世癡惑最勝無上現微笑莊嚴一切諸佛皆有法身清淨無礙於一切法究竟通達住於法界無有邊際雖在世間不與世雜了世實性行出世法言語道斷超蘊界處是爲諸佛第六最勝無上法身莊嚴一切諸佛皆有無量常妙光明不可說不可說種種色相以爲嚴好爲光明藏出生無量圓滿光明普照十方無有障礙是爲諸佛第七最勝無上常妙光明莊嚴一切諸佛皆有無邊妙色可愛妙色清淨妙色隨心所現妙色映蔽一切三界妙色到於彼岸無上妙色是爲諸佛第八最勝無上妙色莊嚴一切諸佛皆於三世佛種中生積衆善寶究

竟清淨無諸過失離世譏謗一切法中最爲殊勝清淨妙行之所莊嚴具足成就一切智智種族清淨無能譏毀是爲諸佛第九最勝無上種族莊嚴一切諸佛以大慈力莊嚴其身究竟清淨無諸渴愛身行永息心善解脱見者無厭大悲救護一切世間第一福田無上受者哀愍利益一切衆生悉令增長無量福德智慧之聚是爲諸佛第十最勝無上大慈大悲功德莊嚴是爲十

三十種無上莊嚴即智慧成益由内具智嚴故外具諸嚴標中超下位故最勝上無加故云無上別中十義結名自顯一相好身二圓滿音三以功德嚴意四放光五微笑授記其緣甚衆離世間品亦明六法身中真如出纏故云清淨無礙即法性法身本智返照故於一切法究竟通達即智慧法身智契法界俱無邊際雖在已下應化法身了世已下功德法身嚴理智故了世實性成上不雜生下出世行出世法則功德備矣言語道斷即虚空法身亦實相法身體絶百非言亡四句唯證相應故超蘊界處顯是無爲翻有漏蘊成五分法身若翻界處則外六塵亦國土身則十身圓融成真法身矣七即常光八金等妙色九中具真應種三世佛種即真如無性故應種可知十中起必智俱故無渴愛動與道合故身行永息心善解脱成上無愛見者無厭成上行息此皆功德亦無愛見成下大悲既爲第一田故受施之中更無過上

佛子諸佛世尊有十種自在法

第八十自在法下八門答自在問即爲八段初一總明自在兼攝加持初總可知

何等爲十所謂一切諸佛於一切法悉得自在明達種種句身味身演説諸法辯才無礙是爲諸佛第一自在法

別中全同八地之中十種自在但深廣不次耳一法自在論經云無中邊法門示現故

一切諸佛教化衆生未曾失時隨其願樂爲説正法咸令調伏無有斷絶是爲諸佛第二自在法

二心自在無量阿僧祇劫三昧入智故由在三昧觀機故化不失時

一切諸佛能令盡虚空界無量無數種種莊嚴一切世界六種震動令彼世界或舉或下或大或小或合或散未曾惱害於一衆生其中衆生不覺不知無疑無怪是爲諸佛第三自在法

三勝解自在大小淨穢隨解轉變故

一切諸佛以神通力悉能嚴淨一切世界於一念頃普現一切世界莊嚴此諸莊嚴經無數劫説不能盡悉皆離染清淨無比一切佛刹嚴淨之事皆令平等入一刹中是爲諸佛第四自在法

四財自在一切世界無量莊嚴嚴飾住持故

一切諸佛見一衆生應受化者爲其住壽經不可説不可説劫乃至盡未來際結跏趺坐身心無倦專心憶念未曾廢忘方便調伏而不失時如爲一衆生爲一切衆生悉亦如是

是爲諸佛第五自在法

五命自在不可說劫命住持故

一切諸佛悉能徧往一切世界一切如來所行之處而不暫捨一切法界十方各別一一万有無量世界海一一世界海有無量世界種佛以神力一念咸到轉於無礙清淨法輪是爲諸佛第六自在法

六如意自在一切國土中如意變化故

一切諸佛爲欲調伏一切衆生念念中成阿耨多羅三藐三菩提而於一切佛法非已現覺亦非當覺亦不住於有學之地而悉知見通達無礙無量智慧無量自在教化調伏一切衆生是爲諸佛第七自在法

七智自在如來力無畏不共法相好莊嚴三菩提示現故文中生界無邊機熟相續故念念應成而真成在昔故佛於三世非是新覺亦非不覺住在學地又顯雖念念覺離覺相故非三世覺亦離不覺故不住學地又云而悉通達無量智等即十力等

一切諸佛能以眼處作耳處佛事能以耳處作鼻處佛事能以鼻處作舌處佛事能以舌處作身處佛事能以身處作意處佛事能以意處於一切世界中住世出世間種種境界一一境界中能作無量廣大佛事是爲諸佛第八自在法

八業自在六根互用廣大佛事是佛業故然非改轉一根不變本來具故

一切諸佛其身毛孔一一能容一切衆生一一衆生其身悉與不可說諸佛刹等而無迫隘一一衆生步步能過無數世界如是展轉盡無數劫悉見諸佛出現於世教化衆生轉淨法輪開示過去未來現在不可說法盡虛空界一切衆生諸趣受身威儀往來及其所受種種樂具皆悉具足而於其中無所障礙是爲諸佛第九自在法

九生自在一切世界生示現故

一切諸佛於一念頃現一切世界微塵數佛一一佛皆於一切法界衆妙蓮華廣大莊嚴世界蓮華藏師子座上成等正覺示現諸佛自在神力如於衆妙蓮華廣大莊嚴世界如是於一切法界中不可說不可說種種莊嚴種種境界種種形相種種示現種種劫數清淨世界如於一念如是於無量無邊阿僧祇劫一切念中一念一切現一念無量住而未曾用少方便力是爲諸佛第十自在法

十願自在隨心所欲佛國土時示成三菩提故上來唯三與八取意而釋餘並論經之文其第十自在文有四節一一念現多佛於一類界成佛二如於衆妙下類顯餘界三如於一念下類顯餘念四一念一切現下總結深廣一切現者一念便現法界諸形諸時諸神力故一念無量住者常無現故而不動如來少許方便故云自在

佛子諸佛世尊有十種無量不思議圓滿佛法何等爲十所謂一一諸佛一一淨相皆具百福一切諸佛皆悉成就一切佛法一切諸佛皆悉成就一切善根一切諸佛皆悉成就一切功德一切諸佛皆能教化一切衆生一切諸佛皆悉能爲衆生作主一切諸佛皆悉成就清淨佛刹一切諸佛皆悉成就一切智

智一切諸佛皆悉成就色身相好見者獲益功不唐捐一切諸佛皆具諸佛平等正法一切諸佛作佛事已莫不示現入於涅槃是爲十

第二不思議圓滿佛法者明圓滿自在謂前十自在八地容有故顯如來十種圓滿又無一法不自在故方云圓滿別中二即證成菩提十力等云一切佛法九即具有法輪教法三通福智故曰善根四唯是福但云功德餘可思準

佛子諸佛世尊有十種善巧方便

第三善巧方便即於法自在皆權實等無礙故

何等爲十一切諸佛了知諸法皆離戲論而能開示諸佛善根是爲第一善巧方便

別中一知實離言絶動搖之戯論而起權開示善根故爲自在

一切諸佛知一切法悉無所見各不相知無縛無解無受無集無成就自在究竟到於彼岸然於諸法真實而知不異不別而得自在無我無受不壞實際已得至於大自在地常能觀察一切法界是爲第二善巧方便

二證實無能所見而不礙於法真實知見無縛無解而至大自在

一切諸佛永離諸相心無所住而能悉知不亂不錯雖知一切相皆無自性而如其體性悉能善入而亦示現無量色身及以一切清淨佛土種種莊嚴無盡之相集智慧燈滅衆生惑是爲第三善巧方便

三無相知相無性入性亦能示現依正調生

一切諸佛住於法界不住過去未來現在如如性中無去來今三世相故而能演說去來今世無量諸佛出現世間令其聞者普見一切諸佛境界是爲第四善巧方便

四證實三際之理而演三際益生

一切諸佛身語意業無所造作無來無去亦無有住離諸數法到於一切諸法彼岸而爲衆法藏具無量智了達種種世出世法智慧無礙示現無量自在神力調伏一切法界衆生是爲第五善巧方便

五三業湛然而包含示現

一切諸佛知一切法不可見非一非異非量非無量非來非去皆無自性亦不違於世間諸法一切智者無自性中見一切法於法自在廣說諸法而常安住真如實性是爲第六善巧方便

六知非一異而見一切法

一切諸佛於一時中知一切時具淨善根入於正位而無所著於其日月年劫成壞如是等時不住不捨而能示現若晝若夜初中後時一日七日半月一月一年百年一劫多劫不可思劫不可說劫乃至盡於未來際劫恒爲衆生轉妙法輪不斷不退無有休息是爲第七善巧方便

十知時融入故不住不捨而不壞年劫演法無休

一切諸佛恒住法界成就諸佛無量無畏及不可數辯不可量辯無盡辯無斷辯無邊辯不共辯無窮辯真實辯方便開示一切句辯

一切法辯隨其根性及以欲解以種種法門
說不可說不可說百千億那由他修多羅初
中後善皆悉究竟是爲第八善巧方便
八恒住法界則寂無所住而成就無量無
畏十辯演法十辯者一多故二非心測故
三隨說一事窮劫不盡故四任放辯才無
有間故五觸類成辯故六下位所無故七
無能難屈故八皆契事理故九無一句義
不能顯故十無有一法不能演故初中後
善下明說之德具七善故或開爲十瑜伽
八十五云一初善聽聞時生歡喜故二中
善修行時無有艱苦遠離二邊依中道行
故三後善謂究竟離垢等故今文云皆悉
究竟諸經論中更有多釋恐厭繁文餘七
經文略無三後善者等字等取及一切究竟離欲爲後邊故法性離垢故能學者亦離垢故修行究竟得離垢故諸經論者智論云讚布施爲初善讚持戒爲中善讚二果報生天淨土名後善復說聲聞獨覺大乘亦名三善實性經云知苦斷集名初善修八正道爲中善證滅名後善是名聲聞初中後善若不捨菩提心不舍下乘迴向一切智是名菩薩初中後善等釋曰今疏全依瑜伽故指餘釋餘七者謂略故無非是全無今依瑜伽具出論云四者文巧謂善綴名身等故及八語具八語具者一先首二美妙三顯了四易解五樂聞六無依七無違八廣大如瑜伽二十五說五義妙謂能引發利益安樂六施一謂不與外道共故唯佛法有外道所無七因滿無限量故最尊勝故義豐且勝故名圓滿八清淨謂自性解脫故一刹那自體解脫故或法自體解脫故九解白謂相續解脫故設多剎那亦解脫故能學之者亦解脫故十梵行之相謂八聖道支滅諦名梵道諦名行與滅爲因此具八道名梵行相當知此道由純一道等四種妙相之所顯說

一切諸佛住淨法界知一切法本無名字無
過去名無現在名無未來名無衆生名無非
衆生名無國土名無非國土名無法名無非
法名無功德名無非功德名無菩薩名無佛
名無數名無非數名無生名無滅名無有名
無無名無一名無種種名何以故諸法體性
不可說故一切諸法無方無處不可集說不
可散說不可一說不可多說音聲莫逮言語
悉斷雖隨世俗種種言說無所攀緣無所造
華八　十六
作遠離一切虛妄想著如是究竟到於彼岸
是爲第九善巧方便
九離說而說故無想著
一切諸佛知一切法本性寂靜無生故非色
無戲論故非受無名數故非想無造作故非
行無執取故非識無入處故非處無所得故
非界然亦不壞一切諸法本性無起如虛空
故一切諸法皆悉空寂無業果無修習無成
就無出生非數非不數非有非無非生非滅
非垢非淨非入非出非住非不住非調伏非
華八　十七
不調伏非衆生非無衆生非壽命非無壽命
非因緣非無因緣而能了知正定邪定及不
定聚一切衆生爲說妙法令到彼岸成就十
力四無所畏能師子吼具一切智住佛境界
是爲第十善巧方便
十了寂起用於中先知本寂後而能下不
廢起用前中亦二先正顯後然亦下釋成
謂色等性無非遣之使無故不壞諸法印
空無業等後起用可知
佛子是爲諸佛成就十種善巧方便
大方廣佛華嚴經疏鈔會本第四十六之二

大方廣佛華嚴經疏鈔會本第四十七　弊九

唐于闐國三藏沙門實叉難陀　譯

唐清涼山大華嚴寺沙門澄觀撰述

佛子諸佛世尊有十種廣大佛事無量無邊不可思議一切世間諸天及人皆不能知去來現在所有一切聲聞獨覺亦不能知唯除如來威神之力

第四十種廣大佛事明神通自在即答前二會神通問先總標中謂八相等中皆有大用微細相容故以此攝物故名佛事於中先標名無量下顯勝

何等爲十所謂一切諸佛於盡虛空徧法界一切世界兜率陀天皆現受生修菩薩行作大佛事無量色相無量威德無量光明無量音聲無量言辭無量三昧無量智慧所行境界攝取一切人天魔梵沙門婆羅門阿脩羅等大慈無礙大悲究竟平等饒益一切衆生或令生天或令生人或淨其根或調其心或時爲說差別三乘或時爲說圓滿一乘普皆濟度令出生死是爲第一廣大佛事

列中先徵後釋釋中一明上生佛事於中四一別明能攝二攝取下所攝廣多三大慈下能攝殊勝四或令下所攝成益

佛子一切諸佛從兜率天降神母胎以究竟三昧觀受生法如幻如化如影如空如熱時焰隨樂而受無量無礙入無諍法起無著智離欲清淨成就廣大妙莊嚴藏

二降神處胎佛事中先明智德内圓

受最後身住大寶莊嚴樓閣而作佛事或以神力而作佛事或以正念而作佛事或現神通而作佛事或現智日而作佛事或現諸佛廣大境界而作佛事或現諸佛無量光明而作佛事或入無數廣大三昧而作佛事或現從彼諸三昧起而作佛事

後受最後下明神通外用於中先一處一時作佛事

佛子如來爾時在母胎中爲欲利益一切世間種種示現而作佛事所謂或現初生或現童子或現在宮或現出家或復示現成等正覺或復示現轉妙法輪或示現於入般涅槃如是皆以種種方便於一切方一切網一切旋一切種一切世界中而作佛事是爲第二廣大佛事

後佛子如來爾時下總攝時處作佛事此中多處準下瞿波乃至十重此畧舉五皆後後廣前前一一切方者即娑婆與能遶十三刹塵數刹十方無間住故二彼上諸刹復有眷屬刹等圍遶交絡成網故三遶中間海十右旋海故四盡華藏刹海諸刹種故五一切世界者盡法界故

佛子一切諸佛一切善業皆已清淨一切生智皆已明潔而以生法誘導群迷令其開悟具行衆善爲衆生故示誕王宮

三現生處宮佛事分二初無生現生是誕生相

一切諸佛於諸色欲宮殿妓樂皆已捨離無所貪染常觀諸有空無體性一切樂具悉不真實持佛淨戒究竟圓滿

後一切佛於諸色下無染處染是處王宮相於中四一三學自圓無染是定故

觀諸內宮妻妾侍從生大悲愍觀諸衆生虛妄不實起大慈心觀諸世間無一可樂而生大喜於一切法心得自在而起大捨

二觀諸下四心愍物

具佛功德現生法界身相圓滿眷屬清淨而於一切皆無所著以隨類音爲衆演說令於世法深生猒離如其所行示所得果復以方便隨應教化未成熟者令其成熟已成熟者令得解脫爲作佛事令不退轉復以廣大慈悲之心恒爲衆生說種種法又爲示現三種自在令其開悟心得清淨

三具佛下具德攝益

雖處內宮衆所咸覩而於一切諸世界中施作佛事以大智慧以大精進示現種種諸佛神通無礙無盡恒住三種巧方便業所謂身業究竟清淨語業常隨智慧而行意業甚深無有障礙以是方便利益衆生是爲第三廣大佛事

四雖處下攝益廣深

佛子一切諸佛示處種種莊嚴宮殿觀察猒離捨而出家欲使衆生了知世法皆是妄想無常敗壞深起猒離不生染著永斷世間貪愛煩惱修清淨行利益衆生當出家時捨俗威儀住無諍法滿足本願無量功德以大智光滅世癡闇爲諸世間無上福田常爲衆生讚佛功德令於佛所植諸善本以智慧眼見眞實義復爲衆生讚說出家清淨無過永得出離長爲世間智慧高幢是爲第四廣大佛事

四出家佛事中二先明出家意後當出家時下明出家相三業二利故

佛子一切諸佛具一切智於無量法悉已知覺菩提樹下成最正覺降伏衆魔威德特尊其身充滿一切世界神力所作無邊無盡於一切智所行之義皆得自在修諸功德悉已圓滿其菩提座具足莊嚴周徧十方一切世界佛處其上轉妙法輪說諸菩薩所有行願開示無量諸佛境界令諸菩薩皆得悟入修行種種清淨妙行復能示導一切衆生令種善根生於如來平等地中住諸菩薩無邊妙行成就一切功德勝法一切世界一切衆生一切佛刹一切諸法一切菩薩一切教化一切三世一切調伏一切神變一切衆生心之樂欲悉善了知而作佛事是爲第五廣大佛事

五成道佛事中三初明眞覺舊圓次菩提樹下應身今滿後其菩提下演法益生此頓演華嚴

佛子一切諸佛轉不退法輪令諸菩薩不退轉故轉無量法輪令一切世間咸了知故轉開悟一切法輪能大無畏師子吼故轉一切法智藏法輪開法藏門除闇障故轉無礙法輪等虛空故轉無著法輪觀一切法非有無故轉照世法輪令一切衆生淨法眼故轉開示一切智法輪悉徧一切三世法故轉一切佛同一法輪一切佛法不相違故一切諸佛以如是等無量無數百千億那由他法輪隨諸衆生心行差別而作佛事不可思議是爲第六廣大佛事

六轉法輪佛事中義通權實先列後結列

中一唯菩薩乘通四不退二通五乘世咸
了故三開權顯實令悟知見決定有故四
通三藏三藏除癡及三障故五唯頓法事
理雙絶故六中道法不著二邊故七世諦
法淨所知故八唯佛法智徧知故九唯圓
法無異味故後一如是下總結即無量乘
唯第十輪隨機演故十皆圓融爲不思議
佛子一切諸佛入於一切王都城邑爲諸衆
生而作佛事所謂人王都邑天王都邑龍王
夜叉王乾闥婆王阿修羅王迦樓羅王緊那
羅王摩睺羅伽王羅刹王毘舍闍王如是等
王一切都邑入城門時大地震動光明普照
盲者得眼聾者得耳狂者得心裸者得衣諸
憂苦者悉得安樂一切樂器不鼓自鳴諸莊
嚴具若著不著咸出妙音衆生聞者無不欣
樂一切諸佛色身清淨相好具足見者無猒
能爲衆生作於佛事所謂若顧視若觀察若
動轉若欠申若行若住若坐若卧若默若語
若現神通若爲說法若有教勑如是一切皆
爲衆生而作佛事一切諸佛普於一切無數
世界種種衆生心樂海中勸令念佛常勤觀
察種諸善根修菩薩行歎佛色相微妙第一
一切衆生難可值遇若有得見而興信心則
生一切無量善法集佛功德普皆清淨如是
稱讚佛功德已分身普往十方世界令諸衆
六
生悉得瞻奉思惟觀察承事供養種諸善根
得佛歡喜增長佛種悉當成佛以如是行而
作佛事或爲衆生示現色身或出妙音或但
微笑令其信樂頭頂禮敬曲躬合掌稱揚讚
歎問訊起居而作佛事一切諸佛以如是等
無量無數不可言說不可思議種種佛事於
一切世界中隨諸衆生心之所樂以本願力
大慈悲力一切智力方便教化悉令調伏是
爲第七廣大佛事
七威儀佛事於中四一別舉入城益物二
七
一切諸佛色身下通顯威儀益物三一切
諸佛昔於下言談示現益物其昔字晉本
所無即是現益若言昔者乃是擧因顯果
必是普字四一切諸佛以如是下總結深
廣
佛子一切諸佛或住阿蘭若處而作佛事或
住寂靜處而作佛事或住空閑處而作佛事
或住佛住處而作佛事或住三昧而作佛事
或獨處園林而作佛事或隱身不現而作佛
事或住甚深智而作佛事或住諸佛無比境
界而作佛事或住不可見種種身行隨諸衆
生心樂欲解方便教化無有休息而作佛事
或以天身求一切智而作佛事或以龍身夜
叉身乾闥婆身阿脩羅身迦樓羅身緊那羅
身摩睺羅伽人非人等身求一切智而作佛
事或以聲聞身獨覺身菩薩身求一切智而
作佛事或時說法或時寂默而作佛事或說
一佛或說多佛而作佛事或說諸菩薩一切
行一切願爲一行願而作佛事或說諸菩薩
一行一願爲無量行願而作佛事或說佛境
界即世間境界而作佛事或說世間境界即
佛境界而作佛事或說佛境界即非境界而
作佛事或住一日或住一夜或住半月或住
一月或住一年乃至住不可說劫爲諸衆生
而作佛事是爲第八廣大佛事

八起行佛事中有四一身心安住行蘭若唯山林寂靜通城邑空閑在無物二或以天身下起應上求行三或時說法下說默下化行四或住一日下時分進修行

佛子一切諸佛是生清淨善根之藏令諸衆生於佛法中生淨信解諸根調伏永離世間令諸菩薩於菩提道具智慧明不由他悟或現涅槃而作佛事或現世間皆悉無常而作佛事或說佛身而作佛事或說所作皆悉已辦而作佛事或說功德圓滿無缺而作佛事或說永斷諸有根本而作佛事或令衆生猒離世間隨順佛心而作佛事或說壽命終歸於盡而作佛事或說世間無一可樂而作佛事或爲宣說盡未來際供養諸佛而作佛事或說諸佛轉淨法輪令其得聞生大歡喜而作佛事或爲宣說諸佛境界令其發心而修諸行而作佛事或爲宣說念佛三昧令其發心常樂見佛而作佛事或爲宣說諸根清淨勤求佛道心無懈退而作佛事或詣一切諸佛國土觀諸境界種種因緣而作佛事或攝一切諸衆生身皆爲佛身令諸懈怠放逸衆生悉住如來清淨禁戒而作佛事是爲第九廣大佛事

九起用佛事中二初顯起用所依以是能生功德藏故二或現涅槃下正明起用

佛子一切諸佛入涅槃時無量衆生悲號涕泣生大憂惱遞相瞻顧而作是言如來世尊有大慈悲哀愍饒益一切世間與諸衆生爲救爲歸如來出現難可值遇無上福田於今永滅即以如是令諸衆生悲號戀慕而作佛事復爲化度一切天人龍神夜叉乾闥婆阿脩羅迦樓羅緊那羅摩睺羅伽人非人等故隨其樂欲自碎其身以爲舍利無量無數不可思議令諸衆生起淨信心恭敬尊重歡喜供養修諸功德具足圓滿復起於塔種種嚴飾於諸天宮龍宮夜叉宮乾闥婆阿脩羅迦樓羅緊那羅摩睺羅伽人非人等諸宮殿中以爲供養牙齒爪髮咸以起塔令其見者皆悉念佛念法念僧信樂不迴誠敬尊重在在處處布施供養修諸功德以是福故或生天上或處人間種族尊榮財產備足所有眷屬悉皆清淨不入惡趣常生善道恒得見佛具衆白法於三有中速得出離各隨所願獲自乘果於如來所知恩報恩永與世間作所歸依佛子諸佛世尊雖般涅槃仍與衆生作不思議清淨福田無盡功德最上福田令諸衆生善根具足福德圓滿是爲第十廣大佛事

十涅槃佛事別顯用中之一於中三初明涅槃悲戀益次復爲化度下舍利流布益後佛子下總結益滿若配十問一本願二即種性及國土三是無礙四十皆解脫五出現六音聲七身八智慧九自在

佛子此諸佛事無量廣大不可思議一切世間諸天及人及去來今聲聞獨覺皆不能知唯除如來威神所加

三結可知

佛子諸佛世尊有十種無二行自在法何等爲十所謂一切諸佛悉能善說授記言辭決定無二一切諸佛悉能隨順衆生心念令其意滿決定無二一切諸佛悉能現覺一切諸

法演說其義決定無二一切諸佛悉能具足去來今世諸佛智慧決定無二一切諸佛悉知三世一切刹那即一刹那決定無二一切諸佛悉知三世一切佛刹入一佛刹決定無二一切諸佛悉知三世一切佛語即一佛語決定無二一切諸佛悉知三世一切諸佛與其所化一切衆生體性平等決定無二一切諸佛悉知世法及諸佛法性無差別決定無二一切諸佛悉知三世一切諸佛所有善根同一善根決定無二是爲十

第五無二行自在法者明無畏自在兼答普光無畏之問於事明審決定無疑故云無二不畏他難名爲自在別中初四可知次三通二義一以理融相二事事即入次二唯理後一有三義一同性修故二互迴向故三互主伴故

佛子諸佛世尊有十種住住一切法何等爲十所謂一切諸佛住覺悟一切法界一切諸佛住大悲語一切諸佛住本大願一切諸佛住不捨調伏衆生一切諸佛住無自性法一切諸佛住平等利益一切諸佛住無忘失法一切諸佛住無障礙心一切諸佛住恒正定心一切諸佛住等入一切法不違實際相是爲十

第六明住住一切法者明三昧自在兼答普光三昧問如來所住無非三昧故偏住一切文顯可知

佛子諸佛世尊有十種知一切法盡無有餘何等爲十所謂知過去一切法盡無有餘知未來一切法盡無有餘知現在一切法盡無有餘知一切言語法盡無有餘知一切世間道盡無有餘知一切衆生心盡無有餘知一切菩薩善根上中下種種分位盡無有餘知一切佛圓滿智及諸善根不增不減盡無有餘知一切法皆從緣起盡無有餘知一切世界種盡無有餘知一切法界中如因陀羅網諸差別事盡無有餘是爲十

第七知一切法盡無有餘者明十力自在兼答普光十力之問十力智慧照境無遺故亦顯可知

佛子諸佛世尊有十種力何等爲十所謂廣大力最上力無量力大威德力難獲力不退力堅固力不可壞力一切世間不思議力一切衆生無能動力是爲十佛子諸佛世尊有十種大那羅延幢勇健法

第八廣大力者明神力自在亦答普光十力之問文中亦三初標次何者下徵釋三結今初十力是別名大那羅延等是總稱故下列中但依總名是則標中十力一一徧下別中別中十門一一具前標中十力則成十門

古德將標中十力次第配下十勇健法謂初爲廣大力等則令別中一門不攝前十不成百門亦令餘門無廣大義初門無最上等說欲從勝配者應逆次配之亦令餘門若以廣大爲初門故言初門無最上等者初門唯有廣大故無餘九最上在初略舉其一等於下八說欲下五逆救謂彼救云然則互有何不從多立名故今答云從多可爾不應順次以逆次配與文相順故下釋文一一從多逆次名釋然總名那羅延幢者即帝釋力士之名十中一廣大者周法界故二最上者無加過故三無分量故四可敬畏故

五唯佛得故六作無屈故七當體堅故八緣不壞故九超言念故十不可搖故

何者爲十所謂一切諸佛身不可壞命不可斷世間毒藥所不能中一切世界水火風災皆於佛身不能爲害一切諸魔天龍夜叉乾闥婆阿脩羅迦樓羅緊那羅摩睺羅伽人非人毘舍闍羅刹等盡其勢力雨大金剛如須彌山及鐵圍山徧於三千大千世界一時俱下不能令佛心有驚怖乃至一毛亦不搖動行住坐臥初無變易佛所住處四方遠近不令其下則不能雨假使不制而從雨之終不爲損若有衆生爲佛所持及佛所使尚不可害況如來身是爲諸佛第一大那羅延幢勇健法

次徵釋中第一身命不可壞力今逆次配此即不可動力乃至一毛不搖動故文中二先正明不可動壞謂情非情境俱不能壞後若有衆生下舉況顯勝如令耆婆入火取子入獄問罪等如令耆婆入火者現相已引入獄問罪即報恩經第四令阿難往阿鼻地獄問訊達云汝今受罪云何調達答云如第三禪樂今取入中間罪苦不能害耳

佛子一切諸佛以一切法界諸世界中須彌山王及鐵圍山大鐵圍山大海山林宮殿屋宅置一毛孔盡未來劫而諸衆生不覺不知唯除如來神力所被佛子爾時諸佛於一毛孔持於爾所一切世界盡未來劫或行或住或坐或臥不生一念勞倦之心佛子譬如虛空普持一切徧法界中所有世界而無勞倦一切諸佛於一毛孔持諸世界亦復如是是爲諸佛第二大那羅延幢勇健法

第二毛孔容持力即是不可思而諸衆生不覺知矣

佛子一切諸佛能於一念起不可說不可說世界微塵數步一一步過不可說不可說佛刹微塵數國土如是而行經一切世界微塵數劫佛子假使有一大金剛山與上所經一切佛刹其量正等如是量等大金剛山有不可說不可說佛刹微塵數諸佛能以如是諸山置一毛孔佛身毛孔與法界中一切衆生毛孔數等一一毛孔悉置爾許大金剛山持爾許山遊行十方入盡虛空一切世界從於前際盡未來際一切諸劫無有休息佛身無損亦不勞倦心常在定無有散亂是爲諸佛第三大那羅延幢勇健法

第三毛持大山力即當不壞以雖持多大山身心無勞損故文中速行廣步多劫行刹爲一山之量此山已無邊矣況有多山在於一毛況復多毛窮劫持住實難思之境矣

佛子一切諸佛一座食已結跏趺坐經前後際不可說劫入佛所受不思議樂其身安住寂然不動亦不廢捨化衆生事佛子假使有人於徧虛空一一世界悉以毛端次第度量諸佛能於一毛端處結跏趺坐盡未來劫如一毛端處一切毛端處悉亦如是佛子假使十方一切世界所有衆生一一衆生其身大小悉與不可說佛刹微塵數世界量等輕重亦爾諸佛能以爾所衆生置一指端盡於後際所有諸劫一切指端皆亦如是盡持爾許一切衆生入徧虛空一一世界盡於法界悉

便無餘而佛身心曾無勞倦是爲諸佛第四大那羅延幢勇健法

第四定用自在力即是堅固定力安住故

佛子一切諸佛能於一身化現不可說不可說佛刹微塵數頭一一頭化現不可說不可說佛刹微塵數舌一一舌化出不可說不可說佛刹微塵數差別音聲法界衆生靡不皆聞一一音聲演不可說不可說佛刹微塵數修多羅藏一一修多羅藏演不可說不可說佛刹微塵數法一一法有不可說不可說佛刹微塵數文字句義如是演說盡不可說不可說佛刹微塵數劫盡是劫已復更演說盡不可說不可說佛刹微塵數劫如是次第乃至盡於一切世界微塵數盡一切衆生心念數未來際劫猶可窮盡如來化身所轉法輪無有窮盡所謂智慧演說法輪斷諸疑惑法輪照一切法法輪開無礙藏法輪令無量衆生歡喜調伏法輪開示一切諸菩薩行法輪高升圓滿大智慧日法輪普然照世智慧明燈法輪辯才無畏種種莊嚴法輪如一佛身以神通力轉如是等差別法輪一切世法無能爲喻如是盡虛空界一一毛端分量之處有不可說不可說佛刹微塵數世界一一世界中念念現不可說不可說佛刹微塵數化身一一化身皆亦如是所說音聲文字句義一一充滿一切法界其中衆生皆得解了而佛言音無變無斷無有窮盡是爲諸佛第五大那羅延幢勇健法

第五常徧演法力此即不退言音無變無斷盡故文中二初明一身轉後如一佛下明多身轉前中三初顯所說多次如是演說下明所說常餘所謂下示所說體後多身可知是則常恒之說前後無涯生盲之徒對而莫覩隨所感見說有始終

佛子一切諸佛皆以德相莊嚴胷臆猶若金剛不可損壞菩提樹下結跏趺坐魔王軍衆其數無邊種種異形甚可怖畏衆生見者靡不驚懾悉發狂亂或時致死如是魔衆徧滿虛空如來見之心無恐怖容色不變一毛不竪不動不亂無所分別離諸喜怒寂然清淨住佛所住具慈悲力諸根調伏心無所畏非諸魔衆所能傾動而能摧伏一切魔軍皆使迴心稽首歸依然後復以三輪教化令其悉發阿耨多羅三藐三菩提意永不退轉是爲諸佛第六大那羅延幢勇健法

第六德相降魔力即當難伏然十皆難伏世多魔惑偏立難伏之名

佛子一切諸佛有無礙音其音普徧十方世界衆生聞者自然調伏彼諸如來所出音聲須彌盧等一切諸山不能爲障天宮龍宮夜叉宮乾闥婆阿脩羅迦樓羅緊那羅摩睺羅伽人非人等一切諸宮所不能障一切世界高大音聲亦不能障隨所應化一切衆生靡不皆聞文字句義悉得解了是爲諸佛第七大那羅延幢勇健法

第七圓音徧徹力即是威德聞皆調伏故

佛子一切諸佛心無障礙於百千億那由他不可說不可說劫恒善清淨去來現在一切諸佛同一體性無濁無翳無我無我所非內非外了境空寂不生妄想無所依無所作不

住諸相永斷分別本性清淨捨離一切攀緣憶念於一切法常無違諍住於實際離欲清淨入眞法界演說無盡離量非量所有妄想絕爲無爲一切言說於不可說無邊境界悉已通達無礙無盡智慧方便成就十力一切功德莊嚴清淨演說種種無量諸法皆與實相不相違背於諸法界三世諸法悉等無異究竟自在入一切法最勝之藏一切法門正念不惑安生十方一切佛刹而無動轉得不斷智知一切法究竟無餘盡諸有漏心善解脫慧善解脫住於實際通達無礙心常正定於三世法及以一切衆生心行一念了達皆無障礙是爲諸佛第八大那羅延幢勇健法

第八心無障礙力即無量力離量非量故初無塵惑障礙後於不可說下起用無礙

礙心善解脫者由三種相一於諸行徧了知故二於彼相應諸煩惱斷得作證故三煩惱斷已於一切處離愛住故心善解脫者瑜伽八十五說

佛子一切諸佛同一法身境界無量身功德無邊身世間無盡身三界不染身隨念示現身非實非虛平等清淨身無來無去無爲不壞身一相無相法自性身無處無方徧一切身神變自在無邊色相身種種示現普入一切身妙法方便身智藏普照身示法平等身普徧法界身第九無動無分別非有十八非無常清淨身非方便非不方便非滅非不滅隨所應化一切衆生種種信解而示現身從一切功德寶所生身具一切諸佛法眞如身本性寂靜無障礙身成就一切無礙法身徧住一切清淨法界身分形普徧一切世間身無攀緣無退轉永解脫具一切智普了達身是爲諸佛第九大那羅延幢勇健法

第九法身微密力即是最上此總收前八後一更無加故文列二十五身或即應之第九十九眞即眞之應即性之相卽理之智十身圓融同一法界之身不可配於報化故云最上微密

佛子一切諸佛等悟一切諸如來法等修一切諸菩薩行若願若智清淨平等猶如大海悉得滿足行力尊勝未曾退怯住諸三昧無量境界示一切道勸善誡惡智力第一演法無畏隨有所問悉能善荅智慧說法平等清淨身語意行悉皆無雜住佛所住諸佛種性以佛智慧而作佛事住一切智演無量法無有根本無有邊際神通智慧不可思議一切世間無能解了智慧深入見一切法微妙廣大無量無邊三世法門咸善通達一切世界悉能開曉以出世智於諸世間作不可說種種佛事成不退智入諸佛數雖已證得不可言說離文字法而能開示種種言辭以普賢智集諸善行成就一念相應妙慧於一切法悉能覺了如先所念一切衆生皆依自乘而施其法一切諸法一切世界一切衆生一切三世於法界內如是境界其量無邊以無礙智悉能知見佛子一切諸佛於一念頃隨所應化出興於世住淸淨土成等正覺現神通力開悟三世一切衆生心意及識不失於時佛子衆生無邊世界無邊法界無邊三世無邊諸佛最勝亦無有邊悉現於中成等正覺

以佛智慧方便開悟無有休息佛子一切諸佛以神通力現最妙身住無邊處大悲方便心無障礙於一切時常爲衆生演說妙法是爲諸佛第十大那羅延幢勇健法

第十具足行智力即是廣大力因行如海果智普周五無邊界大用無涯故文中四一萬行圓淨二住佛所住下智用圓周三雖已證下動寂自在四佛子一切諸佛下用無涯畔上之十力不出三業可以思準

佛子此一切諸佛大那羅延幢勇健法無量無邊不可思議去來現在一切衆生及以二乘不能解了唯除如來神力所加

第三佛子此一切下總結可知

佛子諸佛世尊有十種決定法何等爲十所謂一切諸佛定從兜率壽盡[二十]下生一切諸佛定示受生處胎[九]十月一切諸佛定厭世俗樂求出家一切諸佛決定坐於菩提樹下成等正覺悟諸佛法一切諸佛定於一念悟一切法一切世界示現神力一切諸佛定能應時轉妙法輪一切諸佛定能隨彼所種善根應時說法而爲授記一切諸佛定能應時爲作佛事一切諸佛定能爲諸成就菩薩而授記莂一切諸佛定能一念普荅一切衆生所問是爲十

第九決定法下三門荅無礙問一明所作決定無能爲[九]礙此約一類世界[二十一]故云決定於異類界未必定然又約佛定能爲故云決定耳

佛子諸佛世尊有十種速疾法何等爲十所謂一切諸佛若有見者速得遠離一切惡趣一切諸佛若有見者速得圓滿殊勝功德一切諸佛若有見者速能成就廣大善根一切諸佛若有見者速得往生淨妙天上一切諸佛若有見者速能除斷一切疑惑一切諸佛若已發菩提心而得見者速得成就廣大信解永不退轉能隨所應教化衆生若未發心即能速發阿耨多羅三藐三菩提心一切諸佛若未入正位而得見者速入正位一切諸佛若有見者速能清淨世出世間一切諸根一切諸佛若有見者速得除滅一切障礙一切諸佛若有見者速能獲得無畏辯才是爲十

二速疾法者明令他無礙如如意寶見速獲益而薄福不覩十句五對一離惡趣圓勝德二成善因感樂果三除疑惑滿大心四始入位終清淨五淨二礙具四辯

佛子諸佛世尊有十種應常憶念清淨法何等爲十所謂一切諸佛過去因緣一切菩薩應常憶念一切諸佛清淨勝行一切菩薩應常憶念一切諸佛滿足諸度一切菩薩應常憶念一切諸佛成就大願一切菩薩應常憶念一切諸佛積集善根一切菩薩應常憶念一切諸佛已具梵行一切菩薩應常憶念一切諸佛現成正覺一切菩薩應常憶念一切諸佛色身無量一切菩薩應常憶念一切諸佛神通無量一切菩薩應常憶念一切諸佛十力無畏一切菩薩應常憶念是爲十

三應憶念清淨者舉佛無二礙勸物念持

佛子諸佛世尊有十種一切智住何等爲十所謂一切諸佛於一念中悉知三世一切衆

生心心所行一切諸佛於一念中悉知三世一切衆生所集諸業及業果報一切諸佛於一念中悉知一切衆生所宜以三種輪教化調伏一切諸佛於一念中盡知法界一切衆生所有心相於一切處普現佛興令其得見方便攝受一切諸佛於一念中普隨法界一切衆生心樂欲解示現說法令其調伏一切諸佛於一念中悉知法界一切衆生心之所樂爲現神力一切諸佛於一念中徧一切處隨所應化一切衆生示現出興爲說佛身不可取著一切諸佛於一念中普至法界一切處一切衆生彼彼諸道一切諸佛於一念中隨諸衆生有憶念者在在處處無不往應一切諸佛於一念中悉知一切衆生解欲爲其示現無量色相是爲十佛子諸佛世尊有十種無量不可思議佛三昧何等爲十所謂一切諸佛恒在正定於一念中徧一切處普爲衆生廣說妙法一切諸佛恒在正定於一念中徧一切處普爲衆生說無我際一切諸佛恒住正定於一念中徧一切處普入三世一切諸佛恒在正定於一念中徧一切處普入十方廣大佛刹一切諸佛恒在正定於一念中徧一切處普現無量種種佛身一切諸佛恒在正定於一念中徧一切處隨諸衆生種種心解現身語意一切諸佛恒在正定於一念中徧一切處說一切法離欲眞際一切諸佛恒住正定於一念中徧一切處演說一切緣起自性一切諸佛恒住正定於一念中徧一切處示現無量世出世間廣大莊嚴令諸衆生常得見佛一切諸佛恒住正定於一念中徧一切處令諸衆生悉得通達一切佛法無量解脫究竟到於無上彼岸是爲十佛子諸佛世尊有十種無礙解脫何等爲十所謂一切諸佛能於一塵現不可說不可說諸佛出興於世一切諸佛能於一塵現不可說不可說諸佛轉淨法輪一切諸佛能於一塵現不可說不可說衆生受化調伏一切諸佛能於一塵現不可說不可說諸佛國土一切諸佛能於一塵現不可說不可說菩薩授記一切諸佛能於一塵現去來今一切諸佛一切諸佛能於一塵現去來今諸世界種一切諸佛能於一塵現去來今一切神通一切諸佛能於一塵現去來今一切衆生一切諸佛能於一塵現去來今一切佛事是爲十

第十一切智住下三門答解脫問初門明智障解脫智安事理故名爲住由離障故一切能知二無量不思議三昧者明定障解脫由離障故用廣爲無量體深不可思議故十種之中各先明在定後一念徧用三無礙解脫者明業用解脫智論云菩薩有不思議解脫諸佛有無礙解脫所作無障脫拘礙故故各於一塵頓爲微細作用若别答十問者一答出現二音聲三本願願化盡故四國土五即智慧能授菩薩之記六佛身七即種性云世界種入世化物之種應非世界海中之種以前有國土竟故八自在九是無礙利生無礙故十即解脫無不爲故既隨一門皆答十問則包含該攝是以名不思議然文少結束似經來未盡或顯佛德無盡故相海等猶答前問

故

大方廣佛華嚴經疏鈔會本第四十七 歎九 二十九

大方廣佛華嚴經疏鈔會本第四十八之一　巽十

唐于闐國三藏沙門實叉難陀　譯

唐清涼山大華嚴寺沙門澄觀　撰述

如來十身相海品第三十四

初來意者前品總明果法此品別顯相德近答前品身問遠答普光眼等六根非唯眼等徧於法界而名具多相用難思議故二釋名者如來十身標人顯德言相海者依人顯相如來十身並如前釋福報奇狀炳著名相相德深廣故稱爲海故文云有十蓮華藏微塵數相相體廣矣一一用徧相用廣矣一一難思互相融入體用深矣若此之相唯屬圓教標以十身故如來十身者疏文有四一標名二辨類三出體四辨因若準探玄宗中有佛相章八門分別一釋名二體性三種類四出因五積成六修時七建立八業用今四門中已具其要觀佛三昧海經辯相有三類一略中略說有三十二相二略說八萬四千相三廣說有無量相如雜華經中爲普賢賢首等說雜華即此經異名觀佛三昧下第二辨類即引證以辨於中有二先正明即第九經菩薩本行品第八佛告阿難如來有三十二大人相八十隨形好金色光明一一光明無量化佛身諸毛孔一切變化及一切色略中略說者我今爲此時會大衆及淨飯王略說相好佛生人間示同人相故說三十二相勝諸天故說八十種好爲諸菩薩說八萬四千諸妙相好佛實相好我初成道摩竭提國寂滅道場爲普賢賢首等諸大菩薩於雜華經中已廣分別釋曰略言即是經文二略三廣乃疏取意釋之以兩有略中略則必有略矣又彼先說八萬四千今有十蓮華藏故對彼爲廣則彼經文從爲諸菩薩說八萬四千諸妙好相爲第二段從佛實相好我初成道下爲第三段文亦分明

三中初通權小示同於人端正不亂故次唯大乘菩薩修八萬四千波羅蜜故後唯一乘一乘修無盡行故又初化次報後屬十身十身之相海依主釋也又初凡聖同見次唯地上後唯圓機然通五位三中下第二料揀依前三類三重料揀一約乘兼含五教初一小乘及始教二即終教三即圓教其頓教以無相爲宗後二兼舉因顯果言示同於人端正不亂者俱舍說輪王相云相不正圓明故與佛非等此明輪王有三十二相有三義不及如來一處不正二相不圓三不明了今正不亂即處異輪王其端正二字是明是圓故示同人而勝人矣次唯大乘者即明果相如因中斷八萬四千煩惱成八萬四千波羅蜜獲八萬四千相好無量壽觀經云阿彌陀佛有八萬四千相一一相有八萬四千好一一好復有八萬四千光明一一光明遍照法界念佛衆生攝取不捨即此中等相也又初約化下二約三身十身料揀若配三身二是報身三是法身若約四身二由屬他受用報有分限教後即自受用報及法又法身無相今前二屬三身後一屬十身十身必融三身故後其前二又初約凡下三約機見料揀次唯地上者他受用報上報化不同後唯圓機即屬因融不分地前地上故云然通五位此五位者即三賢十聖等妙二覺六位之中除果位耳若開十信即除等覺若語其體初以形色次即定慧後以無盡法界若語其體下第三出體二即定慧者以法門爲相故若語其因後通純雜如初會說故一一相果皆周法界前二相因如瑜伽智度等論涅槃大集等經廣如章說若語其因下第四辨因通純雜者即是圓融相因如前主水神處已明前二相因者指廣有源瑜伽四十九云一切菩薩資糧皆感相好作業者宣說種種業各各感等如是三十二相無有差別當知皆由淨戒爲因若犯戒尚不得下賤人身況佛相好若言各各業感如契經說即是別因就中有一行感一相如云若諸有情有所希冀隨其所樂正捨珍財感得頷如師子是或一行感多相如能施悅意發喜飲食衆具等感身皮金色常光尋一毛孔一毛生身皮細滑等或多行感一相如言於其父母種種供養於諸有情諸苦惱事種種救護由往來等動轉業故得足下千輻輪相又由四種修事業感一切相謂決定修感足下善安住由委悉修感千輻輪等由恒常修感纖長指等由無罪修感餘相皮金色等又諸佛加行感異釋日此即一行品類所感不同論云此相好種性地有種子勝解行地修方便清淨增上意樂地名得餘上意樂地轉勝清淨佛地善淨無上即此相由所依性能任持故由極殊妙令端嚴故說名隨好釋日從即此相由所依下釋好義好義後品方用圓使此引其智論涅槃等經初會主水神廣已引若觀佛三昧海經次前明三品細後

云佛告阿難如來往昔無量無邊阿僧祇劫以智慧火燒煩惱薪修無相定不作非時體是故獲得如是相好一一相中無量化佛何況多耶釋曰此通後二相因三宗趣者顯無盡相海爲宗令修無盡之行顯成爲趣令修無盡之行顯成爲趣者顯約本有成約修生

爾時普賢菩薩摩訶薩告諸菩薩言佛子今當爲汝演說如來所有相海

後正釋文文有三別第一誡聽許說二正陳相狀三結略顯廣今初所以普賢說者相海普周故令行普行獲普相故普賢本是會主前說已窮此便說故或前品末經來未盡更應別答國土等問故普賢本是會主者此下通不請之妨有二意通初意可知二或前品末下二約五品答問通謂先列國土等十問前品答種性問此下四品更答四問餘之五問或在此品之前已答經來未盡所以略無別屬問答前品已明

第二佛子如來頂上下正陳相狀略舉九十七相文通有五一依處二列名三體嚴四業用五結數或略不具至文當知或加成益業用中攝然名依體用以立皆以體用釋名或單從體用或雙從二隨文思之或名與體用義不相似者則是文略義含耳細論一相各依一處則爲九十七段經自標次今以類例相從依十九處即爲十九段始自於頂終至於足斯即順觀相海斯即順觀者觀佛三昧海經說觀佛相海有二一總觀有三十二別觀一一諸相就別觀中復有二義一從頂至足輪名爲順觀二從足輪至頂名逆觀故云今是順觀據普賢言應言順說爲欲成觀是本意故名爲順觀即彼第九經觀像品爲九

佛子如來頂上有三十二寶莊嚴大人相

今初依頂中三初約處總標次其中下別列名相後佛子下總結爲嚴今初寶莊嚴者通顯體嚴事實則云皆摩尼等爲莊嚴故亦顯智實圓淨嚴故一一相中皆有事理二嚴隨宜解釋大人相者大人之相故二別列中三十二相文各唯四以依處一種已總標故此處獨有三十二者理實應多爲顯圓融一即一切故一頂中便具權教三十二數

若爾餘何不然顯頂尊勝故善生經云一切世間福不及如來一毛功德一切毛功德不及一好功德一切好功德不及一相一切相不及白毫白毫復不及無見頂相故知勝也此約相好相對明之若約人具有好爲勝故相伏於人好勝諸天故餘處說好爲微細若爾等者上正圓融此下通妨謂有問言若表圓融何不諸相皆具三十二耶答意可知此約相好下亦是通難難云諸經論說伏於人故說三十二相伏諸天故說八十種好故人中輪王許有三十二相而無八十種好則好勝矣故爲此通謂此約相體以對好體相勝於好彼約人具則具好爲勝亦如世人一尺之面不及三寸之鼻三寸之鼻不及一寸之目則相相望以辯勝劣若有人有三寸之鼻一寸之目更無餘相則不及身總具多相爲貴人矣

其中有大人相名光照一切方普放無量大光明網一切妙寶以爲莊嚴寶髮周徧柔輭密緻一一咸放摩尼寶光充滿一切無邊世界悉現佛身色相圓滿是爲一

第一相中四者一列名名從用立二一切妙寶下體嚴三一一下業用四是爲一者結數他皆倣此一列名者謂此名能照一切方等下辯業用云一一咸放摩尼寶光等明知從用以立光名下諸文勢皆悉如是或從用立或從體得可以意求

次有大人相名佛眼光明雲以摩尼王種種莊嚴出金色光如眉間毫相所放光明其光普照一切世界是爲二

二中以摩尼下體嚴即釋光明義其光下
業用釋佛眼義佛眼無不照故餘並準思
毫相放光如現相品說雲義亦如初會
次有大人相名充滿法界雲上妙寶輪以爲
莊嚴放於如來福智燈明普照十方一切法
界諸世界海於中普現一切諸佛及諸菩薩
是爲三
次有大人相名示現普照雲真金摩尼種種
莊嚴其諸妙寶咸放光明照不思議諸佛國
土一切諸佛於中出現是爲四
次有大人相名放寶光明雲摩尼寶王清淨
莊嚴毗瑠璃寶以爲華蘂光照十方一切法
界於中普現種種神變讚歎如來往昔所行
智慧功德是爲五
次有大人相名示現如來徧法界大自在雲
菩薩神變寶燄摩尼以爲其冠具如來力覺
悟一切寶燄光輪以爲其鬘其光普照十方
世界於中示現一切如來坐於道場一切智
雲充滿虛空無量法界是爲六
次有大人相名如來普燈雲以能震動法界
國土大自在寶海而爲莊嚴放淨光明充滿
法界於中普現十方諸菩薩功德海過現未
來佛智慧幢海是爲七
次有大人相名普照諸佛廣大雲因陁羅寶
如意王寶摩尼王寶以爲莊嚴常放菩薩燄
燈光明普照十方一切世界於中顯現一切
諸佛衆色相海大音聲海清淨力海是爲八
八中嚴內摩尼名意故不同如意
次有大人相名圓滿光明雲上妙瑠璃摩尼
王種種寶華以爲莊嚴一切衆寶舒大燄網
充滿十方一切世界一切衆生悉見如來現
坐其前讚歎諸佛及諸菩薩法身功德令入
如來清淨境界是爲九
次有大人相名普照一切菩薩行藏光明雲
衆寶妙華以爲莊嚴寶光普照無量世界寶
燄普覆一切國土十方法界通達無礙震動
佛音宣暢法海是爲十
次有大人相名普光照耀雲毗瑠璃因陁羅
金剛摩尼寶以爲莊嚴瑠璃寶光色相明徹
普照一切諸世界海出妙音聲充滿法界如
是皆從諸佛智慧大功德海之所化現是爲
十一
十一中如是皆從下辨業用因亦業用耳
次有大人相名正覺雲以雜寶華而爲莊嚴
其諸寶華悉放光明皆有如來坐於道場充
滿一切無邊世界令諸世界普得清淨永斷
一切妄想分別是爲十二
次有大人相名光明照耀雲以寶燄藏海心
王摩尼而爲莊嚴放大光明光中顯現無量
菩薩及諸菩薩所行之行一切如來智身法
身諸色相海充滿法界是爲十三
次有大人相名莊嚴普照雲以金剛華毗瑠
璃寶而爲莊嚴放大光明光中有大寶蓮華
座具足莊嚴彌覆法界自然演說四菩薩行
其音普徧諸法界海是爲十四
十四用中云四菩薩行者瑜伽菩薩地云
一切菩薩略有四行一波羅蜜行二菩提
分法行三神通行四成熟有情行
次有大人相名現佛三昧海行雲於一念中
示現如來無量莊嚴普徧莊嚴一切法界不

思議世界海是爲十五
次有大人相名變化海普照雲妙寶蓮華如須彌山以爲莊嚴衆寶光明從佛願生現諸變化無有窮盡是爲十六
次有大人相名一切如來解脱雲清淨妙寶以爲莊嚴放大光明莊嚴一切佛師子座示現一切諸佛色像及無量佛法諸佛刹海是爲十七
次有大人相名自在方便普照雲毗瑠璃華眞金蓮華摩尼王燈妙法燄雲以爲莊嚴放一切諸佛寶燄密雲清淨光明充滿法界於中普現一切妙好莊嚴之具是爲十八
次有大人相名覺佛種性雲無量寶光以爲莊嚴具足千輪内外清淨從於往昔善根所生其光徧照十方世界發明智日宣布法海是爲十九

十九云具足千輪者梵本云具千輻輪也

次有大人相名現一切如來相自在雲衆寶瓔珞瑠璃寶華以爲莊嚴舒大寶燄充滿法界於中普現等一切佛刹微塵數去來現在無量諸佛如師子王勇猛無畏色相智慧皆悉具足是爲二十
次有大人相名徧照一切法界雲如來寶相清淨莊嚴放大光明普照法界顯現一切無量無邊諸佛菩薩智慧妙藏是爲二十一

二十一示身智二光俱顯智慧

次有大人相名毗盧遮那如來相雲上妙寶華及毗瑠璃清淨妙月以爲莊嚴悉放無量百千萬億摩尼寶光充滿一切虚空法界於中示現無量佛刹皆有如來結跏趺坐是爲二十二
次有大人相名普照一切佛光明雲衆寶妙燈以爲莊嚴放淨光明徧照十方一切世界悉現諸佛轉於法輪是爲二十三
次有大人相名普現一切莊嚴雲種種寶燄以爲莊嚴放淨光明充滿法界念念常現不可説不可説一切諸佛與諸菩薩坐於道場是爲二十四
次有大人相名出一切法界音聲雲摩尼寶海上妙栴檀以爲莊嚴舒大燄網充滿法界其中普演微妙音聲示諸衆生一切業海是爲二十五
次有大人相名普照諸佛變化輪雲如來淨眼以爲莊嚴光照十方一切世界於中普現去來今佛所有一切莊嚴之具復出妙音演不思議廣大法海是爲二十六

二十六中莊嚴云如來淨眼爲莊嚴者此通十眼光照下顯業用亦通身智二光淨眼及光釋前普照現於嚴具是上輪義即法輪故

次有大人相名光照佛海雲其光普照一切世界盡于法界無所障礙悉有如來結跏趺坐是爲二十七
次有大人相名寶燈雲放於如來廣大光明普照十方一切法界於中普現一切諸佛及諸菩薩不可思議諸衆生海是爲二十八
次有大人相名法界無差別雲放於如來大智光明普照十方諸佛國土一切菩薩道場衆會無量法海於中普現種種神通復出妙音隨諸衆生心之所樂演説普賢菩薩行願

令其廻向是爲二十九

次有大人相名安住一切世界海普照雲放寶光明充滿一切虛空法界於中普現淨妙道場及佛菩薩莊嚴身相令其見者得無所見是爲三十

次有大人相名一切寶清淨光燄雲放於無量諸佛菩薩摩尼妙寶清淨光明普照十方一切法界於中普現諸菩薩海莫不具足如來神力常遊十方盡虛空界一切刹網是爲三十一

從二十七至三十一並略無莊嚴亦由名中已含有故

次有大人相名普照一切法界莊嚴雲最處於中漸次隆起閻浮檀金因陀羅網以爲莊嚴放淨光雲充滿法界念念常現一切世界諸佛菩薩道場衆會是爲三十二

三十二先名次最處下體嚴此居頂極特顯別處故云處中則知所餘皆繞此相略不明耳漸次隆起者正顯其相智論第五云如來頂有骨髻如拳觀佛三昧經云如合拳即隆起之相也觀佛三昧經第四經引此成上如拳言尙隱合拳卽覆拳於頂上有隆起之相也然此相能滅一切罪長一切福故佛頂尊勝正明於此卽烏瑟尼沙[illegible]延善住之壽滅地獄之苦不受七反畜生來離人間殘報

佛子如來頂上有如是三十二種大人相以爲嚴好

三總結爲嚴

佛子如來眉間有大人相名徧法界光明雲摩尼寶華以爲莊嚴放大光明具衆寶色猶如日月洞徹清淨其光普照十方國土於中顯現一切佛身復出妙音宣暢法海是爲三十三

第二眉間有一相自下並有依處故文皆有五初依處二顯名三摩尼下體嚴謂此相若收則右旋 如覆瑠璃椀若展則具十楞有大光明嚴唯一寶光具多色中表皆空即是洞徹四其光下業用復出已下即是法光故此光名從用乃立五結數可知則具十楞者亦觀佛三昧經第二廣說白毫之相彼經先說白毫之因云從捨心不悋不見前相不憶財物無所對著而行布施[illegible]持戒忍辱六度十力四無所畏諸妙功德生次云我滅度後有諸弟子晝夜六時能於一時中少分少分之中能須臾間念佛白毫令心了了無謬亂想分明止住注意不息念白毫者若見相好若不得見如是等人除九十六億那由他恒河沙微塵數劫生死之罪佛告父王如來有無量相好一一相中有八萬四千諸小相好如是相好不及白毫少分功德釋曰故應觀察況依此經如是而觀

如來眼有大人相名自在普見雲以衆妙寶而爲莊嚴摩尼寶光清淨映徹普見一切皆無障礙是爲三十四

如來鼻有大人相名一切神通智慧雲清淨妙寶以爲莊嚴衆寶色光彌覆其上於中出現無量化佛坐寶蓮華往諸世界爲一切菩薩一切衆生演不思議諸佛法海是爲三十五

第三眼第四鼻各有一相

如來舌有大人相名示現音聲影像雲衆色妙寶以爲莊嚴宿世善根之所成就其舌廣長徧覆一切諸世界海如來若或熙怡微笑必放一切摩尼寶光其光普照十方法界能令一切心得清涼去來現在所有諸佛皆於光中炳然顯現悉演廣大微妙之音徧一切

剎住無量劫是爲三十六
如來舌復有大人相名法界雲其掌安平衆
寶爲嚴放妙寶光色相圓滿猶如眉間所放
光明其光普照一切佛剎唯塵所成無有自
性光中復現無量諸佛咸發妙音說一切法
是爲三十七　第十　十三
第五舌有四相初一即舌廣長相於體嚴
中宿善成者此舉因嚴偏此說因者令讚
演一乘故其舌廣長即語其體福德人至
鼻權佛至髮際餘大乘中明現神足方至
梵世或覆三千今直語體便覆一切後如
來下辨其業用演法釋音聲現佛釋影像
福德人者卽智度論文或至梵世卽法華經如來神力品爾時如來出廣長舌上至梵世或覆三千卽阿彌陀云出廣長舌遍覆三千大千世界說誠實言　二舌
掌之相掌謂近根其光下顯業用光顯諸
剎令應度者衆侯觀破摧聚自曉但合塵
成何性之有衆侯觀破者金剛經云須菩提於意云何三千大千世界所有微塵是爲多不須菩提言甚多世尊須菩提諸微塵如來說非微塵是名微塵如來說世界非世界是名世界釋曰此破論名第十色及衆生身摶取中觀破相應行性處大意云衆生世界但擬塵成令從塵至細乃至極微皆無實體故云世界卽非世界今云衆侯觀破者觀破但是假想爲來了者蓋了法本空不待觀破又微云摶取今云摶聚是義引耳什公云微被微覺賢云以一微衆以衆微一微自無性剎爲空矣餘如前說
如來舌端有大人相名照法界光明雲如意
寶王以爲莊嚴自然恒出金色寶燄於中影
現一切佛海復震妙音充滿一切無邊世界
一一音中具一切音悉演妙法聽者心悅經
無量劫玩味不忘是爲三十八
如來舌端復有大人相名照耀法界雲摩尼
寶王以爲嚴飾演衆色相微妙光明充滿十
方無量國土盡于法界靡不清淨於中悉有
無量諸佛及諸菩薩各吐妙音種種開示一
切菩薩現前聽受是爲三十九
後二同在舌端或居左右或在上下觀文
業用但有展卷不同前則卷佛海於舌端
後則展諸佛於法界
如來口上齶有大人相名示現不思議法界
雲因陀羅寶毗瑠璃寶以爲莊嚴放香燈燄
清淨光雲充滿十方一切法界示現種種神
通方便普於一切諸世界海開演甚深不思
議法是爲四十
第六上齶一相上齶既有下亦宜然或是
梵本脫漏
如來口右輔下牙有大人相名佛牙雲衆寶
摩尼卍字相輪以爲莊嚴放大光明普照法
界於中普現一切佛身周流十方開悟羣生　第十　十四
是爲四十一
第七牙有四相謂左右上下四大牙故故
佛涅槃四牙不碎輔頰也亦云頰車骨也
故佛涅槃者卽後分經聖軀廓潤品
如來口右輔上牙有大人相名寶燄彌盧藏
雲摩尼寶藏以爲莊嚴放金剛香燄清淨光
明一一光明充滿法界示現一切諸佛神力
復現一切十方世界淨妙道場是爲四十二
二右輔上牙名彌盧者顯妙高故
如來口左輔下牙有大人相名寶燈普照雲　第十　十五
一切妙寶舒華發香以爲莊嚴放燈燄雲清
淨光明充滿一切諸世界海於中顯現一切
諸佛坐蓮華藏師子之座諸菩薩衆所共圍
遶是爲四十三

如來口左輔上牙有大人相名照現如來雲清淨光明閻浮檀金寶綱寶華以爲莊嚴放大燄輪充滿法界於中普現一切諸佛以神通力於虛空中流布法乳法燈法寶教化一切諸菩薩衆是爲四十四

四中有法乳等三同一演法約資法身名乳照了萬境稱燈令其圓淨爲寶即演三德涅槃之法亦成三德涅槃之益也四中有法乳若論第三十八云五想聽法一如寶二如眼三如明四大果功德五無罪想今云法燈令明眼二義大果即資法身無罪總明離過

如來齒有大人相名普現光明雲一一齒間相海莊嚴若微笑時悉放光明具衆寶色摩尼寶燄右旋宛轉流布法界靡不充滿演佛言音說普賢行是爲四十五

第八齒有一相

如來脣有大人相名影現一切寶光雲放閻浮檀眞金色蓮華色一切寶色廣大光明照于法界悉令清淨是爲四十六

第九脣有一相上二各應分出上下故闕浮下體嚴以脣色赤好如日初出紅蓮葉故後照于下業用

如來頸有大人相名普照一切世界雲摩尼寶王以爲莊嚴紺蒲成就柔輭細滑放毗盧遮那清淨光明充滿十方一切世界於中普現一切諸佛是爲四十七

第十頸有一相

如來右肩有大人相名佛廣大一切寶雲放一切寶色眞金色蓮華色光明成寶燄網普照法界於中普現一切菩薩是爲四十八

如來右肩復有大人相名最勝寶普照雲其色清淨如閻浮金放摩尼光充滿法界於中普現一切菩薩是爲四十九

如來左肩有大人相名最勝光照法界雲猶如頂上及以眉間種種莊嚴放閻浮檀金及蓮華色衆寶光明成大燄網充滿法界於中示現一切神力是爲五十

如來左肩復有大人相名光明徧照雲其相右旋閻浮檀金色摩尼寶王以爲莊嚴放衆寶華香燄光明充徧法界於中普現一切諸佛及以一切嚴淨國土是爲五十一

如來左肩復有大人相名普照耀雲其相右旋微密莊嚴　佛燈燄雲清淨光明充徧法界於中顯現一切菩薩種種莊嚴悉皆妙好是爲五十二

第十一肩有五相右二左三或亦脫也

如來胸臆有大人相形如卍字名吉祥海雲摩尼寶華以爲莊嚴放一切寶色種種光燄輪充滿法界普令清淨復出妙音宣暢法海是爲五十三

吉祥相右邊有大人相名示現光照雲因陀羅網以爲莊嚴放大光輪充滿法界於中普現無量諸佛是爲五十四

吉祥相右邊復有大人相名普現如來雲以諸菩薩摩尼寶冠而爲莊嚴放大光明普照十方一切世界悉令清淨於中示現去來今佛坐於道場普現神力廣宣法海是爲五十五

吉祥相左邊復有大人相名開敷華雲摩尼寶華以爲莊嚴放寶香燄燈清淨光明狀如蓮華充滿世界是爲五十六

吉祥相右邊復有大人相名可悅樂金色雲以一切寶心王藏摩尼王而爲莊嚴放淨光明照于法界於中普現猶如佛眼廣大光明摩尼寶藏是爲五十七

吉祥相右邊復有大人相名佛海雲毗瑠璃寶香燈華鬘以爲莊嚴放滿虛空摩尼寶王香燈大燄清淨光明充徧十方一切國土於中普現道場衆會是爲五十八

吉祥相左邊有大人相名示現光明雲衆數菩薩坐寶蓮華以爲莊嚴放摩尼王種種間錯寶燄光明普淨一切諸法界海於中示現無量諸佛及佛妙音演說諸法是爲五十九

吉祥相左邊復有大人相名示現徧法界光明雲摩尼寶海以爲莊嚴放大光明徧一切剎於中普現諸菩薩衆是爲六十

吉祥相左邊復有大人相名普勝雲日光明摩尼王寶輪鬘而爲莊嚴放大光燄充滿法界諸世界海於中示現一切世界一切如來一切衆生是爲六十一

吉祥相左邊復有大人相名轉法輪妙音雲一切法燈清淨香蘂以爲莊嚴放大光明充滿法界於中普現一切諸佛所有相海及以心海是爲六十二

吉祥相左邊復有大人相名莊嚴雲以去來今一切佛海而爲莊嚴放淨光明嚴淨一切諸佛國土於中普現十方一切諸佛菩薩及佛菩薩所行之行是爲六十三

第十二胷有十一相初一當中左右各五今初卐字正翻爲吉祥海雲以依形立名故先標形相應迴安名下以屬體攝衆違前後左右可知

如來右手有大人相名海照雲衆寶莊嚴恒放月燄清淨光明充滿虛空一切世界發大音聲歎美一切諸菩薩行是爲六十四

如來右手復有大人相名影現照耀雲以毗瑠璃帝青摩尼寶華而爲莊嚴放大光明普照十方菩薩所住蓮華藏摩尼藏等一切世界於中悉現無量諸佛以淨法身坐菩提樹震動一切十方國土是爲六十五

如來右手復有大人相名燈燄鬘普嚴淨雲毗盧遮那寶以爲莊嚴放大光明成變化網於中普現諸菩薩衆咸戴寶冠演諸行海是爲六十六

如來右手復有大人相名普現一切摩尼雲蓮華燄燈而爲莊嚴放海藏光充徧法界於中普現無量諸佛坐蓮華座是爲六十七

如來右手復有大人相名光明雲摩尼燄海以爲莊嚴放衆寶燄香燄華燄清淨光明充滿一切諸世界網於中普現諸佛道場是爲六十八

第十三手有十三相分三初九直語手相右五左四者或左脫一或表右常用故而前肩則右二左三相通正等右中六十六云成變化網者光化爲網也

如來左手有大人相名毗瑠璃清淨燈雲寶地妙色以爲莊嚴放於如來金色光明念念常現一切上妙莊嚴之具是爲六十九

如來左手復有大人相名一切剎智慧燈音聲雲以因陀羅網金剛華而爲莊嚴放閻浮檀金清淨光明普照十方一切世界是爲七

如來左手復有大人相名安住寶蓮華光明雲衆寶妙華以爲莊嚴放大光明如須彌燈普照十方一切世界是爲七十一

如來左手復有大人相名徧照法界雲以妙寶鬘寶輪寶瓶因陀羅網及衆妙相以爲莊嚴放大光明普照十方一切國土於中示現一切法界一切世界海一切如來坐蓮華座是爲七十二

左中七十二云因陀羅網爲嚴者即是網鞔之相互涉入故

如來右手指有大人相名現諸劫剎海旋雲水月燄藏摩尼王一切寶華以爲莊嚴放大光明充滿法界其中恒出微妙音聲滿十方剎是爲七十三

（第十）（二十）

如來左手指有大人相名安住一切寶雲以帝青金剛寶而爲莊嚴放摩尼王衆寶光明充滿法界其中普現一切諸佛及諸菩薩是爲七十四

次二左右指可知

如來右手掌有大人相名照耀雲以摩尼王千輻寶輪而爲莊嚴放寶光明其光右旋充滿法界於中普現一切諸佛一一佛身光燄熾然說法度人淨諸世界是爲七十五

如來左手掌有大人相名燄輪普增長化現（第十）（二十一）法界道場雲以日光摩尼王千輻輪而爲莊嚴放大光明充滿一切諸世界海於中示現一切菩薩演說普賢所有行海普入一切諸佛國土各各開悟無量衆生是爲七十六

後二左右掌皆有千輪者輪轂輻輞三事具足自然成就不待人功

如來陰藏有大人相名普流出佛音聲雲一切妙寶以爲莊嚴放摩尼燈華燄光明其光熾盛具衆寶色普照一切虛空法界其中普現一切諸佛遊行往來處處周徧是爲七十七

第十四陰藏一相猶如馬王

如來右髀有大人相名寶燈鬘普照雲諸摩尼寶以爲莊嚴放不思議寶燄光明彌布十方一切法界與虛空法界同爲一相而能出生一切諸相一一相中悉現諸佛自在神變是爲七十八

如來左髀有大人相名示現一切法界海光明彌覆虛空雲猶如蓮華清淨妙寶以爲嚴飾放光明網徧照十方一切法界於中普現種種相雲是爲七十九

第十五坐處一相

如來右脞有大人相名普現雲以衆色摩尼而爲莊嚴其脞與腨上下相稱放摩尼燄妙法光明於一念中能普示現一切寶王遊步相海是爲八十

如來左脞有大人相名現一切佛無量相海雲一切寶海隨順安住以爲莊嚴廣大遊行放淨光明普照衆生悉使希求無上佛法是爲八十一

第十六脞有二相左云隨順安住者脞多行動故須多寶隨順而嚴

如來右邊伊尼延鹿王腨有大人相名一切虛空法界雲光明妙寶以爲莊嚴其相圓直善能遊步放閻浮金色清淨光明徧照一切

諸佛世界發大音聲普皆震動復現一切諸佛國土住於虛空寶燄莊嚴無量菩薩從中化現是爲八十二

如來左邊伊尼延鹿王腨有大人相名莊嚴海雲色如真金能徧遊行一切佛剎放一切寶清淨光明充滿法界施作佛事是爲八十三

如來寶腨上毛有大人相名普現法界影像雲其毛右旋一一毛端放寶光明充滿十方一切法界示現一切諸佛神力其諸毛孔悉放光明一切佛剎於中顯現是爲八十四

第十七腨有三相第三腨毛通於二腨若準晉經直云毛端則通身一切毛也義應如普則處成十九

如來足下有大人相名一切菩薩海安住雲色如金剛閻浮檀金清淨蓮華放寶光明普照十方諸世界海寶香燄雲處處周徧舉足將步香氣周流具衆寶色充滿法界是爲八十五

第十八足有十三相通分爲七初足下一相略無左右而晉經足趺之後別有足下千輻輪相此必合有故後品明足下輪相名普照王今經千輪之言乃在指間或以常明易知指間有異故擧之耳名安住者以足下安平一切著地不容針故

如來右足上有大人相名普照一切光明雲一切衆寶以爲莊嚴放大光明充滿法界示現一切諸佛菩薩是爲八十六

如來左足上有大人相名普現一切諸佛雲寶藏摩尼以爲莊嚴放寶光明於念念中現一切佛神通變化及其法海所坐道場盡未來際劫無有間斷是爲八十七

二足上

如來右足指間有大人相名光照一切法界海雲須彌燈摩尼王千輻燄輪種種莊嚴放大光明充滿十方一切法界諸世界海於中普現一切諸佛所有種種寶莊嚴相是爲八十八

如來左足指間有大人相名現一切佛海雲摩尼寶華香燄燈鬘一切寶輪以爲莊嚴恒放寶海清淨光明充滿虛空普及十方一切世界於中示現一切諸佛及諸菩薩圓滿音聲卍字等相利益無量一切衆生是爲八十九

三足指間

如來右足跟有大人相名自在照耀雲帝青寶末以爲莊嚴常放如來妙寶光明其光妙好充滿法界皆同一相無有差別於中示現一切諸佛坐於道場演說妙法是爲九十

如來左足跟有大人相名示現妙音演說諸法海雲以變化海摩尼寶香燄海須彌華摩尼寶及毗瑠璃而爲莊嚴放大光明充滿法界於中普現諸佛神力是爲九十一

四足跟

如來右足趺有大人相名示現一切莊嚴光明雲衆寶所成極妙莊嚴放閻浮檀金色清淨光明普照十方一切法界其光明相猶如大雲普覆一切諸佛道場是爲九十二

如來左足趺有大人相名現衆色相雲以一切月燄藏毗盧遮那寶因陀羅尼羅寶而爲

莊嚴念念遊行諸法界海放摩尼燈香燄光明其光徧滿一切法界是爲九十三

五足趺

如來右足四周有大人相名普藏雲因陀羅尼羅金剛寶以爲莊嚴放寶光明充滿虛空於中示現一切諸佛坐於道場摩尼寶王師子之座是爲九十四

如來左足四周有大人相名光明徧照法界雲摩尼寶華以爲莊嚴放大光明充滿法界平等一相於中示現一切諸佛及諸菩薩自在神力以大妙音演說法界無盡法門是爲九十五

六足四周因陀羅尼羅者此云帝青

如來右足指端有大人相名示現莊嚴雲甚可愛樂閻浮檀清淨眞金以爲莊嚴放大光明充滿十方一切法界於中示現一切諸佛及諸菩薩無盡法海種種功德神通變化是爲九十六

如來左足指端有大人相名現一切佛神變雲不思議佛光明月燄普香摩尼寶燄輪以爲莊嚴放衆寶色清淨光明充滿一切諸世界海於中示現一切諸佛及諸菩薩演說一切諸佛法海是爲九十七

七足指端上六各左右爲二文顯可知

上來略列九十七相次第數名譯者安置既不說盡豈不盈百足下闕一脣齶不開設合此二六根皆辨耳何獨殊若加兩耳及足下一則圓百數以顯無盡豈不妙哉況此中所列於三十二尚有未盡豈普賢力不及百耶晉經有遺但九十四亦無次第之數故知九十七數不在生情配屬諸法上來略列下結釋料揀於中有四初總辨名數言譯者安置者以晉經無數故既不說盡下二明立理欲合盈百故言既不說盡者十蓮華塵不可說盡故況此中下三重以理成合成百義晉經有遺下四遮其傍救恐有救云如大慧百八豈要圓數凡立名數多有所表故今難云此有九十七即有所表晉有九十四復何所表言夫爲是今表即非是故不應生情配屬若表亦須成九十八

佛子毗盧遮那如來有如是等十華藏世界海微塵數大人相一一身分衆寶妙相以爲莊嚴

第三佛子下結略顯廣別說難周故須結略非略能盡故須顯廣一華藏塵相已無邊況十華藏則無盡無盡非普眼者安能覩歟既三十二相權實不同互有互無故不會釋

大方廣佛華嚴經疏鈔會本第四十八之一

大方廣佛華嚴經疏鈔會本第四十八之二　頌一

唐于闐國三藏沙門實叉難陀　譯

唐清涼山大華嚴寺沙門澄觀　撰述

如來隨好光明功德品第三十五

初來意者前品明相此品辨好相好雖殊俱用嚴身以答前身及眼等兼自在問好依相有德劣於相故次明之劣德之用用成頓益翻顯大相德難思矣

二釋名者如來標人表德隨好等顯德依人隨好是體隨逐大相益姿好故光明者用功德者德謂從好發光光能益物顯好之德故以爲名如來之隨好等亦如來有隨好等通二釋也隨逐大相者即觀佛經意前品已引三宗趣者明好勝德爲宗令物敬修爲趣

爾時世尊告寶手菩薩言佛子如來應正等覺有隨好名圓滿王此隨好中出大光明名爲熾盛七百萬阿僧祇光明而爲眷屬

次釋文中二先略後廣略中二先標果好二佛子我爲下舉因對顯今初佛自說者有二意故一僧祇因終此品果極故二皆佛說二好用劣相而用難思恐物不信故佛自說告寶手者亦有二義一說手隨好彼主此門故二令當寶重起信手故有隨好者總相舉也即足下之好與後名同故德用周備故云圓滿攝益自在最勝名王光名熾盛者如日具德由此復能攝諸眷屬百萬等顯多復云七者淨七支修七覺照七地故照七地者一種性地二勝解行地三淨勝意樂地初地已上四止行地從二地至七地五決定地八地六決定行地九地七到究竟地十地如來地

佛子我爲菩薩時於兜率天宮放大光明名光幢王照十佛剎微塵數世界

第二舉因對顯者爲顯勝故此有數重一以相德深廣言不能備故置之說好二好德復多以三十二相既有八十隨好十蓮華藏之相好彌多矣且舉其一三一中置勝但說劣者故明足下四足下一好復有多光但說一光五果位一光亦不可說故寄因顯因光成益三重頓圓況果一光如是展轉況於諸相況復總說如來諸德果海絕言亦斯義矣如是展轉者上有五重今越中間故云展轉然其舉況亦合五重一以因一光況果一光所越應六二果一光尚爾況果多光三足下好光尚爾況餘好光四好光尚爾況於一相五一一相尚爾況於多相疏文但有初及後句餘可例耳復應更有二重謂六外相尚爾況於內德七一德尚爾況於多德故瑜伽四十九廣說舉況因說相好因竟云又於此中以要言之一切有情福聚量等爾所福聚能感如來一毛孔處乃至一一切所有毛孔隨入福聚能感如來一種隨好乃至所有一切隨好隨入福聚增至百倍爾所福聚能感如來相中一相乃至一切所有諸相隨入福聚除白毫烏瑟膩沙增至十倍爾所福聚能感如來眉間白毫乃至白毫增至百千倍爾所福聚乃至白來其頂上現烏瑟膩沙無見頂相能感如毫隨爾福聚增至俱胝百千倍爾所福聚能感如來諸相隨好而不攝餘大法螺相由此法螺隨如來欲發大音聲普能遍告無邊無際諸世界中所化有情如是無量福聚資糧修證圓滿能感如來不可思議無上無等遍一切種圓滿所攝自體下取意引又此相隨好略由三因說爲無量一時無量三僧祇修故二意樂無量緣無量衆生利益安樂故三品類無量無量善業差別故故云無量福聚能起如來諸相隨好釋曰經中說所感之相論舉能感之因而因果相成此文證知佛德難思可證前後數節之文

文中二先光照分齊即前圓滿好中故光故不別標放處而非前光好具多光故

彼世界中地獄衆生遇斯光者衆苦休息得十種清淨眼耳鼻舌身意亦復如是咸生歡喜踊躍稱慶

後彼世界下光所成益於中二先令離苦淨宿善益

從彼命終生兜率天天中有鼓名甚可愛樂彼天生已此鼓發音而告之言諸天子汝以心不放逸於如來所種諸善根往昔親近衆善知識毗盧遮那大威神力於彼命終來生此天

後從彼命下轉報生天得聞法益於中初示宿因謂昔近善友必聞普法成金剛種心不放逸顯曾修行種諸善根通見聞等次毗盧下顯其現緣後於彼下結因屬果文從略故結屬生天理實息苦及淨眼等皆由此因緣也是知佛光等照不種善因無斯勝益何以一光頓成斯益無盡功德之所顯故純盡法界之所流故非如權教八十隨好但嚴於形生信而已此中略無墮獄之因謂雖修乘戒行寬故謂雖修乘者初地已引別有一解以全悟意往昔親近衆善知識親近法華涅槃經等衆善知識心不放逸顯曾修行依諸經修行後聞此經因該果海果徹因源便生毀謗故墮地獄由聞歷耳種金剛種以爲宿因毗盧遮那大威神力以爲現緣因緣相資頓昇十地等據

此即非是戒緩墮於地獄故十地品云雖此衆淨廣智慧甚深明利能決擇其心不動如山王不可傾覆逾大海有行未久十生五生解未得未有華嚴圓融之解隨識而行不隨智聞此生疑墮惡道我愍是等故不說此即是生疑墮地獄又偈讚品云如來廣大身究竟於法界不離於此座而遍一切處若有聞此法恭敬信樂者永離三惡道一切諸苦難釋曰定知不是戒緩又出現品云如乾草積等須彌投芥子火必燒盡供養頌一如來少功德必令四滅苦至涅槃何以故性究竟故全悟雖是後輩不忍見疏失於經意所以扶同拯教異於古人緣疏已行不可改疏請後賢審詳

佛子菩薩足下千輻輪名光明普照王此有隨好名圓滿王常放四十種光明中有一光名清淨功德能照億那由他佛刹微塵數世界隨諸衆生種種業行種種欲樂皆令成熟阿鼻地獄極苦衆生遇斯光者皆悉命終生兜率天

第二佛子菩薩足下廣辨但廣於因果難說故文中亦二先廣淨宿善益後既生天頌一下廣聞法益令初摧下惡趣四之苦放足下輪光四十光者表四十位無不照故中有一者置廣說略能照已下分齊過前隨諸已下淨惑成德故前光受清淨等名以重況輕舉阿鼻耳

既生天已聞天鼓音而告之言善哉善哉諸天子毗盧遮那菩薩入離垢三昧汝當敬禮爾時諸天子聞天鼓音如是勸誨咸生是念奇哉希有何因發此微妙之音是時天鼓告諸天子言我所發聲諸善根力之所成就

第二廣聞法頌一中長分爲六一略五標勸誨二爾時諸天子下聞已生疑三是時天鼓下總示所因四諸天子如我說下正明勸教五時諸天子聞是音下依勸詣佛六說是法時下見聞益深前三可知

諸天子如我說我而不著我不著我所一切諸佛亦復如是自說是佛不著於我不著我所諸天子如我音聲不從東方來不從南西北方四維上下來業報成佛亦復如是非十方來

四中有四一以己喻佛無我無來

諸天子譬如汝等昔在地獄地獄及身非十方來但由於汝顛倒惡業愚癡纏縛生地獄身此無根本無有來處諸天子毗盧遮那菩薩威德力故放大光明而此光明非十方來

諸天子我天鼓音亦復如是非十方來但以三昧善根力故般若波羅蜜威德力故出生如是清淨音聲示現如是種種自在諸天子譬如須彌山王有三十三天上妙宮殿種種樂具而此樂具非十方來我天鼓音亦復如是非十方來

二諸天子譬如汝下以他喻已顯來即無來文有三喻並顯可知然惡業善根是來因緣因緣無性故來即無來非先有法在十方中從彼來也故因緣者即是智慧智慧之法本非因緣云何念言有何因緣然惡業下遮難釋文恐有難言地獄及身既由惡業即從惡業中來前業成佛即從善根中來何以並言非十方來故今釋云正由從業即是從緣無性來即無來若不從緣則有定性不得無來中論云若法從緣生是即無定性若無定性者云何有是法即因緣故空義耳故因緣者即畧暗引涅槃二十一爲證前既已引彼經云智慧之法不從因緣云何問於因緣今取此勢汝諸天子何因向疑何因發此微妙之音

諸天子譬如億那由他佛剎微塵數世界盡末爲塵我爲如是塵數衆生隨其所樂而演說法令大歡喜然我於彼不生疲厭不生退怯不生憍慢不生放逸諸天子毗盧遮那菩薩住離垢三昧亦復如是於右手掌一隨好中放一光明出現無量自在神力一切聲聞辟支佛尚不能知況諸衆生

三諸天子譬如億那由下以已況佛難思之境令中舉手隨好者別舉顯勝上救下趣故舉足光令約現通故說手也

諸天子汝當往詣彼菩薩所親近供養勿復貪着五欲樂具

四諸天子汝當下正勸往詣誡不應留於中二先總誡勸

著五欲樂障諸善根諸天子譬如劫火燒須彌山悉令除盡無餘可得貪欲纏心亦復如是終不能生念佛之意

後著五欲下廣釋於中亦二先釋前誡有法喻合

諸天子汝等應當知恩報恩諸天子其有衆生不知報恩多遭橫死生於地獄諸天子汝等昔在地獄之中蒙光照身捨彼生此汝等今者宜疾迴向增長善根諸天子如我天鼓非男非女而能出生無量無邊不思議事汝天子天女亦復如是非男非女而能受用種種上妙宮殿園林如我天鼓不生不滅色受想行識亦復如是不生不滅汝等若能於此悟解應知則入無依印三昧

後諸天子下釋勸於中有六一順釋爲報恩故二諸天子其有下反釋三諸天子汝等下示其恩相四汝等今者下勸往增善五諸天子如我天鼓非男非女下示法令修謂說二空非男女喻以顯人空不生滅喻以顯法空六汝等若能下勸修成益言無依印者既解悟無生則能所雙絕儻然靡據故曰無依以斯智印印定萬法不收不攝任心自安故稱三昧

時諸天子聞是音已得未曾有即皆化作一萬華雲一萬香雲一萬音樂雲一萬幢雲一萬蓋雲一萬歌讚雲作是化已即共往詣毗盧遮那菩薩所住宮殿合掌恭敬於一面立欲申瞻覲而不得見

第五依勸詣佛中分五一獻供不遇

時有天子作如是言毗盧遮那菩薩已從此

沒生於人間淨飯王家栴檀樓閣處摩耶夫人胎

二時有下聞其所在

時諸天子以天眼觀見菩薩身處在人間淨飯王家梵天欲天承事供養

三時諸天下觀見下生

諸天子衆咸作是念我等若不往菩薩所問訊起居乃至一念於此天宮而生愛著則爲不可時一一天子與十那由他眷屬欲下閻浮提

四諸天子衆下發心欲往

時天鼓中出聲告言諸天子菩薩摩訶薩非此命終而生彼間但以神通隨諸衆生心之所宜令其得見

五時天鼓中出聲告下教見佛儀於中一先教識愛生令捨曲見後教發心悔過令其必見令初由前不遇後覩下生不離有無情存彼此故示體用顯無生現生文中有法喻合法中先誡其曲見後但以下示其正見是知佛化所生非歿生也先教識者涅槃二十一說若見如來實王宮生納妃生子雙林滅等是二乘曲見是知已下即淨名經觀衆生品舍利弗問天女汝於此沒當生何所天曰佛化所生吾如彼生曰佛化所生非沒生也天曰衆生猶然非沒生也

諸天子如我今者非眼所見而能出聲菩薩摩訶薩入離垢三昧亦復如是非眼所見而能處處示現受生離分別除憍慢無染著

二諸天子如我下喻三菩薩下合於中先明法身無生徧而叵見後而能下應無不生即處處皆有有感此中亦見何須更下閻浮離分別下顯應生之德拂其諸見以無分別智而生非謂有選生處雖處王宮而無憍慢諸天圍遶而無染著先明法身者叵不可也故出現品云譬如法界遍一切不可見取爲一切諸佛境界亦復然遍於一切非一切非請有者本行經說如來將欲下生以淨天眼觀閻浮提何處堪我下生乃至云唯有淨飯王家堪餘家不堪似有選生處無分別智實無選擇即智之悲應物然耳則選

第二諸天子汝等應發下教發心悔過中三先標教悔次徵問其方後如法正教夫欲悔過須識逆順十心謂先識十種順生死心以爲所治一妄計人我起於身見二內具煩惱外遇惡緣我心隆盛三內外既具滅善心事不喜他善四縱恣三業無惡不爲五事雖不廣惡心徧布六惡心相續晝夜不斷七覆諱過失不欲人知八虜扈抵突不畏惡道九無慚無愧不懼凡聖十撥無因果作一闡提夫欲悔過下先明所治之病此即天台止觀之意今初但略彼名若具云一自從無始闇識昏迷煩惱所醉妄計我人計我人故起於身見身見故妄想顛倒顛倒故起貪瞋癡癡故廣造諸業業則流轉生死二者內具煩惱外值惡友扇動邪法勸惑我心倍加隆盛三者內外惡緣既具則能內滅善心外滅善事又於他善都無隨喜四者縱恣下七全同但八言虜扈者亦云跋扈皆不尊敬貌下結云是爲十種順生死流昏倒造惡如廁蟲樂廁不覺不知積集重累不可稱計四重五逆極至闡提生死浩然而無際畔次起十種逆生死心從後翻破一明信因果二自愧克責三怖畏惡道四不覆瑕疵五斷相續心六發菩提心七修功補過八隨喜他善九念十方佛十觀罪性空今此三段文皆具有而爲次不同向以起心之次第此以勝劣言故次起十種下二顯能治之衆彼云今欲懺悔應當逆此罪流用十種心翻除惡法先正信因果決定果然業種雖久久不敗亡終無自作他人受果精識善惡不生疑惑是爲深信翻破一闡提心二自愧剋責鄙極罪人無羞無恥習畜生法棄捨白淨第一莊嚴嗤哉無鈎造斯重罪天見我屏罪是故

慚天人見我顛罪是故媿人以此翻破無
慚無媿心三怖畏惡道人命無常一息不
追千載長往幽途縣邈無有資糧苦海悠
深船筏安寄聖賢呵棄無所恃怙年事稍
去風刀不奢豈可晏然坐待酸痛譬如野
干失耳尾牙詐眠望脫忽聞斷頭心大驚
怖遺生老病尚不爲急死事不奢那得不
怖怖心起時如履湯火六塵五欲不暇貪
染如阿育王弟坐於御床希大帝王聞旃
陀羅朝朝振鈴一日已盡六日當死雖有
五欲無一念受行者怖畏苦到懺悔不惜
身命如野干決死絕無思念如彼怖王以
此翻破不畏惡道心四當發露不覆瑕疵
賊毒惡草急須除之根露條枯源乾流竭
若覆藏罪是不良人逝業頭陀令大衆中
發露方等令向一人發露其餘行法但以
實心向佛像前自求改革如隱處有癡覆
諱不治則致於死以此翻破覆藏罪心五
斷相續心者一懺已後更不復作若懺悔
已更重作者譬如王法初犯得輕若更作
則重初入道場罪則消滅更作難除折能
吐之云何更嗽以此翻破常念惡事心六
發菩提心者昔自安危人遍惱一切境令
廣起兼濟遍至盡空界利益於他以此翻
破於一切處起惡心也七修功補過者昔
三業造罪不計晝夜今善身口意策勵不
休匪移山岳安填江海以此翻破縱恣三
業之心八守護正法者昔自滅善亦滅他
善不自滋善亦不喜他今守護諸善方便
增廣不令斷絕勝鬘經云守護正法攝受
正法最爲第一翻破無遺喜心今疏但云
隨喜他善者取意對上耳九念十方佛者
昔親狎惡友信受其言今念十方佛念無
等惡作不請友念無等智作大導師翻破
順惡友心十觀罪性空者了達貪欲嗔癡
之心皆是寂靜門何以故貪嗔若起在何
處住知此貪嗔生於妄念妄念住於顛倒
顛倒住於身見身見住於我見我見則無
住處十方諦求我不可得我心自空罪福
無主深達罪福相過照於十方今此空慧

與心相應如日出時翻露皆失一切諸心
皆是寂靜門樂寂靜故以此翻破無明昏
指是爲十種懺悔順涅槃道逆生死流能
滅四重五逆之過若不解此十心全不懺
是非云何懺悔故入道場徒爲苦行終無
大乘涅槃云若言勤修苦行是大涅槃近
因緣者無有是處即斯意也是名懺悔事
中除滅重罪彼止觀中更有別懺悔見罪
亦有十心翻破前十而皆約觀行別歷十
心大意觀罪性空中意與下經文同不能
繁引其中釋文此疏不廣及下釋經皆已
暗用今皆併引使知來處亦分疏中主客
之言向以起心者從微至著故翻破則從
麤至細謂先起信心次生斷愧等如垢衣
受垢先微後著洗濯之時先去麤垢後除
細垢言此中則以勝劣言故者謂菩薩最
勝等
故

諸天子汝等應發阿耨多羅三藐三菩提心

今初標教誨中文有四節治其六失一發
菩提心爲懺所依以是行本攝衆德故首
而明之翻昔惡心偏布自安危人今悲覆
法界廣利有情一發菩提心者依菩提心
懺方爲真懺不發心懺非
是真善故五十八經云忘失菩提心修諸
善根是爲魔業故以是行本下通不次妨
義如
前說

淨治其意住善威儀

二淨治下令淨三業爲能懺體淨治其意
是意止行住善威儀義通止作謂當發露
不覆瑕疵及斷相續心翻前六七

悔除一切業障煩惱障報障見障

三悔除一切下令懺四障即所滅之非謂
惑業苦業報二障約因果分異旣懺報障
則怖畏惡道以翻不畏天子新從彼來故
不廣明於煩惱中利鈍分二邪見斷善最
可畏故別明見障又障所知亦見障故餘
如別說餘如別說者此有二事一明二障
名體下疏更明二明別說見障即
如向引止
觀說也

以盡法界衆生數等身以盡法界衆生數等
頭以盡法界衆生數等舌以盡法界衆生數
等善身業善語業善意業悔除所有諸障過
惡

四以盡法界下運心普徧令無不盡由昔
起過旣徧諸境今悔昔非故普運三業等
衆生界一一佛前及衆生前皆發露懺悔
旣人天凡聖皆對懺悔則自愧尅責翻無
慚愧由意徧運令身口徧頭即頂禮兼身
爲總五輪著地此言徧者爲以何徧故下
次言善三業徧此即修功補過翻縱恣三
業於一一佛前者佛爲懺悔之主憑佛能
除衆生是所觀對之境昔曾惱害故既

於人天皆一一生衆中有天一一佛前即聖聖天見我身過人見我顯過故爲慚愧此一段疏用一段經而有二意一以過對翻無慚愧二由意過運下亦以過對翻第四縱恣三業

時諸天子聞是語已得未曾有心大歡喜而問之言菩薩摩訶薩云何悔除一切過惡

第二時諸天子下徵問其方（頌一）上言猶略餘（十三）義未盡故次徵之

爾時天鼓以菩薩三昧善根力故發聲告言

第三爾時天鼓下如法正教正教觀罪性空兼顯妄計我人撥無因果外過惡緣而文分二先明發聲之因若斷妄計者觀罪性空正破妄計而言兼顯者以有二意故一兼顯所治故下二事皆是所治次下一一皆有能治謂勝義空破妄計我人顯非斷常破撥無因果對十方佛翻外過惡緣二者觀空正破橫計我人今加後二故云兼也准一性空破於三過

諸天子菩薩知諸業不從東方來不從南西北方四維上下來而共積集止住於心但從顛倒生無有住處菩薩如是決定明見無有疑惑

後諸天子下正說教誨於中分五一別觀業空二總觀四障三別觀見惑四對業觀報五總結懺益今初業爲報因三障首故非先有體從十方來正顯空義但從顛倒生釋空所以由業障海從妄想生故無自性令此空慧與心相應則決定無疑能如是知即名菩薩今初文也下出別懺業及先懺所以非先有體下釋經有二先釋不從東方等來無體性故即是空義二釋從顛倒生言釋空所以者從因緣生即空所以以從顛倒生故成無體性空義從由業障海下即普賢觀經引此成上二義即一切業障海皆從妄想生若欲識悔者端坐念實相是也言今此空慧與心相應者亦即普賢觀經將此釋今經決定明見無有疑惑空慧相應斯慧決斷故能如是知却釋菩薩字令天子懺悔乃云菩薩如是者由見二空之理即爲菩薩故

諸天子如我天鼓說業說報說行說戒說喜說安說諸三昧諸佛菩薩亦復如是說我說我所說衆生說貪恚癡種種諸業而實無我無有我所諸所作業六趣果報十方推求悉不可得

第二諸天子如我天鼓下總觀四障即天鼓說法無說喻以喻俗有眞無先喻中初舉所治謂業報二障後說行等五即是能治謂行善止惡喜他安他住定以喻俗有者即中論意緣生幻有爲俗無性空理爲眞後諸佛下合於中先隨俗說有言我我所者即是見障說貪恚癡即煩惱障後而實下勝義實無有無二文三障影略既無我所翻破第一妄計我人有無二文者謂說有中畧無報障說無之中畧無煩惱從既無我下會前十心

諸天子（頌一）譬如我聲不生不滅造惡諸天不聞（十四）餘聲唯聞以地獄覺悟之聲一切諸業亦復如是非生非滅隨有修集則受其報

第三譬如我聲下別破見惑見惑深險故廣破之文有三喻一鼓無生滅隨聞喻喻業雖無生隨修感報謂向觀業空爲遣執有若謂爲空諸佛不化故今顯非斷無翻破撥無因果若謂爲空者中論云諸佛說空法爲離於有見若復見有空諸佛所不化故今顯下會上十心以是故成無性之無故非斷無所以經言而受其報亦同淨名無我無造無受者善惡之業亦不亡

諸天子如我天鼓所出音聲（頌一）於無量劫不可（十五）窮盡無有間斷若來若去皆不可得諸天子若有去來則有斷常一切諸佛終不演說有斷常法除爲方便成熟衆生

二聲無去來喻喻歸中道定有即常定無

則斷俱亦是二故雙破二見顯離斷常定有即常者亦中論偈云定有則著常定無則著斷是故有智者不應著有無言俱亦是二者謂有無俱者則二見相違而亦不離亦斷亦常言故雙破二見者故經云諸佛不說有斷常法文中先喻諸天子若有下合若有可來即常去而不來則斷故雖空不斷雖有不常故雖空下亦中論偈論云雖空亦不斷雖有而不常罪福亦不失是名佛所說

諸天子譬如我聲於無量世界隨衆生心皆使得聞一切諸佛亦復如是隨衆生心悉令得見

三鼓聲隨心喻喻佛由心見遣其心外定執懺主令其眞念十方諸佛翻破外遇惡緣令其真念者若不了唯心見從外來取色分齊豈知即心即佛若知心佛衆生三無差別爲真念佛善知識云念佛即是念心念心即是念佛佛無形相心無生滅心境一致故爲真念

諸天子如有頗梨鏡名爲能照清淨鑒徹與十世界其量正等無量無邊諸國土中一切山川一切衆生乃至地獄畜生餓鬼所有影像皆於中現諸天子於汝意云何彼諸影像可得說言來入鏡中從鏡去不答言不也諸天子一切諸業亦復如是雖能出生諸業果報無來去處諸天子譬如幻師幻惑人眼當知諸業亦復如是

第四如玻瓈下對業觀報文有二喻一鏡像體虛喻喻雖有而無謂鏡像依鏡現像非去來果報業生何有來去二幻師惑眼喻喻業招報雖無而有又業亦如幻又幻非有無即中道矣又業亦如幻者重幻之義如前已引又幻非有無下上辨性空此下說中道

若如是知是眞實懺悔一切罪惡悉得清淨

第五若如是下總結懺益可知

說此法時百千億那由他佛刹微塵數世界中兜率陀諸天子得無生法忍無量不思議阿僧祇六欲諸天子發阿耨多羅三藐三菩提心六欲天中一切天女皆捨女身發於無上菩提之意

第六見聞益深中二先明餘衆益以三昧力聲普聞故以三昧力者釋妨妨云此土兜率天鼓說法云何益及百千億等刹耶答意可知

爾時諸天子聞說普賢廣大迴向故得十地故獲諸力莊嚴三昧故

後爾時下正辨當機益於中二先一重益後其諸香雲下展轉益前中亦二先得法益後以衆生下見佛益今初皆有故字義似牒前爲因則見佛爲益而前來未有得十地等處爲何所牒是以晉經皆無故字應言聞說普賢廣大迴向故便得十地獲諸力莊嚴三昧上句得位下句成行分得十力爲莊嚴故今初等者疏文有五一牒經義言似牒前爲因者則似由聞迴向及得十地并得三昧此三爲因見佛爲益二前來下出不合加故字所以二先以下引古經爲例四忠言下正其經文五上句下釋文位即十地言下句成行者即諸力莊嚴三昧分得十力下釋力義謂十力是佛果也今言得者即分得耳

以衆生數等清淨三業悔除一切諸重障故即見百千億那由他佛刹微塵數七寶蓮華一一華上皆有菩薩結跏趺坐放大光明彼諸菩薩一一隨好放衆生數等光明彼光明中有衆生數等諸佛結跏趺坐隨衆生心而爲說法而猶未現離垢三昧少分之力爾時彼諸天子以上衆華復於身上一一毛孔化作衆生數等衆妙華雲供養毗盧遮那如來

持以散佛一切皆於佛身上住
二明見佛益中三一明見因二即見下正明見佛三爾時下敬心興供言以上者上來持華詣佛猶未散故毛孔出華者已得地位故華在最初故略舉之上所持中有香蓋等故下見香見蓋並皆成益
其諸香雲普雨無量佛刹微塵數世界若有衆生身蒙香者其身安樂譬如比丘入第四禪一切業障皆得消滅
第二展轉益中二一聞香益二見蓋益並依前供成今初有法喻合法中由脫障故得解脫樂故喻四禪無八災患
若有聞者彼諸衆生於色聲香味觸其內具有五百煩惱其外亦有五百煩惱貪行多者二萬一千瞋行多者二萬一千癡行多者二萬一千等分行者二萬一千
若有下合由滅障故得淨善根是爲益相文中先顯所滅即八萬四千古有二釋一云衆生煩惱根本有十然一感力復各有十即爲一百計應分爲九品但上品重故開爲三品中下輕故各爲一品合爲五百復於內外境起謂自五塵爲內以他五塵爲外一一各五百即爲五千別迷四諦則成二萬并本一千則有二萬一千依三毒等分成八萬四千經文自具二有云以十惡爲本展轉相成一一各十故成一百迷自他五塵爲一千正迷十諦法門謂四諦三諦二諦一諦或迷說成諦等十諦或迷十善故成一萬然迷十諦空有不同分成二萬或迷十善二諦亦分二萬并本一千餘如經辨然二皆有理任情去取更有異釋如賢劫經等非今經意或迷說成者即五地中十諦之義言十諦者即是十種觀察四諦謂一善知俗諦二善知第一義諦三善知相諦四善知差別諦五善知成立諦六善知事諦七善知生諦八善知盡無生諦九善知入道諦十善知一切菩薩地次第成就乃至善知如來智成就諦今言說成者即論經中第五成立諦名也以其第五觀於四諦緣起集成故偏舉之隨言顯示故論中名爲說成也二皆有理者即疏會通並未見文故未可去取但以理通然其前解似喻於煩惱故後似約業故又迷十諦感義多故更有異釋者會通異釋九地已明
了知如是悉是虛妄如是知已成就香幢雲自在光明清淨善根
後了知下能滅謂了惑本虛居然不生故晉經云此諸煩惱皆悉除滅除滅故清淨惑亡智顯即自在光明善根成就言香幢雲者即九地善根至下當明
若有衆生見其蓋者種一清淨金網轉輪王一恒河沙善根
第二若有衆生見其蓋下明見蓋益於中二先正明得益二佛子菩薩住此下明攝化轉益今初準晉經云種一恒河沙轉輪聖王所植善根所謂白淨寶網輪王等是則多箇輪王非一輪王之多善也梵本亦然今初已下疏文有二先通釋清淨金網於中有三一引晉經梵本成寶網義是則多箇者即寶網是一等取金網瑠璃等多故有一恒沙非一輪王之多善者則以舊經張於今經今經云種清淨金網轉輪王一恒河沙善根則一輪王有多善耳言梵本亦然者即以梵本成於晉經而言清淨金網者準瓔珞上卷金輪在十迴向初地已上皆是瑠璃輪而增寶數爲別是知舊譯爲寶網者勝金網也故彼經云歡喜地百寶瓔珞七寶相輪四天王一萬子爲眷屬百法身爲百佛國土中化十方天下已後略無化之

分齊實數一一增至第七地十三寶相輪
八地但云大應寶相輪九地云白雲寶相
輪十地云百萬神通寶光瓔珞無畏珠寶
相輪增至第七地者以初地七寶二地八寶三地九寶四地十寶五地十一寶六地十二寶七地十三寶八地已上不增寶數但云大寶相輪若順晉經
白淨之言則是九地即前香幢雲自在光
明。若然彼但是所等則金網無失若順晉經下二成晉經謂今得十地成九地已上善根白淨同白雲寶故即前香幢者引前行經證成晉經有白字此前有雲字二經合成瓔珞白寶義若然下第三會取今經於中又二先順晉經收今謂晉經得十地有九地已下白淨寶等諸輪王善彼云白淨寶網等等即等於金銀輪等若是能等爲金網則等十地非金若以所等爲金金等何失則晉經從九地向下等今經從十迴向當中向上等故言無失則亦是多箇輪王善根謂得金網等一恒河沙輪王善根故云無失若取十地爲清
淨金網正當十地以無畏珠爲清淨義又
攝化分齊與上第十地攝報果同則證十
地明矣故下此王放光遇者亦登十地若取十地下直順金網一轉輪王多善根義以三義證成一以無畏珠爲清淨義二以攝化分齊同十地義即後行經云住此轉輪王位於百千億那由他佛刹微塵數世界中教化衆生正同十地攝報果中所化分齊三故下此下以轉益文證成此王轉益尚皆得於十地故知此王即是十地故彼經云菩薩安住清淨金網轉輪王位亦復如是則金網非所等正是十地但其金字瓔珞雖無餘經或有故金剛頂經廣說金輪佛頂

言一恒沙者謂從九地已還乃至十
住銅輪以此十地所化分齊比前如恒沙
矣故晉經云寶網輪王等等取前也一恒沙下第二別釋恒沙善根雖金輪爲所等能具義則不同一恒沙善根二經須一言九地已還者正順晉經從白淨九地向下等故

佛子菩薩住此轉輪王位於百千億那由他
佛刹微塵數世界中教化衆生

第二攝化轉益中二先明得位益後佛子
如得初禪下成德益今初有法喻合法中

直明攝化分齊已如前釋

佛子譬如明鏡世界月智如來常有無量諸
世界中比丘比丘尼優婆塞優婆夷等化現
其身而來聽法廣爲演說本生之事未曾一
念而有間斷若有衆生聞其佛名必得往生
彼佛國土

喻中初化無間斷喻上法中教化衆生後
若有聞名必生其國喻下合中遇斯光明
獲十地位

菩薩安住清淨金網轉輪王位亦復如是若
有暫得遇其光明必獲菩薩第十地位以先
修行善根力故

後合中初句總合準晉經亦復如是下欠
故曼陀羅自在光明之言今經影在後喻
合中若直云得遇斯光前文無放光處爲

遇何耶言得十地者此品總有三重皆得
十地故名展轉益一諸天子聞鼓說法得
十地二此天子毛孔出華蓋雲見者得輪
王位即是十地三輪王放光遇者復得十
地此三位皆齊等同時頓成各塵數多類

總是一隨好中一光之力餘光好等彌更
難說言以先修行善根力者顯頓益之因
因聞普法修普善故今經影在者出今經初禪喻合中經云菩薩摩訶薩住清淨金網轉輪王位放摩尼髻清淨光明是也若直云得下以理成立

佛子如得初禪雖未命終見梵天處所有宮
殿而得受於梵世安樂得諸禪者悉亦如是

第二成德益中先喻後菩薩下合喻意云
欲界修得色定以欲界眼見色界境喻菩
薩頓證未轉凡身見十地境以法力故是

則三祇可一念而屆者明一攝一切故塵劫不窮一位者明一切攝一故如是遲速自在是此圓教非餘宗也

菩薩摩訶薩住清淨金網轉輪王位放摩尼髻清淨光明若有衆生遇斯光者皆得菩薩第十地位成就無量智慧光明得十種清淨眼乃至十種清淨意具足無量甚深三昧成就如是清淨肉眼

二合中初正明得益後佛子假使下顯境分齊今初言得菩薩第十地者猶是牒前合中以德依地成所以重牒不然則成兩度放光各得十地言成就如是清淨肉眼者謂上諸德十眼皆依凡身肉眼而成故就結之猶是牒前者即是前明鈍世界喻中合文云菩薩安住清淨金網轉輪王位亦復如是若有暫得遇其光明必獲菩薩第十地位以德依地成下出重牒所以不然下及以成立

佛子假使有人以億那由他佛刹碎爲微塵一塵一刹復以爾許微塵數佛刹碎爲微塵如是微塵悉置左手持以東行過爾許微塵數世界乃下一塵如是東行盡此微塵南西北方四維上下亦復如是如是十方所有世界若著微塵及不著者悉以集成一佛國土

後顯境分齊者即顯肉眼境界廣大肉眼尚爾餘眼玄妙不可說也文中三初假設譬喻以顯境多次正明能見後結德有歸

今初分三初明一重廣大

寶手於汝意云何如是佛土廣大無量可思議不答曰不也如是佛土廣大無量希有奇特不可思議若有衆生聞此譬喻能生信解當知更爲希有奇特佛言寶手如是如是如汝所說若有善男子善女人聞此譬喻而生信者我授彼記決定當成阿耨多羅三藐三菩提當獲如來無上智慧

二寶手於汝意下問答顯廣

寶手設復有人以千億佛刹微塵數如上所說廣大佛土末爲微塵以此微塵依前譬喻一一下盡乃至集成一佛國土復末爲塵如是次第展轉乃至經八十反

三寶手設復下復積前數重顯廣大

如是一切廣大佛土所有微塵菩薩業報清淨肉眼於一念中悉能明見亦見百億廣大佛刹微塵數佛如頗梨鏡清淨光明照十佛刹微塵數世界

第二如是一切下正明能見先見前廣刹之塵肉眼能見已是超勝況一念耶次亦見下明見多佛後如玻瓈下明見之相無心無來去矣

寶手如是皆是清淨金網轉輪王甚深三昧福德善根之所成就

第三寶手如是下結德有歸歸輪王善差別因果竟此品之末經來未盡此品之末者以說展轉益竟應須結歸本光及隨好力并現瑞成益等今並無此明是未盡

大方廣佛華嚴經疏鈔會本第四十八之二

大方廣佛華嚴經疏鈔會本第四十九　頌二

唐于闐國三藏沙門實叉難陀譯

唐清涼山大華嚴寺沙門澄觀撰述

普賢行品第三十六

初來意者先通後別通謂二品明出現因果故次來也頌三亦名平等因果謂會前差別因成此普賢之圓因會差別果成性起出現之果又前約修生此約修顯故若爾何以更無別問復何以差別果終而無瑞證平等因竟便有瑞耶即以此義顯是會前若更別問便有隔絕欲會前故不以瑞隔普法希奇因果各瑞又前應有瑞經來未盡故所以無耳若更別問下別答三問初答不問之難二欲會前故不以瑞隔通前第二差別果終而無瑞難三普法希奇下通第三平等因竟便有瑞難又前應有下第二經來未盡答以第四十八經終無結束故此後更合有經然此但通第二前無瑞證難別謂此品先因後果義次第故亦遠答前第二會初所行問及不思議品念請本願問故前雖已答下二深妙故重明之亦猶相海隨好而妙中之妙古德別為一段因果前雖已答下二解妨文三初正答重難請先若未答應須答之不思議品已答何須重答故為此通二亦猶下引例三妙中之妙下重通伏難謂有難言若例相海等但是重答何以別為平等因果故為此滿古德等者然平等因果乃是古意為欲順古故為此通若疏正意欲將五品皆答所成果問已如不思議品初說

二釋名者初通顯二品義名依性起修依性起用差別相盡因果體均故云平等因果又因是果因量周法界果是果境界如空因果俱盡未來利樂含識故名出現初通顯二品疏文有二先約平等釋於中亦二先約同歸一理所以平等依性起修約因起用約果相盡同真所以平等後又因是果因下約二事交徹故云平等以是得果不捨之因故云因是果因依果起果之果故云果是果果如空法界二文影畧別則品名普賢即標人顯法明此行法非次第法行者顯法非人品明所行非說人體德周法界為普至順調善曰賢依性造修曰行品明所行下塞彈苑公以彼釋云普者遍也賢者善也行者道也因也謂若依若正普遍法界塵毛為普具滿衆善德海為賢得道不捨因行為行後便廣引普賢三昧品中釋普賢身周遍之義曾不說於行行之相故又以普屬人賢屬德故今彈云為此以人取行非說普賢之身然普賢行諸經多有其名品中雖廣今略顯十義以表無盡一所求普謂要求證一切如來平等所證故二所化普一毛端處有多衆生皆化盡故三所斷普無有一惑而不斷故四所行事行普無有一行而不行故五所行理行普即上事行皆徹理源性具足故六無礙行普上二交徹故七融通行普隨一一行融攝無盡故八所起用普用無不能無不周故頌二九所行處普上之八門徧帝網刹而修行故十所行時普窮三際時念劫圓融無竟期故上之十行參而不雜涉入重重故善財入普賢一毛所得法門過諸善友不可說倍又上十行通收為二若位後普賢則得果不捨因徹窮來際為普賢行以人彰法則普賢之行若位前位中普賢則以德成人但修普行即曰普賢亦則普賢即行但從行名故若獨位後普賢則普賢之行無施下位廣釋普賢如初會辨頌三然普賢行下別釋普行於中有三一標舉言諸經多有其名者法華經云若有受持讀誦正憶念解其義趣如說修行當知是人行普賢行釋曰此即有名而相猶隱則受持讀誦是事行也正憶念通智行理行也普賢觀經名觀普賢行法經亦是持經禮懺坐禪皆其行耳故多有名少辨行相故今辨之品中雖廣者長行與偈一一皆是普賢之行猶散難見故後束之上之十行下三料揀於中有二先融通謂前

有圓融行布事理等殊今總融為一若不說事理等異無可融故故畧述其十後方總融又上十行下約位重揀兼會六釋百賢位者已見上文若獨位後下二彈異釋即是前總中所破然後有二一破其獨用位後普賢故如前所引疏文二顯釋普賢下結成非說人體兼示說人之處三宗趣者亦先通後別通以二品明平等因果為宗會前差別為趣別以此品明平等圓因為宗成平等果無二為趣

爾時普賢菩薩摩訶薩復告諸菩薩大衆言佛子如向所演此但隨衆生根器所宜畧說如來少分境界何以故諸佛世尊為諸衆生無智作惡計我我所執著於身顛倒疑惑邪見分別與諸結縛恒共相應隨生死流遠如來道故出興于世

釋文中二此品辨因後品明果前中亦二先長行直明後以偈重顯前中又二先止說後瑞證今初亦二先明說因後佛子我不見下正陳今義前中亦二先標前少說徵釋所由今初普賢說者以人表法故言指向者一近指向前隨好品為障重地獄衆生略說隨好少分用故廣說難思二通指前所說之果為少分境果海絕言故三遠通差別因果雖有圓融之義以五位漸次因果殊分逐機就病未盡法源故名少分則顯下平等因果逐法性說因果圓融名廣大說二徵釋中徵意云何以前名少說釋文二意一者成上諸佛世尊所以出世者以衆生有無明等十過未宜廣說故先明差別等二者生後謂衆生既過滋多障累無盡則一治一切治一現一切現衆生無盡因果亦窮來際前之所隨由未盡故十過者一者無明二作惡行晉經名諸纏則亦是惑此二為總次六皆無明三計我我所四著身見故六地云世間受身皆由著我五三倒四倒等不能決斷六乖僻正理七徧計分別八結縛常隨九隨生死流義通業苦因流果流故十遠如來行邪徑故此結成其失結縛等名如常所辨結縛等者非唯易故指於常解然上經文早已頻釋恐後學難尋今更具出經云一無智者即是無明此通獨頭相應二種二作惡者即諸纏也此有八種十纏言八種者謂一惛沉二睡眠此二障止雜集第七云謂惛沉睡眠為障於內能引惛沉故修止時惛沉睡眠

三掉舉四惡作此二障觀論云於修觀時掉舉惡作為障於外能引散亂故五慳六嫉此二障捨論云於修捨時慳嫉為障由成就此於自他利悋妬門中數數掉動行人心故七無慚八無愧此二障尸羅論云淨尸羅時無慚無愧為障由此二犯諸學處無羞恥故言十纏者更加忿覆俱舍頌云或十加忿覆雜集論云數數增盛纏繞身心故名為纏由此諸纏數數增盛纏繞一切觀行者心於修善品能為障礙更有五纏謂愛恚慢嫉慳經云結者雜集第六問云結有幾種云何結耶何處結耶有此三問答結有九種謂愛結恚結慢結無明結見結取結疑結嫉結慳結應為頌曰愛恚慢無明見取疑嫉慳論云愛結者謂欲界貪恚結者謂於有情苦及順苦法心生損害慢結者即七慢等無明結者謂三界無知見結者即三見謂薩迦耶見邊執見邪見取結者謂見取戒禁取疑結者謂於諦理猶豫嫉結者謂耽著利養不耐他榮發起心妬慳結者躭著利養於資生具其心悋惜釋曰云何結何處結已廣答如論

佛子我不見一法為大過失如諸菩薩於他菩薩起瞋心者

第二正陳普賢行中二先明所治廣多後是故諸菩薩下能治深妙今初既一惑成百萬障則一障一切障義則惑惑皆然今從重說文中三初標次徵釋後結成今初總標瞋最重除瞋之外更徧推求無有一惡如瞋之重故晉經云起一瞋心一切惡中無過此惡決定毗尼經云菩薩寧起百

千貪心不起一瞋以違害大悲莫過此故
菩薩善戒亦同此說言於他菩薩者若於
菩薩起瞋其過尤重以令菩薩發大行故
是以大般若中天魔見諸菩薩互相是非
過常大喜故晉經者以令經譯者爲順文令人誤解故引三經以正其義

謂習禪者聞經不見諸法爲大過惡便云惡本性空故云不見見則妄想雖是正理不順今經故引三經明是無惡過此爲不見有耳決定毗尼者經但一卷優波離白佛言世尊或有欲相應心而犯於戒或有嗔相應心而犯於戒或有癡相應心而犯於戒何者爲重佛言若有菩薩如恒河沙欲相應心而犯於戒或有菩薩由一嗔心而犯於戒因嗔犯者當知最重所以者何因嗔恚故能捨衆生乃至云所有諸結能生親愛菩薩於此不應生畏所有諸結能捨衆生菩薩於此應生大畏乃至云大乘之人因欲犯戒我說是人不名爲犯因嗔犯者名大過惡名大墮落於佛法中是大留難是以大般若下證於菩薩起嗔最重彼說魔見衆生互相是非亦生歡喜而非大喜若見菩薩互相是非則生大喜過於常喜如二虎鬬小亡大傷二俱無益菩薩亦爾自他並損

何以故佛子若諸菩薩於餘菩薩起瞋恚心
即成就百萬障門故

二何以下徵釋釋中二一總顯

何等爲百萬障所謂不見菩提障不聞正法
障生不淨世界障生諸惡趣障生諸難處障
多諸疾病障多被謗毀障生頑鈍諸趣障壞
失正念障闕少智慧障眼障耳障鼻障舌障
身障意障惡知識障惡伴黨障樂習小乘障
樂近凡庸障不信樂大威德人障樂與離正
見人同住障生外道家障住魔境界障離佛
正教障不見善友障善根留難障增不善法
障得下劣處障生邊地障生惡人家障生惡
神中障生惡龍惡夜叉惡乾闥婆惡阿脩羅
惡迦樓羅惡緊那羅惡摩睺羅伽惡羅剎中
障不樂佛法障習童蒙法障樂著小乘障不
樂大乘障性多驚怖障心常憂惱障愛著生
死障不專佛法障不喜見聞佛自在神通障
不得菩薩諸根障不行菩薩淨行障退怯菩
薩深心障不生菩薩大願障不發一切智心
障於菩薩行懈怠障不能淨治諸業障不能
攝取大福障智力不能明利障斷於廣大智
慧障不護持菩薩諸行障樂誹謗一切智語
障遠離諸佛菩提障樂住衆魔境界障不專
修佛境界障不決定發菩薩弘誓障不樂與
菩薩同住障不求菩薩善根障性多見疑障
心常愚闇障不能行菩薩平等施故起不捨
障不能持如來戒故起破戒障不能入堪忍
門故起愚癡惱害瞋恚障不能行菩薩大精
進故起懈怠垢障不能得諸三昧故起散亂
障不修治般若波羅蜜故起惡慧障於處非
處中無善巧障於度衆生中無方便障於菩
薩智慧中不能觀察障於菩薩出離法中不
能了知障不成就菩薩十種廣大眼故眼如
生盲障耳不聞無礙法故口如啞羊障不具
相好故鼻根破壞障不能辦了衆生語言故
成就舌根障輕賤衆生故成就身根障心多
狂亂故成就意根障不持三種律儀故成就
身業障恒起四種過失故成就語業障多生
貪瞋邪見故成就意業障賊心求法障斷絕
菩薩境界障於菩薩勇猛法中心生退怯障
於菩薩出離道中心生懶惰障於菩薩智慧
光明門中心生止息障於菩薩念力中心生
劣弱障於如來教法中不能住持障於菩薩
離生道不能親近障於菩薩無失壞道不能
修習障隨順二乘正位障遠離三世諸佛菩

薩種性障

二何等下徵列標雖百萬略列百門古人寄位分五初障十信行二不樂佛法下障十住行三不得菩薩諸根下障十行之行四樂誹謗一切下障十向行五不樂與菩薩同住下障十地行言口如瘂羊障者此是耳根障以生邊地不聞法處故口無所說舌根之障次下自明昔結云菩薩萬行不過此五起一瞋心一切頓障此釋非不有理如賊心求法豈獨障於地耶是知通障一切信尚不起況後位耶又所障法界如帝網重重能障同所亦皆無盡故知百萬猶是略明古人寄位下二斥古釋判定同此又所障下四結成正義猶是古釋故有又言疏意取此不欲局配故爲正義

經二

佛子若菩薩於諸菩薩起一瞋心則成就如是等百萬障門何以故佛子我不見有一法爲大過惡如諸菩薩於餘菩薩起瞋心者八

三佛子若菩薩下結成可知

是故諸菩薩摩訶薩欲疾滿足諸菩薩行應勤修十種法何等爲十所謂心不棄捨一切衆生於諸菩薩生如來想永不誹謗一切佛法知諸國土無有窮盡於菩薩行深生信樂不捨平等虛空法界菩提之心觀察菩提入如來力精勤修習無礙辯才教化衆生無有疲厭住一切世界心無所著是爲十

後何等下徵列及結於中十法攝爲五對辨五種修初二約人明謙敬修敬上愛下故次二約法明眞正修順教知事故次二約心行明廣大修樂大行堅大心故次二約智明增勝修內入果智外起勝辯故後二約悲願明長時修衆生無盡悲此不疲世界無邊願住不著故

佛子菩薩摩訶薩安住此十法已則能具足十種清淨何等爲十所謂通達甚深法清淨親近善知識清淨護持諸佛法清淨了達虛空界清淨深入法界清淨觀察無邊心清淨與一切菩薩同善根清淨不著諸劫清淨觀察三世清淨修行一切諸佛法清淨是爲十

第二能治深妙中二先正顯後結勸今初文有六位位各十行初一始修後五成益故後五段展轉依初是爲初即攝後一治一切治也說有前後得即一時今初分二先標舉勸修

經三　九

第二清淨者依前正修行時成離染故文中二初顯前起後後徵數列名下皆倣此例中十句次第從前十句而成一由不捨衆生故達深法淨以衆生皆有佛性即妄而眞爲深法故二由敬上故能近三由不謗故能護四由知無盡故了如空五由菩薩行不離法界故深入六知菩提心等虛空故無邊七觀察菩薩皆同此觀能入佛力故名爲根八精修不懈故不著劫數九由化無厭故觀三世衆生化未化等十由願住世界能修一切佛法

佛子菩薩摩訶薩住此十法已則具足十種廣大智何等爲十所謂知一切衆生心行智知一切衆生業報智知一切佛法智知一切佛法深密理趣智知一切陀羅尼門智知一切文字辯才智知一切衆生語言音聲辭辯

善巧智於一切世界中普現其身智於一切衆會中普現影像智於一切受生處中具一切智智是爲十

第三廣大智者垢染既拂本智自明稱性相知故云廣大亦從前十及次十而成然

頌二 十

有開合恐煩不配說者隨宜亦從前十等者隨恐文繁今當畧配其中名字有同初十有同次十今且如次配於次十一由知深法了衆生心行衆生心行最甚深故二由近友成勝業報三由聽法故知佛法四了達空界知深理趣五深入法界成妙義持六觀無邊心即是所詮故得能詮辯才演暢七具善隨行能隨心演八同菩薩善故能普遍九不著諸劫常現影像十順諸佛法具一切智從次十生既如次第從初十生義同前說上依不開若開合者如初二法皆是深法則此開前合若此總持由於近友要法而成則此合前開約理無方故云開合會則如次義已周圓如三對前二亦然四五承前可以思準

佛子菩薩摩訶薩住此十智已則得入十種普入何等爲十所謂一切世界入一毛道一

頌二 十一

毛道入一切世界一切衆生身入一身一身入一切衆生身不可說劫入一念一念入不可說劫一切佛法入一法一法入一切佛法不可說處入一處一處入不可說處不可說根入一根一根入不可說根一切根入非根非根入一切根一切想入一想一想入一切想一切言音入一言音一言音入一切言音一切三世入一世一世入一切三世是爲十

第四普入者事隨理融本來卽入智了法爾無境不通故身心皆入亦從前三生可以意得非根者境識及理皆非根也

佛子菩薩摩訶薩如是觀察已則住十種勝妙心何等爲十所謂住一切世界語言非語言勝妙心住一切衆生想念無所依止勝妙心住究竟虛空界勝妙心住無邊法界勝妙心住一切深密佛法勝妙心住甚深無差別法勝妙心住除滅一切疑惑勝妙心住一切世平等無差別勝妙心住三世諸佛平等勝妙心住一切諸佛力無量勝妙心是爲十

第五勝妙心者由前知法本融則事理無礙應機成益名勝妙心從前四生亦可意得

佛子菩薩摩訶薩住此十種勝妙心已則得十種佛法善巧智何等爲十所謂了達甚深佛法善巧智出生廣大佛法善巧智宣說種種佛法善巧智證入平等佛法善巧智明了差別佛法善巧智悟解無差別佛法善巧智深入莊嚴佛法善巧智一方便入佛法善巧智無量方便入佛法善巧智知無邊佛法無差別善巧智以自心自力於一切佛法不退轉善巧智是爲十

第六善巧智者由上事理無礙今則權實決斷名善巧智有十一句後二合一餘皆如次從前十成一卽言亡言爲甚深二無依故廣大三如依空生色故能說種種四住無二邊故證平等五了種智深密故了差別六無差全同七若無疑惑則佛法莊嚴八以平等成一方便九三世法約差別門爲無量方便十由住佛力得知佛無邊自力不退從前十既爾從前四段亦然如

頌二 十二

是展轉不離始修故隨一法具一切矣

佛子菩薩摩訶薩聞此法已咸應發心恭敬受持何以故菩薩摩訶薩持此法者少作功力疾得阿耨多羅三藐三菩提皆得具足一切佛法悉與三世諸佛法等

第二佛子菩薩下結勸一行能具一切故
疾得菩提
爾時佛神力故法如是故十方各有十不可
說百千億那由他佛刹微塵數世界六種震
動雨出過諸天一切華雲香雲末香雲衣蓋
頌二 十三
幢旛摩尼寶等及以一切莊嚴具雲雨衆妓
樂雲雨諸菩薩雲雨不可說如來色相雲雨
不可說讚歎如來善哉雲雨如來音聲充滿
一切法界雲雨不可說莊嚴世界雲雨不可
說增長菩提雲雨不可說光明照耀雲雨不
可說神力說法雲如此世界四天下菩提樹
下菩提場菩薩宮殿中見於如來成等正覺
演說此法十方一切諸世界中悉亦如是
大文第二爾時佛下證成中二一現瑞證
於中先此界後如此下結通
爾時佛神力故法如是故十方各過十不可
說佛刹微塵數世界外有十佛刹微塵數菩
薩摩訶薩來詣此土充滿十方作如是言善
哉善哉佛子乃能說此諸佛如來最大誓願
授記深法佛子我等一切同名普賢各從普
勝世界普幢自在如來所來詣此土悉以佛
神力故於一切處演說此法如此衆會如是
所說一切平等無有增減我等皆承佛威神
力來此道場爲汝作證如此道場我等十佛
刹微塵數菩薩而來作證十方一切諸世界
中悉亦如是
二爾時至十方下諸菩薩證亦先此土後
如此下結通言授記深法者少用功力疾
得菩提故同名普賢者皆有此行故普勝
界者依此普法最爲勝故普幢自在者此
行成果高出無礙故
爾時普賢菩薩摩訶薩以佛神力自善根力
觀察十方洎于法界欲開示菩薩行欲宣說
如來菩提界欲說大願界欲說一切世界劫
數欲明諸佛隨時出現欲說如來隨根熟衆
生出現令其供養欲明如來出世功不唐捐
欲明所種善根必獲果報欲明大威德菩薩
爲一切衆生現形說法令其開悟而說頌言
第二以偈重顯中二先敘述後正頌今初
亦二先說儀後欲開下說意此有十意偈
中並具文顯可知
汝等應歡喜捨離於諸蓋一心恭敬聽菩薩
諸願行
第二正頌中百二十一頌分二前二十四
頌說分齊餘皆正辨普賢行相此是伽陀
疏二 十四
與前長行綺互共顯普賢之行前是略明
十法展轉相生此則廣顯諸門略無展轉
又前多顯體此多辨用前中二初一誠聽
許說第二正顯頌中文三初總科二此是伽陀者是孤起偈據非祇夜不重頌前三前是略明下據二文別
往昔諸菩薩最勝人師子如彼所修行我當
次第說亦說諸劫數世界并諸業及以無等
尊於彼而出興如是過去佛大願出于世云
何爲衆生滅除諸苦惱一切論師子所行相
續滿得佛平等法一切智境界見於過去世
頌二 十五
一切人師子放大光明網普照十方界思惟
發是願我當作世燈具足佛功德十力一切
智一切諸衆生貪恚癡熾然我當悉救脫令
滅惡道苦發如是誓願堅固不退轉具修菩
薩行獲十無礙力如是誓願已修行無退怯

所作皆不虛說名論師子
餘正示分齊於中二前九頌許說過去菩薩行
於一賢劫中千佛出于世彼所有普眼我當次第說如一賢劫中無量劫亦然彼未來佛行我當分別說如一佛剎種無量剎亦然未來十力尊諸行我今說
於一賢劫下許說三世佛菩薩行於中二前三偈舉說時處前二時後一處
諸佛次與世隨願隨名號隨彼所得記隨其所壽命隨所修正法專求無礙道隨所化衆生正法住於世隨所淨佛剎衆生及法輪演說時非時次第淨羣生隨諸衆生業所行及信解上中下不同化彼令修習入於如是智修其最勝行常作普賢業廣度諸衆生身業無障礙語業悉清淨意行亦如是三世靡不然菩薩如是行究竟普賢道出生淨智日普照於法界未來世諸劫國土不可說一念悉了知於彼無分別行者能趣入如是最勝地此諸菩薩法我當說少分智慧無邊勝通達佛境界一切皆善入所行不退轉具足普賢慧成滿普賢願入於無等智我當說彼行
後十一偈明所說行於中前四諸佛出世行即普賢行故名因果圓融後七菩薩三輪願智行即普賢行
於一微塵中悉見諸世界衆生若聞者迷亂心發狂如於一微塵一切塵亦然世界悉入中如是不思議一一塵中有十方三世法趣剎皆無量悉能分別知一一塵中有無量種佛剎種種皆無量於一靡不知法界中所有種種諸異相趣類各差別悉能分別知
第二於一微塵下正顯普賢行九十七頌分二初六十七明即悲大智行後未安者下三十頌即智大悲行今初有十種行一初五頌明善入帝網行

頌二

十六

深入微細智分別諸世界一切劫成壞悉能明了說知諸劫脩短三世即一念衆行同不同悉能分別知深入諸世界廣大非廣大一身無量剎一剎無量身十方中所有異類諸世界廣大無量相一切悉能知一切三世中無量諸國土具足甚深智悉了彼成敗十方諸世界有成或有壞如是不可說賢德悉深了或有諸國土種種地嚴飾諸趣亦復然斯由業清淨或有諸世界無量種雜染斯由衆生感一切如其行無量無邊剎了知即一剎

頌三

十七

如是入諸剎其數不可知一切諸世界悉入一剎中世界不爲一亦復無雜亂世界有仰覆或高或復下皆是衆生想悉能分別知廣愽諸世界無量無有邊知種種是一知一是種種普賢諸佛子能以普賢智了知諸剎數其數無邊際知諸世界化剎化衆生化法化諸佛化一切皆究竟一切諸世界微細廣大剎種種異莊嚴皆由業所起無量諸佛子善學入法界神通力自在普徧於十方衆生數等劫說彼世界名亦不能令盡唯除佛開示
二十七頌深入時處微細行
世界及如來種種諸名號經於無量劫說之不可盡何況最勝智三世諸佛法從於法界生充滿如來地清淨無礙念無邊無礙慧分別說法界得至於彼岸

三世界及如來下三頌明了佛心祕密行前一偈半攝前起後後一偈半正顯難了能了

過去諸世界廣大及微細修習所莊嚴一念悉能知其中人師子修佛種種行成於等正覺示現諸自在如是未來世次第無量劫所有人中尊菩薩悉能知所有諸行願所有諸境界如是勤修行於中成正覺亦知彼衆會壽命化衆生以此諸法門爲衆轉法輪菩薩如是知住普賢行地智慧悉明了出生一切佛現在世所攝一切諸佛土深入此諸剎通達於法界彼諸世界中現在一切佛於法得自在言論無所礙亦知彼衆會淨土應化力盡無量億劫常思惟是事調御世間尊所有威神力無盡智慧藏一切悉能知

四十偈了三世佛攝化行

出生無礙眼無礙耳鼻身無礙廣長舌能令衆歡喜最勝無礙心廣大普清淨智慧徧充滿悉知三世法

五出生下二偈六根無礙行

善學一切化剎化衆生化世化調伏化究竟化彼岸世間種種別皆由於想住入佛方便智於此悉明了衆會不可說一一爲現身悉使見如來度脫無邊衆

六有三偈如化無方行

諸佛甚深智頌二如日出世間一切國土中十八普現無休息了達諸世間假名無有實衆生及世界如夢如光影於諸世間法不生分別見善離分別者亦不見分別無量無數劫解之即一念知念亦無念如是見世間無量諸國土一念悉超越經於無量劫不動於本處不可說諸劫即是須臾頃莫見脩與短究竟剎那法心住於世間世間住於心於此不妄起二非二分別衆生世界劫諸佛及佛法一切如幻化法界悉平等普於十方剎示現無量身知身從緣起頌三究竟無所著依於無十九二智出現人師子不著無二法知無二非二

七諸佛甚深下十頌三世間自在行此中玄妙宜審思之此中玄妙者大經文理篇邃多妙但文言浩博不能具釋又理玄文易故令思之既云玄妙今重畧釋初偈法喻雙操能觀之智明橫周覺永次偈達二世間假名無實即是假觀三有一偈雙離分別及無分別以成空觀四有一偈解念無念即中道觀又二即是觀三即是止四即雙運五不動遊剎於器界自在六融念劫於時自在上二事理雙遊七遣二不二善會中道遍二世間八結三世間等同法界九結能遍身十結能所不二上半無二遣二下半復遣無二若著無二即是於二有能所故故知無二非二故無所著

了知諸世間如燄如光影如響亦如夢如幻如變化如是隨順入諸佛所行處成就普賢智普照深法界衆生剎染著一切皆捨離而興大悲心普淨諸世間菩薩常正念論師子妙法清淨如虛空而興大方便見世常迷倒發心咸救度所行皆清淨普徧諸法界諸佛及菩薩佛法世間法若見其眞實一切無差別

八六頌别明智正覺世間自在行

如來法身藏普入世間中雖在於世間於世無所著譬如清淨水影像無來去法身徧世間當知亦如是如是離染著身世皆清淨湛然如虛空一切無有生知身無有盡無生亦無滅非常非無常示現諸世間除滅諸邪見開示於正見法性無來去不著我我所

九如來法身藏下五頌非身示身行法身藏者即前藏身普賢菩薩自體徧言亦同此也

譬如工幻師示現種種事其來無所從去亦無所至幻性非有量亦復非無量於彼大衆中示現量無量以此寂定心修習諸善根出生一切佛非量非無量有量及無量皆悉是妄想了達一切趣不著量無量諸佛甚深法廣大深寂滅甚深無量智知甚深諸趣菩薩離迷倒心淨常相續巧以神通力度無量衆生

十有六頌非量示量行

未安者令安安者示道場如是徧法界其心無所著不住於實際不入於涅槃如是徧世間開悟諸羣生法數衆生數了知而不著普雨於法雨充洽諸世間普於諸世界念念成正覺而修菩薩行未曾有退轉

第二即智之悲行中亦有十行一初四偈無住攝化行

世間種種身一切悉了知如是知身法則得諸佛身普知諸衆生諸劫及諸刹十方無涯際智海無不入衆生身無量一一爲現身佛身無有邊智者悉觀見一念之所知出現諸如來經於無量劫稱揚不可盡

二有四偈非身現身行

諸佛能現身處處般涅槃一念中無量舍利各差別

三一頌分布舍利行

如是未來世有求於佛果無量菩提心決定智悉知如是三世中所有諸如來一切悉能知名住普賢行

四二頌知佛大心行

如是分別知無量諸行地入於智慧處其輪不退轉微妙廣大智深入如來境入已不退轉說名普賢慧一切最勝尊普入佛境界修行不退轉得無上菩提

五三頌法輪深入行

無量無邊心各各差別業皆由想積集平等悉了知染汙非染汙學心無學心不可說諸心念念中悉知了知非一二非染亦非淨亦復無雜亂皆從自想起如是悉明見一切諸衆生心想各不同起種種世間以如是方便修諸最勝行從佛法化生得名爲普賢

六無量無邊下五頌了知根器行

衆生皆妄起善惡諸趣想由是或生天或復墮地獄菩薩觀世間妄想業所起妄想無邊故世間亦無量一切諸國土想網之所現幻網方便故一念悉能入

七三頌了世業感行

眼耳鼻舌身意根亦如是世間想別異平等皆能入一一眼境界無量眼皆入種種性差別無量不可說所見無差別亦復無雜亂各隨於自業受用其果報普賢力無量悉知彼一切一切眼境界大智悉能入如是諸世間悉能分別知而修一切行亦復無退轉

八五頌了達根境無礙行

佛說衆生說及以國土說三世如是說種種悉了知

九一頌知四種說法行而刹說等者略有三義一約通力二約融通一說一切說故

三約顯理是說菩薩觸境皆了知故則觸類成教如香飯等九有一頌者即三世間及時爲四若時分三世間則成六種若於三世各三世間則有九種總一切說即是十義從而刹等說者釋義刹及三世此義微隱故疏釋之言融通者一塵即攝一切何得刹中無說言顯理者如色即顯質礙即顯緣生即顯無常即顯無性等言則觸類成教者證顯理義如前教體中明（六二）（二十二）

過去中未來未來中現在三世互相見一一皆明了如是無量種開悟諸世間一切智方便邊際不可得

十末後二頌三世攝化行平等因竟

大方廣佛華嚴經疏鈔會本第四十九

大方廣佛華嚴經疏鈔會本第五十之一　頌三

唐于闐國三藏沙門實叉難陀　譯

唐清涼山大華嚴寺沙門澄觀撰述

如來出現品第三十七

初來意者前品明稱果之因此品辨如因之果體雖平等不壞二相先因後果義次第故亦爲答前不思議品出現念故答第二會所行問故會釋如前答第二會問者以不思議法品中出現即第二會所行故二釋名者如來是有法之人即三身十身之通稱出現是依人之法果用化用之總名如來雖見上文對出現故重辨十身皆有出現且寄三身以明然來即出現爲分人法曉喻分明故重辨之若依法身如來者即諸法如義如理常現名爲出現故文云普現一切而無所現又云體性平等不增減等若依報身乘如實道來成正覺故曰如來本性功德一時頓顯名爲出現故文云如來成正覺時於一切義無所疑惑普見一切衆生成正覺等若依化身則乘薩婆若乘來化衆生故曰如來則應機大用一時出現文云以本願力現佛身令見如來大神變又云隨其所能隨其勢力於菩提樹下以種種身成正覺等今以新佛舊成曾無二體新成舊佛法報似分無不應時故即真而應應隨性起故即應而真三佛圓融十身無礙故辨應現即顯真成若依法身下三別釋然法身經是法身出現今以出經爲報直就體上故云如理常現餘一可知新佛舊成者以報就法如出模之像本舊成故無二體新成舊佛者以法就報如金成像金似分以有未成像金故令成像竟似分二矣前對是非異此對是非一非一即非異故言以分竟無二體無不應時下第二眞應相對以辯融通法報皆眞體上常用故即眞成應用不離體故即應而眞三佛圓融下第三結融三十謂以三佛收於十佛不出三身三身既融十身即三自然無礙故辯應成下結成正義是以晉名性起性字雖是義加未爽通理以應雖從緣不違性故無不從此法界流故以淨奪染性即起故若離於緣性叵說故下加性起菩薩表所說故妄雖即性不順性故今以起義多含直云出現從性從因從真從感皆出現故若唯辨應身出現非唯失前二義亦未足顯深何能融前差別之果若以來爲現義則如來即出現持業釋也若分人法三皆如來之出現揀餘出故是以晉名下第二會品名二經品名即爲二別先會晉經初二句總標以將晉經用成前義故有是以之言雖是義加者梵本無故以應雖從緣下釋性起義順應現義於中總有六義證成性起今初立理即不相違門然出現義亦名緣起亦名性起若取相說覽緣出現故名緣起謂由衆生業感如來大悲而出現故八相成道從法性生故名性起人以從緣無性緣起即名性起又淨緣起常順於性亦名性起故云應雖從緣不違性故無不從下第二引梁論證成即相成門明性成於緣故此性起自有二義一從緣無性而爲性起二法性隨緣故名性起前段即初義今段即後義亦應云無不還證此法身故此乃緣起能成性起即是前義但前取無違今取相成是故此爲相成門也以淨奪染者第三即明相奪門亦是通妨謂有問言性起雖淨緣起通染云何緣起即是性起故爲此通謂緣起有二一染二淨淨謂如來大悲菩薩萬行等染謂衆生惑業等若以染奪淨則屬衆生故唯緣起今以淨奪染唯屬諸佛故名性起若離於緣者即第四相即門亦是通妨以謂有問言緣起約事性起約理如何相即故爲此通從緣無性方顯性起又由見緣推知性起若離於緣復論何性離緣有性是斷空故下加性起者即第五段引當經證即以人表法門妄雖即性下第六以妄隱眞門亦是解妨妨云若緣即性妄本自空當體即性何以不得染奪淨耶故爲此通淨緣順性染緣違故故瓔珞云始起一想住於緣順第一義諦爲善違背爲惡今以起義多含直云出現下第二會通今經則性起局性智現即起起含緣性故曰多含言從性者性起即法身從因者緣起緣起即報身從眞從感即是化身而從眞約

佛通於緣性謂依法身而起於化名曰從真從感約生即是緣起由上諸義故云多合

第三宗趣平等出現爲宗融差別果爲趣

爾時世尊從眉間白毫相中放大光明名如來出現無量百千億那由他阿僧祇光明以爲眷屬其光普照十方盡虛空法界一切世界右繞十帀顯現如來無量自在覺悟無數諸菩薩衆震動一切十方世界除滅一切諸惡道苦映蔽一切諸魔宮殿顯示一切諸佛如來坐菩提座成等正覺及以一切道場衆會作是事已而來右繞菩薩衆會

四正釋文文爲七分一加分二本分三請分四說分五顯名受持分六表瑞證成分七偈頌總攝分今初有二光毫光加請主後口光加說主前中三初光次加後益光中有十分三一光出處眉間者表正道離有無二邊故表無住道離真應二邊故白毫者表所出現性無垢故能詮出現諸教本故二放大下辨光名體如所說故三無量下八段皆是光業初眷屬光即是因業總攝諸法皆此生故四其光下舒業五顯現下敬業六覺悟下覺業七除滅下止業八映蔽下降伏業九顯示下示現業十作是下眷業

入如來性起妙德菩薩頂

二入如來下正明加相所以加此菩薩者如名所顯故性有二義一種性義因所起故二法性義若真若應皆此生故亦有釋云此之妙德即是文殊說此法門加性起稱此釋無違大理以文殊大智爲能顯普賢法界爲所顯共成毗盧遮那之出現故亦是解行滿故佛出現也從頂入者是加持相妙智之極方能顯故

時此道場一切大衆身心踊躍生大歡喜作如是念甚奇希有今者如來放大光明必當演說甚深大法 頌三 四

第三時此道場下加益中二先大衆同欣知法將被故

爾時如來性起妙德菩薩於蓮華座上偏袒右肩右跽合掌一心向佛而說頌言

二爾時下妙德領旨知令求說主故於中二先長行身心致敬跽者跪也

正覺功德大智出普達境界到彼岸等於三世諸如來是故我今恭敬禮

已升無相境界岸而現妙相莊嚴身放於離垢千光明破魔軍衆咸令盡 頌三 五

十方所有諸世界悉能震動無有餘未曾恐怖一衆生善逝威神力如是

虛空法界性平等已能如是而安住一切含生無數量咸令滅惡除衆垢

苦行勤勞無數劫成就最上菩提道於諸境界智無礙與一切佛同其性

後偈頌讚請十偈分二前五讚後五請前中初一總讚中餘四別讚放光中有諸因讚果讚用等文並可知

導師放此大光明震動十方諸世界已現無量神通力而復還來入我身

決定法中能善學無量菩薩皆來集令我發起問法心是故我今請法王

今此衆會皆清淨善能度脫諸世間智慧無

邊無染著如是賢勝咸來集
利益世間尊導師智慧精進皆無量今以光
明照大衆令我問於無上法
誰於大仙深境界而能真實具開演誰是如
來法長子世間尊導願顯示
後五中初一自叙得益即是領旨次偈領衆意請次偈歎衆堪聞次偈叙佛令請後偈正求說主已領佛意故不請佛
爾時如來即於口中放大光明名無礙無畏百千億阿僧祇光明以爲眷屬普照十方盡虛空等法界一切世界右繞十帀顯現如來種種自在開悟無量諸菩薩衆震動一切十方世界除滅一切諸惡道苦映蔽一切諸魔宮殿顯示一切諸佛如來坐菩提座成等正覺及以一切道場衆會作是事已而來右繞菩薩衆會入普賢菩薩摩訶薩口其光入已普賢菩薩身及師子座過於本時及諸菩薩身座百倍唯除如來師子之座
第二口光加說主者示所請故文中三初光次加後益今初亦十一出處口放者表教道傳通故二光明令得無礙辨不畏大衆及深理故餘如前辨二入普下加中入口者教以口傳故如佛說故加普賢者是普賢行之果故所證法界由理顯故三其光入下明益中唯除如來揀師資故
爾時如來性起妙德菩薩問普賢菩薩摩訶薩言佛子佛所示現廣大神變令諸菩薩皆生歡喜不可思議世莫能知是何瑞相普賢菩薩摩訶薩言佛子我於往昔見諸如來應正等覺示現如是廣大神變即說如來出現法門如我惟忖今現此相當說其法說是語時一切大地悉皆震動出生無量問法光明
第二爾時下本分中三初徵事而問次引例以答答即是本後說是語下表瑞證成願說希奇纔聞其名已有徵故大地動者大法將顯大感將傾故出問法光者寘加智慧助發請故
時性起妙德菩薩問普賢菩薩言佛子菩薩摩訶薩應云何知諸佛如來應正等覺出現之法願爲我說佛子此諸無量百千億那由他菩薩衆會皆久修淨業念慧成就到於究竟大莊嚴岸具一切佛威儀之行正念諸佛未曾忘失大悲觀察一切衆生決定了知諸大菩薩神通境界已得諸佛神力所加能受一切如來妙法具如是等無量功德皆以來集佛子汝已曾於無量百千億那由他佛所承事供養成就菩薩最上妙行於三昧門皆得自在入一切佛祕密之處知諸佛法斷衆疑惑爲諸如來神力所加知衆生根隨其所樂爲說真實解脫之法隨順佛智演說佛法到於彼岸有如是等無量功德善哉佛子願說如來應正等覺出現之法身相言音心意境界所行之行成道轉法輪乃至示現入般涅槃見聞親近所生善根如是等事願皆爲說
第三時性起下請分中有長行與偈前中四一總舉法請二佛子此諸下歎衆堪聞三佛子汝已下歎說主具德四善哉下標章別請前二可知三中別歎十事一供多佛必曾聞故二成妙行曾已修故三定自

在有所依故四親證入故五知教道故六除他疑故七上力加故八審根器故九能隨說故十順智到彼岸得意深故有如是下總結既有說德堪宜說故第四標章別請中初句讚善躡前三段後列十事以顯無盡一如來出現之法此是總相總集多緣成出現法法含持軌餘九是別初三即三業祕密四境即智之所緣亦分齊境五依境修行通因通果六成菩提道七成轉法輪八應必示涅槃九若存若亡見聞皆益備斯九事一化始終有云初一所依之法餘九能依之德亦有斯理如是下結請

時如來性起妙德菩薩欲重明此義向普賢菩薩而說頌曰

善哉無礙大智慧善覺無邊平等境願說無量佛所行佛子聞已皆欣慶

菩薩云何隨順入諸佛如來出興世云何身語心境界及所行處願皆說

云何諸佛成正覺云何如來轉法輪云何善逝般涅槃大眾聞已心歡喜

若有見佛大法王親近增長諸善根願說彼諸功德藏眾生見已何所獲

若有得聞如來名若現在世若涅槃於彼福藏生深信有何等利願宣說

第二爾時下偈請十偈分三初一讚德標請頌前第三段次四舉法別請頌第四段

此諸菩薩皆合掌瞻仰如來仁及我大功德海之境界淨眾生者願爲說

願以因緣及譬喻演說妙法相應義眾生聞已發大心疑盡智淨如虛空

如徧一切國土中諸佛所現莊嚴身願以妙音及因喻示佛菩提亦如彼

十方千萬諸佛土億那由他無量劫如今所集菩薩眾於彼一切悉難見此諸菩薩咸恭敬於微妙義生渴仰

願以淨心具開演如來出現廣大法

三有五偈歎德勸請通頌後三段於中初偈總讚請次二偈勸說之方以法深難領故請說因喻次一偈半歎眾堪聞末後半偈結請所說淨心顯無說過具演文義周圓

爾時普賢菩薩摩訶薩告如來性起妙德等諸菩薩大眾言佛子此處不可思議

第四說分大分爲二初別答十問後佛子如來以一切譬下總以結酬今初十段答前十問各有長行偈頌一一具十今初答出現之法長行中二初標告歎深

所謂如來應正等覺以無量法而得出現

二所謂下隨義別顯於中三初法說深廣酬前因緣二佛子譬如下喻明深廣雙酬因喻後佛子至知如來出現下總結成益結上十喻初中分三謂標釋結今初總標多因成出現果

何以故非以一緣非以一事如來出現而得成就以十無量百千阿僧祇事而得成就

二何以下釋於中二先徵以總釋後何等爲下徵數別明今初先反釋緣約能成之緣事即所成因體後以十下順釋向言無量乃是總相今明有十箇無量以顯無盡理實則有百千阿僧祇數無量此十無量

皆徧十喻言百千者古人云以十無量入中十喻成百以後結中十句一一結前百門爲千其中更有別義方成無量今以下列十中門門皆云無量則不俟相入是知百千之言但是數之總稱耳

何等爲十所謂過去無量攝受一切衆生菩提心所成故過去無量清淨殊勝志樂所成故過去無量救護一切衆生大慈大悲所成故過去無量相續行願所成故過去無量修諸福智心無厭足所成故過去無量供養諸佛教化衆生所成故過去無量智慧方便清淨道所成故過去無量清淨功德藏所成故過去無量莊嚴道智所成故過去無量通達法義所成故

二徵數別明中一始發大心誓期出現故此心何相二明上求勝志三明下化慈悲四行以續願此行謂何五明不出福智六別顯福嚴七別明智嚴八淨前功德九嚴前智慧所謂方便道教道證道無住道正道助道一道二道等皆莊嚴故十窮究法源真實智故

佛子如是無量阿僧祇法門圓滿成於如來、

三佛子如是下結中既皆過去積因多法圓滿令二利果一時出現故出現言通直通應

佛子譬如三千大千世界非以一緣非以一事而得成就以無量緣無量事方乃得成

第二喻明深廣中十喻各三謂喻合結喻酬譬喻合酬因緣故文云非以一緣一事而得出現又前法說多約往因此中合文多約現緣十中一、大千興造喻此喻爲總總喻衆緣以成出現故云以無量緣等下說雲雨皆此所霔初喻中四一總辨多緣二別顯緣相三顯被因起四性相結成今初先反後順緣即因緣如衆生業及風雨等事即事相謂如所持水及宮殿等

所謂興布大雲降霔大雨四種風輪相續爲依其四者何一名能持能持大水故二名能消能消大水故三名建立建立一切諸處所故四名莊嚴莊嚴分布咸善巧故

二所謂下別顯中先雲雨上霔後風輪下持一能持者若無此輪雨無停處二水若不滅凝起天宮三水雖已滅假此成立謂滅一節水起一重天如嚴冬急流重重冰結四雖起總處無別莊嚴故須第四

如是皆由衆生共業及諸菩薩善根所起令於其中一切衆生各隨所宜而得受用

三如是皆由下顯彼因起謂上雲等略由二因一衆生外增上業言共業者謂多有情應生此界共業同變於中有四句謂共中共等一衆生者揀異內異熟業謂多有情者即唯識論釋初能變中處之一字論云所言處者謂異熟識由共相種成熟力故變似色等器世間相即外大種及所造色雖諸有情所變各別而相相似處所無異如衆燈明各遍似一釋曰此釋共變之義相似名共論又云誰異熟識變爲此相有義一切所以者何如契經說一切有情業增上力共所起故有義不許乃至云經依少分說一切言諸業同者皆共變故釋曰此揀通局即令疏文疏依此義云應生此界故下經云各隨所宜而得受用若不應生豈安樂界所有衆生變爲此界之攝土耶於中有四者即唯識第二引瑜伽論說共不共中各有二種共中二者一共中共如山河等非唯一趣獨能用故二共中不共如己田宅及鬼所見爲水大等即於彼境非互用也不共中二者一不共中不共如眼等根唯自識依用之緣境非他依故二不共中共如自浮塵根他亦

受用故根即不耳二菩薩善根此有二意一約同
居謂地前菩薩二約能化謂隨諸衆生應
以何國起菩薩根等便修彼因以取彼國
故有衆生類即菩薩佛國令於其中下顯
受用果謂先成器界後起衆生依之而住
頌三如俱舍婆沙等辨一約同居者地前菩薩十三未生受用同居變化亦以善業共變此土二約能化者即淨名意能化菩薩非自業成以大悲故取土攝生及衆生之類皆淨名經並如世界成就品引謂先成器界者俱舍十二云壞從獄不生至外器都盡成劫從風起至地獄初生論釋云謂成劫中初一劫起器世間後十九劫起有情漸住壞中後劫壞於器界前十九劫有情漸捨二十中劫初劫雖滅後劫雖增然此二時等中十八成壞時量法爾先成必在後壞各隨所宜
者謂水族衆生得水受用等又人羅刹宫
殿無疑菩薩衆生淨穢同居
佛子如是等無量因緣乃成三千大千世界
法性如是無有生者無有作者無有知者無
有成者然彼世界而得成就
第四佛子如是下性相結成中先結前生
後後法性如是下正結此句爲總此法性
言通於性相無有生下別顯性空亦遮其
妄計謂非冥性微塵等生非自在梵王等
作無神我能知上三顯能作空無有成者
顯所作空雖能所俱空不礙相有故云而
得成就如是無礙爲法性如是
如來出現亦復如是非以一緣非以一事而
得成就以無量因緣無量事相乃得成就所
謂曾於過去佛所聽聞受持大法雲雨因此
能起如來四種大智風輪何等爲四一者念
持不忘陀羅尼大智風輪能持一切如來大
法雲雨故二者出生止觀大智風輪能消竭
一切煩惱故三者善巧迴向大智風輪能成
就一切善根故四者出生離垢差別莊嚴大
智風輪令過去所化一切衆生善根清淨成
就如來無漏善根力故如來如是成等正覺
法性如是無生無作而得成就佛子是爲如
來應正等覺出現第一相菩薩摩訶薩應如
是知
次合中略不合第三顯彼所因以次下二
喻自別合故合四輪中前三是因後一二
利果滿因圓果滿佛出現故一品之内多
以依喻正者非唯義類相似實則外由内
變故令外器全似於内是以上云菩薩善
根所起衆生共業所生等華藏品中已略
開顯一品之中下總顯喻意
復次佛子譬如三千大千世界將欲成時大
雲降雨名曰洪霔一切方處所不能受所不
能持唯除大千界將欲成時佛子十四如來應正
等覺亦復如是興大法雲雨大法雨名成就
如來出現一切二乘心志狹劣所不能受所
不能持唯除諸大菩薩心相續力佛子是爲
如來應正等覺出現第二相菩薩摩訶薩應
如是知
第二洪霔大千喻此之雲雨即前喻中興
雲降雨正喻出現法門廣大難知周十方
故言心相續力者若約信受但是圓機堅
種相續能受深旨若約具受則八地已上
得無盡陀羅尼方能受持乃至十地方受
如來雲雨說法是以文言除大菩薩由初
義故但揀二乘廣大難知者下結文䟽以十句各結一喻文皆暗用可以意得
復次佛子譬如衆生以業力故大雲降雨來

無所從去無所至如來應正等覺亦復如是以諸菩薩善根力故興大法雲雨大法雨亦無所從來無所至去佛子是爲如來應正等覺出現第三相菩薩摩訶薩應如是知

第三雲雨無從喻菩薩善根如生共業感彼出現法雲法雨機感而現非先有一方所從彼而來機謝而去亦非歸至舊所故體無生滅體無生滅下結文結第三也

復次佛子譬如大雲降霔大雨大千世界一切衆生無能知數若欲筭計徒令發狂唯大千世界主摩醯首羅以過去所修善根力故乃至一滴無不明了佛子如來應正等覺亦復如是興大法雲雨大法雨一切衆生聲聞獨覺所不能知若欲思量心必狂亂唯除一切世間主菩薩摩訶薩以過去所修覺慧力故乃至一文一句入衆生心無不明了佛子是爲如來應正等覺出現第四相菩薩摩訶薩應如是知

第四大雨難知喻喻深非心境故古云教廣行大因深果遠故非預二乘亦不乖理但是大機即世間主無能所行即能知之

復次佛子譬如大雲降雨之時有大雲雨名爲能滅能滅火災有大雲雨名爲能起能起大水有大雲雨名爲能止能止大水有大雲雨名爲能成能成一切摩尼諸寶有大雲雨名爲分別分別三千大千世界佛子如來出現亦復如是興大法雲雨大法雨有大法雨名爲能滅能滅一切衆生煩惱有大法雨名爲能起能起一切衆生善根有大法雨名爲能止能止一切衆生見惑有大法雨名爲能成能成一切智慧法寶有大法雨名爲分別分別一切衆生心樂佛子是爲如來應正等覺出現第五相菩薩摩訶薩應如是知

第五大雨成敗喻況佛滅惑成德喻中初一即壞界之時三即以水止水合中初二滅惑成福次二滅障成智即止觀雙運後一權智照機又無二同二乘無三同外道無四增無明無五非種智此即分上總中法雨令差

復次佛子譬如大雲雨一味水隨其所雨無量差別如來出現亦復如是雨於大悲一味法水隨宜說法無量差別佛子是爲如來應正等覺出現第六相菩薩摩訶薩應如是知

第六一雨隨別喻喻佛一味隨器隨器即合前差別

復次佛子譬如三千大千世界初始成時先成色界諸天宮殿次成欲界諸天宮殿次成於人及餘衆生諸所住處佛子如來出現亦復如是先起菩薩諸行智慧次起緣覺諸行智慧次起聲聞善根諸行智慧次起其餘衆生有爲善根諸行智慧佛子譬如大雲雨一味水隨諸衆生善根異故所起宮殿種種不同如來大悲一味法雨隨衆生器而有差別佛子是爲如來應正等覺出現第七相菩薩摩訶薩應如是知

第七勝處先成喻喻佛勝緣先濟德文中先正明後佛子譬如下牒以釋疑先成由業力法異由機殊不乖第六一味

復次佛子譬如世界初欲成時有大水生徧滿三千大千世界生大蓮華名如來出現功

德寶莊嚴徧覆水上光照十方一切世界時
摩醯首羅淨居天等見是華已即決定知於
此劫中有爾所佛出興于世佛子爾時其中
有風輪起名善淨光明能成色界諸天宮殿
有風輪起名淨光莊嚴能成欲界諸天宮殿
有風輪起名堅密無能壞能成大小諸輪圍
山及金剛山有風輪起名勝高能成須彌山
王有風輪起名不動能成十大山王何等爲
十所謂佉陀羅山仙人山伏魔山大伏魔山
持雙山尼民陀羅山目真隣陀山摩訶目真
隣陀山香山雪山有風輪起名爲安住能成
大地有風輪起名爲莊嚴能成地天宮殿龍
宮殿乾闥婆宮殿有風輪起名無盡藏能成
三千大千世界一切大海有風輪起名普光
明藏能成三千大千世界諸摩尼寶有風輪
（頌三）（十八）
起名堅固根能成一切諸如意樹佛子大雲
所雨一味之水無有分別以衆生善根不同
故風輪不同風輪差別故世界差別
第八事別由因喻喻佛成辦大事德亦是
德殊由智喻喻中分三初蓮華表佛總中

略無名出現者表佛現故而言大者準五
卷大悲經第三云有千葉故光照十方者
金色光也言爾所佛者有千枝華表千佛
故故劫名賢賢善多故餘多同北二佛子
爾時下風輪起處者即有力遏持廣前建
立風輪三佛子大雲下結因有屬準五卷大悲者經云阿難何故名爲賢劫阿難此三千大千世界劫欲成時盡爲一水淨居天子以天眼觀見此世界唯一大水見有千枝諸妙蓮華一一蓮華各有千葉甚可愛樂彼淨居天子因見此華心生歡喜踊躍無量而皆讚言奇哉奇哉希有希有如此劫中當有千佛出興於世以是因緣遂名此劫號之爲賢我滅度後當有九百九十六佛
佛子如來出現亦復如是具足一切善根功
德放於無上大智光明名不斷如來種不思
議智普照十方一切世界與諸菩薩一切如
來灌頂之記當成正覺出興於世佛子如來
出現復有無上大智光明名清淨離垢能成
（頌三）（十九）
如來無漏無盡智復有無上大智光明名普
照能成如來普入法界不思議智復有無上
大智光明名持佛種性能成如來不傾動力
復有無上大智光明名迴出無能壞能成如
來無畏無壞智復有無上大智光明名一切

神通能成如來諸不共法一切智智復有無
上大智光明名出生變化能成如來令見聞
親近所生善根不失壞智復有無上大智光
明名普隨順能成如來無盡福德智慧之身
爲一切衆生而作饒益復有無上大智光明
名不可究竟能成如來甚深妙智隨所開悟
令三寶種永不斷絕復有無上大智光明名
種種莊嚴能成如來相好嚴身令一切衆生
皆生歡喜復有無上大智光明名不可壞能
成如來法界虛空界等殊勝壽命無有窮盡
二合中亦三先合蓮華表佛喻於中一切
善根功德合上大水徧滿放於下合生蓮
華謂不斷種性如華表佛故普照十方合
上光照十方與諸菩薩下合知佛當出第
二佛子下合風輪起處喻此十智光次第
合前所成唯果德能成通因果又能成即
實之權所成唯差別之德故下結云同一
體等次第合前者一清淨離垢光合善淨光明風輪此約能成若約所成義類亦同此一能成如來無漏無盡智合成色界色界離於欲通故如無漏四禪不壞如無盡也二普照光合淨莊嚴風輪三持佛種性合堅密無能壞四迴出無能壞合勝

高輪五一切神通合不動輪六出生變化台安住輪七普賢順合莊嚴輪八不可究竟合無盡藏九種種莊嚴合普光明藏十不可壞合堅固根其所成德可以意取所成雖果德雖釋於法如無漏無盡智不傾動力等皆果德也能成遠因果未如持佛種性一切神通皆通因果

佛子如來大悲一味之水無有分別以諸衆生欲樂不同根性各別而起種種大智風輪令諸菩薩成就如來出現之法佛子一切如來同一體性大智輪中出生種種智慧光明佛子汝等應知如來於一解脫味出生無量不可思議種種功德衆生念言此是如來神力所造佛子此非如來神力所造佛子乃至一菩薩不於佛所曾種善根能得如來少分智慧無有是處但以諸佛威德力故令諸衆生具佛功德而佛如來無有分別無成無壞無有作者亦無作法佛子是爲如來應正等覺出現第八相頌三菩薩摩訶薩應二十如是知

第三佛子如來下合結因有屬於中三一結因即能成之智合上一味之水風輪不同此輪由一節水減一重輪生如澄水沂令推能成由一味大悲二佛子一切下結果即所成之大智從一實之智隨權而生合上風輪差別故世界差別三佛子汝等下結緣即由衆生異合上以衆生善根不同兼釋外疑於中又三初牒前正理一解脫味即能成之水水具二義悲及解脫二文影略種種功德通能所二智二衆生念頌三言舉外疑情然感應之道略有三義一互相成二互相奪三緣成性空今衆生以緣千一奪因純推佛力失因緣義以緣奪因者此中化生以衆生自力爲因佛力爲緣餘可思準三佛子此非下如來爲釋於中初以因奪緣一向言非次但以下爲說正義初句因緣相成後而佛下有二義一成上因緣雖隨衆生心無分別二成第三義了性空故緣成故無成無成故無壞所成既空何有能成作者及作法耶

復次佛子如依虛空起四風輪能持水輪何等爲四一名安住二名當住三名究竟四名堅固此四風輪能持水輪水輪能持大地令不散壞是故說地輪依水輪水輪依風輪風輪依虛空虛空無所依雖無所依能令三千大千世界而得安住

第九四輪相依喻況佛體用依持德亦廣建立風之别義喻中二先明能持之風有四者一一時持水名安住二多時不動名常住三與劫齊量四體性堅密是以俱舍云假使有一大諾健那以金剛輪奮威懸擊金剛有碎風輪無損其量廣無數厚十六洛叉彼但有一與此不同二此四下四輪相依準俱舍論次上水輪厚八洛叉億也次上更有金輪厚三億二萬由旬然其世界或說三輪成謂風水金或說五輪謂下加虛空上加大地今欲稱法合成四輪則地中含金金亦地故大諾健那者此云露形也其量廣無數厚十六洛叉是俱舍頌上二句云安立器世間風輪最居下

佛子如來出現亦復如是依無礙慧光明起佛四種大智風輪能持一切衆生善根何等爲四所謂普攝衆生皆令歡喜大智風輪建立正法令諸衆生皆生愛樂大智風輪守護一切衆生善根大智風輪具一切方便通達無漏界大智風輪是爲四佛子諸佛世尊大

慈救護一切衆生大悲度脫一切衆生大慈大悲普徧饒益然大慈大悲依大方便善巧大方便善巧依如來出現如來出現依無礙慧光明無礙慧光明無有所依佛子是爲如來應正等覺出現第九相菩薩摩訶薩應如是知

二合中先合能持四風有配四攝義則少似既合以如來出現則成太局今謂一未信入者以四攝普攝示以正理二已信受者建立教法三已入法者令其成行四已成行者令其得果二佛子下合四輪相依一慈悲合地能厚載故二方便合水曲隨器故出現合風力能持故無礙合空如空無礙故淨名云其無礙慧無若干故文意雖但取展轉相依不妨有似其事若準偈中慈悲之前有一切佛法以況樹林則五重相依故淨名云者即菩薩行品經前佛事竟便明諸佛功德平等云阿難汝見諸佛國土地有若干而虛空無若干也汝見諸佛色身有若干其無礙慧無若干也

復次佛子譬如三千大千世界既成就已饒益無量種種衆生所謂水族衆生得水饒益陸地衆生得地饒益宮殿衆生得宮殿饒益虛空衆生得虛空饒益如來出現亦復如是種種饒益無量衆生所謂見佛生歡喜者得歡喜益住淨戒者得淨戒益住諸禪定及無量者得聖出世大神通益住法門光明者得因果不壞益住無所有光明者得一切法不壞益是故說言如來出現饒益一切無量衆生佛子是爲如來應正等覺出現第十相菩薩摩訶薩應如是知

第十大千饒益喻況佛利世德別顯總中一切衆生各隨所宜而得受用合中次第合前四益見佛生喜如魚得潤故戒如平地萬善由生故定如宮室得安息故慧如虛空不可壞故於中二句初不壞事後不壞理

佛子菩薩摩訶薩知如來出現則知無量知成就無量行故則知廣大知周徧十方故則知無來去知離生住滅故則知無行無所行知離心意識故則知無身知如虛空故則知平等知一切衆生皆無我故則知無盡知徧一切刹無有盡故則知無退知盡後際無斷絕故則知無壞知如來智無有對故則知無二知平等觀察爲無爲故則知一切衆生皆得饒益本願迴向自在滿足故

第三總結成益中有十一句各別結上十門以九十二句結第九門故有十一一多因出現故二廣故難受三無生故無從四非心識故思必發狂五如空故惑見雙亡六平等無我故一味七由無盡故諸乘徧化八後際無斷故佛種不斷九無對即無礙慧十爲無爲平等即攝三輪歸無礙慧十一本爲衆生故今利益滿足若將一一通前十門未爲得意若將一一下結彈古釋

大方廣佛華嚴經疏鈔會本第五十之一

大方廣佛華嚴經疏鈔會本第五十之二　煩四

唐于闐國三藏沙門實叉難陀　譯

唐清涼山大華嚴寺沙門澄觀撰述

爾時普賢菩薩摩訶薩欲重明此義而説頌言

十力大雄最無上譬如虛空無等等境界廣大不可量功德第一超世間

第二偈頌三十七頌分三初十四頌歎深許説次二十二頌頌上十諭後一頌結説無盡不頌上文今初分二前十一頌歎深難量後三頌誡聽許説今初亦二初偈總歎頌前標告不思議言後十別歎即次第頌前總結十一句亦第九偈頌九十二句結既結諭今此亦即通頌前諭諭則性相雙明此中多就性説古稱性起彌復有由

十力功德無邊量心意思量所不及人中師子一法門衆生億劫莫能知

一無邊量即無量義

十方國土碎爲塵或有筭計知其數如來一毛功德量千萬億劫無能説

二一毛叵量即廣大義

如人持尺量虛空復有隨行計其數虛空邊際不可得如來境界亦如是

三空際叵得即無生義然唯此第三偈似頌第五如空第六偈似頌第三無生滅然取義不同故皆案次

或有能於刹那頃悉知三世衆生心設經衆生數等劫不能知佛一念性

四不能知者離心識故

譬如法界徧一切不可見取爲一切十力境界亦復然徧於一切非一切

五徧於一切非一切者即如空義

眞如離妄恒寂靜無生無滅普周徧諸佛境界亦復然體性平等不增減

六體性平等即平等無我義

譬如實際而非際普在三世亦非普導師境界亦如是徧於三世皆無礙

七前徧諸刹此徧三世文綺互耳

法性無作無變易猶如虛空本清淨諸佛性淨亦如是本性非性離有無

八無變易故盡後際

法性不在於言論無説離説恒寂滅十力境界性亦然一切文辭莫能辯

九離言説故無二無對

了知諸法性寂滅如鳥飛空無有跡以本願力現色身令見如來大神變

十本願現身故能成益

若有欲知佛境界當淨其意如虛空遠離妄想及諸取令心所向皆無礙

是故佛子應善聽我以少譬明佛境十力功德不可量爲悟衆生今略説

導師所現於身業語業心業諸境界轉妙法輪般涅槃一切善根我今説

第二誡聽許説中分二初一誡聽勸修淨意如空總以喻顯下二句別顯一離妄取如彼淨空無雲翳故斯即眞止二觸境無滯如彼淨空無障礙故斯即眞觀此觀不作意以照境則所照無涯此止體性離而息妄故諸取皆寂若斯則不拂不瑩而自淨矣無淨之淨則闇踣佛境矣此爲心要

謂後學思行總以喻顯下此中有深上觀宜審思之後二偈
許說分齊於中初半偈結前生後後偈半
正示分齊牒舉十門略無行者三業攝故
闕正覺者導師中攝或復略無
譬如世界初安立非一因緣而可成無量方
便諸因緣成此三千大千界
如來出現亦如是無量功德乃得成剎塵心
念尚可知十力生因莫能測
譬如劫初雲澍雨而起四種大風輪衆生善
根菩薩力成此三千各安住
十力法雲亦如是起智風輪清淨意昔所迴
向諸衆生普導令成無上果
如有大雨名洪澍無有處所能容受唯除世
界將成時清淨虛空大風力
如來出現亦如是普雨法雨充法界一切劣
意無能持唯除清淨廣大心
譬如空中澍大雨無所從來無所去作者受
者悉亦無自然如是普充洽
十力法雨亦如是無去無來無造作本行為
因菩薩力一切大心咸聽受

譬如空雲澍大雨一切無能數其滴唯除三
千自在王具功德力悉明了
善逝法雨亦如是一切衆生莫能測唯除於
世自在人明見如觀掌中寶
譬如空雲澍大雨能滅能起亦能斷一切珍
寶悉能成三千所有皆分別
十力法雨亦如是滅惑起善斷諸見一切智
寶皆使成衆生心樂悉分別
譬如空中雨一味隨其所雨各不同豈彼雨
性有分別然隨物異法如是
如來法雨非一異平等寂靜離分別然隨所
化種種殊自然如是無邊相
譬如世界初成時先成色界天宮殿次及欲
天次人處乾闥婆宮最後成
如來出現亦如是先起無邊菩薩行次化樂
寂諸緣覺次聲聞衆後衆生
諸天初見蓮華瑞知佛當出生歡喜水緣風
力起世間宮殿山川悉成立
如來宿善大光明巧別菩薩與其記所有智
輪體皆淨各能開示諸佛法

譬如樹林依地有地依於水得不壞水輪依
風風依空而其虛空無所依
一切佛法依慈悲慈悲復依方便立方便依
智智依慧無礙慧身無所依
譬如世界既成立一切衆生獲其利地水所
住及空居二足四足皆蒙益
法王出現亦如是一切衆生獲其利若有見
聞及親近悉使滅除諸惑惱
第二頌前十喻即為十段初喻四頌以是
總故餘九各二今初文二前二頌總顯多
緣後二頌別顯緣相其第九喻合云方便
依智者智即頌前出現然初無礙慧是佛
實智中二皆權於中智即知事方便隨機
合上即權實無礙對初即悲智雙游
如來出現法無邊世間迷惑莫能知為欲開
悟諸含識無譬喻中說其譬
三結說無盡
佛子諸菩薩摩訶薩應云何見如來應正等
覺身
第二別答出現九門先明身業後八依故

長行中二先標舉

佛子諸菩薩摩訶薩應於無量處見如來身何以故諸菩薩摩訶薩不應於一法一事一身一國土一衆生見於如來應徧一切處見於如來

後佛子諸菩薩下釋相於中三初就法總明次約喻别顯後就法總結然總中五徧通喻中十身結中十句别結十喻亦同前出現今初分四一總教廣見二何以故徵其所由三諸菩薩下反釋所以四應徧一切下順以結酬就反釋中總舉五法法是所知法界及調伏法事是調伏衆生行事故晉經名行身即是正國土是依生是所化四順結中應翻上五成五無量界身爲能徧四爲所徧一徧法界二徧調伏界三徧調伏加行界四徧世界五徧衆生界唯有五界非是畧也唯有五界者結示正義非是畧也彈於古釋古云應有十句但文畧耳故今彈之第二佛子譬如下約喻别顯中明如來出現有十種身一周徧十方身二無著無礙身三普入成益身四平等隨應身五無生潛益身六圓迴等住身七無心普應身八窮盡後際身九嚴剎益生身十嚴好滿願身此即八地十身而爲次不同一法身二智身三威勢四菩提五莊嚴六意生七化八力持九福德十願四是菩提者初成先照故偈云日光出現故五莊嚴者一一毛孔隨好光明以莊嚴故餘文並顯顯此十身舉十喻況一一喻中文各有三謂喻合結明如來者疏文有四一正科經文二此即下會釋十身三四是下隨難重釋四一一下釋文此亦古德同迷之處不知此十即十身故

佛子譬如虛空徧至一切色非色處非至非不至何以故虛空無身故如來身亦如是徧一切處徧一切衆生徧一切法徧一切國土非至非不至何以故如來身無身故爲衆生故示現其身佛子是爲如來身第一相諸菩薩摩訶薩應如是見

今初虛空周徧喻況周徧十方身故下結云以其心無量徧十方故喻中先直示後徵釋徵云至不至别何得俱耶以一無身釋上二義由無身故無可得至亦以無故無所不至如色中空空若有身身即質聚便礙於色如鐵入水水不入鐵今由無身故徧入色中法準喻知此以事空以況理空理空即是法身故經偈云佛以法爲身清淨如虛空故爲衆生下此釋外疑

復次佛子譬如虛空寬廣非色而能顯現一切諸色而彼虛空無有分别亦無戲論如來身亦復如是以智光明普照明故令一切衆生世出世間諸善根業皆得成就而如來身無有分别亦無戲論何以故從本已來一切執著一切戲論皆永斷故佛子是爲如來身第二相諸菩薩摩訶薩應如是見

第二空無分别喻況無著無礙身故經結云所行無礙如虛空故空無分别不礙顯色智無分别不礙利生

復次佛子譬如日出於閻浮提無量衆生皆得饒益所謂破闇作明變濕令燥生長草木成熟穀稼廓徹虛空開敷蓮華行者見道居者辦業何以故日輪普放無量光故佛子如

來智日亦復如是以無量事普益衆生所謂滅惡生善破愚為智大慈救護大悲度脫令其增長根力覺分令生深信捨離濁心令得見聞不壞因果令得天眼見歿生處令心無礙不壞善根令智修明開數覺華令其發心成就本行何以故如來廣大智慧日身放無量光普照耀故佛子是為如來身第三相諸菩薩摩訶薩應如是見

第三日光饒益喻喻普入成益身普入法界故喻合皆有總別釋成合中別內有十種益合前八句初二合初句世出世異故三拔四流之苦與出世之樂拯二乘沉定水之苦與菩提樂皆變濕令燥之義四道品通長三乘草木五信有二義一成上義信能增長一切法故八二合成熟信能必到疏四如來地故六七二句合廓徹虛空一得見聞四諦因果智二得三明十力智如空有日廓淨照徹故八有二義令心無礙成上徹空不壞善根成下蓮華如亦蓮華不遇日光翳死無疑三乘善根若遇智日則便不壞九正合開華上已開不壞今未開今開十合後二句發菩提心即見大道成就本行是辨家業初二合初句世出世異故者謂初二句皆合破暗作明初句滅惡生善即世間破暗作明惡即黑暗善即明故後句破愚為智即是出世破暗作明三拔四流之苦即大慈救護大悲度脫合變濕令燥四流是濕出世是燥九定水是濕菩提疏四是燥不沉定水故道品通長下合上生長草木三乘草木即藥草喻品三草二木初會已引

復次佛子譬如日出於閻浮提先照一切須彌山等諸大山王次照黑山次照高原然後普照一切大地日不作念我先照此後照於彼但以山地有高下故照有先後如來應正等覺亦復如是成就無邊法界智輪常放無礙智慧光明先照菩薩摩訶薩等諸大山王次照緣覺次照聲聞次照決定善根衆生隨其心器示廣大智然後普照一切衆生乃至邪定亦皆普及為作未來利益因緣令成熟故而彼如來大智日光不作是念我當先照菩薩大行乃至後照邪定衆生但放光明平等普照無礙無障無所分別

第四日光等照喻喻平等隨應身由住真際故無私平等文中二先正喻後重舉釋疑前中黑山喻緣覺者無法空之光故不出功德故不同菩薩十大山王表十地故高原喻聲聞者不生佛法蓮華故大地一種通含、三聚取決定能生處喻正定聚得緣方生喻不定聚砂鹵等地喻邪定聚然亦不捨故皆等照高原喻聲聞者淨名第二云譬如高原陸地不生蓮華卑濕淤泥乃生此華如是聲聞諸結斷者於佛法中無所復益煩惱泥中乃有衆生出佛法矣前亦已引故法華經法師品內穿鑿高原亦況聲聞

佛子譬如日月隨時出現大山幽谷普照無私如來智慧亦復如是普照一切無有分別隨諸衆生根欲不同智慧光明種種有異佛子是為如來身第四相諸菩薩摩訶薩應如是見

後釋疑云日光是一佛智萬殊豈為同喻釋云豈不向說但隨山地有高下耶故知但隨衆生智慧不同佛無私智無若干也未違前喻又既約機說異則照高未能兼下照下而猶照高又若捨化先捨於小次捨於中唯菩薩高山盡日常照思之又既約機

者如照高山未照黑山若照黑山即照高山謂說華嚴是照高山二乘不預說阿含等菩薩常聞等餘例可知又若捨化下約會權歸實然經但有先照高言無有後照高山之語今以義求必有之矣會權歸實先當人天非出離故如平地落照次捨聲聞令自悟故如高無光次捨緣覺令起悲故如黑山捲曜次捨三乘歸一乘故如山銜夕陽故先大後小即從本流末於一佛乘分別說三等捨小歸大即攝末歸本則二義皆具

頌四 十

復次佛子譬如日出生盲眾生無眼根故未曾得見雖未曾見然為日光之所饒益何以故因此得知晝夜時節受用種種衣服飲食令身調適離眾患故

第五日益生盲喻喻佛無生潛益身有目者觀非是獨為生盲不見亦未曾滅以潛益故

如來智日亦復如是無信無解毀戒毀見邪命自活生盲之類無信眼故不見諸佛智慧日輪雖不見佛智慧日輪亦為智日之所饒

頌四 十一

益何以故以佛威力令彼眾生所有身苦及諸煩惱未來苦因皆消滅故

合中二先略後廣略中五事皆盲而無信為總故云無信眼故此即涅槃闡提三罪無信斷善即一闡提無解毀見即謗方等毀戒邪命即犯四重禁作五逆罪此四至惡猶有佛性亦為饒益令離苦集界中五事皆盲等者亦通外難謂有問言五事皆盲何不言無解眼等答意可知此即涅槃下會涅槃第九初明三罪最重有涅槃因不枕闡提後聖行品下收闡提云一闡提人雖斷善根猶有佛性故總收之此四明至惡不捨言三罪者一謗方等經二犯四重三作五逆罪此三未必撥無因果撥無因果即一闡提令離苦集者現在身苦為苦果也及諸煩惱未來苦因義兼惑業上二皆集

佛子如來有光明名積集一切功德有光明名普照一切有光明名清淨自在照有光明名出大妙音有光明名普解一切語言法令他歡喜有光明名示現永斷一切疑自在境界有光明名無住智自在普照有光明名永斷一切戲論自在智有光明名隨所應出妙音聲有光明名出清淨自在音莊嚴國土成熟眾生佛子如來一一毛孔放如是等千種光明五百光明下方五百光明普照上方種種剎中種種佛所諸菩薩眾

後佛子如來下廣顯中二先能益光後所益眾今初二先列十光後結分齊今初十中初三成二莊嚴慧中二句一普照事一照淨理次三成三慧初二成聞慧後一成思修後四成四智大圓鏡智無住普照故平等性智絕戲論故妙觀察智隨應演故成所作智嚴土化生故佛子下結數分齊以日有千光故結云千實乃無數五百照下者五位自分行五百照上者五位勝進行

其菩薩等見此光明一時皆得如來境界十頭十眼十耳十鼻十舌十身十手十足十地十智皆悉清淨彼諸菩薩先所成就諸處諸地見彼光明轉更清淨一切善根皆悉成熟趣一切智住二乘者滅一切垢其餘一分生盲眾生身既快樂心亦清淨柔輭調伏堪修念智

頌四 十二

二其菩薩下所益中有四初益菩薩二益二乘三益生盲四益惡趣菩薩有二種益一益圓機頓證佛境二益權機令熟權趣實諸處謂五眼等諸地謂種性地等二乘生盲可知

地獄餓鬼畜生諸趣所有衆生皆得快樂解脫衆苦命終皆生天上人間佛子彼諸衆生不覺不知以何因緣以何神力而來生此彼生盲者作如是念我是梵天我是梵化是時如來住普自在三昧出六十種妙音而告之言汝等非是梵天亦非梵化亦非帝釋護世所作皆是如來威神之力彼諸衆生聞是語已以佛神力皆知宿命生大歡喜心歡喜故自然而出優曇華雲香雲音樂雲衣雲蓋雲幢雲旛雲末香雲寶雲師子幢半月樓閣雲歌詠讚歎雲種種莊嚴雲皆以尊重心供養如來何以故此諸衆生得淨眼故如來與彼授阿耨多羅三藐三菩提記佛子如來智日如是利益生盲衆生令得善根具足成熟佛子是爲如來身第五相諸菩薩摩訶薩應如是見

四地獄下光益惡趣文有六段一拔苦與樂二佛子下因起邪見三是時下慈音示正四彼諸下廻邪報恩五如來下佛與授記六佛子下結光利益此中諸益多同顯好

復次佛子譬如月輪有四奇特未曾有法何等爲四一者映蔽一切星宿光明二者隨逐於時示現虧盈三者於閻浮提澄淨水中影無不現四者一切見者皆對目前而此月輪無有分別無有戲論佛子如來身月亦復如是有四奇特未曾有法何等爲四所謂映蔽一切聲聞獨覺學無學衆隨其所宜示現壽命修短不同而如來身無有增減一切世界淨心衆生菩提器中影無不現一切衆生有瞻對者皆謂如來唯現我前隨其心樂而爲說法隨其地位令得解脫隨所應化令見佛身而如來身無有分別無有戲論所作利益皆得究竟佛子是爲如來身第六相諸菩薩摩訶薩應如是見

第六月光奇特喩喩佛圓廻等住身謂等住三世無增減故合中四法者一圓智映二乘二常身示延促三由器見有無四所見無向背初及後二皆圓廻義菩提器者堪受菩提之人觀意生身若心海澄清妄念都寂則眞見佛矣

復次佛子譬如三千大千世界大梵天王以少方便於大千世界普現其身一切衆生皆見梵王現在已前而此梵王亦不分身無種種身佛子諸佛如來亦復如是無有分別無有戲論亦不分身無種種身而隨一切衆生心樂示現其身亦不作念現若干身佛子是爲如來身第七相諸菩薩摩訶薩應如是見

第七梵王普現喩喩佛無心普應身不分而徧故

復次佛子譬如醫王善知衆藥及諸呪論閻浮提中諸所有藥用無不盡復以宿世諸善根力大明呪力爲方便故衆生見者病無不愈彼大醫王知命將終作是念言我命終後一切衆生無所依怙我今宜應爲現方便是時醫王合藥塗身明呪力持令其終後身不分散不萎不枯威儀視聽與本無別凡所療治悉得除差

第八醫王延壽喩喩佛窮盡後際身喩中二先彰現德後彼大下呪力持身

佛子如來應正等覺無上醫王亦復如是於無量百千億那由他劫鍊治法藥已得成就修學一切方便善巧大明呪力皆到彼岸善能除滅一切衆生諸煩惱病及住壽命經無量劫其身清淨無有思慮無有動用一切佛事未嘗休息衆生見者諸煩惱病悉得消滅佛子是爲如來身第八相諸菩薩摩訶薩應如是見

合中亦二初合現德於中初合用藥無不盡次修學下合呪力爲方便後善能下合見者病愈二及住下合呪力持身用前呪藥持住多劫故略不重明藥呪能持

復次佛子譬如大海有大摩尼寶名集一切光明毗盧遮那藏若有衆生觸其光者悉同其色若有見者眼得清淨隨彼光明所照之處雨摩尼寶名爲安樂令諸衆生離苦調適佛子諸如來身亦復如是爲大寶聚一切功德大智慧藏若有衆生觸佛身寶智慧光者同佛身色若有見者法眼清淨隨彼光明所照之處令諸衆生離貧窮苦乃至具足佛菩提樂佛子如來法身無所分別亦無戲論而能普爲一切衆生作大佛事佛子是爲如來身第九相諸菩薩摩訶薩應如是見

第九摩尼利物喻喻佛嚴刹益生身雨寶利貧即嚴刹故各有體用可知

復次佛子譬如大海有大如意摩尼寶王名一切世間莊嚴藏具足成就百萬功德隨所住處令諸衆生災患消除所願滿足然此如意摩尼寶王非少福衆生所能得見

第十寶王滿願喻喻佛相嚴滿願身

如來身如意寶王亦復如是名爲能令一切衆生皆悉歡喜若有見身聞名讃德悉令永離生死苦患假使一切世界一切衆生一時專心欲見如來悉令得見所願皆滿佛子佛身非是少福衆生所能得見唯除如來自在神力所應調伏若有衆生因見佛身便種善根乃至成熟爲成熟故乃令得見如來身耳佛子是爲如來身第十相諸菩薩摩訶薩應如是見

合中先正合後佛子佛身下釋疑於中初雖合喻已是釋疑謂有疑云若念皆見今何不見故云少福不見次疑云亦有貧下薄福何以得見釋云除可調者

以其心無量徧十方故所行無礙如虛空故普入法界故住眞實際故無生無滅故等住三世故永離一切分別故住盡後際誓願故嚴淨一切世界故莊嚴一一佛身故

第三以其心無量下就法總結十句次第結前十身其有難者前已會釋

爾時普賢菩薩摩訶薩欲重明此義而說頌言

第二頌中有二十偈次第頌喻喻各二偈

譬如虛空徧十方若色非色有非有三世衆生身國土如是普在無邊際
諸佛眞身亦如是一切法界無不徧不可得見不可取爲化衆生而現形
譬如虛空不可取普使衆生造衆業不念我今何所作云何我作爲誰作
諸佛身業亦如是普使羣生修善法如來未曾有分別我今於彼種種作

譬如日出閻浮提光明破闇悉無餘山樹池
蓮地衆物種種品類皆蒙益
諸佛日出亦如是生長人天衆善行永除癡
闇得智明恒受尊榮一切樂
譬如日光出現時先照山王次餘山後照高
原及大地而日未始有分別
善逝光明亦如是先照菩薩次緣覺後照聲
聞及衆生而佛本來無動念
譬如生盲不見日日光亦爲作饒益令知時
節受飲食永離衆患身安隱
無信衆生不見佛而佛亦爲興義利聞名及
以觸光明因此乃至得菩提
譬如淨月在虛空能蔽衆星示盈缺一切水
中皆現影諸有觀瞻悉對前
如來淨月亦復然能蔽餘乘示修短普現天
人淨心水一切皆謂對其前
譬如梵王住自宮普現三千諸梵處一切人
天咸得見實不分身向於彼
諸佛現身亦如是一切十方無不徧其身無
數不可稱亦不分身不分別

如有醫王善方術若有見者病皆愈命雖已
盡藥塗身令其作務悉如初
最勝醫王亦如是具足方便一切智以昔妙
行現佛身衆生見者煩惱滅
譬如海中有寶王普出無量諸光明衆生觸
者同其色若有見者眼清淨
最勝寶王亦如是觸其光者悉同色若有得
見五眼開破諸塵闇住佛地
譬如如意摩尼寶隨有所求皆滿足少福衆
生不能見非是寶王有分別
善逝寶王亦如是悉滿所求諸欲樂無信衆
生不見佛非是善逝心棄捨

大方廣佛華嚴經疏鈔會本第五十之二

大方廣佛華嚴經疏鈔會本第五十之一　煩五

唐于闐國三藏沙門實叉難陀　譯

唐清涼山大華嚴寺沙門澄觀撰述

佛子菩薩摩訶薩應云何知如來應正等覺音聲佛子菩薩摩訶薩應知如來音聲徧至普徧無量諸音聲故應知如來音聲隨其心樂皆令歡喜說法明了故應知如來音聲隨其信解皆令歡喜心得清涼故應知如來音聲化不失時所應聞者無不聞故應知如來音聲無生滅如呼響故應知如來音聲無主修習一切業所起故應知如來音聲甚深難可度量故應知如來音聲無邪曲法界所生故應知如來音聲無斷絕普入法界故應知如來音聲無變易至於究竟故

第三出現語業長行有標釋結釋中三初就法略說二約喻廣說三以法通結昔人亦以初十爲百後十通前十爲千此亦可通今更一解後結則容通結中十中十則別喻初十但小不次耳今初圓音之義略啓四門一敘昔二辨違三會通四正釋前三非要廣在別章但正釋文自合眾妙第三出現語業一敘昔有三義一云諸佛唯是第一義身永絕萬像無形無聲直隨機現無量色聲猶空谷無聲隨呼發響然則就佛言之無音是一約機論之眾音非一而言一音圓音者良由一時一會異類等解隨其根性各得一音不聞餘聲不亂不沓顯是奇特故名一音音遍十方隨機熟處無不聞故名爲圓音非謂如空遍滿無別韻曲經云隨其類音普告眾生斯之謂也二云就佛言之實有色聲其音遍滿無所不遍但無五音四聲等異無異曲故名爲一音無不遍故名爲圓音但是圓音作增上緣隨根差別現眾多聲猶如滿月唯一圓形隨器差別而現多影亦如長風隨其眾竅聲有多種經言佛以一音演說法眾生隨類各得解三云如來於一語業之中演出一切眾生言音是故令彼眾生各聞已語非是如來唯發一音但以語業同故名爲一音所發多故名爲圓音如舍支聲尚多音齊發況如來耶二辯違者上來三解偏取皆失初第一義無形無聲非音義故但隨他音非自音故第二雖是一語無多音故一不卽多豈爲圓音有則多亦應有無則一亦須無何得一有而多無耶第三雖但是多又無一故若語業同一切眾生豈一音耶故並非也三會通者上但責偏不謂全失合上三義方是圓音之義耳謂多卽一若多不卽一則非一音一復卽多若一不卽多卽非圓音二卽是空空卽是二若二不卽空是所執故不無性故非圓非一空不卽二非音非圓故鎔融無礙卽是圓音此中三義初是無生滅義次一是無邪曲義後一是普至義是知得正義則傍收無遺不得正意並爲爭理　文有十音以顯無盡各上句標下句釋一普徧者卽隨類音然有二義一約體廣無聲不至故云普徧無量音聲斯則人天等異萬類齊聞上云眾生隨類各得解二者隨前一一之音皆能獨徧如目連不究其邊二隨樂欲音謂趣舉一一類音能隨樂欲說種種法上經云如來於一語言中演說無邊契經海又云佛以一妙音周聞十方國眾音悉具足法雨皆充徧通證前之二義三隨根解音謂卽上說中隨說一法大小各聞故云隨其信解實積云佛以一音演說法眾生各各隨所解四隨時音謂卽上大小之法令聞不聞皆自在故云不失時亦兼隨聞一法欣憂不同寶積云或有恐畏或歡喜上四多約卽體之用是圓音義後六多約卽用之體顯一音義謂五外隨緣叩我無生滅六內集緣成何有主宰七甚深者欲言其一則萬類殊應欲言其異一體無生又欲言其一隨一音中能具多音故上云一切眾生語言法一言演說盡無餘欲言其異卽上多音唯令聞一故下喻云譬如天鼓發種種聲儆息諸天唯

聞無常覺悟之音故甚深也八純稱法界九橫入無斷十豎歸一極此十圓融一味是如來圓音四釋文者在文可見但初一即隨類音亦同淨名佛以一音演說法衆生隨類各得解皆謂世尊同其語斯則神力不共法釋曰此即詞無礙解以辯一音三四皆引寶積亦即淨名寶積長者子偈讚一音次上所引第二偈云佛以一音演說法釋曰此即法無礙解云一音也第三偈云佛以一音演說法或有恐畏或歡喜或生猒離或斷疑斯則神力不共法釋曰此即義無礙解三一音也此十圓融下結成上義是知或謂無聲隨叩發響或謂唯一直聲無宮商等異皆大地之一塵耳是知或謂下第三結彈古說但結前二以其第三可入正故皆大地下約收以結則此一塵不離地界積多小塵可成大地積其多義以爲圓音若約斥彈異說之徵量同正解廣大智地

佛子菩薩摩訶薩應知如來音聲非量非無量非主非無主非示非無示

第二佛子菩薩下約喻廣說中三初結前生後次徵後釋今初收上十聲要不出三約相則廣無量約體則無主宰約用則有顯示今並雙非以顯中道謂莫窮其邊故非量隨機隨時有聞不聞故非無量多緣集故非有主純一法界生故非無主當體無生故無能示巧顯義理故非無示更以四句明體用無礙謂一以用從體由體無不在故能令上十類皆徧一切非唯徧聲亦徧一切時處衆生如來法界等雖復於色等皆徧恒不雜亂若不等徧則音非圓若由等徧失其音曲則圓非音今不壞曲而等徧不動徧而差韻方成圓音二以體從用其一一音皆具含真性三用即體故上十類聲皆不可得唯第一義永離所執故法螺恒震妙音常寂名寂靜音如空谷響有而即虛若不即虛非但失於一音亦不得圓融自在四體即用故寂而恒宣若天鼓無心而應一切長風隨竅萬吹不同若不徧同非但失於能圓亦非真一梵音隨緣自在名爲如來圓音妙音非是心識思量境界

何以故佛子譬如世界將欲壞時無主無作法爾而出四種音聲其四者何一曰汝等當知初禪安樂離諸欲惡超過欲界衆生聞已自然而得成就初禪捨欲界身生於梵天二曰汝等當知二禪安樂無覺無觀超於梵天衆生聞已自然而得成就二禪捨梵天身生光音天三曰汝等當知三禪安樂無有過失超光音天衆生聞已自然而得成就三禪捨光音身生徧淨天四曰汝等當知四禪寂靜超徧淨天衆生聞已自然而得成就四禪捨徧淨身生廣果天是爲四佛子此諸音聲無主無作但從衆生諸善業力之所出生佛子如來音聲亦復如是無主無作無有分別非入非出但從如來功德法力出於四種廣大音聲其四者何一曰汝等當知一切諸行皆悉是苦所謂地獄苦畜生苦餓鬼苦無福德苦著我我所苦作諸惡行苦欲生人天當種善根生人天中離諸難處衆生聞已捨離顛倒修諸善行離諸難處正人天中二曰汝等當知一切諸行衆苦熾然如熱鐵丸諸行無常是磨滅法涅槃寂靜無爲安樂遠離熾然消諸熱惱衆生聞已勤修善法於聲聞乘得隨順音聲忍三曰汝等當知聲聞乘者隨他語解智慧狹劣更有上乘名獨覺乘悟不由

師汝等應學樂勝道者聞此音已捨聲聞道修獨覺乘四曰汝等當知過二乘位更有勝道名爲大乘菩薩所行順六波羅蜜不斷菩薩行不捨菩提心處無量生死而不疲厭過於二乘名爲大乘第一乘勝乘最勝乘上乘無上乘利益一切衆生乘若有衆生信解廣大諸根猛利宿種善根爲諸如來神力所加有勝樂欲希求佛果聞此音已發菩提心佛子如來音聲不從身出不從心出而能利益無量衆生

第二徵意云前言無量等今何雙非第三舉喻廣釋其大意云性相無礙體用相即故約法難顯寄喻以明十喻即爲廿段段各有三謂喻合結今第一劫盡唱聲喻喻前第六無主喻中言法爾者俱含第二云生無色界有二種因一因力謂近習及數習故二業力謂上界後報業果欲至故若生色界則有三因謂加法爾力但器壞時法爾有聲故然四種音非是一時初二火劫將壞欲界及初禪時三即水災壞二禪時四即風災欲壞三禪時四聲各别故非無主但從緣生故非有主合中明佛欲壞生死世間亦有四聲說五乘法

佛子是爲如來音聲第一相諸菩薩摩訶薩應如是知

復次佛子譬如呼響因於山谷及音聲起無有形狀不可覩見亦無分别而能隨逐一切語言如來音聲亦復如是無有形狀不可覩見非有方所非無方所但隨衆生欲解緣出其性究竟無言無示不可宣說佛子是爲如來音聲第二相諸菩薩摩訶薩應如是知

第二響聲隨緣喻喻上第五無生

復次佛子譬如諸天有大法鼓名爲覺悟若諸天子行放逸時於虚空中出聲告言汝等當知一切欲樂皆悉無常虚妄顛倒須臾變壞但誑愚夫令其戀著汝莫放逸若放逸者墮諸惡趣後悔無及放逸諸天聞此音已生大憂怖捨自宫中所有欲樂詣天王所求法行道佛子彼天鼓音無主無作無起無滅而能利益無量衆生當知如來亦復如是爲欲覺悟放逸衆生出於無量妙法音聲所謂無著聲不放逸聲無常聲苦聲無我聲不淨聲寂滅聲涅槃聲無有量自然智聲不可壞菩薩行聲至一切處如來無功用智地聲以此音聲徧法界中而開悟之無數衆生聞是音已皆生歡喜勤修善法各於自乘而求出離所謂或修聲聞乘或修獨覺乘或習菩薩無上大乘而如來音不住方所無有言說佛子是爲如來音聲第三相諸菩薩摩訶薩應如是知

第三天鼓開覺喻喻第九無斷絶聲徧入法界化無斷故喻合各三一能開覺二開覺益三結用歸體二當知下合中三者初合能開覺别有十一聲義分四節而有二意一初二通五乘次六通三乘次一通第一第二乘後二唯大乘二者初一節人天餘三節配三乘次無數下合開覺益後而如來下合結歸體由不住方等故上能普徧是以莊嚴論云若佛音聲是有法非非法者不能徧至十方反此故能若佛音聲下釋曰此

非法言即是真理爲非法耳

復次佛子譬如自在天王有天婇女名曰善口於其口中出一音聲其聲則與百千種樂而共相應一一樂中復有百千差別音聲佛子彼善口女從口一聲出於如是無量音聲當知如來亦復如是於一音中出無量聲隨諸衆生心樂差別皆悉徧至悉令得解佛子是爲如來音聲第四相諸菩薩摩訶薩應如是知

第四天女妙聲喻喻第三隨信解聲多音隨樂故

復次佛子譬如大梵天王住於梵宮出梵音聲一切梵衆靡不皆聞而彼音聲不出衆外諸梵天衆咸生是念大梵天王獨與我語如來妙音亦復如是道場衆會靡不皆聞而其音聲不出衆外何以故根未熟者不應聞故其聞音者皆作是念如來世尊獨爲我說佛子如來音聲無出無住而能成就一切事業是爲如來音聲第五相諸菩薩摩訶薩應如是知

第五梵聲及衆喻喻化不失時熟者必聞即以根熟爲衆

復次佛子譬如衆水皆同一味隨器異故水有差別水無念慮亦無分別如來言音亦復如是唯是一味謂解脫味隨諸衆生心器異故無量差別而無念慮亦無分別佛子是爲如來音聲第六相諸菩薩摩訶薩應如是知

第六衆水一味喻喻無邪曲聲從法界生一體性故

復次佛子譬如阿那婆達多龍王興大密雲徧閻浮提普霔甘雨百穀苗稼皆得生長江河泉池一切盈滿此大雨水不從龍王身心中出而能種種饒益衆生佛子如來應正等覺亦復如是興大悲雲徧十方界普雨無上甘露法雨令一切衆生皆生歡喜增長善法滿足諸乘佛子如來音聲不從外來不從內出而能饒益一切衆生是爲如來音聲第七相諸菩薩摩訶薩應如是知

第七降雨滋榮喻喻歡喜聲稱根增長故離佛無聲不從外來離機無聲不從內出

復次佛子譬如摩那斯龍王將欲降雨未便即降先起大雲彌覆虛空凝停七日待諸衆生作務究竟何以故彼大龍王有慈悲心不欲惱亂諸衆生故過七日已降微細雨普潤大地佛子如來應正等覺亦復如是將降法雨未便即降先興法雲成熟衆生爲欲令其心無驚怖待其熟已然後普降甘露法雨演說甚深微妙善法漸次令其滿足如來一切智智無上法味佛子是爲如來音聲第八相諸菩薩摩訶薩應如是知

第八漸降成熟喻喻無變聲以皆至究竟故上先照高山以顯頓圓此先小後大即是漸圓將降法雨者思欲說一也未便即降者恐破法墮惡道故先興法雲是說方便方便含實如雲含水

復次佛子譬如海中有大龍王名大莊嚴於大海中降雨之時或降十種莊嚴雨或百或千或百千種莊嚴雨佛子水無分別但以龍王不思議力令其莊嚴乃至百千無量差別如來應正等覺亦復如是爲諸衆生說法之

時或以十種差別音說或百或千或以百千或以八萬四千音聲說八萬四千行乃至或以無量百千億那由他音聲各別說法令其聞者皆生歡喜如來音聲無所分別但以諸佛於甚深法界圓滿清淨能隨衆生根之所宜出種種言音皆令歡喜佛子是爲如來音聲第九相諸菩薩摩訶薩應如是知

第九降霔難思喻喻上甚深聲雖多差別皆於甚深法界之所流故

復次佛子譬如娑竭羅龍王欲現龍王大自在力饒益衆生咸令歡喜

第十徧降種種喻喻普徧聲非唯普徧四洲亦徧出多雷音喻中有總別結

從四天下乃至他化自在天處興大雲網周帀彌覆其雲色相無量差別或閻浮檀金光明色或毗瑠璃光明色或白銀光明色或玻瓈光明色或牟薩羅光明色或碼碯光明色或勝藏光明色或赤真珠光明色或無量香光明色或無垢衣光明色或清淨水光明色或種種莊嚴具光明色如是雲網周帀彌布既彌布已出種種色電光所謂閻浮檀金色雲出瑠璃色電光瑠璃色雲出金色電光銀色雲出玻瓈色電光玻瓈色雲出銀色電光牟薩羅色雲出碼碯色電光碼碯色雲出牟薩羅色電光勝藏寶色雲出赤真珠色電光赤真珠色雲出勝藏寶色電光無量香色雲出無垢衣色電光無垢衣色雲出無量香色電光清淨水色雲出種種莊嚴具色電光種種莊嚴具色雲出清淨水色電光乃至種種色雲出一色電光一色雲出種種色電光復於彼雲中出種種雷聲隨衆生心皆令歡喜所謂或如天女歌詠音或如諸天妓樂音或如龍女歌詠音或如乾闥婆女歌詠音或如緊那羅女歌詠音或如大地震動聲或如海水波潮聲或如獸王哮吼聲或如好鳥鳴囀聲及餘無量種種音聲既震雷已復起涼風令諸衆生心生悅樂然後乃降種種諸雨利益安樂無量衆生從他化天至於地上於一切處所雨不同所謂於大海中雨清冷水名無斷絕於他化自在天雨簫笛等種種樂音名爲美妙於化樂天雨大摩尼寶名放大光明於兜率天雨大莊嚴具名爲垂髻於夜摩天雨大妙華名種種莊嚴具於三十三天雨衆妙香名爲悅意於四天王天雨天寶衣名爲覆蓋於龍王宮雨赤真珠名涌出光明於阿脩羅宮雨諸兵仗名降伏怨敵於北鬱單越雨種種華名曰開敷餘三天下悉亦如是然各隨其處所雨不同

從四天下別中有五一雲二電三雷四風五雨此與賢首品文有影略思之

雖彼龍王其心平等無有彼此但以衆生善根異故雨有差別

後雖彼下結

佛子如來應正等覺無上法王亦復如是欲以正法教化衆生先布身雲彌覆法界隨其樂欲爲現不同所謂或爲衆生現生身雲或爲衆生現化身雲或爲衆生現力持身雲或爲衆生現色身雲或爲衆生現相好身雲或爲衆生現福德身雲或爲衆生現智慧身雲或爲衆生現諸力不可壞身雲或爲衆生現

無畏身雲或爲衆生現法界身雲
合中亦有總別結別中亦有五前四各有
佛子一以身合雲有覆陰等故即菩提等
十身中有四身名異義同一即願身願生
兜率故第四即意生身隨意所生同世色
故八即菩提身(頌五)具佛十力成菩提(十三)故九即
威勢具四無畏能伏外故亦可十力降魔
爲威勢無畏爲正覺有正覺義故餘六名
義俱同

佛子如來以如是等無量身雲普覆十方一切世界隨諸衆生所樂各別示現種種光明電光所謂或爲衆生現光明電光名無所不至或爲衆生現光明電光名無邊光明或爲衆生現光明電光名入佛祕密法或爲衆生現光明電光名影現光明或爲衆生現光明電光名光明照曜或爲衆生現光明電光名入無盡陀羅尼門或爲衆生現光明電光名正念不亂或爲衆生現光明電光名究竟不壞或爲衆生現光明電光名順入諸趣或爲衆生現光明電光名滿一切願皆令歡喜

第二合電光不出通明無畏

佛子如來應正等覺現如是等無量光明電光已復隨衆生心之所樂出生無量三昧雷聲所謂善覺智三昧雷聲熾然離垢海三昧雷聲一切法自在三昧雷聲金剛輪三昧雷聲須彌山幢三昧雷聲海印三昧雷聲日燈三昧雷聲無盡藏三昧雷聲不壞解脫力三昧雷聲

第三以三昧合雷聲者略有三義一若秋之雷蟄蟲藏匿若入三昧諸惡不行二若春之雷則發蟄開萌猶彼三昧發生功德三雷是雨之先相三昧是說之先兆十名思而釋之

佛子如來身雲中出如是等無量差別三昧雷聲已將降法雨先現瑞相開悟衆生所謂從無障礙大慈悲心現於如來大智風輪名能令一切衆生生不思議歡喜適悅

第四以大智合風者以後得智觀機警覺加被令成法器故

此相現已一切菩薩及諸衆生身之與心皆得清涼然後從如來大法身雲大慈悲雲大不思議雲雨不思議廣大法雨令一切衆生身心清淨所謂爲坐菩提場菩薩雨大法雨名法界無差別爲最後身菩薩雨大法雨名菩薩遊戲如來祕密教爲一生所繫菩薩雨大法雨名(頌五)清淨普光明爲灌頂(十四)菩薩雨大法雨名如來莊嚴具所莊嚴爲得忍菩薩雨大法雨名功德寶智慧華開敷不斷菩薩大悲行爲住向行菩薩雨大法雨名入現前變化甚深門而行菩薩行無休息無疲厭爲初發心菩薩雨大法雨名出生如來大慈悲行救護衆生爲求獨覺乘衆生雨大法雨名深知緣起法遠離二邊得不壞解脫果爲求聲聞乘衆生雨大法雨名以大智慧劒斷一切煩惱冤爲積集善根決定不決定衆生雨大法雨名(頌五)能令成就種種法門生大歡喜(十五)

第五此相現已下以說法合雨於中初結前標後所謂下別有十法者一將成正覺念相欲盡聞斯法雨便細念都忘得見心性等虛空界法界一相始本無二契同諸

佛平等法身故云說法界無差別一將成正覺者卽起信論意數段論文參而用之論云如菩薩地盡一念相應覺心初起心無初相以遠離微細念故得見心性心卽常住名究竟覺今取意釋云將成正覺言念相欲盡者卽微細念也此念亦名生相卽論三細之一論云一無明業相以依不覺故心動說名爲業動則有苦果不離因故釋曰此念卽細中之細今無此相云細念都亡言得見心性者卽上論文言等虛空界法界一相者卽論釋本覺之文論云所言覺義者謂心體離念離念相者等虛空界無所不遍法界一相卽是如來平等法身依此法身說名本覺釋曰今畧取二句彰所顯本覺言始本無二者卽所成始覺彼論釋前說名本覺後云何以故本覺義者對始覺義說以始覺者卽同本覺故始覺義者依本覺故而有不覺依不覺故說有始覺又以覺心源故名究竟覺不覺心源故非究竟覺釋曰今疏取意故云始本無二言契同諸佛下結成上來無二之義平等法身卽前本覺故云說法界下以經帖成二出胎已後坐道場前後更無身故名最後法雨名遊戲等者此有二義一開爲二謂遊戲是神通大用祕教即心智所契二合爲一令於祕教出沒自在故云遊戲言祕教者即詮如來三德涅槃故涅槃經云祕密藏安住於此能建大事神通作用故名遊戲在法華經以體從用名如來知見深固幽遠名爲祕密雖初心同稟而窮究在斯故亦爲說三德涅槃者涅槃章明在法華者涅槃約理知見約智知見有性非無有理涅槃亦有般若之德非無有智涅槃乃是攝用從體但稱涅槃以爲所證法華經明以體從用但名知見故法華論釋法華開義云開者無上義卽豎開菩提涅槃示法身同卽唯約理悟約菩提卽是於智明具理智況知法無性豈非理耶故今疏云以體從用等深固幽遠者卽法華經法師品文文云此法華經藏深固幽遠無人能到今佛教化成就菩薩而爲開示釋曰頌五幽遠深固名爲祕密十六雖初心下解妨妨云法華經除諸菩薩衆信力堅固者又三根聲聞初發大心皆稟法華如來知見何要此位方爲說耶故爲此通約究竟故爲等覺說實則此法通被始末

三一生所繫者謂如彌勒更一下生故所以更一生者由微細無明能障所知故令爲說令淨彼細惑成種智普照上三皆等覺位所以更一生者第二會初已廣分別

四灌頂菩薩即十地受職位十方諸佛法水灌頂墮在佛數能受如來大法雲雨令具佛功德智慧廣作佛事爲莊嚴故

五得忍菩薩若取忍淨八地已上將止此忍勸滿福智不斷悲故若取初得有說初地即得爲說信等功德後後圓淨十地地智一一開發不斷二利故有說初地者六地已引卽仁王云若得信心必不退進入無生初地道爲說信者卽初地淨治地法信悲慈捨無疲厭知經論了世法堅固力慚愧莊嚴供養佛也後後圓淨者釋經寶字以此十法淨治地障地地漸淨故云後後十地地智者卽釋智慧華開數不斷二利者不斷大悲行等地地之中有二利故

六住向行三即三賢位令其入證真如現前依此變化爲甚深門而勝進不息

七初發心者通信初發心及信滿發心旣頌五十七發上求下化之心令依願行故上皆已得本位故並爲說勝進上位之法

此下二門通有二意一約初求顯說說其自乘二約已住密說密授大乘如緣覺中約自乘說則因謝非常果續非斷逆觀非有順觀非無爲離二邊雖離二邊而不壞自乘之果約密十二因緣即是中道中道者名爲佛性故曰甚深緣起是爲上上智觀故得不壞佛解脫果故中道等者初二會中已廣分別爲上上者亦涅槃文六地已引

九聲聞中二者一顯說由彼厭患苦集故說人空智劒斷之二約密說應以法空斷一切惑故名大劒應以法空者此有二意一以法空揀於人空照惑無本無斷斷故二言一切者兼斷所知亦煩惱故

十爲二聚衆生故云集善根者其邪定聚未堪法雨未定令得爲成熟已定令增種

種法門

佛子諸佛如來隨衆生心雨如是等廣大法雨充滿一切無邊世界佛子如來應正等覺其心平等於法無悋但以衆生根欲不同所雨法雨示有差别是爲如來音聲第十相諸菩薩摩訶薩應如是知

三佛子諸佛下合上結中有二佛子初合結數後合心等以釋外疑

大方廣佛華嚴經疏鈔會本第五十一之一

大方廣佛華嚴經疏鈔會本第五十之二　熕六

唐于闐國三藏沙門實叉難陀　譯

唐清涼山大華嚴寺沙門澄觀撰述

復次佛子應知如來音聲有十種無量何等爲十所謂如虛空界無量至一切處故如法界無量無所不徧故如衆生界無量令一切心喜故如諸業無量說其果報故如煩惱無量悉令除滅故如衆生言音無量隨解令聞故如衆生欲解無量普觀救度故如三世無量無有邊際故如智慧無量分別一切故如佛境界無量入佛法界故

第三復次佛子應知下通結十喻皆無分量文顯可知

佛子如來應正等覺音聲成就如是等阿僧祇無量諸菩薩摩訶薩應如是知

爾時普賢菩薩摩訶薩欲重明此義而說頌言

第二偈頌頌上十喻喻各二偈

三千世界將壞時　衆生福力聲告言　四禪寂靜無諸苦　令其聞已悉離欲
十力世尊亦如是　出妙音聲徧法界　爲說諸行苦無常　令其永度生死海
譬如深山大谷中　隨有音聲皆響應　雖能隨逐他言語　而響畢竟無分別
十力言音亦復然　隨其根熟爲示現　令其調伏生歡喜　不念我今能演說
如天有鼓名能覺　常於空中震法音　誡彼放逸諸天子　令其聞已得離著
十力法鼓亦如是　出於種種妙音聲　覺悟一切諸羣生　令其悉證菩提果
自在天王有寶女　口中善奏諸音樂　一聲能出百千音　一一音中復百千
善逝音聲亦如是　一聲而出一切音　隨其性欲有差別　各令聞已斷煩惱
譬如梵王吐一音　能令梵衆皆歡喜　音唯及梵不出外　一一皆言已獨聞
十力梵王亦復然　演一言音充法界　唯霑衆會不遠出　以無信故未能受
譬如衆水同一性　八功德味無差別　因地在器各不同　是故令其種種異
一切智音亦如是　法性一味無分別　隨諸衆生行不同　故使聽聞種種異
譬如無熱大龍王　降雨普洽閻浮地　能令草樹皆生長　而不從身及心出
諸佛妙音亦如是　普雨法界悉充洽　能令生善滅諸惡　不從內外而得有
譬如摩那斯龍王　興雲七日未先雨　待諸衆生作務竟　然後始降成利益
十力演義亦如是　先化衆生使成熟　然後爲說甚深法　令其聞者不驚怖
大莊嚴龍於海中　霔於十種莊嚴雨　或百或千百千種　水雖一味莊嚴別
究竟辯才亦如是　說十二十諸法門　或百或千至無量　不生心念有殊別
最勝龍王娑竭羅　興雲普覆四天下　於一切處雨各別　而彼龍心無二念
諸佛法王亦如是　大悲身雲徧十方　爲諸修行雨各異　而於一切無分別

佛子諸菩薩摩訶薩應云何知如來應正等覺心佛子如來心意識俱不可得但應以智

無量故知如來心

第四出現意業先身次語後意義次第故長行中二先徵起後正釋釋中三初約法總辨二寄喻別顯三總結勸知今初言如來心意識俱不可得者約體遮詮也但應以智無量故知如來心者寄用表詮約體遮下釋此疏文自三初總釋文意就心即是王就王辯體智則是所約所明用體則表詮不遮故但遮詮用則相可照著故寄表詮然用亦有遮詮同體故無分量故若一向遮則無由顯妙故寄表詮以辯玄極而言寄者謂寄所顯王寄用顯體又用及心所皆有遮義今但寄表以顯於深然此一文古有多說一云識等有二一染二淨佛地無彼有漏染心心所而有淨分心及心所果位之中智強識劣故於王上以顯染無約彼智所以明無量若心無王所依何立故成唯識第二引如來功德莊嚴經云如來無垢識是淨無漏界解脫一切障圓鏡智相應則有王明矣言轉識者智依識轉非轉識體佛地無彼者唯有八識心王及二十一心所即遍行五別境五善十一也果位之中下解妨有微問云若爾則王所俱有何以王上言不可得故此釋云果位之中識劣故云不可得智強故云智無量言識劣者以二分中但有淨故不同衆生分別強故言智強者無惡慧故決斷勝故若必無王下第三反以成立智是心所若無心王智何所依故成唯識下第四引證言是淨無漏界者漏即垢染既言無垢識則有識矣又云圓鏡智相應明有心王與所相應非所獨立是故結云有王明矣言轉識下第五重通妨難謂有難言既言轉八識成四智明知唯智無識故今釋云智依識轉等言依識轉者識爲主故智非王故然唯識轉有三師義今並用之此是一師上智強識劣亦是一師

一云以無積集思量等義故說心等叵得就無分別智以顯無量非無心體故攝論第八云無分別智所依非心非思義故亦非非心爲所依止心種類故以心爲因數習勢力引得此位名心種類上之二解俱明心意識有一云無積集下此義有三初正明以集起名心思量名意分別名識今果位中八不積集種子而起現行七不思量第八爲我而言等者等取前六又不分別諸境所以爾者以皆與四智相應故言無耳非不有彼無集第八無思第七無分別六是故結云非無心體故攝論下第二引證非心非思義故者明八非積集七非思量等亦非非心下第三遮救恐有難云若非心義無分別智應依於色故今顯云所依之王非全無體此上總標有也次心種類下釋成有義謂是心種類安得非心以心爲因下復釋上文等心爲種類言此位者即是果位謂以集起心爲因引得果位淨八識故不可名集爲非心也如無表色依表色生故得名色據此亦得名無集起心等上之二解下第二結前生後明結前二是法相宗生後一解是法性宗問二俱是有後有何別答前釋有淨無染後釋有體無用故不同也然二

義相成以無思等故說無染以無染故說非積集思量義等一云佛果實無心意識及餘心法云不可得唯有大智故言智無量故知如來心故金光明經及梁攝論皆云唯如如及如如智獨存佛地論中五法攝大覺性唯一真法界及四智菩提不言更有餘法一云下即第三師是無相宗及法性宗先正明可知故金光下第二引證論當第三論云此中自性身者即法身也釋論云唯有真如及真如智獨存名爲法身上之二宗偏取皆妨若依前有未免增益亦不能通不可得言又此淨分此何不說彼無垢識而得說耶經何不言染不可得若依後義未免損減亦不能通知佛心言既云以智無量知如來心不言無心可知明非無心矣又心既是無智何獨立非唯違上二論亦違涅槃滅無常識獲常識義若二義雙取未免相違若互泯雙非寧逃戲論若依前下初尊破先明違義以不得即有即空故成增益後亦不能下明違於文以又但云心意識俱不可得不言染不可得故又此淨下第二縱破縱許淨有染無經何不言有淨分也彼無垢下第三遮救二句疏文遮其兩救上句恐彼救云淨相難說故不言之故今遮云彼莊嚴經何得說有無漏識耶豈非是淨下句恐彼救云經言叵得意在於染故亦遮

云經何不言染不可得若依後義下二明
法性宗妨於中有二先明違義以空礙有
故云損減亦不能通下二明其違文文中
既言智無量故知如來心不言知如來智
明知假智知心心則有矣何得言無又心
既是無下第二縱破縱汝心無智有亦有
二過一違義心王最勝尚說為無智無所
依豈當獨立如無君主何有臣下二非唯
下明其違文言上二論者即唯識攝論論言
涅槃滅無常則通五蘊故經云憍陳如因
滅無常色而獲常色受想行識亦復如是
既有常識則有心矣若二義雙取下第二
合破二宗成四謗故此亦遮救謂有救云
上之二宗偏取不可合豈過耶故云合則
相違以其定謂有無非即有之無即無之
有故若爾互泯雙非可乎故今答云寧逃
戲論以無詮當故若爾何以指南今釋此義先會
前二宗後消經意今初若後宗言唯如智
者以心即同真性故曰唯如照用不失故
曰如智豈離心外而智別有如是則唯如
不乖於有前宗以純如之體故有淨心心
既是如有之何失是知即真之有與即有
之真二義相成有無無礙今初文下初別會二宗即分為
二先會法性宗意云心即是如智即如智
離心無如則知有如巳有心矣況即體之
用故稱如智即用之體即是真如如一明
珠珠體即如明即如智豈得存如亡於心
矣前宗以純如下會法相宗意云即如之
有有豈乖如如境即靈則有心無失是知
即真下二通會二宗即真之有是法相宗
即有之真是法性宗兩不相離方成無礙
真佛心矣後消經意者言不可得者以心義深

玄言不及故寄遮顯深言但以智知如來
心者託以心所寄表顯深故晉經云但知
如來智無量故知心無量後消經下二釋經文於中有三
初畧明即雙標遮表故晉經下二引證雙
證遮表既言知心無量則有心矣言無最
失云何深玄欲言其有同如絕相欲言其
無幽靈不竭欲言其染萬累斯亡欲言其
淨不斷性惡欲言其一包含無外欲言其
異一味難分欲謂有情無殊色性欲謂無
情無幽不徹口欲辯而辭喪心將緣而慮
亡亦猶果分不可說故是知佛心即有即
無即事即理即王即數即一即多心中非
有意亦非不有意意中非有心亦非不有
心王中非有數亦非不有數數非依於王
亦非不依王一一皆爾圓融無礙則令上
諸義各隨一理不爽玄宗云何深下初明偏語不能盡理
畧有四對一有無者即別對二宗事即理
故非有理不失事故非無二染淨對即法
相宗淨約絕相染約契性言不斷性惡者
善惡同以心性為性若斷性惡則斷心性
性不可斷亦猶闡提不斷性善三一異對
通對二宗即體之相能包即相之體一味
四情非情對亦對二宗即用之體同色即
體之用微幽言無殊色性者即起信論云
以知色性即智性故說名智身以知智性
即色相故說名法身遍一切處又梵行品
云知一切法即心自性故情非情性曾何
異體是知佛心下三總具性相不可別彰
皆雙融前二宗之法心中非有意下四明
不即不離故離顯說言非有者是不即義
二相別故亦非不有是不離義無二體故
又非有者以無二體互攝盡故亦非不有
者二相不壞
力用交徹故言寄表顯深者既心不可以
智知且託智以稱歎智是心所尚以十喻
明玄則所依之心玄又玄矣故十喻之末
皆結為心之相
然佛尚不說凡何敢思有因緣故輒憑教
理以示玄宗望無咎其繁而不要也然佛尚不
說下第四然退結成佛尚不說者即此經
云心意識皆不可得是不說也釋迦掩室
於摩竭淨名杜口於毘耶皆佛不說也果
海離言唯證相應皆不可說有因緣故者
即四悉檀因緣則
得無說之說耳
譬如虛空為一切物所依而虛空無所依如
來智慧亦復如是為一切世間出世間智所
依而如來智無所依佛子是為如來心第一
相諸菩薩摩訶薩應如是知
第二譬如下寄喻別顯舉十大喻以喻如
來十種大智十智體用非一非異亦文各
有三謂喻合結今初虛空無依為依喻喻
佛無依成事智合中謂諸乘之智依佛智

生如十地云此十地智皆因佛智而有差別離佛智外無所依學而佛智果滿更不依他豈不依心及依理耶豈不向言王所無二耶良以佛智照極無有智外如爲智所依故智體全如若有所依不名如智豈不依心者次設難也依心約法相宗依理約法性宗良以佛智下釋依理義於中有四初正釋即迴向經云無有智外如爲智所入亦無如外智能證於如今但通上豈不依理難故但引前句謂彼難云上言唯如如及如如智獨存則智依如矣何言無依故今釋云智外無如故無所依然彼迴向經文自有三意一約如體性空故智外無如智體性空故如外無智二如智一味同一真體安得智外更有如耶三約事事無礙舉一全收今但用前二意以酬難竟後意即第四舉況之中亦猶淨名云法隨於如無所隨故亦猶淨名者二引例也即目連章彼約性相相對此約如智相對義非全同義勢相似故云引例言法隨於如者法即一切一切法即如故云隨如言無所隨故者經自釋隨如之義由法即如法外無如故云無所隨故若有所隨能所未泯豈得隨如又法外有如法非如矣故無所隨方曰隨如此中亦爾若有所依智外有法能所未忘不名如智如外有智智亦不如故得引例文殊般若云若無境界則無所依文殊般若者三引證也文義全同故得引證即大般若曼殊室利分光明覺品已引今當更引經云若知我性即知無法若知無法即無境界若無境界即無所依若無所依即無所住釋曰今但要無依之言故但引一對況佛智外無法可得以一切法即佛智故況佛智外下第四舉況明上引二經但明契理無依心境雙寂即理事無礙之義已通前難況今約事事無礙舉一全收即迴向中第三意也佛智稱真收法界盡差別之事皆隨於理在佛智中況所證如寧在智外此約相入門下句云以一切法即佛智故者釋上無法可得約相即門佛智即一切一切即佛智也

復次佛子譬如法界常出一切聲聞獨覺菩薩解脫而法界無增減如來智慧亦復如是恒出一切世間出世間種種智慧而如來智無增減佛子是爲如來心第二相諸菩薩摩訶薩應如是知

第二法界湛然喻喻佛體無增減智即轉釋前依依者依此出故雖出諸智亦不減少菩薩解脫成佛智時亦不增足以同體均故如上海中板喻即轉釋者謂疏意明初喻為總含下九喻故下喻中節節指初今以第一喻云虛空為一切法所依喻佛智為一切世出世智所依故今釋之云得為依依彼出故雖出諸智者如山出雲山亦不減菩薩下如谷納雲谷亦不增海中板喻即十行品

復次佛子譬如大海其水潛流四天下地及八十億諸小洲中有穿鑿者無不得水而彼大海不作分別我出於水佛智海水亦復如是流入一切衆生心中若諸衆生觀察境界修習法門則得智慧清淨明了而如來智平等無二無有分別但隨衆生心行異故所得智慧各各不同佛子是爲如來心第三相諸菩薩摩訶薩應如是知

第三大海潛益喻喻佛體均益生智即雙釋前依及出生義謂與衆生心同體故義曰潛流穿鑿自心得智慧時即是見他佛智是曰依之出生又由體同令外佛加持資其念力亦是流入

復次佛子譬如大海有四寶珠具無量德能生海內一切珍寶若大海中無此寶珠乃至一寶亦不可得何等爲四一名積集寶二名無盡藏三名遠離熾然四名具足莊嚴佛子此四寶珠一切凡夫諸龍神等悉不得見何以故娑竭龍王以此寶珠端嚴方正置於宮中深密處故

第四大寶出生喻喻佛用與體容智釋上能生以何義故而能生耶具四寶故喻中有三初總明出處體用次徵列寶名後結

其深勝合三同喻

佛子如來應正等覺大智慧海亦復如是於中有四大智寶珠具足無量福智功德由此能生一切衆生聲聞獨覺學無學位及諸菩薩智慧之寶何等爲四所謂無染著巧方便大智慧寶善分別有爲無爲法大智慧寶分別說無量法而不壞法性大智慧寶知時非時未曾誤失大智慧寶

列名中衍英諸公皆云初證道智斷惑障二助道智斷智障三不住道智捨於報障上三自利四利益衆生智即利他行此釋亦無大過果地具此三道能令學者入菩薩地故今更一解若直就文文自明顯今以法相收之即四智菩提此釋下總明果地具此三道下爲其通釋恐有難云助等是因何將釋果故爲此通一大圓鏡智以離諸分別名無染著所緣行相微細難知不忘不愚一切境相名巧方便一大下二別一辯然取唯識論以爲疏文心無染著巧方便智寶爲大圓鏡智論云一大圓鏡智相應心品謂此心品離諸分別所緣行相微細難知不忘不愚一切境相性相清淨離諸雜染純淨圓德現種依持能現能生身土智影無間無斷窮未來際如大圓鏡現衆色像釋曰觀上論文自分主客但云不忘者常現前故不愚者不迷暗故餘義可知二即平等性智觀一切法若爲無爲自他平等名善分別論云二平等性智相應心品謂此心品觀一切法自他有情皆悉平等大慈悲等恒共相應隨諸有情所樂示現受用身土影像差別妙觀察智不共所依無住涅槃之所建立一味相續窮未來際釋曰由昔因中執有我故自他不等今由我無故皆平等言一味者一無漏味餘義可知由涅槃故此識恒共悲智俱行三即妙觀察智此智善觀諸法自相共相無礙而轉故說無量法而不壞法性無量法者即攝觀無量總持定門等而言說者雨大法雨斷一切疑故論云三即妙觀察智相應心品謂此心品善觀諸法自共相無礙而轉攝觀無量總持定門及所發生功德珍寶於大衆會能現無邊作用差別皆得自在雨大法雨斷一切疑令諸有情皆獲利樂釋曰攝謂攝藏觀謂觀察功德珍寶即六度道品等四即成所作智知機知時作所應作故論云四成所作智相應心品謂此心品爲欲利樂諸有情故普於十方示現種種變化三業成本願力所應作事釋曰四智廣義初會已明今以疏有故復重引令知主客

若諸如來大智海中無此四寶有一衆生得入大乘終無是處此四智寶薄福衆生所不能見何以故置於如來深密藏故

三若諸如來下合前深勝於中先明用勝體深此中用勝喻在總中此中體深同法華髻中明珠不妄與人然約下智不及故稱寄藏不全同喻故涅槃中明有寄語而無寄藏同法華下七喻之中此當第六如安樂行品明一乘圓智居佛心頂以權覆實如在髻中開權爲解前亦已引然約下者釋上寄義故法華云我以無數方便種種因緣譬喻言詞演說諸法是法非思量分別之所能解唯有諸佛乃能知之所以者何諸佛世尊唯以一大事因緣故出現於世釋曰種種說法皆爲一乘故不知故云秘密故涅槃下引證亦如前引

此四智寶平均正直端潔妙好普能利益諸菩薩衆令其悉得智慧光明佛子是爲如來心第四相諸菩薩摩訶薩應如是知

後此四智寶平均下明體勝用深平均正直即平等性智大慈悲等共相應故故曰平均一味相續名爲正直二端潔即大圓鏡智端者純淨圓德現種依持故潔者性相清淨離諸雜染故三妙好即妙觀察智四普能利益即成所作智此約別配今以四智圓融故四德亦該四寶況四智乃十中之一則末異餘宗純淨圓德者純即無雜淨即離染圓者滿義現行功德之依種子功德之持自性明善名爲清淨有漏末亡云離諸雜染餘如

前釋今以四智下二辭妨妨云何以將法相宗釋法性義故為此通謂彼四智迥然不同今一具四豈得同耶先將四寶以況四智此即別義於一寶上復具四德即圓融義況四圓融十中之一豈得言同欲顯包融故用之釋

大方廣佛華嚴經疏鈔會本第五十一之二

大方廣佛華嚴經疏鈔會本第五十一之三　熲七

唐于闐國三藏沙門實叉難陀　譯

唐清涼山大華嚴寺沙門澄觀撰述

復次佛子譬如大海有四熾然光明大寶布在其底性極猛熱常能飲縮百川所注無量大水是故大海無有增減何等爲四一名日藏二名離潤三名火燄光四名盡無餘佛子若大海中無此四寶從四天下乃至有頂其中所有悉被漂沒佛子此日藏大寶光明照觸海水悉變爲乳離潤大寶光明照觸其乳悉變爲酪火燄光大寶光明照觸其酪悉變爲酥盡無餘大寶光明照觸其酥變成醍醐如火熾然悉盡無餘

第五珠消海水喻喻佛滅惑成德智由有前智無智不生由有此智無惑不斷又前則橫具四智此則竪具四智皆是釋前爲依之義喻中二先總明體用後佛子此日藏下別顯用相此爲極教了說而起世婆沙等說阿毘地獄在下火氣上吞銷鑠海水蓋是少分方便之說而俗典云以沃焦石消海水者或測度而知或見寶不辨謂之石耳又云注尾廬壑者但見其消以名之耳第五珠消海水喻釋前以釋疏文中分二先明智斷不同後又前下橫竪分別一佛果中具有四智名橫菩薩歷位具於四智名竪言皆是下即虛空無依爲依喻中之一義也而起世下起世即經婆沙即論皆同俱舍俱舍云此下過二萬無間深廣同上七捺落迦八增皆十六而俗典者山海經說又云注下亦如彼說莊子秋水篇亦明已見迴向品

佛子如來應正等覺大智慧海亦復如是有四種大智慧寶具足無量威德光明此智寶光觸諸菩薩乃至令得如來大智何等爲四所謂滅一切散善波浪大智慧寶除一切法愛大智慧寶慧光普照大智慧寶與如來平等無邊無功用大智慧寶

合中亦二先合總明體用

佛子諸菩薩修習一切助道法時起無量散善波浪一切世間天人阿脩羅所不能壞如來以滅一切散善波浪大智慧寶光明觸彼菩薩令捨一切散善波浪持心一境住於三昧又以除一切法愛大智慧寶光明觸彼菩薩令捨離三昧味著起廣大神通又以慧光普照大智慧寶光明觸彼菩薩令捨所起廣大神通住大明功用行又以與如來平等無邊無功用大智慧寶光明觸彼菩薩令捨所起大明功用行乃至得如來平等地息一切功用令無有餘佛子若無如來此四智寶大光照觸乃至有一菩薩得如來地無有是處佛子是爲如來心第五相諸菩薩摩訶薩應如是知

後佛子諸菩薩修習下合別顯用相然此四智古德有配四三昧初是大乘光明三昧智二是集福德王三是賢護四是首楞嚴此釋配定可爾案次乖理以第三名智光普照故若將初爲三以三爲初乃順文理別顯用相下疏文分三初敘昔有三師釋即靈辯法師此三昧名即唯識第九論云一大乘光明定謂此能發照了大乘理教行果智光明故二集福王定謂此自在集無邊福如王勢力無等雙故三賢守定謂此能守世出世間賢善法故四健行定謂佛菩薩大健有情之所行故攝論第八意亦同此首楞嚴若是梁論名即健行義然是梵言此云一切事畢竟又英法師云初定空智除不善障二除著禪障三除煩惱障四除所知障賢首云初能除流散雜染業二能除味定著靜障三能除根本無明障四能除蓋成果智障與前大同今更一解標其所成

即是四定約能成智應別立名又將竪配諸位尤異昔解謂一佛以即事而真智治於地前成初四地令得賢守定以此三昧能守世出世間賢善法故前三地爲世四地爲出世既了即事而真則即散而定二以即體之用智治四地未能起用令得五地入俗成集福德王定三以平等無相智治五地雖能隨俗未得平等令得六七地般若大光功用後邊成光明定四以平等無功用智治七地功用令入八地乃至佛果得首楞嚴定所作究竟故果既具四因亦通修且約相顯爲此竪配不可偏局今更一解下三申正義於中有二先總所成卽是四定者如唯識論定爲能發智爲所發四智卽是所成今明佛具四智令諸菩薩能具四定故智爲能成定爲所成竪配之相下別當具謂一佛以下第二別釋一一智中文皆有三初擧能成智二治於下治所破病三令得下顯所成德

復次佛子如從水際上至非想非非想天其中所有大千國土欲色無色衆生之處莫不皆依虛空而起虛空而住何以故虛空普徧故雖彼虛空普容三界而無分別佛子如來智慧亦復如是若聲聞智若獨覺智若菩薩智若有爲行智若無爲行智一切皆依如來智起如來智住何以故如來智慧徧一切故雖復普容無量智慧而無分別佛子是爲如來心第六相諸菩薩摩訶薩應如是知

第六虛空含受喻喻佛依持無礙智亦釋前依義上但云依猶通外依他力令明體徧普容是則五乘等智皆是如來大智中物肇公亦云夫聖人虛心冥照理無不統懷六合於胸中而靈鑒有餘鏡萬有於方寸其神常虛卽斯義也肇公亦云下卽涅槃無名論第七妙存中文云然則玄道在乎妙悟妙悟在於卽眞卽眞則有無齊觀齊觀則彼已莫二所以天地與我同根萬物與我一體同我則非復有無異我則乖於會通所以不出不在而道存乎其間矣何則夫至人虛心冥照理無不統懷六合於胸中而靈鑑有餘鏡萬有於方寸而其神常虛等今但引兩對足顯經意

復次佛子如雪山頂有藥王樹名無盡根彼藥樹根從十六萬八千由旬下盡金剛地水輪際生彼藥王樹若生根時令閻浮提一切樹根生若生莖時令閻浮提一切莖生枝葉華果悉皆如是此藥王樹根能生莖莖能生根根無有盡名無盡根佛子彼藥王樹於一切處皆令生長唯於二處不能爲作生長利益所謂地獄深坑及水輪中然亦於彼初無猒捨

第七藥王生長喻喻佛窮劫利樂智喻中四初顯體用二彼藥樹根下別顯用相三此藥王下得名所由四佛子下揀其非處先揀後收收者亦不捨故晉經云不捨生性

佛子如來智慧大藥王樹亦復如是以過去所發成就一切智慧善法普覆一切諸衆生界除滅一切諸惡道苦廣大悲願而爲其根於一切如來眞實智慧種性中生堅固不動善巧方便以爲其莖徧法界智諸波羅蜜以爲其枝禪定解脫諸大三昧以爲其葉總持辯才菩提分法以爲其華究竟無變諸佛解脫以爲其果

合亦四段而文不次初合總顯體用有六一以悲願菩提合根此爲諸佛之本深難拔故文有四弘二依實智所生方便爲莖

能幹事故菩提體故三依前二智分爲諸度旁陰爲枝四戒定息熱別受業名五辯才道品等觀生菩提開發爲華六果可知上六亦可豎配地位而下別顯用相既云一切菩薩故但從通釋四戒定者此中唯定下合別顯用相中有淨戒頭陀

佛子如來智慧大藥王樹何故得名爲無盡根以究竟無休息故不斷菩薩行故菩薩行即如來性如來性即菩薩行是故得名爲無盡根

二一佛子越次合得名所由窮未來際故云究竟無休得果不捨因故云不斷菩薩行由此故得因果交徹展轉相生

佛子如來智慧大藥王樹其根生時令一切菩薩生不捨衆生大慈悲根其莖生時令一切菩薩增長堅固精進深心莖其枝生時令一切菩薩增長一切諸波羅蜜枝其葉生時令一切菩薩生長淨戒頭陀功德少欲知足葉其華生時令一切菩薩具諸善根相好莊嚴華其果生時令一切菩薩得無生忍乃至一切佛灌頂忍果

三一佛子却合前別顯用相深心樂修善行即前方便淨戒亦能息熱相好如華爲嚴文多影畧者爲分能所成故文多影略者能成即如來悲等所成即菩薩悲等如在佛爲方便在菩薩爲深心在佛禪定爲葉在菩薩淨戒頭陀爲葉在佛即是菩提爲果在菩薩即無生忍等

佛子如來智慧大藥王樹唯於二處不能爲作生長利益所謂二乘墮於無爲廣大深坑及壞善根非器衆生溺大邪見貪愛之水然亦於彼曾無厭捨佛子如來智慧無有增減以根善安住生無休息故佛子是爲如來心第七相諸菩薩摩訶薩應如是知

四一佛子合揀非器亦先揀後收無爲正位一墮難出故喻深坑又無悲水取灰斷故如彼地獄邪見撥無貪愛浸爛皆喻於水不容善根又闕土緣非生處故後收言無厭捨者上據現惡闕緣今生厭怖直進一乘故除二處而同有佛性久久當成故不厭捨是知現惡明無則無惡必有是知現惡等者即生公意生公忍死待得大經以證大義如何至今猶不信耶責如玄中今當重辯言現惡明無者正作闡提撥無因果故無惡必有著由撥無因果之惡故無今無此惡是則有矣故應問言頓有新作一闡提不復有闡提復生信不若有新作未作之時有佛性不若未作時有作時無者佛性可斷若先無者則不由於闡提無也本自無故後生信心亦復如是若有佛性佛性是可生之法前則本有今無此則本無今有若發信心亦無性著此亦不干闡提故無故知但是約於長時未成果善拋言無耳謂抑令恐怖使發大心未作闡提令其冀作故皆誘物何定言無故涅槃云一闡提人雖復斷善猶有佛性若能發心非闡提也法華云決了聲聞法餘諸聲聞衆亦當復如是結云根善安住者常住大悲故故涅槃下引證此引二經先引涅槃自有二文唯證闡提有性成上不捨邪見水輪初意即第九經玄中已引今復略明經云彼一闡提雖有佛性而爲無量罪垢所纏不能得見如蠶處繭則有而非無三十五經云斷善根人以現在世煩惱因緣能斷善根未來佛性力因緣故還生善根亦共文也若能發心者即二十六經高貴德王菩薩品經云善男子一闡提輩若遇善友諸佛菩薩聞說深法及以不遇俱不得離一闡提心何以故斷善根故一闡提輩亦得阿耨多羅三藐三菩提所以者何若能發於菩提之心則不名爲一闡提也法華云下二引法華亦有二文以證定性二乘皆成佛義一法即法師品藥王汝當知如是諸人等不聞法華經去佛智甚遠若聞是深經決了聲聞法是諸經之王聞已諦思惟當知此人等近於佛智慧釋曰既言決了聲聞法明昔淨名等經聲聞如根敗之士其於五欲不能復利及如燋穀芽佛名經說如燋穀芽雖遠春湯無希秋實及深甚等說於定性不得

成佛三乘聖人心皆猶預令皆作佛故云決了第一經云菩薩聞是法疑網皆以除千二百羅漢悉亦當作佛故云決了復恐人云千二百外定性聲聞即不作佛故引次文即五百弟子授記品初千二百人悉皆求記如來先授憍陳如作佛次授五百後偈云其五百比丘次第當作佛同號曰普明轉次而授記我滅度之後某甲當作佛其所化世間亦如我今日國土之嚴淨及諸神通力菩薩聲聞衆正法及像法壽命劫多少皆如上所說迦葉汝已知五百自在者餘諸聲聞衆亦當復如是其不在此會汝當爲宣說釋曰據此非昔列千二百則靈山之會萬二千人五千擯席增上慢者悉是聲聞不關靈山法華勝會者令此會中聲聞菩薩轉爲授記餘如玄中

有引向所揀證無佛性及定性義不觀次後不捨之言況第十喻平等共有減損佛性恐毀謗一乘願諸後學當誡慎之無滯權說

有引向來下即舉邪顯正謂法相師以水輪中證有無性地獄深坑證有定性趣寂二乘不觀已下破其妄引跡有三節初指經中即成之義二引第十等有喻意三減損下以理結勸謂唐三藏自西迴爲福寺有一大德不肯修敬後因見日三藏遠涉流沙廣取經論誠曰勃勞然減損佛性增足煩惱未知與聖意相應不言減損佛性者以五性之中唯一性半有佛性耳謂菩薩性及不定性之半以不定性容有無故餘三性半一向言無謂一無種性人二定性聲聞三定性緣覺言一半者即不定性中或無是也恐謗一乘者以罪怖之然法華經特攝妙者以佛普說三乘五性令法華云一乘一性謂一切衆生有如來知見更無餘乘故惟一乘涅槃亦云佛性者名爲一乘以凡是有心定當作佛故唯一乘法華又云唯此一事實餘

二則非真終不以小乘濟度於衆生又第四云平等大慧彼疏自立一乘爲宗而其立義定有五性即以一乘而爲方便此豈不是謗一乘耶謗一乘罪法華具明事不可輕如增上慢不信不輕皆作佛言即爲謗耳

復次佛子譬如三千大千世界劫火起時焚燒一切草木叢林乃至鐵圍大鐵圍山皆悉熾然無有遺餘佛子假使有人手執乾草投彼火中於意云何得不燒不答言不也佛子彼所投草容可不燒如來智慧分別三世一切衆生一切國土一切劫數一切諸法無不知者若言不知無有是處何以故智慧平等悉明達故佛子是爲如來心第八相諸菩薩摩訶薩應如是知

第八劫火燒盡喻喻佛知無不盡智由此佛智更無所依

復次佛子譬如風災壞世界時有大風起名曰散壞能壞三千大千世界鐵圍山等皆成碎末復有大風名爲能障周帀三千大千世界障散壞風不令得至餘方世界佛子若令無此能障大風十方世界無不壞盡如來應正等覺亦復如是有大智風名爲能滅能滅一切諸大菩薩煩惱習氣有大智風名爲巧持巧持其根未熟菩薩不令能滅大智風輪斷其一切煩惱習氣佛子若無如來巧持智風無量菩薩皆墮聲聞辟支佛地由此智故令諸菩薩超二乘地安住如來究竟之位佛子是爲如來心第九相諸菩薩摩訶薩應如是知

第九劫風持壞喻喻佛巧令留惑智非但能斷亦復能留謂佛有斯巧授與根未熟未具萬行菩薩令留潤生之惑由此留惑惑方至盡得一切智不同二乘不爲菩提心期速出廣明留惑潤生具如別章廣明留惑者即義理分齊別有一門

復次佛子如來智慧無處不至何以故無一衆生而不具有如來智慧

第十塵含經卷喻喻佛性通平等智文中四謂法喻合結今初所以知佛智徧者無一衆生不有本覺與佛體無殊故以上言潛流則似佛智徧他衆生今顯衆生自有故云徧耳此有三意一明無一衆生不有

則知無性者非衆生數謂草木等已過五
性之見則知無性下反成上義即涅槃經
云除墻壁瓦石皆有佛性故無佛
性則非衆生凡是有心定當作佛則無一
不有以一切人皆有心故即知言無佛性
者則無心也無心寧異瓦礫此是二者報
涅槃一性之宗故云已過五性
生在纏之因已具出纏之果法故云有如
頌七 十
來智慧非但有性後方當成亦非理先智
後是知涅槃對昔方便且說有性後學尚
謂談有藏無況聞等有果智誰當信者二
衆生下二明因有果智揀勝初義但有佛
性於中有三初正立中謂遠公等釋涅槃
經言因性本有果性當成今因有佛智佛
智非因故超前也所以有者因果二性無
二體故若因無果性果是新生便有始故
新生有始佛性非常住故非但有性者第
二正揀前義於中有二一揀因果不同謂
前義意如木有火性鑽方生火乳有酪性
緣具成酪今此中意果尚本有況於因性
況當有耶亦非理先者二揀理智兩別若
唯理性爲先有者則第一義空不名智慧
理智異故無漏智性本自有之不應理故
大智光明非本有故智後生者果無常故
頌七
能證所證成二體故是知涅槃下第三結
會勸信謂涅槃終極會昔有餘四十九年
多說三乘五性之教機習已久難可頓移
且說有心皆有佛性一經前後縱奪合離
而其明言凡是有心定當作佛後學尚謂
者即大乘法師法華疏意彼意涅槃經言
一切衆生皆有佛性總談皆有欲類衆生
實而明之亦有無藏在一切總有之中
言通別類異者通相皆有別揀有無無有
不同不應一類況聞衆生者即
舉令宗結成難信勸令信耳三彼因中

之果智即他佛之果智以圓教宗自他因
果無二體故不爾此說衆生有果何名說
佛智耶斯則玄又玄矣非華嚴宗無有斯
理三彼因中下第三自他交徹謂諸凡夫
因中果智即他諸佛已成果智自身佛
性一身豎論他佛在凡自他橫辯故更玄
也不爾此說下以理成立自他平等謂此
華中舉其十喻以辯佛智忽引衆生有佛
智者何名爲說諸佛心耶明知是說衆生
心爲佛矣斯則
玄下結歎歸宗
但以妄想顛倒執著而不證得
次但以下釋疑疑云涅槃云佛性者名爲
智慧有智慧時則無煩惱今得佛智那作
衆生釋中先順答前義謂倒故不證豈得
言無如壯士迷於額珠豈謂膚中無寶如壯
士者即涅槃第八如來性品此經第七佛
告迦葉善男子譬如王家有大力士其人
眉間有金剛珠與餘力士捔力相撲而彼
力士以頭抵觸其額上珠尋沒膚中
覺知是珠所在其處有瘡即命良醫欲自
療治時有明醫善知方藥即知是瘡因珠
入皮即便停住是時良醫尋問力士汝額
上珠爲何所在力士驚答大師醫王我額
上珠乃無去耶是珠今者爲何所在將非
幻化憂愁啼哭是時良醫慰喻力士汝今
不應生大愁惱汝因鬪時嗔恚毒盛珠陷
入體故不自知是時力士不信醫言若在
皮裏膿血不淨何緣不出若在筋裏不應
可見汝今云何欺誑於我時醫執鏡以照
其面珠在鏡中明了顯現力士見已心懷
驚怪生奇特想上具經文下合文廣以意

引之謂以良醫喻之善友煩惱爲皮膚佛
性爲寶珠不知爲失藏盡乃得歷知了了
如彼力士於明鏡中見其寶珠萬福解云
貧女舍藏通喻凡夫不知佛性此喻菩薩
二乘觀心之首隱其佛性已發三乘心名
爲王家以未入佛家故有觀心力名爲力
士中道佛性之珠在其心間與倒競力觀
於俗境名爲相競觀心取境名頭抵觸取
相隱理名沒膚中以相求理不能得見名
不知所在取相見空名之爲瘡訪友爲命
頌七
醫佛爲良醫知佛性珠取其空相名知是
十二
瘡因珠入體定得之性在上相內名珠入
皮即便停住是時良醫下問性所在相覆
眞性故力士不知所在先因發心將非虛
說名將非幻化恐無性流轉名憂愁啼哭
次佛慰云言性不失汝與妄鏡性隱無我
名珠入體在於皮裏因本有理有理性相
名影現於外汝觀空等時其心猛利如嗔
恚藏因斯隔入故不自知此上有性不見
喻二乘是時力士下拒教不信喻若在皮
裏膿血等若謂在凡身若等相中有漏不
淨性淨應出何緣不見若筋等者若是眞
理眞理無相不應可見汝今云何下正明
不信是時良醫下依教見性喻珠在鏡中
明了顯現者定得之性惟大涅槃理教能
顯如鏡照面了了分明力士見已者衆生
則聞見十住則
目見餘可知也
若離妄想一切智自然智無礙智則得現前
後若離下反以理成謂若先無離倒寧有
既離倒則現明本不無如貧得珠非今授
與是以涅槃恐不修行故云言定有者則
爲執著恐不信有故云若言定無則爲妄
語乍可執著不可妄語自然智自覺聖智

也無礙智者始本無二絶二礙也如貧得珠者即法華第四五百弟子授記品說繫珠喻領解得記經云譬如有人至親友家醉酒而臥是時親友官事當行以無價寶珠繫其衣裏與之而去其人醉臥都不覺知起已遊行到於他國為衣食故勤力求索甚大艱難若少有所得便以為足於後親友會遇見之而作是言咄哉丈夫何為衣食乃至如是我昔欲令汝得安樂五欲自恣於某年月日以無價寶珠繫汝衣裏今故現在而汝不知勤苦憂惱以求自活甚為癡也汝今可以此寶貿易所須常可如意無所乏短下合可知然繫有二一約結緣則圓解為珠為說為繫煩惱昏醉少有微解故曰繫珠五道求樂為勤力艱難讚小涅槃不求大果云得少為足後聞法華為會遇親友示以知見如得衣珠以因易果無樂不得昔已繫之故云非今授與二約天性然其昔繫亦非新與未知令知故云繫耳則不全同翫今疏取天性繫珠以成本有故云非今授與是以涅槃下以涅槃經結成上義執著過輕乍可言有妄語過重不可言無況無著而知決須有矣始本無二者此有二意一則眾生本有佛智是則本覺不礙始覺如是而證名無礙智二者斷障顯了則無煩惱所知二礙

佛子譬如有大經卷量等三千大千世界書寫三千大千世界中事一切皆盡所謂書寫大鐵圍山中事量等大鐵圍山書寫大地中事量等大地書寫中千世界中事量等中千世界書寫小千世界中事量等小千世界如是若四天下若大海若須彌山若地天宮殿若欲界空居天宮殿若色界宮殿若無色界宮殿一一書寫其量悉等此大經卷雖復量等大千世界而全住在一微塵中如一微塵一切微塵皆亦如是時有一人智慧明達具足成就清淨天眼見此經卷在微塵內於諸眾生無少利益即作是念我當以精進力破彼微塵出此經卷令得饒益一切眾生作是念已即起方便破彼微塵出此經卷令諸眾生普得饒益如於一塵一切微塵應知悉然

第二喻中二先明大經潛塵以喻上文妄纏佛智大經卷者佛智無涯性德圓滿也書名稱境者智如理故潛一塵者略有三義一妄覆真故二小含大故三一具多故一切塵者無一眾生不具佛智故後時有一人下出經益物喻上離妄現前

佛子如來智慧亦復如是無量無礙普能利益一切眾生具足在於眾生身中但諸凡愚妄想執著不知不覺不得利益爾時如來以無障礙清淨智眼普觀法界一切眾生而作是言奇哉奇哉此諸眾生云何具有如來智慧愚癡迷惑不知不見我當教以聖道令其永離妄想執著自於身中得見如來廣大智慧與佛無異即教彼眾生修習聖道令離妄想離妄想已證得如來無量智慧利益安樂一切眾生佛子是為如來心第十相諸菩薩摩訶薩應如是知

第三合中亦二先合大經潛塵無量無礙普能利益合上書寫多事眾生身及妄想俱合上塵後爾時如來下合出經益物如來合上一人智眼合上天眼是知不信衆生等有佛智智眼未開復何可恠然如來藏等經說有九喻喻如來藏為如青蓮華在泥水中未出泥水人無貴者又如貧女而懷聖胎如大價寶垢衣所纏如摩尼珠落在深厠如真金像弊衣所覆如菴羅樹華實未成亦如稻米在糠檜中如金在鑛如像在模皆是塵中有佛身義與此大同也如來藏下二引例擇成言九喻者如來藏經具有九喻一一不同餘經或有一二三四多少不定故致等言言如來藏經者即如來在王舍城耆闍崛山成佛十年後方說之與大比丘百千人菩薩六十恒河沙云爾時世尊於栴檀重閣正坐三昧

而現神變有千葉蓮華大如車輪其數無量色香具足而未開敷一切華內皆有化佛上昇虛空彌覆世界猶如寶幔一一蓮華放無量光一切蓮華同時舒榮佛神力故須臾之間皆悉萎變其諸華內一切化佛結跏趺坐各放無數百千光明於時此剎莊嚴殊特一切大眾歡喜踊躍怪金剛慧菩薩問佛下為答云我以佛眼觀一切眾生貪欲恚癡諸煩惱中有如來智如來眼如來身結跏趺坐儼然不動善男子一切眾生雖在諸趣煩惱身中有如來藏常無染污德相備足如我無異又善男子一譬如天眼之人觀未敷華見諸華內有如來身結跏趺坐除其萎華便得顯現如是善男子佛見眾生如來藏已欲令開敷為說經法除滅煩惱顯現佛性善男子諸佛法爾若佛出世若不出世一切眾生如來之藏常住不變但彼眾生煩惱覆故如來出世廣為說法除滅塵勞成一切智云每喻之後皆有偈文二復次善男子譬如淳蜜在巖樹中無數群蜂圍遶守護時有一人巧智方便先除彼蜂乃取其蜜隨意食用惠及近遠下取意合蜜喻如來藏蜂喻煩惱人喻如來除蜂喻說法除煩惱三復次善男子譬如粳糧未離皮糟貧愚輕賤謂為可棄除蕩既精當為御用合云嫌喻煩惱米喻如來知見說法除煩惱淨一切智於諸世間為最正覺四復次善男子譬如真金墮不淨處隱沒不現經歷年歲真金不壞而莫能知有天眼者語眾人言此不淨中有真金寶汝可出之隨意受用法合例知五復次善男子譬如貧家有珍寶藏寶不能言我在於此既不自知又無語者不能開發此珍寶藏一切眾生亦復如是如來知見力無所畏大法寶藏在其身內不聞不知耽惑五欲流轉生死受苦無量是故諸佛出興于世為開身內如來法藏無數辯才為大施主六復次善男子譬如菴羅果內實不壞種之於地成大樹王善男子我以佛眼觀諸眾生如來寶藏在

無明殼內猶如果種在於核內善男子彼如來藏清淨無極大智慧聚妙寂涅槃名為如來應正等覺七復次善男子譬如有人持真金像行詣他國經遊險路懼遭劫奪襄以弊物令無識者此人於道忽便命終於是金像棄捐曠野行人踐跡咸謂不淨得天眼者見弊物中有真金像即為出之一切禮敬合有如來微妙寶藏八復次善男子譬如女人貧賤醜陋眾人所惡而懷貴子當為聖王王四天下此人不知經歷時節常作（經七）下劣生賤子想合（十八）有如來寶藏九復次善男子譬如鑄師鑄真金像既鑄成已倒置於地外現雖黑內像不變開模出像金色晃曜合云有如來身眾相具足下校量功德受持此經供養過去恆河沙現在諸佛造恆河沙七寶臺高十由旬日日如是乃至十五恆河沙七寶臺供養恆河沙如來不如有人喜樂菩提受持此經乃至算數譬喻所不能及上之九喻初蓮華有佛喻與青蓮在泥喻大同小異其金墮不淨處與摩尼墮深廁中大同彼闕此如金在鑛如塵在山中餘多大同而不次者此取圓意略舉十耳山中有大又與塵中佛性小異故略無之又此所引為順圓融自凡至聖具含諸義故亂引之若依佛性論具釋九喻雖不引如來藏經而與此經喻次全同各別有意廣如佛性論別鈔中已引言餘經或有一二三等者涅槃勝鬘等經皆說不能具引金鑛之喻涅槃第十有文云復次善男子譬如金鑛淘鍊滓穢然後銷鎔成金之後價直無量善男子聲聞緣覺菩薩亦爾皆得成就同一佛性何以故除煩惱故如彼金鑛除諸滓穢以是義故一切眾生同一佛性無有差別以其先聞如來密藏後成佛時自然得知如彼長者知乳一相何以故以斷無量煩惱故釋曰以是長者多牛譬乳一色喻後轉以喻顯第五經中有雪山甘藥喻全同滓蜜在巖喻餘有多喻不能具引大價摩尼垢衣所纏者即楞伽第二璩當第五經

云爾時大慧菩薩摩訶薩白佛言世尊修多羅說如來藏自性清淨轉三十二相入於一切眾生身中如大價寶垢衣所纏如來之藏常住不變亦復如是而陰界入垢衣所纏貪欲恚癡不實妄想塵勞所污一切諸佛之所演說釋曰此中大慧引昔之說下雖同外道說我佛下答不同外道但是虛妄無有真實如來說如來藏有時說空無相無願實際法性法身涅槃自性不生不滅本來寂靜自性涅槃如是等句說

如來藏等餘經斯有可略言也

佛子菩薩摩訶薩應以如是等無量無礙不可思議廣大相知如來應正等覺心

大文第三總結上來十喻初總明無依為依二能出生三能滿徧四橫具四智五竪具四能六體廣包含七用無終竟八知無不盡九巧能攝持十處處具足前九直語佛智後一乃融自他此十圓融畧顯佛智之相寄顯如來之心未盡佛心一毫故應更以無量無礙等知也

總結者顯文有二先結上十門以成

未盡故應更下正釋經文由經云如是等無量相知如是指前等即等後更明別義此結有四一無量二無礙三不可思四廣大並遠上十及所不說

爾時普賢菩薩摩訶薩欲重明此義而說頌言

欲知諸佛心當觀佛智慧

第二偈頌二十二偈分二初兩句約法總

顯

佛智無依處如空無所依衆生種種樂及諸

方便智皆依佛智慧佛智無依止

餘頌上喻於中初喻一偈半後一四偈餘

八各二偈並顯可知

聲聞與獨覺及諸佛解脱皆依於法界法界無增減佛智亦如是出生一切智無增亦無減無生亦無盡如水潛流地求之無不得無念亦無盡功力偏十方佛智亦如是普在衆生心若有勤修行疾得智光明如龍有四珠出生一切寶置之深密處凡人莫能見佛四智亦然出生一切智餘人莫能見唯除大菩薩如海有四寶能飲一切水令海不流溢亦復無增減如來智亦爾息浪除法愛廣大無有邊能生佛菩薩下方至有頂欲色無色界一切依虛空虛空不分別聲聞與獨覺菩薩衆智慧皆依於佛智佛智無分別雪山有藥王名爲無盡根能生一切樹根莖葉華實佛智亦如是如來種中生既得菩提已復生菩薩行如人把乾草置之於劫燒金剛猶洞然此無不燒理三世劫與刹及其中衆生彼草容不燒此佛無不知有風名散壞能壞於大千若無別風止壞及無量界大智風亦爾滅諸菩薩惑別有善巧風令住如來地如有大經卷量等三千界在於一塵内一切塵悉然有一聰慧人淨眼悉明見破塵出經卷普饒益衆生佛智亦如是徧在衆生心妄想之所纏不覺亦不知諸佛大慈悲令其除妄想如是乃出現饒益諸菩薩

大方廣佛華嚴經疏鈔會本第五十一之三

大方廣佛華嚴經疏鈔會本第五十二之一　頌八

唐于闐國三藏沙門實叉難陀　譯

唐清涼山大華嚴寺沙門澄觀　撰述

第五明出現境界正顯分齊之境兼辨所緣之境依初義者前約智以顯心此正明智用分齊依後義者前明能知今辨所緣由所緣無邊故顯分齊難思分齊難思故方窮所緣之境二義相成如函蓋相稱依初義下對前二義以辨來意

佛子菩薩摩訶薩應云何知如來應正等覺境界

文中長行分三謂標釋結

佛子菩薩摩訶薩以無障無礙智慧知一切世間境界是如來境界知一切三世境界一切剎境界一切法境界一切衆生境界真如無差別境界法界無障礙境界實際無邊際境界虛空無分量境界無境界境界是如來境界

釋中二先法後喻法中亦二先廣取所緣顯分齊境後近取諸心以況佛境前中又二先列所緣無邊後顯分齊無量今初先令以無障礙智爲能知者非此不能量佛境故後正顯所緣文有十句一通舉所化二化時三化處四化法五所化人六七八三皆明所證於中真如語其體常一味故云無差別法界生法所依故云無礙實際是窮事至實故云無邊九化處分齊後一徧通若約二諦境前五爲俗次三爲真九通真俗事空理空俱是空故後一雙非顯前九境即同無故若約三諦空即是真三真爲中道若以五界攝之初三是世界無量四即調伏及調伏加行界五即衆生次三即法界餘二雙非

佛子如一切世間境界無量如來境界亦無量如一切三世境界無量如來境界亦無量乃至如無境界境界無量如來境界亦無量如無境界境界一切處無有如來境界亦如是一切處無有

二佛子如一切下顯分齊無量中先約十境以顯分齊境智相稱故皆無量後約無境顯其非有乃至真如皆不可得故是以諸境雲興而常寂也如無既爾如真如等無變易等亦然

佛子菩薩摩訶薩應知心境界是如來境界如心境界無量無邊無縛無脫如來境界亦無量無邊無縛無脫何以故以如是如是思惟分別如是如是無量顯現故

第二佛子至應知心下近取諸心以況佛境於中二先正明後徵釋今初無量無邊語其相用廣大無縛無脫明其體性深寂

次徵意云何以將心況於佛境釋意云菩薩自心隨思即顯故無分量佛境亦爾隨機顯現若身若智何有量耶智假思顯則性無縛脫不爲相縛後無脫故

佛子如大龍王隨心降雨其雨不從內出不從外出如來境界亦復如是隨於如是思惟分別則有如是無量顯現於十方中悉無來處佛子如大海水皆從龍王心力所起諸佛如來一切智海亦復如是皆從如來往昔大願之所生起

第二佛子如大龍下喻顯有三喻前二喻無縛無脫後一喻無量無邊無量無邊通前二段今初前明降雨無從喻正喻無縛脫既無來處有何縛脫耶後明海水從心喻喻無縛脫所因水從心力爲因非定內外智從昔願緣起故來即無來

佛子一切智海無量無邊不可思議不可言説然我今者略説譬喻汝應諦聽

第二海水宏深喻喻無量無邊中三先標章誡聽

佛子此閻浮提有二千五百河流入大海西拘耶尼有五千河流入大海東弗婆提有七千五百河流入大海北鬱單越有一萬河流入大海佛子此四天下如是二萬五千河相續不絶流入大海於意云何此水多不答言甚多佛子復有十光明龍王雨大海中水倍過前百光明龍王雨大海中水復倍前大莊嚴龍王摩那斯龍王雷震龍王難陀跋難陀龍王無量光明龍王連澍不斷龍王大勝龍王大奮迅龍王如是等八十億諸大龍王各雨大海皆悉展轉倍過於前娑竭羅龍王太子名閻浮幢雨大海中水復倍前佛子十光明龍王宮殿中水流入大海復倍過前百光明龍王宮殿中水流入大海復倍過前大莊嚴龍王摩那斯龍王雷震龍王難陀跋難陀龍王無量光明龍王連澍不斷龍王大勝龍王大奮迅龍王如是等八十億諸大龍王宮殿各別其中有水流入大海皆悉展轉倍過於前娑竭羅龍王太子閻浮幢宮殿中水流入大海復倍過前佛子娑竭羅龍王連雨大海水復倍前其娑竭羅龍王宮殿中水涌出入海復倍於前

二佛子此閻浮下喻顯三佛子此大下法合喻中三初別顯水多文有四節一四洲水二龍王雨水三宮殿出水四娑竭王兼雨兼出皆後後倍前以顯深廣

其所出水紺瑠璃色涌出有時是故大海潮不失時

二其所出下通顯水相涌出故潮上速爲寶消故潮下此爲極説

佛子如是大海其水無量衆寶無量衆生無量所依大地亦復無量

三佛子如是大海下通顯無量兼水有四

佛子於汝意云何彼大海爲無量不答言實爲無量不可爲喻佛子此大海無量於如來智海無量百分不及一千分不及一乃至優波尼沙陀分不及其一但隨衆生心爲作譬喻而佛境界非譬所及佛子菩薩摩訶薩應知如來智海無量從初發心修一切菩薩行不斷故應知寶聚無量一切菩提分法三寶種不斷故應知所住衆生無量一切學無學聲聞獨覺所受用故應知住地無量從初歡喜地乃至究竟無障礙地諸菩薩所居故

第三合中二先合水無量佛智一念即無窮盡況盡三際周乎十方重重重重安可喻顯二佛子至應知如來下合通顯無量非唯智爲佛境菩提分等皆分齊境也智海合水餘合寶等並顯可知

佛子菩薩摩訶薩爲入無量智慧利益一切衆生故於如來應正等覺境界應如是知

大文第三總結即結云知意不知佛境安能利生

爾時普賢菩薩摩訶薩欲重明此義而說頌言

如心境界無有量諸佛境界亦復然如心境界從意生佛境如是應觀察

第二偈頌五偈分二初一頌法說

如龍不離於本處以心威力澍大雨雨水雖無來去處隨龍心故悉充洽

十力牟尼亦如是無所從來無所去若有淨心則現身量等法界入毛孔

餘頌前喻亦二初二合頌前二喻同喻無縛脫

如海珍奇無有量衆生大地亦復然水性一味等無別於中生者各蒙利

如來智海亦如是一切所有皆無量有學無學住地人悉在其中得饒益

後二頌大海宏深喻但頌通顯無量餘文略無

第六出現之行前明分齊境智無邊今彰運用則悲智無盡雖智海已滿悲無息故（雖智海下一一通妨謂有問言行在因中今果何有釋云行雖無量總不出二謂智與悲智行已滿自利滿故而運即智之悲利他不息若爾何以下文說眞如行答此即果滿之行將說悲智無礙之行故說眞如行之本耳）

佛子菩薩摩訶薩應云何知如來應正等覺行

長行中二先標舉後釋相

佛子菩薩摩訶薩應知無礙行是如來行應知眞如行是如來行

釋相中三初雙標二行次雙釋二行後雙結二行今初義有多含一無礙行者即理之事行眞如行者即事之理行前即行相後即行體又前是即智之悲後是即悲之智前即眞之俗後即俗之眞融而無礙爲如來行

佛子如眞如前際不生後際不動現在不起如來行亦如是不生不動不起

第二佛子如眞如下雙釋中二先釋眞如行後釋無礙行今初眞如之名言含法喻文中有三初牒名以解明體絕三際故同眞如契如成行行即如也過未非緣故不生不動現在離緣故非起也（眞如之名者經云如眞如前際不生等即以眞如喻佛行也若佛行契如行即是如故即是法過未非緣者過去緣已謝未來緣未會故曰非緣由非緣故過去無可生未來無可動現在雖在中不與緣合故云離緣故迴向中明過在三世不同三世過在一切而非一切故緣雖起滅而湛然無起）

佛子如法界非量非無量無形故如來行亦如是非量非無量無形故

二復舉法界無形明雙非契中是知實相等皆如來行

佛子譬如鳥飛虛空經於百年已經過處未經過處皆不可量何以故虛空界無邊際故如來行亦如是假使有人經百千億那由他劫分別演說已說未說皆不可量何以故如來行無邊際故

三舉鳥飛虛空喻釋非量義非量有二一行廣無量故云如來行無邊際故二即事同眞便無分量故以空喻既無有量何有無量若謂無量即是量故雙非永寂爲如來行故心彌虛行彌曠終日行而未曾行

故涅槃云復有一行是如來行所謂大乘大般涅槃若謂無量者離量有無量故故楞伽云無心之心量我說爲心量謂以無心量而爲是者還是心量耳故心獨處句明無量不礙量終日行句明量即無量涅槃下即十一經遠公有二釋一云辨行所依謂如來先成之德修習趣入亦可五行是其教行顯性成行是如來行顯如來性以成行故意云此一即是證行證性而成行故

佛子如來應正等覺住無礙行無有住處而能普爲一切衆生示現所行令其見已出過一切諸障礙道

第二佛子如來應正等下釋無礙行文中二先約法總明後以喻別顯令初智無所住悲示所行即悲智無礙自無二礙令他無礙皆無礙行也

佛子譬如金翅鳥王飛行虛空迴翔不去以清淨眼觀察海內諸龍宮殿奮勇猛力以左右翅鼓揚海水悉令兩闢知龍男女命將盡者而搏取之如來應正等覺金翅鳥王亦復如是住無礙行以淨佛眼觀察法界諸宮殿中一切衆生若曾種善根已成熟者如來奮勇猛十力以止觀兩翅鼓揚生死大愛水海使其兩闢而撮取之置佛法中令斷一切妄想戲論安住如來無分別無礙行佛子譬如日月獨無等侶周行虛空利益衆生不作是念我從何來而至何所諸佛如來亦復如是性本寂滅無有分別示現遊行一切法界爲欲饒益諸衆生故作諸佛事無有休息不生如是戲論分別我從彼來而向彼去

二別以喻顯中二喻初金翅闢海喻喻即智之悲後日月無思喻喻悲不失智

佛子菩薩摩訶薩應以如是等無量方便無量性相知見如來應正等覺所行之行

第三佛子至應以如是下雙結二行性結眞如相結無礙

爾時普賢菩薩欲重明此義而說頌言

譬如眞如不生滅無有方所無能見大饒益者行如是出過三世不可量

法界非界非非界非是有量非無量大功德者行亦然非量無量無身故

如鳥飛行億千歲前後虛空等無別衆劫演說如來行已說未說不可量

金翅在空觀大海闢水搏取龍男女十力能拔善根人令出有海除衆惑

譬如日月遊虛空照臨一切不分別世尊周行於法界教化衆生無動念

第二偈頌有五前三頌眞如後二頌無礙

佛子諸菩薩摩訶薩應云何知如來應正等覺成正覺

第七出現菩提圓行之果故對緣造修必有成正覺故圓行之果下明來意有二上約眞菩提辨來意對緣造修下約應菩提以辨來意　文中三謂徵起釋相總結徵

言正覺略顯五門一釋名晉名菩提存其梵語此翻爲覺正揀二乘成異菩薩初會已顯又單語菩提但是所覺之道今云成者即理智契合之名

二明體性攝論云二智二斷爲菩提體智論云菩提菩提斷俱名爲菩提若依此經通一切法如文具之二辨體者此引二論二互相成攝論第九智論第三二智即根本後得二斷即斷煩惱所知此經圓宗故通一切下云得一切法量等三輪自他平等因果交徹如是等義故通一切

三辨種類或說唯一如智契合無二相故淨名云夫如

者不二不異故或開爲二大品明有性淨菩提及修成故亦名性淨方便淨也或分爲三約三乘故如十地論或開爲四涅槃云下智觀者得聲聞菩提乃至上上智觀得佛菩提又四智菩提亦是四義或分爲五如大品智論說發心等或具明十如離世間品唯十爲圓是此所辨三除前二四除前三五除前四餘皆兼通同教一乘之所攝故若業用所現則無所不收三辨種類於中有二先正辨夫如者不二不異即彌勒章下當辨意涅槃云下智觀等六地已引或分爲五者智論五十八云一發心菩提般量生死中發阿耨多羅三藐三菩提心故名菩提因中說果二伏心菩提斷諸煩惱降伏其心行諸波羅蜜三明心菩提觀三世諸佛法本末總別相分別得諸法實相謂般若波羅蜜四出到菩提於涅槃中得方便力故不著若滅一切煩惱見一切佛得無生法忍出三界到薩婆若五無上菩提坐道場斷習氣得阿耨多羅三藐三菩提或具十者即五十九經十種成如來力爲十菩提經云佛子菩薩摩訶薩有十種成如來力何等爲十所謂一超過一切衆魔煩惱業故成如來力二具足一切菩薩行遊戲一切菩薩三昧門故成如來力三具足一切菩薩廣大禪定故四圓滿一切白淨助道法故五得一切法智慧光明善思惟分別故六其身周遍一切世界故七所出言音悉與一切衆生心等故八能以神力加持一切故九與三世諸佛身語意業無有殊異於一念中了三世法故十得善覺智三昧具如來十力故成如來力是爲十若諸菩薩具此十力則名如來應正等覺句句皆有成如來力言此十菩提多同今經唯十爲圓下第二料揀先示別教後三除下約同教門揀而收之四明業用文有十門而體用參顯各隨別義立目今統收之謂緣二諦斷二障證二空起二智印羣機現萬像具十身徧十方周於毛端微塵等處通因及果業用無邊具如文顯四明業用者以下辨經有其十門兼體相用今唯就用有其十耳不出下文五者辨相即當釋文略辨十門一總明體相二即現萬機三體相甚深四三輪平等五因果交徹六體離虧盈七相無增減八用該動寂九周于法界十普徧諸心十門之中亦可當門別釋

佛子菩薩摩訶薩應知如來成正覺於一切義無所觀察於法平等無所疑惑無二無相無行無止無量無際遠離二邊住於中道出過一切文字言說

今且以初爲總餘九爲別別雖九門而釋十義初釋第一二釋第十謂舉初該後三從第二次第解釋第十一門釋八九二義至文當知釋文顯然不應異解今初總明具有十門皆含體相用三一寂照爲菩提體故云於一切義無所觀察一切義者眞俗境也觀極於無觀故淨名云不觀是菩提離諸緣故如海無心而能頓鑒非無所了故晉經云解一切義二經合明義方圓妙解即是觀觀即無觀既觀念斯寂無惑習種無觀是體照斷爲用合之爲相離諸緣者有觀則有緣無緣則絕觀如海下釋文以成上義非無所了下成上觀極於無觀義謂觀智之極謂之無觀無彼分別取相之觀非無甚深無分別觀故晉經下合明二經總云解一切義無所觀察故於爲解義則闕足譯經之人見下文有知衆生心故此但明無觀之義既觀念下上明成智即無分別智今明斷障即斷煩惱無觀是體下結成具三無觀是體者無念體也照智是上無分別智即是向無惑智種合爲相者謂寂照無二爲菩提相猶如明鏡鑑心爲體鑑照爲用合爲其相亦即禪宗即體之用自知即用之體恒寂知寂不二爲心之相二等同萬法爲菩提體謂智與理冥同一圓覺故云於法二等而不失照決斷分明云無疑惑既無所疑即所知永寂上二已攝攝論之體二等同萬法者釋經於法平等無有疑惑即是下文三輪平等上二已攝等者初是實智斷煩惱障二是權智斷所知障故二句中已具二智二斷體也三一成一

切成不見生佛有異故云無二以知一切衆生即菩提相故亦是能所不二淨名云不二是菩提離意法故三一成者釋經無二即是下文因果交徹於中有二一明生佛不二即一成一切成故下釋云如來成正覺時於其身中普見一切衆生成正覺等暗引淨名一切衆生即菩提相即菩提相于何不成二明能所不二即下釋中皆同一性闇引淨名不二是菩提離意法故法即是所意即是能良以心境同一性故生佛亦然此章淨名皆彌勒章四總指前三體相衆生寂滅是菩提滅諸相故四總指前三者釋經無相即是下文體離虧盈下釋云成與不成常無增減菩提非相非非相故由寂滅故無有虧盈寂滅即是無相義故引淨名云滅諸相故釋於寂滅五即心行處滅湛然不還亦是不行是菩提無憶念故五心行處滅者釋經無行即是下文相無增減故云湛然不還釋云若無有相則無增減六雖覺而常定不住定故六雖覺者釋經無止以不住定故即是下文用該動寂下釋云住善覺智三昧而現多身由不住止故能動用七有二義一橫徧十方廣無量故二體無生滅絕分量故七有二義者釋經無量即是下文周于法界此中有二下釋亦二一明一毛合於多佛周遍法界即是此中初義又云如來成正覺身究竟無生滅故即第二義八亦二義一竪念念成無際畔故二一得永常無後際故心無初相實符於理無前際故八亦二義者釋經無際即是下

文普遍諸心下釋亦二一云菩薩應知自心念念常有佛成正覺即此堅無際畔二下釋云何以故諸佛如來不離此心成正覺故即第二意念念應即是化身一得永常即是報身心無初相下契同法界身然此一句即起信論論云菩薩地盡覺心初起心無初相以其遠離微細念故得見心性心即常住名究竟覺下云不離此心即實符理義然覺心初起心無初相自有二意一者覺是能覺心是所覺心是初相即業相是微細念最初迷真不覺心動今無此相二者覺心合明謂正覺心起無能起相故與理實若有起相不合理故正取此意故云心無初相實符於理義兼於前以無細念故無覺相由依法相化身有始有終報身有始無終法身無始無終今符於理報亦無始故云始覺同本覺無後始本之異名究竟覺故云無前際故則無始也無終同於上句無後際耳法報既融即體之應念念無斷三身融矣九離邊契中晉經此前有無縛無脫並含在二邊之內謂若染若淨若縛若脫有無一異等斯邊皆離不徧住著故曰離邊非見有邊邊即中故無中無邊方住中道九離邊契中下釋經遠離二邊住於中道即是下文普遍諸心下釋云廣大周遍無處不有不離不斷無有休息入不思議方便法門疏文有二先釋離邊後釋住中今初經云離邊未知何是故舉晉經及取下釋略舉四種以等一切染淨約惑縛脫通惑業有無通事理一異約心境何以有此謂惑菩提既離細念顯現法身智慧純淨若為此見未免是邊故上經云若有見正覺解脫離諸漏不著一切世彼非證道眼今了於惑體性本空後無所淨故離二邊又染淨交徹故無住著是曰離邊縛說者謂昔常被惑業繫縛

濟縛無窮今得菩提釋然解脫若為此見即是住邊菩提智了本自無縛於何有解無縛無解則無樂猒故得離耳有無上言通事理者若昔謂惑有今了惑空昔謂心空今知妙有又真樂本有失而不知妄苦本空得而不覺今日始知空者妄苦有者涅槃若如是知並未離邊又煩惱業苦本有今無菩提佛身本無今有等皆三世有法菩提之性不屬三世故三世有無皆是邊攝真智契理絕於三世故離有無之二邊等一異有二一者心境不了則二契合則一亦成於邊二者生佛有異今了一性亦名為邊今正覺了此中無有二亦復無有一大智善見者如理巧安住故離此邊而言等者謂斷常來去生滅依正雖是二法皆稱為邊又二與不二亦名為邊今契菩提一切都寂故云遠離不偏住下釋住於中道然通妨雖生下契中謂有難言若離於邊未免於邊有取捨故釋云不偏住著名曰離邊非見有邊而可離也謂不偏住染染性空故性即淨故不偏住淨若無有染則無淨故淨相離故同染性故染淨交徹安可住耶智契此理故曰離邊故言非見有邊邊即中故後有難云有邊即有中邊既即中則無邊矣既無有邊對何說中故次答云無邊無中方住中道此有二意一順上答謂感如所言無邊無中故曰中道若有中邊非真中也二反上答謂中道有二一者相待則離邊住中二者絕相即邊而中相待而空則有邊中無邊無中為真中矣相待絕待尚是相待待意亡言言不盡矣歷上染淨等一一皆然十總顯離言上九寄言顯深未盡菩提之奧故收歸性離今亡言契之十總顯下釋經出過一切文字言說即是下文體相甚深斯則上九寄言顯深今菩提離言顯深知一切衆生心念所行根性欲樂煩惱染習

舉要言之於一念中悉知三世一切諸法佛子譬如大海普能印現四天下中一切衆生色身形像是故共說以爲大海諸佛菩提亦復如是普現一切衆生心念根性樂欲而無所現是故說名諸佛菩提

第二知一切衆生下印現萬機即海印三昧文中三初法一念知三世名一切智次喻即舉海印以喻菩提無心頓現三合言無所現者有三義一無心現故如海二所現空故如像三無別體故如水與像不可分異自體顯現故名爲覺起信論云諸佛如來離於見想無所不徧心眞實故即是諸法之性自體顯照一切妄法有大智用斯即無思顯照同體之境爲菩提相用故上文云於一切義無所觀察無所現者一無心現約止二所現空約觀三無別體約止觀契合又一約心二約境三心境兩冥又一約智二約理三理智冥契就第三義中疏先正釋自體顯現者通妨謂有難言若無別體何能普現衆生心行故答云自體顯現如珠有光自照珠體珠體喻心光喻於智心之體性即諸法性照諸法時是自照耳故引起信文甚分明然論問曰虛空無邊故世界無邊世界無邊故衆生無邊衆生無邊故心行差別亦復無邊如是境界不可分齊難知難解若無明斷無有心想云何能了名一切種智答曰一切境界本來一心離於想念以諸衆生妄見境界故心有分齊以妄起想念不稱法性故不能決了諸佛如來離於見想無所不遍心眞實故即是諸法之性自體顯照一切妄法有大智用無量方便隨諸衆生所應得解皆能開示種種法義是故得名一切種智釋曰疏但引中間以證自體顯照前後可知故不廣引

佛子諸佛菩提一切文字所不能宣一切音聲所不能及一切言語所不能說但隨所應方便開示

第三佛子諸佛菩提下性相甚深性離言故理圓言偏故

佛子如來應正等覺成正覺時得一切衆生量等身得一切法量等身得一切剎量等身得一切三世量等身得一切佛量等身得一切語言量等身得眞如量等身得法界量等身得虛空界量等身得無礙界量等身得一切願量等身得一切行量等身得寂滅涅槃界量等身

第四佛子如來應正等下三輪平等釋上於法平等諸法故意輪等故何所疑哉意輪等者緣上標章云於法平等無有疑惑故文中二先別舉身等後類結顯多今初有十三身前六等事次三等理次一等事理事事無礙後三等因果略舉十三故結云無量皆言量者是所等之分量皆言等者即能等之三輪等有二義一等彼事理之量二者等彼事理之體所以等者彼諸理事即我所證能所冥合彼尚即我等之何難是以聖人空洞無像物無非我會萬物以成己也是以聖人下三結成玄旨即肇公涅槃無名論通古中文由前窮源中云非衆生無以御三乘非三乘無以成涅槃然必先有衆生後有涅槃有始必有終而經云涅槃無始無終湛若虛空則涅槃先有非後學而後成也釋曰此文以徵詰難令涅槃有始於義以涅槃無始終難其修得故爲此通古答云無名涅槃至人空洞無像而物無非我會萬物以成己者其唯聖人乎何則非理不聖非聖不理理而爲聖者聖不異理也故天帝曰般若當於何求善吉曰般若不可於色中求亦不可離色中求又曰見緣起爲見法見法爲見佛斯則物我不異之効所以至人戢玄機於未兆藏冥運之即化總六合以鏡心一去來以成體古今通始終同窮本極末莫之與二浩然大均乃曰涅槃釋曰彼雖明涅槃亦以能證所證契合故物我一體今雖約菩提亦取能所一體故得用其文耳

大方廣佛華嚴經疏鈔會本第五十二之一

大方廣佛華嚴經疏鈔會本第五十二之二　頌九

唐于闐國三藏沙門實叉難陀　譯

唐清涼山大華嚴寺沙門澄觀　撰述

佛子如所得身言語及心亦復如是得如是等無量無數清淨三輪

頌九

後佛子如所得下類結可知

一

佛子如來成正覺時於其身中普見一切衆生成正覺乃至普見一切衆生入涅槃

第五佛子如來成正覺下明因果交徹釋上無二同一性故文中三初標次皆同下釋三知一切下結

今初八相之中略舉其二故云乃至此文正同淨名云若彌勒得菩提者一切衆生皆亦應得一切衆生即菩提相彌勒示迷此旨但謂理詰之言不知真得菩提實如所詰此文正同下第二會淨名於中有三初正顯同即菩薩品彌勒爲兜率天子說不退轉地之行淨名難云爲從如生得授記耶云云若以如生得授記者如無有生若以如滅得授記者如無有滅一切衆生皆如也一切法亦如也衆聖賢亦如也至於彌勒亦如也若彌勒得授記者一切衆生亦應授記所以者何夫如者不二不異若彌勒得阿耨多羅三藐三菩提者一切衆生皆亦應得所以者何一切衆生即菩提相若彌勒得滅度者一切衆生亦當滅度所以者何諸佛知一切衆生畢竟寂滅即涅槃相不復更滅釋曰今正釋成正覺義故但引菩提若據經文云乃至入涅槃則有亦當滅度之義故今具引耳彌勒示迷下第二出彼經意既爲補處何理不窮寄於受屈以悟時聽耳言但謂理詰之言者即是迷相然迷有二意一約彌勒受難云一切同如而我獨得授記誠乖理也故云理詰之言二者彌勒不受難云理雖一如行滿得記何得以理而難事耶故云理詰不知真得者三正會釋淨名非曰妄詰真實菩提誠乃一得一切得耳則受難不受難俱迷此理若顯不迷應對淨名實如所言我已見生得記作佛入涅槃竟又前章以我等彼故徧同彼量今明以彼等我故全現我中是知一性平等反覆相成又前章下三對前揀異則前是普徧此是廣容言一性平等反覆相成者前章明平等此章明一性故下釋中皆同一性由平等故唯是一性由一性故何不等耶故云相成此中之成爲理爲事若是事成何以釋云同一性故若是理成何以此云成正覺耶入涅槃耶此是華嚴大節圓宗之義不對諸宗難以取解然諸衆生若於人天位中觀之具足人法二我小乘唯是五蘊實法大乘或說但心所現或說幻有即空人法俱遣或說唯如來藏具恒沙性德故衆生即在纏法身法身衆生義一名異猶據理說更有說言相本自盡性本自現不可說言即佛不即佛等若依此宗舊來成竟亦涅槃竟非約同體此成即是彼成然諸衆生下二別釋即五教意兼人天爲六若爾何以現有衆生非即佛耶若就衆生位看者尚不見唯心即空安見圓教中事

頌九　二

如迷東謂西正執西故若諸情頓破則法界圓現無不已成猶彼人悟西處全東若爾諸佛何以更化衆生不如是知所以須化如是化者是究竟化如是化者無不化時故下結云大悲相續救度衆生若就衆生下二解釋此中意云以理融通不可作理事別解若爾下三以能難所佛既了達何用化耶不如是知下四釋化之由如是化下五結成真化言無不化時即常化也故引相續正成常恒切成也

隨門不同種種有異約成佛門一隨門不同下第三結例許解結餘門門雖有多且畧分四一約性即一真法界二約相即無盡事法三約性相交徹顯此二門不即不離四以性融相德

頌九　三

用重重初約性門者問體是佛不答是應成四句一是佛法性身無所不至故經云性空即是佛故二非佛絕能所覺爲其性平等一真法界非佛非衆生故三亦佛亦非佛以法性身無自性故四雙非性與無性雙泯絕故經云無中無有二無二亦復無三世一切空是則諸佛見二就相門乃有二義一情二非情真心隨緣變能所故然此二門各分染淨謂無明熏真如成染緣起真如熏無明成淨緣起染成萬類淨

王成佛以修淨無斷後染緣方得成佛依此二義則生佛不同於淨緣中因果因有純雜果有依正若約純門隨一菩薩盡未來際唯修一行一一皆然若約雜門萬行齊修盡未來際若約因門盡未來際常是菩薩若約果門盡未來際常是如來經云爲衆生故念念新新成等正覺若雙辦二門盡未來際修圓得果若約雙非盡未來際非因非果便同眞性前之二門雙具悲智覺融心境第三性相交徹門中曲有四門一以性隨相同第二門二會相歸性同第一門三雙存無破具上二門依此則悲智雙運性相齊融寂照雙流成大自在四互奪雙亡則性相俱絶泯同果海無成不成第四以性融相門相離萬差無不即性性德包含全在相中以性融相相如於性令上諸門參皆無障礙因果交徹純雜相融事事相參重重無盡今就性門四句之內是即佛門不取餘三就相門中約有情門是淨非染是果非因是一分義非此所用就交徹門佛則性相雙融生則會相歸性今經正約第四以性融相一成一切皆成謂以佛之淨性融生之染以佛一性融生之多令多染生隨一眞性皆如於佛已成佛竟非唯有情會萬類相融爲佛體無不皆成故肇公云會萬物而成已者其唯聖人乎又云故王人空洞無像物無非我以佛之性融於物性同佛皆成以物之性融物之相故令三業等於萬類即令經意而非餘門故云隨門不同令是成佛門也須敎多同約性四門終敎即同性相交徹始敎有二幻有即空同會相歸性但唯心現多同第二小乘人天皆同相門由此有云無情成佛是約性相相融以情之性融無情相以無情相隨性融同有情之性故說無情有成佛義若以無情不成佛義融情之相亦得說言諸衆生不成佛也以成共不成情與無情二二性故法界無限故佛體普周故色空無二故法無定性故十身圓融故緣起相由故生界無盡故因果周

徧故遠離斷常故萬法虛融故故說一成一切成也非謂無情亦有覺性同情成佛若許成佛此成則能修因無情變情情變無情便同邪見餘義具如前後廣說又此衆生乃是像上之模令其去模則自見已佛亦見他成如第十段又此衆生者四重釋此是一義前同佛心塵中經卷下同第十普徧諸心以見自成即見他成同下自心念念常有佛成正覺皆同一性所謂無性無何等性所謂無相性無盡性無生性無滅性無我性無非我性無衆生性無非衆生性無菩提性無法界性無虛空性亦復無有成正覺性

二釋中先總釋同一無性故得現成妄性本虛生元是佛眞性叵得非今始成故皆成也二釋中者此有三意一云同一無性故得現成者謂既無二性佛證一性得成佛故生隨一性皆成佛矣二云妄性本虛生元是佛者生自有妄見生非佛佛了妄虛生何非佛三眞性叵得非今始成者若有可得今得成佛證性叵得佛非始成佛非始成佛本是佛佛之本佛何異生佛是故一成一切皆成亦可說言若一不成一切不成同一性故令是成佛門故故一切皆成佛也次轉徵所無無何等性同菩提性故後釋所無有十二句前四通生及佛次四約衆生後四唯約佛非獨妄空眞有亦非妄有眞空以性融

相法界圓現故由此無性說成正覺後釋所無下疏文有二先消文言非獨妄空等者揀宗顯別妄空眞有法相宗說徧計是空圓成有故涅槃經說生死是空涅槃不空三論中云妄說爲有眞諦空故令十二句生即是妄佛即是眞眞妄俱非不患偏說以性融相者示其正理生佛眞妄皆是相異融同眞界故說一成一切皆成是以結云由此無性說成正覺若有取成非眞覺故是故文云亦復無有成正覺性又攝十二總爲六對一能相所相對謂染相淨相相待有故念念之盡緣所盡故煩惱永盡本自盡故又攝十二下二成對也一能相所相對者相爲所相盡即能相所相法體即是有爲不出染淨言相待有故者釋成無義染待淨有故無染相淨待染有故無淨相是故經云無相性也言無盡性者盡即能相生滅染淨全是有爲然生滅四相界有二種一剎那盡云念念滅以緣滅故顯無滅性二一期滅如煩惱性盡以性空門顯無滅義二生滅對約凡則本自不生即涅槃相不復更滅故約佛菩提非始生故何有滅耶二生滅對凡則緣生故本不生性淨涅槃本來寂滅故不更滅此對皆淨名意前約滅惑此約滅苦由滅惑苦則菩提生故今遣之言約佛菩提非始生者性淨菩提非始修得何有滅耶三我非我對有緣無主故我尚不可得非我何可得諸法實相中無我無非我故三我非我對以緣破我以我遣非我言我尚不可得非我何可得即不二法門諸法實相中下以實相門雙遣上二即中論文前已須引四緣非緣對

揔緣生故緣尚不可得故四緣非緣對衆生是緣揔緣無性故無衆生非衆生爲非緣尚不可得非緣何可得即相待破五能所
證對能證菩提因所證故所證法界由智
顯故五能證所證對並因緣門雙破能所故上經云知菩提性從緣起入源法界無違逆六合不合對虛空非合因有顯故所
以性無成覺是合理智契合即爲緣起故
非有也六合非合對虛空無體不與物合亦以因緣顯無虛空成正覺者能所契合亦因緣門釋無正覺故一一合相非一一合相
知一切法皆無性故得一切智大悲相續救
度衆生
三結中物物無性故成種智證斯同體而
起大悲一得永常故云相續又只由不知
無性故敎化不絶物物無性下疏有二意一由證無性故得成佛無性卽是大悲之體故得起悲又只由下二由生不知佛諸無性故化令知
佛子譬如虛空一切世界若成若壞常無增
減何以故虛空無生故諸佛菩提亦復如是
若成正覺不成正覺亦無增減何以故菩提
無相無非相無一無種種故
第六佛子譬如虛空下明體離虧盈釋上
無相虛空無生故體無增減菩提無相成

不寧殊
佛子假使有人能化作恒河沙等心一一心
復化作恒河沙等佛皆無色無形無相如是
盡恒河沙等劫無有休息佛子於汝意云何
彼人化心化作如來凡有幾何如來性起妙
德菩薩言如我解於仁所說義化與不化等
無有別云何問言凡有幾何普賢菩薩言善
哉善哉佛子如汝所說設一切衆生於一念
中悉成正覺與不成正覺等無有異何以故
菩提無相故若無有相則無增無滅佛子菩
薩摩訶薩應如是知成等正覺同於菩提一
相無相
第七佛子假使下明相無增減釋上無行
湛然不異行豈能遷文中三初舉喻問答
以化現無形喻成不異化多心者喻修多
因化成多佛喻證多果次普賢下讚善以
合三佛子下結此生後
如來成正覺時以一相方便入善覺智三昧
入已於一成正覺廣大身現一切衆生數等
身住於身中如一成正覺廣大身一切成正

覺廣大身悉亦如是佛子如來有如是等無
量成正覺門是故應知如來所現身無有量
以無量故說如來身爲無量界等衆生界
第八如來成正覺時下用該動寂釋上無
止不滯定故文中四初舉所依三昧覺不
滯寂故名善覺覺彼一相故用爲方便二
入已下顯一身之用旣以一相爲方便則
物皆一相故一即現多三如一下類顯餘
身如來成正覺時布身雲於法界一一皆
是廣大之身並如一身之現四佛子下總
結多門謂上來所現一一定爲門餘定亦爾
定門旣然悲智總持等門亦爾故有無量
界矣是謂高而無上廣不可極是謂高而無上者顯高廣義處反下天已云地等者是肇公涅槃無名論位體中文彼云經言菩提之道不可圖度高而無上廣不可極淵而無下深不可測大包天地細入無閒
佛子菩薩摩訶薩應知如來身一毛孔中有
一切衆生數等諸佛身何以故如來成正覺
身究竟無生滅故
第九佛子至應知如來下明周于法界釋
上無量無量有二一廣多無量一毛含多

徧法界故二無分量皆不生故文中三初
明一毛含多釋以不生故
此與前段分有分異又此唯現佛即同類
相望前通多類即異類相入又前則住體
徧應此則如理而含亦如理而徧此與下後揀異
第八有三重揀一約能現前身爲有分此毛爲無分故二又此下約所現揀前通多類者但言現身此云現佛故三又前下約義相揀前住體徧應者即緣起相由門由住緣起一佛身體徧應一切成多類故比則如理下是法性融通門法性如空有其二義一則廣大無所不包故譬如虛空具含衆象二則體性周徧故喻云譬如虛空徧至一切色非色處一毛含多即廣容義徧法界毛即普徧義
如一毛孔徧法界一切毛孔悉亦如是當知
無有少許處空無佛身何以故如來成正覺
無處不至故
二如一毛下類顯多毛但容毛處即是毛
孔次徵意云身契無生可許能含法界虛
空無有能契何能亦含釋云無處不至則
無非佛身矣是謂大包天地細入無間是謂大包下一毛廣容即大包天地多身入毛即細入無間
隨其所能隨其勢力於道場菩提樹下師子
座上以種種身成等正覺

三隨其下釋疑疑云若爾何以要就覺樹
釋云隨機所能受耳是知坐菩提樹多身
頓成尚曰隨宜有頂鹿園豈爲眞極是知等者舉況顯勝有頂即是權教中說眞成之處鹿園即是八相化身轉法之處今於此成即周法界此處轉法輪即於法界無盡處轉
佛子菩薩摩訶薩應知自心念念常有佛成
正覺何以故諸佛如來不離此心成正覺故
如自心一切衆生心亦復如是悉有如來成
等正覺
第十佛子至應知自心下明普徧諸心釋
前二門即分爲二初正明普徧釋上無際
念念常成無際畔故後廣大下總結雙非
釋上遠離二邊住於中道今初亦二先指
一心後如自心下例一切心前中先標次
徵後釋釋云不離者有二義一衆生身心
即佛所證故二全即佛菩提性故此即他
果在我之因非約因人自有佛性此文正
辨佛菩提故此文正辨者成上非約因人有性是佛性義今說佛菩提而言衆生心有之者即他果佛在我因人之內耳
廣大周徧無處不有不離不斷無有休息入

不思議方便法門
後總結雙非不離不斷釋有二意一不離
結上無處不有不斷生下無有休息二不
離者生佛非異故不斷者生佛非一不同
衆生可斷壞故是名入不思議方便法門
是以不得意者作衆生思故是不可說作
佛思是亦不可即亦不可非即亦不可當
淨智眼無取諸情
佛子菩薩摩訶薩應如是知如來成正覺
第三總結即最後佛子令依此知映前十
門無幽不盡離此何有眞菩提耶
爾時普賢菩薩摩訶薩欲重明此義而說頌
言
後偈有六頌前十門初二次第頌初二門
次三如次頌六七八後一通頌四五九十
以同是普現無量義故其第三門但顯離
言故略不頌
正覺了知一切法無二離二悉平等自性清
淨如虛空我與非我不分別總明體相
如海印現衆生身以此說其爲大海菩提普

印諸心行是故說名爲正覺印現萬機

譬如世界有成敗而於虛空不增減一切諸佛出世間菩提一相恒無相體離虧盈

如人化心化作佛化與不化性無異一切衆生成菩提成與不成無增減相離增減

佛有三昧名善覺菩提樹下入此定放衆生等無量光開悟羣品如蓮敷用該動寂

如三世劫刹衆生所有心念及根欲如是數等身皆現是故正覺名無量通頌四五九

佛子菩薩摩訶薩應云何知如來應正等覺轉法輪

第八明出現轉法輪得大菩提理必轉授

長行中三初標徵次釋相後總結

佛子菩薩摩訶薩應如是知如來以心自在力無起無轉而轉法輪知一切法恒無起故以三種轉斷所應斷而轉法輪知一切法離邊見故離欲際非際而轉法輪入一切法虛空際故無有言說而轉法輪知一切法不可說故究竟寂滅而轉法輪知一切法涅槃性故

就釋相中二先顯體用後顯所因今初分三初法次喻後結勸今初文有九句減數十也皆先標後釋前五顯體性寂寥後四辨相用深廣前中一能轉心二所轉體三所得果四能詮教五所顯理今初等者明轉法輪然法輪義廣如別章而今畧以三門分別一釋名二出體三轉相今初然俱舍論亦名梵輪如來大梵之所轉故言法輪者法即一持輪者如帝王輪從喻得名畧有四義一圓滿義具轂輻輞軸等體用周備故二摧壞義摧壞煩惱如摧未伏等三鎮遏義已伏煩惱令勢轉遠故鎮已伏四不定義從見至修修至無學從自至他他信至解解至行果等轉者說也故總釋云流演圓通名之爲輪自我之彼故名爲轉若別說者畧有四義轉謂動也顯也運也起也動宣言教顯揚妙理運聖道於聲前起眞智於言後圓摧障惱名轉法輪釋曰此四約數理行果如其次第下出轉體不出四故出體轉相在文具之夫轉法輪不過此五今皆即事契眞一能轉心者由知法無起故正轉法時不起心念言我轉授前人名心自在如是方爲眞能轉也夫轉法輪者此五即是出體者大小諸教有多差別今以大乘貫通諸說體總有五一輪自性謂擇法覺支正見正知等通見修無學或取八聖道具輪輻轂輞故正見思惟如轂是根本故正語業命說名爲輻由轂有故正念勤定說名爲輞攝錄餘故二者法輪因謂能生後聖道諸教聞思修等諸經論中多說佛教爲法輪故三法輪眷屬聖道助伴五蘊諸法四法輪境聖道所緣四諦因緣三性等理五法輪果謂因道所證菩提涅槃無爲等果大乘法師收取五體不出教理行果意明二即是敎四即是理一三皆行五即是果今經五句即攝此五一能轉心即是眷屬二即是性三即第五四即第二五即第四若以敎理行果攝今五者後三可知初一是行二所詮理亦是行攝三轉約於見修等故又此五句即是轉相第三轉相者瑜伽九十五說出五種相轉法輪者當知名爲善轉法輪一者世尊爲菩薩時爲得所得所緣境界二者爲得所得方便三者證得所應得識四者得已以他相續令於自證深生信解五者令他於他所證深生信解今經五句即攝彼五一即第四令他信解二即第二三即第三四即第五五即第一會釋可知但言所得方便者即以三周正轉見修無學隨其次第知見現觀名得方便瑜伽又說三周行相名得所得之方便也然上出體與其轉相皆大乘意細尋二門多有相似或應爲一彼是法相之所宗師且順於彼以今一五攝彼二五今皆即事者揀實異權名數則同意旨懸隔

二所轉體者即示勸證名爲三轉此三名輪者摧障惱故言離邊者若有惑可摧未離於常無惑可摧寧免於斷今永離斷常等邊方爲眞能斷所應斷知與證修亦然二所轉者一示相轉二勸修轉三作證轉第一示相轉者諸佛世尊正證諸法隨何等器而指示之如轉四諦言此身是若業惑爲集此滅爲滅能滅爲道示因緣等眞理妙智例皆同此當爾之時生聖慧眼由示依去來今世有差別故如其次第得眼智明覺此之一智總名爲眼有三行相名智明覺非於四諦別起四智由眞見道唯一剎那不同小乘上下別觀依詮證

滅說通三世非是滅諦通三世有第二勸修轉者如說四諦云此是苦汝當知此是集汝當斷此是滅汝當證此是道汝當修亦生眼智明覺若轉因緣眞實法等例此可知第三作證轉者如轉四諦云此是苦我已知此是集我已斷此是滅我已證此是道我已修亦生眼智明覺四行轉餘例此然其三轉尊者妙音八正爲四轉唯是見道以憍陳那見道生時說名已轉若通相說諸有聖道皆名法輪顯宗論說三轉即是三道謂初是見道二是修道三是無學道如憍陳那名已轉者已初轉故大乘法師意取彼義若成實師初轉生聞慧次生思慧後生修慧無十二行唯作一期行相此言却通以說陳如即得初果未經修道何有初果第十六智是修道故又初雖示是苦集等未勸知斷何因成果若示勸轉已得果竟何用引已而爲證耶是以見道通於三轉義却長也況通諸法皆有示勸及與證耶故今經中始成正覺演大華嚴轉一乘輪亦具三矣大乘見道唯在初地則彼地前應非如來轉法輪矣若別配二道者第二轉者謂是有學以其妙慧如實通達我當於後猶有所作應當徧知苦諦應當永斷集諦應當作證滅諦應當修習未修道諦如是有四種行相如前應知第三轉者謂是無學以得盡智無生智故言所應作我皆已作謂我已徧知未知苦諦乃至廣說我已修習未修道諦亦有四行例皆可知釋曰此即大乘諸師別配三轉斷於三道而言證者是彼自證非佛證也然今經文即是三轉中道法輪永離邊見亦具說於知斷證修即是大乘無作四諦已申轉體三所得果者由斷惑故得離欲際由證性空本無可離斯際亦遣得果等四皆有虛求四能詮教者理假言詮今了本寂滅不可說故則終日言而未曾言也五所顯理謂即寂滅今了性淨涅槃法本不然今則無滅方爲究竟之滅是知其輪本來常淸淨也是知其輪者即暗引淨名寶積云三轉法輪於大千其輪本來常淸淨古來多釋今取即事之眞性淨之理爲法輪體也

以一切文字一切言語而轉法輪如來音聲無處不至故知聲如響而轉法輪了於諸法眞實性故於一音中出一切音而轉法輪畢竟無主故無遺無盡而轉法輪內外無著故

後四相用深廣中一觸言皆輪廣也二即用而寂深也下二亦深亦廣三一即多而無主四即橫豎而恒虛謂橫則無遺無所不轉故豎則無盡窮未來故而不著內外則深廣無涯矣故後四段明相用深廣則迴異餘宗爲不壞相畧引餘釋耳

佛子譬如一切文字語言盡未來劫說不可盡佛轉法輪亦復如是一切文字安立顯示無有休息無有窮盡佛子如來法輪悉入一切語言文字而無所住譬如書字普入一切事一切語一切算數一切世間出世間處而無所住如來音聲亦復如是普入一切處一切衆生一切法一切業一切報中而無所住一切衆生種種語言皆悉不離如來法輪何以故言音實相即法輪故

第二佛子譬如下喻中文有二喻一文字無盡喻喻第九無盡二徧入無住喻喻六七八用而常寂故於中有法喻合合中二先合普入一切以上法中但云入一切言故今明入餘法則觸類皆法輪豈同三乘但用佛聲爲輪等耶一切衆生種種下正合前文入一切語前五易故略不喻之豈同三乘者揀實異權而言等者就佛聲中揀尋常言如問晴雨安慰弟子等亦非法輪唯取轉法又要令他斷惑見理方明法輪今此乃至數重深玄一則不論斷不斷等說即名輪故經云如來所轉妙法輪一切皆是菩提分若能聞已悟法性如是之人常見佛二者尊常之言亦是法輪如來一乘有散亂聲故言不虛發如涅槃說如來一切語言皆名轉法輪故三者能令三界所有聲聞者皆是如來音故四者不揀聲與非聲遍於法界皆法輪體況復一多交徹相映融即豈同三乘之法輪哉

佛子菩薩摩訶薩於如來轉法輪應如是知

第三佛子下結勸可知

復次佛子菩薩摩訶薩欲知如來所轉法輪

應知如來法輪所出生處何等爲如來法輪所出生處佛子如來隨一切衆生心行欲樂無量差別出若干音聲而轉法輪佛子如來應正等覺有三昧名究竟無礙無畏入此三昧已於成正覺一一身一一口各出一切衆生數等言音一一音中衆音具足各各差別而轉法輪令一切衆生皆生歡喜能如是知轉法輪者當知此人則爲隨順一切佛法不如是知則非隨順佛子諸菩薩摩訶薩應如是知佛轉法輪普入無量衆生界故

第二復次下顯法輪所起因於中三先辨輪所起因因機差故若離物機佛無說故次佛子如來下明因所起輪物既爲力不同教須適宜差別於中說法所依之定名者無礙辯才無所怯畏得究竟者唯佛有故後能如是知下結其得失及第三總結文並可知

爾時普賢菩薩摩訶薩欲重明此義而說頌言

如來法輪無所轉三世無起亦無得譬如文字無盡時十力法輪亦如是

如字普入而無至正覺法輪亦復然入諸言音無所入能令衆生悉歡喜

佛有三昧名究竟入此定已乃說法一切衆生無有邊普出其音令悟解

一一音中復更演無量言音各差別於世自在無分別隨其欲樂普使聞

文字不從內外出亦不失壞無積聚而爲衆生轉法輪如是自在甚奇特

偈有五頌分二初二偈頌法輪體用後三偈頌法輪所因

大方廣佛華嚴經疏鈔會本第五十二之二

大方廣佛華嚴經疏鈔會本第五十二之三　熕十

唐于闐國三藏沙門實叉難陀　譯

唐清涼山大華嚴寺沙門澄觀　撰述

第九出現涅槃轉化既周安住祕藏爲物示滅故次明之然大涅槃蓋衆聖歸宗冥會之所寂寥無爲而廣大悉備形名絕朕識智難思轉化既周躡前起後安住祕藏顯眞涅槃爲物示滅顯應涅槃文具二故然大涅槃下二總明大旨以顯深玄多用肇公涅槃無名論有十演九折十演者一開宗二位體三超境四妙存五辨差六會異七明漸八動寂九通古十玄得九折者一覈體二徵出三搜玄四難差五責異六詰漸七譏動八窮源九考得開宗爲初次一折一演折爲有名之難演即無名之答共相研覈顯無名旨今多用者亦顯肇公悉此經故今初大旨多用開宗言衆聖歸宗冥會之所今總顯深廣包含無外故論云九流於是乎交歸衆聖於是乎冥會謂三乘賢聖必會其中猶於百川朝宗于海寂寥無爲者顯深也而廣大悉備者顯廣也形名已下後拂深廣之迹朕者迹也兆也論云夫涅槃之爲逍也寂寥虛曠不可以形名得徵妙無相不可以有心知故淨名云不可以智知不可以識識今以無名強名亦爲五別今以無名下第三開章別釋此句總明開意涅槃二十一云甁羅波夷名爲食油蟲無有名字強立名字善男子是大涅槃亦後如是無有名字強立名字位體云有餘無餘者蓋是涅槃之外稱應物之假名耳而存稱謂者封名志器像者既形名也極於題目形也盡於方圓方圓有所不寫題目有所不傳爲可以名於無名而形於無形者哉則無名亦假一釋名涅槃正名爲滅取其義類乃有多方總以義翻稱爲圓寂以義充法界德備塵沙曰圓體窮眞性妙絕相累爲寂而言大者橫無不包豎無無初際此約三德涅槃若約義開略明三義一者體大自性清淨故二者相大方便修淨累亡德備故三者用大化用無盡故般若入義性入眞入示現入故若圓融無礙即大涅槃一釋名者若具梵云摩訶般涅槃那具翻爲大圓寂入謂那即入義應迴在上言正名爲滅者取其義類乃有多方者即生公釋遠公同此言多方者或云不生或云無作或云無起亦云無爲亦云無相或云不滅或云寂靜或曰安隱或名解脫皆是義翻法華序品長行之中便於中夜入無餘涅槃次即云佛滅度後偈中又云佛此夜滅度明知古德正翻爲滅亦云滅度超度四流故總以義翻者即唐三藏等在義周圓而言大下先總後別總以橫豎釋如題中涅槃二十一云譬如虛空不因小空名爲大空涅槃亦爾不因小相名大涅槃釋曰此即絕待當體受名若約義開下別釋曰三大釋三大雖通本有修成欲分三異性淨約體圓淨約相用修成兼含三身下對三大亦有三入若有那字般字沒在圓寂之中今無那字以般釋入梵語出息名爲安那梵言入息名爲般那那是息義欲明此章具足眞應三四涅槃故對三大別釋三入性入即性淨涅槃眞入即是圓淨示入即方便淨遠公約已證說一就實論入息妄歸眞從因趣果二眞應相對辨入息化歸眞名入三唯就應現捨有爲道趣入無爲故名爲入若約圓融者若不圓融三入各別法相宗故二出體性涅槃既妙絕常數恬怕希夷難逈出百非而靡所不在今以義求不出三法即摩訶般若解脫法身以爲其體所以三者翻三雜染故成智恩斷故成法門法性應化身故能證大智冥所證理累永寂故然此三種不離一如德用分異即寂之照爲般若即照之寂爲解脫寂照之體爲法身如一明淨圓珠明即般若淨即解脫圓體法身約用不同體不相離故此三法不縱不橫不並不別如天之目如世之伊名祕密藏爲大涅槃二出體性者疏文分二一總顯深玄先顯體深後體用無礙初中妙絕常數者即第十九演玄得中文彼云何者夫涅槃之道妙盡常數融治二儀滌蕩萬有均天人一同異內視不己見返聽不我聞未常有得未常無得今取此言總歎深旨恬怕希夷者恬和也怕靜也夷平也亦閑宗中言彼云然則有無絕於內稱謂淪於外視聽之所不暨四空之所昏昧恬焉而夷怕焉而泰九流於是乎交歸衆聖於是乎冥會斯乃希夷之境大玄之鄉而欲以有無題牓標其方域而語其神道者不亦邈哉雖迴出下體用無礙亦開章中文文云冥冥杳杳誰見誰曉彌綸靡所不在而獨曳於有無之表今反用之今以義求下初正出體性然遠公亦以三法爲體與此小別一色二心三非色非心滅無常色獲得常色等故擇

滅無爲廣如前說亦非全要不欲繁敘言今以義求者取其深義三德爲體則身智常生無不包含故所以三者下出三所以於中有二一翻對說三二當證解三今初釋三迴向具對十義今略有三翻三離染者煩惱爲般若煩惱即菩提菩提即是涅槃之中般若德也翻於結業以爲解脫翻若依身即是法身心體離念本法身故故三雜染即性淨三德二成三德者般若是智解脫是斷法身是恩法身無惑惑物恩德三成三身般若法門身法身是法性身解脫爲應化身作用解脫亦解脫故若眞應對辯則有眞實三德應化三德攝化三德一一別從眞三德起今從通義應身但解脫德攝能證大智下二當體明三然爲福法師總有四釋先總釋云身是能證身般若是智慧火解脫則煩惱等滅此三法合名證涅槃言四義者一云身是自受用身餘二即金剛心後智斷二德二云身即法身法身即如如摩訶般若即如如智解脫即是一切餘究竟盡故法身爲所證般若爲能證解脫爲離障三云佛身者即法性有佛身義作二所依故有智慧義滿照法界光明故有解脫義性離一切障故此三亦不相離彼自結云此三釋中初順經意欲明報身是常涅槃不滅身故四云身者色身四智爲般若解脫準前釋已上之四解初約報身二約法身此二約眞四通眞應三即約理爲性淨三德今疏舉第二義者欲顯圓具通因通果通眞通應應助常身即法身故應即是法況自受用自受用體亦全法性法身但約在纏出纏異故能證所證及與離障十地分得故得通因故舉一義理無不收然此三種下三融通無礙有法喻結法中通因通果理具此三即性淨三德能如是知即名字三德依此修觀即觀行三德初住分證如來究竟直就出纏法身即具三故成不別義故此三法下結成涅槃涅槃第二云我今當令一切衆生及以我弟子四部之衆悉皆安住

祕密藏中我亦復當安住是中入於涅槃何等名爲祕密之藏猶如伊字三點若並則不成伊縱亦不成如摩醯首羅面上三目乃得成伊三點若別亦不得成我亦如是解脫之法亦非涅槃如來之身亦非涅槃摩訶般若亦非涅槃三法各異亦非涅槃我今安住如是三法爲衆生故名入涅槃爲攝釋曰若將喩類法喩文不是以法云解脫之法亦非涅槃等喩中處云唯一一點不成伊也以解脫等三有一一不成故夫證涅槃須有能證身須有智慧火煩惱等滅此三法合名證涅槃若唯身亦非涅槃唯般若亦非涅槃唯解脫亦非涅槃此三各別未有斷證亦非涅槃喩別亦不成若智者慧四義各殊東西曰橫南北曰縱縱即竪也謂若法身本有次修般若後得解脫則是縱義以經生越世彌亘淨穢故如縱三點橫者三法異體同時如三列火並乃合爲一體別乃各居一處即但用一法今摩訶般若亦非涅槃等是合縱並竪明此三曰槃舉一攝二曰並故云般若非者般若中已攝二故三德若異亦非涅槃即雙合橫別一一異體即合於別異體同時即合於橫故故上云三點若別不得成伊已合橫別也亦可橫即是並對縱爲橫對別爲並故經但有三句於義成四而總釋云今三俱不思議爲可縱俱不思議爲可橫俱不思議爲可並俱不思議爲可別意云即一而三即三而一非一非三雙照三一爲可作一三等思若作體一用別而明尚來免於並別也然有云伊字如品字有云如倒書品字後義爲正由此見異古德解義取捨不同或一德在上二德在下或謂二德在上一德在下並不得意西方伊字二點在上天目之喩不可二目在一目上如來恐人誤作此解故以天目轉喩伊字則不得定一二上下但取不可縱橫及並別耳若定說言一上二上非唯義理不得圓妙致令二喩自互相違謂梵字據者四此西方伊字三目之一當於者聞

皃此其狀也諸公何惑言祕密者以深妙故遠公釋云昔隱不說故名祕密權教所覆故後名藏故下文云十一部中所不說者名之爲藏又於其中包含諸德亦名爲藏萬福釋云皆非二乘境界故名祕密二賢皆是對昔顯密今明深妙當體祕密

三顯種類雖理無不統義類塵沙今自陿之寬略分一兩或唯說一即大涅槃或說有二自有三門一餘無餘二性淨方便淨三眞與應或分爲三此有二種一約三乘二即自性眞應或分爲四一自性清淨涅槃二有餘依三無餘依四無住處有餘無餘義通大小今唯說大於三種內不明二乘餘皆具論融而無礙爲大涅槃如文具之非獨應滅

今自狹下三明種類餘無餘者釋有多義依小乘中自有二義一有宗云涅槃體一約時不同得二名字言體一宗者於此宗中煩惱業思以道力故應起不起擇惑無爲是涅槃證此體是一約對身智得二名字身智未盡說前涅槃以爲有餘身智盡竟向前涅槃轉名無餘非身智滅即名涅槃以此身智起已謝滅是無常故若斷因故令後不起是非擇滅故非涅槃二依成實涅槃體二由死因盡名一涅槃生死果盡名二涅槃生有宗中要道親斷方稱擇滅身口二業及生死果非道親斷故不取之成實由斷煩惱餘不起故見修斷故亦得擇滅故名涅槃然望大乘皆名有餘有餘變易故若依大乘遠公自有四別一云二死因盡名曰有餘二死果盡名曰無餘二云分段因果盡名曰有餘變易生死盡名曰無餘三云分

段因果及變易因盡名曰有餘變易果滅名曰無餘四云唯就變易因果爲二分段因果屬小乘故若依金光明約三身說三身品云善男子依此二身一切諸佛說有餘涅槃依法身者說無餘涅槃何以故一切餘究竟盡故依此三身一切諸佛說無住涅槃何以故爲二身不住涅槃離於法身無有別佛何故不住涅槃二身假名不實念念滅不住故數數出現以不定故法身不爾是故二身不住涅槃法身者不二故不住生死依三身故說不住涅槃半上經文法身即是自受用身常在寂嚴佛土一切餘盡者是煩惱正習分段變易皆盡華公生名有餘滅名無餘亦即此意下疏用之若依唯識云一有餘依涅槃謂即眞如出煩惱障雖有微苦所依未滅而障永寂故名涅槃二無餘依涅槃謂即眞如出生死苦煩惱既盡餘依亦滅衆苦永寂故名涅槃釋曰此通大小而說眞如爲體即異小乘論下料揀云如何善逝有有餘依問難無實依而現似有惑苦依盡說無餘依非苦依在說有餘依是故世尊可言共四釋曰此答有二前明示有同於二乘後明以無漏蘊爲有餘依故云非苦依在二性淨者亦名二德亦名二寂亦名同相不同相並如初地示說分齊中辨性本淨故從因方便之所顯故作用善巧故亦是體用餘如別章二即自性者上明眞應自性合其二佛約淨今開自性通於染淨或分爲四即唯識論論云一本來自性清淨涅槃謂一切法眞如理雖有客塵而本性淨具無數量微妙功德無生無滅湛若虛空一切有情平等共有與一切法不一不異離一切相一切分別尋思路絶名言道斷唯眞聖者自內所證其性本寂故名涅槃二有餘依三無餘依具如上說四無住處涅槃謂即眞如出所知障大悲般若常所輔翼由斯不住生死涅槃利樂有情窮未來際用而常寂故名涅槃一切有情皆有初一二乘無學容有前三唯我世尊獨

言具四下疏結文用此四也有餘無餘下三通相料揀非獨應滅揀於異釋四彰業用囊括終古導達羣方靡不度生靡不成就故涅槃云能建大事則出現法門皆斯用也然諸門廣義備於別章略在文具四彰業用初正明亦即無名論第十玄得中言也彼云故能囊括終古導達羣方亭毒蒼生疏而不漏汪哉洋哉何莫由之哉故梵志曰吾聞佛道厥義弘深汪洋無涯靡不成就靡不度生然則三乘之路開眞僞之途辨賢聖之道存無名之致顯矣釋曰彼後結歎無名今畧不舉二故涅槃下引證前疏已引三則出現下結成深廣今以出現爲總門則涅槃當其一德若涅槃爲門出現九門皆涅槃出矣四然諸門下指廣在餘已攝諸妙故云畧在文具

佛子菩薩摩訶薩應云何知如來應正等覺般涅槃

第五釋文中二先徵起後正顯

佛子菩薩摩訶薩欲知如來大涅槃者當須了知根本自性

正顯中十一體性眞常二德用圓備三出沒常湛四虧盈不遷五示滅妙存六隨緣起盡七存亡互現八大用無涯九體離二邊十結歸無住然斯十段隨義雖殊皆舍體用互相交徹顯大涅槃今初分三初舉法勸知二如眞如下指理同事三何以下釋顯同相今初根本自性者即下所列眞如等十爲眞應涅槃之根本故體即自性清淨涅槃以出二礙名方便淨爲眞涅槃大悲應物亦自此流故名爲本以是本故但了眞如即了涅槃今初根本者此三行流已具上列一二三四諸涅槃矣思之可見

如眞如涅槃如來涅槃亦如是如實際涅槃如來涅槃亦如是如法界涅槃如來涅槃亦如是如虛空涅槃如來涅槃亦如是如法性涅槃如來涅槃亦如是如離欲際涅槃如來涅槃亦如是如無相際涅槃如來涅槃亦如是如我性際涅槃如來涅槃亦如是如一切法性際涅槃如來涅槃亦如是如眞如際涅槃如來涅槃亦如是

二指理同事中皆云如者如即同義能同涅槃通眞及應所同如等即自性涅槃故上句皆有涅槃之稱

眞應無本應非不生何出現之爲妙故以本該末以體顯用今皆圓寂爲大涅槃應眞

經本下鈔顯文意先反顯眞應涅槃若無自性涅槃爲本皆非不生而眞涅槃由性淨顯共許不生而應涅槃皆謂生滅故今特說應無性淨安得不生後故以本下順顯以性淨本該眞應末眞望性淨亦稱末故眞與性淨二俱爲體該應化用皆爲無性三德涅槃所以列十名者欲明究竟妙道窮理盡性無不同故德無盡故十名已如前釋於中後二加際言者窮眞於無眞爲眞如際等故所以下釋十所由究竟妙道者即無名論雖差中文文云有名曰涅槃既絕圖度之域則超六境之外不出不在而玄道獨存斯則窮理盡性究竟之眞妙一無差今取意引

何以故涅槃無生無出故若法無生無出則無有滅

三釋顯同相者向言亦如是者云何如耶故云如眞如等不生滅故何以不生以但了因所顯非生因所生故既無有生亦非出障始既無生則永常不滅是知玄道存於妙悟妙悟在於即眞即眞則生滅齊觀齊觀則彼此莫二所以眞如與我同根法性與我一體眞既不滅應滅寧眞是知涅槃名滅者乃在於無滅者矣是知玄道下二結成正義言妙悟者即能契由能契即眞方得成此所契即眞即是性淨即妄即眞生無生矣豈非齊觀齊觀一味能所兩寘故全眞性以爲我體眞既湛然故知雙林應滅非滅以常住故言無滅者本寂滅故然此亦即妙存中文上意業中用其一半彼已具引今側用兩句謂云天地與我同根萬物與我一體令順經文眞如等爲涅槃本

佛子如來不爲菩薩說諸如來究竟涅槃亦不爲彼示現其事

第二佛子如來不爲下明德用圓備者如來之身色相圓備常現大機前故文中先標舉後徵釋標中約人顯實云不爲菩薩明說永滅是爲二乘迹盡雙樹並爲凡小據此亦名揀異灰斷

何以故爲欲令見一切如來常住其前於一念中見過去未來一切諸佛色相圓滿皆如現在亦不起二不二想

後徵釋中文有二重初釋之中自有二義一令稱實見受用身即同法身常住其前涅槃云涅槃不空者謂有善色常樂我淨故因滅無常獲此常故涅槃不空者遠公引此證色爲體今亦一義二於一念下令見三際應用亦即是常故云皆如現在涅槃云吾今此身即是常身法身下開栴檀座佛塔見三世佛無涅槃者楞伽亦云無有佛涅槃無有涅槃佛亦不起二不二想者遠離覺所覺故謂既知幽靈不竭妙色湛然三際大均何生滅之動靜故不起二也亦不取此一常故無不二也栴檀座塔前皆已引妙色湛然者六卷泥洹經純陀歎佛云妙色湛然常安隱不爲時節劫數遷大聖曠劫行慈悲獲得金剛不壞體餘可知

何以故菩薩摩訶薩永離一切諸想著故

下重徵釋徵意云菩薩何以能不起想釋云菩薩由了法空本無想著故既無心於動靜終不謂佛常與非常

佛子諸佛如來爲令衆生生欣樂故出現於世欲令衆生生戀慕故示現涅槃而實如來無有出世亦無涅槃何以故如來常住清淨法界隨衆生心示現涅槃

第三佛子諸佛如來下出沒常湛謂涅槃無爲而無所不爲無不爲故能建大事不礙出沒以無爲故住淨法界體常湛然不礙出沒故顯迹爲生即是有餘息迹爲滅即是無餘故餘無餘乃應物之假號耳體性常湛故存不爲有亡不爲無是知寂然

不動未嘗無爲應迹無方來嘗有爲豈可隨於見聞以滯殊應之迹第三等者經文有二先明出沒之跡後而實如來下明常湛之本疏分五段解釋如文是知寂然下四結成相融上句體不礙用下句用不礙體豈可隨於下五結彈惑情然此五段多用無名第二位體論云其爲稱也因應而作顯跡爲生息跡爲滅生名有餘滅名無餘然則有無之稱本於無名無名之道于何不名是以至人居方而方止圓而圓在天而天在人而人原夫能天能人者豈天人所能哉果以非天非人故能天能人耳其爲治也應而不爲因而不施因而不施故施莫之廣爲而不爲故爲莫之大爲莫之大乃返乎小成施莫之廣乃歸乎無名又下云意謂至人寂怕無兆隱顯同原存不爲存亡不爲無何則佛言吾無生不生雖生不生無形不形雖形不形以知存不爲有經云菩薩入無盡三昧盡見過去滅度諸佛又云入於涅槃而不般涅槃以知亡不爲無亡不爲無故雖無而有存不爲有雖有而無雖有而無故所謂非有雖無而有故所謂非無然則涅槃之道果出有無之域絕言象之逕斷矣子乃云聖人患於有身故滅身以歸無勞勤莫先於有智故絕智以淪虛無乃乖於神極傷於玄旨者哉上一段論文義理連環但觀所引自見疏意其結彈文亦彼章末云感者居見聞之域尋殊應之迹秉執規矩以擬大方欲以智勞至人形患大聖謂捨有入無因以名之豈謂採微言於聽表援玄根於虛壤者哉

佛子譬如日出普照世間於一切淨水器中影無不現普徧衆處而無來往或一器破便不現影佛子於汝意云何彼影不現爲日咎不答言不也但由器壞非日有咎佛子如來智日亦復如是普現法界無前無後一切衆生淨心器中佛無不現心器常淨常見佛身若心濁器破則不得見

·四佛子譬如日出下虧盈不遷先喻後合然法身無像故無器而不形聖智無心故無感而不應像非我有自彼器之虧盈心非我生豈普現之前後後合然法身者疏文有三初正釋亦前章後意次彼論云經云法身無像應物而形般若無知對緣而照萬機頓赴而不撓其神千難殊對而不干其慮動若行雲止猶谷神豈有心於彼此情係於動靜者乎既無心於動靜亦無像於去來去來不以像故無器而不形動靜不以心故無感而不應然則心生於有心像出於有像像非我出故金石流而不燋心非我生故日用而不勤紛紜自彼於我何爲所以智周萬物而不勞形充八極而無患益不可盈損不可虧寧復痾癘中逵壽極雙樹靈竭天棺體盡焚燎者哉故攝論第十頌云衆生罪不見如月於破器徧滿諸世間由法光如日是以經言非日咎也持戒器破定水無依菩提器破智水寧止無信清珠故心水渾濁何由見佛耶故攝論下引證釋先舉論後是以下會釋經文論云此頌顯示顯現甚深在喻可知合者釋論云衆生心中無奢摩他清淵定水佛影不現非如來咎如說如來是眞妙道即無漏影有感斯現生盲不覩釋下半云諸佛法日放於經等光徧照有情世間有緣數光斯現如日流光盲者不覩然此中雖明現身即是三德涅槃所流大用亦涅槃攝若爾寧殊出現之身出現以法身爲門而論眞應非無幾若解脫二德智慧日身無不照故永離戲論即解脫故醫王之喻即示滅故然此文下第三揀定亦展轉通妨於中有三初正揀定恐有問言今說法身何名涅槃故此釋云大般涅槃必具三德此即法身餘之二德從法身流此有般若寧異菩提若分相說菩提爲能證智唯是修生涅槃是所證理唯約修顯故涅槃中說菩提必從生因所生涅槃必從了因所顯此有般若下三對菩提揀解脫無濫故不揀之若分相下釋於中有二先明分相即唯識等意唯識第十釋轉依果云四所轉得此復有二一所顯得謂大涅槃此雖本來自性清淨而有客障覆令不顯眞聖道生斷彼障故令其相顯名得涅槃此依眞如離障施設故體即是清淨法界二所生得謂大菩提此雖本來有能生種而所知障礙故不生由聖道力斷彼障故令從種起名得菩提起已相續窮未來際此即四智相應心品故大乘法師云理凝本有離纏而號涅槃智照新生果圓而稱正覺乃四德之鴻源三明之妙本矣若攝相說菩提是即理之智涅槃是即智之理即智之理不礙摩訶般若即理之智不礙寂滅菩提智性本有亦

是性淨涅槃修顯亦方便淨隨一爲門則皆收盡即大涅槃具菩提也今以涅槃收之非唯菩提反身前後諸用皆從三德所流能建大事若攝下後明攝相文有四別一約理智相攝以離理無智離智無理如珠之明如明之珠故般若云覺法自性離諸分別爲菩提故則有理矣涅槃中有般若德故智性本有下二約本有修生相攝則性淨但名涅槃方便淨者方名菩提今明二淨俱通上二今疏但顯別說所無故於菩提說性淨等上說菩提如虛空故世界成壞無增減故涅槃經說修習常住二字爲滅相着我於其人爲般涅槃彼中宣說本隱今顯法常名常方便修生報常名住修此二字爲大涅槃寂滅之相大般涅槃獨顯其心故佛證之爲般涅槃故知各具方便性淨

佛子若有衆生應以涅槃而得度者如來則爲示現涅槃而實如來無生無歿無有滅度

第五佛子若有衆生下示滅妙存既爲物示滅即體無滅示滅下滅既是示即無滅矣故爲妙存妙存二字全是無名第四章名彼論云聖人處有不有若無不無居無不無故不無於無處有不有故不有於有故能不出有無不在有無怕爾無朕斯爲妙存然出沒常湛焦明於出今但無滅故不同也

佛子譬如火大於一切世間能爲火事或時一處其火息滅於意云何豈一切世間火皆滅耶答言不也佛子如來應正等覺亦復如是於一切世界施作佛事或於一世界能事已畢示入涅槃豈一切世界諸佛如來悉皆滅度

第六佛子譬如火大下隨緣起盡有喻合結合中以機喻薪以涅槃喻火衆生善根未熟可熟者成正覺以熟之如爲火事若所應度者皆已度竟則現般涅槃寂無所爲如火息滅故法華云佛此夜滅度如薪盡火滅然現滅現生皆是涅槃大用故攝論第十名涅槃如火既起滅在緣則益不可盈損不可虧云云自彼非佛然也合中有四初正釋文引法華者以法華中諸師異解今將此文楷定彼義然現滅下二彰其大意明生與滅皆涅槃故既起滅下結成常住亦是無名位體中義第四已引

佛二菩薩摩訶薩應如是知如來應正等覺大般涅槃

復次佛子譬如幻師善明幻術以幻術力於三千大千世界一切國土城邑聚落示現幻身以幻力持經劫而住然於餘處幻事已訖隱身不現佛子於汝意云何彼大幻師豈於一處隱身不現便一切處皆隱滅耶答言不也佛子如來應正等覺亦復如是善知無量智慧方便種種幻術於一切法界普現其身持令常住盡未來際或於一處隨衆生心所作事訖示現涅槃豈以一處示入涅槃便謂一切悉皆滅度佛子菩薩摩訶薩應如是知如來應正等覺大般涅槃

第七復次佛子譬如幻師下存亡互現由順機故此滅彼存非如來身不能長久前喻約見滅見成此喻約常見不見第七存亡互現隨機見故

復次佛子如來應正等覺示涅槃時入不動三昧入此三昧已於一一身各放無量百千億那由他大光明一一光明各出阿僧祇蓮華一一蓮華各有不可說妙寶華蘂一一華蘂有師子座一一座上皆有如來結跏趺坐其佛身數正與一切衆生數等皆具上妙功德莊嚴從本願力之所生起若有衆生善根熟者見佛身已則皆受化然彼佛身盡未來際究竟安住隨宜化度一切衆生未曾失時

第八復次下大用無涯謂正示涅槃而便

分身無邊窮於來際不動三昧者究竟寂滅也由寂無動故無所不動耳涅槃受純陀供處大同於此而佛數少順機不同故

第八至大用無涯疏文有二先釋文即無名論動寂云聖人無爲而無不爲無爲故雖動而常寂無不爲故雖寂而常動雖寂而常動故物莫能一雖動而常寂故物莫能二物莫能二故逾動逾寂物莫能一故逾寂逾動所以爲即無爲無爲即爲動寂雖殊而莫之可異也涅槃等者即舉同揀異彼第十經大衆問品云爾時一切菩薩摩訶薩天人雜類出大音聲唱如是言奇哉純陀成大福德能令如來受取最後無上供養而我等輩無福所致所設供具則爲唐捐而爾時世尊欲令一切衆望滿足於自身上一一毛孔化無量佛一一諸佛各有無量諸比丘僧是諸世尊及無量衆悉皆現身受其供養釋迦如來自受純陀所奉設供爾時純陀所持粳糧成熟之食摩伽陀國滿足八斛以佛神力悉皆充足一切大會爾時純陀見是事已心生歡喜踊躍無量一切大衆亦復如是釋曰彼經雖言無量化佛但云受大衆供無此重重等衆生數盡未來際此但約文以明優劣非當時化不能普周亦以彼盡無盡化現皆涅槃用

大方廣佛華嚴經疏鈔會本第五十二之三

大方廣佛華嚴經疏鈔會本第五十二之四　刑一

唐于闐國三藏沙門實叉難陀　譯

唐清涼山大華嚴寺沙門澄觀撰述

佛子如來身者無有方處非實非虛但以諸佛本誓願力衆生堪度則便出現菩薩摩訶薩應如是知如來應正等覺大般涅槃

第九佛子如來身者下體離二邊身若是實有不可滅身若是虛何能起滅若有方所此現彼無由非實故起滅無恒由非虛故能無不現無方所故感處即形本願力故化周法界隨堪度故見則不同第九體離二邊亦即彼超境中意彼中有名先徹出云請衆妙道之本爲有爲無果若有也雖妙非無雖妙非無故則入有境果若無也無則無差無而無差則入無境總而言之即而究之無有異有而非無無有異無而非有者明矣而曰有無之外別有妙道非有非無謂之涅槃吾聞其語矣未即於心也第五超境答云然則有無雖殊俱未免於有也此乃言像之所以形是非之所以生豈足以統夫幽極而擬夫神道者乎是以論稱出有無者良以有無之數正乎六境之內六境之內非涅槃之宅也故借出以祛之庶悕玄之流髣髴幽途託情絕域得意七言體其非有非無豈曰有無之外別有一有而可稱哉今但云體離二邊非唯離有離無若實若虛若處非處等皆二邊也

佛子如來住於無量無礙究竟法界虛空界眞如法性無生無滅及以實際爲諸衆生隨時示現本願持故無有休息不捨一切衆生一切刹一切法

第十佛子如來住於下結歸無住上來九門初門多顯其體餘八皆體用雙明今此分二初至實際通結九門之體後爲諸衆生下通結八門之用隨時示現正顯於用本願力故顯何所因無有休息皆窮來際不捨已下明用分齊誰獨非涅槃而欲捨之耶第十至結歸無住結上九門皆歸無住涅槃於中有二先釋經文即是結前之義言誰獨非涅槃而欲捨之耶者即側用主得中文彼以第九考得難云經云衆生之性極於五陰之內又云得涅槃者五陰都盡譬猶燈滅等下結意云云至則五陰不都盡陰若都盡誰得涅槃故主得答云旦讖論之作必先定其本既諸涅槃故不可離涅槃而語涅槃也若即涅槃以與言誰獨非涅槃而欲得之耶意云即涅槃故更不可得下引淨名衆生即涅槃相此明一體故無可得今言一體故無可捨衆生即涅槃若捨衆生即捨涅槃也是則初住實際故不住生死後不捨衆生故不住涅槃由雙住故能俱不住前即大智後即大悲般若常所輔翼爲無住涅槃自性涅槃衆生等有二乘無學容有前三唯佛世尊獨言具四故就無住總以結之即安住涅槃建大事也是則初住下二歸無住於中有四初正結無住無生涅槃前已具引由雙住下二出無住所以經中是住今乃結歸無住者由若不住實際安能不住生死若不安住大悲安能不住涅槃然則亦由俱不住故而能俱住今此順文經是俱住結歸無住故但用住以成無住前即大智下三別舉成無住因即唯識文自性涅槃下四釋歸無住之意涅槃有四何以但歸無住無住涅槃唯佛得故皆是論文具如上引即安住下是涅槃經

爾時普賢菩薩摩訶薩欲重明此義而說頌言

如日舒光照法界　器壞水漏影隨滅
最勝智日亦如是　衆生無信見涅槃

偈文有六初偈頌第四

如火世間作火事　於一城邑或時息
人中最勝徧法界　化事訖處示終盡

次頌第六

幻師現身一切刹　能事畢處則便謝
如來化訖亦復然　於餘國土常見佛

次頌第七

佛有三昧名不動　化衆生訖入此定
一念身放無量光　光出蓮華華有佛

佛身無數等法界有福衆生所能見如是無數一一身壽命莊嚴皆具足

次二頌第八

如無生性佛出興如無滅性佛涅槃言辭譬喻悉皆斷一切義成無與等

後偈頌第十初句無生之生次句無滅之滅次句結歸涅槃無名後句結其大用無盡此二無礙是無住義餘不頌者含在此中初句無生者如無生性無生也佛出與成也下句例知後句一切義成故爲大用上三句是體第四句是用故云餘不頌者含在此中者不出體用故

佛子菩薩摩訶薩應云何知於如來應正等覺見聞親近所種善根佛子菩薩摩訶薩應知於如來所見聞親近所種善根皆悉不虛出生無盡覺慧故離於一切障難故決定至於究竟故無有虛誑故一切願滿故不盡有爲行故隨順無爲智故生諸佛智故盡未來除故成一切種勝行故到無功用智地故

第十明出現見聞親近所生善根前九門出現一期始終今明於上見聞功深益遠獎物進修文中三初徵起次正顯後結示

就正顯中分二先明見聞信向益後見聞不信益前中先法後喻法中先總後別今初見等如後喻合中後出生下別即示不虛之相有十一句不出智斷恩德思之第十出現見聞不出智斷恩者初三句標三德果初句智德般若滿故次句斷德解脫滿故次句恩德法身究竟故次二句總成上三三俱顯滿皆不虛故後六句復釋上三初三句釋上無盡覺慧不盡有爲此成事智隨順無爲此生理智此二因圓生諸佛智即是果滿次二句釋上究竟大悲恩德窮未來故種智行成得法身故後一句釋上斷德得至佛地無障可斷故解脫功用故上出現意業中云得如來地息一切用

佛子譬如丈夫食少金剛終竟不消要穿其身出在於外何以故金剛不與肉身雜穢而同止故於如來所種少善根亦復如是要穿一切有爲諸行煩惱身過到於無爲究竟智處何以故此少善根不與有爲諸行煩惱而共住故

第二喻中三喻喻其三德初少服金剛喻喻於智德智慧破惑如金剛故以有智慧者必無煩惱故不共住

佛子假使乾草積同須彌投火於中如芥子許必皆燒盡何以故火能燒故於如來所種少善根亦復如是必能燒盡一切煩惱究竟得於無餘涅槃何以故此少善根性究竟故

第二少火燒多喻喻斷德性究竟者了惑本寂故

佛子譬如雪山有藥王樹名曰善見若有見者眼得清淨若有聞者耳得清淨若有齅者鼻得清淨若有嘗者舌得清淨若有觸者身得清淨若有衆生取彼地土亦能爲作除病利益

第三藥王徧益喻喻恩德種種利生故文中先喻後合

佛子如來應正等覺無上藥王亦復如是能作一切饒益衆生若有得見如來色身眼得清淨若有得聞如來名號耳得清淨若有得齅如來戒香鼻得清淨若有得嘗如來法味舌得清淨具廣長舌解語言法若有得觸如來光者身得清淨究竟獲得無上法身若於如來生憶念者則得念佛三昧清淨

二合中二先明爲六根境界益合上藥王

偏益六根皆通在世滅後滅後亦有見故況憶念等寶性論中亦明如來與菩薩爲六根境界大同於此寶性論者論有四卷此當第一是成就自利利他偈云諸佛如來身如虛空無相爲諸勝智者作六根境界示現微妙色出於妙音聲令嗅佛戒香與佛妙法味使覺三昧觸令知深妙法

若有衆生供養如來所經土地及塔廟者亦具善根滅除一切諸煩惱患得賢聖樂

後若有衆生下明遺迹之益合上取彼地土所經土地猶通現滅其塔廟者唯約滅後亦同法華乃至舉一手等皆已成佛道亦同法華者即第一經前已引竟

佛子我今告汝設有衆生見聞於佛業障纏覆不生信樂亦種善根無空過者乃至究竟入於涅槃

第二佛子我今告下明不信益者此明益深如來祕密藏經明罵藥服之得力罵況燒已還香罵佛猶勝敬諸外道若爾豈無罵罪罵罪非無今語遠益故法華云跋陀婆羅等罵常不輕千劫於阿毗地獄受大苦惱畢是罪已還遇常不輕菩薩教化涅槃喻以毒塗之鼓欲聞不聞無不死者故菩薩之名起自聞謗之日謗尚遠益況深信耶況解行耶況證悟耶弘持之者勉思

此文如來祕密藏者具云大方廣如來祕密藏經此即下卷大迦葉問唯願說是如來祕密藏法佛言迦葉於汝意云何汝謂我行菩薩道時所捨手足頭目耳鼻皮肉骨髓血及妻子眷屬乃至一切財物處處通惱於菩薩者是諸衆生不墮地獄畜生餓鬼及諸惡趣何以故本行菩薩行時志意淨故及大誓願淨戒聚故於諸衆生大悲純至及堅恐故以大慈故大功德法故牢彊精進向大乘故息心淨故大願饒益故不自樂故其有衆生觸燒菩薩毀罵之者菩薩德故不墮惡道迦葉我今引喻以明斯義迦葉猶如病人良醫授藥而是病人故罵是藥及與良醫先毀以後乃服此藥迦葉於意云何藥以罵故不為藥耶病不除耶不也世尊雖復毀罵不失藥勢而能除病如是迦葉菩薩如藥及彼良醫不生恭敬種種罵惱然是菩薩純淨志意無有誑滅又舉大實珠可火熱刀可人毀罵不失實力又罵明燈燒之亦能除闇言罵況者義引彼云罵赤栴檀以手搥打連燎棄之為作何香迦葉答言作栴檀香又云如人抱執糞穢棄之以華香供養是人有何等氣答有穢氣佛言供養外道但有見畏地獄畜生餓鬼等畏涅槃喻者即第九經如來性品南亦第九即菩薩品文云譬如有人以雜毒藥用塗大鼓於衆人中擊令發聲雖無心欲聞聞之皆死唯除一人不橫死者不橫死者即一闡提釋曰彼經猶揀闡提此意取不欲聞以喻不信而得益耳法華不輕可知菩薩之名者亦即此卷答云云何未發心而名為菩薩如日光明諸明中大大涅槃光能入衆生諸毛孔故衆生雖無菩提之心而能為作菩提因緣迦葉問言云何未發心而作菩提因緣次如來舉夢中見羅剎喻初聞不信夢中羅剎令其發心云汝若不發菩提心者當斷汝命寤已發心或於一塗積復憶念發菩提心即大菩薩也生公云菩薩之名起自聞謗之日

佛子菩薩摩訶薩應如是知於如來所見聞親近所種善根悉離一切諸不善法具足善法

第三佛子至應如是下結示可知

佛子如來以一切譬喻說種種事無有譬喻能說此法何以故心智路絕不思議故諸佛菩薩但隨衆生心令其歡喜爲說譬喻非是究竟

第二佛子如來下總以結酬揀喻異法上來性起請說曰喻普賢依請明十出現皆借象取譬意顯佛旨深玄深玄之旨尚不可以智知豈言象之能及故令外忘言象內絕思求則庶幾於出現之旨豈言象之能及即周易畧例中意言者所以在象得象而忘言象者所以在意得意而忘象第二會已引則庶幾下庶幾即周易繫辭云顏氏之子其殆庶幾有不善未嘗不知知而未嘗復行注釋云殆者近也庶者衆也幾者事動之微也謂聖人見幾賢人庶幾今令勸學亞夫聖賢也

佛子此法門名爲如來祕密之處名一切世間所不能知名入如來印名開大智門名示現如來種性名成就一切菩薩名一切世間所不能壞名一向隨順如來境界名能淨一切諸衆生界名演說如來根本實性不思議究竟法

大文第五佛子此法門下顯名受持分於中分二先長行後偈頌今初準晉經此前有諸菩薩發二種問謂何名此經云何奉持今但有答即分爲二先顯名後佛子此法門下明受持今知總名尋名求旨識受持法依之修持故今初有十名分爲五對一內深外絕對爲內證三德祕密藏故外則凡小不能測故二證寂開智對三現果成因對謂性淨萬德即是佛種今十門出現即示現義四越世順佛對世尚不知安能破壞此十通是佛分齊境五淨機演實對知生佛同源則能淨故隨緣不變之性諸佛本故而性相無礙因果圓融爲不思議過此更無爲究竟法前九別義後一總該

佛子此法門如來不爲餘衆生說唯爲趣向大乘菩薩說唯爲乘不思議乘菩薩說此法門不入一切餘衆生手唯除諸菩薩摩訶薩

第二明受持中二先辨定法器後是故菩薩下舉益勸修今初有法喻合法中二先標器非器非器不爲所謂權小乘可思議乘歷次修故名餘衆生是器則爲所謂圓機不揀凡聖趣向大乘揀於小乘不思議乘揀於權乘一運一切運十信滿心即攝諸位圓融無礙名不思議乘後此法門下明受非受釋上爲不爲有圓信手能受衆行故上爲之權小於斯不盡能受是故不爲法集經云是經雖行閻浮提於能信深法者常住如是衆生心手中行亦有以信解行證皆有手義以後後破前前亦是一理法集經者經有六卷即第六卷末云善男子是法門多行於娑伽羅龍王世界多行帝釋住處多行阿那婆達多龍王處然後行閻浮提中常於諸佛所護衆生中行於直心不諂曲衆生中行於能信深法者常在如是衆生心手中行

佛子譬如轉輪聖王所有七寶因此寶故顯示輪王此寶不入餘衆生手唯除第一夫人所生太子具足成就聖王相者若轉輪王無此太子具衆德者王命終後此諸寶等於七日中悉皆散滅

第二喻可知

佛子此經珍寶亦復如是不入一切餘衆生手唯除如來法王眞子生如來家種如來相諸善根者佛子若無此等佛之眞子如是法門不久散滅何以故一切二乘不聞此經何況受持讀誦書寫分別解說唯諸菩薩乃能如是

第三合中以經合七寶者若無此法非眞佛故生如來家合第一夫人所生太子如來相者初心頓行佛行故散滅有二義一不能信受則教不行故二不能修行則行不行故般若論云法欲滅時者修行滅故下釋散滅所由可知般若論者即金剛般若論上卷釋經須菩提白佛言世尊頗有衆生得聞如是言說章句生實信不佛告須菩提莫作是說如來滅後後五百歲有持戒修福者於此章句能生信心以此爲實當知是人不於一佛二佛三四五佛而種善根已於無量佛所種諸善根論云爲欲得言說法身

住處故經云正法欲滅時者謂修行漸滅時應知

是故菩薩摩訶薩聞此法門應大歡喜以尊重心恭敬頂受何以故菩薩摩訶薩信樂此經疾得阿耨多羅三藐三菩提故

第二舉益勸修中三初畧標釋二佛子設有下廣釋所由三佛子至成就如是功德下總結成益

佛子設有菩薩於無量百千億那由他劫行六波羅蜜修習種種菩提分法若未聞此如來不思議大威德法門或時聞已不信不解不順不入不得名為真實菩薩以不能生如來家故

就廣釋中二先反顯後順釋今初若不依此教縱多劫修行尚非真實況能疾得菩提此中設有之言似當假設望慈氏讚善財言餘諸菩薩於百千萬億那由他劫乃能滿足菩薩願行今善財一生則能淨佛剎等斯則舉權顯實非假設也若實有此不信人者為在何位文無定判義當三賢以入證聖必信圓故若約教道三祇亦未入玄所以凡夫頗能信者宿因聞熏為種別故今更不信當來豈聞若約教道者即古十玄意然壁三祇說未究竟亦已入位何以得言未入玄耶是故上云若約教道施設三祇教既未真則成佛義亦非真也教不實故若約正道三祇修行必已趣證修權既深則入實教

若得聞此如來無量不可思議無障無礙智慧法門聞已信解隨順悟入當知此人生如來家隨順一切如來境界具足一切諸菩薩法安住一切種智境界遠離一切諸世間法出生一切如來所行通達一切菩薩法性於佛自在心無疑惑住無師法深入如來無礙境界

第二若得聞下順釋中二先明聞信生家益後佛子聞此法已則能下信聞成行益今初先明聞信後當知下成益生如來家為總餘句為別別中一以如境為家無性論云生如來家者謂佛法界於此證會故名為生二以行法為家具家法故三以俗境為家世親釋云由此能令諸佛種性不斷絕故四遠離非家五以佛行為家十住毘婆沙第一云今此菩薩行如來道相續不斷故廣如彼釋六菩薩法性為家亦是佛種性故亦同如來一如境故七淨當佛家八住本佛家九總明因果事理無礙家前六自分家後三勝進家前來初住見心性故故名生家四地寄出世故生道品家八地無功用故生無生法忍家今此通三兼顯凡夫解心亦名生家因果無礙故無性攝論即第六論若世親釋云由此能令諸佛種性不斷絕故十住毘等者此即第二釋初地當生如來家文文云初地心生必能常集諸善根不休息故名為當生如來家如來家者即是佛家下廣釋如來義意以涅槃實相四諦三空等皆名為如智慧到彼故名為來結云如來者所謂十方三世諸佛是諸佛家名如來家今是菩薩行如來道相續不斷名生如來家釋曰且如來道即佛行也

佛子菩薩摩訶薩聞此法已則能以平等智知無量法則能以正直心離諸分別則能以勝欲樂現見諸佛則能以作意力入平等虛空界則能以自在念行無邊法界則能以智慧力具一切功德則能以自然智離一切世間垢則能以菩提心入一切十方網則能以大觀察知三世諸佛同一體性則能以善根

迴向智普入如是法不入而入不於一法而有攀緣恒以一法觀一切法

第二信聞成行益十句分爲五對無礙一即觀不礙於止二見佛不礙入法三智行法界不礙起福四智不染世不礙悲入五體絶三世不礙用而迴向不入而入釋上入義不於已下復釋不入而入智體即如如外無法而可攀緣故無可入心行處滅寂然無入不失照用故恒以一如而觀諸法故名而入此二無礙方爲眞入又一即是如便於一中已見一切

佛子菩薩摩訶薩成就如是功德少作功力得無師自然智

第三總結可知

爾時普賢菩薩欲重明此義而說頌言

見聞供養諸如來所德功德不可量於有爲中終不盡要滅煩惱離衆苦
譬人吞服少金剛終竟不消要當出供養十力諸功德滅惑必至金剛智
如乾草積等須彌投芥子火悉燒盡供養諸佛少功德必斷煩惱至涅槃
雪山有藥名善見見聞齅觸消衆疾若有見聞於十力得勝功德到佛智

第二偈頌即屬第十見聞之益不頌顯名受持顯名受持後文自頌此頌應在揀法異喻之前以前長行鈎鎖顯名亦是見聞益故若迴此偈於現瑞後與後偈相續文理甚順四偈分二初一頌法說後三如次頌前三喻

爾時佛神力故法如是故十方各有十不可說百千億那由他世界六種震動所謂東踊西没西踊東没南踊北没北踊南没邊踊中没中踊邊没十八相動所謂動徧動等徧動起徧起等徧起踊徧踊等徧踊震徧震等徧震吼徧吼等徧吼擊徧擊等徧擊雨出過諸天一切華雲一切蓋雲幢雲旛雲香雲鬘雲塗香雲莊嚴具雲大光明摩尼寶雲諸菩薩讚歎雲不可說菩薩各差別身雲雨成正覺雲嚴淨不思議世界雲雨如來言語音聲雲充滿無邊法界如此四天下如來神力如是示現令諸菩薩皆大歡喜周徧十方一切世界悉亦如是

大文第六現瑞證成於中二先現瑞後證成今初先此界後類通動刹等數皆廣多者應難思故

是時十方各過八十不可說百千億那由他佛刹微塵數世界外各有八十不可說百千億那由他佛刹微塵數如來同名普賢皆現其前而作是言善哉佛子乃能承佛威力隨順法性演說如來出現不思議法佛子我等十方八十不可說百千億那由他佛刹微塵數同名諸佛皆說此法如我所說十方世界一切諸佛亦如是說

二是時十方下證成中二先果人證後因人證所以具二者法玄妙故因果交徹之法故因圓果滿之法故前來諸會唯菩薩者唯因行故發心品中唯果證者果之本故初心成佛難信受故隨義各別所以互無唯斯具二今初分四一現身二而作下讚說三佛子我等下引說證成兼明結通

所說一說一切說故

佛子今此會中十萬佛剎微塵數菩薩摩訶薩得一切菩薩神通三昧我等皆與授記一生當得阿耨多羅三藐三菩提佛剎微塵數衆生發阿耨多羅三藐三菩提心我等亦與授記於當來世經不可說佛剎微塵數劫皆得成佛同號佛殊勝境界我等爲令未來諸菩薩聞此法故皆共護持如此四天下所度衆生十方百千億那由他無數無量乃至不可說不可說法界虛空等一切世界中所度衆生皆亦如是

四佛子今此會下舉益證成於中四一得因位果滿益一生得菩提故神通三昧即十通十定故二佛剎微塵下得發心益與遠記者不期速成故又前明一生即多之一此辨多劫即一之多既一多圓融何定劫數妄生多劫智日不遷苟執短長未期成佛同號佛殊勝境者緣佛出現境故三我等下護持久遠益四如此下結益廣徧

爾時十方諸佛威神力故毗盧遮那本願力故法如是故善根力故如來起智不越念故如來應緣不失時故隨時覺悟諸菩薩故往昔所作無失壞故令得普賢廣大行故顯現一切智自在故

第二爾時十方下因人證於中四一明集因前果人證承前現瑞之因故畧不叙今此顯因果別故廣出集因文顯可知

十方各過十不可說百千億那由他佛剎微塵數世界外各有十不可說百千億那由他佛剎微塵數菩薩來詣於此充滿十方一切法界

二十方各過下明現身雖來自十方而周徧法界則來即無來矣

示現菩薩廣大莊嚴放大光明網震動一切十方世界壞散一切諸魔宮殿消滅一切諸惡道苦顯現一切如來威德歌詠讚歎如來無量差別功德法普雨一切種種雨示現無量差別身領受無量諸佛法

三示現菩薩下辨其德用十句文顯

以佛神力各作是言善哉佛子乃能說此如來不可壞法佛子我等一切皆名普賢各從普光明世界普幢自在如來所而來於此彼一切處亦說是法如是文句如是義理如是宣說如是決定皆同於此不增不減我等皆以佛神力故得如來法故來詣此處爲汝作證如我來此十方等虛空徧法界一切世界諸四天下亦復如是

四以佛神力下發言誠證皆同普者普法同故界佛名異者不失主伴故普光明者常寂光土無不徧故佛名普幢自在者本智高出無所不摧事理無礙故兼示結通所說

爾時普賢菩薩承佛神力觀察一切菩薩大衆欲重明如來出現廣大威德如來正法不可沮壞無量善根皆悉不空諸佛出世必具一切最勝之法善能觀察諸衆生心隨應說法未曾失時生諸菩薩無量法光一切諸佛自在莊嚴一切如來一身無異從本大行之所生起而說頌言

大文第七爾時普賢下以偈總攝文中二

先叙意後正頌前中二先説儀後欲重下辨意欲重顯前十門出現故文有十句句各一門而約利生爲次不等一成正覺二即法輪三是見聞生善此三正顯益故四即出現之法是前總門五即是心約智顯故六即圓音七即境界境界無量生光亦多八即涅槃動寂自在大般涅槃爲佛莊嚴故九即是身約本説一故十即是行果中説因故

一切如來諸所作世間譬喻無能及爲令衆生得悟解非喻爲喻而顯示

如是微密甚深法百千萬劫難可聞精進智慧調伏者乃得聞此祕奧義

若聞此法生欣慶彼曾供養無量佛爲佛加持所攝受人天讚歎常供養

此爲超世第一財此能救度諸羣品此能出生清淨道汝等當持莫放逸

後正頌中四頌初一頌説分中結酬以此總包十段意故後三頌顯名受持初句顯名餘皆勸持且分爲三初偈歎深難聞次一偈明聞由多善後偈舉勝勸持然此一品文旨宏奧能頓能圓究衆生之本源罄諸佛之淵海根本法輪之内更處其心生在金輪種中復爲嫡子妙中之妙玄中之玄並居凡類之心小功而能速證安得自欺不受長淪生死之中今聞解能欣尤須自慶昔善出現品竟

大方廣佛華嚴經疏鈔會本第五十二之四

大方廣佛華嚴經疏鈔會本第五十三之一　刑二

唐于闐國三藏沙門實叉難陀　譯

唐清涼山大華嚴寺沙門澄觀撰述

離世間品第三十八

初明來意來意有三一分來前明修因契果生解分則於法起解今明託法進修成行分則依解起行義次第故二會來者前會因圓果滿生解之終此會正行處世無染通於始終故次來也三品來者前品出現之果殊勝今明依彼起行圓融故次來也雖一分一會一品是同所對既殊來意亦別

第二釋名亦有三別一分名者沒彼位名但彰行法欲顯行位無礙前後圓融故以名也

二會名者約法不異分名約處名三會普光明殿之會第七重會會終歸始故雖越四天同爲生解之會今復重會通對彼分始終依解成行故會普光而前分生解差別故寄歷處以顯淺深今分起行圓融故一會並收因果亦表成行不離普光明智故此中不隅餘處何有重會之義若約次第前時後時即是重義若約圓融就義名重故不動前二而升四天二七相望亦何所隅明知約義亦猶燈光涉入無礙亦似燈炷重發重明約人名普慧普賢問答之會

第七重會下釋意明第七已曾重會故今名三會而便明七八俱會普光而有差別而前分下解妨文有二妨初有伏難即重會不同妨謂有問言一種重會何以前歷多會此唯一會答有二意一前約解故須多今約行故須一以頓起故二前約行布故歷位不同今約圓融故一會頓起在文可思此中不隅餘處何有重會之義即第二顯難重會不成妨若約下答有二意一約行布不壞相違約時明重如人前於此講續前豈非重耶若約圓融下二就圓融門約義明重於中有三初標可知故不動下次反難以成謂汝向問意云第二三第七曰隔四會故得名重第七第八中無有隔何得名重今謂第二望七亦不隔越何者既不起覺樹而昇四天四天覺樹定是一時第六他化天後即說第七曾何隔越則二七不隔亦得名重今七八不隔何不名重明知約義者結成七八重會皆是約義而言不動前二者文中雖云不起覺樹以普光近覺樹故不別言之實則不起前二頓昇四天也亦猶燈光下第三以喻明也光雖涉入隨燈有異時處雖一約義不同以約圓融一時頓演故爲此通亦似燈炷下復以喻顯前喻燈異光重此則燈一光異燈一喻於一處光重喻三會不同

三品名有二一得名二釋名今初又二一異名下文十義至彼當辯有別行本名度世經度即離義又有別行名普賢菩薩答難二千經此就能離人法受稱

答難二千經者準度世品普智菩薩白言世尊諸來菩薩逹者無礙中下之士各懷猶豫各心念言事物繁鬧不知何事可捨可奉願佛分解佛歎善哉當爲汝說佛言普智用有二故故問二百答以二千問二百者有神貪身計有吾我有內有外在有在無所可諂問皆除吾我內外有無則有權慧開化無際答二千者十方一切皆來集會其心各異意行不同逹者聞要則以至通不能逹者爲演多辭曉論文說牽攀義旨自所觀形以喻其意乃得解慧此經乃在過字函中文只六卷長行文畢後有二百三十二頌義甚當會

二正辯本稱總由超絕世染故受其名別有三義一約法二約行三約位約法之中先世後離世有三類一約事相有二世間謂器及有情此約依正分之二約麤細亦二一有爲世間二無爲世間此約分段變易分之以變易非三有攝名之無爲故勝鬘云有爲生死無爲生死然麤細雖殊體不出二三約染淨有三於初二中加智正覺示同世間不同世故如地論辯二明離者離有二義一性離世間性空即是出世間故二明事離行成無染故力林頌

云三世五蘊法說名爲世間彼滅非世間如是但假名滅通二義於事離中有似離眞離分離全離次下當辨二約行者略爲四句一隨二離三俱四泯言隨者凡夫沉溺世蘊非離非隨二乘無悲不能隨世雖離非眞菩薩能隨方爲眞離故以隨釋離二離者有大智故了世性離處而不染亦異凡小三俱者悲故常行世間智故不染世法既以世與性離無二爲其境故以悲智無二爲其行境行融通有其三句一悲無不智則世無不離是以常在世間未曾不出二智無不悲故離無不世是以恒越世表無不遊世三雙融故動靜無二唯是一念所謂無念無念等故世與出世無有障礙四俱泯者謂境既世與性離形奪兩亡故令悲智俱融二念雙絕又由境行相由形奪齊離則絕待離言融前四句皆無障礙方爲眞離世間也三約位者凡夫染而非離二乘分離非眞謂果離分段因唯事離非今所明菩薩具上眞行可得名離

而非究竟唯佛爲離故經云佛常在世間而不染世法然今文中備六位之行即是行離行所依位即是位離故若事若理若因若果皆名離也世間性空者即是淨名不二法門分別世間故敬禮無所觀二明事下引十行偈義則可知度世品云品名度者一切衆生閒在世間五陰六衰之所覆蓋纏綿生死不能自拔以權方便智度無極消去五陰損棄六衰不計吾我不在生死不住滅度譬如日月晝夜演光權慧如是忽然無跡德如虛空然今文中者就別得名中二一上別顯三義二次下會釋經文明具三義若事若理下即是總結然若事即前事離若理即前性離此正約法因果即兼結行位也二釋名者約法事離無他受稱離非世間即相違釋若約性離通持業釋約行四句前三句俱通持業相違二事理離故泯句並非六釋亦可持業泯即離故然此釋名妙則妙矣易則易爲故不委釋第三宗趣頓彰六位理事二離爲宗令體性離頓成眞離究竟爲趣

爾時世尊在摩竭提國阿蘭若法菩提場中普光明殿坐蓮華藏師子之座

第四釋文長科十分一序分二三昧分三發起分四起分五請分六說分七結勸分八現瑞分九證成分十重頌分今初有三

一器世間圓滿義如前釋二妙悟下智正覺世間圓滿三與不可說下衆生世間圓滿

妙悟皆滿二行永絕達無相法住於佛住得佛平等到無障處不可轉法所行無礙立不思議普見三世身恒充徧一切國土智恒明達一切諸法了一切行盡一切疑無能測身一切菩薩等所求智到佛無二究竟彼岸具足如來平等解脫證無中邊佛平等地盡於法界等虛空界

二中明佛二十一種殊勝功德廣引諸論已見升兜率品今但略明初句爲總具下二十一種功德故云妙悟皆滿二中明佛下既指前釋有疑當尋彼疏抄不繁重舉後二行下別於中前四自利餘皆利他前中一智德二斷德三恩德四作用平等德今初二行永絕即於所知一向無障轉功德佛地經名不二現行不字此宜言無即永絕義謂佛智德離所知障非如聲聞極遠時處等有不知故有知不知即是二行今無不知故云永絕二達

無相法則於有無無二相眞如最勝清淨能入功德彼經名趣無相法趣謂趣入即此達義然無相法體即眞如無彼有無二相故名無相諸法中最淨無客塵令自他入勝於二乘名最勝清淨三住於佛住者即無功用佛事不休息功德世親云謂住佛所住無所住處此即釋經於此住中常作佛事無有休息此即解論四得佛平等即於法身中所依意樂作事無差別功德謂諸佛有三事無差一所依智同二益生意樂同三報化作業同故云平等五到無障處則修一切障對治功德世親云謂一切時常修覺慧對治一切障故比明覺慧爲能治一切障即二障爲所治六不可轉法即降伏一切外道功德謂教證二道他不能動故七所行無礙即生在世間不爲世法所礙功德謂利衰等八法不能拘故八立不思議即安立正法功德謂安立十二分教餘不能思故九普見三世即授記功德謂記別過未皆如現在故十身恒充滿一切國土即一切世界示現受用變化身功德謂二種身徧二種國故十一智恒明達一切諸法即斷疑功德謂自於一切境善決定故能決他疑十二了一切行即令入種種行功德二釋攝論易故不解意云徧了一切有情性行隨根令入故十三盡一切疑即當來法生妙智功德謂聲聞言其全無善根如來知其久遠微善後當生故十四無能測身即如其勝解示現功德謂隨諸有情種種勝解現金色等身雖現此身而無分別如末尼等故無能測十五一切菩薩等所求智即無量所依調伏有情加行功德謂由無量菩薩所依爲欲調伏諸有情故發起加行佛增上力聞法爲先獲得妙智與類菩薩攝受付囑展轉傳來相續無間而轉由此證得一切菩薩等所求智意云佛智爲一切菩薩等所求故十六到佛無二究竟彼岸即平等法身波羅蜜多成滿功德平等即無二義無二法身爲波羅蜜多所依十七具足如來平等解脫即隨其勝解示現差別佛土功德此中解脫即是勝解隨物勝解所宜如來勝解能現金銀等土佛佛皆然故云平等十八證無中邊佛平等地即三種佛身方處無分限功德世親云謂佛法身不可分限爾所方處受用變化亦不可說爾所世界十九盡於法界即窮生死際常現利樂一切有情功德二十等虛空界即無盡功德謂佛實智如空無盡故令經缺最後窮未來際總別合有二十一句義如前說然佛地攝論約受用身此約十身所以知者處摩竭提國是變化土而歎受用功德明知二身二國本相融故不要地前地上則五位通見故

與不可說百千億那由他佛刹微塵數菩薩摩訶薩俱皆一生當得阿耨多羅三藐三菩提各從他方種種國土而共來集

第三衆生世間圓滿中二先擧數歎德後其名下列名歎德前則多人具德後則勝人具德前中二先擧數揀定（前則多人者以衆多數次）

即歎故後列普賢諸勝上人而歎德故

悉具菩薩方便智慧

二悉具菩薩下歎具勝德分三初總標二所謂下別顯後成就下總結

所謂善能觀察一切衆生以方便力令其調伏住菩薩法善能觀察一切世界以方便力普皆往詣善能觀察涅槃境界思惟籌量永離一切戲論分別而修妙行無有間斷善能攝受一切衆生善入無量諸方便法知諸衆生空無所有而不壞業果善知衆生心使諸根境界方便種種差別悉能受持三世佛法自得解了復爲他說於世出世無量諸法皆善安住知其眞實於有爲無爲一切諸法悉善觀察知無有二

別中十九句皆不出方便智慧分二前十歎自分德後於一念下九句勝進德今初前八皆有慧方便依體起用故前五以善能爲句首六知空不壞業果七知根器別明識病八持法化之後二明有方便慧皆即事歸實

於一念中悉能獲得三世諸佛所有智慧於念念中悉能示現成等正覺令一切衆生發心成道於一衆生心之所緣悉知一切衆生境界雖入如來一切智地而不捨菩薩行諸所作業智慧方便而無所作爲一一衆生住無量劫而於阿僧祇劫難可値遇轉正法輪調伏衆生皆不唐捐三世諸佛清淨行願悉已具足成就如是無量功德一切如來於無邊劫說不可盡

後勝進中初句總明速成果智餘皆果智之用及後總結文並可知

其名曰普賢菩薩普眼菩薩普化菩薩普慧菩薩普見菩薩普光菩薩普觀菩薩普照菩薩普幢菩薩普覺菩薩如是等十不可說百千億那由他佛剎微塵數皆悉成就普賢行願深心大願皆已圓滿一切諸佛出興世處悉能往詣請轉法輪善能受持諸佛法眼不斷一切諸佛種性善知一切諸佛興世授記次第名號國土成等正覺轉於法輪無佛世界現身成佛能令一切雜染衆生皆悉清淨能滅一切菩薩業障入於無礙清淨法界

第二列名歎德中二初列名結數二皆悉下歎德文有十句初總餘別別中一契理願圓普眼滿故二攝法上首爲普化故三受持正法有普慧故四不斷佛種普見有性故五知佛化儀光普徹故六示現成佛觀見無故七淨染機照其源故八摧他障有智幢故九證法界覺法性故上之九句別明則初句爲願餘八爲行通說則皆普賢願宿誓今滿故如十大願並普賢行現緣所作故故總句云成就行願又此十句十人通具文云皆悉成故亦句顯一人之德當釋名故故總句爲普賢餘九如次前已配釋餘九如次者如前云一契理願圓即是釋德普眼滿故即是屬人二攝法上首即是顯德爲普化故即普化菩薩三受持正法即是顯德有普慧故即是菩薩等

爾時普賢菩薩摩訶薩入廣大三昧名佛華莊嚴

大文第二爾時普賢下三昧分普賢入者是會主故說普行故佛華嚴者萬行披敷

嚴法身故即以法界行門心海爲體持無限故說法成行發起爲用依此能故

佛華嚴下　釋佛華嚴三昧華者菩薩萬行也以因能感果故言如華嚴者行成果滿契合相嚴也垢障外消證理圓潔隨用讚德故稱嚴三昧者理智無二交徹鎔融彼此俱亡能所斷絕故亦可華即是嚴理智無礙故華嚴即三昧以行融離見故華即是嚴一行頓修一切行故華嚴三昧即多而不礙一故華嚴即三昧以定亂雙融故三昧即華嚴理智如故晉經云一切自在難思議華嚴三昧勢力故此即據行爲言名華嚴三昧如賢首品

入此三昧時十方所有一切世界六種十八相動出大音聲靡不皆聞

大文第三入此三昧時下明發起分先明地動警群機故後顯出聲令聞法故前皆有加而無發起此有發起而無加分者前表解可從他故有他加此表行由已立故自力發起又表行依解起無別法故不加攝解成行亦須入定聖旨多端不可一準

前皆有加下上來釋文此下對前料揀然有二意前意自他對說後意亦通伏難難云前釋入定云爲受佛加故今無佛加何須入定故爲此通結云多端不可例難

然後從其三昧而起

大文第四然後從下起分三義如前

爾時普慧菩薩知衆已集問普賢菩薩言

大文第五爾時普慧下請分分三初標問意二佛子下正顯問端三善哉佛子下結請願說今初當機衆集說法時至此爲問意何以前來諸會先問後定今乃翻此此有二意一說儀無定前表重法感而後應此明悲深觀機欲說衆既已集故先入定令知說主二約所表則前明從相入實以成正解此中依體起用以成正行故不同也普慧問者稱法界慧能發行故一人問者行獨已成非如解故

佛子願爲演說何等爲菩薩摩訶薩依何等爲奇特想何等爲行何等爲善知識何等爲勤精進何等爲心得安隱何等爲成就衆生何等爲戒何等爲自知受記何等爲入菩薩何等爲入如來何等爲入衆生心行何等爲入世界何等爲入劫何等爲說三世何等爲知三世何等爲發無疲厭心何等爲差別智何等爲陀羅尼何等爲演說佛何等爲發普賢心何等爲普賢行法以何等故而起大悲何等爲發菩提心因緣何等爲於善知識起尊重心何等爲清淨何等爲諸波羅蜜何等爲智隨覺何等爲證知何等爲力何等爲平等何等爲佛法實義句何等爲說法何等爲持何等爲辯才何等爲自在何等爲無著性何等爲平等心何等爲出生智慧何等爲變化何等爲力持何等爲得大欣慰何等爲深入佛法何等爲依止何等爲發無畏心何等爲發無疑惑心何等爲不思議何等爲巧密語何等爲巧分別智何等爲入三昧何等爲徧入何等爲解脫門何等爲神通何等爲明何等爲解脫何等爲園林何等爲宮殿何等爲所樂何等爲莊嚴何等爲發不動心何等爲不捨深大心何等爲觀察何等爲說法何等爲清淨何等爲印何等爲智光照何等爲無等住何等爲無下劣心何等爲如山增上心何等爲入無上菩提如海智何等爲如寶住何等爲發如金剛大乘誓願心何等爲大發起何等爲究竟大事何等爲不壞信何等爲授記何等爲善根迴向何等爲得智慧何

等爲發無邊廣大心何等爲伏藏何等爲律儀何等爲自在何等爲無礙用何等爲衆生無礙用何等爲刹無礙用何等爲法無礙用何等爲身無礙用何等爲願無礙用何等爲境界無礙用何等爲智無礙用何等爲神通無礙用何等爲神力無礙用何等爲力無礙用何等爲遊戲何等爲境界何等爲力何等爲無畏何等爲不共法何等爲業何等爲身何等爲身業何等爲身何等爲語何等爲淨修語業何等爲得守護何等爲成辦大事何等爲心何等爲發心何等爲周徧心何等爲諸根何等爲深心何等爲增上深心何等爲勤修何等爲決定解何等爲決定解入世界何等爲決定解入衆生界何等爲習氣何等爲取何等爲修何等爲成就佛法何等爲退失佛法道何等爲離生道何等爲決定法何等爲出生佛法道何等爲大丈夫名號何等爲道何等爲無量道何等爲助道何等爲修道何等爲莊嚴道何等爲足何等爲手何等爲腹何等爲藏何等爲心何等爲被甲何等

爲器仗何等爲首何等爲眼何等爲耳何等爲鼻何等爲舌何等爲身何等爲意何等爲行何等爲住何等爲坐何等爲臥何等爲所住處何等爲所行處何等爲觀察何等爲普觀察何等爲奮迅何等爲師子吼何等爲清淨施何等爲清淨戒何等爲清淨忍何等爲清淨精進何等爲清淨定何等爲清淨慧何等爲清淨慈何等爲清淨悲何等爲清淨喜何等爲清淨捨何等爲義何等爲法何等爲福德助道具何等爲智慧助道具何等爲明足何等爲求法何等爲明了法何等爲修行法何等爲魔何等爲魔業何等爲捨離魔業何等爲見佛何等爲佛業何等爲慢業何等爲智業何等爲魔所攝持何等爲佛所攝持何等爲法所攝持何等爲住兜率天所作業何故於兜率天宮殁何故現處胎何等爲現微細趣何故現初生何故現微笑何故示行七步何故現童子地何故現處内宫何故現出家何故示苦行云何往詣道場云何坐道場何等爲坐道場時奇特相何故示降魔何

等爲成如來力云何轉法輪何故因轉法輪得白淨法何故如來應正等覺示般涅槃

第二正顯問端中有二百句其別行度世經別作六番問答番番之中皆先問次答後動地現瑞顯益證成古來諸德皆依彼文用科此經以爲六段初二十句問十信行二從發普賢心下二十句問十住行三從力持下三十句問十行之行四從如實住下二十九句問十迴向行五從身業下五十句問十地行六從觀察下五十一句問因圓果滿行其第四段中句雖三十以無礙用一句是總標虛句故此有五十一句（以無礙用者次下別問衆生無礙用等十問下文各以十句答之其無礙用句即用衆生無礙用等十句釋之明是虛句）此經總三徧說六位此當第二約行說也以普賢行該六位故故度世經初請云唯願解說諸菩薩行從始至終令無疑故彼經雖不配於信等既云從始至終末後復明成佛則知決是六位之行此經所以不問答相間者意取位中之行不取位故如下圓融若尅定約位

何殊差別因果此經上下及本業經等判於六位皆以信未入位十住爲首謂三賢十聖等妙覺故今何不開等覺而取信耶此有深意彼及此前意在於位取位成說今此意明於行故十信之行正居行始等覺之位有其三義或攝屬前十地勝進或攝屬後即名佛故或別開位無垢地故今爲說行攝屬因圓之中故五十一句唯後四句屬妙覺位餘皆等覺若爾此中依言依菩提心等豈非發心住耶此難尤非第二段初發普賢心豈非發心住耶十信之初豈無發心耶故賢首云菩薩發意求菩提非是無因無有緣等正是發心所依不究斯旨空張援據此經下上直科釋今出爲六所以於中五一正明言三遍說者一差別因果是第一遍下法界品寄位修行爲第三遍故此爲第二既云此約行說則知前約解說後約證說也故度世下二引證證其二義一證約行云諸菩薩行二證六位云從始至終彼經雖不下三遍伏難恐有難云既云始終何必配信等故爲此通此經所以下四會今經亦是通妨妨云彼中別別問答縱許配位此中通問何得例彼故爲此通此經上下五會具釋即破刊定於中有二先敘彼問即刊定問然其問意不問十信從十住問亦爲大段謂前四三賢十聖後二即等妙二覺則令六段盡皆不同謂以信爲住以住爲行以行爲向以向爲地以地爲等覺以因圓果滿爲妙覺此判既乖即知苑公於此一品經不解一句以判六段盡皆錯故此有深意下二疏爲會釋即答其問也於中有五一總明爲行故初有十信等覺之位下釋不開等覺所以驗舉三義而取第三別開但攝在第六因圓之中若爾中下三即出刊定救義欲令初是問十住故此難尤非下四破所引之文不得文意不究斯旨下五結彈援者註引也引文不當義旨全乖故上判其不解一句以信爲住明不解信亦不解住以住爲一行明不解行亦不解住等故一品經不解一句

善哉佛子如是等法願爲演說

爾時普賢菩薩告普慧等諸菩薩言

大文第六爾時普賢菩薩告下說分中二先總告二佛子下正答答前門二百問問一答十以顯無盡成其二千普賢勝行故英公云雲興二百問瓶瀉二千酬英公云者彼有九會禮讃第八會云法門當再席法雨更滂流懸河二百問瓶瀉二千酬一心窮性海萬行炳齊修五位因成滿八相果圓周今畧舉二句復改懸河作雲興字釋此二千略爲五門一約因果二分行位三顯普別四明統收五辨行相前問例此今初有四一約大位前五爲因後一爲果或後四門爲果餘皆是因二約細辨一一皆徹佛果故諸文末皆結得佛是則二千並通因果三或總屬因普賢位行示成佛故四或皆屬果下文多云雖得成佛不斷菩薩行故普賢行位通向四門是果之義二分行位者亦有四義一束行成位分成六分故二總屬位收以行並是位中行故三總屬行普賢行體不依位故四一行徧六位位位通修故如此無礙方爲普賢行然文正顯後二以攬行成位位虛行實故問答併舉不分六番意在此也

三普別者謂一行相必徧一切然恒不雜不雜故別義殊分必徧故普義該攝猶如錦文衆色成文常普常別縷縷交徹非如繡成行法亦爾即普是別即別成普皆無障礙若爾此則普別具足何以獨名普賢行耶非謂守普而不能別亦非作別而失於普實謂能別而不壞普故名普賢行也又普必有別但語一別未必有普如一縷非錦非是錦中縷故若爾此則下上正釋普別此下通妨後非謂守普下解釋有二意一別不失普故名普賢不名別賢二又普必有別下明別不必普普能攝別故名普賢如一縷下出別無普以錦外之縷故別不必普則有縷

未必有錦有錦必有其纏無成前義別不失普是普中別故四統收攝者復有四重一以位收位六位各各收一切位故一位即具二千爲萬二千行也上云一地之中具足一切諸地功德二以門收門即二百門一一各收一切門即成二百二百爲四萬行三以行收行一行具一切行則有二千箇二千行成四兆行四以略攝廣此二千行下頌結云如大地一塵以此一塵之略說不離十方之廣地是故攝廣亦無不盡此乃等無極之法界越無際之虛空下頌云虛空可度量菩薩德無盡斯之謂矣此乃等下結歎

佛子菩薩摩訶薩有十種依何等爲十

五辨行相即隨文釋釋寄相別即分六段今初二百句答前信行二十句問文分三別初九門明自分行滿二入諸菩薩下八門勝進行圓三差別智下三門明二行究竟今初一門一類即爲九段首明依者起行所依故謂依託菩提心等成萬行故賢首品云菩薩發意求菩提非是無因無有緣等然二百門多分五別一總標二徵數三列釋四結數五顯修勝益或缺後二或缺第五至文當知今此依中文具有五初二可知今初一門下文中有四初總標二首明下辨初門來意三然二百下總科諸段四今此下正釋經文

所謂以菩提心爲依恒不忘失故以善知識爲依和合如一故以善根爲依修習增長故以波羅蜜爲依具足修行故以一切法爲依究竟出離故以大願爲依增長菩提故以諸行爲依普皆成就故以一切菩薩爲依同一智慧故以供養諸佛爲依信心清淨故以一切如來爲依如慈父教誨不斷故是爲十

就列釋中十句各先標名後釋義一依菩提心者十皆名依已爲衆行之首而菩提心復是十中之初以是萬行之本故貫二千之首釋云不忘失者忘失菩提心修諸善根則是魔業故依斯不忘能成萬行此句爲總二上雖內有勝心若外不依善友行亦無成故大聖謂善財言求善知識是無上菩提最初因緣釋云如一者若不心行符契豈爲我友三若不增修善根遇友何益四隨所修善須到彼岸五非獨十度觸境皆通上四自利六願七行並通自他上皆依法後三依人八勝侶智同九十唯佛究竟爲所依處故淨心供養以成福德長稟慈訓以成智嚴又前五自分後五勝進六廣菩提心七廣三四五後三廣第二四結可知不忘失菩提心下即五十八經

若諸菩薩安住此法則得爲如來無上大智所依處

五顯修勝益者由依上十成佛大智爲一切所依斯爲勝益豈得不修故亦名勸修

佛子菩薩摩訶薩有十種奇特想何等爲十所謂於一切善根生自善根想於一切善根生菩提種子想於一切衆生生菩提器想於一切願生自願想於一切法生出離想於一切行生自行想於一切法生佛法想於一切語言法生語言道想於一切佛生慈父想於一切如來生無二想是爲十若諸菩薩安住此法則得無上善巧想

第二奇特想者前依因緣以成諸行令依勝想以攝善根翻妄想源次所依故並出常想受奇特名即上文中常欲利樂諸衆生等利益之想也十中一以他善同己者隨喜於他情無彼此故互爲主伴相資益故同體性故即我所行故自他相即故四六願行亦然二一毫微善皆是佛因故法華中舉手低頭皆已成佛三下至闡提皆有佛性故五思益云知離名爲法故七諸性相法佛所證故文殊云我不見一法非佛法者皆不可得故諸軌儀法皆佛所流涅槃云外道之法亦如來正法之餘故八因言契理而理非言故名言道九佛以覺他圓滿故爲慈父十如來即諸法如義故無有二益中無想之想名善巧想一毫之善者迴向已釋故文殊云我不見一法下即大般若曼殊室利分前亦已引涅槃云者初卷宗中已引文意

刑二　二十

佛子菩薩摩訶薩有十種行何等爲十所謂一切衆生行普令成熟故一切求法行咸悉修學故一切善根行悉使增長故一切三昧行一心不亂故一切智慧行無不了知故一切修習行無不能修故一切佛刹行皆悉莊嚴故一切善友行恭敬供養故一切如來行尊重承事故一切神通行變化自在故是爲十若諸菩薩安住此法則得如來無上大智慧行

刑二　三十一

第三十種行依勝想之解造修大行想唯在心行通三業空想不行亦無成辦即上文中修學處也釋中唯九者準晉本此脫第三善學一切戒具十爲五對一下化上求二止惡進善三攝止深觀四修因嚴刹五敬友事師

佛子菩薩摩訶薩有十種善知識何等爲十所謂令住菩提心善知識令生善根善知識令行諸波羅蜜善知識令解說一切法善知識令成熟一切衆生善知識令得決定辯才善知識令不著一切世間善知識令於一切劫修行無厭倦善知識令安住普賢行善知識令入一切佛智所入善知識是爲十

第四善知識者行起必依善友故次明之未知善令知未識惡令識故凡所順益皆我善友故十皆益也上云即得親近善知識是

佛子菩薩摩訶薩有十種勤精進何等爲十所謂教化一切衆生勤精進深入一切法勤精進嚴淨一切世界勤精進修行一切菩薩所學勤精進滅除一切衆生惡勤精進止息一切三惡道苦勤精進摧破一切衆魔勤精進願爲一切衆生作清淨眼勤精進供養一切諸佛勤精進令一切如來皆悉歡喜勤精進是爲十若諸菩薩安住此法則得具足如來無上精進波羅蜜

第五精進者行友既具必須策勤於此十事離身心相而進修不雜故上云勤修佛功德

刑二　三十二

佛子菩薩摩訶薩有十種心得安隱何等爲十所謂自住菩提心亦當令他住菩提心心得安隱自究竟離忿諍亦當令他離忿諍心得安隱自離凡愚法亦令他離凡愚法心得安隱自勤修善根亦令他勤修善根心得安

隱自住波羅蜜道亦令他住波羅蜜道心得安隱自生在佛家亦當令他生於佛家心得安隱自深入無自性眞實法亦令他入無自性眞實法心得安隱自不誹謗一切佛法亦令他不誹謗一切佛法心得安隱自滿一切智菩提願亦令他滿一切智菩提願心得安隱自深入一切如來無盡智藏亦令他入一切如來無盡智藏心得安隱是爲十若諸菩薩安住此法則得如來無上大智安隱

第六心得安隱進成二利故獲心安自利故智心安利他故悲心安即上文增上最勝心十中初一行本次二離過一無諍三眛離一切諍二越凡小凡謂凡夫愚即愚法小乘次二進善次三證入一入位二入法三入益謂謗有二義一麤言此非佛說等其過彌大二細謂說不契實其過則微若無細謗證實方能後二因圓果滿得益中究竟安隱謂菩提涅槃（三入益者以得證實方無細謗即是益也）

佛子菩薩摩訶薩有十種成就衆生何等爲十所謂以布施成就衆生以色身成就衆生以說法成就衆生以同行成就衆生以無染著成就衆生以開示菩薩行成就衆生以熾然示現一切世界成就衆生以示現佛法大威德成就衆生以種種神通變現成就衆生以種種微密善巧方便成就衆生是爲十菩薩以此成就衆生界

第七成就衆生者上通明二利心安今別明利物成就故上云則能慈愍度衆生然有二義一以此十通用成就一切衆生二各成一類衆生謂一成就慳貪貧窮衆生二成恃形色憍慢衆生三疑法四俱戾五貪愛六樂二乘七不樂嚴刹八不欣佛果九邪歸依十邪智狡猾以經中十法如次成就

佛子菩薩摩訶薩有十種戒何等爲十所謂不捨菩提心戒遠離二乘地戒觀察利益一切衆生戒令一切衆生住佛法戒修一切菩薩所學戒於一切法無所得戒以一切善根迴向菩提戒不著一切如來身戒思惟一切法離取著戒諸根律儀戒是爲十若諸菩薩安住佛法則得如來無上廣大戒波羅蜜

第八戒者欲成就衆生須自止惡行善十中若忘菩提心乃至諸根犯境皆名破菩薩戒故上云堅固大悲心則不破也此十三聚如應思之

佛子菩薩摩訶薩有十種受記法菩薩以此自知受記何等爲十所謂以殊勝意發菩提心自知受記永不厭捨諸菩薩行自知受記住一切劫行菩薩行自知受記修一切佛法自知受記於一切佛教一向深信自知受記修一切善根皆令成就自知受記置一切衆生於佛菩提自知受記於一切善知識和合無二自知受記於一切善知識起如來想自知受記恒勤守護菩提本願自知受記是爲十

第九受記法者既離過德成自驗已行必招當果故自知受記故上云若得無生深法忍則爲諸佛所授記即此中一義一見理深悲即發心殊勝得果無疑若因他厭

苦則非殊勝未定得記二無厭修三長時修四無餘修五契理修餘五可知於此十中隨有其一即自知得記此辨得記之行非顯受記相殊如瑜伽等又此約十信橫具餘約竪位不同非顯受記下如下五十五經不壞迴向中十種受記中說瑜伽即當菩薩地由六相故佛爲授記一安住種性未發心位二已發心位三現前住四不現前生五有定時限謂彌所時證菩提六無定時限謂不說時限與授記又善戒經非種性人亦得授記如不輕授四衆記種性如十信得記又此約下結成上義則得授記瑜伽豎說授記相殊上來自分行竟

佛子菩薩摩訶薩有十種入入諸菩薩何等爲十所謂入本願入行入聚入諸波羅蜜入成就入差別願入種種解入莊嚴佛土入神力自在入示現受生是爲十菩薩以此普入三世一切菩薩

第二八門明勝進行中旣自分行成故勝進入諸所入之處等即爲八段今初入菩薩入有二義一證得義二觀達義入因則通證通達入果唯達未證此下五門皆是智入四五二入亦通身入今此即是入因所以入者即彼所修是我所修互相資益

爲同行故故度世經名不相求短即上文中神通深密用等四結可知

佛子菩薩摩訶薩有十種入入諸如來何等爲十所謂入無邊成正覺入無邊轉法輪入無邊方便法入無邊差別音聲入無邊調伏衆生入無邊神力自在入無邊種種差別身入無邊三昧入無邊力無所畏入無邊示現涅槃是爲十菩薩以此普入三世一切如來

第二入諸如來是入果所以入者必當證入故上云則以佛德自莊嚴

佛子菩薩摩訶薩有十種入衆生行何等爲十所謂入一切衆生過去行入一切衆生未來行入一切衆生現在行入一切衆生善行入一切衆生不善行入一切衆生心行入一切衆生根行入一切衆生解行入一切衆生煩惱習氣行入一切衆生教化調伏時非時行是爲十菩薩以此普入一切諸衆生行

第三入衆生行前二入能化此明入所化心行等上云悉能調伏諸衆生等問中脫於行字行有多種如文可知十時非時謂熟未熟等不知時者非大法師

佛子菩薩摩訶薩有十種入世界何等爲十所謂入染世界入淨世界入小世界入大世界入微塵中世界入微細世界入覆世界入仰世界入有佛世界入無佛世界是爲十菩薩以此普入十方一切世界

第四入世界對佛是依報對生是化處上云普隨諸趣而現身結云普入者不離此十故一時頓入非前後故

佛子菩薩摩訶薩有十種入劫何等爲十所謂入過去劫入未來劫入現在劫入可數劫入不可數劫入可數劫即不可數劫入不可數劫即可數劫入一切劫即非劫入非劫即一切劫入一切劫即一念是爲十菩薩以此普入一切劫

第五入劫者即是化時此下三門皆是成上一念悉知無有餘也十中前五直入後五約相即入此相即入有二意一彼劫相即智入彼故二由彼劫相攝相入故但入能攝即入彼所攝等餘如前發心品

佛子菩薩摩訶薩有十種說三世何等爲十所謂過去世說過去世過去世說未來世過去世說現在世未來世說過去世未來世說現在世未來世說無盡現在世說過去世現在世說未來世現在世說平等現在世說三世即一念是爲十菩薩以此普說三世

第六說三世者前劫此世長短有異通皆時分並是十世隔法異成十中前九別後一總別中三世各三故成九世未來是續起法故未來未來名爲無盡過去已起故過去過去不名無盡現在現在即事可見例過未之現在故云平等過未之現在非可見故但對前後立現在名

然此三世何以成九古人釋云義說爲九實唯有五意云如五日相望前三爲過去三世從後取二爲未來三世處中取三爲現在三世若依此釋進無九世之體退過三世之數云何一念得具九耶

今謂若不令九緣起相由但以三世緣起相由即九世成矣謂過去因現未則過去之中有現未現未各因二世亦然是以三世各三故中觀云若法所因出是法不異因中論破執則一中有三爲過此明離過之用則一中有三爲德以病成藥豈不良哉今謂已下四中正義於中有三一具約九世緣起相由昔設用九日而爲九世於理無違謂過去下初正明也是中論破時品意謂小乘立有實時菩薩以相待門破之若過去時有未來現在未來現在時應名爲過去若過去時中無未來現在未來現在時云何因過去釋曰此中論意以過去爲因現未爲果果由因有故無二時前偈縱成則果應名因亦因中有果後偈奪其因既不名爲果則果不從於因亦應以現在爲因過未爲果未來爲因過現爲果但長行例耳今疏具明而以一爲果以二爲因初以過去爲果現未爲因過去果中應有因起故下引證云若法所因出是法不異因則果不異因是果中有因也次現未下例釋二世爲果亦各用二世爲因謂現在果因於過未未來之果因過現也從是以三世各有三者總結故中觀云下二引證即是第二論觀合品具云異因異有異異離異無異若法所因出是法不異因十通品已引此中但取果不異因之一義耳如因梁椽以成於舍梁椽若壞則舍亦壞果不異因故若果不異因則過去爲果則應名現未現未即是過去因故中論破執下第三解妨妨云此是中論破時則果中有因因中有果皆成難亂既不相有明無定時今何將過以爲其德故有此通還執成德二義懸差若執三時有定性者尚不能見無性之理安知一中即具三耶令由無性方互相由成無盡耳以病成下結讚其能總云一念者前之九世相望以立

今攝末歸本不離一念即此一念現在是過去未來是未來過去自具三世三世相白九十具矣故以一融九雖九而常一以九別一雖一而常九九一無礙沒果絕言假十圓融爲入門矣況積念成世念外無世耶又無念等故又法性同故此有四義後三通於餘宗即此一念下成其九十先成九世此一念上雖因前後而其三世全在一中一中之三更互相因故爲九世本之一念故爲十耳故以一下以一對九九互融相成結成上義九約於義一約實體體用相融故常九常一無有障礙體用相奪離九一相故同果海假十圓下收前正義亦是釋疑疑云既以絕言而爲果海何要十耶故今釋云假之爲門則是說大同果絕言即義大也上即圓教之義二況積念下即始教義三又無念等故即頓教義四又法性同故即終教義故結云有四後三通餘宗謂法相無相大乘等宗也上取同義若取別義第四法性同故即是理性融通之門乃圓教義故云後三通於餘宗非全同餘宗則顯二三亦是此宗同教一乘若作法性融通釋者然此九世時無別體唯依緣起緣起無性即真法性理融通故令時融通無礙自在畧有四重一相泯俱盡二相與兩存三相隨互攝四相是互即初中以本從末唯事而無理以末從本唯理而無事二中全事之理非事故一相無時全理之事非理故九世不亂三中由隨事之理故今一時能容一切時由隨理之事故令一切時隨理入一時中多一反上互入可知四中由即理之事故令一時即一切時由即事之理故令一切時即一時唯理無物可相即入唯事

相礙不可即入要以事理相從無礙方有即入思之可見

佛子菩薩摩訶薩有十種知三世何等爲十所謂知諸安立知諸語言知諸談議知諸軌則知諸稱讃知諸制令知其假名知其無盡知其寂滅知　切空是爲十菩薩以此普知一切三世諸法

第七知三世者前之二段明法上之時此辨時中之法即化生之法隨彼安立而化故是上所知之法故晉經名三世間度世經名入於三處皆意取其中事也十中初七知安立諦次一通二成上安立事無有盡生下非安立性無可盡後二句知非安立

佛子菩薩摩訶薩發十種無疲厭心何等爲十所謂供養一切諸佛無疲厭心親近一切善知識無疲厭心求一切法無疲厭心聽聞正法無疲厭心宣說正法無疲厭心教化調伏一切衆生無疲厭心置一切衆生於佛菩提無疲厭心於一一世界經不可說不可說劫行菩薩行無疲厭心遊行一切世界無疲厭心觀察思惟一切佛法無疲厭心是爲十若諸菩薩安住此法則得如來無疲厭無上大智

第八無疲厭心既所化無邊求法化之而無厭怠由上即知煩惱無所起故十中初四上求次四下化後二通二謂遊剎近佛化生故思惟二利行法故上八門勝進行竟

大方廣佛華嚴經疏鈔會本第五十三之一

大方廣佛華嚴經疏鈔會本第五十三之二　刑三

唐于闐國三藏沙門實叉難陀　譯

唐清涼山大華嚴寺沙門澄觀撰述

佛子菩薩摩訶薩有十種差別智何等爲十所謂知衆生差別智知諸根差別智知業報差別智知受生差別智知世界差別智知法界差別智知諸佛差別智知諸法差別智知三世差別智知一切語言道差別智是爲十若諸菩薩安住此法則得如來無上廣大差別智

第三有三門明前二行究竟今初一門明所持差別智究竟上云則以智慧辯才力隨衆生心而化誘也

佛子菩薩摩訶薩有十種陀羅尼何等爲十所謂聞持陀羅尼持一切法不忘失故修行陀羅尼如實巧觀一切法故思惟陀羅尼了知一切諸法性故法光明陀羅尼照不思議諸佛法故三昧陀羅尼普於現在一切佛所聽聞正法心不亂故圓音陀羅尼解了不思議音聲語言故三世陀羅尼演說三世不可思議諸佛法故種種辯才陀羅尼演說無邊諸佛法故出生無礙耳陀羅尼不可說佛所說之法悉能聞故一切佛法陀羅尼安住如來力無畏故是爲十若諸菩薩欲得此法當勤修學

第二陀羅尼即能持究竟上云修行諸度勝解脫等十中初一聞持次四義持次四廣聞持之用後一收上義持又初四如次持教行理果次二重顯持行即定慧故次一持理不思議故次二重顯教後一重顯果

佛子菩薩摩訶薩說十種佛何等爲十所謂成正覺佛願佛業報佛住持佛涅槃佛法界佛心佛三昧佛本性佛隨樂佛是爲十

第三說十種佛上能持所持皆是佛法王究竟上云則得灌頂而升位等十信滿心便得佛故然此十佛與下十種見佛名義全同與前十身名有同異而義亦不殊一示成正覺故即前菩提身二願生兜率故與前全同三萬行因感故即前相好莊嚴身四自身舍利住持故即力持身五涅槃佛化必示滅故即前化身六法界佛具無漏界故即前法身七依唯心故即威勢身雖光明亦能攝伏心伏最勝如慈心降魔等八常在定故即福德身定爲福之最故九了本性故即前智身大圓鏡智平等性智皆本有故下云明了見十隨所欲樂無不現故即意生身故晉經云如意佛然佛就內覺身多就相故立名不同餘廣如別章略如八地之一示成正覺故者但唐梵之異九了本性故者非約所了乃了此法界故然佛下會釋二門總名廣如別章即華嚴章門中亦義分齊內

大文第二發普賢心下有二十門答前二十句問明十住行法古德同分爲四初六門別明發心住義二十種波羅蜜下六門明餘九住中所成內德行三從十種說法下三門明諸住中外化行四從十種自在下有五門明無礙殊勝行非不有理今取順十住經文二十門如次明十住行但與前行互有廣略影顯解中之行廣無盡故若依圓融行行徧通若不壞相不妨次第

初四門明初住行二三各有二門四五各一後五皆二門今初四門明發心住初一總明後三別顯若依圓融下五通妨妨云既沒位名意存大行何須別配故今釋云行既有二意取圓融即沒於位約於行布不妨次第若無次第何所圓融初四門正依位科下文解釋若有疑者但觀前經自當曉了

佛子菩薩摩訶薩發十種普賢心

今初總發名普賢心前十住中自分之內即緣佛十力發心但廣發心之境今發普賢心則廣發心之相影略明故普賢心者即菩提心就果以明普賢心約相用說橫周法界豎窮未來故

何等爲十所謂發大慈心救護一切衆生故發大悲心代一切衆生受苦故發一切施心悉捨所有故發念一切智爲首心樂求一切佛法故發功德莊嚴心學一切菩薩行故發如金剛心一切處受生不忘失故發如海心一切白淨法悉流入故發如大山王心一切惡言皆忍受故發安隱心施一切衆生無怖畏故發般若波羅蜜究竟心巧觀一切法無所有故是爲十若諸菩薩安住此心疾得成就普賢善巧智

十中初三悲護衆生心次六起願心於中一求果智即前緣佛十力二求因行三豎四廣四皆上求願忍施下化願後一智心即三心菩提也又前七護小乘於中初三護匪心後四護小心餘三護煩惱心故異凡小是菩提心又初三衆生無邊誓願度度生無恪故一切施也次一佛道無上誓願成次三法門無盡誓願學後三煩惱無邊誓願斷即四弘誓願觀理發心

佛子菩薩摩訶薩有十種普賢行法何等爲十所謂願住未來一切劫普賢行法願供養恭敬未來一切佛普賢行法願安置一切衆生於普賢菩薩行普賢行法願積集一切善根普賢行法願入一切波羅蜜普賢行法願滿足一切菩薩行普賢行法願莊嚴一切世界普賢行法願生一切佛剎普賢行法願善觀察一切法普賢行法願於一切佛國土成無上菩提普賢行法是爲十若諸菩薩勤修此法疾得滿足普賢行願

二有十種普賢行法下別明菩提心此門即大願心亦即是前勝進行所謂勤供養佛樂住生死等文相多同恐繁不會亦即是下反衆共二等於餘八十者謂一勤供養佛二樂住生死三主導世間令除惡業四以勝妙法常行教誨五歎無上法六學佛功德七生諸佛前恒蒙攝授八方便演說寂靜三昧九讚歎遠離生死輪迴十爲苦衆生作歸依處文旨相同恐繁不會今當爲會一即第二二即第一其三四五六如其次第七即第九八即第七九即第八十成大菩提方堪爲苦衆生依故其間小有異處會意皆同

佛子菩薩摩訶薩以十種觀衆生而起大悲何等爲十所謂觀察衆生無依無怙而起大悲觀察衆生性不調順而起大悲觀察衆生貧無善根而起大悲觀察衆生長夜睡眠而起大悲觀察衆生行不善法而起大悲觀察衆生欲縛所縛而起大悲觀察衆生沒生死海而起大悲觀察衆生長嬰疾苦而起大悲觀察衆生無善法欲而起大悲觀察衆生失諸佛法而起大悲是爲十菩薩恒以此心觀察衆生

三有十種大悲即別明悲心初一總謂外無善友可依內無自德可怙故餘九別初

五欲求衆生但縱目前之情故次一有求衆生故没生死海後三邪梵行求衆生無明邪見之所病故但欲邪法故

佛子菩薩摩訶薩有十種發菩提心因緣何等爲十所謂爲教化調伏一切衆生故發菩提心爲除滅一切衆生苦聚故發菩提心爲與一切衆生具足安樂故發菩提心爲斷一切衆生愚癡故發菩提心爲與一切衆生佛智故發菩提心爲恭敬供養一切諸佛故發菩提心爲隨如來教令佛歡喜故發菩提心爲見一切佛色身相好故發菩提心爲入一切佛廣大智慧故發菩提心爲顯現諸佛力無所畏故發菩提心是爲十

四有十種菩提心因緣別顯智心觀境推理發心別故此與前自分行中發心因緣亦互影略十中前五以薩埵爲緣初句總餘四別別中一令滅妄苦二得眞滅三斷癡集四證眞道即推無作四諦理發菩提心後五以菩提心爲緣初二福智因後三希福智果然上二段文含二意一成上發心住中行二成下治地住中行謂十種大悲即廣彼自分中十心之一菩提因緣前五即彼自分中初之五心一利益二大悲三安樂四憐愍五安住後五即彼此互闕此與前下彼經有十一見佛世尊形貌端嚴二色相圓滿三人所樂見四難可值遇五有大威力六或見神足七或聞記別八或聽教誡九或見衆生受諸劇苦十或聞如來廣大佛法發菩提心求一切智今而言影畧者前五下化衆生即前第九或見衆生受諸劇苦即正當第二則彼畧此廣彼一義含此五此影取也後五上求佛道第六第八即攝彼前六則此畧彼廣第七即前七八記別教誡九十即彼第十廣大佛法故云影畧後之五句下彼五即攝受守護同己師心導師心彼闕此五可知

佛子若菩薩發無上菩提心爲悟入一切智智故親近供養善知識時應起十種心何等爲十所謂起給侍心歡喜心無違心隨順心無異求心一向心同善根心同願心如來心同圓滿行心是爲十

第二近善知識下二門正明治地住中行此門明勝進中近善知識文中標內兼是顯意列中前六事友後四同修無異求者不求名聞利養及過失故此門即勝進者彼具十句云所謂誦習多聞虛閑寂靜近善知識發言和悅語必知時心無怯怖了達於義如法修行遠離愚迷安住不動釋曰後之四句在後清淨之中今言近善知識即彼第三篇二共總下四五六句皆是發心之德即此中別意其彼初二句文中畧無

佛子若菩薩摩訶薩起如是心則得十種清淨何等爲十所謂深心清淨到於究竟無失壞故色身清淨隨其所宜爲示現故音聲清淨了達一切諸語言故辯才清淨善說無邊諸佛法故智慧清淨捨離一切愚癡暗故受生清淨具足菩薩自在力故眷屬清淨成就過去同行衆生諸善根故果報清淨除滅一切諸業障故大願清淨與諸菩薩性無一故諸行清淨以普賢乘而出離故是爲十

二十種清淨下即勝進近友之果故云起如是心即得此十即是前文了達於義如法修行遠離愚迷安住不動梵云波利戍提此有二義一徧清淨即此十種二極清淨即下第六十四段列中初六三業淨前三體淨後三用淨次二主伴果報淨後二願行淨梵云波利戍提者戍字率音戍提者此云清淨波利是遍是極

佛子菩薩摩訶薩有十種波羅蜜何等爲十所謂施波羅蜜悉捨一切諸所有故戒波羅

蜜淨佛戒故忍波羅蜜住佛忍故精進波羅蜜一切所作不退轉故禪波羅蜜念一境故般若波羅蜜如實觀察一切法故智波羅蜜入佛力故願波羅蜜滿足普賢諸大願故神通波羅蜜示現一切自在用故法波羅蜜普入一切諸佛法故是爲十若諸菩薩安住此法則得具足如來無上大智波羅蜜

第三波羅蜜下有二門明修行住中行此門即自分行彼開一慧爲十觀察今總顯修具修十度十度皆總相而釋一一多含故施云一切皆捨等智即方便進趣佛力權智立以智名神通即力度晋名神力法即是智從所知名法彼開一慧者經云此菩薩以十種行觀一切法所爲觀一切法無常二苦三空四無我五無作六無味七不如名八無處所九離分別十無堅實皆如初句有一切法

佛子菩薩摩訶薩有十種智隨覺何等爲十所謂一切世界無量差別智隨覺一切衆生界不可思議智隨覺一切諸法一入種種種種入一智隨覺一切法界廣大智隨覺一切虛空界究竟智隨覺一切世界入過去世智隨覺一切世界入未來世智隨覺一切世界入現在世智隨覺一切如來無量行願皆於一智而得圓滿智隨覺三世諸佛皆同一行而得出離智隨覺是爲十若諸菩薩安住此法則得一切法自在光明所願皆滿於一念頃悉能解了一切佛法成等正覺

二十種智隨覺由前行成無倒了達隨事隨理善覺知故即前勝進十法觀察衆生界等亦有影略恐繁不會言即前勝進者彼經云所謂觀察衆生世界觀察地界水界觀察欲界色界無色界影畧可知

佛子菩薩摩訶薩有十種證知何等爲十所謂知一切法一相知一切法無量相知一切法在一念知一切衆生心行無礙知一切衆生諸根平等知一切衆生煩惱習氣行知一切衆生心使行知一切衆生善不善行知一切菩薩願行自在住持變化知一切如來具足十力成等正覺是爲十若諸菩薩安住此法則得一切法善巧方便

第四證知一門明生貴住中行五即彼自分行由前了達故能證知證故於聖教中生十中初三總知一切法次五廣前知衆生九菩薩行願即前業行中攝後一即知涅槃對生死故其勝進但了佛法無別行相故略不明第四證知者彼自分行云此菩薩於聖敎中生成就十法所謂永不退轉於諸佛所深生淨信善觀察法了知衆生國土世界業行果報生死涅槃是爲十號會異同可知

佛子菩薩摩訶薩有十種力何等爲十所謂入一切法自性力入一切法如化力入一切法如幻力入一切法皆是佛法力於一切法無染著力於一切法甚明解力於一切善知識恒不捨離尊重心力令一切善根順至無上智王力於一切佛法深信不謗力令一切智心不退善巧力是爲十若諸菩薩安住此法則具如來無上諸力

第五十種力即具足方便住中行準梵本此名積集即方便具足之義下第九十五即是十力前十住中但云所修諸行皆爲衆生不知修何令顯所修之行又入即了達兼其勝進解衆生等於中前六解法力餘四上求力但云所修者畧義而已具云皆為救護一切衆生二饒益

三安樂四哀愍五慶悅此上皆屬初句有一切衆生言六令一切衆生離諸災難七出生死苦八發生淨信九悉得調伏十咸證涅槃後五定明令一切衆生兼其勝進者彼經云菩薩應勸學十法所謂知衆生無邊二無量三無數四不思議五無量色六不可量七空八無所作九無所有十無自性皆如初句有知衆生故

佛子菩薩摩訶薩有十種平等何等爲十所[十]謂於一切衆生平等一切法平等一切刹平等一切深心平等一切善根平等一切菩薩平等一切願平等一切波羅蜜平等一切行平等一切佛平等是爲十若諸菩薩安住此法則得一切諸佛無上平等法

第六十種平等下二門明正心住此門即自分行由了平等故聞讚毀心定不動然平等之言通有三義一事等謂十類各各相望如說衆生等有佛性乃至諸佛同一法身一心一智等二者理等謂此十類等[十一]一真故三心等由了前二即之於心故於十境不生高下十中一於衆生等謂無怨親故二於善惡不生分別故三見染見淨無高下故四同一真道而出離故五無一善根不爲佛故六於諸同行如自已故七一一大願徹來際故八不謂般若勝檀等故九隨一一行徹事理故十不謂此佛此最勝故

聞讚毀者彼云此菩薩聞十種法心定不動所謂聞讚毀佛於佛法中心定不動二法三菩薩四所行五聞衆生有量無量六衆生有垢無垢七衆生易度難度八法界有量無量九法界成有成無十法界有成有壞皆如初句

佛子菩薩摩訶薩有十種佛法實義句何等爲十所謂一切法但有名一切法猶如幻一切法猶如影一切法但緣起一切法業清淨一切法但文字所作一切法實際一切法無相一切法第一義一切法法界是爲十若諸菩薩安住此法則善入一切智智無上真實義

二十種佛法實義句者即彼勝進中行與前雖少前却而義多同於中初一約徧計部無實故次四約依他後五約圓成一無名相中假名說故餘四各一義可知

即彼勝進者彼云菩薩應勸學十法所謂一切法無相二無體三不可修四無所有五無真實六空七無性八如幻九如夢十無分別皆如初句有一切法言前却可思

佛子菩薩摩訶薩說十種法何等爲十所謂說甚深法說廣大法說種種法說一切智法說隨順波羅蜜法說出生如來力法說三世相應法說令菩薩不退法說讚歎佛功德法說一切菩薩學一切佛平等一切如來境界相應法是爲十若諸菩薩安住此法則得如來無上巧說法

第七說十種法下有二門明不退住中行[十三]於中初一自分後一勝進前中由能說深廣法故聞說心不退轉所以說業性等成如來力隨義演說令菩薩不退涅槃二十八中廣明退不退相餘文可知

聞說者大同前位亦有十句聞有佛無佛於佛法中心不退轉二有法無法三有菩薩無菩薩四有菩薩行無菩薩行五菩薩修行出離修行不出離六過去有佛過去無佛七未來八現在同過去九聞佛智有盡無盡十聞三世一相三世非一相皆如初句涅槃二十八中云有六種法壞菩提心一者惱法二者於諸衆生起不善心三者親近惡友四者不勤精進五者自大憍慢六者誓務世業釋曰無此六事則不退也

佛子菩薩摩訶薩有十種持何等爲十所謂持所集一切福德善根持一切如來所說法持一切譬喻持一切法理趣門持一切出生陀羅尼門持一切除疑惑法持成就一切菩薩法持一切如來所說平等三昧門持一切

法照明門持一切諸佛神通遊戲力是爲十若諸菩薩安住此法則得如來無上大智住持力

二十種持持謂受持奉行非但宣之於口十句可知

佛子菩薩摩訶薩有十種辯才何等爲十所謂於一切法無分別辯才於一切法無所作辯才於一切法無所著辯才於一切法了達空辯才於一切法無疑暗辯才於一切法佛加被辯才於一切法自覺悟辯才於一切法文句差別善巧辯才於一切法眞實說辯才隨一切衆生心令歡喜辯才是爲十若諸菩薩安住此法則得如來無上巧妙辯才

第八十種辯才下二門明童眞住中行此門即自分行由三業無失故有無著辯由知衆生欲解故辯令他喜此門即自分行者彼具云所謂身行無失語行無失隨意受生知衆生種種欲知衆生種種解知衆生種種界知衆生種種業知世界成壞神足自在所行無礙是爲十

佛子菩薩摩訶薩有十種自在何等爲十所謂教化調伏一切衆生自在普照一切法自在修一切善根行自在廣大智自在無所依戒自在一切善根廻向菩提自在精進不退轉自在智慧摧破一切衆魔自在隨所樂欲令發菩提心自在隨所應化現成正覺自在是爲十若諸菩薩安住此法則得如來無上大智自在

後門即彼勝進現變化自在身等皆自在義後門即彼下欲云彼菩薩應勸學十法所謂知一切佛刹二動一切佛刹三持四觀王諸六遊上皆有一切佛刹言七遊行無數世界八領受無數佛法九現變化身出廣大遍滿音十一一刹那中承事供養無數諸佛令就衆一一以等於餘故

佛子菩薩摩訶薩有十種無著何等爲十所謂於一切世界無著於一切衆生無著於一切法無著於一切所作無著於一切善根無著於一切受生處無著於一切願無著於一切行無著於一切菩薩無著於一切佛無著是爲十若諸菩薩安住此法則能速轉一切衆想得無上清淨智慧

第九十種無著下二門明王子住中行此門由無著故能善知十法能善知者彼經云此菩薩善知十種法所謂善知諸衆生受生二諸煩惱現起三習氣相續四所行方便五無量法

六諸威儀七世界差別八前際後際中九實說世諦十演說第一義諦句句皆有善知之方

佛子菩薩摩訶薩有十種平等心何等爲十所謂積集一切功德平等心發一切差別願平等心於一切衆生身平等心於一切衆生業報平等心於一切法平等心於一切淨穢國土平等心於一切衆生解平等心於一切行無所分別平等心於一切佛力無畏平等心於一切如來智慧平等心是爲十若諸菩薩安住其中則得如來無上大平等心

後門由平等故勝進學法王處法後門勝進者彼云佛子菩薩應勸學十法所謂法王處善巧二軌度三宮殿四趣入五觀察六灌頂七力持八無畏九宴寢十讚歎皆如初句後五畧無處字

佛子菩薩摩訶薩有十種出生智慧何等爲十所謂知一切衆生解出生智慧知一切佛刹種種差別出生智慧知十方網分齊出生智慧知覆仰等一切世界出生智慧知一切法一性種種性廣大住出生智慧知一切種種身出生智慧知一切世間顛倒妄想悉無所著出生智慧知一切法究竟皆以一道出

離出生智慧知如來神力能入一切法界出生智慧知三世一切衆生佛種不斷出生智慧是爲十若諸菩薩安住此法則於諸法無不了達

第十十種出生智下二門明灌頂位中行

此門明成就十智學佛十智此門下決勝說云此菩薩應勤學佛十種智所謂三世智佛法智法界無礙智法界無邊智充滿一切世界智普照一切世界智住持一切世界智知一切衆生智知一切法智知無邊諸佛智

佛子菩薩摩訶薩有十種變化何等爲十所謂一切衆生變化一切身變化一切刹變化一切供養變化一切音聲變化一切行願變化一切教化調伏衆生變化一切成正覺變化一切說法變化一切加持變化是爲十若諸菩薩安住此法則得具足一切無上變化法

後十種變化故能動刹等然此變化即實如化非要化作上來數段文相並顯雖有深旨類前可知後自分中者即彼經自分十法云此菩薩得成就十種智所謂振動無數世界二照明三住持四往詣五嚴淨上五皆有無數世界言六開示無數衆生七觀察無數衆生根八知無數衆生九令無數衆生趣入十令無數衆生調伏然此變化者屬緣生如化故若變化作無而忽有故佛地論第三云化身三種一自身相應化謂自身作輪王等二他身相應化謂化王爲佛身等三非身相應化化大地爲寶等今並非此

大文第三十種力持下有三十門答前十行三十句問古德分三初六門明大志曠遠行二從十種不思議下九門明定慧業用行三從十種園林下十五門明德備成滿行然約圓融此意非無今不壞次亦次第顯十行中行第一行有三門二三行各一第四行二門第五行六門次四行各二門第十行有九門至文當知所以用門多少者檀在初故具三戒忍通世間故唯一定慧尊勝故有多門智中既多故般若中略餘次勝故但用二門又此十行雖約十度而義多含故文中或就十度明義或就行名以釋

刊三 十六

佛子菩薩摩訶薩有十種力持何等爲十所謂佛力持法力持衆生力持業力持行力持願力持境界力持時力持善力持智力持是爲十若諸菩薩安住此法則於一切法得無上自在力持

今初三門明歡喜行中之行三中初明力持此含總別總者以是十行之首依此十事加持建立能起諸行故度世經名十建立別即歡喜行中凡所布施皆爲修習諸佛本所修行等故是建立行意十中初三三寶即境界持衆生即僧寶菩薩之僧即衆生世間故餘七行持悲所作業故正起行故願持行故有悲智境行方成故時即起行之時後二福智然第十地大盡分中有十一持第四加煩惱持故論判行持中初二逆行彼約應化不斷所以加之今但約爲行本故無煩惱彼有供養持及劫持無境界持及善力持此以時中攝劫彼以行攝善力依境起供故並無異餘名並同具如彼釋既數名不同案名以釋此無僧寶有教化衆生亦未爽通理上辦陀羅尼即總持文義次云受持即領納受行今云力持即加持任持故不相濫

刊三 十七

大方廣佛華嚴經疏鈔會本第五十三之二

大方廣佛華嚴經疏鈔會本第五十四之一　　刑四

唐于闐國三藏沙門實叉難陀　譯

唐清涼山大華嚴寺沙門澄觀撰述

佛子菩薩摩訶薩有十種大欣慰

第二大欣慰正辨歡喜行義彼但見乞者來倍復歡喜今則知由施故見佛供佛等心大歡喜初行多同歡喜地故

何等爲十所謂諸菩薩發如是心盡未來世所有諸佛出興於世我當皆得隨逐承事令生歡喜如是思惟心大欣慰復作是念彼諸如來出興於世我當悉以無上供具恭敬供養如是思惟心大欣慰

十中畧爲五對一事佛供佛對

復作是念我於諸佛所興供養時彼諸如來必示誨我法我悉以深心恭敬聽受如說修行於菩薩地必得已生現生當生如是思惟心大欣慰復作是念我當於不可說不可說劫行菩薩行常與一切諸佛菩薩而得共俱如是思惟心大欣慰

二聞法親善對

復作是念我於往昔未發無上大菩提心有諸怖畏所謂不活畏惡名畏死畏墮惡道畏大衆威德畏自一發心悉皆遠離不驚不恐不畏不懼不怯不怖一切衆魔及諸外道所不能壞如是思惟心大欣慰復作是念我當令一切衆生成無上菩提成菩提已我當於彼佛所修菩薩行盡其形壽以大信心興所應供佛諸供養具而爲供養及涅槃後各起無量塔供養舍利及受持守護所有遺法如是思惟心大欣慰

三二利行成對

又作是念十方所有一切世界我當悉以無上莊嚴而莊嚴之皆令具足種種奇妙平等清淨復以種種大神通力住持震動光明照耀普使周徧如是思惟心大欣慰復作是念我當斷一切衆生疑惑淨一切衆生欲樂啓一切衆生心意滅一切衆生煩惱閉一切衆生惡道門開一切衆生善趣門破一切衆生黑闇與一切衆生光明令一切衆生離衆魔業使一切衆生至安隱處如是思惟心大欣慰

四嚴土化生對

菩薩摩訶薩復作是念諸佛如來如優曇華難可值遇於無量劫莫能一見我當於未來世欲見如來則便得見諸佛如來常不捨我恒住我所令我得見爲我說法無有斷絕既聞法已心意清淨遠離諂曲質直無僞於念念中常見諸佛如是思惟心大欣慰復作是念我於未來當得成佛以佛神力於一切世界爲一切衆生各別示現成等正覺清淨無畏大師子吼以本大願周徧法界擊大法鼓雨大法雨作大法施於無量劫常演正法大悲所持身語意業無有疲厭如是思惟心大欣慰

五難見能見難成能成對文相甚顯

佛子是爲菩薩摩訶薩十種大欣慰若諸菩薩安住此法則得無上成正覺智慧大欣慰

佛子菩薩摩訶薩有十種深入佛法何等爲十所謂入過去世一切世界入未來世一切世界入現在世世界數世界行世界說世界

清淨入一切世界種種性入一切衆生種種業報入一切菩薩種種行知過去一切佛次第知未來一切佛次第知現在十方虛空法界等一切諸佛國土衆會說法調伏知世間法聲聞法獨覺法菩薩法如來法雖知諸法皆無分別而說種種法悉入法界無所入故如其法說無所取著是爲十若諸菩薩安住此法則得入於阿耨多羅三藐三菩提大智慧甚深性

三十種深入者上明預欣當成此辨現能證了即前法施之行故彼云我當盡學諸佛所學證一切智知一切法爲衆生說十中前六有入字後四以知爲初證入了知二文影顯於中初四入器世間前三別入三世後一總明別中現在內數謂多少行謂刹因說謂彼果中說法清淨謂刹體此是通體後總句云種種性即染淨等殊斯即別體次二入衆生世間後四入智正覺世間於中前三入三世佛後一入法法中初知差別五乘後雖知下明權實雙行以性不壞相故雖無分別而說種種此中分別即是差別故晉經云雖諸法無一無異而說一異次言悉入法界無所入故者釋成上義謂悉入法界故無差別無所入故而說種種何者若別有一入處則入時失本相不得說種種以當法自虛名入法界無別可入則不壞種種矣言如其下此上辨知此下明說夫說法者當如法說法既權實雙融說亦即說無著 夫說法下即淨名目連章中時目連於里巷中爲白衣居士說法時維摩詰來謂我言唯大目連爲白衣居士說法不當如仁者所說所以者何夫說法者當如法說法無衆生離衆生垢故法無有我離我垢故等說法無權實下義取淨名之意

佛子菩薩摩訶薩有十種依止菩薩依此行菩薩行何等爲十所謂依止供養一切諸佛行菩薩行依止調伏一切衆生行菩薩行依止親近一切善友行菩薩行依止積集一切善根行菩薩行依止嚴淨一切佛土行菩薩行依止不捨一切衆生行菩薩行依止深入一切波羅蜜行菩薩行依止滿足一切菩薩願行菩薩行依止無量菩提心行菩薩行依止一切佛菩提行菩薩行是爲十菩薩依此行菩薩行

第二十種依止明饒益位中行上明證入今託良緣徧依此十方能饒益非但依戒況戒有攝善何所不具 非但依戒者阿難問佛令依戒爲師彼以戒爲饒益即是依止之義

佛子菩薩摩訶薩有十種發無畏心何等爲十所謂滅一切障礙業發無畏心於佛滅後護持正法發無畏心降伏一切魔發無畏心不惜身命發無畏心摧破一切外道邪論發無畏心令一切衆生歡喜發無畏心令一切衆會皆悉歡喜發無畏心調伏一切天龍夜叉乾闥婆阿脩羅迦樓羅緊那羅摩睺羅伽發無畏心離二乘地入甚深法發無畏心於不可說不可說劫行菩薩行心無疲厭發無畏心是爲十若諸菩薩安住此法則得如來無上大智無所畏心

第三十種無畏即無違逆位中行由依善薩止善則於十難作能作難忍能忍爲發無畏心一障礙難滅二遺法難護三惡魔

難降四身命難捨五外道難摧六物心難稱七大衆難喜八八部難調九下乘難離十上行難修於此十難皆無所畏豈畏衆生相惱害耶豈畏衆者以無違逆行多約耐怨害故

佛子菩薩摩訶薩發十種無疑心於一切佛法心無疑惑

第四發無疑心下二門明無屈撓位中行於中此門由前於難無懼故於十所作決志無疑即被甲精進中行後門攝善之行利樂徧在二門

何等爲十所謂菩薩摩訶薩發如是心我當以布施攝一切衆生以戒忍精進禪定智慧慈悲喜捨攝一切衆生發此心時決定無疑若生疑心無有是處是爲第一發無疑心

今初十中一十度攝生

菩薩摩訶薩又作是念未來諸佛出興於世我當一切承事供養發此心時決定無疑若生疑心無有是處是爲第二發無疑心

二事佛供佛

菩薩摩訶薩又作是念我當以種種奇妙光明網周徧莊嚴一切世界發此心時決定無疑若生疑心無有是處是爲第三發無疑心

三光明嚴剎

菩薩摩訶薩又作是念我當盡未來劫修菩薩行無數無量無邊無等不可數不可稱不可思不可量不可說不可說不可說過諸算數究竟法界虛空界一切衆生我當悉以無上教化調伏法而成熟之發此心時決定無疑若生疑心無有是處是爲第四發無疑心

四長時調熟

菩薩摩訶薩又作是念我當修菩薩行滿大誓願具一切智安住其中發此心時決定無疑若生疑心無有是處是爲第五發無疑心

五具一切智

菩薩摩訶薩又作是念我當普爲一切世間行菩薩行爲一切法清淨光明照明一切所有佛法發此心時決定無疑若生疑心無有是處是爲第六發無疑心

六作世明燈

菩薩摩訶薩又作是念我當知一切法皆是佛法隨衆生心爲其演說悉令開悟發此心時決定無疑若生疑心無有是處是爲第七發無疑心

七說法開悟

菩薩摩訶薩又作是念我當於一切法得無障礙門知一切障礙不可得故其心如是無有疑惑住真實性乃至成於阿耨多羅三藐三菩提發此心時決定無疑若生疑心無有是處是爲第八發無疑心

八滅障成佛

菩薩摩訶薩又作是念我當知一切法莫不皆是出世間法遠離一切妄想顛倒以一莊嚴而自莊嚴而無所莊嚴於此自了不由他悟發此心時決定無疑若生疑心無有是處是爲第九發無疑心

九離妄自覺

菩薩摩訶薩又作是念我當於一切法成最正覺離一切妄想顛倒故得一念相應智故若一若異不可得故離一切數故究竟無爲故離一切言說故住不可說境界際故發此

心時決定無疑若生疑心無有是處是爲第十發無疑心

十決成菩提於此十事發誓要期故名被甲

若諸菩薩安住此法則於一切佛法心無所疑

佛子菩薩摩訶薩有十種不可思議

二十種不思議即所攝之善由決志無疑故所爲難測

何等爲十所謂一切善根不可思議一切誓願不可思議知一切法如幻不可思議發菩提心修菩薩行善根不失無所分別不可思議雖深入一切法亦不取滅度以一切願未成滿故不可思議修菩薩道而示現降神入胎誕生出家苦行往詣道場降伏衆魔成最正覺轉正法輪入般涅槃神變自在無有休息不捨悲願救護衆生不可思議雖能示現如來十力神變自在而亦不捨等法界心教化衆生不可思議

十中初三單約善根願智稱性名不思議餘七權實雙運故不思議於中前四約行後三約智約內明行就外相前中四涉有而一道清淨五悟空而萬行沸騰六修因而八相果成七現果而大用不捨皆難思也

知一切法無相是相相是無相無分別是分別分別是無分別非有是有有是非有無作是作作是無作非說是說說是非說不可思議

後三中八二諦相即九三事融而不融十權實即而不即八中十句五對一境二心三通一切四約修起五即名言亦即五法一相二妄想三如如四正智五名然各有二意一直就法體無相是真相即是俗常互相即下四例然二約迷悟五對大同小異謂一迷如無相以成於相悟相無相即是如如二迷於正智無分別即成妄想分別悟妄分別即正智無分別三了如非有真有如如若執有如則非如有四智若無作是作正智若有所作非作正智五知名非說是真說名謂名有說非是說名

八中十句者疏文有二先標所依相而有二意然各二意下雙釋上二言各二意者十句五對各具上二也下依二意釋之先直就法體但約二諦以明釋前約境心等五後二約迷悟下即釋上約五法明通就迷悟以釋上即約境不出二諦今此約心不出迷悟悟即正智迷即妄想由此二故說成五法即分爲五一約相上以如對之故無相是如二就妄想上以正智對之三就如如之上唯就如得失以明四就正智上亦約正智得失以明五就名上亦唯就名得失以明五中皆通迷悟然迷即有名相妄想悟則唯正智如如智與於如一味平等餘如前後說

知心與菩提等知菩提與心等心及菩提與衆生等亦不生心顛倒想顛倒見顛倒不可思議

九中初融三事後亦不下顯離融相名爲不融三事即心佛衆生皆無差別如覺林偈

九中初融三事心佛衆生三無差故後離融相故科云不融就不融中有二一不壞相二離融相離融相約理無可融約心無想念故不壞相約本自融不可融故

從三事下指文引證

於念念中入滅盡定盡一切漏而不證實際亦不盡有漏善根雖知一切法無漏而知漏盡亦知漏滅雖知佛法即世間法世間法即佛法而不於佛法中分別世間法不於世間

法中分別佛法一切諸法悉入法界無所入
故知一切法皆無二無變易故是爲第十不
可思議
十中三句初明盡而不盡此約斷時以明
體用二無而不無此將法性對斷以明體
用二句雖殊俱是權實雙行三雖知佛法
下明即而不即於中初正明後一切諸法
下釋成上義悉入法界故説相即無所入
故不應世中分別佛法等謂以當法自虛
故名相即非世間中佛法可得下重釋云
知一切法皆無二故不得二中互求無變
易故亦非世法作彼佛法思之
佛二是爲菩薩摩訶薩十種不可思議若諸
菩薩安住其中則得一切諸佛無上不可思
議法
刑四　十一
佛子菩薩摩訶薩有十種巧密語何等爲十
所謂於一切佛經中巧密語於一切受生處
巧密語於一切菩薩神通變現成等正覺巧
密語於一切衆生業報巧密語於一切衆生
所起染淨巧密語於一切法究竟無障礙門

巧密語於一切虛空界一一方處悉有世界
或成或壞間無空處巧密語於一切法界一
切十方乃至微細處悉有如來示現初生乃
至成佛入般涅槃充滿法界悉分別見巧密
語見一切衆生平等涅槃無變易故而不捨
大願以一切智願未得圓滿令滿足故巧密
語雖知一切法不由他悟而不捨離諸善知
識於如來所尊加尊敬與善知識和合無二
於諸善根修習種植迴向安住同一所作同
一體性同一出離同一成就巧密語是爲十
若諸菩薩安住其中則得如來無上善巧微
密語
第五十種巧密語下六門明無礙亂中行
於中三初二門即無礙之行次二門明無
亂之行後二門雙明二門引生功
亂有通令從別説又此三段即是一　不
即饒益有情禪二即正法樂住禪三即引
生功德禪令初二門中初門不愚巧密之
言後門不愚善巧之智令初前既明內行
令辨外言彼行文云以正念故善解世間

一切言説能持出世諸法言説等皆言密
語者汎明有五一説深密法故如出現品
名如來密藏等二一言説一切法故上云
如來於一語言中等亦如仙陀四實九義
瞿聲等三近而不聞如身子在座遠而無
隔如目連尋聲等四言近意遠如説三乘
爲究竟等言遠意近如説寒時得火名涅
槃等此意亦名隱實説權五以異言説異
法如覺不堅爲堅等亦如仙陀者謂鹽水器馬前已廣釋九義
瞿聲即俱舍論云方獸地光言金剛眼天
水於斯九種事智者立瞿聲唯全別二字
一義餘八各一一如寒得火等即涅槃經五
以異言者即攝論第四祕密中第四轉變
祕密論云復有四種意趣四種祕密一切
佛語應須決了四意趣義已見普賢三昧
品四祕密者一令入祕密謂三乘中依俗
諦理説有人法令入俗諦二相祕密謂説
法相三自性等三對治祕密治八萬四千
煩惱四轉變祕密欲令悟入總名祕密論
釋第四轉變祕密云謂於是處以其別義
諸言諸字即顯別義如有頌云覺不堅爲
刑四　十二
堅善住於顛倒極煩惱所惱得最上菩提
無性釋云謂於義轉變差別雜集云謂説
無餘義名句文身隱密轉變更顯餘義無
性釋上偈云謂剛強流散説名爲堅非此
堅固説名不堅即是調柔無散亂定即於
此中起堅固慧覺彼爲堅世親釋云不堅
謂定由不剛強馳散難伏故名不堅即於
此中起尊重覺名爲堅釋曰二家釋論
言異意同皆就密説順得菩提若取顯了
於散亂心起堅固慧則遠菩提今取祕密

於定不堅起堅固息則得菩提言善住於顛倒者無性釋云謂於四顛倒善能安住知是顛倒決定無動釋曰若取顯了則住於無常計等四倒之中不得菩提今則祕密知於常等於無無常等上橫計而起決定知此名為善住住於顛倒能得菩提也世親釋云是於顛倒中善安住義謂於無常等是能顛倒釋曰此則到彼所計義名善顛倒於此安住故得菩提言極煩惱所惱者無性釋云為衆生故長時劬勞精進所惱亦引上[刊四]偈云一同無性二[十三]釋無別釋云若取顯說為貪嗔等惱亂行者名為煩惱此即遠離菩提今取祕密精進勤苦劬勞行者亦名煩惱則得菩提其第四句得最上菩提該上三義莊嚴論第八對法第十二皆同此說 文中十句初一具五以是總故一切教故次二含二意謂示而謂實故即第四意此二皆是深密之法即第一意餘通前二或並兼五可以意得

大方廣佛華嚴經疏鈔會本第五十四之一

大方廣佛華嚴經疏鈔會本第五十四之二　刊五

唐于闐國三藏沙門實叉難陀　譯

唐清涼山大華嚴寺沙門澄觀　撰述

佛子菩薩摩訶薩有十種巧分別智何等爲十所謂入一切刹巧分別智入一切衆生處巧分別智入一切衆生心行巧分別智入一切衆生根巧分別智入一切衆生業報巧分別智入一切聲聞行巧分別智入一切獨覺行巧分別智入一切菩薩行巧分別智入一切世間法巧分別智入一切佛法巧分別智是爲十若諸菩薩安住其中則得一切諸佛無上善巧分別諸法智

二一種巧分別智外言既客内智又巧故於利生無有癡闇故彼文云菩薩於善知識所聽聞正法所謂甚深法等文義多同

十句可知

佛子菩薩摩訶薩有十種入三昧何等爲十所謂於一切世界入三昧於一切衆生身入三昧於一切法入三昧見一切佛入三昧住一切劫入三昧從三昧起現不思議身入三昧於一切佛身入三昧覺悟一切衆生平等入三昧一念中入一切菩薩三昧智入三昧一念中以無礙智成就一切諸菩薩行願無有休息入三昧是爲十若諸菩薩安住其中則得一切諸佛無上善巧三昧法

第二二門明無亂行皆是定體於中初門明入三昧顯處等不同後明徧入則觸類皆徧今初故彼文云善入一切諸禪定門此中明十皆通一切十中通辨緣斯十境入定不同別則十門各異而前五一重之事餘五涉入圓融可知九十皆即一而多故彼行云一念中得無數三昧但從多分對前後說判爲定體耳非此無用

佛子菩薩摩訶薩有十種徧入何等爲十所謂衆生徧入國土徧入世間種種相徧入火災徧入水災徧入佛徧入莊嚴徧入如來無邊功德身徧入一切種種說法徧入一切如來種種供養徧入是爲十若諸菩薩安住其中則得如來無上大智徧入法

二十徧入亦猶小乘說十徧處即令三昧漸更增廣前明一切如衆生身謂童子身等雖能一切身入而不必一時今此隨入一類皆徧一切如海初來一切皆水等十句可知亦猶小乘者大乘亦有廣畧不同今順定十故引小乘至法界品當廣分別

佛子菩薩摩訶薩有十種解脫門何等爲十所謂一身周徧一切世界解脫門於一切世界示現無量種種色相解脫門以一切世界入一佛刹解脫門普加持一切衆生界解脫門以一切佛莊嚴身充滿一切世界解脫門於自身中見一切世界解脫門一念中往一切世界解脫門於一世界示現一切如來出世解脫門一身充滿一切法界解脫門一念中示現一切佛遊戲神通解脫門是爲十若諸菩薩安住其中則得如來無上解脫門

三十解脫下二門明引生功德禪中此門明作用無礙故稱解脫後門於境無擁故曰神通今初解脫即不思議解脫梵云毗木叉此云勝解脫謂殊勝作用亦由依禪成八解脫十句可知亦猶依禪者亦如法界品

佛子菩薩摩訶薩有十種神通何等爲十所謂憶念宿命方便智通天耳無礙方便智通知他衆生不思議心行方便智通天眼觀察無有障礙方便智通隨衆生心現不思議大神通力方便智通一身普現無量世界方便智通一念徧入不可說不可說世界方便智通出生無量莊嚴具莊嚴不思議世界方便智通示現不可說變化身方便智通隨不思議衆生心於不可說世界現成阿耨多羅三藐三菩提方便智通是爲十若諸菩薩安住其中則得如來無上大善巧神通爲一切衆生種種示現令其修學

二十種神通如依四禪引六通用此十若以六攝前四可知次五神境後一漏盡成菩提故約位不同與十通小異

佛子菩薩摩訶薩有十種明

第六十種明下二門明善現位中行此門正顯行體即是般若故曰智明後門明離智障故稱解脫今初然皆權實無礙之智故稱善巧非如十度唯約根本但約增微分成五行

何等爲十所謂知一切衆生業報善巧智明知一切衆生境界寂滅清淨無諸戲論善巧智明知一切衆生種種所緣唯是一相悉不可得一切諸法皆如金剛善巧智明

十中前七單約一智後三雙行前中初三約所化

能以無量微妙音聲普聞十方一切世界善巧智明普壞一切心所染著善巧智明能以方便示現受生或不受生善巧智明

次三約能化各初事次理後即事歸理

捨離一切想受境界善巧智明

七離能所想會歸般若念想觀除不受境界爲入理善巧故念想觀除者即智論文文云般若波羅蜜實法不顛倒念想觀已除言語法亦滅無量衆罪除清淨心常一如是尊妙人則能見般若是也念想觀除約於內智則不受外境見色如盲等而言善巧者非涉事善巧不念不受是入理善巧耳

知一切法非相非無相一性無性無所分別而能了知種種諸法於無量劫分別演說住於法界成阿耨多羅三藐三菩提善巧智明

後三雙行中八明無說之說無成之成善巧智明謂雙非照寂離言而能差別照事有說非相遣相非無遣無一性遣多無性遣有即性相俱寂住於下無成之成法界之體實無所成照斯法界即說成佛

菩薩摩訶薩知一切衆生生本無有生了達受生不可得故

九明無生起生智明文中三初正明次何以下徵釋三是名下結名今初明無緣之緣兼顯無化之化於中二先明無緣謂衆生真心稱理不可得故若無緣即無所化

而知因知緣知事知境界知行知生知滅知言說

而知下明真心隨緣不壞緣起則亦有所化於中二先知所化後結成雙行前中文有三節初有八句別知緣相因謂無明等緣謂業行事即識名色等境界即觸受塵境行即現在愛取有生即生支滅即老死知言說者總是隨俗緣生不離三世故初有八句者十二因緣相

知迷惑知離迷惑知顛倒知離顛倒知離染知清淨知生死知涅槃知可得知不可得知執著知無執著

二知迷下十二句六對通知染淨迷悟迷理則倒惑雜染悟皆反此隨俗則俱可得第一義中二俱叵得得非得約理著非著約智二知迷下十二句知染淨者即雙知性相迷悟染淨猶是約相廣如六地第一義中二俱叵得即約性說

知住知動知去知還知起知不起知失壞知出離知成熟知諸根知調伏

三知住下明知心行住謂本性動謂客塵隨客塵則去而莫歸見本性則還源反本有還有去皆是起心還住兩亡寂然不起起則諸善失壞不起則出離蓋纏觸境寂知是爲成熟上通物我後兼知機約自根謂六根不爲境牽即是調伏刊五　六三知住下明知心行者即能知性相觀照之心此中可以寂照虛懷而了亦爲明示心觀處也

隨其所應種種教化未曾忘失菩薩所行

後隨其下結雙行中謂智隨曲化不失無行

何以故菩薩但爲利益衆生故發阿耨多羅三藐三菩提心無餘所爲是故菩薩常化衆生身無疲倦不違一切世間所作

二徵釋中所以爾者爲物發心故

是名緣起善巧智明

結名可知

菩薩摩訶薩於佛無著不起著心於法無著不起著心於刹無著不起著心於衆生無著不起著心不見有衆生而行教化調伏說法然亦不捨菩薩諸行大悲大願見佛聞法隨順修行依於如來種諸善根恭敬供養無有休息能以神力震動十方無量世界其心廣大等法界故

十平等教化智明中三初明實不礙權

知種種說法知衆生數知衆生差別知苦生刊五知苦滅知一切行皆如影像行菩薩行永斷七一切受生根本但爲救護一切衆生行菩薩行而無所行隨順一切諸佛種性發如大山王心知一切虛妄顛倒入一切種智門智慧廣大不可傾動當成正覺

二知種種下權不礙實

於生死海平等濟度一切衆生善巧智明是爲十若諸菩薩安住其中則得如來無上大善巧智明

三於生死下結名並可知

佛子菩薩摩訶薩有十種解脫何等爲十所謂煩惱解脫邪見解脫諸取解脫蘊處界解脫超二乘解脫無生法忍解脫於一切世間一切刹一切衆生一切法離著解脫無邊住解脫發起一切菩薩行入如來無分別地解脫於一念中悉能了知一切三世解脫是爲十若諸菩薩安住此法則能施作無上佛事教化成熟一切衆生

二十種解脫脫二障故梵云毗木底此云解脫與前不同十中初四脫凡三障取增爲業故後六脫智障初一揀劣餘皆顯勝

佛子菩薩摩訶薩有十種園林何等爲十所謂生死是菩薩園林無厭捨故教化衆生是菩薩園林不疲倦故住一切劫是菩薩園林攝諸大行故清淨世界是菩薩園林自所止

住故一切魔宮殿是菩薩園林降伏彼衆故思惟所聞法是菩薩園林如理觀察故六波羅蜜四攝事三十七菩提分法是菩薩園林紹繼慈父境界故十力四無所畏十八不共乃至一切佛法是菩薩園林不念餘法故示現一切菩薩威力自在神通是菩薩園林以大神力轉正法輪調伏衆生無休息故一念於一切處爲一切衆生示成正覺是菩薩園林法身周徧盡虛空一切世界故是爲十若諸菩薩安住此法則得如來無上離憂惱大安樂行

第七園林下二門明無著位中行於中此門明遊處縱情後門明棲止適悅皆通二利權實方便而無所著令初可知

佛子菩薩摩訶薩有十種宮殿何等爲十所謂菩提心是菩薩宮殿恒不忘失故十善業道福德智慧是菩薩宮殿敎化欲界衆生故四梵住禪定是菩薩宮殿敎化色界衆生故生淨居天是菩薩宮殿一切煩惱不染故生無色界是菩薩宮殿令諸衆生離難處故生雜染世界是菩薩宮殿令一切衆生斷煩惱故現處內宮妻子眷屬是菩薩宮殿成就往昔同行衆生故現居輪王護世釋梵是菩薩宮殿爲調伏自在心衆生故住一切菩薩行遊戲神通皆得自在是菩薩宮殿善遊戲諸禪解脫三昧智慧故一切佛所受無上自在一切智王灌頂記是菩薩宮殿住十力莊嚴作一切法王自在事故是爲十若諸菩薩安住其中則得法灌頂於一切世間神力自在

二宮殿十中四梵住者即四無量亦色因故故度世云修四梵行慈悲喜捨餘可知

佛子菩薩摩訶薩有十種所樂何等爲十所謂樂正念心不散亂故樂智慧分別諸法故樂往詣一切佛所聽法無厭故樂諸佛充滿十方無邊際故樂菩薩自在爲諸衆生以無量門而現身故樂諸三昧門於一三昧門入一切三昧門故樂陀羅尼持法不忘轉受衆生故樂無礙辯才於一文一句經不可說劫分別演說無窮盡故樂成正覺爲一切衆生以無量門示現於身成正覺故樂轉法輪摧滅一切異道法故是爲十若諸菩薩安住此法則得一切諸佛如來無上法樂

第八所樂下二門明難得位中行於中此門內心願樂願即行體既處宮殿則情欣勝樂故

佛子菩薩摩訶薩有十種莊嚴何等爲十所謂力莊嚴不可壞故無畏莊嚴無能伏故義莊嚴說不可說義無窮盡故法莊嚴八萬四千法聚觀察演說無忘失故願莊嚴一切菩薩所發弘誓無退轉故行莊嚴修普賢行而出離故剎莊嚴以一切剎作一剎故普音莊嚴周徧一切諸佛世界雨法雨故力持莊嚴於一切劫行無數行不斷絕故變化莊嚴於一衆生身示現一切衆生數等身令一切衆生悉得知見求一切智無退轉故是爲十若諸菩薩安住此法則得如來一切無上法莊嚴

二十莊嚴即外德莊嚴具以衆德莊嚴願故文並可知

佛子菩薩摩訶薩發十種不動心何等爲十

所謂於一切所有悉皆能捨不動心思惟觀察一切佛法不動心憶念供養一切諸佛不動心於一切衆生誓無惱害不動心普攝衆生不揀怨親不動心求一切佛法無有休息不動心一切衆生數等不可說不可說劫行菩薩行不生疲厭亦無退轉不動心成就有根信無濁信清淨信極清淨信離垢信明徹信恭敬供養一切佛信不退轉信不可盡信無能壞信大歡喜踊躍信不動心成就出生一切智方便道不動心聞一切菩薩行法信受不謗不動心是爲十若諸菩薩安住此法則得無上一切智不動心

第九不動心下二門明善法位中行此門明外緣不動後門明內心不捨又此明心堅後明深入皆是力義今初十中二及第九是思擇力餘皆修習力八中有十一信一生佛果故二不雜不信濁故三淨無煩惱故四無細念故五離所知垢故六徹事源故七向果位故八自分堅故九德無盡故十緣不動故十一證眞如故餘並相顯

佛子菩薩摩訶薩有十種不捨深大心何等爲十所謂不捨成滿一切佛菩提深大心不捨教化調伏一切衆生深大心不捨不斷一切諸佛種性深大心不捨親近一切善知識深大心不捨供養一切諸佛深大心不捨專求一切大乘功德法深大心不捨於一切佛所修行梵行護持淨戒深大心不捨親近一切菩薩深大心不捨求一切佛法方便護持深大心不捨滿一切菩薩行願集一切諸佛法深大心是爲十若諸菩薩安住其中則能不捨一切佛法

二不捨深大心者由不動故能窮理事理深事廣故云深大十句可知

佛子菩薩摩訶薩有十種智慧觀察何等爲十所謂善巧分別說一切法智慧觀察了知三世一切善根智慧觀察了知一切諸菩薩行自在變化智慧觀察了知一切諸法義門智慧觀察了知一切諸佛威力智慧觀察了知一切陀羅尼門智慧觀察於一切世界普說正法智慧觀察入一切法界智慧觀察知一切十方不可思議智慧觀察知一切佛法智慧光明無有障礙智慧觀察是爲十若諸菩薩安住其中則得如來無上大智慧觀察

第十智慧觀察下九門明眞實位中行即分爲九一觀察智二說法智三離障智四審決智五照徹智六無等智七無劣智八高出智九深廣智今初亦由不捨深大故能觀察前問但言觀察者脫智慧言十句準思

佛子菩薩摩訶薩有十種說法何等爲十所謂說一切法皆從緣起說一切法皆悉如幻說一切法無有乖諍說一切法無有邊際說一切法無所依止說一切法猶如金剛說一切法皆悉如如說一切法皆悉寂靜說一切法皆悉出離說一切法皆住一義本性成就是爲十若諸菩薩安住其中則能善巧說一切法

二說法智由能內觀故能外說十中初二說俗後八說眞一無二可諍二體德兼廣三相深遠四體堅利五如如不動六體絕

百非七在纏不染八體相一味

佛子菩薩摩訶薩有十種清淨何等爲十所謂深心清淨斷疑清淨離見清淨境界清淨求一切智清淨辯才清淨無畏清淨住一切菩薩智清淨受一切菩薩律儀清淨具足成就無上菩提三十二種百福相白淨法一切善根清淨是爲十若諸菩薩安住其中則得一切如來無上清淨法

第三十種清淨即離障智此離智障晉名無垢故雖同清淨所淨不同十中與七淨有開合不辰在文易了七淨如五地初辮

佛子菩薩摩訶薩有十種印

第四十種印者即審決智以清淨智決定印可一切法故晉本中名爲智印後所結益亦是智印亦猶三法印等亦猶三法印等等取四印五印並如明法品說

何等爲十所謂菩薩摩訶薩知苦苦壞苦行苦專求佛法不生懈怠行菩薩行無有疲懈不驚不畏不恐不怖不捨大願求一切智堅固不退究竟阿耨多羅三藐三菩提是爲第一印

十中一於安受苦境忍智不動

菩薩摩訶薩見有衆生愚癡狂亂或以麤弊惡語而相毀辱或以刀杖瓦石而加損害終不以此境界捨菩薩心但忍辱柔和專修佛法住最勝道入離生位是爲第二印

二他不饒益忍行決定

菩薩摩訶薩聞說與一切智相應甚深佛法能以自智深信忍可解了趣入是爲第三印

三於佛法深信忍決定即諦察法忍

菩薩摩訶薩又作是念我發深心求一切智我當成佛得阿耨多羅三藐三菩提一切衆生流轉五趣受無量苦亦當令其發菩提心深信歡喜勤修精進堅固不退是爲第四印

四決定成佛度生

菩薩摩訶薩知如來智無有邊際不以齊限測如來智菩薩曾於無量佛所聞如來智無有邊際故能不以齊限測度一切世間文字所說皆有齊限悉不能知如來智慧是爲第五印

五決定知佛智無邊

菩薩摩訶薩於阿耨多羅三藐三菩提得最勝欲甚深欲廣欲大欲種種欲無能勝欲無上欲堅固欲衆魔外道并其眷屬無能壞欲求一切智不退轉欲菩薩住如是等欲於無上菩提畢竟不退是爲第六印

六決欲佛果不退

菩薩摩訶薩行菩薩行不顧身命無能沮壞發心趣向一切智故一切智性常現前故得一切佛智光明故終不捨離佛菩提終不捨離善知識是爲第七印

七決不顧身命以親人法

菩薩摩訶薩若見善男子善女人趣大乘者令其增長求佛法心令其安住一切善根令其攝取一切智心令其不退無上菩提是爲第八印

八決度已入大乘者

菩薩摩訶薩令一切衆生得平等心勸令勤修一切智道以大悲心而爲說法令於阿耨多羅三藐三菩提永不退轉是爲第九印

九決平等度

菩薩摩訶薩與三世諸佛同一善根不斷一切諸佛種性究竟得至一切智智是爲第十印

十決同佛體因圓果滿

佛子是爲菩薩摩訶薩十種印菩薩以此速成阿耨多羅三藐三菩提具足如來一切法無上智印

佛子菩薩摩訶薩有十種智光照何等爲十所謂知定當成阿耨多羅三藐三菩提智光照見一切佛智光照見一切衆生死此生彼智光照解一切修多羅法門智光照依善知識發菩提心集諸善根智光照示現一切諸佛智光照教化一切衆生悉令安住如來地智光照演說不可思議廣大法門智光照善巧了知一切諸佛神通威力智光照滿足一切諸波羅蜜智光照是爲十若諸菩薩安住此法則得一切諸佛無上智光照

第五智光照即照徹智由印定故照徹無礙十句易知

佛子菩薩摩訶薩有十種無等住一切衆生聲聞獨覺悉無與等

第六無等住即無等智由前照徹故不偏住著雙住事理名無與等故

何等爲十所謂菩薩摩訶薩雖觀實際而不取證以一切願未成滿故是爲第一無等住菩薩摩訶薩種等法界一切善根而不於中有少執著是爲第二無等住菩薩摩訶薩修菩薩行知其如化以一切法悉寂滅故而於佛法不生疑惑是爲第三無等住菩薩摩訶薩雖離世間所有妄想然能作意於不可說劫行菩薩行滿足大願終不中起疲厭之心是爲第四無等住菩薩摩訶薩於一切法無所取著以一切法性寂滅故而不證涅槃何以故一切智道未成滿故是爲第五無等住菩薩摩訶薩知一切劫皆即非劫而眞實說一切劫數是爲第六無等住菩薩摩訶薩知一切法悉無所作而不捨作道求諸佛法是爲第七無等住菩薩摩訶薩知三界唯心三世唯心而了知其心無量無邊是爲第八無等住菩薩摩訶薩爲一衆生於不可說劫行菩薩行欲令安住一切智地如爲一衆生爲一切衆生悉亦如是而不生疲厭是爲第九無等住菩薩摩訶薩雖修行圓滿而不證菩提何以故菩薩作如是念我之所作本爲衆生是故我應久處生死方便利益皆令安住無上佛道是爲第十無等住

列十中皆權實雙行或即寂之用即用之寂等並顯可知

佛子是爲菩薩摩訶薩十種無等住若諸菩薩安住其中則得無上大智一切佛法無等住

大方廣佛華嚴經疏鈔會本第五十四之二

大方廣佛華嚴經疏鈔會本第五十五　刑六

唐于闐國三藏沙門實叉難陀　譯
唐清涼山大華嚴寺沙門澄觀撰述

佛子菩薩摩訶薩發十種無下劣心

第七無下劣心即無劣智上既望下無等今望上無劣於十勝事皆決作故名無下劣所以晉經名無怯弱

何等爲十佛子菩薩摩訶薩作如是念我當降伏一切天魔及其眷屬是爲第一無下劣心又作是念我當悉破一切外道及其邪法是爲第二無下劣心

十句五對一降魔制外對

又作是念我當於一切衆生善言開喻皆令歡喜是爲第三無下劣心又作是念我當成滿徧法界一切波羅蜜行是爲第四無下劣心

二喜他自滿對

又作是念我當積集一切福德藏是爲第五無下劣心又作是念無上菩提廣大難成我當修行悉令圓滿是爲第六無下劣心

三積福成智對

又作是念我當以無上教化無上調伏教化調伏一切衆生是爲第七無下劣心又作是念一切世界種種不同我當以無量身成等正覺是爲第八無下劣心

四下化上成對上四單辨

又作是念我修菩薩行時若有衆生來從我乞手足耳鼻血肉骨髓妻子象馬乃至王位如是一切悉皆能捨不生一念憂悔之心但爲利益一切衆生不求果報以大悲爲首大慈究竟是爲第九無下劣心

五悲智究竟對即是雙行於中九是即智之悲而悲智雙行離悲而不求果報

又作是念三世所有一切諸佛一切佛法一切衆生一切國土一切世間一切三世一切虛空界一切法界一切語言施設界一切寂滅涅槃界

十是即悲之智而權實雙行於中四一列所知

如是一切種種諸法我當以一念相應慧悉知悉覺悉見悉證悉修悉斷

二如是下辨能知謂知苦覺妄見理證滅修道斷集

然於其中無分別離分別無種種差別無功德無境界

三然於下拂彼知相能知無分別故無功德所知無種種故無境界

非有非無非一非二

四非有下會歸中道廣辨雙行於中初二句總辨中道

以不二智知一切二以無相智知一切相以無分別智知一切分別以無異智知一切異以無差別智知一切差別以無世間智知一切世間以無世智知一切世以無衆生智知一切衆生以無執著智知一切執著以無住處智知一切住處以無雜染智知一切雜染以無盡智知一切盡

次以不二下境智對明皆以實智知權顯雙行無礙於中異約竪論變異差別約横辨不同

以究竟法界智於一切世界示現身以離言音智示不可說言音以一自性智入於無自性以一境界智現種種境界知一切法不可說而現大自在言說證一切智地爲教化調伏一切衆生故於一切世間示現大神通變化是爲第十無下劣心

後以究竟法界下即體起用以辨雙行

佛子是爲菩薩摩訶薩發十種無下劣心若諸菩薩安住此心則得一切最上無下劣佛法

佛子菩薩摩訶薩於阿耨多羅三藐三菩提有十種如山增上心

第八如山增上心辨高出智由無下劣故萬行逈出難仰其高於勝決作故直趣菩提不可傾動

何等爲十佛子菩薩摩訶薩常作意勤修一切智法是爲第一如山增上心

十中一勤修能證智

恒觀一切法本性空無所得是爲第二如山增上心

二常觀所證理

願於無量劫行菩薩行修一切白淨法以住一切白淨法故知見如來無量智慧是爲第三如山增上心

三內修無漏

爲求一切佛法故等心敬奉諸善知識無異希求無盜法心唯生尊重未曾有意一切所有悉皆能捨是爲第四如山增上心

四外近善人爲名利爲異求從他聞言已解爲盜法觀佛三昧經說此人墮地獄如箭射後學誡之

若有衆生罵辱毀謗打棒屠割苦其形體乃至斷命如是等事悉皆能受終不因此生動亂心生瞋害心亦不退捨大悲弘誓更令增長無有休息何以故菩薩於一切法如實出離捨成就故證得一切諸如來法忍辱柔和已自在故是爲第五如山增上心

五大忍度生弘誓更增者若薪熾於火

菩薩摩訶薩成就增上大功德所謂天增上功德人增上功德色增上功德力增上功德眷屬增上功德欲增上功德王位增上功德自在增上功德福德增上功德智慧增上功德雖復成就如是功德終不於此而生染著所謂不著味不著欲不著財富不著眷屬但深樂法隨法去隨法住隨法趣向隨法究竟以法爲依以法爲救以法爲歸以法爲舍守護法愛樂法希求法思惟法佛子菩薩摩訶薩雖復具受種種法樂而常遠離衆魔境界何以故菩薩摩訶薩於過去世發如是心我當令一切衆生皆悉永離衆魔境界住佛境故是爲第六如山增上心

六決超魔境由成勝德而不著唯法樂以自資則魔皆爲佛境

菩薩摩訶薩爲求阿耨多羅三藐三菩提已於無量阿僧祇劫行菩薩道精勤匪懈猶謂我今始發阿耨多羅三藐三菩提心行菩薩行亦不驚亦不怖亦不畏雖能一念即成阿耨多羅三藐三菩提然爲衆生故於無量劫行菩薩行無有休息是爲第七如山增上心

七勤勇修行攝論云愚修雖少時怠心疑

已久佛於無量劫勤勇謂須臾

菩薩摩訶薩知一切衆生性不和善難調難度不能知恩不能報恩是故爲其發大誓願欲令皆得心意自在所行無礙捨離惡念不於他所生諸煩惱是爲第八如山增上心

八不捨惡人

菩薩摩訶薩復作是念非他令我發菩提心亦不待人助我修行我自發心集諸佛法誓期自勉盡未來劫行菩薩道成阿耨多羅三藐三菩提是故我今修菩薩行當淨自心亦淨他心當知自境界亦知他境界我當悉與三世諸佛境界平等是爲第九如山增上心

九孤標等佛

菩薩摩訶薩作如是觀無有一法修菩薩行無有一法滿菩薩行無有一法教化調伏一切衆生無有一法供養恭敬一切諸佛無有一法於阿耨多羅三藐三菩提已成今成當成無有一法已說今說當說說者及法俱不可得而亦不捨阿耨多羅三藐三菩提願

十權實雙行文中四一正辨雙行

何以故

二何以下徵釋徵有二意一云修須稱理理既無得緣何不捨既不捨願何用觀無進退有妨

菩薩求一切法皆無所得如是出生阿耨多羅三藐三菩提

二釋亦二意一云若有所得不得菩提以無得故出生菩提故雖不捨願須觀無得二云無得之法非在得外要求一切法方盡無得之源故欲證無得須不捨菩提之願

是故於法雖無所得而勤修習增上善業清淨對治智慧圓滿念念增長一切具足其心於此不驚不怖

三是故已下結成雙行

不作是念若一切法皆悉寂滅我有何義求於無上菩提之道是爲第十如山增上心

四不作是下顯其離過謂不怖空而不求故

佛子是爲菩薩摩訶薩於阿耨多羅三藐三菩提十種如山增上心若諸菩薩安住其中則得如來無上大智山王增上心

佛子菩薩摩訶薩有十種入阿耨多羅三藐三菩提如海智

第九如海智即深廣智非但求升聳峻抑亦智體包含故

何等爲十所謂入一切無量衆生界是爲第一如海智入一切世界而不起分別是爲第二如海智知一切虛空界無量無礙普入十方一切差別世界網是爲第三如海智菩薩摩訶薩善入法界所謂無礙入不斷入不常入無量入不生入不滅入一切入悉了知故是爲第四如海智菩薩摩訶薩於過去未來現在諸佛菩薩法師聲聞獨覺及一切凡夫所集善根已集現集當集三世諸佛於阿耨多羅三藐三菩提已成今成當成所有善根三世諸佛說法調伏一切衆生已說今說當說所有善根於彼一切皆悉了知深信隨喜願樂修習無有厭足是爲第五如海智菩薩摩訶薩於念念中入過去世不可說劫於一

劫中或百億佛出世或千億佛出世或百千億佛出世或無數或無量或無邊或無等或不可數或不可稱或不可思或不可量或不可說或不可說不可說超過算數諸佛世尊出興于世及彼諸佛道場衆會聲聞菩薩說法調伏一切衆生壽命延促法住久近如是一切悉皆明見如一劫一切諸劫皆亦如是其無佛劫所有衆生有於阿耨多羅三藐三菩提種諸善根亦悉了知若有衆生善根熟已於未來世當得見佛亦悉了知如是觀察過去世不可說不可說劫心無厭足是爲第六如海智菩薩摩訶薩入未來世觀察分別一切諸劫無量無邊知何劫有佛何劫無佛何劫有幾如來出世一一如來名號何等住何世界世界名何度幾衆生壽命幾時如是觀察盡未來際皆悉了知不可窮盡而無厭足是爲第七如海智菩薩摩訶薩入現在世觀察思惟於念念中普見十方無邊品類不可說世界皆有諸佛於無上菩提已成今成當成往詣道場菩提樹下坐吉祥草降伏魔軍成阿耨多羅三藐三菩提從此起已入於城邑升天宮殿說微妙法轉大法輪示現神通調伏衆生乃至付囑阿耨多羅三藐三菩提法捨於壽命入般涅槃入涅槃已結集法藏令久住世莊嚴佛塔種種供養亦見彼世界所有衆生値佛聞法受持諷誦憶念思惟增長慧解如是觀察普徧十方而於佛法無有錯謬何以故菩薩摩訶薩了知諸佛皆悉如夢而能往詣一切佛所恭敬供養菩薩爾時不著自身不著諸佛不著世界不著衆會不著說法不著劫數然見佛聞法觀察世界入諸劫數無有厭足是爲第八如海智菩薩摩訶薩於不可說不可說劫一一劫中供養恭敬不可說不可說無量諸佛示現自身歿此生彼以出過三界一切供具而爲供養并及供養菩薩聲聞一切大衆一一如來般涅槃後皆以無上供具供養舍利及廣行惠施滿足衆生佛子菩薩摩訶薩以不可思議心不求報心究竟心饒益心於不可說不可說劫爲阿耨多羅三藐三菩提故供養諸佛饒益衆生護持正法開示演說是爲第九如海智菩薩摩訶薩於一切佛所一切菩薩所一切法師所一向專求菩薩所說法菩薩所學法菩薩所教法菩薩修行法菩薩清淨法菩薩成熟法菩薩調伏法菩薩平等法菩薩出離法菩薩總持法得此法已受持讀誦分別解脫無有厭足令無量衆生於佛法中發一切智相應心入眞實相於阿耨多羅三藐三菩提得不退轉菩薩如是於不可說不可說劫無有厭足是爲第十如海智

十中前四即四無量界後六並佛界無量開出謂五入三世佛善根六七八入三世佛界九供多佛十求多法並顯可知由此因海得入果海

佛子是爲菩薩摩訶薩十種入阿耨多羅三藐三菩提如海智若諸菩薩安住此法則得一切諸佛無上大智慧海

上來十行位竟

佛子菩薩摩訶薩於阿耨多羅三藐三菩提有十種如寶住

大文第四如實住下二十九門答二十九句問迴向位中行若井無礙總句有三十門古德分三初十一門明向位中行體竪固二從十自在下一十二門明行用自在三從十種遊戲下七門明行德圓備今亦隨文配十迴向於中初有四門明初迴向二三迴向各有二門四五六七各唯一門第八迴向即十無礙九有三門十有四門至文當知今初四門明救護衆生離衆生相迴向位中之行即分爲四一明所迴善根二即大願救護三即迴向所爲四願所作成滿今初所住善根可實圓滿故

何等爲十佛子菩薩摩訶薩悉能往詣無數世界諸如來所瞻覲頂禮承事供養是爲第一如實住

十中一供事多佛

於不思議諸如來所聽聞正法受持憶念不令忘失分別思惟覺慧增長如是所作充滿十方是爲第二如實住

二聞法受持

於此剎殁餘處現生而於佛法無所迷惑是爲第三如實住

三自在受生

知從一法出一切法而能各各分別演說以一切法種種義究竟皆是一義故是爲第四如實住

四說本末法於中初說從本起末法如無量義從一法生其一法者所謂無相次以一切下攝末歸本釋成上義

知厭離煩惱知止息煩惱知防護煩惱知除斷煩惱修菩薩行不證實際究竟到於實際彼岸方便善巧善學所學令往昔願行皆得成滿身不疲倦是爲第五如實住

五知斷自在資糧道厭息加行道防護無間道斷除而不取解脫道證入爲異二乘留惑不斷方能究竟斷證故云何不證方便巧學無邊佛法滿昔弘願故如箭射空菩薩相拄故

知一切衆生心所分別皆無處所而亦說有種種方處雖無分別無所造作爲欲調伏一切衆生而有修行而有所作是爲第六如實住

六悲智雙行

知一切法皆同一性所謂無性無種種性無無量性無可算數性無可稱量性無色無相若一若多皆不可得而決定了知此是諸佛法此是菩薩法此是獨覺法此是聲聞法此是凡夫法此是善法此是不善法此是世間法此是出世間法此是過失法此是無過失法此是有漏法此是無漏法乃至此是有爲法此是無爲法是爲第七如實住

七知性相無礙

菩薩摩訶薩求佛不可得求菩薩不可得求法不可得求衆生不可得而亦不捨調伏衆生令於諸法成正覺願何以故菩薩摩訶薩善巧觀察知一切衆生分別知一切衆生境界方便化導令得涅槃爲欲滿足化衆生願熾然修行菩薩行故是爲第八如實住

八無得之得

菩薩摩訶薩知善巧說法示現涅槃爲度衆

生所有方便一切皆是心想建立非是顛倒
亦非虛誑何以故菩薩了知一切諸法三世
平等如如不動實際無住不見有一衆生巳
受化今受化當受化亦自了知無所修行無
有少法若生若滅而可得者而依於一切法
令所願不空是爲第九如實住
九觀空滿願
菩薩摩訶薩於不思議無量諸佛一一佛所
聞不可說不可說授記法名號各異劫數不
同從於一劫乃至不可說不可說劫常如是
聞聞已修行不驚不怖不迷不感知如來智
不思議故如來授記言無二故自身行願殊
勝力故隨應受化令成阿耨多羅三藐三菩
提滿等法界一切願故是爲第十如實住
十受行無厭於中先正顯後知如來下釋
成
佛子是爲菩薩摩訶薩於阿耨多羅三藐三
菩提十種如實住若諸菩薩安住此法則得
諸佛無上大智慧實
佛子菩薩摩訶薩發十種如金剛大乘誓願
心
第二十種如金剛心即大願救護雖迴向
皆願此在初故謂於當作事及現作行皆
無齊限要心堅固窮其際故
何等爲十佛子菩薩摩訶薩作如是念一切
諸法無有邊際不可窮盡我當以盡三世智
普皆覺了無有遺餘是爲第一如金剛大乘
誓願心
十中一法門無盡誓願知
菩薩摩訶薩又作是念於一毛端處有無量
無邊衆生何況一切法界我當皆以無上涅
槃而滅度之是爲第二如金剛大乘誓願心
二衆生無邊誓願度
菩薩摩訶薩又作是念十方世界無量無邊
無有齊限不可窮盡我當以諸佛國土最上
莊嚴莊嚴如是一切世界所有莊嚴皆悉眞
實是爲第三如金剛大乘誓願心
三嚴剎
菩薩摩訶薩又作是念一切衆生無量無邊
無有齊限不可窮盡我當以一切善根迴向
於彼無上智光照耀於彼是爲第四如金剛
大乘誓願心
四迴向
菩薩摩訶薩又作是念一切諸佛無量無邊
無有齊限不可窮盡我當以所種善根迴向
供養悉令周徧無所闕少然後我當成阿耨
多羅三藐三菩提是爲第五如金剛大乘誓
願心
五供佛上三願成佛果上五皆約當成並
橫論無畔
佛子菩薩摩訶薩見一切佛聞所說法生大
歡喜不著自身不著佛身解如來身非實非
虛非有非無非性非無性非色非無色非相
非無相非生非滅實無所有亦不壞有何以
故不可以一切性相而取著故是爲第六如
金剛大乘誓願心
次二約其現作皆豎說無際謂六見聞無
著
佛子菩薩摩訶薩或被衆生訶罵毀呰撾打
楚撻或截手足或割耳鼻或挑其目或級其

頭如是一切皆能忍受終不因此生恚害心於不可說不可說無央數劫修菩薩行攝受衆生恒無廢捨何以故菩薩摩訶薩已善觀察一切諸法無有二相心不動亂能捨自身忍其苦故是爲第七如金剛大乘誓願心

七安忍不亂斬首爲級上二誓斷煩惱

佛子菩薩摩訶薩又作是念未來世劫無量無邊無有齊限不可窮盡我當盡彼劫於一世界行菩薩道教化衆生如一世界盡法界虛空界一切世界悉亦如是而心不驚不怖不畏何以故爲菩薩道法應如是爲一切衆生而修行故是爲第八如金剛大乘誓願心

後三亦約當成謂八徧於時處修行二利

佛子菩薩摩訶薩又作是念阿耨多羅三藐三菩提以心爲本心若清淨則能圓滿一切善根於佛菩提必得自在欲成阿耨多羅三藐三菩提隨意即成若欲除斷一切取緣住一向道我亦能得而我不斷爲欲究竟佛菩提故亦不即證無上菩提何以故爲滿本願盡一切世界行菩薩行化衆生故是爲第九如金剛大乘誓願心

九以心要成無際大行

佛子菩薩摩訶薩知佛不可得菩提不可得菩薩不可得一切法不可得衆生不可得心不可得行不可得過去不可得未來不可得現在不可得一切世間不可得有爲無爲不可得菩薩如是寂靜住甚深住寂滅住無諍住無言住無二住無等住自性住如理住解脫住涅槃住實際住

十即寂起用於中三一悟寂

而亦不捨一切大願不捨薩婆若心不捨菩薩行不捨教化衆生不捨諸波羅蜜不捨調伏衆生不捨承事諸佛不捨演說諸法不捨莊嚴世界

二而亦下起用

何以故菩薩摩訶薩發大願故雖復了達一切法相大慈悲心轉更增長無量功德皆具修行於諸衆生心不捨離

三何以下釋成於中有三重徵釋初番意云所以即寂而用者由本願智不捨悲故

何以故一切諸法皆無所有凡夫愚迷不知不覺我當令彼悉得開悟於諸法性分明照了

次番云所以智不捨悲者智亦爲物故

何以故一切諸佛安住寂滅而以大悲心於諸世間說法教化曾無休息我今云何而捨大悲

後番徵意云何以要此雙行者釋有二義

一諸佛皆爾故

又我先發廣大誓願心發決定利益一切衆生心發積集一切善根心發安住善巧迴向心發出生甚深智慧心發含受一切衆生心發於一切衆生平等心作眞實語不虛誑語願與一切衆生無上大法願不斷一切諸佛種性令一切衆生未得解脫未成正覺未具佛法大願未滿云何而欲捨離大悲是爲第十如金剛大乘誓願心

二又我下我先願然故

佛子是爲菩薩摩訶薩發十種如金剛大乘誓願心若諸菩薩安住此法則得如來金剛

性無上大神通智

佛子菩薩摩訶薩有十種大發起

第三十種發起即是迴向所爲發起令現前故

何等爲十佛子菩薩摩訶薩作如是念我當供養恭敬一切諸佛是爲第一大發起又作是念我當長養一切菩薩所有善根是爲第二大發起又作是念我當於一切如來般涅槃後莊嚴佛塔以一切華一切鬘一切香一切塗香一切末香一切衣一切蓋一切幢一切旛而供養之受持守護彼佛正法是爲第三大發起

十中前六自分初三福業大

又作是念我當教化調伏一切衆生令得阿耨多羅三藐三菩提是爲第四大發起又作是念我當以諸佛國土無上莊嚴而以莊嚴一切世界是爲第五大發起又作是念我當發大悲心爲一衆生於一切世界一一各盡未來際劫行菩薩行如爲一衆生爲一切衆生悉亦如是皆令得佛無上菩提乃至不生一念疲懈是爲第六大發起

次三化業大嚴土亦爲攝生故

又作是念彼諸如來無量無邊我當於一如來所經不思議劫恭敬供養如於一如來於一切如來悉亦如是是爲第七大發起菩薩摩訶薩又作是念彼諸如來滅度之後我當爲一一如來所有舍利各起寶塔其量高廣與不可說諸世界等造佛形像亦復如是於不可思議劫以一切寶幢旛蓋香華衣服而爲供養不生一念厭倦之心爲成就佛法故爲供養諸佛故爲教化衆生故爲護持正法開示演說故是爲第八大發起

後四勝進七八勝進攝福

菩薩摩訶薩又作是念我當以此善根成無上菩提得入一切諸如來地與一切如來體性平等是爲第九大發起菩薩摩訶薩復作是念我當成正覺已於一切世界不可說劫演說正法示現不可思議自在神通身語及意不生疲倦不離正法以佛力所持故爲一切衆生勤行大願故大慈爲首故大悲究竟故達無相法故住眞實語故證一切法皆寂滅故知一切衆生悉不可得而亦不違諸業所作故與三世佛同一體故周徧法界虛空界故通達諸法無相故成就不生不滅故具足一切佛法故以大願力調伏衆生作大佛事無有休息是爲第十大發起

後二勝進起化謂九證體十起用

佛子是爲菩薩摩訶薩十種大發起若諸菩薩安住此法則不斷菩薩行具足如來無上大智

佛子菩薩摩訶薩有十種究竟大事何等爲十所謂恭敬供養一切如來究竟大事隨所念衆生悉能救護究竟大事專求一切佛法究竟大事積集一切善根究竟大事思惟一切佛法究竟大事滿足一切誓願究竟大事成就一切菩薩行究竟大事奉事一切善知識究竟大事往詣一切世界諸如來所究竟大事聞持一切諸佛正法究竟大事是爲十若諸菩薩安住此法則得阿耨多羅三藐三菩提大智慧究竟事

第四究竟大事即所作成滿十句可知

佛子菩薩摩訶薩有十種不壞信何等爲十所謂於一切佛不壞信於一切佛法不壞信於一切聖僧不壞信於一切菩薩不壞信於一切善知識不壞信於一切衆生不壞信於一切菩薩大願不壞信於一切菩薩行不壞信於恭敬供養一切諸佛不壞信於菩薩巧密方便教化調伏一切衆生不壞信是爲十若諸菩薩安住此法則得諸佛無上大智慧不壞信

第二不壞信下二門明不壞迴向中行此門正明不壞十句義如前說

佛子菩薩摩訶薩有十種得授記何等爲十所謂內有甚深解得授記能隨順起菩薩諸善根得授記修廣大行得授記現前得授記不現前得授記因自心證菩提得授記成就忍得授記教化調伏衆生得授記究竟一切劫數得授記一切菩薩行自在得授記是爲十若諸菩薩安住此法則於一切諸佛所而得授記

二十種受記即迴向行成十中一解會佛心二具解脫分善三大行已修此三多約三賢四五約對面不對面法華云其不在此會汝當爲宣說等六初地證如七八地成忍八九地具調化方九十地三大劫滿十等覺已入重玄故云自在如記慈氏等若約行布此位但有前五因便餘來若約圓融並通斯十

佛子菩薩摩訶薩有十種善根迴向菩薩由此能以一切善根悉皆迴向何等爲十所謂以我善根同善知識願如是成就莫別成就以我善根同善知識心如是成就莫別成就以我善根同善知識行如是成就莫別成就以我善根同善知識善根如是成就莫別成就以我善根同善知識平等如是成就莫別成就以我善根同善知識念如是成就莫別成就以我善根同善知識清淨如是成就莫別成就以我善根同善知識所住如是成就莫別成就以我善根同善知識成滿如是成就莫別成就以我善根同善知識不壞如是成就莫別成就是爲十若諸菩薩安住此法則得無上善根迴向

第三十種善根迴向下二門明等一切佛迴向中行此門正明等佛佛爲眞善知識同即等義十中心即悲智爲心平等契理餘各一義皆云同者同一體故不見二相故標云由此能以一切善根皆悉迴向

佛子菩薩摩訶薩有十種得智慧何等爲十所謂於施自在得智慧深解一切佛法得智慧入如來無邊智得智慧於一切問答中能斷疑得智慧入於智者義得智慧深解一切如來於一切佛法中言音善巧得智慧深解於諸佛所種少善根必能滿足一切白淨法獲如來無量智得智慧成就菩薩不思議住得智慧於一念中悉能往詣不可說佛刹得智慧覺一切佛菩提入一切法界聞持一切佛所說法深入一切如來種種莊嚴言音得智慧是爲十若諸菩薩安住此法則得一切諸佛無上現證智

二得智慧亦迴向行成故彼文云住此三

昧入深清淨智慧境界等故

佛子菩薩摩訶薩有十種發無量無邊廣大心何等爲十所謂於一切諸佛所發無量無邊廣大心觀一切衆生界發無量無邊廣大心觀一切刹一切世一切法界發無量無邊廣大心觀察一切法皆如虛空發無量無邊廣大心觀察一切菩薩廣大行發無量無邊廣大心正念三世一切諸佛發無量無邊廣大心觀不思議諸業果報發無量無邊廣大心嚴淨一切佛刹發無量無邊廣大心徧入一切諸佛大會發無量無邊廣大心觀察一切如來妙音發無量無邊廣大心是爲十若諸菩薩安住此心則得一切佛法無量無邊廣大智慧海

第四十種廣大心明至一切處迴向中行無量無邊故無不至境既無量無邊心如境而廣大

佛子菩薩摩訶薩有十種伏藏何等爲十所謂知一切法是起功德行藏知一切法是正思惟藏知一切法是陀羅尼照明藏知一切法是辯才開演藏知一切法是不可說善覺眞實藏知一切佛自在神通是觀察示現藏知一切法是善巧出生平等藏知一切法是常見一切諸佛藏知一切不思議劫是善了皆如幻住藏知一切諸佛菩薩是發生歡喜淨信藏是爲十若諸菩薩安住此法則得一切諸佛無上智慧法藏悉能調伏一切衆生

第五十種伏藏即無盡功德藏迴向中行於一切法蘊斯十義故名爲藏即法而觀惑者不見故名爲伏一切各十是無盡功德矣

佛子菩薩摩訶薩有十種律儀何等爲十所謂於一切佛法不生誹謗律儀於一切佛所信樂心不可壞律儀於一切菩薩所起尊重恭敬律儀於一切善知識所終不捨愛樂心律儀於一切聲聞獨覺不生憶念心律儀遠離一切退菩薩道律儀不起一切損害衆生心律儀修一切善根皆令究竟律儀於一切魔悉能降伏律儀於一切波羅蜜皆令滿足律儀是爲十若諸菩薩安住此法則得無上大智律儀

第六十種律儀即隨順堅固一切善根迴向中行彼約行首故廣就施以明善根今約行本略辨律儀善根皆順平等之理實通一切故第八云一切善根皆令究竟究竟即順堅固義通明十句攝善饒益無所不具通一切善居然可知

佛子菩薩摩訶薩有十種自在何等爲十所謂命自在於不可說劫住壽命故心自在智慧能入阿僧祇諸三昧故資具自在能以無量莊嚴莊嚴一切世界故業自在隨時受報故受生自在於一切世界示現受生故解自在於一切世界見佛充滿故願自在隨欲隨時於諸刹中成正覺故神力自在示現一切大神變故法自在示現無邊諸法門故智自在於念念中示現如來十力無畏成正覺故是爲十若諸菩薩安住此法則得圓滿一切諸佛諸波羅蜜智慧神力菩提自在

第七十自在即平等隨順一切衆生迴向中行具十自在能隨順故十自在如八地

大方廣佛華嚴經䟽鈔會本第五十五

辨

大方廣佛華嚴經疏鈔會本第五十六　刑七

唐于闐國三藏沙門實叉難陀　譯

唐清涼山大華嚴寺沙門澄觀撰述

佛子菩薩摩訶薩有十種無礙用何等爲十所謂衆生無礙用國土無礙用法無礙用身無礙用願無礙用境界無礙用智無礙用神通無礙用神力無礙用力無礙用

第八十無礙用即眞如相廻向中行如於眞如無障礙故彼位果云住於此位得一切刹平等等平等即是無礙之因亦無礙之義又云得佛無量圓滿之身一身充滿一切世界等即正顯無礙之義文中四先總標十章二佛子云何下總徵十章三佛子菩薩下依章別釋四佛子如是下總結成益今初亦三謂標徵列名無礙者前明自在即作用任運今明無礙顯作用無拘又無礙有二一智二事十中有通有局然法智無礙多唯約智如身刹等多唯約事如衆生等通於事智然事無礙必通於智智無礙境未必通事二皆即體之用故並云無礙用也然十皆通二利且約化說初一所化二是化處餘皆能化謂化法化身等可以意得

佛子云何爲菩薩摩訶薩衆生等無礙用

佛子菩薩摩訶薩有十種衆生無礙用何者爲十所謂知一切衆生無衆生無礙用知一切衆生但想所持無礙用爲一切衆生說法未曾失時無礙用普化現一切衆生界無礙用置一切衆生於一毛孔中而不迫隘無礙用爲一切衆生示現他方一切世界令其悉見無礙用爲一切衆生示現釋梵護世諸天身無礙用爲一切衆生示現聲聞辟支佛寂靜威儀無礙用爲一切衆生示現菩薩行無礙用爲一切衆生示現諸佛色身相好一切智力成等正覺無礙用是爲十

第三依章別釋中即爲十段文皆有四謂標徵釋結今初所化衆生無礙用十句中前三約智辨無礙一了性空故二唯心現故此二實智三知時說法即是權智餘七約事無礙四能現衆生故五近收一毛六遠示他刹餘四示上首之身

佛子菩薩摩訶薩有十種國土無礙用何等爲十所謂一切刹作一刹無礙用一切刹入一毛孔無礙用知一切刹無有盡無礙用一身結跏趺坐充滿一切刹無礙用一身中現一切刹無礙用震動一切刹不令衆生恐怖無礙用以一切刹莊嚴具莊嚴一刹無礙用以一刹莊嚴具莊嚴一切刹無礙用以一如來一衆會徧一切佛刹示現衆生無礙用一切小刹中刹大刹廣刹深刹仰刹覆刹側刹正刹徧諸方網無量差別以此普示一切衆生無礙用是爲十

第二刹無礙十中知刹無盡通智通事故晉經云於一切刹深入無盡方便度世云一切佛界所入無盡皆通事也餘九唯事無礙深即微細刹餘並可知

佛子菩薩摩訶薩有十種法無礙用何等爲十所謂知一切法入一法一法入一切法而亦不違衆生心解無礙用從般若波羅蜜出生一切法爲他解說悉令開悟無礙用知一

切法離文字而令衆生皆得悟入無礙用知一切法入一相而能演説無量法相無礙用知一切法離言説能爲他説無邊法門無礙用於一切法善轉普門字輪無礙用以一切法入一法門而不相違於不可説劫説不窮盡無礙用以一切法悉入佛法令諸衆生皆得悟解無礙用知一切法無有邊際無礙用知一切法無障礙際猶如幻網無量差别於無量劫爲衆生説不可窮盡無礙用是爲十

第三法無礙謂皆約智於性相無礙之法能知説自在故一一多即入而不壞本二實智出權三無文示文四一説多相五無説之説六一言圓備輪字之義彌伽處釋七門門互收八以眞收俗九横知無邊十豎窮其際

佛子菩薩摩訶薩有十種身無礙用何等爲十所謂以一切衆生身入已身無礙用以已身入一切衆生身無礙用一切佛身入一佛身無礙用一佛身入一切佛身無礙用一切刹入已身無礙用以一身充徧一切三世法示現衆生無礙用於一身示現無邊身入三昧無礙用於一身示現衆生數等身成正覺無礙用於一切衆生身現一衆生身於一衆生身現一切衆生身無礙用於一切衆生身示現法身於法身示現一切衆生身無礙用是爲十

第四身無礙用文可知

佛子菩薩摩訶薩有十種願無礙用何等爲十所謂以一切菩薩願作自願無礙用以一切佛成菩提願力示現自成正覺無礙用隨所化衆生自成阿耨多羅三藐三菩提無礙用於一切無邊際劫大願不斷無礙用遠離識身不著智身以自在願現一切身無礙用捨棄自身成滿他願無礙用普教化一切衆生而不捨大願無礙用於一切劫行菩薩行而大願不斷無礙用於一毛孔現成正覺以願力故充徧一切諸佛國土於不可説不可説世界爲一一衆生如是示現無礙用説一句法徧一切法界興大正法雲耀解脱電光震實法雷音雨甘露味雨以大願力充洽一切諸衆生界無礙用是爲十

第五願無礙用文並可知

佛子菩薩摩訶薩有十種境界無礙用何等爲十所謂在法界境界而不捨衆生境界無礙用在佛境界而不捨魔境界無礙用在涅槃境界而不捨生死境界無礙用入一切智境界而不斷菩薩種性境界無礙用住寂靜境界而不捨散亂境界無礙用住無去無來無戲論無相狀無體性無言説如虛空境界而不捨一切衆生戲論境界無礙用住諸力解脱境界而不捨一切諸方所境界無礙用入無衆生際境界而不捨教化一切衆生無礙用住禪定解脱神通明智寂靜境界而於一切世界示現受生無礙用住如來一切行莊嚴成正覺境界而現一切聲聞辟支佛寂靜威儀無礙用是爲十

第六境界無礙謂於此十種勝劣相違境中於勝現劣迴轉無礙是爲菩薩分齊之境文亦可知

佛子菩薩摩訶薩有十種智無礙用何等爲

十所謂無盡辯才無礙用一切總持無有忘失無礙用能決定知決定說一切衆生諸根無礙用於一念中以無礙智知一切衆生心之所行無礙用知一切衆生欲樂隨眠習氣煩惱病隨應授藥無礙用一念能入如來十力無礙用以無礙智知三世一切劫及其中衆生無礙用於念念中現成正覺示現衆生無有斷絕無礙用於一衆生想知一切衆生業無礙用於一衆生音解一切衆生語無礙用是爲十

第七智無礙前來雖亦有智各從本類攝之今則一向辨其智用然智無若干因法顯別以法從智前法無礙以智從法十中初二能化智次三知所化智六上入佛智前六皆權智七八權實無礙智後二事事無礙智

佛子菩薩摩訶薩有十種神通無礙用何等爲十所謂於一身示現一切世界身無礙用於一佛衆會聽受一切佛衆會中所說法無礙用於一衆生心念中成就不可說無上菩提開悟一切衆生心無礙用以一音現一切世界差別言音令諸衆生各得解了無礙用一念中現盡前際一切劫所有業果種種差別令諸衆生悉得知見無礙用一微塵出現廣大佛刹無量莊嚴無礙用令一切世界具足莊嚴無礙用普入一切三世無礙用放大法光明現一切諸佛菩提衆生行願無礙用善守護一切天龍夜叉乾闥婆阿脩羅迦樓羅緊那羅摩睺羅伽釋梵護世聲聞獨覺菩薩所有如來十力菩薩善根無礙用是爲十若諸菩薩得此無礙用則能普入一切佛法

第八神通無礙一無數色身通二天耳三他心四分別言辭五宿住通故度世經名見前世六往一切佛刹通莊嚴乃是其中別義七未來劫通前已明過去故通舉三世八即一切法智通故度世云一切諸佛菩薩所建立行演法光明而照耀之即是法光照佛法也九即天眼度世云知見一切等故謂見有所作而守護之十準晉本云佛子略說菩薩平等觀一切諸法通自在此即一切法滅盡三昧通平等寂滅故故度世云菩薩平等寂諸音響則以平夷等御衆生今文脫此文中略舉故不曲盡大旨不異如十通品辨

佛子菩薩摩訶薩有十種神力無礙用何等爲十所謂以不可說世界置一塵中無礙用於一塵中現等法界一切佛刹無礙用以一切大海水置一毛孔周旋往返十方世界而於衆生無所觸嬈無礙用以不可說世界內自身中示現一切神通所作無礙用以一毛繫不可數金剛圍山持以遊行一切世界不令衆生生恐怖心無礙用以不可說劫作一劫一劫作不可說劫於中示現成壞差別不令衆生心有恐怖無礙用於一切世界現水火風災種種變壞而不惱衆生無礙用一切世界三災壞時悉能護持一切衆生資生之具不令損缺無礙用以一手持不思議世界擲不可說世界之外不令衆生有驚怖想無礙用說一切刹同於虛空令諸衆生悉得悟解無礙用是爲十

第九神力無礙神通多約外用無壅神力多約內有幹能故其十中多約一毛含攝等此即身力後是智力若以通攝力十種神力但是一神足通耳既分通力兩殊故十通中少說神境

佛子菩薩摩訶薩有十種力無礙八用何等爲十所謂衆生力無礙用教化調伏不捨離故剎力無礙用示現不可說莊嚴而莊嚴故法力無礙用令一切身入無身故劫力無礙用修行不斷故佛力無礙用覺悟睡眠故行力無礙用攝取一切菩薩行故如來力無礙用度脫一切衆生故無師力無礙用自覺一切諸法故一切智力無礙用以一切智成正覺故大悲力無礙用不捨一切衆生故是爲十

第十力無礙用悲智之力皆無礙故亦有事用無礙從多說之

佛子如是名爲菩薩摩訶薩十種無礙用若有得此十無礙用者於阿耨多羅三藐三菩提欲成不成隨意無違雖成正覺而亦不斷行菩薩行何以故菩薩摩訶薩發大誓願入無邊無礙用門善巧示現故

第四總結成益中欲成不成已得無礙得果不捨因尤顯無礙

佛子菩薩摩訶薩有十種遊戲何等爲十所謂以衆生身作剎身而亦不壞衆生身是菩薩遊戲以剎身作衆生身而亦不壞九於剎身是菩薩遊戲於佛身示現聲聞獨覺身而不損減如來身是菩薩遊戲於聲聞獨覺身示現如來身而不增長聲聞獨覺身是菩薩遊戲於菩薩行身示現成正覺身而亦不斷菩薩行身是菩薩遊戲於成正覺身示現修菩薩行身而亦不減成菩提身是菩薩遊戲於涅槃界示現生死身而不著生死是菩薩遊戲於生死界示現涅槃亦不究竟入於涅槃是菩薩遊戲入於三昧而示現行住坐卧一切業亦不捨三昧正受是菩薩遊戲在一佛所聞法受持其身不動而以三昧力於不可說諸佛會中各各現身亦不分身亦不起定而聞法受持相續不斷如是念念於一一三昧身各出生不可說不可說三昧身如是次第一切諸劫猶可窮盡而菩薩三昧身不可窮盡是菩薩遊戲是爲十若諸菩薩安住此法則得如來無上大智遊戲

第九遊戲下三門明無縛無著解脫迴向中行彼有百門廣顯以無縛著解脫成就普賢自在智用今略其三此門任志行成遊賞自在次門明境界難量後門明智用幹能皆由無縛無著故今初十中攝爲五對一依正染淨相作而皆不壞本相正顯遊戲之義如世縱情遊戲無損動故他皆倣此二大小乘互現三因果互現四生死涅槃互現五定散自在謂初即定中起用而常定後即用中入定而常用

佛子菩薩摩訶薩有十種境界何等爲十所謂示現無邊法界門令衆生得入是菩薩境界示現一切世界無量妙莊嚴令衆生得入是菩薩境界化往一切衆生界悉方便開悟是菩薩境界於如來身出菩薩身於菩薩身出如來身是菩薩境界於虛空界現世界於世界現虛空界是菩薩境界於生死界現涅

槃界於涅槃界現生死界是菩薩境界於一衆生語言中出生一切佛法語言是菩薩境界以無邊身現作一身一身作一切差別身是菩薩境界以一身充滿一切法界是菩薩境界於一念中令一切衆生發菩提心各現無量身成等正覺是菩薩境界是爲十若諸菩薩安住此法則得如來無上大智慧境界

第二境界雖量通二種境一即遊戲所行之境故晉經名爲勝行二即分齊之境謂出沒無礙唯菩薩能故十中前三通所行境後七皆分齊境

佛子菩薩摩訶薩有十種力何等爲十所謂深心力不雜一切世情故增上深心力不捨一切佛法故方便力諸有所作究竟故智力了知一切心行故願力一切所求令滿故行力盡未來際不斷故乘力能出生一切乘而不捨大乘故神變力於一一毛孔中各示現一切淸淨世界一切如來出興世故菩提力令一切衆生發心成佛無斷絕故轉法輪力說一句法悉稱一切衆生諸根性欲故是爲十若諸菩薩安住此法則得諸佛無上一切智十力

第三十力智能十中前七自分力後三勝進力前中初三自利一一向深求故釋以不雜二深求佛法佛法即是增上三所作究竟者由有善巧次二利他後二通二利餘可知

佛子菩薩摩訶薩有十種無畏

第十十無畏下四門明法界無量迴向中行分之爲三初門明所迴善根次門明法界行體後二門明所成之德今初即是法施善根無畏即說法之德故

何等爲十佛子菩薩摩訶薩悉能聞持一切言說作如是念設有衆生無量無邊從十方來以百千大法而問於我我於彼問不見微少難可答相以不見故心得無畏究竟到彼大無畏岸隨其所問悉能訓對斷其疑惑無有怯弱是爲菩薩第一無畏

十中一聞持無畏

佛子菩薩摩訶薩得如來灌頂無礙辯才到於一切文字言音開示祕密究竟彼岸作如是念設有衆生無量無邊從十方來以無量法而問於我我於彼問不見微少難可答相以不見故心得無畏究竟到彼大無畏岸隨其所問悉能訓對斷其疑惑無有恐懼是爲菩薩第二無畏

二辯才無畏上二不畏不能答難

佛子菩薩摩訶薩知一切法空離我離我所無作無作者無知者無命者無養育者無補伽羅離蘊界處永出諸見心如虛空作如是念不見衆生有微少相能損惱我身語意業何以故菩薩遠離我我所故不見諸法有少性相以不見故心得無畏究竟到彼大無畏岸堅固勇猛不可沮壞是爲菩薩第三無畏

三二空無畏了達二空不畏妄念

佛子菩薩摩訶薩佛力所護佛力所持住佛威儀所行眞實無有變易作如是念我不見有少分威儀令諸衆生生訶責相以不見故心得無畏於大衆中安隱說法是爲菩薩第四無畏

四威儀無缺無畏

佛子菩薩摩訶薩身語意業皆悉清淨鮮白柔和遠離衆惡作如是念我不自見身語意業而有少分可訶責相以不見故心得無畏能令衆生住於佛法是爲菩薩第五無畏

五三業無過無畏上二不畏外譏

佛子菩薩摩訶薩金剛力士天龍夜叉乾闥婆阿脩羅帝釋梵王四天王等常隨侍衛一切如來護念不捨菩薩摩訶薩作如是念我不見有衆魔外道有見衆生能來障我行菩薩道少分之相以不見故心得無畏究竟到彼大無畏岸發歡喜心行菩薩行是爲菩薩第六無畏

六外護無畏不畏衆魔外道

佛子菩薩摩訶薩已得成就第一念根心無忘失佛所悅可作如是念如來所說成菩提道文字句法我不於中見有少分忘失之相以不見故心得無畏受持一切如來正法行菩薩行是爲菩薩第七無畏

七正念無畏不畏遺忘

佛子菩薩摩訶薩智慧方便悉已通達菩薩諸力皆得究竟常勤教化一切衆生恒以願心繫佛菩提而爲悲愍衆生故成就衆生故於煩惱濁世示現受生種族尊貴眷屬圓滿所欲從心歡娛快樂而作是念我雖與此眷屬聚會不見少相而可貪著廢我修行禪定解脫及諸三昧總持辯才菩薩道法何以故菩薩摩訶薩於一切法已得自在到於彼岸修菩薩行誓不斷絕不見世間有一境界而能惑亂菩薩道者以不見故心得無畏究竟到彼大無畏岸以大願力於一切世界示現受生是爲菩薩第八無畏

八方便無畏不畏生死如善治船不懼海難如善治船者即大品經意七地已引

佛子菩薩摩訶薩恒不忘失薩婆若心乘於大乘行菩薩行以一切智大心勢力示現一切聲聞獨覺寂靜威儀作如是念我不自見當於二乘而取出離少分之相以不見故心得無畏到彼無上大無畏岸普能示現一切乘道究竟滿足平等大乘是爲菩薩第九無畏

九一切智心無畏不畏二乘

佛子菩薩摩訶薩成就一切諸白淨法具足善根圓滿神通究竟住於諸佛菩提滿足一切諸菩薩行於諸佛所受一切智灌頂之記而常化衆生行菩薩道作如是念我不自見有一衆生應可成熟而不能現諸佛自在而成熟相以不見故心得無畏究竟到彼大無畏岸不斷菩薩行不捨菩薩願隨所應化一切衆生現佛境界而化度之是爲菩薩第十無畏

十具行無畏不畏不能化生

佛子是爲菩薩摩訶薩十種無畏若諸菩薩安住此法則得諸佛無上大無畏而亦不捨菩薩無畏

佛子菩薩摩訶薩有十種不共法

第二不共法正明法界行體以稱法界起行故不共凡小又悟不由他亦非他共

何等爲十佛子菩薩摩訶薩不由他教自然修行六波羅蜜常樂大施不生慳悋恒持淨

戒無所毁犯具足忍辱心不動搖有大精進未曾退轉善入諸禪永無散亂巧修智慧悉除惡見是爲第一不由他教隨順波羅蜜道修六度不共法佛子菩薩摩訶薩普能攝受一切衆生所謂以財及法而行惠施正念現前和顔愛語其心歡喜示如實義令得悟解諸佛菩提無有憎嫌平等利益是爲第二不由他教順四攝道勤攝衆生不共法佛子菩薩摩訶薩善巧迴向所謂不求果報迴向順佛菩提迴向不著一切世間禪定三昧迴向爲利益一切衆生迴向爲不斷如來智慧迴向是爲第三不由他教爲諸衆生發起善根求佛智慧不共法

十中一自利行二化他行三上求行

佛子菩薩摩訶薩到善巧方便究竟彼岸心恒顧復一切衆生不厭世俗凡愚境界不樂二乘出離之道不著已樂唯勤化度善能入出禪定解脱於諸三昧悉得自在往來生死如遊園觀未曾暫起疲厭之心或住魔宮或爲釋天梵王世主一切生處靡不於中而現其身或於外道衆中出家而恒遠離一切邪見一切世間文詞呪術字印筭數乃至遊戲歌舞之法悉皆示現無不精巧或時示作端正婦人智慧才能世中第一於諸世間出世間法能問能説問答斷疑皆得究竟一切世間出世間事亦悉通達到於彼岸一切衆生恒來瞻仰雖現聲聞辟支佛威儀而不失大乘心雖念念中示成正覺而不斷菩薩行是爲第四不由他教方便善巧究竟彼岸不共法

四善巧行於中五一巧離二乘二善能下巧修三昧三往來下巧順世間四雖現下巧住諸乘五雖念念下巧窮因果

佛子菩薩摩訶薩善知權實雙行道智慧自在到於究竟所謂住於涅槃而示現生死知無衆生而勤行敎化究竟寂滅而現起煩惱住一堅密智慧法身而普現無量諸衆生身常入深禪定而示受欲樂常遠離三界而不捨衆生常樂法樂而現有婇女歌詠嬉戲雖以衆相好莊嚴其身而示受醜陋貧賤之形常積集衆善無諸過惡而現生地獄畜生餓鬼雖已到於佛智彼岸而亦不捨菩薩智身菩薩摩訶薩成就如是無量智慧聲聞獨覺尚不能知何況一切童蒙衆生是爲第五不由他教權實雙行不共法

五雙行不共行有標釋結可知

佛子菩薩摩訶薩身口意業隨智慧行皆悉清淨所謂具足大慈永離殺心乃至具足正解無有邪見是爲第六不由他教身口意業隨智慧行不共法

六三業隨智慧行

佛子菩薩摩訶薩具足大悲不捨衆生代一切衆生而受諸苦所謂地獄苦畜生苦餓鬼苦爲利益故不生勞倦唯專度脱一切衆生未曾耽染五欲境界常爲精勤滅除衆苦是爲第七不由他教常起大悲不共法

七悲代他苦行

佛子菩薩摩訶薩常爲衆生之所樂見梵王帝釋四天王等一切衆生見無厭足何以故菩薩摩訶薩久遠世來行業清淨無有過失

是故衆生見者無厭是爲第八不由他教一切衆生皆悉樂見不共法

八大慈攝物行

佛子菩薩摩訶薩於薩婆若大誓莊嚴志樂堅固雖處凡夫聲聞獨覺險難之處終不退失一切智心明淨妙寶佛子如有寶珠名淨莊嚴置泥潦中光色不改能令濁水悉皆澄淨菩薩摩訶薩亦復如是雖在凡愚雜濁等處終不失壞求一切智清淨寶心而能令彼諸惡衆生遠離妄見煩惱穢濁得求一切智清淨心寶是爲第九不由他教在衆難處不失一切智心寶不共法

九堅淨自他行涅槃春池可於中說涅槃春池者然此經喩乃有二意一約教說二約理說今引涅槃乃是約教即第二名春池喩經云譬如春時有諸人等在大池浴乘船遊戲失瑠璃寶沒深水中是時諸人悉共入水求覓是寶競捉瓦石各各自謂得瑠璃寶歡喜持出乃知非眞是時寶珠猶在水中以珠力故水皆澄清於是大衆乃見寶珠故在水下猶如仰觀虛空月形是時衆中有一智人以方便力安徐入水即得寶珠遠公釋云此即對前比丘歎昔所解無常苦空無我眞法教其甄揀於中先喩後約喩教勸喩中有三一求眞取僞喩二歡喜下知僞非眞喩是時下捨僞取眞喩上方喩恐下約喩教勸比丘文別有四

一約初喩呵其取喩經云汝等比丘不應如是修集無常苦無我想不淨想等以爲實義如彼諸人各以瓦石而爲寶珠二約第三喩教其取眞經云汝等應當善學方便在在處處常修我想常樂淨想三約第二喩勸知昔僞經云復應當知先所修集四法相貌悉是顚倒四重約第三喩勸修令眞經云欲得眞實修諸想者如彼智人巧出寶珠謂我想常樂淨想闕中釋云譬如春時有諸人等在大池浴全爲設譬使知昔非而學今得是爲用也春既可樂又開浴之端而大池清曠濯之甚宜除垢合時寔唯昔說無常想者沐浴來集如林集聽本爲滌累以譬在大池浴者喩不稱故云有諸人等經言乘船遊戲今既聽致感遂有失言言跡似漫義曰淨虛而在言先則應前過聽者乘以爲實是迄舟之像離內之外無有實功爲遊戲也經失瑠璃貲沒深水中者常與樂常理大不偏言兼可珍而必是應變由乘漫乘之爲失實也乎則永隱爲深沒矣經是時諸人悉共入水求見是寶者聽本應取言旨以從失成求皇曰知之理數然耳求必就說爲人入水矣經競捉瓦石至乃知非眞言旨雖俱以乎爲隱然一本顯譬浮一本寄譬沉而取者其實非實爲草木瓦有之沉浮皆謂得眞莫不歡喜持出於伊宇之譬及佛判非明外乃知非也經是時寶珠至水皆澄清於取不得爲故在水中於知非爲義眞旨始現乎語旨現不復渾跡則是珠力使澄清矣經於是大衆至虛空月形者既自知謬方見語旨猶在言下明顯如月無復有暗而理可仰故如仰觀虛空中月也經是時衆中至即便得珠如說修行爲安徐入水要在修習我常四法而不廢替方便之義先修於常然後知無常如是得成在我豈非智哉經不應修習無常等想乃至而爲實珠者合也譬中已悉故畧合耳昔修都非而以爲是似彼癡人也經汝等應當善學方便在在處處常修我想常樂淨想

者處處常修此四法者心以得之爲方便也經復應當知先所修習四法相貌悉是顚倒者知是則知非知非則知是對觀然後無惑矣經欲得眞實修諸想者如彼智人巧出寶珠所謂我想常樂淨想者要當修得我常樂淨然後都得眞實如彼智人也上生公釋遠師大同而不委此此上約權實教旨故引涅槃若直就經宜用心觀約理以說經中初法次喩後合以一切智清淨妙法而爲寶者具三德故明爲般若淨即解脫妙爲法身即體之智曰明即照之寂爲淨斯一不二爲法身體妙之至也凡夫如泥二乘有淺智如濛光色不改不壞自心令濁水清即是利他遠見煩惱異於凡夫求一切智異於二乘故非凡夫行非賢聖行是菩薩行也

佛子菩薩摩訶薩成就自覺境界智無師自悟究竟自在到於彼岸離垢以冠其首而於善友不捨親近於諸如來常樂尊重是爲第十不由他教得最上法不離善知識不捨尊重佛不共法

十位滿常修行

佛子是爲菩薩摩訶薩十種不共法若諸菩薩安住其中則得如來無上廣大不共法

佛子菩薩摩訶薩有十種業何等爲十所謂一切世界業悉能嚴淨故一切諸佛業悉能供養故一切菩薩業同種善根故一切衆生業悉能教化故一切未來業盡未來際攝取

故一切神力業不離一世界徧至一切世界故一切光明業放無邊色光明一一光中有蓮華座各有菩薩結跏趺坐而顯現故一切三寶種不斷業諸佛滅後守護住持諸佛法故一切變化業於一切世界說法教化諸衆生故一切加持業於一念中隨諸衆生心之所欲皆爲示現令一切願悉成滿故是爲十若諸菩薩安住此法則得如來無上廣大業

第三十種業下二門明所成之德中先明業用十句可知

佛子菩薩摩訶薩有十種身何等爲十所謂不來身於一切世間不受生故不去身於一切世間求不得故不實身一切世間如實得故不虛身以如實理示世間故不盡身盡未來際無斷絕故堅固身一切衆魔不能壞故不動身衆魔外道不能動故具相身示現清淨百福相故無相身法相究竟悉無相故普至身與三世佛同一身故是爲十若諸菩薩安住此法則得如來無上無盡之身

後門十身顯得其體然若身若業皆同法界無量略舉十耳此中十身與第九行十身大同小異謂此不來不去即彼不生不滅不實不虛即彼不實不妄不盡堅固即彼不遷不壞不遷則橫無邊變不盡則豎說無窮此中不動即彼一相故文殊般若云不動法界法界即一相由得一相魔不能動此具相身即彼入一切世界諸趣身無相名同普至身即彼入一切世界非趣身餘如十行中辨上來迴向位竟

佛子菩薩摩訶薩有十種身業何等爲十所謂一身充滿一切世界身業於一切衆生前悉能示現身業於一切趣悉能受生身業遊行一切世界身業往詣一切諸佛衆會身業能以一手普覆一切世界身業能以一手磨一切世界金剛圍山碎如微塵身業於自身中現一切佛刹成壞示於衆生身業以一身容受一切衆生界身業於自身中普現一切清淨佛刹一切衆生於中成道身業是爲十若諸菩薩安住此法則得如來無上佛業悉能覺悟一切衆生

大文第五十種身業下有五十門答五十問明十地位中行相古德分四初十二門明十地中三業殊勝行寄在初地二從十種勤修下九門明造修離障行寄二三地三從十種離生道下九門明造修純熟行寄在四地已上位四從十種足下二十門報相圓滿行寄八地已上位此釋猶稍近文亦未盡理今亦依次分配十地初地十門次八漸略文勢爾故謂二地六門三四各五門五二六一七八各三九地二門十地十三門至文當知今初十門明歡喜地中行若麤相分總爲三段初二約身次四辨語後四明意總顯彼地三業殊勝若順彼文且分爲二初九明初住地中行後一明安住地中行前中分四初六門明依何身次心一門辨以何因三發心門明爲何義四周徧門顯有何相今初分二前二約身辨身後四就語辨身語屬身故皆是深種善根之所攝故今初分二此門約色身業用明身十句可知

佛子菩薩摩訶薩復有十種身何等爲十所謂諸波羅蜜身悉正修行故四攝身不捨一切衆生故大悲身代一切衆生受無量苦無疲厭故大慈身救護一切衆生故福德身饒益一切衆生故智慧身與一切佛身同一性故法身永離諸趣受生故方便身於一切處現前故神力身示現一切神變故菩提身隨樂隨時成正覺故是爲十若諸菩薩安住此法則得如來無上大智慧身

後十種身約法門自體明身故但云身十中度攝福智等即前深種善根集助道等互有影略

佛子菩薩摩訶薩有十種語何等爲十所謂柔輭語使一切衆生皆安隱故甘露語令一切衆生悉清涼故不誑語所有言說皆如實故真實語乃至夢中無妄語故廣大語一切釋梵四天王等皆尊敬故甚深語顯示法性故堅固語說法無盡故正直語發言易了故種種語隨時示現故開悟一切衆生語隨其欲樂令解了故是爲十若諸菩薩安住此法則得如來無上微妙語

二就語辨身中四門皆是所種善根是知彼文雖無義已含有若全異彼豈爲彼行若全同彼何須重說故彼文節節皆云若廣說者不可窮盡小異何疑四門即分爲四初十種語明語體用若約遮釋十中初一離惡口二離兩舌次二離妄語一麤二細餘六離綺語若約表釋十種各顯一德

佛子菩薩摩訶薩有十種淨修語業何等爲十所謂樂聽聞如來音聲淨修語業樂聞說菩薩功德淨修語業不說一切衆生不樂聞語淨修語業真實遠離語四過失淨修語業歡喜踊躍讚歎如來淨修語業如來塔所高聲讚佛如實功德淨修語業以深淨心施衆生法淨修語業音樂歌頌讚歎如來淨修語業於諸佛所聽聞正法不惜身命淨修語業捨身承事一切菩薩及諸法師而受妙法淨修語業是爲十

二十種淨修語顯語淨因初二攝法次二離過次二攝善次二法施後二求法行由此十事能令語淨

若菩薩摩訶薩以此十事淨修語業則得十種守護何等爲十所謂天王爲首一切天衆而爲守護龍王爲首一切龍衆而爲守護夜叉王爲首乾闥婆王爲首阿脩羅王爲首迦樓羅王爲首緊那羅王爲首摩睺羅伽王爲首梵王爲首一一皆與自己徒衆而爲守護如來法王爲首一切法師皆悉守護是爲十

三十王守護即淨語之果發其言善幽實應之況其人乎然地經中善知識善護意通由諸善不獨由語故度世經亦不羼前

佛子菩薩摩訶薩得此守護已則能成辦十種大事何等爲十所謂一切衆生皆令歡喜一切世界悉能往詣一切諸根皆能了知一切勝解悉令清淨一切煩惱皆令除斷一切習氣皆令捨離一切欲樂皆令明潔一切深心悉使增長一切法界悉令周徧一切涅槃普令明見是爲十

四十種大事案經即內善外護故能成所作然即地經善集白法善淨深心等餘句

中義亦不獨躡於語然皆躡者以語例餘於理無爽十句並通二利文相亦顯

佛子菩薩摩訶薩有十種心何等爲十所謂如大地心能持能長一切衆生諸善根故如大海心一切諸佛無量無邊大智法水悉流入故如須彌山王心置一切衆生於出世間最上善根處故如摩尼寶王心樂欲清淨無雜染故如金剛心決定深入一切法故如金剛圍山心諸魔外道不能動故如蓮華心一切世法不能染故如優曇鉢華心一切劫中難值遇故如淨日心破暗障故如虛空心不可量故是爲十若諸菩薩安住其中則得如來無上大清淨心

第二十種心者明以何因以大悲爲首荷負一切等故十中一荷負心心如大地荷四重任故二深廣心包含無外故三勝心四淨心五利六堅七無染八希有九智慧十無邊並語心體也

佛子菩薩摩訶薩有十種發心何等爲十所謂發我當度脫一切衆生心發我當令一切衆生除斷煩惱心發我當令一切衆生消滅習氣心發我當斷除一切疑惑心發我當除滅一切衆生苦惱心發我當除滅一切惡道諸難心發我當敬順一切如來心發我當善學一切菩薩所學心發我當於一切世間一一毛端處現一切佛成正覺心發我當於一切世界擊無上法鼓令諸衆生隨其根欲悉得悟解心是爲十若諸菩薩安住其中則得如來無上大發起能事心

第三十種發心者明爲何義爲上求下化故發起勝用十句可知

佛子菩薩摩訶薩有十種周徧心何等爲十所謂周徧一切虛空心發意廣大故周徧一切法界心深入無邊故周徧一切三世心一念悉知故周徧一切佛出現心於入胎誕生出家成道轉法輪般涅槃悉明了故周徧一切衆生心悉知根欲習氣故周徧一切智慧心隨順了知法界故周徧一切無邊心知諸幻網差別故周徧一切無生心不得諸法自性故周徧一切無礙心不住自心他心故周徧一切自在心一念普現成佛故是爲十若諸菩薩安住其中則得無量無上佛法周徧莊嚴

第四十種周徧心明有何相以過凡夫地入眞如法中故十中一總明悲廣智大曠若虛空二智契深極餘皆可知

佛子菩薩摩訶薩有十種根何等爲十所謂歡喜根見一切佛信不壞故希望根所聞佛法皆悟解故不退根一切作事皆究竟故安住根不斷一切菩薩行故微細根入般若波羅蜜微妙理故不休息根究竟一切衆生事故如金剛根證知一切諸法性故金剛光燄根普照一切佛境界故無差別根一切如來同一身故無礙際根深入如來十種力故是爲十若諸菩薩安住其中則得如來無上大智圓滿根

第二十種根即安住地中行由前初住之行令此勝用增上皆光顯故名之爲根十中分三初一信成就次六修行成就於中初句樂欲根即近安樂法多聞能正觀故

二不退者即不著名利於三昧中亦無愛著及貪求故三安住者萬行念念現前故四五悲智不斷上皆敎道六即證道之修後三即迴向成就一總求一切地智故即金剛智照徹法性故二別求法身三求功德身謂十力等

佛子菩薩摩訶薩有十種深心何等爲十所謂不染一切世間法深心不雜一切二乘道深心了達一切佛菩提深心隨順一切智智道深心不爲一切衆魔外道所動深心淨修一切如來圓滿智深心受持一切所聞法深心不著一切受生處深心具足一切微細智深心修一切諸佛法深心是爲十若諸菩薩安住其中則得一切智無上清淨深心

第二十種深心下六門明第二地中行於中二初二門明發起淨十種深心後四門自體淨今初前門自分直明深心後門勝進加以增上今初晉經及論皆名直心者然深心有二義一於法殷重名深即樂修善行二契理名深深入理故若語直心但有後義正念眞如法故今文具二初由契理二由修行次七廣上契理後一顯前修行

佛子菩薩摩訶薩有十種增上深心何等爲十所謂不退轉增上深心積集一切善根故離疑惑增上深心解一切如來密語故正持增上深心大願大行所流故最勝增上深心深入一切佛法故爲主增上深心一切佛法自在故廣大增上深心普入種種法門故上首增上深心一切所作成辦故自在增上深心一切三昧神通變化莊嚴故安住增上深心攝受本願故無休息增上深心成熟一切衆生故是爲十若諸菩薩安住此法則得一切諸佛無上清淨增上深心

二增上深心即勝進上求增殷重故十句亦四初門樂修善行二標契理次三成上離疑一出所因二彰所入三戒德自在後五成上積集善根

佛子菩薩摩訶薩有十種勤修何等爲十所謂布施勤修悉捨一切不求報故持戒勤修頭陀苦行少欲知足無所欺故忍辱勤修離自他想忍一切惡畢竟不生恚害心故精進勤修身語意業未曾散亂一切所作皆不退轉至究竟故禪定勤修解脫三昧出現神通離一切欲煩惱鬭諍諸眷屬故智慧勤修修習積聚一切功德無厭倦故大慈勤修知諸衆生無自性故大悲勤修知諸法空普代一切衆生受苦無疲厭故覺悟如來十力勤修了達無礙示衆生故不退法輪勤修轉至一切衆生心故是爲十若諸菩薩安住此法則得如來無上大智慧勤修

第二十種勤修下四門明自體淨中行彼約別地之行但明於戒而有三聚今文分二初一門通修十度即攝善法戒律儀亦在其中以地相望是修位之首故特名勤修晉經名方便方便修起故

佛子菩薩摩訶薩有十種決定解何等爲十所謂最上決定解種植尊重善根故莊嚴決定解出生種種莊嚴故廣大決定解其心未曾狹劣故寂滅決定解能入甚深法性故普

徧決定解發心無所不及故堪任決定解能受佛力加持故堅固決定解摧破一切魔業故明斷決定解了知一切業報故現前決定解隨意能現神通故紹隆決定解一切佛所得記故自在決定解隨意隨時成佛故是爲十若諸菩薩安住此法則得如來無上決定解

二決定解下三門明饒益有情戒中行此門總顯智於諸善決起勝解地經約戒但解十善晉經名樂修由有決解故樂修習

佛子菩薩摩訶薩有十種決定解知諸世界何等爲十所謂知一切世界入一世界知一世界入一切世界知一切世界一如來身一蓮華座皆悉周徧知一切世界皆如虛空知一切世界具佛莊嚴知一切世界菩薩充滿知一切世界入一毛孔知一切世界入一衆生身知一切世界一佛菩提樹一佛道場皆悉周徧知一切世界一音普徧令諸衆生各別了知心生歡喜是爲十若諸菩薩安住此法則得如來無上佛剎廣大決定解

二解世界

佛子菩薩摩訶薩有十種決定解知衆生界何等爲十所謂知一切衆生界本性無實知一切衆生界悉入一衆生身知一切衆生界悉入菩薩身知一切衆生界悉入如來藏知一衆生身普入一切衆生界知一切衆生界悉堪爲諸佛法器知一切衆生界隨其所欲爲現釋梵護世身知一切衆生界隨其所欲爲現聲聞獨覺寂靜威儀知一切衆生界爲現菩薩功德莊嚴身知一切衆生界爲現如來相好寂靜威儀開悟衆生是爲十若諸菩薩安住此法則得如來無上大威力決定解

三解衆生文相並顯

大方廣佛華嚴經疏鈔會本第五十六

大方廣佛華嚴經疏鈔會本第五十七之一　刊八

唐于闐國三藏沙門實叉難陀　譯

唐清涼山大華嚴寺沙門澄觀撰述

佛子菩薩摩訶薩有十種習氣何等爲十所謂菩提心習氣善根習氣教化衆生習氣見佛習氣於清淨世界受生習氣行習氣願習氣波羅蜜習氣思惟平等法習氣種種境界差別習氣是爲十若諸菩薩安住此法則永離一切煩惱習氣得如來大智習氣非習氣智

第三十種習氣下五門明三地中行分二前二門明能起厭行後三門即所起厭行前中二此門明熏習成氣後門增盛攝取令初由此地厭伏煩惱故於諸行積集熏成氣分方能究竟斷伏煩惱故名習氣十中一行本氣二成行氣三下化四上見五受生六大行七十願八十度九理智十量智

佛子菩薩摩訶薩有十種取以此不斷諸菩薩行何等爲十所謂取一切衆生界究竟教化故取一切世界究竟嚴淨故取如來修菩薩行爲供養故取善根積集諸佛相好功德故取大悲滅一切衆生苦故取大慈與一切衆生一切智樂故取波羅蜜積集菩薩諸莊嚴故取善巧方便於一切處皆示現故取菩提得無礙智故略說菩薩取一切法於一切處悉以明智而現了故是爲十若諸菩薩安住此取則能不斷諸菩薩行得一切如來無上無所取法

二十種取者明增盛攝取故晉經名纖然由前積習愛樂得增上故

佛子菩薩摩訶薩有十種修何等爲十所謂修諸波羅蜜修學修慧修義修法修出離修示現修勤行匪懈修成等正覺修轉正法輪是爲十若諸菩薩安住其中則得無上修修一切法

第二十種修下三門明所起厭行即分爲三此門正顯修行前八修因後二修果

佛子菩薩摩訶薩有十種成就佛法何等爲十所謂不離善知識成就佛法深信佛語成就佛法不謗正法成就佛法以無量無盡善根迴向成就佛法信解如來境界無邊際成就佛法知一切世界境界成就佛法不捨法界境界成就佛法遠離諸魔境界成就佛法正念一切諸佛境界成就佛法樂求如來十力境界成就佛法是爲十若諸菩薩安住此法則得成就如來無上大智慧

第二成就佛法明修成勝緣依託此十能成就故

佛子菩薩摩訶薩有十種退失佛法應當遠離何等爲十所謂輕慢善知識退失佛法畏生死苦退失佛法厭修菩薩行退失佛法不樂住世間退失佛法耽著三昧退失佛法執取善根退失佛法誹謗正法退失佛法斷菩薩行退失佛法樂二乘道退失佛法嫌恨諸菩薩退失佛法是爲十若諸菩薩遠離此法則入菩薩離生道

第三十種退失明修行離過別舉十過總令遠離文並可知

佛子菩薩摩訶薩有十種離生道何等爲十

所謂出生般若波羅蜜而恒觀察一切衆生是爲一遠離諸見而度脫一切見縛衆生是爲二不念一切相而不捨一切著相衆生是爲三超過三界而常在一切世界是爲四永離煩惱而與一切衆生共居是爲五得離欲法而常以大悲哀愍一切著欲衆生是爲六常樂寂靜而恒示現一切眷屬是爲七離世間生而死此生彼起菩薩行是爲八不染一切世間法而不斷一切世間所作是爲九諸佛菩提已現其前而不捨菩薩一切願行是爲十佛子是爲菩薩摩訶薩十種離生道出離世間不與世共而亦不雜二乘之行若諸菩薩安住此法則得菩薩決定法

第四離生道下五門明四地中行分三初此門明清淨對治修行增長因次門明其清淨後三門明對治修行增長初門明等彼有四分今具其三但畧無果果非正地故然諸門一一皆與彼本分相應有不曉者尋前自了

今初前三地寄同世間有見等惑猶如生食在腹四地寄同出世對治清淨能離彼生謂離有爲行故得無生故顯行純熟離生澀故廣如婆沙今是彼清淨對治之因故名爲道地經有十法明門初是觀察衆生今但廣斯一句餘略不具結云不雜二乘者以於十句雙行而修故不同二乘見道離生矣結云已下四揀大異小然此中離生有二一離卻生二離生澀生此亦有二一從無之有曰生二生長名生餘並可思

佛子菩薩摩訶薩有十種決定法何等爲十所謂決定於如來種族中生決定於諸佛境界中住決定了知菩薩所作事決定安住諸波羅蜜決定得預如來衆會決定能顯如來種性決定安住如來力決定深入佛菩提決定與一切如來同一身決定與一切如來所住無有二是爲十

第二決定法者明其清淨上明能離今顯所得以得出世決定法故故彼文云得彼內法生如來家十中前五自分後五勝進

佛子菩薩摩訶薩有十種出生佛法道何等爲十所謂隨順善友是出生佛法道同種善根故深心信解是出生佛法道知佛自在故發大誓願是出生佛法道其心寬廣故忍自善根是出生佛法道知業不失故一切劫修行無厭足是出生佛法道盡未來際故阿僧祇世界皆示現是出生佛法道成熟衆生故不斷菩薩行是出生佛法道增長大悲故無量心是出生佛法道一念徧一切虛空界故殊勝行是出生佛法道本所修行無失壞故如來種是出生佛法道令一切衆生樂發菩提心以一切善法資持故是爲十若諸菩薩安住此法則得大丈夫名號

第三出生佛法下三門明對治修行增長於中分二先二門明修行增長後一門明修行對治今初亦二此門正明增長後門顯立勝名今初從緣出生即增長義亦猶出息增長其多十中初二順人信法次二願智不虛次二時處廣長次二無間普徧

後二勝行攝生

佛子菩薩摩訶薩有十種大丈夫名號何等爲十所謂名爲菩提薩埵菩提智所生故名爲摩訶薩埵安住大乘故名爲第一薩埵證第一法故名爲勝薩埵覺悟勝法故名爲最

勝薩埵智慧最勝故名爲上薩埵起上精進故名爲無上薩埵開示無上法故名爲力薩埵廣知十力故名爲無等薩埵世間無比故名爲不思議薩埵一念成佛故是爲十若諸菩薩得此名號則成就菩薩道

二丈夫名號即立勝名由德行內增故嘉名外立十中前四從境立名五六約當體受名上皆自利七八利他九通顯勝具二利故上皆自分因名後一勝進果稱上皆隨德假名故瑜伽四十六明菩薩隨德假名有十六種初名菩提薩埵十六名爲法師顯揚第八莊嚴論十二皆同此說又商主天子經五義立名悉槃不會瑜伽四十六者彼論云一切菩薩當知復有如是等類無有量別隨德假名所謂名爲菩提薩埵摩訶薩埵成就覺慧最上照明最勝真子最勝住持普能降伏最勝萌芽亦名勇健亦名最勝亦名商主亦名大名稱亦名憐愍亦名大福亦名自在亦名法師如是十方無邊無際諸世界中無邊菩薩當知乃至內德各別無量無邊假立相號釋曰下引二論與此全同一二小異義無以別又商主者一於菩提分住持入故名菩提薩埵二入大乘故滿大乘智故名摩訶薩埵三不可求法智德入故名最勝薩埵四不與煩惱共住爲諸衆生滅煩惱故發精進故故名淨薩埵五令諸衆生行淨道故故

名極淨薩埵

佛子菩薩摩訶薩有十種道何等爲十所謂一道是菩薩道不捨獨一菩提心故二道是菩薩道出生智慧及方便故三道是菩薩道行空無相無願不著三界故四行是菩薩道懺除罪障隨喜福德恭敬尊重勸請如來善巧迴向無休息故五根是菩薩道安住淨信堅固不動起大精進所作究竟一向正念無異攀緣巧知三昧入出方便善能分別智慧境界故六通是菩薩道所謂天眼悉見一切世界所有衆色知諸衆生死此生彼故天耳悉聞諸佛說法受持憶念廣爲衆生隨根演暢故他心智能知他心自在無礙故宿命念憶知過去一切劫數增長善根故神足通隨所應化一切衆生種種爲現令樂法故漏盡智現證實際起菩薩行不斷絕故七念是菩薩道所謂念佛於一毛孔見無量佛開悟一切衆生心故念法不離一如來衆會於一切如來衆會中親承妙法隨諸衆生根性欲樂而爲演說令悟入故念僧恒相續見無有休息於一切世間見菩薩故念捨了知一切菩薩捨行增長廣大布施心故念戒不捨菩提心以一切善根迴向衆生故念天常憶念兜率陀天宮一生補處菩薩故念衆生智慧方便教化調伏普及一切無間斷故隨順菩提八聖道是菩薩道所謂行正見道遠離一切諸邪見故起正思惟捨妄分別心常隨順一切智故常行正語離語四過順聖言故恒修正業教化衆生令調伏故安住正命頭陀知足威儀審正隨順菩提行四聖種一切過失皆永離故起正精進勤修一切菩薩苦行入佛十力無罣礙故心常正念悉能憶持一切言音除滅世間散動心故心常正定善入菩薩不思議解脫門於一三昧中出生一切諸三昧故入九次第定是菩薩道所謂離欲恚害而以一切語業說法無礙滅除覺觀而以一切智覺觀教化衆生捨離喜愛而見一切佛心大歡喜離世間樂而隨順出世菩薩道樂從此不動入無色定而亦不捨欲色受生雖住滅一切想受定而亦不息菩薩行故學

佛十力是菩薩道所謂善知是處非處智善知一切衆生去來現在業報因果智善知一切衆生上中下根不同隨宜說法智善知一切衆生種種無量性智善知一切衆生煩中上解差別令入法方便智徧一切世間一切剎一切三世一切劫普現如來形相威儀而亦不捨菩薩所行智善知一切諸禪解脫及諸三昧若垢若淨時與非時方便出生諸菩薩解脫門智知一切衆生於諸趣中死此生彼差別智於一念中悉知三世一切劫數智善知一切衆生樂欲諸使惑習滅盡智而不捨離諸菩薩行是爲十若諸菩薩安住此法則得一切如來無上巧方便道

第二有十種道明修行對治地經寄位廣明三十七品今約實位故增數顯十皆爲對治並是正道十中前二後一名義皆不共三道則名義俱共四道至九名共小乘義唯實教前三可知言義唯實者故四行云善巧迴向無休息故五根定根知三昧入出六通天眼見死此生彼七六念成七加念衆生爲大悲故亦是廣七覺中一念覺故餘例此知八正思惟順一切智九次第定皆寂用雙行初禪離欲恚害而逆化衆生亦用欲等言說故云一切語業二禪雖無覺觀不壞淨覺以爲說因三禪離喜而生法喜四禪離樂而受解脫道樂從此不動下明四無色定但總相顯勝雖住滅下即滅盡定此定雖盡滅諸不恒行心心所法及滅恒行染汙一分而以厭患想受爲先故名滅想受定由非想地猶有細想是捨受故今實教明即受等性滅故不息菩薩行是以七地云能念念入亦念念起等餘如三地及七地中辨十力中六徧一切下是一切至處道智八是天眼九是宿命今三世悉知況乎宿命餘如初會中辨義唯實教者總生下六段四以迴向無休爲實五以定知三昧出入爲實六通天眼但見三千等三明十力方見過未今見死此生彼便同力義非是實教無此義耳七以加悲念衆生爲實又云亦是廣七覺中一念覺者地經約道品明對治今五根八正即是道品此廣念覺兼有七覺則與前文影略明耳八正中以顯一切智異於二乘爲實九定權實雙行爲實如初禪離欲恚害是實而能逆化是涉權故異權小之九定也下並可思對前三地九次第定則知此中權實雙行以實教定故下指前文

佛子菩薩摩訶薩有無量道無量助道無量修道無量莊嚴道

第五無量道下二門明五地中行分二此門明勝慢對治中行後門明後二分中行

今初分二先總標四門以此四門同顯道義義皆無量類例相從故總標之約義須分故後二屬後以此四門下出經總標所以約義須分下出䟽別配所以四中前二是五地修道爲六地莊嚴道是七地故云約義須分後二屬後恐是釋人一時標耳

佛子菩薩摩訶薩有十種無量道何等爲十所謂虛空無量故菩薩道亦無量法界無邊故菩薩道亦無量衆生界無盡故菩薩道亦無量世界無際故菩薩道亦無量劫數不可盡故菩薩道亦無量一切衆生語言法無量故菩薩道亦無量如來身無量故菩薩道亦無量佛音聲無量故菩薩道亦無量如來力無量故菩薩道亦無量一切智智無量故菩薩道亦無量是爲十

二從佛子下別明初門謂十平等心及隨

如道行皆是菩薩正道所遊路故以觸境皆如道無不在況虛空等十一一無量道豈有涯十中前四各一無量後四皆佛界無量語言亦屬衆生亦是調伏界無量劫數即竪論無量餘七橫論無量虛空亦橫亦竪法界非橫非竪虛空法界約無分量餘八廣多無量兼無分量十中前四者會五無量界也

佛子菩薩摩訶薩有十種無量助道所謂如虛空界無量菩薩集助道亦無量如法界無邊菩薩集助道亦無邊如衆生界無盡菩薩集助道亦無盡如世界無際菩薩集助道亦無際如劫數說不可盡菩薩集助道亦一切世間說不能盡如衆生語言法無量菩薩集助道出生智慧知語言法亦無量如如來身無量菩薩集助道徧一切衆生一切刹一切世一切劫亦無量如佛音聲無量菩薩出一言音周徧法界一切衆生無不聞知故所集助道亦無量如佛力無量菩薩承如來力積集助道亦無量如一切智智無量菩薩積集助道亦如是無有量是爲十若諸菩薩安住此法則得如來無量智慧

二無量助道即不住道行勝及彼果勝中行以智契如是謂正道萬行資緣皆爲助道此二合行名不住道今以圓融之修無不契如並爲正道皆互相資並爲助道故舉虛空等十不異前章然正道不隨事轉同稱無量助道隨事故隨所等事名無邊無盡等二無量下疏文有四一顯前文然彼有三分一勝慢對治二不住道行勝三彼果勝上十平等是治他地慢隨如道即治自地慢俱是第一分今此即二三兩分以智契如下二釋成不住道義便仍釋前正道今以圓融下三通難釋成難云今是助道豈是不住道行勝等中行耶故答云俱爲正道並爲助道則助道中已有正道故得合爲不住道耳然正下復有問言既俱互通那得經中分成二名故答云雖則互通而文之中容已揀異則名顯中同用空等顯互通義隨事不隱顯二別義

佛子菩薩摩訶薩有十種無量修道何等爲十所謂不來不去修身語意業無動作故不增不減修如本性故非有非無修無自性故如幻如夢如影如響如鏡中像如熱時燄如水中月修離一切執著故空無相無願無作修明見三界而集福德不休息故不可說無言說離言說修遠離施設安立法故不壞法界修智慧現知一切法故不壞真如實際修普入真如實際虛空際故廣大智慧修諸有所作力無盡故住如來十力四無所畏一切智智平等修現見一切法無疑惑故是爲十若諸菩薩安住此法則得如來一切智無上善巧修

第六無量修道一門明六地中行般若現前爲真修故無去來等即十平等等故十中前四即勝慢對治中行攝十平等後六即彼果勝中行不住道行勝十種觀緣彼已廣故此略不明第六無量下文四一顯修道是六地所由無去來下顯其同相上顯義同此顯文同四中前三約法後一約喻法中彼從別義開成前八今總明之一不起心二稱本性三遣修相亦可配三性三無性如理思之四舉七喻通顯無著亦可配三性者如初來去即徧計所執性以不不之即相無自性性下二以依他圓成對生無自性性勝義無自性性可以意得四舉七喻者七喻全同彼文論釋云此明

遣我非有相而有二釋一者前七句以無破有七喻以有遣無令不著無故二者例同於前亦以無遣有故云我非有相幻夢影像不壞虛相取不可得後六中五雖證三空而集福德六不著教法不可說者理圓言偏言不能詮故無言說者性無言故離言說者忘言方會故七不壞事法界八不壞真如理九總明權實之智故力無盡上皆自分修十即勝進修四中下隨文別釋於中有二先釋十平等言云從別義開成前八者一無相故二無體三無生四無成五本來清淨六無戲論七無取捨八寂靜故平等今總明之下暴有三義一不起心者約定故經釋云無動作故二約本性約觀智了本性心境寘故故經釋云如本性故三遣修相者即上二修亦不立故釋云無自性故

佛子菩薩摩訶薩有十種莊嚴道

第七莊嚴道下三門明七地中行分三初門明權實雙行次門明念念進趣後門取授自在令初即彼地中樂無作行對治十種方便智及雙行果發起勝行中行以權實交飾故曰莊嚴

何等爲十佛子菩薩摩訶薩不離欲界入色界無色界禪定解脫及諸三昧亦不因此而受彼生是爲第一莊嚴道智慧現前入聲聞道不以此道而取出離是爲第二莊嚴道智慧現前入辟支佛道而起大悲無有休息是爲第三莊嚴道雖有人天眷屬圍繞百千婇女歌舞侍從未曾暫捨禪定解脫及諸三昧是爲第四莊嚴道與一切衆生受諸欲樂共相娛樂乃至未曾於一念間捨離菩薩平等三昧是爲第五莊嚴道

列中前五自行無染

已到一切世間彼岸於諸世法悉無所著而亦不捨度衆生行是爲第六莊嚴道

次四隨有攝化一無染而化

安住正道正智正見而能示入一切邪道不取爲實不執爲淨令彼衆生遠離邪法是爲第七莊嚴道

二處正入邪

常善護持如來淨戒身語意業無諸過失爲欲教化犯戒衆生示行一切凡愚之行雖已具足清淨福德住菩薩趣而示生於一切地獄畜生餓鬼及諸險難貧窮等處令彼衆生皆得解脫而實菩薩不生彼趣是爲第八莊嚴道

三持犯權實

不由他教得無礙辯智慧光明普能照了一切佛法爲一切如來神力所持與一切諸佛同一法身成就一切堅固大人明淨密法安住一切平等諸乘諸佛境界皆現其前具足一切世智光明照見一切諸衆生界能爲衆生作知法師而示求正法未曾休息雖實與衆生作無上師而示行尊敬闍棃和尚何以故菩薩摩訶薩善巧方便住菩薩道隨其所應皆爲示現是爲第九莊嚴道

四人法權實

善根具足諸行究竟一切如來所共灌頂到一切法自在彼岸無礙法繒以冠其首其身徧至一切世界普現如來無礙之身於法自在最上究竟轉於無礙清淨法輪一切菩薩自在之法皆已成就而爲衆生故於一切國土示現受生與三世諸佛同一境界而不廢

菩薩行不捨菩薩法不懈菩薩業不離菩薩道不弛菩薩儀不斷菩薩取不息菩薩巧方便不絕菩薩所作事不厭菩薩生成用不止菩薩住持力何以故菩薩欲疾證阿耨多羅三藐三菩提觀一切智門修菩薩行無休息故是爲第十莊嚴道

十總顯因果權實於中三初因圓示缺示現受生是因未滿故次與三世下同果境界而不捨因因有十句行通二利法即教法業謂利他道謂正智儀謂制聽取即願求巧謂權變上皆所作事總語因體生成用者即因成大用住持力者長用不絕後何以下徵釋可知

若諸菩薩安住此法則得如來無上大莊嚴道亦不捨菩薩道

佛子菩薩摩訶薩有十種足何等爲十所謂持戒足殊勝大願悉成滿故精進足集一切菩提分法不退轉故神通足隨衆生欲令歡喜故神力足不離一佛刹往一切佛刹故深心足願求一切殊勝法故堅誓足一切所作咸究竟故隨順足不違一切尊者教故樂法足聞持一切佛所說法不疲懈故法雨足爲衆演說無怯弱故修行足一切諸惡悉遠離故是爲十若諸菩薩安住此法則得如來無上最勝足若一舉步悉能徧至一切世界

二十足明念念進趣行即彼障對治中修行無量種及雙行分中菩提分差別等十中初二約行一戒二進次二約通一總二別次二約心一願二誓次二約法一順二持後二約德一濟二伏

佛子菩薩摩訶薩有十種手何等爲十所謂深信手於佛所說一向忍可究竟受持故布施手有來求者隨其所欲皆令充滿故先意問訊手舒展右掌相迎引故供養諸佛手集衆福德無疲厭故多聞善巧手悉斷一切衆生疑故令超三界手授與衆生拔出欲泥故置於彼岸手四暴流中救溺衆生故不悋正法手所有妙法悉以開示故善用衆論手以智慧藥滅身心病故恒持智寶手開法光明破煩惱闇故是爲十若諸菩薩安住此法則得如來無上手普覆十方一切世界

三十種手明取授自在行即雙行分中能作大義十中初一約取謂念念中修習一切佛法向佛智故餘九約授於中前五明四攝一布施二愛語三四皆利行五即同事共一手作而拔出故後四即四家一苦清淨故二示諸諦故三般若力故四捨煩惱故

佛子菩薩摩訶薩有十種腹何等爲十所謂離諂曲腹心清淨故離幻僞腹性質直故不虛假腹無險詖故無欺奪腹於一切物無所貪故斷煩惱腹具智慧故清淨心腹離諸惡故觀察飲食腹念如實法故觀察無作腹覺悟緣起故覺悟一切出離道腹善成熟深心故遠離一切邊見垢腹令一切衆生得入佛腹故是爲十若諸菩薩安住此法則得如來無上廣大腹悉能容受一切衆生

第八十腹下三門明第八地中行以內證無生故皆約內事明內德圓滿即分爲三初門明含容清淨德即彼集地分中無住

道清淨等故及淨忍分中得無生故亦是得勝行分中離一切貪著等故世人之腹多含穢惡今此十中前六明惡無不離七八九三明善無不積若能如是凡即佛腹

佛子菩薩摩訶薩有十種藏何等爲十所謂不斷佛種是菩薩藏開示佛法無量威德故增長法種是菩薩藏出生智慧廣大光明故住持僧種是菩薩藏令其得入不退法輪故覺悟正定衆生是菩薩藏善隨其時不踰一念故究竟成熟不定衆生是菩薩藏令因相續無有間斷故爲邪定衆生發起大悲是菩薩藏令未來因悉得成就故滿佛十力不可壞因是菩薩藏具降伏魔軍無對善根故最勝無畏大師子吼是菩薩藏令一切衆生皆歡喜故得佛十八不共法是菩薩藏智慧普入一切處故普了知一切衆生一切刹一切法一切佛是菩薩藏於一念中悉明見故是爲十若諸菩薩安住此法則得如來無上善根不可壞大智慧藏

二有十藏前總舉其腹今別明五藏由得勝行諸佛勸起一念出生含攝成熟無量德故（今別明五藏者謂脾腎心肺肝也上總束一腹所有此唯取五藏下唯一心約事即然約法皆十融無盡故）十中初三出生三寶次三成熟三聚邪定亦有佛性爲未來因故起悲爲緣涅槃云一闡提人雖復斷善由佛性力未來善根還得生長即其義也後四攝授佛果最後即一切智也

大方廣佛華嚴經疏鈔會本第五十七之一

大方廣佛華嚴經疏鈔會本第五十七之二　刑九

唐于闐國三藏沙門實叉難陀　譯

唐清涼山大華嚴寺沙門澄觀　撰述

佛子菩薩摩訶薩有十種心何等爲十所謂精勤心一切所作悉究竟故不懈心積集相好福德行故大勇健心摧破一切諸魔軍故如理行心除滅一切諸煩惱故不退轉心乃至菩提終不息故性清淨心知心不動無所著故知衆生心隨其解欲令出離故令入佛法大梵住心知諸衆生種種解欲不以別乘而救護故空無相無願無作心見三界相不取著故卍字相金剛堅固勝藏莊嚴心一切衆生數等魔來乃至不能動一毛故是爲十若諸菩薩安住此法則得如來無上大智光明藏心

三有十心即五藏之一最爲勝故五藏主故即此地能成諸善無功用心前初地中明心梵云質多即慮知心對身口故今此梵云纈喇陀耶此云肉團心對餘藏故十中前六自利於中初二攝善一勤二策次二破惡一破緣二破因次二成行一堅二淨次二攝生心一智令悟二慈拯救大梵住即四無量後二成德　深二圓

佛子菩薩摩訶薩有十種被甲何等爲十所謂被大慈甲救護一切衆生故被大悲甲堪忍一切諸苦故被大願甲一切所作究竟故被迴向甲建立一切佛莊嚴故被福德甲饒益一切衆生故被波羅蜜甲度脫一切諸含識故被智慧甲滅一切衆生煩惱闇故被善巧方便甲生普門善根故被一切智心堅固不散亂甲不樂餘乘故被一心決定甲於一切法離疑惑故是爲十若諸菩薩安住此法則被如來無上甲胄悉能摧伏一切魔軍

第九被甲下二門明九地行法師入有備外嚴故初門明入地十心如被甲防內將趣入故十句可知

佛子菩薩摩訶薩有十種器仗何等爲十所謂布施是菩薩器仗摧破一切慳悋故持戒是菩薩器仗棄捨一切毀犯故平等是菩薩器仗斷除一切分別故智慧是菩薩器仗消滅一切煩惱故正命是菩薩器仗遠離一切邪命故善巧方便是菩薩器仗於一切處示現故略說貪瞋癡等一切煩惱是菩薩器仗以煩惱門度衆生故生死是菩薩器仗不斷菩薩行教化衆生故說如實法是菩薩器仗能破一切執著故一切智是菩薩器仗不捨菩薩行門故是爲十若諸菩薩安住此法則能除滅一切衆生長夜所集煩惱結使

二十器仗器仗破外以住地心窮十稠林無不破故十中前五順仗破障次三違仗破障如令賊破賊故次一非順非違仗如以良謀不用兵仗無不破故後一切成立德仗

佛子菩薩摩訶薩有十種首何等爲十所謂涅槃首無能見頂故尊敬首一切人天所敬禮故廣大勝解首三千界中最爲勝故第一善根首三界衆生咸供養故荷載衆生首成就頂上肉髻相故不輕賤他首於一切處常尊勝故般若波羅蜜首長養一切功德法故方便智相應首普現一切同類身故教化一

切衆生首以一切衆生爲弟子故守護諸佛法眼首能令三寶種不斷絶故是爲十若諸菩薩安住此法則得如來無上大智慧首

第十十種首下十三門明十地行十地德圓故寄六根四儀業用明之且爲三初一總標德首次六六根勝德後六四儀成規今初居受職位首出衆聖故十中初三果首次三標之以因釋之以果後四直明行首

佛子菩薩摩訶薩有十種眼所謂肉眼見一切色故天眼見一切衆生心故慧眼見一切衆生諸根境界故法眼見一切法如實相故佛眼見如來十力故智眼知見諸法故光明眼見佛光明故出生死眼見涅槃故無礙眼所見無障故一切智眼見普門法界故是爲十若諸菩薩安住此法則得如來無上大智慧眼

第二十眼下六門六根即分爲六初明十眼者即大盡分中如實知見一切法故初明十眼者疏文有五一指前經文釋成眼義如實知見爲眼義故二十中下隨文會釋

三出體四明次第五餘如別章示原然諸數章門多分爲七門一釋名得名二辨體三修成次第四類差別五見境不同六約人辨異七問答分別今但義合五段之中初一義當釋名照暢名眼故名隨釋中辨十中前五名同諸教而體用不同諸宗肉眼見障內色故智論三十七說肉眼見近不見遠見前不見後等天眼方見遠等仍有分齊今肉眼見一切色已過二眼故四十四自指云不思議經應見遠此中不說釋中已下二隨文會釋對餘五眼辨開合同異於中分二先釋前五但明業用同異後五即開合同異前中先總明同異即分爲五一肉眼中然明見不見畧有五義一見麤不見細二見近不見遠三見明不見暗四見前不見後五見障內不見障外斯即亦是見境不同故疏釋及論影出其三而言等者等取麤細明暗言天眼方見遠等等取餘四此乃成不見遠等非釋天眼今肉眼下舉此顯勝四十四下引彼指止其意字合言說字此中不說者即智論指摩訶般若中爲此中然天眼是假合不見實相今明見心即似同於彼然心通性相則亦不同然天眼下刊九二釋天眼中先序四五眼言假和合者即是出體以肉天眼皆是清淨四大不可見有對色爲體但人天趣別耳言不見實相者即是所見境但翻前見近不見遠等則前五不見天眼皆見而不見實相實相是慧眼境故今明見心下顯此十眼言似同彼者心若約相非實相故今具性相故亦不同此中慧眼似彼法眼此中法眼似彼慧眼所以互者以

彼慧眼不能見衆生盡滅一異不能度生今顯實過權反此明能此中慧眼下三釋慧眼言似法眼者約所見境異以彼法眼見事及根欲等今見衆生諸根境異故同彼法此中法眼似彼慧眼者彼中慧眼見理境故即如實相也從所以互下出不同之由以慧眼但見理故不見盡滅一異今舉彼不見故云過彼則顯慧刊九眼亦能見理但同五者不舉耳彼中法眼雖知於法不能徧知衆生方便道今反此故明知一切意欲異權故耳彼中法眼下四釋法眼亦舉彼不能顯此之能則一切法如實相言通事實理實若爾云何分於法慧然法慧二眼俱以慧數爲體五眼中明自有一義一慧眼以正體智爲體法眼以後得智爲性二云法眼從所知法爲名所知亦通於理慧眼從能知智爲名令正取後義則顯慧眼亦通二慧彼佛眼細無不知今舉勝況劣又十力無不該故彼佛眼下五釋佛眼先舉他宗亦約所知境後今舉下會釋今文而有二意一直盡文則十力狹於一切法也故云舉勝下文云十力下別顯同彼不出十力之所知故顯雖屬佛攝異法慧故舉十力耳然彼釋名有三義一云四眼在佛皆名佛眼此即佛身之眼從主爲名二云佛者覺義覺即是眼當體爲名三亦可照達佛性名爲佛眼者涅槃云若人能見身中佛性雖是肉眼即名佛眼故以十力當體照達名爲眼耳彼出體云眼即以無功用智爲性或以圓鏡等四智爲體皆不出十力義耳後五中智眼見事即法眼開出光明眼通身智光義兼法慧出生死眼者然涅槃不可見絶見方見見

圓寂故無礙眼者總見諸眼境皆無障故此即一眼具多爲不壞相故須列十眼一切智眼即是普眼非但見法界重重亦乃法界即眼故爲普門義兼法慧者根本智即慧眼攝後得智兼於法慧又能知即慧所知即法出生死眼者亦前慧眼慧眼見理故無礙眼先正明後爲不壞相下通妨妨云若爾一眼即足何用說十故爲此通即是普眼者名異體一普名普眼即佛眼總義然普眼有三義一見普法故二普見諸法三所見即眼故以以前二義況出第三具如毗盧遮那品若以法相宗言下五眼皆佛眼攝一切智眼即是佛眼故知十眼全以無礙法界而爲其體故知十眼下第三出體隨相別體以見於前此即圓融總相體耳若辨次第以肉眼見生受苦次以天眼了知其心次別知根境次引入如實次令得佛力次毫光而見次同歸寂滅後等同法界餘如別章若辨次下第四辨次唯約十眼明次次別知根境即慧眼次引入如實即是法眼次令得佛力即是佛眼次等光而見即通智眼及光明眼光有智光即同智故次同歸寂滅即出生死眼後等同法界即一切智眼其無礙眼以是總故通於前後若法相中明次第者約修以明爲導養身先修肉眼肉眼見麤不見細等次修天眼天眼見色未見眞境故修慧眼慧眼見理不能見事故修法眼法眼未圓故修佛眼餘如別章者諸章門中皆廣說之然大意要妙上已略具今更出其見境寬狹然所見有四一事二法三理四實陰界入等差別是事苦無常等衆生根性是法

二空眞如是理如來藏中眞常佛性是實此之四法五眼所見一肉眼所見障內等然凡夫肉眼見百由旬二乘肉眼同凡夫見菩薩肉眼如大品說極遠見三千界如來肉眼與菩薩同見境分明天眼有一二報得隨在諸地及於下地下不能見上若修得者智論云凡夫天眼見一四天下以小聲聞見小千界大聲聞見中千界那律見三千界緣覺小者見中千大者見大千菩薩修得者隨人大小所見不定遠者見一切世界故地持云菩薩以一切世界爲天眼境報得者大品經說極喜見三千如來見一切後之三眼不可以方所定論唯約得法深淺以辨二乘慧眼唯見生空菩薩慧眼具見二空不能窮盡如來畢竟二乘法眼但見苦無常等諸法總相麤觀不能微細若約不知根欲即無法眼菩薩法眼了根欲性及一切法若總若別若麤若細而無不窮盡如來與菩薩同皆悉窮盡佛眼二乘全無菩薩人中進過不定地前菩薩聞見佛性未有佛眼地上眼見故有佛眼若準涅槃九地已還聞見佛性十地眼見而未了了但見自身所有佛性不見衆生所有佛性於自身中十分見一如來佛眼窮盡此明見實若約人辨餘則可知佛之三身化身具五報身無肉眼法身無五眼若約法性之眼亦得具五然隨法相宗差別斯法性宗中一一圓融具如上說

佛子菩薩摩訶薩有十種耳何等爲十所謂聞讚歎聲斷除貪愛聞毀呰聲斷除瞋恚聞說二乘不著不求聞菩薩道歡喜踊躍聞地獄等諸苦難處起大悲心發弘誓願聞說人天勝妙之事知彼皆是無常之法聞有讚歎諸佛功德勤加精進令速圓滿聞說六度四攝等法發心修行願到彼岸聞十方世界一切音聲悉知如響入不可說甚深妙義菩薩摩訶薩從初發心乃至道場常聞正法未曾暫息而恒不捨化衆生事是爲十若諸菩薩成就此法則得如來無上大智慧耳

二十耳者然眼等六根由得解脫神通無上見聞齅觸等皆自在故總就行辨此門亦即釋名分中聞持如來大法雨故初二離順離違次二棄小欣大次二愍苦厭樂次二滿果圓因後二了俗同眞悲智俱運

佛子菩薩摩訶薩有十種鼻何等爲十所謂聞諸臭物不以爲臭聞諸香氣不以爲香香臭俱聞其心平等非香非臭安住於捨若聞衆生衣服卧具及其支體所有香臭則能知彼貪恚愚癡等分之行若聞諸伏藏草木等香皆如對目前分明辨了若聞下至阿鼻地獄上至有頂衆生之香皆知彼過去所行之行若聞諸聲聞布施持戒多聞慧香住一切智心不令散動若聞一切菩薩行香以平等

慧入如來地聞一切佛智境界香亦不廢捨諸菩薩行是爲十若諸菩薩成就此法則得如來無量無邊清淨鼻

三有十鼻觀行香故於中初四聞香體俱舍有四總名爲香一好香謂沉檀等二惡香謂葱韮等三等香四不等香謂於前二增益依身名爲等香損減依身名不等香故亦不離好惡今此中俱聞聞其上二更無別體非香非臭對前成三謂如柴炭等次三聞香表用瑜伽等中上二界既無鼻舌二識亦無香味二塵語其無麤此聞有頂香者明其聞細菩薩力故又有頂言餘處多明是色究竟準晉經中聞非想香則有頂言亦是三有之頂既有通果之色亦有通果之香後三聞出世人法

佛子菩薩摩訶薩有十種舌何等爲十所謂開示演說無盡衆生行舌開示演說無盡法門舌讚歎諸佛無盡功德舌演暢詞辯無盡舌開闡大乘助道舌徧覆十方虛空舌普照一切佛刹舌普使衆生悟解舌悉令諸佛歡喜舌降伏一切諸魔外道除滅一切生死煩惱令至涅槃舌是爲十若諸菩薩成就此法則得如來徧覆一切諸佛國土無上舌

四有十舌演法味故下三爲成六根非顯三業三業前已有故十中前五約辯顯德後五約用十降四魔魔即天子魔生即蘊魔故

佛子菩薩摩訶薩有十種身何等爲十所謂人身爲教化一切諸人故非人身爲教化地獄畜生餓鬼故天身爲教化欲界色界無色界衆生故學身示現學地故無學身示現阿羅漢地故獨覺身教化令入辟支佛地故菩薩身令成就大乘故如來身智水灌頂故意生身善巧出生故無漏法身以無功用示現一切衆生身故是爲十若諸菩薩成就此法則得如來無上之身

五有十身隨行成身故

佛子菩薩摩訶薩有十種意何等爲十所謂上首意發起一切善根故安住意深信堅固不動故深入意隨順佛法而解故內了意知諸衆生心樂故無亂意一切煩惱不雜故明淨意客塵不能染著故善觀衆生意無有一念失時故善擇所作意未曾一處生過故密護諸根意調伏不令馳散故善入三昧意深入佛三昧無我我所故是爲十若諸菩薩安住此法則得一切佛無上意

六有十意初一總餘九別文並可知

佛子菩薩摩訶薩有十種行何等爲十所謂聞法行愛樂於法故說法行利益衆生故離貪恚癡怖畏行調伏自心故欲界行教化欲界衆生故色無色界三昧行令速轉還故趣向法義行速得智慧故一切生處行自在教化衆生故一切佛刹行禮拜供養諸佛故涅槃行不斷生死相續故成滿一切佛法行不捨菩薩法行故是爲十若諸菩薩安住此法則得如來無來無去行

第三六門明四儀動止行一行者動遊行法故於中令轉還者轉有漏定還無漏故不斷生死者若斷非真涅槃故餘可知

佛子菩薩摩訶薩有十種住何等爲十所謂

善提心住曾不忘失故波羅蜜住不猒助道故說法住增長智慧故阿蘭若住證大禪定故隨順一切智頭陀知足四聖種住少欲少事故深信住荷負正法故親近如來住學佛威儀故出生神通住圓滿大智故得忍住滿足授記故道場住具足力無畏一切佛法故是爲十若諸菩薩安住此法則得一切智無上住

二十種住者止息散動故前七自分住後三勝進住

佛子菩薩摩訶薩有十種坐何等爲十所謂轉輪王坐興十善道故四天王坐於一切世間自在安立佛法故帝釋坐與一切衆生爲勝主故梵天坐於自他心得自在故師子坐能說法故正法坐以總持辯才力而開示故堅固坐誓願究竟故大慈坐令惡衆生悉歡喜故大悲坐忍一切苦不疲猒故金剛坐降伏衆魔及外道故是爲十若諸菩薩安住此法則得如來無上正覺坐

三坐者多時安處故初四世坐以攝物後六法坐以成德

佛子菩薩摩訶薩有十種卧何等爲十所謂寂靜卧身心憺怕故禪定卧如理修行故三昧卧身心柔輭故梵天卧不惱自他故善業卧於後不悔故正信卧不可傾動故正道卧善友開覺故妙願卧善巧迴向故一切事畢卧所作成辦故捨諸功用卧一切慣習故是爲十若諸菩薩安住此法則得如來無上大法卧悉能開悟一切衆生

四十卧者放捨身心合法體故十中初三顯定一加行調身心二習修三得定餘七定並亦兼餘善然其十事各同卧之一義初三後二可知四獨已卧故五離尸伏故六離依倚故七思明相故互警覺故八右脇卧故

佛子菩薩摩訶薩有十種所住處何等爲十所謂以大慈爲所住處於一切衆生心平等故以大悲爲所住處不輕未學故以大喜爲所住處離一切憂惱故以大捨爲所住處於有爲無爲平等故以一切波羅蜜爲所住處菩提心爲首故以一切空爲所住處善巧觀察故以無相爲所住處不出正位故以無願爲所住處觀察受生故以念慧爲所住處忍法成滿故以一切法平等爲所住處得授記莂故是爲十若諸菩薩安住此法則得如來無上無礙所住處

五住處者智有棲止之所故前明能住此辨所住十句可知

佛子菩薩摩訶薩有十種所行處何等爲十所謂以正念爲所行處滿足念處故以諸趣爲所行處正覺法趣故以智慧爲所行處得佛歡喜故以波羅蜜爲所行處滿足一切智故以四攝爲所行處教化衆生故以生死爲所行處積集善根故以與一切衆生雜談戲爲所行處隨應教化令永離故以神通爲所行處知一切衆生諸根境界故以善巧方便爲所行處般若波羅蜜相應故以道場爲所行處成一切智而不斷菩薩行故是爲十若諸菩薩安住此法則得如來無上大智慧所行處

六所行處前辨能行此明所行於中初四自行一依四念阿難四問佛令依住今辨依行餘可思準十地行竟

佛子菩薩摩訶薩有十種觀察何等爲十所謂知諸業觀察微細悉見故知諸趣觀察不取衆生故知諸根觀察了達無根故知諸法觀察不壞法界故見佛法觀察勤修佛眼故得智慧觀察如理說法故無生忍觀察決了佛法故不退地觀察滅一切煩惱超出三界二乘地故灌頂地觀察於一切佛法自在不動故善覺智三昧觀察於一切十方施作佛事故是爲十若諸菩薩安住此法則得如來無上大觀察智

大文第六十觀察下五十一門答上因圓果滿若剋實而論成如來力下四門方明果滿前皆因圓以八相前五猶屬因故爲明八相皆示現故通入果中即分爲二初三十二門明因圓究竟即等覺位後十種住兜率下一十九門明現果圓滿行即妙覺位前中分三初一十四門明因行體性二十種義下八門明方便造修三十種魔下十門明因行除障初中二初四門起行方便二十種施下十度行體前中三初二門意業觀察次一門身業自在後一門語業宣暢前中初觀察者解方便故達通塞故於中初三觀所化次四觀能化法謂理果教行後三觀位一超劣二得位三同果用

佛子菩薩摩訶薩有十種普觀察何等爲十所謂普觀一切諸來求者以無違心滿其意故普觀一切犯戒衆生安置如來淨戒中故普觀一切害心衆生安置如來忍力中故普觀一切懈怠衆生勸令精勤不捨荷負大乘擔故普觀一切亂心衆生令住如來一切智地無散動故普觀一切惡慧衆生令除疑惑破有見故普觀一切平等善友順其教命住佛法故普觀一切所聞之法疾得證見最上義故普觀一切無邊衆生常不捨離大悲力故普觀一切諸佛之法速得成就一切智故是爲十若諸菩薩安住此法則得如來無上大智慧普觀察

二普觀察者審慮周徧故前六以六度治六蔽衆生後四雙明二利謂順人證法下化上成

佛子菩薩摩訶薩有十種奮迅何等爲十所謂牛王奮迅映蔽一切天龍夜叉乾闥婆等諸大衆故象王奮迅心善調柔荷負一切諸衆生故龍王奮迅興大法密雲耀解脫電光震如實義雷降諸根力覺分禪定解脫三昧甘露雨故大金翅鳥王奮迅竭貪愛水破愚癡㲉搏撮煩惱諸惡毒龍令出生死大苦海故大師子王奮迅安住無畏平等大智以爲器仗摧伏衆魔及外道故勇健奮迅能於生死大戰陣中摧滅一切煩惱冤故大智奮迅知蘊界處及諸緣起自在開示一切法故陀羅尼奮迅以念慧力持法不忘隨衆生根爲宣說故辯才奮迅無礙迅疾分別一切咸令受益心歡喜故如來奮迅一切智智助道之法皆悉成滿以一念相應慧所應得者一切皆得所應悟者一切皆悟坐師子座降魔冤

敵成阿耨多羅三藐三菩提故是爲十若諸菩薩安住此法則得諸佛於一切法無上自在奮迅

二身業自在中謂實德内充威德外溢如師子王奮迅威勢更有異釋如法界品辨於中前五寄喻次四約法上皆自分後一勝進

佛子菩薩摩訶薩有十種師子吼何等爲十所謂唱言我當必定成正等覺是菩提心大師子吼我當令一切衆生未度者度未脫者脫未安者安未涅槃者令得涅槃是大悲大師子吼我當令佛法僧種無有斷絶是報如來恩大師子吼我當嚴淨一切佛刹是究竟堅誓大師子吼我當除滅一切惡道及諸難處是自持淨戒大師子吼我當滿足一切諸佛身語及意相好莊嚴是求福無猒大師子吼我當成滿一切諸佛所有智慧是求智無猒大師子吼我當除滅一切衆魔及諸魔業是修正行斷諸煩惱大師子吼我當了知一切諸法無我無衆生無壽命無補伽羅空無相無願淨如虛空是無生法忍大師子吼最後生菩薩震動一切諸佛國土悉令嚴淨是時一切釋梵四王咸來讚請唯願菩薩以無生法而現受生菩薩則以無礙慧眼普觀世間一切衆生無如我者即於王宮示現誕生自行七步大師子吼我於世間最勝第一我當永盡生死邊際是如說而作大師子吼是爲十若諸菩薩安住此法則得如來無上大師子吼

三師子吼者既勇健無畏則能決定宣唱二中令物度苦脫集安道證滅故餘並可知

大方廣佛華嚴經疏鈔會本第五十七之二

大方廣佛華嚴經疏鈔會本第五十之一　刑十

唐于闐國三藏沙門實叉難陀　譯

唐清涼山大華嚴寺沙門澄觀撰述

佛子菩薩摩訶薩有十種清淨施何等爲十所謂平等施不揀衆生故隨意施滿其所願故不亂施令得利益故隨宜施知上中下故不住施不求果報故開捨施心不戀著故一切施究竟清淨故迴向菩提施遠離有爲無爲故教化衆生施乃至道場不捨故三輪清淨施於施者受者及以施物正念觀察如虛空故是爲十若諸菩薩安住此法則得如來無上清淨廣大施

第二十種施下十門明其行體於中先明六度後顯四等十度之義已如前釋皆言清淨者離蔽障故不同世間施戒等故然皆寄十表圓各爲一義與九三施等開合不同若具會釋恐猒繁文故隨顯直釋三施即財法無畏九施即一自性二一切三難行四一切門五善士六一切種七遂求八二世樂九清淨乃至六度四攝皆有此九十行之初已廣說竟故隨顯直釋者財施若顯即名財等難行等不更廣引九中別義三中別義 今初十施者

一無向背施即清淨施中別義今初十施者言一無向背即清淨中別義有十今但有無向背之一耳彼當第八二遂求施二遂求施者遂求皆八今但有一三二世樂施梵本中名應時及濟難不失益故餘七皆一切施三二世樂者二世樂有九今亦唯二所以引梵本者不亂之言不順二世樂以悤持彝難順二世樂故餘七皆一切施者一切即是三施然亦九中之一然一切有二一內外之二二有其三即財法無畏故下結中十皆通三今前三有其別相後七無餘施別相故云即一切耳四即觀其可不有損不宜等極貧下者應先施等

五不希異熟亦清淨施五雖兼清淨之義不求異熟即十中第二也六亦難行施所愛重物無戀著故六亦難行者以無一切施故云亦耳難行皆三即三中第二七內外財等無不捨故七內外財等內外即一切中初義也財等通一切中三也八九與十皆巧慧施此迴向巧治二過故一觀諸行性不堅牢治於當果有爲見勝功德二由具大悲治於二乘趣證無爲故行不住道而向菩提九益生施常以財法施之故名不捨十忘相成度八九下通釋後三先總標此迴向巧即別釋第八治第一過即經中遠離有爲治第二過即遠離無爲上解釋句行不住道下結成標句也 然其十度皆有三輪而義有小異如瑜伽說此上十施皆通三施然其十度者梵行品已說輪即施家三輪

佛子菩薩摩訶薩有十種清淨戒何等爲十所謂身清淨戒護身三惡故語清淨戒離語四過故心清淨戒永離貪瞋邪見故不破一切學處清淨戒於一切人天中作尊主故守護菩提心清淨戒不樂小乘故守護如來所制清淨戒乃至微細罪生大怖畏故隱密護持清淨戒善拔犯戒衆生故不作一切惡清淨戒誓修一切善法故遠離一切有見清淨戒於戒無著故守護一切衆生清淨戒發起大悲故是爲十若諸菩薩安住此法則得如來無上無過失清淨戒

二十戒者前三律儀七十攝生餘皆攝善又四即廣博戒五迴向戒上二皆一切種戒六持微細故即難行戒七令他悔除即善士戒八軌則具足所攝受戒一切惡止善行故九永出離戒上二即清淨戒十令他得二世樂戒

佛子菩薩摩訶薩有十種清淨忍何等爲十

所謂安受呰辱清淨忍護諸衆生故安受刀杖清淨忍善護自他故不生恚害清淨忍其心不動故不責卑賤清淨忍爲上能寬故有歸咸救清淨忍捨自身命故遠離我慢清淨忍不輕未學故殘毀不瞋清淨忍觀察如幻故有犯無報清淨忍不見自他故不隨煩惱清淨忍離諸境界故隨順菩薩真實智知一切法無生清淨忍不由他教入一切智境界故是爲十若諸菩薩安住其中則得一切諸佛不由他悟無上法忍

三十忍者初三耐怨害忍他三業惱害故次三安受苦忍初後忍不稱情中一忍身苦以濟物後二諦察法忍七八通三忍又四難行忍於下能忍恕不逮故五亡身濟難六忍已順他皆遂求忍餘如前判

難行忍下約三忍今約九忍難行有三今是其一於下能忍是一難行對於上流生忍則易童僕子息生忍則難彼合敬順我合責罰故言恕不違者即晉書中意晉衛洗馬凡所發言皆爲實錄時有一人非理相忤後有僕使所爲非理於此二人並無愠色人間其故彼對之曰非理相忤可以理遣人之不違可以情恕故云恕不違故以釋經中爲上能寬此亦外典謂居上能寬爲下能敬君子之行也

佛子菩薩摩訶薩有十種清淨精進何等爲十所謂身清淨精進承事供養諸佛菩薩及諸師長尊重福田不退轉故語清淨精進隨所聞法廣爲他說讚佛功德無疲倦故意清淨精進善能入出慈悲喜捨禪定解脫及諸三昧無休息故正直心清淨精進無誑無諂無曲無偽一切勤修無退轉故增勝心清淨精進志常趣求上上智慧願具一切白淨法故不唐捐清淨精進攝取布施戒忍多聞及不放逸乃至菩提無中息故摧伏一切魔清淨精進悉能除滅貪欲瞋恚愚癡邪見一切煩惱諸纏蓋故成滿智慧光清淨精進有所施爲悉善觀察咸使究竟不令後悔得一切佛不共法故無來無去清淨精進得如實智入法界門身語及心皆悉平等了相非相無所著故成就法光清淨精進超過諸地得佛灌頂以無漏身而示歿生出家成道說法滅度具足如是普賢事故是爲十若諸菩薩安住此法則得如來無上大清淨精進

四十精進中二與第十是饒益有情五是被甲餘皆攝善又初三三業即精進自體四離染法五引白法上二一切門精進六無所棄捨及無所退減七無下劣八無顛倒及勤勇加行上三即善士精進九平等相應即一切種精進上皆自分十即勝進迴向菩提清淨精進

佛子菩薩摩訶薩有十種清淨禪何等爲十所謂常樂出家清淨禪捨一切所有故得真善友清淨禪示教正道故住阿蘭若忍風雨等清淨禪離我我所故離憒鬧衆生清淨禪常樂寂靜故心業調柔清淨禪守護諸根故心智寂滅清淨禪一切音聲諸禪定刺不能亂故覺道方便清淨禪觀察一切皆現證故離於味著清淨禪不捨欲界故發起通明清淨禪知一切衆生根性故自在遊戲清淨禪入佛三昧知無我故是爲十若諸菩薩安住其中則得如來無上大清淨禪

五十禪中初五方便次一正定堅成次二發慧斷惑上八現法樂住禪九利益衆生禪十引生功德禪又五六奢摩他品七毗

鉢舍那品上三一切種禪八無愛味及慈悲俱行故不捨欲界並善士禪九難發通明而利衆生十能速入佛境皆難行禪

佛子菩薩摩訶薩有十種清淨慧何等爲十所謂知一切因清淨慧不壞果報故知一切緣清淨慧不違和合故知不斷不常清淨慧了達緣起皆如實故拔一切見清淨慧於衆生相無取捨故觀一切衆生心行清淨慧了知如幻故廣大辯才清淨慧分別諸法問答無礙故一切諸魔外道聲聞獨覺所不能知清淨慧深入一切如來智故見一切佛微妙法身見一切衆生本性清淨見一切法皆悉寂滅見一切刹同於虛空清淨慧知一切相皆無礙故一切總持辯才方便波羅蜜清淨慧令得一切最勝智故一念相應金剛智了一切法平等清淨慧得一切法最尊智故是爲十若諸菩薩安住其中則得如來無障礙大智慧

六有十慧初三解法即加行慧次四攝生即後得慧後三證理即正體慧又前五於所知如實通達慧六於五明處及三聚中決定善巧慧七知能引義利慧謂同佛差別智故非凡小所知上皆一切慧八難行慧達深無我於境無礙故九具教具行慧十具證智慧上二即善士慧餘義如十行品所引又前五於所知者上約攝論三慧以明今此下文即瑜伽論說三相以釋五六七

佛子菩薩摩訶薩有十種清淨慈何等爲十所謂等心清淨慈普攝衆生無所揀擇故饒益清淨慈隨有所作皆令歡喜故攝物同己清淨慈究竟皆令出生死故不捨世間清淨慈心常緣念集善根故能至解脫清淨慈普使衆生除滅一切諸煩惱故出生菩提清淨慈普使衆生發求一切智心故世間無礙清淨慈放大光明平等普照故充滿虛空清淨慈救護衆生無處不至故法緣清淨慈證於如如眞實法故無緣清淨慈入於菩薩離生性故是爲十若諸菩薩安住此法則得如來無上廣大清淨慈

第二四門明四等者六度多明自利四等多約利他然四等於境有別已見十地今文從通但約於樂等以爲顯別今初明慈前八衆生緣九十文顯然瑜伽四十四三緣之中初共外道次共二乘後方不共此中二緣皆不共凡小如文思之

佛子菩薩摩訶薩有十種清淨悲何等爲十所謂無儔伴清淨悲獨發其心故無疲猒清淨悲代一切衆生受苦不以爲勞故難處受生清淨悲爲度衆生故善趣受生清淨悲示現無常故爲邪定衆生清淨悲歷劫不捨弘誓故不著已樂清淨悲普與衆生快樂故不求恩報清淨悲修潔其心故能除顛倒清淨悲說如實法故菩薩摩訶薩知一切法本性清淨無染著無熱惱以客塵煩惱故而受衆苦如是知已於諸衆生而起大悲名本性清淨爲說無垢清淨光明法故菩薩摩訶薩知一切法如空中鳥跡衆生癡翳不能照了觀察於彼起大悲心名眞實智爲其開示涅槃法故是爲十若諸菩薩安住此法則得如來無上廣大清淨悲

佛二有十悲前七衆生緣次一法緣後二無所緣於中初傷其眞隱故爲願後念彼不知故令悟

佛子菩薩摩訶薩有十種清淨喜何等爲十所謂發菩提心清淨喜悉捨所有清淨喜不嫌棄破戒衆生而教化成就清淨喜能忍受造惡衆生誓願救度清淨喜捨身求法不生悔心清淨喜自捨欲樂常樂法樂清淨喜令一切衆生捨資生樂常樂法樂清淨喜見一切佛恭敬供養無有猒足法界平等清淨喜令一切衆生愛樂禪定解脫三昧遊戲入出清淨喜心樂具行順菩薩道一切苦行證得牟尼寂靜不動無上定慧清淨喜是爲十若諸菩薩安住此法則得如來無上廣大清淨喜

三有十喜初四衆生緣次三法緣後三無緣

佛子菩薩摩訶薩有十種清淨捨何等爲十所謂一切衆生恭敬供養不生愛著清淨捨一切衆生輕慢毀辱不生瞋恚清淨捨常行世間不爲世間八法所染清淨捨於法器衆生待時而化於無法器亦不生嫌清淨捨不求二乘學無學法清淨捨心常遠離一切欲樂順煩惱法清淨捨不歎二乘猒離生死清淨捨遠離一切世間語非涅槃語非離欲語不順理語惱亂他語聲聞獨覺語略說乃至一切障菩薩道語皆悉遠離清淨捨或有衆生根已成熟發生念慧而未能知最上之法待時方化清淨捨或有衆生菩薩往昔已曾教化至於佛地方可調伏彼亦待時清淨捨菩薩摩訶薩於彼二人無高無下無取無捨遠離一切種種分別恒住正定入如實法心得堪忍清淨捨是爲十若諸菩薩安住其中則得如來無上廣大清淨捨

四有十捨文列十一晉本初二但合爲一於中初四衆生緣次六法緣後一無緣上明行體竟

佛子菩薩摩訶薩有十種義何等爲十所謂多聞義堅固修行故法義善巧思擇故空義第一義空故寂靜義離諸衆生諠憒故不可說義不著一切語言故如實義了達三世平等故法界義一切諸法一味故眞如義一切如來順入故實際義了知究竟如實故大般涅槃義滅一切苦而修菩薩諸行故是爲十若諸菩薩安住此法則得一切智無上義

第二十義下八門明造修方便行於中前五門明自分行後二門明勝進行前中初二明法義次二說福智後一顯圓足今初以彼法義成行故若以能詮爲法則以所詮爲義今此不取能詮爲法然法約自體義是所以法總義别餘如九地四無礙中辨今初十義一以修行爲多聞之義意在於修不在聞故淨名亦云多聞是道場如聞行故二思爲法家之義餘倣此知法即事法餘八理法理法所以在於證入

佛子菩薩摩訶薩有十種法何等爲十所謂眞實法如說修行故離取法能取所取悉離故無諍法無有一切惑諍故寂滅法滅除一切熱惱故離欲法一切貪欲皆斷故無分別法攀緣分別永息故無生法猶如虛空不動

故無爲法離生住滅諸相故本性法自性無染清淨故捨一切烏波提涅槃法能生一切菩薩行修習不斷故是爲十若諸菩薩安住其中則得如來無上廣大法

二有十法法有二義一持自性二軌生物解今此前七通二八九唯自性後一唯軌生烏波提者此云有苦即二乘涅槃佛性論第二說二乘無餘尚有三餘一無明住地惑二無漏業三變易苦故非眞無餘今以涅槃爲安樂義略舉有苦故應捨之軌令衆生不應修此

佛子菩薩摩訶薩有十種福德助道具何等爲十所謂勸衆生起菩提心是菩薩福德助道具不斷三寶種故隨順十種迴向是菩薩福德助道具斷一切不善法集一切善法故智慧誘誨是菩薩福德助道具超過三界福德故心無疲倦是菩薩福德助道具究竟度脫一切衆生故悉捨內外一切所有是菩薩福德助道具於一切物無所著故爲滿足相好精進不退是菩薩福德助道具開門大施無所限故上中下三品善根悉以迴向無上菩提心無所輕是菩薩福德助道具善巧方便相應故於邪定下劣不善衆生皆生大悲不懷輕賤是菩薩福德助道具常起大人弘誓心故恭敬供養一切如來於一切菩薩起如來想令一切衆生皆生歡喜是菩薩福德助道具守本志願極堅牢故菩薩摩訶薩於阿僧祇劫積集善根自欲取證無上菩提如在掌中然悉捨與一切衆生心無憂惱亦無悔恨其心廣大等虛空界此是菩薩福德助道具起大智慧證大法故是爲十若諸菩薩安住其中則具足如來無上廣大福德聚

第二二門明福智者福智即道成福智緣名助道具如云三寶不斷是福勸衆生發爲緣等又具二莊嚴方爲正道偏語皆助斯則福智即助道具又以正道福智相絕故故文中說法布施皆即是福非福緣故今初福德中二順迴向因七不離小善迴向於果餘可知第二二門者下隨文有二一總標二門二福智下釋二助道具言有三義一單福是道單智亦然二合二為道三雙絶為正道助道具亦三可知

佛子菩薩摩訶薩有十種智慧助道具何等爲十所謂親近多聞眞善知識恭敬供養尊重禮拜種種隨順不違其教是爲一一切正直無虛矯故

二智慧具中一外近善緣

永離憍慢常行謙敬身語意業無有麤獷柔和善順不僞不曲是爲二其身堪作佛法器故

二內調法器

念慧隨覺未曾散亂慚愧柔和心安不動常憶六念常行六敬常清順住六堅固法是爲三與十種智爲方便故

三念慧安處六念自持六和衆法並見上文六堅順位本業上卷以三賢十聖等妙二覺爲六謂信堅法堅修堅德堅頂堅覺堅亦名六忍謂信法修正無垢一切智復名六慧謂聞思修無相照寂寂照復名六觀謂住行向地無相一切種智即亦六性謂習種性等一切諸佛無不入此故常隨

順十種智者謂法智比智他心智世智四諦智盡智無生智若開如實異前則有十一智今以如實貫上故但說十如智論二十六辨由念成智故爲方便六堅順位等者十忍品初廣引瓔珞明竟十智即智論二十六故

樂法樂義以法爲樂常樂聽聞無有猒足捨離世論及世言說專心聽受出世間語遠離小乘入大乘慧是爲四一心憶念無散動故

四法樂怡神

六波羅蜜心專荷負四種梵住行已成熟隨順明法悉善修行聰敏智人皆勤請問遠離惡趣歸向善道心常愛樂正念觀察調伏己情守護他意是爲五堅固修行眞實行故

五眞實修行

常樂出離不著三有恒覺自心曾無惡念三覺已絕三業皆善決定了知心之自性是爲六能令自他心清淨故

六自他雙淨言三覺者欲恚害也

觀察五蘊皆如幻事界如毒蛇處如空聚一切諸法如幻如燄如水中月如夢如影如響如像如空中畫如旋火輪如虹蜺色如日月光無相無形非常非斷不來不去亦無所住如是觀察知一切法無生無滅是爲七知一切法性空寂故

七徧觀法性界如毒蛇者淨名涅槃皆以四大爲毒蛇性違害故今居蘊入之中義當十八界以四大即內界故俱舍云大種謂四界令取總中別義亦可十八界皆不可執取處如空聚者中無人故並如涅槃二十三說俱舍云者次句即地水火風即是界品具云大種謂四界即地水火風能成持等業堅濕煖動性釋云初句標三義稱大一體寬廣故謂四大種遍所造色其體寬廣二增或聚中形相大故謂大地等三能起種種大事用故如地能持等一義釋種性與所造色爲所依故大即是種能持自性故名爲界次句辨業地能成持等取水能成相火能成熟風能成長後句出體可知今但要初句以證界爲毒蛇耳

菩薩摩訶薩聞一切法無我無衆生無壽者無補伽羅無心無境無貪瞋癡無身無物無主無待無著無行如是一切皆無所有悉歸寂滅聞已深信不疑不謗是爲八以能成就圓滿解故

八深解二空無心已下明其法空

菩薩摩訶薩善調諸根如理修行恒住止觀心意寂靜一切動念皆悉不生無我無人無作無行無計我想無計我業無有瘡疣無有瘢痕亦無於此所得之忍身語意業無來無去無有精進亦無勇猛觀一切衆生一切諸法心皆平等而無所住非此岸非彼岸此彼性離無所從來無所至去常以智慧如是思惟是爲九到分別相彼岸處故

九止觀雙遊於中先總修止觀後心意下雙釋二門先釋止欲取我相爲我想正計爲我業正損法身爲瘡疣餘過未滅爲瘢痕能所忍寂故無來去後觀一切下釋觀說雖先後運在一時

菩薩摩訶薩見緣起法故見法清淨見法清淨故見國土清淨見國土清淨故見虛空清淨見虛空清淨故見法界清淨見法界清淨故見智慧清淨是爲十修行積集一切智故

十修集種智謂見法從緣則知國由心現國由心現故有而即空空爲法性萬法由

生見法性源是眞智慧皆離妄垢並云清
淨五重積集一切智圓
佛子是爲菩薩摩訶薩十種智慧助道具若
諸菩薩安住此法則得如來一切法無障礙
清淨微妙智慧聚
大方廣佛華嚴經疏鈔會本第五十八之一

大方廣佛華嚴經疏鈔會本第五十八之二　起一

唐于闐國三藏沙門實叉難陀　譯

唐清涼山大華嚴寺沙門澄觀　撰述

佛子菩薩摩訶薩有十種明足何等爲十所謂善分別諸法明足不取著諸法明足離顛倒見明足智慧光照諸根明足巧發起正精進明足能深入眞諦智明足滅煩惱業成就盡智無生智明足天眼智普觀察明足宿住念知前際清淨明足漏盡神通智斷衆生諸漏明足是爲十若諸菩薩安住此法則得如來於一切佛法無上大光明

第三明足者總顯圓足惑闇斯亡智解斯顯故稱爲明足有二義一智圓備故二有進趣故其猶脚足斯即十號明行足義果稱圓足因爲脚足又準涅槃十八以明爲果所謂菩提以行爲足謂戒定等廣如彼說此居等覺義通二足望脚足義此門亦得名爲勝進十中前七約行後三別舉三明自分行竟

佛子菩薩摩訶薩有十種求法何等爲十所謂直心求法無有諂誑故精進求法遠離懈慢故一向求法不惜身命故爲除一切衆生煩惱求法不爲名利恭敬故爲饒益自他一切衆生求法不但自利故爲入智慧求法不樂文字故爲出生死求法不貪世樂故爲度衆生求法發菩提心故爲斷一切衆生疑求法令無猶豫故爲滿足佛法求法不樂餘乘故是爲十若諸菩薩安住此法則得不由他教一切佛法大智慧

第二有十種求法下三門明勝進行一更求法要二得已明了三如說修行令初依此成行故一始心唯直二中後無懈三內不顧身四外亡名利五雙圓二利六得意亡言七果不近求八因酬所爲九普決疑惑十唯滿佛乘離此十求皆邪求也

佛子菩薩摩訶薩有十種明了法何等爲十所謂隨順世俗生長善根是童蒙凡夫明了法得無礙不壞信覺法自性是隨信行人明了法勤修習法隨順法住是隨法行人明了法遠離八邪向八正道是第八人明了法除滅衆結斷生死漏見眞實諦是須陀洹人明了法觀味是患知無往來是斯陀含人明了法不樂三界求盡有漏於受生法乃至一念不生愛著是阿那含人明了法獲六神通得八解脫九定四辯悉皆成就是阿羅漢人明了法性樂觀察一味緣起心常寂靜知足少事解因自得悟不由他成就種種神通智慧是辟支佛人明了法智慧廣大諸根明利常樂度脫一切衆生勤修福智助道之法如來所有十力無畏一切功德具足圓滿是菩薩人明了法是爲十若諸菩薩安住此法則得如來無上大智明了法

二明了法者得不照達求之何用總以普賢勝智了知三乘凡聖差別總以普賢下顯能了智則是圓智了法無法非圓今但約相則所了通小耳一是凡夫若童稚蒙昧未能出世故隨世俗長四善根是一凡夫下隨文解釋以稚釋經之童以昧釋經之蒙易蒙卦云蒙亨匪我求童蒙童蒙求我初筮告再三瀆瀆則不告利貞彖曰蒙山下有險險而止蒙蒙亨以亨行時中也匪我求童蒙童蒙求我志應也初筮告以以剛中也再三瀆瀆則不告瀆蒙也蒙以養正聖功也象曰山下出泉蒙君子以果行育德注云山下出泉未知所適蒙之象

也釋曰今正取蒙昧未知所適義耳長四善根即煖頂忍世第一法初地已廣

二謂鈍根隨信他言而行道故名隨信行三是利根由自披閱契經等法而行道故名隨法行然今既云覺法自性等即知十中前九亦兼舍大是以智論明有三乘共十地法此上二人約根分異

二謂隨信他言者俱舍賢聖品論云且於十五心位建立衆聖有差別者頌云名隨信法行由根利鈍別釋曰見道位中聖者有二一隨信行二隨法行由根利鈍別立此二謂鈍者名隨信行彼於先時隨信他言而行義故若是利根者名隨法行彼於先時由自披閱契經等法隨行義故此二若至修道初名爲信解後名見至踵已具用然今既云下揀實異權先正明小乘但知我空尚謂法有安覺自性而云等者見真實諦是須陀洹知無往來是斯陀含阿那含人一念不受阿羅漢人成就四法辟支佛人一味緣起亦無舍大故有等言是以智論下引證成前通大之義天台引此立於通教通大通小通淺通深今先列名後當釋義初列名者一乾慧地二性地三八人地四見地五薄地六離欲地七已辦地八辟支佛地九菩薩地十佛地大品云菩薩從初乾慧地至菩薩地皆學而不取證佛地亦學亦證故云通三乘法也二解釋者初乾慧地者三乘初心通名乾慧大乘三賢之位小乘五停心等一五停心觀二別相念觀三總相念觀總觀無生四真諦理故名乾慧意云未得定水故二性地者若用總相念成三十七品初發有漏善入煖法頂法忍法世第一法皆名性地成內凡故三八人地謂信行法行二人體見假八發真斷見惑在無間道即八人地四見地即是三乘同見第一義諦之理同斷八十八使盡也五薄地者發六無礙斷欲界六品惑證第六離欲界煩惱薄也六離欲地謂斷欲界五順下分結盡離欲界煩惱也釋曰五順下分結者一身見二戒取三疑四欲貪五嗔恚故俱舍頌云由二不超欲即四五由三復還下即上三也七已辦地者即發真無漏斷五順上分結八十八品修惑盡斷三界事究竟故言已辦釋曰五順上分結者一色愛二無色愛三上二界掉舉四二界慢五二界無明也貪過重故二界別明餘三過微二界合說有此五結不超上界名順上分結八辟支佛地緣覺功德力大故能侵餘習氣故九菩薩地從空入假道觀雙流深觀二諦斷習氣色心等無明得界外法界道種智遊戲神通學佛十力等故十佛地大功德力資於智慧一念相應慧觀真諦究竟習氣究竟盡智論云聲聞智慧力弱如小火燒木雖然猶有炭在緣覺智力強如大火燒木木然炭盡餘有灰在諸佛智力大如劫火炭灰俱盡亦如兔馬等喻菩薩佛地名異二乘何得言通答名字雖異同是無學應供得二涅槃共歸灰斷證果是一名義不殊是名同義究竟俱同也廣如天台此上二下若第二三即上所引俱舍意也

四第八人者即初果向又俱舍賢聖品中疏云第八人者謂苦法忍八忍之中從後數之爲第八故又智論中有八人地若約超斷容具二三果向謂具修道惑及斷一至五皆初果向斷次三向二斷九乃至八地惑盡至苦法忍即爲第三向也

四第八人者俱舍二十三賢聖品釋住果極七返偈先問云此預流名爲何義若初得道名爲預流則預流名應目第八若初得果名爲預流則倍離欲全離欲者至道類智應名預流下答意明初得果故名爲預流以超斷者不定初得俱舍大疏寶公但云若預流名目初得道即初見道第八人應名預流亦不釋於第八所以離欲等言小疏釋云共苦法忍即是第八於八忍中從後數之爲第八故若義林法師大疏鈔云八人地謂預流向也四向四果從後數之爲第八故婆沙三十六第八聖者謂隨信行及隨法行從勝數爲第八故又更一解與小疏同探玄引大般若亦初果向同於林公從後數之澤州遠公引古婆沙論亦名須陀洹向以爲第八而對見道前七方便故名第八故彼論中間言云何爲第八人所謂信堅及法堅鈍根之人見道名信堅利根之人名法堅釋曰此上全同林公引文而取義逆順爲別俱未見文以義取人遠公理長第八之名所以順故遠公又云外國相傳更有釋云有八人者初發心人而未有行二有相行人憎厭生死樂修善法三無相行人學觀空理破離欣厭見人行惡心無忿怒見人修善亦不欣慶四方便行人雖見法空而常隨有起諸善行此四在於善趣地中五者習種六者性種七者解行八者聖種初依地前未同聖種故非第八第八人者不名凡夫彰後異前不名凡夫揀異初依名爲菩薩當相以論不名爲佛別異於後釋曰遠公所解前順今文後非今意彼釋四依故可用之因便引來以彰異轍今疏正意取初果向而俱舍小疏亦是初向而局苦忍義成大局亦彰異轍非用指南下引智論八人亦初果向通十五心而若約超斷容餘果向故智論中有八人地者證前文是初果向案前十地第三八人在於見道無間道故五十九云八人地者所謂見諦道中信行一法行二須陀洹極六七世生三有須陀洹今世煩惱盡得阿羅漢四有家家須陀洹三世生已入涅槃五有中間須陀洹六除第三餘中間入涅槃七住六無凝五解

脫中者八皆是須陀洹向釋曰此則初果向中有八種人故名八人地乘獨第入緣此八人望七方便皆是第八二義俱成謂亦名第八亦名八人也故隨引來證成初向望後第五既是初果此爲初向次第分明若唯取於苦法忍者餘之七忍何以據之又十四心何以不取又十五心皆來得果論主何獨精苦法忍兩爲難辭林公成立爲初果向理則無違而從滕違數亦無所以正義如前若約超斷下據濫正取初

果向不取二三果以超斷人不定初得故經略無以義合有故復由耳即俱含云具修惑斷一至五向初果斷次三向二解八地三向至第十六心隨三向住果名信解見至亦由利鈍別今疏取意展後須文以成長行理皆已具上智論文名家家亦俱含義須云斷欲三四品三二生家家斷至五二向斷六一來果釋曰初兩句明家家下兩句明向果即預流者進斷修惑若三緣具轉名家家一由斷修惑三四品故二

由惑根德能治彼無漏根故三由受生更受欲界三二生故須中但說初後二緣不說成根者預流果後進斷修惑諸無漏根理必合有義准已成故須不說言斷三四品受三二生者若斷三品名受三生若斷四品名受二生謂九品惑能潤七生且上上品能潤兩生上中上下中上各潤一生中中中下合潤一生下三品惑共潤一生既上三品能潤四生故斷上三品四生便損名受三生既言中上亦潤一生故斷中

上品惑復損一生然上損四生都損五生受二生也問何故不斷一品二品五品名家家耶答必無有斷一品二品不斷三品中間死生無有斷五品不斷六品而有死生謂由聖者得初果已斷欲修惑起大加行必無來斷一大品結三品名一大品有死生故故斷一品二品必斷三品斷第五品不斷第六品者謂第六品證一來果以無一品能障得果故斷五品必斷第六餘如故說所以引此文者即下一來不還斷

惑多少皆要此故

五初果法斷衆結者謂三正三隨已如十地亦可見所斷惑八十八使名爲衆結由見諦理斷無明漏無明是生死根本名生死漏

五初果者即前共十地中見地也然俱舍等以第十六心先已見理不明見道見道要須未見今見故今道已先見乃重處修行故名修道智度論意至第十六是解脫道斷惑方終見諦始圓故名見地斷衆結者乃有二意先總後別總有三正三隨者三正即涅槃經謂身見戒取疑俱舍說斷共六故加三藍邊見隨身見執斷常者必依身故見取隨戒取非因計因必計勝故邪見隨疑疑無之心斷善根故亦可下二別明八十八使前俱舍中共引頌云苦下具一切集滅離三見道除於二見上界不行恚故欲苦有十集滅各七爲十四道下有八成三十二上二界四諦各除一嗔二界各二十八故成八十八此見所斷若語修道欲界斷四謂六根本除見及疑但有貪嗔癡慢上二界各唯除嗔二界各三故有六合欲之四共成十使即三果已後斷之後合前名九十八使更加十纏爲百八煩惱由見諦理者無名漏亦名無明流四流之一故

六一來果觀欲味過患已斷六品雖三品惑能潤一生故一往來而知無往來也

六一來果者更一往天上一往生欲界故而知無往來者即般若意金剛十八住處中第五勝中無慢住處經從須菩提於意云何須陀洹能作是念我得須陀洹果不下是意明小乘四果尚得離慢豈況菩薩求大菩提於初迴向不離慢我故判此文是十迴向初教護衆生離衆生相迴向言離慢者是離我慢文中四果皆有三段此初果中上即如來反問二須菩提言不也世尊

此即答也意明無念三解所以者經云何以故須陀洹名爲入流而無所入不入色聲香味觸法是名須陀洹釋曰意云須陀洹梵語此云入流入聖流故謂至第十六道類智心即入聖流所以入聖流者由了第一義諦無所入故則不起心念言我入流若有念慮言我入流不契諦理則不入聖流而此無念無入即無漏聖智故不入於六塵之境故上疏云由見諦理無明名生無漏二一來果經云須菩提於意云何斯陀含能作是念我得斯陀含果不須菩提言不也世尊何以故斯陀含名一往來而實無往來是名斯陀含釋曰斷六品惑解脫道中契於諦理更不生於一往來念若有心念即有我慢豈得聖果故今疏云知無往來

七不還果斷九品盡故不還欲界乃至八地惑皆斷故總云不樂三界

三不還果經云須菩提於意云何阿那含能作是念我得阿那含果不須菩提言不也世尊何以故阿那含名爲不來而實無來是名阿那含釋曰大意同前亦無心念斷五順下分結名爲不還乃至八地非但斷欲修惑更進斷四禪三空并前欲界故云八地當處不還以非想處皆斷盡者成阿羅漢故八地則已該於三界故云不樂三界上之二界猶不受樂故云而實無來四無學果經云須菩提於意云何阿羅漢能作是念我得阿羅漢道不須菩提言不也世尊實無有法名阿羅漢世尊若阿羅漢作是念我得阿羅漢道則爲著我人衆生壽者釋曰阿羅漢斷五上分結總說所斷惑有八十九種若見所斷總有八品即上下八諦若修所斷三界九地地地有九成八十一品亦證八十九品無爲爲應果體言應果者應受人天一切供養若有心念不契無爲即是我慢著我人等由無心念故名應果故云實無有法名阿羅讚今經略無無念之義

八無學果八解

脫者一內有色觀外色解脫二內無色觀外色解脫三淨解脫初二如次依初二禪三依四禪次四無色爲四解脫八即滅受想解脫餘義已見上文廣如諸論九十可知

八無學下辨羅漢法六通等義前後已具今取前後曾未說者即八解脫略示名相俱舍頌云解脫有八種前三無貪性二二一一定四無色定善滅受想解脫微微無間生由自地淨心及下無漏出三境欲可見四境類品道自上苦集滅非擇滅虛空禪曰初句總標次兩句別明前三解脫第四句別明次四解脫第二行頌明第八解脫後一頌總明所緣言解脫有八種者一內有色觀外色解脫謂於力身有色想爲除此貪觀外不淨青瘀等色今貪不起故名解脫二內無色想觀外色解脫謂於內身無色想貪雖已除爲貪堅牢故觀外不淨青瘀等色令貪不起名爲解脫第三淨解脫身作證具足住謂觀淨色令貪不起名淨解脫觀淨色者顯觀轉勝此淨解脫身中遍得名身作證具足圓滿得住此定名具足住四無色定爲次四解脫各能棄背下地貪故名爲解脫後第八滅受想定解脫身作證具足住棄背受等名爲解脫依婆沙論此言解脫者謂棄背義前三無貪性者初三解脫無貪爲體近治貪故三中初二不淨相轉作青瘀等諸行相故第三解脫清淨轉作光鮮行相轉故此三助伴皆五蘊爲性二二一一定者上二即初二解脫下二即二禪以初二解脫依初二禪起故云二二一一定者上一謂第三解脫唯依第四禪起云一一定也以第四禪離八災患慧心澄靜故有淨解脫四無色定善者四無色定解脫以善定爲體非無記染非解脫故亦非散善性微劣故無散善者如命終心也滅受想

解脫微微無間生者滅受想解脫也有解厭背受想有解厭背一切有所緣心有云解脫定禪故名解脫微微心後此定現前入滅定心總有三種一想心二微細心三微微心對前心說已名微細此更微細故名微微從微微心入滅盡定由自地淨心及下無漏出者明出滅定心也出滅定心或有頂淨心或起下無所有處無漏心如是入心唯是有漏通從有漏無漏心出三境欲可見者初三解脫唯以欲界色處爲境有差別者初二境可憎第三境可愛四境類品道自上苦集滅者四無色地類解脫各緣自地上地苦集滅諦及緣九地類智品道爲所緣境非擇滅虛空者無色解脫亦緣自地上地苦諦集諦及緣九地類智品上非擇滅及虛空爲所緣境問第三靜慮寧無解脫答第三定中無眼識所引欲色貪故自地妙樂所動亂故故無解脫問行者何緣修淨解脫答爲欲令忻故修淨解脫前不淨觀令心沉感令修淨觀策發令析或爲審知自堪能故謂前所修不淨解脫爲成不成若觀淨相煩惱不起彼方成故問何故經中第三第八解脫得身證名非餘六耶答以八中此二勝故二界邊故得身證名第三解脫唯取淨相令惑不起名爲殊勝第八解脫以無心故名爲殊勝第三解脫在色界邊第八解脫在無色邊疏文對會可知言餘義已見上文者謂六通即三地及十通品說九定即此品滅定亦如六七地辨廣如九地諸論即瑜伽智論唯識等說然薩遮尼揵子經第五亦廣說六通等

佛子菩薩摩訶薩有十種修行法何等爲十所謂恭敬尊重諸善知識修行法常爲諸天之所覺悟修行法於諸佛所常懷慚愧修行法哀愍衆生不捨生死修行法事必究竟心無變動修行法專念隨逐發大乘心諸菩薩衆精勤修學修行法遠離邪見勤求正道修行法摧破衆魔及煩惱業修行法知諸衆生根性勝劣而爲說法令住佛地修行法安住無邊廣大法界除滅煩惱令身清淨修行法是爲十若諸菩薩安住其中則得如來無上修行法

三修行法者如說修行方得佛法故常爲諸天者爲字去聲故晉經云覺悟諸天餘並可知上來造修行竟

大方廣佛華嚴經疏鈔會本第五十八之二

大方廣佛華嚴經疏鈔會本第五十八之三　起

唐于闐國三藏沙門實叉難陀　譯

唐清涼山大華嚴寺沙門澄觀撰述

佛子菩薩摩訶薩有十種魔何等爲十所謂蘊魔生諸取故煩惱魔恒雜染故業魔能障礙故心魔起高慢故死魔捨生處故天魔自憍縱故善根魔恒執取故三昧魔久耽味故善知識魔起著心故菩提法智魔不願捨離故是爲十菩薩摩訶薩應作方便速求遠離

第三有十魔下十門明離障行分二前五門明離障成行後五門明離障加持前中分三初二門明所離障體次一門明離障方便後二門顯見佛成行前中初顯魔體後辨魔因今初十魔能障道故一蘊魔者身爲道器體與佛同豈即是魔蘊魔之名特由取著下九例爾皆以下句釋成魔義是知以心分別萬法皆魔何但此十故舉菩提法智以勝況劣不以心分別一切皆佛豈捨魔界求佛界耶然四魔直就體明十魔多約執取十表無盡故與四不同若欲攝者除三同外皆煩惱攝法即所證智是能證能所冥合故名菩提若不捨於分別菩提之見即是魔矣餘文自顯今初十魔下疏

文分三一總釋爲魔之義

佛子菩薩摩訶薩有十種魔業何等爲十所謂忘失菩提心修諸善根是爲魔業惡心布施瞋心持戒捨惡性人遠懈怠者輕慢亂意譏嫌惡慧是爲魔業於甚深法心生慳悋有堪化者而不爲說若得財利恭敬供養雖非法器而强爲說是爲魔業不樂聽聞諸波羅蜜假使聞說而不修行雖亦修行多生懈怠以懈怠故志意狹劣不求無上大菩提法是爲魔業遠善知識近惡知識樂求二乘不樂受生志尚涅槃離欲寂靜是爲魔業於菩薩所起瞋恚心惡眼視之求其罪釁說其過惡斷彼所有財利供養是爲魔業誹謗正法不樂聽聞假使得聞便生毁呰見人說法不生尊重言自說是餘說悉非是爲魔業樂學世論巧述文詞開闡二乘隱覆深法或以妙義授非其人遠離菩提住於邪道是爲魔業已得解脫已安隱者常樂親近而供養之未得解脫未安隱者不肯親近亦不教化是爲魔業增長我慢無有恭敬於諸衆生多行惱害不求正法眞實智慧其心弊惡難可開悟是爲魔業是爲十菩薩摩訶薩應速遠離勤求佛業

二有十魔業者行此十事皆能訖善亦招天魔故爲其業十中一由忘行本令所修善感生死果不至菩提故是其業二於蔽度不平等故於中初二蔽俱行度後四嫌棄有蔽之人文影略耳夫眞道者不施不慳不戒不犯不忍不恚不進不怠不定不亂不智不愚嫌他不忍忍度豈成他皆儆此又悲化惡故況惡爲善資不愛其資是大迷也餘八易知然觀此文難免魔業願諸後學審此省躬二於蔽度下三釋第二句分二一總釋文意二夫眞道者下立理於中有二先約智說則蔽度兩亡後又悲化惡故下約大悲說先正明後況惡爲善資下即借老子意釋成上義即道經無轍跡章結文彼章具云善行無轍跡善言無瑕謫善計不用籌策善閉無關鍵而不可開善結無繩約而不可解釋曰意云無心於此五何有轍跡等耶次云是以聖人常善救人而無棄人常善救

物故無棄物是謂襲明釋曰心無所係無可無不可何所無哉次云故善人不善人之師不善人善人之資不貴其師不愛其資雖知大迷是爲要妙釋曰此有二意一約家意謂雖師法善人資取惡人而不貴不愛師資兩亡爲玄德凡俗雖知而大迷於道謂之要妙二約顯意善者所法惡是我資而不貴愛則雖知善惡乃是大迷善惡皆善是謂要妙則順上文無棄人物今疏用此故令化惡也疏用曰襲

佛子菩薩摩訶薩有十種捨離魔業何等爲十所謂近善知識恭敬供養捨離魔業不自尊舉不自讚歎捨離魔業於佛深法信解不謗捨離魔業未曾忘失一切智心捨離魔業勤修妙行恒不放逸捨離魔業常求一切菩薩藏法捨離魔業恒演說法心無疲倦捨離魔業歸依十方一切諸佛起救護想捨離魔業信受憶念一切諸佛神力加持捨離魔業與一切菩薩同種善根平等無二捨離魔業是爲十若諸菩薩安住此法則能出離一切魔道

第二捨魔業即離障方便對障修治故云捨離然此十句敵對反前但略而不次耳一反第五二反第二三反第七四反第一五反第四六反第八七反第三八反第九救護彼故九反第十若得佛加蔽惡息故十反第六同一善根並求惡故然後欲顯隨其一善總反前十或以多善共反前一令不定執故不次耳

佛子菩薩摩訶薩有十種見佛何等爲十所謂於安住世間成正覺佛無著見願佛出生見業報佛深信見住持佛隨順見涅槃佛深入見法界佛普至見心佛安住見三昧佛無量無依見本性佛明了見隨樂佛普受見是爲十若諸菩薩安住此法則常得見無上如來

第三二門顯見佛成行由障離故果現行成於中先見佛後成行今初即是果現此中所見即前十佛亦是八地十身十身與此名小不同已如前會然此中明見皆稱彼佛而見如云無著自屬正覺非謂菩薩於彼不著若菩薩於此不著下九豈當著耶是知皆就所見明見亦不得半就所見半約能見一會同前文此中所見者即十信末五十三經然探玄記引法集經菩薩入十種法能知諸佛何等爲十所謂集氣佛果報佛三昧佛願佛心佛實佛同佛化佛供養佛像佛乃至廣說若欲會者集氣即義當隨樂佛其本集而欲見故果報即業報佛次三全同實佛義當法界同佛即本性本性同故化即涅槃供義即正覺形像即住持二然此中明見下二釋見佛義於中亦三初正明二若菩薩下反顯三亦不得下遮救恐有救云半就能見如無著佛等半就所見如出生等豈不遮耶今遮云不得半就能所令人致或取解無由故十種見義成雜亂故

無著者安住世間故不著涅槃成正覺故不著生死乘無住道示成正覺故名無著稱此而見是見正覺他皆準此又無邪慧而不離故云無著無正德而不圓故云正覺則佛見影略此即總句下九皆此別義一無著者下三釋文釋此一句疏文有三一正釋正覺標其所見無著即正覺之相二又無邪下則正覺無著二義不同所見能見各須具二今所見有正覺應圓略無邪慧而不離非見則有無邪智而不離略無正德而不圓故今佛中影取無著能見之中影取正覺是故疏云佛見影略三此即下結成總別二乘願出生故上文云佛願力故無不現又乘此願能生一切德故二乘願出生中文云下引證即華藏品言又乘此願上約生身此約生德三報即相好莊嚴身業即萬行之因而深信爲首云深信見故下善財云一一切諸佛從信心起亦能令見者信故故下善財者引證即七十七經善財修觀此約集身又云一切化佛從敬心起明知敬屬於機

能見化身信屬於佛因信成果亦於今見者信者上約眞身皆自屬佛今就化身信亦蓋轉以相好莊嚴細由因成故令物信四隨順衆生住持舍利等故又隨順衆生以圓音周徧三世持佛法故正讚經者卽論中意又隨順衆生以圓音下卽海東意玄談中已斷不見正理故變出之五涅槃卽是化身化身示滅故名涅槃深入見者深入涅槃故能示滅深入生死故示滅非眞深入涅槃者得無住涅槃能建大事深入生死故示滅非眞者悟生死性卽性淨涅槃故知示滅非眞滅也稱性常在故六法身充滿於法界故法界爲佛體故六法身者初以如智契合具德法身故云滿於法界法界是所滿下約法性身云爲佛體七湛然安住眞唯識性是佛心故七安住者釋安住見眞唯識性卽是心佛八寂然無依心言路絶卽三昧義觸類皆然故三昧無量八寂然無依釋見一義次以無依釋三昧佛後觸類下釋無量義九平等性智了本性故本覺眞性性本了故九平等下亦二義釋先能所合明後本覺下唯就理說十隨自他意無身不受故十隨自他下卽意生身然有三義一如意速疾二隨自意成三隨他意樂今用後二釋隨樂言隨自所樂普受法身隨他所樂欲受何類依上十見則眞見佛既知十佛總別六相圓融則亦十見無有障礙又此十種攝爲五對一所出能出對二

正報任持對三眞常普徧對四內住外寂對五體深用廣對如文思之上十佛十身類此成對又此十見各有十種並如不思議法等品依上十下六相圓融總卽一佛別分爲十同帶於佛異則止覺相好等差成則攪十共成異佛之義壞則十身各住自位又此十見下第六結成包含卽海東意海東順於晉經名有數異故今取義亦有小殊令直就此經相應引證一正覺佛無著見者有十無著卽此品云所謂於一切世間無著於一切衆生無著於一切法無著於一切所作無著於一切善根無著於一切生處無著於一切願無著於一切行無著於一切菩薩無著於一切佛無著此十雖因微於果位一切無著而不思議品十種離果清淨亦果無著第二願佛出生見亦有十種出生不思議品云諸佛世尊有十種念念出生智何等爲十所謂一切諸佛於一念中悉能示現無量世界從天來下二菩薩受生三出家學道四菩提樹下成等正覺五轉妙法輪六敎化衆生供養諸佛七不可言說種種佛身八種種莊嚴無數莊嚴如來自在一切智藏九無量無數清淨衆生十三世諸佛種種根性種種精進種種行解於三世中成等正覺釋曰共一二等數經文所無句句皆如初句有一切諸佛至世界之言卽是從後釋智願生入相等三業報佛深信見若約莊嚴應如不思議品十種故勝無上莊嚴令取因行則不思議品果中所無卽如十藏品云信一切法無相信一切法無願信一切法無作信一切法無分別信一切法無所依信一切法不可量信一切法無有上信一切法雖超越信一切法無生釋曰以此爲因成果也亦可如十地中十種信四住持佛隨順見者若約隨順衆生住持佛法卽十種爲衆生作佛事不思

議品六諸佛世尊有十種爲衆生作佛事一者所謂一切諸佛示現色身爲衆生作佛事二出妙音聲三有所受四無所受五以地水火風六神力自在示現一切所緣境界七種種名號八以佛刹境界九嚴淨佛刹十寂實無言釋曰句上皆有一切諸佛句下皆有作佛事一如初句致實無言卽自身令利住持自在若約圓音住持卽如下文如來應正等覺轉法輪時以十事故於衆生心中種白淨法無空過者卽隨順義何等爲十所謂過去願力故大悲所持故不捨衆生故智慧自在故隨其所樂爲說法故必應其時未曾失故隨其所宜無妄說故其身最勝無與等故言辭自在無能治故智慧自在隨所發言悉闇悟故是爲十五涅槃佛深入見者卽出現品云欲知如來大涅槃者當了知根本自性釋曰了知卽是深入義也經云如眞如涅槃如來涅槃亦如是二實際三法界四虛空五法性六離欲際七無相際八我性際九一物法性際十眞如際釋曰具足皆如初句如是了知名爲深入六法界佛普至見者若直約法界說如至一切處廻向云譬如實際無處不至至一切物至一切世間至一切衆生至一切國土至一切法至一切虛空至一切三世至一切有爲無爲至一切語言音聲然今但有九有爲無爲應分爲二若說佛明適至者卽佛不思議法品云佛子諸佛世尊有十種法普遍法界何等爲十所謂一切諸佛有無邊際身色相清淨普入諸趣而無染著二無障礙眼於一切法悉能明見三無礙耳悉能解了一切音聲四鼻能到諸佛自在彼岸五有廣長舌出妙音聲周遍法界六身應衆生心咸令得見七意住於無礙平等法身八無礙解脫示現無盡大神通力九清淨世界隨衆生樂現衆佛土種種莊嚴而於其中不生染著十菩薩行願得圓滿智遊戲自在悉能通達一切佛法釋曰十句之中皆如初句有一切諸佛有無邊際言舌中

有廣長故聞無邊所語七心佛安住見者不思議品云諸佛世尊有十種無量住所謂常住大悲住種種身作諸佛事住平等意轉淨法輪住四辯才說無量法住不思議一切佛法住清淨音遍無量土住不可說甚深法界現一切最勝神通住能開示無有障礙究竟之法釋曰此是佛心之所住也經雖九句應開淨音遍無量土爲二八三昧佛無量依見者不思議品云諸佛世尊有十種無量不可思議佛三昧何等爲十所謂一切諸佛恒在正定於一念中遍一切處普爲衆生廣說妙法二普爲衆生說無我際三普入三世四普入十方廣大佛刹五普現無量種佛身六隨諸衆生種種心解現身語意七說一切法離欲眞際八演說一切緣起自性九示現無量世出世間廣大莊嚴今諸衆生常得見佛十令諸衆生悉得遍達一切佛法無量解脫究竟到於無上彼岸釋曰具足皆如初句有一切諸佛恒在正定於一念中遍一切處之言雖有此無量而心無所依九本性佛明了見明了卽是智身故四十七云諸佛世尊有十種知一切法盡無有餘何等爲十所謂一知過去一切法盡無有餘二知未來一切法三知現在一切法四知一切語言法五知一切衆生心六知一切菩薩善根上中下種種分位七知一切佛圓滿智及諸善根不增不減八知一切法皆從緣起九知一切世界種十知一切法界中如因陀羅網諸差別事釋曰十句皆有盡無有餘之言十隨樂佛普受見者普能究領隨樂現故卽四十六諸佛世尊於一切世界一切時有十種佛事何等爲十一者若有衆生專心憶念則現其前二者若有衆生心不調順則爲說法三者若有衆生能生淨信必令獲得無量善根四者若有衆生能入法位悉能現證無不了知五者教化衆生無有疲厭六者遊諸佛剎往來無礙七者大悲不捨一切衆生八者現變化身恒不斷絕九者神通自在未

皆休息十者安住法界能遍觀察是爲十釋曰斯則普觀衆生之所受也

佛子菩薩摩訶薩有十種佛業

二有十種佛業卽是成行前見佛體今辨佛因又行順佛行故名佛業佛以利生爲事業故

何等爲十所謂隨時開導是佛業令正修行故夢中令見是佛業覺昔善根故

十中初總餘別又總別合爲五對一覺導夢化對

爲他演說所未聞經是佛業令生智斷疑故爲悔纏所纏者說出離法是佛業令離疑心故

二開纏淨戒對犯戒疑悔故爲彼纏令其懺除故名出離戒有多種出離亦多總相言之不過二種一事二理事隨輕重篇聚悔除理觀性空是眞奉律若具二者罪無不離又如瑜伽九十九有五惡作卽是悔纏一謂作是思惟後定自責二諸天呵責三大師同行責四惡名流布五死墮惡趣亦有五相能除此惡作謂佛許還淨故由無知等我已滅故當來無犯意我已生故已於同梵行悔故佛說悔除爲善哉惡作相續以爲蓋故餘如淨名第一及隨好品辯人瑜伽九十九下重釋淨戒先辯所治後亦有五相下辯其能治此五亦可對前五唯三四不次一由佛許還淨故不自責二由滅無知不懼夫所訶三已生無犯之意不懼惡名四同行悔不懼同行之責五佛許悔除故不懼惡道而其實義此五通能治於前五

若有衆生起慳悋心乃至惡慧心二乘心損害心疑惑心散動心憍慢心爲現如來衆相莊嚴身是佛業生長過去善根故於正法難遇時廣爲說法令其聞已得陀羅尼智神通智普能利益無量衆生是佛業勝解清淨故

三現相說法對於現相中由如來相從六度生故除六蔽見此殊勝不希二乘觀慈善根決知尊勝住心佛境自失威光故無害等

若有魔事起能以方便現虛空界等聲說不損惱他法以爲對治令其開悟衆魔聞已威光欲滅是佛業志樂殊勝威德大故其心無間常自守護不令證入二乘正位若有衆生

根性未熟終不爲說解脫境界是佛業本願所作故

四降魔護小對

生死結漏一切皆離修菩薩行相續不斷以大悲心攝取衆生令其起行究竟解脫是佛業不斷修行菩薩行故菩薩摩訶薩了達自身及以衆生本來寂滅不驚不怖而勤修福智無有厭足雖知一切法無有造作而亦不捨諸法自相雖於諸境界永離貪欲而常樂瞻奉諸佛色身雖知不由他悟入於法而種種方便求一切智雖知諸國土皆如虛空而常樂莊嚴一切佛刹雖恒觀察無人無我而教化衆生無有疲厭雖於法界本來不動而以神通智力現衆變化雖已成就一切智智而修菩薩行無有休息雖知諸法不可言說而轉淨法輪令衆心喜雖能示現諸佛神力而不厭捨菩薩之身雖現入於大般涅槃而一切處示現受生能作如是權實雙行法是佛業

五悲攝雙行對雙行中有十二句初一總明無作四諦不驚怖者妄惑本無今有故應驚妄苦逼害身心故應怖今皆了本寂即同滅理故不驚怖雖了本寂而修福智爲能治道餘十一句別中初一約苦次一約集次八約道後一約滅文並可知

是爲十若諸菩薩安住其中則得不由他教無上無師廣大業

佛子菩薩摩訶薩有十種慢業何等爲十所謂於師僧父母沙門婆羅門住於正道向正道者尊重福田所而不恭敬是慢業或有法師獲最勝法乘於大乘知出要道得陀羅尼演說契經廣大之法無有休息而於其所起高慢心及於所說法不生恭敬是慢業於衆會中聞說妙法不肯歎美令人信受是慢業好起過慢自高陵物不見己失不知自短是慢業好起過過慢見有德人應讚不讚見他讚歎不生歡喜是慢業見有法師爲人說法知是法是律是眞實是佛語爲嫌其人亦嫌其法自起誹謗亦令他謗是慢業自求高座自稱法師應受供給不應執事見有耆舊久修行人不起逢迎不肯承事是慢業見有德人顰蹙不喜言辭麤獷伺其過失是慢業見有聰慧知法之人不肯親近恭敬供養不肯諮問何等爲善何等不善何等應作何等不應作作何等業於長夜中而得種種利益安樂愚癡頑佷我慢所吞終不能見出要之道是慢業復有衆生慢心所覆諸佛出世不能親近恭敬供養新善不起舊善消滅不應說而說不應諍而諍未來必墮險難深坑於百千劫尚不值佛何況聞法但以曾發菩提心故終自醒悟是慢業是爲十

第二有十慢下五門明離障加持行中二初二門內成離障行後三門外得加持行前中初門舉障後門顯治今初慢者恃己於他高舉爲性能障不慢生苦爲業然經論中說多差別且明七慢俱舍十九云一慢二過慢三慢過慢四我慢五增上慢六卑慢七邪慢俱舍等者然文具有疏引彼論以釋今經恐不知主客今重具引俱舍云慢七九從三皆通見修斷瑜伽雜集大同俱舍今文開十四五與九具有其名餘七但有其義

前三即慢但約有高心故故彼論云一慢
者謂於他劣謂已勝於他等謂已等雖能
稱境以心高舉說名爲慢初一輕人次二
慢法三前卽慢下釋文先別釋初三於中二意初標次故彼論下全引論文正釋慢義三初一輕人下別釋三句四中自高陵物是於他起一
等謂已勝即當過慢過前慢故十三四自高下釋過慢從是於他下全是論文五即慢過慢今言過過者過前
慢故有德應讚即於他勝見讚不喜是謂
已勝應合讚我故五中先指同會釋二有德下將經就論文具云於他勝謂已勝名慢過慢慢他過故六即邪慢謂於無德謂
已有德故名邪慢成就惡行名爲無德恃
惡高舉名之爲慢自起誹謗即惡行故六邪論具云於實無德中謂已有德名邪慢上皆論文下卽論釋從自起誹謗下疏㬰今經會通論文
七即卑慢者舊有德即是彼多分
勝不應執事即謂已小劣何得事他七卑慢中疏以經就論卽自求高座下是論具足云於多分勝謂已少劣名爲卑慢餘皆疏釋
八亦邪慢起惡行故八亦邪慢者卽見有德人下是也顛感麤犢卽是惡行此卽將前論中成就惡行收之九即我慢我慢所
吞故九言我慢所吞故者以經釋成知是我慢若論具云執我我所令心高舉名爲我慢恃我起故釋曰疏以易故不引論釋十即增上慢新善

未起即是未得不應諍而諍即是謂得故
其但以曾發下準梵本應廻安於百千劫
前深坑之下彼梵本從消滅下云不應說
而說言多鬬諍發起怨嫌數行此法應墮
大坑然以曾集菩提心力得受豪貴自在
之力於百千劫尚不見佛何況聞法晉及
度世大意皆同梵本若但依今釋當墮深
坑語其慢過終自醒悟明非長沒十卽增上慢下
疏中先以經會論後其但以下隨難重釋
前中具足論云未得謂得名增上慢瑜伽
云已無實德謂已有德雜集云謂於未得
上勝證法計已已得上勝證法疏會釋論
文易可知上論偈云慢七九從三者卽是
九慢從前七慢三慢而生言九慢者發智
論一我勝慢類二我等慢類三我劣慢類
四有勝我慢類五有等我慢類六有劣我
慢類七無勝我慢類八無等慢類九無劣
我慢類言從三者一慢二過慢三卑慢初
三類中一我勝慢類從前過慢出二我等
慢類從前慢出三我劣慢類從卑慢出四
五六三如次從卑慢及慢并過慢出七八
九三如次從慢過慢卑慢中出釋曰然上起二十四
九慢既從三生則成三三皆有別相論更
不釋細詳可見但有難云問於多分勝謂
已劣卑慢可成有高處故無劣我慢高處
是何答謂自愛樂勝有情聚反顧已身雖
知極劣而自尊重得成無劣我慢類也言
皆通見修斷者七九同故云皆通也緣見
起者名見所斷緣事起者名修所斷若約八慢前三皆是憍
慢亦名傲慢皆於尊境不肯禮敬故餘如

別說若約八慢者卽刋定意涅槃成實皆有八慢天台智者引文殊問經釋法華八爲明有八慢謂一武壯慢如鷄二性慢如梟三富慢如鷂四自在慢如鷲五壽命慢如烏六聰明慢如鵲七行慢如鵄八色慢如鴿
若諸菩薩離此慢業則得十種智業何等爲
十所謂信解業報不壞因果是智業不捨菩
提心常念諸佛是智業近善知識恭敬供養
其心尊重終無厭怠是智業樂法樂義無有
厭足遠離邪念勤修正念是智業於一切衆
生離於我慢於諸菩薩起如來想愛重正法
如惜已身尊奉如來如護已命於修行者生
諸佛想是智業身語意業無諸不善讚美賢
聖隨順菩提是智業不壞緣起離諸邪見破
暗得明照一切法是智業十種廻向隨順修
行於諸波羅蜜起慈母想於善巧方便起慈
父想以深淨心入菩提舍是智業施戒多聞
止觀福慧如是一切助道之法常勤積集無起二十五
有厭倦是智業若有一業爲佛所讚能破衆
魔煩惱鬬諍能離一切障蓋纏縛能教化調
伏一切衆生能隨順智慧攝取正法能嚴淨
佛剎能發起通明皆勤修習無有懈退是智

業是爲十若諸菩薩安住其中則得如來一切善巧方便無上大智業

二若諸菩薩下有十種智業顯對治行謂既識障惑不令增長制情從理敬重法行故名智業文中初結前生後文通兩段後

何等下正顯並是智之作用故名爲業

佛子菩薩摩訶薩有十種魔所攝持何等爲十所謂懈怠心魔所攝持志樂狹劣魔所攝持於少行生足魔所攝持受一非餘魔所攝持不發大願魔所攝持樂處寂滅斷除煩惱魔所攝持永斷生死魔所攝持捨菩薩行魔所攝持不化衆生魔所攝持疑謗正法魔所攝持是爲十

第二魔攝持下三門辨外加持行分二此門所離障後二門能治行今初即最障加持由內行乖理外魔得便名爲攝持又行乖理即是魔攝初二心怠志陋次二行少解滯次二捨願趣斷次二成小捨大後二捨悲謗法

若諸菩薩能棄捨此魔所攝持則得十種佛所攝持何等爲十所謂初始能發菩提之心佛所攝持於生生中持菩提心不令忘失佛所攝持覺諸魔事悉能遠離佛所攝持聞諸波羅蜜如說修行佛所攝持知生死苦而不厭惡佛所攝持觀甚深法得無量果佛所攝持爲諸衆生說二乘法而不證取彼乘解脫佛所攝持樂觀無爲法而不住其中於有爲無爲不生二想佛所攝持至無生處而現受生佛所攝持雖證得一切智而起菩薩行不斷菩薩種佛所攝持是爲十若諸菩薩安住其中則得諸佛無上攝持力

第二佛所攝下二門明能治行由離於邪自然合正於中先佛後法今初先結前生後後何等下正說文顯可知

佛子菩薩摩訶薩有十種法所攝持何等爲十所謂知一切行無常法所攝持知一切行苦法所攝持知一切行無我法所攝持知一切法寂滅涅槃法所攝持知諸法從緣起無緣則不起法所攝持知不正思惟故起於無明無明起故乃至老死起不正思惟滅故無明滅無明滅故乃至老死滅法所攝持知三解脫門出生聲聞乘證無諍法出生獨覺乘法所攝持知六波羅蜜四攝法出生大乘法所攝持知一切剎一切法一切衆生一切世是佛智境界法所攝持知斷一切念捨一切取離前後際隨順涅槃法所攝持是爲十若諸菩薩安住其中則得一切諸佛無上法所攝持

二法攝中前四即四法印次二總別緣生次一大小後二智斷上辨因圓究竟訖

佛子菩薩摩訶薩住兜率天有十種所作業

第二住兜率下十九門明果用圓滿行多約八相顯果用者明是普賢大用之果不就淨土實報處說又顯實報不可說故又顯八相通因果故長分爲十初一門住天次一門示沒三一門入胎四一門住胎五三門初生六二門在家七二門出家八五門成道九二門轉法輪十有一門入涅槃初之二門合屬第三即是八相今初欲說下生先明在天所作

何等爲十所謂爲欲界諸天子説厭離法言一切自在皆是無常一切快樂悉當衰謝勸彼諸天發菩提心是爲第一所作業

一化欲天

爲色界諸天説入出諸禪解脱三昧若於其中而生愛著因愛復起身見邪見無明等者則爲其説如實智慧若於一切色非色法起顛倒想以爲清淨爲説不淨皆是無常勸其令發菩提之心是爲第二所作業

二化色天

菩薩摩訶薩住兜率天入三昧名光明莊嚴身放光明徧照三千大千世界隨衆生心以種種音而爲説法衆生聞已信心清淨命終生於兜率天中勸其令發菩提之心是爲第三所作業

三化大千

起二　十八

菩薩摩訶薩在兜率天以無障礙眼普見十方兜率天中一切菩薩彼諸菩薩皆亦見此互相見已論説妙法謂降神母胎初生出家往詣道場具大莊嚴而復示現往昔已來所行之行以彼行故成此大智所有功德不離本處而能示現如是等事是爲第四所作業

四同類共談

菩薩摩訶薩住兜率天十方一切兜率天宫諸菩薩衆皆悉來集恭敬圍繞爾時菩薩摩訶薩欲令彼諸菩薩皆滿其願生歡喜故隨彼菩薩所應住地所行所斷所修所證演説法門彼諸菩薩聞説法已皆大歡喜得未曾有各還本土所住宫殿是爲第五所作業

五爲同類説

菩薩摩訶薩住兜率天時欲界主天魔波旬爲欲壞亂菩薩業故眷屬圍繞詣菩薩所爾時菩薩爲摧伏魔軍故住金剛道所攝般若波羅蜜方便善巧智慧門以柔輭麤獷二種語而爲説法令魔波旬不得其便魔見菩薩

起二　十九

自在威力皆發阿耨多羅三藐三菩提心是爲第六所作業

六善巧降魔

菩薩摩訶薩住兜率天知欲界諸天子不樂聞法爾時菩薩出大音聲徧告之言今日菩薩當於宫中現希有事若欲見者宜速往詣時諸天子聞是語已無量百千億那由他衆皆來集會爾時菩薩見諸天衆皆來集已爲現宫中諸希有事彼諸天子曾未見聞旣得見已皆大歡喜其心醉沒又於樂中出聲告言諸仁者一切諸行皆悉無常一切諸行皆悉是苦一切諸法皆悉無我涅槃寂滅又復告言汝等皆應修菩薩行皆當圓滿一切智智彼諸天子聞此法音憂歎咨嗟而生厭離靡不皆發菩提之心是爲第七所作業

七樂音説法

菩薩摩訶薩住兜率宫不捨本處悉能往詣十方無量一切佛所見諸如來親近禮拜恭敬聽法爾時諸佛欲令菩薩獲得最上灌頂法故爲説菩薩地名一切神通以一念相應慧具足一切最勝功德入一切智智位是爲第八所作業

八詣佛聞法

菩薩摩訶薩住兜率宫爲欲供養諸如來故以大神力興起種種諸供養具名殊勝可樂

徧法界虛空界一切世界供養諸佛彼世界中無量衆生見此供養皆發阿耨多羅三藐三菩提心是爲第九所作業

九供養多佛

菩薩摩訶薩住兜率天出無量無邊如幻如影法門周徧十方一切世界示現種種色種種相種種形體種種威儀種種事業種種方便種種譬喻種種言說隨衆生心皆令歡喜是爲第十所作業

十多身益生

佛子是爲菩薩摩訶薩住兜率天十種所作業若諸菩薩成就此法則能於後下生人間

佛子菩薩摩訶薩於兜率天將下生時現十種事

第二時至示没名將下生大乘方便經下卷云菩薩如其本願處兜率天宮能得菩提轉于法輪非爲不能菩薩思惟閻浮提人不能至此兜率天上聽受法教兜率天人能下閻浮是故下生

何等爲十

佛子菩薩摩訶薩於兜率天下生之時從於足下放大光明名安樂莊嚴普照三千大千世界一切惡趣諸難衆生觸斯光者莫不皆得離苦安樂得安樂已悉知將有奇特大人出興于世是爲第一所示現事

一廣拔衆苦

佛子菩薩摩訶薩於兜率天下生之時從於眉間白毫相中放大光明名曰覺悟普照三千大千世界照彼宿世一切同行諸菩薩身彼諸菩薩蒙光照已咸知菩薩將欲下生各各出興無量供具詣菩薩所而爲供養是爲第二所示現事

二徧警有緣

佛子菩薩摩訶薩於兜率天將下生時於右掌中放大光明名清淨境界悉能嚴淨一切三千大千世界其中若有已得無漏諸辟支佛覺斯光者即捨壽命若不覺者光明力故徙置他方餘世界中一切諸魔及諸外道有見衆生皆亦徙置他方世界唯除諸佛神力所持應化衆生是爲第三所示現事

三嚴刹揀非

佛子菩薩摩訶薩於兜率天將下生時從其兩膝放大光明名清淨莊嚴普照一切諸天宮殿下從護世上至淨居靡不周徧彼諸天等咸知菩薩於兜率天將欲下生俱懷戀慕悲歎憂惱各持種種華鬘衣服塗香末香旛蓋妓樂詣菩薩所恭敬供養隨逐下生乃至涅槃是爲第四所示現事

四覺諸導從

佛子菩薩摩訶薩在兜率天將下生時於卍字金剛莊嚴心藏中放大光明名無能勝幢普照十方一切世界金剛力士時有百億金剛力士皆悉來集隨逐侍衛始於下生乃至涅槃是爲第五所示現事

五密召侍衛

佛子菩薩摩訶薩於兜率天將下生時從其身上一切毛孔放大光明名分別衆生普照一切大千世界徧觸一切諸菩薩身復觸一切諸天世人諸菩薩等咸作是念我應住此供養如來教化衆生是爲第六所示現事

六先告當機

佛子菩薩摩訶薩於兜率天將下生時從大摩尼寶藏殿中放大光明名善住觀察照此菩薩當生之處所託王宮其光照已諸餘菩薩皆共隨逐下閻浮提若於其家若其聚落若其城邑而現受生爲欲教化諸衆生故是爲第七所示現事

七令輔翼知

佛子菩薩摩訶薩於兜率天臨下生時從天宮殿及大樓閣諸莊嚴中放大光明名一切宮殿清淨莊嚴照所生母腹光明照已令菩薩母安隱快樂具足成就一切功德其母腹中自然而有廣大樓閣大摩尼寶而爲莊嚴爲欲安處菩薩身故是爲第八所示現事

八淨所生處

佛子菩薩摩訶薩於兜率天臨下生時從兩足下放大光明名爲善住若諸天子及諸梵天其命將終蒙光照觸皆得住壽供養菩薩從初下生乃至涅槃是爲第九所示現事

九長延天壽

佛子菩薩摩訶薩於兜率天臨下生時從隨好中放大光明名日月莊嚴示現菩薩種種諸業時諸人天或見菩薩住兜率天或見入胎或見初生或見出家或見成道或見降魔或見轉法輪或見入涅槃是爲第十所示現事

十廣現難思

佛子菩薩摩訶薩於身於座於宮殿於樓閣中放如是等百萬阿僧祇光明悉現種種諸菩薩業現是業已具足一切功德法故從兜率天下生人閒

四結益

大方廣佛華嚴經疏鈔會本第五十八之三

大方廣佛華嚴經疏鈔會本第五十九之一　起三

唐于闐國三藏沙門實叉難陀　譯
唐清涼山大華嚴寺沙門澄觀　撰述

佛子菩薩摩訶薩示現處胎有十種事

第三正明入胎十事如有問言於四生中化生爲上佛爲最勝何故胎生諸經論中多用初緣以通此問今明具十以表無盡諸經論者謂今比菩薩自然化生等智論等皆然探玄記有問云據此經兜率命終即入胎等何故梁攝論明化身二十年在中陰真諦三藏金光明疏中釋云有小乘別部云聽待父母受生竟故二十年在中陰釋曰此乃機見不同故言二十年等多小劣見

何等爲十佛子菩薩摩訶薩爲欲成就小心劣解諸衆生故不欲令彼起如是念今此菩薩自然化生智慧善根不從修得是故菩薩示現處胎是爲第一事

一化劣解此通凡小

菩薩摩訶薩爲成熟父母及諸眷屬宿世同行衆生善根示現處胎何以故彼皆應以見於處胎成熟所有諸善根故是爲第二事

二攝眷屬化生設有父母等恩養少故

菩薩摩訶薩入母胎時正念正知無有迷惑住母胎已心恒正念亦無錯亂是爲第三事

三三時無亂出時無亂在後初生故俱舍世品明輪王唯入無亂緣覺兼住唯佛三時無亂以福智俱勝故瑜伽同此上之三緣小教亦說次下四事兼於權大

菩薩摩訶薩在母胎中常演說法十方世界諸大菩薩釋梵四王皆來集會悉令獲得無量神力無邊智慧菩薩處胎成就如是辯才勝用是爲第四事

四演法益物

菩薩摩訶薩在母胎中集大衆會以本願力教化一切諸菩薩衆是爲第五事

五乘願化生五乘願化生者明非沒生也

菩薩摩訶薩於人中成佛應具人間最勝受生以此示現處於母胎是爲第六事

六破胎生慢誰能於佛恃種族耶誰能於佛者瑞應經云從劫初已來代代相承作轉輪聖王近來四代雖不作轉輪聖王而作人中之王明是萬代金輪擅故種族無上

菩薩摩訶薩在母胎中三千大千世界衆生悉見菩薩如明鏡中見其面像爾時大心天龍夜叉乾闥婆阿脩羅迦樓羅緊那羅摩睺羅伽人非人等皆詣菩薩恭敬供養是爲第七事

七胎障不隔故令大心同覩後之三緣唯實教有

菩薩摩訶薩在母胎中他方世界一切最後生菩薩在母胎者皆來共會說大集法門名廣大智慧藏是爲第八事

八同類共集說智慧藏爲胎藏故說智慧藏者顯智德生佛以離垢藏即是斷德以法界藏即五藏之一正是法身八即般若九即解脫乃用三德爲胎藏耳故下疏合爲能所證智之與斷皆能證也

菩薩摩訶薩在母胎時入離垢藏三昧以三昧力於母胎中現大宮殿種種嚴飾悉皆妙好兜率天宮不可爲比而令母身安隱無患是爲第九事

九定力現嚴以離垢藏爲胎藏故

菩薩摩訶薩住母胎時以大威力興供養具名開大福德離垢藏普徧十方一切世界供養一切諸佛如來彼諸如來咸爲演說無邊

菩薩住處法界藏是爲第十事

十對供開法以法界藏爲胎藏故此一县總八九即法界別義法界寂然是離垢義寂而常照是智慧義又前二是能證後一所證能所冥合諸佛生故又前二不壞小而廣容後一不動此而普徧如是自在是佛生故

佛子是爲菩薩摩訶薩示現處胎十種事若諸菩薩了達此法則能示現甚微細趣

佛子菩薩摩訶薩有十種甚微細趣何等爲十所謂在母胎中示現初發菩提心乃至灌頂地在母胎中示現住兜率天在母胎中示現初生在母胎中示現童子地在母胎中示現處王宮在母胎中示現出家在母胎中示現苦行往詣道場成等正覺在母胎中示現轉法輪在母胎中示現般涅槃在母胎中示現大微細謂一切菩薩行一切如來自在神力無量差別門佛子是爲菩薩摩訶薩在母胎中十種微細趣若諸菩薩安住此法則得如來無上大智慧微細趣

第四微細趣即明住胎十事初一通現地位次八明現七相以處胎爲能現故童子屬處宮相故後一總結多門並一相中同時齊現深密難知故名微細

佛子菩薩摩訶薩有十種生何等爲十所謂遠離愚癡正念正知生放大光明網普照三千大千世界生住最後有更不受後身生不生不起生知三界如幻生於十方世界普現身生證一切智智身生放一切佛光明普覺悟一切衆生身生入大智觀察三昧身生佛子菩薩生時震動一切佛刹解脫一切衆生除滅一切惡道映蔽一切諸魔無量菩薩皆來集會佛子是爲菩薩摩訶薩十種生爲調伏衆生故如是示現

第五十種生下三門明初生相今初正辨即右脇生時初一即出時無亂後一動刹益生中八可知

佛子菩薩摩訶薩以十事故示現微笑心自誓何等爲十所謂菩薩摩訶薩念言一切世間没在欲泥除我一人無能勉濟如是知已熙怡微笑心自誓復念言一切世間煩惱所盲唯我今者具足智慧如是知已熙怡微笑心自誓又念言我今因此假名身故當得如來充滿三世無上法身如是知已熙怡微笑心自誓菩薩爾時以無障礙眼徧觀十方所有梵天乃至一切大自在天作是念言此等衆生皆自謂爲有大智力如是知已熙怡微笑心自誓菩薩爾時觀諸衆生久種善根今皆退没如是知已熙怡微笑心自誓菩薩觀見世間種子所種雖少獲果甚多如是知已熙怡微笑心自誓菩薩觀見一切衆生蒙佛所教必得利益如是知已熙怡微笑心自誓菩薩觀見過去世中同行菩薩染著餘事不得佛法廣大功德如是知已熙怡微笑心自誓菩薩觀見過去世中共同集會諸天人等至今猶在凡夫之地不能捨離亦不疲猒如是知已熙怡微笑心自誓菩薩爾時爲一切如來光明所觸倍加欣慰熙怡微笑心自誓是爲十佛子菩薩爲調伏衆生故如是示現

二現微笑在行七步時故瑞應經云菩薩

示生即行七步一手指天一手指地天上天下唯我爲尊即自誓也初三自慶次六慶能徧益羣品謂四無智自憍我能權故五昔善今退我能續故六能爲衆生良福田故七見生聞教益不虛故八傷諸同行不成佛故九愍諸同會滯凡地故後一得佛加故

佛子菩薩摩訶薩以十事故示行七步何等爲十所謂現菩薩力故示行七步現施七財故示行七步滿地神願故示行七步現超三界相故示行七步現菩薩最勝行超過象王牛王師子王行故示行七步現金剛地相故示行七步現欲與衆生勇猛力故示行七步現修行七覺寶故示行七步現所得法不由他教故示行七步現於世間最勝無比故示行七步是爲十佛子菩薩爲調伏衆生最如是示現

三行七步謂初生在地十方各行七步顯自在希奇故七數過三名過三界隨所履地皆現金剛餘並可知十方各行七步者即涅槃第四如來性品云善男子此閻浮提毘尼園示現從母摩耶而生生已即能東行七步唱如是言我於人天阿修羅中最尊最上父母人天見以驚喜生希有心而諸人等謂是嬰兒而我此身無量劫來久離染法如是身者即是法身非是肉血筋脈骨髓之所成立隨順世間衆生法故示爲嬰兒南行七步示現欲爲無量衆生作上福田西行七步示現生盡永斷老死是最後身北行七步示已現度諸有生死東行七步示爲衆生而作尊首四維七步示爲衆生斷滅種種煩惱四魔種性成於如來應供正遍知上行七步示現不爲不淨之物之所染汙猶如虛空下行七步示現法雨滅地獄火令彼衆生受安隱樂毀禁戒者示作霜雹顯自在下總顯大意

佛子菩薩摩訶薩以十事故現處童子地何等爲十所謂爲現通達一切世間文字算計圖書印璽種種業故處童子地爲現通達一切世間象馬車乘弧矢劍戟種種業故處童子地爲現通達一切世間文筆談論博弈嬉戲種種事故處童子地爲現遠離身語意業諸過失故處童子地爲現入定住涅槃門周徧十方無量世界故處童子地爲現其力超過一切天龍夜叉乾闥婆阿脩羅迦樓羅緊那羅摩睺羅伽釋梵護世人非人等釋梵護世故處童子地爲令耽著欲樂衆生故處童子地爲現菩薩色相威光超過一切歡喜樂法故處童子地爲尊重正法勤供養佛周徧十方一切世界故處童子地爲現得佛加被蒙法光明故處童子地是爲十

第六童子地下二門明在家同俗行並處王宮相童子已在王宮但此門明幼懷德藝顯是超絕後門貴極無染以彰德高今初八云令樂法者幼而梵行德業殊倫後見道成必樂其法餘九可知

佛子菩薩摩訶薩現童子地已以十事故現處王宮何等爲十所謂爲令宿世同行衆生善根成熟故現處王宮爲顯示菩薩善根力故現處王宮爲諸人天耽著樂具示現菩薩大威德樂具故現處王宮順五濁世衆生心故現處王宮爲現菩薩大威德力能於深宮入三昧故現處王宮爲令宿世同願衆生滿其意故現處王宮欲令父母親戚眷屬滿所願故現處王宮欲以妓樂出妙法音供養一切諸如來故現處王宮欲於宮內住微妙三昧始從成佛乃至涅槃皆示現故現處王宮爲隨順守護諸佛法故現處王宮是爲十最

後身菩薩如是示現處王宮已然後出家

二正明處宮十中一化同行同行處宮故如瞿波四濁世欣貴故餘八可知如瞿波者七十五中廣說因起

佛子菩薩摩訶薩以十事故示現出家何等爲十所謂爲猒居家故示現出家爲著家衆生令捨離故示現出家爲隨順信樂聖人道故示現出家爲宣揚讚歎出家功德故示現出家爲顯永離二邊見故示現出家爲令衆生離欲樂我樂故示現出家爲先現出三界相故示現出家爲現自在不屬他故示現出家爲顯當得如來十力無畏法故示現出家最後菩薩法應爾故示現出家是爲十菩薩以此調伏衆生

第七出家下二門明捨家期道行初明出家後顯修行今初離能深宮入道而出家者示斯十意初二令猒捨苦果次二欣揚勝道次二令離利鈍集著常見者貴常爲貴故不出家著斷見者身滅無餘何須出家既非常斷明可修進云離二邊又非苦樂等次二顯界家繫滅後二顯得果同因

佛子菩薩摩訶薩爲十種事故示行苦行何等爲十所謂爲成就劣解衆生故示行苦行爲拔邪見衆生故示行苦行爲不信業報衆生令見業報故示行苦行爲隨順雜染世界法應爾故示行苦行示能忍劬勞勤修道故示行苦行爲令衆生樂求法故示行苦行爲著欲樂我樂衆生故示行苦行爲顯菩薩起行殊勝乃至最後生猶不捨勤精進故示行苦行爲令衆生樂寂靜法增長善根故示行苦行爲諸天世人諸根未熟待時成熟故示行苦行是爲十菩薩以此方便調伏一切衆生

二示苦行者行有苦樂而偏苦行有斯十意一爲小乘要謂勤苦方得道故二示同異道摧邪見故謂六年自餓無道後受乳糜方得顯餓非眞三一言罵佛六載受飢故緣如大乘方便經第二四五濁衆生皆有重罪憂惱覆心不能得道令彼念言謗佛尚得解脫況我等耶即悔除故亦如彼說五策懈怠衆生故六令知爲法忘飢故七示著樂非道故八始末精勤故九準晉經云欲令未來衆生發精進故今精進之言合在前句缺斯一句十苦行待機者顯悲深故

三一言罵佛者經有三卷亦編入寶積部中當第一百六十八此當一百十經先總云善男子汝今善聽以何因緣菩薩苦行六年善男子非是菩薩宿殃餘報受此苦也欲令衆生於一切惡業報中生猒患心歸向菩提釋曰下經文廣令當畧引復次善男子昔迦葉佛時有婆羅門子名爲樹提有親友五人久近惡友失菩提心奉事外道不能信解佛語佛法彼師自言我是世尊樹提欲引五人轉其邪心至光師所作如是言我今欲見禿頭道人何有禿人得菩提道菩提之道甚深難得復經少時與彼五人在一屏處光師生彼讚佛功德令往彼見佛樹提思惟五人根生我若讚佛必彼生疑自護本願故讚若波羅蜜報行方便故作如是言我不欲見光頭道人何有光人能得菩提菩提之道甚深難得云般若波羅蜜有報者菩薩行般若波羅蜜無有菩提想無佛想不見佛菩提不於內外中間見菩提知菩提空故行於方便作如是語後於一時與五人在水邊光師承佛神力即至其所讚佛難遇固不肯去光師遂捉其髮牽至佛所五人隨往彼之國法執人髮者罪應至死時人見之皆言佛有何德乃令光師忘死引之既至佛所五人禮敬發心呵責樹提又聞佛德辯才發菩提心爲說菩薩藏不退轉陀羅尼金剛句無生法忍五人得無生忍釋曰知菩薩爲化五人故若觀空而發於言即大乘方便豈有報耶四五濁衆生者即其後釋云復次菩薩爾時爲化五人示自業報使餘若知不知苦樂報者念言

一言誹謗迦葉佛而後菩薩當得解脫見我不知而作惡言是故我今當自悔除一切惡業更不得作釋曰然化五人言義明顯示六年之意事猶未顯恐是五人兼已爲六五從五人以當五俱輪經文又云爲供諸外道日食一麻一米故又爲化五千二百羸行諸天及外神仙羸行菩薩是名菩薩摩訶薩行於方便

佛子菩薩摩訶薩住諸道場有十種事何等爲十所謂諸道場時照耀一切世界諸道場時震動一切世界諸道場時於一切世界普現其身諸道場時覺悟一切菩薩及一切宿世同行衆生諸道場時示現道場一切莊嚴諸道場時隨諸衆生心之所欲而爲現身種種威儀及菩提樹一切莊嚴諸道場時現見十方一切如來諸道場時舉足下足常入三昧念念成佛無有超隔諸道場時一切天龍夜叉乾闥婆阿脩羅迦樓羅緊那羅摩睺羅伽釋梵護世一切諸王各不相知而興種種上妙供養諸道場時以無礙智普觀一切諸佛如來於一切世界修菩薩行而成正覺是爲十菩薩以此教化衆生

第八詣道場下五門道成證入行即分爲五一明進趣所安即從苦行所向於道樹顯捨邪趣正故因圓趣果故行行後邊故十句可知

佛子菩薩摩訶薩坐道場有十種事何等爲十所謂坐道場時種種震動一切世界坐道場時平等照耀一切世界坐道場時除滅一切諸惡趣苦坐道場時令一切世界金剛所成坐道場時普觀一切諸佛如來師子之座坐道場時心如虛空無所分別坐道場時隨其所應現身威儀坐道場時隨順安住金剛三昧坐道場時受一切如來神力所持清淨妙處坐道場時自善根力悉能加被一切衆生是爲十

二正坐道場明自力安處初四嚴處次三三業現相觀師子座者知將說故晉經云觀一切佛師子之吼後三成德一滿自能證明智顯惑亡二受佛所處將契同法界三大悲同體故能徧加

佛子菩薩摩訶薩坐道場時有十種奇特未曾有事何等爲十佛子菩薩摩訶薩坐道場時十方世界一切如來皆現其前咸舉右手而稱讚言善哉善哉無上導師是爲第一未曾有事菩薩摩訶薩坐道場時一切如來皆悉護念與其威力是爲第二未曾有事菩薩摩訶薩坐道場時宿世同行諸菩薩衆悉來圍繞以種種莊嚴具恭敬供養是爲第三未曾有事菩薩摩訶薩坐道場時一切世界草木叢林諸無情物皆曲身低影歸向道場是爲第四未曾有事菩薩摩訶薩坐道場時入三昧名觀察法界此三昧力能令菩薩一切諸行悉得圓滿是爲第五未曾有事菩薩摩訶薩坐道場時得陀羅尼名最上離垢妙光海藏能受一切諸佛如來大雲法雨是爲第六未曾有事菩薩摩訶薩坐道場時以威德力興上妙供具徧一切世界供養諸佛是爲第七未曾有事菩薩摩訶薩坐道場時住最勝智悉現了知一切衆生諸根意行是爲第八未曾有事菩薩摩訶薩坐道場時入三昧名善覺此三昧力能令其身充滿三世盡虛空界一切世界是爲第九未曾有事菩薩摩訶薩坐道場時得離垢光明無礙大智令其

身業普入三世是爲第十未曾有事佛子是爲菩薩摩訶薩坐道場時十種奇特未曾有事

二有十奇特者明外感希奇大果先兆故佛子菩薩摩訶薩坐道場時觀十種義故示現降魔何等爲十所謂爲濁世衆生樂於鬭戰欲顯菩薩威德力故示現降魔爲諸天世人有懷疑者斷彼疑故示現降魔爲教化調伏諸魔軍故示現降魔爲欲令諸天世人樂軍陣者咸來聚觀心調伏故示現降魔爲顯示菩薩所有威力世無能敵故示現降魔爲欲發起一切衆生勇猛力故示現降魔爲哀愍末世諸衆生故示現降魔爲欲顯示乃至道場猶有魔軍而來觸惱此後乃得超魔境界故示現降魔爲顯煩惱業用羸劣大慈善根勢力强盛故示現降魔爲欲隨順濁惡世界所行法故示現降魔是爲十

四降魔者正覺將顯先摧邪故皆言示者久已降故魔王多是大菩薩故無有惡魔能惱佛故亦如野干豈能於師子前以振威勢大乘方便經下卷云若非佛力召來慈等惡魔豈得近佛魔爲欲界尊勝勝降餘伏故疏言示者即涅槃第二佛許受純陀之供云純陀施食有二果報何等爲二一者受已得阿耨多羅三藐三菩提二者受已入於涅槃純陀不受此言廣難雖如來調二女先是雜食身非金剛身常身法身等豈得言同佛答云菩薩爾時破壞四魔今入涅槃亦破四魔是故我言亦施果報等無差別末後云如來之身已於無量阿僧祇劫不受飲食釋曰此身不受飲食則顯此身久已降魔魔王等者即淨名第二卷不思議品因說室包廣座皆不思議解脫之力方便廣說不思議事迦葉悲歎竟爾時維摩詰語大迦葉言仁者十方作魔王者多是住不可思議解脫菩薩以方便力教化衆生現作魔王即其文也無有惡魔下亦大乘方便經意下指經文具足經云菩薩坐於菩提樹下欲使惡魔波旬至菩提樹下不欲令菩薩成阿耨多羅三藐三菩提善男子魔本不能至菩提樹下若我不召而能來者無有是處善男子爾時菩薩坐菩提樹下如是思惟於四天下誰最第一此四天下今爲屬誰菩薩即知惡魔波旬欲界最尊今我與魔共鬪魔若不如一切欲界所有衆生悉皆不如爾時當有諸天人衆和合而來到菩提樹到已必發清淨信心下取意引魔衆天衆八部見菩薩遊戲發菩提心盡得解脫故疏云勝降餘伏十中一示以德諍二破魔佛誰愈三波旬兵衆滿三十六由旬圍菩提樹欲作留難菩薩住慈悲智慧以手指地一切散壞八萬四千八部大衆皆發大菩提心故云教化調伏廣如方便經及本行集說六未免魔者勿懈怠故七一被降伏乃至末世翻護法故餘五可知一示德諍者小人力諍故二破魔佛誰愈者猶勝也經文自顯亦方便經意第三因緣即波經次文云善男子菩薩如是思惟已放眉間白毫相光能令波旬宮殿黑暗爾時三千大千世界以光明照故普令大明此光明中出如是聲彼釋種子出家學道今當成阿耨多羅三藐三菩提過魔境界勝出魔衆滅損當來一切魔衆令彼菩薩與魔共戰善男子爾時波旬聞是聲已心大憂愁如箭入心時魔波旬嚴四種兵滿三十六由旬欲爲留難菩薩爾時住大慈悲及大智慧以徧慈金色之手而以指地一切魔衆等尋即散壞魔衆壞已八萬四千億天龍鬼神乾闥婆阿修羅迦樓羅緊那羅摩睺羅伽拘槃荼如是大衆見菩薩威德身體殊妙容顏端嚴咸力勇猛發阿耨多羅三藐三菩提心是名菩薩摩訶薩行於方便釋曰既但義引耳及本行集者大意則同但文廣耳故彼經意諸天本見魔王自在將謂務弗放夫彼疑令知佛勝七一被者亦涅槃經云爾時欲界主魔王波旬與其眷屬諸天采女無量無邊阿僧祇衆開地獄門施清淨水因而告曰汝等今者無所能爲唯當專念如來應正遍知建立最後隨喜供養能令汝等於長夜中獲安隱樂時魔波旬即於地獄息諸刀劍等災云持諸供具勝過一切人天所設其蓋小者覆中千界來至佛所稽首佛足白佛言我等今者愛樂大乘守護大乘世尊若有善男子善女人爲供養故爲怖畏故爲誑他故爲財利故爲隨他故受是大乘或眞或僞我等爾時當爲是人除滅怖畏說如是咒卓枳吒吒羅卓枳虛訶隸摩訶盧訶隸訶囉遮羅多羅莎訶釋曰此即翻護法文也

佛子菩薩摩訶薩有十種成如來力何等爲十所謂超過一切衆魔煩惱業故成如來力具足一切菩薩行遊戲一切菩薩三昧門故成如來力具足一切菩薩廣大禪定故成如來力圓滿一切白淨助道法故成如來力得一切法智慧光明善思惟分別故成如來力其身周徧一切世界故成如來力所出言音悉與一切衆生心等故成如來力能以神力加持一切故成如來力與三世諸佛身語意業等無有異於一念中了三世法故成如來力得善覺智三昧具如來十力所謂是處非處智力乃至漏盡智力故成如來力是爲十若諸菩薩具此十力則名如來應正等覺

五有十種成如來力即正覺現前前之二門當無間道此當解脫道更前二門即方便道今此十中初一障無不寂次二因無不圓次二果無不滿次三德無不普後二佛無不同故結名如來也

佛子如來應正等覺轉大法輪有十種事何等爲十一者具足清淨四無畏智二者出生四辯隨順音聲三者善能開闡四眞諦相四者隨順諸佛無礙解脫五者能令衆生心皆淨信六者所有言說皆不唐捐能拔衆生諸苦毒箭七者大悲願力之所加持八者隨出音聲普徧十方一切世界九者於阿僧祇劫說法不斷十者隨所說法皆能生起根力覺道禪定解脫三昧等法佛子諸佛如來轉於法輪有如是等無量種事

第九轉大法輪下二門明轉法輪道成機熟開甘露門故於中初門所轉法輪體用後門明轉法輪因緣前中流演圓通目之爲輪自我之彼名之爲轉小乘以眼智明覺四行繫於四諦今願無盡十行應繫十諦以成百行餘如法輪章說十中初二能轉備圓次二所轉深妙次二生信拔苦次起三二因深量廣後二時遠益高十六小乘等者已見出現法輪章中

佛子如來應正等覺轉法輪時以十事故於衆生心中種白淨法無空過者何等爲十所謂過去願力故大悲所持故不捨衆生故智慧自在隨其所樂爲說法故必應其時未曾失故隨其所宜無妄說故知三世智善了知故其身最勝無與等故言辭自在無能測故智慧自在隨所發言悉開悟故是爲十

二種白淨法十事即法輪因白淨法者即起三所轉輪體謂佛無漏清淨法界十七轉入衆生心中成聞熏種子故名爲種說應時機言不虛發還生無漏聖智故無空過故攝論中多聞熏習從最清淨法界等流生無漏現行是此義也亦即前章無礙解脫所以能種此種者有十事故初一宿因餘皆現因於中前六德具後三用勝前中二三悲具一內持二外攝次四智具即四悉檀一爲人所樂不同故二第一義應時令悟故三對治隨病所宜故四世界了世而順故

次四智具者問明已廣即智論第一論別有解釋總名悉檀者諸三藏譯皆云義宗具云悉檀多有云徧施乃意釋耳

大方廣佛華嚴經疏鈔會本第五十九之一

大方廣佛華嚴經疏鈔會本第五十九之二　起四

唐于闐國三藏沙門實叉難陀　譯

唐清涼山大華嚴寺沙門澄觀　撰述

佛子如來應正等覺作佛事已觀十種義故示般涅槃何等爲十所謂示一切行實無常故示一切有爲非安隱故示大涅槃是安隱處無怖畏故以諸人天樂著色身爲現色身是無常法令其願住淨法身故示無常力不可轉故示一切有爲不隨心住不自在故示一切三有皆如幻化不堅牢故示涅槃性究竟堅牢不可壞故示一切法無生無起而有聚集散壞相故佛子諸佛世尊作佛事已所願滿已轉法輪已應化度者皆化度已有諸菩薩應受尊號成記莂已法應如是入於不變大般涅槃佛子是爲如來應正等覺觀十義故示般涅槃

第十涅槃謂應盡還源有斯十意初二明生死過患一無常故二無樂故云非安隱初二下二別釋此中即用涅槃第二經因三修比丘歎無常等以爲上想佛廣訶之後爲正說云汝等若言我亦修習無常苦無我想是三種修無有實義我今當說勝三修法苦者計樂樂者計苦是顛倒法無常計常常計無常是顛倒法無我計我我計無我是顛倒法不淨計淨淨計不淨是顛倒法如是等四顛倒法是人不知正修諸法汝諸比丘於苦法中生於樂想於無常中生於常想於無我中生於我想於不淨中生於淨想世間亦有常樂我淨出世亦有常樂我淨世間法者有字無義出世法者有字有義何以故世間之法有四顛倒故不知義所以者何有想倒心倒見倒以三倒故世間之人樂中見苦常見無常我見無我淨見不淨是名顛倒以顛倒故世間知字而不知義何等爲義無我者名爲生死我者名爲如來無常者聲聞緣覺常者如來法身苦者一切外道樂者即是涅槃不淨者即有爲法淨者諸佛菩薩所有正法是名不顛倒故知有字有義若欲遠離四顛倒者應知如是常樂我淨釋曰上具引經者以此十句多分用故三明涅槃是樂翻上無樂以涅槃寂滅爲真樂故三明涅槃者翻上無樂即是第二言以涅槃下出得樂名所以四翻色身無常法身爲常故故晉經云令求常住淨法身故今訣常字以法身是三德之一性出自古體無變異偏語其常今已出纏故名爲淨四翻色身者文中有三初正釋即上涅槃云常者如來法身二故晉經下引證成是常義以今經文闕常字故恐人誤謂此顯淨德故次引經三以法身下釋成法身偏得常名之所以也無顯此用法身之言以是三德大涅槃故今已出下顯與涅槃經小異之相次三句明生死無我不自在故一一期無常不自在故云不可轉二別明念念無常不自在此通變易生死三即分段不能堅住亦非自在次三等者即上經云無我者所謂生死八明涅槃是堅即自在我亦兼常義八明涅槃者涅槃二十七云我者謂大涅槃上第二云我者即是如來自約別義至下當釋今明涅槃故說涅槃爲我義耳亦兼常義者以有堅牢言故然常已配法身故此屬我九翻有爲以明淨德不淨者即有爲法故言聚散淨者諸佛菩薩正法名無生起然是性淨涅槃隨緣生死即相之性方爲正法然涅槃第二翻破凡小四德通諸佛法故以如來爲我此正顯涅槃故亦就涅槃明我餘並相順然常等四德雖徧通佛法從其別義各顯不同上以四榮翻枯具遣八倒九翻有爲等者疏文有三初正釋即上涅槃云淨者諸佛菩薩正法無生無起然體故亦名正法遠公云正法偏名淨者以治障故彼約三寶之中法寶說之二然是下正顯今經淨法之體性淨涅槃三德本具不由治淨隨緣生死即經云而有聚散壞即相之性即無生無起如是方是涅槃正法以約涅槃說淨德不同涅槃第二別約正義法三涅槃下會通涅槃第二涅槃就於義如來爲我今說涅槃不同彼然常等下正釋上文與涅槃故不同之由涅槃二十七云空者所謂生死不空者謂大涅槃無常者所謂生死常者謂大涅槃無我者所謂生死我者謂大涅槃苦者所謂生死樂者謂大涅槃等則是涅槃即具四德則如正法亦具四德從其義下者即涅槃第二意

也遠公亦云常樂我淨理實通過法然令隱顯我備就人餘三就法我是佛者自在名我自在之用在於佛人故說爲我又復我者人之別稱故就佛人而說其我常法身者法身佛體顯本法成性出自古體無變易順常義顯故爲常淨云涅槃者涅槃是滅滅離衆苦寂樂義顯故說爲樂淨是法者謂三寶中法寶之體能治超勝故說爲淨釋曰上來識中多已用之就義穩便小有改易上以四德下結成破倒廣如四地畧如上引涅槃偈中之文十明法爾諸佛常規

上來說分竟

佛子此法門名菩薩廣大清淨行無量諸佛所共宣說能令智者了無量義皆生歡喜令一切菩薩大願大行皆得相續佛子若有衆生得聞此法聞已信解解已修行必得疾成阿耨多羅三藐三菩提何以故以如說修行故佛子若諸菩薩不如說行當知是人於佛菩提則爲永離是故菩薩應如說行

大文第七從佛子此法門下結勸修學分

於中二一結義勸修二佛子此一切菩薩下結名勸學前中亦二初舉名結義後佛子若有下勸信修行

佛子此一切菩薩功德行處決定義華普入一切法普生一切智超諸世間離二乘道不與一切諸衆生共悉能照了一切法門增長衆生出世善根離世間法門品應尊重應聽受應誦持應思惟應願樂應修行若能如是當知是人疾得阿耨多羅三藐三菩提

二結名勸學中先顯十名初一約能詮依此生行故名爲處前約所詮行體但云清淨行餘九約所詮功能立稱二決彼行義定能感果故三證所證故四能證分明故五有智超勝故六悲興萬行故七一一圓融故八軌則具足故九即理涉事故十即事而真故後應尊重下勸學可知

說此品時佛神力故及此法門法如是故十方無量無邊阿僧祇世界皆大震動大光普照

大文第八從說此下現瑞分可知

爾時十方諸佛皆現普賢菩薩前讚言善哉善哉佛子乃能說此諸菩薩摩訶薩功德行處決定義華普入一切佛法出世間法門品佛子汝已善學此法善說此法汝以威力護持此法我等諸佛悉皆隨喜如我等諸佛隨喜於汝一切諸佛悉亦如是佛子我等諸佛悉共同心護持此經令現在未來諸菩薩衆未曾聞者皆當得聞

大文第九爾時十方下證成分於中二先讚法證後佛子汝已下歎人證

爾時普賢菩薩摩訶薩承佛神力觀察十方一切大衆洎於法界而說頌言

大文第十爾時普賢下偈頌分總有二百一十五頌半分三初有八偈七言歎德深廣明說分齊二其心下有三十一頌半總示行德略顯深廣上二並是伽陀三從依於佛智下七十六偈頌前長行方是祇夜

今初分四

於無量劫修苦行　從無量佛正法生
令無量衆住菩提　彼無等行聽我說
供無量佛而捨著　廣度羣生不作想
求佛功德心無依　彼勝妙行我今說
離三界魔煩惱業　具聖功德最勝行
滅諸癡惑心寂然　我今說彼所行道
永離世間諸誑幻　種種變化示衆生
心生住

滅現衆事說彼所能令衆喜

初四許說廣深

見諸衆生生老死煩惱憂橫所纏迫欲令解脫教發心彼功德行應聽受施戒忍進禪智慧方便慈悲喜捨等百千萬劫常修行彼人功德仁應聽

次二舉德誡聽

千萬億劫求菩提所有身命皆無悋願益衆生不爲己彼慈愍行我今說

次一重總許說

無量億劫演其德如海一滴未爲少功德無比不可喻以佛威神今略說

後一示說分齊

其心不高下求道無厭倦普使諸衆生住善增淨法智慧普饒益如樹如河泉亦如於大地一切所依處

第二總示行德中分三初二頌略標法喻二五十五頌半託事表法以明深廣三從菩薩等於佛下七十四頌即法明行以彰廣大初標可知

菩薩如蓮華慈根安隱莖智慧爲衆蘂戒品爲香潔佛放法光明令彼得開敷不著有爲水見者皆欣樂菩薩妙法樹生於直心地信種慈悲根智慧以爲身方便爲枝幹五度爲繁密定葉神通華一切智爲果最上力爲鳥垂陰覆三界

二託事表法中總五十頌難以區分今麤例相從且分爲十初四偈半二喻明悅物覆蔭行

菩薩師子王白淨法爲身四諦爲其足正念以爲頸慈眼智慧首頂繫解脫繒勝義空谷中吼法怖衆魔菩薩爲商主普見諸羣生在生死曠野煩惱險惡處魔賊之所攝癡盲失正道示其正直路令入無畏城菩薩見衆生三毒煩惱病種種諸苦惱長夜所煎迫爲發大悲心廣說對治門八萬四千種滅除衆苦患菩薩爲法王正道化衆生令遠惡修善專求佛功德一切諸佛所灌頂受尊記廣施衆聖財菩提分珍寶菩薩轉法輪如佛之所轉戒轂三昧輞智莊慧爲劍既破煩惱賊亦殄衆魔怨一切諸外道見之無不散

二師子下十偈摧邪導迷行師子吼義法界初說

菩薩智慧海深廣無涯際正法味盈洽覺分寶充滿大心無邊岸一切智爲潮衆生莫能測說之不可盡菩薩須彌山超出於世間神通三昧峯大心安不動若有親近者同其智慧色迴絕衆境界一切無不覩菩薩如金剛志求一切智信心及苦行堅固不可動其心無所畏饒益諸羣生衆魔與煩惱一切悉摧滅菩薩大慈悲譬如重密雲三明發電光神足震雷音普以四辯才雨八功德水潤洽於一切令除煩惱熱菩薩正法城般若以爲牆慚愧爲深塹智慧爲却敵廣開解脫門正念恒防守四諦坦王道六通集兵仗復建大法幢周迴徧其下三有諸魔衆一切無能入

三有十一偈明高深堅密行

菩薩迦樓羅如意爲堅足方便勇猛翅慈悲明淨眼住一切智樹觀三有大海搏撮天人龍安置涅槃岸菩薩正法日出現於世間戒

品圓滿輪神足速疾行照以智慧光長諸根力藥滅除煩惱開消竭愛欲海菩薩智光月法界以為輪遊於畢竟空世間無不見三界識心內隨時有增減二乘星宿中一切無儔匹

四迦樓羅下六偈觀機照益行 四迦樓羅下其中第五偈云菩薩智光月等者論經云菩薩清涼月遊於畢竟空普光照三界心法無不現餘可知

菩薩大法王功德莊嚴身相好皆具足人天悉瞻仰方便清淨目智慧金剛杵於法得自在以道化群生菩薩大梵王自在超三有業惑悉皆斷慈捨靡不具處處示現身開悟以法音於彼三界中拔諸邪見根菩薩自在天超過生死地境界常清淨智慧無退轉絕彼下乘道受諸灌頂法功德智慧具名稱靡不聞

五有六偈自在統御行

菩薩智慧心清淨如虛空無性無依處一切不可得有大自在力能成世間事自具清淨行令衆生亦然

六智慧心下二偈包含無染行

菩薩方便地饒益諸衆生菩薩慈悲水浣滌諸煩惱菩薩智慧火燒諸惑習薪菩薩無住風遊行三有空

七二偈周徧成益行

菩薩如珍寶能濟貧窮厄菩薩如金剛能摧顛倒見菩薩如瓔珞莊嚴三有身菩薩如摩尼增長一切行菩薩德如華常發菩提分菩薩願如鬘恒繫衆生首菩薩淨戒香堅持無缺犯菩薩智塗香普熏於三界菩薩力如帳能遮煩惱塵菩薩智如幢能摧我慢敵妙行為繒綵莊嚴於智慧慚愧作衣服普覆諸群生

八如珍寶下六偈檢束修身行

菩薩無礙乘巾之出三界菩薩大力象其心善調伏菩薩神足馬騰步超諸有菩薩說法龍普雨衆生心

九二偈調御運載行

菩薩優曇華世間難值遇菩薩大勇將衆魔悉降伏菩薩轉法輪如佛之所轉菩薩燈破闇衆生見正道菩薩功德河恒順正道流菩薩精進橋廣度諸群品大智與弘誓共作堅牢船引接諸衆生安置菩提岸菩薩遊戲園真實樂衆生菩薩解脫華莊嚴智宮殿菩薩如妙藥滅除煩惱病菩薩如雪山出生智慧藥

十優曇華下六偈外用遊處行

菩薩等於佛覺悟諸群生佛心豈有他正覺覺世間如佛之所來菩薩如是來亦如一切智以智入普門菩薩善開導一切諸群生菩薩自然覺一切智境界

第三即法明行中二初十偈總明深廣許說誠聽後一身能示現下六十四頌別明深廣以酬前許前中三初三上同佛覺

菩薩無量力世間莫能壞菩薩無畏智知衆生及法一切諸世間色相各差別音聲及名字悉能分別知雖離於名色而現種種相一切諸衆生莫能測其道

次三下超群品

如是等功德菩薩悉成就了性皆無性有無

無所著如是一切智無盡無所依我今當演說令衆生歡喜雖知諸法相如幻悉空寂而以悲願心及佛威神力現神通變化種種無量事如是諸功德汝等應聽受

後四許說誠聽

一身能示現無量差別身無心無境界普應一切衆一音中具演一切諸言音衆生語言法隨類皆能作永離煩惱身而現自在身知法不可說而作種種說其心常寂滅清淨如虛空而普莊嚴刹示現一切衆於身無所著而能示現身一切世間中隨應而受生雖生一切處亦不住受生知身如虛空種種隨心現

第二別明深廣中束爲十行初六偈三業深廣行

菩薩身無邊普現一切處常恭敬供養最勝兩足尊香華衆妓樂幢旛及寶蓋恒以深淨心供養於諸佛不離一佛會普在諸佛所於彼大衆中問難聽受法聞法入三昧一一無量門起定亦復然示現無窮盡智慧巧方便了世皆如幻而能現世間無邊諸幻法

二菩薩身下五頌二嚴無礙行

示現種種色亦現心及語入諸想網中而恒無所著或現初發心利益於世間或現久修行廣大無邊際施戒忍精進禪定及智慧四梵四攝等一切最勝法

三有三頌逆順成滿行

或現行成滿得忍無分別或現一生繫諸佛與灌頂或現聲聞相或復現緣覺處處般涅槃不捨菩提行或現爲帝釋或現爲梵王或天女圍繞或時獨宴默或現爲比丘寂靜調其心或現自在王統理世間法或現巧術女或現修苦行或現受五欲或現入諸禪或現初始生或少或老死若有思議者心疑發狂亂或現在天宮或現始降神或入或住胎成佛轉法輪或生或涅槃或現入學堂或在綵女中或離俗修禪或坐菩提樹自然成正覺或現轉法輪或現始求道或現爲佛身宴坐無量刹或修不退道積集菩提具

四或修行成滿下十頌普門示現行

深入無數劫皆悉到彼岸無量劫一念一念無量劫一切劫非劫爲世示現劫無來無積集成就諸劫事於一微塵中普見一切佛十方一切處無處而不有國土衆生法次第悉皆見經無量劫數究竟不可盡

五四頌時處圓融行

菩薩知衆生廣大無有邊彼一衆生身無量因緣起如知一無量一切悉亦然隨其所通達教諸未學者悉知衆生根上中下不同亦知根轉移應化不應化一根一切根展轉因緣力微細各差別次第無錯亂又知其欲解一切煩惱習亦知去來今所有諸心行了達一切行無來亦無去既知其行已爲說無上法

六菩薩知下六頌知根說法行

雜染清淨行種種悉了知一念得菩提成就一切智住佛不思議究竟智慧心一念悉能知一切衆生行菩薩神通智功力已自在能於一念中往詣無邊刹如是速疾往盡於無數劫無處而不周莫動毫端分

七四頌寂用迅疾行

譬如工幻師示現種種色於彼幻中求無色無非色菩薩亦如是以方便智幻種種皆示現充滿於世間譬如淨日月皎鏡在虛空影現於衆水不爲水所雜菩薩淨法輪當知亦如是現世間心水不爲世所雜如人睡夢中造作種種事雖經億千歲一夜未終盡菩薩住法性示現一切事無量劫可極一念智無盡譬如山谷中及以宮殿間種種皆響應而實無分別菩薩住法性能以自在智廣出隨類音亦復無分別如有見陽餤想之以爲水馳逐不得飲展轉更增渴衆生煩惱心應知亦如是菩薩起慈愍救之令出離

八譬如工幻下十偈悲不失智行

觀色如聚沫受如水上泡想如熱時餤諸行如芭蕉心識猶如幻示現種種事如是知諸蘊智者無所著諸處悉空寂如機關動轉諸界性永離妄現於世間菩薩住真實寂滅第一義種種廣宣暢而心無所依無來亦無去亦復無有住煩惱業苦因三種恒流轉緣起非有無非實亦非虛如是入中道說之無所著能於一念中普現三世心欲色無色界一切種種事隨順三律儀演說三解脫建立三乘道成就一切智了達處非處諸業及諸根界解與禪定一切智處道宿命念天眼滅除一切惑知佛十種力而未能成就了達諸法空而常求妙法不與煩惱合而亦不盡漏廣知出離道而以度衆生於此得無畏不捨修諸行無謬無違道亦不失正念精進欲三昧觀慧無損減三聚皆清淨三世悉明達大慈愍衆生一切無障礙

九有十四偈智不失悲行謂末後二句不失悲前皆智德圓滿

由入此法門得成如是行我說其少分功德莊嚴義窮於無數劫說彼行無盡我今說少分如大地一塵

十有二偈結德無盡行

依於佛智住起於奇特想修行最勝行具足大慈悲精勤自安隱教化諸含識安住淨戒中具諸授記行能入佛功德衆生行及剎劫世悉亦知無有最厭想差別智總持通達真實義思惟說無比寂靜等正覺

第三頌長行中二初有三十九偈頌前諸分後雖令下三十七偈頌結勸修學分今初頌前六位即爲六段初四偈頌十信位中行

發於普賢心及修其行願慈悲因緣力趣道意清淨修行波羅蜜究竟隨覺智證知力自在成無上菩提成就平等智演說最勝法能持具妙辯逮得法王處遠離於諸著演說心平等出生於智慧變化得菩提

二有四偈頌十住行

住持一切劫智者大欣慰深入及依止無畏無疑惑了達不思議巧密善分別善入諸三昧普見智境界究竟諸解脫遊戲諸通明纏縛悉永離園林恣遊處白法爲宮殿諸行可欣樂現無量莊嚴於世心無動深心善觀察妙辯能開演清淨菩提印智光照一切所住無等比其心不下劣立志如大山種德若深海

三有六偈頌十行

如寶安住法被甲誓願心發起於大事究竟無能壞得授菩提記安住廣大心祕藏無窮盡覺悟一切法世智皆自在妙用無障礙衆生一切剎及以種種法身願與境界智慧神通等示現於世間無量百千億遊戲及境界自在無能制力無畏不共一切業莊嚴

四有五偈頌迴向行

諸身及身業語及淨修語以得守護故成辦十種事菩薩心發心及以心周徧諸根無散動獲得最勝根深心增勝心遠離於諂誑種種決定解普入於世間捨彼煩惱習取茲最勝道巧修使圓滿遠成一切智離退入正位決定證寂滅出生佛法道成就功德號道及無量道乃至莊嚴道次第善安住悉皆無所著手足及腹藏金剛以爲心被以慈哀甲具足衆器仗智首明達眼菩提行爲耳清淨戒爲鼻滅闇無障礙辯才以爲舌無處不至身最勝智爲心行住修諸業道場師子座梵卧空爲住

五九頌半頌十地行

所行及觀察普照如來境徧觀衆生行奮迅及哮吼離貪行淨施捨慢持淨戒不瞋常忍辱不懈恒精進禪定得自在智慧無所行慈濟悲無倦喜法捨煩惱於諸境界中知義亦知法福德悉成滿智慧如利劍普照樂多聞明了趣向法知魔及魔道誓願咸捨離見佛與佛業發心皆攝取離慢修智慧不爲魔力持爲佛所攝持亦爲法所持現住兜率天又現彼命終示現住母胎亦現微細趣現生及微笑亦現行七步示修衆技術亦示處深宮出家修苦行往詣於道場端坐放光明覺悟諸羣生降魔成正覺轉無上法輪所現悉已終入於大涅槃

六有十頌半頌因圓果滿行其初所行二字義屬前段

彼諸菩薩行無量劫修習廣大無有邊我今說少分

第二頌結勸修學中然小異前勢分之爲四初一偈結前所說爲少二有三十偈別顯德用廣深三有四偈總結深廣四有二偈結勸修行二中分二前二十一頌半結約法顯行後八頌半結託事顯法今初分五

難令無量衆安住佛功德衆生及法中畢竟無所取具足如是行遊戲諸神通毛端置衆剎經於億千劫掌持無量剎徧往身無倦還來置本處衆生不知覺菩薩以一切種種莊嚴剎置於一毛孔眞實悉令見復以一毛孔普納一切海大海無增減衆生不嬈害

初五於剎自在行

無量鐵圍山手執碎爲塵一塵下一剎盡此諸塵數以此諸塵剎復更末爲塵如是塵可知菩薩智難量於一毛孔中放無量光明日月星宿光摩尼珠火光及以諸天光一切皆映蔽滅諸惡道苦爲說無上法一切諸世間種種差別音菩薩以一音一切皆能演決定分別說一切諸佛法普使諸羣生聞之大歡喜

二有六頌三業自在行

過去一切劫安置未來今未來現在劫迴置過去世示現無量刹燒然及成住一切諸世間悉在一毛孔去來及現在一切十方佛靡不於身中分明而顯現

三過去下三頌明三世間自在行

深知變化法善應衆生心示現種種身而皆無所著或現於六趣一切衆生身釋梵護世身諸天人衆身聲聞緣覺身諸佛如來身或現菩薩身修行一切智善入輭中上衆生諸想網示現成菩提及以諸佛刹了知諸想網於想得自在示修菩薩行一切方便事

四有五頌明身智自在行

示現如是等廣大諸神變如是諸境界舉世莫能知雖現無所現究竟轉增上隨順衆生心令得真實道身語及與心平等如虛空

五有二偈半總結難測

淨戒爲塗香衆行爲衣服法繒嚴淨髻一切智摩尼功德靡不周灌頂升王位波羅蜜爲輪諸通以爲象神足以爲馬智慧爲明珠妙行爲婇女四攝主藏神方便爲主兵菩薩轉輪王三昧爲城郭空寂爲宮殿慈甲智慧劍念弓明利箭高張神力蓋迴建智慧幢忍力不動搖直破魔王軍總持爲平地衆行爲河水淨智爲涌泉妙慧作樹林空爲澄淨池覺分菡萏華神力自莊嚴三昧常娛樂思惟爲婇女甘露爲美食解脫味爲漿遊戲於三乘

後結託事顯法中或前來所無或事同義異並可意得

此諸菩薩行微妙轉增上無量劫修行其心不厭足供養一切佛嚴淨一切刹普令一切衆安住一切智

第三總結深廣中前三結前已說

一切刹微塵悉可知其數一切虛空界一沙可度量一切衆生心念念可數知佛子諸功德說之不可盡

後二結末說難窮

欲具此功德及諸上妙法欲使諸衆生離苦常安樂欲令身語意悉與諸佛等應發金剛心學此功德行

四結勸修行可知　離世間品竟

大方廣佛華嚴經疏鈔會本第六十之一　起五

唐于闐國三藏沙門實叉難陀　譯

唐清涼山大華嚴寺沙門澄觀撰述

入法界品第三十九

初來意者先辨分來夫行因證立證藉行深前分託法行成故此依人入證亦爲遠一答解脫海故會品於意不異分來無別會品故初來意等者分來品來二意先約四分以明來意亦遠答下就前總別以明來意九會共答十海問故會品來下此中亦合有三來意然離世間雖亦一會分一品而其所對分會品差有三來意此中前無分會別對故但爲一　二釋名有三初分名者謂依佛菩薩諸勝善友深證法界故名依人入證證法在已謂之感德

二會名約處名逝多林園重閣會林名戰勝以表依人園名給孤用表悲厚重閣之義以顯二智互嚴悲智並爲能證亦爲重義若兼取城名聞物亦表依人約法如品名釋

三品名者入通能所謂悟解證得之名法界是所入之法謂理事等別然法含持軌

界有多義梁論十五云欲顯法身含法界五義故轉名法界一性義以無二我爲性一切衆生不過此性故二因義一切聖人四念處等法緣此生故三藏義一切虛妄法所隱覆故非凡夫二乘所能緣故四真實義過世間法以世間法或自然壞或對治壞離此二壞故五甚深義若與此相應自性成淨善故若外不相應自性成殼故

上之五義皆理法界復有持義族義及分齊義然持曲有三一持自體相二持諸法差別三持自種類不相雜亂與法義同族者種族即十八界上二並通事理分齊者緣起事法不相雜故於中性通依主持業因唯依主後六唯持業心境合目名入法界始則相違終則持業入即法界故梁論十五者彼本論云復次諸佛法界恒時應具五業釋論云此中明法身業而言諸佛法界者欲顯法身含法界五義等餘同下結云由法身含法界五義諸菩薩應見法身恒與五業相應無時暫離其五業謂除有情災患業等上文引竟然正是此下論文若世親論無此五義但說五業耳五義可知復有持義下第二雙約事理以釋法界於中有二先標三義後然持下別釋持義及以法持自體義餘二可知於中下三釋名然直語一法則無六釋故會六釋唯釋界字於前五中除前二兼依主後六義皆唯持業心境合目下即通品名會六釋耳

三明宗趣者分會品同既入法界爲目即以爲宗於中三門分別一約義二約類三約位初中有三先明所入總唯一真無礙法界語其性相不出事理隨義別顯略有五門一有爲法界二無爲法界三俱是四俱非五無障礙然五各二門初有爲二者一本識能持諸法種子名爲法界如論云無始時來界等此約因義而其界體不約法身二三世之法差別邊際名爲法界不思議品云一切諸佛知過去一切法界悉無有餘等此即分齊之義二無爲法界二者一性淨門在凡位中性恒淨故真空一味無差別故二離垢門謂由對治方顯淨故隨行淺深分十種故三亦有爲亦無爲法界有二者一隨相門謂受想行蘊及五種色并八無爲此十六法唯意所知十八界中名爲法界二無礙門謂一心法界具含二門一心真如門二心生滅門雖此二門皆各總攝一切諸

法然其二位恒不相雜其猶攝水之波非靜攝波之水非動故第四迴向云於有爲界示無爲法而不滅壞有爲之相於無爲界示有爲法而不分別無爲之性此明事理無礙四非有爲非無爲法界二門者一形奪門謂緣無不理之緣故非有爲理無不緣之理故非無爲法體平等形奪雙泯大品三十九中須菩提白佛言是法平等爲是有爲爲是無爲佛言非有爲法非無爲法何以故離有爲法無爲法不可得離無爲法有爲法不可得須菩提是有爲性無爲性是二法不合不散此之謂也二無寄門謂此法界離相離性故非此二又非二諦故又非二名言所能至故是故俱非解深密第一云一切法者略有二種所謂有爲無爲是中有爲非有爲非無爲無爲非無爲非有爲等五無障礙法界二門者一普攝門謂於上四門隨一即攝餘一切故是故善財或覩山海或見堂宇皆名入法界二圓融門謂以理融事故令事無分

齊微塵非小能容十剎剎海非大潛入一塵也以事顯理故令理非無分謂一多無礙或云一法界或云諸法界然由一非一故即諸非諸故即一乃至重重無盡是以善財暫時執手遂經多劫繞入樓閣普見無邊皆此類也上來五門十義總明所入法界皆應以六相融之二明能入亦有五門一淨信二正解三修行四證得五圓滿此五於前所入法界有其二門一隨一能入通五所入隨一所入徧五能入二此五能入如其次第各入一門此上心境二義十門六相圓融總爲一聚無障礙法界無始時來界已見問明及五種色并八無爲者五種色即雜集第一云法界處所攝色者略有五種謂極略色極迥色受所引色遍計所起色定自在所生色極略色者謂極微色極迥色者謂離餘礙觸色受所引色者謂無表色遍計所起色者謂影像色定自在所生色者謂解脫靜慮所行境色前釋迥色云謂離餘礙觸方所可得又釋空一顯色云謂上所見青等顯色就此二色析至極少名極迥色餘之義色已見上文言八無爲者已見十藏謂六中開眞如爲三性故其無礙門亦見問明不合不散即不一不異義也二無寄門者然形奪者要二相假無寄則當法自離故不同也相及俗諦皆有爲性及眞諦皆無爲又非二名言所能至者言語道斷故表義名言

不能至也心行處滅故顯境名言所不能至解深密下引證俱非一普攝門者謂不壞前四門之相而爲一致故故引善財隨事差別皆入法界二圓融門繞舉一門即融諸門然以理融事令事如理以事顯理令理如事故云理非無分即理即事事既有分理亦有分不關眞理不即事故理既如事隨舉一法即一法界若舉多法即多法界然由一非一故下復融上一異一若定一不能即諸以一即理故即非一以非一故能即諸也以非一故與諸不異下句翻此準事顯理既互相即則涉入重重方成無障礙義引善財證暫時執手明時圓融繞入樓閣明處圓融上來五門下總結圓融總即法界別有五種同即十門皆同法界異則有爲與無爲等相望有差成則五義共成法界壞則有爲自住有爲餘四亦爾如其次第各是一門者一有爲法界本有種子差別之法但在明信二無爲之理性淨妙絕皆須明解三亦有爲亦無爲法界事理有異必須雙行四非有爲非無爲法界雙遣玄寂唯證方契五無障礙非滿不窮顯義多門爲此別配取義圓備互遍方周若無信心安能見理況無障礙無信安窮第二法界類別亦有五門謂一所入二能入三無二四俱泯五存亡無礙初所入中亦有五重一法法界二人法界三俱融四俱泯五無障礙初中有十一事法界謂十重居宅等二理法界謂一味湛然等三境法界謂所知分齊等四行法界謂悲智廣深等五體法界謂寂滅無生等六用法界謂勝通自在等七順法界謂六度正

行等八逆法界謂五熱無厭等九教法界謂所聞言說等十義法界謂所詮旨趣等此十法界同一緣起無礙鎔融一具一切二人法界亦有十門謂人天男女在家出家外道諸神菩薩及佛此並緣起相分參而不離善財見已便入法界故名人法界三人法俱融法界者謂前十人十法同一緣起隨義相分融攝無二四人法俱泯法界者謂平等果海離於言數緣起性相俱不可說五無障礙法界者謂合前四句於彼人法一異無障存亡不礙自在圓融如理思之二明能入亦有五重一身二智三俱四泯五圓謂入樓觀而還合身證也鑒無邊之理事智證也同普賢而普徧俱證也身智相即而兩亡俱泯也一異存亡而無礙自在圓融也餘可準知三能所渾融無二際限不分就義開殊理仍不離此五能所如次及通可以意得四能所圓融形奪俱泯五一異存亡無礙具足如理思之上來約類辨竟第二法界類別者上來總有五界通該諸法今於總

法開從別類然類開五門五門各五初二文顯後三文隱五無礙法界亦有五義一前四融爲一味二四相歷然故云一異無障礙三一異雙存四一異互奪雙泯絕故云存亡不礙五自在圓融謂欲一則一欲異則異欲存即存欲泯便泯異不礙一泯不礙存方爲自在常一常異常存常泯名爲圓融此五能等者通則隨一能入適入五所入隨一所入皆用五能斯爲正意言如次者一身入法法界二智入人法界三身智俱存入無二法界四身智俱泯入人法俱泯法界五人法圓融入無障礙法界此爲第三能所渾融無二中之五句也四能所圓融形奪俱泯者此亦有五一以所奪能唯法界二以能奪所唯能入三能所俱存四能所俱泯五此四圓融無有前後五一異存亡無礙具足者亦有五句一能所一味二能所歷然三一異雙存四一異雙泯五上之四句無礙具足故令如理思之第三約位明入法界者準下文中所入法界大位有二即因與果於前人法無不皆是佛果所收即如來師子頻申三昧所現法界自在是也又於前人法無不皆屬因位所攝即文殊普賢所現法界法門是也因中曲有信等五位法界不同二明能入準文亦二對前果位明諸菩薩頓入法界對前因位寄顯善財漸入法界三因果既其無礙漸頓亦乃圓融但以布教成詮寄斯位別耳第三約位明入法界者標也於中有三初約所入有因有果次明能入唯漸與頓次正釋

文一品大分爲二初明本會二爾時文殊師利從善住樓閣出下明末會亦前明果法界後明因法界又前頓入法界後明漸入法界又前總後別總別圓融本末無礙又前即亡修頓證是正宗之極後是寄人修入以辨流通通正圓融中後無礙就本會中長科十分一序分二請分三三昧現相分四遠集新衆分五舉失顯得分六偈讚德分七普賢開發分八毫光示益分九文殊述德分十無涯大用分今初雖義貫末會以從處別獨判在初文分爲三初智正覺世間圓滿二在室羅下器世間圓滿三與菩薩下衆生世間圓滿次正釋文然科會二總有四義從總別圓融下融上四義一總別圓融融第四總別本末無礙融第一本末二會略無第二因果相即第三漸頓該羅至下末會之初重會釋之又前即亡修下通正圓融兼前五對而前四唯對本會故一時併舉後一通對諸會正宗故別明之

爾時世尊

今初言世尊者梵云薄伽梵包含六義如佛地論一自在義永不繫屬諸煩惱故二

熾盛義猛焰智光所燒煉故三端嚴義三十二相所莊嚴故四名稱義一切殊勝功德圓滿無不知故五吉祥義一切世間親近供養咸稱讚故六尊貴義具一切功德常起方便利益世間安樂一切無懈廢故今舉後該初亦是標人取法具無盡德故曰世尊

在室羅筏國逝多林給孤獨園大莊嚴重閣

二器世間圓滿中有三一國城此云聞者西域記云昔有古老仙人住於此處後有少仙名爲聞者於彼稟學老仙没後少仙於此建立城郭故取其名亦云聞物以此城多出聰敏博達名聞人物故即中印度境二逝多下明林園逝多者梵音華言戰勝即太子之名給孤獨者梵云須達多正言賑濟無依義云給孤獨也即長者之稱長者仁而聰敏積而能散拯乏濟貧哀孤恤老時美其德故立斯稱長者側金買地太子施樹同成功業二人式崇共立伽藍之號三明重閣即說法之所表所證法界體無不周曰大德無不備曰嚴依體起用爲重閣 昔有古老仙人等者即第六卷然室羅筏即舍衛國梵音楚夏耳多出聰敏博達人物者總相言耳然共此城有四德一者塵德五塵之境多美豔故二財物德七寶珍奇無不有故三聖法德三藏聖法無不備故四解脫德人人皆有解脫分善得解脫者實繁廣故具此四德遠聞諸國故人物言爲道相耳亦表此經具此四德一五種法界皆佛境故二七聖財實無不備故三種因果能證聖法故四契入法界眞解脫故廣說如來解脫海故言逝多梵音華言戰勝者即波斯匿王所生太子太子初生王戰得勝故以爲名表依善友勝出魔軍及凡小故故上文云以表依人給孤獨者梵云須達多者經出太子梵語訛出長者西音舉長者德表具法財能令一切證法界故長者側金下出雙舉二人之由西域記智度論莊嚴論等皆說祇桓記中其事更廣

與菩薩摩訶薩五百人俱

第三衆生世間即輔翼圓滿於中三一菩薩二聲聞三世主初中亦三一舉數二列名三歎德今初此會菩薩標名乃少列名乃多者有所表故數中欲顯五位同證入故位各十度一一相融成五百故第六妙覺是所入故又表解行者多證者稀故

普賢菩薩文殊師利菩薩而爲上首

二普賢下列名分三初標上首二列別名三總結數今初以二大聖是助化主故又有所表故至下當明

其名曰光燄幢菩薩須彌幢菩薩寶幢菩薩無礙幢菩薩華幢菩薩離垢幢菩薩日幢菩薩妙幢菩薩離塵幢菩薩普光幢菩薩

二其名曰下別列中有十四位位各有十其間亦有增減成百四十一人名各一義皆有深旨今且寄表大分爲二前四十一人通表住等四位後天冠下十位百人別表十地十度今初十幢表向行德高出故

地威力菩薩寶威力菩薩大威力菩薩金剛智威力菩薩離塵垢威力菩薩正法日威力菩薩功德山威力菩薩智光影威力菩薩普吉祥威力菩薩

二有九威力者表行能進修故

地藏菩薩虛空藏菩薩蓮華藏菩薩寶藏菩薩日藏菩薩淨德藏菩薩法印藏菩薩光明藏菩薩臍藏菩薩蓮華德藏菩薩

三十藏表地義如前釋

善眼菩薩淨眼菩薩離垢眼菩薩無礙眼菩

薩普見眼菩薩善觀眼菩薩青蓮華眼菩薩金剛眼菩薩寶眼菩薩虛空眼菩薩喜眼菩薩普眼菩薩

四有十二眼者表解能照法故所以不次者欲表圓融之位無前後故

天冠菩薩普照法界智慧冠菩薩道場冠菩薩普照十方冠菩薩一切佛藏冠菩薩超出一切世間冠菩薩普照冠菩薩不可壞冠菩薩持一切如來師子座冠菩薩普照法界虛空冠菩薩

後十位中如次別表行布十地十度一十冠者初地冠於諸地之首檀冠衆行之先故又一一位中各具一者一地之中具足一切諸地功德故一度之中具足十度爲莊嚴故

梵王髻菩薩龍王髻菩薩一切化佛光明髻菩薩道場髻菩薩一切願海音寶王髻菩薩一切佛光明摩尼髻菩薩示現一切虛空平等相摩尼王莊嚴髻菩薩示現一切如來神變摩尼王幢網垂覆髻菩薩出一切佛轉法輪音髻菩薩說三世一切名字音髻菩薩

二十髻者持戒無垢檢束尊高故

大光菩薩離垢光菩薩寶光菩薩離塵光菩薩燄光菩薩法光菩薩寂靜光菩薩日光菩薩自在光菩薩天光菩薩

三十光者發聞持光照法忍故

福德幢菩薩智慧幢菩薩法幢菩薩神通幢菩薩光幢菩薩華幢菩薩摩尼幢菩薩菩提幢菩薩梵幢菩薩普光幢菩薩

四十又名幢者焰慧精進超世高出故又道品伏惑精進伏慢故

梵音菩薩海音菩薩大地音菩薩世主音菩薩山相擊音菩薩徧一切法界音菩薩震一切法海雷音菩薩降魔音菩薩大悲方便雲雷音菩薩息一切世間苦安慰音菩薩

五十音者禪定發生難勝悅機故

法上菩薩勝上菩薩智上菩薩福德須彌上菩薩功德珊瑚上菩薩名稱上菩薩普光上菩薩大慈上菩薩智海上菩薩佛種上菩薩

六十上者般若現前最尊上故

光勝菩薩德勝菩薩上勝菩薩普明勝菩薩法勝菩薩月勝菩薩虛空勝菩薩寶勝菩薩幢勝菩薩智勝菩薩

七十勝者遠行方便有中殊勝行故

娑羅自在王菩薩法自在王菩薩象自在王菩薩梵自在王菩薩山自在王菩薩衆自在王菩薩速疾自在王菩薩寂靜自在王菩薩不動自在王菩薩勢力自在王菩薩最勝自在王菩薩

八有十一自在王者相用不動大願無礙故

寂靜音菩薩無礙音菩薩地震音菩薩海震音菩薩雲音菩薩法光音菩薩虛空音菩薩說一切衆生善根音菩薩示一切大願音菩薩道場音菩薩

九十又名音者善慧演法自力生故

須彌光覺菩薩虛空覺菩薩離染覺菩薩無礙覺菩薩善覺菩薩普照三世覺菩薩廣大覺菩薩普明覺菩薩法界光明覺菩薩

十有九人同名覺者法雲受職墮佛數故

智覺諸法無所遺故然其憧等亦有通義
類釋可知
如是等菩薩摩訶薩五百人俱
三如是下結數
此諸菩薩皆悉成就普賢行願境界無礙普
起五
徧一切諸佛刹故現身無量親近十三一切諸如
來故淨眼無障見一切佛神變事故至處無
限一切如來成正覺所恒普詣故光明無際
以智慧光普照一切實法海故說法無盡清
淨辯才無邊際劫無窮盡故等虛空界智慧
所行悉清淨故無所依止隨衆生心現色身
故除滅癡翳了衆生界無衆生故等虛空智
以大光網照法界故
第三此諸下歎德有十一句初句爲總上
名以隨宜別顯各以一德立名今德以據
實內通故言皆悉成就普賢行願餘十句
別於中前六明智用普周後四明智用離
障通爲五對一境徧身多對窮依近正故
二見用詣實對十眼離障不往而見一念
契實身心普周三內照外演對四智淨色

隨對五悲深智廣對以即智之悲故於生
無翳無外之智故照同虛空前對虛空自
取淨義今取廣義
及與五百聲聞衆俱悉覺真諦皆證實際深
入法性永出有海依佛功德離結使縛住無
礙處其心寂靜猶如虛空於諸佛所永斷疑
惑於佛智海深信趣入
第二及與下辨聲聞衆文二初標數類後
悉覺下歎德文有十句然此聲聞皆是菩
薩欲顯深法託爲聲聞故所歎德言含本
迹
今釋爲二門一就迹約小十句皆聲聞德
一得現觀於四真諦善覺了故二入正性
離生無方便慧已作證故三所學已窮故
云深入法華云我等同入法性即三獸渡
河理無二故古人亦將上三如次配見修
無學四生分已盡由缺大悲故自永出五
有爲無爲之德依佛成故即逮得已利六
已盡有結謂九結十使現行離故七無煩
惱礙種子亡故八心善解脫故寂如虛空

九慧善解脫故於佛無惑十明非定性皆
可迴心故信入佛智一得現觀者大乘唯識有六現觀一思二信三戒四智諦五為智邊諦六究竟現觀十地已辦小乘俱舍有三現觀一見現觀二緣現觀三事現觀今此正當見現觀也義兼後二二入正性離生者已見四地無方便慧已見七地若有方便不經實際三所學已窮者謂於自乘所學之法名為深起五入非謂深入甚深法性故引法華卽十四三乘同入之法性耳三獸渡河已見八地古人亦將上等者疏意云見修是前三果今是羅漢正當無學後必具前理則可通故不言非四生分已盡等者上即我生已盡若具大悲留惑潤生處有化物今由關悲但自逮出如釁透圍五卽逮得已利者已利即證涅槃有餘依者名為有為無餘依者即無為耳六已盡有結者經云離結使縛故以九結釋經結字亦已見上今略示名一愛結二恚三慢四無明五疑六見七取八嫉九慳由此九種數數現起損惱自他招當苦增偏名為結十使謂六根本開見成五此等以為生死因故名為有結言現行離者故法華論此句即諸漏已盡論為現行要得煩惱是種子故八心善解脫等者二種解脫亦見上文今略解云離定障故名心解脫離性障故名慧解脫又離無明貪愛等體名慧解脫彼相應心得離縛故名心解脫由證此二獲得第十五五有為無起五為二種功德十明非定性者定性二乘非此宗故信入佛智者法華第二汝舍利弗信佛語故隨順此經非已智分此經即佛慧故二約本門就菩薩
歎故如來不思議境界經云復有無量百
千億菩薩現聲聞形亦來會坐其名曰舍
利弗大目揵連等廣如彼說明皆是權故

下身子令海覺等觀文殊德十中一覺第一義二方便已具善能入於無際際故三二空真理窮其源故四具足大悲能入不染方永出故五依十力等離小見故六不斷不俱方能離故七已淨所知無二礙故八處亂恒寂了本空故九佛不共德雖未證得亦無疑故十一切種智證信入故如來不思議境界經者此是第一列衆之中經云時有他方諸佛爲欲莊嚴毗盧遮那道場衆故示菩薩形來入會坐復有無量百千億菩薩下與跡全同引此明實彰前定迹善入無際際者深入無際故然皆反上聲聞之德類例可知九佛不共德等者發心品菩薩於佛十力中雖未證得亦無疑故十一切種智證信入者證信即初地已上揀異聲聞未得此信十地皆依佛智海故

及與無量諸世主俱悉曾供養無量諸佛常能利益一切衆生爲不請友恒勤守護誓願不捨入於世間殊勝智門從佛教生護佛正法起於大願不斷佛種生如來家求一切智

第三及與無量下諸世主衆亦先標數類後悉曾下歎德十中初一歎福次四歎悲於中初句總餘三句別一無緣普應二護念初心三誓不捨惡次二句歎智德一智入權門二行護理教正法兼理護兼行故上七皆行八即是願願行具故第九入位上九自分十即勝進上序分竟

時諸菩薩大德聲聞世間諸王并其眷屬咸作是念

大文第二時諸菩薩下請分衆集本爲聞經故文分爲二初標衆念請二如來境下顯所請法今初聲聞下如聾等此能念者釋有二義一約本迹就本能念就迹不知二唯就迹說意法師云理處不隔故得同疑未積大心故不厠其次此亦有理猶葉公好龍真龍難視同居法會同仰法門所現超倫故如聾瞽其猶葉公好龍者事出莊子葉公姓沈名諸梁故春秋注云葉公子高沈諸梁食采於葉僭以稱公亦有云與楚同姓楚姓芊[illegible]即子張見衞君君不全待子張云公之好士猶葉公之好龍葉公好龍并厠之間皆畫其像真龍知其好乃現其庭葉公絕倒不敢視葉公之好好於似龍非好真龍今君好士但好似士非好真士也今聲聞之請法若彼好龍不觀希奇若不識真物也

如來境界如來智行如來加持如來力如來無畏如來三昧如來所住如來自在如來身如來智

二所念中有六十句初後三十句是所請法中三十句但是請儀其請法多同初會四十句法以初會爲總此說將終會同本故就文分二前三十句念德難思後唯願下三十句請隨機演以初十句明自體圓著寄顯果海絕言最後十句明化用普周令寄言顯果由斯文有影略理實兼皆請示如初會辨以初十句明自體圓著下出所問法爲兩段所由以前三十句內唯十句是所請法謂佛境等是佛自體圓滿著明故同果海最後十句化用普周者然後三十句請隨機演有二十句是所請法以前十是請說往因故偏舉後十化用正合開故今初念德中初十句正明所念果法次十明玄妙難思後十明緣會可了今初十中前八攝初會最初十句即內行成滿德以如來自在攝彼神通及無能攝取故一境界者即所緣分齊故如出現等品辨二智行者悲智無礙無功用行亦如出現品辨三加持者謂勝力任持令有所作如不思議法品辨四謂十力等五即四種十種無畏等六即師子奮迅等七所住者即初會佛地佛所住地故若別釋者即

常住大悲等如不思議品八謂十自在等及攝二句如向所辨廣引諸文釋義並如初會後二句即攝初會次十句體相顯著德前有六根三業今身合六根及於二業智即意業心意俱不可知但以智知故所以合者欲顯身兼十身故合六根三業智導故但云智

一切世間諸天及人無能通達無能趣入無能信解無能了知無能忍受無能觀察無能揀擇無能開示無能宣明無有能令衆生解了

二一切下十句明玄妙難思人天莫測於中初二句總明解行不及謂智慧不能通暢心行不能詣證次五句明三慧莫測故不能成自利謂初三句聞慧莫測一妙故不能印持於境二深故不能曉了於心三廣故不能忍可包納次句玄故修慧不能觀察委照後句融故思慧不能揀其優劣故晉本揀擇名思惟在觀察上後三句四辯莫宣故不能成利他謂法義不能大開曲示詞辯不能宣明樂說不能令他解了故晉本揀擇下釋上修在思前晉經聞思修不失次也

唯除諸佛加被之力佛神通力佛威德力佛本願力及其宿世善根之力諸善知識攝受之力深淨信力大明解力趣向菩提清淨心力求一切智廣大願力

三唯除下十句緣會可了中前四佛力上加爲緣後六自根堪受爲因具此可知前中初三現緣後一宿願後六中初一宿善餘五現德於上十句分有分知全有全知

又此十句通有二意一成上顯深二起後請說又此十句通有二意等者謂既唯諸佛加等方知明是顯深佛加既知故請佛加而演說也非器難解有器可聞也

唯願世尊隨順我等及諸衆生種種欲種種解種種智種種語種種自在種種住地種種根清淨種種意方便種種心境界種種依止如來功德種種聽受諸所說法

第二請隨機演中二初十一句請隨機宜後顯示下二十句請所說法今初前云緣會可知今請以緣隨器於中初三約内心器殊次一約外類音異上四通於凡聖後七多約菩薩一財等有殊二地位優劣三依根除障四作業差異五緣境不同六曾依何德而修七曾聽何法爲種又六宜依何德以化七宜何廣略而說種種不同皆請隨順一財等有殊者即十自在謂財二命三心四業五生六解七願八通九智十法廣如八地離世間品

大方廣佛華嚴經疏鈔會本第六十之一

大方廣佛華嚴經疏鈔會本第六十之二　起六

唐于闐國三藏沙門實叉難陀　譯

唐清涼山大華嚴寺沙門澄觀撰述

顯示如來往昔趣求一切智心往昔所起菩薩大願往昔所淨諸波羅蜜往昔所入菩薩諸地往昔圓滿諸菩薩行往昔成就方便往昔修行諸道往昔所得出離法往昔所作神通事往昔所有本事因緣

第二請所説法中二先列所請後如是等下結請令初分二前十句請説往因後十一句請令果用令初此十句中七與初會名義全同諸道即彼助道海此中方便即前智海即名異義同彼有乘海無此本事則名義俱異以彼通請一切菩薩故顯乘乘不同今約本師爲問故加本事則乘通諸句爲成十故略之或本事即是乘海昔所乘故餘如初會七與初會名義全同者則有二事名異義同有一事此彼互無故有三類第三類中乃有二意後意亦是名異義同

及成等正覺轉妙法輪淨佛國土調伏衆生開一切智法城示一切衆生道入一切衆生所住受一切衆生所施爲一切衆生説布施功德爲一切衆生現諸佛影像

後及成下十句請果用中此十望初會第三十句義即多同而文多異欲顯果用無邊故影略其文一因圓果成即佛海二成必演法即演説海三法詮淨國即世界海四皆爲調生即名號海五雙開菩提涅槃之果城即涅槃防非止惡故即解脱海六示生行業爲至果之因即衆生海七徧入機處隨機立壽即壽量海八爲衆生田令得常命即波羅蜜海檀爲最初故九説諸度爲安立世界海之法式故十三輪變化猶水月鏡像即變化海一因圓果成即佛海下總明此下別釋每一句內皆二意一當句解釋如云因成即經云往昔趣求一切智心一切智即果趣求之心即因二云即佛海者會同初會十海下諸句皆然而當句釋皆躡前起二如云成必演法成必二字躡果成而起餘可思準

如是等法願皆爲説

二結請可知

大文第三爾時世尊下三昧現相分酬前念請示相答故於中二先明三昧爲能現二入此三昧下明所現淨土令初無方大用依體起故先入定即以此義先明入定後集衆海前來諸會爲明從相入實前集後定與此不同佛自入者表證法界唯佛窮故不言答者表證離言故又令目擊而自證故

爾時世尊知諸菩薩心之所念大悲爲身大悲爲門大悲爲首以大悲法而爲方便充徧虚空

文分爲三初入定緣領前念故二大悲下明入定因三入師子下正明入定就入因中有四種悲以爲入定益物之本各有二義一身二義者一是入定所依之身悲所熏故二身者體義依義欲入深定全依大悲而爲體故二門二義者一佛有大智大定大悲等門令欲益生唯依悲門令物入故二者定爲所入悲爲能入故三首二義者一者初義凡所益物皆以大悲爲先導故二者勝上義謂非不用智定之門此增勝故四方便二義者一悲智相導互爲方

便令以悲爲入定益物之方便故二者以是即智定之悲不滯愛見故名方便方能令物普入法界又此四悲亦是從佛向機之漸次矣此上四悲皆徧虛空亦有二義一廣周故二無緣故就入因中等者四悲即因疏又此四悲亦是從佛同機之漸次者依悲之體入悲之門以悲向前爲化生之方便也

入師子嚬申三昧

第三正明入定者以定業用從喻爲名言嚬申者有人云梵音訛略具正應云毗實廩多此翻爲自在無畏如師子王羣獸之中自在無畏故然舊經翻爲師子奮迅且嚬毗二言小有相濫奮迅之語殊不似於毗實廩多涅槃二十五中既云嚬申欠呿明知嚬申奮迅俱是此言下婆須蜜女亦云見我嚬申但敵對而翻爲自在無畏從義而譯以爲嚬申曾何訛略言嚬申者先敘昔也即刊定意然舊經下辯順違於中三初明漢梵非類如云修多羅修妬路素但覽雖則不同聲勢一類其奮迅毗實言勢天隔故涅槃二十五下二引二文證明是此言但敵對下三縱成引梵爲自在義故依古德用此方言釋之嚬申奮迅俱是展舒四體通暢之狀總相釋者即用之體寂而造極則差別萬殊無非法界即體之用不爲而周故小大相參緣起無盡名曰嚬申自在之義若別解者涅槃師子吼品明師子王自知身力牙齒鋒鋩乃至晨朝出穴而吼爲十一事故廣有喻合又離世間品顯菩薩師子王白淨法爲身等合首足等與涅槃復異此文以大悲爲身故知但取義似未必揩定故依已下初略釋中二句結前生後次嚬申奮迅下說喻辯相後總相釋下就法辯相若別解下初引涅槃前引三文欲釋師子今涅槃師子吼品即南經二十五若準北經當二十七言廣有喻合者今當具出此是師子吼菩薩請問如來如來對衆稱讚令敬菩薩即說其德名之由故云今於我前欲師子吼善男子如師子王自知身力牙齒鋒鋩四足據地安住巖穴振尾出聲若有能具如是諸相當知是則能師子吼釋曰此下即說爲十一事經一時合今先別合師子經云善男子如來正覺智慧牙爪四如意足六波羅蜜滿足之身十力雄猛大悲爲尾安住四禪淸淨窟宅釋曰此即具有喻合合師子也又離世下二引當經言爲身等者等取下經下經云四諦爲其足正念以爲頸慈眼智慧首頂髻解脫繒勝義空谷中吼法怖羣魔言未必揩定者生下喻合不全依於上二經文又如實雲經第三亦云善男子復有十法譬如師子何等爲十謂無所畏不畏大衆去終不還能師子吼具足辯才樂處林野在於山窟摧伏大衆具勇猛力菩薩善能守護彼廣釋之故此師子與上二經又復不同明知不必揩定喻合但取義便耳

今會取諸文先以十義合彼師子後依涅槃爲十一事今初謂以同體大悲爲身以增上大悲爲首以即智大慈爲眼純以智慧爲牙爪大悲方便爲振尾悲爲方便居其末故方便振動義故總取四悲爲足依此立故以法界三昧爲窟所入證故以無緣大悲爲窟門入出由此故以體用無礙爲嚬申舒展自在故以演法界法門爲哮吼決定宣說一切衆生本與如來同法界故如此師子隨一一毛皆稱法界今會取諸文下第二開章正釋先標便故總取諸意會成一說結云如此師子隨一一毛皆稱法界者即金師子章意如金師子毛毛盡金法界師子何非法界次言爲十一事而嚬申者一摧破魔軍詐師子故二示衆神力十力等力爲十力故三淨法界土佛住處故四爲邪見凡夫知歸處故五安撫生死怖羣黨故六覺悟無明眠衆生故七爲行惡法獸捨放逸故八令諸菩薩及邪見諸獸來歸附故九調諸外道及二乘香象令如聾盲捨憍慢故十教諸菩薩子息令頓

證故十一莊嚴正見四部眷屬俱增威勢不怖一切邪黨一切邪黨皆怖畏故又野干隨逐師子百年不能作師子吼二乘安處法會如聾如盲五十七中十奮迅義亦應此說次言爲十一事下釋第二章於中又二先合十一事而又此中法喻雙辯仍取涅槃之意以就今經今先具引涅槃之文未見彼文難曉會故彼經喻云眞師子王晨朝出穴頻申欠呿四向顧望發聲振吼爲十一事何等十一一爲欲壞實非師子詐作師子故二爲欲試自身力故三爲欲令住處淨故四爲諸師子知處所故五爲羣輩無怖心故六爲眠者得覺悟故七爲一切放逸諸獸不放逸故八爲諸獸來依附故九爲欲調大香象故十爲敬告諸子息故十一爲欲莊嚴自眷屬故一切禽獸聞師子吼水性之屬潛沒深淵陸行之類藏伏窟穴飛者墮落諸大香象怖走失糞諸善男子如彼野干雖逐師子至于百年終不能作師子吼若師子子始滿三年則能哮吼如師子王釋曰此下經合喻先合師子已如上引次合十一事云一爲諸衆生而師子吼摧破魔軍二示衆十力三開佛行處四爲諸邪見作歸依所五安撫生死怖畏之衆六覺悟無明睡眠衆生七行惡法者爲作悔心八開示邪見一切衆生令知六師非師子故九破富蘭那等憍慢心故十爲令二乘生悔心故爲敎五位諸菩薩等生大力故十一爲令正見四部之衆於彼邪見四部徒衆不生怖畏等從聖行梵行天行窟宅頻申而出爲欲令諸衆生等破憍慢故欠呿爲令諸衆生等生善法故四向顧望爲令衆生得四無礙故四足據地爲令衆生具足安住尸波羅蜜故師子吼者名決定說一切衆生悉有佛性如來常住無有變易善男子聲聞緣覺雖復隨逐如來世尊無量百千阿僧祇劫而亦不能作師子吼十住菩薩若能修行是三行處當知是則能師子吼釋曰上兩師引經喻合一段義盡旣知彼意今當正合以彼經文對觀今顯則主客自分如初摧破詐師子吼故即是喻文若云摧破魔軍即是合文此全同彼故無別義二示衆等者如云示身力故即是彼喻若云示衆生十力即是彼合其神力及等力即是今經是彼之例非同彼文此中正明如來入法界定現神力故故加神力而言等力者十力但明種智力今等力者謂法界力若三昧力若功德力但有力義即是身力耳下出所因中即是力相三中彼經但以開佛行處合令住處淨此經則以淨法界土法合小異餘七同異可以意得又野干下第二合隨逐師子可知文略不合頻申欠呿等五十七中十奮迅等者經云佛子菩薩摩訶薩有十種奮迅何等爲十所謂牛王奮迅映蔽一切天龍夜叉乾闥婆等諸大衆故象王奮迅心善調柔荷負一切諸衆生故龍王奮迅興大法密雲曜解脫電光震如實義雷降諸根力覺分禪定解脫三昧甘露雨故大金翅鳥王奮迅竭貪愛水破愚癡翳搏撮煩惱諸惡毒龍令出生死大苦海故大師子王奮迅安住平等大智以爲器杖催伏衆魔及外道故此五有喻下但約法六勇健奮迅七大智八陀羅尼九辯才十如來奮迅一切智慧悉成滿等廣如彼說

入此三昧已一切世間普皆嚴淨

第二所現淨土者總相即前十一事中淨所住處別相而論具前多義然此現相云何謂前諸問令其目擊可現證故云何目擊此淨土分具答三十句問且從相顯此中答初果體十問所現境界答境界問四種大悲爲衆生現即答智行問令衆證見即答加持問知是如來威力答佛力問三昧之用答無畏問正入三昧答三昧問淨法界土答住處問令大小融攝答自在問見如來身徧於法界答佛身問則見如來大悲方便答智慧問餘二十句集衆中答衆集亦是三昧力故是知能現所現種種境事無非教體又二聖開顯中廣明無盡之用亦顯答相至文當知就文分三初結前標後二于時下嚴此園林三如於此下結通法界

于時此大莊嚴樓閣忽然廣博無有邊際

二中有二先正顯嚴即器世間嚴後何以故下出嚴所因顯智正覺世間嚴今初有三一嚴重閣二嚴園林三嚴虛空從略之廣說有此三表三緣起謂嚴閣顯自體緣起嚴林表有爲緣起嚴空表無爲緣起謂嚴閣顯自體緣起者法界體上緣起萬德依此自體有爲無爲中故三緣起即光統意今初分二先明廣處謂破情顯法即事會

真故自內而觀廣博無際然不壞事故自外而觀閣外有園園外有空莊嚴各異斯即事理交徹十方三際無不圓融林空例然謂破情顯法者約心即事會眞約境

金剛爲地寶王覆上無量寶華及諸摩尼普散其中處處盈滿瑠璃爲柱衆寶合成大光摩尼之所莊嚴閻浮檀金如意寶王周置其上以爲嚴飾危樓迴帶閣道傍出棟宇相承牕闥交映階墀軒檻種種備足一切皆以妙寶莊嚴其寶悉作人天形像堅固妙好世中第一

摩尼寶網彌覆其上於諸門側悉建幢旛咸放光明普周法界道場之外階隥欄楯其數無量不可稱說靡不咸以摩尼所成

二金剛爲地下正顯莊嚴表緣起萬德無不備故其間表法以意消息

爾時復以佛神力故其逝多林忽然廣博與不可說佛刹微塵數諸佛國土其量正等一切妙寶間錯莊嚴不可說寶徧布其地阿僧祇寶以爲垣牆寶多羅樹莊嚴道側其間復有無量香河香水盈滿湍激洄澓一切寶華隨流右轉自然演出佛法音聲不思議寶芬陁利華菡萏芬敷彌布水上衆寶華樹列植其岸種種臺榭不可思議皆於岸上次第行列摩尼寶網之所彌覆阿僧祇寶放大光明阿僧祇寶莊嚴其地燒衆妙香香氣氛氳復建無量種種寶幢所謂寶香幢寶衣幢寶旛幢寶繒幢寶華幢寶瓔珞幢寶鬘幢寶鈴幢摩尼寶蓋幢大摩尼寶幢光明徧照摩尼寶幢出一切如來名號音聲摩尼王幢師子摩尼王幢說一切如來本事海摩尼王幢現一切法界影像摩尼王幢周徧十方行列莊嚴

第二爾時復以下明園林嚴

時逝多林上虛空之中有不思議天宮殿雲無數香樹雲不可說須彌山雲不可說妓樂雲出美妙音歌讚如來不可說寶蓮華雲不可說寶座雲敷以天衣菩薩坐上歎佛功德不可說諸天王形像摩尼寶雲不可說白眞珠雲不可說赤珠樓閣莊嚴具雲不可說雨金剛堅固珠雲皆住虛空周帀徧滿以爲嚴飾

第三爾時逝多林上虛空下明虛空嚴並顯可知

何以故如來善根不思議故如來白法不思議故如來威力不思議故如來能以一身自在變化徧一切世界不思議故如來能以神力令一切佛及佛國莊嚴皆入其身不思議故如來能於一微塵內普現一切法界影像不思議故如來能於一毛孔中示現過去一切諸佛不思議故如來隨放一一光明悉能徧照一切世界不思議故如來能於一毛孔中出一切佛刹微塵數變化雲充滿一切諸佛國土不思議故如來能於一毛孔中普現一切十方世界成住壞劫不思議故

第二出因中先徵後釋釋即智正覺嚴是前爲衆示其身力佛力上加文有十句一慈善根力二無漏智力以上二力而加衆故三福威德力餘皆自在神通力於中一展二卷三橫包四豎攝五一切即一六一即一切七成壞相即餘義準思

如於此逝多林給孤獨園見佛國土清淨莊嚴十方一切盡法界虛空界一切世界亦如是見所謂見如來身住逝多林菩薩衆會皆悉徧滿見普雨一切莊嚴雲見普雨一切寶光明照曜雲見普雨一切摩尼寶雲見普雨一切莊嚴蓋彌覆佛刹雲見普雨一切天身雲見普雨一切華樹雲見普雨一切衣樹雲見普雨一切寶鬘瓔珞相續不絕周徧一切大地雲見普雨一切莊嚴具雲見普雨一切如衆生形種種香雲見普雨一切微妙寶華網相續不斷雲見普雨一切諸天女持寶幢旛於虛空中周旋來去雲見普雨一切衆寶蓮華於華葉間自然而出種種樂音雲見普雨一切師子座寶網瓔珞而爲莊嚴雲

第三結通法界中二先結前標後二所謂下正顯嚴相言見如來身住逝多林者佳彼彼十方界中之林此明一會徧一切處如光明覺品非是彼界遙見此佛住於園林下諸嚴事皆爾現相分竟

爾時東方過不可說佛刹微塵數世界海外

大文第四爾時東方下明集新衆分即遠集同證亦三昧中令諸菩薩皆來歸附文中三初别集十方二通讚德行三總結集因今初十方即爲十段段各有十今初東方一來處遠近然皆遠集者表證入甚深故唯初會及此皆遠集者初爲所信此爲證入證入於初一合相故中間隨位深淺不同義似金剛矣

有世界名金燈雲幢

二有世界下明世界名别可以義思

佛號毗盧遮那勝德王

三本事佛號勝德王者福德有於光明徧照所以爲勝二嚴無礙自在稱王

彼佛衆中有菩薩名毗盧遮那願光明

四主菩薩名願光明者於徧照光中主此願光故上皆帶此佛號者顯是此佛勝德願力故

與不可說佛刹微塵數菩薩俱來向佛所

五眷屬俱來者對上成主伴故

悉以神力興種種雲所謂天華雲天香雲天末香雲天鬘雲天寶雲天莊嚴具雲天寶蓋雲天微妙衣雲天寶幢旛雲天一切妙寶諸莊嚴雲充滿虛空

六廣興雲供表因嚴果故皆云天者自然成故

至佛所已頂禮佛足

七詣佛作禮表因趣果故

即於東方化作寶莊嚴樓閣及普照十方寶蓮華藏師子之座

八化座本方本方者表參而不雜故座表法空閣表空有重顯

如意寶網羅覆其身

九冠網嚴身以顯勝德嚴法身故有髻珠者表一乘圓旨居心頂故

與其眷屬結跏趺坐

十眷屬同坐表主伴同證故餘方十段倣此可知其間刹佛菩薩之名本意難定但可說者隨宜初二及六無珠冠者蓋文略耳又此等供具非唯表法並是以人同法依正因果無礙法界自在之德耳

南方過不可說佛刹微塵數世界海外有世界名金剛藏佛號普光明無勝藏王彼佛衆中有菩薩名不可壞精進王與不可說佛刹微塵數菩薩俱來向佛所持一切寶香網持一切寶瓔珞持一切寶華帶持一切寶鬘帶持一切金剛瓔珞持一切摩尼寶網持一切寶衣帶持一切寶瓔珞帶持一切最勝光明摩尼帶持一切師子摩尼寶瓔珞悉以神力充徧一切諸世界海到佛所已頂禮佛足即於南方化作徧照世間摩尼寶莊嚴樓閣及普照十方寶蓮華藏師子之座以一切寶華網羅覆其身與其眷屬結跏趺坐

二南方中供具皆云持者表修持故

西方過不可說佛刹微塵數世界海外有世界名摩尼寶燈須彌山幢佛號法界智燈彼佛衆中有菩薩名普勝無上威德王與世界海微塵數菩薩俱來向佛所悉以神力興不可說佛刹微塵數種種塗香燒香須彌山雲不可說佛刹微塵數種種色香水須彌山雲不可說佛刹微塵數一切大地微塵等光明摩尼寶王須彌山雲不可說佛刹微塵數種種光焰輪莊嚴幢須彌山雲不可說佛刹微塵數種種色金剛藏摩尼王莊嚴須彌山雲不可說佛刹微塵數普照一切世界閻浮檀摩尼寶幢須彌山雲不可說佛刹微塵數現一切法界摩尼寶須彌山雲不可說佛刹微塵數現一切諸佛相好摩尼寶王須彌山雲不可說佛刹微塵數現一切如來本事因緣說諸菩薩所行之行摩尼寶王須彌山雲不可說佛刹微塵數現一切佛坐菩提場摩尼寶王須彌山雲充滿法界至佛所已頂禮佛足即於西方化作一切香王樓閣真珠寶網彌覆其上及化作帝釋影幢寶蓮華藏師子之座以妙色摩尼網羅覆其身心王寶冠以嚴其首與其眷屬結跏趺坐

三西方皆言須彌山雲者四德妙高清涼利物故

北方過不可說佛刹微塵數世界海外有世界名寶衣光明幢佛號照虛空法界大光明彼佛衆中有菩薩名無礙勝藏王與世界海微塵數菩薩俱來向佛所悉以神力興一切寶衣雲所謂黃色寶光明衣雲種種香所熏衣雲日幢摩尼王衣雲金色熾然摩尼衣雲一切寶光焰衣雲一切星辰像上妙摩尼衣雲白玉光摩尼衣雲光明徧照殊勝赫弈摩尼衣雲光明徧照威勢熾盛摩尼衣雲莊嚴海摩尼衣雲充徧虛空至佛所已頂禮佛足即於北方化作摩尼寶海莊嚴樓閣及毗瑠璃寶蓮華藏師子之座以師子威德摩尼王網羅覆其身清淨寶王爲髻明珠與其眷屬結跏趺坐

四北方皆言衣者寂忍慙愧嚴法身故

東北方過不可說佛刹微塵數世界海外有世界名一切歡喜清淨光明網佛號無礙眼彼佛衆中有菩薩名化現法界願月王與世界海微塵數菩薩俱來向佛所悉以神力興寶樓閣雲香樓閣雲燒香樓閣雲華樓閣雲栴檀樓閣雲金剛樓閣雲摩尼樓閣雲金樓閣雲衣樓閣雲蓮華樓閣雲彌覆十方一切世界至佛所已頂禮佛足即於東北方化作

一切法界門大摩尼樓閣及無等香王蓮華藏師子之座摩尼華網羅覆其身著妙寶藏摩尼王冠與其眷屬結跏趺坐

五東北方云樓閣者悲智二利相因顯故

東南方過不可說佛剎微塵數世界海外有世界名香雲莊嚴幢佛號龍自在王彼佛衆中有菩薩名法慧光燄王與世界海微塵數菩薩俱來向佛所悉以神力興金色圓滿光明雲無量寶色圓滿光明雲如來毫相圓滿光明雲種種寶色圓滿光明雲蓮華藏圓滿光明雲衆寶樹枝圓滿光明雲如來頂髻圓滿光明雲閻浮檀金色圓滿光明雲日色圓滿光明雲星月色圓滿光明雲悉徧虛空到佛所已頂禮佛足即於東南方化作毗盧遮那最上寶光明樓閣金剛摩尼蓮華藏師子之座衆寶光燄摩尼王網羅覆其身與其眷屬結跏趺坐

六東南方云圓滿光者權實二智無缺行故

西南方過不可說佛剎微塵數世界海外有世界名日光摩尼藏佛號普照諸法智月王彼佛衆中有菩薩名摧破一切魔軍智幢王與世界海微塵數菩薩俱來向佛所於一切毛孔中出等虛空界華燄雲香燄雲寶燄雲金剛燄雲燒香燄雲電光燄雲毗盧遮那摩尼寶燄雲一切金光燄雲勝藏摩尼王光燄雲等三世如來海光燄雲一一皆從毛孔中出徧虛空界到佛所已頂禮佛足即於西南方化作普現十方法界光明網大摩尼寶樓閣及香燈燄寶蓮華藏師子之座以離垢藏摩尼網羅覆其身著出一切衆生發趣音摩尼王嚴飾冠與其眷屬結跏趺坐

十西南方云焰者以淨智慧燒惑薪故亦表皆想所持不可取故上之七方興供表法通答菩薩神通下之三段兼亦別答前來問中後二十句（下之三段兼亦別答前來問中後二十句者上來七方唯通答二十句中前十中一句此下三方通答二十句中三句而上下二方兼別答耳）

西北方過不可說佛剎微塵數世界海外有世界名毗盧遮那願摩尼王藏佛號普光明最勝須彌王彼佛衆中有菩薩名願智光明幢與世界海微塵數菩薩俱來向佛所於念念中一切相好一切毛孔一切身分皆出三世一切如來形像雲一切菩薩形像雲一切如來衆會形像雲一切如來變化身形像雲一切如來本生身形像雲一切聲聞辟支佛形像雲一切如來菩提場形像雲一切如來神變形像雲一切世間主形像雲一切清淨國土形像雲充滿虛空至佛所已頂禮佛足即於西北方化作普照十方摩尼寶莊嚴樓閣及普照世間寶蓮華藏師子之座以無能勝光明真珠網羅覆其身著普光明摩尼寶冠與其眷屬結跏趺坐

八西北方十句皆答前最後爲一切衆生現諸佛影像若約表者爲顯緣有似非真故

下方過不可說佛剎微塵數世界海外有世界名一切如來圓滿光普照佛號虛空無礙相智幢王彼佛衆中有菩薩名破一切障勇猛智王與世界海微塵數菩薩俱來向佛所

於一切毛孔中出說一切衆生語言海音聲雲出說一切三世菩薩修行方便海音聲雲出說一切菩薩所起願方便海音聲雲出說一切菩薩成滿清淨波羅蜜方便海音聲雲出說一切菩薩圓滿行徧一切剎音聲雲出說一切菩薩成就自在用音聲雲出說一切如來往詣道場破魔軍衆成等正覺自在用音聲雲出說一切如來轉法輪契經門名號海音聲雲出說一切隨應教化調伏衆生法方便海音聲雲出說一切隨時隨善根隨願力普令衆生證得智慧方便海音聲雲到佛所已頂禮佛足即於下方化作現一切如來宮殿形像衆寶莊嚴樓閣及一切寶蓮華藏師子之座著普現道場影摩尼寶冠與其眷屬結跏趺坐

九下方毛孔中十句答前九問十句皆言方便海則通答往昔成就方便 九下方毛孔中十句答前九問者以前十中神通一問前七方答竟據下釋中既五句答因五問四句答果五問何名答九以神通問重別顯故然則前已廣答故但云九 初一句通顯所隨衆生言音次五句答因中五問謂二答諸行此句應顯趣求一切智心以第五明行圓滿此爲行初故三答所起菩薩大願四答所淨諸波羅蜜五正答圓滿諸菩薩行六別答所作神通然問既如來因中此通一切菩薩通別之異耳其助道及出離問亦是通答以諸句中皆是助道並即出離故餘四句答果用中五問謂七答第一正覺問八答轉法輪九答調伏衆生其國土一種現淨土分通答十答開示一切智法城及示一切衆生道以能證是道所證是智故而皆言音聲者表無言之法假言顯故 此句應顯趣求者以文云出說一切三世菩薩行方便海音聲雲故標云答行以五正答行故此一句義顯趣求一切智心以是行始言修行耳然問就如來因中等者通將此中對問辯異其助道下出不答餘因句之相上通答方便加此助道出離則此下方通一答因別答五因無上方便又通答二問一本事圓缺二所入諸地故具答十因其上方中波羅蜜圓義便故重

大方廣佛華嚴經疏鈔會本第六十之二

大方廣佛華嚴經疏鈔會本第六十之三　起七

唐于闐國三藏沙門實叉難陀　譯

唐清涼山大華嚴寺沙門澄觀　撰述

上方過不可說佛剎微塵數世界海外有世界名說佛種性無有盡佛號普智輪光明音彼佛衆中有菩薩名法界差別願與世界海微塵數菩薩俱發彼道場來向此娑婆世界釋迦牟尼佛所於一切相好一切毛孔一切身分一切支節一切莊嚴具一切衣服中現毗盧遮那等過去一切諸佛未來一切諸佛已得授記未授記者現在十方一切國土一切諸佛并其衆會亦現過去行檀那波羅蜜及其一切受布施者諸本事海亦現過去行尸羅波羅蜜諸本事海亦現過去行羼提波羅蜜割截支體心無動亂諸本事海亦現過去行精進波羅蜜勇猛不退諸本事海亦現過去求一切如來禪波羅蜜海而得成就諸本事海亦現過去求　一切佛所轉法輪所成就法發勇猛心一切皆捨諸本事海亦現過去樂見一切佛樂行一切菩薩道樂化一切衆生界諸本事海亦現過去所發一切菩薩大願清淨莊嚴諸本事海亦現過去菩薩所成力波羅蜜勇猛清淨諸本事海亦現過去一切菩薩所修圓滿智波羅蜜諸本事海如是一切本事海悉皆徧滿廣大法界至佛所已頂禮佛足即於上方化作一切金剛藏莊嚴樓閣及帝青金剛王蓮華藏師子之座以一切寶光明摩尼王網羅覆其身以演說三世如來名摩尼寶王爲髻明珠與其眷屬結跏趺坐

十上方相好等中十句通答因問中第十本事因緣兼答波羅蜜及所入諸地以十度即是別地所行故別約初句答入一切衆生所住處及受一切衆生所施并爲一切衆生說布施功德如文思之（別約初句答入一切衆生所住處等者上辨通答因中二句此下別答衆中三句前下方有五句問答此有三句并第八問答第十影像及現相答國土故十問具矣）其答問中或不次者以十方齊來諸供齊現文不累書隨方異說以問次往收無不次矣（其答問中或不次者下料揀次第）又皆言本事者表三世之法體常住故由得體用非一異智以用隨體無不存故德相業用皆自在故（又皆言下通釋本事之言此約法性宗釋文中有三初正釋以法性常住相即性故相亦常矣此即體非異不壞三世與體非一性相本爾即德相門隨其今見即業用門故雙結二皆得自在凡但理然不得德相成業用耳）蜜嚴第三云金剛藏菩薩現種種形說種種法乃至云淨所依止於佛地如來蘊界常無變異故（二故密嚴下引證先證業用後乃至云淨所依止者證德相門）若理事別修則不得爾故不同餘處現法體用俱有過未體用皆無況於小乘三世有耶以彼過未有體無用故（三若理事別修下揀異他宗現法體用俱有等即大乘義況於小乘即有宗義以彼過未有體無用者出異所以有宗過去實伏有未來性有故有體也不同現法事有故無用也今以體性融故體用俱有斯即有即非有非有之有耳）

如是十方一切菩薩并其眷屬皆從普賢菩薩行願中生以淨智眼見三世佛普聞一切諸佛如來所轉法輪修多羅海已得至於一切菩薩自在彼岸於念念中現大神變親近一切諸佛如來一身充滿一切世界一切如來衆會道場

第二如是十方下通讚德行中三初總後

以淨智下別就別讚中三十四句分三初五句明上近諸佛德二於一塵中下十四句下攝衆生德三一切菩薩神通下十五句大用自在德亦名三種三業今初一淨眼見佛即是意業二聞如來法即淨修語業餘三句並顯身業自在亦名三種三業者一名近佛三業二攝化三業三神通三業

於一塵中普現一切世間境界教化成就一切衆生未曾失時一毛孔中出一切如來説法音聲

第二下攝衆生德中三初微細化生

知一切衆生悉皆如幻知一切佛悉皆如影知一切諸趣受生悉皆如夢知一切業報如鏡中像知一切諸有生起如熱時燄知一切世界皆如變化成就如來十力無畏

二知一切衆生下七句明攝衆生之智故末句結云十力無畏前六別明一緣集非眞故二隨機本質暎光有勝劣故三諸趣思所起故四隨照暎質有妍媸故五想所持故六無而忽有暫有還無故

勇猛自在能師子吼深入無盡辯才大海得一切衆生言辭海諸法智於虛空法界所行無礙知一切法無有障礙

三勇猛下五句明攝生語業於中初句總顯決定下四句別明四辯下之四句別明四辯者初句樂說無礙二得一切下詞無礙三於虛空法界下義無礙四知一切法下法無礙

一切菩薩神通境界悉已清淨勇猛精進摧伏魔軍

第三大用自在德中初句總明所得餘別明通用於中三一三業摧邪勇進通三故

恒以智慧了達三世知一切法猶如虛空無有違諍亦無取著雖勤精進而知一切智終無所來雖觀境界而知一切有悉不可得以方便智入一切法界以平等智入一切國土

二恒以智下六句明意業自在皆權實雙行故一智了三世事慧達三世空二知法如空空無可諍而不壞有故不著空三進無進相故曰無來四即有而空五即空而有故云方便六智入性土

以自在力令一切世界展轉相入於一切世界處處受生見一切世界種種形相於微細境現廣大刹於廣大境現微細刹於一佛所一念之頃得一切佛威神所加普見十方無所迷惑於刹那頃悉能往詣

三以自在力下七句身業自在可知

如是等一切菩薩滿逝多林皆是如來威神之力

第三如是等下總結集因

于時上首諸大聲聞舍利弗大目揵連摩訶迦葉離婆多須菩提阿㝹樓馱難陀劫賓那迦旃延富樓那等諸大聲聞在逝多林

大文第五于時上首下舉失顯得分亦名舉劣顯勝明不共故於中三初明不見之人二皆悉下明所不見境三何以下釋不見所由今初舍利此云鶖鷺其母目睛明利似彼鳥故弗者子也從母立稱故標子言今初舍利弗然諸弟子古今譯殊今多依羅什三藏言鶖鷺者大乘法師云是百舌鳥亦云春鶖古德引經亦云其母辯才如彼鳥故此中是舊梵語新云奢利弗怛羅弗怛羅即子也又舍利亦翻為身母好身品故或舍利云珠母之聰利相在眼珠故並從母之稱增一云我佛法中智慧無窮決了諸疑者舍利弗第一智論四十

一稱爲如來左面弟子父名優婆提舍目揵連此云採菽氏上古仙人山居豆食尊者母是彼種從外氏立名有大神通揀餘此姓故復云大目連梵語卽古譯義卽新譯新梵語云摩訶沒特伽羅然䟦約母氏得名若從父稱此名俱利迦亦云俱儷多亦云俱律陀此云吉占智論云舍利弗以才明見貴目連豪彥最重智藝相比德行互同增一云我弟子中神通輕舉飛到十方者大目連第一智論四十一稱爲右面弟子梵德勝之殿蹴者域之車壓調達五百之徒尋佛聲過恒河沙界德難稱也摩訶迦葉此云大飲光本族仙人及尊者身並有光明飲蔽日月頭陀第一揀餘迦葉故云大也此云飲光者眞諦等同譯爲飲光上古譯云龜氏其先學道靈龜負圖應之因以命族增一阿含云羅閱祇大富長者名迦毗羅婦名檀那子名畢鉢羅婦名婆陀其家千倍勝瓶沙王十六大國無與爲隣畢鉢羅卽迦葉名也其父禱此樹而生故付法藏傳云毗婆尸佛滅後其塔中像金色缺壞時有貧女得金珠請匠打爲箔金師歡喜治瑩佛畢立誓爲夫婦九十一劫天上人中身恒金色恒受快樂最後爲迦葉夫婦長勝起七王得罪滅一犁六但用九百九十九雙牛金犁又經云其家有氎最下品者直百千兩金以釘釘入地十尺氎不穿如本不異六十庫金粟一庫管三百四十斛又經云以麥飯供養辟支佛恒趣忉利各千返受樂身三十二相但論金色耳剡浮那陀金在濁水底光徹水上在暗暗滅迦葉身光勝此金光照一由句增一云佛法中行十二頭陀難行苦行大迦葉第一揀餘迦葉者卽如十力迦葉優樓頻螺等離波多此云室星杝

之而生故或云所供養或云假和合卽智論二鬼食人之事離波多此云室星其言卽古今同釋法華云所婆多新云頡麗伐多皆梵音輕重或云供養者卽音義釋也假和合古今同也卽智論二鬼食人之事者謂此人行涉空亭止宿見二鬼爭屍皆言我先持來二鬼共言取其分判此人實見小鬼持來及被鬼問竊自思惟我隨言一持來彼不得者必當見害我寧實語而死終不虛誑而終遂如實答小者持來被其大鬼拔其手足隨而食之得屍之鬼便取其死屍手足安彼鬼食竟拭口而去及明憂惱不惻誰身言假和合初常疑云若我本身眼見拔去若是他身復不隨我行住疑惑猶預逢人卽問汝見我身不衆僧見之云此人易度而語之云汝身本是他人之遺體非已有也悟此假合因卽得道以常問故亦云常作聲也須菩提此云善現生而室空現善相故生而室空者相師占云是善相故亦云善吉亦云空生其義一耳解空第一得無諍三昧有供養者現與其福亦云善吉阿㝹樓駄此云無滅一食之施九十一反天上人間不沒惡趣故阿㝹樓駄等者亦云阿泥㝹豆或阿那律亦云阿泥嚕多並梵音楚夏皆云無滅亦云無貧言一食之施者賢愚經說弗沙佛末世時饑饉起七有辟支佛名利吒七行乞空鉢無獲有一貧人見而悲憐白言勝士能受稗不卽以所敢奉之食已作十八變後更採稗有兔跳抱其背變爲死人無伴得脫待暗還家委之於地卽成金人擬指隨生用却還出取之無盡惡人告王欲來奪之但見死屍而其所覩卽是金寶現報若是九十一反卽果報也又其生已復家衆豐溢日夜增益父母欲試之蓋空器皿往送擬看百味俱足而其門日日常有一萬六

千取債一萬六千還直出家後隨所至處人見歡喜欲有所須如已家無異卽世尊之堂弟斛飯王之次子也難陀此云歡喜性極聰敏音聲絕倫故難陀等者卽放牛難陀劫賓那此云黃頭黃頭仙人之族故劫賓那者䟦釋卽音義中大乘法師及天台等舊譯爲房宿然有二義一以父母禱此宿星感此子生故二云與佛同房宿故謂初出家時未得見佛始向佛所夜値雨寄宿陶師房中以草爲座晚又一比丘寄宿卽推草座與之自在地坐中夜相問欲何所之答云覓佛後比丘卽說法辭去豁然得道後比丘卽佛也增一阿含云我佛法中善知星宿者劫賓那第一則亦從所知爲名迦旃延此云翦剃種迦旃延者卽大乘法師釋謂上古多仙山中靜處年歲旣久鬢髮稍長無人爲剃婆羅門法要剃鬢故一仙有子兄弟二人俱來觀父小者乃爲諸仙剃之諸仙願護後成仙道爾來此種皆稱剪剃富樓那此云滿具云滿慈子其母甚慈亦從母稱富樓那具云滿慈子者梵語云彌多羅尼子滿願是名父於江邊禱梵天求子正値江滿又夢七寶器盛滿中寶入母懷母遂懷子父願獲滿從此立名彌多羅尼此云慈行亦云四園陀中有此品名其母誦之以此爲名尼者女也以母名子名爲慈子增一云善能廣說分別義理滿願子最第一而言等者等取五百廣辨古今譯殊德行緣起如智論及音義中說如智論及音義畧說已如上引智論多說緣起卽引四阿含等經然其列名或從德行勝劣或從出家先後如法華阿若憍陳如在初等故報恩經說初度五人次度耶舍門徒五十人次度優樓頻螺門徒五百次度伽耶門徒

三百次度那提門徒二百次度身子門徒
一百次度目連門徒一百合舉大數成一
千二百五十人若十二遊經說出其年云
佛成道第一年度五人第二年度三迦葉
第五年度身子目連則爾後更多故法華
初有萬二千羅漢二千學無學等今此但
舉五百以從勝劣列之即法華第三周第
一與記者體德大同故故成佛名號等亦
皆同也望今本門即
皆大菩薩故偏舉之 起七
皆悉不見如來神力如來嚴好如來境界如 八
來遊戲如來神變如來尊勝如來妙行如來
威德如來住持如來淨剎
第二明所不見境中三初不見果有十句
初總餘別多同念請果中初之十句重闡
同空等即是神變不壞本相即是遊戲餘
可準思 多同念請果中初之十句者神力
即前如來力嚴好即前如來身境
界全同遊戲即前自在神變亦是三昧三
昧現故尊勝即如智如智最勝故妙行即
前智行威德即前無畏住持即前加持故
皆同也前來心念佛向示之皆不見耳重
闡同空下畧示向
來神變及遊戲相
亦復不見不可思議菩薩境界菩薩大會菩
薩普入菩薩普至菩薩普詣菩薩神變菩薩
遊戲菩薩眷屬菩薩方所菩薩莊嚴師子座
菩薩宮殿菩薩住處菩薩所入三昧自在菩
薩觀察菩薩嚬申菩薩勇猛菩薩供養菩薩

受記菩薩成熟菩薩勇健菩薩法身清淨菩
薩智身圓滿菩薩願身示現菩薩色身成就
菩薩諸相具足清淨菩薩常光衆色莊嚴菩
薩放大光網菩薩起變化雲菩薩身徧十方
菩薩諸行圓滿 起七
次亦復下明不見因即諸菩薩初總明即 九
分齊境界次菩薩大會下別顯會通新舊
入謂身徧剎塵智入諸法等普至即新來
普詣即此往皆言普者一橫竪徧故二一
即一切故餘句準上諸來菩薩作用中辨
及上離世間品十十所明
如是等事一切聲聞諸大弟子皆悉不見
後如是等下總結不見
何以故以善根不同故
第三不見所由者然皆廢本從迹以顯一
乘因果不共深玄篤諸後學令習因種文
中二先徵後釋徵意云身厠祇園目對尊
會而莫覩神變其故何耶後釋意云彼境
殊勝宿因現緣並皆缺故其猶日月麗天
盲者不覩雷霆震地聾者不聞道契則隣

不在身近故菩薩自遠而至聲聞在會不
知文自廣釋分爲三別初法次喻後徵以
結成今初分二先明缺宿因故後復次下
明缺現緣故今初分四初一總標大小善
差二本不修下舉劣異勝三如是皆是下
舉勝揀劣四以是因緣下結不見聞今初
有小善根得厠嘉會大小善異不覩希奇
本不修習見佛自在善根故
二舉劣中有十八句前十二句釋不見佛
果之因後六句釋不見菩薩之因前中初
句總餘句別
本不讚說十方世界一切佛剎清淨功德故
本不稱歎諸佛世尊種種神變故
由不讚等即是不集見佛自在善根於中
二初二句不讚果故
本不於生死流轉之中發阿耨多羅三藐三
菩提心故本不令他住菩提心故本不能令
如來種性不斷絕故本不攝受諸衆生故本
不勸他修習菩薩波羅蜜故
後九句不修因故於中亦二前五句缺自

分行

本在生死流轉之時不勸衆生求於最勝大智眼故本不修習生一切智諸善根故本不成就如來出世諸善根故本不得嚴淨佛刹神通智故

後四句鈌勝進行亦是前明歷心後顯劣心故不能見

本不得諸菩薩眼所知境故本不求超出世間不共善提諸善根故本不發一切菩薩諸大願故本不從如來加被之所生故本不知諸法如幻菩薩如夢故本不得諸大菩薩廣大歡喜故

二本不得菩薩眼下釋不見菩薩所因一不見十眼所見無礙法界二鈌無障礙智之因若但修真常離念即共二乘菩提之善法華遊戲神通即聞而不樂此中樂而不聞餘可思之法華遊戲神通等者舉法華揀異亦是通妨令云揀異者即法華信解品四大聲聞自叙云世尊往昔說法既久我時在座身體疲懈但念空無相無作於菩薩法遊戲神通淨佛國土成就衆生心不喜樂即聞而不樂也下偈頌出不樂所以云一切諸法皆悉空寂無生無滅無大無小無漏無爲如是思惟不生喜樂釋曰既了無生故不喜樂是以結云勿滯寂故入地云諸法真常離心念二乘於此亦能得也言通妨者此何令其不聞彼何令其得聞此義至下釋之

既本因中不修不見願諸後學修見佛因勿滯冥寂既本下結勸修實

如是皆是普賢菩薩智眼境界不與一切二乘所共

第三舉勝揀劣言如是等者指前佛神通等所不見法普賢智境即是舉勝不共二乘名爲揀劣

以是因緣諸大聲聞不能見不能知不能聞不能入不能得不能念不能觀察不能籌量不能思惟不能分別是故雖在逝多林中不見如來諸大神變

第四以是因緣下結不見聞以前鈌因境勝因緣故不能見於中初後總明中十別顯謂眼不見心不知耳不聞本有不證新成不獲無方便不能念觀無後得不能籌量淺深思惟旨趣分別事理

復次諸大聲聞無如是善根故無如是智眼故無如是三昧故無如是解脫故無如是神通故無如是威德故無如是勢力故無如是自在故無如是住處故無如是境界故是故於此不能知不能見不能入不能證不能住不能解不能觀察不能忍受不能趣向不能遊履又亦不能廣爲他人開闡解說稱揚示現引導勸進令其趣向令其修習令其安住令其證入

第二明鈌現緣故不見中三初明無勝德行故不見次何以故下明住自乘解脫故不見後是故雖在下結成不見今初分二先十句明無勝德行即是前所不見境亦即是前宿因不修勝進四句不修故無無故不見初總餘別勢力即是加持餘皆同前後是故於此下十句顯不能見入有二義前文約證今約了達餘可知

何以故諸大弟子依聲聞乘而出離故成就聲聞道滿足聲聞行安住聲聞果於無有諦得決定智常住實際究竟寂靜遠離大悲捨於衆生住於自事於彼智慧不能積集不能修行不能安住不能願求不能成就不能清

淨不能趣入不能通達不能知見不能證得第二明住自乘故不見中先徵後釋以此二段反覆相成故徵以釋之謂何以無如是善根等由住自乘作證故亦應徵云何以作證由無上善根故所無在前故略不明耳此段亦同法華自釋心不喜樂云何以故世尊令我等出於三界得涅槃證故所無在前者即前無如是善根故無如是智眼故等此段亦同法華自釋等者亦信解品言自釋不喜樂者彼前文心不喜樂後便云何以故等如疏意云世尊昔說聲聞有究竟極果我今已證故菩薩法非我所學故不樂也既已得證即住自乘故雖上根身子樂十力等而復自嗟我無此物釋文亦二先明住自乘作證後於彼智慧下結成所無今初十句初總餘別別中一道者以見修等道斷惑集故不同菩薩無住道等二三行果可知四觀諦智別謂我空法有不能我有法空名有無諦以證現觀名決定智故無菩薩中道第一義三諦之理亦如涅槃聲聞有諦而無眞實五已證理故六捨事故下三句成上聲聞行一內無悲二外捨物三但自調又上十句總爲四失一初句出麤

而不出細但出分段故次四句得權失實次三句滯寂失悲後二句捨生自度二結成所無即由住自乘故無前智等亦有十句但於前一智有十不能餘三昧等例此可知經成就聲聞道言見修等者等取方便及無學也言斷惑集者集即集諦通於業惑菩薩無住等者等取教道證道一道二道乃至無量道而教證等名二乘亦有特與異者即無住道若約其義教證亦殊故云等也

是故雖在逝多林中對於如來不見如是廣大神變

三結成不見

第二佛子如恒河下喻顯文有十喻自古諸德皆將配前所迷佛果十句唯第九二天一喻喻上第二如來嚴好餘皆如次此亦有理今解有二一者隨一一喻總喻不見因果等境以合文中亦言不見菩薩衆故又不喻菩薩之德義不盡故又合文中多從總合但言不見如來神變明通諸句二者別喻諸德若全不別何俟多喻然雖別喻亦通因果而前九約勝境爲喻謂恒河須彌等喻佛德故後一就劣法爲喻入

滅盡定喻二乘故於前九中配所迷菩薩之德其義則次配所迷如來之德義必不次所喻義別至文當知又第一五十單喻聲聞不見第二三四七雙喻菩薩聲聞見不見別餘三佛對聲聞論見不見有此三類者文影略耳又唯約聲聞說者十喻皆喻彼無德故就中初一兼喻有障故後一兼喻住自乘故且就前九約勝境爲喻顯九種勝德其後一種總明不共顯十無盡前九德中一一皆具通別二意今解有二下申今正義便彈古義以舉今正揀昔成非故於中有二先通中二一總辯標通通有二義一通因果二通喻諸句後以合文下引證辯通文有三節一正引文證以合通於菩薩二又不喻下反以義證合通菩薩三又合文下正引文證通喻諸德二者別喻等者舉正以揀昔非於中有八一總出別喻之由即反顯也二然雖別下揀異昔非三而前九下通明十喻異相四於前九下總示別喻德相五又十一五十下約迷悟之人揀其喻相六又唯約聲聞下別示迷者異相七且就前下將欲釋文重揀第三諸喻別相八前九下通收通別二意

佛子如恒河岸有百千億無量餓鬼裸形飢渴擧體焦然烏鷲犲狼競來搏撮爲渴所逼欲求水飲雖住河邊而不見河設有見者見

其枯竭何以故深厚業障之所覆故

今初鬼對恒河喻其恒河清流通喻佛及菩薩潤益甚深德別喻佛神力及菩薩境界德以此二句爲初總故鬼喻二乘有所知障故不見亦喻不得諸法喜故

言餓鬼等者生分已盡爲鬼未得無生忍衣爲裸形不得法界行食爲飢不得真解脫味爲渴由此故稱爲餓此上並無真道即是業餘行苦所還爲舉體燋然即是苦餘空見爲烏鷲有見爲豺狼於斯作決定解爲搏撮內含大機有真脫分名爲渴所逼欲求水飲身在法會名住河邊不覩神變名不見河雖覩世尊但見丈六爲見枯竭無明翳膜名爲業障即煩惱餘言餓鬼等下牒釋經文十喻皆然言生分已盡爲鬼者如見已捨生人故即是業餘者三餘之義已見上文然總相說以無漏有分別名爲業餘今未得無生未得法界未證真解脫皆有分別也行苦所還者苦餘即變易生死意生身此約已入無餘者今約未入無餘以苦依身即行苦也空見爲烏鷲下皆是煩惱餘然煩惱餘通是無明住地即是所知障所知障有二一所知之障即以業障喻所知之障故云蔽其眼故二所知即障故經云智障甚盲冥謂真俗別執今於有無作決定解即真俗別執故是智障烏鷲虛空故喻空見獸依於地故喻有見不同法華鵄梟鵰鷲等喻界內煩惱雖覩世尊下此明二乘但見自分境界耳五俱鄰等最初受道豈見世尊始成正覺身遍十方智入三際等

彼大聲聞亦復如是雖復住在逝多林中不見如來廣大神力捨一切智無明瞖瞙覆其眼故不曾種植薩婆若地諸善根故（鬼七）（十六）

後彼大下合中先合業障不曾已下合裸形等不曾已下合裸形等者無生忍衣法界行食皆一切智諸善根也

譬如有人於大會中昏睡安寢忽然夢見須彌山頂帝釋所住善見大城宮殿園林種種嚴好天子天女百千萬億普散天華徧滿其地種種衣樹出妙衣服種種華樹開敷妙華諸音樂樹奏天音樂天諸婇女歌詠美音無量諸天於中戲樂其人自見著天衣服普於其處住止周旋其大會中一切諸人雖同一處不知不見何以故夢中所見非彼大眾所能見故

第二覺夢相對喻夢遊天宮通喻佛及菩薩高顯廣大德別喻如來遊戲神變二句及菩薩大會已下十一句喻甚相似及菩薩大會下十一句者謂一菩薩大會二菩薩普入三菩薩普至四普詣五神變六遊戲七眷屬八方所九莊嚴師子座十宮殿十一菩薩住處今文夢往須彌即普至普詣普入善見大城等宮殿即菩薩宮殿城池園林即是住處天子天女即眷屬開華奏樂即是神變歌詠戲樂即是遊戲住止周旋即是座矣然此下八喻約二乘喻明其無德亦有通別通則於一一德不了皆由前缺因緣故別則各喻無德（鬼七）（七）不同此一喻無如是神通故又不知菩薩如夢故然合文中明無如是智眼故者從通相合故下數段皆合無眼文中先喻後一切菩薩下合然此下八喻六約二乘料揀以初一喻聲聞但有不得法喜之一德耳故此下八具於通別

一切菩薩世間諸王亦復如是以久積集善根力故發一切智廣大願故學習一切佛功德故修行菩薩莊嚴道故圓滿一切智智法故滿足普賢諸行願故趣入一切菩薩智地故遊戲一切菩薩所住諸三昧故已能觀察一切菩薩智慧境界無障礙故是故悉見如來世尊不可思議自在神變一切聲聞諸大弟子皆不能見皆不能知以無菩薩清淨眼故

合中二先合夢者自見後一切聲聞下合
大會不見並可思也
大方廣佛華嚴經䟽鈔會本第六十之三

大方廣佛華嚴經疏鈔會本第六十之四　起八

唐于闐國三藏沙門實叉難陀　譯

唐清涼山大華嚴寺沙門澄觀撰述

譬如雪山具衆藥草良醫詣彼悉能分別其諸捕獵放牧之人恒住彼山不見其藥此亦如是以諸菩薩入智境界具自在力能見如來廣大神變諸大弟子唯求自利不欲利他唯求自安不欲安他雖在林中不知不見

第三愚對雪山喻雪山良藥通喻幽邃難見德別喻亦喻佛境界所悲境故喻菩薩所住處悲救衆生爲所住故其捕獵等喻聲聞無大悲救衆生病亦是無如是境界故

譬如地中有諸寶藏種種珍異悉皆充滿有一丈夫聰慧明達善能分別一切伏藏其人復有大福德力能隨所欲自在而取奉養父母賑卹親屬老病窮乏靡不均贍其無智慧無福德人雖亦至於寶藏之處不知不見不得其益此亦如是諸大菩薩有淨智眼能入如來不可思議甚深境界能見佛神力能入諸法門能遊三昧海能供養諸佛能以正法開悟衆生能以四攝攝受衆生諸大聲聞不能得見如來神力亦不能見諸菩薩衆

第四伏藏難知喻藏則通喻祕密難知德別喻如來尊勝可寶重故喻菩薩所入三昧及觀察嚬申勇猛供養如喻思之薄福喻聲聞無如是威德故喻菩薩下如喻思之者然合文自具若約喻者伏藏猶如三昧聰慧分別即是觀察隨欲而取即是嚬申有大福力即當勇猛奉養父母即供養也

譬如盲人至大寶洲若行若住若坐若臥不能得見一切衆寶以不見故不能採取不得受用此亦如是諸大弟子雖在林中親近世尊不見如來自在神力亦不得見菩薩大會何以故無有菩薩無礙淨眼不能次第悟入法界見於如來自在力故

第五盲不見寶喻寶洲通喻迥絕難測德別喻如來妙行積行圓妙故喻菩薩受記成熟勇猛可知盲喻二乘無如是善根故喻菩薩受記等者不能採取即無勇猛不得受用即無受記成就義也

譬如有人得清淨眼名離垢光明一切闇色不能爲障爾時彼人於夜闇中處在無量百千萬億人衆之內或行或住或坐或臥彼諸人衆形相威儀此明眼人莫不具見其明眼者威儀進退彼諸人衆悉不能覩佛亦如是成就智眼清淨無礙悉能明見一切世間其所示現神通變化大菩薩衆所共圍繞諸大弟子悉不能見

第六淨眼無障喻通喻智照難量德別喻如來威德菩薩法身已下五句不覩威儀喻二乘無如是自在故喻菩薩法身下五句者即菩薩法身清淨菩薩智身圓滿願身示現色身成就菩薩諸相具足釋曰五句不出菩薩形相威儀故

譬如比丘在大衆中入徧處定所謂地徧處定水徧處定火徧處定風徧處定青徧處定黃徧處定赤徧處定白徧處定天徧處定種種衆生身徧處定一切語言音聲徧處定一切所緣徧處定入此定者見其所緣其餘大衆悉不能見唯除有住此三昧者

第七徧處定境喻通喻周徧難思德別喻如來淨剎菩薩常光衆色莊嚴菩薩放大

光明網不見定境喻聲聞無如是三昧故喻中言偏處者於一切處周偏觀察無有間隙故名偏處言遍處等者疏文有三初釋名俱舍頌云遍處有十種八如淨解脫後二淨無色緣自地四蘊論云謂八自性皆是無貪爲性若并助伴五蘊爲性又云有餘師說唯風遍處緣所觸中風界爲性言八者即青黃赤白地水火風如今經辨依第四靜慮緣欲可見色如淨解脫後二如次空識二處若無色爲其自性各緣自地四蘊爲性應知此中修行者從諸解脫入諸勝處入此遍處以後後智勝前前故爲修解脫但於所緣總取淨相未能分別青黃赤白後四勝處雖能分別青黃赤白而未無邊作無邊行相前遍處謂觀青等一一無邊餘如疏辨言勝處者勝處有八等一如初解脫次二如第二後四如第三謂前二解脫各分多少有四後四即青黃赤白能制伏心境緣處故名勝處然喻伽智度俱舍等論皆說有十今有十二前八同彼中九名空偏處十名識偏處先觀青等普偏次觀青等爲何所依知由地等次思所觀由何廣大知由於空次思能觀知由依識前八依第四靜慮觀欲可見色後二依無色定瑜伽十二云何故偏處唯說色觸二處建立由此二種共自他身偏有色界常相續故眼等根色唯屬自身香味二塵不偏一切聲塵有間是故不說無色界中空偏一切處識所行境亦偏一切故立此二前八依第四下辨所依定已如上引四喻伽十二下四明建立於中有二先問後由此二種下答問言色觸者問意云何以十二處中唯依二處謂青黃赤白是色處地水火風是觸處以堅濕煖動是所觸故答中亦二先明立二之由此有三義次下當知後從眼等下明於十處不立遍處所以亦有三第次第對上一眼等根色唯屬自身者對上通自他身二香味二塵不遍一切者對上遍有色界以二禪已上無鼻舌識故亦無香味二塵三聲塵有間者對上常相續故聲發即聞不發不聞故有間斷言是故不說者結上三節於今以十色處中不說八色處爲遍處也宗別合空識二爲天偏處前論所揀皆容假想稱性周偏加於三事十名種種衆生身偏處者即前所揀眼等根色十一語言音聲即前聲塵十二一切所緣即六塵境則收前香味及法塵境例此天偏處言亦可通於諸天例此下以論例經重釋前天遍處謂上論所揀今皆取之例天遍亦可通所揀

如來所現不可思議諸佛境界亦復如是菩薩具見聲聞莫覩

次如來所現下合文可知

譬如有人以翳形藥自塗其眼在於衆會去來坐立無能見者而能悉覩衆會中事應知如來亦復如是超過於世普見世間非諸聲聞所能得見唯除趣向一切智境諸大菩薩

第八妙藥翳形喻通喻隱顯超世德別喻如來住持喻菩薩起變化雲德不覩者喻聲聞無如是解脫故

如人生已則有二天恒相逐一曰同生二曰同名天常見人人不見天應知如來亦復如是在諸菩薩大集會中現大神通諸大聲聞悉不能見

第九二天隨人喻通喻微妙難壞德別喻如來嚴好菩薩身偏十方諸行圓滿德不覩二天喻二乘無如是勢力故亦喻無悲捨衆生故

譬如比丘得心自在入滅盡定六根作業皆悉不行一切語言不知不覺定力持故不般涅槃一切聲聞亦復如是雖復住在逝多林中具足六根而不知不見不解不入如來自在菩薩衆會諸所作事

第十滅定不行喻唯喻聲聞安住自乘證實際故亦總喻無德第十滅定不行喻者然滅定之義六地已

畧明今當更說薩婆多宗此定唯依有頂地起以下諸地皆名有想行相麤動難可止息此有頂地名爲非想行相微細易可止息故唯有頂有滅盡定俱舍頌云滅盡定名體爲淨住有頂謂滅盡定以二十二法爲體謂修定前有二十一心所及心王故言二十一心所者謂大地十大善地十欣猒隨一爲滅定故有二十二法不相應行替處名爲滅定隨滅許心心所法爲定體也若成實論第十六滅定品云問曰

若此中意以泥洹爲滅者是汝先言九次第定中滅定心心數滅是則相違答曰滅定有二一諸煩惱盡二煩惱未盡一煩惱盡者在解脫中煩惱未盡在次第中一滅煩惱故名滅定二滅心心數法故名滅定滅煩惱是第八解脫亦名阿羅漢果若唯識第七云滅盡定者謂有無學獨覺辟支即羅漢及或有學證阿那含即三果身已伏惑障無所有貪所有謂龢貪滅已下上貪不定未滅也已上貪由止息想作意爲先令不恒行六識染汙第七染汙心心所滅俱不行故合上二議令身安和故亦名定令身令心調有心定心力能令身心平等和悅如有心定故亦平等安怙和悅爲安和令無心定由定前定名由偏猒想受亦名滅彼定也行心即加顯揚第一云滅盡定者謂已離無所有處欲或入非非想處定或後上進入無想定或復上進生起暫息想作意前方便故止息所緣不恒行諸心心法及恒行一分諸心心法滅也餘文可知

又上十喻從後逆次配前缺因後之十句謂一喻無法喜二喻不知菩薩如夢三喻不從如來加被之所生等如理思之其前十句但通爲不見之因

又上十喻從後逆次配前闕因後之十句者疏但出三謂一鬼對恒河喻喻無法喜法喜爲食故二夢遊天宮喻喻不知菩薩如夢幻故此相甚顯三愚對雪山喻喻不從如來加被之所生故其合經云以諸菩薩入智境界具

自在力得見如來神變自在即如來加被之力共捕獵者即無加被也四伏藏難知喩喩本不發一切菩薩諸大願力故謂無福力即闕大願五盲不見寶喩眼不求超出世間不共菩提諸善根故無眼不見於寶即闕不共善根六淨眼無障喩喩喩本不得諸菩薩眼所知境故此喩更顯諸人不見喩於二乘不見淨眼境故七遍處定境喩喩本不得嚴淨佛剎神通智故青等遍淨即淨剎也八妙藥翳形喩喩本不成

就如來出世諸善根故翳形之藥即出世善根九二天隨人喩喩本不修習生一切智諸善根故二天見人即一切智人不見天故無此也十滅定不行喩喩本在生死流轉之時不勤衆生求於最勝大智眼故諸識不行豈當有眼故於六境都不見知是故十喩對前十因文相甚顯令如理思其前十句但通爲不見之因者即前本不修習見佛自在善根故本不讚說十方世界一切諸佛剎清淨功德等別相不顯逆

順配之俱不全似故過爲不見之因欲顯具於通別義故

何以故如來境界甚深廣大難見難知難測難量超諸世間不可思議無能壞者非是一切二乘境界是故如來自在神力菩薩衆會及逝多林普徧一切清淨世界如是等事諸大聲聞悉不知見非其器故

第三何以故下徵以結成文有十句結前十喩唯第七八爲順前合故有前却餘皆如次

餘皆如次者一如來境界甚深結鬼對恒河喩二廣大結夢遊天宮喩三難見結愚對雪山喩四難知結伏藏難知喩五難測結盲不見寶喩六難量結淨眼

無障喩七超諸世間結過處定境喩八不可思議結妙藥翳形喩九無能壞者結二天隨人喩十非是一切二乘境界結滅定不行喩六根作業皆不行故其間文意極相順故

上來法喩廣顯聲聞不見聞等問般若經明聲聞若智若斷皆是菩薩無生法忍若是其忍何以上文皆言無菩薩德耶又文殊巡行經中五百聲聞聞而不信法華不輕亦令其聞何得此中不令聞耶答爲顯不共故故智論明般若有共不共指此不思議經不共二乘說故

問般若下二申難也引於三經而有二難一引大品雖無見緣言若智若斷者彼經具云須陁洹若智若斷皆是菩薩無生法忍斯陁含若智若斷皆是菩薩無生法忍阿那含若智若斷皆是菩薩無生法忍阿羅漢辟支佛皆別之若智若斷皆是菩薩無生法忍下結難可知又文殊巡行經下後引二經不令聞令比一經畧以義引耳若具引者名文殊師利巡行經以說文殊遊延五百比丘彷皆見寂定因以爲名最後難舍利弗以頌甚深般若問舍利弗言我時見汝獨處一彷結跏趺坐折伏其身汝爲當坐禪耶不耶谷云坐難云爲當欲令未斷考斷故坐禪耶等因此廣顯性空無得之理時五百比丘從座而起於世尊前高聲唱言從今已去更不須見文殊身不須開其名字如是方處速應捨離所有文殊一切住處亦莫趣向所以者何文殊煩惱解脫一相說故等舍利弗令文殊爲決了文殊言實無文殊而可得故若實無文殊可得者彼亦不可見等廣爲說法四百比丘渴畫得果一百更謗隔入地獄後還得道廣如彼說故云五

百比丘聞而不信意云何以此會不令其聞而不信耶法華不輕亦令其聞者因衆意同前即第六經常不輕品不輕禮拜因衆云我不輕汝等汝等行菩薩道當得作佛即宜一切衆生皆有佛性如來知見平等之理為令聞也衆人或以杖木瓦石而打擲之後於千劫入阿鼻地獄受大苦惱從地獄出還遇常不輕教化即跋陀婆羅等菩薩既二經之中皆令其聞一時之謗後皆成益今何不爾答為顯不共下第三會釋於中五一顯不共般若不共般若已如前引若準天台意前以通教難於圓別今以圓別揀異於通又大聖化儀其類不等或令聞不信以為遠種如上所引或以威力令其出會如法華中五千拂席或令在會使其不聞即如今經然法華漸教之終將收敗種故加令其去篤勵在會使其信受此經頓教之始為顯深勝留使不聞令諸後學修見聞種又大聖化儀下第二化儀不同也於中有四一通上巡行法華之問或以威力下二揀外謗顯彼經云衆中之糟糠佛威德故去然法華下四會釋二經此依化儀漸頓二教通釋經意法華是漸者化儀漸故先說三乘引導衆生然後但以大乘而度脫之故云漸也非法門為漸將收種者義如前引謂二乘結斷如根敗士無利五欲如燋穀子不能生芽即昔教意今至法華三燋根聲聞皆得記別不在此會亦為宣陳則燋穀生芽盲聾視聽死屍再起寒灰重熱而言將收者尚未廣說先且斥之使在會者自欣多幸故云篤勵是以經云此衆無枝葉唯有諸貞實故彼疏中云繁柯既亡則貞幹存焉廣說之後方復收之故不在會亦合為說此經

頓教之始者初成頓說故云有漸攝不須引斥直彰不共顯法雖思什會不同由無因種若修因種于何不聞故云令修見聞種也又復大乘該於小乘則其智斷皆是菩薩法忍小智不知大智故此云於有無諦作決定解不見不聞又後大乘該於小乘下第三通局有殊也小乘猶如百川不攝大海大乘猶如大海必攝百川言小智不知大智者即莊子意彼云小智不測大智小年不測大年朝菌不知晦朔蟪蛄不知春秋小乘螢光豈知日照又若已開顯即權為實漸故法華云汝等所行是菩薩道若權實相對則如聾盲非其器故其猶黎庶以對於王貴賤懸隔以王收人則率土之內莫非王人是以若約普收即一切衆生無不具有如來智慧況於二乘無漏因果若校優劣則權教久行菩薩尚不信聞況於二乘二乘上首尚如聾盲況凡夫外道又若以開顯下第四開顯有殊法華對昔以權覆實故今開顯萬行同歸華嚴直顯一實深玄須對權令知故如聾啞既非其器本不合列為顯法勝大權菩薩示為聾盲是知聾盲於勝有力能顯勝故勝劣相望力用交徹成大緣起方是深玄既非其器下第五結成緣起即是華嚴圓教別來之意也

爾時毘盧遮那願光明菩薩承佛神力觀察十方而說頌言

汝等應觀察佛道不思議於此逝多林示現神通力

大文第六中時下偈頌讚德分既至詠德顯所證故文中十方菩薩即為十段初二讚道場三昧等用餘八通讚佛德今初東方總讚一會十頌分二初總餘別

善逝威神力所現無央數一切諸世間迷惑不能了法王深妙法無量難思議所現諸神通舉世莫能測以了法無相是故名為佛而具相莊嚴稱揚不可盡今於此林內示現大神力甚深無有邊言辭莫能辨

別中亦二前四歎佛於中初二歎內德一廣二深次一歎內外無礙後一結成今用

汝觀大威德無量菩薩衆十方諸國土而來見世尊所願皆具足所行無障礙一切諸世間無能測量者一切諸緣覺及彼大聲聞皆悉不能知菩薩行境界菩薩大智慧諸地悉究竟高建勇猛幢難摧難可動諸大名稱士

無量三昧力所現諸神變法界悉充滿

後五歎菩薩一總顯雲集二願行深三超下位四智地高五定用廣

爾時不可壞精進王菩薩承佛神力觀察十方而說頌言

汝觀諸佛子智慧功德藏究竟菩提行安隱諸世間其心本明達善入諸三昧智慧無邊際境界不可量

第二南方唯歎菩薩然既結歸佛力亦爲歎佛十頌分五初二令觀內德於中初偈二嚴究竟後偈定智廣深

今此逝多林種種皆嚴飾菩薩衆雲集親近如來住汝觀無所著無量大衆海十方來詣此坐寶蓮華座

次二示其集處　起八　十一

無來亦無住無依無戲論離垢心無礙究竟於法界建立智慧幢堅固不動搖知無變化法而現變化事十方無量剎一切諸佛所同時悉往詣而亦不分身

次三明寂用無礙初一偈半即寂後一偈半起用

汝觀釋師子自在神通力能令菩薩衆一切俱來集

次一結歸佛力

一切諸佛法法界悉平等言說故不同此衆咸通達諸佛常安住法界平等際演說差別法言辭無有盡

後二結其德廣同諸佛故

爾時普勝無上威德王菩薩承佛神力觀察十方而說頌言

汝觀無上士廣大智圓滿善達時非時爲衆演說法摧伏衆外道一切諸異論普隨衆生心爲現神通力正覺非有量亦復非無量若量若無量牟尼悉超越

第三西方下唯歎佛德然雖通諸德隨多顯名今此歎智用應時德十頌分二初三法說一內德二外用三總結離言

如日在虛空照臨一切處佛智亦如是了達三世法譬如十五夜月輪無減缺如來亦復然白法悉圓滿譬如空中日運行無暫已如來亦如是神變恒相續譬如十方剎於空無所礙世燈現變化於世亦復然譬如世間地群生之所依照世燈法輪爲依亦如是譬如猛疾風所行無障礙佛法亦如是速徧於世間譬如大水輪世界所依住智慧輪亦爾三世佛所依　起八　十二

後七喻顯一喻前廣大二喻圓滿三四喻現通一長時二無礙五喻演法六喻摧邪七總喻前德諸佛同依

爾時無礙勝藏王菩薩承佛神力觀察十方而說頌言

譬如大寶山饒益諸含識佛山亦如是普益於世間譬如大海水澄淨無垢濁見佛亦如是能除諸渴愛譬如須彌山出於大海中世間燈亦爾從於法海出如海具衆寶求者皆滿足無師智亦然見者悉開悟如來甚深智無量無有數是故神通力示現難思議

第四北方十偈九喻歎三德深廣於中二前五偈四喻喻內德一恩二斷次三喻喻智前一高遠次二深廣

譬如工幻師示現種種事佛智亦如是現諸自在力譬如如意寶能滿一切欲最勝亦復然滿諸清淨願譬如明淨寶普照一切物佛智亦如是普照群生心譬如八面寶等鑒於諸方無礙燈亦然普照於法界譬如水清珠能清諸濁水見佛亦如是諸根悉清淨

後五喻大用一巧示二隨欲三照機四合理五結益

爾時化現法界願月王菩薩承佛神力觀察十方而說頌言

譬如帝青寶能青一切色見佛者亦然悉發菩提行

第五東北方法界願月王十頌歎普益衆生德分四初偈總喻見無不益

一一微塵內佛現神通力令無量無邊菩薩皆清淨甚深微妙力無邊不可知菩薩之境界世間莫能測如來所現身清淨相莊嚴普入於法界成就諸菩薩

次三別明益菩薩初一淨二障後二成妙力

難思佛國土於中成正覺一切諸菩薩世主皆充滿釋迦無上尊於法悉自在示現神通力無邊不可量菩薩種種行無量無有盡如來自在力為之悉示現佛子善修學甚深諸法界成就無礙智明了一切法善逝威神力為衆轉法輪神變普充滿令世皆清淨

三有五頌明益周徧一成道徧二神通徧三示行徧四了法徧五轉法徧

如來智圓滿境界亦清淨譬如大龍王普濟諸羣生

四有一偈結益周普

爾時法慧光燄王菩薩承佛神力觀察十方而說頌言

三世諸如來聲聞大弟子悉不能知佛舉足下足事去來現在世一切諸緣覺亦不如如來舉足下足事況復諸凡夫結使所纏縛無明覆心識而能知導師

第六東南方十頌歎大用難思德分三初三明凡小難思

正覺無礙智超過語言道其量不可測孰有能知見譬如明月光無能測邊際佛神通亦爾莫見其終盡一一諸方便念念所變化盡於無量劫思惟不能了思惟一切智不可思議法一一方便門邊際不可得

次四出難思之法

若有於此法而興廣大願彼於此境界知見不為難勇猛勤修習難思大法海其心無障礙入此方便門心意已調伏志願亦寬廣當獲大菩提最勝之境界

後三顯能知之人

爾時破一切魔軍智幢王菩薩承佛神力觀察十方而說頌言

智身非是身無礙難思議設有思議者一切無能及

第七西南方十頌歎智身難思德分四初一總顯難思

從不思議業起此清淨身殊特妙莊嚴不著於三界

次一舉因顯果

光明照一切法界悉清淨開佛菩提門出生

眾智慧譬如世間日普放慧光明遠離諸塵垢滅除一切障普淨三有處永絕生死流成就菩薩道出生無上覺示現無邊色此色無依處所現雖無量一切不思議菩提一念頃能覺一切法云何欲測量如來智邊際一念悉明達一切三世法故說佛智慧無盡無能壞

次三別示難思之相於中三初三智照淨障次一示現深廣後二念智圓融

智者應如是專思佛菩提此思難思議思之不可得菩提不可說超過語言路諸佛從此生是法難思議

四有二頌結勸謂從不思議生佛智身令絕思議之念是思佛矣

爾時願智光明幢王菩薩承佛神力觀察十方而說頌言

若能善觀察菩提無盡海則得離癡念決定受持法

第八西北方十頌歎佛成就菩薩德分二

初總標觀成決定

若得決定心則能修妙行禪寂自思慮永斷諸疑惑其心不疲倦亦復無懈怠展轉增進修究竟諸佛法信智已成就念念令增長常樂常觀察無得無依法無量億千劫所修功德行一切悉迴向諸佛所求道雖在於生死
十六
而心無染著安住諸佛法常樂如來行世間之所有蘊界等諸法一切皆捨離專求佛功德凡夫嬰妄惑於世常流轉菩薩心無礙救之令解脫

餘九展轉成益於中前七偈各一行

菩薩行難稱舉世莫能思徧除一切苦普與羣生樂已獲菩提智復愍諸羣生光明照世間度脫一切衆

後二總結深廣

爾時破一切障勇猛智王菩薩承佛神力觀察十方而說頌言

無量億千劫佛名難可聞況復得親近永斷諸疑惑如來世間燈通達一切法普生三世福令衆悉清淨如來妙色身一切所欽歎億劫常瞻仰其心無猒足若有諸佛子觀佛妙色身必捨諸有著迴向菩提道如來妙色身恒演廣大音辯才無障礙開佛菩提門曉悟諸衆生無量不思議令入智慧門授以菩提記如來出世間爲世大福田普導諸含識令其集福行若有供養佛永除惡道畏消滅一
十七
切苦成就智慧身若見兩足尊能發廣大心是人恒值佛增長智慧力若見人中勝決意向菩提是人能自知必當成正覺

第九下方菩薩歎佛難見聞德分二初一標名難聞近必斷疑餘別顯益物之相於中初一生福益次二向菩提益次二成智益餘四就人結益

爾時法界差別願智神通王菩薩承佛神力觀察十方而說頌言

釋迦無上尊具一切功德見者心清淨迴向大智慧如來大慈悲出現於世間普爲諸羣生轉無上法輪

第十上方菩薩歎佛恩深重德分四初二總舉佛德意在於恩

如來無數劫勤苦爲衆生云何諸世間能報

大師恩

次一恩深難報

寧於無量劫受諸惡道苦終不捨如來而求於出離寧代諸衆生備受一切苦終不捨於佛而求得安樂寧在諸惡趣恒得聞佛名不願生善道暫時不聞佛寧生諸地獄一一無數劫終不遠離佛而求出惡趣

次四發荷恩之心

何故願久住一切諸惡道以得見如來增長智慧故若得見於佛除滅一切苦能入諸如來大智之境界若得見於佛捨離一切障長養無盡福成就菩提道如來能永斷一切衆生疑隨其心所樂普皆令滿足

後四釋成荷恩之意大文第六偈頌分可知

大方廣佛華嚴經疏鈔會本第六十之四

唐于闐國三藏沙門實叉難陀　譯

唐清涼山大華嚴寺沙門澄觀撰述

爾時普賢菩薩摩訶薩普觀一切菩薩衆會

大文第七爾時普賢下普賢開發分現土顯於法界普賢主此方能開故於中長行與偈前中三初明開發意二能開方便三正明開顯今初觀衆會者上佛入定現相令衆覩覩證今假言開顯便尋言契實

以等法界方便等虛空界方便等衆生界方便等三世等一切劫等一切衆生業等一切衆生欲等一切衆生解等一切衆生根等一切衆生成熟時等一切法光影方便

二以等法界下明能開方便有十一句初句總以含事理深廣故句初以字貫下十句謂嚬申三昧業用深廣要以此十無分齊之方便方能開顯況十復表無盡餘句別虛空明其廣無際限餘八顯其多無分齊光影一種兼顯深義如光影清淨故又映光之影隨機別故揀異水鏡似本質故

爲諸菩薩以十種法句開發顯示照明演說此師子嚬申三昧

三爲諸菩薩下正明開顯分三初總標次徵釋後總結今初以十法句者此法望前方便即是所用望三昧境界即是能開此法句望前方便即是所用者此有三重能所一普賢是能有方便是所有二方便是能用法句是所用三法句是能開三昧境爲所開

何等爲十所謂演說能示現等法界一切佛刹微塵中諸佛出興次第諸刹成壞次第法句演說能示現等虛空界一切佛刹中盡未來劫讚歎如來功德音聲法句演說能示現等虛空界一切佛刹中如來出世無量無邊成正覺門法句演說能示現等虛空界一切佛刹中佛坐道場菩薩衆會法句演說於一切毛孔念念出現等三世一切佛變化身充滿法界法句演說能令一身充滿十方一切刹海平等顯現法句演說能令一切諸境界中普現三世諸佛神變法句演說能令一切佛刹微塵中普現三世一切佛刹微塵數佛種種神變經無量劫法句演說能令一切毛孔出生三世一切諸佛大願海音盡未來劫開發化導一切菩薩法句演說能令佛師子座量同法界菩薩衆會道場莊嚴等無差別盡未來劫轉於種種微妙法輪法句

二何等下徵釋釋中一一法句皆用前來十種方便一一方便皆能演斯十句然此十句所開即前所現亦念請中果用十句文少開台不次而義無缺初二即淨佛國土一依正淨二法流布淨刹成壞即土佛於中興明是佛土前念欲知佛土之相今明一切佛刹塵中皆有佛土土無邊矣皆佛所淨下諸句例然皆一毛一塵即含攝無盡故次三即成等正覺一主一伴五即爲一切衆生現諸佛影像六即入一切衆生所住處七八二句通顯能現神通即開智城而境麤塵細爲別九即含前調伏衆生等四句十即轉法輪

子此十爲首有不可說佛刹微塵數法句皆是如來智慧境界

三佛子下總結

爾時普賢菩薩欲重宣此義承佛神力觀察如來觀察衆會觀察諸佛難思境界觀察諸佛無邊三昧觀察不可思議諸世界海觀察不可思議如幻法智觀察不可思議三世諸佛悉皆平等觀察一切無量無邊諸言辭法而說頌言

第二爾時普賢下偈頌中二先說儀意有十句初四句說儀後六觀其所說然多同前念請果德難思餘如前辨

一一毛孔中微塵數剎海悉有如來坐皆具菩薩衆一一毛孔中無量諸剎海佛處菩提座如是徧法界一一毛孔中一切剎塵佛菩薩衆圍繞爲說普賢行佛坐一國土充滿十方界無量菩薩雲咸來集其所億剎微塵數菩薩功德海俱從會中起徧滿十方界悉住普賢行皆遊法界海普現一切剎等入諸佛會安坐一切剎聽聞一切法一一國土中億劫修諸行菩薩所修行普明法海行入於大願海住佛境界地了達普賢行出生諸佛法具佛功德海廣現神通事身雲等塵數充徧一切剎普雨甘露法令衆住佛道

二正偈中頌十法句而開合不次初偈頌初句二頌第三三頌第二四頌第四五頌第五其六七二頌同頌第六八頌第九句九却合頌第七八句十頌第十文並可知

爾時世尊欲令諸菩薩安住如來師子嚬申廣大三昧故

大文第八爾時世尊下毫光示益分令尋智光爲能證故文中四初毫光普示二時逝多林下依光見法三其有見者下顯見證因緣四是故皆得下明其得益今初有四一標光意

從眉間白毫相放大光明其光名普照三世法界門

二從眉間下主光體用表即法界中道無漏正智方能證前所現之法界故三世是相相即法界法界體用互爲其門又通皆爲門若見法界之性相即入三昧之體用故

以不可說佛剎微塵數光明而爲眷屬

三以不可下光攝眷屬差別之智能入法界故

普照十方一切世界海諸佛國土

四普照下明光分齊

時逝多林菩薩大衆

第二依光見法中二先明此衆普見後如此會下類通十方前中亦二先能見人通新舊衆

悉見一切盡法界虛空界一切佛剎一一微塵中各有一切佛剎微塵數諸佛國土種種名種種色種種清淨種種住處種種形相如是一切諸國土中皆有大菩薩坐於道場師子座上成等正覺菩薩大衆前後圍繞諸世間主而爲供養

後悉見下明見法亦二先見此會徧法界之塵剎

或見於不可說佛剎量大衆會中出妙音聲充滿法界轉正法輪

後或見於不可說下多類攝化徧周法界於中分三初明廣大會徧

或見在天宮殿龍宮殿夜叉宮殿乾闥婆阿修羅迦樓羅緊那羅摩睺羅伽人非人等諸宮殿中或在人間村邑聚落王都大處

二或見在天宮下明徧處不同並在前塵刹之内

現種種姓種種名種種身種種相種種光明住種種威儀入種種三昧現種種神變或時自以種種言音或令種種諸菩薩等在於種種大衆會中種種言辭說種種法

三現種種姓下别彰所現亦通答前諸所念請故云種種

如此會中菩薩大衆見於如是諸佛如來甚深三昧大神通力

第二類顯十方則十方衆會同見於中二先舉此顯彼起九

如是盡法界虛空界東西南北四維上下一六切方海中依於衆生心想而住始從前際至今現在一切國土身一切衆生身一切虛空道其中一一毛端量處一一各有微塵數刹種種業起次第而住悉有道場菩薩衆會皆亦如是見佛神力不壞三世不壞世間於一切衆生心中現其影像隨一切衆生心樂出妙言音普入一切衆會中普現一切衆生前色相有别智慧無異隨其所應開示佛法教化調伏一切衆生未曾休息

後如是盡下以彼類此於中亦二先舉能見分齊謂彼十方微細大會並同此會之見後皆亦如是下明其所見自在謂雖廣現而不壞本相故

其有見此佛神力者皆是毗盧遮那如來於往昔時善根攝受或昔曾以四攝所攝或是見聞憶念親近之所成熟或是往昔教其令發阿耨多羅三藐三菩提心或是往昔於諸佛所同種善根或是過去以一切智善巧方便教化成熟起九

第三明見證因緣謂頓爾證見非無宿因七然成前爲見因順下爲證因皆是如來所攝受故可知

是故皆得入於如來不可思議甚深三昧盡法界虛空界大神通力或入法身或入色身或入往昔所成就行或入圓滿諸波羅蜜或入莊嚴清淨行輪或入菩薩諸地或入成正覺力或入佛所住三昧無差别大神變或入如來力無畏智或入佛無礙辯才海

第四明其得益中二初明因見得法二爾時諸菩薩下荷恩興供前中二先略明後廣顯前中三一明所入初句爲總言是故者是前宿因之故或入下别列十門以顯無盡

彼諸菩薩以種種解種種道種種門種種入種種理趣種種隨順種種智慧種種助道種種方便種種三昧

二彼諸菩薩下顯前能入亦列十門一解者鑒達分明種種不同如發心品二道謂一道二道乃至無量正道三門謂無常門夢境界門等四入謂所證差别五理趣謂意旨不同六機法萬差並皆隨順餘四可知即此能入亦是所益即此能入亦是所益者此有兩重能所一遮那光照是其能益得解等十即是所益二此解三昧等是其能入法身色身等即是所入不因佛光不得能入不得能入安得所入故能所入皆是成益也

入如是等十不可說佛刹微塵數佛神變海方便門

三入如是等下結其所入謂用前解等入前法身等前略列十實有不可說塵數等

云何種種三昧所謂普莊嚴法界三昧普照一切三世無礙境界三昧法界無差別智光明三昧入如來境界不動轉三昧普照無邊虛空三昧入如來力三昧佛無畏勇猛奮迅莊嚴三昧一切法界旋轉藏三昧如月普現一切法界以無礙音大開演三昧普清淨法光明三昧無礙繒法王幢三昧一一境界中悉見一切諸佛海三昧於一切世間悉現身三昧入如來無差別身境界三昧隨一切世間轉大悲藏三昧知一切法無有跡三昧知一切法究竟寂滅三昧雖無所得而能變化普現世間三昧普入一切刹三昧莊嚴一切佛刹成正覺三昧觀一切世間主色相差別三昧觀一切衆生境界無障礙三昧能出生一切如來母三昧能修行入一切佛海功德道三昧一一境界中出現神變盡未來際三昧入一切如來本事海三昧盡未來際護持一切如來種性三昧以決定解力令現在十方一切佛刹海皆清淨三昧一念中普照一切佛所住三昧入一切境界無礙際三昧令一切世界爲一佛刹三昧出一切佛變化身三昧以金剛王智知一切諸根海三昧知一切如來同一身三昧知一切法界所安立悉住心念際三昧於一切法界廣大國土中示現涅槃三昧令住最上處三昧於一切佛刹現種種衆生差別身三昧普入一切佛智慧三昧知一切法性相三昧一念普知三世法三昧念念中普現法界身三昧以師子勇猛智知一切如來出興次第三昧於一切法界境界慧眼圓滿三昧勇猛趣向十力三昧放一切功德圓滿光明普照世間三昧不動藏三昧說一法普入一切法三昧於一法以一切言音差別訓釋三昧演說一切佛無二法三昧知三世無礙際三昧知一切劫無差別三昧入十力微細方便三昧於一切劫成就一切菩薩行不斷絶三昧十方普現身三昧於法界自在成正覺三昧生一切安隱受三昧出一切莊嚴具莊嚴虛空界三昧念念中出等衆生數變化身雲三昧如來淨空月光明三昧常見一切如來住虛空三昧開示一切佛莊嚴三昧照明一切法義燈三昧照十力境界三昧三世一切佛幢相三昧一切佛一密藏三昧念念中所作皆究竟三昧無盡福德藏三昧見無邊佛境界三昧堅住一切法三昧現一切如來變化悉令知見三昧念念中佛日常出現三昧一日中悉知三世所有法三昧普音演說一切法性寂滅三昧見一切佛自在力三昧法界開敷蓮華三昧觀諸法如虛空無住處三昧十方海普入一方三昧入一切法界無源底三昧一切法海三昧以寂靜身放一切光明三昧一念中現一切神通大願三昧一切時一切處成正覺三昧以一莊嚴入一切法界三昧普現一切諸佛身三昧知一切衆生廣大殊勝神通智三昧一念中其身徧法界三昧現一乘淨法界三昧入普門法界示現大莊嚴三昧住持一

切佛法輪三昧以一切法門莊嚴一法門三昧以因陀羅網願行攝一切衆生界三昧分別一切世界門三昧乘蓮華自在遊步三昧知一切衆生種種差別神通智三昧令其身恒現一切衆生前三昧知一切衆生差別音聲言辭海三昧知一切衆生差別智神通三昧大悲平等藏三昧一切佛入如來際三昧觀察一切如來解脫處師子嚬申三昧

三云何下廣明得法先廣能入後其諸菩薩皆悉下廣其所入前中但廣三昧一門例餘九句文中三初句徵起次所謂下別列一百一門皆從業用受名並以法性真如爲三昧亦隨一一事皆能契實正受現前故於中前百一門別別業用後一總相同果初言普莊嚴法界三昧者入此三昧能令法界普妙嚴飾故斯即嚬申現淨土之一義下諸三昧皆是嚬申大用別義故以多別入佛之總諸門別義說者隨宜後師子嚬申者若不總相分同無以能究佛境故

菩薩以如是等不可說佛刹微塵數三昧入毗盧遮那如來念念充滿一切法界三昧神變海

三菩薩如是下總結能所上略列百門如前之例有多塵數方能入佛神變之海三昧既爾解等九門亦然文略不結二廣所入中二先別列後其諸菩薩具如是下總結前中有其十德廣前十門別句而小不次總句即前三昧結中總句即前三昧結中者前總明三所入有十一句初一是總今不別廣即前三昧結中是廣上總上總云是故皆得入於如來不可思議甚深三昧盡法界虛空界大神通力今廣中三昧結云菩薩以如是等不可說佛刹微塵數三昧入毗盧遮那如來念念充滿一切法界三昧神變海是故三昧結即前總句此下但廣前別十句耳而言不次者此一即前六二即前五三即前四四即前九五即前一六即前三七即前二八即前十九即前八十即前七文並可知

其諸菩薩皆悉具足大智神通明利自在住於諸地以廣大智普觀一切從諸智慧種性而生一切智智常現在前得離癡翳清淨智眼

一智位高深德即前諸地

爲諸衆生作調御師住佛平等於一切法無有分別了達境界知諸世間性皆寂滅無有依處普詣一切諸佛國土而無所著悉能觀察一切諸法而無所住徧入一切妙法宮殿而無所來教化調伏一切世間普爲衆生現安隱處

二爲諸衆生下調生無染德即三輪嚴淨

智慧解脫爲其所行恒以智身住離貪際超諸有海示真實際智光圓滿普見諸法住於三昧堅固不動於諸衆生恒起大悲知諸法門悉皆如幻一切衆生悉皆如夢一切如來悉皆如影一切言音悉皆如響一切諸法悉皆如化善能積集殊勝行願智慧圓滿清淨善巧心極寂靜善入一切總持境界具三昧力勇猛無怯獲明智眼住法界際到一切法無所得處修習無涯智慧大海到智波羅蜜究竟彼岸爲般若波羅蜜之所攝持以神通波羅蜜普入世間依三昧波羅蜜得心自在

三智慧解脫下成滿諸度德

以不顛倒智知一切義以巧分別智開示法

藏以現了智訓釋文辭以大願力說法無盡以無所畏大師子吼常樂觀察無依處法以淨法眼普觀一切以淨智月照世成壞以智慧光照真實諦福德智慧如金剛山一切譬喻所不能及善觀諸法慧根增長勇猛精進摧伏衆魔無量智慧威光熾盛其身超出一切世間得一切法無礙智慧善能悟解盡無盡際住於普際入真實際無相觀智常現在前

四以不顛倒下智力無畏德雖有四辯意在於智

善巧成就諸菩薩行以無二智知諸境界普見一切世間諸趣徧往一切諸佛國土智燈圓滿於一切法無諸闇障放淨法光照十方界爲諸世間真實福田若見若聞所願皆滿福德高大超諸世間勇猛無畏摧諸外道演微妙音徧一切剎

五善巧下成就昔行德

普見諸佛心無厭足於佛法身已得自在隨所應化而爲現身一身充滿一切佛剎

六普見諸佛下法身圓滿德

已得自在清淨神通乘大智舟所往無礙智慧圓滿周徧法界譬如日出普照世間隨衆生心現其色像知諸衆生根性欲樂入一切法無諍境界知諸法性無生無起能令小大自在相入

七已得自在下色身自在德

決了佛地甚深之趣以無盡句說甚深義於一句中演說一切修多羅海獲大智慧陀羅尼身凡所受持永無忘失一念能憶無量劫事一念悉知三世一切諸衆生智恒以一切陀羅尼門演說無邊諸佛法海常轉不退清淨法輪令諸衆生皆生智慧

八決了下辯才自在德

得佛境界智慧光明入於善見甚深三昧入一切法無障礙際於一切法勝智自在一切境界清淨莊嚴普入十方一切法界隨其方所靡不咸至

九得佛境界下三昧神變德

一一塵中現成正覺於無色性現一切色以一切方普入一方

十一一塵中下成等正覺德

其諸菩薩具如是等無邊福智功德之藏常爲諸佛之所稱歎種種言辭說其功德不能令盡靡不咸在逝多林中深入如來功德大海悉見於佛光明所照

第二總結可知

爾時諸菩薩得不思議正法光明心大歡喜各於其身及以樓閣諸莊嚴具并其所坐師子之座徧逝多林一切物中化現種種大莊嚴雲充滿一切十方法界所謂於念念中放大光明雲充滿十方悉能開悟一切衆生出一切摩尼寶鈴雲充滿十方出微妙音稱揚讚歎三世諸佛一切功德出一切音樂雲充滿十方音中演說一切衆生諸業果報出一切菩薩種種願行色相雲充滿十方說諸菩薩所有大願出一切如來自在變化雲充滿十方演出一切諸佛如來語言音聲出一切菩薩相好莊嚴身雲充滿十方說諸如來於一切國土出興次第出三世如來道場雲充

滿十方現一切如來成等正覺功德莊嚴出一切龍王雲充滿十方雨一切諸香出一切世主身雲充滿十方演說普賢菩薩之行出一切寶莊嚴清淨佛刹雲充滿十方現一切如來轉正法輪是諸菩薩以得不思議法光明故法應如是出興此等不可說佛刹微塵數大神變莊嚴雲

第二荷恩興供中三初總次所謂下別後是諸菩薩下結結其所因由得前十種德故

爾時文殊師利菩薩承佛神力欲重宣此逝多林中諸神變事觀察十方而說頌言

大文第九爾時文殊下文殊述德分文殊主智故光後述德光本令證三昧智本爲顯法界尋智得理故述歎林中又前普賢門以行顯理此則以解顯理解行無二方能入故通明即以文殊權實無二之大智普賢體用之理行此二無二共顯如來三昧之果德文中二先述意

汝應觀此逝多林以佛威神廣無際一切莊嚴皆示現十方法界悉充滿十方一切諸國土無邊品類大莊嚴於其座等境界中色像分明皆顯現

二正頌頌中十三偈通讚一會三種世間自在之用分之爲六初二總歎初一普徧後一廣容

從諸佛子毛孔出種種莊嚴寶燄雲及發如來微妙音徧滿十方一切刹

次一偈讚衆生世間即通前諸來及向得益菩薩興供之事

寶樹華中現妙身其身色相等梵王從禪定起而遊步進止威儀恒寂靜如來一一毛孔内常現難思變化身皆如普賢大菩薩種種諸相爲嚴好

次二偈讚依正互在初偈依中有正後偈正中有正

逝多林上虛空界所有莊嚴發妙音普說三世諸菩薩成就一切功德海逝多林中諸寶樹亦出無量妙音聲演說一切諸羣生種種業海各差別

林中所有衆境界悉現三世諸如來一一皆起大神通十方刹海微塵數

四三偈述上林空

十方所有諸國土一切刹海微塵數悉入如來毛孔中次第莊嚴皆現覩

所有莊嚴皆現佛數等衆生徧世間一一咸放大光明種種隨宜化羣品

香燄衆華及寶藏一切莊嚴殊妙雲靡不廣大等虛空徧滿十方諸國土

五有三偈述於正覺依正無盡

十方三世一切佛所有莊嚴妙道場於此園林境界中一一色像皆明現

一切普賢諸佛子百千劫海莊嚴刹其數無量等衆生莫不於此林中見

六末後二偈總顯普收

爾時彼諸菩薩以佛三昧光明照故即時得入如是三昧一一皆得不可說佛刹微塵數大悲門利益安樂一切衆生

大文第十爾時彼諸下無涯大用分開必得益益必利生於中二先總顯用因謂由

佛三昧得前三昧成此悲門故能有用

於其身上一一毛孔皆出不可說佛刹微塵數光明一一光明皆化現不可說佛刹微塵數菩薩其身形相如世諸主普現一切衆生之前周帀徧滿十方法界種種方便敎化調伏

後於其身下依體起用中二初別明毛孔世主化後佛子此逝多林下通顯分身多類化今初分二一總明

或現不可說佛刹微塵數諸天宮殿無常門或現不可說佛刹微塵數一切衆生受生門或現不可說佛刹微塵數一切菩薩修行門或現不可說佛刹微塵數夢境門或現不可說佛刹微塵數菩薩大願門或現不可說佛刹微塵數震動世界門或現不可說佛刹微塵數分別世界門或現不可說佛刹微塵數現生世界門

二或現下別顯於中四一明能化法二以如是等下所化處三以平等大悲下能化心四或有見已下明所化益今初總有二十五門分二初八門雜明欣猒等門化

或現不可說佛刹微塵數檀波羅蜜門或現不可說佛刹微塵數一切如來修諸功德種種苦行尸波羅蜜門或現不可說佛刹微塵數割截支體羼提波羅蜜門或現不可說佛刹微塵數勤修毗梨耶波羅蜜門或現不可說佛刹微塵數一切菩薩修諸三昧禪定解脫門或現不可說佛刹微塵數佛道圓滿智光明門

餘門明十度門化於中前六門各一度可知

或現不可說佛刹微塵數勤求佛法爲一文一句故捨無數身命門或現不可說佛刹微塵數親近一切佛諮問一切法心無疲厭門或現不可說佛刹微塵數隨諸衆生時節欲樂往詣其所方便成熟令住一切智海光明門

次三門明方便度

或現不可說佛刹微塵數降伏衆魔制諸外道顯現菩薩福智力門

次降魔一門是力度

或現不可說佛刹微塵數知一切工巧明智門或現不可說佛刹微塵數知一切衆生差別明智門或現不可說佛刹微塵數知一切法差別明智門或現不可說佛刹微塵數知一切衆生心樂差別明智門或現不可說佛刹微塵數知一切衆生根行煩惱習氣明智門或現不可說佛刹微塵數知一切衆生種種業明智門或現不可說佛刹微塵數開悟一切衆生門

餘七門皆智度前欣猒中已明於願故此略無

以如是等不可說佛刹微塵數方便門往詣一切衆生住處而成熟之所謂或往天宮或往龍宮或往夜叉乾闥婆阿修羅迦樓羅緊那羅摩睺羅伽宮或往梵王宮或往人王宮或往閻羅王宮或往畜生餓鬼地獄之所住處

第二化處中二先結前生後後所謂下別明所在

以平等大悲平等大願平等智慧平等方便攝諸衆生或有見已而調伏者或有聞已而調伏者或有憶念而調伏者或聞音聲而調伏者或聞名號而調伏者或見圓光而調伏者或見光網而調伏者隨諸衆生心之所樂皆詣其所令其獲益

第三化心及第四化益文並可知

佛子此逝多林一切菩薩爲欲成熟諸衆生故或時現處種種嚴飾諸宮殿中或時示現住自樓閣寶師子座道場衆會所共圍繞周徧十方皆令得見然亦不離此逝多林如來之所

第二通顯多類化中二先明住處化異結不離逝多林者明不動而普徧繁興而恒靜末不離本故下文殊遊行亦不離於本會本末事理非即離故

佛子此諸菩薩或時示現無量化身雲或現其身獨一無侶所謂或現沙門身或現婆羅門身或現苦行身或現充盛身或現醫王身或現商主身或現淨命身或現妓樂身或現奉事諸天身或現工巧技術身往詣一切村營城邑王都聚落諸衆生所隨其所應以種種形相種種威儀種種音聲種種言論種種住處於一切世間猶如網行菩薩行或說一切世間工巧事業或說一切智慧照世明燈或說一切衆生業力所莊嚴或說十方國土建立諸乘位或說智燈所照一切法境界教化成就一切衆生而亦不離此逝多林如來之所

二佛子此諸下明現身化異於中五一能化身異有十二種初二總餘十別此中多同善財所見故知善財諸友即此會之菩薩二往詣下化處異三隨其下化類異四或說下化法異五教化下總結末不離本

上來本會竟故知善財諸友即此會之菩薩者如徧一無侶即德雲等二沙門即海雲善住等三婆羅門即最勝寂靜等四苦行即勝熱等五充盛即善見休捨等六醫王即普眼彌伽等七商主即無上勝等八淨命亦婆羅門義當不動具足等八妓樂者義當婆須等九奉事天身即大天等十工巧伎術即自在主童子等故皆同也

大方廣佛華嚴經疏鈔會本第六十一之一

大方廣佛華嚴經疏鈔會本第六十一之二　起十

唐于闐國三藏沙門實叉難陀　譯

唐清涼山大華嚴寺沙門澄觀　撰述

大文第二末會起亦即一部流通略啓十門一總顯會意二會數開合三會主多少四定會名義起十五二位統收六五相分別七圓攝始終八會主類別九法界事義十隨文解釋

今初夫圓滿教海攝法無遺漸頓該羅本末交映人法融會貫在弘通故非頓無以顯圓非漸無以階進非本無以垂末非末無以顯本非人無以證法非法無以成人故前明不異漸之頓多門而衆人同契此明不異頓之漸一人而歷位圓修前則不異末之本雖卷而恒舒此即不異本之末雖舒而恒卷本末無礙同入法界今託人進修以軌後徒使大教弘通即斯本意非頓下釋前標有二對今疏釋有二一出三對之由若無頓證法界豈顯此經圖妙若無善財漸進衆生如何趣入若無本會佛爲其主何有末會皆得成經若無末會善財成益豈顯本會頓證之實然此一對語出肇公維摩注序彼以不思議中以分本末云此經所明統萬行則以權智爲主樹德本則以六度爲根濟蒙惑則以慈悲爲首語宗極則以不二爲言凡此衆說皆不思議之本也至若借座燈王請飯香土手接大千室包乾象不思議迹也然幽關難啓聖應不同非本無以垂迹非迹無以顯本本迹雖殊不思議一也今但借其言不取其義自以二會爲本末耳非人無以證法者法無廢興弘之由人故非法無以成人者不證性原豈名菩薩故中論云以法知人有人以人知有法離法何有人離人何有法故前明不異漸之頓下第二明該羅等義三對爲三二明漸頓該羅一互不異即該羅義其多門而衆人同契即不異漸之頓相也上不壞多門入法身等十種別故即是頓義或一人證多或多人同證故即頓也一人歷位即是漸相而圓修故不異頓也前即不異末之本等者明本末交映也雖卷而恒舒即不異末之本相也卷謂不離祇圓而恒舒者羅身雲於法界也言雖舒而卷者謂雖羅形於法界而未動足於祇園是不異本之末也本末無礙下結第二門今託人進修下三釋人法融會也語則不似前二但似結成今會意亦具矣謂託人修進者人融法也使大教弘通法成人也言即斯本意語則正結第三意則通結上三成總顯會意

二會數開合者若約所攝之機唯有三會一比丘二諸乘人三善財會若約能所通辨有五十五會善財自有五十三故雖人有五十四文殊一人四會說故德生有德同一問答徧友無答不成會故若以徧友承前指後得名會者善財則有五十四會是以唯就能化不足定會若約主伴成百一十會至下當辨若約散說則佛刹塵數會尚順三乘若約普賢德則無盡會如普賢結通處說二諸乘人會者即初至徧城東會也若約能所下明通於中三一標數就第三會開五十三成五十五舉人有五十四下次釋成上義言五十四者善財初遇文殊從德雲至瞿波有四十人寄於三賢十聖摩耶已下天主光等有十一人已五十二及彌勒普賢故五十四舉此五十四者乃成會淹一向都望人五十四兼比丘諸乘二會則合有五十六會若望善財並見五十四人即合自有五十四會何以惟五十三故下釋云文殊一人四會說故故雖五十四人有五十五會若爾一人四會即五十四中加三成五十七何言五十五故次下云德生有德同一會故又滅其一遍友不成會滅其一人亦五十五若取遍友成一會故善財有五十六兼前五十六爲遍友不成主伴但標五十五耳若約主伴下開成百一十下有三釋正義一人當兩故故前來定爲五十五若約散說下三約教結成

三會主多少若以人尅定唯五十四若以會顯人則五十七文殊分四故或刹塵數或無盡無盡思之三會數多少如上開合應自知

之

四定會名義者起十此下諸會雖無佛說以本收末亦得名經謂文殊濫觴出此會故諸友皆本會得益菩薩不離而周故若爾下文善財應收歸重閣何乃見在菩提場耶以菩提爲諸會本故所爲既終攝末歸

本況諸衆會不動覺場四定會名義者謂無佛說而稱經會者以本統末故言濫者濫泛也觴杯也謂江出岷山初出之源但可泛一杯而已所出雖少源在於此故雖千里萬里而云江出岷山故雖散在諸方而云經會若留下解妨可知五二位統收者此中諸會不出文殊普賢略有二門一相對明表二互融顯圓

今初略明三對一以能所相對普賢表所依法界即在纏如來藏故理趣般若云一切衆生皆如來藏普賢菩薩自體徧故初會即入藏身三昧故文殊表能信之心故佛名經說一切諸佛皆因文殊而發心故善財始見發大心故二以解行相對普賢表所起萬行上下諸經皆說普賢行故文殊表能起之解通解理事故慈氏云汝見善友皆文殊力等故三以理智相對普賢即所證法界善財入身故又云得究竟三世平等身故普賢身相如虛空故文殊即能證大智本所事佛名不動智故見後文殊方見普賢故又理開體用智分因果二互融顯圓者亦二先以二門各自圓融謂解由前信方離邪見信解真正成極智故

依體起行行必稱體由行證理理行不殊故隨一證即一切證二以二聖法門互融謂始信必信於理故能所不二稱解起行解不二智與理冥則理智無二是以文殊三事融通隱隱即是普賢三事涉入重重由此故能入遮那嚬申之境故前本會明二聖開顯序分之中標爲上首餘如別說五二位統收者別有三聖圓融觀大意此已盡矣但普賢所信所證雖是一理約生約佛位分染淨異故分之成二又理開體用等者此即三聖觀中會歸經題理開體用即大方廣大即體性包含方廣業用周遍故智分因果即佛華嚴佛是果智華即因故先以二門各自圓融者初融文殊信解智三後依體起行下後融普賢所信及行并所證三是以文殊三事下總結上三雖開兩段義有三重一二聖三事各自圓融二二聖三事各對圓融三總融二聖謂初三事既自圓融次以三事各對圓融故其六法但成一味而言文殊三事融通隱隱者信智圓融不壞相故普賢三事涉入重重者以理融事事不泯故若二不二成毗盧遮那則文殊是華嚴普賢是大方廣冥合爲佛爲佛已竟更無二味故故前本會下引文證成非情見故六分五相者若意法師及臺山論但隨文散釋更無別配光統等師皆配地位二皆有理謂隨一一位具多法門豈容凡心不得習求善友之法故不配有理然無次位中不

礙次位顯位是常規配亦無失橫豎無礙且依古德配爲五相謂初四十一人名寄位修行相寄四十一人依人求解顯修行故二從摩耶下九會十一人明會緣入實相即會前住等成普別兩行契證法界故初得幻智後得幻住該於中間如幻之緣入一實故三慈氏一人名攝德成因相會前二門之德並爲證入之因故故法門名三世不忘念則攝法無遺四後文殊名智照無二相謂行圓究竟朗悟在懷照前行等唯一圓智更無前後明昧等殊五普賢一人名顯因廣大相始覺同本圓覺現前稱周法界無不包含故其後四相亦得稱爲寄位前三義同等覺故摩耶慈氏並入重玄門文殊表菩薩地盡心無初相普賢義同妙覺纔見普賢便等佛故今從別義且爲五相此五亦是菩薩五種行相一高行二大行三勝行四深行五廣行照前行等唯一圓智者行即寄位修行等取次二四其後四相下此立別理則不壞相依五相中三一寄位修行今從下二且爲五相都歸前釋三此五下別義料揀言五行者一一歷位

上昇故云高行二同入一實故爲大行三具上高大成補處因故名勝行四般若絶相故稱爲深五一一稱性故云廣也七圓攝始終者上寄法顯異布之前後據實圓融一位即一切位乃至無盡故所歷差別並乚中之多一多同時無有障礙

八法界人類於中有二先明類別謂知識雖多不出二十類一菩薩二比丘三尼四優婆塞五優婆夷六童男七童女八天九天女十外道十一婆羅門十二長者十三先生十四醫人十五船師十六國王十七仙人十八佛母十九佛妃二十諸神二顯義相有四一約果攝化並是如來海印所現二約因成行皆是菩薩隨力現形三約義顯法總是緣起法界之人法四約相辨異不出菩薩五生所收一息苦生如良醫等二隨類生如外道等三勝生如善見比丘等四增上生如無猒足王等五最後生如慈氏等通即前四各具五生可知於中菩薩有六三處現身一初文殊信位劣故唯顯一人二中間漸進現於二人謂大悲正趣三位後成滿顯於三人謂彌勒等不出二十類者此二十類攝五十四人一菩薩有五一文殊二觀自在三正趣四彌勒五普賢二比丘攝五一德雲二海雲三善住四海幢五善見三尼唯一即師子嚬申四優婆塞唯一即明智居士五優婆夷攝五一休捨二具足三不動四婆須蜜五賢聖六童男攝三一自在主二善知衆藝三德生七童女攝二一慈行二有德八天唯一即大天九天女亦一即天主光十外道亦一即是遍行十一婆羅門攝二一勝熱二最寂靜十二長者攝九一解脫二法寶髻三普眼四優鉢羅華五無上勝六鞞瑟胝羅七堅固解脫八妙月九無勝軍十三先生唯一即遍友十四醫人亦一即彌伽十五船師婆施羅十六國王攝二一無猒足二大光十七仙人唯一謂毗目瞿沙十八佛母唯摩耶夫人十九佛妃唯瞿波二十諸神攝其十一安住地神二婆珊婆演底夜神三普德淨光夜神四喜目觀察夜神五普救衆生妙德夜神六寂靜音海夜神七守護一切城增長威力夜神八開敷一切樹華夜神九大願精進力救護一切衆生夜神十嵐毗尼林神即圓滿光故二十類攝五十四約相辨異不出菩薩五生者即瑜伽四十八品中辨一息苦生亦名除災如爲大魚等即飢世救苦海中救苦等二隨類者一切類故三勝生亦名大勢生謂形色族姓富貴等四增上生從初地至十地爲諸王等五最後生即最後身菩薩令小不同者意將彼義攝此友故攝論第六明勝生亦名最勝生謂諸世間安樂生處應知此是說法功德通即前四各具五生者向就第四約相有五今通於前果因及義亦各具五於中菩薩有六者即就最後而辨異也等取文殊及普賢也

九法界事義者通下諸位總有十門一正報法界二依報法界三現相四表義五言說六義理七業用八說往因九結自分十推勝進此十門法界同一緣起互融無礙三現相者如大天等四表義者如山表位如海表悲等

爾時文殊師利童子從善住樓閣出

十隨文釋依五相中今當第一寄位修行相分五初文殊一人寄十信未成位故但一人餘四十人寄十住等位各有十謂二從德雲至慈行寄十住位三善見至徧行寄十行四鬻香長者至安住地神寄十向五婆珊夜神至瞿波寄十地今初信中分二先明能化發起二爾時尊者舍利弗下成彼化事前中分三初標主出閣二與無量下別明伴從三文殊下總顯出儀今初文殊菩薩本是童子而前列菩薩此彰童子者表創入佛法故亦顯非童真行不能入故權實相依悲智無住名善住閣從此利生爲出非離此矣

與無量同行菩薩及常隨侍衛諸金剛神普爲衆生供養諸佛諸身衆神久發堅誓願常

隨從諸足行神樂聞妙法主地神常修大悲主水神智光照耀主火神摩尼爲冠主風神明練十方一切儀式主方神專勤除滅無明黑闇主夜神一心匪懈闡明佛日主晝神莊嚴法界一切虛空主空神普度衆生超諸有海主海神常勤積集趣一切智助道善根高大如山主山神常勤守護一切衆生菩提心城主城神常勤守護一切智智無上法城諸大龍王常勤守護一切衆生諸夜叉王常令衆生增長歡喜乾闥婆王常勤除滅諸餓鬼趣鳩槃茶王恒願拔濟一切衆生出諸有海迦樓羅王願得成就諸如來身高出世間阿修羅王見佛歡喜曲躬恭敬摩睺羅伽王常厭生死恒樂見佛諸大天王尊重於佛讚歎供養諸大梵王

二伴從中初一同生餘皆異生並約通稱表法之名以明般若導萬行故隨一一類各有衆多故云諸足行等或缺諸言蓋文略耳餘如初會

文殊師利與如是等功德莊嚴諸菩薩衆出自住處來詣佛所右繞世尊經無量帀以諸供具種種供養供養畢已辭退南行往於人間

三總顯出儀中前約無住化生名善住閣出今約依自利而利他云出自住處又前依佛法界流此依自所證出二文影略又前依佛法界流者約表說法也

爾時尊者舍利弗承佛神力見文殊師利菩薩與諸菩薩衆會莊嚴出逝多林往於南方遊行人間作如是念我今當與文殊師利俱往南方

第二成彼化事中通有三會一比丘會顯廻小入大故二諸乘人會顯通收諸權入一實故三善財會顯純一乘機一生成辦故又前二會表居信未久尚不定故善財信終可入證故今初有二一明助化攝機二正明化益今初小乘之智亦助大故文中亦二先明覩緣興念

時尊者舍利弗與六千比丘前後圍繞出自住處來詣佛所頂禮佛足具白世尊世尊聽許右繞三帀辭退而去往文殊師利所

二時尊者下攝衆同遊於中亦二先總辨攝儀捨小趣大爲出自住處向文殊所

此六千比丘是舍利弗自所同住出家未久所謂海覺比丘善生比丘福光比丘大童子比丘電生比丘淨行比丘天德比丘君慧比丘梵勝比丘寂慧比丘如是等其數六千悉曾供養無量諸佛深植善根解力廣大信眼明徹其心寬博觀佛境界了法本性饒益衆生常樂勤求諸佛功德皆是文殊師利說法教化之所成就

後此六千下別明所化於中三初指數辨位比丘義如常六千者表六根性淨可入法界故自所同住者同居權小故同住法界故出家未久者未證實際易可迴故信心尚微須誘化故二所謂下列名三悉曾下歎德文有十句初二歎宿因次七明現德後一結德屬緣既皆約大乘以歎明本大器託迹比丘顯收諸類非小乘矣結屬文殊令成其善非無因矣比丘義如常者古有五義一曰

爾時尊者舍利弗在行道中觀諸比丘告海怖魔初出家時魔宮動故二言乞士下從居士乞食以資身上從諸佛乞法以練神故三名淨戒持戒漸入僧數患持戒故四云淨命既受戒已所起三業以無貪故不依於貪邪活命故五曰破惡斷依聖道滅煩惱故新云苾芻苾芻草名具五德故覺言海覺汝可觀察文殊師利菩薩清淨之身相好莊嚴一切天人莫能思議汝可觀察文殊師利圓光映徹令無量衆生發歡喜心汝可觀察文殊師利光網莊嚴除滅衆生無量苦惱汝可觀察文殊師利衆會具足皆是菩薩往昔善根之所攝受汝可觀察文殊師利所行之路左右八步平坦莊嚴汝可觀察文殊師利所住之處周迴十方常有道場隨逐而轉汝可觀察文殊師利所行之路具足無量福德莊嚴左右兩邊有大伏藏種種珍寶自然而出汝可觀察文殊師利曾供養佛善根所流一切樹間出莊嚴藏汝可觀察文殊師利諸世間主兩供具雲頂禮恭敬以爲供養汝可觀察文殊師利十方一切諸佛如來將說法時悉放眉間白毫相光來照其身從頂上入

第二爾時尊者舍利下正明化益於中二先以身儀攝益則令根熟起欲二爾時文殊告諸下語業攝益正授法門前中四一示勝境二得勝益三請勝人四蒙勝攝今初有三初標告二海覺汝可下正教觀察有十勝德一身相勝二常光勝三放光勝四衆會勝五行路勝表常依八正故六住處勝舉足下足無非道場隨心轉故七福嚴勝常觀空有二邊心地之下具如來藏恒沙萬德無心忘照任運寂知而顯現故八林樹勝樹立萬行嚴法體故九自在勝於我無我得不二解自在主中爲最尊故十上攝勝此有二意一約事心常上攝諸佛法故二約表諸佛顯揚皆依般若究竟至於一切智故於我無我得不二解等者即釋經諸世間主兩供具雲等以主即自在義既我無我不二方爲自在此即淨名迦旃延章五非常義前三地已引即於我無我而不二是無我義無我法中有真我故二約表者文殊表般若若無般若不能說故究竟下又表所說勝後千差究竟至於一切種智故放光還入智頂後句即法華意

爾時尊者舍利弗爲諸比丘稱揚讚歎開示演說文殊師利童子有如是等無量功德具足莊嚴

三爾時下結略顯廣可知

彼諸比丘聞是說已心意清淨信解堅固喜不自持舉身踊躍形體柔輭諸根悅豫憂苦悉除垢障咸盡常見諸佛深求正法具菩薩根得菩薩力大悲大願皆自出生入於諸度甚深境界十方佛海常現在前於一切智深生信樂

二彼諸比丘下得勝益中上既勸觀義兼修觀益相可知

即白尊者舍利弗言唯願大師將引我等往詣於彼勝人之所時舍利弗即與俱行至其所已白言仁者此諸比丘願得奉覲

三即白尊者下明請勝人可知

爾時文殊師利童子無量自在菩薩圍繞并其大衆如象王迴觀諸比丘

四爾時文殊下蒙勝攝於中二先示攝相以迴觀法器故如象王迴者身首俱轉無輕舉故

時諸比丘頂禮其足合掌恭敬作如是言我今奉見恭敬禮拜及餘所有一切善根唯願仁者文殊師利和尚舍利弗世尊釋迦牟尼皆悉證知如仁所有如是色身如是音聲如是相好如是自在願我一切悉當具得

後時諸比丘下設敬與願爲後正說之由

爾時文殊師利菩薩告諸比丘言比丘若善男子善女人成就十種趣大乘法則能速入如來之地況菩薩地何者爲十所謂積集一切善根心無疲厭見一切佛承事供養心無疲厭求一切佛法心無疲厭行一切波羅蜜心無疲厭成就一切菩薩三昧心無疲厭次第入一切三世心無疲厭普嚴淨十方佛刹心無疲厭教化調伏一切衆生心無疲厭於一切刹一切劫中成就菩薩行心無疲厭爲成就一衆生故修行一切佛刹微塵數波羅蜜成就如來十力如是次第爲成熟一切衆生界成就如來一切力心無疲厭

第二語業攝益中二先受自分法後爾時文殊下受勝進法前中亦二先受法後時諸比丘下得益前中三初衆益標告二何者下別示行法皆言無疲厭者法門無盡衆生無邊取相而修多生疲厭厭則退墮二乘若無愛見而修則無疲矣無疲則佛果非遠況我身耶十句攝爲五對一內因外緣二求法成行三深定妙智智入三世故四嚴刹調生五長時廣大廣大亦勝進修也若無愛見而修則無疲矣即淨名問疾品意前文已引

比丘若善男子善女人成就深信發此十種無疲厭心則能長養一切善根捨離一切諸生死趣超過一切世間種性不墮聲聞辟支佛地生一切如來家具一切菩薩願學習一切如來功德修行一切菩薩諸行得如來力摧伏衆魔及諸外道亦能除滅一切煩惱入菩薩地近如來地

三比丘若善男子下擧益勸修中亦爲五對一長善離生二超凡越小三生家具業四習果修因五摧邪入證

時諸比丘聞此法已則得三昧名無礙眼見一切佛境界得此三昧故悉見十方無量無邊一切世界諸佛如來及其所有道場衆會亦悉見彼十方世界一切諸趣所有衆生亦悉見彼一切世界種種差別亦悉見彼一切世界所有微塵亦悉見彼諸世界中一切衆生所住宮殿以種種寶而爲莊嚴及亦聞彼諸佛如來種種言音演說諸法文辭訓釋悉皆解了亦能觀察彼世界中一切衆生諸根心欲亦能憶念彼世界中一切衆生前後十生亦能憶念彼世界中過去未來各十劫事亦能憶念彼諸如來十本生事十成正覺十轉法輪十種神通十種說法十種教誡十種辯才

第二得益中二先別明一定後又即成下通顯多門前中亦二先明所得定體言無礙者略有三義一能見離障故二所見無擁故云見一切佛境三一具多用故雖具此能而無見相故名三昧二得此三昧下別明定用有四一正明天眼用二及亦聞下天耳用三亦能觀下他心用四亦能憶下宿住用一眼具斯四用故稱無礙眼

等正是上第三義

又即成就十千菩提心十千三昧十千波羅蜜悉皆清淨得大智慧圓滿光明得菩薩十神通柔輭微妙住菩薩心堅固不動

二通顯多門者上一定之用既爾多門無盡例然此顯圓教攝機剎立大心乃得十地之後十通之用以始攝終故如發心功德品等辨

爾時文殊師利菩薩勸諸比丘住普賢行住普賢行已入大願海入大願海已成就大願海以成就大願海故心清淨心清淨故身清淨身清淨故身輕利身清淨輕利故得大神通無有退轉得此神通故不離文殊師利足下普於十方一切佛所悉現其身具足成就一切佛法

第二受勝進法中亦二先教勸上但明大心無疲今令廣住行願進趣普修後以成就下明展轉獲益　上來初會竟

大方廣佛華嚴經疏鈔會本第六十一之三

大方廣佛華嚴經疏鈔會本第六十二之一　蓟一

唐于闐國三藏沙門實叉難陀　譯

唐清涼山大華嚴寺沙門澄觀撰述

爾時文殊師利菩薩勸諸比丘發阿耨多羅三藐三菩提心已

第二爾時文殊師利菩薩勸諸下諸乘人蓟一一會中四一結前所作二漸次下明至化處三時文殊下顯所說法四說此經下明所益衆

漸次南行經歷人間至福城東住莊嚴幢娑羅林中往昔諸佛曾所止住教化衆生大塔廟處亦是世尊於往昔時修菩薩行能捨無量難捨之處是故此林名稱普聞無量佛刹此處常爲天龍夜叉乾闥婆阿脩羅迦樓羅緊那羅摩睺羅伽人與非人之所供養

就化處中其城居人多有福德故曰福城城表防非東爲羣方之首亦啓明之初表順福分善入道初故又表福智入位本故娑羅林者此云高遠以林木森聳故表當起萬行莊嚴摧伏故大塔廟者即歸宗之所日照三藏云此城在南天竺城東大塔是古佛之塔佛在世時已有此塔三藏親到其所其塔極大東面鼓樂供養西面不聞於今現在此處居人多唱善財歌辭此城內人並有解脫分善根堪爲道器此表所依法界本覺眞性諸佛同依故云往昔諸佛曾所止住等表順福分善者十信爲順福分善三賢爲順解脫分善所修善根順趣解脫故四加行位名順決擇分善順趣眞實決擇分故決擇即見道義如十地今表十信故是順福

時文殊師利與其眷屬到此處已即於其處說普照法界修多羅百萬億那由他修多羅以爲眷屬

三顯所說法名普照等者智用宏舒故云普照所照深廣稱爲法界即入法界經也

說此經時於大海中有無量百千億諸龍而來其所聞此法已深厭龍趣正求佛道咸捨龍身生天人中一萬諸龍於阿耨多羅三藐三菩提得不退轉

蓟一二　四所益衆中有二類別初明諸龍得三教意故云正求佛道即住海水中堪受得聞

復有無量無數衆生於三乘中各得調伏

後復有下攝三乘機得眷屬教意故但云復有衆生調伏不別演說故非別會不別下以列定記聞此諸乘人會爲兩會謂三攝諸龍會四攝諸乘人會故今疏中遠其鄰釋

自此第三時福城人下攝善財會亦爲十門一趣求有異二修入衆殊三示方不同四見處差別五遣不遣別六歎不歎別七推不推別八結不結別九去不去別十正釋本文

今初有三句初文殊自往福城以機尚微故末發心故大悲深故二德雲已去善財往求機漸勝故已發心故顯宜法故三末後普賢知識不就善財不往顯法界位滿無來去故

二修入衆殊唯初信內有三會四衆諸類不同顯創修故表通收故住位已去善財一身行別在已入位希故蓟一三唯初信內有三會者問此攝善財何以離前二會答以通末會爲五相故故初二會是十信收而善財中自具五相最初信位義無前二故就此序三示方不同大位有三初地前知識多在南方地內無方地後兼二

然南者古有五義初一約事謂舉一例諸一方善友已自無量況於餘方餘四約表二者明義表捨闇向智故南方之明萬物相見聖人南面聽政蓋取於此三中義離邪僻東西二邊契中正之實故四生義南主其陽發生萬物表善財增長行故北主其陰顯是滅義故世尊涅槃金棺北首五隨順義背左向右右即順義以西域土風城邑園宅皆悉東向故自東之南順日月轉顯於善財隨順教理故此五義中初一則通次一後二地前表之契中道義地後表之亦通地前正證離相地中不以南表地後顯於業用廣大不同地中後文殊有示無方表般若加行有行正證無二故普賢無方無示表法界普周故有人唯取隨順一義非前諸釋謂正明之義出此方故寧知西域南非明等況通方之說言旨多含三示方不同此既有四一總辨類殊即總收諸友以爲三類初地前多在南者以正趣一人從東方來不言南故地內無方者從婆珊婆下有十善友皆無南故地後無二者瞿波指於摩耶但云此世界中有佛母即不云南摩耶指天主光云此世界三十三天天主光指遍友言迦毘羅城有童子師遍友指衆藝云有童子衆藝指賢聖云此摩竭提國有優婆夷此上五會皆無南也賢聖指堅固解脫長者即云南方有城名爲沃田彼有長者堅固指妙月但云即此城中有一長者妙月指無勝軍即云於此南方有城名出生彼有長者無勝軍指最寂靜亦云於此城南有一聚落名之爲法彼有婆羅門最寂靜指德生有德亦云於此南方有城名妙意華門德生指於慈氏亦云於此南方有同名海岸文珠普賢二俱無方地後三相有十三會五會有南八會無南故全無二南方之明萬物相見者即周易說卦中義易曰離者明也萬物皆相見南方之卦也聖人南面而聽天下嚮明而治蓋取於此北方主陰者亦同易意說卦云坎者水也正北方之卦坎卦也萬物之所歸也世尊金棺下引內徵證義如前引有人唯取下即苑公意於中有三一叙其所立故彼疏序云善財詢友表隨順以南行二非前下叙其破古謂正明之義既出周易故是此方耳三寧知下今疏破之此有二意一則正斥其破既未尋西域內外典册安知西方無正明義亦如今人相承皆云此方立於四時西方但明三際及見西域記彼亦立其四時但以正月十六爲春首耳是以未能周覽無信凡情二況通方下爲其立理小乘教說雖非我所制於餘方所不應行者亦不應行名曰隨方毘尼況於大乘況於華嚴通方之說一說一切說隨類隨方一時普應何但義求

四見處差別者三賢未證散在諸處地上證眞生在佛家多居佛會地後起用亦散隨緣普賢因圓尅果還居佛所

五遣不遣者初之文殊以在最初表內熏起信前更無遺見後文殊則般若照極自見普賢法界故亦無遺中間諸友顯緣起萬行相資圓滿故皆教遺以指後人亦顯諸友不獨已善離攝屬故

六歎不歎者初文殊中未發心前所以不歎勸發心已方乃歎之後二不歎表位滿故離心相故中間諸友皆應有歎其不歎者略有二緣一正在定故如海幢等二行非道故如勝熱無厭婆須蜜等歎違逆化故無此二緣不歎者略無此二緣不歎者略者如休捨優婆夷及天主光後諸善知識

七推不推者諸位知識皆有謙已知一推勝知多唯初一後三缺斯二事爲顯人尊德已備故而有遺者令增修無厭法門別故普賢不推佛者顯果海離修故佛屬本會故

八結不結者唯普賢有結通十方塵刹顯位滿證理周故餘皆反此

九去不去者末後二位無有辭去以文殊無身顯離相故普賢位極收盡法界故餘皆辭去學無常師成勝進故

時福城人聞文殊師利童子在莊嚴幢娑羅林中大塔廟處無量大衆從其城出來詣其所

十釋文者於攝善財十信行中文別有四一四部雲奔二三業調化三上根隨逐四大聖重教今初分二先總明

時有優婆塞名曰大智與五百優婆塞眷屬俱所謂須達多優婆塞婆須達多優婆塞福德光優婆塞有名稱優婆塞施名稱優婆塞月德優婆塞善慧優婆塞大慧優婆塞賢護優婆塞賢勝優婆塞如是等五百優婆塞俱來詣文殊師利童子所頂禮其足右繞三帀退坐一面復有五百優婆夷所謂大慧優婆夷善光優婆夷妙身優婆夷可樂身優婆夷賢優婆夷賢德優婆夷賢光優婆夷幢光優婆夷德光優婆夷善目優婆夷如是等五百優婆夷來詣文殊師利童子所頂禮其足右繞三帀退坐一面復有五百童子所謂善財童子善行童子善戒童子善威儀童子善勇猛童子善思童子善慧童子善覺童子善眼童子善臂童子善光童子如是等五百童子來詣文殊師利童子所頂禮其足右繞三帀退坐一面復有五百童女所謂善賢童女大智居士女童女賢稱童女美顏童女堅慧童女賢德童女有德童女梵授童女德光童女善光童女如是等五百童女來詣文殊師利童子所頂禮其足右繞三帀退坐一面

後時有下別顯別有四衆一優婆塞此云近事男謂親近比丘而承事故別名云婆須達多者此云善施或云財施餘可思準二優婆夷此云近事女親近比丘尼而承事故上二並由受五戒故立近事名三童男四童女並可知而數皆五百者表五位證入並通此故婆須達多者以此文中復有須達長者故釋此一揀異初會精舍之主

爾時文殊師利童子知福城人悉已來集隨其心樂現自在身威光赫奕蔽諸大衆以自在大慈令彼清涼以自在大悲起說法心以自在智慧知其心樂以廣大辯才將爲說法

第二爾時文殊下三業調化中二一身意調機二爾時文殊師利菩薩如是觀下當機授法前中亦二先總調大衆爲授法方便故云將說

復於是時觀察善財以何因緣而有其名

後復於下別觀善財知其不羣特迴聖眷善財會名因此而立偏所爲故於中二先總標

知此童子初入胎時於其宅內自然而出七寶樓閣其樓閣下有七伏藏於其藏上地自開裂生七寶牙所謂金銀瑠璃玻瓈眞珠硨磲碼碯善財童子處胎十月然後誕生形體支分端正具足其七大藏縱廣高下各滿七肘從地涌出光明照耀復於宅中自然而有五百寶器種種諸物自然盈滿所謂金剛器中盛一切香於香器中盛種種衣美玉器中盛滿種種上味飲食摩尼器中盛滿種種殊異珍寶金器盛銀銀器盛金金銀器中盛滿瑠璃及摩尼寶玻瓈器中盛滿硨磲硨磲器中盛滿玻瓈碼碯器中盛滿眞珠眞珠器中盛滿碼碯火摩尼器中盛滿水摩尼水摩尼

器中盛滿火摩尼如是等五百寶器自然出現又雨衆寶及諸財物一切庫藏悉令充滿

二知此下別顯別中二先觀外緣後觀內因前中亦二先別明

以此事故父母親屬及善相師共呼此兒名曰善財

後以此事下總結財多屬依善通依正財現是其善相稱曰善財亦猶善現立稱財多屬依者亦有法財故云多也

又知此童子已曾供養過去諸佛深種善根信解廣大常樂親近諸善知識身語意業皆無過失淨菩薩道求一切智成佛法器其心清淨猶如虛空迴向菩提無所障礙

二又知此下觀內因者此亦稱善對上爲財又解心順理曰善積德無盡曰財文有十句初一唯宿因信解已去皆通過現

爾時文殊師利菩薩如是觀察善財童子已安慰開喻而爲演說一切佛法

第二當機授法中三初結前標後二所謂下別舉法門三爾時文殊師利童子爲善財下結說勸進

所謂說一切佛積集法說一切佛相續法說一切佛次第法說一切佛衆會清淨法說一切佛法輪化導法說一切佛色身相好法說一切佛法身成就法說一切佛言辭辯才法說一切佛光明照耀法說一切佛平等無二法

就別舉中十句初二約佛因一積集萬行二念念不斷次七約佛果於中前三妙用攝生後四體用圓備第十句通因通果通理通事

爾時文殊師利童子爲善財童子及諸大衆說此法已慇懃勸喻增長勢力令其歡喜發阿耨多羅三藐三菩提心又令憶念過去善根作是事已即於其處復爲衆生隨宜說法然後而去

三結說勸進中結前所說普及無偏指前因法勸令進修令發大心求前佛果令憶宿善使不自輕餘非此機隨宜更演

爾時善財童子從文殊師利所聞佛如是種種功德一心勤求阿耨多羅三藐三菩提隨文殊師利而說頌曰

第三爾時善財下上根隨逐同餐妙旨獨顯衆流重法隨師說偈求度文中二先總序說因二正陳偈頌令初由已發心故此菩提心爲當何位善財童子爲聖爲凡古有多釋一云即地上菩薩言發心者證發心也一云是地前實報凡夫但有宿善信根現熟有云古不足依自引安住地神云此人已生法王種中斯文可定然自爲二解一謂智契法性生在佛家名法王種即已入地二謂據多聞熏習勝解眞性成就佛種名生法王種中即三賢內種性菩薩然此師解依於前義不異初師依於後義未殊次解何足異焉又以此文爲證者則慈氏云一生淨菩薩行見普賢處等諸佛等復云何通無執一文自相矛盾賢首云應是善趣信行中人依圓教宗有其三位一見聞位即是善財次前生身見聞如是普賢法故成解脫分善根如前歎德

中辨二是解行位頓修如此五位行法如善財此生所成至普賢位是三證入生即因位窮終沒同果海善財求生是也若爾定是何位謂以在信是信位在住是住位一身歷五位隨在即彼收以徧一切故如普賢位此之一解甚順經宗但更有一理謂歷位而修得見普賢一時頓具地獄天子尚三重頓圓何以善財尅定初地等又定初地言爲是未見文殊前耶爲是已見普賢竟耶一生有增進耶始末定耶無得管見以害經宗自古不足依下次叙下古破吾自立然此師下三破下古有二意一縱不異昔下古即列定記二又以此爲證下奪破顯其引證難憑以遑餘文故若爾下二叙昔義立於二三生之中指定今解行生是何位故先自問後以在下自答但更有下疏正其釋以向古釋復似違前故謂前定三生今生但是解行而非證入及至後釋即言寄地即是地位豈非證耶故今正之一時頓具即是第三證入生故亦成漸頓得交徹故地獄天子下疏引經文證成正義結彈刊定

三有爲城郭憍慢爲垣牆諸趣爲門戶愛水爲池塹愚癡闇所覆貪恚火熾然魔王作君主童蒙依止住貪愛爲徽纆諂誑爲轡勒疑惑蔽其眼趣入諸邪道慳嫉憍盈故入於三惡處或墮諸趣中生老病死苦

二正陳偈辭三十四頌分二初四頌傷已沈溺自勉不能後三十頌仰德依人請垂拔濟前中亦二前二明依果起因長迷不出故喻之以城後二明依因趣果生死無窮故喻乘惡乘又初二迷於苦集後二失於滅道今初文也三有悅情即起惑之處愚迷三世即起惑之因魔王即起惑之緣童蒙乃起惑之者餘皆所起之惑然三界受生皆由著我起依我起高而難踰故六趣門中出入不息餘可思準餘皆所起之惑者上來初釋第一句愚迷下釋第五句魔王下釋第七句童蒙下釋第八句今餘即二三四六句或三界下釋第二三句畧不釋四六二句四望於五五是發業之本四是潤業之愛六通發潤即六地中無明所覆愛水爲潤我慢溉灌生名色芽也言苦集者初三及入即是苦果餘五皆集畧無有者業含在魔王及後二偈行邪之中後二中初偈失正行邪道後偈入苦無涅槃徽者束也纆者索也又三股曰徽四股爲纆盈者縲也懈也失正行邪者由前無明而起行故又前三句即起業之惑亦業俱之惑第四句即所起業後偈初句即覆業煩惱由於前二迷我我所以我對所而生四惑一於未得處而生諂誑二於不可得處而生於嫉三於已得處便生慳憍後之三過在覆業中疑惑弊眼即正能造業疑於有果無果不見未來故造惡業不見苦故造善業故下三惡即惡業果諸趣即通善業

妙智清淨日大悲圓滿輪能竭煩惱海願賜少觀察妙智清淨月大慈無垢輪一切悉施安願垂照察我一切法界王法寶爲先導遊空無所礙願垂教勑我福智大商主勇猛求菩提普利諸羣生願垂守護我身被忍辱甲手提智慧劒自在降魔軍願垂拔濟我住法須彌頂定女常恭侍滅惑阿脩羅帝釋願觀我

第二請拔濟中分三初十三偈讚人求法次十五偈讚法求乘後二偈雙結人法前中二初六偈對前苦集希垂拔濟後七偈對失滅道與成行果皆上三句讚文殊德偈各一德後一句正求運濟

三有凡愚宅惑業地趣因仁者悉調伏如燈示我道捨離諸惡趣清淨諸善道超諸世間者示我解脫門世間顛倒執常樂我淨想智眼悉能離開我解脫門善知邪正道分別心無怯一切決了人示我菩提路住佛正見地

長佛功德樹而佛妙法華示我菩提道去來現在佛處處悉周徧如日出世間爲我說其道善知一切業深達諸乘行智慧決定人示我摩訶衍

就後七中初一總求其道次二求涅槃道次二求菩提道後二求見道緣

願輪大悲轂信軸堅忍轄功德寶莊校令我載此乘總持廣大箱慈愍莊嚴蓋辯才鈴震響使我載此乘梵行爲茵褥三昧爲采女法鼓震妙音願與我此乘四攝無盡藏功德莊嚴寶慚愧爲羈鞅願與我此乘

第二願輪下歎法求乘中亦對前惡乘以求勝乘尚異二乘況馳驟三界況馳驟三界者書云羌弁安車夏般步驟言其道不及前今以一乘爲安車安車牛車尚異二乘羊鹿豈況三界步驟於中分四初四求悲智定攝利他

乘初四頌求悲智定攝利他乘者總相釋也初偈是悲二是智三定四即四攝然下四段皆明乘義今當別配初偈有五一願行相扶如輪致遠二一切佛法皆依大悲猶如衆輻以湊一轂三信心不退如軸居心四堅忍不動如錧貫定五諸功德寶而爲莊校即通五度末向總求可知第二偈三義一總持攝法如藴攝物二慈悲覆陰如張幰蓋三四辯演法如鳴響鈴第三偈三義一梵行嚴潔如淨茵褥二三昧通神如伴侶女三法音響物如響鼓聲第四偈三義一四攝益物無盡如藏二功德圓淨如寶莊嚴三牛有翳轍轍過引車人有衛幰拒惡塵普

常轉布施輪恒塗淨戒香忍辱牢莊嚴令我載此乘禪定三昧箱智慧方便軛調伏不退轉令我載此乘大願清淨輪總持堅固力智慧所成就令我載此乘

次三求十度自行乘次三求十度自行乘者初偈四度一施爲行首二輪爲車本三戒能防非諸行皆淨故如塗香三內忍貪嗔外忍違順則萬行端嚴也四精進堅牢策萬行故次偈三度一禪能攝散如箱持物亦能空心如四周箱中空爲用二二二度共爲軛者般若觀空方便涉有有方便慧解有慧方便解此二相資共成一觀猶如一軛二願交徹可以引行故於餘度名爲父母具上三度調伏不退後偈三度一願令行滿故喻於輪然初施輪是行之首此之願輪以導於行故有二輪慈氏云如龍布密雲必當霪大雨菩薩發大願決定修諸行行願相扶故有二輪二即力度力有二種一思擇力故有總持二修習力故有堅固如車堅固能持是有力義三智度決斷無行不成如有巧智令車成就故云閉門作車出門合轍

普行爲周校悲心作徐轉所向皆無怯令我載此乘堅固如金剛善巧如幻化一切無障礙令我載此乘廣大極清淨普與衆生樂虛空法界等令我載此乘淨諸業惑輪斷諸流轉苦摧魔及外道令我載此乘

次四求二利滅障乘次四求二利滅障乘者初偈三義一普賢之行周帀莊嚴一乘之體二悲不傷物故云徐轉三上二無緣故所向無怯不長衆生難化萬行無修故次偈三義一般若證理如金剛堅斷迷理惑如金剛利二方便善巧依根本成猶如幻化斷迷事惑如車之巧三具斯二道二障皆亡云一切無礙次偈即無緣慈與樂即慈普拔稱廣大無緣故淨如車中虛則無不載故虛空等法界也後偈斷三雜染降魔制外皆取二輪摧壞之義

智慧滿十方莊嚴徧法界普洽衆生願令我載此乘清淨如虛空愛見悉除滅利益一切衆令我載此乘願力速疾行定心安隱住普運諸含識令我載此乘如地不傾動如水普饒益如是運衆生令我載此乘

後四求運載廣大乘上四即同三賢十聖皆文義多含可以意得後四求運載廣大乘者初偈取車備體莊嚴義二取中虛普益義三取安穩速疾義四取不動普益義上四三賢等配文甚顯

四攝圓滿輪總持清淨光如是智慧日願示我令見已入法王位已著智王冠已繫妙法繒願能慈顧我

後二偈雙結中初偈結法願見後偈結人請攝

爾時文殊師利菩薩如象王迴觀善財童子作如是言善哉善哉善男子汝已發阿耨多羅三藐三菩提心復欲親近諸善知識問菩薩行修菩薩道善男子親近供養諸善知識是具一切智最初因緣是故於此勿生疲厭

第四爾時文殊師利菩薩如象王下大聖重教成其勝進之行文分四別一略讚勝教二廣問廣荅三指示後友四念恩辭退今初先讚一讚發心發心在前長行之中二讚近友問行在前偈內後善男子親近下教往近友云何近友是種智初因法無人弘雖慧莫了故下德生中廣顯其相涅槃二十云一切衆生得阿耨菩提近因緣者莫先善友乃至廣說以爲全分等靡不有初鮮克有終歷事多時故宜勿懈法無人弘雖慧莫了即睹用上經須彌頂上偈讚云譬如暗中寶無燈不可見佛法無人說雖慧莫能了就涅槃二十者此是闍王尋路而來如來遺歎經云爾時佛告諸大衆言一切衆生爲阿耨多羅三藐三菩提近因緣者莫若善友何以故阿闍世王若不隨順耆婆語者來月七日必定命終墮阿鼻獄是故近因莫若善友乃至廣說即涅槃二十六說第四功德謂親近善友廣引舍利弗等非是衆生真善知識我是衆生真善知識廣引昔事見佛成益最後云常修惡業以見我故即便捨離如闡提比丘因見我故寧捨身命不毀禁戒如草繫比丘以是義故阿難比丘說半梵行名善知識我言不爾具足梵行乃名善知識是故菩薩修大涅槃具足第四親近善知識釋日此言順於西域若順此方應言善知識是半梵行我言不爾善知識是全梵行故疏義引耳

大方廣佛華嚴經疏鈔會本第六十二之一

大方廣佛華嚴經疏鈔會本第六十二之二　蕳二

唐于闐國三藏沙門實叉難陀　譯

唐清涼山大華嚴寺沙門澄觀撰述

第二善財白言下廣問廣答中先問後答

今初有十一句望前偈中文有二勢一前

別此總謂於前悲智等別行總修學故二

前橫此竪悲智等行位位同修趣入圓滿

等從始至終故

善財白言唯願聖者廣爲我說菩薩應云何

學菩薩行應云何修菩薩行

就此諸句初二爲總故下諸友中多但舉

此謂若學解學行始修終修皆名修學唯

因圓無學果滿無修故又學攝於解修攝

於行二句已收解行盡故

應云何趣菩薩行應云何行菩薩行應云何

淨菩薩行應云何入菩薩行應云何成就菩

薩行應云何隨順菩薩行應云何憶念菩薩

行應云何增廣菩薩行應云何令普賢行速

得圓滿

餘九句別一始趣向二即事造修三治障

離過四違證分明五具足獲得六隨順人

法七長時無間八無餘修習九究竟圓滿

若竪配者謂十住解能趣故十行正行故

十向普賢悲願能淨障故初地始入如故

二三四地世出世行皆成就故五六七地

能隨世故八地無功無念無間斷故九地

知諸稠林廣利益故十地等覺方圓滿故

橫竪無礙是所問意

爾時文殊師利菩薩爲善財童子而說頌言

善哉功德藏能來至我所發起大悲心勤求

無上覺已發廣大願除滅衆生苦普爲諸世

間修行菩薩行

二爾時文殊下答於中二先以偈頌別讚

別教後長行內總讚總教今初十偈分五

初二偈讚其發心於中初二句總讚次三

句指其發心之體即三種心謂悲以下救

智以上求大願爲主故慈氏云菩提心燈

大悲爲油大願爲炷光照法界後三句顯

發心意樂謂不求五欲及王位等但爲衆

生故

若有諸菩薩不厭生死苦則具普賢道一切

無能壞

二有一偈略教謂若猒苦趣寂則大道不

具魔小所壞若能了生死之實息愛見之

疲則攝衆魔爲侍不溺實際之海故一切

莫壞則攝衆魔爲侍者卽淨名問疾品又殊問言此室何以空無侍者廣答空竟云又仁所問何無侍者一切衆魔及諸外道皆吾侍也所以者何衆魔者樂生死菩薩於生死而不捨外道者樂諸見菩薩於諸見而不動釋曰此中但用攝魔耳言不溺實際之海者對於小乘已見七地

福光福威力福處福淨海汝爲諸衆生願修

普賢行

三有一偈重讚其發心之德以爲物發心

福之勝故有智之福爲福光凡小不壞之

福爲威力能生衆福爲福處離障深廣爲

淨海

汝見無邊際十方一切佛皆悉聽聞法受持

不忘失汝於十方界普見無量佛成就諸願

海具足菩薩行若入方便海安住佛菩提能

隨導師學當成一切智汝徧一切剎微塵等

諸劫修行普賢行成就菩提道汝於無量剎

無邊諸劫海修行普賢行成滿諸大願
四有五偈廣教具答十一句問初偈答二總句謂若見多佛聞法則能受學於解持而修行次偈答次三句謂若趣向見佛成就大願則能具行具則行淨次二句答入與成就謂證入眞空而不礙涉有了達妙有而不迷於空是入方便若如是入即住菩提何行不成次二句答隨順問若順佛學是眞隨順自然順於一切智法次一偈答憶念謂剎塵諸劫相續修行斯爲憶念後一偈答後二句謂多時處修則增廣圓滿大聖此中總教諸法願十信中總相信故下諸善友各別教示願入位後別修證故大聖此中下總頌文意

此無量衆生聞汝願歡喜皆發菩提意願學普賢乘
五有一偈結益

爾時文殊師利菩薩說此頌已告善財童子言善哉善哉善男子汝已發阿耨多羅三藐三菩提心求菩薩行善男子若有衆生能發阿耨多羅三藐三菩提心是事爲難能發心已求菩薩行倍更爲難善男子若欲成就一切智智應決定求眞善知識善男子求善知識勿生疲懈見善知識勿生厭足於善知識所有教誨皆應隨順於善知識善巧方便勿見過失
第二長行總讚總教中先讚但言發心已含前別義後善男子若欲下教謂但能求友離過則前諸問皆圓於中先按定上令求友不得猶豫言善知識者謂能令於未知善法令知未識惡法令識或二字並通識約明解知約決了眞爲揀似然知識有五一知識世間善惡因果而令修斷二猒世樂而欣涅槃三有悲心相心修度四以無相慧令物修行五令無障礙修滿普賢行此五前前非眞眞唯第五人能行此是人善友若約法友教理行果皆善友也行此是人善友者然賢首有三義一者人善知識疏上列五即皆是人結云人能行此即人善友二法善友彼有六位一人天法二小乘法後四即四教法故今疏通云教理行果皆善友也三合辯者彼亦有六謂於上六法各說一門而授機故疏意不存第三第三不異初門故後善男子求善知識下誡勸隨順是勸餘皆爲誡設有實過尚取法亡非況權實多端生熟難測設有實過尚取法亡非者故什公常說偈云譬如淤泥中而生青蓮華智者取蓮華勿觀於淤泥即其事也況權實多端者亦涅槃經第六四依品云如菴羅果生熟難知謂內潰爛外現律儀此爲外熟內生內具深法外示毀禁之相爲內熟外生是則以貌取人失之子羽又說有迦羅迦果鎮頭迦果二果相似迦羅迦果則惡藥人鎮頭迦果則好益人喻善友惡友外相相似故難知也其權實多端通於諸經委須務熱無猒等逆行此爲權示豈得爲非故難測也詩云采葑采菲無以下體是以大賢韜德藏疵含光匿曜不可知也

善男子於此南方有一國土名爲勝樂其國有山名曰妙峯於彼山中有一比丘名曰德雲汝可往問菩薩云何學菩薩行菩薩云何修菩薩行乃至菩薩云何於普賢行疾得圓滿德雲比丘當爲汝說
第三善男子於此下指示後友於中二初舉友依正後汝可往下勸往教問今初國名勝樂者次下知識寄當初住勝過前位是信所樂故山名妙峯者山有二義一寂靜不動義二高出周覽義以況初住解心

創立依定發慧寂然不動智鑒無遺徹見果原下觀萬類山以表之登此心頂便成正覺故曰妙峯友名德雲者具德如雲雲有四義一普徧二潤澤三陰覆四注雨以四種德如次配之一定二福三悲四智然此德義就事就表通皆具之而創出外凡故以比丘爲表教問可知然此義者就事卽約德雲身上就表卽約初住法門亦具定等四義

爾時善財童子聞是語已歡喜踊躍頭頂禮足繞無數帀慇懃瞻仰悲泣流淚辭退南行

第四爾時善財下念恩辭退慶聞後友故善躍悵辭德音故悲淚下諸善友倣此可知然後二段義雖屬後文屬前會

問大聖有智能演善財有機堪受何不頓爲宣示而別指他人歷事諸友明此深旨略申十義一總相而明爲於後學作軌範故謂善財求法不懈善友說法無吝故二顯行緣勝故謂眞善友是全梵行如闍王之遇耆域猶淨藏之化妙嚴等三破愚執故謂令不師愚心虛已徧求故四破見慢故謂令不觀種性不恥下問徧敬事故五破徧空執故謂不唯無求無求之中吾故求之六令即事即行事可少聞便能證入不在多聞而不證故七爲破說法者攝屬之心我徒我資彼此見故八爲顯寄位漸修入故若不推後則位位中住無勝進故九爲顯佛法甚深廣故善友尚皆謙推凡流豈當聽斷十顯善財與友成緣起故謂能入所入無二相故無善友之外善財則一卽一切明善財歷位也無善財之外善友故一切卽一多位成就皆在善財由是卷舒自在無礙上之十義初一通於師資次五多約資說第七約師後三約教思之可知謂善財求法不懈等者卽暗用淨名第三菩薩行品如來爲衆香菩薩說法中不盡有爲之義經云何謂不盡有爲謂不離大慈不捨大悲深發一切智心而不忘教化衆生終不厭倦於四攝法常念順行護持正法不惜軀命種諸善根無有疲厭志常安住方便迴向求法不懈說法無悋等今但要二句耳闍王之遇耆域者已如向引猶淨藏之化妙嚴卽法華經妙莊嚴王本事品淨藏淨眼爲王現變王乃發心詣佛得益王自述云世尊善知識者是大因緣所謂化導令得見佛發阿耨多羅三藐三菩提心謂令不觀種姓卽菩薩戒不得觀法師種姓經云若佛子初始發心未有所解而自恃聰明有智或恃高貴年宿或恃大姓高門大解大福饒財七寶以自憍慢而不諮受先學法師經律其解注者或小姓年少卑門貧窮諸根不具而實有德一切經律無不盡解而新學菩薩不得觀法師種姓而不來諮受先學法師第一義諦者犯輕垢罪不恥下問卽論語云孔文子何以謂之文不恥下問寧可少聞便證入故者暗用涅槃高貴德王菩薩品彼文具云寧願少聞多解義理不願多聞而於義不了

向勝樂國登妙峯山於其山上東西南北四維上下觀察求覓渴仰欲見德雲比丘經于七日見彼比丘在別山上徐步經行

大文第二向勝樂國下有十善友寄於十住即爲十段然下諸善友古德科判從一至十雖皆有理今略存一二謂一依辯法師科爲三分一聞名求覓是加行位二受其所說是正證法界三仰推勝進是後得位或分爲五分一舉法勸修二依教趣入三見已請敬四止示法界五仰推勝進上二並約位科故取前段指示後友以屬後段方便以後友名屬後位故約義甚善而文小不便今依意公及五臺論約會科之分爲六分而名小異一依教趣求二見敬

諸問三稱讚授法四讚已推勝五指示後友六戀德禮辭而請文多具其有增減至文科判古德科判從一至十者初總爲一謂各一位故二依遠公分之爲二初親近善友後告示下聽聞正法其繫念思惟及如說修行並在文中就初近善友於中有四一聞善友二求善友三見善友四請問法要就初聞善友中亦四一列圖名是通處二山等是別處三善友名四教往詣二求善友於中有三初聞心喜二禮足辭去三漸行訪友三見善友中二一先往見後設禮退住四請問法於中有三一白已發心明已有機二而未知等正問行法三我聞等歎德請說近善友竟二聞正法於中有二先歎發心後正爲說法說法中二初說證量法門後仰推等說敬量法門此段科文諸位多同少有不同者三辯法師分爲三分具如疏文就中有人云別說有三一約人二約法三合辯初約人者於中有三初聞名等爲方便二正見人爲法界三問法等彰其勝德二就法中亦有三者一言教爲方便二智眼所得爲法界三通明靈用以顯其德三人法合辯亦具三法初聞名至處爲方便次見人得法爲法界後說往因及推勝等以顯其德釋曰難有此三辯公本科但是後合耳四行法師等分爲四量一聞名等是教量二依教尋求是信量三見彼依正是比量四聞彼所說是現量此四即是聞思修證也更開爲五於上第四現量之中聞出自分勝進二位餘同前辯更有分五亦如疏辯六依意法師等分作六分一明求請心行二明見敬諸問三讚說已知以授善財四說已未知五更示知者勸令往詣六辭退奉行若依五臺論亦作此釋或有一師分之爲七於前六中第二之內先致敬後諸問法要八或分爲八於前七中第三之內先讚發心後說已法九或分爲九於上八中第五段內先示已勸往後教開歎德十或分爲十於上九中第六段內先致敬後辭去上十種科中前五約位科後五約會科文並通在今疏從其要當存其三釋取六釋文而名小異者隨機便故將抄中六對疏自知就疏六中前之四段各可爲二一中二者初念前友教二趣求後友二中二者先見敬後諸問三中二者先稱讚後授法四中二者先讚已知一後推勝知多下別科多然後二不開還成十段以表無盡

今初發心住文具斯六初依教趣求中見心陟位故曰登山智鑒位行爲十方觀察情懷得旨爲欲見德雲七覺功道爲經七日忘所住位方爲得旨故見在別山見則定慧雙遊爲經行徐步徐徐即是止不住亂想故行即爲觀不住靜心故若約事說即正修習般舟三昧故今此正明初發心住者如入空界悉住空性等位不退故名爲住

見已往詣頂禮其足右繞三帀於前而住

二見已往詣下即見敬諸問於中四一設敬儀重人法故

作如是言聖者我已先發阿耨多羅三藐三菩提心

二作如是下申已發心明有法器故

而未知菩薩云何學菩薩行云何修菩薩行乃至應云何於普賢行疾得圓滿

三而未知下正陳所問彰已未知請隨機說故問中於前十一句舉初略後是經家略若善財略友云何領若善財略者初謂經家之略及觀新譯普賢行願品梵本亦具乃是譯人略耳

我聞聖者善能誘誨唯願垂慈爲我宣說云何菩薩而得成就阿耨多羅三藐三菩提

四我聞聖者下歎德請說有智善能有悲無吝故應爲說誘謂誘喻即是教授以成前解誨謂誨示即是教誡以成前行下皆倣此前問但問因圓此中結期果滿即發心所爲

時德雲比丘告善財言善哉善哉善男子汝已能發阿耨多羅三藐三菩提心復能請問諸菩薩行如是之事難中之難

第三時德雲下稱讚授法即正入法界於中二先讚器希有後正示法界今初先標二難所以讚者令自實固欣聞法故

所謂求菩薩行求菩薩境界求菩薩出離道求菩薩清淨道求菩薩清淨廣大心求菩薩

成就神通求菩薩示現解脫門求菩薩示現世間所作業求菩薩隨順衆生心求菩薩生死涅槃門求菩薩觀察有爲無爲心無所著後所謂下別牒前問有十一句初句牒總餘十牒別文小開合而皆案次後所謂下別牒前問者善財若不具問此云何牒故躡前云友云何領一境界即前趣菩薩行趣通能所境約所趣二即前行行則出故三即前淨四即前入入即不滯空有廣大心故五即成就六七及八皆前隨順其解脫門是能隨順示所作業即事業隨順順衆生心即逐機隨順此第八句亦是憶念念衆生故九即增廣謂不住涅槃是生死門不住生死即涅槃門以不住道即能增廣十即速滿普賢行若了爲無爲非一非異而無著者則速滿矣亦即爲滿矣亦即爲滿者上釋由了爲無爲非一非異方能當滿今意云了非一異即已窮究故爲即滿

善男子我得自在決定解力信眼清淨智光照耀

第二善男子我得下正示法界即念佛三昧於中二先示體相後普觀下明其勝用今初先標名後信眼下釋相今初自在有二義一觀境自在二作用自在決定亦二義一智決斷二信無猶豫解即勝解亦有二義一約爲信因於境忍可二爲作用因於境印持近處爲遠等信智相資他境不動故名爲力即三昧義二釋相中信眼清淨釋上解義謂欲修念佛三昧先當正信次以智決了今由勝解於境忍可故於實德能正信心淨了見分明故稱爲眼次智光照耀釋上決定謂決斷名智智故決定故文殊般若明一行念佛三昧先明不動法界知真法界不應動搖即是此中決定解義然約寄住正是發心住體以本解性開熏之力今開發故是決定解今由勝解於境忍可者謂唯識解信云謂於實德能深忍樂欲心淨爲性前已頻引今離用此言耳文殊般若明一行三昧等然文殊問及文殊說經今疏之所用即大般若中曼殊室利分總收彼二經皆入大部故又彼意云欲入一行三昧先親近解般若者聽聞諮受然後能入言一一行者一法界行亦無一故又云法界一相繫緣法界不動法界也以本解性開熏之力者淨行品已說十信滿心入此初住由信滿故明信決定住菩提心三心之中解心增故即是住體言開發者發心有二一者發起通於十信二者開發在於初住亦如前釋又高齊大行和尚宗崇念佛云四字教詔謂信德二字不離於心稱敬兩字不離於口彼論云往生淨土要須有信信千即千生信萬即萬生信佛名字不離心口諸佛即敬諸佛即最心常憶佛口常稱名身恒常敬始名深信任意早晚終無變住閻浮之法此業初心最爲要也

普觀境界離一切障善巧觀察普眼明徹具清淨行

二明勝用中亦是展轉釋成於中二先約內用後往詣下明其外用今初普觀境界即信眼用亦釋眼義以如爲佛則無境非佛故云普觀又若報若化一時觀故以如爲佛則無境非如者大品中答常啼云諸法如即是佛金剛云如來者即諸法如義既以如爲佛一切法皆如也何法非佛耶又若報下然修念佛三昧多約漸修謂先爲化身觀次報後法今則一時耳次離一切障釋清淨義若沈若浮諸蓋諸取皆三昧障故諸蓋諸取者蓋即五蓋取謂二取故上經云不見十力空如幻雖見非見如盲覩分別取相不見佛究竟離著乃能見次善巧觀察釋智光照耀謂於無色相而觀色相爲善巧觀後普眼下結成上義謂信眼普觀境界名爲普眼窮如法界名曰明徹如是離障見如是謂具足清

淨一行三昧一行者一法界行故

往詣十方一切國土恭敬供養一切諸佛

二明外用者以前即用之體則以無心之覺契唯如之境不動法界窮乎寂照之原故能即體之用用無不窮亦由前勝解於境印持隨心去住於中三初明不動而往

常念一切諸佛如來總持一切諸佛正法

二常念下不念而持

常見一切十方諸佛所謂見於東方一佛二佛十佛百佛千佛百千佛億佛百億佛千億佛百千億佛那由他億佛百那由他億佛千那由他億佛百千那由他億佛乃至見無數無量無邊無等不可數不可稱不可思不可量不可說不可說不可說佛乃至見閻浮提微塵數佛四天下微塵數佛千世界微塵數佛二千世界微塵數佛三千世界微塵數佛佛刹微塵數佛乃至不可說不可說佛刹微塵數佛如東方南西北方四維上下亦復如是

三常見下明不往而見於中三初標次所謂下别顯所見數多於中三千即一佛刹而重言佛刹微塵數者準梵本中脫十字故應言十佛刹也

一一方中所有諸佛種種色相種種形貌種種神通種種遊戲種種衆會莊嚴道場種種光明無邊照耀種種國土種種壽命隨諸衆生種種心樂示現種種成正覺門於大衆中而師子吼

後一一方下明所見事别

善男子我唯得此憶念一切諸佛境界智慧光明普見法門

第四善男子我唯下謙已推勝於中先謙已知一即結其自分後豈能了下推勝知多即增其勝進今初一切諸佛境界者結其所觀横通十方竪該三世故云一切即上普觀境界一行三昧觀其法身十方諸佛亦通報化種種色相兼相海故次智慧光明者結其能觀即上智光照耀次普見法門即總收前二以結其名即前普眼明徹最初善友先明念佛法門者以是衆行之先故智論云菩薩以般若波羅蜜爲母般舟三昧爲父故依佛方成餘勝行故又初住中緣佛發心樂供養故最初善友先明念佛法門下此明次第上問也五十五友法門不同而初說者何耶從以是下答其先說之意畧有二意在文可知若更進論有其十意一如疏引智論二依佛方便能成勝行故三功高易進以獎物故四觀通淺深能論攝故五消滅重障爲勝緣故六雙兼人法易加護故七十地菩薩皆念佛故八三寶吉祥經初說故初此念佛海雲聽法善住依僧爲次第故九即心即佛爲一境故十爲表初住緣佛發心樂供養故第十即疏中第二意也

豈能了知諸大菩薩無邊智慧清淨行門

二推勝中三先總次所謂下别後而我下結今初無邊智慧即下諸門及所不說能觀之智緣無邊境故清淨行者即下諸門離障之心而言門者隨其一一入佛境故今初下然其推勝畧有二意一通指諸菩薩行如今總中但云菩薩無邊智慧等二就其一門但知少分如下别說二十一門我唯得一等下諸善友多約後義疏釋諸德之意

所謂智光普照念佛門常見一切諸佛國土種種宮殿悉嚴淨故令一切衆生念佛門隨諸衆生心之所樂皆令見佛得清淨故令安

住力念佛門令入如來十力中故令安住法念佛門見無量佛聽聞法故照耀諸方念佛門悉見一切諸世界中等無差別諸佛海故入不可見處念佛門悉見一切微細境中諸佛自在神通事故住於諸劫念佛門一切劫中常見如來諸所施爲無暫捨故住一切時念佛門於一切時常見如來親近同住不捨離故住一切剎念佛門一切國土咸見佛身超過一切無與等故住一切世念佛門隨於自心之所欲樂普見三世諸如來故住一切境念佛門普於一切諸境界中見諸如來次第現故住寂滅念佛門於一念中見一切剎一切諸佛示涅槃故住遠離念佛門於一念中見一切佛從其所住而出去故住廣大念佛門心常觀察一一佛身充徧一切諸法界故住微細念佛門於一毛端有不可說如來出現悉至其所而承事故住莊嚴念佛門於一念中見一切剎皆有諸佛成等正覺現神變故住能事念佛門見一切佛出現世間放智慧光轉法輪故住自在心念佛門知隨自心所有欲樂一切諸佛現其像故住自業念佛門知隨衆生所積集業現其影像令覺悟故住神變念佛門見佛所坐廣大蓮華周徧法界而開敷故住虛空念佛門觀察如來所有身雲莊嚴法界虛空界故

二別中有二十一門各先標名後釋相並從業用以受其名準晉經一一皆云念佛三昧門今略無三昧字理實應有古德判此前十念佛勝德圓備後十一念佛妙用自在亦是一理趣實細論一一皆念體用無礙之佛又此諸門當文標釋已自可了細窮其旨義乃多含

然其念佛三昧總相則一別即三身十身修觀各別且寄三身釋者即總分爲三謂念法報化爲觀各別於三身中各有依正

蕳二　十六

便成六觀謂念法性身土爲法身依正念報身華藏等剎爲依十身相海等爲正念餘淨土水鳥樹林爲化身依三十二相等爲化身正又後二正中各分爲二謂念內功德及外相好十力無畏等爲化身德如不思議法品爲報身德三十二等爲化相好十蓮華藏等爲報相好則成八門而初法身二門爲後六門之體若體相無礙成第九門若融前諸門爲一致故於一細處見佛無盡如是重重成帝網之境則入普

蕳二　十七

賢念佛三昧之門今此二十一門通是後一而隨相異故有多門與前十門互有開合一智光普照門即通法身報化依正以此門爲總故一切諸佛通於橫豎通諸佛國故云種種嚴淨如無量壽觀經先觀瑩徹瑠璃之地瓊林寶樹及作華藏觀者一一境界無盡莊嚴無土之土方爲眞淨等二即觀色相身令見得淨故而標名中念佛門三字旣是通名令一切衆生之言未知令作何事故準晉經應云令一切衆生遠離顚倒念佛門義方圓備三念內德四亦內德無倒說授菩薩見佛本爲得法故五通三身依正內德外相以十方諸如來同共一法身故一心一智慧力無畏亦然故皆能隨本誓願化衆生故餘等可思即

此亦是一行三昧隨念一佛等一切故六即第九事理無礙觀以理融事故隨一細境見多神通唯智眼境名不可見七八皆約時並通諸身土而七約所念佛事無斷八約能念時分無間九雙念依正亦通報化十念即應而眞過去諸佛安住不涅槃際未來諸佛亦已現成故文殊般若云今佛住世則一切諸佛皆住以同一不思議故又約隨相門即欲念何佛佛便爲現十一亦即體之用由了無非佛境故境境佛現十二念應十三亦念應然上十一境中見佛或謂諸佛住於境中今明知諸佛無住故遠離時處之想則見一日念念而去十四念報身相好眼耳等皆徧法界故十五中念即體之用前第六微細顯依中有正此約正中有正故不濫前十六念劫圓融故上二皆即體之用十七念内德十八十九皆念色相二十念依二十一通内外眞應等一切身雲如上出現品及上下文然上就所念辨異成其十門若與經文互

開合者爲門非一二十一者蓋略說耳然約能念心不出五種一緣境念佛門念眞念應若正若依設但稱名亦是境故故上諸門多是此門二攝境唯心念佛門即十八十九二門十八即總相唯心是心是佛是心作佛故十九雖隨我心心業多種見佛優劣故三心境俱泯門即前遠離念佛門及不可見門之一分及如虛空四心境無礙門即如初門雙照事理存泯無礙故云普照五重重無盡門即稱前第十門而觀察故如微細等門亦是此中總意然約能念下第三約能念收束然古人已有五門云一稱名往生念佛門二觀像滅罪念佛門三攝境唯心念佛門四心境無礙念佛門五緣起圓通念佛門此之五門初二名局又但稱名亦關念義第五一門名則盡善及其釋義但事理無礙故今改之故初一門兼攝前二此中第五方是性起圓通事事無礙義故若約十身各以二門而爲一身後一總顯謂願智法力持意生化威勢菩提及福德相好莊嚴身以念佛之門諸教攸讚理致深遠世多共行故略解釋無厭繁說若約十身下即第三別約十身言各二門者初二即願身初門願生兜率天宮後門願周法界三四二門即智身前門十力智後門了一切法智五六二門即法身前門法普周一切等無差別後門體不可見妨大用七八二門即力持身前門持令多劫後門持令常見九十二門意生身前門隨意生刹後門隨意生世十一十二兩門化身前門化周諸境後門化故示滅十三四二門即威勢身前門無住後門普周皆威勢故十五六二門即菩提身前門一毛多佛成菩提後門一念遍刹成菩提十七八二門福德身前門放光演法後門隨樂現形十九二十二門即相好莊嚴身前門應化相好後門華藏刹中相好第二十一門該於十身故等空法界亦與攝世間十佛相當並如前會

而我云何能知能說彼功德行

三結可知

善男子南方有國名曰海門彼有比丘名爲海雲汝往彼問菩薩云何學菩薩行修菩薩道

第五善男子南方下指示後友於中二初正示善友後歎友勝德今初即治地住善友海門國者彼國正當南海口故表觀心海深廣爲治心地之門故比丘海雲者觀海爲法門以普眼法雲潤一切故表治地中觀生起十種心深廣悲雲故

海雲比丘能分別說發起廣大善根因緣善男子海雲比丘當令汝入廣大助道位當令

汝生廣大善根力當爲汝說發菩提心因當令汝生廣大乘光明當令汝修廣大波羅蜜當令汝入廣大諸行海當令汝滿廣大誓願輪當令汝淨廣大莊嚴門當令汝生廣大慈悲力

後海雲比丘下歎友勝德於中十句先一總歎後善男子下九句別就益當機歎句各一義即預指後說初一即見竟得益二即聞化宿因三即歎發心處四即聞彼受持處五六及七皆普眼法門所證八聞依正莊嚴九即顯發心之相至文自見

時善財童子禮德雲比丘足右繞觀察辭退而去

第六爾時善財下戀德禮辭生難遭想故戀喜見後友故辭

疏二　二十

大方廣佛華嚴經疏鈔會本第六十二之二

大方廣佛華嚴經疏鈔會本第六十二之三　菊三

唐于闐國三藏沙門實叉難陀　譯

唐清涼山大華嚴寺沙門澄觀　撰述

第二海雲比丘寄治地住善友 第二海雲寄治地住

謂常隨空心淨治八萬四千法門清淨潔白治心地故

疏三　一

文亦有六第一依教趣求中二初依教正觀此明温故後漸次下趣求後友意欲知新又前即學而能思後即思而能學然思前猶屬前文謂上來近友次聞正法令辨正念思惟及如說修行即涅槃四近因緣

鈔 以前義屬後進趣後義屬前指來互爲鉤鎖顯主伴交參且從會判屬於後耳下皆達此 初依教中其文有二皆外典中意一論語云温故而知新可以爲師矣二又前即學下亦論語云學而不思則罔思而不學則殆殆謂疲怠罔謂罔然無所得也今並反上故學而能思思而能學然思前下第二對前釋即涅槃經意於中有二先正立理義合屬前以涅槃四事是涅槃近因謂一親近善友二聽聞正法三繫念思惟四如說修行故知後二即屬前二此即遠公分爲二意也今以前義下第二明今就會後二屬後會意謂思修二門即前會之義將後分爲後會進趣故教趣求言後義屬前友指來者即是前會指示後友後友依正等合屬後會由前友指來故屬前會名爲鉤鎖所指是主能指是伴又思修屬前此約位判今從會判故屬後也

爾時善財童子一心思惟善知識教正念觀察智慧光明門正念觀察菩薩解脫門正念觀察菩薩三昧門正念觀察菩薩大海門正念觀察諸佛現前門正念觀察諸佛方所門正念觀察諸佛軌則門正念觀察諸佛等虛空界門正念觀察諸佛出現次第門正念觀察諸佛所入方便門

今念前中有十一句初總餘別別中皆云正念觀察者不沉不舉寂照雙流故十中一即是前觀境自在二即前作用解脫三即一行三昧體及推勝中諸三昧門四念前種種衆會五即前見佛六即前十方七即壽命神通等八即通觀佛徧九即種種成正覺十即隨種種衆生心樂

漸次南行至海門國

後趣求可知

向海雲比丘所頂禮其足右遶畢於前合掌作如是言聖者我已先發阿耨多羅三藐三菩提心欲入一切無上智海而未知菩薩云何能捨世俗家生如來家云何能度生死海入佛智海云何能離凡夫地入如來地云何能斷生死流入菩薩行流云何能破生死輪成菩薩願輪云何能滅魔境界顯佛境界云何能竭愛欲海長大悲海云何能閉衆難惡趣門開諸大涅槃門云何能出三界城入一切智城云何能棄捨一切玩好之物悉以饒益一切衆生

疏一　二

第二向海雲下見敬諮問於中三初設敬次自陳發心可知後而未知下諮問法要於中言願輪者願窮三際無有終始故對生死以立輪名餘文自顯

時海雲比丘告善財言善男子汝已發阿耨多羅三藐三菩提心耶善財言唯我已先發阿耨多羅三藐三菩提心

疏三　三

第三時海雲下讚示法界於中二先讚法器後正授法前中三先本問以發心者難故若不發心不堪授法非法器故次善財下答非虛妄故

海雲言善男子若諸衆生不種善根則不能發阿耨多羅三藐三菩提心要得普門善根

光明具真實道三昧智光出生種種廣大福海長白淨法無有懈息事善知識不生疲厭不顧身命無所藏積等心如地無有高下性常慈愍一切衆生於諸有趣專念不捨恒樂觀察如來境界如是乃能發菩提心

後海雲言善男子若諸下正讚於中二先讚因緣難具故發者爲希後發菩提心者下顯發心相勝故發者難得今初先反讚後要得下順讚事友爲緣餘皆是因通有十句初句爲總即宿植普賢法門成種性故二具真下別初得真如三昧智光名具真實道此即了心寂照生佛德故餘可知

發菩提心者所謂發大悲心普救一切衆生故發大慈心等祐一切世間故發安樂心令一切衆生滅諸苦故發饒益心令一切衆生離惡法故發哀愍心有怖畏者咸守護故發無礙心捨離一切諸障礙故發廣大心一切法界咸徧滿故發無邊心等虛空界無不往故發寬博心悉見一切諸如來故發清淨心於三世法智無違故發智慧心普入一切智慧海故

二顯發心相中有十一句前五即大悲悲心初二總餘三別次四深心修行大願盡空界故後二直心不違法性證果智故又此十心多同治地自分十心恐繁不會又此十心者彼十心者所謂利益心大悲心安樂心安住心憐愍心攝受心守護心同己心師心導師心令此一即大悲二即利益三即安樂四安住心離惡法住善法故五即憐愍六即守護令離礙故七即同己遍法界故八即攝受法界虛空皆往攝故九即師心見諸佛故十即導師入種智故

善男子我住此海門國十有二年常以大海爲其境界所謂思惟大海廣大無量思惟大海甚深難測思惟大海漸次深廣思惟大海無量衆寶奇妙莊嚴思惟大海積無量水思惟大海水色不同不可思識思惟大海無量衆生之所住處思惟大海容受種種大身衆生思惟大海能受大雲所雨之雨思惟大海無增無減

第二善男子我住下正授法要謂觀法海覩佛聞法次前念佛而明此者顯聞法弘傳次爲要故次前念佛下生起次第於中二先明修觀後善男子我作是下觀成利益前中二先託事顯詮二善男子我思惟下欲忘詮求旨今初先總標言十二年者一紀已周表過十千劫已入第二住故亦表總觀菩薩十二住十二入故後所謂下別顯皆託事表法智海十義如十地說今是悲海一紀已周者十二年爲一紀周十二辰故過十千劫者十信滿十千劫入正定故十二住已見十住品智海十義如十地說者海有十德表十地故言今是悲海者故此十德與十地小異取拼法故即前十種悲心一即利益心利益寬廣故二即大悲甚深無能測故三即安樂始於世樂種種與故四即安住謂惡行衆生令住善行故即是衆實五憐愍心悉包納故六攝受心種種外道攝令正信如水多色同在海故七守護心已發心者皆守護故是爲無量衆生依住八同己心謂攝菩提大願衆生如己身有爲大身故九即師心謂於大乘道智道者推之如師師必諮受大法雨故十導師心謂具功德者敬之如佛故湛無增減以斯十悲對斯十喻有如符契故上數十心即是法說今此海喻喻前十心稱復相當

善男子我思惟時復作是念世間之中頗有廣博過此海不頗有無量過此海不頗有甚深過此海不頗有殊特過此海不

二忘詮求旨爲見佛親因可知二忘詮求旨爲見佛親因者此中唯有四句一廣二多三深四勝初二即前第一開出三即第二四即第

六一海炽色故爲殊特餘之六句不出深廣故但舉四又許六句餘處容有故釋此四顯其奇特問既歎奇特何名忘詮離前十相更求過此即忘詮求旨意也由此忘求故得見佛

善男子我作是念時此海之下有大蓮華忽然出現以無能勝因陀羅尼羅寶爲莖吠瑠璃寶爲藏閻浮檀金爲葉沈水爲臺碼碯爲鬚芬敷布濩彌覆大海

第二觀成利益中二先明見佛後得聞法今初即見法界無礙依正於中先見依後見正前中三一總標體相以深觀心海法海則心華行華自然敷榮無漏性德無不備故以深觀等者法海即是悲海而法名通對上自心觀心即心華開數觀大悲法即二利行發

百萬阿修羅王執持其莖百萬摩尼寶莊嚴網彌覆其上百萬龍王雨以香水百萬迦樓羅王銜諸瓔珞及寶繒帶周帀垂下百萬羅剎王慈心觀察百萬夜叉王恭敬禮拜百萬乾闥婆王種種音樂讚歎供養百萬天王雨諸天華天鬘天香天燒香天塗香天末香天妙衣服天幢旛蓋百萬梵王頭頂禮敬百萬淨居天合掌作禮百萬轉輪王各以七寶莊嚴供養百萬海神俱時出現恭敬頂禮百萬味光摩尼寶光明普照百萬淨福摩尼寶以爲莊嚴百萬普光摩尼寶爲清淨藏百萬殊勝摩尼寶其光赫奕百萬妙藏摩尼寶光照無邊百萬閻浮幢摩尼寶次第行列百萬金剛師子摩尼寶不可破壞清淨莊嚴百萬日藏摩尼寶廣大清淨百萬可樂摩尼寶具種種色百萬如意摩尼寶莊嚴無盡光明照耀

二百萬阿修羅下外相爲嚴

此大蓮華如來出世善根所起一切菩薩皆生信樂十方世界無不現前從如幻法生如夢法生清淨業生無諍法門之所莊嚴入無爲印住無礙門充滿十方一切國土隨順諸佛甚深境界於無數百千劫歎其功德不可得盡

三此大蓮華下舉因顯勝

我時見彼蓮華之上有一如來結加趺坐其身從此上至有頂寶蓮華座不可思議道場衆會不可思議諸相成就不可思議隨好圓滿不可思議神通變化不可思議色相清淨不可思議無見頂相不可思議廣長舌相不可思議善巧言說不可思議圓滿音聲不可思議無邊際力不可思議清淨無畏不可思議廣大辯才不可思議又念彼佛往修諸行不可思議自在成道不可思議妙音演法不可思議普門示現種種莊嚴不可思議隨其左右見各差別不可思議一切利益皆令圓滿不可思議

第二我時見彼下明見正報謂心行既敷則本覺如來忽然現故於中先明德相圓備後又念下因圓用廣可知

時此如來即申右手而摩我頂爲我演說普眼法門開示一切如來境界顯發一切菩薩諸行闡明一切諸佛妙法一切法輪悉入其中能淨一切諸佛國土能摧一切異道邪論能滅一切諸魔軍衆能令衆生皆生歡喜能照一切衆生心行能了一切衆生諸根隨衆生心悉令開悟

第二時此如來下明得聞法所以海中說

者表從悲智海之所流故於中三初演說次受持後轉授今初先總標普眼者詮普法故普詮諸法故得此法者一法之中見一切故後開示下別顯所詮可知普詮者此有三義此一約深二普詮諸法約廣上二直就所詮三卽從盛立稱既一法中見一切法則其一一眼見十眼境所見之中已有能見能見之中有所見矣以一法中有一切故廣如毗盧遮那品

我從於彼如來之所聞此法門受持讀誦憶念觀察假使有人以大海量墨須彌聚筆書寫於此普眼法門一品中一門一門中一法一法中一義一義中一句不得少分何況能盡善男子我於彼佛所千二百歲受持如是普眼法門於日日中以聞持陀羅尼光明領受無數品以寂靜門陀羅尼光明趣入無數品以無邊旋陀羅尼光明普入無數品以隨地觀察陀羅尼光明分別無數品以威力陀羅尼光明普攝無數品以蓮華莊嚴陀羅尼光明引發無數品以清淨言音陀羅尼光明開演無數品以虛空藏陀羅尼光明顯示無數品以光聚陀羅尼光明增廣無數品以海藏陀羅尼光明辯析無數品

二我從於彼下明受持於中二先總顯所持法多以是一多相即無盡法門故先總顯持多者即海墨書而不竭然入大乘論引此經云是海幢下說法門全同於此喻相小異云大海水盡以磨墨積大紙聚猶如須彌山四天下草木持以爲筆三千世界水陸衆生悉爲法師於剎那頃所受法門猶不能盡此約書文不盡彼約領多不盡後善男子下別顯持多之相於中先標長時千二百歲表義同十二年後於日日下別顯能持所持有十種持初一聞持餘皆義持二契本寂智方能入故三於一義中旋轉無量故能普入四地地義殊故能分別五威力者普攝在懷故若約所詮明攝即以威力攝諸衆生同九地中威德陀羅尼說六如華開引果今開發於教引於果故又華開見實以爲莊嚴今開發言教見其吉故七可知八如空無相而包含一切顯明妙理示法相故九以多智光聚於一法則義理增廣故十若海含十德各辯析故諸持經者應倣此文旋轉者如下彌伽然此十句文並可知亦卽治地中勝進十法謂誦習多聞虛閑寂靜等但有開合可以意得

若有衆生從十方來若天若天王若龍若龍王若夜叉若夜叉王若乾闥婆若乾闥婆王若阿修羅若阿修羅王若迦樓羅若迦樓羅王若緊那羅若緊那羅王若摩睺羅伽若摩睺羅伽王若人若人王若梵若梵王如是一切來至我所我悉爲其開示解釋稱揚讚歎咸令愛樂趣入安住此諸佛菩薩行光明普眼法門

第三若有衆生下明其轉授可知

善男子我唯知此普眼法門如諸菩薩摩訶薩深入一切菩薩行海隨其願力而修行故入大願海於無量劫住世間故入一切衆生海隨其心樂廣利益故入一切衆生心海出生十力無礙智光故入一切衆生根海應隨教化悉令調伏故入一切剎海成滿本願嚴淨佛剎故入一切佛海願常供養諸如來故入一切法海能以智慧咸悟入故入一切功德海一一修行令具足故入一切衆生言辭海於一切剎轉正法輪故而我云何能知能說彼功德行

第四善男子我唯下讓已推勝讓已結前推勝進後我唯一海豈得與彼同年者哉

善男子從此南行六十由旬楞伽道邊有一聚落名為海岸彼有比丘名曰善住汝詣彼問菩薩云何淨菩薩行

第五善男子從此下指示後友六十由旬者修六度行淨六根故聚落名海岸者是往楞伽山之道次南海北岸故然楞伽梵言此云難往又含四義一種種寶性所成莊嚴殊妙故二有大光明映日月故三高顯寬廣故四伽王等居佛復於此開化群生作勝益事故然體即是寶具斯四義名無上寶存以梵音此山居海之中四面無門非得通者莫往故云難往表修行之住是入智海絕四句離分別之道故比丘善住者身住虛空故表此住中觀一切法如虛空無處所故亦比丘者入道未久宜依僧故又初念佛次聞法今依僧修三寶吉祥為所依故具斯四義名無上寶存以梵音者以具梵音經題云楞伽阿跋多羅寶經阿之言無跋多羅云上寶即此方之言又多羅亦是寶義則譯人變存楞伽正是難往之義上之四義前二即無上寶後二明於難往高顯伽王之所居故不得通難往故表此下彼具云此菩薩以十種行觀一切法所謂觀一切法無常一切法苦三空四無我五無作六無味七不如名八無處所九離分別十無堅實釋曰皆有一切法言今但舉三八二句以順住空然餘八亦是空義

時善財童子禮海雲足右繞瞻仰辭退而去

第六時善財下戀德禮辭

爾時善財童子專念善知識教專念普眼法門專念佛神力專持法句雲專入法海門專思法差別深入法漩澓普入法虛空淨持法翳障觀察法寶處漸次南行至楞伽道邊海岸聚落觀察十方求覓善住

第三善住比丘寄修行住寄修行住者巧便觀有增修正行故文亦具六一依教趣求中二先念前友教有十句初一通念示教人法次三念前聞佛說法事次三思入海觀事後三證理

治障攝法觀修二漸次下趣求後位可知

見此比丘於虛空中來往經行無數諸天恭敬圍繞散諸天華作天妓樂旛幢繒綺悉各無數徧滿虛空以為供養諸大龍王於虛空中興不思議沈水香雲震雷激電以為供養緊那羅王奏衆樂音如法讚美以為供養摩睺羅伽王以不思議極微細衣於虛空中周迴布設心生歡喜以為供養阿修羅王興不思議摩尼寶雲無量光明種種莊嚴徧滿虛空以為供養迦樓羅王作童子形無量采女之所圍繞究竟成就無殺害心於虛空中合掌供養不思議數諸羅刹王無量羅刹之所圍繞其形長大甚可怖畏見善住比丘慈心自在曲躬合掌瞻仰供養不思議數諸夜叉王各各悉有自衆圍繞四面周帀恭敬守護不思議數諸梵天王於虛空中曲躬合掌以人間法稱揚讚歎不思議數諸淨居天於虛空中與宮殿俱恭敬合掌發弘誓願時善財童子見是事已心生歡喜合掌敬禮

第二見此比丘下明見敬諮問於中三初見次時善財童子下敬

作如是言聖者我已先發阿耨多羅三藐三菩提心而未知菩薩云何修行佛法云何積集佛法云何備具佛法云何熏習佛法云何增長佛法云何總攝佛法云何究竟佛法云

何淨治佛法云何深淨佛法云何通達佛法
我聞聖者善能誘誨唯願慈哀爲我宣說菩
薩云何不捨見佛常於其所精勤修習菩薩
云何不捨菩薩與諸菩薩同一善根菩薩云
何不捨佛法悉以智慧而得明證菩薩云何
十三 不捨大願能普利益一切衆生菩薩云何不
捨衆行住一切劫心無疲厭菩薩云何不捨
佛剎普能嚴淨一切世界菩薩云何不捨佛
力悉能知見如來自在菩薩云何不捨有爲
亦復不住普於一切諸有趣中猶如變化示
受生死修菩薩行菩薩云何不捨聞法悉能
領受諸佛正教菩薩云何不捨智光普入三
世智所行處
三作如是言下諮問於中二先自陳發心
後而未知下正陳請問於中二十句問文
分爲三初十句總問於法起行故佛法言
通一切行法於中淨治者對治淨故深淨
者契理徧淨故餘可知二我聞下結前請
後欲顯後問異前問故三菩薩云何不捨
見佛下十句別問行起勝用故十句中所
行各別於中初三句明不離三寶行次二
句不捨二利行次二句攝佛依正行次一
句悲智無住行後二句攝法證入行皆言
不捨者無雙捨離故
時善住比丘告善財言善哉善哉善男子汝
已能發阿耨多羅三藐三菩提心今復發心
求問佛法一切智法自然者法
第三時善住下稱讚授法於中二先讚後
授前中佛法是總一切智法約智然唯局
果自然者法約性通果及因
善男子我已成就菩薩無礙解脫門
後善男子我已下授法中二先總標所得
二若來若去下別示其相今初無礙有二
義一智慧於境無礙以證無障礙法界故
二神通於作用無礙由內證故所以次前
明此法者聞法受持意令於境無障礙故
顯此住中善觀衆生等十種界故顯此住中善觀衆生等者彼經云佛子此菩薩應勸學十法何等爲十所謂衆生界法界世界觀察地界水界火界風界觀察欲界色界無色界是
若來若去若行若止隨順思惟修習觀察即
時獲得智慧光明名究竟無礙
二別示其相中二先明修習得法由一切
威儀順法思修故能獲得言究竟無礙者
若事若理無少礙故
得此智慧光明故知一切衆生心行無所障
十四 礙知一切衆生歿生無所障礙知一切衆生
宿命無所障礙知一切衆生未來劫事無所
障礙知一切衆生現在世事無所障礙知一
切衆生言語音聲種種差別無所障礙決一
切衆生所有疑問無所障礙知一切衆生諸
根無所障礙隨一切衆生應受化時悉能往
赴無所障礙知一切剎那羅婆牟呼栗多日
夜時分無所障礙知三世海流轉次第無所
障礙能以其身徧往十方一切佛剎無所障
礙
十五 後得此智下顯法功用於中三初通明智
用無礙次何以下總相徵釋三善男子我
以下別明通用今初有十二句初一他心
次四兼三明謂現未劫事含漏盡故次四
三業化物次二知時一知時分二知流轉

案俱舍論時之極少名一剎那百二十剎那名一怛剎那六十怛剎那名一臘縛臘縛即是羅婆三十羅婆爲一牟呼栗多牟呼栗多即是須臾三十須臾爲一晝夜言時分者西域記第二云五牟呼栗多爲一時六時合成一日一夜亦有處說晝夜初分時等又黑分白分六特四時等又準仁王經九百生滅爲一剎那九十剎那爲一念此則剎那非時極促以剎那之中生滅唯佛智知故小乘中略而不說後一即神足通今初文者且順文配若約開合取之即具十通一他心二三皆宿住以殁生言故兼三明十通知過去殁生亦宿住故四即未來際劫智通五即天眼六合二通言語即分別一切衆生言音智通音聲即天耳通同一天耳開出故今合之七入九三皆一切法智通七斷疊智八知根智九知時智十及十一並一切法滅盡智通前句剎那盡後句長時流轉盡十二神足即無體性及無量色身通亦俱神境開出故故此文中通十通義百二十剎那等者此廣俱舍頌文頌云百二十剎那爲怛剎那量臘縛此六十此三十須臾此三十晝夜亦有處說晝初分時等者智論等文彌勒下生經亦說謂釋迦修難行苦行得成菩提彌勒修安樂行而得菩提謂晝夜三時禮拜懺悔等謂日初分時日中分時日後分時夜初分時夜中分時夜後分時合爲六時是也又黑白分六時即西域分黑白黑前白後故正月十六爲正朝一時即二月二月爲一時四時亦同此方春夏秋冬等者等取三際並如偈讚品

何以故得無住無作神通力故

二總相微釋以不住不作故無礙也

善男子我以得此神通力故於虛空中或行或住或坐或臥或隱或顯或現一身或現多身穿度牆壁猶如虛空於虛空中結加趺坐往來自在猶如飛鳥入地如水履水如地徧身上下普出煙燄如大火聚或時震動一切大地或時以手摩觸日月或現其身高至梵宮或現燒香雲或現寶燄雲或現變化雲或現光網雲皆悉廣大彌覆十方或一念中過於東方一世界二世界百世界千世界百千世界乃至無量世界乃至不可說不可說世界或過閻浮提微塵數世界或過不可說不可說佛剎微塵數世界於彼一切諸佛國土佛世尊前聽聞說法一一佛所現無量佛剎微塵數差別身一一身雨無量佛剎微塵數供養雲所謂一切華雲一切香雲一切鬘雲一切末香雲一切塗香雲一切蓋雲一切衣雲一切幢雲一切旛雲一切帳雲以一切身雲而爲供養一一如來所有宣說我皆受持一一國土所有莊嚴我皆憶念如東方南西北方四維上下亦復如是如是一切諸世界中所有衆生若見我形皆決定得阿耨多羅三藐三菩提彼諸世界一切衆生我皆明見隨其大小勝劣苦樂示同其形教化成就若有衆生親近我者悉令安住如是法門

三別明通用多顯神足通十八變相且分爲二初於空現變二或一念下十方徧供三如是一切下現形益物並可知言十八變者一於空行住等即所作自在二或隱三或顯四或現一身即卷五或現多身即舒六穿度下往來七入地下轉變八徧身下熾然九或時下振動十或時以手下即衆像入身以高大故十一或現燒下放大光明皆悉廣大彌覆十方成上放光起下徧滿十二或一念下徧滿十三一一佛下顯示十四一一如來所有宣說下施他辯才由能受持故十五如是一切下施他安樂菩提爲真樂故十六彼諸世界下所往

同類十七若有衆生親近下施他憶念十八由總具無作通力故能伏他神通三段之中具矣言十八變即是瑜伽三十七文頌云振動及熾然流布并示現轉變及往來卷舒衆像入十同類往趣隱顯作自在制他施辯才憶念及安樂放大光明等轉餘有情物令成餘物故名能變神通謂一振動二熾然三流布亦名遍滿四示現亦名顯示五轉變六往來七卷八舒九一切色像入身十所往同類十一隱十二顯十三所作自在十四伏他神通十五施他辯才十六施他憶念十七施他安樂十八放大光明此十八名轉變後三句明能變令文辯相義並可知

善男子我唯知此普速疾供養諸佛成就衆生無礙解脫門如諸菩薩持大悲戒波羅蜜戒大乘戒菩薩道相應戒無障礙戒不退墮戒不捨菩提心戒常以佛法爲所緣戒於一切智常作意戒如虛空戒一切世間無所依戒無失戒無損戒無缺戒無雜戒無濁戒無悔戒清淨戒離塵戒離垢戒如是功德而我云何能知能說

蒻三 十八

第四善男子下讓已推勝於中先讓已知一一念徧往故云速疾現形益物爲成就衆生後如諸菩薩下仰推勝進而皆明戒者意顯上得無礙解脫皆由持別解脫戒爲依地故非戒不能修治心故非戒不能治心地故者上約法門釋此句約表位釋然德雲是定海雲是慧此中明戒顯三學爲初故有二十句初十一句明具勝德戒一本爲益生故二自行勝故三具二利故上三異小四道共故五無能令不持故六定共故七不失行本故八順法不謗故毗盧遮那經第六云有四根本罪乃至活命亦不應犯謂一謗法二捨菩提心三慳吝四惱害衆生今此七八不犯初二無損無濁不犯後二九緣果智故十稱法性故十一般若相應故不住三界次六句明離過戒一無過失謂不自貢高言我能持戒見破戒人亦不輕毀令愧恥故二不損惱謂不因於戒學呪術等損衆生故三無缺犯謂具足受持十善業道及威儀故四無雜穢不著

第三 十九

邊見故五無慳貪濁不現異相彰有德故六無悔恨謂不作重罪不行諂詐故後三顯清淨戒一忘能所持究竟淨故二不淨六塵故三絕心垢故有二十句下衆文解釋在相可知此二十戒亦即第十迴向二十梵行但彼約自能清淨方能益他故先護重冒明不破不缺等行此彰菩薩本爲利他故先明大悲後顯無垢名戒小具令當略引一大悲戒即彼第二十無恚梵行恚是悲障有彼障故無悲二波羅蜜戒即第十一三世諸佛所行梵行之道故三大乘戒即第十七無比梵行餘乘無對故四菩薩道相應戒即第十八無動梵行不動二利故五無障礙戒即第十三無著梵行由見真如成聖道故故六不退懈戒即第十五無滅梵行順理而持常不退滅故七不捨菩提心戒即第十六安住梵行心常諦理故八常以佛法爲所緣戒即十四無淨梵行事理具足無非佛法何所諍觀則當觀佛法性矣九於一切智常作意戒即第七佛所讚梵行稱理持戒勸契聖心是緣佛智佛何不讚十如虛空戒即第九無所得梵行不得能所自在持故十一一切世間無所依戒即第八無所依梵行不依現世名聞利養不求當世人天果故十二無失戒即第五無失梵行定心持戒吉羅不犯故十三無損戒即第六無能蔽梵行鵝珠草繫不能蔽之令有損故亦不損他十四無缺戒即第十二不缺梵行不犯十三等無缺故十五無雜戒即第三不雜梵行不念破戒種種因緣闘環劍聲亦不染故十六無濁戒即第十九無亂梵行定共相應故無濁亂十七無悔戒即第十二無礙梵行犯罪進悔是障礙故十八清淨戒即第十增益菩薩清淨道梵行不同小乘唯事淨故十九離塵戒即第四無點梵行不犯墮罪無塵點故二十離垢戒即第一不破梵行若犯四重十重猶如破器無所復用最垢重故若依上釋即爲憑據亦同智論十戒如迴向品會

善男子從此南方有國名達里鼻荼城名自在其中有人名曰彌伽汝詣彼問菩薩云何學菩薩行修菩薩道

第五善男子從此下指示後友即生貴住善友國名達里鼻茶此云消融謂從聖教生消謬解故城名自在於三世佛法了知修習得圓滿故言有人者晉經云彼有良醫名彌伽者此翻爲雲演輪字門含潤雨法故以三世聖教法雲雨一切故 達里鼻茶新譯爲達羅比吒唐言持富饒亦順生貴之義以三世聖教法雲雨者約表位說即彼經云此菩薩應勸學十法所謂了知過去未來現在一切佛法二修習三圓滿各三爲九十了知一切諸佛平等是也

時善財童子頂禮其足右繞瞻仰辭退而行

第六禮辭可知

大方廣佛華嚴經疏鈔會本第六十二之三

大方廣佛華嚴經疏鈔會本第六十三之二　翦四

唐于闐國三藏沙門實叉難陀　譯

唐清涼山大華嚴寺沙門澄觀撰述

爾時善財童子一心正念法光明法門深信趣入專念於佛不斷三寶歎離欲性念善知識普照三世憶諸大願普救衆生不著有爲究竟思惟諸法自性悉能嚴淨一切世界於一切佛衆會道場心無所著

第四彌伽寄生貴住亦具六分第一依教趣求中二先念前友教十句初總即前所得法門深信已下皆別起觀修文顯可知寄生貴住者生佛法家種性尊貴故

漸次南行至自在城求覓彌伽

後漸次下趣求後友

乃見其人於市肆中坐於說法師子之座十千人衆所共圍繞說輪字莊嚴法門時善財童子頂禮其足遶無量帀於前合掌而作是言聖者我已先發阿耨多羅三藐三菩提心而我未知菩薩云何學菩薩行云何修菩薩道云何流轉於諸有趣常不忘失菩提之心云何得平等意堅固不動云何獲清淨心無能沮壞云何生大悲力恒不勞疲云何入陀羅尼普得清淨云何發生智慧廣大光明於一切法離諸闇障云何具無礙解辯才之力決了一切甚深義藏云何得正念力憶持一切差別法輪云何得淨趣力於一切趣普演諸法云何得智慧力於一切法悉能決定分別其義

第二乃見其人下見敬諮問中三初見次敬後而作下諮問於中二先自陳發心後而我下正問有十二句初二句總餘十句別釋通橫竪橫釋可知竪配十地一證發心故不退二不誤犯故三得禪定故四精進故五入俗故須總持六般若現故七權實雙行爲甚深義得觀察智慧地故具足辯才八無功用方爲正念九力增上故十智增上故

爾時彌伽告善財言善男子汝已發阿耨多羅三藐三菩提心耶善財言唯我已先發阿耨多羅三藐三菩提心

第三爾時彌伽下稱讚授法中二先稱讚法器後授已法門前中二初審定

彌伽遽即下師子座於善財所五體投地散金銀華無價寶珠及以上妙碎末栴檀無量種衣以覆其上復散無量種種香華種種供具以爲供養

二彌伽遽即下敬讚於中二先敬後然後起立下讚今初所以師禮資者以菩提心是佛因故能廣出生諸功德故故法界無差別論云敬禮菩提心者如人禮白分初月不禮滿月以希現故滿月由此故又發心畢竟二不別如是二心先心難是故我禮初發心人況未說法未定爲師後授尸法方升本座不乖重法前諸知識而不爾者爲僧敬俗事不便故今初所以師禮資下徵釋所以上徵問以菩提下答先正釋以敬法重人故又發心畢竟下引經涅槃三十七至迦葉讚佛前來已引今當更引具云發心畢竟二不別如是二心先心難自未得度先度他是故我禮初發心初發已爲天人師勝出聲聞及緣覺如是發心過三界是故得名最無上今畧引三句耳上引他經若當經中其文繁博下慈氏中發心功德品上下善友亦廣稱讚況未說下別立禮之所以言不乖重法者以師禮資義似自輕昇座

方說不乖重法者涅槃第六云有知法者若老若少故應供養恭敬禮拜猶如事火婆羅門如第二天奉事帝釋佛言我於經中覆相說是不爲學聲聞人但爲菩薩釋曰由後義故故下通難云爲憎敬俗事不便故即約聲聞不輕佛法若是菩薩常不輕是四衆皆禮故爲重法

然後起立而稱歎言善哉善哉善男子乃能發阿耨多羅三藐三菩提心

後讚中二先讚發心後善男子應知菩薩下讚其求友前中二初總讚

善男子若有能發阿耨多羅三藐三菩提心則爲不斷一切佛種則爲嚴淨一切佛刹則爲成熟一切衆生則爲了達一切法性則爲悟解一切業種則爲圓滿一切諸行則爲不斷一切大願則如實解離貪種性則能明見三世差別則令信解永得堅固

二善男子若有下別讚於中三初有十句因德深廣斯德終成功歸初發而汝能發是謂希奇其相多同初發心品此中亦具深直悲心可以意得

則爲一切如來所持則爲一切諸佛憶念則與一切菩薩平等則爲一切賢聖讚喜則爲一切梵王禮覲則爲一切天主供養則爲一切夜叉守護則爲一切羅刹侍衛則爲一切龍王迎接則爲一切緊那羅王歌詠讚歎則爲一切諸世間主稱揚慶悅則令一切諸衆生界悉得安隱所謂令捨惡趣故令出難處故斷一切貧窮根本故生一切天人快樂故遇善知識親近故聞廣大法受持故生菩提心故淨菩提心故照菩薩道故入菩薩智故住菩薩地故

次則爲一切下十王敬護後則令一切衆生界下外益衆生

善男子應知菩薩所作甚難難出難值見菩薩者倍更難有

第二讚求友中以菩薩難遇而能求能遇故知善財是深法器亦預誡求友之心故解脫處歷十二年不生疲厭於中二初總讚機應難得

菩薩爲一切衆生恃怙生長成就故爲一切衆生拯濟拔諸苦難故爲一切衆生依處守護世間故爲一切衆生救護令免怖畏故菩薩如風輪持諸世間不令墮落惡趣故如大地增長衆生善根故如大海福德充滿無盡故如淨日智慧光明普照故如須彌善根高出故如明月智光出現故如猛將摧伏魔軍故如君主佛法城中得自在故如猛火燒盡衆生我愛心故如大雲降霔無量妙法雨故如時雨增長一切信根芽故如船師示導法海津濟處故如橋梁令其得度生死海故

二菩薩爲下別讚善友於中二先法後喻有十三喻初二喻恃怙次四喻拯濟次君喻依處餘喻救護

彌伽如是讚歎善財令諸菩薩皆歡喜已從其面門出種種光普照三千大千世界其中衆生遇斯光已諸龍神等乃至梵天悉皆來至彌伽之所彌伽大士即以方便爲開示演說分別解釋輪字品莊嚴法門彼諸衆生聞此法已皆於阿耨多羅三藐三菩提得不退轉

第三彌伽如是讚歎下授已法門中二先現通益物令其日覩後彌伽於是還升下

升座說授令其聽聞令初言輪字品莊嚴
法門者賢首引日照三藏解云輪有多義
一約字相楞伽中云字輪圓滿猶如象迹
等二約所詮盡理圓備如輪滿足三約用
謂妙音陀羅尼有轉授義滅惑義如法輪

等即輪字教法詮示莊嚴此釋巳佳今更
依毗盧遮那經第五別有字輪品彼經云
是徧一切處法門謂菩薩若住此字輪法
門始從初發妙菩提心乃至成佛於是中
間所有一切自利利他種種事業觀此字
而與相應即同毗盧遮那法身之體皆得
成就如最初阿上聲字即是菩提之心若謂
此阿上聲字輪猶如孔雀尾輪光明圍繞行
者而住其中即是住於佛位又阿平聲長呼娑
嚩三字總攝三部阿字如來部娑字蓮華
部嚩字金剛部隨一部中皆有五字所謂
字輪者從此輪轉而生諸字輪是生義如
從阿菩提字即轉生四字謂一阿字上聲長呼
是修行輪既巳發心必修諸行二闇字是
成菩提輪既修行巳必證菩提三噁字是

大寂滅涅槃輪即菩提所至四惡字長聲是
方便輪而阿字當中四字繞之從下次第
右旋亦如輪相舉一爲例餘字準之若行
者如是了達則能入陀羅尼門旋轉無礙
故名字輪品種種布列圓位故名莊嚴餘
如彼釋其字下深義至衆藝中當廣分別
所以次前而辨斯者前無礙解脫即無相
智光今將入俗兼存有無寄字表義又爲
總持令不失故既爲醫人亦以字輪消伏
障故聖教中生宜持字故所以次前而辯斯者下二明次
第上問下答即帝用毗盧遮那經意彼有偈云甚深相無相劣慧所不堪爲化是等故兼存有無說釋曰寄字即學有無相智如有偈云八葉白蓮一時開焰現阿字集光色即存有也阿表無生義即存無也會之不二即是中道又爲總持令不失者入俗化導總持差別故既爲聖人下即直就有說從聖教中生約表位說
彌伽於是還升本座告善財言善男子我巳
獲得妙音陀羅尼能分別知三千大千世界
中諸天語言諸龍夜叉乾闥婆阿脩羅迦樓
羅緊那羅摩睺羅伽人與非人及諸梵天所
有語言如此三千大千世界十方無數乃至
不可說不可說世界悉亦如是

第二升座說授妙音陀羅尼者標名能分
別下顯用此妙音持即前輪字法門然字
即四十二字音即十四音謂哀阿億伊等
以十四音徧入諸字故出字無盡若於音
解妙則善萬類之言究聲明之論耳二處
互舉理實相成然字即四十二字如衆藝處十四音初地巳明
善男子我唯知此菩薩妙音陀羅尼光明法
門如諸菩薩摩訶薩能普入一切衆生種種
想海種種施設海種種名號海種種語言海
能普入說一切深密法句海說一切究竟法
句海說一切所緣中有一切三世所緣法句
海說上法句海說上上法句海說差別法句
海說一切差別法句海能普入一切世間呪
術海一切音聲莊嚴輪一切差別字輪際如
是功德我今云何能知能說
第四善男子我唯下謙巳推勝中二先謙
巳結前言光明者智鑒妙音故後如諸下
仰推勝進別有十四句前四可知五詮深
密故六無餘說故七法融時法故八勝故
九勝中勝故次三可知十三十四即前所

得而言際者窮理盡性故五詮深密者畧有三義一詮理智即事而真三德涅槃名祕密藏等二密意故三具三密故善男子從此南行有一聚落名曰住林彼有長者名曰解脫汝詣彼問菩薩云何修菩薩行菩薩云何成菩薩行菩薩云何集菩薩行菩薩云何思菩薩行

第五善男子從此下指示後友住林者方便具足住衆德建立故年耆德艾事長於人故稱長者於其身內現無邊佛境定用自在故名解脫表此住位所修善根皆爲度脫一切衆生乃至令證大涅槃故年耆德艾者即長也艾亦老也事長於人者年德俱高也皆爲度脫等者具足經云云何爲菩薩具足方便住此菩薩所修善根皆爲救護一切衆生二饒益三安樂四哀愍五度脫上四皆同初句有一切衆生六令一切衆生離諸災難七出生死苦八發生淨信力悉得調伏十咸證涅槃皆如第六句有令一切衆生令疏隨便引於二句

爾時善財童子以善知識故於一切智法深生尊重深植淨信深自增益禮彌伽足涕泗悲泣繞無量帀戀慕瞻仰辭退而行

第六戀德禮辭

爾時善財童子思惟諸菩薩無礙解陀羅尼光明莊嚴門深入諸菩薩語言海門憶念諸菩薩知一切衆生微細方便門觀察諸菩薩清淨心門成就諸菩薩善根光明門淨治諸菩薩教化衆生門明利諸菩薩攝衆生智門堅固諸菩薩廣大志樂門任持諸菩薩殊勝志樂門淨治諸菩薩種種信解門思惟諸菩薩無量善心門誓願堅固心無疲厭以諸甲冑而自莊嚴精進深心不可退轉具不壞信其心堅固猶如金剛及那羅延無能壞者守持一切善知識教於諸境界得不壞智普門清淨所行無礙智光圓滿普照一切具足諸地總持光明了知法界種種差別無依無住平等無二自性清淨而普莊嚴於諸所行皆得究竟智慧清淨離諸執著知十方差別法智無障礙往十方差別處身不疲懈於十方差別業皆得明了於十方差別佛無不現見於十方差別時悉得深入清淨妙法充滿其心普智三昧明照其心心恒普入平等境界如來智慧之所照觸一切智流相續不斷若身若心不離佛法一切諸佛神力所加一切如來光明所照成就大願願身周徧一切剎網一切法界普入其身

第五解脫長者寄具足方便住分六初依教趣求中二先思念前教於中亦二初十一句思修前法初總餘別後誓願堅固下願修之益寄具足方便住者帶真隨俗習無量善巧化無住故

漸次遊行十有二年至住林城周徧推求解脫長者

二漸次下趣求後友十二年者昔云自分勝進各修六度故亦顯徧觀十二住故亦表不住十二緣故故云遊行若不住緣則得解脫故下云得見

既得見已五體投地起立合掌白言聖者我今得與善知識會是我獲得廣大善利何以故善知識者難可得見難可得聞難可出現難得奉事難得親近難得承接難可逢值難得共居難令喜悅難得隨逐我今會遇爲得善利

第二既得見已下見敬諮問中三初明見敬而自慶者希望多年故

聖者我已先發阿耨多羅三藐三菩提心爲欲事一切佛故爲欲值一切佛故爲欲見一切佛故爲欲觀一切佛故爲欲知一切佛故爲欲證一切佛平等故爲欲發一切佛大願故爲欲滿一切佛大願故爲欲具一切佛智光故爲欲成一切佛衆行故爲欲得一切佛神通故爲欲具一切佛諸力故爲欲獲一切佛無畏故爲欲聞一切佛法故爲欲受一切佛法故爲欲持一切佛法故爲欲解一切佛法故爲欲護一切佛法故爲欲與一切諸菩薩衆同一體故爲欲與一切菩薩善根等無異故爲欲圓滿一切菩薩波羅蜜故爲欲成就一切菩薩所修行故爲欲出生一切菩薩清淨願故爲欲得一切諸佛菩薩威神藏故爲欲得一切菩薩法藏無盡智慧大光明故爲欲得一切菩薩三昧廣大藏故爲欲成就一切菩薩無量無數神通藏故爲欲以大悲藏教化調伏一切衆生皆令究竟到邊際故爲欲顯現神變藏故爲於一切自在藏中悉以自心得自在故爲欲入於清淨藏中以一切相而莊嚴故

二聖者我已下自陳發心中先總後爲欲下別陳發心之相於中三初欲上窮佛境二爲欲聞一切下欲罄盡法源三爲欲與一切下欲齊菩薩行亦偕實境文並可知

聖者我今以如是心如是意如是樂如是欲如是希求如是思惟如是尊重如是方便如是究竟如是謙下至聖者所我聞聖者善能誘誨諸菩薩衆能以方便闡明所得示其道路與其津梁授其法門令除迷倒障拔猶豫箭截疑惑網照心稠林浣心垢濁令心潔白使心清淨正心諂曲絕心生死止心不善解心執著於執著處令心解脫於染愛處使心動轉令其速入一切智境使其疾到無上法城令住大悲令住大慈令入菩薩行令修三昧門令入證位令觀法性令增長力令修習行普於一切其心平等唯願聖者爲我宣說菩薩云何學菩薩行修菩薩道隨所修習疾得清淨疾得明了

三聖者我今下方陳請問於中亦三初結前生後謂結前發心之相便爲請問之端故云以如是心至聖者所二我聞聖者下讚能誘誨三唯願聖者下請說所疑（謂結前發心之相者如前經言爲欲入於清淨藏中以一切相而莊嚴故即爲請問云何得入於清淨藏中等餘皆倣此）

時解脫長者以過去善根力佛威神力文殊師利童子憶念力故即入菩薩三昧門名普攝一切佛刹無邊旋陀羅尼

第三時解脫下正示法界分二初入定默示後出定言答前中所以此中入定示者亦顯此位定增上故文中三初彰入定因緣宿善爲因表自修故後二爲緣主佛威力表本覺故文殊念力顯信智故已彰善財因文殊故二即入下舉定名體謂普攝諸刹在於身中由唯心之智稱性總持令如體用旋轉無礙故以爲名

入此三昧已得清淨身於其身中顯現十方各十佛刹微塵數佛及佛國土衆會道場種種光明諸莊嚴事亦現彼佛往昔所行神通變化一切大願助道之法諸出離行清淨莊

嚴亦見諸佛成等正覺轉妙法輪教化衆生如是一切於其身中悉皆顯現無所障礙種種形相種種次第如本而住不相雜亂所謂種種國土種種衆會種種道場種種嚴飾其中諸佛現種種神力立種種乘道示種種願門或於一世界處兜率宮而作佛事或於一世界歿兜率宮而作佛事如是或有住胎或復誕生或處宮中或復出家或詣道場或破魔軍或諸天龍恭敬圍繞或諸世主勸請說法或轉法輪或般涅槃或分舍利或起塔廟彼諸如來於種種衆會種種世間種種趣生種種家族種種欲樂種種業行種種語言種種根性種種煩惱隨眠習氣諸衆生中或處微細道場或處廣大道場或處一由旬量道場或處十由旬量道場或處不可說不可說佛剎微塵數由旬量道場以種種神通種種言辭種種音聲種種法門種種總持門種種辯才門以種種聖諦海種種無畏大師子吼說諸衆生種種善根種種憶念授種種菩薩記說種種諸佛法彼諸如來所有言說善財童子悉能聽受亦見諸佛及諸菩薩不可思議三昧神變

三入此三昧下明定業用即普攝等義於中三初總明普攝次種種形下別彰廣多三彼諸如來所有言下令善財聞見

爾時解脫長者從三昧起告善財童子言善男子我已入出如來無礙莊嚴解脫門善男子我入出此解脫門時即見東方閻浮檀金光明世界龍自在王如來應正等覺道場衆會之所圍繞毗盧遮那藏菩薩而爲上首又見南方速疾力世界普香如來應正等覺道場衆會之所圍繞心王菩薩而爲上首又見西方香光世界須彌燈王如來應正等覺道場衆會之所圍繞無礙心菩薩而爲上首又見北方袈裟幢世界不可壞金剛如來應正等覺道場衆會之所圍繞金剛步勇猛菩薩而爲上首又見東北方一切上妙寶世界無所得境界眼如來應正等覺道場衆會之所圍繞無所得善變化菩薩而爲上首又見東南方香燄光音世界香燈如來應正等覺道場衆會之所圍繞金剛燄慧菩薩而爲上首又見西南方智慧日普光明世界法界輪幢如來應正等覺道場衆會之所圍繞現一切變化幢菩薩而爲上首又見西北方普清淨世界一切佛寶高勝幢如來應正等覺道場衆會之所圍繞法幢王菩薩而爲上首又見上方佛次第出現無盡世界無邊智慧光圓滿幢如來應正等覺道場衆會之所圍繞法界門幢王菩薩而爲上首又見下方佛光明世界無礙智幢如來應正等覺道場衆會之所圍繞一切世間剎幢王菩薩而爲上首

第二爾時解脫下出定言告中四一明起定二告善財下示定名體名如來無礙莊嚴者總有五義一一切如來各具一切無礙莊嚴二一一如來互徧無礙三一切如來莊嚴悉入長者之身四長者徹見十方佛海五長者智持不以爲礙故無礙言兼得旋持不違上文經家所序三善男子我入出下明定業用　名如來無礙莊嚴總有五義者而文中皆含如一云如來各具無礙莊嚴者即上經云種種光明諸莊嚴事若因若果若依若正即

無礙莊嚴也二一一如來互遍無礙者以身中現十方各十佛剎微塵數佛無雜亂故三與長者身無礙者以身不大而剎不小亦無來去互遍無礙謂以含剎之身入身中之剎無不充遍是內外一多無礙故新譯經云身與佛剎互相涉入不相障礙即此便有重重之義謂含剎之身入身中之剎身中剎內之身亦能容剎所容之剎亦能有身故身身無窮剎剎無盡四長者徽見等者經云見諸佛成正覺等尚令善財見聞況長者耶故下出定告云我入出此定即見東方閻浮檀金光明世界龍自在王如來如是等十方諸佛欲見即見五長者智持無礙者以是唯心三昧力故所以出定能持能說故無礙言兼得旋持等者即第五義不違前來普攝一切佛剎無邊旋陀羅尼普攝佛剎之義定中相顯而其智持不違總持

善男子我見如是等十方各十佛剎微塵數如來彼諸如來不來至此我不往彼

四善男子我見如是下彰定體相即無來去唯心觀故所以次前顯此定者唯心之觀亦其要故亦顯此位知衆生界無量無邊皆心現故於中二一結前所見體無來往

我若欲見安樂世界阿彌陀如來隨意即見我若欲見栴檀世界金剛光明如來妙香世界寶光明如來蓮華世界寶蓮華光明如來妙金世界寂靜光如來妙喜世界不動如來善住世界師子如來鏡光明世界月覺如來寶師子莊嚴世界毘盧遮那如來如是一切悉皆即見

二我若欲見下廣顯隨心見佛體相於中四一明隨心念佛諸佛現前二然彼如來下正顯唯心念佛觀體三善男子當知下以唯心觀徧該萬法四是故善男子下結勸修學令證唯心初中既了境唯心了心即佛故隨所念無非佛矣何難見哉既了境唯心者上經云若人欲了知三世一切佛應觀法界性一切唯心造言了心即佛者經云如心佛亦爾如佛衆生然應知佛與心體性皆無盡既境即是心心即是佛則無境非佛況心耶加以志一不撓精誠造微佛應剋誠于何不見

然彼如來不來至此我身亦不往詣於彼知一切佛及與我心悉皆如夢知一切佛猶如影像自心如水知一切佛所有色相及以自

肅四

十六

心悉皆如幻知一切佛及以己心悉皆如響我如是知如是憶念所見諸佛皆由自心

二觀體中初總明相無來往初總明相無來往者體性寂滅故知一切下釋其所由所以上言普見諸佛又無來去其故何耶了彼相虛唯心現故了彼相虛唯心現故者以我即寂之唯心即彼即體之妙用能念所念何動寂之相干於中前別顯後結成別中文有四對意含通別謂通顯唯心喻無來往別喻唯心兼明不出入等一如夢對般舟三昧

肅四

經云如夢見七寶親屬歡樂覺已追念不知在何處如是念佛此喻唯心所作即有

十七

而空故無來去又云如舍衛國有女名曰須門聞之心喜夜夢從事覺已念之彼不來我不往而樂事宛然當如是念佛此正喻體無來往但隨心變一如夢對下此之四喻唯影別喻餘三皆通若準新譯夢響二喻具通與別影幻一喻唯別無通今初夢一喻彼經別云如夢所見從分別生見夢一切佛從自心起上二句喻下二句合則夢境喻佛分別夢因喻能念心故觀無量壽佛經是心作佛是心是佛諸佛正遍知海從心想生緣生非實故能所見空無往來也般舟下引證此經有三卷題云般舟三昧經一名十方現在佛悉在前立定經後漢沙門支婁迦讖譯在羅閱祇加隣竹園說跋陀和菩薩問第一問事品今引亦第一卷行品第二佛先令遠惡近善修此念佛三昧故舉諸喻一示念佛相經文浩博今疏畧引今當具引三昧經云何因緣致現在諸佛悉在前立三昧如經云跋陀和其有比丘比丘尼優婆塞優婆夷持戒完具獨一處止心念西方阿彌陀佛今現在隨所聞當念彼國去此千億萬佛剎其國名須摩提佛在衆菩薩中央說經一切時常念阿彌陀佛佛告跋陀和譬如人臥出於夢中見有種種

金銀珍寶或後夢父母兄弟妻子親屬知識相與娛樂喜樂無比及其覺已爲人說之如是跋陀和若沙門白衣所聞西方阿彌陀佛當念彼佛不得缺戒一心專念若一晝夜若七日七夜過七日已後見阿彌陀佛於覺不見於夢中見之譬如夢中所見不知晝夜亦不知内亦不見外不用在冥中故不見不用有所蔽礙故不見如是跋陀和菩薩當如是念時諸佛國界名大須彌山其有幽冥之處悉爲開闢目亦不蔽心亦不礙是菩薩摩訶薩不持天眼徹視不持天耳徹聽不持神足到其佛刹不於是間終不生彼間佛刹耳乃見便於此間坐見阿彌陀佛聞所說法悉受持得從三昧起悉能具足爲人說之釋曰次下即有須門女喻從七日已下即示合相取如夢見無定實義彼經有多夢喻今但引二前七實喻喻即有而空覺故所得故後如夢喻喻空不礙有有即事無然合二不二爲中道義故但取意畧引其二又約義別

說心性如境觀如緣想觀成如夢此唯就於能行人合又法身如境報身如想應身如夢此唯約佛境合又彼佛如境行人如想見佛如夢所見雙約感應此三釋釋經遺喻一切諸佛及以我心皆如夢故言有女名須門者經有三人以念三女經云譬如有人聞墮舍利國中有婬女名須門若後有人聞婬女人名即凡和利若後有人聞優婆須然經言小應若賢護全同而文分明經云後次賢護如此摩伽陀國有三

丈夫其第一者聞毗耶離城有婬女名須摩耶彼第二人聞有婬女名菴羅波離彼第三人聞有婬女名蓮華色彼彼既聞已各設方使繫念勤求無時覺豪彼三人實未曾觀如是諸女直以適聞即與欲心專念不息後時因夢謂在王城與彼女人共行欲事欲事既成求心亦息希望既滿遂便覺寤寐已追念夢中所行如所聞見如所證如如是憶念來諸汝所具爲汝說汝應爲彼說法隨順教化令其得住不退轉地

究竟成就阿耨多羅三藐三菩提彼於當來必得成佛名曰善覺又云如舍衛國等者即智論第六似引此衆而有小異論云如佛在世三人爲伴聞毗舍離有婬女名菴羅婆和舍衛國有婬女名須曼那王舍城有婬女名優鉢羅槃那並端正無比三人各聞長念心著便於夢中與彼從事覺已心念彼人不來我又不往而婬事得辦因是即悟諸法亦爾於是共至跋陀婆羅菩薩所而問其事菩薩答言諸法實耳皆從念生菩薩乃爲其方便說法皆得不退轉地釋曰大意同經但闕授記耳然經論大意却顯念見佛竟方悟性空有無無礙與疏意同也

二水影對中

若月滿秋空隨水而現澄潭皎淨則月影圓明水濁波騰則光昏影散有水月現曾何入來無水影空未曾出去雖水中見月

誰能執持心之定散準喻思擇二水影對中等者乃別喻心但喻水爲影緣故若取通意則心佛皆影然新譯經亦是別喻而加於器可實淨身而擬舟經亦有影喻具水面鏡像以喻自見非從外入非從內出正與疏同明非入出兼唯心義疏心之定散準喻思擇者然水有四類一清二濁三動四靜合中水濁對前皎淨波騰對於澄淨以法就喻通有二義有感無信爲濁有信無感爲

清散亂爲動有定爲靜四事交絡成多句數一水濁而動若黃河泪流此喻有感無信又多亂想二濁而不動如稱泥無波喻如有處無信并無舉緣然此一句由有多義一有感而靜二無信而靜急義之定也三清淨而動喻無感有信而多覺觀對上第二亦有三義一無感而亂二有信而亂三明了而亂四清而且靜喻無感有信而定畧舉定散實含清濁而第一人故有念佛而見佛者如無衆佛加被攀不定第二

人見同所炭色安住不動第三人見或觀相好忽有忽無乍離乍合第四人見則色相端嚴凝佇不亂唯見唯靜適觀適明今同第四而念見也故法華云深入禪定見十方佛故觀云心之定散準喻思擇然其大意佛既如影安有有無一多勝劣去來入出等相非空非有中道觀成若水喻心性則佛之月影皆是衆生具心中物心佛交徹具雖心也

三如幻對如幻非實則心佛兩亡而不無幻相則不壞心佛正喻空有無礙故即無來去不妨普見見即無見常契中道

三如幻對但有通喻新經別喻云又知自心猶如幻術知一切佛如幻所作謂有能幻法方有幻事無能念心無所見佛疏中具顯三觀初空觀次而不無幻相下即假觀後正喻下中道觀也

四如響對以心爲緣而佛響應佛無分別以佛爲緣而心見佛心何去來此但總喻緣成之義

四如響對亦唯通喻新經別喻云響如空谷隨聲發響悟解自心遠念見佛釋曰此唯一義則法身如空谷自心如發聲見佛如響應而疏釋經通相之喻心佛皆響故兩句釋之初喻佛如響則谷等同上後以佛爲緣下喻心如響則以自性清淨心爲空谷佛應爲聲起見佛心即如

響也故疏結云此但總喻緣成之義然亦聲谷皆緣喻二心爲緣而有佛響二佛爲緣而心得見故二皆響而上四喻皆言對者雖喻有三法本但喻於心佛二故上之四喻皆具四觀一正喻唯心二唯心故空三唯心故假四唯心故中融而無礙即華嚴意若皆具四何用四喻無別義故一欲廣唯心無性等故二從增勝說四義不同謂夢喻不來不去影喻不出不入幻喻非有非無譬喻非合非散又夢喻散心意言

分別故水喻定心同靜水故幻喻起用心如幻術故響喻勝劣心隨念見故又前三喻見佛身後一兼喻聞法三中夢喻法身但有想見覺無見故影喻報身相明淨故幻喻化身隨意成故又幻喻是心作佛影喻是心是佛夢喻諸佛正遍知海從心想生響喻隨心勝劣見佛有異具上諸意四喻不同故上疏云別喻唯心兼明不出入等

後結成唯心故無量壽觀經云是心是佛是心作佛諸佛正徧知海從心想生般舟三昧經結云自念佛從何所來我亦無所至我所念即見心作佛心自見心是佛心是我心見佛上方攝境歸心下又拂云心不自知心心不自見心心有想爲癡無想即泥洹是法無可示者皆念所爲設有念亦了無所有空耳此即喻中意已具矣

後結成唯心者即釋經我如是憶念所見諸佛皆由自心疏家使引經證先引觀經畧如向說般舟依止觀中引文稍闕畧今當次第具引經云作是念佛從何所來去到何所自念佛何所從來我亦無所至自念三處欲處色處無想處是三處意所爲耳我所念即見心作佛心自見心是佛心是怛薩阿竭心此云如來是我身心見佛心不自知心心不自見心心有想爲癡心無想是泥洹是法無可示者皆念所爲設使念爲空耳設有念亦了無所有如是颰陀和菩薩在三昧中立者所見如是佛爾時頌偈言心者不知心有心不見心心起想則癡無想是泥洹是法無堅固常立在於念以解見空者一切無想念釋曰對竟廣畧可知次釋疏文初明佛無去來隨念即見佛二心作佛下明唯心念佛觀成初知是我心作佛心外無佛故所見佛即見自心言是佛心者我心佛心故心無二故若見自心即見佛心如如即佛故畧不出言是我心見佛者結成唯心決定是我心見心外無別佛也故疏結云上方爲境歸心下又拂去先拂上心自見心夫心爲能見佛爲所見如刀不自割指不自觸云何自心還見自心能所不分見相斯絕下句拂上知是我心既能所知二皆是心則亦絕能所故無知耳故結云有想則癡然般舟別譯隋朝沙門闍那崛多即大集賢護有文五卷初品名思惟第二品名三昧行此中義在初品餘可知

大方廣佛華嚴經疏鈔會本第六十三之一

大方廣佛華嚴經疏鈔會本第六十三之二　荊五

唐于闐國三藏沙門實叉難陀　譯

唐清涼山大華嚴寺沙門澄觀撰述

善男子當知菩薩修諸佛法淨諸佛刹積集妙行調伏衆生發大誓願入一切智自在遊戲不可思議解脱之門得佛菩提現大神通徧往一切十方法界以微細智普入諸劫如是一切悉由自心是故善男子應以善法扶助自心應以法水潤澤自心應於境界淨治自心應以精進堅固自心應以忍辱坦蕩自心應以智證潔白自心應以智慧明利自心應以佛自在開發自心應以佛平等廣大自心應以佛十力照察自心

第三心該萬法謂非但一念佛觀由於自心菩薩萬行佛果體用亦不離心如有偈云諸佛從心得解脱心者無漏名清淨五道鮮潔不受色有解此者成大道第四結勸修學中既萬法不離自心但修自心萬法行備亦遣愚人妄解之失謂有計云萬法皆心任之是佛驅馳萬法豈不唐勞故今廣明心雖即佛久翳塵勞故以萬行增修令其瑩徹又但說萬行由心不說不修爲是又萬法即心修何礙心文有十句一如彼病人非杖不起煩惱病重假善相資二若無法水法芽不生三對境忘心即六塵不染四舊善不雜新善進修可謂堅固五違順不干則坦然寬廓六寂照內證皎然無瑕七觸境了如無不鑒達八六自在王性同於佛開塵發用知見分明九與佛同如體周法界十以調生十力察獲疎遺

如是修心則圓前佛法

善男子我唯於此如來無礙莊嚴解脱門而得入出如諸菩薩摩訶薩得無礙智住無礙行得常見一切佛三昧得不住涅槃際三昧了達三昧普門境界於三世法悉皆平等能善分身徧一切刹住於諸佛平等境界十方境界皆悉現前智慧觀察無不明了於其身中悉現一切世界成壞而於已身及諸世界不生二想如是妙行而我云何能知能說

第四善男子我唯下謙已推勝不住涅槃際生下當知餘文相顯

善男子從此南行至閻浮提畔有一國土名摩利伽羅彼有比丘名曰海幢汝詣彼問菩薩云何學菩薩行修菩薩道

第五從此下指示後友閻浮提畔者此洲南際表將鄰不退故亦云所得般若六度後邊故摩利伽羅晉經譯爲莊嚴比丘海幢者業用深廣而高出故正心不動如海最高勝故

時善財童子頂禮解脱長者足右繞觀察稱揚讚歎思惟戀仰悲泣流淚一心憶念依善知識事善知識敬善知識由善知識見一切智於善知識不生違逆於善知識心無諂誑於善知識心常隨順於善知識起慈母想捨離一切無益法故於善知識起慈父想出生一切諸善法故辭退而去

六戀德禮辭

爾時善財童子一心正念彼長者教觀察彼長者教憶念彼不思議菩薩解脱門思惟彼不思議菩薩智光明深入彼不思議法界門

趣向彼不思議菩薩普入門明見彼不思議如來神變解了彼不思議普入佛刹分別彼不思議佛力莊嚴思惟彼不思議菩薩三昧解脫境界分位了達彼不思議差別世界究竟無礙修行彼不思議菩薩堅固深心發起彼不思議菩薩大願淨業

第六海幢寄正心住文但有五初念教趣求有二初念前教詔海幢比丘寄正心住成就般若了法性空無住無依無邪無正故聞讚毀真正其心念不動故漸次南行至閻浮提畔摩利聚落周徧求覓海幢比丘

二趣求後友文顯可知

乃見其在經行地側結跏趺坐入于三昧離出入息無別思覺身安不動

第二乃見其在下見敬諮問中二先見敬後善財童子讚言下諮問今初小異前來謂便見其入定體用即同前文正示法界下諸夜神類多如是文中有五一見入定相二觀定勝用三瞻敬證入四所經時分五觀從定起今初此通二定一即滅受想定謂無別思覺七轉已息唯第八識持身定前加行誓願力故令於定身起諸業用若圓教中融攝法界自在無礙故業用無方未曾起念是以六地能入滅定而起通用住似地故淨名云不起滅定而現諸威儀正當此也二者即第四禪以起用多依彼故四禪無出入息亦無覺觀內淨喜樂諸思覺故通表此位心定不動故又經行地側是動之所而滅思覺者表即動而寂故而言側者不住行故滅受想定如此品初及七地說引淨名經亦如前說

從其足下出無數百千億長者居士婆羅門衆皆以種種諸莊嚴具莊嚴其身悉著寶冠頂繫明珠普往十方一切世界雨一切寶一切瓔珞一切衣服一切飲食如法上味一切華一切鬘一切香一切塗香一切欲樂資生之具於一切處救攝一切貧窮衆生安慰一切苦惱衆生皆令歡喜心意清淨成就無上菩提之道

二從其足下見定業用中二先別明身分作用處別後海幢比丘又於其身下總顯毛孔光明業用今初總十四處作用不同總相而明從下至上漸漸增勝別則各表不同一足出長者等者足有二義一最初故多顯施行萬行首故二行住義長者行之長故居士得安處故婆羅門淨行故成就菩提是利行故

從其兩膝出無數百千億刹帝利婆羅門衆皆悉聰慧種種色相種種形貌種種衣服上妙莊嚴普徧十方一切世界愛語同事攝諸衆生所謂貧者令足病者令愈危者令安怖者令止有憂苦者咸使快樂復以方便而勸導之皆令捨惡安住善法

二膝出刹帝利等者土由帝主屈伸自在故行由於膝故出淨行次前二攝故說愛語同事

從其腰間出等衆生數無量仙人或服草衣或樹皮衣皆執澡瓶威儀寂靜周旋往返十方世界於虛空中以佛妙音稱讚如來演說諸法或說清淨梵行之道令其修習調伏諸

根或說諸法皆無自性使其觀察發生智慧或說世間言論軌則或復開示一切智智出要方便令隨次第各修其業

三腰出仙人者腰謂齋輪之下氣海之間是吐故納新出仙之所故梵本云那髀曼陀羅此云齋輪

從其兩脇出不思議龍不思議龍女示現不思議諸龍神變所謂雨不思議香雲不思議華雲不思議鬘雲不思議寶蓋雲不思議寶幡雲不思議妙寶莊嚴具雲不思議大摩尼寶雲不思議寶瓔珞雲不思議寶座雲不思議寶宮殿雲不思議寶蓮華雲不思議寶冠雲不思議天身雲不思議采女雲悉徧虛空而為莊嚴充滿一切十方世界諸佛道場而為供養令諸衆生皆生歡喜

四脇出龍者是旁生故

從胸前卍字中出無數百千億阿脩羅王皆悉示現不可思議自在幻力令百世界皆大震動一切海水自然涌沸一切山王互相衝擊諸天宮殿無不動搖諸魔光明無不隱蔽諸魔兵衆無不摧伏普令衆生捨憍慢心除怒害心破煩惱山息衆惡法長無鬬諍永共和善復以幻力開悟衆生令滅罪惡令怖生死令出諸趣令離染著令住無上菩提之心令修一切諸菩薩行令住一切諸波羅蜜令入一切諸菩薩地令觀一切微妙法門令知一切諸佛方便如是所作周徧法界

五於胸德相出脩羅者胸是能生能滅憍慢幻術之所故又明德相能降魔故

從其背上為應以二乘而得度者出無數百千億聲聞獨覺為著我者說無有我為執常者說一切行皆悉無常為貪行者說不淨觀為瞋行者說慈心觀為癡行者說緣起觀為等分行者說與智慧相應境界法為樂著境界者說無所有法為樂著寂靜處者說發大誓願普饒益一切衆生法如是所作周徧法界

六背出二乘者背大乘故

從其兩肩出無數百千億諸夜叉羅剎王種種形貌種種色相或長或短皆可怖畏無量眷屬而自圍繞守護一切行善衆生并諸賢聖菩薩衆會若向正住及正住者或時現作執金剛神守護諸佛及佛住處或徧守護一切世間有怖畏者令得安隱有疾病者令得除差有苦惱者令得免離有過惡者令其厭悔有災橫者令其息滅如是利益一切衆生皆悉令其捨生死輪轉正法輪

七肩出夜叉等者肩是可畏勇力之所故又是荷負之所故為守護業

從其腹出無數百千億緊那羅王各有無數緊那羅女前後圍繞又出無數百千億乾闥婆王各有無數乾闥婆女前後圍繞各奏無數百千天樂歌詠讚歎諸法實性歌詠讚歎一切諸佛歌詠讚歎發菩提心歌詠讚歎修菩薩行歌詠讚歎一切諸佛成正覺門歌詠讚歎一切諸佛轉法輪門歌詠讚歎一切諸佛現神變門開示演說一切諸佛般涅槃門開示演說守護一切諸佛教門開示演說令一切衆生皆歡喜門開示演說嚴淨一切諸佛剎門開示演說顯示一切微妙法門開示

演說捨離一切諸障礙門開示演說發生一切諸善根門如是周徧十方法界

八腹出緊那羅等者鼓腹絃歌音樂之所故

從其面門出無數百千億轉輪聖王七寶具足四兵圍遶放大捨光雨無量寶諸貧乏者悉使充足令其永斷不與取行端正采女無數百千悉以捨施心無所著令其永斷邪婬之行令生慈心不斷生命令其究竟常真實語不作虛誑無益談說令攝他語不行離間令柔軟語無有麤惡令常演說甚深決定明了之義不作無義綺飾言辭爲說少欲令除貪愛心無瑕垢爲說大悲令除忿恚意得清淨爲說實義令其觀察一切諸法深入因緣善明諦理拔邪見刺破疑惑山一切障礙悉皆除滅如是所作充滿法界

九面門出輪王者布十善令向佛法故（布十善下經文自具細尋可知）

從其兩目出無數百千億日輪普照一切諸大地獄及諸惡趣皆令離苦又照一切世界中間令除黑闇又照一切十方衆生皆令捨離愚癡翳障於垢濁國土放清淨光白銀國土放黃金色光黃金國土放白銀色光瑠璃國土放玻瓈色光玻瓈國土放琉璃色光硨磲國土放碼碯色光碼碯國土放硨磲色光帝青國土放日藏摩尼王色光日藏摩尼王國土放帝青色光赤眞珠國土放月光網藏摩尼王色光月光網藏摩尼王國土放赤眞珠色光一寶所成國土放種種寶色光種種寶所成國土放一寶色光照諸衆生心之稠林辦諸衆生無量事業嚴飾一切世間境界令諸衆生心得清涼生大歡喜如是所作充滿法界

十目出日輪目等日照故

從其眉間白毫相中出無數百千億帝釋皆於境界而得自在摩尼寶珠繫其頂上光照一切諸天宮殿震動一切須彌山王覺悟一切諸天大衆歎福德力說智慧力生其樂力持其志力淨其念力堅其所發菩提心力讃樂見佛令除世欲讃樂聞法令厭世境讃樂觀智令絕世染止脩羅戰斷煩惱諍滅怖死心發降魔願興立正法須彌山王成辦衆生一切事業如是所作周徧法界

十一眉間出帝釋者於地居中最尊勝故中道般若化衆生故令離五欲得淨法故

從其額上出無數百千億梵天色相端嚴世間無比威儀寂靜言音美妙勸佛說法歎佛功德令諸菩薩悉皆歡喜能辦衆生無量事業普徧一切十方世界

十二額出梵王者梵王超欲故次於眉上又是稽顙請法之所故

從其頭上出無量佛剎微塵數諸菩薩衆悉以相好莊嚴其身放無邊光說種種行所謂讃歎布施令捨慳貪得衆妙寶莊嚴世界稱揚讃歎持戒功德令諸衆生永斷諸惡住於菩薩大慈悲戒說一切有悉皆如夢說諸欲樂無有滋味令諸衆生離煩惱縛說忍辱力令於諸法心得自在讃金色身令諸衆生離瞋恚垢起對治行絕畜生道歎精進行令其遠離世間放逸皆悉勤修無量妙法又爲讃

歎禪波羅蜜令其一切心得自在又爲演說般若波羅蜜開示正見令諸衆生樂自在智拔諸見毒又爲演說隨順世間種種所作令諸衆生雖離生死而於諸趣自在受生又爲示現神通變化說壽命自在令諸衆生發大誓願又爲演說成就總持力出生大願力淨治三昧力自在受生力又爲演說種種諸智所謂普知衆生諸根智普知一切心行智普知如來十力智普知諸佛自在智如是所作周徧法界

十三頭出菩薩者最上首故說十度行並顯可知

從其頂上出無數百千億如來身其身無等諸相隨好清淨莊嚴威光赫奕如眞金山無量光明普照十方出妙音聲充滿法界示現無量大神通力爲一切世間普雨法雨

十四頂出佛者尊極無上故文中三初總顯所出身語之相次所謂下別彰法雨不同後如是下一句總結

所謂爲坐菩提道場諸菩薩雨普知平等法雨爲灌頂位諸菩薩雨入普門法雨爲法王子位諸菩薩雨普莊嚴法雨爲童子位諸菩薩雨堅固山法雨爲不退位諸菩薩雨海藏法雨爲成就正心位諸菩薩雨普境界法雨爲方便具足位諸菩薩雨自性門法雨爲生貴位諸菩薩雨隨順世間法雨爲修行位諸菩薩雨普悲愍法雨爲新學諸菩薩雨積集藏法雨爲初發心諸菩薩雨攝衆生法雨爲信解諸菩薩雨無盡境界普現前法雨

就別彰法雨中總有三十二種前十二法雨爲菩薩餘爲雜類令初一普知平等法雨者略有三等一始覺同本無始本之異故二等諸佛故三生佛一性故得此三等則轉成妙覺二普門法雨者下十法雨即十住者圓教位中十住位滿便成佛故此前更無別位此約以位攝位非一乘宗餘無此說然此十法皆是勸學十法已住自分勸勝進故普門即三世等十種智慧勸彼灌頂令其進修下皆倣此三令普學法王善巧等爲莊嚴故四令學知刹動刹等皆無能壞最高出故五令學說一即多說多即一等十種廣大深法故名海藏六令學一切法無相無體等旣一切皆然名普境界七知衆生無邊乃至知衆生無自性皆是自性門以無邊等亦入自性故八了知圓滿三世佛法皆是隨順世間故九徧觀察衆生界等爲悲愍故十誦習多聞虛閑寂靜近善知識等皆爲積集包藏於法行故創治心地故名新學十一令其勤供養佛主導世間爲攝衆生若作十地等釋類可思準十二即十信菩薩令普緣如來及普賢無盡境界而生信心分明現前進入位故十法雨即十住者尋經易了

爲色界諸衆生雨普門法雨爲諸梵天雨普藏法雨爲諸自在天雨生力法雨爲諸魔衆雨心幢法雨爲諸化樂天雨淨念法雨爲諸兜率天雨生意法雨爲諸夜摩天雨歡喜法雨爲諸忉利天雨疾莊嚴虛空界法雨爲諸夜叉王雨歡喜法雨爲諸乾闥婆王雨金剛輪法雨爲諸阿修羅王雨大境界法雨爲諸

迦樓羅王雨無邊光明法雨為諸緊那羅王雨一切世間殊勝智法雨為諸人王雨無樂著法雨為諸龍王雨歡喜幢法雨為諸摩睺羅伽王雨大休息法雨為諸地獄衆生雨正念莊嚴法雨為諸畜生雨智慧藏法雨為閻羅王界衆生雨無畏法雨為諸厄難處衆生雨普安慰法雨悉令得入賢聖衆會

後為色界下二十法雨普為人天雜類一總為色界衆生捨外住內令得心境無礙故曰普門二偏語初禪以宿習多慈而偏已眷屬令令慈普含福無窮三即他化自在天轉世自在生十力自在四就他化中分出魔衆魔好摧他自高令令得慈心法幢摧其邪慢五隨念化樂但汙自心故轉令淨念六雖於世樂知足宜生出世之意七世樂時分稱快不及法喜之歡八地居之極美空居為勝不及福智嚴法性空九夜叉性多暴害故令歡喜於含生此約對治明喜前夜摩天約隨便宜十以彼善奏樂音上德聲聞亦為摧壞令令得金剛智無所不摧無不圓滿十一彼恃大身而生憍慢令見法身稱法界境十二彼以淨眼觀海意欲吞龍令以慈眼智光徧照機感十三隨彼善歌令得即空涉有殊勝世智十四人王著樂故偏對治十五龍多恚毒故為說喜有熱沙等怖說法幢能摧十六蟒多毒害又為蟲唼食無休故說內休毒心外苦休息十七地獄衆生身受無邊苦心念無邊惡若以正念三寶為嚴則頓脫衆苦十八畜生多癡故十九啖魔鬼卒互相怖畏乃至王身亦有熱鐵鎔銅等怖故二十諸難者所謂八難及在人間獄囚繫閉等而多不安故普安慰悉令得入聖賢衆會翻彼難處

如是所作充滿法界

後結周徧稱性用故

海幢比丘又於其身一切毛孔一一皆出阿僧祇佛刹微塵數光明網一一光明網具阿僧祇色相阿僧祇莊嚴阿僧祇境界阿僧祇事業充滿十方一切法界

二總顯毛孔光明業用可知上來見定相用竟

爾時善財童子一心觀察海幢比丘深生渴仰憶念彼三昧解脫思惟彼不思議菩薩三昧思惟彼不思議利益衆生方便海思惟彼不思議無作用普莊嚴門思惟彼莊嚴法界清淨智思惟彼受佛加持智思惟彼出生菩薩自在力思惟彼堅固菩薩大願力思惟彼增廣菩薩諸行力

第三爾時善財童子一心下瞻敬證入中十句初句思人證人法界餘句思法證法法界於中初一句總謂三昧是體解脫是用體用合明二別思彼體次二句別思彼用一益生廣多二無思普徧即用而寂故次二句思前體用所因一內智淨故二外緣加故後三句思其勝進依前體用進益後三故

如是住立思惟觀察經一日一夜乃至經於七日七夜半月一月乃至六月復經六日

第四如是住下所經時分六月六日者第

六住中滿第六度故以法味資神故身心都忘不覺時久

過此已後海幢比丘從三昧出

第五過此已下明出定者所作訖故

善財童子讚言聖者希有奇特如此三昧最爲甚深如此三昧最爲廣大如此三昧境界無量如此三昧神力難思如此三昧光明無等如此三昧莊嚴無數如此三昧威力難制如此三昧境界平等如此三昧普照十方如此三昧利益無限以能除滅一切衆生無量苦故所謂能令一切衆生離貧苦故出地獄故免畜生故閉諸難門故開人天道故令人天衆生喜樂故令其愛樂禪境界故能令增長有爲樂故能爲顯示出有樂故能爲引發菩提心故能使增長福智行故能令增長大悲心故能令生起大願力故能令明了菩薩道故能使莊嚴究竟智故能令趣入大乘境故能令照了普賢行故能令證得諸菩薩地智光明故能令成就一切菩薩諸願行故能令安住一切智智境界中故

第二正明諸問中二先讚後問今初分二初標讚深勝後以能除滅下出讚所因由具此下諸因故上云甚深廣大等其中云能令增長有爲樂者不捨有爲故出有樂者不染有故又上句爲凡夫次句爲二乘
十六
下云引發菩提即爲大器

聖者此三昧者名爲何等

第二聖者此三昧者下正問有二問答先問名後問用初中先問後答今初上既修入何更問名其猶世人得大王饍雖食勝味何必知名

海幢比丘言善男子此三昧名普眼捨得又名般若波羅蜜境界清淨光明又名普莊嚴清淨門善男子我以修習般若波羅蜜故得此普莊嚴清淨三昧等百萬阿僧祇三昧

答有三名者初一從智立次一雙就境智後一雙融境智立名普眼捨得者般若之智照一切法故名普眼皆無所得故云捨得若有所得不能即寂而用以無所得即無所不得菩薩無得心無罣礙諸佛無得則得菩提昔云障無不寂曰捨理無不證曰得非無此理而未造玄二合稱中般若清淨故境界清淨清淨之境皆般若境故三雙融立稱者般若了境無境非般若何所不嚴故智論云說智及智處俱名爲般
十七
若是則若般若清淨若境清淨無二無二分無別無斷故故一莊嚴一切莊嚴名普莊嚴及攝眷屬可知

善財童子言聖者此三昧境界究竟唯如是耶

二善財童子言聖者下向境界中先問後答問云唯如是者上所目覩頗已修入視聽之外更希異聞

海幢言善男子入此三昧時了知一切世界無所障礙往詣一切世界無所障礙超過一切世界無所障礙莊嚴一切世界無所障礙修治一切世界無所障礙嚴淨一切世界無所障礙見一切佛無所障礙觀一切佛廣大威德無所障礙知一切佛自在神力無所障礙證一切佛諸廣大力無所障礙入一切佛

諸功德海無所障礙受一切佛無量妙法無所障礙入一切佛法中修習妙行無所障礙證一切佛轉法輪平等智無所障礙入一切諸佛衆會道場海無所障礙觀十方佛法無所障礙大悲攝受十方衆生無所障礙常起大慈充滿十方無所障礙見十方佛心無厭足無所障礙入一切衆生海無所障礙知一切衆生根海無所障礙知一切衆生諸根差別智無所障礙

後答中皆示上來之所不及於中三初明於器世間無礙次見一切佛下於智正覺世間無礙後大悲攝受下於衆生世間無礙其中見佛亦爲攝生故文並可知

善男子我唯知此一般若波羅蜜三昧光明如諸菩薩入智慧海淨法界境達一切趣徧無量刹總持自在三昧清淨神通廣大辯才無盡善說諸地爲衆生依而我何能知其妙行辯其功德了其所行明其境界究其願力入其要門達其所證說其道分住其三昧見其心境得其所有平等智慧

第三謙已推勝中初謙已知一後如諸下推勝中二先舉彼所知後而我下顯不能測

善男子從此南行有一住處名曰海潮彼有園林名普莊嚴於其園中有優婆夷名曰休捨汝往彼問菩薩云何學菩薩行十八修菩薩道

第四指示後友中處名海潮者但言有處則猶是前國願方便行不離般若故言海潮者謂潮所至處願方便就機不過限故亦將入生死海以濟物故能知三世佛法海故故上法門名爲海藏園名普莊嚴者約相廣有衆嚴故約表以生死爲園苑萬行爲莊嚴故又文義相隨等莊嚴總持無漏法故友名休捨者此云意樂亦云希望亦云滿願謂隨衆生意樂希望得圓滿故亦能圓滿性相法故前般若了十九眞故寄比丘此以慈心方便入俗故寄優婆夷矣顯方便行不離般若者既了俗由證眞故說後得明不離也能知三世佛法者上約善友釋此約表位經云佛子此菩薩應勤學十種廣大法何等爲十所謂說一即多說多即一文隨於義義隨於文非有即有有即非有無相即相相即無相無性即性性即無性即廣大法海也餘可思準

時善財童子於海幢比丘所得堅固身獲妙法財入深境界智慧明徹三昧照耀住清淨解見甚深法其心安住諸淸淨門智慧光明充滿十方心生歡喜踊躍無量五體投地頂禮其足繞無量帀恭敬瞻仰思惟觀察咨嗟戀慕持其名號想其容止念其音聲思其三昧及彼大願所行境界受其智慧清淨光明辭退而行

大方廣佛華嚴經疏鈔會本第六十三之二

唐于闐國三藏沙門實叉難陀　譯

唐清涼山大華嚴寺沙門澄觀撰述

爾時善財童子蒙善知識力依善知識教念善知識語於善知識深心愛樂作是念言因善知識令我見佛因善知識令我聞法善知識者是我師傅示導於我諸佛法故善知識者是我眼目令我見佛如虛空故善知識者是我津濟令我得入諸佛如來蓮華池故漸漸南行至海潮處

第七休捨優婆夷寄不退住寄不退住入於無生畢竟空理心心常行空無相願止觀雙運緣不能壞湛猶澄海　文中具六第一依教趣求中二先念前友教文有十句前五集經者序後五正陳所念可知二漸次下趣求後友亦可知

見普莊嚴園衆寶垣牆周帀圍繞一切寶樹行列莊嚴一切寶華樹雨衆妙華布散其地一切寶香樹香氣氛氳普熏十方一切寶鬘樹雨大寶鬘處處垂下一切摩尼寶王樹雨大摩尼寶徧布充滿一切寶衣樹雨種種色衣隨其所應周帀敷布一切音樂樹風動成音其音美妙過於天樂一切莊嚴具樹各雨珍玩奇妙之物處處分布以爲嚴飾其地清淨無有高下於中具有百萬殿堂大摩尼寶之所合成百萬樓閣閻浮檀金以覆其上百萬宮殿毗盧遮那摩尼寶間錯莊嚴一萬浴池衆寶合成七寶欄楯周帀圍繞七寶階道四面分布八功德水湛然盈滿其水香氣如天栴檀金沙布底水清寶珠周徧間錯鳧鴈孔雀俱枳羅鳥遊戲其中出和雅音寶多羅樹周帀行列覆以寶網垂諸金鈴微風徐搖恒出美音施大寶帳寶樹圍繞建立無數摩尼寶幢光明普照百千由旬其中復有百萬陂池黑栴檀泥凝積其底一切妙寶以爲蓮華敷布水上大摩尼華光色照耀園中復有廣大宮殿名莊嚴幢海藏妙寶以爲其地毗瑠璃寶以爲其柱閻浮檀金以覆其上光藏摩尼以爲莊嚴無數寶王光燄熾然重樓挾閣種種莊飾阿盧那香王覺悟香王皆出妙香普熏一切其宮殿中復有無量寶蓮華座周迴布列所謂照耀十方摩尼寶蓮華座毗盧遮那摩尼寶蓮華座照耀世間摩尼寶蓮華座妙藏摩尼寶蓮華座師子藏摩尼寶蓮華座離垢藏摩尼寶蓮華座普門摩尼寶蓮華座光嚴摩尼寶蓮華座安住大海藏清淨摩尼王寶蓮華座金剛師子摩尼寶蓮華座園中復有百萬種帳所謂衣帳鬘帳香帳華帳枝帳摩尼帳眞金帳莊嚴具帳音樂帳象王神變帳馬王神變帳帝釋所著摩尼寶帳如是等其數百萬有百萬大寶網彌覆其上所謂寶鈴網寶蓋網寶身網海藏眞珠網紺瑠璃摩尼寶網師子摩尼網月光摩尼網種種形像衆香網寶冠網寶瓔珞網如是等其數百萬有百萬大光明之所照耀所謂燄光摩尼寶光明日藏摩尼寶光明月幢摩尼寶光明香燄摩尼寶光明勝藏摩尼寶光明蓮華藏摩尼寶光明燄幢摩尼寶光明大燈摩尼寶光明普照十方摩尼寶光明香光摩尼寶光明如是等其數百萬常雨百萬莊嚴具百萬黑栴檀香出妙音聲百萬出過諸天曼

陀羅華而以散之百萬出過諸天瓔珞以爲莊嚴百萬出過諸天妙寶鬘帶處處垂下百萬出過諸天衆色妙衣百萬雜色摩尼寶妙光普照百萬天子欣樂瞻仰頭面作禮百萬采女於虛空中投身而下百萬菩薩恭敬親近常樂聞法

第二見普莊嚴下見敬諮問中三初見次敬後諮問前中二先見依報殊勝有十事莊嚴一寶牆圍繞二一切寶樹下林樹行列三其地下堂閣崇麗四一萬浴池下浴沼清華五其中復有百萬陂下映帶池流六園中復有廣大下嚴敷殿座即別明善友所坐先殿後座可知七園中復有下羅以帳網先帳後網八有百萬大光下耀以光明九常雨下雨散雜嚴十百萬天子下凡聖欣敬

時休捨優婆夷坐眞金座戴海藏眞珠網冠挂出過諸天眞金寶釧垂紺青髮大摩尼網莊嚴其首師子口摩尼寶以爲耳璫如意摩尼寶王以爲瓔珞一切寶網垂覆其身百千億那由他衆生曲躬恭敬東方有無量衆生來詣其所所謂梵天梵衆天大梵天梵輔天自在天乃至一切人及非人南西北方四維上下皆亦如是其有見此優婆夷者一切病苦悉得除滅離煩惱垢拔諸見刺摧障礙山入於無礙清淨境界增明一切所有善根長養諸根入一切智慧門入一切總持門一切三昧門一切大願門一切行門一切功德門皆得現前其心廣大具足神通身無障礙至一切處爾時善財童子入普莊嚴園周徧觀察見休捨優婆夷坐於妙座

二時休捨下明見正報端嚴於中四一正報殊常二百千億下十方雲仰三其有見此下業用難測四爾時善財入下正見身儀

往詣其所頂禮其足繞無數帀白言聖者我已先發阿耨多羅三藐三菩提心而未知菩薩云何學菩薩行云何修菩薩道我聞聖者善能誘誨願爲我說

二往詣其所下設敬三白言聖者下諮問法要文並可知

休捨告言善男子我唯得菩薩一解脫門若有見聞憶念於我與我同住供給我者悉不唐捐

第三休捨告言善男子下稱讚授法略無稱讚但有正示法界於中四一舉法門體用二窮因淺深三顯果久如四彰法名字今初分二先總舉體用名下當顯用約不空

善男子若有衆生不種善根不爲善友之所攝受不爲諸佛之所護念是人終不得見於我善男子其有衆生得見我者皆於阿耨多羅三藐三菩提獲不退轉善男子東方諸佛常來至此處於寶座爲我說法南西北方四維上下一切諸佛悉來至此處於寶座爲我說法善男子我常不離見佛聞法與諸菩薩而共同住善男子我此大衆有八萬四千億那由他皆在此園與我同行悉於阿耨多羅三藐三菩提得不退轉其餘衆生住此園者亦皆普入不退轉位

二善男子若有下別明勝用於中三一明益物不空用先反後順見皆不退者顯若得方便至不退住故二善男子東方下諸佛被益用以與三寶同住故與我住皆悉不空三善男子我此下引證不空現與同住皆不退故亦表方便入俗則八萬塵勞皆成波羅蜜故

善財白言聖者發阿耨多羅三藐三菩提心爲久近耶答言善男子我憶過去於然燈佛所修行梵行恭敬供養聞法受持次前於離垢佛所出家學道受持正法次前於妙幢佛所次前於勝須彌佛所次前於蓮華德藏佛所次前於毗盧遮那佛所次前於普眼佛所次前於梵壽佛所次前於金剛齋佛所次前於婆樓那天佛所善男子我憶過去於無量劫無量生中如是次第三十六恒河沙佛所皆悉承事恭敬供養聞法受持淨修梵行於此已往佛智所知非我能測善男子菩薩初發心無有量充滿一切法界故菩薩大悲門無有量普入一切世間故菩薩大願門無有量究竟十方法界故菩薩大慈門無有量普覆一切衆生故菩薩所修行無有量於一切剎一切劫中修習故菩薩三昧力無有量令菩薩道不退故菩薩總持力無有量能持一切世間故菩薩智光力無有量普能證入三世故菩薩神通力無有量普現一切剎網故菩薩辯才力無有量一音一切悉解故菩薩清淨身無有量悉徧一切佛剎故

疏六

二窮因淺深中先問後答答中二先約因緣答婆樓那者此云水也總三十六恒沙者近佛既多發心已久而要言三十六者顯已過前六位位具修六度六六三十六皆是恒沙性德故云爾耳涅槃亦有此數後善男子菩薩初發心下約心量答意顯發心稱法界故亦等衆生衆生亦無初際從癡有愛而菩薩發心癡愛無初心亦無終故

疏七

涅槃經中亦有此數者即第六經如來性品說四依義後經云迦葉菩薩白佛言世尊如是經典正法滅時正戒毀時非法增長時無如法衆生時誰聽受奉持讀誦令其通利供養恭敬書寫解說下取意引爾時佛讚迦葉善哉善哉善男子汝今善能問如是義善男子若有衆生一恒河沙佛所發菩提心乃能於惡世不謗是經不能爲人分別廣說若二恒河沙佛所發菩提心乃能於惡世不謗信樂受持讀誦亦不能爲人演說若三恒河沙佛所發菩提心具第二人德雖爲人說未解深義若四恒河沙佛所發心亦具前德爲他廣說十六分中一分之義雖復演說亦不具足若五恒河沙佛所發心能廣爲人說十六分中八分之義若六恒河沙佛所發心能廣爲人說十六分中十二分之義若七恒河沙佛所發心爲他廣說十六分中十四分義若有於八恒河沙佛所發心然後乃能於惡世中不謗是法受持讀誦書寫經卷亦勸他人令得書寫自能聽受亦勸他人令得聽受通利等然經但有積一至八三十六言乃是義取一上加二爲三三上加三爲六六上加四爲十十上加五爲十五十五上加六爲二十一二十一上加七爲二十八二十八上加八爲三十六是前積於八人二三四等共爲三十六也雖是義取理必應然

善財童子言聖者久如當得阿耨多羅三藐三菩提答言善男子菩薩不爲教化調伏一衆生故發菩提心不爲教化調伏百衆生故發菩提心乃至不爲教化調伏不可說不可說轉衆生故發菩提心不爲教化一世界衆生故發菩提心乃至不爲教化不可說不可說轉世界衆生故發菩提心不爲教化閻浮提微塵數世界衆生故發菩提心不爲教化三千大千世界微塵數世界衆生故發菩提心乃至不爲教化不可說不可說轉三千大

千世界微塵數世界衆生故發菩提心不爲供養一如來故發菩提心乃至不爲供養不可說不可說轉如來故發菩提心不爲供養一世界中次第興世諸如來故發菩提心乃至不爲供養不可說不可說轉世界中次第興世諸如來故發菩提心不爲供養一三千大千世界微塵數世界中次第興世諸如來故發菩提心乃至不爲供養不可說不可說轉佛刹微塵數世界中次第興世諸如來故發菩提心不爲嚴淨一世界故發菩提心乃至不爲嚴淨不可說不可說轉世界故發菩提心不爲嚴淨一三千大千世界微塵數世界故發菩提心乃至不爲嚴淨不可說不可說轉三千大千世界微塵數世界故發菩提心不爲住持一如來遺法故發菩提心乃至不爲住持不可說不可說轉如來遺法故發菩提心不爲住持一世界如來遺法故發菩提心乃至不爲住持不可說不可說轉世界如來遺法故發菩提心不爲住持一閻浮提微塵數世界如來遺法故發菩提心乃至不爲住持不可說不可說轉佛刹微塵數世界如來遺法故發菩提心如是略說不爲滿一佛誓願故不爲往一佛國土故不爲入一佛衆會故不爲持一佛法眼故不爲轉一佛法輪故不爲知一世界中諸劫次第故不爲知一衆生心海故不爲知一衆生根海故不爲知一衆生業海故不爲知一衆生行海故不爲知一衆生煩惱海故不爲知一衆生煩惱習海故乃至不爲知不可說不可說轉佛刹微塵數衆生煩惱習海故發菩提心

三顯果久近中亦先問後答答中明無齊限故不應作久近之問文中三初反釋無齊限於中先別明二十四句初八化生次六供佛次四嚴刹後六持法後如是略說下總顯

欲敎化調伏一切衆生悉無餘故發菩提心欲承事供養一切諸佛悉無餘故發菩提心欲嚴淨一切諸佛國土悉無餘故發菩提心欲護持一切諸佛正敎悉無餘故發菩提心欲成滿一切如來誓願悉無餘故發菩提心欲往一切諸佛國土悉無餘故發菩提心欲入一切諸佛衆會悉無餘故發菩提心欲知一切世界中諸劫次第悉無餘故發菩提心欲知一切衆生心海悉無餘故發菩提心欲知一切衆生根海悉無餘故發菩提心欲知一切衆生業海悉無餘故發菩提心欲知一切衆生行海悉無餘故發菩提心欲滅一切衆生諸煩惱海悉無餘故發菩提心欲拔一切衆生煩惱習海悉無餘故發菩提心善男子取要言之菩薩以如是等百萬阿僧祇方便行故發菩提心

二欲敎化調伏一切衆生下順釋無齊限亦有別有總可知

善男子菩薩行普入一切法皆證得故普入一切刹悉嚴淨故是故善男子嚴淨一切世界盡我願乃盡拔一切衆生煩惱習氣盡我願乃滿

三善男子菩薩行普入下總結無盡此同初地十無盡句衆生無盡故成佛無期若爾豈都無成耶因此略辨成不成義勸爲

四句一以向約因緣厚薄對今無盡則有始而無成此約悲門得果不捨因故二以稱法界發心故不見初相方爲眞成則無始而有終此約智說三悲智合明不壞相故不妨始終前後諸文其例非一四約稱性之談則無終無始故天女云但以世俗文字數故說有三世非謂菩提有去來今故下大願精進夜神云不可以生死中長短劫數分別菩薩智輪等融斯四句無有障礙欲成即念念成常成常不成無有障礙故天女云者即淨名經前已引竟

善財童子言聖者此解脫名爲何等答言善男子此解脫名離憂安隱幢

四彰法名字先問後答答云離憂安隱幢者此有二義一以大悲高顯所以稱幢其有見者離業惑苦不退菩提是謂離憂安隱二者即智之悲涉苦安隱即悲之智多劫無憂雙摧生死涅槃特出凡小之外故名幢矣

善男子我唯知此一解脫門如諸菩薩摩訶薩其心如海悉能容受一切佛法如須彌山志意堅固不可動摇如善見藥能除衆生煩惱重病如明淨日能破衆生無明闇障猶如大地能作一切衆生依處猶如好風能作一切衆生義利猶如明燈能爲衆生生智慧光猶如大雲能爲衆生雨寂滅法猶如淨月能爲衆生放福德光猶如帝釋悉能守護一切衆生而我云何能知能說彼功德行

第四謙已推勝可知

善男子於此南方海潮之處有一國土名那羅素中有仙人名毗目瞿沙汝詣彼問菩薩云何學菩薩行修菩薩道

第五指示後友中言海潮之處者但約大悲攝物無失受童眞名故不異前處國名那羅素者此云不懶惰動剎持剎觀剎詣剎無休息故仙人名毗目瞿沙者梵言猶略若具應云毗目多羅涅懼沙此翻名最上無恐怖聲亦云毗沙摩此云無怖畏烏多羅此云上涅瞿娑此云出聲二譯大同謂常出增上無怖畏聲安衆生故彼住文云出廣大徧滿音以童眞清潔無濕故寄仙人表之彼住文云出聲文遍滿音者即勝進十法中之一句耳

時善財童子頂禮其足繞無數帀慇懃瞻仰悲泣流淚作是思惟得菩提難近善知識難遇善知識難得菩薩諸根難淨菩薩諸根難值同行善知識難如理觀察難依教修行難值遇出生善心方便難值遇增長一切智法光明難作是念已辭退而行

爾時善財童子隨順思惟菩薩正教隨順思惟菩薩淨行生增長菩薩福力心生明見一切諸佛心生出生一切諸佛心生增長一切大願心生普見十方諸法心生明照諸法實性心生普散一切障礙心生觀察法界無闇心生清淨意寶莊嚴心生摧伏一切衆魔心漸漸遊行至那羅素國周徧推求毗目瞿沙

第八毗目仙人寄童眞住六段初依教趣求中初念前友教有十二句前二總明順前解行後十依前增進勝心前四約福後六約智求友可知寄童眞住者心不生倒不起邪魔破菩提心故

見一大林阿僧祇樹以爲莊嚴所謂種種葉

樹扶踈布濩種種華樹開敷鮮榮種種果樹相續成熟種種寶樹雨摩尼果大栴檀樹處處行列諸沈水樹常出好香悅意香樹妙香莊嚴波吒羅樹四面圍繞尼拘律樹其身聳擢閻浮檀樹常雨甘果優鉢羅華波頭摩華以嚴池沼時善財童子見彼仙人在栴檀樹下敷草而坐領徒一萬或著鹿皮或著樹皮或復編草以爲衣服髻環垂鬢前後圍繞

第二見一大下見敬諮問中三先見次敬後諮問今初分二先見依報樹名波吒羅者正如此方楸樹尼拘律者如此方柳樹子似枇杷餘如音義後時善財童子見彼下見正報領徒一萬者表萬行故正如此方楸樹甚有香氣其華紫色如此方柳樹子似枇杷子承蒂如柿然其種類耐老諸樹中最能高大

善財見已往詣其所五體投地作如是言我今得遇眞善知識善知識者則是趣向一切智門令我得入眞實道故善知識者則是趣向一切智乘令我得至如來地故善知識者則是趣向一切智船令我得至智寶洲故善知識者則是趣向一切智炬令我得生十力光故善知識者則是趣向一切智道令我得入涅槃城故善知識者則是趣向一切智燈令我得見夷險道故善知識者則是趣向一切智橋令我得度險惡處故善知識者則是趣向一切智蓋令我得生大慈涼故善知識者則是趣向一切智眼令我得見法性門故善知識者則是趣向一切智潮令我滿足大悲水故作是語已從地而起繞無量帀合掌前住白言聖者我已先發阿耨多羅三藐三菩提心而未知菩薩云何學菩薩行云何修菩薩道我聞聖者善能誘誨願爲我說

二善財見已下設敬稱讚於中三先身敬次言讚見夷險者涅槃爲夷平生死爲險難又二皆爲險不住爲夷餘可知後作是語已下重明身敬將欲問故三白言聖者下諮問法要

時毗目瞿沙顧其徒衆而作是言善男子此童子已發阿耨多羅三藐三菩提心善男子此童子普施一切衆生無畏此童子普與一切衆生利益此童子常觀一切諸佛智海此童子欲飲一切甘露法雨此童子欲測一切廣大法海此童子欲令衆生住智海中此童子欲普發起廣大悲雲此童子欲普雨於廣大法雨此童子欲以智月普照世間此童子欲滅世間煩惱毒熱此童子欲長含識一切善根時諸仙衆聞是語已各以種種上妙香華散善財上投身作禮圍繞恭敬作如是言今此童子必當救護一切衆生必當除滅諸地獄苦必當永斷諸畜生道必當轉去閻羅王界必當關閉諸難處門必當乾竭諸愛欲海必令衆生永滅苦蘊必當永破無明黑暗必當永斷貪愛繫縛必以福德大輪圍山圍繞世間必以智慧大寶須彌顯示世間必當出現清淨智日必當開示善根法藏必使世間明識險易時毗目瞿沙告羣仙言善男子若有能發阿耨多羅三藐三菩提心必當成就一切智道此善男子已發阿耨多羅三藐三菩提心當淨一切佛功德地

第三時毗目下稱讚授法中二先稱讚法

器後正授法要令初中四一總讚發心示徒衆者令敬學故次善男子此童子下別讚發心之相三時諸仙衆下眷屬敬讚言險易者易亦平也四時毗目下述讚結果

時毗目瞿沙告善財童子言善男子我得菩薩無勝幢解脫善財白言聖者無勝幢解脫境界云何時毗目仙人即申右手摩善財頂執善財手即時善財自見其身徃十方十佛刹微塵數世界中到十佛刹微塵數諸佛所見彼佛刹及其衆會諸佛相好種種莊嚴亦聞彼佛隨諸衆生心之所樂而演說法一文一句皆悉通達各別受持無有雜亂亦知彼佛以種種解淨治諸願亦知彼佛以清淨願成就諸力亦見彼佛隨衆生心所現色相亦見彼佛大光明網種種諸色清淨圓滿亦知彼佛無礙智慧大光明力又自見身於諸佛所經一日夜或七日夜半月一月一年十年百年千年或經億年或阿庾多億年或那由他億年或經半劫或經一劫百劫千劫或百千億乃至不可說不可說佛刹微塵數劫爾時善財童子爲菩薩無勝幢解脫智光明照故得毗盧遮那藏三昧光明爲無盡智解脫三昧光明照故得普攝諸方陀羅尼光明爲金剛輪陀羅尼門光明照故得極清淨智慧心三昧光明爲普門莊嚴藏般若波羅蜜光明照故得佛虛空藏輪三昧光明爲一切佛法輪三昧光明照故得三世無盡智三昧光明

第二時毗目瞿沙結善財下正授法要文中有六初示法名體童眞淨智變化自在高出功用之表所以名幢相感不動故云無勝即此權感亦名幢義二善財白言下徵其境界三時毗目下授令證知摩頂顯加持之相執手表授與之義相攝有力故所見可知執手表授與之義約教相說言相攝有力者約義理說上通諸教此在華嚴知識有力善財無力攝無力故因知識令善財見善財有力則仙人無力攝無力仙人所證善財皆得故互相攝有力四爾時善財童子爲菩薩無勝下得解脫益文有十句五對謂爲五法照得五種益能照皆是無勝幢之別名然初對爲總餘四爲別展轉相生且初總對由見彼眞智作用即知是法界體上寂而徧照故云三昧光明二即上所得三昧光明乃是能照之智作用無盡之寂照故得所照十方智總持之明鑑無遺三即上總持以智爲體堅利圓滿由得此故能令自心障淨智明爲寂照之光四得上淨智般若則無行不嚴無德不備爲莊嚴藏此光照心能照如來法性空中包含圓滿正受現前五上虛空藏輪即一切佛法圓滿寂照以此照心則智窮三世無盡法源此約展轉釋若約能照皆是總中別義則不相躡義不異前而其所得即三昧中事然初對下展轉釋則無勝幢之總爲第一能益餘四展轉皆以所益轉爲能益三若約能照下就總別釋無勝幢之總含於五義初之一能離標總稱即受別名故言能照皆是總中別義細尋可見

時彼仙人放善財手善財童子即自見身還在本處時彼仙人告善財言善男子汝憶念耶善財言唯此是聖者善知識力

五時彼仙人放善財下明捨加持所作訖故還在本處者不移本處而徧十方處既

還本時亦多劫未逾一日故近遠無礙念劫圓融皆圓教善友法門之力是以善財一生能辦多劫之行普賢位内或經不可說劫非但三祇皆法力加持不應以時以處定斯玄旨六時彼仙人告下明言承領可知是以善財一生能辦多劫之行者皆善友力瞬息之間或有佛所見經不可說不可說佛剎微塵數劫修行不倦何得一生不經多劫仙人之力長短自在故如王質遇仙之棊纔看斧柯爛已經三歲尚謂食須既能以長為短亦能以短為長如周穆隨於幻人雖經多年實唯瞬息故結云不應以長短之時廣狹之處定其旨也

仙人言善男子我唯知此菩薩無勝幢解脫如諸菩薩摩訶薩成就一切殊勝三昧於一切時而得自在於一念頃出生諸佛無量智慧以佛智燈而為莊嚴普照世間一念普入三世境界分形徧往十方國土智身普入一切法界隨衆生心普現其前觀其根行而為利益放淨光明甚可愛樂而我云何能知能說彼功德行彼殊勝願彼莊嚴剎彼智境界彼三昧所行彼神通變化彼解脫遊戲彼身相差別彼音聲清淨彼智慧光明

第四仙人言下謙已推勝

善男子於此南方有一聚落名伊沙那有婆羅門名曰勝熱汝詣彼問菩薩云何學菩薩行修菩薩道

第五善男子於此下指示後友伊沙那者此云長直謂里巷徑永表善知三際故長善知勝義故直婆羅門勝熱者於五熱中成勝行故表體煩惱熱成勝德故不染煩惱成淨行故表善知三際故長善知勝義故直者即義引第九住文經云此菩薩善知十種法何等為十所謂善知諸衆生受生善知諸業煩惱現起善知習氣相續善知所行方便善知無量法善解諸威儀善知世界差別善知前際後際事善知演說世諦善知演說第一義釋曰若就實取唯取第八及第十句若通相說除第十句餘皆三際之法

時善財童子歡喜踊躍頂禮其足遶無數帀慇懃瞻仰辭退南行

爾時善財童子為菩薩無勝幢解脫所照故

第九勝熱善友寄王子住義如前釋文亦有六一依教趣入中二初證前後趣後前中二初顯證所因寄王子住者從法王教生於正解當紹佛位故住諸佛不思議神力證菩薩不思議解脫神通智得菩薩不思議三昧智光明得一切時熏修三昧智光明得了知一切境界皆依想所住三昧智光明得一切世間殊勝智光明於一切處悉現其身以究竟智說無二無分別平等法以明淨智普照境界凡所聞法皆能忍受清淨信解於法自性決定明了心恒不捨菩薩妙行求一切智永無退轉獲得十力智慧光明勤求妙法常無厭足以正修行入佛境界出生菩薩無量莊嚴無邊大願悉已清淨以無窮盡智知無邊世界網以無怯弱心度無量衆生海了無邊菩薩諸行境界見無邊世界種種差別見無邊世界種種莊嚴入無邊世界微細境界知無邊世界種種名號知無邊世界種種言說知無邊衆生種種解見無邊衆生種種行見無邊衆生成熟行見無邊衆生差別想念善知識漸次遊行至伊沙那聚落

後住諸佛下正明證益於中二先得自分益後求一切智下得勝進益及於趣後文並可知

見彼勝熱修諸苦行求一切智四面火聚猶如大山中有刀山高峻無極登彼山上投身入火時善財童子頂禮其足合掌而立作如是言聖者我已先發阿耨多羅三藐三菩提心而未知菩薩云何學菩薩行云何修菩薩道我聞聖者善能誘誨願爲我說

第二見彼勝熱下見敬諮問中三先見苦行四面火聚者更加頭上有日即五熱炙身今但云四者四句般若皆燒惑薪故中有刀山者無分別智最居中道無不割故高而無上難可登故故智論云般若波羅蜜猶如大火聚四邊不可取遠離於四句四句即四邊取則燒人離則成智又火有四義一燒煩惱薪二破無明闇三成熟善根四照現證理投身入火者從無分別智徧入四句皆無滯故又釋刀是斷德無不割故火是智德無不照故投身下者障盡證理故即刀山爲能證火聚爲所證故此火等即是法門不須別表現所用故稱性事故此爲甚深難解不可輕爾二敬三問

文並可知故智論云般若波羅蜜猶如大火聚即第二十論又釋刀是斷德等上唯就般若上說此下即二德涅槃刀山是解脫德火是般若德理即法身

婆羅門言善男子汝今若能上此刀山投身火聚諸菩薩行悉得清淨

第三婆羅門言下正示法界有六一示法勸修二疑憚不受三勝緣勸引四疑盡悔愆五誠勸見容六依教修證今初然刀山不可執火聚不可取若能不住無分別智徧入四句則遠離四謗不滯空有何行不成所以要令入者破其見心令解菩薩深密法故順相易解逆相難知故今初以下疏文有三一直消文意即就前約般若上說般若能成衆行故此中示於邪見無厭足王示瞋婆須蜜女示貪顯三毒相並有正法故然有五義一當相即空空故是道非謂此三即是佛法諸部般若其文非一此中下二通標三毒深玄之義諸部般若其文非一文中廣說三毒四倒悉皆清淨廣說貪欲瞋癡性皆空寂二約幻用攝生亦非即是如淨名云行於非道先以欲鉤牽後令入佛智等如淨名行於非道者即第二經佛道品文殊師利問維摩詰言菩薩云何通達佛道維摩詰言菩薩行於非道是爲通達佛道又問云何行於非道

通達佛道答曰菩薩行五無間而無惱恚至于地獄無諸罪垢至於畜生無有無明憍慢等過至於餓鬼而具足佛法乃至示行瞋恚而常慈悲皆言示行即幻用攝生又云云何爲如來種文殊答云有身爲種無明有愛爲種貪恚癡爲種等結云六十二見一切煩惱皆是佛種曰何謂也答曰若見無爲入正位者不能復發阿耨多羅三藐三菩提心譬如高源陸地不生蓮華等皆菩薩幻用化生言先以欲鉤牽者亦是此品淨名答普現色身之要言也經云示受於五欲亦復現行禪令魔心憒亂不能得其便火中生蓮華是可謂希有在欲而行禪希有亦如是或現作婬女引諸好色者先以欲鉤牽後令入佛道既言現作明知幻用三在惑用心如俗流輩此在觀心爲道亦非即道三在惑用心者以是俗流帶妻挾子是其常業未能捨事事上用心令了性空但我妄念未得自在非以爲是令惑漸薄便能遠離上經亦云菩薩在家與妻子俱未曾暫捨一切智心等四留惑潤生長菩薩道亦非即是如淨名云不入生死大海則不能得一切智寶等四留惑潤生出現已釋淨名不入生死大海此前喻云譬如不入大海不能得無價寶珠五當相即道不同前四不思議故無行經云婬欲即是道恚癡亦復然如是三法中具一切佛法亦斯義矣五當相即道是道體故理無二味故無有一法非佛法故不思議故者總相歎也不可作欲等思故引無行經文前曾一用取欲空性則用初義今取即道亦如智論第七喜根菩薩於勝意菩薩而說偈言婬欲即是道恚癡亦復然如是三事中無量諸佛道若有人分別婬怒

癡及道是人去佛遠譬如天與地道及婬怒癡是一法平等若人聞怖畏去佛道甚遠婬法不生滅不能令心惱若人計吾我婬將入惡道見有無異行是不離無有苦知有無等超勝成佛道都說七十餘偈皆即道也喜根於今現在東方過十億佛土作佛其國土亦號寶藏佛號光喻日月王文殊言勝意比丘我身是也爾時不信受無量苦佛問聞偈得何益答能畢衆苦世世利根解深妙法等

時善財童子作如是念得人身難離諸難難得無難難得淨法難得值佛難具諸根難聞佛法難遇善人難逢真善知識難受如理正教難得正命難隨法行難此將非魔魔所使耶將非是魔險惡徒黨詐現菩薩善知識相而欲爲我作善根難作壽命難障我修行一切智道牽我令人諸惡道中欲障我法門障我佛法

二時善財童子作如是下疑憚不受非惜身命恐失道緣示智未深故生此念文中先明道緣難具於中離諸難者非佛前後等得無難者非生聾等具諸根者謂信進等後此將非下正疑魔壞

作是念時十千梵天在虛空中作如是言善男子莫作是念莫作是念今此聖者得金剛餤三昧光明發大精進度諸衆生心無退轉欲竭一切貪愛海欲截一切邪見網欲燒一切煩惱薪欲照一切惑稠林欲斷一切老死怖欲壞一切三世障欲放一切法光明善男子我諸梵天多著邪見皆悉自謂是自在者是能作者於世間中我是最勝見婆羅門五熱炙身於自宮殿心不樂著於諸禪定不得滋味皆共來詣婆羅門所時婆羅門以神通力示大苦行爲我說法能令我等滅一切見除一切慢住於大慈行於大悲起廣大心發菩提意常見諸佛恒聞妙法於一切處心無所礙

三作是念時下勝緣勸引中有十三衆各述曾爲勝熱化益故勸勿疑初一即色界梵天多是初禪文中有三一總勸莫疑二今此下彰其本意智慧堅利猶如金剛燒諸惑薪發諸智焰燒而常寂爲三昧光三善男子下自述蒙益梵王最初生此餘衆念而後生故生邪見

復有十千諸魔在虛空中以天摩尼寶散婆羅門上告善財言善男子此婆羅門五熱炙身時其火光明映奪於我所有宮殿諸莊嚴具皆如聚墨令我於中不生樂著我與眷屬來詣其所此婆羅門爲我說法令我及餘無量天子諸天女等皆於阿耨多羅三藐三菩提得不退轉復有十千自在天王於虛空中各散天華作如是言善男子此婆羅門五熱炙身時其火光明映奪我等所有宮殿諸莊嚴具皆如聚墨令我於中不生愛著即與眷屬來詣其所此婆羅門爲我說法令我於心而得自在於煩惱中而得自在於受生中而得自在於諸業障而得自在於諸三昧而得自在於莊嚴具而得自在於壽命中而得自在乃至能於一切佛法而得自在復有十千化樂天王於虛空中作天音樂恭敬供養作如是言善男子此婆羅門五熱炙身時其火光明照我宮殿諸莊嚴具及諸采女能令我等不受欲樂不求欲樂身心柔軟即與衆俱來詣其所時婆羅門爲我說法能令我等心得清淨心得明潔心得純善心得柔輭心生

歡喜乃至令得清淨十力清淨之身生無量身乃至令得佛身佛語佛聲佛心具足成就一切智智復有十千兜率天王天子天女無量眷屬於虛空中雨衆妙香恭敬頂禮作如是言善男子此婆羅門五熱炙身時令我等諸天及其眷屬於自宮殿無有樂著共詣其所聞其說法能令我等不貪境界少欲知足心生歡喜心得充滿生諸善根發菩提心乃至圓滿一切佛法復有十千三十三天并其眷屬天子天女前後圍繞於虛空中雨天曼陀羅華恭敬供養作如是言善男子此婆羅門五熱炙身時令我等諸天於天音樂不生樂著共詣其所時婆羅門爲我等說一切諸法無常敗壞令我捨離一切欲樂令我斷除憍慢放逸令我愛樂無上菩提又善男子我當見此婆羅門時須彌山頂六種震動我等恐怖皆發菩提心堅固不動

次五欲天

復有十千龍王所謂伊那跋羅龍王難陀優波難陀龍王等於虛空中雨黑栴檀無量龍女奏天音樂雨天妙華及天香水恭敬供養作如是言善男子此婆羅門五熱炙身時其火光明普照一切諸龍宮殿令諸龍衆離熱沙怖金翅鳥怖滅除瞋恚身得清涼心無垢濁聞法信解厭惡龍趣以至誠心悔除業障乃至發阿耨多羅三藐三菩提意住一切智復有十千夜叉王於虛空中以種種供具恭敬供養此婆羅門及以善財作如是言善男子此婆羅門五熱炙身時我及眷屬悉於衆生發慈愍心一切羅刹鳩槃茶等亦生慈心以慈心故於諸衆生無所惱害而來見我我及彼等於自宮殿不生樂著即與共俱來詣其所時婆羅門即爲我等如應說法一切皆得身心安樂又令無量夜叉羅刹鳩槃茶等發於無上菩提之心復有十千乾闥婆王於虛空中作如是言善男子此婆羅門五熱炙身時其火光明照我宮殿悉令我等受不思議無量快樂是故我等來詣其所此婆羅門爲我說法能令我等於阿耨多羅三藐三菩提得不退轉復有十千阿脩羅王從大海出住在虛空舒右膝輪合掌前禮作如是言善男子此婆羅門五熱炙身時我阿脩羅所有宮殿大海大地悉皆震動令我等捨憍慢放逸是故我等來詣其所從其聞法捨離諂誑安住忍地堅固不動圓滿十力復有十千迦樓羅王勇力持王而爲上首化作外道童子之形於虛空中唱如是言善男子此婆羅門五熱炙身時其火光明照我宮殿一切震動皆悉恐怖是故我等來詣其所時婆羅門即爲我等如應說法令修習大慈稱讚大悲度生死海於欲泥中拔濟衆生歎菩提心起方便智隨其所宜調伏衆生復有十千緊那羅王於虛空中唱如是言善男子此婆羅門五熱炙身時我等所住宮殿諸多羅樹諸寶鈴網諸寶繒帶諸音樂樹諸妙寶樹及諸樂器自然而出佛聲法聲及不退轉菩薩僧聲願求無上菩提之聲云某方某國有某菩薩發菩提心某方某國有某菩薩修行苦行難捨能捨乃至清淨一切智行某方某國有某菩薩往詣道場乃至某方某國有某如來作佛

事已而般涅槃善男子假使有人以閻浮提一切草木末爲微塵此微塵數可知邊際我宮殿中實多羅樹乃至樂器所說菩薩名如來名所發大願所修行等無有能得知其邊際善男子我等以聞佛聲法聲菩薩僧聲生大歡喜來詣其所時婆羅門即爲我等如應說法令我及餘無量衆生於阿耨多羅三藐三菩提得不退轉

次六雜類

復有無量欲界諸天於虛空中以妙供具恭敬供養唱如是言善男子此婆羅門五熱炙身時其火光明照阿鼻等一切地獄諸所受苦悉令休息我等見此火光明故心生淨信以信心故從彼命終生於天中爲知恩故而來其所恭敬瞻仰無有厭足時婆羅門爲我說法令無量衆生發菩提心

十三欲界諸天衆然此欲界即是一類從地獄出者義通六天及前夜摩四天王前所不列皆在其中

爾時善財童子聞如是法心大歡喜於婆羅門所發起眞實善知識心頭頂禮敬唱如是言我於大聖善知識所生不善心唯願聖者容我悔過

第四爾時善財聞如是下疑盡悔愆

時婆羅門即爲善財而說頌言

若有諸菩薩　順善知識敎
一切無疑懼　安住心不動
當知如是人　必獲廣大利
坐菩提樹下　成於無上覺

第五時婆羅下誡勸見容上疑爲揀其眞僞此勸爲顯其實德魔亦能爲現勸何故聞即[illegible]除以此善友前友指來況勸中正說非魔能作善財亦得起魔之眼故若爾何以生疑以顯法故如第八地中佛之七勸縱佛不勸豈容趣寂人爲後代之軌令審察故

爾時善財童子即登刀山自投火聚未至中間即得菩薩善住三昧纔觸火燄又得菩薩寂靜樂神通三昧善財白言甚奇聖者如是刀山及大火聚我身觸時安隱快樂

第六爾時善財下依敎修證於中二初正修證未至得善住三昧者上不依山下不依火正處於空即顯般若離於二邊無所住故名爲善住寂靜樂神通三昧者親證般若實體即性淨涅槃故云寂靜樂而大用無涯故云神通觸者親證也故淨名云受諸觸如智證二善財白言下自陳所得顯後得起說（故淨名云受諸觸如智證者即迦葉章中謂智證實相則觸而非觸觸而非觸受觸當然心境兩冥名爲親證）

時婆羅門告善財言善男子我唯得此菩薩無盡輪解脫如諸菩薩摩訶薩大功德燄能燒一切衆生見惑令無有餘必不退轉無窮盡心無懈怠心無怯弱心發如金剛藏那羅延心疾修諸行無遲緩心願如風輪普持一切精進大誓皆無退轉而我云何能知能說彼功德行

第四謙已推勝謙已中云無盡輪者有二義一智輪摧惑照其本源無可盡故二反照智用周法界無有盡故圓轉不已所以名輪推勝可知

善男子於此南方有城名師子奮迅中有童

女名曰慈行汝詣彼問菩薩云何學菩薩行修菩薩道

第五指示後友師子奮迅者師子幢王所居表振動照耀住持世界自在無畏故慈行童女者知衆生根令其調伏慈爲行故智中生悲便能處世無染是謂童女以學如來十種智故（表振動等者後經云佛子云何爲菩薩灌頂住此菩薩成就十種智何者爲十所謂振動無數世界二照耀三住持四往詣五嚴淨上四皆同初句六開示無數衆生七觀察無數衆生八知無數衆生根九令無數衆生趣入十令無量衆生調伏今以無畏貫斯十句）

時善財童子頂禮其足繞無數帀辭退而去

大方廣佛華嚴經疏鈔會本第六十四

大方廣佛華嚴經疏鈔會本第六十五　翦七

唐于闐國三藏沙門實叉難陀　譯

唐清涼山大華嚴寺沙門澄觀撰述

爾時善財童子於善知識所起最極尊重心生廣大清淨解常念大乘專求佛智願見諸佛觀法境界無障礙智常現在前決定了知諸法實際常住際一切三世諸刹那際如虛空際無二際一切法無分別際一切義無障礙際一切劫無失壞際一切如來無際之際於一切佛心無分別破衆想網離諸執著不取諸佛衆會道場亦不取佛清淨國土知諸衆生皆無有我知一切聲悉皆如響知一切色悉皆如影

第十慈行童女寄灌頂住（寄灌頂住從前觀空得無生心最爲上首諸佛法水灌其頂故）文六同前初依教趣求中二先修入前教於中初二句重友解生次二句念衆思佛次觀法下智證實際初句能觀智現決定下所證窮極後於一切佛下離障自在

漸次南行至師子奮迅城周徧推求慈行童女聞此童女是師子幢王女五百童女以爲侍從住毘盧遮那藏殿於龍勝栴檀足金線網天衣座上而說妙法

二漸次下趣求後友於中初至處次聞名五百爲侍者以一期位滿總攝五位十十法門互相涉入之法而相應故

善財聞已詣王宮門求見彼女見無量衆來入宮中善財問言諸人今者何所往詣咸報之言我等欲詣慈行童女聽受妙法善財童子即作是念此王宮門既無限礙我亦應入善財入已見毘盧遮那藏殿玻瓈爲地瑠璃爲柱金剛爲壁閻浮檀金以爲垣牆百千光明而爲窻牖阿僧祇摩尼寶而莊校之寶藏摩尼鏡周帀莊嚴以世間最上摩尼寶而爲莊飾無數寶網羅覆其上百千金鈴出妙音聲有如是等不可思議衆寶嚴飾其慈行童女皮膚金色眼紺紫色髮紺青色以梵音聲而演說法

第二善財聞已下見敬諮問中亦三初見中先明遠見表得門未證故後善財入已下親覩依正等

善財見已頂禮其足繞無數帀合掌前住作如是言聖者我已先發阿耨多羅三藐三菩提心而未知菩薩云何學菩薩行云何修菩薩道我聞聖者善能誘誨願爲我說

二敬三問並可知

時慈行童女告善財言善男子汝應觀我宮殿莊嚴善財頂禮周徧觀察見一一壁中一一柱中一一鏡中一一相中一一形中一一摩尼寶中一一莊嚴具中一一金鈴中一一寶樹中一一寶形像中一一寶瓔珞中悉見法界一切如來從初發心修菩薩行成滿大願具足功德成等正覺轉妙法輪乃至示現入於涅槃如是影像靡不皆現如淨水中普見虛空日月星宿所有衆像如此皆是慈行童女過去世中善根之力

第三時慈行童女下正示法界中二一今觀覩證並依中見正小大念劫皆無礙等十住位終故約報顯

爾時善財童子憶念所見諸佛之相合掌瞻

仰慈行童女爾時童女告善財言善男子此是般若波羅蜜普莊嚴門我於三十六恒河沙佛所求得此法彼諸如來各以異門令我入此般若波羅蜜普莊嚴門一佛所演餘不重說

二爾時善財下以言顯發於中二先顯法名因後彰法勝用前中初善財默請後童女言答中初示名名般若普莊嚴者有二義一由般若照一切法依中有正一中有多故所得依無所不現般若中云了色是般若一切法趣色即其義矣二由能證般若已具諸度莊嚴故所證所成亦莊嚴無盡次下顯因云彼諸如來各以異門令我入此即其義也總攝三十六恒沙之別歸於普門則一嚴一切嚴故名普嚴言三十六恒沙者住位既滿則六度之中一一具六故爲三十六皆恒沙性德本覺中來故云佛所求得般若等者即大品經意具歷諸法且初歷五蘊云了色是般若一切法趣色色尚不可得云何當有趣非趣如是具歷諸法皆然若般若意似當諸法之性不異色性故皆趣色色不可得當相性空既無所趣安有能趣若智者意一切法趣色是假觀色尚不可得是空觀云何當有趣非趣即中道觀令雙用意但要初句以取色性爲諸法依以性普收故皆趣色則一色中具一切法是事事無礙之意故隨一法皆收法界故得依果一一境中具諸莊嚴則莊嚴屬果以果諸因名普莊嚴第二意即因自莊嚴言三十六下但約表義若約事釋如休捨處

善財白言聖者此般若波羅蜜普莊嚴門境界云何童女答言善男子我入此般若波羅蜜普莊嚴門隨順趣向思惟觀察憶持分別時得普門陀羅尼百萬阿僧祇陀羅尼門皆悉現前

二善財白言下顯法勝用先問後答答中先總後所謂下別總中初明修習契證相應後得普門下總明所得業用陀羅尼以智爲體由得般若普嚴故能總持萬法一持一切持故云普門以圓融十住亦同十地所得無量百千阿僧祇陀羅尼門又彼總此別但舉一持餘三昧等畧而不說又彼總此別者謂地經之中但云無量百千阿僧祇陀羅尼門解脫門三昧門亦然設有列者但列其十今有一百一十八門總持故云別也

所謂佛剎陀羅尼門佛陀羅尼門法陀羅尼門衆生陀羅尼門過去陀羅尼門未來陀羅尼門現在陀羅尼門常住際陀羅尼門福德陀羅尼門福德助道具陀羅尼門智慧陀羅尼門智慧助道具陀羅尼門諸願陀羅尼門分別諸願陀羅尼門集諸行陀羅尼門清淨行陀羅尼門圓滿行陀羅尼門業陀羅尼門業不失壞陀羅尼門業流注陀羅尼門業所作陀羅尼門捨離惡業陀羅尼門修習正業陀羅尼門業自在陀羅尼門善行陀羅尼門持善行陀羅尼門三昧陀羅尼門隨順三昧陀羅尼門觀察三昧陀羅尼門三昧境界陀羅尼門從三昧起陀羅尼門神通陀羅尼門心海陀羅尼門種種心陀羅尼門直心陀羅尼門照心稠林陀羅尼門調心清淨陀羅尼門知衆生所從生陀羅尼門知衆生煩惱行陀羅尼門知煩惱習氣陀羅尼門知煩惱方便陀羅尼門知衆生解陀羅尼門知衆生行陀羅尼門知衆生行不同陀羅尼門知衆生性陀羅尼門知衆生欲陀羅尼門知衆生想陀

羅尼門
普見十方陀羅尼門說法陀羅尼門大悲陀
羅尼門大慈陀羅尼門寂靜陀羅尼門言語
道陀羅尼門方便非方便陀羅尼門隨順陀
羅尼門差別陀羅尼門普入陀羅尼門無礙
際陀羅尼門普徧陀羅尼門佛法陀羅尼門
菩薩法陀羅尼門聲聞法陀羅尼門獨覺法
陀羅尼門世間法陀羅尼門
世界成陀羅尼門世界壞陀羅尼門世界住
陀羅尼門淨世界陀羅尼門垢世界陀羅尼
門於垢世界現淨陀羅尼門於淨世界現垢
陀羅尼門純垢世界陀羅尼門純淨世界陀
羅尼門平坦世界陀羅尼門不平坦世界陀
羅尼門覆世界陀羅尼門因陀羅網世界陀
羅尼門世界轉陀羅尼門知依想住陀羅尼
門細入麤陀羅尼門麤入細陀羅尼門
見諸佛陀羅尼門分別佛身陀羅尼門佛光
明莊嚴網陀羅尼門佛圓滿音陀羅尼門佛
法輪陀羅尼門成就佛法輪陀羅尼門差別
佛法輪陀羅尼門無差別佛法輪陀羅尼門

解釋佛法輪陀羅尼門轉佛法輪陀羅尼門
能作佛事陀羅尼門分別佛衆會陀羅尼門
入佛衆會海陀羅尼門普照佛力陀羅尼門
諸佛三昧陀羅尼門諸佛三昧自在用陀羅
尼門諸佛所住陀羅尼門諸佛所持陀羅尼
門諸佛變化陀羅尼門佛知衆生心行陀羅
尼門諸佛神通變現陀羅尼門住兜率天宮
乃至示現入於涅槃陀羅尼門利益無量衆
生陀羅尼門入甚深法陀羅尼門入微妙法
陀羅尼門
菩提心陀羅尼門起菩提心陀羅尼門助菩
提心陀羅尼門諸願陀羅尼門諸行陀羅尼
門神通陀羅尼門出離陀羅尼門總持清淨
陀羅尼門智輪清淨陀羅尼門智慧清淨陀
羅尼門菩提無量陀羅尼門自心清淨陀羅
尼門
二別顯中有百一十八門畧分十位初八
總知依正理事持二福德下九門明願行
持三業下九門明業持四三昧下六門明
一正受體用持五心海下五門染淨諸心持

六知衆生下十門知所化持七普見十方
下十七門知能化持八世界成下十七門
明知剎海自在持於中言世界轉者晉經
云迴轉世界九見諸佛下二十五門知佛
海自在持十菩提心下十二門明菩提因
果持自心清淨即性淨菩提總攝諸門不
出於此
善男子我唯知此般若波羅蜜普莊嚴門
如諸菩薩摩訶薩其心廣大等虛空界入於
法界福德成滿住出世法遠世間行智眼無
瞖普觀法界慧心廣大猶如虛空一切境界
悉皆明見獲無礙地大光明藏善能分別一
切法義行於世行不染世法能益於世非世
所壞普作一切世間依止普知一切衆生心
行隨其所應而爲說法於一切時恒得自在
而我云何能知能說彼功德行
第四謙已推勝可知
善男子於此南方有一國土名爲三眼彼有
比丘名曰善見汝詣彼問菩薩云何學菩薩
行修菩薩道

第五指示後友國名三眼者施爲行首復開導自他如目導餘根故名爲眼財施無著成於慧眼無畏之施成於慈眼法施開於法眼故復云三用上三眼見無不善又施行内成勝報外現見者皆善故出住之行故以出家表之又行本令物得出離故

時善財童子頂禮其足繞無數帀戀慕瞻仰辭退而行

上明十住竟

爾時善財童子思惟菩薩所住行甚深思惟菩薩所證法甚深思惟菩薩所入處甚深思惟衆生微細智甚深思惟世間依想住甚深思惟衆生所作行甚深思惟衆生心流注甚深思惟衆生如光影甚深思惟衆生名號甚深思惟衆生言說甚深思惟莊嚴法界甚深思惟種植業行甚深思惟業莊飾世間甚深

大文第三善見已下有十善友寄十行位位各一人初善見比丘寄歡喜行寄歡喜行者施隨自他故名歡喜文亦具六初依教趣求中亦二先念前友教中有十三句初總餘別別分爲三初二約菩薩論深一所證法界即事而真故二入菩薩地智唯證相應故初二約菩薩者理智一對次有七句約衆生辨深一報類難知故一報類難知者如迴向品說二妄想爲因即無性故二妄想爲因即無性者妄想爲因釋依想住即無性言釋於甚深故楞伽云前聖所知轉相傳授妄想無性斯爲自覺聖智之境故甚深也三染分行業唯佛知故三染分行業等者以約衆生故如一孔雀毛一切種因相等四感異熟識若種若現恒轉如流不可知故四感異熟識者行相深細故經云阿陀那識甚深細等亦如楞伽上中下修照見自心生滅流注又經云諸識有二種生謂流注生相生有二種住謂流注住相住有二種滅謂流注滅相滅古同釋云流注即是八識相續然相有三種已如前引今此即剎那流注與上照見自心生滅流注義相符也若常照之見其無性即自覺聖智故五所變影像若內若外緣無性故五所變影像等者相分即是影像第八緣三種境境即相分謂種子根身即內境也器世間即外境也變現心所等皆是內也色爲二所現影亦通內外外即五塵內即五根六名無得物之功而不失所名之物故六名無得物之功已見上文七文字言說皆解脫故七文字言說皆解脫故者即淨名中天女折身子已如前引後三句合辨前文一染淨二分皆嚴法界而無嚴故二卜二分業不相知故三各自莊飾淨染世間果報無失即同真故總上二分皆是般若波羅蜜普莊嚴故所以思之皆嚴法界而無嚴者故金剛云莊嚴佛土即非莊嚴是名莊嚴謂離後莊嚴無能嚴心則稱實理事理無礙方真嚴也總上二分下結法所屬

漸次遊行至三眼國於城邑聚落村鄰市肆川原山谷一切諸處周徧求覓善見比丘

二趣求後友於市肆等處處求者顯隨緣造修無不在故

見在林中經行往返壯年美貌端正可喜其髮紺青右旋不亂頂有肉髻皮膚金色頸文三道額廣平正眼目脩廣如青蓮華脣口丹潔如頻婆果胷摽卍字七處平滿其臂纖長其指網縵手足掌中有金剛輪其身殊妙如淨居天上下端直如尼拘陀樹諸相隨好悉皆圓滿如雪山王種種嚴飾目視不瞬圓光一尋

第二見在林中下見敬諮問中先見次敬後問見中三先見身勝相見在林者行之初故同佛相者如說修行順佛果故於中七處平滿者兩手兩足兩肩及項言其身

殊妙如淨居天者準晉經即師子上身相
矣上下端直如尼拘陀樹者準晉經云其
身圓滿如尼俱陀樹此則但是一相言諸
相隨好者上但列十四故總結之目視不
瞬圓光一尋復是二相都列十六耳餘至
瞿波處釋
此則但是一相者以晉經合其
身殊妙屬後尼拘陁故今經二
相彼但成一然如尼俱陁者其枝橫布與
上聳相稱非如建木一向直聳非如傍覆
一向婆娑故云上下端直若順樹相圓滿
最妙此明不長不短如人橫尋與身相稱
七尺之人尋亦
七尺此爲福相
智慧廣博猶如大海於諸境界心無所動若
沈若舉若智非智動轉戲論一切皆息得佛
所行平等境界大悲教化一切衆生心無暫
捨爲欲利樂一切衆生爲欲開示如來法眼
爲踐如來所行之道不遲不速審諦經行
二智慧下明其心相即止觀雙運止過則
沉智過則舉不沉不舉則正受現前不智
不愚則雙契中道起念止觀皆成動轉雙
非再遣未離戲論雖止觀雙運而無心寂
照則一切皆息爲踐如來所行之道隨所
履道即是法門
明其心相者然世之相亦
有三類一色相二聲相三
心相心相最勝然可修成舍弘仁惠是勝
相也今此正明菩薩心相言即止觀雙運
者經初二句標示止觀初智慧爲觀後於
諸境下即止從止過下釋若沉若舉已下
經然沉舉畧有二種一昏沉掉舉此相即
蠱亦所不論二細沉舉即如疏辨若靜無
遺照動不離寂則是雙行不沉不舉故云
正受現前然經一切皆息總該上四而疏
釋之四對別顯上釋第一若沉若舉竟二
不智不愚則雙契中道者即取下皆息該
此名不智不愚若智際前觀也非智際前
止也今由皆息則止觀兩亡爲真止觀方
契中道三起念下釋動轉皆息若有止觀
即爲動轉今由兩亡故無動轉四雙非下
釋戲論字言雙非者非止非觀斯則第四
戲論謗也再遣者又亡雙非謂非非止觀
等由迹不忘如楔出楔故並戲論今云皆
息戲論自亡上但遮過從得佛下顯其成
德故雖止觀雙運而無心寂照等雙運即
爲雙照無心即爲雙遮遮照同時互融平
等即是如如
平等之境
無量天龍夜叉乾闥婆阿脩羅迦樓羅緊那
羅摩睺羅伽釋梵護世人與非人前後圍繞
主方之神隨方迴轉引導其前足行諸神持
寶蓮華以承其足無盡光神舒光破闇閻浮
幢林神雨衆雜華不動藏地神現諸寶藏普
光明虛空神莊嚴虛空成就德海神雨摩尼
寶無垢藏須彌山神頭頂禮敬曲躬合掌無
礙力風神雨妙香華春和主夜神莊嚴其身
舉體投地常覺主晝神執普照諸方摩尼幢
住在虛空放大光明
三無量下明諸侍從不無表法恐繁不說
時善財童子詣比丘所頂禮其足曲躬合掌
白言聖者我已先發阿耨多羅三藐三菩提
心求菩薩行我聞聖者善能開示諸菩薩道
願爲我說菩薩云何學菩薩行云何修菩薩
道
敬問可知
善見答言善男子我年既少出家又近我此
生中於三十八恒河沙佛所淨修梵行或有
佛所一日一夜淨修梵行或有佛所七日七
夜淨修梵行或有佛所半月一月一歲百歲
萬歲億歲那由他歲乃至不可說不可說歲
或一小劫或半大劫或一大劫或百大劫乃
至不可說不可說大劫聽聞妙法受行其教
莊嚴諸願入所證處淨修諸行滿足六種波
羅蜜海亦見彼佛成道說法各各差別無有
雜亂住持遺教乃至滅盡亦知彼佛本所興
願以三昧願力嚴淨一切諸佛國土以入一
切行三昧力淨修一切諸菩薩行以普賢乘

出離力清淨一切佛波羅蜜

第三善見答下正示法界中二初示依緣得法後又善男子下顯法業用今初分三初總序初入行位故云年少創離十住之家名爲出家又近言我此生者略有二義一念劫圓融故如毘目處說二顯入解行生非見聞生故供三十八恒沙者過前位故次或有下明所修時分後聽聞下所作成益於中初自修願智行次見果用後知佛修因

又善男子我經行時一念中一切十方皆悉現前智慧清淨故一念中一切世界皆悉現前經過不可說不可說世界故一念中不可說不可說佛剎皆悉嚴淨成就大願力故一念中不可說不可說衆生差別行皆悉現前滿足十力智故一念中不可說不可說諸佛清淨身皆悉現前成就普賢行願力故一念中恭敬供養不可說不可說佛剎微塵數如來成就柔輭心供養如來願力故一念中領受不可說不可說如來法得證阿僧祇差別法住持法輪陀羅尼力故一念中不可說不可說菩薩行海皆悉現前得能淨一切行如因陀羅網願力故一念中不可說不可說諸三昧海皆悉現前得於一三昧門入一切三昧門皆令清淨願力故一念中不可說不可說諸根海皆悉現前得了知諸根際於一根中見一切根願力故一念中不可說不可說佛剎微塵數時皆悉現前得於一切時轉法輪衆生界盡法輪無盡願力故一念中不可說不可說一切三世海皆悉現前得了知一切世界中一切三世分位智光明願力故

二顯法業用中有十二句各先辨業用後出所由然不出願智行如文思之總云一念者以得無依無念智故無法不現

善男子我唯知此菩薩隨順燈解脫門如諸菩薩摩訶薩如金剛燈於如來家真正受生具足成就不死命根常然智燈無有盡滅其身堅固不可沮壞現於如幻色相之身如緣起法無量差別隨衆生心各各示現形貌色相世無倫匹毒刃火災所不能害如金剛山無能壞者降伏一切諸魔外道其身妙好如眞金山於天人中最爲殊特名稱廣大靡不聞知觀諸世間咸對目前演深法藏如海無盡放大光明普照十方若有見者必破一切障礙大山必拔一切不善根本必令種植廣大善根如是之人難可得見難可出世而我云何能知能說彼功德行

第四謙己推勝中謙己結前名隨順燈者用無念之真智順法順機無不照故後如諸下推勝中初句爲總亦別顯家族勝上但云燈照未必常故今推之明金剛智燈親證眞如爲眞正生則常照矣不同解行生也二報命勝由所證常故即金剛義三內智勝如於所證無盡滅故即是燈義四報體勝法性成身相不遷故亦金剛義五現於下明業用勝即對上隨順義以是即體之用故皆不可壞餘並可知指示後友次文當說

善男子於此南方有一國土名曰名聞於河渚中有一童子名自在主汝詣彼問菩薩云

何學菩薩行修菩薩道

時善財童子爲欲究竟菩薩勇猛清淨之行欲得菩薩大力光明欲修菩薩無勝無盡諸功德行欲滿菩薩堅固大願欲成菩薩廣大深心欲持菩薩無量勝行於菩薩法心無厭足願入一切菩薩功德欲常攝御一切衆生欲超生死稠林曠野於善知識常樂見聞承事供養無有厭倦頂禮其足繞無量帀慇懃瞻仰辭退而去

爾時善財童子受善見比丘教已憶念誦持思惟修習明了決定於彼法門而得悟入天龍夜叉乾闥婆衆前後圍繞向名聞國周徧求覓自在主童子時有天龍乾闥婆等於虛空中告善財言善男子今此童子在河渚上

第二自在主寄饒益行（寄饒益行者三聚淨戒能益自他故云饒益）初依教趣求國曰名聞者能持淨戒現世果故河渚上者若持淨戒生死愛河不漂溺故又無量福河常流注故童子自在主者三業無非六根離過故得自在則戒爲主矣戒淨無染故云童子（能持淨戒現世果故者戒經云明人能護戒能得三種樂名譽及利養死得生天上福河常流注者不持戒者可犯之境皆有犯分由持戒故於無盡境皆發勝福故）

爾時善財即詣其所見此童子十千童子所共圍繞聚沙爲戲善財見已頂禮其足繞無量帀合掌恭敬却住一面白言聖者我已先發阿耨多羅三藐三菩提心十六而未知菩薩云何學菩薩行云何修菩薩道願爲解說

第二爾時善財下見敬諮問中見聚沙者恒沙功德由戒積集故

自在主言善男子我昔曾於文殊師利童子所修學書數筭印等法即得悟入一切工巧神通智法門

第三自在主言下正示法界於中二初舉法門名體二善男子我因下明業用今初文殊所學者有智能護戒故書者能詮止作分明故數者表四重十重乃至三千威儀八萬細行故筭者一一之因感幾何果故印者持犯善惡感果決定故等者等餘醫方成五明故上明所學下辨所悟工巧神通皆智所爲故亦表修戒發定慧故（有智能護戒者文殊主智故此言亦是戒經云當觀如是處有智勤護戒戒淨有智慧便得第一道釋曰上二句以智爲因下二句是智之果四重十重者四重通二乘別解脫戒十重已下大乘四重通亦唯大故彌勒受戒羯磨但受四不可過謂十重之中最後四戒謂慳瞋讚毁及謗三寶故成五明者五明在下業中上之諸名然但是聲明中義並如五地今當畧釋）

善男子我因此法門故得知世間書數筭印十七界處等法亦能療治風癎消瘦鬼魅所著如是所有一切諸病亦能造立城邑聚落園林臺觀宮殿屋宅種種諸處亦善調鍊種種仙藥亦善營理田農商賈一切諸業取捨進退咸得其所又善別知衆生身相作善作惡當生善趣當生惡趣此人應得聲聞乘道此人應得緣覺乘道此人應入一切智地如是等事皆悉能知亦令衆生學習此法增長決定究竟清淨善男子我亦能知菩薩筭法所謂一百洛叉爲一俱胝俱胝俱胝爲一阿庾多阿庾多阿庾多爲一那由他那由他那由他爲一頻婆羅頻婆羅頻婆羅爲一矜羯羅廣說乃至優鉢羅優鉢羅爲一波頭摩波頭摩波頭摩爲一僧祇僧祇僧祇爲一趣趣趣爲

一喻喻喻爲一無數無數無數爲一無數轉無數轉無數轉爲一無量無量無量爲一無量轉無量轉無量轉爲一無邊無邊無邊爲一無邊轉無邊轉爲一無等無等無等無等爲一無等轉無等轉無等轉爲一不可數不可數不可數爲一不可數轉不可數轉不可數轉爲一不可稱不可稱不可稱爲一不可稱轉不可稱轉不可稱轉爲一不可思不可思不可思爲一不可思轉不可思轉不可思轉爲一不可量不可量不可量爲一不可量轉不可量轉不可量轉爲一不可說不可說不可說爲一不可說轉不可說轉不可說轉爲一不可說不可說此又不可說不可說爲一不可說不可說轉善男子我以此菩薩算法算無量由旬廣大沙聚悉知其内顆粒多少亦能算知東方所有一切世界種種差別次第安住南西北方四維上下亦復如是亦能算知十方所有一切世界廣狹大小及以名字其中所有一切劫名一切佛名一切法名一切衆生名一切業名一切菩薩名一切諸名皆悉了知

二明業用中三初總明次亦能療下雜辨諸明三善男子下廣顯知算於中初辨能算之數後善男子我以此下算彼所算餘三段可知二明業用中三初總明者此之總文亦即聲明書即聲明中法施設建立名句文身等故其數算印即聲明數施設建立通治取與中生疑障其界處等法即是因明故新經云種種智論名是論體即言論諍論等雜辨諸者即餘三明一即醫方明於中風癲消瘦是癲相鬼魅所著亦是病相亦是病因因鬼等病故其能療治即是除斷能字亦是斷已不生二亦能造下即工巧明瑜伽十五有十二工巧今畧有五一營造工業二以善調練種種仙藥即和合工業三善營理田農即營農工業四商賈即商賈工業其一切諸業即該諸文所不說者更有七不說謂音樂書算成熟方所事王變化呪術五又善別知衆生身相即占相工業三作善作悉下即是內明然瑜伽有四施設建立一事二理三攝聖教四所應知令明於理於中有二一知六趣因果二此人下知三乘因果從如是等下總結無於餘三謂令其習學決定究竟即攝聖教聖教所知應辨事理即三藏故下知算亦攀明攝

善男子我唯知此一切工巧大神通智光明法門如諸菩薩摩訶薩能知一切諸衆生數能知一切諸法品類數能知一切諸法差別數能知一切三世數能知一切衆生名數能知一切諸法名數能知一切諸如來數能知一切諸佛名數能知一切諸菩薩數能知一切菩薩名數而我何能說其功德示其所行顯其境界讃其勝力辯其樂欲宣其助道彰其大願歎其妙行闡其諸度演其清淨發其殊勝智慧光明

善男子於此南方有一大城名曰海住有優婆夷名爲具足汝詣彼問菩薩云何學菩薩行修菩薩道

時善財童子聞是語已舉身毛竪歡喜踊躍獲得希有信樂寶心成就廣大利衆生心悉能明見一切諸佛出興次第悉能通達甚深智慧清淨法輪於一切趣皆隨現身了知三世平等境界出生無盡功德大海放大智慧自在光明開三有城所有關鑰頂禮其足遶無量帀慇懃瞻仰辭退而去

爾時善財童子觀察思惟善知識教猶如巨海受大雲雨無有厭足作是念言善知識教猶如春日生長一切善法根苗善知識教猶如滿月凡所照及皆使清涼善知識教如夏雪山能除一切諸獸熱渴善知識教如芳池

日能開一切善心蓮華善知識教如大寶洲種種法寶充滿其心善知識教如閻浮樹積集一切福智華果善知識教如大龍王於虛空中遊戲自在善知識教如須　山無量善法三十三天於中止住善知識教猶如帝釋衆會圍繞無能映蔽能伏異道脩羅軍衆如是思惟

第三具足優婆夷寄無違逆行寄無違逆行忍順物理名無違逆城名海住者近海而住故安住於忍如海包含故友名具足者一器之中無不具故忍器備容一切德故忍辱柔和故寄女人

漸次遊行至海住城處處尋覓此優婆夷時彼衆人咸告之言善男子此優婆夷在此城中所住宅內 麗七 二十

文中初依教趣求可知

善財聞已即詣其門合掌而立其宅廣博種種莊嚴衆寶垣牆周帀圍繞四面皆有寶莊嚴門善財入已見優婆夷處於寶座盛年好色端正可喜素服垂髮身無瓔珞其身色相威德光明除佛菩薩餘無能及於其宅內敷十億座超出人天一切所有皆是菩薩業力成就宅中無有衣服飲食及餘一切資生之物但於其前置一小器復有一萬童女圍繞威儀色相如天采女妙寶嚴具莊飾其身言音美妙聞者喜悅常在左右親近瞻仰思惟 麗七 二十一 觀察曲躬低首應其教命彼諸童女身出妙香普熏一切若有衆生遇斯香者皆不退轉無怒害心無怨結心無慳嫉心無諂誑心無險曲心無憎愛心無瞋恚心無下劣心無高慢心生平等心起大慈心發利益心住律儀心離貪求心聞其音者歡喜踴躍見其身者悉離貪染

第二善財聞已下見敬諮問初見中四一見外依報二見友正報端正可喜者忍之報故素服等者忍華飾故三於其宅下見內依報四復有下明其眷屬萬行皆順忍故

爾時善財既見具足優婆夷已頂禮其足恭敬圍繞合掌而立白言聖者我已先發阿耨多羅三藐三菩提心而未知菩薩云何學菩薩行云何修菩薩道我聞聖者善能誘誨願爲我說

二敬三問並可知

彼即告言善男子我得菩薩無盡福德藏解脫門能於如是一小器中隨諸衆生種種欲樂出生種種美味飲食悉令充滿假使百衆生千衆生百千衆生億衆生百億衆生千億衆生百千億那由他衆生乃至不可說不可說衆生假使閻浮提微塵數衆生一四天下微塵數衆生小千世界中千世界大千世界乃至不可說不可說佛刹微塵數衆生假使十方世界一切衆生隨其欲樂悉令充滿而其飲食無有窮盡亦不減少如是飲食如是種種上味種種牀座種種衣服種種卧具種種車乘種種華種種鬘種種香種種塗香種種燒香種種末香種種珍寶種種瓔珞種種幢種種幡種種蓋種種上妙資生之具隨意所樂悉令充足

第三彼即下正示法界於中二初舉法門

名體器中出物與福無盡故稱法界福之所招故後能於如是下辨業用中三初正顯業用次令見同益三使其目驗前中三初益衆生次益二乘後益菩薩今初亦三初總明以是稱性之具即一小器融同法界無盡緣起故用無不應應無不益而其法界體無增減又表忍必自卑故小法忍同如一味爲一內空外假爲器忍能包含無外故隨出無盡次出生下別明出味後如飲食下舉一例餘

疏七　二十二

又表忍必自卑下上直約善友依報釋此下約表位釋忍必謙卑卑而不可遏故小而大容上通二忍法忍同如即諦察法忍內空外假者埏埴以爲器當其無有器之用即假能用即空能大無有不成於空故故因外假而內有所用老子云有之以爲利無之以爲所無空不成於假故空能多容此二無二中道器也

疏七　二十三

又善男子假使東方一世界中聲聞獨覺食我食已皆證聲聞辟支佛果住最後身如一世界中如是百世界千世界百千世界億世界百億世界千億世界百千億世界百千億那由他世界閻浮提微塵數世界一四天下微塵數世界小千國土微塵數世界中千國土微塵數世界三千大千國土微塵數世界乃至不可說不可說佛刹微塵數世界中所有一切聲聞獨覺食我食已皆證聲聞辟支佛果住最後身如於東方南西北方四維上下亦復如是又善男子東方一世界乃至不可說不可說佛刹微塵數世界中所有一生所繫菩薩食我食已皆菩提樹下坐於道場降伏魔軍成阿耨多羅三藐三菩提如東方南西北方四維上下亦復如是

二又善男子假使下明益二乘二乘雖不立忍名亦忍盡無生理方成果故二乘雖然不立忍名義如玄中三又善男子東方下益菩薩約事如受於乳糜約法謂餐上品寂滅之忍得菩提故淨名香積與此大同約事如受乳糜者即世尊初成道受二牧牛女乳糜亦如前引約法飡上品寂滅忍者上品屬佛故如十忍品

淨名香積與此大同謂受食已得聖果等故然淨名有二處文一香積品中取飯來竟維摩詰語舍利弗等諸大聲聞仁者可食如來甘露味飯大悲所熏無以限意食之使不消也生公釋云以其向念故敎食也亦欲因以食之爲理泥洹是甘露之法而食此食者必以得之故飯中有甘露味焉大悲所熏者使人得悟爲外熏義豈曰食能大悲力爲然則飯之爲氣大悲熏也無以限意者飯出大悲即無限矣而限言少者則不消也釋曰此乃以悲熏食得涅槃果以果路因爲甘露味未言食即表於涅槃若即食爲涅槃理義則善成二菩薩行品因淨名文殊禮覲世尊阿難怪問今所聞香昔所未有是爲何香佛言是彼菩薩毛孔之香身子亦言我等毛孔亦出是香問其從來云食是香飯阿難問云是香氣住當久如維摩詰言至此飯消曰久如當消曰此飯勢力至于七日然後乃消又阿難若聲聞人未入正位食此飯者得入

疏七　二十四

正位已入正位得心解脫若未發大乘之意至發意已發意得無生忍已得無生忍至一生補處然後乃消譬如有藥名曰上味其有服者身諸毒滅然後乃消此飯如是滅除一切諸煩惱毒然後乃消疏廣釋相竟問云香飯是色法云何斷惑遠公釋云由大悲香飯不思議力所以能斷如輪王有一寶牀聖王居上即能離欲逮得四禪玉女雖見如觀佛像不生欲心況佛菩薩所受境界如華手經說菩薩有一照法性冠著此冠時一切諸法悉現在心諸事亦爾情公釋云雖有此釋道理不然豈有色法性能斷惑但以香飯資發觀智能斷煩惱非是食體即能斷惑釋曰此諸古德意並未恆當且約勝緣以解香飯不知香飯以表法門生公稍近於理故云七日消者不過七日一生補處即七日之內必有所得矣然一食之悟亦不得有二階進也止一生補處者顯佛無因得也無生菩薩及正位之人豈得似外方得進哉而今云爾者以明此飯爲宜理之極備有其義爲釋曰此以有表理意也然淨名中食意通理智大悲甘露味飯即三德涅槃涅槃經中亦以涅槃將喩甘露其飯香氣即表大悲從體起用熏衆生故今此寄位故表於忍忍通五忍無法不攝能忍是智所忍是理廣說利他大悲熏也然淨名云得忍則消亦該五忍之意不爲此釋殊爲淺近

善男子汝見我此十千童女眷屬以不答言

已見優婆夷言善男子此十千童女而爲上首如是眷屬百萬阿僧祇皆悉與我同行同願同善根同出離道同清淨解同清淨念同清淨趣同無量覺同得諸根同廣大心同所行境同理同義同明了法同淨色相同無量力同最精進同正法音同隨類音同清淨第一音同讚無量清淨功德同清淨業同清淨報同大慈周普救護一切同大悲周普成熟衆生同清淨身業隨緣集起令見者欣悅同清淨口業隨世語言宣布法化同往詣一切諸佛衆會道場同往詣一切佛刹供養諸佛同能現見一切法門同住菩薩清淨行地善男子是十千童女能於此器取上飲食一刹那頃徧至十方供養一切後身菩薩聲聞獨覺乃至徧及諸餓鬼趣皆令充足善男子此十千女以我此器能於天中充足天食乃至人中充足人食善男子且待須臾汝當自見說是語時善財則見無量衆生從四門入皆優婆夷本願所請既來集已敷座令坐隨其所須給施飲食悉使充足

二善男子汝見下令見同益三且待下令其目驗及後三段文並可知

告善財言善男子我唯知此無盡福德藏解脫門如諸菩薩摩訶薩一切功德猶如大海甚深無盡猶如虛空廣大無際如如意珠滿衆生願如大聚落所求皆得如須彌山普集衆寶猶如奧藏常貯法財猶如明燈破諸黑闇猶如高蓋普蔭羣生而我云何能知能說彼功德行

善男子南方有城名曰大興彼有居士名曰明智汝詣彼問菩薩云何學菩薩行修菩薩道

時善財童子頂禮其足遶無量帀瞻仰無厭辭退而去

爾時善財童子得無盡莊嚴福德藏解脫光明已思惟彼福德大海觀察彼福德虛空趣彼福德聚登彼福德山攝彼福德藏入彼福德淵遊彼福德池淨彼福德輪見彼福德藏入彼福德門行彼福德道修彼福德種漸次而行至大興城周徧推求明智長者於善知識心生渴仰以善知識熏習其心於善知識志欲堅固方便求見諸善知識心不退轉願得承事諸善知識心無懈倦知由依止善知識故能滿衆善知由依止善知識故能生衆福知由依止善知識故能長衆行知由依止善知識故不由他教自能承事一切善友如是思惟時長其善根淨其深心增其根性益其德本加其大願廣其大悲近一切智具普賢道照明一切諸佛正法增長如來十力光明

第四明智居士寄無屈撓行寄無撓行者懃無怠退故初依教趣求中初依前修治後漸次下趣求後友城名大興者起大精進故友名明智者進足必假智目導故

爾時善財見彼居士在其城內市四衢道七寶臺上處無數寶莊嚴之座其座妙好清淨摩尼以爲其身金剛帝青以爲其足寶繩交絡五百妙寶而爲校飾數天寶衣建天幢旛張大寶網施大寶帳閻浮檀金以爲其蓋毘瑠璃寶以爲其竿令人執持以覆其上鵝王

羽翮清淨嚴潔以爲其扇熏衆妙香雨衆天華左右常奏五百樂音其音美妙過於天樂衆生聞者無不悅豫十千眷屬前後圍繞色相端嚴人所喜見天莊嚴具以爲嚴飾於天人中最勝無比悉已成就菩薩志欲皆與居士同昔善根侍立瞻對承其教命爾時善財頂禮其足繞無量帀合掌而立白言聖者我爲利益一切衆生故爲令一切衆生出諸苦難故爲令一切衆生究竟安樂故爲令一切衆生出生死海故爲令一切衆生住法寶洲故爲令一切衆生枯竭愛河故爲令一切衆生起大慈悲故爲令一切衆生捨離欲愛故爲令一切衆生渴仰佛智故爲令一切衆生出生死曠野故爲令一切衆生樂諸佛功德故爲令一切衆生出三界城故爲令一切衆生入一切智城故發阿耨多羅三藐三菩提心而未知菩薩云何學菩薩行云何修菩薩道能爲一切衆生作依止處

第二爾時善財下見敬諮問中先見於市四衢者表處喧不撓無不通故敬問可知

長者告言善哉善哉善男子汝乃能發阿耨多羅三藐三菩提心善男子發阿耨多羅三藐三菩提心是人難得若能發心是人則能求菩薩行值遇善知識恒無厭足親近善知識恒無勞倦供養善知識恒不疲懈給侍善知識不生憂慼求覓善知識終不退轉愛念善知識終不放捨承事善知識無暫休息瞻仰善知識無時憩止行善知識教未曾怠惰稟善知識心無有誤失善男子汝見我此衆會人不善財答言唯然已見居士言善男子我已令其發阿耨多羅三藐三菩提心生如來家增長白法安住無量諸波羅蜜學佛十力離世間種住如來種棄生死輪轉正法輪滅三惡趣住正法趣如諸菩薩悉能救護一切衆生

第三長者告下稱讚授法中三初歎發心勝能二善男子汝見下示已所化發心眷屬生如來家者同四住中生也同四住中生者四住生聖教家以三賢十聖大類相似故前同四住後同四地

善男子我得隨意出生福德藏解脫門凡有所須悉滿其願所謂衣服瓔珞象馬車乘華香幢蓋飲食湯藥房舍屋宅牀座燈炬奴婢牛羊及諸侍使如是一切資生之物諸有所須悉令充滿乃至爲說眞實妙法善男子且待須臾汝當自見說是語時無量衆生從種種方所種種世界種種國土種種城邑形類各別愛欲不同皆以菩薩往昔願力其數無邊俱來集會各隨所欲而有求請爾時居士知衆普集須臾繫念仰視虛空如其所須悉從空下一切衆會普皆滿足然後復爲說種種法所謂爲得美食而充足者與說種種集福德行離貧窮行知諸法行成就法喜禪悅食行修習具足諸相好行增長成就難屈伏行善能了達無上食行成就無盡大威德力降魔寃行爲得好飲而充足者與其說法令於生死捨離愛著入佛法味爲得種種諸上味者與其說法皆令獲得諸佛如來上味之相爲得車乘而充足者與其宜說種種法門皆令得載摩訶衍乘爲得衣服而充足者與其說法令得清淨慚愧之衣乃至如來清淨

妙色如是一切靡不周贍然後悉爲如應說法既聞法已還歸本處

三善男子我得下正示法界於中二先舉名財法無盡蘊在虛空隨意給施故名隨意出生福德藏亦表見空無不備故後凡有下顯業用於中二一畧舉二善男子且待下舉事現驗於中先見衆集後爾時居士下廣施財法先施財後然後下施法於施一食令成八行初二約施餘六約食食有五果一得之諸法即是慧命二得喜悅即常安樂三具相好即是常色四六即常力五即常辯言上味相者牙有甘露泉故餘可準思食有五果者即涅槃第二如來告純陁云我今施汝常命色力安無礙辯由施於食益命益色益力益安益辯才故近得此五由是無常終得常五並如迴向品中已釋今此且配

爾時居士爲善財童子示現菩薩不可思議解脫境界已告言善男子我唯知此隨意出生福德藏解脫門如諸菩薩摩訶薩成就寶手徧覆一切十方國土以自在力普雨一切資生之具所謂雨種種色寶種種色瓔珞種種色寶冠種種色衣服種種色音樂種種色華種種色香種種色末香種種色燒香種種色寶蓋種種色幢旛徧滿一切衆生住處及諸如來衆會道場或以成熟一切衆生或以供養一切諸佛而我云何能知能說彼諸功德自在神力善男子蕭七於此南方有一大城名三十師子宮彼有長者名法寶髻汝可往問菩薩云何學菩薩行修菩薩道

第四爾時居士下謙已推勝可知第五善男子下指示後友城名師子宮者禪定無亂如彼深宮處之則所說決定作用無畏故以爲名友名法寶髻者綰攝諸亂居心頂故定含明智加以寶名以喻顯法名法寶髻

時善財童子歡喜踊躍恭敬尊重如弟子禮作如是念由此居士蕭七護念於我三十一令我得見一切智道不斷愛念善知識見不壞尊重善知識心常能隨順善知識教決定深信善知識語恒發深心事善知識頂禮其足繞無量帀慇懃瞻仰辭退而去

大方廣佛華嚴經疏鈔會本第六十六之二　翦八

唐于闐國三藏沙門實叉難陀　譯

唐清涼山大華嚴寺沙門澄觀撰述

爾時善財童子於明智居士所聞此解脱已遊彼福德海治彼福德田仰彼福德山趣彼福德津開彼福德藏觀彼福德法淨彼福德輪味彼福德聚生彼福德力增彼福德勢漸次而行向師子城周徧推求寶髻長者

第五法寶髻寄無癡亂行六中初文可知寄於無癡亂行者以慧資定靜無遺照動不離寂名無癡亂

見此長者在於市中遽即往詣頂禮其足遶無數帀合掌而立白言聖者我已先發阿耨多羅三藐三菩提心而未知菩薩云何學菩薩行云何修菩薩道善哉聖者願爲我説諸菩薩道我乘此道趣一切智

第二見此長者下見敬諮問市中見者表處閙忘懷亂中常定故

爾時長者執善財手將詣所居示其舍宅作如是言善男子且觀我家

第三爾時長者下授已法界於中四一執手將引即授法方便顯加行智歸正證故二作如是下示其所住即正授法界三爾時善財見其下正證法界四爾時善財見是下問答因緣即後得智初二可知

爾時善財見其舍宅清淨光明眞金所成白銀爲牆玻瓈爲殿紺瑠璃寶以爲樓閣硨磲妙寶而作其柱百千種寶周徧莊嚴赤珠摩尼爲師子座摩尼爲帳眞珠爲網彌覆其上碼碯寶池香水盈滿無量寶樹周徧行列其宅廣博十層八門

三中二先總後善財入已下別今初十層八門者如八角塔形層門各有三義層別中解門三義者一通約所修之道以八正爲門八正通入於諸位故二約所依之道即以八識爲門於眼根中入正定故根若能入境則可知三約教顯理即四句入法教理各四故有八門謂若失意有空俱泯便成四謗得意通入並稱爲門尋教得解即教四門於理得解即理四門尋敎等者但約詮旨以爲二四亦約敎爲信行約理爲法行若準新經言面各二門故有八門則亦可卽就四門有泯不間以爲八耳如一有門見心妙有而入法界則是有門若取於有卽拂有相名非有門此有中二矣二空者知法空寂卽是空門以空爲空門便權說非空門三若謂妄惑本空眞智不空卽亦有亦空門謂有二體斯門亦權故說妄因眞立妄無妄源眞對妄宣眞非眞矣則雙存兩亡則爲亦有非有亦無非無門四欲言其有無相無名欲言其無聖以之靈爲非有非無門若滯雙非未逃戲論故復拂之此雙非門爲但是遮爲有所表但遮同無有表同有還成有無故此雙非言思亦絕名非非有非非無門故有八門得意爲門失意此八亦非門矣

善財入已次第觀察見最下層施諸飲食見第二層施諸寶衣見第三層布施一切寶莊嚴具見第四層施諸采女并及一切上妙珍寶見第五層乃至五地菩薩雲集演説諸法利益世閒成就一切陀羅尼門諸三昧印諸三昧行智慧光明見第六層有諸菩薩皆已成就甚深智慧於諸法性明了通達成就廣大總持三昧無障礙門所行無礙不住二法在不可説妙莊嚴道場中而共集會分別顯示般若波羅蜜門所謂寂靜藏般若波羅蜜門善分別諸衆生智般若波羅蜜門不可動轉般若波羅蜜門離欲光明般若波羅蜜門不可降伏藏般若波羅蜜門照衆生輪般若

波羅蜜門海藏般若波羅蜜門普眼捨得般若波羅蜜門入無盡藏般若波羅蜜門一切方便海般若波羅蜜門入一切世間海般若波羅蜜門無礙辯才般若波羅蜜門隨順衆生般若波羅蜜門無礙光明般若波羅蜜門常觀宿緣而布法雲般若波羅蜜門說如是等百萬阿僧祇般若波羅蜜門見第七層有諸菩薩得如響忍以方便智分別觀察而得出離悉能聞持諸佛正法見第八層無量菩薩共集其中皆得神通無有退墮能以一音徧十方刹其身普現一切道場盡于法界靡不周徧普入佛境普見佛身普於一切佛衆會中而爲上首演說於法見第九層一生所繫諸菩薩衆於中集會見第十層一切如來充滿其中從初發心修菩薩行超出生死成滿大願及神通力淨佛國土道場衆會轉正法輪調伏衆生如是一切悉使明見

別中十層三者一表十地一施食顯初地行檀二地持戒以慙愧爲衣服三地忍行以爲嚴具四地道品爲內眷屬精進可珍五地文顯六地般若現前故文中三初總次所謂下別顯十五門一照體即寂而無不包二即寂之照無機不鑒三外緣不轉四內照無求五惑境不摧六徧摧諸惑七包含勝德而甚深八普見法界而無礙九一即無盡十巧化無邊十一內證世間十二外演勝辯十三曲隨物欲十四事理交羅十五觀緣授法後說如是下總結七地有殊勝行知種種敎法故云得如響忍八層之中含於二位一八地無功用之神通三種世間自在二即九地法師一音能演九層亦二位十地等覺俱可爲一生故十層即如來地二表十行以十行即十度故前七文顯八大願所成神通等故九一生所繫力最上故十唯至如來智方滿故此即當位自攝諸位向攝十地即攝後諸位故以十層雙表二義還如海幢當位攝盡十位纔竟說成佛故前寄第六位攝此寄第五位攝前約正報攝此約依報攝者皆顯位勝前故三者總不表位但此菩薩以行就機現居勝報漸次增勝十顯無盡初四以物施後後漸難次二集法施前淺後深次二得法初陋後廣後二現勝德先因後果總上三義因果行位等法以爲長者之宅

爾時善財見是事已白言聖者何緣致此清淨衆會種何善根獲如是報長者告言善男子我念過去過佛刹微塵數劫有世界名圓滿莊嚴佛號無邊光明法界普莊嚴王如來應正等覺十號圓滿彼佛入城我奏樂音并燒一丸香而以供養以此功德迴向三處謂永離一切貧窮困苦常見諸佛及善知識恒聞正法故獲斯報

四問答因緣中先問後答迴向三處者謂離貧窮招前四層之報二三兩果即後六重一丸之微因願力故報勝又表萬行混融發起向佛則隨一行無不具矣何果不階

善男子我唯知此菩薩無量福德寶藏解脫門如諸菩薩摩訶薩得不思議功德寶藏入

無分別如來身海受無分別無上法雲修集分別功德道具起無分別普賢行網入無分別三昧境界等無分別菩薩善根住無分別如來所住證無分別三世平等住無分別普眼境界住一切劫無有疲厭而我云何能知能說彼功德行

第四善男子下謙已推勝謙已云菩薩等者世寶三寶蘊積十重之中故云寶藏常用無盡是爲無量福德後推勝中當法顯勝故功德寶藏皆不思議即是總句入無分別下別明由無分別而具諸法故不思議

善男子於此南方有一國土名曰藤根其土有城名曰普門中有長者名爲普眼汝詣彼問菩薩云何學菩薩行修菩薩道時善財童子頂禮其足繞無數帀慇懃瞻仰辭退而去

爾時善財童子於寶髻長者所聞此解脫已深入諸佛無量知見安住菩薩無量勝行了達菩薩無量方便希求菩薩無量法門清淨菩薩無量信解明利菩薩無量諸根成就菩薩無量欲樂通達菩薩無量行門增長菩薩無量願力建立菩薩無能勝幢起菩薩智照菩薩法

第六普眼長者寄善現行寄善現行者慧能顯發三諦之理般若現前故國名藤根者夫藤根深入於地上發華苗表善現行般若證深能生後得後得隨物而轉故取類於藤城名普門者實相般若無所不通故長者名普眼者觀照般若無不見故第一依教趣求中言深入諸佛無量知見者無量有二義一多故即權智境二無分量故即實慧境境無量故智亦無量知見亦二義一別謂智即是智見即是慧即照二境之智慧二通者謂知見二字俱是如來能證如實知彼義故即無障礙智若爾何假重言爲揀比知所以言見爲揀肉眼見所以云知此如世親般若論釋悉知悉見入謂證達餘句易了知見已下二釋知見於中亦二先別依法華論後通即般若論論云如來悉知是諸衆生便足何故復說如來悉見是諸衆生若不說如來悉見是諸衆生或謂如來以比智知悉生如是心故若爾但言如來悉見是諸衆生便足何故復說如來悉知是諸衆生若不說如來悉知是諸衆生或謂如來以肉眼等見爲防是故說知見二語功德施論上卷云何故知見俱說耶爲聞顯一切智故此復云何責於諸境界耶然現常非如比智見煙知有火不能照了諸相差別亦非如肉眼見麁近細種達處即不能知但隨他說或如彼故智論二十九明十八不共法解脫無滅中問曰解脫知見者但應言知何以復言見答曰言知言見事得牢固言如繩二合即爲堅復次若但說知即不攝一切慧如阿毗曇所說慧有三種有知非見有見非知有亦知亦見有知非見者盡知無生智五識相應知有見非知者八忍世間正見五邪見有亦知亦見者餘師諸慧若說知謂不攝見若說見則不攝知是故說知見則具足如復次從人讀誦分別籌量是名知自身得證是名見譬如耳聞事尚有疑是名知親自目觀了了無疑是名見解脫中知見亦如是差別瑜伽八十六云問知見何差別答照過去及以未來非現見境名慧名知照現在境此總名見又所取爲緣此慧名知能取爲緣此慧名見又聞思所成此慧名知修所成者此慧名見又能斷煩惱此慧名知斷煩惱已能詮解脫此慧名見又緣自相境此慧名知緣共相境此慧名見又尋求諸法此慧名知既尋求已伺察諸法此慧名見又緣無分別影像此慧名知緣有分別影像爲境此慧名見又有色爾燄影像爲緣此慧名見無色爾燄影像爲緣此慧名知釋曰爾燄爲所緣也成實論第十九見知品云問曰正見正知有何差別答曰即是一體無有差別正見二種世間出世間世間者謂有罪福等出世間者謂能遍平等諸諦正智亦爾乃至問曰經中說知者見者則同漏盡有何差別答曰若智初破惑名知入諸位已名爲見始觀名知達了名見有如是深淺等別俱舍二十六通明忍智見別論云前品初說依法忍法智於後復說正見知爲有忍非智耶爲有智非

見耶頌曰聖慧忍非智盡無生非見餘二有漏慧皆智六見性釋曰初句及第三句餘二字明無漏慧有漏已下明有漏慧也聖慧忍非智者聖慧忍謂見道中八忍也忍非智性決斷名智忍起之時與非得俱未成決定斷故不名智盡無生非見者盡無生智不名爲見推度名見此之二智已息求心非推度故故不名見餘二者餘無漏慧皆通知見二性已斷疑故推度性故有漏慧皆智六見性者諸有漏慧皆智性攝於中唯六亦是見性謂身見等五及世間正見如上聖慧及有漏慧皆擇法故並通性攝大婆沙九十五論云應具分別見智慧三自性差別云何爲見答眼根五見世俗正見學無學見問何故眼根說名爲見答由四事故一賢聖故二世俗說故三契經說故四世現見故問何故此五說名爲見答以四事故一觀視故謂能觀視所應取境二決度故謂決度所應取境三堅執故謂於自境堅固僻執非聖道觀不能令捨四深入故謂於所緣銳利深入如針墮泥云世俗正見者謂善意識相應慧是見性故說名爲見學見者謂學有漏慧無學見者謂無學正見此二俱是見性故名爲見五見爲境如陰夜見色世俗正見於境如睛夜見色有學見於境如陰畫見色無學見於境如睛畫見色云何爲智答五識相應慧除無漏慧餘意識相應慧五識相應慧有三種一善二染汙三無覆無記餘論說諸見是智斷應作四句有見非智謂眼根及無漏慧忍有智非見謂五識身相應慧盡無生智餘五見及世俗正見餘意識相應有漏慧有見亦智謂五見世俗正見除無漏忍及盡無生智餘有漏慧卽學八智及無學正見此無漏智慧及前五見世俗正見具見智二種相故第三句攝有見智謂除前相相謂所有若名若法是前三句所表皆名爲相除此餘法第四句義次前來一經頻有無猒繁文

漸次而行至藤根國推問求覓彼城所在雖歷艱難不憚勞苦但唯正念善知識教願常親近承事供養徧策諸根離衆放逸

二趣後可知

然後乃得見普門城百千聚落周帀圍繞雉堞崇峻衢路寬平見彼長者往詣其所於前頂禮合掌而立白言聖者我已先發阿耨多羅三藐三菩提心而未知菩薩云何學菩薩行云何修菩薩道

第二然後乃得下見敬諮問中先見依正百千聚落周帀圍繞者眷屬般若也雉堞崇峻者般若防非高而無上也五板爲堵五堵爲雉堞卽女墻衢路寬平者般若諸佛常行非權逕故蕩然無涯眷屬般若者然般若有五一實相般若卽所證理二觀照般若卽能證智三文字般若卽能詮教古唯有三新說有五加第四境界般若實相唯悟真境兼後智體今境界通事六塵之境皆爲境界五眷屬般若卽與慧同時諸心心所今此具五城爲實相長者爲觀照釋無量中已有境界今有眷屬文字通四

長者告言善哉善哉善男子汝已能發阿耨多羅三藐三菩提心善男子我知一切衆生諸病風黃痰熱鬼魅蠱毒乃至水火之所傷害如是一切所生諸疾我悉能以方便救療善男子十方衆生諸有病者咸來我所我皆療治令其得差復以香湯沐浴其身香華瓔珞名衣上服種種莊嚴施諸飲食及以財寶悉令充足無所乏短

第三長者告下稱讚授法先讚後善男子下授已法界於中二先能療病卽下化衆生後善男子我又下明能合香上供諸佛今初有二先除身病後治心病前中亦二先治無不能後善男子十方下來者皆治兼與身樂

然後各爲如應說法爲貪欲多者敎不淨觀瞋恚多者敎慈悲觀愚癡多者敎其分別種種法相等分行者爲其顯示殊勝法門爲欲令其發菩提心稱揚一切諸佛功德爲欲令其起大悲意顯示生死無量苦惱爲欲令其增長功德讚歎修習無量福智爲欲令其發大誓願稱讚調伏一切衆生爲欲令其修普賢行說諸菩薩於一切剎一切劫住修諸行

網爲欲令其具佛相好稱揚讚歎檀波羅蜜爲欲令其得佛淨身悉能徧至一切處故稱揚讚歎尸波羅蜜爲欲令其得佛清淨不思議身稱揚讚歎忍波羅蜜爲欲令其獲於如來無能勝身稱揚讚歎精進波羅蜜爲欲令其得於清淨無與等身稱揚讚歎禪波羅蜜爲欲令其顯現如來清淨法身稱揚讚歎般若波羅蜜爲欲令其現佛世尊清淨色身稱揚讚歎方便波羅蜜爲欲令其爲諸衆生住一切劫稱揚讚歎願波羅蜜爲欲令其現清淨身悉過一切諸佛刹土稱揚讚歎力波羅蜜爲欲令其現清淨身隨衆生心悉使歡喜稱揚讚歎智波羅蜜爲欲令其獲於究竟淨妙之身稱揚讚歎永離一切諸不善法如是施已各令還去

二然後各爲下治心病亦二先明除惑義通大小後爲欲令其下令其成益此唯大乘有十六句初五通顯大心行願次十別明十度之因感十身之果施滿他心故相好悅物戒徧止惡故淨身徧至忍兼忍理故不思議進策萬行故無能勝禪唯一心故無與等般若照理故顯法身方便顯用色身可覩願窮來際住劫無窮力不可摇悉過一切智窮事法故隨物成身後一句總離諸惡故究竟淨妙 次十別明十度之因感十身果疏中

但素現文直釋此十亦即菩提願等如來十身一施度即相好莊嚴身二戒獲意生身以遍至故三忍獲威勢身四進策萬行故成菩提五禪獲福德無等六顯法身七成化身八亦成願身九還成力持十亦成智身後一總淨十身

善男子我又善知和合一切諸香要法所謂無等香辛頭波羅香無勝香覺悟香阿盧那跋底香堅黑栴檀香烏落迦栴檀香沈水香不動諸根香如是等香悉知調理和合之法又善男子我持此香以爲供養普見諸佛所願皆滿所謂救護一切衆生願嚴淨一切佛刹願供養一切如來願又善男子然此香時一一香中出無量香徧至十方一切法界一切諸佛衆會道場或爲香宮或爲香殿如是香欄檻香垣牆香却敵香户牖香重閣香半月香蓋香幢香旛香帳香羅網香形像香莊嚴具香光明香雲雨處處充滿以爲莊嚴

二上供佛行中二初知香體辛頭者即信度河也波羅是岸即彼河岸之香阿盧那跋底此云赤色極烏洛迦者西域蛇名其蛇有毒繞此檀樹故和合者戒定慧等融無礙故次興供起願後能成大供文處並顯

善男子我唯知此令一切衆生普見諸佛歡喜法門如諸菩薩摩訶薩如大藥王若見若聞若憶念若同住若隨行往若稱名號皆獲利益無空過者若有衆生暫得值遇必令消滅一切煩惱入於佛法離諸苦蘊永息一切生死怖畏到無所畏一切智處摧壞一切老死大山安住平等寂滅之樂而我云何能知能說彼功德行

第四謙已推勝中謙已知一中謂身心病除成二世樂故皆歡喜以香普供得佛十身則何佛不見餘並可知

善男子於此南方有一大城名多羅幢彼中有王名無厭足汝詣彼問菩薩云何學菩薩行修菩薩道

時善財童子禮普眼足繞無量帀慇懃瞻仰
辭退而去
爾時善財童子憶念思惟善知識教念善知
識能攝受我能守護我令我於阿耨多羅三
藐三菩提無有退轉如是思惟生歡喜心淨
信心廣大心怡暢心踊躍心欣慶心勝妙心
寂靜心莊嚴心無著心無礙心平等心自在
心住法心徧往佛刹心見佛莊嚴心不捨十
力心
漸次遊行經歷國土村邑聚落至多羅幢城
問無厭足王所在之處諸人荅言此王今者
在於正殿坐師子座宣布法化調御衆生可
治者治可攝者攝罰其罪惡決其諍訟撫其
孤弱皆令永斷殺盜邪婬亦令禁止妄言兩
舌惡口綺語又使遠離貪瞋邪見時善財童
子依衆人語尋即往詣
第七無厭足王寄無著行寄無著行者方便涉有不迷於空事理無滯不捨不受故名無著第一依教趣求中先念
敎成益後漸次下趣求後友旣入其國必
聞其政言多羅者此云明淨幢者建立表

無著行依般若淨明立勝行故王名無厭
足者如幻方便化無所著故無疲厭心先念
數成益者有十七心初歡喜爲總餘十六別一淨信者信樂聞法二下化上求三法樂怡神四勇求進趣五欣慶所得六悲智雙流七不取不生八以德嚴飾九不著萬境十不礙起修十一物我齊均十二不被心使十三無住而住十四稱理普周十五見佛相嚴十六不捨佛智
遙見彼王坐那羅延金剛之座阿僧祇寶以
爲其足無量寶像以爲莊嚴金繩爲網彌覆
其上如意摩尼以爲寶冠莊嚴其首閻浮檀
金以爲半月莊嚴其額帝青摩尼以爲耳璫
相對垂下無價摩尼以爲瓔珞莊嚴其頸天
妙摩尼以爲印釧莊嚴其臂閻浮檀金以爲
其蓋衆寶間錯以爲輪輻大瑠璃寶以爲其
竿光味摩尼以爲其齊雜寶爲鈴恒出妙音
放大光明周徧十方如是寶蓋而覆其上阿
那羅王有大力勢能伏他衆無能與敵以離
垢繒而繫其頂十千大臣前後圍繞共理王
事其前復有十萬猛卒形貌醜惡衣服褊陋
執持器仗攘臂瞋目衆生見者無不恐怖無
量衆生犯王敎勑或盜他物或害他命或侵

他妻或生邪見或起瞋恨或懷貪嫉作如是
等種種惡業身被五縛將詣王所隨其所犯
而治罰之或斷手足或截耳鼻或挑其目或
斬其首或剝其皮或解其體或以湯煑或以
火焚或驅上高山推令墮落有如是等無量
楚毒發聲號叫譬如衆合大地獄中善財見
已作如是念我爲利益一切衆生求菩薩行
修菩薩道今者此王滅諸善法作大罪業逼
惱衆生乃至斷命曾不顧懼未來惡道云何
於此而欲求法發大悲心救護衆生作是念
時空中有天而告之言善男子汝當憶念普
眼長者善知識敎善財仰視而白之曰我常
憶念初不敢忘天曰善男子汝莫厭離善知
識語善知識者能引導汝至無險難安隱之
處善男子菩薩善巧方便智不可思議攝受
衆生智不可思議護念衆生智不可思議成
熟衆生智不可思議守護衆生智不可思議
度脫衆生智不可思議調伏衆生智不可思
議
第二遙見下見敬諮問中先見有四一見

勝依正二其前後有下覩其逆化三善財見已下不了生疑四作是念時下空天曉諭於中二先令憶前教眞實使不生疑後善男子菩薩善巧下辨後行深玄令其信入然善財雖常憶教而生疑者逆行難知故貪盎此世不疑婆須瞋癡現損故勝熱此王並生疑怪言深玄者通達非道故梁攝論戒學中明菩薩逆行殺等生無量福得無上菩提要大菩薩方堪此事此有二種一實行二變化實行者了知前人必定作無間業無別方便令離此惡唯可斷命使其不作又知前人若捨命已必生善道又菩薩自念我行殺已必墮地獄爲彼受苦彼雖現受輕苦必得樂果瑜伽菩薩地戒品之中亦同此說言變化者即當此文

下王自說

時善財童子聞此語已即詣王所頂禮其足白言聖者我已先發阿耨多羅三藐三菩提心而未知菩薩云何學菩薩行云何修菩薩道我聞聖者善能教誨願爲我說

二時善財下敬問可知

時阿那羅王理王事已執善財手將入宮中命之同坐

第三時阿那羅下授已法界中二初授法方便執手同坐示無間之儀表攝彼加行令趣眞故

告言善男子汝應觀我所住宮殿善財如語即徧觀察見其宮殿廣大無比皆以妙寶之所合成七寶爲牆周帀圍繞百千衆寶以爲樓閣種種莊嚴悉皆妙好不思議摩尼寶網羅覆其上十億侍女端正殊絕威儀進止皆悉可觀凡所施爲無非巧妙先起後臥軟意承旨

二告言下正示法界令證相應於中四舉果令入

時阿那羅王告善財言善男子於意云何我若實作如是惡業云何而得如是果報如是色身如是眷屬如是富贍如是自在

二時阿那羅王告善財下以實顯權

善男子我得菩薩如幻解脫善男子我此國土所有衆生多行殺盜乃至邪見作餘方便不能令其捨離惡業善男子我爲調伏彼衆生故化作惡人造諸罪業受種種苦令其一切作惡衆生見是事已心生惶怖心生厭離心生怯弱斷其所作一切惡業發阿耨多羅三藐三菩提意善男子我以如是巧方便故令諸衆生捨十惡業住十善道究竟快樂究竟安隱究竟住於一切智地

三善男子我得下示其所得於中初名如幻者了生如幻故以幻化幻次我此國下明法門業用後我以如是下明法門勝益

善男子我身語意未曾惱害於一衆生善男子如我心者寧於未來受無間苦終不發生一念之意與一蚊一蟻而作苦事況復人耶人是福田能生一切諸善法故

四善男子我身語下直顯實德慈念之深然諸位至七皆方便故休捨觀自在開敷樹華多約慈悲

善男子我唯得此如幻解脫如諸菩薩摩訶薩得無生忍知諸有趣悉皆如幻菩薩諸行

悉皆如化一切世間悉皆如影一切諸法悉皆如夢入眞實相無礙法門修行帝網一切諸行以無礙智行於境界普入一切平等三昧於陀羅尼已得自在而我云何能知能說彼功德行

第四謙已推勝推勝云無生忍者由了如幻方證此忍故又後位中當此忍故

善男子於此南方有城名妙光王名大光汝詣彼問菩薩云何學菩薩行修菩薩道

時善財童子頂禮王足繞無數帀辭退而去

大方廣佛華嚴經疏鈔會本第六十六之一

大方廣佛華嚴經疏鈔會本第六十六之二 菊九

唐于闐國三藏沙門實叉難陀　譯

唐清涼山大華嚴寺沙門澄觀撰述

爾時善財童子一心正念彼王所得幻智法門思惟彼王如幻解脫觀察彼王如幻法性發如幻願淨如幻法普於一切如幻三世起於種種如幻變化如是思惟

第八大光寄難得行第一依教趣求中先念前寄難得行者無障礙願力乃能得故

漸次遊行或至人間城邑聚落或經曠野巖谷險難無有疲懈未曾休息然後乃至妙光大城而問人言妙光大城在於何所人咸報言妙光城者今此城是是大光王之所住處時善財童子歡喜踊躍作如是念我善知識在此城中我今必當親得奉見聞諸菩薩所行之行聞諸菩薩出要之門聞諸菩薩所證之法聞諸菩薩不思議功德聞諸菩薩不思議自在聞諸菩薩不思議平等聞諸菩薩不思議勇猛聞諸菩薩不思議境界廣大清淨

後漸次下　趣後於中初推求得知城名妙光者前位悲增今得無住妙慧運衆生故王名大光者慈定之智無不該故廣大願中皆徹照故後時善財童子下自慶當益

作是念已入妙光城見此大城以金銀瑠璃玻瓈眞珠硨磲碼碯七寶所成七寶深塹七重圍繞八功德水盈滿其中底布金沙優鉢羅華波頭摩華拘物頭華芬陀利華徧布其上寶多羅樹七重行列七種金剛以爲其垣各各圍繞所謂師子光明金剛垣無能超勝金剛垣不可沮壞金剛垣不可毀缺金剛垣堅固無礙金剛垣勝妙網藏金剛垣離塵清淨金剛垣悉以無數摩尼妙寶間錯莊嚴種種衆寶而爲埤堄其城縱廣一十由旬周迴八方面開八門皆以七寶周徧嚴飾毗瑠璃寶以爲其地種種莊嚴甚可愛樂其城之內十億衢道一一道間皆有無量萬億衆生於中止住有無數閻浮檀金樓閣毗瑠璃摩尼網羅覆其上無數銀樓閣赤眞珠摩尼網羅覆其上無數毗瑠璃樓閣妙藏摩尼網羅覆其上無數玻瓈樓閣無垢藏摩尼王網羅覆其上無數光照世間摩尼寶樓閣日藏摩尼王網羅覆其上無數帝青摩尼寶樓閣妙光摩尼王網羅覆其上無數衆生海摩尼王樓閣燄光明摩尼王網羅覆其上無數金剛寶樓閣無能勝幢摩尼王網羅覆其上無數黑栴檀樓閣天曼陀羅華網羅覆其上無數無等香王樓閣種種華網羅覆其上其城復有無數摩尼網無數寶鈴網無數天香網無數天華網無數寶形像網無數寶衣帳無數寶蓋帳無數寶樓閣帳無數寶華鬘帳之所彌覆處處建立寶蓋幢旛當此城中有一樓閣名正法藏阿僧祇寶以爲莊嚴光明赫奕最勝無比衆生見者心無厭足彼大光王常處其中爾時善財童子於此一切珍寶妙物乃至男女六塵境界皆無愛著但正思惟究竟之法一心願樂見善知識

第二作是念已下見敬諮問初見中三初見依報中二先所見殊勝云十由旬者欲明圓滿既有十億衢道道各無量衆生豈世間十小由旬之所能受故此中事物皆

應圓融表法如理思之後爾時善財下能見無染

漸次遊行見大光王去於所住樓閣不遠四衢道中坐如意摩尼寶蓮華藏廣大莊嚴師子之座紺瑠璃寶以爲其足金繒爲帳衆寶爲網上妙天衣以爲茵褥其王於上結跏趺坐二十八種大人之相八十隨好而以嚴身如眞金山光色熾盛如淨空日威光赫奕如盛滿月見者清涼如梵天王處於梵衆亦如大海功德法寶無有邊際亦如雪山相好樹林以爲嚴飾亦如大雲能震法雷啓悟羣品亦如虛空顯現種種法門星象如須彌山四色普現衆生心海亦如寶洲種種智寶充滿其中

二漸次下見王正報處四衢道者以四無量用四攝法攝衆生故二十八相者因未滿故二十八相因未滿者未見經論及闕無見頂及眉間白毫梵音長舌以善生等經校量最勝故謂三十二相不及毫相三十一不及烏瑟尼沙總合不及如來胷中所出梵音合將二十九相以校白毫三十中一是梵音故長舌無文義爲勝爾驗之

於王座前有金銀瑠璃摩尼眞珠珊瑚琥珀珂貝璧玉諸珍寶聚衣服瓔珞及諸飲食無量無邊種種充滿復見無量百千萬億上妙寶車百千萬億諸天妓樂百千萬億天諸妙香百千萬億病緣湯藥資生之具如是一切悉皆珍好無量乳牛蹄角金色無量千億端正女人上妙栴檀以塗其體天衣瓔珞種種莊嚴六十四能靡不該練世情禮則悉皆善解隨衆生心而以給施城邑聚落四衢道側悉置一切資生之具一一道傍皆有二十億菩薩以此諸物給施衆生爲欲普攝衆生故爲令衆生歡喜故爲令衆生踊躍故爲令衆生心淨故爲令衆生清涼故爲滅衆生煩惱故爲令衆生知一切義理故爲令衆生入一切智道故爲令衆生捨冤敵心故爲令衆生離身語惡故爲令衆生拔諸邪見故爲令衆生淨諸業道故

三於王座前下主伴攝生於中亦三先列所施通情非情六十四能義如別說次一一道下明能施人即是助伴後爲欲普攝下明其施意

時善財童子五體投地頂禮其足恭敬右繞經無量帀合掌而住白言聖者我已先發阿耨多羅三藐三菩提心而未知菩薩云何學菩薩行云何修菩薩道我聞聖者善能誘誨願爲我說

二三敬問可知

時王告言善男子我淨修菩薩大慈幢行我滿足菩薩大慈幢行

第三時王告下授已法界中三一總示法門謂大慈首出離染圓滿故

善男子我於無量百千萬億乃至不可說不可說佛所問難此法思惟觀察修習莊嚴

二善男子我於下明得法因緣問難是聞慧以三種慧莊嚴此慈

善男子我以此法爲王以此法教勑以此法攝受以此法隨逐世間以此法引導衆生以此法令衆生修行以此法令衆生趣入以此法與衆生方便以此法令衆生熏習以此法令衆生起行以此法令衆生安住思惟諸法

自利以此法令衆生安住慈心以慈爲主其是慈力如是令住利益心安樂心哀愍心攝受心守護衆生不捨離心拔衆生苦無休息心我以此法令一切衆生畢竟快樂恒自悅豫身無諸苦心得清涼斷生死愛樂正法樂滌煩惱垢破惡業障絕生死流入眞法海斷諸有趣求一切智淨諸心海生不壞信善男子我已住此大慈幢行能以正法教化世間善男子我國土中一切衆生皆於我所無有恐怖善男子若有衆生貧窮困乏來至我所而有求索我開庫藏恣其所取而語之言莫造諸惡莫害衆生莫起諸見莫生執著汝等貧乏若有所須當來我所及四衢道一切諸物種種具足隨意而取勿生疑難善男子此妙光城所住衆生皆是菩薩發大乘意隨心所欲所見不同或見此城其量狹小或見此城其量廣大或見土砂以爲其地或見衆寶而以莊嚴或見聚土以爲垣牆或見寶牆周帀圍繞或見其地多諸瓦石高下不平或見無量大摩尼寶間錯莊嚴平坦如掌或見屋宅土木所成或見殿堂及諸樓閣階墀窻闥軒檻戶牖如是一切無非妙寶善男子若有衆生其心清淨曾種善根供養諸佛發心趣向一切智道以一切智爲究竟處及我昔時修菩薩行曾所攝受則見此城衆寶嚴淨餘皆見穢善男子此國土中一切衆生五濁世時樂作諸惡我心哀愍而欲救護入於菩薩大慈爲首隨順世間三昧之門入此三昧時彼諸衆生所有怖畏心惱害心寃敵心諍論心如是諸心悉自消滅何以故入於菩薩大慈爲首順世三昧法如是故善男子且待須臾自當現見時大光王即入此定其城內外六種震動諸寶地寶牆寶堂寶殿臺觀樓閣階砌戶牖如是一切咸出妙音悉向於王曲躬敬禮妙光城內所有居人靡不同時歡喜踊躍俱向王所舉身投地村營城邑一切人衆咸來見王歡喜敬禮近王所住鳥獸之屬互相瞻視起慈悲心咸向王前恭敬禮拜一切山原及諸草樹莫不迴轉向王敬禮陂池泉井及以河海悉皆騰溢流注王前十千龍王起大香雲激電震雷注微細雨有十千天王所謂忉利天王夜摩天王兜率陀天王善變化天王他化自在天王如是等而爲上首於虛空中作衆妓樂無數天女歌詠讚歎雨無數華雲無數香雲無數寶鬘雲無數寶衣雲無數寶蓋雲無數寶幢雲無數寶旛雲於虛空中而爲莊嚴供養其王伊羅婆拏大象王以自在力於虛空中敷布無數大寶蓮華垂無數寶瓔珞無數寶繒帶無數寶鬘無數寶嚴具無數寶華無數寶香種種奇妙以爲嚴飾無數采女種種歌讚閻浮提內復有無量百千萬億諸羅剎王諸夜叉王鳩槃荼王毗舍闍王或住大海或居陸地飲血噉肉殘害衆生皆起慈心願行利益明識後世不造諸惡恭敬合掌頂禮於王如閻浮提餘三天下乃至三千大千世界乃至十方百千萬億那由他世界中所有一切毒惡衆生悉亦如是

三我以此下明其業用於中五一以法攝化二我國土中下以無畏攝三若有衆生

下以財寶攝四此妙光城下隨機徧攝五善男子此國土中下以三昧攝於中二先以言告後時大光王下正以定示顯定業用情與非情咸成勝益者謂同體大慈物我無二故如世間王德合乾坤則麟鳳來儀寶璧呈瑞況於出世慈力不令草木屈膝耶

時大光王從三昧起告善財言善男子我唯知此菩薩大慈爲首隨順世間三昧門如諸菩薩摩訶薩爲高蓋慈心普蔭諸衆生故爲修行下中上行悉等行故爲大地能以慈心任持一切諸衆生故爲滿月福德光明於世間中平等現故爲淨日以智光明照耀一切所知境故爲明燈能破一切衆生心中諸黑闇故爲水清珠能清一切衆生心中諂誑濁故爲如意寶悉能滿足一切衆生心所願故爲大風速令衆生修習三昧入一切智大城中故而我云何能知其行能說其德能稱量彼福德大山能瞻仰彼功德衆星能觀察彼大願風輪能趣入彼甚深法門能顯示彼莊嚴大海能闡明彼普賢行門能開示彼諸三昧窟能讚歎彼大慈悲雲

第四時大光王從三昧下讓已推勝先讓已知一慈本爲物名順世間高出衆行故名爲首即是幢義餘並可知

善男子於此南方有一王都名曰安住有優婆夷名曰不動汝詣彼問菩薩云何學菩薩行修菩薩道

時善財童子頂禮王足繞無數帀慇懃瞻仰辭退而去

爾時善財童子出妙光城遊行道路正念思惟大光王教憶念菩薩大慈幢行門思惟菩薩隨順世間三昧光明門增長彼不思議願福德自在力堅固從不思議成熟衆生智觀察彼不思議不共受用大威德憶念彼不思議差別相思惟彼不思議清淨眷屬思惟彼不思議所作業生歡喜心生淨信心生猛利心生欣悅心生踊躍心生慶幸心生無濁心生清淨心生堅固心生廣大心生無盡心如是思惟悲泣流淚念善知識實爲希有出生一切諸功德處出生一切諸菩薩行出生一切菩薩淨念出生一切陀羅尼輪出生一切三昧光明出生一切諸佛知見普雨一切諸佛法雨顯示一切菩薩願門出生難思智慧光明增長一切菩薩根芽又作是念善知識者能普救護一切惡道能普演說諸平等法能普顯示諸夷險道能普開闡大乘奧義能普勸發普賢諸行能普引到一切智城能普令入法界大海能普令見三世法海能普授與衆聖道場能普增長一切白法善財童子如是悲哀思念之時彼常隨逐覺悟菩薩如來使天於虛空中而告之言善男子其有修行善知識教諸佛世尊悉皆歡喜其有隨順善知識語則得近於一切智地其有能於善知識語無疑惑者則常值遇一切善友其有發心願常不離善知識者則得具足一切義利善男子汝可往詣安住王都即當得見不動優婆夷大善知識

第九不動優婆夷寄善法行自發心來於一切法無不得定煩惱二乘不能動故亦

令衆生心不動故以智修慈故示以女居安住王都者王子位故智契實法不爲緣壞名爲安住寄善法行說法授人動成物軌思擇修習一切法故第一依教趣求中二先依教後趣求前中有五一思修前法二生歡喜下因修得益無濁約無他清淨約自體三如是思惟下推功歸友至此偏悲者修悲將滿故四又作是念下廣數友能五善財童子如是悲哀下勝緣印勸於中先印天字兩用故晉本云如來使天隨菩薩天隨菩薩天是已業行之神如來使天是佛力攝生神但修行位已著皆有二天常隨其人後汝可詣下勸詣後友

時善財童子從彼三昧智光明起漸次遊行至安住城周徧推求不動優婆夷今在何所無量人衆咸告之言善男子不動優婆夷身是童女在其家內父母守護與自親屬無量人衆演說妙法善財童子聞是語已其心歡喜如見父母即詣不動優婆夷舍

二時善財童子從彼下趣求後友可知

入其宅內見彼堂宇金色光明普皆照耀遇斯光者身意清涼善財童子光明觸身即時獲得五百三昧門所謂了一切希有相三昧門入寂靜三昧門遠離一切世間三昧門普眼捨得三昧門如來藏三昧門得如是等五百三昧門以此三昧門故身心柔輭如七日胎又聞妙香非諸天龍乾闥婆等人與非人之所能有善財童子前詣其所恭敬合掌一心觀察見其形色端正殊妙十方世界一切女人無有能及況其過者唯除如來及以一切灌頂菩薩口出妙香宮殿莊嚴幷其眷屬悉無與等況復過者十方世界一切衆生無有於此優婆夷所起染著心若得暫見所有煩惱悉自消滅譬如百萬大梵天王決定不生欲界煩惱其有見此優婆夷者所有煩惱應知亦然十方衆生觀此女人皆無厭足唯除具足大智慧者

第二入其宅內下見敬諮問見中分二先見依獲益後善財童子前詣下見正超倫

爾時善財童子曲躬合掌正念觀察見此女人其身自在不可思議色相顏容世無與等光明洞徹物無能障普爲衆生而作利益其身毛孔恒出妙香眷屬無邊宮殿第一功德深廣莫知涯際心生歡喜以頌讚曰

守護清淨戒　修行廣大忍　精進不退轉　光明照世間

爾時善財童子說此頌已白言聖者我已先發阿耨多羅三藐三菩提心而未知菩薩云何學菩薩行云何修菩薩道我聞聖者善能誘誨願爲我說

二爾時善財曲躬下敬問可知

時不動優婆夷以菩薩柔輭語悅意語慰喻善財而告之言善哉善哉善男子汝已能發阿耨多羅三藐三菩提心

第三時不動下稱讚授法於中先讚

善男子我得菩薩難摧伏智慧藏解脫門我得菩薩堅固受持行門我得菩薩一切法平等地總持門我得菩薩照明一切法辯才門我得菩薩求一切法無疲厭三昧門

後善男子我得下正授法界於中二先示

法門名體從善財童子言下徵業用之境界令初不同前例而舉五法者亦同九地當法師位須廣知故五中初二所持內德一智慧無羈偏名解脫有智則煩惱不可壞取著無能勝故云難摧伏此智包容故名爲藏二受持堅固偏得行名謂遇惡衆生而能堪忍徧生諸趣而心不迷故云堅固三即能持深入法門得法性地則無不持矣四即外化由正思佛法明照差別故得辯才能轉法輪稱衆生欲五即上求一心求法故云三昧近佛無厭受法無足故

五中初二所持內德等者然此五法即下因中所念五事謂思惟如來福德智慧皆悉清淨總持三昧不可思議神通自在辯才無礙謂思念何因得斯五事彼佛便教發十種心一一應發不可壞心滅諸煩惱二應發無能勝心破諸取著三應發無退怯心入深法門四應發能堪耐心救惡衆生五應發無迷惑心普入於一切諸趣受生六應發無厭足心求見諸佛無有休息七應發無知足心悉受一切如來法雨八應發正思惟心普生一切佛法光明九應發大住持心普轉一切諸佛法輪十應發廣流通心隨衆生欲施其法寶釋曰十中初二成其所念福智故令得第一摧伏智慧藏解脫門躡取下佛教以釋其相下四亦圓次以第三無退怯心酬其所念總持故令得一切法平等總持門三以第四救惡衆生及第五諸趣受生示神通因令得善雖堅固受持行門過牛於趣救惡衆生是大神通先善權行救四以第六求佛無厭第七受法無足心酬其三昧令得求一切法無疲厭門五以後二示其辯才無礙因令得第四照明一切法辯才門在文可知故疏取下十句示因釋令所得五法之果而念福德含在智慧之中其下釋十法中大云上來已取十句釋五法門但與下念五法不次顯無優劣故

善財童子言聖者菩薩難摧伏智慧藏解脫門乃至求一切法無疲厭三昧門境界云何童女言善男子此處難知善財白言唯願聖者承佛神力爲我宣說我當因善知識能信能受能知能了趣入觀察修習隨順離諸分別究竟平等

二徵業用之境界中四一徵問二顯難三重請四廣答

優婆夷言善男子過去世中有劫名離垢佛號修臂時有國王名曰電授唯有一女即我身是我於夜分廢音樂時父母兄弟悉已眠寢五百童女亦皆昏寐我於樓上仰觀星宿於虛空中見彼如來如寶山王無量無邊天龍八部諸菩薩衆所共圍繞佛身普放大光明網周徧十方無所障礙佛身毛孔皆出妙香我聞是香身體柔輭心生歡喜便從樓下至於地上合十指爪頂禮於佛又觀彼佛不見頂相觀身左右莫知邊際思惟彼佛諸相隨好無有厭足竊自念言此佛世尊作何等業獲於如是上妙之身相好圓滿光明具足眷屬成就宮殿嚴好福德智慧悉皆清淨總持三昧不可思議神通自在辯才無礙善男子爾時如來知我心念即告我言汝應發不可壞心滅諸煩惱應發無能勝心破諸取著應發無退怯心入深法門應發能堪耐心救惡衆生應發無迷惑心普於一切諸趣受生應發無厭足心求見諸佛無有休息應發無知足心悉受一切如來法雨應發正思惟心普生一切佛法光明應發大住持心普轉一切諸佛法輪應發廣流通心隨衆生欲施其法寶善男子我於彼佛所聞如是法求一切智求佛十力求佛辯才求佛光明求佛色身求佛相好求佛衆會求佛國土求佛威儀求佛壽命發是心已其心堅固猶如金剛一切煩惱及以二乘悉不能壞善男子我發是心

已來經閻浮提微塵數劫尚不生於念欲之心況行其事爾所劫中於自親屬不起瞋心況他衆生爾所劫中於其自身不生我見況於衆具而計我所爾所劫中死時生時及住胎藏未曾迷惑起衆生想及無記心況於餘時爾所劫中乃至夢中隨見一佛未曾忘失何況菩薩十眼所見爾所劫中受持一切如來正法未曾忘失一文一句乃至世俗所有言辭尚不忘失何況如來金口所說爾所劫中受持一切如來法海一文一句無不思惟無不觀察乃至一切世俗之法亦復如是爾所劫中受持如是一切法海未曾於一法中不得三昧乃至世間技術之法一一法門悉亦如是爾所劫中住持一切如來法輪隨所住持未曾廢捨一文一句乃至不曾生於世智唯除爲欲調衆生故爾所劫中見諸佛海未曾於一佛所不得成就清淨大願乃至於諸化佛之所悉亦如是爾所劫中見諸菩薩修行妙行無有一行我不成就爾所劫中所有衆生無一衆生我不勸發阿耨多羅三藐三菩提心未曾勸一衆生發於聲聞辟支佛意爾所劫中於一切佛法乃至一文一句不生疑惑不生二想不生分別想不生種種想不生執著想不生勝劣想不生愛憎想善男子我從是來常見諸佛常見菩薩常見眞實善知識常聞諸佛願常聞菩薩行常聞菩薩波羅蜜門常聞菩薩地智光明門常聞菩薩無盡藏門常聞入無邊世界網門常聞出生無邊衆生界因門常以清淨智慧光明除滅一切衆生煩惱常以智慧生長一切衆生善根常隨一切衆生所樂示現其身常以清淨上妙言音開悟法界一切衆生 十六

答中二先明得法因緣以彰深遠釋上難知二善男子我得菩薩求一切下顯其業用以酬初問今初分六一舉往見佛爲發心緣二便從樓下內興觀念爲發心因先觀後念念福智等即前五法之因神通自在是行堅固三善男子爾時下佛勸發心能成前五有十種心初二成智慧次一成總持次二成神通次二成三昧後三成辯才故上來取斯十句釋五法門四善男子我於彼下正明發心堅固五我發是心已來下經久無違六我從是來下彰發心勝益即前五因之果 彰發心之益即前五之果者一求佛智慧即求法三昧二求佛十力即求智慧三求佛辯才四求佛光明即是總持總持以慧爲體故云光明餘皆堅固受持行願發是心已下總結堅固 十七

善男子我得菩薩求一切法無厭足莊嚴門我得一切法平等地總持門現不思議自在神變汝欲見不善財言唯我心願見爾時不動優婆夷坐於龍藏師子之座入求一切法無厭足莊嚴三昧門不空輪莊嚴三昧門十力智輪現前三昧門佛種無盡藏三昧門入如是等一萬三昧門入此三昧門時十方各有不可說佛刹微塵數世界六種震動皆悉清淨瑠璃所成一一世界中有百億四天下百億如來或住兜率天乃至般涅槃一一如來放光明網周徧法界道場衆會清淨圍繞轉妙法輪開悟羣生時不動優婆夷從三昧起告善財言善男子汝見此不善財言唯我皆已見

二顯其業用中四一許現即舉五法中二二中請三正現入一萬三昧者於一求法無厭三昧即入一萬明知餘解脫等亦攝多門四出定印述並可知

優婆夷言善男子我唯得此求一切法無厭足三昧光明爲一切衆生說微妙法皆令歡喜如諸菩薩摩訶薩如金翅鳥遊行虛空無所障礙能入一切衆生大海見有善根已成熟者便即執取置菩提岸又如商客入大寶洲採求如來十力智寶又如漁師持正法網入生死海於愛水中漉諸衆生如阿修羅王能徧撓動三有大城諸煩惱海又如日輪出現虛空照愛水泥令其乾竭又如滿月出現虛空令可化者心華開敷又如大地普皆平等無量衆生於中止住增長一切善法根芽又如大風所向無礙能拔一切諸見大樹如轉輪王遊行世間以四攝事攝諸衆生而我云何能知能說彼功德行

第四優婆夷言下謙已推勝

善男子於此南方有一大城名無量都薩羅其中有一出家外道名曰徧行汝往彼問菩薩云何學菩薩行修菩薩道

第五指示後友中都薩羅者此云喜出生謂此城中出生無量歡喜之事故以智度圓滿則能無所不生友名徧行巧智隨機無不行故名眞實行示外道者能行非道又非道不染故曰出家餘可知

時善財童子頂禮其足遶無量帀慇懃瞻仰辭退而去

大方廣佛華嚴經疏鈔會本第六十六之二

大方廣佛華嚴經疏鈔會本第六十七　䒭十

唐于闐國三藏沙門實叉難陀　譯

唐清涼山大華嚴寺沙門澄觀撰述

爾時善財童子於不動優婆夷所得聞法已專心憶念所有教誨皆悉信受思惟觀察漸漸遊行經歷國邑至都薩羅城於日没時入彼城中廛店隣里四衢道側處處尋覓徧行外道

第十徧行外道寄眞實行第一依教趣求

十遍行外道寄眞實行智度已圓稱於二諦言行不虛故名眞實

城東有山名曰善德善財童子於中夜時見此山頂草樹巖巘光明照耀如日初出見此事已生大歡喜作是念言我必於此見善知識便從城出而登彼山見此外道於其山上平坦之處徐步經行色相圓滿威光照耀大梵天王所不能及十千梵衆之所圍繞往詣其所頭頂禮足繞無量帀於前合掌而作是言聖者我已先發阿耨多羅三藐三菩提心而我未知菩薩云何學菩薩行云何修菩薩道我聞聖者善能教誨願爲我說

第二城東有山下見敬諮問見中中夜見者智入生死故善財將入此位故上云日没入城於山頂者表位極故光明照者以智慧光破於生死及二邊闇故

徧行答言善哉善哉善男子我已安住至一切處菩薩行已成就普觀世間三昧門已成就無依無作神通力已成就普門般若波羅蜜

第三徧行答言下稱讚授法先讚發心後善男子下正授法界於中二先彰名體有四者智徧知故四義雖别而得相成一化境普周徧行之名亦從此立二入定觀機三由無作神通故能徧至前處四由普門般若故能在定普觀若約别者無作無依用而無住普門般若無法不窮

善男子我普於世間種種方所種種形貌種種行解種種歿生一切諸趣所謂天趣龍趣夜叉趣乾闥婆阿修羅迦樓羅緊那羅摩睺羅伽地獄畜生閻羅王界人非人等一切諸趣或住諸見或信二乘或復信樂大乘之道如是一切諸衆生中我以種種方便種種智門而爲利益所謂或爲演說一切世間種種技藝令得具足一切巧術陀羅尼智或爲演說四攝方便令得具足一切智道或爲演說諸波羅蜜令其迴向一切智位或爲稱讚大菩提心令其不失無上道意或爲稱讚諸菩薩行令其滿足淨佛國土度衆生願或爲演說造諸惡行受地獄等種種苦報令於惡業深生厭離或爲演說供養諸佛種諸善根決定獲得一切智果令其發起歡喜之心或爲讚說一切如來應正等覺所有功德令樂佛身求一切智或爲讚說諸佛威德令其願樂佛不壞身或爲讚說佛自在身令求如來無能映蔽大威德體又善男子此都薩羅城中一切方所一切族類若男若女諸人衆中我皆以方便示同其形隨其所應而爲說法諸衆生等悉不能知我是何人從何而至唯令聞者如實修行善男子如於此城利益衆生於閻浮提城邑聚落所有人衆住止之處悉亦如是而爲利益善男子閻浮提内九十六

種各起異見而生執著我悉於中方便調伏令其捨離所有諸見如閻浮提餘四天下亦復如是如四天下三千大千世界亦復如是如三千大千世界如是十方無量世界諸衆生海我悉於中隨諸衆生心之所樂以種種方便種種法門現種種色身以種種言音而爲説法令得利益

二善男子我普於下顯四業用即分爲四一明至一切處用二或住諸見下普觀世間用觀其所宜隨宜説故三又善男子此都薩羅下明無作無依用故云不知從何而至四善男子閻浮提内下普門般若用九十六種皆能窮故上來隨勝別配實則義通

善男子我唯知此至一切處菩薩行如諸菩薩摩訶薩身與一切衆生數等得與衆生無差別身以變化身普入諸趣於一切處皆現受生普現一切衆生之前清淨光明徧照世間以無礙願住一切劫得如帝網諸無等行常勤利益一切衆生恒與共居而無所著普於三世悉皆平等以無我智周徧照耀以大悲藏一切觀察而我云何能知能説彼功德行

四謙已推勝

善男子於此南方有一國土名爲廣大有鬻香長者名優鉢羅華汝詣彼問菩薩云何學菩薩行修菩薩道

時善財童子頂禮其足遶無量帀慇懃瞻仰辭退而去

爾時善財童子因善知識教不顧身命不著財寶不樂人衆不耽五欲不戀眷屬不重王位唯願化度一切衆生唯願嚴淨諸佛國土唯願供養一切諸佛唯願證知諸法實性唯願修集一切菩薩大功德海唯願修行一切功德終無退轉唯願恒於一切劫中以大願力修菩薩行唯願普入一切諸佛衆會道場唯願入一三昧門普現一切三昧門自在神力唯願於佛一毛孔中見一切佛心無厭足唯願得一切法智慧光明能持一切諸佛法藏專求此等一切諸佛菩薩功德漸次遊行至廣大國

大文第四有十善友寄十迴向今初青蓮華長者寄救護衆生離衆生相迴向在廣大國者創入迴向故迴向衆生故廣迴向菩提故大迴向實際義通廣大言鬻香者鬻者賣也香質雖小發氣彌布善根雖微迴向普周又若賣若買二俱得香自他善根俱可迴向青蓮華者蓮華處淤泥而不染猶護衆生而離相青蓮華爲水中之最救護爲入生死之尊文亦分六第一依教趣求中先依教興願以是迴向大願之首故後漸次下趣求後位初青蓮華長者寄救護等者大悲增上救護衆生大智無著離衆生相悲智無住以立此名迴向實際義通廣大者佛境方窮横周法界衆生界故

詣長者所頂禮其足遶無量帀合掌而立白言聖者我已先發阿耨多羅三藐三菩提心欲求一切佛平等智慧欲滿一切佛無量大願欲淨一切佛最上色身欲見一切佛清淨法身欲知一切佛廣大智身欲淨治一切菩薩諸行欲照明一切菩薩三昧欲安住一切

菩薩總持欲除滅一切所有障礙欲遊行一切十方世界而未知菩薩云何學菩薩行云何修菩薩道而能出生一切智智

第二詣長者下見敬諮問

長者告言善哉善哉善男子汝乃能發阿耨多羅三藐三菩提心善男子我善別知一切諸香亦知調合一切香法

第三長者告言下稱讚授法先讚後授授中二先總標所得後所謂下別顯業用今初知世諸香以表法香謂以戒定慧慈悲等香熏修生善滅惡習氣故善知一切香者差別行也亦知調合者融通行也以金剛杵碎之實相般若波羅蜜調和令純離無礙悲智圓融成迴向故

所謂一切香一切燒香一切塗香一切末香亦知如是一切香王所出之處又善了知天香龍香夜叉香乾闥婆阿修羅迦樓羅緊那羅摩睺羅伽人非人等所有諸香又善別知治諸病香斷諸惡香生歡喜香增煩惱香滅煩惱香令於有為生樂著香令於有為生厭離香捨諸憍逸香發心念佛香證解法門香聖所受用香一切菩薩差別香一切菩薩地位香如是等香形相生起出現成就清淨安隱方便境界威德業用及以根本如是一切我皆了達

二別顯業用中二先總相顯知後指事別顯前中四一知香體異二又善了下約類辨異三又善別下知力用異前二約世此兼出世四如是等下明委窮本末上四各有事理思之上四各有事理者如一知香體異約事可知約理者如燒香謂以智火發揮萬行普周遍故塗香者以性淨水和之飾法身故末香者以金剛智碎令無實故即以智及性淨等為生處也二約類辯異言約理者香即習氣行天之因是天習氣熏灼成果故亦是道習從天而來好光淨等三知力用者上二約文理但約世香而含約理此則文自具二如歎有為等約事治諸病香白檀治熱熏陸治冷約理即對治行所謂慈悲不淨觀等斷諸惡香如安息香能辟惡邪正見智慧無惡不斷又十善行等生歡喜香如沉檀等即稱根器行施悅自他等增煩惱香如蘭麝等謂愛染行如有漏定增愛味等滅煩惱香如牛頭栴檀先陀婆等即諸智恐等令於有為生愛著等唯約理說此即人天勝因厭離有為即無常等捨憍逸香無我恐尋不放逸等發心念佛香讚佛功德說淨土行等證解法門深觀行等聖所受用即觀真如無分別一切菩薩差別香三賢十地所修勝劣等一切菩薩地位香者所詮如智有淺深故

善男子人間有香名曰象藏因龍鬭生若燒一丸即起大香雲彌覆王都於七日中雨細香雨若著身者身則金色若著衣服宮殿樓閣亦皆金色若因風吹入宮殿中衆生嗅者七日七夜歡喜充滿身心快樂無有諸病不相侵害離諸憂苦不驚不怖不亂不恚慈心相向志意清淨我知是已而為說法令其決定發阿耨多羅三藐三菩提心善男子摩羅耶山出栴檀香名曰牛頭若以塗身設入火坑火不能燒善男子海中有香名無能勝若以塗鼓及諸螺貝其聲發時一切敵軍皆自退散善男子阿那婆達多池邊出沈水香名蓮華藏其香一丸如麻子大若以燒之香氣普熏閻浮提界衆生聞者離一切罪戒品清淨善男子雪山有香名阿盧那若有衆生嗅此香者其心決定離諸染著我為說法莫不皆得離垢三昧善男子羅剎界中有香名海藏其香但為轉輪王用若燒一丸而以熏之王及四軍皆騰虛空善男子善法天中有香

名淨莊嚴若燒一丸而以熏之普使諸天心念於佛善男子須夜摩天有香名淨藏若燒一丸而以熏之夜摩天衆莫不雲集彼天王所而共聽法善男子兜率天中有香名先陀婆於一生所繫菩薩座前燒其一丸興大香雲徧覆法界普雨一切諸供養具供養一切諸佛菩薩善男子善變化天有香名曰奪意若燒一丸於七日中普雨一切諸莊嚴具

二人間有下指事別顯中有十種香初象藏香具前本末十事一但語香名必有形相二龍鬪爲生起三興雲爲出現四雨雨爲成就五金色爲清淨六喜樂爲安隱七無病等爲方便八慈心等爲境界九意淨爲威德其業用一種義通前七十我知下是根本本爲菩提心故若就菩提心顯十義者以菩提心香似如來藏因善惡相攻而生若一發心與慈雲注法雨心所及者令歸眞淨得法喜樂離惑業苦展轉興慈志願純淨餘之九香皆應具法喻之十畧故或二或三摩羅耶者國名國多此香故此即忍香瞋火不燒三即進香魔軍退散次五如次是五分法身香九即稱法界香先陀婆一名四實此宜用鹽香似此故十忘能所香故名奪意餘三可知若就菩提心下二約法似如來藏本覺真心性德圓備稱理發心故似藏也二因善惡相攻而生即同因龍鬪生故六波羅蜜經云善惡互相熏猶如二象鬪弱者去無迴妄盡無來去起信云真如熏無明故能發心猒求三若一發心下出現四靈法雨是成就五心所及下清淨六得法喜樂即安隱七離惑業苦即方便八展轉與慈即境界九志願純淨即威德亦業用義通前七次五如次五分法身者戒定可知三王及四兵皆騰空者慧證空故四心念於佛脫五欲故五集聽法是知見故

善男子我唯知此調和香法如諸菩薩摩訶薩遠離一切諸惡習氣不染世欲永斷煩惱衆魔罥索超諸有趣以智慧香而自莊嚴於諸世間皆無染著具足成就無所著戒淨無著智行無著境於一切處悉無有著其心平等無著無依而我何能知其妙行說其功德顯其所有清淨戒門示其所作無過失業辯其離染身語意行

善男子於此南方有一大城名曰樓閣中有船師名婆施羅汝詣彼問菩薩云何學菩薩行修菩薩道

時善財童子頂禮其足繞無量帀慇懃瞻仰辭退而去

爾時善財童子向樓閣城觀察道路所謂觀道高卑觀道夷險觀道淨穢觀道曲直

第二船師婆施羅寄不壞迴向寄不壞迴向者得不壞信千種善根而迴向故名為不壞婆施羅者此云自在謂於佛法海已善通達於生死海能善運度於一切法深信不壞故名自在在樓閣城者由此迴向令菩提心轉更增長悲智相依而勝出故文中第一依教趣求先依教觀道於迴向道初得不壞故佛道爲高餘皆是卑生死涅槃爲夷險障無障爲淨穢二乘爲曲菩薩爲直等佛道為高下此有十事五對疏但畧示其相而未言等者等於餘義具說觀相乃有多意一不壞相則五是可依五不可依二不壞性則不見高卑無夷險等是故經云不見一法是佛法者不見一法非佛法者故金剛云是法平等無有高下住正道者則不分別是邪是正三不見業惑以為所斷不見智慧以為能斷非有煩惱非離煩惱四不見生死為雜亂不見涅槃為寂靜生死涅槃二際無差五無大小三乘及一乘非我我所故三性之及相變俱不壞則離無高下不壞高卑無高卑為真高等一一契中上三即三觀意四以無所得

而為方便一時具觀一具一切方真觀矣

漸次遊行作是思惟我當親近彼善知識善知識者是成就修行諸菩薩道因是成就修行波羅蜜道因是成就修行攝衆生道因是成就修行普入法界無障礙道因是成就修行令一切衆生除惡慧道因是成就修行令一切衆生離憍慢道因是成就修行令一切衆生滅煩惱道因是成就修行令一切衆生捨諸見道因是成就修行令一切衆生拔一切惡刺道因是成就修行令一切衆生至一切智城道因何以故於善知識處得一切善法故依善知識力得一切智道故善知識者難見難遇如是思惟漸次遊行

後漸次下趣求後位而興勝念謂菩薩道因人得故即於菩薩法師得不壞信於中先正明後徵釋可知

既至彼城見其船師在城門外海岸上住百千商人及餘無量大衆圍繞說大海法方便開示佛功德海善財見已往詣其所頂禮其足繞無量帀於前合掌而作是言聖者我已先發阿耨多羅三藐三菩提心而未知菩薩云何學菩薩行云何修菩薩道我聞聖者善能教誨願爲我說

第二既至彼下見敬諮問見在海岸者若佛法海以生死爲此岸不捨生死故若生死海以大悲修因而爲此岸住大慈悲令離因故若佛法海者準下推勝乃有多海累衆其二餘例可知

船師告言善哉善哉善男子汝已能發阿耨多羅三藐三菩提心今復能問生大智因斷除一切生死苦因往一切智大寶洲因成就不壞摩訶衍因遠離二乘怖畏生死住諸寂靜三昧旋因乘大願車徧一切處行菩薩行無有障礙清淨道因以菩薩行莊嚴一切無能壞智清淨道因普觀一切十方諸法皆無障礙清淨道因速能趣入一切智海清淨道因

第三船師告言下稱讚授法分二先讚問讚其發心後能問法文有九句前五能問果因後四能問因因故云道因三昧旋者旋謂深復沉而不流二乘沉寂動八萬劫故能遠離是菩薩道

善男子我在此城海岸路中淨修菩薩大悲幢行

二善男子我在此下授已法界中二先標名體謂大悲超出爲物所歸故

善男子我觀閻浮提內貧窮衆生爲饒益故修諸苦行隨其所願悉令滿足先以世物充滿其意復施法財令其歡喜令修福行令生智道令增善根力令起菩提心令淨菩提願令堅大悲力令修能滅生死道令生不厭生死行令攝一切衆生海令修一切功德海令照一切諸法海令見一切諸佛海令入一切智智海善男子我住於此如是思惟如是作意如是利益一切衆生

後善男子我觀閻浮下辨其業用中二先明於陸化生令知有海

善男子我知海中一切寶洲一切寶處一切寶類一切寶種我知淨一切寶鑽一切寶出一切寶作一切寶我知一切寶器一切寶用一切寶境界一切寶光明

後善男子我知海中下善知海相於海化生於中二初明善知後彰化成益今初此寶洲等生死法海義皆有之且約生死海釋文中略舉知五種事一知寶寶即是智故不入生死大海則不能生一切智寶於第九 十三 中有十二句一生死海中湛寂不動謂之寶洲二空不空如來藏爲寶處三恒沙功德皆寶類四佛性爲寶種此上皆約本有次四約修成以淨戒頭陀等爲能淨以緣起智爲能鑽以發一切智心爲出因聽聞爲能作後四爲實用謂三乘等器智慧有殊照理斷惑所用各別所緣境界萬品階差破愚顯明各各不等

我知一切龍宮處一切夜叉宮處一切部多宮處皆善迴避免其諸難

二我知一切龍下即生死中瞋貪癡之三毒部多此云自生亦如夜叉但不從父母生故喻多癡

亦善別知漩澓淺深波濤遠近水色好惡種種不同

三亦善別知漩澓不即知心識相色無色等依識心定劫數淺深七識波浪染習遠近隨善惡緣心水色異色無色等者沈空滯寂即漩澓義無色初二萬後後二二增非想八萬劫為深二萬即為淺色無晝夜殊劫數等身量則初最淺上上漸深未有無相皆識心定故為心識相也

亦善別知日月星宿運行度數晝夜晨晡晷漏延促

四亦善別知日月等者即能知時謂機之生熟如是時中宜修定慧等

亦知其船鐵木堅脆機關澁滑水之大小風之逆順如是一切安危之相無不明了可行則行可止則止

五亦知其船即知萬行不同有方便爲堅無方便爲脆曾修爲滑不曾則澁水之大小者謂生死有邊與無邊風之逆順者八風四順四逆又謂修行有住與無住故若開第三第五各有三事則并總具十有方便為堅等七地已說又謂修行有住無住者上約外境世之八風此約正修無住為順出離有住為逆又有住則順生死無住反此若開第三第五各三者三中三者一漩澓淺深二波濤遠近三水色好惡五中三者一知其船鐵木堅脆機關澁滑二水之大小三風之逆順此二各三為六并其餘三為九如是已下總結為十可行則行可止則止雖是總結義當一故

善男子我以成就如是智慧常能利益一切衆生善男子我以好船運諸商衆行安隱道復爲說法令其歡喜引至寶洲與諸珍寶咸第十 十四 使充足然後將領還閻浮提善男子我將大船如是往來未始令其一有損壞若有衆生得見我身聞我法者令其永不怖生死海必得入於一切智海必能消竭諸愛欲海能以智光照三世海能盡一切衆生苦海能淨一切衆生心海速能嚴淨一切刹海普能往詣十方大海普知一切衆生根海普了一切衆生行海普順一切衆生心海

二善男子我以成就下彰化成益既列十海則知前海準此應思前四自利後六利第十一 十五 他後三文顯

善男子我唯得此大悲幢行若有見我及以聞我與我同住憶念我者皆悉不空如諸菩薩摩訶薩善能遊涉生死大海不染一切諸煩惱海能捨一切諸妄見海能觀一切諸法

性海能以四攝攝衆生海已善安住一切智海能滅一切衆生著海能平等住一切時海能以神通度衆生海能以其時調衆生海而我云何能知能説彼功德行

善男子於此南方有城名可樂中有長者名無上勝汝詣彼問菩薩云何學菩薩行修菩薩道時善財童子頂禮其足繞無量帀慇懃瞻仰悲泣流淚求善知識心無厭足辭退而去

爾時善財童子起大慈周徧心大悲潤澤心相續不斷福德智慧二種莊嚴捨離一切煩惱塵垢證法平等心無高下拔不善刺滅一切障堅固精進以爲牆壍甚深三昧而作園苑以慧日光破無明闇以方便風開智慧華以無礙願充滿法界心常現入一切智城如是而求菩薩之道漸次經歷到彼城内

第三無上勝長者寄等一切佛迴向以得勝通無過上故等於諸佛更無勝故在可樂國者由等佛迴向不見美惡皆得清淨歡喜悅樂故文中第一可知寄等一切佛迴向者謂等同三世一切如來能迴向道所迴向善故以得勝通下釋名此約得法釋等於下約寄位釋由等諸佛不見美惡者經云如是修學迴向道時見一切色乃至觸法若美若惡不生愛憎心得自在無諸過失廣大清淨歡喜悅樂離諸憂惱身心柔輭諸根清淨清淨是也

見無上勝在其城東大莊嚴幢無憂林中無量商人百千居士之所圍繞理斷人間種種事務因爲説法令其永拔一切我慢離我我所捨所積聚滅慳嫉妬心得清淨無諸穢濁獲淨信力常樂見佛受持佛法生菩薩力起菩薩行入菩薩三昧得菩薩智慧住菩薩正念增菩薩樂欲爾時善財童子觀彼長者爲衆説法已以身投地頂禮其足良久乃起白言聖者我是善財我是善財我專尋求菩薩之行菩薩云何學菩薩行菩薩云何修菩薩道隨修學時常能化度一切衆生常能現見一切諸佛常得聽聞一切佛法常能住持一切佛法常能趣入一切法門入一切剎學菩薩行住一切劫修菩薩道能知一切如來神力能受一切如來護念能得一切如來智慧

第二見無上勝下見敬諮問初見在城東者啓明佛日故處無憂林皆同佛迴向無愛憎故商人等圍繞者佛爲商主菩薩爲商人法財外益功歸已故次爾時善財下設敬後白言下諮問稱名者聲名久聞表重法之器冀有聞故

時彼長者告善財言善哉善哉善男子汝已能發阿耨多羅三藐三菩提心善男子我成就至一切處菩薩行門無依無作神通之力

第三時彼長者下稱讚授法授法中先標名體由無作無依故能徧至徧至是用廣無依是體勝無依者不依他故無作者離加行故

善男子云何爲至一切處菩薩行門善男子我於此三千大千世界欲界一切諸衆生中所謂一切三十三天一切須夜摩天一切兜率陀天一切善變化天一切他化自在天一切摩天及餘一切天龍夜叉羅剎娑鳩槃茶乾闥婆阿修羅迦樓羅緊那羅摩睺羅伽人與非人村營城邑一切住處諸衆生中而爲説法令捨非法令息諍論令除鬭戰令止忿

競令破宼結令解繫縛令出牢獄令免怖畏令斷殺生乃至邪見一切惡業不可作事皆令禁止令其順行一切善法令其修學一切技藝於諸世間而作利益爲其分別種種諸論令生歡喜令漸成熟隨順外道爲說勝智令斷諸見令入佛法乃至色界一切梵天我亦爲其說超勝法如於此三千大千世界乃至十方十不可說百千億那由他佛刹微塵數世界中我皆爲說佛法菩薩法聲聞法獨覺法說地獄說地獄衆生說向地獄道說畜生說畜生差別說畜生受苦說向畜生道說閻羅王世間說閻羅王世間苦說向閻羅王世間道說天世間說天世間樂說向天世間道說人世間說人世間苦樂說向人世間道爲欲開顯菩薩功德爲令捨離生死過患爲令知見一切智人諸妙功德爲欲令知諸有趣中迷惑受苦爲令知見無障礙法爲欲顯示一切世間生起所因爲欲顯示一切世間寂滅爲樂爲令衆生捨諸想著爲令證得佛無依法爲令永滅諸煩惱輪爲令能轉如來法輪我爲衆生說如是法

二善男子云何下徵釋業用釋中明至一切處廣說法故文中先舉三千後如於此三千下類顯十方

善男子我唯知此至一切處修菩薩行清淨法門無依無作神通之力如諸菩薩摩訶薩具足一切自在神通悉能徧往一切佛刹得普眼地悉聞一切音聲言說普入諸法智慧自在無有乖諍勇健無比以廣長舌出平等音其身妙好同諸菩薩與諸如來究竟無二無有差別智身廣大普入三世境界無際同於虛空而我云何能知能說彼功德行

第四謙已推勝中加清淨法門者徧至本爲說法故即前所說後二可知

善男子於此南方有一國土名曰輪那其國有城名迦陵迦林有比丘尼名師子嚬申汝詣彼問菩薩云何學菩薩行修菩薩道

時善財童子頂禮其足繞無量帀慇懃瞻仰辭退而去

爾時善財童子漸次遊行至彼國城周徧推求此比丘尼有無量人咸告之言善男子此比丘尼在勝光王之所捨施日光園中說法利益無量衆生

第四至一切處迴向善友名師子嚬申者舒展自在無不至故比丘尼者純淨之慈合善徧故國名輪那者此云勇猛勇猛之力能使善根無不至故又以十度明義義當進故城名迦陵迦林者以義翻爲相鬪戰時謂因鬪勝而立城故表此迴向願以信解大威力故廣大智慧無障礙故令修善根無所不至義同戰時第四至一切處善友者謂以大願力令其善根所成供等遍一切故文中第一依教趣求言勝光王捨施日光園者準律尼之頭陀多在王國藉外護故表因實際勝光令其善根徧法界之園苑故並皆即智故有光名

時善財童子即詣彼園周徧觀察見其園中有一大樹名爲滿月形如樓閣放大光明照一由旬見一葉樹名爲普覆其形如蓋放毘瑠璃紺青光明見一華樹名曰華藏其形高大如雪山王雨衆妙華無有窮盡如忉利天

中波利質多羅樹復見有一甘露果樹形如金山常放光明種種衆果悉皆具足復見有一摩尼寶樹名毘盧遮那藏其形無比心王摩尼寶最在其上阿僧祇色相摩尼寶周徧莊嚴復有衣樹名爲清淨種種色衣垂布嚴飾復有音樂樹名爲歡喜其音美妙過諸天樂復有香樹名普莊嚴恒出妙香普熏十方無所障礙

第二時善財童子即詣下見敬諮問中三先見次敬後問前中二初見依後見正今初有六一無漏林樹無漏法行而建立故

文中有八各有所表思之無漏林樹等者多是淨名佛道品偈云總持之園苑無漏法林樹覺意淨妙華解脫智慧果

園中復有泉流陂池一切皆以七寶莊嚴黑栴檀泥凝積其中上妙金沙彌布其底八功德水具足盈滿優鉢羅華波頭摩華拘物頭華芬陀利華徧覆其上

二園中復有下明八解泉流八功德者謂輕冷濡美淨而不臭調適無患八解之浴池定水湛然滿布以七淨華浴此無垢人等

無量寶樹周徧行列諸寶樹下敷師子座種種妙寶以爲莊嚴布以天衣熏諸妙香垂諸寶繒施諸寶帳閻浮金網彌覆其上寶鐸徐搖出妙音聲或有樹下敷蓮華藏師子之座或有樹下敷香王摩尼藏師子之座或有樹下敷龍莊嚴摩尼王藏師子之座或有樹下敷寶師子聚摩尼王藏師子之座或有樹下敷毘盧遮那摩尼王藏師子之座或有樹下敷十方毘盧遮那摩尼王藏師子之座其一一座各有十萬寶師子座周帀圍繞一一皆具無量莊嚴

三無量寶樹下敷法空座而隨法嚴異於中有標列及結可知

此大園中衆寶徧滿猶如大海寶洲之上迦隣陀衣以布其地柔輭妙好能生樂觸蹈則沒足舉則還復無量諸鳥出和雅音寶栴檀林上妙莊嚴種種妙華常雨無盡猶如帝釋雜華之園無比香王普熏一切猶如帝釋善法之堂諸音樂樹寶多羅樹衆寶鈴網出妙音聲如自在天善口天女所出歌音諸如意樹種種妙衣垂布莊嚴猶如大海有無量色百千樓閣衆寶莊嚴如忉利天宮善見大城寶蓋遐張如須彌峯光明普照如梵王宮

四此大園下雜明諸嚴萬行非一故

爾時善財童子見此大園無量功德種種莊嚴皆是菩薩業報成就出世善根之所生起供養諸佛功德所流一切世間無與等者如是皆從師子頻申比丘尼了法如幻集廣大清淨福德善業之所成就

五爾時善財下出其所因

三千大千世界天龍八部無量衆生皆入此園而不迫窄何以故此比丘尼不可思議威神力故

六三千下明果用自在

爾時善財見師子頻申比丘尼徧坐一切諸寶樹下大師子座身相端嚴威儀寂靜諸根調順如大象王心無垢濁如清淨池普濟所求如如意寶不染世法猶如蓮華心無所畏如師子王護持淨戒不可傾動如須彌山能令見者心得清涼如妙香王能除衆生諸煩

惱熱如雪山中妙栴檀香衆生見者諸苦消滅如善見藥王見者不空如婆樓那天能長一切衆善根芽如良沃田在一一座衆會不同所説法門亦各差別

二爾時善財見師子下明見正報中四初總明徧坐勝德顯彰二別明所徧演法各異三總結多類聞法發心四通顯所因釋成自在今初婆樓那者此云水也此天能滿人願故晉云水天者總持教中有此天也

或見處座淨居天衆所共圍繞大自在天子而爲上首此比丘尼爲説法門名無盡解脱或見處座諸梵天衆所共圍繞愛樂梵王而爲上首此比丘尼爲説法門名普門差別清淨言音輪或見處座他化自在天天子天女所共圍繞自在天王而爲上首此比丘尼爲説法門名菩薩清淨心或見處座善變化天天子天女所共圍繞善化天王而爲上首此比丘尼爲説法門名一切法善莊嚴或見處座兜率陀天天子天女所共圍繞兜率天王而爲上首此比丘尼爲説法門名心藏旋或見處座須夜摩天天子天女所共圍繞夜摩天王而爲上首此比丘尼爲説法門名無邊莊嚴或見處座三十三天天子天女所共圍繞釋提桓因而爲上首此比丘尼爲説法門名厭離門或見處座百光明龍王難陀龍王優波難陀龍王摩那斯龍王伊羅跋難陀龍王阿那婆達多龍王等龍子龍女所共圍繞娑伽羅龍王而爲上首此比丘尼爲説法門名佛神通境界光明莊嚴或見處座諸夜叉衆所共圍繞毘沙門天王而爲上首此比丘尼爲説法門名救護衆生藏或見處座乾闥婆衆所共圍繞持國乾闥婆王而爲上首此比丘尼爲説法門名無盡喜或見處座阿修羅衆所共圍繞羅睺阿修羅王而爲上首此比丘尼爲説法門名速疾莊嚴法界智門或見處座迦樓羅衆所共圍繞捷持迦樓羅王而爲上首此比丘尼爲説法門名怖動諸有海或見處座緊那羅衆所共圍繞大樹緊那羅王而爲上首此比丘尼爲説法門名佛行光明或見處座摩睺羅伽衆所共圍繞菴羅林摩睺羅伽王而爲上首此比丘尼爲説法門名生佛歡喜心或見處座無量百千男子女人所共圍繞此比丘尼爲説法門名殊勝行或見處座諸羅刹衆所共圍繞常奪精氣大樹羅刹王而爲上首此比丘尼爲説法門名發生悲愍心

二或見處座下別明所徧中有三十處分三初十六爲八部人非人等次二爲二乘後十二爲菩薩今初中先有七處爲天一爲淨居天説無盡者治彼那含求盡身智故二梵王普應但於已衆廣及二千爲説普門則無不應梵音清妙但是世間爲説法界勝流方爲淨妙三他化天令得出世淨心超世自在故四化樂具莊嚴不及善故五旋歸如來藏心則眞喜足故六徧嚴法界方盡時分之樂七釋天耽欲甚故次八爲龍龍能通變耀電降莊嚴故九夜叉性好飛空害物故十乾闥婆衆能奏樂喜樂故上三亦四王衆意存八部故闕南西十一修羅善幻爲莊嚴故十二迦樓羅

動海怖龍故十三緊那羅是歌神以佛行光明破其著故又頭有一角亦云疑神令同佛覺離疑光明故十四摩睺羅伽多瞋毒故上來八部除第一第七及夜叉衆摩睺羅伽約對治說餘皆約隨便宜隨其世能轉入出世故緊那羅衆通其二義第十五一座爲人人多行不善行設行仁義亦非勝故令起出世勝行十六一座爲羅刹則是非人亦治多殘害故

或見處座信樂聲聞乘衆生所共圍繞此比丘尼爲說法門名勝智光明或見處座信樂緣覺乘衆生所共圍繞此比丘尼爲說法門名佛功德廣大光明

次二爲二乘者聲聞智劣故緣覺修福止百劫故緣起智光未能亡緣故

或見處座信樂大乘衆生所共圍繞此比丘尼爲說法門名普門三昧智光明門或見處座初發心諸菩薩所共圍繞此比丘尼爲說法門名一切佛願聚或見處座第二地諸菩薩所共圍繞此比丘尼爲說法門名離垢輪或見處座第三地諸菩薩所共圍繞此比丘尼爲說法門名寂靜莊嚴或見處座第四地諸菩薩所共圍繞此比丘尼爲說法門名生一切智境界或見處座第五地諸菩薩所共圍繞此比丘尼爲說法門名妙華藏或見處座第六地諸菩薩所共圍繞此比丘尼爲說法門名毘盧遮那藏或見處座第七地諸菩薩所共圍繞此比丘尼爲說法門名普莊嚴地或見處座第八地諸菩薩所共圍繞此比丘尼爲說法門名徧法界境界身或見處座第九地諸菩薩所共圍繞此比丘尼爲說法門名無所得力莊嚴或見處座第十地諸菩薩所共圍繞此比丘尼爲說法門名無礙輪或見處座執金剛神所共圍繞此比丘尼爲說法門名金剛智那羅延莊嚴

後十二爲菩薩分三初一爲地前說定慧之光次十爲地上初發心者證發心也發十大願故五地妙華藏者華謂十種平等淨心故晉經云淨心華藏華藏者以眞俗雙修於難得勝爲因含藏故餘八可知後一義當等覺說金剛喻定壞散塵習故既爲等覺而說明此位非小言迴向者約寄位耳他皆倣此（總發心者疏中隨難但釋二句今當畧釋二地三聚圓滿故三地修八禪故四地得無行無生行慧光故五地如疏六地般若現前遍照普得故七地有中殊勝行修習一切菩提分故名普莊嚴八地得無生忍於三世間皆悉自在得忍如空念念入法流故九地以無所得而爲方便力度偏增具足辯才演一切法爲莊嚴故十地諸障已摧十度已滿三祇已圓故）

善財童子見如是等一切諸趣所有衆生已成熟者已調伏者堪爲法器皆入此園各於座下圍繞而坐師子嚬申比丘尼隨其欲解勝劣差別而爲說法令於阿耨多羅三藐三菩提得不退轉

第三善財童子見如是下總結多類聞法發心可知

何以故此比丘尼入普眼捨得般若波羅蜜門說一切佛法般若波羅蜜門法界差別般若波羅蜜門散壞一切障礙輪般若波羅蜜門生一切衆生善心般若波羅蜜門殊勝莊嚴般若波羅蜜門無礙眞實藏般若波羅蜜門法界圓滿般若波羅蜜門心藏般若波羅

蜜門普出生藏般若波羅蜜門此十般若波羅蜜門爲首入如是等無數百萬般若波羅蜜門此日光園中所有菩薩及諸衆生皆是師子頻申比丘尼初勸發心受持正法思惟修習於阿耨多羅三藐三菩提得不退轉

第四何以故下總顯所因釋成自在有二一由能化具般若故二此日光下由彼所化根已熟故

時善財童子見師子嚬申比丘尼如是園林如是牀座如是經行如是衆會如是神力如是辯才復聞不可思議法門廣大法雲潤澤其心便生是念我當右繞無量百千帀時比丘尼放大光明普照其園衆會莊嚴善財童子即自見身及園林中所有衆樹皆悉右繞此比丘尼經於無量百千萬帀圍繞畢已善財童子合掌而住

二時善財童子下設敬於中三初覩勝發心次放光攝受後正申敬儀

白言聖者我已先發阿耨多羅三藐三菩提心而未知菩薩云何學菩薩行云何修菩薩道我聞聖者善能誘誨願爲我說

三白言下問法

比丘尼言善男子我得解脫名成就一切智善財言聖者何故名爲成就一切智比丘尼言善男子此智光明於一念中普照三世一切諸法善財白言聖者此智光明境界云何

第三比丘尼言下授已法界中三初標名一切智者同佛智故二善財言下徵釋其體一念普照故三善財白言下辨其業用先問後答

比丘尼言善男子我入此智光明門得出生一切法三昧王以此三昧故得意生身往十方一切世界兜率天宮一生所繫菩薩所一一菩薩前現不可說佛刹微塵數身一一身作不可說佛刹微塵數供養所謂現天王身乃至人王身執持華雲執持鬘雲燒香塗香及以末香衣服瓔珞幢旛繒蓋寶網寶帳寶藏寶燈如是一切諸莊嚴具我皆執持而以供養如於住兜率宮菩薩所如是於住胎出胎在家出家往詣道場成等正覺轉正法輪入於涅槃如是中間或住天宮或住龍宮乃至或復住於人宮於彼一一諸如來所我皆如是而爲供養若有衆生知我如是供養佛者皆於阿耨多羅三藐三菩提得不退轉若有衆生來至我所我即爲說般若波羅蜜善男子我見一切衆生不分別衆生相智眼明見故聽一切語言不分別語言相心無所著故見一切如來不分別如來相了達法身故住持一切法輪不分別法輪相悟法自性故一念徧知一切法不分別諸法相知法如幻故

答中二先明通用後明智用前中亦二先辨用所依謂由一切智能入王三昧故王三昧者智論第七云一切三昧皆入中故體即如如如如體本寂眞智契此故名三昧

以一切智言有其二義一徧知三世一切事故二對於種智名根本智知一切事皆一實故以即權之實智契即事之實理故一切三昧皆入其中又由王三昧體無不徧故意生身隨類能成二往十方下辨能

依業用可知二善男子我見下明其智用又前即差別智用今即無分別智用故徧境無取智論第七一切三昧皆入中者論有前云譬如大海謂若百川歸大海故又有人言王三昧者在第四禪故有人云佛三昧雖能知相一切佛法一相無相無量無數不可知唯佛能知佛神足持戒尚不了知況復一切三昧釋曰此但次勝耳

善男子我唯知此成就一切智解脫如諸菩薩摩訶薩心無分別普知諸法一身端坐充滿法界於自身中現一切剎一念悉詣一切佛所於自身內普現一切諸佛神力一毛徧舉不可言說諸佛世界於其自身一毛孔中現不可說世界成壞於一念中與不可說不可說衆生同住於一念中入不可說不可說一切諸劫而我云何能知能說彼功德行善男子於此南方有一國土名曰險難此國有城名寶莊嚴中有女人名婆須蜜多汝詣彼問菩薩云何學菩薩行修菩薩道時善財童子頂禮其足繞無數帀慇懃瞻仰辭退而去

大方廣佛華嚴經疏鈔會本第六十七

大方廣佛華嚴經疏鈔會本第六十八之一　頻一

唐于闐國三藏沙門實叉難陀　譯

唐清涼山大華嚴寺沙門澄觀撰述

爾時善財童子大智光明照啓其心思惟觀察見諸法性得了知一切言音陀羅尼門得受持一切法輪陀羅尼門得與一切衆生作所歸依大悲力得觀察一切法義理光明門得充滿法界清淨願得普照十方一切法智光明得徧莊嚴一切世界自在力得普發起一切菩薩業圓滿願

第五無盡功德藏迴向由迴向力能成無盡功德藏故善友名婆須蜜多者此云世友亦云天友隨世人天方便化故國名險難者逆行非道下位不能行故城名寶莊嚴者逆隨世行能生無盡功德藏故第一依教趣求中二先依教成益謂由聞一切智光故思修趣入得二種益一得見實法性益出前實智故二得了知下得權智益由前窮三世差別智故

漸次遊行至險難國寶莊嚴城處處尋覓婆須蜜多女

二漸次下趣求後位於中四一專心尋覓

城中有人不知此女功德智慧作如是念今此童子諸根寂靜智慧明了不迷不亂諦視一尋無有疲懈無所取著目視不瞬心無所動甚深寬廣猶如大海不應於此婆須蜜女有貪愛心有顛倒心生於淨想生於欲想不應爲此女色所攝此童子者不行魔行不入魔境不沒欲泥不被魔縛不應作處已能不作有何等意而求此女

二城中下淺識致疑逆行難知故不自疑者貪順於悲障行劣故不同前二又於前二已調伏故此中不疑

其中有人先知此女有智慧者告善財言善哉善哉善男子汝今乃能推求尋覓婆須蜜女汝已獲得廣大善利善男子汝應決定求佛果位決定欲爲一切衆生作所依怙決定欲拔一切衆生貪愛毒箭決定欲破一切衆生於女色中所有淨想善男子婆須蜜女於此城內市廛之北自宅中住

三其中有人先知下深智讚教先讚後善男子婆須下教示所在市者喧雜北主於滅自宅即畢竟空寂謂在欲行禪處喧常寂故在市鄽之北等

時善財童子聞是語已歡喜踴躍往詣其門

四時善財下依教往詣

見其住宅廣博嚴麗寶牆寶樹及以寶塹一一皆有十重圍繞其寶塹中香水盈滿金沙布地諸天寶華優鉢羅華波頭摩華拘物頭華芬陀利華徧覆水上宮殿樓閣處處分布門闥窻牖相望間列咸施網鐸悉置旛幢無量珍奇以爲嚴飾瑠璃爲地衆寶間錯燒諸沈水塗以栴檀懸衆寶鈴風動成音散諸天華徧布其地種種嚴麗不可稱說諸珍寶藏其數百千十大園林以爲莊嚴爾時善財見此女人顏貌端嚴色相圓滿皮膚金色目髮紺青不長不短不麤不細欲界人天無能與比音聲美妙超諸梵世一切衆生差別言音悉皆具足無不解了深達字義善巧談說得如幻智入方便門衆寶瓔珞及諸嚴具莊嚴

其八如意摩尼以爲寶冠而冠其首復有無量眷屬圍繞皆共善根同一行願福德大藏具足無盡時婆須蜜多女從其身出廣大光明普照宅中一切宮殿遇斯光者身得清涼

第二見其下見敬諮問見中先見依報畢竟空中無德不具故廣顯其嚴後爾時下見正報具有主伴德用

爾時善財前詣其所頂禮其足合掌而住白言聖者我已先發阿耨多羅三藐三菩提心而未知菩薩云何學菩薩行云何修菩薩道我聞聖者善能教誨願爲我說

二爾時善財前詣下敬問可知

彼即告言善男子我得菩薩解脫名離貪欲際

第三彼即告下授已法界於中三先標名離貪欲際者凡夫染欲二乘見欲可離菩薩不斷貪欲而得解脫智了性空欲即道故如是染而不染方爲究竟離欲之際

隨其欲樂而爲現身若天見我我爲天女形貌光明殊勝無比如是乃至人非人等而見我者我即爲現人非人女隨其樂欲皆令得見若有衆生欲意所纏來詣我所我爲說法彼聞法已則離貪欲得菩薩無著境界三昧若有衆生暫見於我則離貪欲得菩薩歡喜三昧若有衆生暫與我語則離貪欲得菩薩無礙音聲三昧若有衆生暫執我手則離貪欲得菩薩徧往一切佛刹三昧若有衆生暫升我座則離貪欲得菩薩解脫光明三昧若有衆生暫觀於我則離貪欲得菩薩寂靜莊嚴三昧若有衆生見我頻申則離貪欲得菩薩摧伏外道三昧若有衆生見我目瞬則離貪欲得菩薩佛境界光明三昧若有衆生抱持於我則離貪欲得菩薩攝一切衆生恒不捨離三昧若有衆生唼我脣吻則離貪欲得菩薩增長一切衆生福德藏三昧凡有衆生親近於我一切皆得住離貪際入菩薩一切智地現前無礙解脫

二隨其下顯業用於中先身同類現後若有衆生下以法益生中有十種三昧皆隨受欲便宜得斯甚深三昧思之

善財白言聖者種何善根修何福業而得成就如是自在答言善男子我念過去有佛出世名爲高行其王都城名曰妙門善男子彼高行如來哀愍衆生入於王城蹈彼門閫其城一切悉皆震動忽然廣博衆寶莊嚴無量光明遞相映徹種種寶華散布其地諸天音樂同時俱奏一切諸天充滿虛空善男子我於彼時爲長者妻名曰善慧見佛神力心生覺悟則與其夫往詣佛所以一寶錢而爲供養是時文殊師利童子爲佛侍者爲我說法令發阿耨多羅三藐三菩提心

三善財白言下得法因緣先問後答一寶錢施者有二義一實而能捨故得離貪二一錢雖微以菩提心故成斯自在

善男子我唯知此菩薩離貪際解脫如諸菩薩摩訶薩成就無邊巧方便智其藏廣大境界無比而我云何能知能說彼功德行善男子於此南方有城名善度中有居士名鞞瑟胝羅彼常供養栴檀座佛塔汝詣彼問菩薩云何學菩薩行修菩薩道時善財童子頂禮

其足繞無量帀慇懃瞻仰辭退而去

爾時善財童子漸次遊行至善度城

第六入一切平等善根迴向善友名鞞瑟胝羅者此云纏裹義當包攝塔中包攝一切佛故或云攝入攝諸善根入平等故城名善度者無一善根不度到究竟故常供佛塔者善根中最故未詳何緣偏供此塔有云以塔中定有栴檀之座爲欲普供無盡佛故亦是一理文中第一依教趣求關無念法入一切平等善根迴向善友者事理無違皆入等理故

詣居士宅頂禮其足合掌而立白言聖者我已先發阿耨多羅三藐三菩提心而未知菩薩云何學菩薩行云何修菩薩道我聞聖者善能誘誨願爲我說

第二詣居士下見敬諮問

居士告言善男子我得菩薩解脫名不般涅槃際善男子我不生心言如是如來已般涅槃如是如來現般涅槃如是如來當般涅槃我知十方一切世界諸佛如來畢竟無有般涅槃者唯除爲欲調伏衆生而示現耳

第三居士告下止授法界於中四一標名不般涅槃際者般者入也窮諸如來不入涅槃之實際故出現品云如實際涅槃如來涅槃亦如是二善男子我不生心下顯體謂心契實際知佛常住三唯除下釋疑並如出現品辨楞伽亦云無有佛涅槃無有涅槃佛楞伽云無有涅槃佛等者即是經初大慧讚於如來具知二性以成三身初有四偈明遍計依他謂世間離生滅等十忍品已引今此即歎具於圓成云一切無涅槃無有涅槃佛無有佛涅槃遠離覺所覺若有若無有是二悉俱離牟尼寂靜觀是則遠離生是名爲不取今世後世淨有二偈半大雲解云初一偈令了一如謂約無願觀以顯圓成無涅槃佛故無願矣初句謂色心等一切法中無得涅槃以一切法本性如故若得涅槃是斷常見滅法是斷證得是常次二句既無涅槃云何有佛故經云見斷煩惱而得成佛此則名爲壞佛法者煩惱與佛性寂滅故三四句中所覺如法無有涅槃能覺如故無有得佛離所覺故說同一如釋曰然上所解理則盡矣而消文未妙今謂初句遣所證涅槃次句遣能證之佛第三句無能所契合第四句總結所由由離能所故皆無矣無即空義同一如矣次若有兩句明不生二見正順圓成遠離見過前偈破執此顯不著初句人法是有無我是無二障是有無相是無涅槃及佛此則是有諸覺所覺此則是無皆成見過義須離之故云是二悉俱離後一偈明牟尼正觀此歎世尊寂靜功德了一切法本來寂靜無自一法而是生者生見既亡不生豈有無生無滅故無可取亦無可捨非染非淨故二世淨今初但引二句足遣不般涅槃耳

善男子我開栴檀座如來塔門時得三昧名佛種無盡善男子我念念中入此三昧念念得知一切無量殊勝之事善財白言此三昧者境界云何居士答言善男子我入此三昧隨其次第見此世界一切諸佛所謂迦葉佛拘那含牟尼佛拘留孫佛尸棄佛毗婆尸佛提舍佛弗沙佛無上勝佛無上蓮華佛如是等而爲上首於一念頃得見百佛得見千佛得見百千佛得見億佛千億佛百千億佛阿庾多億佛那由他億佛乃至不可說不可說世界微塵數佛如是一切次第皆見亦見彼佛初始發心種諸善根獲勝神通成就大願修行妙行具波羅蜜入菩薩地得清淨忍摧伏魔軍成正等覺國土清淨衆會圍繞放大光明轉妙法輪神通變現種種差別我悉能持我悉能憶悉能觀察分別顯示未來彌勒佛等一切諸佛現在毗盧遮那佛等一切諸佛悉亦如是如此世界十方世界所有三世一切諸佛聲聞獨覺諸菩薩衆悉亦如是

四善男子我開下顯其業用於中二先辨用所依亦是證前不涅槃義舉現見故佛種無盡者佛種從緣起佛緣理生見理湛然故見佛無滅以佛化身即是常身法身故後善財白下問答境界佛種從緣起佛緣理生者上句是法華經下句是生公釋古有二釋並如前引今引生公正順經中佛種無盡之言其即是常身法身亦涅槃文涅槃二十三云又善男子斷煩惱者不名涅槃不生煩惱乃名涅槃諸佛如來煩惱不起是名涅槃所有智慧於法無礙是爲如來非是凡夫聲聞緣覺菩薩是名佛性如來身心智慧遍滿無量無邊阿僧祇土無所障礙是名虛空如常住無有變易名曰實相以是義故如來實不畢竟涅槃釋曰此皆明無永滅之涅槃則是常住真涅槃

善男子我唯得此菩薩所得不般涅槃際解脫如諸菩薩摩訶薩以一念智普知三世一念徧入一切三昧如來智日恒照其心於一切法無有分別了一切佛悉皆平等如來及我一切衆生等無有二知一切法自性清淨無有思慮無有動轉而能普入一切世間離諸分別住佛法印悉能開悟法界衆生而我云何能知能說彼功德行

第四謙己推勝推勝中長者雖知三世不滅未能一念而知及能所平等

善男子於此南方有山名補怛洛迦彼有菩薩名觀自在汝詣彼問菩薩云何學菩薩行修菩薩道即說頌曰

海上有山多聖賢衆寶所成極清淨華果樹林皆徧滿泉流池沼悉具足

勇猛丈夫觀自在爲利衆生住此山汝應往問諸功德彼當示汝大方便

第五善男子於此南方下指示後友中先長行後偈頌以大悲菩薩衆尊重故偏加於頌言海上有山者大悲隨順入生死海而住涅槃山故即南印度之南

時善財童子頂禮其足繞無量帀已慇懃瞻仰辭退而去

爾時善財童子一心思惟彼居士教入彼菩薩解脫之藏得彼菩薩能隨念力憶彼諸佛出現次第念彼諸佛相續次第持彼諸佛名號次第觀彼諸佛所說妙法知彼諸佛具足莊嚴見彼諸佛成正等覺了彼諸佛不思議業漸次遊行至於彼山處處求覓此大菩薩

第七等隨順一切衆生迴向善友名觀自在三業歸向必六通赴緣攝利難思名觀自在由此能徧隨順衆生第七等隨順一切衆生善友者謂以善根等心順益諸衆生故疏文有二一略釋名三業歸向如下別中六通赴緣者謂天眼遥觀天耳遥聞他心遥知神足速赴宿命知其可度漏盡令其解脫攝謂攝受利謂利樂並如下經由此下釋寄位名

在補怛落迦山者此云小白華樹山多此樹香氣遠聞聞見必欣是隨順義又觀自在者或云觀世音梵云婆盧枳底觀也溼伐羅此云自在若云攝伐多此云音然梵本之中自有二種不同故譯者隨異而法華觀音品中云觀其音聲皆得解脫即觀世音也若具三業攝化即觀自在故彼中初語業稱名除七災二身業禮拜滿二願三意業存念淨三毒而今多念觀音者以語業用多故又人多稱故今取義圓故云自在而法華下成觀音義即彼經最初答無盡意佛告無盡意菩薩若有無量百千萬億衆生受諸苦惱聞是觀世音菩薩一心稱名觀世音菩薩即時觀其音聲皆得解脫釋曰上即總意亦徧身語若具三業下一一成自在義亦彼經文初標故彼經下出三業相一初語業稱名除七災者經云若有持是觀世音菩薩名者設入大

火火不能燒由是菩薩威神力故云云若爲大水所漂稱其名號即得淺處云云若有百千萬億衆生爲求金銀瑠璃硨磲碼碯珊瑚琥珀真珠等寶入於大海假使黑風吹其船舫漂墮羅剎鬼國其中若有乃至一人稱觀世音菩薩名者是諸人等皆得解脫羅剎之難以是因緣名觀世音云云若復有人臨當被害稱觀世音菩薩名者彼所執刀杖尋段段壞云云下取意引一火不能燒二水不能漂三惡風不吹四刀杖段壞五惡鬼莫視六枷鎖離身七怨賊解脫二身業禮拜滿二願者謂設欲求男便生福慧智慧之男設欲求女便生端正有相之女三意業存念淨三毒者若有衆生多於婬欲常念恭敬觀世音菩薩便得離欲若多瞋恚多癡准例上貪斯即三業歸向也彼經略舉若準下經及彼偈文危若衆生多應時權救斯屬自在今取下五結成自在上通相稱

然觀即能觀通一切觀世是所觀通一切世若云音者亦通所觀即所救一切機若云自在乃屬能化之用然觀即下第三隨字別釋觀即能觀者顯屬菩薩通一切觀者即智者意然彼經文繁博今取意釋謂三業歸依觀通心眼了見諸相而無所著徹見體性空有無礙一切種智圓頓觀察故經云真觀清淨觀廣大智慧觀悲觀及慈觀常願常瞻仰無垢清淨光慧日破諸暗能伏災風火普明照世間皆是觀義言世是所觀通一切世者世略有三謂三世間若山若水懸崖邃谷畏難之處器世間也無量衆生即衆生世間亦觀佛會所有衆生常在一切諸如來所即是觀察智正覺世間從若云自在下棄文就義自在則覓直就名言自在却局闕所觀故然有能觀必有所觀不爾於何而得自在能所無二不壞能所一觀一切觀一切觀一觀無觀無不觀爲真觀矣文中但有五段闕

第六禮辭第一依教趣求

見其西面巖谷之中泉流縈映樹林蓊鬱香草柔軟右旋布地觀自在菩薩於金剛寶石上結跏趺坐無量菩薩皆坐寶石恭敬圍繞而爲宣說大慈悲法令其攝受一切衆生善財見已歡喜踊躍合掌諦觀目不暫瞬作如是念善知識者則是如來善知識者一切法雲善知識者諸功德藏善知識者難可值遇善知識者十力寶因善知識者無盡智炬善知識者福德根芽善知識者一切智門善知識者智海導師善知識者至一切智助道之具便即往詣大菩薩所爾時觀自在菩薩遙見善財告言善來汝發大乘意普攝衆生起正直心專求佛法大悲深重救護一切普賢妙行相續現前大願深心圓滿清淨勤求佛法悉能領受積集善根恒無厭足順善知識不違其教從文殊師利功德智慧大海所生其心成熟得佛勢力已獲廣大三昧光明專意希求甚深妙法常見諸佛生大歡喜智慧清淨猶如虛空既自明了復爲他說安住如來智慧光明

第二見其西面下見敬諮問先見有三初見勝依正在西面者西方主殺顯悲救故又令歸向本所事故二善財見已下彰見之益以得勝念熏心故善知識者則是如來者引至究竟同於佛故三爾時觀自在下友垂讚攝大悲深厚隨順攝受故又令歸向本所事者本事即是阿彌陀令誦者今先稱本師之名項上化佛即是彌陀故

爾時善財童子頂禮觀自在菩薩足繞無數帀合掌而住白言聖者我已先發阿耨多羅三藐三菩提心而未知菩薩云何學菩薩行云何修菩薩道我聞聖者善能教誨願爲我說

二爾時善財下敬問可知

菩薩告言善哉善哉善男子汝已能發阿耨多羅三藐三菩提心善男子我已成就菩薩大悲行解脫門善男子我以此菩薩大悲行門平等教化一切衆生相續不斷

第三菩薩告言下稱讚授法先讚後授中三初標名二我以此下總顯體相亦是

釋名平等教化即是大悲以同體悲故云平等相續不斷即是行門又門即普門普門示現曲濟無遺故又門即普門普門示現曲濟無遺故者以普門字釋經行門普門之名即法華經觀音品目曲濟無遺謂之普從悟通神謂之門天台智者說有十普一慈悲普二弘誓普三修行普四離惑普五入法門普六神通普七方便普八說法普九成就衆生普十供養諸佛普此十一一稱實普周今經下文業用之中略列十一門即十一普

善男子我住此大悲行門常在一切諸如來所普現一切衆生之前或以布施攝取衆生或以愛語或以利行或以同事攝取衆生或現色身攝取衆生或現種種不思議色淨光明網攝取衆生或以音聲或以威儀或為說法或現神變令其心悟而得成熟或為化現門類之形與其共居而成熟之

三善男子我住此下廣顯業用於中二先約普門以顯業用後約大悲前中先總明以上同如來妙覺真心故常在一切諸如來所下與衆生同大悲體故普現一切衆生之前普即普門示現然大聖乂成正覺號正法明示為菩薩義言等佛耳然大聖乂成正覺者即千手千眼陀羅尼經依無量壽經觀無量壽次當作佛號寶光功德山王亦迹門爾後或以布施下別明普現之義有十一句方法華經三十五應作觀似少義取乃多彼三十五應但是此中或現色身及說法耳方法華經三十五應者即無盡意問云觀世音菩薩云何遊此娑婆世界云何而為衆生說法方便之力具事云何佛告無盡意若有國土衆生應以佛身得度者即現佛身而為說法二辟支佛三聲聞四梵王五帝釋六自在天王七大自在天八天大將軍九毗沙門十小王十一長者十二居士十三宰官十四婆羅門十五比丘十六比丘尼十七優婆塞十八優婆夷十九長者婦女二十居士婦女二十一宰官婦女二十二婆羅門婦女二十三童男二十四童女二十五天二十六龍二十七夜叉二十八乾闥婆二十九阿修羅三十迦樓羅三十一緊那羅三十二摩睺羅伽三十三人三十四非人三十五執金剛神皆如初句次第義加以長者居士宰官婆羅門共一即現婦女身而為說法故人謂之三十二應理實四類各各不同故妙音中云或現長者婦女身或現宰官婦女身或現婆羅門婦女身明知四類有四婦女況妙音中有轉輪王及菩薩身又加地獄餓鬼畜生及諸難處皆能救濟豈無彼身則三十五亦未為盡若開四婦女各成二人以妻女別故則此已有三十九矣明知觀音諸大菩薩各能萬類之化皆略舉耳但是此中或現色身及說法耳者以三十五應皆云即現其身而為說法具如初一明知通是此二義耳

善男子我修行此大悲行門願常救護一切衆生願一切衆生離險道怖離熱惱怖離迷惑怖離繫縛怖離殺害怖離貧窮怖離不活怖離惡名怖離於死怖離大衆怖離惡趣怖離黑闇怖離遷移怖離愛別怖離寃會怖離逼迫身怖離逼迫心怖離憂悲怖復作是願願諸衆生若念於我若稱我名若見我身皆得免離一切怖畏善男子我以此方便令諸衆生離怖畏已復教令發阿耨多羅三藐三菩提心永不退轉

二善男子我修行下約大悲行以顯業用救諸怖畏故於中三初離世怖有十八種初三約煩惱即是因怖餘皆約果縛殺貪三不活開出黑闇已下皆五怖中事上約所離二復作下即能離因念即是意三業皆益故三我以此下令進大心方能究竟離二死怖皆五怖中事者準十地論五畏攝諸畏故若是新經下文有頌一一具此十八怖法華觀音偈中亦不離此怖恐繁不引今略明五攝然五多約果略由二因一邪智妄取我見愛著故即不活惡名死畏之因二善根微少即大衆威德及惡道畏之因今此十八有通因者然險道有二若世間險道即不活及死畏攝若惡道因為險即是邪智熱惱有三一失財熱惱不活畏攝二處衆熱惱即惡名攝三毒熱惱即是畏因迷惑有二若迷惑方隅等即衆熱惱不活畏攝若心迷惑

大衆畏因繫縛亦是不活畏攝殺害死攝黑暗遷移乃有二意現暗遷移皆不活攝惡趣黑暗三途遷移即惡道畏攝愛別離怖正唯死畏兼及不活怨憎會怖正唯惡道亦兼不活逼迫身怖死及不活逼迫心怖大衆威德及惡名攝其憂悲怖死及不活二畏之相亦通餘三即離因若謂三業歸依我之三業能令解脫令住正念即無我我所及邪智故

善男子我唯得此菩薩大悲行門如諸菩薩摩訶薩已淨普賢一切願已住普賢一切行常行一切諸善法常入一切諸三昧常住一切無邊劫常知一切三世法常詣一切無邊剎常息一切衆生惡常長一切衆生善常絶衆生生死流而我云何能知能說彼功德行

第四我唯下謙已推勝乆成正覺尚不失謙

爾時東方有一菩薩名曰正趣從空中來至娑婆世界輪圍山頂以足按地其娑婆世界六種震動一切皆以衆寶莊嚴正趣菩薩放身光明映蔽一切日月星電天龍八部釋梵護世所有光明皆如聚墨其光普照一切地獄畜生餓鬼閻羅王處令諸惡趣衆苦皆滅煩惱不起憂悲悉離又於一切諸佛國土普雨一切華香瓔珞衣服幢蓋如是所有諸莊嚴具供養於佛復隨衆生心之所樂普於一切諸宮殿中而現其身令其見者皆悉歡喜然後來詣觀自在所時觀自在菩薩告善財言善男子汝見正趣菩薩來此會不白言已十六見告言善男子汝可往問菩薩云何學菩薩行修菩薩道

第五爾時東方下指示後友於中二初後友入會從東來者後位如相智明方證故名正趣者正法徧趣化衆生故以智正趣眞如相故從空來者智體無依方契如故至輪圍上者如依妄惑顯故足動界者以定慧足除雜惡故同前會者不離隨順衆生得如相故又以智會悲成無住故後時觀自在下前友指示以在此會故闕禮辭

爾時善財童子敬承其教遽即往詣彼菩薩所頂禮其足合掌而立白言聖者我已先發阿耨多羅三藐三菩提心而未知菩薩云何學菩薩行云何修菩薩道我聞聖者善能教誨願爲我說

第八正趣菩薩寄眞如相迴向善友文中具六初二可知第八寄眞如相善友者謂善根即如成迴向故

正趣菩薩言善男子我得菩薩解脫名普門速疾行

第三正趣菩薩言下授已法界分二先標名體十方無際故名普門一念超多故云十七速疾

善財言聖者於何佛所得此法門所從來剎去此幾何發來久如告言善男子此事難知一切世間天人阿修羅沙門婆羅門等所不能了唯勇猛精進無退無怯諸菩薩衆已爲一切善友所攝諸佛所念善根具足志樂清淨得菩薩根有智慧眼能聞能持能解能說善財言聖者我承佛神力善知識力能信能受願爲我說

二善財言下顯其業用於中四一申問難有三問意在速疾二告言下顯深三善財下承力請說

正趣菩薩言善男子我從東方妙藏世界普勝生佛所而來此土於彼佛所得此法門從

彼發來已經不可說不可說佛刹微塵數劫一一念中舉不可說不可說佛刹微塵數步一一步過不可說不可說世界微塵數佛刹一一佛刹我皆徧入至其佛所以妙供具而爲供養此諸供具皆是無上心所成無作法所印諸如來所忍諸菩薩所歎善男子我又普見彼世界中一切衆生心知其心悉知其根隨其欲樂現身說法或放光明或施財寶種種方便教化調伏無有休息如從東方南西北方四維上下亦復如是

四正趣菩薩言下正答前問於中五初答得法處謂從自本智如來藏界普生萬善本覺而來故行能速徧知一切法不離心性萬行頓成二從彼發下答時久近三一一念中下答處近遠以多時發多步則知遠矣即是速疾四一一佛刹下顯其成益五如從東下類顯十方

善男子我唯得此菩薩普疾行解脫能疾周徧到一切處如諸菩薩摩訶薩普於十方無所不至智慧境界等無差別善布其身悉徧法界至一切道入一切剎知一切法到一切世平等演說一切法門同時照耀一切衆生於諸佛所不生分別於一切處無有障礙而我云何能知能說彼功德行

善男子於此南方有城名墮羅鉢底其中有神名曰大天汝詣彼問菩薩云何學菩薩行修菩薩道

時善財童子頂禮其足繞無數帀慇懃瞻仰辭退而去

後三可

大方廣佛華嚴經疏鈔會本第六十八之一

大方廣佛華嚴經疏鈔會本第六十八之三　頞二

唐于闐國三藏沙門實叉難陀　譯

唐清涼山大華嚴寺沙門澄觀撰述

爾時善財童子入菩薩廣大行求菩薩智慧境見菩薩神通事念菩薩勝功德生菩薩大歡喜起菩薩堅精進入菩薩不思議自在解脫行菩薩功德地觀菩薩三昧地住菩薩總持地入菩薩大願地得菩薩辯才地成菩薩諸力地漸次遊行至於彼城推問大天今在何所人咸告言在此城內現廣大身爲衆說法爾時善財至大天所頂禮其足於前合掌而作是言聖者我已先發阿耨多羅三藐三菩提心而未知菩薩云何學菩薩行云何修菩薩道我聞聖者善能教誨願爲我說

第九無縛無著解脫迴向第九無縛無著者謂不爲相縛不爲見著作用自在故名解脫　善友名大天者現大身故無縛無著智淨自在故名爲天稱理普應故名爲大妙用難測故名爲神在墮羅鉢底城者此云有門謂有此無縛等微妙法門爲法師故初二可知

爾時大天長舒四手取四大海水自洗其面持諸金華以散善財而告之言善男子一切菩薩難可得見難可得聞希出世間於衆生中最爲第一是諸人中芬陀利華爲衆生歸爲衆生救爲諸世間作安隱處爲諸世間作大光明示迷惑者安隱正道爲大導師引諸衆生入佛法門爲大法將善能守護一切智城菩薩如是難可値遇唯身語意無過失者然後乃得見其形像聞其辯才於一切時常現在前

第三爾時大天下授已法界中二先授法方便後正授所得今初現相讚友難遇令欣入故長舒等者約事則發心難遇淨而觀散華而供故約表謂表四無礙解手取所證勝流相應法門先當自淨以洗身心後因利他故云華散亦表四攝遠展攝取四衆故

善男子我已成就菩薩解脫名爲雲網善財言聖者雲網解脫境界云何爾時大天於善財前示現金聚銀聚瑠璃聚玻瓈聚硨磲聚碼碯聚大燄寶聚離垢藏寶聚大光明寶聚普現十方寶聚寶冠聚寶印聚寶瓔珞聚寶璫聚寶釧聚寶鎖聚珠網聚種種摩尼寶聚一切莊嚴具聚如意摩尼聚皆如大山又復示現一切華一切鬘一切香一切燒香一切塗香一切衣服一切幢旛一切音樂一切五欲娛樂之具皆如山積及現無數百千萬億諸童女衆而彼大天告善財言善男子可取此物供養如來修諸福德幷施一切攝取衆生令其修學檀波羅蜜能捨難捨善男子如我爲汝示現此物教汝行施爲一切衆生悉亦如是皆令以此善根熏習於三寶所善知識所恭敬供養增長善法發於無上菩提之意善男子若有衆生貪著五欲自放逸者爲其示現不淨境界若有衆生瞋恚憍慢多諍競者爲其示現極可怖形如羅刹等飲血噉肉令其見已驚恐惶懼心意調柔捨離寃結若有衆生惛沈嬾惰爲其示現王賊水火及諸重疾令其見已心生惶怖知有憂苦而自勉策以如是等種種方便令捨一切諸不善

行修行善法令除一切波羅蜜障具波羅蜜令起一切障礙險道到無障處

二善男子我已成下正授法界中二先名體謂以六度大悲如雲覆潤如網羅攝故後善財下問答業用四攝攝生故先問後答答中二先現寶令施教以檀攝後如我爲汝下類餘通教及利行攝如是等言亦兼愛語同事

善男子我唯知此雲網解脫如諸菩薩摩訶薩猶如帝釋已能摧伏一切煩惱阿修羅軍猶如大水普能消滅一切衆生諸煩惱火猶如猛火普能乾竭一切衆生諸愛欲水猶如大風普能吹倒一切衆生諸見取幢猶如金剛悉能摧破一切衆生諸我見山而我云何能知能說彼功德行

善男子此閻浮提摩竭提國菩提場中有主地神其名安住汝詣彼問菩薩云何學菩薩行修菩薩道

時善財童子禮大天足遶無數帀辭退而去

後三段易知

爾時善財童子漸次遊行趣摩竭提國菩提場內安住神所

第十入法界無量迴向第十入法界無量迴向者等以法界善根迴向法界故　善友名安住地神者地爲萬法所依即所入法界安住即入義在菩提場者所入法界即得菩提之處故菩提是本前南有所表從本之南今攝末歸本之法界故不云南矣又地上證如亦同本故今迴向終故攝歸此文六有六第一依教趣求

百萬地神同在其中更相謂言此來童子即是佛藏必當普爲一切衆生作所依處必當普壞一切衆生無明𣪍藏此人已生法王種中當以離垢無礙法繒而冠其首當開智慧大珍寶藏摧伏一切邪論異道時安住等百萬地神放大光明徧照三千大千世界普令大地同時震吼種種寶物處處莊嚴影潔光流遞相鑒徹一切樹葉俱時生長一切華樹咸共開敷一切果樹靡不成熟一切河流遞相灌注一切池沼悉皆盈滿雨細香雨徧灑其地風來吹華普散其上無數音樂一時俱奏天莊嚴具咸出美音牛王象王師子王等皆生歡喜踊躍哮吼猶如大山相擊出聲百千伏藏自然涌現時安住地神告善財言善來童子汝於此地曾種善根我爲汝現汝欲見不爾時善財禮地神足遶無數帀合掌而立白言聖者唯然欲見時安住地神以足按地百千億阿僧祇寶藏自然涌出告言善男子今此寶藏隨逐於汝是汝往昔善根果報是汝福力之所攝受汝應隨意自在受用

第二百萬地下見敬請法於中五初友見稱讚既云友見則已含見友二時安住下嚴處攝生以顯勝德三時安住告下許示昔善引其問端四爾時下設敬陳請五以足按下正示昔因

善男子我得菩薩解脫名不可壞智慧藏常以此法成就衆生善男子我憶自從然燈佛來常隨菩薩恭敬守護觀察菩薩所有心行智慧境界一切誓願諸清淨行一切三昧廣大神通大自在力無能壞法徧往一切諸佛國土普受一切諸如來記轉於一切諸佛法

輪廣說一切修多羅門大法光明普皆照耀教化調伏一切衆生示現一切諸佛神變我皆能領受皆能憶持善男子乃往古世過須彌山微塵數劫有劫名莊嚴世界名月幢佛號妙眼於彼佛所得此法門善男子我於此法門若入若出修習增長常見諸佛未曾捨離始從初得乃至賢劫於其中間值遇不可說不可說佛刹微塵數如來應正等覺悉皆承事恭敬供養亦見彼佛詣菩提座現大神力亦見彼佛所有一切功德善根

第三善男子我得下示已法界於中四一標名體用謂一念之智冥乎法界則不可壞此中則無所不生故名爲藏由賢位既滿總會三賢爲入地之因故顯善財之福常隨地神之智不壞是則昔因不失能入證矣常以此（頌一）下略明其用二（六）善男子我憶下別顯業用由智不壞故常憶等三乃往古世下顯得法時處四我於此下總結純熟

善男子我唯知此不可壞智慧藏法門如諸菩薩摩訶薩常隨諸佛能持一切諸佛所說入一切佛甚深智慧念念充徧一切法界等如來身生諸佛心具諸佛法作諸佛事而我云何能知能說彼功德行善男子此閻浮提摩竭提國迦毗羅城有主夜神名婆珊婆演底汝詣彼問菩薩云何學菩薩行修菩薩道時善財童子禮地神足遶無數帀慇懃瞻仰辭退而去

後三段可知十廻向竟

爾時善財童子一心思惟安住神教憶持善薩不可沮壞智藏解脫修其三昧學其軌則觀其遊戲入其微妙得其智慧達其平等知其無邊測其甚深漸次遊行至於彼城從東門入佇立未久便見日沒心念隨順諸菩薩教渴仰欲見彼主夜神於善知識生如來想（頌二）（七）復作是念由善知識得周徧眼普能明見十方境界由善知識得廣大解普能了達一切所緣由善知識得三昧眼普能觀察一切法門由善知識得智慧眼普能明照十方刹海

自下大文第五有十善友寄十地位即分十段第一婆珊婆演底夜神寄歡喜地（寄初歡喜地者初獲聖性具證二空能益自他生大喜故）城名迦毗羅者此云黃色往昔黃頭仙人依此處故黃是中色表契中道故又此是佛生之城表初地生佛家故婆珊者此云春也婆演底者此云主當以於春時主當苗稼故謂顯初入地能生長萬行護衆生故（以於春時主當等者盛德如春和暢發生故）地上多見夜神者證智玄妙離相破闇故下九天神準梵本皆是女神瞿波亦女者地上證於同體慈悲女之狀故

第一依教趣求中先依前修證後漸次下趣求後友於中先至時處從東門入者開明之初顯入證之始故見日沒者是夜神故表分別見日皆已亡故後心念下生渴仰心（表分別見日皆亡者初地斷見惑即分別煩惱故）

作是念時見彼夜神於虛空中處寶樓閣香蓮華藏師子之座身眞金色目髮紺青形貌端嚴見者歡喜衆寶瓔珞以爲嚴飾身服朱衣首戴梵冠一切星宿炳然在體於其身上一一毛孔皆現化度無量無數惡道衆生令

其免離險難之像是諸衆生或生人中或生天上或有趣向二乘菩提或有修行一切智道又彼一一諸毛孔中示現種種教化方便或爲現身或爲說法或爲示現聲聞乘道或爲示現獨覺乘道或爲示現諸菩薩行菩薩勇猛菩薩三昧菩薩自在菩薩住處菩薩觀察菩薩師子頻申菩薩解脫遊戲如是種種成熟衆生善財童子見聞此已心大歡喜以身投地禮夜神足繞無數帀於前合掌而作是言聖者我已先發阿耨多羅三藐三菩提心我心冀望依善知識獲諸如來功德法藏唯願示我一切智道我行於中至十力地

第二作是念時下明見敬諮問於中二初見友依正於空見者城表教道空表證道宗說兼通如日處空故服朱衣者證智明顯故法門星像不離一身如體化生作用不離一毛之性二善財童子見聞下設敬諮問宗說兼通者前已引竟即楞伽意故彼第三經云佛告大慧三世如來有二種法通謂說通及自宗通說通者謂隨衆生心之所應爲說種種契經是名說通自宗通者謂修行者離自心現種種妄想謂不墮一異俱不俱品超度一切心意意識自覺聖境離因成故一切外道聲聞緣覺墮二邊者所不能知我說是名自宗法通釋曰謂初下了唯心謂不墮下境界則滅超度一切下能取亦無自覺聖下止悟自心不由他悟離三量成故離因成一切外道下對他顯勝經結勸云是名自宗通及說通相對汝及餘菩薩摩訶薩應當修學偈云謂我二種通宗通及言說說者授童蒙宗爲修行者釋曰而前引竟今復重說前約證者能說故先明宗通今約從敎修證故先明說通亦前從根本起後得今從加行入根本文小異故第一蹤中引前文令從復引後古云說通宗不通如日被雲蒙宗通說亦通如日處虛空法門星象下此中法喻雙辯一一身以表如體星象以表法門星象不離一一身顯法不離如體下對亦然故化表於大用毛孔以況真性

時彼夜神告善財言善哉善哉善男子汝能深心敬善知識樂聞其語修行其教以修行故決定當得阿耨多羅三藐三菩提善男子我得菩薩破一切衆生癡暗法光明解脫

第三時彼夜神下稱讚授法中二初稱讚後善男子我得下授已法界於中三一標名體二顯業用三得法久近今初一切衆生癡暗者即所破二愚法光明者即是能破二無我智又破衆生闇爲悲法光明是智悲智具故其二愚二無我等並如地品

善男子我於惡慧衆生起大慈心於不善業衆生起大悲心於作善業衆生起於喜心於善惡二行衆生起不二心於雜染衆生起令生清淨心於邪道衆生起令生正行心於劣解衆生起令興大解心於樂生死衆生起令捨輪轉心於住二乘道衆生起令住一切智心善男子我以得此解脫故常與如是心共相應善男子我於夜闇人靜鬼神盜賊諸惡衆生所遊行時密雲重霧惡風暴雨日月星宿並皆昏蔽不見色時見諸衆生若入於海若行於陸山林曠野諸險難處或遭盜賊或乏資糧或迷惑方隅或忘失道路慞惶憂怖不能自出我時即以種種方便而救濟之爲海難者示作船師魚王馬王龜王象王阿脩羅王及以海神爲彼衆生止惡風雨息大波浪引其道路示其洲岸令免怖畏悉得安隱復作是念以此善根迴施衆生願令捨離一切諸苦爲在陸地一切衆生於夜闇中遭恐怖者現作日月及諸星宿晨霞夕電種種光明或作屋宅或爲人衆令其得免恐怖之厄復作是念以此善根迴施衆生悉令除滅諸

煩惱闇一切衆生有惜壽命有愛名聞有貪財寶有重官位有著男女有戀妻妾未稱所求多生憂怖我皆救濟令其離苦爲行山險而留難者爲作善神現形親近爲作好鳥發音慰悦爲作靈藥舒光照耀示其果樹示其泉井示正直道示平坦地令其免離一切憂厄爲行曠野稠林險道藤蘿所罥雲霧所闇而恐怖者示其正道令得出離作是念言願一切衆生伐見稠林截愛羅網出生死野滅煩惱闇入一切智平坦正道到無畏處畢竟安樂善男子若有衆生樂著國土而憂苦者我以方便令生厭離作是念言願一切衆生不著諸蘊住一切佛薩婆若境善男子若有衆生樂著聚落貪愛宅舍常處黑闇受諸苦者我爲說法令生厭離令法滿足令依法住作是念言願一切衆生悉不貪樂六處聚落速得出離生死境界究竟安住一切智城善男子若有衆生行闇夜中迷惑十方於平坦路生險難想於險難道起平坦想以高爲下以下爲高其心迷惑生大苦惱我以方便舒光照及若欲出者示其門户若欲行者示其道路欲度溝洫示其橋梁欲涉河海與其船筏樂觀方者示其險易安危之處欲休息者示其城邑水樹之所作是念言如我於此照除夜闇令諸世事悉得宣敘願我普於一切衆生生死長夜無明闇處以智慧光普皆照了是諸衆生無有智眼想心見倒之所覆翳無常常想無樂樂想無我我想不淨淨想堅固執著我人衆生蘊界處法迷惑因果不識善惡殺害衆生乃至邪見不孝父母不敬沙門及婆羅門不知惡人不識善人貪著惡事安住邪法毀謗如來壞正法輪於諸菩薩呰辱傷害輕大乘道斷菩提心於有恩人反加殺害於無恩處常懷冤結毀謗賢聖親近惡伴盜塔寺物作五逆罪不久當墮三惡道處願我速以大智光明破彼衆生無明黑闇令其疾發阿耨多羅三藐三菩提心既發心已示普賢乘開十力道亦示如來法王境界亦示諸佛一切智城諸佛所行諸佛自在諸佛成就諸佛總持一切諸佛共同一身一切諸佛平等之處令其安住善男子一切衆生或病所纏或老所侵或苦貧窮或遭禍難或犯王法臨當被刑無所依怙生大怖畏我皆救濟使得安隱復作是念願我以法普攝衆生令其解脫一切煩惱生老病死憂悲苦患近善知識常行法施勤行善業速得如來清淨法身住於究竟無變易處善男子一切衆生入見稠林住於邪道於諸境界起邪分别常行不善身語意業妄作種種諸邪苦行於非正覺生正覺想於正覺所非正覺想爲惡知識之所攝受以起惡見將墮惡道我以種種諸方便門而爲救護令住正見生人天中復作是念如我救此將墮惡道諸衆生等願我普救一切衆生悉令解脫一切諸苦住波羅蜜出世聖道於一切智得不退轉具普賢願近一切智而不捨離諸菩薩行常勤教化一切衆生

二我於惡業下明業用中二先長行後偈頌前中二先興救物之心二我於夜闇下正明對緣救攝於中十門初一總明爲海

難下別顯令初有四種一夜等爲救時二海等爲救處三道盜等爲所救四種種方便爲能救後九門別顯中文皆有二先救世苦令得世樂後以廻向大願令其究竟離苦得樂九中一救海難衆生二爲在陸地下救處陸衆生三一切衆生下救求不得及行山險衆生四救樂國土衆生五救著聚落衆生六救闇夜衆生七是諸衆生無有智下救惑業衆生八或病所纏下救八苦衆生九入見稠林下救惡見衆生

爾時婆珊婆演底主夜神欲重宣此解脫義承佛神力觀察十方爲善財童子而說頌曰

我此解脫門生淨法光明能破愚癡闇待時而演說我昔無邊劫勤行廣大慈普覆諸世間佛子應修學寂靜大悲海出生三世佛能滅衆生苦汝應入此門能生世間樂亦生出世樂令我心歡喜汝應入此門既捨有爲患亦遠聲聞果淨修諸佛力汝應入此門我目甚清淨普見十方刹亦見其中佛菩提樹下坐相好莊嚴身無量衆圍繞一一毛孔內種種光明出見諸羣生類死此而生彼輪廻五趣中常受無量苦我耳甚清淨聽之無不及一切語言海悉聞能憶持諸佛轉法輪其聲妙無比所有諸文字悉皆能憶持我鼻甚清淨於法無所礙一切皆自在汝應入此門我舌甚廣大淨好能言說隨應演妙法汝應入此門我身甚清淨三世等如如隨諸衆生心一切悉皆現我心淨無礙如空含萬象普念諸如來而亦不分別了知無量刹一切諸心海諸根及欲樂而亦不分別我以大神通震動無量刹其身悉徧往調彼難調衆我福甚廣大如空無有盡供養諸如來饒益一切衆我智廣清淨了知諸法海除滅衆生惑汝應入此門我知三世佛及以一切法亦了彼方便此門徧無等一一塵中見三世一切刹亦見彼諸佛此是普門力十方刹塵內悉見盧舍那菩提樹下坐成道演妙法

二偈頌中二十一頌分四初一頌法門名體二有四頌舉因勤修即四無量三有十頌顯果令入即六處殊勝四有六頌明業用廣大

爾時善財童子白夜神言汝發阿耨多羅三藐三菩提心爲幾時耶得此解脫其已久如乃能如是饒益衆生其神答言善男子乃往古世過如須彌山微塵數劫有劫名寂靜光世界名出生妙寶有五億佛於中出現彼世界中有四天下名寶月燈光有城名蓮華光王名善法度以法施化成就七寶王四天下王有夫人名法慧月夜久眠寐時彼城東有一大林名爲寂住林中有一大菩提樹名一切光摩尼王莊嚴身出生一切佛神力光明爾時有佛名一切法雷音王於此樹下成等正覺放無量色廣大光明徧照出生妙寶世界蓮華城內有主夜神名爲淨月詣王夫人法慧月所動身瓔珞以覺夫人而告之言夫人當知一切法雷音王如來於寂住林成無上覺及廣爲說諸佛功德自在神力普賢菩薩所有行願令王夫人發阿耨多羅三藐三菩提意供養彼佛及諸菩薩聲聞僧衆善男子時王夫人法慧月者豈異人乎我身是也

我於彼佛所發菩提心種善根故於須彌山微塵數劫不生地獄餓鬼畜生諸惡趣中亦不生於下賤之家諸根具足無有衆苦於天人中福德殊勝不生惡世恒不離佛及諸菩薩大善知識常於其所種植善根經八十須彌山微塵數劫常受安樂而未滿足菩薩諸根

三得法久近中先興二問後還兩答答中有二先答發心時節後答得法久近今初有六初總顯本事因緣二時彼城東下明初佛興世三蓮華城內下善友勸發四令王夫人下正發大心五時王夫人下結會古今六我於彼佛下發心成益

過此劫已復過萬劫於賢劫前有劫名無憂徧照世界名離垢妙光其世界中淨穢相雜有五百佛於中出現其第一佛名須彌幢寂靜妙眼如來應正等覺我爲名稱長者女名妙慧光明端正殊妙彼淨月夜神以願力故於離垢世界一四天下妙幢王城中生作主夜神名清淨眼我於一時在父母邊夜久眠息彼清淨眼來詣我所震動我宅放大光明出現其身讚佛功德言妙眼如來坐菩提座始成正覺勸喻於我及以父母并諸眷屬令速見佛自爲前導引至佛所廣興供養我纔見佛即得三昧名出生見佛調伏衆生三世智光明輪獲此三昧故能憶念須彌山微塵數劫亦見其中諸佛出現於彼佛所聽聞妙法以聞法故即得此破一切衆生闇法光明解脫得此解脫已即見其身徧往佛剎微塵數世界亦見彼世界所有諸佛又見自身在其佛所亦見彼世界一切衆生解其言音識其根性知其往昔曾爲善友之所攝受隨其所樂而爲現身令生歡喜我時於彼所得解脫念念增長此心無間又見自身徧往百佛剎微塵數世界此心無間又見自身徧往千佛剎微塵數世界此心無間又見自身徧往百千佛剎微塵數世界如是念念乃至不可說不可說佛剎微塵數世界亦見彼世界中一切如來亦自見身在彼佛所聽聞妙法受持憶念觀察決了亦知彼佛諸本事海諸大願海彼諸如來嚴淨佛剎我亦嚴淨亦見彼世界一切衆生隨其所應而爲現身教化調伏此解脫門念念增長如是乃至充滿法界

二過此劫已下答得法久近於中二初總顯得法因緣後我纔見佛下正明得法於中三初得方便三昧謂上見諸佛下化衆生次以聞法故下得此解脫後得此解脫已下廣顯業用

善男子我唯知此菩薩破一切衆生闇法光明解脫如諸菩薩摩訶薩成就普賢無邊行願普入一切諸法界海得諸菩薩金剛智幢自在三昧出生大願住持佛種於念念中成滿一切大功德海嚴淨一切廣大世界以自在智教化成熟一切衆生以智慧日滅除一切世間闇障以勇猛智覺悟一切衆生惛睡以智慧月決了一切衆生疑惑以清淨音斷除一切諸有執著於一切法界一一塵中示現一切自在神力智眼明淨等見三世而我何能知其妙行說其功德入其境界示其自在

第四謙推可知

善男子此閻浮提摩竭提國菩提場內有主夜神名普德淨光我本從其發阿耨多羅三藐三菩提心常以妙法開悟於我汝詣彼問菩薩云何學菩薩行修菩薩道

第五指示後友云菩提場內者得無誤犯由契理故理即菩提場友名普德者最勝法界無德不具故淨光者正智證入離誤犯之垢故即前淨月故云本從發心

爾時善財童子向婆珊婆演底神而說頌曰

見汝清淨身相好超世間如文殊師利亦如寶山王汝法身清淨三世悉平等世界悉入中成壞無所礙我觀一切趣悉見汝形像一一毛孔中星月各分布汝心極廣大如空徧十方諸佛悉入中清淨無分別一一毛孔內悉放無數光十方諸佛所普雨莊嚴具一一毛孔內各現無數身十方諸國土方便度衆生一一毛孔內示現無量刹隨諸衆生欲種種令清淨若有諸衆生聞名及見身悉獲功德利成就菩提道多劫在惡趣始得見聞汝亦應歡喜受以滅煩惱故千刹微塵劫歎汝一毛德劫數猶可窮功德終無盡

第六爾時善財下戀德禮辭於中二先以偈讚表戀德之深於中十偈分四初四讚身心超勝次三明大用無涯次二益物不虛後一結德無盡

時善財童子說此頌已頂禮其足遶無量帀殷懃瞻仰辭退而去

二時善財下作禮辭退

大方廣佛華嚴經疏鈔會本第六十八之二

大方廣佛華嚴經疏鈔會本第六十九　頌三

唐于闐國三藏沙門實叉難陀　譯

唐清涼山大華嚴寺沙門澄觀撰述

爾時善財童子了知彼婆珊婆演底夜神初發菩提心所生菩薩藏所發菩薩願所淨菩薩度所入菩薩地所修菩薩行所行出離道一切智光海普救衆生心普徧大悲雲於一切佛刹盡未來際常能出生普賢行願漸次遊行至普德淨光夜神所

第二普德淨光夜神寄離垢地善友義如前說（寄離垢地者謂真淨尸羅離於能起微細毀犯煩惱垢故）文則具六且分爲四第一依教趣求第二見敬諮問第三稱讚授法第四戀德禮辭今初先念前法有十一句初一念發心餘十念得法

頂禮其足繞無數帀於前合掌而作是言聖者我已先發阿耨多羅三藐三菩提心而我未知菩薩云何修行菩薩地云何出生菩薩地云何成就菩薩地

第二頂禮下見敬諮問

夜神答言善哉善哉善男子汝已能發阿耨多羅三藐三菩提心今復問於菩薩地修行出生及以成就

第三夜神答下稱讚授法先讚後授

善男子菩薩成就十法能圓滿菩薩行何者爲十一者得清淨三昧常見一切佛二者得清淨眼常觀一切佛相好莊嚴三者知一切如來無量無邊功德大海四者知等法界無量諸佛法光明海五者知一切如來一一毛孔放等衆生數大光明海利益無量一切衆生六者見一切如來一一毛孔出一切寶色光明燄海七者於念念中出現一切佛變化海充滿法界究竟一切諸佛境界調伏衆生八者得佛音聲同一切衆生言音海轉三世一切佛法輪九者知一切佛無邊名號海十者知一切佛調伏衆生不思議自在力善男子菩薩成就此十種法則能圓滿菩薩諸行

授中二先長行後偈頌長行中三第一正授法門第二謙已推勝第三指示後友初中二先總答所問後別示已法今初有標徵釋結釋中有十句初總餘別別中三是智法光明四放光利益五常光發焰餘可知（餘別中三是智法光明者疏但隨難解三今當重釋畧有二意一作總別釋初一總餘九別別中一觀外相二念內德三知所證四放光五常光六變化七圓音八名號九調生二約十身釋一菩提身二相好身三智身四法身五願身如實首品毛孔放光皆宿願故六福德身七化身八力持身圓音持法盡未來故九意生身隨意立名故十威勢身結云威力故十身並彰內外皆具若專念此何行不成）

善男子我得菩薩解脫名寂靜禪定樂普遊步

二善男子我得下別示已法於中二先標名體謂契理無著爲寂靜止觀雙運爲禪定正法樂住爲樂大用無涯爲普遊步

普見三世一切諸佛亦見彼佛清淨國土道場衆會神通名號說法壽命言音身相種種不同悉皆明覩而無取著何以故知諸如來非去世趣永滅故非來體性無生故非生法身平等故非滅無有生相故非實住如幻法故非妄利益衆生故非遷超過生死故非壞性常不變故一相言語悉離故無相性相本空故

後普見三世下廣顯業用於中四初明攀緣如實禪同如來清淨禪卽寂靜業用次現法樂住禪卽定業用三明引生功德禪四饒益有情禪此二卽普遊步業用初明攀緣如實禪同如來清淨禪等者楞伽第二說有四種禪云何爲四謂愚夫所行禪觀察義禪攀緣如實禪如來禪云何愚夫所行禪謂有聲聞緣覺外道修行者人無我自性共相骨瑣無常苦不淨相計著爲首如是不異觀前後轉進想不除滅是名愚夫所行禪云何觀察義禪謂人無我自性共相外道自他俱無性已觀法無我彼地相義漸次增進是名觀察義禪云何攀緣如實禪謂妄想二無我妄想如實處不生妄想是名攀緣如實禪云何如來禪謂入如來地行自覺聖智相三種樂住成辦衆生不思議事是名如來禪故偈云凡夫所行禪觀察相義禪攀緣如實禪如來清淨禪釋曰配位有二師一云初凡小二至七地三八地已上四即佛地二大雲言亦初凡小二十信至迴向三即加行四即初地主佛地以證如故皆名如來若修觀者凡夫直用如來淨禪今此文中即以第三同於第四不用初二初是凡小二猶未七法無我故即以三四因果交徹謂見佛法界即攀緣如義無取無入即同如來清淨禪義又如來禪不礙下文廣利樂故今初文中有標徵釋標以見佛無著故寂靜釋云所以無著者窮了如來之體性故文有十非大同中論八不謂不去不來不生不滅爲四其非實非妄卽是不常非遷非壞卽是不斷

一相卽非異無相亦非一文有十非大同中論八不者不全同故名爲大同而涅槃等多分全同以其八不攝理盡故云全同耳初四全同六合爲四言非實非妄即是不常者常有二義一虛妄計度生死有常今云非妄即非常矣二者出世實法名常今云非實亦無常矣諸法實相中無實無非實故非遷非壞即是不斷者斷亦有二一世法遷移即有斷滅二滅壞煩惱成於斷德今並非之故不斷也又此十句標多約體釋多約用意明體用皆無二故亦可總爲五對體用初不來不去即體用自體二不生滅即體用相三非實虛即體用力四非遷壞即體用性五一相無相即體用德如十行辦

善男子我如是了知一切如來時於菩薩寂靜禪定樂普遊步解脫門分明了達成就增長

二善男子我如是了下明現法樂住禪先牒前起後

思惟觀察堅固莊嚴不起一切妄想分別大悲救護一切衆生一心不動修習初禪

後思惟下頌三正顯四禪初禪中四思惟觀察卽是尋伺當對治支堅固莊嚴猶是尋伺之相次不起一切妄想分別卽所離障然世禪但離欲惡不善今一乘深妙故離一切妄想次大悲救護一切衆生卽利益支謂離自憂念衆生憂故生喜樂後一心下卽所依支謂彼二依止後思惟下正顯四禪者斯則以如來禪導於四禪不同三地寄位四禪四禪不同即爲四別然大小雖異支林功德名數皆同有十八支具如三地論皆攝以爲四類一所離障二對治支三利益支四彼所依止三昧四中後三是支初一非支並如前說謂離自憂者約五受說初禪已離憂受今大悲救護頌三即憂衆生之憂離五憂合是所離今念他憂却生喜樂故爲利益

息一切意業攝一切衆生智力勇猛喜心悅豫修第二禪

二禪中息一切意業卽滅覺觀次攝一切衆生是一心智力勇猛是內淨無覺無觀次喜心悅豫是定生喜樂修第二禪卽彼二依上下三四禪準此二禪中等者然二禪具四支內淨喜樂定初明滅覺觀即所離障次攝一切衆生是一心者一心攝故然一心言是三地經有故彼經云滅覺觀內淨一心無覺無觀定生喜樂住第二禪然其一心是釋內心義無覺無觀即是淨義具此二法名之內淨又小乘內淨但是信心大乘內淨即合三禪三支所成謂捨念正知此之三心尚爲喜覆力用未勝但能離外尋伺故合爲內淨今攝衆生一心攝故已有合義

思惟一切衆生自性厭離生死修第三禪

三禪中初思惟一切衆生自性卽捨念二支謂捨離前攝生之喜於此捨中不失念

故厭離生死即慧樂二支謂正知生死不
可喜故厭離即得眞寂之樂三禪中下煞具五支捨念喜樂定餘如前說
悉能息滅一切衆生衆苦熱惱修第四禪
四禪中二句通具三支謂苦喜憂樂皆是
衆苦熱惱於下苦中横生樂故四受俱亡
故云悉能息滅即捨念清淨既無苦樂即
是中受四禪中者四禪有四支捨念中受定令四支俱亡是所離障即捨念清治爲對治支既無苦樂即是中受爲利益支然其捨受世爲利益出世望之亦是熱惱故今經云於下苦中横生樂想既一切息滅則捨亦捨矣方是眞捨餘如三地
增長圓滿一切智願出生一切諸三昧海入
諸菩薩解脱海門遊戲一切神通成就一切
變化以清淨智普入法界
三增長圓滿下引生功德禪遊戲神通即
普遊步義上來皆約一乘異於三地寄法
故乃至云普入法界
善男子我修此解脱時以種種方便成就衆
生所謂於在家放逸衆生令生不淨想可厭
想疲勞想逼迫想繫縛想羅刹想無常想苦
想無我想空想無生想不自在想老病死想

自於五欲不生樂著亦勸衆生不著欲樂唯
住法樂出離於家入於非家若有衆生住於
空閑我爲止息諸惡音聲於靜夜時爲說深
法與順行緣開出家門示正道路爲作光明
除其闇障滅其怖畏讃出家業歎佛法僧及
善知識具諸功德亦歎親近善知識行復次
斷三 六
善男子我修解脱時令諸衆生不生非法貪
不起邪分別不作諸罪業若已作者皆令止
息若未生善法未修波羅蜜行未求一切智
未起大慈悲未造人天業皆令其生若已生
者令其增長我與如是順道因緣乃至令成
一切智智
四善男子我修此下明饒益有情禪種種
方便無不饒益亦普遊步義文中三初令
修四念處等觀次若有衆生下明作道因
斷三
緣後復次下令修四正斷七四念處等觀者念處觀者即無常苦不淨無我等者等取十想與智度論第二十六十想大同故言十想者論云一無常想二苦想三無我想四食不淨想五一切世間不樂想六死想七不淨想八斷想九離想十盡想令有十三故云大同
善男子我唯得此菩薩寂靜禪定樂普遊步

解脱門如諸菩薩摩訶薩具足普賢所有行
願了達一切無邊法界常能增長一切善根
照見一切如來智力住於一切如來境界恒
處生死心無障礙疾能滿足一切智願普能
往詣一切世界悉能觀見一切諸佛徧能聽
受一切佛法能破一切衆生癡闇能於生死
大夜之中出生一切智慧光明而我云何能
知能說彼功德行善男子去此不遠於菩提
場右邊有一夜神名喜目觀察衆生汝詣彼
問菩薩云何學菩薩行修菩薩道
第二我唯下謙已推勝第三去此不遠下
指示後友去此不遠者同寄世間故菩提
場右者依理發光義便易故喜目觀察者
忍惡視物故云喜目發闡持光故云觀察
爾時普德淨光夜神欲重宣此解脱義爲善
財童子而說頌曰
若有信解心盡見三世佛彼人眼清淨能入
諸佛海汝觀諸佛身清淨相莊嚴一念神通
力法界悉充滿盧舍那如來道場成正覺一
切法界中轉於淨法輪如來知法性寂滅無

有二清淨相嚴身徧示諸世間佛身不思議法界悉充滿普現一切剎一切無不見佛身常光明一切剎塵等種種清淨色念念徧法界如來一毛孔放不思議光普照諸群生令其煩惱滅如來一毛孔出生無盡化充徧於法界除滅衆生苦佛演一妙音隨類皆令解普雨廣大法使發菩提意佛昔修諸行已曾攝受我故得見如來普現一切剎諸佛出世間量等衆生數種種解脫境非我所能知一切諸菩薩入佛一毛孔如是妙解脫非我所能知此近有夜神名喜目觀察汝應往詣彼問修菩薩行

後偈頌十三偈分三初十一偈頌正授法門次二頌謙已推勝後一頌指示後友前中頌前十法文小不次初四如次頌前四法五超頌第七六頌第六七却頌第五八頌第十九頌第八十頌第九

時善財童子頂禮其足繞無數帀慇懃瞻仰辭退而去

爾時善財童子敬善知識教行善知識語作如是念善知識者難見難遇見善知識令心不散亂見善知識破障礙山見善知識入大悲海救護衆生見善知識得智慧光普照法界見善知識悉能修行一切智道見善知識普能覩見十方佛海見善知識得見諸佛轉於法輪憶持不忘

第三喜目觀察衆生夜神寄發光地寄發光地謂成就勝定大法總持能發無邊妙慧光故文具六段第一依教趣求中二初依前友教念友成益

作是念已發意欲詣喜目觀察衆生夜神所時喜目神加善財童子令知親近善知識能生諸善根增長成熟所謂令知親近善知識能修助道具令知親近善知識能起勇猛心令知親近善知識能作難壞業令知親近善知識能得難伏力令知親近善知識能入無邊方令知親近善知識能久遠修行令知親近善知識能辦無邊業令知親近善知識能行無量道令知親近善知識能得速疾力普詣諸剎令知親近善知識能不離本處徧至十方時善財童子遽發是念由親近善知識能勇猛勤修一切智道由親近善知識能速疾出生諸大願海由親近善知識能爲一切衆生盡未來劫受無邊苦由親近善知識能被大精進甲於一微塵中說法聲徧法界由親近善知識能速往詣一切方海由親近善知識於一毛道盡未來劫修菩薩行由親近善知識於念念中行菩薩行究竟安住一切智地由親近善知識能入三世一切如來自在神力諸莊嚴道由親近善知識能常徧入諸法界門由親近善知識常緣法界未曾動出而能徧往十方國土爾時善財童子發是念已即詣喜目觀察衆生夜神所

後作是念已下趣求後友得友加持於中四一欲趣後友二時喜目神下得友加持謂加令知近友之益三時善財童子遽發下加所成益謂依前能加而起念故如次以此十句對前十句四爾時善財下正明趣後

見彼夜神在於如來衆會道場坐蓮華藏師子之座

第二見彼下見敬諮問中但略明見已含敬請

入大勢力普喜幢解脫

第三入普喜幢下示已法界謂懸爲示相義當答問於中三初標名體次顯業用後出所因今初無不攝伏爲大勢力偏稱群機故云普喜摧伏高顯所以名幢

於其身上一一毛孔出無量種變化身雲隨其所應以妙言音而爲說法普攝無量一切衆生皆令歡喜而得利益

第二於其身上下明業用於中三初顯無涯之用次爾時善財見聞下覩用獲益後爾時善財得此下慶益稱讚初中謂毛孔身雲無有盡故於中二先出通說修行身後復於一一諸毛孔下出演說本行身前中三初總標亦是釋名

所謂出無量化身雲充滿十方一切世界說諸菩薩行檀波羅蜜於一切事皆無戀著於一切衆生普皆施與其心平等無有輕慢內外悉施難捨能捨出等衆生數無量化身雲充滿法界普現一切衆生之前說持淨戒無有缺犯修諸苦行皆悉具足於諸世間無有所依於諸境界無所愛著說在生死輪迴往返說諸人天盛衰苦樂說諸境界皆是不淨說一切法皆是無常說一切行悉苦無味令諸世間捨離顛倒住諸佛境持如來戒如是演說種種戒行戒香普熏令諸衆生悉得成熟

又出等衆生數種種身雲說能忍受一切衆苦所謂割截捶楚訶罵欺辱其心泰然不動不亂於一切行不卑不高於諸衆生不起我慢於諸法性安住忍受說菩提心無有窮盡心無盡故智亦無盡普斷一切衆生煩惱說諸衆生卑賤醜陋不具足身令生厭離讚諸如來清淨妙色無上之身令生欣樂如是方便成熟衆生

又出等衆生界種種身雲隨諸衆生心之所樂說勇猛精進修一切智助道之法勇猛精進降伏魔冤勇猛精進發菩提心不動不退勇猛精進度一切衆生出生死海勇猛精進除滅一切惡道諸難勇猛精進壞無智山勇猛精進供養一切諸佛如來不生疲厭勇猛精進受持一切諸佛法輪勇猛精進壞散一切諸障礙山勇猛精進教化成熟一切衆生勇猛精進嚴淨一切諸佛國土如是方便成熟衆生

又出種種無量身雲以種種方便令諸衆生心生歡喜捨離惡意厭一切欲爲說慚愧令諸衆生藏護諸根爲說無上清淨梵行爲說欲界是魔境界令生恐怖爲現不樂世間欲樂住於法樂隨其次第入諸禪定諸三昧樂令思惟觀察除滅一切所有煩惱又爲演說一切菩薩諸三昧海神力變現自在遊戲令諸衆生歡喜適悅離諸憂怖其心清淨諸根猛利愛重於法修習增長

又出等衆生界種種身雲爲說往詣十方國土供養諸佛及以師長眞善知識受持一切諸佛法輪精勤不懈又爲演說稱讚一切諸如來海觀察一切諸法門海顯示一切諸法性相開闡一切諸三昧門開智慧境界竭一

切衆生疑海示智慧金剛壞一切衆生見山
升智慧日輪破一切衆生癡闇皆令歡喜成
一切智
又出等衆生界種種身雲普詣一切衆生之
前隨其所應以種種言辭而爲說法或說世
頌三 十三 間神通福力或說三界皆是可怖令其不作
世間業行離三界處出見稠林或爲稱讚一
切智道令其超越二乘之地或爲演說不住
生死不住涅槃令其不著有爲無爲或爲演
說住於天宮乃至道場令其欣樂發菩提意
如是方便教化衆生皆令究竟得一切智
又出一切世界微塵數身雲普詣一切衆生
之前念念中示普賢菩薩一切行願念念中
示清淨大願充滿法界念念中示嚴淨一切
世界海念念中示供養一切如來海念念中
示入一切法門海念念中示入一切世界海
微塵數世界海念念中示於一切刹盡未來
劫清淨修行一切智道念念中示入如來力
念念中示入一切三世方便海念念中示往
一切刹現種種神通變化念念中示諸菩薩

一切行願令一切衆生住一切智如是所作
恒無休息
又出等一切衆生心數身雲普詣一切衆生
之前說諸菩薩集一切智助道之法無邊際
力求一切智不破壞力無窮盡力修無上行
不退轉力無間斷力於生死法無染著力能
破一切諸魔衆力遠離一切煩惱垢力能破
一切業障山力住一切劫修大悲行無疲倦
力震動一切諸佛國土令一切衆生生歡喜
力能破一切諸外道力普於世間轉法輪力
以如是等方便成熟令諸衆生至一切智
又出等一切衆生心數無量變化色身雲普
詣十方無量世界隨衆生心演說一切菩薩
智行所謂說入一切衆生界海智說入一切
頌三 十四 衆生心海智說入一切衆生根海智說入一
切衆生行海智說度一切衆生未曾失時智
說出一切法界音聲智說念念徧一切法界
海智說念念知一切世界海壞智說念念知
一切世界海成住莊嚴差別智說念念自在
親近供養一切如來聽受法輪智示現如是

智波羅蜜令諸衆生皆大歡喜調暢適悅其
心清淨生決定解求一切智無有退轉
次所謂下別顯十度如次十度各有又出
以爲揀別其間深旨如理思之
如說菩薩諸波羅蜜成熟衆生如是宣說一
切菩薩種種行法而爲利益
後如說菩薩下類通餘法種種行法者神
通度生菩提分等（神通度生菩提分等者以瑜伽有四菩薩行一波羅蜜行上已廣竟故列下三）
復於一一諸毛孔中出無量種衆生身雲所
謂出與色究竟天善現天善見天無熱天無
煩天相似身雲出少廣廣果福生無雲天相
似身雲出徧淨無量淨少淨天相似身雲出
光音無量光少光天相似身雲出大梵梵輔
十五 梵衆天相似身雲出自在天化樂天兜率陀
頌三 天須夜摩天忉利天及其采女諸天子衆相
似身雲出提頭賴吒乾闥婆王乾闥婆子乾
闥婆女相似身雲出毗樓勒叉鳩槃茶王鳩
槃茶子鳩槃茶女相似身雲出毗樓博叉龍
王龍子龍女相似身雲出毗沙門夜叉王夜

叉子夜叉女相似身雲出大樹緊那羅王善慧摩睺羅伽王大速疾力迦樓羅王羅睺阿修羅王閻羅法王及其子其女相似身雲出諸人王及其子其女相似身雲出聲聞獨覺及諸佛衆相似身雲出地神水神火神風神河神海神山神樹神乃至晝夜主方神等相似身雲周徧十方充滿法界於彼一切衆生之前現種種聲所謂風輪聲水輪聲火燄聲海潮聲地震聲大山相擊聲天城震動聲摩尼相擊聲天王聲龍王聲夜叉王聲乾闥婆王聲阿修羅王聲迦樓羅王聲緊那羅王聲摩睺羅伽王聲人王聲梵王聲天女歌詠聲諸天音樂聲摩尼寶王聲

二出演說本行身中四一出能說之身二於彼一切衆生下明演法之聲三以如是等聲下顯所說之法四如是說時下彰說之益前二後一可知

以如是等種種音聲說喜目觀察衆生夜神從初發心所集功德所謂承事一切諸善知識親近諸佛修行善法行檀波羅蜜難捨能捨行尸波羅蜜棄捨王位宮殿眷屬出家學道行羼提波羅蜜能忍世間一切苦事及以菩薩所修苦行所持正法皆悉堅固其心不動亦能忍受一切衆生於已身心惡作惡說忍一切業皆不失壞忍一切法生決定解忍諸法性能諦思惟行精進波羅蜜起一切智行成一切佛法行禪波羅蜜其禪波羅蜜所有資具所有修習所有成就所有清淨所有起三昧神通所有入三昧海門皆悉顯示行般若波羅蜜其般若波羅蜜所有資具所有清淨大智慧日大智慧雲大智慧藏大智慧門皆悉顯示行方便波羅蜜其方便波羅蜜所有資具所有修行所有體性所有理趣所有清淨所有相應事皆悉顯示行願波羅蜜其願波羅蜜所有體性所有成就所有修習所有相應事皆悉顯示行力波羅蜜其力波羅蜜所有資具所有因緣所有理趣所有演說所有相應事皆悉顯示行智波羅蜜其智波羅蜜所有資具所有體性所有成就所有清淨所有處所所有增長所有深入所有光明所有顯示所有理趣所有相應事所有簡擇所有行相所有相應法所有所攝法所知法所知業所知剎所知劫所知世所知佛出現所知佛所知菩薩所知菩薩心菩薩位菩薩資具菩薩發趣菩薩迴向菩薩大願菩薩法輪菩薩簡擇法菩薩法海菩薩法門海菩薩法旋流菩薩法理趣如是等智波羅蜜相應境界皆悉顯示成熟衆生

又說此神從初發心所集功德相續次第所習善根相續次第所修無量諸波羅蜜相續次第死此生彼及其名號相續次第親近善友承事諸佛受持正法修菩薩行入諸三昧以三昧力普見諸佛普見諸剎普知諸劫深入法界觀察衆生入法界海知諸衆生死此生彼得淨天耳聞一切聲得淨天眼見一切色得他心智知衆生心得宿住智知前際事得無依無作神足智通自在遊行徧十方剎如是所有相續次第得菩薩解脫入菩薩解脫海得菩薩自在得菩薩勇猛得菩薩遊步住菩薩想入菩薩道如是一切所有功德相

續次第皆悉演說分別顯示成熟衆生

三所說法中二先說本行十度行法後又說下類通所餘行法今初忍中惡作屬身惡說屬口禪中有六句一名體二資緣三造修四獲得五治障六起用下之五度句雖多少例此可知般若中日約破闇雲約演法藏顯包含方便中體性通事理趣謂意趣後類通餘行中具四菩薩行思之

從類通餘行具四菩薩行者初菩提分法行以從初發心積集功德皆助菩提是菩提分二入諸三昧下即三昧行三得淨天耳下即神通行得菩薩解脫下成熟衆生行結中云分別顯示成熟衆生

如是說時於念念中十方各嚴淨不可說不可說諸佛國土度脫無量惡趣衆生令無量衆生生天人中富貴自在令無量衆生出生死海令無量衆生安住聲聞辟支佛地令無量衆生住如來地

四彰說之益

爾時善財童子見聞如上所現一切諸希有事念念觀察思惟解了深入安住承佛威力及解脫力則得菩薩不思議大勢力普喜幢自在力解脫何以故與喜目夜神於往昔時同修行故如來神力所加持故不思議善根所祐助故得菩薩諸根故生如來種中故得善友力所攝受故受諸如來所護念故毗盧遮那如來曾所化故彼分善根已成熟故堪修普賢菩薩行故

二覩用獲益即證入法界於中三初顯證因緣次則得下正明證入後何以下徵釋所由

爾時善財童子得此解脫已心生歡喜合掌向喜目觀察衆生夜神以偈讚曰

無量無數劫學佛甚深法隨其所應化顯現妙色身了知諸衆生沈迷嬰妄想種種身皆現隨應悉調伏法身恒寂靜清淨無二相爲化衆生故示現種種形於諸蘊界處未曾有所著示行及色身調伏一切衆不著內外法已度生死海而現種種身住於諸有界遠離諸分別戲論所不動爲著妄想者弘宣十力法一心住三昧無量劫不動毛孔出化雲供養十方佛得佛方便力念念無邊際示現種種身普攝諸群生了知諸有海種種業莊嚴爲說無礙法令其悉清淨色身妙無比清淨如普賢隨諸衆生心示現世間相

三慶益稱讚中十偈分四初一偈現說之因次一現說之意次六現說體相皆即寂之用後二總結現說無礙

爾時善財童子說此頌已白言天神汝發阿耨多羅三藐三菩提心爲幾時耶得此解脫其已久如爾時喜目觀察衆生主夜神以頌答曰

我念過去世過於刹塵劫刹號摩尼光劫名寂靜音

第三爾時善財下明出所因於中先興二問後具二答於中先以偈答後會古今前中總九十一頌分二前七十九頌答發心久近後十二頌答得法時節前中有十復次初寂靜音劫正是發心之時有三十一頌分六初一偈總標

百萬那由他俱胝四天下其王數亦爾各各自臨馭中有一王都號曰香幢寶莊嚴最殊

妙見者皆欣悅中有轉輪王其身甚微妙三十二種相隨好以莊嚴蓮華中化生金色光明身騰空照遠近普及閻浮界其王有千子勇猛身端正臣佐滿一億智慧善方便嬪御有十億顏容狀天女利益調柔意慈心給侍王其王以法化普及四天下輪圍大地中一切皆豐盛我時爲寶女具足梵音聲身出金色光照及千由旬

二有八偈顯其本生

日光既已沒音樂咸寂然大王及侍御一切皆安寢彼時德海佛出興於世間顯現神通力充滿十方界放大光明海一切刹塵數種種自在身徧滿於十方地震出妙音普告佛興世天人龍神衆一切皆歡喜一一毛孔中出佛化身海十方皆徧滿隨應說妙法我時於夢中見佛諸神變亦聞深妙法心生大歡喜一萬主夜神共在空中住讚歎佛興世同時覺悟我賢慧汝應起佛已現汝國劫海難值遇見者得清淨我時便寤寤卽覩清淨光觀此從何來見佛樹王下諸相莊嚴體猶如寶山王一切毛孔中放大光明海

三有十偈明發心本事

見已心歡喜便生此念言願我得如佛廣大神通力

四一偈正顯發心

我時尋覺悟大王并眷屬令見佛光明一切皆欣慶我時與大王騎從千萬億衆生亦無量俱行詣佛所我於二萬歲供養彼如來七寶四天下一切皆奉施時彼如來說功德普雲經普應羣生心莊嚴諸願海夜神覺悟我令我得利益我願作是身覺諸放逸者我從此初發最上菩提願往來諸有中其心無忘失

五六偈明發後之德

從此後供養十億那由佛恒受人天樂饒益諸羣生初佛功德海第二功德燈第三妙寶幢第四虛空智第五蓮華藏第六無礙慧第七法月王第八智燈輪第九兩足尊寶錟山燈王第十調御師三世華光音如是等諸佛我悉曾供養然未得慧眼入於解脫海

六有五偈轉値餘佛未得慧眼者未得十解正慧明故

從此次第有一切寶光刹其劫名天勝五百佛興世最初月光輪第二名日燈第三名光幢第四寶須彌第五名華錟第六號燈海第七熾然佛第八天藏佛九光明王幢十普智光王如是等諸佛我悉曾供養尚於諸法中無而計爲有

二天勝劫中有四偈半無而計爲有者未解卽心自性故餘之八劫偈數可知（未解卽心自性者前劫未得十住自分此劫未得十住勝進）

從此復有劫名曰梵光明世界蓮華燈莊嚴極殊妙彼有無量佛一一無量衆我悉曾供養尊重聽聞法初寶須彌佛二功德海佛三法界音佛四法震雷佛五名法幢佛六名地光佛七名法力光八名虛空覺第九須彌光第十功德雲如是等如來我悉曾供養未能明了法而入諸佛海

三梵光明劫中未能明了法者未了十行眞實行法故

次後復有劫名爲功德月爾時有世界其名功德幢彼中有諸佛八十那由他我皆以妙供深心而敬奉初乾闥婆王二名大樹王三功德須彌第四寶眼佛第五盧舍那第六光莊嚴第七法海佛第八光勝佛九名賢勝佛第十法王佛如是等諸佛我悉曾供養然未得深智入於諸法海 頌三 二十二

四功德月劫未得善巧迴向深智趣佛智海故

此後復有劫名爲寂靜慧剎號金剛寶莊嚴悉殊妙於中有千佛次第而出興衆生少煩惱衆會悉清淨初金剛齊佛二無礙力佛三名法界影四號十方燈第五名悲光第六名戒海第七忍燈輪第八法輪光九名光莊嚴十名寂靜光如是等諸佛我悉曾供養猶未能深悟如空清淨法遊行一切剎於彼修諸行 頌三 二十三

五寂靜慧劫未得地上二空眞如清淨法故

次第復有劫名爲善出現剎號香燈雲淨熾所共成億佛於中現莊嚴剎及劫所說種種法我皆能憶持初名廣稱佛次名法海佛三名自在王四名功德雲第五法勝佛第六天冠佛第七智燄佛第八虛空音第九兩足尊名普生殊勝第十無上士眉間勝光明如是一切佛我悉曾供養然猶未能淨離諸障礙道

六善出現劫未淨修道之障故

次第復有劫名集堅固王剎號寶幢王一切善分布有五百諸佛於中而出現我恭敬供養求無礙解脫最初功德輪其次寂靜音次名功德海次名日光王第五功德王第六須彌相次名法自在次佛功德三第九福須彌第十光明王如是等諸佛我悉曾供養所有清淨道普入盡無餘然於所入門未能成就忍

七集堅固王劫未得六地緣生深順之忍 未得六地深順之忍者六地得上品順忍故

次第復有劫名爲妙勝主剎號寂靜音衆生煩惱薄於中有佛現八十那由他我悉曾供養修行最勝道初佛名華聚次佛名海藏次名功德生次號天王髻第五摩尼藏第六眞金山第七寶聚尊第八法幢佛第九名勝財第十名智慧此十爲上首供養無不盡

八妙勝主劫修最勝道者六地般若爲勝道故 八妙勝劫下無結說得之言今言未得七地而前劫但云修行最勝道即是已得六地耳

次第復有劫名曰千功德爾時有世界號善化幢燈六十億那由諸佛興於世最初寂靜幢其次奢摩他第三百燈王第四寂靜光第五雲密陰第六日大明七號法燈光八名殊勝燄九名天勝藏十名大吼音如是等諸佛我悉常供養未得清淨忍深入諸法海

九千功德劫未得八地淨無生忍故

次第復有劫名無著莊嚴爾時有世界名曰無邊光中有三十六那由他佛現初功德須彌第二虛空心第三具莊嚴第四法雷音第五法界聲第六妙音雲第七照十方第八法海音第九功德海第十功德幢如是等諸佛我悉曾供養 頌三 二十四

十無著莊嚴劫四頌半但言供養者下明得法故又前次第皆言未得後後則已得前前思之亦可初劫已得初地未得第二乃至第九未得第十地第十劫中方得圓滿故其劫名亦順地義如文思之故其劫下疏家 頌三 復為一釋以初劫名寂靜音已得初地二 二十五 天勝劫天即淨義亦順離垢三梵光順發光四功德月順燄慧月有光明發光燄故五寂靜慧順禪增故六善出現順善現故七集堅固王功用滿故已得方便不可壞故八勝妙劫順於不動無功用故九千功德法師位故十無著莊嚴智慧無著二嚴滿故

次有佛出現名為功德幢我為月面天供養人中主時佛為我說無依妙法門我聞專念持出生諸願海寂滅定總持能於念念中我得清淨眼悉見諸佛海我得大悲藏普明方便眼增長菩提心成就如來力

第二次有佛出現名為功德幢下答得法時節中即前無著劫得此法也於中二初四偈得無功用之三地謂八地無依大願九地滅定總持十地成如來力

見衆生顛倒執常樂我淨愚癡闇所覆妄想起煩惱行止見稠林往來貪欲海集於諸惡趣無量種種業一切諸趣中隨業而受身生老死衆患無量苦逼迫為彼衆生故我發無上心願得如十方一切十力尊緣佛及衆生起於大願雲

後八結成普賢行位於中三初四偈半牒舉大心之始

從是修功德趣入方便道願雲悉彌覆普入一切道具足波羅蜜充滿於法界速入於諸地三世方便海一念修諸佛一切無礙行

次二偈半明成德之終

佛子我爾時得入普賢道了知十法界一切差別門

後一偈總結圓滿因果圓融初後該徹故入普賢道

善男子於汝意云何 頌三 彼時轉輪聖 二十六 王名十方主能紹隆佛種者豈異人乎文殊師利童子是也爾時夜神覺悟我者普賢菩薩之所化耳我於爾時為王寶女蒙彼夜神覺悟於我令我見佛發阿耨多羅三藐三菩提心自從是來經佛刹微塵數劫不墮惡趣常生人天於一切處常見諸佛乃至於妙燈功德幢佛所得此大勢力普喜幢菩薩解脫以此解脫如是利益一切衆生

二結會

善男子我唯得此大勢力普喜幢解脫門如諸菩薩摩訶薩於念念中普詣一切諸如來所疾能趣入一切智海於念念中以發趣門入於一切諸大願海於念念中以願海門盡未來劫念念出生一切諸行一一行中出生一切刹微塵數身一一身普入一切法界門一一法界門一切佛刹中隨衆生心說諸妙行一切刹一一塵中悉見無邊諸如來海一一如來所悉見徧法界諸佛神通一一如來所悉見往劫修菩薩行一一如來所受持守護所有法輪 頌三 一一如來所悉見 二十七 三世一切如來諸神變海而我云何能知能說彼功德行善男子此衆會中有一夜神名普救衆生妙德汝詣彼問菩薩云何入菩薩行淨菩薩道

第四謙已推勝並可知第五指示後友同在證位故云於此會中起精進行為普救

衆生智焰吉祥稱爲妙德

時善財童子頂禮其足繞無數币慇懃瞻仰辭退而去

大方廣佛華嚴經疏鈔會本第六十九

大方廣佛華嚴經疏鈔會本第七十　頗四

唐于闐國三藏沙門實叉難陀　譯

唐清涼山大華嚴寺沙門澄觀撰述

爾時善財童子於喜目觀察衆生夜神所聞普喜幢解脫門信解趣入了知隨順思惟修習念善知識所有教誨心無暫捨諸根不散一心願得見善知識普於十方勤求匪懈願常親近生諸功德與善知識同一善根得善知識巧方便行依善知識入精進海於無量劫常不遠離作是願已往詣普救衆生妙德夜神所

第四普救衆生妙德夜神寄焰慧地（寄燄慧者謂安住最勝菩提分法燒煩惱薪慧燄增故）文但有五二三合故第一依教趣求中先修入前法後一心願得下趣求後友

時彼夜神爲善財童子示現菩薩調伏衆生解脫神力以諸相好莊嚴其身於兩眉間放大光明名智燈普照清淨幢無量光明以爲眷屬其光普照一切世間照世間已入善財頂充滿其身

第二時彼夜神下聞見法界即合二三謂約善財則是見敬若約夜神所現即是解脫業用便爲默授法界若約二文開辨則先明見敬諮問後答因緣方爲正授法界今依合科總分爲四一現光加持二蒙光獲益三三業敬讚四問答因緣今初調伏衆生解脫即光所依是已法門名體可知

善財爾時即得究竟清淨輪三昧

第二善財爾時下蒙光獲益謂得三昧見大用故於中二先得定謂三業六根皆離障故云究竟清淨即淨智圓滿摧障爲輪故所見無礙

得此三昧已悉見二神兩處中間所有一切地塵水塵及以火塵金剛摩尼衆寶微塵華香瓔珞諸莊嚴具如是一切所有微塵

後得此下明見大用於中二先見用所依處

一一塵中各見佛剎微塵數世界成壞及見一切地水火風諸大積聚亦見一切世界接連皆以地輪任持而住種種山海種種河池種種樹林種種宮殿所謂天宮殿龍宮殿夜叉宮殿乃至摩睺羅伽人非人等宮殿屋宅地獄畜生閻羅王界一切住處諸趣輪轉生死往來隨業受報各各差別靡不悉見

後一一塵中下明所見事於中三一所化處二能化益三所化意前中二一總明處類

又見一切世界差別所謂或有世界雜穢或有世界清淨或有世界趣雜穢或有世界趣清淨或有世界雜穢清淨或有世界清淨雜穢或有世界一向清淨或有世界其形平正或有覆住或有側住

二又見下別明塵中之剎趣雜穢等者轉變向染淨故雜染清淨者染多故下句反此一向清淨者對上一故初之二句乃是總明

如是等一切世界一切趣中悉見此普救衆生夜神於一切時一切處隨諸衆生形貌言辭行解差別以方便力普現其前隨宜化度

二如是等下明能化益亦二先總明

令地獄衆生免諸苦毒令畜生衆生不相食
噉令餓鬼衆生無有飢渴令諸龍等離一切
怖令欲界衆生離欲界苦令人趣衆生離闇
夜怖毀呰怖惡名怖大衆怖不活怖死怖惡
道怖斷善根怖退菩提心怖遇惡知識怖離
善知識怖墮二乘地怖種種生死怖異類衆
生同住怖惡時受生怖惡種族中受生怖造
惡業怖業煩惱障怖執著諸想繫縛怖如是
等怖悉令捨離又見一切衆生卵生胎生濕
生化生有色無色有想無想非有想非無想
普現其前常勤救護

後令地獄下別顯於中先化五道後又見
一切衆生下明化九類

爲成就菩薩大願力故深入菩薩三昧力故
堅固菩薩神通力故出生普賢行願力故增
廣菩薩大悲海故得普覆衆生無礙大慈故
得普與衆生無量喜樂故得普攝一切衆生
智慧方便故得菩薩廣大解脫自在神通故
嚴淨一切佛刹故覺了一切諸法故供養一
切諸佛故受持一切佛教故積集一切善根
修一切妙行故入一切衆生心海而無障礙
故知一切衆生諸根教化成熟故淨一切衆
生信解除其惡障故破一切衆生無知黑闇
故令得一切智清淨光明故

三爲成就下明化意中爲成諸法通能所
化

時善財童子見此夜神如是神力不可思議
甚深境界普現調伏一切衆生菩薩解脫已
歡喜無量頭面作禮一心瞻仰

第三時善財童子見此下三業敬讚中三
初身心敬重

時彼夜神即捨菩薩莊嚴之相還復本形而
不捨其自在神力

二時彼夜神下顯友自在

爾時善財童子恭敬合掌却住一面以偈讚
曰

我善財得見如是大神力其心生歡喜說偈
而讚歎我見尊妙身衆相以莊嚴譬如空中
星一切悉嚴淨所放殊勝光無量刹塵數種
種微妙色普照於十方一一毛孔放衆生心
數光一一光明端皆出寶蓮華華中出化身
能滅衆生苦光中出妙香普熏於衆生復雨
種種華供養一切佛兩眉放妙光量與須彌
等普觸諸含識令滅愚癡闇口放清淨光譬
如無量日普照於廣大毗盧舍那境眼放清
淨光譬如無量月普照十方刹悉滅世癡翳
現化種種身相狀等衆生充滿十方界度脫
三有海妙身徧十方普現衆生前滅除水火
賊王等一切怖我承喜目教令得詣尊所見
尊眉間相放大清淨光普照十方海悉滅一
切闇顯現神通力而來入我身我遇圓滿光
心生大歡喜得總持三昧普見十方佛我於
所經處悉見諸微塵一一微塵中各見塵數
刹或有無量刹一切咸濁穢衆生受諸苦常
悲歎號泣或有染淨刹少樂多憂苦示現三
乘像往彼而救度或有淨染刹衆生所樂見
菩薩常充滿住持諸佛法一一微塵中無量
淨刹海毗盧遮那佛往劫所嚴淨佛於一切
刹悉坐菩提樹成道轉法輪度脫諸羣生我
見普救天於彼無量刹一切諸佛所普皆往

供養

三爾時下口以偈讚二十偈半分二初偈總餘偈別別中二初九偈半明光用無涯後我承下述前蒙光獲益於中三初半偈推功歸本次二偈半述得三昧餘述見大用

爾時善財童子說此頌已白普救衆生妙德夜神言天神今此解脫甚深希有其名何等得此解脫其已久如修何等行而得清淨

第四問答因緣中二先問後答問中三一問名前來標名集經者言故此方問二問得法久近欲顯久修德遠故三問修因淨治求入路故

夜神言善男子是處難知諸天及人一切二乘所不能測何以故此是住普賢菩薩行者境界故住大悲藏者境界故救護一切衆生者境界故能淨一切三惡八難者境界故能於一切佛刹中紹隆佛種不斷者境界故能住持一切佛法者境界故能於一切劫修菩薩行成滿大願海者境界故能於一切法界海以清淨智光滅無明闇障者境界故能以一念智慧光明普照一切三世方便海者境界故

後夜神言下答中二先歎深難說後我承下承力爲說今初深相云何若約得時時久遠故非久近故若約修因因行廣故若通上二契理深故若約名說名如體用故名者實實難窮實故文有標及徵釋可知

我承佛力今爲汝說

後承力爲說中先長行後偈頌前中先標許

善男子乃往古世過佛刹微塵數劫爾時有劫名圓滿清淨世界名毗盧遮那大威德有須彌山微塵數如來於中出現其佛世界以一切香王摩尼寶爲體衆寶莊嚴住無垢光明摩尼王海上其形正圓淨穢合成一切嚴具帳雲而覆其上一切莊嚴摩尼輪山千帀圍繞有十萬億那由他四天下皆妙莊嚴或有四天下惡業衆生於中止住或有四天下雜業衆生於中止住或有四天下善根衆生於中止住或有四天下一向清淨諸大菩薩之所止住此界東際輪圍山側有四天下名寶燈華幢國界清淨飲食豐足不藉耕耘而生稻梁宮殿樓閣悉皆奇妙諸如意樹處處行列種種香樹恒出香雲種種鬘樹恒出鬘雲種種華樹常雨妙華種種寶樹出諸奇寶無量色光周帀照耀諸音樂樹出諸音樂隨風吹動演妙音聲日月光明摩尼寶王普照一切晝夜受樂無時間斷此四天下有百萬億那由他諸王國土一一國土有千大河周帀圍繞一一皆以妙華覆上隨流漂動出天樂音一切寶樹列植其岸種種珍奇以爲嚴飾舟船來往稱情戲樂一一河間有百萬億城一一城有百萬億那由他聚落如是一切城邑聚落各有無量百千億那由他宮殿園林周帀圍繞此四天下閻浮提内有一國土名寶華燈安隱豐樂人民熾盛其中衆生具行十善有轉輪王於中出現名毗盧遮那妙寶蓮華髻於蓮華中忽然化生三十二相以爲嚴好七寶具足王四天下恒以正法教導

羣生王有千子端正勇健能伏寃敵百萬億那由他宮人采女皆悉與王同種善根同修諸行同時誕生端正姝妙猶如天女身真金色常放光明諸毛孔中恒出妙香良臣猛將具足十億王有正妃名圓滿面是王女寶端正殊特皮膚金色目髮紺青言同梵音身有天香常放光明照千由旬其有一女名普智燄妙德眼形體端嚴色相殊美衆生見者情無厭足爾時衆生壽命無量或有不定而中夭者種種形色種種音聲種種名字種種族姓愚智勇怯貧富苦樂無量品類皆悉不同時或有人語餘人言我身端正汝形鄙陋作是語已遞相毀辱集不善業以是業故壽命色力一切樂事悉皆損減

後善男子下正說於中二先通答三問後別答修行治淨問今初分三一答得法久近二明發心之始三結會古今今初十段一總舉劫剎佛與巳略酬其久近二其佛世界下通顯剎相三此界東際下別顯生處四有轉輪王下明本生父母五其有一女下明入生身六爾時衆生下衆生起惡爲佛現因七時彼城北下佛興益物八時普賢下明善友引導九時轉輪王女下明德女修因十普智寶焰下聞經得益前六可知

時彼城北有菩提樹名普光法雲音幢以念念出現一切如來道場莊嚴堅固摩尼王而爲其根一切摩尼以爲其幹衆雜妙寶以爲其葉次第分布並相稱可四方上下圓滿莊嚴放寶光明出妙音聲說一切如來甚深境界於彼樹前有一香池名寶華光明演法雷音妙寶爲岸百萬億那由他寶樹圍繞一一樹形如菩提樹衆寶瓔珞周帀垂下無量樓閣皆寶所成周徧道場以爲嚴飾彼香池內出大蓮華名普現三世一切如來莊嚴境界雲

鈔第七佛興益物中三一明得道之塲須彌山微塵數佛於中出現

二須彌山下總顯佛數

其第一佛名普智寶燄妙德幢於此華上最初得阿耨多羅三藐三菩提無量千歲演說正法成熟衆生

三其第一下別明初佛於中七一總明成道

其彼如來未成佛時十千年前此大蓮華放淨光明名現諸神通成熟衆生若有衆生遇斯光者心自開悟無所不了知十千年後佛當出現九千年前放淨光明名一切衆生離垢燈若有衆生遇斯光者得清淨眼見一切色知九千年後佛當出現八千年前放大光明名一切衆生業果音若有衆生遇斯光者悉得自知諸業果報知八千年後佛當出現七千年前放大光明名生一切善根音若有衆生遇斯光者一切諸根悉得圓滿知七千年後佛當出現六千年前放大光明名佛不思議境界音若有衆生遇斯光者其心廣大普得自在知六千年後佛當出現五千年前放大光明名嚴淨一切佛剎音若有衆生遇斯光者悉見一切清淨佛土知五千年後佛當出現四千年前放大光明名一切如來境

界無差別燈若有衆生遇斯光者悉能徃覲一切諸佛知四千年後佛當出現三千年前放大光明名三世明燈若有衆生遇斯光者悉能現見一切如來諸本事海知三千年後佛當出現二千年前放大光明名如來離翳智慧燈若有衆生遇斯光者則得普眼見一切如來神變一切諸佛國土一切世界衆生知二千年後佛當出現一千年前放大光明名令一切衆生見佛集諸善根若有衆生遇斯光者則得成就見佛三昧知一千年後佛當出現次七日前放大光明名一切衆生歡喜音若有衆生遇斯光者得普見諸佛生大歡喜知七日後佛當出現

二其彼如來下成道前相謂放光調機有十一重二一一重中各有光明業用成益以益對名可以思準若約表法則前十爲次第十度光後一爲圓融十度光以此照心則自智出現

滿七日已一切世界悉皆震動純淨無染念念普現十方一切清淨佛刹亦現彼刹種種莊嚴若有衆生根性純熟應見佛者咸詣道場

三滿七日已下動刹集衆

爾時彼世界中一切輪圍一切須彌一切諸山一切大海一切地一切城一切垣牆一切宮殿一切音樂一切語言皆出音聲讚說一切諸佛如來神力境界又出一切香雲一切燒香雲一切末香雲一切香摩尼形像雲一切寶燄雲一切燄藏雲一切摩尼衣雲一切瓔珞雲一切妙華雲一切如來光明雲一切如來圓光雲一切音樂雲一切如來願聲雲一切如來言音海雲一切如來相好雲顯示如來出現世間不思議相

四爾時彼世界中下現相顯德

善男子此普照三世一切如來莊嚴境界大寶蓮華王有十佛刹微塵數蓮華周帀圍繞諸蓮華內悉有摩尼寶藏師子之座一一座上皆有菩薩結跏趺坐

五善男子此普照下明成道依正

善男子彼普智寶燄妙德幢王如來於此成阿耨多羅三藐三菩提時即於十方一切世界中成阿耨多羅三藐三菩提

六善男子彼普智寶焰下始成正覺一成一切成故

隨衆生心悉現其前爲轉法輪於一一世界令無量衆生離惡道苦令無量衆生得生天中令無量衆生住於聲聞辟支佛地令無量衆生成就出離菩提之行令無量衆生成就勇猛幢菩提之行令無量衆生成就法光明菩提之行令無量衆生成就清淨根菩提之行令無量衆生成就平等力菩提之行令無量衆生成就入法城菩提之行令無量衆生成就徧至一切處不可壞神通力菩提之行令無量衆生入普門方便道菩提之行令無量衆生安住三昧門菩提之行令無量衆生成就緣一切清淨境界菩提之行令無量衆生發菩提心令無量衆生住菩薩道令無量衆生安住清淨波羅蜜道令無量衆生住菩薩初地令無量衆生住菩薩二地乃至十地令無量衆生入於菩薩殊勝行願令無量衆

生安住普賢清淨行願善男子彼普智寶燄妙德幢如來現如是不思議自在神力轉法輪時於彼一一諸世界中隨其所應念念調伏無量衆生

七隨衆生心下轉正法輪於中三初總標（頌四）轉法二於一一下顯其成益（十三）於中初益凡夫次益二乘後益菩薩菩薩中先成行後發菩提心下成位菩提心是住位菩薩道是行位淨波羅蜜是迴向位以大願海淨治前度故後二句是等覺位三善男子彼普智下結無間斷後二句是等覺者不言十地者上二句文十地顯故餘位義隱故別指耳

時普賢菩薩知寶華燈王城中衆生自恃色貌及諸境界而生憍慢陵蔑他人化現妙身端正殊特往詣彼城放大光明普照一切令彼聖王及諸妙寶日月星宿衆生身等一切光明悉皆不現譬如日出衆景奪曜亦如聚墨對閻浮金時諸衆生咸作是言此爲是誰爲天爲梵今放此光令我等身所有光色皆不顯現種種思惟無能解了爾時普賢菩薩在彼輪王寶宮殿上虛空中住而告之言大王當知今汝國中有佛興世在普光明法雲音幢菩提樹下時聖王女蓮華妙眼見普賢菩薩所現色身光明自在及聞身上諸莊嚴具所出妙音心生歡喜作如是念願我所有一切善根得如是身如是莊嚴如是相好如是威儀如是自在今此大聖能於衆生生死長夜黑闇之中放大光明開示如來出興於世願令於我亦得如是爲諸衆生作智光明破彼所有無知黑闇願我所在受生之處常得不離此善知識

第八善友引導中六一知機起惡二化現妙身下現身超勝三時諸衆生下物機驚怪四爾時普賢下告語佛興五時聖王女下女發大心亦是入法之因

善男子時轉輪王與其寶女千子眷屬大臣輔佐四種兵衆及其城內無量人民前後圍繞以王神力俱升虛空高一由旬放大光明照四天下普使一切咸得瞻仰欲令衆生俱往見佛以偈讚曰

如來出世間　普救諸羣生　汝等應速起　往詣導師所　無量無數劫　乃有佛興世　演說深妙法　饒益一切衆　佛觀諸世間　顛倒常癡惑　輪迴生死苦　而起大悲心　無數億千劫　修習菩提行　爲欲度衆生　斯由大悲力　頭目手足等　一切悉能捨（頌四）　爲求菩提故　如是無量劫（十四）　無量億千劫　導師難可遇　見聞若承事　一切無空過　今當共汝等　往觀調御尊　坐於如來座　降魔成正覺　瞻仰如來身　放演無量光　種種微妙色　除滅一切闇　一一毛孔中　放光不思議　普照諸羣生　咸令大歡喜　汝等咸應發　廣大精進心　詣彼如來所　恭敬而供養

六善男子時轉輪王下父王詣佛於中四一身處虛空二以偈讚引於中十偈初一總勸次五偈釋勸後四偈結勸勝故應往

爾時轉輪聖王說偈讚佛（頌四）開悟一切衆生已（十五）從輪王善根出十千種大供養雲往詣道場向如來所所謂一切寶蓋雲一切華帳雲一切寶衣雲一切寶鈴網雲一切香海雲一切寶座雲一切寶幢雲一切宮殿雲一切妙華

雲一切諸莊嚴具雲於虛空中周徧嚴飾到已頂禮普智寶談妙德幢王如來足遶無量百千帀即於佛前坐普照十方寶蓮華座

三爾時下廣興供雲四到已下至彼修敬時轉輪王女普智談妙德眼即解身上諸莊嚴具持以散佛時莊嚴具於虛空中變成寶蓋寶網垂下龍王執持一切宮殿於中間列十種寶蓋周帀圍繞形如樓閣內外清淨諸瓔珞雲及諸寶樹香海摩尼以爲莊嚴於此蓋中有菩提樹枝葉榮茂普覆法界念念示現無量莊嚴毗盧遮那如來坐此樹下有不可說佛刹微塵數菩薩前後圍繞皆從普賢行願出生住諸菩薩無差別住亦見有一切諸世間主亦見如來自在神力又見一切劫次第世界成壞又亦見彼一切世界一切諸佛出興次第又亦見彼一切世界一一皆有普賢菩薩供養於佛調伏衆生又亦見彼一切菩薩莫不皆在普賢身中亦見自身在其身內亦見其身在一切如來前一切普賢前一切菩薩前一切衆生前又亦見彼一切世界一一各有佛刹微塵數世界種種際畔種種任持種種形狀種種體性種種安布種種莊嚴種種清淨種種莊嚴雲而覆其上種種劫名種種佛興種種三世種種方處種種住法界種種入法界種種住虛空種種如來菩提塲種種如來神通力種種如來師子座種種如來大衆海種種如來衆差別種種如來巧方便種種如來轉法輪種種如來妙音聲種種如來言說海種種如來契經雲既見是已其心清淨生大歡喜

第九德女修因於中三一嚴具奉佛表修萬行向佛果故二時莊嚴下見佛現變表因小果大故三既見是已下覩變獲益

普智寶談妙德幢王如來爲說修多羅名一切如來轉法輪十佛刹微塵數修多羅而爲眷屬

第十聞經得益中三一佛爲說經從總相爲名

時彼女人聞此經已則得成就十千三昧門其心柔軟無有麤彊如初受胎如始誕生如娑羅樹初始生芽彼三昧心亦復如是所謂現見一切佛三昧普照一切刹三昧入一切三世門三昧說一切佛法輪三昧知一切佛願海三昧開悟一切衆生令出生死苦三昧常願破一切衆生闇三昧常願滅一切衆生苦三昧常願生一切衆生樂三昧教化一切衆生不生疲厭三昧一切菩薩無障礙幢三昧普詣一切清淨佛刹三昧得如是等十千三昧已復得妙定心不動心歡喜心安慰心廣大心順善知識心緣甚深一切智心住廣大方便海心捨離一切執著心不住一切世間境界心入如來境界心普照一切色海心無惱害心無高倨心無疲倦心無退轉心無懈怠心思惟諸法自性心安住一切法門海心觀察一切法門海心了知一切衆生海心救護一切衆生海心普照一切世界海心普生一切佛願海心悉破一切障山心積集福德助道心現見諸佛十力心普照菩薩境界心增長菩薩助道心徧緣一切方海心一心思惟普賢大願發一切如來十佛刹微塵數

願海願嚴淨一切佛國願調伏一切衆生願徧知一切法界願普入一切法界海願於一切佛刹盡未來際劫修菩薩行願盡未來際劫不捨一切菩薩行願得親近一切如來願得承事一切善友願得供養一切諸佛願於念念中修菩薩行增一切智無有間斷發如是等十佛刹微塵數願海成就普賢所有大願

二時彼女人下正明聞益於中亦三初得三昧益文有總別次得如是等下得大心益即悲智等心後一心思惟下成大願益上之三益即調伏衆生解脫三事皆調伏之法故

時彼如來復爲其女開示演說發心已來所集善根所修妙行所得大果令其開悟成就如來所有願海一心趣向一切智位

三時彼如來復爲下顯發昔因

善男子復於此前過十大劫有世界名日輪光摩尼佛號因陀羅幢妙相此妙眼女於彼如來遺法之中普賢菩薩勸其修補蓮華座上故壞佛像既修補已而復彩畫既彩畫已復寶莊嚴發阿耨多羅三藐三菩提心善男子我念過去由普賢菩薩善知識故種此善根從是已來不墮惡趣常於一切天王人王種族中生端正可喜衆相圓滿令人樂見常見於佛常得親近普賢菩薩乃至於今示導開悟成熟於我令生歡喜

第二善男子復於此前下明發心之始於此前者即得法劫之前也顯前得法非無因也

善男子於意云何爾時毗盧遮那藏妙寶蓮華髻轉輪聖王者豈異人乎今彌勒菩薩是時王妃圓滿面者寂靜音海夜神是今所住處去此不遠時妙德眼童女者即我身是我於彼時身爲童女普賢菩薩勸我修補蓮華座像以爲無上菩提因緣令我發於阿耨多羅三藐三菩提心我於彼時初始發心次復引導令我得見妙德幢佛解身瓔珞散佛供養見佛神力聞佛說法即得菩薩普現一切世間調伏衆生解脫門於念念中見須彌山微塵數佛亦見彼佛道場衆會清淨國土我皆尊重恭敬供養聽聞說法依教修行

第三善男子於意云何下結會古今於中三初結會得法時身次我於彼時下結發心之始後次復引導下正結得法此方酬其名即前三益

善男子過此毗盧遮那大威德世界圓滿清淨劫已次有世界名寶輪妙莊嚴劫名大光有五百佛於中出現我皆承事恭敬供養

第二善男子過彼毘盧下別荅修行淨治前有聞法修行是得法之前此是得法之後於中二一別舉大光劫二善男子此世界中下總顯諸劫今初分三初總明

其最初佛名大悲幢初出家時我爲夜神恭敬供養次有佛出名金剛那羅延幢我爲轉輪王恭敬供養其佛爲我說修多羅名一切佛出現十佛刹微塵數修多羅以爲眷屬次有佛出名金剛無礙德我於彼時爲轉輪王恭敬供養其佛爲我說修多羅名普照一切衆生根須彌山微塵數修多羅而爲眷屬我

皆受持次有佛出名火燄山妙莊嚴我於彼時爲長者女其佛爲我說修多羅名普照三世藏閻浮提微塵數修多羅而爲眷屬我皆聽聞如法受持次有佛出名一切法海高勝王我爲阿修羅王恭敬供養其佛爲我說修多羅名分別一切法界五百修多羅而爲眷屬我皆聽聞如法受持次有佛出名海嶽法光明我爲龍王女雨如意摩尼寶雲而爲供養其佛爲我說修多羅名增長歡喜海百萬億修多羅而爲眷屬我皆聽聞如法受持次有佛出名寶燄山燈我爲海神雨寶蓮華雲恭敬供養其佛爲我說修多羅名法界方便海光明佛刹微塵數修多羅而爲眷屬我皆聽聞如法受持次有佛出名功德海光明輪我於彼時爲五通仙現大神通六萬諸仙前後圍繞雨香華雲而爲供養其佛爲我說修多羅名無著法燈六萬修多羅而爲眷屬我皆聽聞如法受持次有佛出名毗盧遮那功德藏我於彼時爲主地神名出生平等義與無量地神俱雨一切寶樹一切摩尼藏一切寶瓔珞雲而爲供養其佛爲我說修多羅名出生一切如來智藏無量修多羅而爲眷屬我皆聽聞受持不忘

次其最初佛下別顯其中經名說者當演

善男子如是次第其最後佛名充滿虛空法界妙德燈我爲妓女名曰美顏見佛入城歌舞供養承佛神力踊在空中以千偈頌讚歎於佛佛爲於我放眉間光名莊嚴法界大光明徧觸我身我蒙光已即得解脫門名法界方便不退藏

後善男子如是下顯其最後

善男子此世界中有如是等佛刹微塵數劫一切如來於中出現我皆承事恭敬供養彼諸如來所說正法我皆憶念乃至不忘一文一句於彼一一諸如來所稱揚讚歎一切佛法爲無量衆生廣作利益於彼一一諸如來所得一切智光明現三世法界海入一切普賢行善男子我依一切智光明故於念念中見無量佛既見佛已先所未得先所未見普賢諸行悉得成滿何以故以得一切智光明故

二總顯諸劫中三初總標次彼諸如來下得法修行後善男子我依下見佛行成

爾時普救衆生夜神欲重明此解脫義承佛神力爲善財童子而說頌言

善財聽我說甚深難見法普照於三世一切差別門如我初發心專求佛功德所入諸解脫汝今應諦聽

第二偈頌四十一偈分三初二偈舉法誡聽次三十八偈頌前正說後一偈舉因勸修今初即頌前標許

我念過去世過刹微塵劫次前有一劫名圓滿清淨是時有世界名爲徧照燈須彌塵數佛於中出興世初佛名智燄次佛名法幢第三法須彌第四德師子第五寂靜王第六滅諸見第七高名稱第八大功德第九名勝日第十名月面於此十佛所最初悟法門從此後次第復有十佛出初名虛空處第二名普光三名住諸方四名正念海五名高勝光六名須彌雲七名法燄佛八名山勝佛九名大

悲華十名法界華此十出現時第二悟法門從此後次第復有十佛出第一光幢佛第一智慧佛第三心義佛第四德主佛第五天慧佛第六慧王佛第七勝智佛第八光王佛第九勇猛佛第十蓮華佛於此十佛所第二悟法門從此後次第復有十佛出第一寶燄山第二功德海第三法光明第四蓮華藏第五衆生眼第六香光寶七須彌功德八乾闥婆王第九摩尼藏第十寂靜色從此後次第復有十佛出初佛廣大智次佛寶光明第三虛空雲第四殊勝相第五圓滿戒第六那羅延第七須彌德第八功德輪第九無勝幢第十大樹山從此後次第復有十佛出第一娑羅藏第二世主身第三高顯光第四金剛照第五地威力第六甚深法第七法慧音第八須彌幢第九勝光明第十妙寶光從此後次第復有十佛出第一梵光明第二虛空音第三法界身第四光明輪第五智慧幢第六虛空燈第七微妙德第八徧照光第九勝福光第十大悲雲從此後次第復有十佛出第一力光慧第二普現前第三高顯光第四光明身第五法起佛第六寶相佛第七速疾風第八勇猛幢第九妙寶蓋第十照三世從此後次第復有十佛出第一願海光第二金剛身第三須彌德第四念幢王第五功德慧第六智慧燈第七光明幢第八廣大智第九法界智第十法海智從此後次第復有十佛出初名布施法次名功德輪三名勝妙雲四名忍智燈五名寂靜音六名寂靜幢七名世間燈八名深大願九名無勝幢十名智燄海從此後次第復有十佛出初佛法自在二佛無礙慧三名意海慧四名衆妙音五名自在施六名普現前七名隨樂身八名住勝德第九本性佛第十賢德佛

就頌正說中通頌得法久近及修行清淨於中二先三十六偈頌最初一劫廣前長行有百一十佛表十地等覺各以初佛爲主餘九爲伴思之

須彌塵數劫此中所有佛普作世間燈我悉曾供養佛剎微塵劫所有佛出現我皆曾供養入此解脫門

後二偈頌前總顯諸劫亦表智滿行圓無非佛故

我於無量劫修行得此道汝若能修行不久亦當得

後一偈舉因勸修

善男子我惟知此菩薩普現一切世間調伏衆生解脫如諸菩薩摩訶薩集無邊行生種種解現種種身具種種根滿種種願入種種三昧起種種神變能種種觀察法入種種智慧門得種種法光明而我云何能知能說彼功德行

三謙已推勝

善男子去此不遠有主夜神名寂靜音海坐摩尼光幢莊嚴蓮華座百萬阿僧祇主夜神前後圍繞汝詣彼問菩薩云何學菩薩行修菩薩道

第四去此不遠下指示後友亦以證同又禪依進發故云不遠禪故寂靜入俗演法化物深廣故云音海然此神即普救之母

慧門得種種法光明而我云何能知能說彼功德行

三謙已推勝

善男子去此不遠有主夜神名寂靜音海坐摩尼光幢莊嚴蓮華座百萬阿僧祇主夜神前後圍遶汝詣彼問菩薩云何學菩薩行修菩薩道

第四去此不遠下指示後友亦以證同又禪依進發故云不遠禪故寂靜入俗演法化物深廣故云音海然此神即普救之母表真精進却從定生起心動念是妄非進故餘可知 表真精進却從定生真精進者離身心故非定無此

時善財童子頂禮其足遶無數帀慇懃瞻仰辭退而去

大方廣佛華嚴經疏鈔會本第七十

頓四 二十五

大方廣佛華嚴經疏鈔會本第七十一之一　頻五

唐于闐國三藏沙門實叉難陀　譯

唐清涼山大華嚴寺沙門澄觀撰述

爾時善財童子於普救衆生妙德夜神所聞菩薩普現一切世間調伏衆生解脫門了知信解自在安住而往寂靜音海夜神所

第五寂靜音海夜神寄難勝地文中具六

第一依教趣求寄難勝地者謂眞俗兩智行相互違合令相應極難勝故

頂禮其足繞無數帀於前合掌而作是言聖者我已先發阿耨多羅三藐三菩提心我欲依善知識學菩薩行入菩薩行修菩薩行住菩薩行唯願慈哀爲我宣說菩薩云何學菩薩行云何修菩薩道

第二頂禮其足下見敬諮問

時彼夜神告善財言善哉善哉善男子汝能依善知識求菩薩行善男子我得菩薩念念出生廣大喜莊嚴解脫門

第三時彼夜神下稱讚授法於中先讚後善男子我得下正授法界於中二先略標名體準下有二意一化生遂志故生喜即福德莊嚴二觀佛菩薩勝用故歡喜即智慧莊嚴觀化既無間斷故喜亦念念出生

善財言大聖此解脫門爲何事業行何境界起何方便作何觀察

後善財言下廣顯其相於中三初顯解脫業用次明解脫所因後彰發心久近各有問答今初先問有四一問所起業用二問所行之境三問能起方便成上所起四問能觀之觀成上所行

夜神言善男子我發起清淨平等樂欲心我發起離一切世間塵垢清淨堅固莊嚴不可壞樂欲心我發起攀緣不退轉位永不退轉心我發起莊嚴功德寶山不動心我發起無住處心我發起普現一切衆生前救護心我發起見一切佛海無厭足心我發起求一切菩薩清淨願力心我發起住大智光明海心我發起令一切衆生超過憂惱曠野心我發起令一切衆生捨離愁憂苦惱心我發起令一切衆生捨離不可意色聲香味觸法心我發起令一切衆生捨離愛別離苦怨憎會苦心我發起令一切衆生捨離惡緣愚癡等苦心我發起與一切險難衆生作依怙心我發起令一切衆生出生死苦處心我發起令一切衆生捨離生老病死等苦心我發起令一切衆生成就如來無上法樂心我發起令一切衆生皆受喜樂心

後答中即分爲四初答起何方便以悲智雙運等心爲能起之方便二發是心已下答爲何事業正以化生爲事業故三復次善男子我常觀察下答作何觀察謂觀察菩薩如來四又善男子此解脫無邊下答行何境界以無邊無盡甚深廣大能所不二爲所行境問中欲顯能所別故先問所成後問能成答中欲顯能所相成故隔句相屬又由能起所故先辨能又觀察中雖有所觀意在能觀所行境中雖是所行而義兼能所故四問全別是以晉經行何境界名境界云何此則兼通分齊之境非但所觀中欲下第二料揀於中有四初正通不次之妨初答第三二答第一三答

第四四答第二故爲不次今釋意云問中初二是所成故三四是能成故三成於初四成於二故今答中以第三能成成第一所成故先答第三次答第一以第四能成成第二所成故後答四二也又由能起所下二通伏難也難云隔句相對於理甚明而其二對問中何以先明所成答中何以先答能成故今釋云由能成所故先答能復應問言問中何以不先問能故應答言問觀所成求能成故見果推因猶如四諦

疏不明者意易見故又觀察中下三通難亂難謂有問言若以觀察爲能成者何故答中有所觀耶所行之境是所成者何以境中有能成行耶故今答云觀察之中雖有所觀爲成能觀如般若中雖有實相爲成智慧所行境中若能若所皆是所行如諸菩薩行深般若能觀所觀皆所行矣四問全別下四結引證兼結彈古人古人以第一所起方便及第二事業皆答第一事業之問以其第三答觀察雙答第二第四兩問以觀察境界不相離故以答第四行何境界却答第三起方便問若爲此釋非但四答相不分明抑亦答不次第雜亂故疏釋竟今乃結云四問全別晉經中下引經正證所行境中有能行義謂若所知境唯是所行若分齊境即有能行是故疏云非但所觀以晉境界含能觀故

今初能起方便中有二十

心前十起上求大智心後我發起令一切衆生超過下十心下化大悲心

發是心已復爲說法令其漸至一切智地

第二答所作事業中有標釋結初標可知

所謂若見衆生樂著所住宮殿屋宅我爲說法令其了達諸法自性離諸執著若見衆生戀著父母兄弟姊妹我爲說法令其得預諸佛菩薩清淨衆會若見衆生戀著妻子我爲說法令其捨離生死愛染起大悲心於一切衆生平等無二若見衆生住於王宮采女侍奉我爲說法令其得與衆聖集會入如來教若見衆生染著境界我爲說法令其得入如來境界若見衆生多瞋恚者我爲說法令住如來忍波羅蜜若見衆生其心懈息我爲說法令得清淨精進波羅蜜若見衆生其心散亂我爲說法令得如來禪波羅蜜若見衆生入見稠林無明闇障我爲說法令得出離稠林黑闇若見衆生無智慧者我爲說法令得般若波羅蜜若見衆生染著三界我爲說法令出生死若見衆生志意下劣我爲說法令其圓滿佛菩提願若見衆生生[illegible]我爲說法令其發起利益一切諸衆生願若見衆生志力微弱我爲說法令得菩薩力波羅蜜若見衆生愚癡闇心我爲說法令得菩薩智波羅蜜

二所謂下別釋有三十七門分三初十五門隨其便宜以十度化治其十蔽於中初五門雙明捨戒以捨一切著則戒淨故後十心明餘八度而般若及願各有二門

若見衆生色相不具我爲說法令得如來清淨色身若見衆生形容醜陋我爲說法令得無上清淨法身若見衆生色相麤惡我爲說法令得如來微妙色身若見衆生情多憂惱我爲說法令得如來畢竟安樂若見衆生貧窮所苦我爲說法令得菩薩功德寶藏若見衆生住止園林我爲說法令彼勤求佛法因緣若見衆生行於道路我爲說法令其趣向一切智道若見衆生在聚落中我爲說法令出三界若見衆生住止人間我爲說法令其超越二乘之道住如來地若見衆生居住城郭我爲說法令其得住法王城中若見衆生住於四隅我爲說法令得三世平等智慧若見衆生住於諸方我爲說法令得智慧見一切法

次色相不具下有十二門化無功德衆生令得佛因果功德見第一義

若見衆生貪行多者我爲彼說不淨觀門令其捨離生死愛染若見衆生瞋行多者我爲彼說大慈觀門令其得入勤加修習若見衆生癡行多者我爲說法令得明智觀諸法海若見衆生等分行者我爲說法令其得入諸乘願海若見衆生樂生死樂我爲說法令其厭離若見衆生厭生死苦應爲如來所化度者我爲說法令能方便示現受生若見衆生愛著五蘊我爲說法令其得住無依境界若見衆生其心下劣我爲顯示勝莊嚴道若見衆生心生憍慢我爲其說平等法忍若見衆生其心諂曲我爲其說菩薩直心

後貪行多者下十門但以對治門破其惑障

善男子我以此等無量法施攝諸衆生種種方便教化調伏令離惡道受人天樂脫三界縛住一切智我時便得廣大歡喜法光明海其心怡暢安隱適悅

三善男子我以此等下總結化意見物成益故大歡喜此即釋名中初意

復次善男子我常觀察一切菩薩道場衆會修種種願行現種種淨身有種種常光放種種光明以種種方便入一切智門入種種三昧現種種神變出種種音聲海具種種莊嚴身入種種如來門詣種種國土海見種種諸佛海得種種辯才海照種種解脫境得種種智光海入種種三昧海遊戲種種諸解脫門以種種門趣一切智種種莊嚴虛空法界以種種莊嚴雲徧覆虛空觀察種種道場衆會集種種世界入種種佛剎詣種種方海受種種如來命從種種如來所與種種菩薩俱雨種種莊嚴雲入如來種種方便觀如來種種法海入種種智慧海坐種種莊嚴座

第三答觀察問中二先觀菩薩境界

善男子我觀察此道場衆會知佛神力無量無邊生大歡喜

後善男子我觀察此道場下觀佛勝用於中三初結前生後知佛神力下義當生後故

善男子我觀毗盧遮那如來念念出現不可思議清淨色身既見是已生大歡喜又觀如來於念念中放大光明充滿法界既見是已生大歡喜又見如來一一毛孔念念出現無量佛剎微塵數光明海一一光明以無量佛剎微塵數光明而爲眷屬一一周徧一切法界消滅一切諸衆生苦既見是已生大歡喜又善男子我觀如來頂及兩肩念念出現一切佛剎微塵數寶燄山雲充滿十方一切法界既見是已生大歡喜又善男子我觀如來一一毛孔於念念中出一切佛剎微塵數香光明雲充滿十方一切佛剎既見是已生大歡喜又善男子我觀如來一一相念念出一切佛剎微塵數諸相莊嚴如來身雲徧往十方一切世界既見是已生大歡喜又善男子我觀如來一一毛孔於念念中出不可說佛剎微塵數佛變化雲示現如來從初發心修波羅蜜具莊嚴道入菩薩地既見是已生大歡喜又善男子我觀如來一一毛孔念念出現不可說不可說佛剎微塵數天王身雲及以天王自在神變充徧一切十方法界應以

天王身而得度者即現其前而爲說法既見是已生大歡喜如天王身雲其龍王夜叉王乾闥婆王阿修羅王迦樓羅王緊那羅王摩睺羅伽王人王梵王身雲莫不皆於一一毛孔如是出現如是說法

次我觀毘盧下正顯有其十門

我見是已於念念中生大歡喜生大信樂量與法界薩婆若等昔所未得而今始得昔所未證而今始證昔所未入而今始入昔所未滿而今始滿昔所未見而今始見昔所未聞而今始聞何以故以能了知法界相故知一切法唯一相故能平等入三世道故能說一切無邊法故善男子我入此菩薩念念出生廣大喜莊嚴解脫光明海

後我見是已於念念下總結近結前之十門亦遠結前觀菩薩境以所觀境皆稱性故於中先標喜成益後何以下徵釋所由以能觀之大智稱法界之體相故所生信等等一切智

又善男子此解脫無邊普入一切法界門故此解脫無盡等發一切智性心故此解脫無際入無際畔一切衆生心想中故此解脫甚深寂靜智慧所知境故此解脫廣大周徧一切如來境故此解脫無壞菩薩智眼之所知故此解脫無底盡於法界之源底故此解脫者即是普門於一事中普見一切諸神變故此解脫者終不可取一切法身等無二故此解脫者終無有生以能了知如幻法故此解脫者猶如影像一切智願光所生故此解脫者猶如變化化生菩薩諸勝行故此解脫者猶如大地爲一切衆生所依處故此解脫者猶如大水能以大悲潤一切故此解脫者猶如大火乾竭衆生貪愛水故此解脫者猶如大風令諸衆生速疾趣於一切智故此解脫者猶如大海種種功德莊嚴一切諸衆生故此解脫者如須彌山出一切智法寶海故此解脫者如大城郭一切妙法所莊嚴故此解脫者猶如虛空普容三世佛神力故此解脫者猶如大雲普爲衆生雨法雨故此解脫者猶如淨日能破衆生無知闇故此解脫者猶如滿月滿足廣大福德海故此解脫者猶如眞如悉能周徧一切處故此解脫者猶如自影從自善業所化出故此解脫者猶如呼響隨其所應爲說法故此解脫者猶如影像隨衆生心而照現故此解脫者如大樹王開敷一切神通華故此解脫者猶如金剛從本已來不可壞故此解脫者如如意珠出生無量自在力故此解脫者如離垢藏摩尼寶王示現一切三世如來諸神力故此解脫者如喜幢摩尼寶能平等出一切諸佛法輪聲故善男子我今爲汝說此譬諭汝應思惟隨順悟入

第四答所行境界問通二種境如言入法界門即所觀境發一切智性心即分齊境餘可準思文中分三初十門法說次猶如影下二十二門諭說以深廣相難可知故後我今爲汝下一句總結勸修

爾時善財童子白寂靜音海夜神言大聖云何修行得此解脫夜神言善男子菩薩修行十大法藏得此解脫何等爲十一修布施廣

大法藏隨衆生心悉令滿足二修淨戒廣大法藏普入一切佛功德海三修堪忍廣大法藏能偏思惟一切法性四修精進廣大法藏趣一切智恒不退轉五修禪定廣大法藏能滅一切衆生熱惱六修般若廣大法藏能偏了知一切法海七修方便廣大法藏能偏成熟諸衆生海八修諸願廣大法藏偏一切佛刹一切衆生海盡未來劫修菩薩行九修諸力廣大法藏念念現於一切法界海一切佛國土成等正覺常不休息十修淨智廣大法藏得如來智偏知三世一切諸法無有障礙善男子若諸菩薩安住如是十大法藏則能獲得如是解脱清淨增長積集堅固安住圓滿

第二爾時善財童子下明得解脱因中先 疏五 十一 問後答答即十度爲因可知

善財童子言聖者汝發阿耨多羅三藐三菩提心其已久如夜神言善男子此華藏莊嚴世界海東過十世界海有世界海名一切淨光寶此世界海中有世界種名一切如來願光明音中有世界名清淨光金莊嚴一切香金剛摩尼王爲體形如樓閣衆妙寶雲以爲其際住於一切寶瓔珞海妙宮殿雲而覆其上淨穢相雜此世界中乃往古世有劫名普光幢國名普滿妙藏道場名一切寶藏妙月光明有佛名不退轉法界音於此成阿耨多羅三藐三菩提我於爾時作菩提樹神名具足福德燈光明幢守護道場我見彼佛成等正覺示現神力發阿耨多羅三藐三菩提心即於此時獲得三昧名普照如來功德海此道場中次有如來出興於世名法樹威德山我時命終還生此中爲道場主夜神名殊妙福智光見彼如來轉正法輪現大神通即得三昧名普照一切離貪境界次有如來出興於世名一切法海音聲王我於彼時身爲夜神因得見佛承事供養即獲三昧名生長一切善法地次有如來出興於世名寶光明燈幢王我於彼時身爲夜神因得見佛承事供養即獲三昧名普現神通光明雲次有如來出興於世名功德須彌光我於彼時身爲夜神因得見佛承事供養即獲三昧名普照諸佛海次有如來出興於世名法雲音聲王我於彼時身爲夜神因得見佛承事供養即獲三昧名一切法海燈次有如來出興於世名智燈照耀王我於彼時身爲夜神因得見佛承事供養即獲三昧名滅一切衆生苦清淨光明燈次有如來出興於世名法勇妙德幢我於彼時身爲夜神因得見佛承事供養即獲三昧名三世如來光明藏次有如來出興於世名師子勇猛法智燈我於彼時身爲夜神因得見佛承事供養即獲三昧名一切世間無障礙智慧輪次有如來出興於世名智力山王我於彼時身爲夜神因得見佛承事供養即獲三昧名普照三世衆生諸根行善男子清淨光金莊嚴世界普光明幢劫中有 疏六 十二 如是等佛刹微塵數如來出興於世我於彼時或爲天王或爲龍王或爲夜叉王或爲乾闥婆王或爲阿修羅王或爲迦樓羅王或爲緊那羅王或爲摩睺羅伽王或爲人王或爲梵王或爲天身或爲人身或爲男子身或爲

女人身或爲童男身或爲童女身悉以種種諸供養具供養於彼一切如來亦聞其佛所說諸法

第三善財童子言聖者下明發心久近欲顯道根深故先問後答答中二先長行中三初於餘刹海中發心修行二然後命終下於娑婆界中修行得法三善男子汝問於我下結酬其問今初分二先於第一刹塵劫修後於第二刹塵劫修前中分五初總顯刹海二此世界中下別彰時處三有佛名不退下顯於初佛發心得定此即正酬發心之問自此已去皆顯修行得法是知先問亦含問其得法久近神名具足等者亦表五地入俗福智高勝故四此道場中次有如來下略舉次前九佛五善男子清淨光下結略顯廣此舉一劫之中刹塵數佛皆悉供事

從此命終還即於此世界中生經佛刹微塵數劫修菩薩行

二從此命終還即下於第二刹塵劫修行界不異前故云還即劫時有異言歷刹塵前雖數數命終今語前劫之末是知前普光明幢劫即是大劫其中已含有刹塵數小劫此中但明塵數小劫略無大劫之名二文影略故下結云於二佛刹微塵數劫中修菩薩行是則前段一如來興義當一劫若以普光明劫爲刹塵之一此命終之下結成刹塵之劫則闕二字故晉經言於彼世界經二佛刹微塵數劫方順下文二劫之言一劫已有刹塵之佛則佛彌多矣

二文影略者前有大劫之名略無小劫之數故應影取後文小劫此中但明小劫之數略無大劫之名故應影取前文大劫則共有二佛刹塵數劫若以普光明劫爲刹塵之一者上以普光即是大劫於中已有刹塵小劫今爲小劫之名積普光等小劫之數經佛刹塵言闕二字者合云從此命終還即於此世界中生經二佛刹微塵數劫故引晉經定有二字言佛彌多矣者向以普光爲大大中有刹塵之佛今普光爲小劫一小劫中已有刹塵經二刹塵小劫之佛故佛彌多也

然後命終生此華藏莊嚴世界海娑婆世界值迦羅鳩孫馱如來承事供養得三昧名離一切塵垢光明次值拘那含牟尼如來承事供養得三昧名普現一切諸刹海次值迦葉如來承事供養得三昧名演一切衆生言音海次值毗盧遮那如來於此道場成正等覺念念示現大神通力我時得見即獲此念念出生廣大喜莊嚴解脫

第二於娑婆世界修行得法中二先舉此前三佛後次值毘盧下顯遇本師得今解脫則前所得望此皆因於中二先名體

得此解脫已能入十不可說不可說佛刹微塵數法界安立海

後得此解脫已下明業用此中業用非獨事業良以前之四問皆業用故故此通包於中二初標所入海數

良以前之四問皆業用者望於菩薩解脫門故事業但是四中之一

見彼一切法界安立海一切佛刹所有微塵一一塵中有十不可說不可說佛刹微塵數佛國土一一佛土皆有毗盧遮那如來坐於道場於念念中成正等覺現諸神變所現神變一一皆徧一切法界海亦見自身在彼一切諸如來所又亦聞其所說妙法

後見彼一切下明海中所見展轉深細略

爲四重一剎海中塵二塵中之剎三剎中之佛
又亦見彼一切諸佛一一毛孔出變化海現神通力於一切法界海一切世界海一切世界種一切世界中隨衆生心轉正法輪
四又亦見彼下佛毛變化於中二先通力演法
我得速疾陀羅尼力受持思惟一切文義以明了智普入一切清淨法藏以自在智普遊一切甚深法海以周徧智普知三世諸廣大義以平等智普達諸佛無差別法如是悟解一切法門
後我得下明夜神悟入於中有二一總顯能所悟
一法門中悟解一切修多羅雲一一修多羅雲中悟解一切法海一一法海中悟解一切法品一一法品中悟解一切法雲一一法雲中悟解一切法流一一法流中出生一切大喜海一一大喜海出生一切地一一地出生一切三昧海一一三昧海得一切見佛海

一一見佛海得一切智光海
二一一法門下明重重微細於中二先總顯十重後一一智光下別顯智光之用今初有十重一切顯無盡法門十中前五約所悟一法門者如般若一門中有多契經
二隨一契經詮多深廣之法謂含諸度等
三隨一深法有多品類四隨一類中有多事法其一一法含旨如雲五隨一根本法雲流出衆多支派後五約能悟可知三隨一深法有多品類者如一總度有九門等四一一類中有多事法者如一外施有多財實等五如一施食有多支派
一一智光海普照三世徧入十方知無量如來往昔諸行海知無量如來所有本事海知無量如來難捨能施海知無量如來清淨戒輪海知無量如來清淨堪忍海知無量如來疏五
十六
廣大精進海知無量如來甚深禪定海知無量如來般若波羅蜜海知無量如來方便波羅蜜海知無量如來願波羅蜜海知無量如來力波羅蜜海知無量如來智波羅蜜海知無量如來往昔超菩薩地知無量如來往昔

住菩薩地無量劫海現神通力知無量如來往昔入菩薩地知無量如來往昔修菩薩地知無量如來往昔治菩薩地知無量如來往昔觀菩薩地知無量如來昔爲菩薩時常見諸佛知無量如來昔爲菩薩時盡見佛海劫海同住知無量如來昔爲菩薩時以無量身疏五
十七
徧生剎海知無量如來昔爲菩薩時周徧法界修廣大行知無量如來昔爲菩薩時示現種種諸方便門調伏成熟一切衆生知無量如來放大光明普照十方一切剎海知無量如來現大神力普現一切諸衆生前知無量如來廣大智地知無量如來轉正法輪知無量如來示現相海知無量如來示現身海知無量如來廣大力海彼諸如來從初發心乃至法滅我於念念悉得知見
二別顯智光之用者是第十一重但廣最後一重功用無邊則類前重重不可盡也於中初句總該橫竪後知無量如來下別顯橫竪之中所知於中五一知如來因地之行二知往昔超菩薩地下知佛因地之

位三知為菩薩時常見下知因地作用上三知因四知無量如來放大光下知果用五彼諸如來下總知因果

善男子汝問我言汝發心來其已久如善男子我於往昔過二佛刹微塵數劫如上所說於清淨光金莊嚴世界中為菩提樹神聞不退轉法界音如來說法發阿耨多羅三藐三菩提心於二佛刹微塵數劫中修菩薩行然後乃生此娑婆世界賢劫之中從迦羅鳩孫馱佛至釋迦牟尼佛及此劫中未來所有一切諸佛我皆如是親近供養如於此世界賢劫之中供養未來一切諸佛一切世界一切劫中所有未來一切諸佛悉亦如是親近供養善男子彼清淨光金莊嚴世界今猶現在諸佛出現相續不斷汝當一心修此菩薩大勇猛門

第三結酬其問中三初結此前次及此劫中下類顯未來及於餘界後善男子下結勸修學

大方廣佛華嚴經疏鈔會本第七十一之一

大方廣佛華嚴經疏鈔會本第七十一之二　願六

唐于闐國三藏沙門實叉難陀　譯

唐清涼山大華嚴寺沙門澄觀撰述

爾時寂靜音海主夜神欲重宣此解脱義爲善財童子而説頌言

善財聽我説清淨解脱門聞已生歡喜勤修令究竟我昔於劫海生大信樂心清淨如虛空常觀一切智我於三世佛皆生信樂心并及其衆會悉願常親近我昔曾見佛爲衆生供養得聞清淨法其心大歡喜常尊重父母恭敬而供養如是無休懈入此解脱門老病貧窮人諸根不具足一切皆愍濟令其得安隱水火及王賊海中諸恐怖我昔修諸行爲救彼衆生煩惱恒熾然業障所纏覆墮於諸險道我救彼衆生一切諸惡趣無量楚毒苦生老病死等我當悉除滅願盡未來劫普爲諸羣生滅除生死苦得佛究竟樂

第二偈頌有十偈分三初一誡聽勸修次八正明昔行於中前四智行上供後四悲心下救後一結行分齊

善男子我唯知此念念生廣大喜莊嚴解脱如諸菩薩摩訶薩深入一切法界海悉知一切諸劫數普見一切刹成壞而我云何能知能説彼功德行

第四謙已推勝

善男子此菩提場如來會中有主夜神名守護一切城增長威力汝詣彼問菩薩云何學菩薩行修菩薩道

第五指示後友般若爲得佛之所特言菩提場般若若現則善守心城及一切智城萬行由生爲增威力

爾時善財童子一心觀察寂靜音海主夜神身而説頌言

我因善友教來詣天神所見神處寶座身量無有邊非是著色相計有於諸法劣智淺識人能知尊境界世間天及人無量劫觀察亦不能測度色相無邊故遠離於五蘊亦不住於處永斷世間疑顯現自在力不取内外法無動無所礙清淨智慧眼見佛神通力身爲正法藏心是無礙智既得智光照復照諸羣生心集無邊業莊嚴諸世間了世皆是心現身等衆生知世悉如夢一切佛如影諸法皆如響令衆無所著爲三世衆生念念示現身而心無所住十方徧説法無邊諸刹海佛海衆生海悉在一塵中此尊解脱力時善財童子説此偈已頂禮其足繞無量帀慇懃瞻仰辭退而去

第六戀德禮辭中初以心觀次以偈讚後以身禮偈中十偈分四初一明因友得見次二寄對顯勝次六當相顯勝後一總結圓融

爾時善財童子隨順寂靜音海夜神教思惟觀察所説法門一一文句皆無忘失於無量深心無量法性一切方便神通智慧憶念思擇相續不斷其心廣大證入安住行詣守護一切城夜神所

第六守護一切城神寄現前地寄現前地者謂住緣起智引無分別最勝般若令現前故

見彼夜神坐一切寶光明摩尼王師子之座無數夜神所共圍繞現一切衆生色相身現

普對一切衆生身現不染一切世間身現一切衆生身數身現超過一切世間身現成熟一切衆生身現速往一切十方身現徧攝一切十方身現究竟如來體性身現究竟調伏衆生身善財見已歡喜踊躍頂禮其足遶無量帀於前合掌而作是言聖者我已先發阿耨多羅三藐三菩提心而未知菩薩修菩薩行時云何饒益衆生云何以無上攝而攝衆生云何順諸佛教云何近法王位唯願慈哀爲我宣說

第二見彼夜神下見敬諮問可知

時彼夜神告善財言善男子汝爲救護一切衆生故汝爲嚴淨一切佛刹故汝爲供養一切如來故汝欲住一切劫救衆生故汝欲守護一切佛種性故汝欲普入十方修諸行故汝欲普入一切法門海故汝欲以平等心徧一切故汝欲普受一切佛法輪故汝欲普隨一切衆生心之所樂雨法雨故問諸菩薩所修行門善男子我得菩薩甚深自在妙音解脫

第三時彼夜神下稱讚授法先讚發心之相後善男子我得下正授法界於中三初標名體二顯業用三辯法根深令初即事契理故曰甚深權實無礙蘊攝妙辯稱爲自在依此演法普應羣機是謂妙音

爲大法師無所罣礙善能開示諸佛法藏故具大誓願大慈悲力令一切衆生住菩提心故能作一切利衆生事積集善根無有休息故爲一切衆生調御之師令一切衆生住薩婆若道故爲一切世間清淨法日普照世間令生善根故於一切世間其心平等普令衆生增長善法故於諸境界其心清淨除滅一切諸不善業故誓願利益一切衆生身恒普現一切國土故示現一切本事因緣令諸衆生安住善行故恒事一切諸善知識爲令衆生安住佛教故佛子我以此等法施衆生令生白法求一切智其心堅固猶如金剛那羅延藏善能觀察佛力魔力常得親近諸善知識摧破一切業惑障山集一切智助道之法心恒不捨一切智地

二爲大法師下顯其業用於中三初總明次別顯後結益初中二先十句彰法施之德後佛子我以此等下顯法施之意

善男子我以如是淨法光明饒益一切衆生集善根助道法時作十種觀察法界何者爲十所謂我知法界無量獲得廣大智光明故我知法界無邊見一切佛所知見故我知法界無限普入一切諸佛國土恭敬供養諸如來故我知法界無畔普於一切法界海中示現修行菩薩行故我知法界無斷入於如來不斷智故我知法界一性如來一音一切衆生無不了故我知法界性淨了如來願普度一切諸衆生故我知法界徧衆生普賢妙行悉周徧故我知法界一莊嚴普賢妙行善莊嚴故我知法界不可壞一切智善根充滿法界不可壞故善男子我作此十種觀察法界集諸善根辦助道法了知諸佛廣大威德深入如來難思境界

第二善男子我以如是淨法下別顯業用於中三初釋甚深次釋自在後釋妙音初

中三初總標次何者下徵列列法界中十種别義約十種行顯之以行必稱理理由行顯故謂一無分量二無邊際三無齊限四無涯畔五豎無斷絶餘可知後善男子我作下結前觀益

又善男子我如是正念思惟得如來十種大威德陀羅尼輪何者爲十所謂普入一切法陀羅尼輪普持一切法陀羅尼輪普說一切法陀羅尼輪普念十方一切佛陀羅尼輪普說一切佛名號陀羅尼輪普入三世諸佛願海陀羅尼輪普入一切諸乘海陀羅尼輪普入一切衆生業海陀羅尼輪疾轉一切業陀羅尼輪疾生一切智陀羅尼輪善男子此十陀羅尼輪以十千陀羅尼輪而爲眷屬恒爲衆生演說妙法

二又善男子我如是正念下釋自在義謂總持權實故各就所持立名可知

善男子我或爲衆生說聞慧法或爲衆生說思慧法或爲衆生說修慧法或爲衆生說一有法或爲衆生說一切有法或爲說一如來名海法或爲說一切如來名海法或爲說一世界海法或爲說一切世界海法或爲說一佛授記海法或爲說一切佛授記海法或爲說一如來衆會道場海法或爲說一切如來衆會道場海法或爲說一如來法輪海法或爲說一切如來法輪海法或爲說一如來修多羅法或爲說一切如來修多羅法或爲說一如來集會法或爲說一切如來集會法或爲說一薩婆若心海法或爲說一切薩婆若心海法或爲說一乘出離法或爲說一切乘出離法善男子我以如是等不可說法門爲衆生說

三善男子我或爲衆生下釋妙音義於中二先别明後總結今初有二十三句初三約三慧後二十句爲十對約廣略辨略而言一者通理通事理一有者二十五有理無二故事一有者同一有爲故餘可思準後我以如是等下總結（二十五有理無二故者偈云四洲四惡趣梵王六欲五無想五那含四空并四禪義如前釋）

善男子我入如來無差别法界門海說無上法普攝衆生盡未來劫住普賢行善男子我成就此甚深自在妙音解脫於念念中增長一切諸解脫門念念充滿一切法界

第三善男子我入下結益中二先别結甚深益由入無差别故住劫而不疲後我成就下通結妙音自在總持故增長解脫妙音故充滿法界

時善財童子白夜神言奇哉天神此解脫門如是希有聖者證得其已久如夜神言善男子乃往古世過世界轉微塵數劫有劫名離垢光明有世界名法界功德雲以現一切衆生業摩尼王海爲體形如蓮華住四天下微塵數香摩尼須彌山網中以出一切如來本願音蓮華而爲莊嚴須彌山微塵數蓮華而爲眷屬須彌山微塵數香摩尼以爲間錯有須彌山微塵數四天下一一四天下有百千億那由他不可說不可說城

第三時善財童子下辨法根深先問後答答中二先辨初劫修行後從是已來下類顯多劫成益今初分二一總舉刹劫言世

界轉者謂世界爲塵一塵一剎復末爲塵故亦猶無量無量爲一無量轉等若取迴轉形世界塵者何以徧取此形

善男子彼世界中有四天下名爲妙幢中有王都名普寶華光去此不遠有菩提場名普顯現法王宮殿須彌山微塵數如來於中出現

二善男子彼世界下別彰遇佛於中四初總舉佛數興處

其最初佛名法海雷音光明王彼佛出時有轉輪王名清淨日光明面於其佛所受持一切法海旋修多羅佛涅槃後其王出家護持正法法欲滅時有千部異衆千種說法近於末劫業惑障重諸惡比丘多有鬬諍樂著境界不求功德樂說王論賊論女論國論海論及以一切世間之論時王比丘而語之言奇哉苦哉佛於無量諸大劫海集此法炬云何汝等而共毀滅作是說已上升虛空高七多羅樹身出無量諸色燄雲放種種色大光明網令無量衆生除煩惱熱令無量衆生發善提心以是因緣彼如來教復於六萬五千歲中而得興盛時有比丘尼名法輪化光是此王女百千比丘尼而爲眷屬聞父王語及見神力發菩提心永不退轉得三昧名一切佛教燈又得此甚深自在妙音解脫得已身心柔輭即得現見法海雷音光明王如來一切神力善男子於汝意云何彼時轉輪聖王隨於如來轉正法輪佛涅槃後興隆末法者豈異人乎今普賢菩薩是其法輪化光比丘尼即我身是我於彼時守護佛法令十萬比丘尼於阿耨多羅三藐三菩提得不退轉又令得現見一切佛三昧又令得一切佛法輪金剛光明陀羅尼又令得普入一切法門海般若波羅蜜

二其最初下別明於佛得法三次有佛興下略舉次前百佛四善男子如是等下結略顯廣二中分六一標佛現二彼佛出時下父王出家三法欲滅下惡世過興四時王比丘下滅過弘闡五時有比丘尼下王女見聞發心得法即正答得法义近也六於汝意云何下結會古今

次有佛興名離垢法光明次有佛興名法輪光明髻次有佛興名法日功德雲次有佛興名法海妙音王次有佛興名法日智慧燈次有佛興名法華幢雲次有佛興名法燄山幢王次有佛興名甚深法功德月次有佛興名法智普光藏次有佛興名開示普智藏次有佛興名功德藏山王次有佛興名普門須彌賢次有佛興名一切法精進幢次有佛興名法寶華功德雲次有佛興名寂靜光明髻次有佛興名法光明慈悲月次有佛興名功德燄海次有佛興名智日普光明次有佛興名普賢圓滿智次有佛興名神通智光王次有佛興名福德華光燈次有佛興名智師子幢王次有佛興名日光普照王次有佛興名須彌寶莊嚴相次有佛興名日光普照次有佛興名法王功德月次有佛興名開敷蓮華妙音雲次有佛興名日光明相次有佛興名普光明妙法音次有佛興名師子金剛那羅延無畏次有佛興名普智勇猛幢次有佛興名

普開法蓮華身次有佛興名功德妙華海次有佛興名道場功德月次有佛興名法炬熾然月次有佛興名普光明髻次有佛興名法幢燈次有佛興名金剛海幢雲次有佛興名名稱山功德雲次有佛興名栴檀妙月次有佛興名普妙光明華次有佛興名照一切衆生光明王次有佛興名功德蓮華藏次有佛興名香燄光明王次有佛興名波頭摩華因次有佛興名衆相山普光明次有佛興名普名稱幢次有佛興名須彌普門光次有佛興名功德法城光次有佛興名大樹山光明次有佛興名普德光明幢次有佛興名功德吉祥相次有佛興名勇猛法力幢次有佛興名法輪光明音次有佛興名功德山智慧光次有佛興名無上妙法月次有佛興名法蓮華淨光幢次有佛興名寶蓮華光明藏次有佛興名光燄雲山燈次有佛興名普覺華次有佛興名種種功德燄須彌藏次有佛興名圓滿光山王次有佛興名福德雲莊嚴次有佛興名法山雲幢次有佛興名功德山光明次有佛興名法日雲燈王次有佛興名法雲名稱王次有佛興名法輪雲次有佛興名開悟菩提智光幢次有佛興名普照法輪月次有佛興名寶山威德賢次有佛興名賢德廣大光次有佛興名普智雲次有佛興名法力功德山次有佛興名功德香燄王次有佛興名金色摩尼山妙音聲次有佛興名頂髻出一切法光明雲次有佛興名法輪熾盛光次有佛興名無上功德山次有佛興名精進炬光明雲次有佛興名三昧印廣大光明冠次有佛興名寶光明功德王次有佛興名法炬寶蓋音次有佛興名普照虛空界無畏法光明次有佛興名月相莊嚴幢次有佛興名光明燄山雲次有佛興名照無障礙法虛空次有佛興名開顯智光身次有佛興名世主德光明音次有佛興名一切法三昧光明音次有佛興名法音功德藏次有佛興名熾然燄法海雲次有佛興名普照三世相大光明次有佛興名普照法輪山次有佛興名法界師子光次有佛興名須彌華光明次有佛興名一切三昧海師子燄次有佛興名普智光明燈善男子如是等須彌山微塵數如來其最後佛名法界城智慧燈並於離垢光明劫中出興於世我皆尊重親近供養聽聞受持所說妙法亦於彼一切諸如來所出家學道護持法教入此菩薩甚深自在妙音解脫種種方便教化成熟無量衆生從是已來於佛刹微塵數劫所有諸佛出興於世我皆供養修行其法善男子我從是來於生死夜無明昏寐諸衆生中而獨覺悟令諸衆生守護心城捨三界城住一切智無上法城

三略舉四結廣及類顯成益文並可知

善男子我唯知此甚深自在妙音解脫令諸世間離戲論語不作二語常真實語恒清淨語如諸菩薩摩訶薩能知一切語言自性於念念中自在開悟一切衆生入一切衆生言音海於一切言辭悉皆辯了明見一切諸法門海於普攝一切法陀羅尼已得自在隨諸衆生心之所疑而爲說法究竟調伏一切衆生能普攝受一切衆生巧修菩薩諸無上業

深入菩薩諸微細智能善觀察諸菩薩藏能
自在說諸菩薩法何以故已得成就一切法
輪陀羅尼故而我云何能知能說彼功德行
第四我唯知下謙已推勝中先謙已知一
略顯四種業用若約妙音釋則不綺不離
間不妄不惡口如次配之若約甚深釋者
不與理合皆名戲論理外發言即是二語
既與理乖則非真非淨反此可知後如諸
下推勝知多
善男子此佛會中有主夜神名開敷一切樹
華汝詣彼問菩薩云何學一切智云何安立
一切衆生住一切智
第五指示後友分三初指後位次頌前法
後善財得益今初開敷樹華者約事在香
樹閣内故約位七地是有行有開發無相
住故
爾時守護一切城主夜神欲重宣此解脫義
爲善財童子而說頌言
菩薩解脫深難見虛空如如平等相普見無
邊法界内一切三世諸如來
出生無量勝功德證入難思真法性增長一
切自在智開通三世解脫道
過於刹轉微塵劫爾時有劫名淨光世界名
爲法燄雲其城號曰寶華光
其中諸佛興於世無量須彌塵數等有佛名
爲法海音於此劫中先出現
乃至其中最後佛名爲法界燄燈王如是一
切諸如來我皆供養聽受法
我見法海雷音佛其身普作真金色諸相莊
嚴如寶山發心願得成如來
我暫見彼如來身即發菩提廣大心誓願勤
求一切智性與法界虛空等
由斯普見三世佛及以一切菩薩衆亦見國
王衆生海而普攀緣起大悲
隨諸衆生心所樂示現種種無量身普徧十
方諸國土動地舒光悟含識
見第二佛而親近亦見十方刹海佛乃至最
後佛出興如是須彌塵數等
於諸刹轉微塵劫所有如來照世燈我皆親
近而瞻奉令此解脫得清淨
二頌中頌前法者臨去慇懃囑令修學故
十一偈分二初二偈頌前體用餘頌顯法
根深於中亦二初頌初劫後一偈頌類顯
多劫前中三初三通頌初後次四別頌於
初佛得法後一頌中間百佛及後結文
爾時善財童子得入此菩薩甚深自在妙音
解脫故入無邊三昧海入廣大總持海得菩
薩大神通獲菩薩大辯才心大歡喜觀察守
護一切城主夜神以偈讚曰已行廣大妙慧
海已度無邊諸有海長壽無患智藏身威德
光明住此衆
了達法性如虛空普入三世皆無礙念念攀
緣一切境心心永斷諸分別
了達衆生無有性而於衆生起大悲深入如
來解脫門廣度羣迷無量衆
觀察思惟一切法了知證入諸法性如是修
行佛智慧普化衆生令解脫
天是衆生調御師開示如來智慧道普爲法
界諸含識說離世間衆怖行
已住如來諸願道已受菩提廣大教已修一

切徧行力已見十方佛自在
天神心淨如虛空普離一切諸煩惱了知三
世無量剎諸佛菩薩及衆生
天神一念悉了知晝夜日月年劫海亦知一
切衆生類種種名相各差別
十方衆生生死處有色無色想無想隨順世
俗悉了知引導使入菩提路
已生如來誓願家已入諸佛功德海法身清
淨心無礙隨衆生樂現衆色
三善財得益雖通由前文亦近由此於中先長行敘益後觀察下偈頌慶讚十偈分四初一讚福智超絕次四歎悲智甚深念念攀緣一切境不礙分別事故心心求斷諸分別常契理故又上句約觀下句約止即止觀雙運了達無性成無分別而起大悲成上攀緣攀緣即分別耳不唯屬妄次四總顯德圓離障攝益後一成行入位
時善財童子說此頌已禮夜神足繞無量帀慇懃瞻仰辭退而去

大方廣佛華嚴經疏鈔會本第七十一之三

大方廣佛華嚴經疏鈔會本第七十二　頗七

唐于闐國三藏沙門實叉難陀　譯

唐清涼山大華嚴寺沙門澄觀撰述

爾時善財童子入菩薩甚深自在妙音解脫門修行增進往詣開敷一切樹華夜神所

第七開敷一切樹華夜神寄遠行地　寄遠行地者謂至無相住功用後邊出過世間二乘道故

見其身在衆寶香樹樓閣之內妙寶所成師子座上百萬夜神所共圍繞時善財童子頂禮其足於前合掌而作是言聖者我已先發阿耨多羅三藐三菩提心而未知菩薩云何學菩薩行云何得一切智唯願垂慈爲我宣說

初二可知

夜神言善男子我於此娑婆世界日光已沒蓮華覆合諸人衆等罷遊觀時見其一切若山若水若城若野如是等處種種衆生咸悉發心欲還所住我皆密護令得正道達其處所宿夜安樂善男子若有衆生盛年好色憍慢放逸五欲自恣我爲示現老病死相令生恐怖捨離諸惡復爲稱歎種種善根使其修習爲慳恪者讚歎布施爲破戒者稱揚淨戒有瞋恚者敎住大慈懷惱害者令行忍辱若懈怠者令起精進若散亂者令修禪定住惡慧者令學般若樂小乘者令住大乘樂著三界諸趣中者令住菩薩願波羅蜜若有衆生福智微劣爲諸結業之所逼迫多留礙者令住菩薩力波羅蜜若有衆生其心闇昧無有智慧令住菩薩智波羅蜜

第三夜神言下授已法界於中四一顯法行二立法名三明業用四辨根深今初亦是法門所作業用對先問行故總示其行末擧法門之名於中二先明安樂衆生行後善男子若有下利益衆生行令物斷惡修善故於中先總後爲慳吝下別顯十度治十蔽障

善男子我已成就菩薩出生廣大喜光明解脫門

第二善男子我已成下立法名此有二意一望前稱已益物悲智之心故生大喜二者望後照佛攝廣大悲智故生大喜

善財言大聖此解脫門境界云何夜神言善男子入此解脫能知如來普攝衆生巧方便智云何普攝善男子一切衆生所受諸樂皆是如來威德力故順如來敎故行如來語故學如來行故得如來所護力故修如來所印道故種如來所行善故依如來所說法故如來智慧日光之所照故如來性淨業力之所攝故

第三善財言下明業用中先問後答問中以是業用分齊故云境界答中三初總標謂知佛攝生之智爲業用分齊二云何普攝下略顯普攝之相謂一切佛樂皆由佛得故知佛攝

云何知然善男子我入此出生廣大喜光明解脫憶念毗盧遮那如來應正等覺往昔所修菩薩行海悉皆明見

三云何知然下廣顯巧方便智先徵可知後釋意云我見如來從因至果大悲巧攝故知樂由佛生於中二先總明

善男子世尊往昔爲菩薩時見一切衆生著我我所住無明闇室入諸見稠林爲貪愛所縛忿怒所壞愚癡所亂慳嫉所纏生死輪迴貧窮困苦不得值遇諸佛菩薩見如是已起大悲心利益衆生所謂起願得一切妙寶資具攝衆生心願一切衆生皆悉具足資生之物無所乏心於一切衆事離執著心於一切境界無貪染心於一切所有無慳吝心於一切果報無希望心於一切榮好無羨慕心於一切因緣無迷惑心起觀察真實法性心起救護一切衆生心起深入一切法漩澓心起於一切衆生住平等大慈心起於一切衆生行方便大悲心起爲大法蓋普覆衆生心起以大智金剛杵破一切衆生煩惱障山心起令一切衆生增長喜樂心起願一切衆生究竟安樂心起隨衆生所欲雨一切財寶心起以平等方便成熟一切衆生心起令一切衆生滿足聖財心起願一切衆生究竟皆得十力智果心

後善男子世尊往昔下别顯於中亦二先發善巧普攝之心後起善巧普攝之行前中亦二先見發心之境沈苦集故後見如是下正發救心令得滅道於中先並起慈悲心後起觀察下雙運悲智

起如是心已得菩薩力現大神變徧法界虛空界於一切衆生前普雨一切資生之物隨其所欲悉滿其意皆令歡喜不悔不恪無間無斷以是方便普攝衆生敎化成熟皆令得出生死苦難不求其報淨治一切衆生心寶令其生起一切諸佛同一善根增一切智福德大海菩薩如是念念成熟一切衆生念念嚴淨一切佛刹念念普入一切法界念念皆悉徧虛空界念念普入一切三世念念成就調伏一切諸衆生智念念恒轉一切法輪念念恒以一切智道利益衆生念念普於一切世界種種差别諸衆生前盡未來劫現一切佛成等正覺念念普於一切世界一切諸劫修菩薩行不生二想所謂普入一切廣大世界海一切世界種中種種際畔諸世界種種莊嚴諸世界種種體性諸世界種種形狀諸世界種種分布諸世界或有世界穢而兼淨或有世界淨而兼穢或有世界一向雜穢或有世界一向清淨或小或大或麤或細或正或側或覆或仰如是一切諸世界中念念修行諸菩薩行入菩薩位現菩薩力亦現三世一切佛身隨衆生心普使知見

二起如是心已下起普攝行中亦二先別明利益衆生行後善男子毗盧遮那下雜明種種行前中三初畢攝生行體次以是方便下明攝生本意後菩薩如是念念下辨攝生周徧即廣大義

善男子毗盧遮那如來於過去世如是修行菩薩行時見諸衆生不修功德無有智慧著我我所無明翳障不正思惟入諸邪見不識因果順煩惱業墮於生死險難深坑具受種種無量諸苦起大悲心具修一切波羅蜜行爲諸衆生稱揚讚歎堅固善根令其安住遠離生死貧窮之苦勤修福智助道之法爲說種種諸因果門爲說業報不相違反爲說於法證入之處爲說一切衆生欲解及說一切

受生國土令其不斷一切佛種令其守護一切佛敎令其捨離一切諸惡又爲稱讃趣一切智助道之法令諸衆生心生歡喜令行法施普攝一切令其發起一切智行令其修學諸大菩薩波羅蜜道令其增長成一切智諸善根海令其滿足一切聖財令其得入佛自在門令其攝取無量方便令其觀見如來威德令其安住菩薩智慧

二雜明種種行中二先明觀機彰苦集無涯後起大悲心下顯修行無量於中三初總明化益次爲説種種下别明化法後令諸衆生下總結化意

善財童子言聖者發阿耨多羅三藐三菩提心其已久如夜神言善男子此處難信難知難解難入難説一切世間及以二乘皆不能知唯除諸佛神力所護善友所攝集勝功德欲樂清淨無下劣心無雜染心無諂曲心得普照耀智光明心發普饒益諸衆生心一切煩惱及以衆魔無能壞心起必成就一切智心不樂一切生死樂心能求一切諸佛妙樂能滅一切衆生苦惱能修一切佛功德海能觀一切諸法實性能具一切清淨信解能超一切生死暴流能入一切如來智海能決定到無上法城能勇猛入如來境界能速疾趣諸佛地位能即成就一切智力能於十力已得究竟如是之人於此能持能入能了何以故此是如來智慧境界一切菩薩尚不能知況餘衆生

第四善財童子言下辨法根深先問後答答中二先歎深許説二乃往下承力正酬前中二先長行亦二先歎深難知後承力許説前中四一標難知非唯久遠難知抑亦當時發心已得深法滿佛境故況無久近相非常見聞故難信非聞慧境故難知非思修故難解難入上皆心緣處滅故難説者言語道斷故二一切下顯不知人三唯除下揀去能知即善財之類四何以故下徵釋所以以是佛境故權敎菩薩尚不能知況前劣耶

然我今者以佛威力欲令調順可化衆生意速清淨欲令修習善根衆生心得自在隨汝所問爲汝宣説

二然我今下承力許説

爾時開敷一切樹華夜神欲重明其義觀察三世如來境界而説頌言

佛子汝所問　甚深佛境界　難思刹塵劫　説之不可盡

後爾時下偈頌二十一偈分二初十九偈頌歎深難説後二偈頌承力爲説前中四初一偈頌標深難説

非是貪恚癡　憍慢惑所覆　如是衆生等　能知佛妙法
非是住慳嫉　諂誑諸濁意　煩惱業所覆　能知佛境界
非著藴界處　及計於有身　見倒想倒人　能知佛所覺

二有三偈頌不知人

佛境界寂靜　性淨離分别　非著諸有者　能知此法性

三有一偈超頌前釋以是佛境故惑者不知

生於諸佛家　爲佛所守護　持佛法藏者　智眼

之境界親近善知識愛樂白淨法勤求諸佛力聞此法歡喜心淨無分別猶如太虛空慧燈破諸闇是彼之境界以大慈悲意普覆諸世間一切皆平等是彼之境界歡喜心無著一切皆能捨平等施衆生是彼之境界心淨離諸惡究竟無所悔順行諸佛教是彼之境界了知法自性及以諸業種其心無動亂是彼之境界勇猛勤精進安住心不退勤修一切智是彼之境界

其心寂靜住三昧究竟清涼無熱惱已修一切智海因此證悟者之解脫

善知一切眞實相深入無邊法界門普度羣生靡有餘此慧燈者之解脫

了達衆生眞實性不著一切諸有海如影普現心水中此正道者之解脫

從於一切三世佛方便願種而出生盡諸劫剎勤修行此普賢者之解脫

普入一切法界門悉見十方諸剎海亦見其中劫成壞而心畢竟無分別

法界所有微塵中悉見如來坐道樹成就菩提化羣品此無礙眼之解脫

四有十四偈總頌揀去能知

汝於無量大劫海親近供養善知識爲利羣生求正法聞已憶念無遺忘

毗盧遮那廣大境無量無邊不可思我承佛力爲汝說令汝深心轉清淨

次第須前佛力所護等恐繁不配說者隨宜

善男子乃往古世過世界海微塵數劫有世界海名普光明眞金摩尼山其世界海中有佛出現名普照法界智慧山寂靜威德王善男子其佛往修菩薩行時淨彼世界海其世界海中有世界微塵數世界種一一世界種有世界微塵數世界一一世界皆有如來出興於世一一如來說世界海微塵數修多羅一一修多羅授佛剎微塵數諸菩薩記現種種神力說種種法門度無量衆生

第二承力正酬中二先長行亦二先正說後結會古今前中四初總顯發心時處佛興二善男子彼普光明下別舉本生時處三其中有王下明發心勝緣四時此會中有童女下正顯發心本事

善男子彼普光明眞金摩尼山世界海中有世界種名普莊嚴幢此世界種中有世界名一切寶色普光明以現一切化佛影摩尼王爲體形如天城以現一切如來道場影像摩尼王爲其下際住一切寶華海上淨穢相雜此世界中有須彌山微塵數四天下有一四天下最處其中名一切寶山幢其四天下一一縱廣十萬由旬一一各有一萬大城其閻浮提中有一王都名堅固妙寶莊嚴雲燈一萬大城周帀圍繞閻浮提人壽萬歲時

初二可知

其中有王名一切法音圓滿蓋有五百大臣六萬采女七百王子其諸王子皆端正勇健有大威力爾時彼王威德普被閻浮提內無有寃敵

三中有四初明大王治化即鐵輪王故云閻浮

時彼世界劫欲盡時有五濁起一切人衆壽

命短促資財乏少形色鄙陋多苦少樂不修十善專作惡業更相忿諍互相毀辱離他眷屬妬他榮好任情起見非法貪求以是因緣風雨不時苗稼不登園林草樹一切枯槁人民匱乏多諸疫病馳走四方靡所依怙

二時彼世界下五濁爲因感三災果壽命短促即命濁資財下衆生濁不修下煩惱濁任情下見濁劫濁則通五濁爲因感三災果者三災有二一小三災謂飢饉疾疫刀兵謂七年七月七日止謂各是一七二大三災謂水火風壞於器界令此是前經文具云初明飢饉以天不降澤故二多諸疫病即疾疫也三馳走四方靡所依怙義當刀兵然三災復有二義一約劫欲盡時人壽十歲等二者少分從多起今此約少分災耳

咸來共繞王都大城無量無邊百千萬億四面周帀高聲大呼或舉其手或合其掌或以頭扣地或以手搥胸或屈膝長號或踊身大叫頭髮蓬亂衣裳弊惡皮膚皴裂面目無光而向王言大王大王我等今者貧窮孤露飢渴寒凍疾病衰羸衆苦所逼命將不久無依無救無所控告我等今者來歸大王我覩大王仁慈智慧於大王所生得安樂想得所愛想得活命想得攝受想得寶藏想遇津梁想逢道路想值船筏想見寶洲想獲財利想升天宮想

三咸來共繞下悲境現前

爾時大王聞此語已得百萬阿僧祇大悲門一心思惟發十種大悲語其十者何所謂哀哉衆生墮於無底生死大坑我當云何而速勉濟令其得住一切智地

四爾時大王下正明起行於中二先深起大悲先深起大悲者此悲心與第二地中集果多同初一總明謂三求衆生皆墮無底生死深坑難免出故

哀哉衆生爲諸煩惱之所逼迫我當云何而作救護令其安住一切善業餘九爲別又分爲二初一解邪理外推求總名爲邪横計世間常樂我淨起貪等惑故令住善業

哀哉衆生生老病死之所恐怖我當云何爲作歸依令其永得身心安隱哀哉衆生常爲世間衆怖所逼我當云何而爲祐助令其得住一切智道哀哉衆生無有智眼常爲身見疑惑所覆我當云何爲作方便令其得決疑見翳膜餘八行邪於中別顯三求衆生即分爲三初五悲欲求衆生次二悲有求衆生後一悲邪梵行求衆生初中又二前三悲現行五欲受用生過後二悲未得五欲追求生過前中即爲三別一悲不共財衆生欲貪身命爲生老等苦之所逼迫而不得安令不着財則心安矣二悲受無厭衆生內心難滿恐得惡名怖失財利故令得佛因三悲貯積財衆生不能了達財多禍多名無智眼決其疑見即爲方便

哀哉衆生常爲癡闇之所迷惑我當云何爲作明炬令其照見一切智城哀哉衆生常爲慳嫉諂誑所濁我當云何而爲開曉令其證得清淨法身後中癡闇所迷下二門悲未得五欲追求生過前三悲其所感此二悲其造業前門悲求後報造有漏善如夜暗行迷失道路當示慧炬後門悲求現報造諸惡行慳已所有嫉他勝己諂誑求財諸惑濁亂若絶諸惡則法身清淨

哀哉衆生長時漂沒生死大海我當云何而普運度令其得上菩提彼岸哀哉衆生諸根剛彊難可調伏我當云何而爲調御令其具足諸佛神力第二長時漂溺下二門悲有求衆生前門即道差別謂五道循環藏識漂溺感苦大海故令昇彼岸後門即界差別謂眼等諸根六塵等牽不得自在無有出期以佛威神引之令出

哀哉衆生猶如盲聾不見道路我當云何而爲引導令其得入一切智門第三以第十門悲邪梵行求衆生行不正道迷無我理隨逐邪見乃至九十五種別故引入智門上十悲中皆有所對能治舉以顯示餘如二地作是語已擊鼓宣令我今普施一切衆生隨有所須悉令充足即時頒下閻浮提内大小十三諸城及諸聚落悉開庫藏出種種物置四衢道所謂金銀瑠璃摩尼等寶衣服飲食華香瓔珞宮殿屋宅牀榻敷具建大光明摩尼寶幢其光觸身悉使安隱亦施一切病緣湯藥種種寶器盛衆雜寶金剛器中盛種種香寶香器中盛種種衣輦轝車乘幢旛繒蓋如是一切資生之物悉開庫藏而以給施亦施一切村營城邑山澤林藪妻子眷屬及以王位頭目耳鼻脣舌牙齒手足皮肉心腎肝肺内外所有悉皆能捨其堅固妙寶莊嚴雲燈城東面有門名摩尼山光明於其門外有施會處其地廣博清淨平坦無諸坑坎荆棘沙礫一切皆以妙寶所成散衆寶華熏諸妙香然諸寶燈一切香雲充滿虛空無量寶樹次第行列無量華網無量香網彌覆其上無量百千億那由他諸音樂器恒出妙音如是一切皆以妙寶而爲莊嚴悉是菩薩淨業果報於彼會中置師子座十寶爲地十寶欄楯十種寶樹周帀圍繞金剛寶輪以承其下以一切寶爲龍神像而共捧持種種寶物以爲嚴飾幢旛間列衆網覆上無量寶香常出香雲種種寶衣處處分布百千種樂恒奏美音復於其上張施寶蓋常放無量寶燄光明如閻浮金熾然清淨覆以寶網垂諸瓔珞摩尼寶帶周迴間列種種寶鈴恒出妙音勸諸衆生修行善業時彼大王處師子座形容端正人相具足光明妙寶以爲其冠那羅延身不可沮壞一一肢分悉皆圓滿性普賢善王種中生於財及法悉得自在辯才無礙智慧明達以政治國無違命者爾時閻浮提無量無數百千萬億那由他衆生種種國土種種族類種種形貌種種衣服種種言辭種種欲樂俱來此會觀察彼王咸言此王是大智人是福須彌是功德月住菩薩願行廣大施時王見彼諸來乞者生悲愍心生歡喜心生尊重心生善友心生廣大心生相續心生精進心生不退心生捨施心生周徧心善男子爾時彼王見諸乞者心大歡喜經須臾頃假使忉利天王夜摩天王兜率陀天王盡百千億那由他十四劫所受快樂亦不能及善化天王於無數劫所受快樂自在天王於無量劫所受快樂大梵天王於無邊劫所受梵樂光音天王於難思劫所受天樂徧淨天王於無盡劫所受天樂淨居天王不可説劫住寂靜樂悉不能及善男子譬如有人仁慈孝友遭逢世難父母妻息兄弟姊妹並皆散失忽於曠野道路之間而相値遇瞻奉撫對情無厭足時彼大王見來求者心生歡喜亦復如是善男子其王爾時因善知識於佛菩提解欲增長諸根成十五就信心清淨歡喜圓滿何以故此菩薩勤修諸行求一切智願得利益一切衆生願獲菩提無量妙樂捨離一切諸不善心常樂積集一切善根常願救護一切衆生常樂觀察薩婆若道常樂修行一切智法滿足一切衆生

所願入一切佛功德大海破一切魔業惑障山隨順一切如來教行行一切智無障礙道已能深入一切智流一切法流常現在前大願無盡爲大丈夫住大人法積集一切普門善藏離一切著不染一切世間境界知諸法性猶如虛空於來乞者生一子想生父母想生福田想生難得想生恩益想生堅固想師想佛想不簡方處不擇族類不選形貌隨有來至如其所欲以大慈心平等無礙一切普施皆令滿足求飲食者施與飲食求衣服者施與衣服求香華者施與香華求鬘蓋者施與鬘蓋幢幡瓔珞宮殿園苑象馬車乘牀座被褥金銀摩尼諸珍寶物一切庫藏及諸眷屬城邑聚落皆悉如是普施衆生

後作是語已下廣行大施於中八一施令彌布二其堅固下施會大數三時彼大王下施主超倫四爾時閻浮下施田雲集五時王見彼下施心殷重六善男子其王爾時下施願廣深七已能深入下施慧玄微八不揀方下施時均普

時此會中有長者女名寶光明與六十童女俱端正殊妙人所喜見皮膚金色目髮紺青身出妙香口演梵音上妙寶衣以爲莊嚴常懷慚愧正念不亂具足威儀恭敬師長常念順行甚深妙行所聞之法憶持不忘宿世善根流潤其心清淨廣大猶如虛空等安衆生常見諸佛求一切智時寶光明女去王不遠合掌頂禮作如是念我獲善利我獲善利我今得見大善知識於彼王所生大師想善知識想具慈悲想能攝受想其心正直生大歡喜脫身瓔珞持奉彼王作是願言今此大王爲無量無邊無明衆生作所依處願我未來亦復如是如彼大王所知之法所載之乘所修之道所具色相所有財產所攝衆會無邊無盡難勝難壞願我未來悉得如是隨所生處皆隨往生爾時大王知此童女發如是心而告之言童女隨汝所欲我皆與汝我今所有一切皆捨令諸衆生普得滿足

第四正顯發心本事中六一發心身德二時寶光明女下正發大心同王心故三爾時大王下王發攝言四時寶光明下女讃王德五時彼大王下大王述讃六王讃女已下施行攝持六中前三可知

時寶光明女信心清淨生大歡喜即以偈頌而讃王言往昔此城邑大王未出時一切不可樂猶如餓鬼處衆生相殺害竊盜縱婬泆兩舌不實語無義麤惡言貪愛他財物瞋恚懷毒心邪見不善行命終墮惡道以是等衆生愚癡所覆蔽住於顛倒見天旱不降澤以無時雨故百穀悉不生草木皆枯槁泉流亦乾竭大王未興世津池悉枯涸園苑多骸骨望之如曠野大王升寶位廣濟諸羣生油雲被八方普雨皆充洽大王臨庶品普斷諸暴虐刑獄皆止措惸獨悉安隱往昔諸衆生各各相殘害飲血而噉肉今悉起慈心往昔諸衆生貧窮少衣服以草自遮蔽飢羸如餓鬼大王既興世粳米自然生樹中出妙衣男女皆嚴飾昔日競微利非法相陵奪今時並豐足如遊帝釋園昔時人作惡非分生貪染他妻及童女種種相侵逼今見他婦人端正妙

嚴飾而心無染著猶如知足天昔日諸衆生妄言不眞實非法無利益諂曲取人意今日羣生類悉離諸惡言其心既柔輭發語亦調順昔日諸衆生種種行邪法合掌恭敬禮牛羊犬豚類今聞王正法悟解除邪見了知苦樂報悉從因緣起大王演妙音聞者皆欣樂梵釋音聲等一切無能及大王衆寶蓋逈處虛空中擎以瑠璃幹覆以摩尼網金鈴自然出如來和雅音宣揚微妙法除滅衆生惑次復廣演說十方諸佛剎一切諸劫中如來并眷屬又復次第說過去十方剎及彼國土中一切諸如來又出微妙音普徧閻浮界廣說人天等種種業差別衆生聽聞已自知諸業藏離惡勤修行迴向佛菩提

四女讚中三初標心淨次發口言後展身禮口言偈中五十二偈分二初二十五偈總顯王德後王父下二十七偈顯王本生前中有四初六偈明王未興時損次二偈明王興世之益三有十偈翻損成德即翻十惡四有七偈明依正難思

王父淨光明王母蓮華光五濁出現時處位治天下時有廣大園園有五百池一一千樹繞各各華彌覆於其池岸上建立千柱堂欄楯等莊嚴一切無不備末世惡法起積年不降雨池流悉乾竭草樹皆枯槁王生七日前先現靈瑞相見者咸心念救世今當出爾時於中夜大地六種動有一寶華池光明猶日現五百諸池內功德水充滿枯樹悉生枝華葉皆榮茂池水既盈滿流演一切處普及閻浮地靡不皆霑洽藥草及諸樹百穀苗稼等枝葉華果實一切皆繁盛溝坑及塠阜種種高下處如是一切地莫不皆平坦荊棘沙礫等所有諸雜穢皆於一念中變成衆寶玉衆生皆是已歡喜而讚歎咸言得善利如渴飲美水時彼光明王眷屬無量衆俱然備法駕遊觀諸園苑五百諸池內有池名慶喜池上有法堂父王於此住先王語夫人我念七夜前中宵地震動此中有光現時彼華池內千葉蓮華出光如千日照上徹須彌頂金剛以爲莖閻浮金爲臺衆寶爲華葉妙香作鬚蘂

王生彼華上端身結跏坐相好以莊嚴天神所恭敬先王大歡喜入池自撫鞠持以授夫人汝子應欣慶寶藏皆涌出寶樹生妙衣天樂奏美聲充滿虛空中一切諸衆生皆生大歡喜合掌稱希有善哉救護世王時放身光普照於一切能令四天下闇盡病除滅夜叉毗舍闍毒蟲諸惡獸所欲害人者一切自藏匿惡名失善利橫事病所持如是衆苦滅一切皆歡喜凡是衆生類相視如父母離惡起慈心專求一切智關閉諸惡趣開示人天路宣揚薩婆若度脫諸羣生我等見大王普獲於善利無歸無導者一切悉安樂

後顯王本生中四初四偈明先王世末次八偈明王興先相三有七偈正顯誕生四有八偈生後之益

爾時寶光明童女以偈讚歎一切法音圓滿蓋王已繞無量帀合掌頂禮曲躬恭敬却住一面時彼大王告童女言善哉童女汝能信知他人功德是爲希有童女一切衆生不能信知他人功德童女一切衆生不知報恩無

有智慧其心濁亂性不明了本無志力又退修行如是之人不信不知菩薩如來所有功德神通智慧童女汝今決定求趣菩提能知菩薩如是功德汝今生此閻浮提中發勇猛心普攝衆生功不唐捐亦當成就如是功德王讚女已以無價寶衣手自授與寶光童女并其眷屬一一告言汝著此衣時諸童女雙膝著地兩手承捧置於頂上然後而著旣著衣已右繞於王諸寶衣中普出一切星宿光明衆人見之咸作是言此諸女等皆悉端正如淨夜天星宿莊嚴

身禮及王讚述等可知

善男子爾時一切法音圓滿蓋王者豈異人乎今毗盧遮那如來應正等覺是也光明王者淨飯王是蓮華光夫人者摩耶夫人是寶光童女者即我身是其王爾時以四攝法所攝衆生即此會中一切菩薩是皆於阿耨多羅三藐三菩提得不退轉或住初地乃至十地具種種大願集種種助道修種種妙行備種種莊嚴得種種神通住種種解脫於此會中處於種種妙法宮殿

第二善男子爾時一切下結會古今

爾時開敷一切樹華主夜神爲善財童子欲重宣此解脫義而說頌言

我有廣大眼普見於十方一切剎海中五趣輪迴者亦見彼諸佛菩提樹下坐神通徧十方說法度衆生我有清淨耳普聞一切聲亦聞佛說法歡喜而信受我有他心智無二無所礙能於一念中悉了諸心海我得宿命智能知一切劫自身及他人分別悉明了我於一念知剎海微塵劫諸佛及菩薩五道衆生類憶知彼諸佛始發菩提願乃至修諸行一一悉圓滿亦知彼諸佛成就菩提道以種種方便爲衆轉法輪亦知彼諸佛所有諸乘海正法住久近衆生度多少我於無量劫修習此法門我今爲汝說佛子汝應學

第二爾時下偈頌但是總相顯已能知於中先九明能知後一結勸

善男子我唯知此菩薩出生廣大喜光明解脫門如諸菩薩摩訶薩親近供養一切諸佛入一切智大願海滿一切佛諸願海得勇猛智於一菩薩地普入一切菩薩地海得清淨願於一菩薩行普入一切菩薩行海得自在力於一菩薩解脫門普入一切菩薩解脫門海而我云何能知能說彼功德行善男子此道場中有一夜神名大願精進力救護一切衆生汝詣彼問菩薩云何教化衆生令趣阿耨多羅三藐三菩提云何嚴淨一切佛剎云何承事一切如來云何修行一切佛法時善財童子頂禮其足繞無數帀慇懃瞻仰辭退而去

大方廣佛華嚴經疏鈔會本第七十二

大方廣佛華嚴經疏鈔會本第七十三　頗八

唐于闐國三藏沙門實叉難陀　譯

唐清涼山大華嚴寺沙門澄觀撰述

爾時善財童子往大願精進力救護一切衆生夜神所　頗八

第八大願精進力夜神寄不動地無功用道任大願風普救護故寄第八不動地者謂無分別智任運相續相用煩惱不能動故第一依教趣求畧無念法亦表無功離念故

見彼夜神在大衆中坐普現一切宮殿摩尼王藏師子之座普現法界國土摩尼寶網彌覆其上

第二見彼夜神下見敬諮問然亦含二意若約顯說則自此盡偈皆第二段至夜神答言下方屬第三授已法界若約密授則此現勝用已爲授已法界善財發同善友心便已得益義雖通二爲欲順文且依前判就文分三初見勝用次時善財童子下設敬證入後爾時善財說此偈已下諸問法要今初先總見所依

現日月星宿影像身現隨衆生心普令得見身現等一切衆生形相身現無邊廣大色相海身現普現一切威儀身現普於十方示現身現普調一切衆生身現廣運速疾神通身現利益衆生不絕身現常遊虛空利益身現一切佛所頂禮身現修習一切善根身現受持佛法不忘身現成滿菩薩大願身現光明充滿十方身現法燈普滅世闇身現了法如幻淨智身現遠離塵闇法性身現普智照法明了身現究竟無患無熱身現不可沮壞堅固身現無所住佛力身現無分別離染身現本清淨法性身

後現日月下別顯身相有二十四身初十即應機攝化身次現一切佛所下六身是應法成行身餘是離障契理身多隨內德顯身差別見身了心

頗八　二

時善財童子見如是等佛刹微塵數差別身一心頂禮舉體投地良久乃起合掌瞻仰於善知識生十種心何等爲十所謂於善知識生同已心令我精勤辨一切智助道法故於善知識生清淨自業果心親近供養生善根故於善知識生莊嚴菩薩行心令我速能莊嚴一切菩薩行故於善知識生成就一切佛法心誘誨於我令修道故於善知識生能生心能生於我無上法故於善知識生出離心令我修行普賢菩薩所有行願而出離故於善知識生具一切福智海心令我積集諸白法故於善知識生增長心令我增長一切智故於善知識生具一切善根心令我志願得圓滿故於善知識生能成辦大利益心令我自在安住一切菩薩法故成一切智道故得一切佛法故是爲十

二設敬證入中四第一設敬陳禮第二於善知下發增勝心第三發是心已下深證懸同第四既獲此已下以偈慶讚初二可知

頗八　三

發是心已得彼夜神與諸菩薩佛刹微塵數同行

三中有標釋結今初由前起同已等十心故得同善友等行通論同有四義一人法

無二與一切法界同二因果無二與一切諸佛同三自他無二與一切菩薩同四染淨無二與一切衆生同今云得彼夜神與諸菩薩同菩薩行則正是第三義兼餘三由見初故則不殊餘二方爲究竟之同良以八地證無生理自他相作皆無礙故偏此明同故下列中有無生忍

今初由前起同已者疏文有三初得同之因二同有四義下示同之相言由見初故不殊餘二者謂由證見法界體同故上同諸佛下同衆生云不殊餘二別於菩薩爲究竟之同三良以八地下偏說此文明同之由

所謂同念心常憶念十方三世一切佛故同慧分別決了一切法海差別門故同趣能轉一切諸佛如來妙法輪故同覺以等空智普入一切三世間故同根成就菩薩清淨光明智慧根故同心善能修習無礙功德莊嚴一切菩薩道故同境普照諸佛所行境故同證得一切智照實相海淨光明故同義能以智慧了一切法真實性故同勇猛能壞一切障礙山故同色身隨衆生心示現身故同力求一切智不退轉故同無畏其心清淨如虛空故同精進於無量劫行菩薩行無懈倦故同辯才得法無礙智光明故同無等身相清淨超世間故同愛語令一切衆生皆歡喜故同妙音普演一切法門海故同滿音一切衆生隨類解故同淨德修習如來淨功德故同智地一切佛所受法輪故同梵行安住一切佛境界故同大慈念念普覆一切國土衆生海故同大悲普雨法雨潤澤一切諸衆生故同身業以方便行教化一切諸衆生故同語業以隨類音演說一切諸法門故同意業普攝衆生置一切智境界中故同莊嚴嚴淨一切諸佛剎故同親近有佛出世皆親近故同勸請請一切佛轉法輪故同供養常樂供養一切佛故同教化調伏一切諸衆生故同光明照了一切諸法門故同三昧普知一切衆生心故同充徧以自在力充滿一切諸佛剎海修諸行故同住處住諸菩薩大神通故同眷屬一切菩薩共止住故同入處普入世界微細處故同心慮普知一切諸佛剎故同往詣普入一切佛剎海故同方便悉現一切諸佛剎故同超勝於諸佛剎皆無比故同不退普入十方無障礙故同破闇得一切佛成菩提智大光明故同無生忍入一切佛衆會海故同徧一切諸佛剎網恭敬供養不可說剎諸如來故同智證了知彼彼法門海故同修行順行一切諸法門故同希求於清淨法深樂欲故同清淨集佛功德而以莊嚴身口意故同妙意於一切法智明了故同精進普集一切諸善根故同淨行成滿一切菩薩行故同無礙了一切法皆無相故同善巧於諸法中智自在故同隨樂隨衆生心現境界故同方便善習一切所應習故同護念得一切佛所護念故同入地得入一切菩薩地故同所住安住一切菩薩位故同記別一切諸佛授其記故同三昧一剎那中普入一切三昧門故同建立示現種種諸佛事故同正念正念一切境界門故同修行盡未來劫修行一切菩薩行故同淨信於諸如來無量智慧極欣樂故同捨離滅除一切諸障礙故同不退智與諸如來智慧等故同受生應現成熟諸衆生

故同所住住一切智方便門故同境界於法界境得自在故同無依永斷一切所依心故同說法已入諸法平等智故同勤修常蒙諸佛所護念故同神通開悟衆生令修一切善隨行故同神力能入十方世界海故同陀羅尼普照一切總持海故同祕密法了知一切修多羅中妙法門故同甚深法解一切法如虛空故同光明普照一切諸世界故同欣樂隨衆生心而爲開示令歡喜故同震動爲諸衆生現神通力普動十方一切剎故同不虛見聞憶念皆悉令其心調伏故同出離滿足一切諸大願海成就如來十力智故

二所謂下列釋八十四同各有標名釋義文相自顯

時善財童子觀察大願精進力救護一切衆生夜神起十種清淨心獲如是等佛剎微塵數同菩薩行

三時善財童子觀察下總結

既獲此已心轉清淨偏袒右肩頂禮其足一心合掌以偈讚曰

我發堅固意志求無上覺今於善知識而起自己心以見善知識集無盡白法滅除衆罪垢成就菩提果我見善知識功德莊嚴心盡未來剎劫勤修所行道我念善知識攝受饒益我爲我悉示現正教真實法關閉諸惡趣顯示人天路亦示諸如來成一切智道我念善知識是佛功德藏念念能出生虛空功德海與我波羅蜜增我難思福長我淨功德令我冠佛繒我念善知識能滿佛智道誓願常依止圓滿白淨法我以此等故功德悉具足普爲諸衆生說一切智道聖者爲我師與我無上法無量無數劫不能報其恩

第四以偈慶讚十偈分三初八頌前發增勝心次第頌前十句初六偈各頌一句第七偈上三句頌第七下句頌第八第八偈上半頌第九下半頌第十二有一偈頌前深證懸同三一偈頌荷恩深重

爾時善財說此偈已白言大聖願爲我說此解脫門名爲何等發心已來爲幾時耶久如當得阿耨多羅三藐三菩提

第三諮問法要前已觀解脫之用故不問云何修行直徵名而已文有三問

夜神告言善男子此解脫門名教化衆生令生善根

第三夜神告言下授已法界前即默授今方言授於中二初答名問後答發心久近所以不答第三成菩提者有二意故一顯悲增如休捨說二顯久成示居因位故下所救千佛尚已久成況能救耶（故下所救千佛等者法華經如來壽量品云我實成佛已來無量無邊不可思議阿僧祇劫故）前中二先標名謂現身廣化令生諸善究竟得佛故名爲根

我以成就此解脫故悟一切法自性平等入於諸法真實之性證無依法捨離世間悉知諸法色相差別亦能了達青黃赤白性皆不實無有差別

後我以成就下顯其業用謂契理之用故用而無涯動寂無二於中三初明內契理事（初明內契理事者此義全同十通中一切色身智通前已廣說故但畧科總出其意今當重說由內證實故外現色所以起信論云問曰若諸佛法身離於色相者）

云何能現色相答曰即此法身是色體故能現於色所謂從本已來色心不二以色性即智性故色體無形說名智身以智性即色性故說名法身遍一切處所現之色無有分齊隨心能示十方世界無量菩薩無量報身無量莊嚴各各差別皆無分齊而不相妨此非心識分別能知以真如自在用義故釋曰彼雖約佛今此位極大同佛也次釋經文又此三段初明內契理事明色即空二明大用廣現色身者空即色

故後結除底不凝悉故今初由了法界無定實色衆體即空而非斷空空中無色不凝色故存大隱顯皆自在故方能隨樂現種種色故光明具內現東球經中先明證實難相後變了性相今初悟一切法自性平等皆此句經明云何下等次云入於諸法真實之法故羅真實性中無差別相無種種相無無量相萬法一如何有不等此真實法依何法故復次明證無依法所請不依於色不依於空若萬法依空空無所

依今萬法依真真無所依即無依法門故捨離世間世間即有種種差別斯則性尚不立何況於相亦不依空立色亦不依色立空亦無異無不異無即無不即斯見亦絕強名內證後悉知諸法色相差別下雙了性相初明了相空即色故後亦能了遣下此明了性色即空故又上句色中無空下句空中無色又上句色能容空下句空能容色又上句空能顯色下句色能顯空無障無礙

而恒示現無量色身所謂種種色身非一色身無邊色身清淨色身一切莊嚴色身普見色身等一切衆生色身普現一切衆生前色身光明普照色身見無厭足色身相好清淨色身離衆惡光明色身示現大勇猛色身甚

難得色身一切世間無能映蔽色身一切世間共稱歎無盡色身念念常觀察色身示現種種雲色身種種形顯色色身現無量自在力色身妙光明色身一切淨妙莊嚴色身隨順成熟一切衆生色身隨其心樂現前調伏色身無障礙普光明色身清淨無濁穢色身具足莊嚴不可壞色身不思議法方便光明色身無能映奪一切色身無諸闇破一切闇色身集一切白淨法色身大勢力功德海色身從過去恭敬因所生色身如虛空清淨心所生色身最勝廣大色身無斷無盡色身光明海色身於一切世間無所依平等色身徧十方無所礙色身念念現種種色相海色身增長一切衆生歡喜心色身攝取一切衆生海色身一一毛孔中說一切佛功德海色身淨一切衆生欲解海色身決了一切法義色身無障礙普照耀色身等虛空淨光明色身放廣大淨光明色身照現無垢法色身無比色身差別莊嚴色身普照十方色身隨時示現應衆生色身寂靜色身滅一切煩惱色身

一切衆生福田色身一切衆生見不虛色身大智慧勇猛力色身無障礙普周徧色身妙身雲普現世間皆蒙益色身具足大慈海色身大福德寶山王色身放光明普照世間一切趣色身大智慧清淨色身生衆生正念心色身一切寶光明色身普光藏色身現世間種種清淨相色身求一切智處色身現微笑令衆生生淨信色身一切寶莊嚴光明色身不取不捨一切衆生色身無決定無究竟色身現自在加持力色身現一切神通變化色身生如來家色身遠離衆惡徧法界海色身普現一切如來道場衆會色身具種種衆色海色身從善行所流色身隨所應化示現色身一切世間見無厭足色身種種淨光明色身現一切三世海色身放一切光明海色身現無量差別光明海色身超諸世間一切香光明色身現不可說日輪雲色身現廣大月輪雲色身放無量須彌山妙華雲色身出種種鬘雲色身現一切寶蓮華雲色身興一切燒香雲徧法界色身散一切末香藏雲色身

現一切如來大願身色身現一切語言音聲演法海色身現普賢菩薩像色身

二而恒下明大用無涯略顯九十八種色身并初後標結即為百身起信等論明八地當色自在地故此廣辨色身種種約其類別非一約一類而多餘可思準二而恒下明無涯大用者經中物句云而能示現無量色身者賺前起後故云而能由上空不礙色故能現色又著以色為色不能現色令即色非色故無不現又即空之色方為妙色故顯上明色空不二成上真空不二而二漸為妙色色空融即為真法界緣起無盡即一現多起信等論明八地當色自在者起信云四者現色不相應染依色自在地能離故釋曰何以得知論是八地前有七地後有九故言等論者等取瑜伽等即上八地由證無生絕色累故得十自在十身相作如影響現音色自在

念念中現如是等色相身充滿十方令諸衆生或見或念或聞說法或因親近或得開悟或見神通或覩變化悉隨心樂應時調伏捨不善業住於善行善男子當知此由大願力

頌八　十一

故一切智力故菩薩解脫力故大悲力故大慈力故作如是事善男子我入此解脫了知法性無有差別而能示現無量色身一一身現無量色相海一一相放無量光明雲一一光現無量佛國土一一土現無量佛興世一一佛現無量神通力開發衆生宿世善根未種者令種已種者令增長已增長者令成熟念念中令無量衆生於阿耨多羅三藐三菩提得不退轉

三念念中現下總結深廣於中四一結所作之業二善男子當知下結能現所因三善男子我入下雙結寂用無礙四一一身下結成深廣

善男子如汝所問從幾時來發菩提心修菩薩行如是之義承佛神力當為汝說

第二善男子如汝所問下答發心久近中二初歎深許說後正答所問前中三初牒問許說二善男子菩薩智輪下歎法甚深三佛子菩薩智輪雖復下結承力說

善男子菩薩智輪遠離一切分別境界不可以生死中長短染淨廣狹多少如是諸劫分別顯示何以故菩薩智輪本性清淨離一切分別網超一切障礙山隨所應化而普照故

二中先法說後喻明今初先標後釋釋中先正釋本性約理離分別約智超障約所斷後隨所應下釋妨既無長短今說長短者為利生故欲長則長顯法根深欲短便短顯法超勝

善男子譬如日輪無有晝夜但出時名晝沒

頌八　十二

時名夜菩薩智輪亦復如是無有分別亦無三世但隨心現教化衆生言其止住前劫後劫善男子譬如日輪住閻浮空其影悉現一切寶物及以河海諸淨水中一切衆生莫不目見而彼淨日不來至此菩薩智輪亦復如是出諸有海住佛實法寂靜空中無有所依為欲化度諸衆生故而於諸趣隨類受生實不生死無所染著無長短劫諸想分別何以故菩薩究竟離心想見一切顛倒得真實見見法實性知一切世間如夢如幻無有衆生但以大悲大願力故現衆生前教化調伏佛子譬如船師常以大船於河流中不依此岸不著彼岸不住中流而度衆生無有休息菩薩摩訶薩亦復如是以波羅蜜船於生死流中不依此岸不著彼岸不住中流而度衆生

無有休息雖無量劫修菩薩行未曾分別劫數長短佛子如太虛空一切世界於中成壞而無分別本性清淨無染無亂無礙無厭非長非短盡未來劫持一切刹菩薩摩訶薩亦復如是以普虛空界廣大深心起大願風輪攝諸衆生令離惡道生諸善趣悉令安住一切智地滅諸煩惱生死苦縛而無憂喜疲厭之心善男子如幻化人支體雖具而無入息及以出息寒熱飢渴憂喜生死十種之事菩薩摩訶薩亦復如是以如幻智平等法身現衆色相於諸有趣住無量劫教化衆生於生死中一切境界無欣無厭無愛無恚無苦無樂無取無捨無安無怖

後喻顯有五一皎日隨時喻謂日體恒明暎山出沒智無三世心障見殊二日輪現影喻謂白日無來隨處隱顯智輪常寂機見短長三虛舟運物喻菩薩無住攝生四太虛無礙喻於菩薩無功益物五幻化無眞喻喻即用而寂然上諸夜神歎深皆倣斯法喻 然上諸夜神歎深皆倣斯法喻者然多問發心時之久近而答智輪即體用故然斯五喻非無有義皆前已有故略不釋

佛子菩薩智慧雖復如是甚深難測我當承佛威神之力爲汝解說令未來世諸菩薩等滿足大願成就諸力

三結承力爲說可知

佛子乃往古世過世界海微塵數劫有劫名善光世界名寶光於其劫中有一萬佛出興于世其最初佛號法輪音虛空燈王如來應正等覺十號圓滿彼閻浮提有一王都名寶莊嚴其東不遠有一大林名曰妙光中有道場名爲寶華彼道場中有普光明摩尼蓮華藏師子之座時彼如來於此座上成阿耨多羅三藐三菩提滿一百年坐於道場爲諸菩薩諸天世人及閻浮提宿植善根已成熟者演說正法

二佛子乃往下正答所問先長行後偈頌前中三初善光劫中行因得法次日光劫内供佛修行後總結時處初中二先明最初佛所修證後轉生值佛修行前中三初古佛出興

是時國王名曰勝光時世人民壽一萬歲其中多有殺盜婬佚妄言綺語兩舌惡口貪瞋邪見不孝父母不敬沙門婆羅門等時王爲欲調伏彼故造立囹圄枷鎖禁閉無量衆生於中受苦

二是時國王下先王治化囹圄者周之獄名

王有太子名爲善伏端正殊特人所喜見具二十八大人之相在宮殿中遙聞獄囚楚毒音聲心懷傷愍從宮殿出入牢獄中見諸罪人杻械枷鎖遞相連繫置幽闇處或以火炙或以煙熏或被榜笞或遭臏割倮形亂髮飢渴羸瘦筋斷骨現號叫苦劇太子見已心生悲愍以無畏聲安慰之言汝莫憂惱汝勿愁怖我當令汝悉得解脫便詣王所而白王言獄中罪人苦毒難處願垂寬宥施以無畏時王即集五百大臣而問之言是事云何諸臣答言彼罪人者私竊官物謀奪王位盜入宮闈罪應刑戮有哀救者罪亦至死時彼太子悲心轉切語大臣言如汝所說但放此人隨

其所應可以治我我爲彼故一切苦事悉皆能受粉身歿命無所顧惜要令罪人皆得免苦何以故我若不救此衆生者云何能救三界牢獄諸苦衆生一切衆生在三界中貪愛所縛愚癡所蔽貧無功德墮諸惡趣身形鄙陋諸根放逸其心迷惑不求出道失智慧光樂著三有斷諸福德滅諸智慧種種煩惱濁亂其心住苦牢獄入魔罥網生老病死憂悲惱害如是諸苦常所逼迫我當云何令彼解脫應捨身命而拔濟之時諸大臣共詣王所悉舉其手高聲唱言大王當知如太子意毀壞王法禍及萬人若王愛念不責治者王之寶祚亦不久立王聞此言赫然大怒令誅太子及諸罪人王后聞之愁憂號哭毀形降服與千采女馳詣王所舉身投地頂禮王足俱

作是言唯願大王赦太子命王即迴顧語太子言莫救罪人若救罪人必當殺汝爾時太子爲欲專求一切智故爲欲利益諸衆生故爲以大悲普救攝故其心堅固無有退怯復白王言願恕彼罪身當受戮王言隨意爾時

王后白言大王願聽太子半月行施恣意修福然後治罪王即聽許時都城北有一大園名曰日光是昔施場太子往彼設大施會飲食衣服華鬘瓔珞塗香末香幢旛寶蓋諸莊嚴具隨有所求靡不周給經半月已於最後疏八 日國王大臣長者居士城邑人民及諸外道十六悉來集會時法輪音虛空燈王如來知諸衆生調伏時至與大衆俱天王圍繞龍王供養夜叉王守護乾闥婆王讚歎阿脩羅王曲躬頂禮迦樓羅王以清淨心散諸寶華緊那羅王歡喜勸請摩睺羅伽王一心瞻仰來入彼會爾時太子及諸大衆遙見佛來端嚴殊特諸根寂定如調順象心無垢濁如清淨池現大神通示大自在顯大威德種種相好莊嚴其身放大光明普照世界一切毛孔出香燄雲震動十方無量佛剎隨所至處普雨一切諸莊嚴具以佛威儀以佛功德衆生見者心淨歡喜煩惱消滅爾時太子及諸大衆五體投地頂禮其足安施牀座合掌白言善來世尊善來善逝唯願哀愍攝受於我處于此座

以佛神力淨居諸天即變此座爲香摩尼蓮華之座佛坐其上諸菩薩衆亦皆就座周帀圍繞時彼會中一切衆生因見如來苦滅障除堪受聖法爾時如來知其可化以圓滿音說修多羅名普照因輪令諸衆生隨類各解疏八 時彼會中有八十那由他衆生遠塵離垢得十七淨法眼無量那由他衆生得無學地十千衆生住大乘道入普賢行成滿大願當爾之時十方各百佛剎微塵數衆生於大乘中心得調伏無量世界一切衆生免離惡趣生於天上善伏太子即於此時得菩薩教化衆生令生善根解脫門

三王有太子下夜神修因於中亦三初明在家本事二結會古今三出家得法今初有十一悲救罪人正答發心之始榜笞捶擊也臏謂刖足之流二臣議非理三請代囚命四臣執令誅言寶祚者祚位也易云聖人之大寶曰位五王后哀祈六王奪子志七太子確救八母請修因九正設施場十經半月下如來親救於中二時法輪下

如來降德三爾六一就義時臨時太子下
敬申禮請四以佛申下就座談經言普照
因輪者謂令知善惡各自有因罪人惡因
所招太子善因當滿故五時彼會下廣益
當機六善伏下太子得法（順謂則足者然俗有五刑劓墨宮割臏大辟也）
善男子爾時太子豈異人乎我身是也我因
往昔起大悲心捨身命財救苦衆生開門大
施供養於佛得此解脫佛子當知我於爾時
但爲利益一切衆生不著三界不求果報不
貪名稱不欲自讚輕毀於他於諸境界無所
貪染無所怖畏但莊嚴大乘出要之道當樂
觀察一切智門修行苦行得此解脫佛子於
汝意云何彼時五百大臣欲害我者豈異人
乎今提婆達多頌八等五百徒黨十八是也是諸人等
蒙佛教化皆當得阿耨多羅三藐三菩提於
未來世過須彌山微塵數劫爾時有劫名善
光世界名寶光於中成佛其五百佛次第興
世最初如來名曰大悲第二名饒益世間第
三名大悲師子第四名救護衆生乃至最後
名曰醫王雖彼諸佛大悲平等然其國土種
族父母受生誕生出家學道往詣道場轉正
法輪說修多羅語言音聲光明衆會壽命法
住及其名號各各差別佛子彼諸罪人我所
救者即拘留孫等賢劫千佛及百萬阿僧祇
諸大菩薩於無量精進力名稱功德慧如來
所發阿耨多羅三藐三菩提心今於十方國
土行菩薩道修習增長此菩薩教化衆生令
生善根解脫者是時勝光王今薩遮尼乾子
大論師是時王宮人及諸眷屬即彼尼乾六
萬弟子與師俱來建大論幢共佛論議悉降
伏之授阿耨多羅三藐三菩提記者是此諸
人等皆當作佛國土莊嚴劫數名號各各有
異

二善男子爾時太子下結會古今分四初
結自身正酬頌八發心之問二結大十九臣三結獄
囚四結王屬並文處可知薩遮有也尼乾
不繫也裸形自餓不繫衣食故

佛子我於爾時救罪人已父母聽我捨離國
土妻子財寶於法輪音虛空燈王佛所出家
學道五百歲中淨修梵行即得成就百萬陀
羅尼百萬神通百萬法藏百萬求一切智勇
猛精進淨治百萬堪忍門增長百萬思惟心
成就百萬菩薩力入百萬菩薩智門得百萬
般若波羅蜜門見十方百萬諸佛生百萬菩
薩大願念念中十方各照百萬佛刹念念中
憶念十方世界前後際劫百萬諸佛念念中
知十方世界百萬諸佛變化海念念中見十
方百萬世界所有衆生種種諸趣隨業所受
生時死時善趣惡趣好色惡色其諸衆生種
種心行種種欲樂種種根性種種業習種種
成就皆悉明了

三佛子我於爾時下明出家得法答言百
萬義當彼時已得四地（義當彼時已得四地者初地百二地千三地萬四地百萬故）

佛子我於爾時命終之後還復於彼王家受
生作轉輪王彼法輪音虛空燈王如來滅後
次即於此值法空王如來承事供養次爲帝
釋即此道場值天王藏如來親近供養次爲
夜摩天王即於此世界值大地威力山如來

親近供養次爲兜率天王即於此世界值法輪光音聲王如來親近供養次爲化樂天王即於此世界值虛空智王如來親近供養次爲他化自在天王即於此世界值無能壞幢如來親近供養次爲阿脩羅王即於此世界值一切法雷音王如來親近供養次爲梵王即於此世界值普現化演法音如來親近供養佛子此寶光世界善光劫中有一萬佛出興于世我皆親近承事供養

二佛子我於爾時命終下明轉生值佛修行界列八佛通結一萬

次復有劫名曰日光有六十億佛出興於世最初如來名妙相山我時爲王名曰大慧於彼佛所承事供養次有佛出名圓滿肩我爲居士親近供養次有佛出名離垢童子我爲大臣親近供養次有佛出名勇猛持我爲阿脩羅王親近供養次有佛出名須彌相我爲樹神親近供養次有佛出名離垢臂我爲商主親近供養次有佛出名師子遊步我爲城神親近供養次有佛出名爲寶髻我爲毘沙門天王親近供養次有佛出名最上法稱我爲乾闥婆王親近供養次有佛出名光明冠我爲鳩槃荼王親近供養於彼劫中如是次第有六十億如來出興於世我常於此受種種身一一佛所親近供養教化成就無量衆生於一一佛所得種種三昧門種種陀羅尼門種種神通門種種辯才門種種一切智門種種法明門種種智慧門照種種十方海入種種佛剎海見種種諸佛海清淨成就增長廣大

第二次復有劫下明日光劫中值佛修行中三初總標舉次最初下別列十佛後於彼劫下總結得法

如於此劫中親近供養爾所諸佛於一切處一切世界海微塵數劫所有諸佛出興于世親近供養聽聞說法信受護持亦復如是如是一切諸如來所皆悉修習此解脫門復得無量解脫方便

第三如於此劫下總結時處修行得法

爾時救護一切衆生主夜神欲重宣此解脫義即爲善財而說頌言

汝以歡喜信樂心　問此難思解脫法
我承如來護念力　爲汝宣說應聽受

第二偈頌中有三十四頌分四初一頌承力許說

過去無邊廣大劫　過於剎海微塵數
時有世界名寶光　其中有劫號善光
於此善光大劫中　一萬如來出興世
我皆親近而供養　從其修學此解脫

次二頌古佛出興

時有王都名喜嚴　縱廣寬平極殊麗
雜業衆生所居住　或心清淨或作惡
爾時有王名勝光　恒以正法御羣生

次一偈半先王治化

其王太子名善伏　形體端正備衆相
時有無量諸罪人　繫身牢獄當受戮
太子見已生悲愍　上啓於王請寬宥
爾時諸臣共白王　今此太子危王國
如是罪人應受戮　如何悉救令除免
時勝光王語太子　汝救彼罪自當受
太子哀

念情轉深誓救衆生無退怯
時王夫人采女等俱來王所白王言願放太
子半月中布施衆生作功德
時王聞已即聽許設大施會濟貧乏一切衆
生靡不臻隨有所求咸給與
如是半月日云滿 太子就戮時將至大衆百 二十二
千萬億人同時瞻仰俱號泣
彼佛知衆根將熟而來此會化羣生顯現神
變大莊嚴靡不親近而恭敬
佛以一音方便說法燈普照修多羅無量衆
生意柔輭悉蒙與授菩提記
善伏太子生歡喜發興無上正覺心誓願承
事於如來普爲衆生作依處
便即出家依佛住修行一切種智道爾時便
得此解脫大悲廣濟諸羣生 二十三
於中止住經劫海諦觀諸法眞實性常於苦
海救衆生如是修習菩提道
劫中所有諸佛現悉皆承事無有餘咸以清
淨信解心聽聞持護所說法
餘頌夜神修因於中四初九偈半頌在家

本事次一偈頌出家得法三有二偈頌一
萬佛
次於佛刹微塵數無量無邊諸劫海所有諸
佛現世間一一供養皆如是
我念往昔爲太子見諸衆生在牢獄誓願捨
身而救護因其證此解脫門
經於佛刹微塵數廣大劫海常修習念念令
其得增長復獲無邊巧方便
彼中所有諸如來我悉得見蒙開悟令我增
明此解脫及以種種方便力
我於無量千億劫學此難思解脫門諸佛法
海無有邊我悉一時能普飲
十方所有一切刹其身普入無所礙三世種
種國土名念念了知皆悉盡
三世所有諸佛海一一明見盡無餘亦能示
現其身相普詣於彼如來所
又於十方一切刹一切諸佛導師前普雨一
切莊嚴雲供養一切無上覺
又以無邊大問海啓請一切諸世尊彼佛所
雨妙法雲皆悉受持無忘失

又於十方無量刹一切如來衆會前坐於衆
妙莊嚴座示現種種神通力
又於十方無量刹示現種種諸神變一身示
現無量身無邊身中現一身
又於一一毛孔中悉放無數大光明各以種
種巧方便除滅衆生煩惱火
又於一一毛孔中出現無量化身雲充滿十
方諸世界普雨法雨濟羣品
十方一切諸佛子入此難思解脫門悉盡未
來無量劫安住修行菩薩行
隨其心樂爲說法令彼皆除邪見網示以天
道及二乘乃至如來一切智
一切衆生受生處示現無邊種種身悉同其
類現衆像普應其心而說法
若有得此解脫門則住無邊功德海譬如刹 二十四
海微塵數不可思議無有量
四次於佛刹下有十七偈頌總結時處得
法於中三初一畧標次三總會古今後十
三偈重頌末後得法深廣
善男子我唯知此敎化衆生令生善根解脫

門如諸菩薩摩訶薩超諸世間現諸趣身不住攀緣無有障礙了達一切諸法自性善能觀察一切諸法得無我智證無我法敎化調伏一切衆生恒無休息心常安住無二法門普入一切諸言辭海我今云何能知能說彼功德海彼勇猛智彼心行處彼三昧境彼解脫力

四善男子我唯知下讃已推勝

善男子此閻浮提有一園林名嵐毘尼彼園有神名妙德圓滿汝詣彼問菩薩云何修菩薩行生如來家爲世光明盡未來劫而無厭倦

第五指示後友嵐毘尼林此云樂勝圓光昔有天女下生此處因以爲名表九地總持光明無不照故友名妙德圓滿者善慧無缺故然此園在迦毘羅城東二十里是摩耶生佛之處又從九地當得受職是故今問生如來家

時善財童子頂禮其足遶無量帀合掌瞻仰辭退而去

大方廣佛華嚴經疏鈔會本第七十三

大方廣佛華嚴經疏鈔會本第七十四　顛九

唐于闐國三藏沙門實叉難陀　譯

唐清涼山大華嚴寺沙門澄觀撰述

爾時善財童子於大願精進力救護一切衆生夜神所得菩薩解脫已憶念修習了達增長漸次遊行至嵐毗尼林周徧尋覔彼妙德神

第九嵐毗尼林神寄善慧地寄善慧地者謂成就微妙以無礙辯能遍十方善說法故

見在一切寶樹莊嚴樓閣中坐寶蓮華師子之座二十億那由他諸天恭敬圍遶爲說菩薩受生海經令其皆得生如來家增長菩薩大功德海善財見已頂禮其足合掌前立白言大聖我已先發阿耨多羅三藐三菩提心而未能知菩薩云何修菩薩行生如來家爲世大明

初二可知

彼神答言善男子菩薩有十種受生藏若菩薩成就此法則生如來家念念增長菩薩善根不疲不懈不厭不退無斷無失離諸迷惑不生怯劣惱悔之心趣一切智入法界門發廣大心增長諸度成就諸佛無上菩提捨世間趣入如來地獲勝神通諸佛之法常現在前順一切智眞實義境

第三彼神答下授已法界於中四一顯法義二立法名三明業用四辨根本初中二先長行後偈頌前中四一標數歎勝二徵數列名三依名釋義四結歎勝益初中生如來家即正酬其問

何等爲十一者願常供養一切諸佛受生藏二者發菩提心受生藏三者觀諸法門勤修行受生藏四者以深淨心普照三世受生藏五者平等光明受生藏六者生如來家受生藏七者佛力光明受生藏八者觀普智門受生藏九者普現莊嚴受生藏十者入如來地受生藏

第二何等爲十下徵數列名此通於六位一當十信二即十住三通行向四是初地五從二至七以是功用邊故六七皆八地然六即自分七即勝進得勤之後八即九地九當十地十即等覺入如來地然依行布豎配定然若約圓融初後通用故云成就此法則生如來家若定須具十方得生家何以文中第二第六皆有生家第十復言於三世佛所已受灌頂故知須豎約證分異若定豎者則違具十則生之言是知須橫約圓融修觀此之十法通於六位下疏文有五一約位豎配亦名行布釋然依行布下二結前生後生後圓融若約圓融下三通諸位釋亦名圓融釋若定具十下四結成上豎若定豎下五結成須橫實則橫豎無礙是此中意故存二種文義略然

善男子云何名願常供養一切佛受生藏善男子菩薩初發心時作如是願我當尊重恭敬供養一切諸佛見佛無厭於諸佛所常生愛樂常起深信修諸功德恒無休息是爲菩薩爲一切智始集善根受生藏

第三善男子云何名下依名釋義一中即信發心故賢首品云常欲利樂諸羣生莊嚴國土供養佛故故文云始集善根

云何名發菩提心受生藏善男子此菩薩發阿耨多羅三藐三菩提心所謂起大悲心救

護一切衆生故起供養佛心究竟承事故起普求正法心一切無悋故起廣大趣向心求一切智故起慈無量心普攝衆生故起不捨一切衆生心被求一切智堅誓甲故起無諂誑心得如實智故起如說行心修菩薩道故起不誑諸佛心守護一切佛大誓願故起一切智願心盡未來化衆生不休息故菩薩以如是等佛剎微塵數菩提心功德故得生如來家是爲菩薩第二受生藏

二中初住發心文具三心生如來家亦初住生家亦初住生家者恐人誤爲初地生家然其生家畧有六位一初住生菩提心家二第四住生聖教家三初地生眞如家四四地約寄位生出世家五八地生無生法忍家六如來地究竟生家今是初住第一是生菩提心家

云何名觀諸法門勤修行受生藏善男子此菩薩摩訶薩起觀一切法門海心起迴向一切智圓滿道心起正念無過失業心起一切菩薩三昧海清淨心起修成一切菩薩功德心起莊嚴一切菩薩道心起求一切智大精進行修諸功德如劫火熾然無休息心起修普賢行教化一切衆生心起善學一切威儀修菩薩功德捨離一切所有住無所有眞實心是爲菩薩第三受生藏

三中十句一觀法門海標十行二向一切智標迴向以行願相資故合爲一餘八通行向

云何名以深淨心普照三世受生藏善男子此菩薩具清淨增上心得如來菩提光入菩薩方便海其心堅固猶若金剛背捨一切諸有趣生成就一切佛自在力修殊勝行具菩薩根其心明潔願力不動常爲諸佛之所護念破壞一切諸障礙山普爲衆生作所依處是爲菩薩第四受生藏

四中契理斷障名深淨心即淨心地已證理故堅如金剛已得離生道故捨諸有趣已破二障礙山故爲物依處四藏即淨心地等者疏隨難釋今更委釋言得如來菩提光者明心菩提故入菩薩方便海者證眞了俗故捨諸有趣亦由已斷斷異生性故成就自在者分身百剎故修菩薩殊勝行者淨治地法十行常修故具菩薩根者由證信故餘皆成根又大悲爲首故悲爲根已斷所知故心明潔十願成熟故願不動同佛證如故得佛護分別頓盡名壞諸障具上諸德爲佛依處

云何名平等光明受生藏善男子此菩薩具足衆行普化衆生一切所有悉皆能捨住佛究竟淨戒境界具足忍法成就諸佛法忍光明以大精進趣一切智到於彼岸修習諸禪得普門定淨智圓滿以智慧日明照諸法得無礙眼見諸佛海悟入一切眞實法性一切世間見者歡喜善能修習如實法門是爲菩薩第五受生藏

五中證如起行爲平等光明戒忍進等爲次五地得無礙下即是七地七地得無生忍光明故入一切眞實法五藏戒忍進等者等取禪慧文各一增故末後二句上句三業善巧見者必欣下句功用行滿又以無功得諸行故

云何名生如來家受生藏善男子此菩薩生如來家隨諸佛住成就一切甚深法門具三世佛清淨大願得一切佛同一善根與諸如來共一體性具出世行白淨善法安住廣大功德法門入諸三昧見佛神力隨所應化淨諸衆生如問而對辯才無盡是爲菩薩第六受生藏

六中以得無生忍契同法性爲生佛家願

度增上善根一體惑等不動爲白淨法六生如來下初至爲生佛家此有兩句一正釋標二即解釋初之二句得無生忍是釋生家與同法性即釋隨諸佛住佛住甚深真法性故上即淨忍分成就一切甚深法門下皆得勝行分此句爲總故疏不釋已下皆甚深法門故其願度增上釋具三世已下經文善根一體釋得一切佛下經文謂同無功用之善根故同得無生法忍體故從惑等下釋具出世白淨法上皆前經不可知義從安住已下即是前經正行廣大入諸三三昧下即離障寂滅後三句即三輪化益並易故不釋

云何名佛力光明受生藏善男子此菩薩深入佛力遊諸佛刹心無退轉供養承事菩薩衆會無有疲厭了一切法皆如幻起知諸世間如夢所見一切色相猶如光影神通所作皆如變化一切受生悉皆如影諸佛說法皆如谷響開示法界咸令究竟是爲菩薩第七受生藏

七中因佛勸起能頓修行名佛力光明無功用修故無疲厭等七佛力下經疏俱易若欲釋者由佛七勸名入佛力此爲總句遊刹下別二句起行速疾從了一切下淨土分中事於三世間得自在故初二器界自在次二正覺後三衆生說法度生故

云何名觀普智門受生藏善男子此菩薩住童眞位觀一切智一一智門盡無量劫開演一切菩薩所行於諸菩薩甚深三昧心得自在念念生於十方世界諸如來所於有差別境入無差別定於無差別法現有差別智於無量境知無境界於少境界入無量境通達法性廣大無際知諸世間悉假施設一切皆是識心所起頌八是爲菩薩第八受生藏六

八中從第八地入第九地故云住童眞位觀一切智智門即法師之德故於三性等皆如實知即事知理之如實故於有差別境入無差別定即理窮事之如實故於無差別法現有差別智餘可準思八觀普智門言即法師之德者亦法師方便成就言於三性等者三性即是化法爲智成就等字等取入行成就智十一稠林經一一門下即口業成就具四十無礙故能長讚餘皆法師自在成就一三昧自在隨心頓演故二受生自在三於有差下於法自在事理交徹故即事知理者釋比初對了即事入理即理入事亦前向事能顯理後句依理成事又頌九前不壞假名而說實相後不動七眞際建立諸法又前動不離寂後則靜無適照於無量下有無自在於少境下廣狹自在通達下眞俗齊照以文顯故云可思準

云何名普現莊嚴受生藏善男子此菩薩能種種莊嚴無量佛刹普能化現一切衆生及諸佛身得無所畏演清淨法周流法界無所障礙隨其心樂普使知見示現種種成菩提行令生無礙一切智道如是所作不失其時而常在三昧毗盧遮那智慧之藏是爲菩薩第九受生藏

九中以佛莊嚴而莊嚴故名普莊嚴已得離垢等諸三昧故雖復常用而常在三昧九普現莊嚴先釋名後已得下總釋大意若別說者初句嚴依餘皆嚴正正中並祕密智初三句身祕密演清淨下口祕密隨其心下皆意祕密

云何名入如來地受生藏善男子此菩薩悉於三世諸如來所受灌頂法普知一切境界次第所謂知一切衆生前際後際歿生次第一切菩薩修行次第一切衆生心念次第三世如來成佛次第善巧方便說法次第亦知一切初中後際所有諸劫若成若壞名號次第隨諸衆生所應化度爲現成道功德莊嚴神通說法方便調伏是爲菩薩第十受生藏

十中約其自分爲此菩薩約其勝進名入佛地已受職位云受灌頂智齊佛境云知一切如十定品辨十入如來地下文顯然皆與本位義理相符不爲此釋實抑經文

佛子若菩薩摩訶薩於此十法修習增長圓
滿成就則能於一莊嚴中現種種莊嚴如是
莊嚴一切國土開導示悟一切衆生盡未來
劫無有休息演説一切諸佛法海種種境界
種種成熟展轉傳來無量諸法現不思議佛
自在力充滿一切虛空法界於諸衆生心行
海中而轉法輪於一切世界示現成佛恒無
間斷以不可説清淨言音説一切法住無量
處通達無礙以一切法莊嚴道場隨諸衆生
欲解差別而現成佛開示無量甚深法藏教
化成就一切世間
第四佛子若菩薩下結歎勝益可知
爾時嵐毗尼林神欲重明其義以佛神力普
觀十方而説頌言
最上離垢清淨心見一切佛無厭足願盡未
來常供養此明慧者受生藏
一切三世國土中所有衆生及諸佛悉願度
脱恒瞻奉此難思者受生藏
聞法無厭樂觀察普於三世無所礙身心清
淨如虛空此名稱者受生藏

其心恒住大悲海堅如金剛及寶山了達一
切種智門此最勝者受生藏
大慈普覆於一切妙行常增諸度海以法光
明照羣品此雄猛者受生藏
了達法性心無礙生於三世諸佛家普入十
方法界海此明智者受生藏
法身清淨心無礙普詣十方諸國土一切佛
力靡不成此不思議受生藏
入深智慧已自在於諸三昧亦究竟觀一切
智如實門此真身者受生藏
淨治一切諸佛土勤修普化衆生法顯現如
來自在力此大名者受生藏
久已修行薩婆若疾能趣入如來位了知法
界皆無礙此諸佛子受生藏
二重頌中十偈如次頌前十法
善男子菩薩具此十法生如來家為一切世
間清淨光明善男子我從無量劫來得是自
在受生解脱門
第二善男子菩薩具此下立法名中先牒
前所明後我從無量下指前立目機感便

現無所擁礙名自在受生通能所見
善財白言聖者此解脱門境界云何答言善
男子我先發願願一切菩薩示受生時皆得
親近願入毗盧遮那如來無量受生海以昔
願力生此世界閻浮提中嵐毗尼園專念菩
薩何時下生
第三善財白言下明法門業用於中先問
後答答中知見此境即是業用於中二先
明依願受生
經於百年世尊果從兜率陀天而來生此時
此林中現十種相何等為十一者此園中地
忽自平坦坑坎堆阜悉皆不現二者金剛為
地衆寶莊嚴無有瓦礫荊棘株杌三者寶多
羅樹周帀行列其根深植至於水際四者生
衆香芽現衆香藏寶香為樹扶踈蔭映其諸
香氣皆踰天香五者諸妙華鬘寶莊嚴具行
列分布處處充滿六者園中所有一切諸樹
皆自然開摩尼寶華七者諸池沼中皆自生
華從地涌出周布水上八者時此林中娑婆
世界欲色所住天龍夜叉乾闥婆阿修羅迦

樓羅緊那羅摩睺羅伽一切諸王莫不來集合掌而住九者此世界中所有天女乃至摩睺羅伽女皆生歡喜各各捧持諸供養具向畢洛叉樹前恭敬而立十者十方一切諸佛齊中皆放光明名菩薩受生自在燈普照此林一一光中悉現諸佛受生誕生所有神變及一切菩薩受生功德又出諸佛種種言音是爲林中十種瑞相此相現時諸天王等即知當有菩薩下生我見此瑞歡喜無量

後經於百年下如昔願觀於中四初覩降神瑞相

善男子摩耶夫人出迦毗羅城入此林時復現十種光明瑞相令諸衆生得法光明何等爲十所謂一切寶華藏光寶香藏光寶蓮華開演出眞實妙音聲光十方菩薩初發心光一切菩薩得入諸地現神變光一切菩薩修波羅蜜圓滿智光一切菩薩大願智光一切菩薩教化衆生方便智光一切菩薩證於法界眞實智光一切菩薩得佛自在受生出家成正覺光此十光明普照無量諸衆生心

二善男子摩耶下見出城現光

善男子摩耶夫人於畢洛叉樹下坐時復現菩薩將欲誕生十種神變何等爲十

三摩耶夫人於畢洛叉下覩將生神變於中二先標徵畢洛叉旮此云高顯

善男子菩薩將欲誕生之時欲界諸天天子天女及以色界一切諸天諸龍夜叉乾闥婆阿修羅迦樓羅緊那羅摩睺羅伽并其眷屬爲供養故悉皆雲集摩耶夫人威德殊勝身諸毛孔咸放光明普照三千大千世界無所障礙一切光明悉皆不現除滅一切衆生煩惱及惡道苦是爲菩薩將欲誕生第一神變又善男子當爾之時摩耶夫人腹中悉現三千世界一切形像其百億閻浮提内各有都邑各有園林名號不同皆有摩耶夫人於中止住天衆圍繞悉爲顯現菩薩將生不可思議神變之相是爲菩薩將欲誕生第二神變又善男子摩耶夫人一切毛孔皆現如來往昔修行菩薩道時恭敬供養一切諸佛及聞諸佛說法音聲譬如明鏡及以水中能現虛空日月星宿雲雷等像摩耶夫人身諸毛孔亦復如是能現如來往昔因緣是爲菩薩將欲誕生第三神變又善男子摩耶夫人身諸毛孔一一皆現如來往修菩薩行時所住世界城邑聚落山林河海衆生劫數值佛出世入淨國土隨所受生壽命長短依善知識修行善法於一切剎在在生處摩耶夫人常爲其母如是一切於毛孔中靡不皆現是爲菩薩將欲誕生第四神變又善男子摩耶夫人一一毛孔顯現如來往昔修行菩薩行時隨所生處色相形貌衣服飲食苦樂等事一一普現分明辨了是爲菩薩將欲誕生第五神變又善男子摩耶夫人身諸毛孔一一皆現世尊往昔修施行時捨所難捨頭目耳鼻脣舌牙齒身體手足血肉筋骨男女妻妾城邑宮殿衣服瓔珞金銀寶貨如是一切内外諸物亦見受者形貌音聲及其處所是爲菩薩將欲誕生第六神變又善男子摩耶夫人入此園時其林普現過去所有一切諸佛入母胎時國土園林衣服華鬘塗香末香幡繒幢

蓋一切衆寶莊嚴之事妓樂歌詠上妙音聲
令諸衆生普得見聞是爲菩薩將誕生時第
七神變又善男子摩耶夫人入此園時從其
身出菩薩所住摩尼寶王宮殿樓閣超過一
切天龍夜叉乾闥婆阿修羅迦樓羅緊那羅
摩睺羅伽及諸人王之所住者寶網十三覆上妙
香普熏衆寶莊嚴內外清淨各各差別不相
雜亂周帀徧滿嵐毗尼園是爲菩薩將誕生
時第八神變又善男子摩耶夫人入此園時
從其身出十不可說百千億那由他佛刹微
塵數菩薩其諸菩薩身形容貌相好光明進
止威儀神通眷屬皆與毗盧遮那菩薩等無
有異悉共同時讚歎如來是爲菩薩將誕生
時第九神變又善男子摩耶夫人將欲誕生
菩薩之時忽於其前從金剛際出大蓮華名
爲一切寶莊嚴藏金剛爲莖衆寶爲鬚如意
寶王以爲其臺有十佛刹微塵數葉一切皆
以摩尼所成寶網寶蓋以覆其上一切天王
所共執持一切龍王降注香雨一切夜叉王
恭敬圍繞散諸天華一切乾闥婆王出微妙

音歌讚菩薩往昔供養諸佛功德一切阿修
羅王捨憍慢心稽首敬禮一切迦樓羅王垂
寶繒幡徧滿虛空一切緊那羅王歡喜瞻仰
歌詠讚歎菩薩功德一切摩睺羅伽王皆生
歡喜歌詠讚歎普雨一切寶莊嚴雲是爲善
薩將誕生時第十神變

後別顯十變一集衆息苦二卷舒無礙三
毛現佛因四現佛本事五現行所依身六
徧現捨行七現古佛受生園林八現今佛
所處宮殿九出菩薩同類十地現蓮華將

承至聖

善男子嵐毗尼園示現如是十種相已然後
菩薩其身誕生如虛空中現淨日輪如高山
頂出於慶雲如密雲中而耀電光如夜闇中
而然大炬爾時菩薩從母脇生身相光明亦
復如是善男子菩薩爾時雖現初生悉已了
達一切諸法如夢如幻如影如像無來無去
不生不滅善男子當我見佛於此四天下閻
浮提內嵐毗尼園示現初生種種神變時亦
見如來於三千大千世界百億四天下閻浮
提內嵐毗尼園中示現初生種種神變亦見
三千大千世界一一塵中無量佛刹亦見百
佛世界千佛世界乃至十方一切世界一一
塵中無量佛刹如是一切諸佛刹中皆有如
來示現受生種種神變如是念念常無間斷

四善男子嵐毗尼下正觀誕生於中三初十四
觀外相有四種相釋通事理約事謂一過
耀挺特故二高顯巍容故三威光赫奕故
四分明可觀故約理則一依性空無住現
故二依涅槃山無心出故三大慈雲中現
無住之化身故四爲破衆生生死無明之
大闇故二菩薩爾時下了其內德三當我
見佛下結其周徧則橫竪無窮

時善財童子白彼神言大天得此解脫其已
久如答言善男子乃往古世過億佛刹微塵十五
數劫復過是數時有世界名爲普寶劫名悅
樂八十那由他佛於中出現其第一佛名自
在功德幢十號具足彼世界中有四天下名
妙光莊嚴其四天下閻浮提中有一王都名
須彌莊嚴幢其中有王名寶燄眼其王夫人

名曰喜光善男子如此世界摩耶夫人爲毗盧遮那如來之母彼世界中喜光夫人爲初佛母亦復如是善男子其喜光夫人將欲誕生菩薩之時與二十億那由他釆女詣金華園園中有樓名妙寶峯其邊有樹名一切施喜光夫人攀彼樹枝而生菩薩諸天王衆各持香水共以洗沐時有乳母名爲淨光侍立其側既洗沐已諸天王衆授與乳母乳母敬受生大歡喜即得菩薩普眼三昧得此三昧已普見十方無量諸佛復得菩薩於一切處示現受生自在解脫如初受胎識速疾無礙得此解脫故見一切佛乘本願力受生自在亦復如是善男子於汝意云何彼乳母者豈異人乎我身是也我從是來念念常見毗盧遮那佛示現菩薩受生海調伏衆生自在神力如見毗盧遮那佛乘本願力念念於此三千大千乃至十方一切世界微塵之内皆現菩薩受生神變見一切佛悉亦如是我皆恭敬承事供養聽所說法如說修行

第四時善財童子白彼神下顯法根深先問後答答中先長行中六一古世佛興二其四天下顯昔父母三其喜光下攀樹誕生四時有下觀佛得法五善男子下結會古今不結父母者意明即淨飯摩耶佛即今佛故六我從是下顯用周徧

時嵐毗尼林神欲重宣此解脫義承佛神力普觀十方而說頌言

佛子汝所問諸佛甚深境汝今應聽受我說其因緣過億剎塵劫有劫名悅樂八十那由他如來出興世最初如來號自在功德幢我在金華園見彼初生日我時爲乳母智慧極聰利諸天授與我菩薩金色身我時疾捧持諦觀不見頂身相皆圓滿一一無邊際離垢清淨身相好以莊嚴譬如妙寶像見已自欣慶思惟彼功德疾增衆福海見此神通事發大菩提心專求佛功德增廣諸大願嚴淨一切剎滅除三惡道普於十方土供養無數佛修行本誓願救脫衆生苦我於彼佛所聞法得解脫億剎微塵數無量劫修行劫中所有佛我昔曾供養護持其正法淨此解脫海億剎微塵數過去十力尊盡持其法輪增明此解脫我於一念頃見此剎塵中一一有如來所淨諸剎海剎内悉有佛園中示誕生各現不思議廣大神通力或見不思議億剎諸菩薩住於天宮上將證佛菩提無量剎海中諸佛現受生說法衆圍繞於此我皆見一念見億剎微塵數菩薩出家趣道場示現佛境界我見剎塵内無量佛成道各現諸方便度脫苦衆生一一微塵中諸佛轉法輪悉以無盡音普雨甘露法億剎微塵數一一剎塵内悉見於如來示現般涅槃如是無量剎如來示誕生而我悉分身現前興供養不思議剎海無量趣差別我悉現其前雨於大法雨佛子我知此難思解脫門無量億劫中稱揚不可盡

後偈頌中二十三頌分四初一誡聽許說次九最初修證次十二偈歷事增修末偈結歎無盡

善男子我唯知此菩薩於無量劫徧一切處示現受生自在解脫如諸菩薩摩訶薩能以

一念爲諸劫藏觀一切法以善方便而現受生周偏供養一切諸佛究竟通達一切佛法於一切趣皆現受生一切佛前坐蓮華座知諸衆生應可度時爲現受生方便調伏於一切刹現諸神變猶如影像悉現其前我當云何能知能説彼功德行

善男子此迦毗羅城有釋種女名曰瞿波汝詣彼問菩薩云何於生死中教化衆生

第五示後友中言瞿波者此云守護大地在家爲父母守護太子儲備守護國地既爲其妃依主得名表十地既圓故無地不護然太子有三夫人一名瞿波次名耶輸陀羅三名摩奴舍今因位之極故取其第一法喜已滿故寄之昔妃此位親能得佛故在生佛之城矣

時善財童子頂禮其足繞無數帀慇懃瞻仰辭退而去

大方廣佛華嚴經疏鈔會本第七十四

大方廣佛華嚴經疏鈔會本第七十五　頤十

唐于闐國三藏沙門實叉難陀　譯

唐清涼山大華嚴寺沙門澄觀撰述

爾時善財童子向迦毗羅城思惟修習受生解脫增長廣大憶念不捨

第十釋女瞿波寄法雲地寄法雲地者謂大法智雲含衆德水蔽如空麤重充滿法身故第一依教趣求中二初依前修證

漸次遊行至菩薩集會普現法界光明講堂

後漸次下趣求後友於中四一趣求詣處二其中有神下伴友迎讚三善財童子言下善財印述四爾時善財下神敬增深

其中有神號無憂德與一萬主宮殿神俱來迎善財作如是言善來丈夫有大智慧有大勇猛能修菩薩不可思議自在解脫心恒不捨廣大誓願善能觀察諸法境界安住法城入於無量諸方便門成就如來功德大海得妙辯才善調衆生獲聖智身恒順修行知諸衆生心行差別令其歡喜趣向佛道我觀仁者修諸妙行心無暫懈威儀所行悉皆清淨汝當不久得諸如來清淨莊嚴無上三業以諸相好莊嚴其身以十力智瑩飾其心遊諸世間我觀仁者勇猛精進而無有比不久當得普見三世一切諸佛聽受其法不久當得一切菩薩禪定解脫諸三昧樂不久當入諸佛如來甚深解脫何以故見善知識親近供養聽受其教憶念修行不懈不退無憂無悔無有障礙魔及魔民不能爲難不久當成無上果故

二中四一讚行究竟二我觀仁者修諸下讚精進得果三我觀仁者勇猛下讚精進得法四何以下以理釋成

善財童子言聖者如向所說願我皆得

三善財印述中二初印受所說

聖者我願一切衆生息諸熱惱離諸惡業生諸安樂修諸淨行聖者一切衆生起諸煩惱造諸惡業墮諸惡趣若身若心恒受楚毒菩薩見已心生憂惱聖者譬如有人唯有一子愛念情至忽見被人割截支體其心痛切不能自安菩薩摩訶薩亦復如是見諸衆生以煩惱業墮三惡趣受種種苦心大憂惱若見衆生起身語意三種善業生天人趣受身心樂菩薩爾時生大歡喜何以故菩薩不自爲故求一切智不貪生死諸欲快樂不隨想倒見倒心倒諸結隨眠愛見力轉不起衆生種種樂想亦不味著諸禪定樂非有障礙疲厭退轉住於生死但見衆生於諸有中具受無量種種諸苦起大悲心以大願力而普攝取悲願力故修菩薩行爲斷一切衆生煩惱爲求如來一切智智爲供養一切諸佛如來爲嚴淨一切廣大國土爲淨治一切衆生樂欲及其所有身心諸行於生死中無有疲厭

後聖者我願下述自所作於中二先明四等攝生後明萬德益物前中有四謂法喩合釋法有慈悲合中兼喜釋中不貪兼明有捨於中先徵後釋釋中先總明後不貪生死下別顯於中先明不自爲後但見衆生下明其所爲

聖者菩薩摩訶薩於諸衆生爲莊嚴令生人天富貴樂故爲父母爲其安立菩提心故爲

養育令其成就菩薩道故爲衛護令其遠離三惡道故爲船師令其得度生死海故爲歸依令捨諸魔煩惱怖故爲究竟令其永得清涼樂故爲津濟令入一切諸佛海故爲導師令至一切法寶洲故爲妙華開敷諸佛功德心故爲嚴具常放福德智慧光故爲可樂凡有所作悉端嚴故爲可尊遠離一切諸惡業故爲普賢具足一切端嚴身故爲大明常放智慧淨光明故爲大雲常雨一切甘露法故聖者菩薩如是修諸行時令一切衆生皆生愛樂具足法樂

二聖者菩薩摩訶薩下明萬德益物於中二初有十六句別約幹顯爲物歸趣後聖者菩薩如是下結成益物

爾時善財童子將升法堂其無憂德及諸神衆以出過諸天上妙華鬘塗香末香及以種種寶莊嚴具散善財上而說頌言

汝今出世間爲世大明燈普爲諸衆生勤求無上覺無量億千劫難可得見汝功德日今出滅除諸世闇汝見諸衆生顛倒惑所覆而興大悲意求證無師道汝以清淨心尋求佛菩提承事善知識不自惜身命汝於諸世間無依無所著其心普無礙清淨如虛空汝修菩提行功德悉圓滿放大智慧光普照一切世汝不離世間亦不著於世行世無障礙如風遊虛空譬如火災起一切無能滅汝修菩提行精進火亦然勇猛大精進堅固不可動金剛慧師子遊行無所畏一切法界中所有諸剎海汝悉能往詣親近善知識

爾時無憂德神說此頌已爲愛樂法故隨逐善財恒不捨離

四神敬增深者以聞上法故文中三初長行申供次以偈讚德十偈分二初三歎下益衆生行後七歎上求無礙行後爾時下以身隨逐愛重情深故

爾時善財童子入普現法界光明講堂周徧推求彼釋氏女見在堂內坐寶蓮華師子之座八萬四千采女所共圍繞是諸采女靡不皆從王種中生悉於過去修菩薩行同種善根布施愛語普攝衆生已能明見一切智境已共修集佛菩提行恒住正定常遊大悲普攝衆生猶如一子慈心具足眷屬清淨已於過去成就菩薩不可思議善巧方便皆於阿耨多羅三藐三菩提得不退轉具足菩薩諸波羅蜜離諸取著不樂生死雖行諸有心常清淨恒勤觀察一切智道離障蓋網超諸著處從於法身而示化形生普賢行長菩薩力智日慧燈悉已圓滿

第二爾時善財童子下見敬諮問先見次敬後問前中二先入堂推求已見依報此文亦可屬前二見在堂內下見其正報初見主後八萬下見伴廣歎伴從勝德主德固已絕言

爾時善財童子詣彼釋女瞿波之所頂禮其足合掌而住作如是言聖者我已先發阿耨多羅三藐三菩提心而未知菩薩云何於生死中而不爲生死過患所染了法自性而不住聲聞辟支佛地具足佛法而修菩薩行住菩薩地而入佛境界超過世間而於世受生成就法身而示現無邊種種色身證無相法

而爲衆生示現諸相知法無說而廣爲衆生演說諸法知衆生空而恒不捨化衆生事雖知諸佛不生不滅而勤供養無有退轉雖知諸法無業無報而修諸善行恒不止息

二爾時善財下說敬三作如是言下諸問於中先自陳發心後而未知下正問有十一句問悲智逆順權實寂用無礙雙行之行前十句攝爲五對一過凡越小對二離果超因對三現生示色對四極相窮說對五下化上供對十一總顯諸善真俗雙行悲智等者此中疏有四種無礙亦名四種雙行其十句中句句皆是雙行約雙行事有十差別其中雙行但有四別如第一句云云何於生死中而不爲生死過患所染者即悲智無礙謂於生死中即有大悲故不爲生死過患所染即具大智故二了法自性而不住聲聞辟支地即寂用雙行三即實而權雙行四即權而實雙行五即逆順雙行六即寂用雙行七八皆即實而權九十皆權實雙行九約化生十約供佛十一真俗雙行各有別相

時瞿波女告善財言善哉善哉善男子汝今能問菩薩摩訶薩如是行法修習普賢諸行願者能如是問諦聽諦聽善思念之我當承佛神力爲汝宣說善男子若諸菩薩成就十法則能圓滿因陀羅網普智光明菩薩之行何等爲十所謂依善知識故得廣大勝解故得清淨欲樂故集一切福智故於諸佛所聽聞法故心恒不捨三世佛故同於一切菩薩行故一切如來所護念故大悲妙願皆清淨故能以智力普斷一切諸生死故是爲十若諸菩薩成就此法則能圓滿因陀羅網普智光明菩薩之行佛子若菩薩親近善知識則能精進不退修習出生無盡佛法佛子菩薩以十種法承事善知識何等爲十所謂於自身命無所顧惜於世樂具心不貪求知一切法性皆平等永不退捨一切智願觀察一切法界實相心恒捨離一切有海知法如空心無所依成就一切菩薩大願常能示現一切刹海淨修菩薩無礙智輪佛子應以此法承事一切諸善知識無所違逆

第三時瞿波女下示已法界於中四一法義二法名三法用四法根前中先長行後偈頌前中亦二先讚誠許說後善男子下正顯法義於中二先明帝網智光行謂依此十則照重重無盡法故有標釋結可知後佛子若菩薩下承事善友行前明依法此辨依人法假人弘故由得此出無盡法亦是廣前初一亦有標釋結

爾時釋迦瞿波女欲重明此義承佛神力觀察十方而說頌言

菩薩爲利諸羣生　正念親承善知識
敬之如佛心無怠　此行於世帝網行
勝解廣大如虛空　一切三世悉入中
國土衆生佛皆爾　此是普智光明行
志樂如空無有際　永斷煩惱離諸垢
一切佛所修功德　此行於世身雲行
菩薩修習一切智　不可思議功德海
淨諸福德智慧身　此行於世不染行
一切諸佛如來所　聽受其法無厭足
能生實相智慧燈　此行於世普照行
十方諸佛無有量　一念一切悉能入
心恒不捨諸如來　此向菩提大願行
能入諸佛大衆會　一切菩薩三昧海
願海及以方便海　此行於世帝網行

一切諸佛所加持盡未來際無邊劫處處修
行普賢道此是菩薩分身行
見諸衆生受大苦起大慈悲現世間演法光
明除闇冥此是菩薩智日行
見諸衆生在諸趣爲集無邊妙法輪令其永
斷生死流此是修行普賢行
菩薩修行此方便隨衆生心而現身普於一
切諸趣中化度無量諸含識
以大慈悲方便力普徧世間而現身隨其解
欲爲說法皆令趣向菩提道

後頌中有十二偈分二前十偈如次頌前十帝網行然前長行但名帝網光明行則十法通稱今偈中初二取前總名後之八行各别立稱則知十名一一通其十行重重無礙方受帝網之名又須得斯偈意方了前名後二偈頌前事文十法後二以後二相隱故餘略不頌（然前長行但名帝網等者此即顯帝網之義也）

時釋迦瞿波說此頌已告善財童子言善男子我已成就觀察一切菩薩三昧海解脫門

第二時釋迦下立法名謂一切菩薩普賢三昧深廣如海如法界故深如衆生名故廣以殊妙智念念觀察故立此名

善財言大聖此解脫門境界云何答言善男子我入此解脫知此娑婆世界佛刹微塵數劫所有衆生於諸趣中死此生彼作善作惡受諸果報有求出離不求出離正定邪定及以不定有煩惱善根無煩惱善根具足善根不具足善根不善根所攝善根善根所攝不善根如是所集善不善法我皆知見又彼劫中所有諸佛名號次第我悉了知彼佛世尊從初發心及以方便求一切智出生一切諸大願海供養諸佛修菩薩行成等正覺轉妙法輪現大神通化度衆生我悉了知亦知彼佛衆會差别其衆會中有諸衆生依聲聞乘而得出離其聲聞衆過去修習一切善根及其所得種種智慧我悉了知有諸衆生依獨覺乘而得出離其諸獨覺所有善根所得菩提寂滅解脫神通變化成熟衆生入於涅槃我悉了知亦知彼佛諸菩薩衆其諸菩薩從初發心修習善根出生無量諸大願行成就滿足諸波羅蜜種種莊嚴菩薩之道以自在力入菩薩地住菩薩地觀菩薩地淨菩薩地菩薩地相菩薩地智菩薩攝智菩薩教化衆生智菩薩建立智菩薩廣大行境界菩薩神通行菩薩三昧海菩薩方便菩薩於念念中所入三昧海所得一切智光明所獲一切智電光雲所得實相忍所通達一切智所住刹海所入法海所知衆生海所住方便所發誓願所現神通我悉了知善男子此娑婆世界盡未來際所有劫海展轉不斷我皆了知

第三善財言大聖下明法門業用中先問後答答中二先顯廣知後釋知所以前中三初知娑婆世界次類知刹海後别顯毗盧因果前中二先知刹塵劫事後善男子此娑婆下類盡未來前中亦二一知世間善惡因果不善根所攝善根者如瞋心持戒等下句類知二又彼劫下知出世因果於中亦二先知佛因果後亦知彼佛衆下知佛衆會於中有三初知聲聞二知緣覺

三知菩薩及後類盡未來文並可知
如知娑婆世界亦知娑婆世界內微塵數世界亦知娑婆世界內一切世界亦知娑婆世界微塵內所有世界亦知娑婆世界外十方無間所住世界亦知娑婆世界世界種所攝世界亦知毗盧遮那世尊此華藏世界海中十方無量諸世界種所攝世界所謂世界廣博世界安立世界輪世界場世界差別世界轉世界蓮華世界須彌世界名號盡此世界海一切世界由毗盧遮那世尊本願力故我悉能知亦能憶念
第二如知娑婆下類知刹海於中二先通顯知多後別顯所知相狀今初有六重類知後後廣於前前初二皆同刹攝多刹而初但攝同類刹故云塵數二即異類刹故云一切一切種類故三即塵中攝刹故細於前四即十三佛刹塵數圍繞界及廣大眷屬世界故云娑婆世界外等五即普照十方熾然寶先明刹種所攝刹通二十重六即全蓮華藏世界海後所謂下別顯所知相狀有十種一廣博即所依種二安立即因緣或所依住三即輪圍四即其中場地五體類各殊六轉者有二義一如輪側轉形故故世界成就品云或有世界隨輪轉二即劫轉變故七所依蓮華八即其中須彌九隨緣立稱十即結果屬因謂華藏世界海是佛本願所嚴故云由力
亦念如來往昔所有諸因緣海所謂修習一切諸乘方便無量劫中住菩薩行淨佛國土教化衆生承事諸佛造立住處聽受說法獲諸三昧得諸自在修檀波羅蜜入佛功德海持戒苦行具足諸忍勇猛精進成就諸禪圓滿淨慧於一切處示現受生普賢行願悉皆清淨普入諸刹普淨佛土普入一切如來智海普攝一切諸佛菩提得於如來大智光明證於諸佛一切智性成等正覺轉妙法輪及其所有道場衆會其衆會中一切衆生往世已來所種善根從初發心成熟衆生修行方便念念增長獲諸三昧神通解脫如是一切我悉了知
第三亦念如來下別顯毗盧因果於中二先明因然有二義一者成上上但總云本願力故今別顯成刹之因二者順從亦通正報之因後得於如來下顯果可知
何以故我此解脫能知一切衆生心行一切衆生修行善根一切衆生雜染清淨一切衆生種種差別一切聲聞諸三昧門一切緣覺寂靜三昧神通解脫一切菩薩一切如來解脫光明皆了知故
第二何以故下釋知所以
爾時善財童子白瞿波言聖者得此解脫其已久如
第四善財白言下顯法根深先問後答問中雖但問得法久近而義已含修行久近得此法門故
答言善男子我於往世過佛刹微塵數劫有劫名勝行世界名無畏彼世界中有四天下名爲安隱其四天下閻浮提中有一王城名高勝樹於八十王城中最爲上首彼時有王名曰財主其王具有六萬采女五百大臣五

百王子其諸王子皆悉勇健能伏寃敵
答中分四一明最初佛所發心修行二於
中間多佛修行三正明得法之時四多劫
修瑩此法初中分二初正顯本緣二結會
古今前中分十一王都時處
其王太子名威德主端正殊特人所樂見足
下平滿輪相備具足趺隆起手足指間皆有
網縵足跟齊正手足柔輭伊尼耶鹿王腨七
處圓滿陰藏隱密其身上分如師子王兩肩
平滿雙臂傭長身相端直頸文三道頰如師
子具四十齒悉皆齊密四牙鮮白其舌長廣
出梵音聲眼目紺青睫如牛王眉間毫相頂
上肉髻皮膚細輭如真金色身毛上靡髮帝
青色其身洪滿如尼拘陀樹爾時太子受父
王敎與十千采女詣香牙園遊觀戲樂太子
是時乘妙寶車其車具有種種嚴飾置大摩
尼師子之座而坐其上五百采女各執寶繩
牽馭而行進止有度不遲不速百千萬人持
諸寶蓋百千萬人持諸寶幢百千萬人持諸
寶旛百千萬人作諸妓樂百千萬人燒諸名
香百千萬人散諸妙華前後圍遶而爲翊從
道路平正無有高下衆寶雜華散布其上寶
樹行列寶網彌覆種種樓閣延袤其間其樓
閣中或有積聚種種珍寶或有陳列諸莊嚴
具或有供設種種飲食或有懸布種種衣服
或有備擬諸資生物或復安置端正女人及
以無量僮僕侍從隨有所須悉皆施與
二太子超倫於中先具相後遊觀先具相者經有
三十二相前文指此廣明以文具故今當
畧說準瑜伽四十九及大般若第三百八
十一說然彼經次與今不同今依彼經次
第列名以今經文注之於下經云佛言善
現云何如來三十二相一世尊足下有平
滿相妙善安住猶如奩底地雖高下隨足
所蹈皆悉坦然無不等觸[illegible]二世尊
足下千輻輪紋輞轂衆相無不圓滿四三
世尊手足皆悉柔輭如覩羅綿勝過一切
八四世尊手足二指中間猶如鵞王咸有
網鞔金色交絡文同綺畫六五世尊手足
所有諸指圓滿纖長甚可愛樂[illegible]六世
尊足跟廣長圓滿與趺相稱勝餘有情七
七世尊足趺修高充滿柔輭妙好與跟相
稱五八世尊雙腨漸次纖圓如伊泥耶仙
鹿王腨九九世尊雙臂修直傭圓如象王
鼻平立摩膝卄十世尊陰相勢峯藏密其
猶龍馬亦如象王一十十一世尊毛孔各一
毛生柔潤紺青右旋宛轉九二十十二世尊
髮毛端皆上靡右旋宛轉柔潤紺青嚴金
色身甚可愛樂卄三十三世尊身皮細薄潤
滑塵垢水等皆所不住七二十十四世尊身
皮皆真金色光潔晃曜如妙金臺衆相莊
嚴衆所樂見八二十十五世尊兩足二平掌
中頸及兩肩七處充滿十十六世尊肩項
圓滿殊妙卅十七世尊髆腋皆悉充滿卅
十八世尊容儀洪滿端直三十十九世尊
身相修廣端嚴[illegible]二十世尊體相縱廣
量等周帀圓滿如尼瞿陀樹二三十二十一
世尊頷臆并身上半威容廣大如師子王
二十二十二世尊常光面各一尋[illegible]
[illegible]二十三世尊齒相四十齊平淨密根
深白逾珂雪八十二十四世尊四牙鮮白鋒
利十二二十五世尊常得味中上味喉脉直
故能引身中諸支節脉所有上味風熱痰
病不能為雜由彼不雜脉雜沉浮延痛損
壞塵曲等過能正吞咽津液通流身心適
悅常得上味[illegible]二十六世尊舌
相薄淨廣長能覆面輪上至髮際一二十二
十七世尊梵音詞韻和雅隨衆多少無不
等聞其聲洪震猶如天鼓發言婉約如頻
伽音二二十二十八世尊眼睫猶若牛王紺
青齊整不相雜亂四二十二十九世尊眼睛
紺青鮮白紅環間飾皎潔分明三二十三十
世尊面輪其猶滿月眉相皎淨如天帝弓
[illegible]三十一世尊眉間有白毫
相右旋柔輭如覩羅綿鮮白光淨逾珂雪
等五二十三十二世尊頂烏瑟膩沙高顯周
圓猶如天蓋六二十善現是名三十二大士
相釋曰上依彼次具引今經望之闕於圓
光一尋舍在人所樂見之中若依瑜伽闕
四十齒與牙齒鮮白有異則具三十二今
更依今經次列之注大般若次第於下一
端正殊特卄二人所樂見[illegible]
[illegible]三足下平滿一四輪相具備二五
足趺隆起七六手足指間皆有網鞔四七
足跟齊整六八手足柔輭三九伊尼耶鹿
王腨八十七處圓滿卅十一陰藏隱密十
十二其身上分如師子王一二十十三兩肩
平滿卄十四雙臂傭長九十五身相端直
卄十六頸文三道[illegible]二十七頰如師子
[illegible]十八具四十齒三二十十九四牙悉皆
齊密[illegible]二十四牙鮮
白四二十二十一其舌長廣六二十二十二出

時有母人名爲善現將一童女名具足妙德
梵音聲七十二十三眼目紺青九十二十四睫如牛王八十二十五眉間毫相一三十二十六頂上肉髻三十二十七皮膚細輭二十二十八如真金色一十二十九身毛上靡二十三十髮帝青色十一第三十一其身洪滿十八三十二如尼俱陀樹十二釋曰上畧會二經若依瑜伽四十九及涅槃說相因各具又小不同具如初會
顏容端正色相嚴潔洪纖得所修短合度目
髮紺青聲如梵音善達正巧精通辯論恭勤
匪懈慈愍不害具足慚愧柔和質直離癡寡
欲無諸諂誑乘妙寶車采女圍繞及與其母
從王城出先太子行見其太子言辭諷詠心
生愛染而白母言我心願得敬事此人若不
遂情當自殞滅母告女言莫生此念何以故
此甚難得此人具足輪王諸相後當嗣位作
轉輪王有寶女出騰空自在我等卑賤非其
匹偶此處難得勿生是念彼香牙園側有一
道場名法雲光明時有如來名勝日身十號
具足於中出現已經七日時彼童女暫時假
寐夢見其佛從夢覺已空中有天而告之言
勝日身如來於法雲光明道場成等正覺已
經七日諸菩薩衆前後圍繞天龍夜叉乾闥

婆阿修羅迦樓羅緊那羅摩睺羅伽梵天乃
至色究竟天諸地神風神火神水神河神海
神山神樹神園神藥神主城神等爲見佛故
皆來集會時妙德童女夢覩如來故聞佛功
德故其心安隱無有怖畏於太子前而說頌
言
我身最端正名聞徧十方智慧無等倫善達
諸工巧無量百千衆見我皆貪染我心不於
彼而生少愛欲無瞋亦無恨無嫌亦無喜但
發廣大心利益諸衆生我今見太子具諸功
德相其心大欣慶諸根咸悅樂色如光明寶
髮美而右旋額廣眉纖曲我心願事汝我觀
太子身譬若眞金像亦如大寶山相好有光
明目廣紺青色月面師子頰喜顏美妙音願
垂哀納我舌相廣長妙猶如赤銅色梵音緊
頞十　十六
那聲聞者皆歡喜口方不褰縮齒白悉齊密
發言現笑時見者心歡喜離垢清淨身具相
三十二必當於此界而作轉輪位
三寶女求歸於中分四一具德端嚴二見
其下白母求事三彼香牙下夢覩佛與四

時妙德下自陳心總有十偈前三自述德
甚後七讚彼求納三寶女求歸者女人謂嫁曰歸故周易中有歸妹卦
爾時太子告彼女言汝是誰女爲誰守護若
先屬人我則不應起愛染心爾時太子以頌
擧　七
問言
汝身極清淨功德相具足我今問於汝汝於
誰所住誰爲汝父母汝今繫屬誰若已屬於
人彼人攝受汝汝不盜他物汝不有害心汝
不作邪婬汝依何語住不說他人惡不壞他
所親不侵他境界不於他恚怒不生邪險見
不作相違業不以諂曲力方便誑世間尊重
父母不敬善知識不見諸貧窮人能生攝心
不若有善知識誨示於汝法能生堅固心究
竟尊重不愛樂於佛不了知菩薩不衆僧功
德海汝能恭敬不汝能知法不能淨衆生不
爲住於法中爲住於非法見諸孤獨者能起
慈心不見惡道衆生能生大悲不見他得榮
樂能生歡喜不他來逼迫汝汝無瞋惱不汝
發菩提意開悟衆生不無邊劫修行能無疲

倦不
四太子審問有十二偈分三初二問其屬
緣次三審其內過後七邀其進善
爾時女母爲其太子而說頌言
太子汝應聽我今說此女初生及長成一切
諸因緣太子始生日即從蓮華生其目淨修
廣肢節悉具足我曾於春月遊觀娑羅園普
見諸藥草種種皆榮茂奇樹發妙華望之如
慶雲好鳥相和鳴林間共歡樂同遊八百女
端正奪人心被服皆嚴麗歌詠悉殊美彼園
有浴池名曰蓮華幢我於池岸坐采女衆圍
繞於彼蓮池內忽生千葉華寶葉瑠璃莖閻
浮金爲臺爾時夜分盡日光初出現其蓮正
開剖放大清淨光其光極熾盛譬如日初出
普照閻浮提衆歎未曾有時見此玉女從彼
蓮華生其身甚清淨肢分皆圓滿此是人間
寶從於淨業生宿因無失壞今受此果報紺
髮青蓮眼梵聲金色光華鬘衆寶髻清淨無
諸垢肢節悉具足其身無缺減譬如眞金像
安處寶華中毛孔栴檀香普熏於一切口出

青蓮香常演梵音聲此女所住處常有天音
樂不應下劣人而當如是偶世間無有人堪
與此爲夫唯汝相嚴身願垂見納受非長亦
非短非麤亦非細種種悉端嚴願垂見納受
文字算數法工巧諸技藝一切皆通達願垂
頌十 十八
見納受善了諸兵法巧斷衆諍訟能調難可
調願垂見納受其身甚清淨見者無厭足功
德自莊嚴汝應垂納受衆生所有患善達彼
緣起應病而與藥一切能消滅閻浮語言法
差別無量種乃至妓樂音靡不皆通達婦人
之所能此女一切知而無女人過願垂速納
受不嫉亦不慳無貪亦無恚質直性柔輭離
諸麤獷惡恭敬於尊者奉事無違逆樂修諸
善行此能隨順汝若見於老病貧窮在苦難
無救無所依常生大慈愍常觀第一義不求
廿 十九
自利樂但願益衆生以此莊嚴心行住與坐
臥一切無放逸言說及默然見者咸欣樂離
於一切處皆無染著心見有功德人樂觀無
厭足尊重善知識樂見離惡人其心不躁動
先思後作業福智所莊嚴一切無怨恨女人

中最上宜應事太子
五女母代答明有德無過亦不屬緣故應
納受三十一頌分六初十一偈總顯報勝
次三偈別讚端嚴三有三偈明其絕倫四
有五偈伎能內滿五有八偈離非具德末
後一偈結讚所宜
爾時太子入香牙園已告其妙德及善現言
善女我趣求阿耨多羅三藐三菩提當於盡
未來際無量劫集一切智助道之法修無邊
菩薩行淨一切波羅蜜供養一切諸如來護
持一切諸佛教嚴淨一切佛國土當令一切
如來種性不斷當隨一切衆生種性而普成
熟當滅一切衆生生死苦置於究竟安樂處
當淨治一切衆生智慧眼當修習一切菩薩
所修行當安住一切菩薩平等心當成就一
切菩薩所行地當令一切衆生普歡喜當捨
一切物盡未來際行檀波羅蜜令一切衆生
普得滿足衣服飲食妻妾男女頭目手足如
是一切內外所有悉當捨施無所悋惜當於
爾時汝或於我而作障難施財物時汝心悋

惜施男女時汝心痛惱割肢體時汝心憂悶捨汝出家汝心悔恨

六太子重邀謂若不隨道當隨汝意於中先長行分二初自述行深後當於爾下恐其爲障

爾時太子即爲妙德而說頌言

哀愍衆生故我發菩提心當於無量劫習行一切智無量大劫中淨修諸願海入地及治障悉經無量劫三世諸佛所學六波羅蜜具足方便行成就菩提道十方垢穢剎我當悉嚴淨一切惡道難我當令永出我當以方便廣度諸羣生令滅愚癡闇住於佛智道當供一切佛當淨一切地起大慈悲心悉捨內外物汝見來乞者或生慳悋心我心常樂施汝勿違於我若見我施頭慎勿生憂惱我今先語汝令汝心堅固乃至截手足汝勿嫌乞者汝今聞我語應可諦思惟男女所愛物一切我皆捨汝能順我心我當成汝意

後偈頌十偈分三初六偈頌其行深次二頌半邀其莫障後一偈半結令審思

爾時童女白太子言敬奉來教即說頌言

無量劫海中地獄火焚身若能眷納我甘心受此苦無量受生處碎身如微塵若能眷納我甘心受此苦無量劫頂戴廣大金剛山若能眷納我甘心受此苦無量生死海以我身肉施汝得法王處願令我亦然若能眷納我與我爲主者生生行施處願常以我施爲愍衆生苦而發菩提心既已攝衆生亦當攝受我我不求豪富不貪五欲樂但爲共行法願以仁爲主紺青修廣眼慈愍觀世間不起染著心必成菩薩道太子所行處地出衆寶華必作轉輪王願能眷納我我曾夢見此妙法菩提場如來樹下坐無量衆圍繞我夢彼如來身如真金山以手摩我頂寤已心歡喜往昔眷屬天名曰喜光明彼天爲我說道場佛興世我曾生是念願見太子身彼天報我言汝今當得見我昔所志願於今悉成滿唯願俱往詣供養彼如來

七女敬順從有十四偈分三初三忘苦眷德次六希同勝行即正是發菩提心後五勸詣如來

爾時太子聞勝日身如來名生大歡喜願見彼佛以五百摩尼寶散其女上冠以妙藏光明寶冠被以火燄摩尼寶衣其女爾時心不動搖亦無喜相但合掌恭敬瞻仰太子目不暫捨

八太子攝受由敬佛心歡故

其母善現於太子前而說頌言

此女極端正功德莊嚴身昔願奉太子今意已滿足持戒有智慧具足諸功德普於一切世最勝無倫匹此女蓮華生種姓無譏醜太子同行業遠離一切過此女身柔輭猶如天繒纊其手所觸摩衆患悉除滅毛孔出妙香芬馨最無比衆生若聞者悉住於淨戒身色如真金端坐華臺上衆生若見者離害具慈心言音極柔輭聽之無不喜衆生若得聞悉離諸惡業心淨無瑕垢遠離諸諂曲稱心而發言聞者皆歡喜調柔具慚愧恭敬於尊宿無貪亦無誑憐愍諸衆生此女心不恃色相及眷屬但以清淨心恭敬一切佛

九毋陳慶遂故重讃女德十偈分四初一標其遂志次二德行懸同次四身嚴超倫後三内心蘊德

爾時太子與妙德女及十千采女并其眷屬出香牙園詣法雲光明道場至已下車步進詣如來所見佛身相端嚴寂靜諸根調順内外清淨如大龍池無諸垢濁皆生淨信踊躍歡喜頂禮佛足繞無數帀于時太子及妙德女各持五百妙寶蓮華供散彼佛太子爲佛造五百精舍一一皆以香木所成衆寶莊嚴五百摩尼以爲間錯時佛爲說普眼燈門修多羅聞是經已於一切法中得三昧海所謂得普照一切佛願海三昧普照三世藏三昧現見一切佛道場三昧普照一切衆生三昧普照一切世間智燈三昧普照一切衆生根智燈三昧救護一切衆生光明雲三昧普照一切衆生大明燈三昧演一切佛法輪三昧具足普賢清淨行三昧時妙德女得三昧名難勝海藏於阿耨多羅三藐三菩提永不退轉時彼太子與妙德女并其眷屬頂禮佛足繞無數帀辭退還宮詣父王所拜跪畢已奉白王言大王當知勝日身如來出興於世於此國内法雲光明菩提場中成等正覺于今未久爾時大王語太子言是誰爲汝說如是事天耶人耶太子白言是此具足妙德女說時王聞已歡喜無量譬如貧人得大伏藏作如是念佛無上寶難可值遇若得見佛永斷一切惡道怖畏佛如醫王能治一切諸煩惱病能救一切生死大苦佛如導師能令衆生至於究竟安隱住處作是念已集諸小王羣臣眷屬及以刹利婆羅門等一切大衆便捨王位授與太子灌頂訖已與萬人俱往詣佛所到已禮足繞無數帀并其眷屬悉皆退坐爾時如來觀察彼王及諸大衆白毫相中放大光明名一切世間心燈普照十方無量世界住於一切世主之前示現如來不可思議大神通力普令一切應受化者心得清淨爾時如來以不思議自在神力現身超出一切世間以圓滿音普爲大衆說陀羅尼名一切法義離闇燈佛刹微塵數陀羅尼而爲眷屬彼王聞已即時獲得大智光明其衆會中有閻浮提微塵數菩薩俱時證得此陀羅尼六十萬那由他人盡諸有漏心得解脱十千衆生遠塵離垢得法眼淨無量衆生發菩提心時佛又以不思議力廣現神變普於十方無量世界演三乘法化度衆生時彼父王作如是念我若在家不能證得如是妙法若於佛所出家學道即當成就作是念已前白佛言願得從佛出家修學佛言隨意宜自知時時財主王與十千人皆於佛所同時出家未久之間悉得成就一切法義離闇燈陀羅尼亦得如上諸三昧門又得菩薩十神通門又得菩薩無邊辯才又得菩薩無礙淨身往詣十方諸如來所聽受其法爲大法師演說妙法復以神力徧十方刹隨衆生心而爲現身讃佛出現說佛本行示佛本緣稱揚如來自在神力護持於佛所說教法爾時太子於十五日在正殿上采女圍繞七寶自至一者輪寶名無礙行二者象寶名金剛身三者馬寶名迅疾風四者珠寶名日光藏五者女寶名具

妙德六藏臣寶名爲大財七主兵寶名離垢眼七寶具足爲轉輪王王閻浮提正法治世人民快樂王有千子端正勇健能伏寃敵其閻浮提中有八十王城一一城中有五百僧坊一一僧坊立佛支提皆悉高廣以衆妙寶而爲校飾一一王城皆請如來以不思議衆妙供具而爲供養佛入城時現大神力令無量衆生種諸善根無量衆生心得清淨見佛歡喜發菩提意起大悲心利益衆生勤修佛法入眞實義住於法性了法平等獲三世智等觀三世知一切佛出興次第說種種法攝取衆生發菩薩願入菩薩道知如來法成就法海能普現身徧一切刹知衆生根及其性欲令其發起一切智願

十正共修行亦分十段一詣佛供養二時佛下聞經得法三時彼太子下辭歸白父四爾時大王下王審慶聞五作是念下禪位往觀六爾時下聞經得法七其衆會人下兼益時會八時佛下佛重現通九時彼父王下父王出家修證法門十爾時太子下太子紹位弘通大化

佛子於汝意云何彼時太子得輪王位供養佛者豈異人乎今釋迦牟尼佛是也財主王者寶華佛是其寶華佛現在東方過世界海微塵數佛刹有世界海名現法界虛空影像雲中有世界種名普現三世影摩尼王彼世界種中有世界名圓滿光中有道場名現一切世主身寶華如來於此成阿耨多羅三藐三菩提不可說佛刹微塵數諸菩薩衆前後圍繞而爲說法寶華如來往昔修行菩薩道時淨此世界海其世界海中去來今佛出興世者皆是寶華如來爲菩薩時教化令發阿耨多羅三藐三菩提心彼時女母善現者今我母善目是其王眷屬今如來所衆會是也皆具修行普賢諸行成滿大願雖恒在此衆會道場而能普現一切世間住諸菩薩平等三昧常得現見一切諸佛一切如來以等虛空妙音聲雲演正法輪悉能聽受於一切法悉得自在名稱普聞諸佛國土普詣一切道場之所普現一切衆生之前隨其所應敎化調伏盡未來劫修菩薩道恒無間斷成滿普賢廣大誓願佛子其妙德女與威德主轉輪聖王以四事供養勝日身如來者我身是也

第二佛子於汝意下結會古今

彼佛滅後其世界中六十億百千那由他佛出興於世我皆與王承事供養其第一佛名清淨身次名一切智月光明身次名閻浮檀金光明王次名諸相莊嚴身次名妙月光次名智觀幢次名大智光次名金剛那羅延精進次名智力無能勝次名普安詳智次名離垢勝智雲次名師子智光明次名光明髻次名功德光明幢次名智日幢次名寶蓮華開敷身次名福德嚴淨光次名智燄雲次名普照月次名莊嚴蓋妙音聲次名師子勇猛智光明次名法界月次名現虛空影像開悟衆生心次名恒齅寂滅香次名普震寂靜音次名甘露山次名法海音次名堅固網次名佛影髻次名月光毫次名辯才口次名覺華智次名寶燄山次名功德星次名寶月幢次名三昧身次名寶光王次名普智行次名燄海

燈次名離垢法音王次名無比德名稱幢次名修臂次名本願清淨月次名照義燈次名深遠音次名毗盧遮那勝藏王次名諸乘幢次名法海妙蓮華佛子彼劫中有如是等六十億百千那由他佛出興于世我皆親近承事供養

第二彼佛滅後下見中間多佛略列四十其最後佛名廣大解於彼佛所得淨智眼爾時彼佛入城敎化我爲王妃與王禮覲以衆妙物而爲供養於其佛所聞說出生一切如來燈法門即時獲得觀察一切菩薩三昧海境界解脫

第三其最後佛下正明得法之時最後者即六十億那由他之後耳

佛子我得此解脫已與菩薩於佛剎微塵數劫勤加修習於佛剎微塵數劫中承事供養無量諸佛或於一劫承事一佛或二或三或不可說或值佛剎微塵數佛悉皆親近承事供養而未能知菩薩之身形量色貌及其身業心行智慧三昧境界佛子若有衆生得見菩薩修菩提行若疑若信菩薩皆以世出世間種種方便而攝取之以爲眷屬令於阿耨多羅三藐三菩提得不退轉

第四佛子我得此下明多劫修瑩於中二一於一剎塵劫修行於中亦二先多劫修行未窮菩薩之境後佛子若有下明菩薩難遇見者不空

佛子我見彼佛得此解脫已與菩薩於百佛剎微塵數劫而共修習於其劫中所有諸佛出興于世我皆親近承事供養聽所說法讀誦受持於彼一切諸如來所得此解脫種種法門知種種三世入種種剎海見種種成正覺入種種佛衆會發菩薩種種大願修菩薩種種妙行得菩薩種種解脫然未能知菩薩所得普賢解脫門

二佛子我見下於百剎塵劫修行於中亦二初多劫修證未知菩薩解脫

何以故菩薩普賢解脫門如太虛空如衆生名如三世海如十方海如法界海無量無邊佛子菩薩普賢解脫門與如來境界等佛子我於佛剎微塵數劫觀菩薩身無有厭足如多欲人男女集會遞相愛染起於無量妄想思覺我亦如是觀菩薩身一一毛孔念念見無量無邊廣大世界種種安住種種莊嚴種種形狀有種種山種種地種種雲種種名種種佛興種種道場種種衆會演種種修多羅說種種灌頂種種諸乘種種方便種種清淨又於菩薩一一毛孔念念常見無邊佛海坐種種道場現種種神變轉種種法輪說種種修多羅恒不斷絶又於菩薩一一毛孔見無邊衆生海種種住處種種形貌種種作業種種諸根又於菩薩一一毛孔見三世諸菩薩無邊行門所謂無邊廣大願無邊差別地無邊波羅蜜無邊往昔事無邊大慈門無邊大悲雲無邊大喜心無邊攝取衆生方便佛子

我於佛剎微塵數劫念念如是觀於菩薩一一毛孔已所至處而不重至已所見處而不重見求其邊際竟不可得乃至見彼悉達太子住於宮中采女圍繞我以解脫力觀於菩薩一一毛孔悉見三世法界中事

後何以下釋不知所由釋中亦二先總顯深廣謂所以不知者以稱事理之無邊等諸佛之境界故斯則等覺菩薩解脫十地不知故名普賢解脫後佛子我於佛刹下別顯深廣難知之相謂一毛即不可窮況多毛多身廣大之用以是無盡無邊之法門故於中五一毛中見器世間二見智正覺世間三見衆生世間四見菩薩修行五佛子我於下總結不窮深廣

佛子我唯得此觀察菩薩三昧海解脫如諸菩薩摩訶薩究竟無量諸方便海爲一切衆生現隨類身爲一切衆生說隨樂行於一一毛孔現無邊色相海知諸法性無性爲性知衆生性同虛空相無有分別知佛神力同於如如徧一切處示現無邊解脫境界於一念中能自在入廣大法界遊戲一切諸地法門而我云何能知能說彼功德行

四謙已推勝

善男子此世界中有佛母摩耶汝詣彼問菩薩云何修菩薩行於諸世間無所染著供養諸佛恒無休息作菩薩業永不退轉離一切障礙入菩薩解脫不由於他住一切菩薩道詣一切如來所攝一切衆生界盡未來劫修菩薩行發大乘願增長一切衆生善根常無休息爾時釋迦瞿波女欲重明此解脫義承佛神力即說頌言

若有見菩薩修行種種行起善不善心菩薩皆攝取乃往久遠世過百刹塵劫有劫名清淨世界名光明此劫佛興世六十千萬億最後天人主號曰法幢燈彼佛涅槃後有王名智山統領閻浮提一切無寃敵王有五百子端正能勇健其身悉清淨見者皆歡喜彼王及王子信心供養佛護持其法藏亦樂勤修法太子名善光離垢多方便諸相皆圓滿見者無厭足五百億人俱出家行學道勇猛堅精進護持其佛法王都名智樹千億城圍繞有林名靜德衆寶所莊嚴善光住彼林廣宣佛正法辯才智慧力令衆悉清淨有時因乞食入彼王都城行止極安詳正知心不亂城中有居士號曰善名稱我時爲彼女名爲淨日光時我於城中遇見善光明諸相極端嚴其心生染著次乞至我門我心增愛染即解身瓔珞并珠置鉢中雖以愛染心供養彼佛子二百五十劫不墮三惡趣或生天王家或作人王女恒見善光明妙相莊嚴身此後所經劫二百有五十生於善現家名爲具妙德時我見太子而生尊重心願得備瞻侍幸蒙哀納受我時與太子覲佛勝日身恭敬供養畢即發菩提意於彼一劫中六十億如來最後佛世尊名爲廣大解於彼得淨眼了知諸法相普見受生處永除顛倒心我得觀菩薩三昧境解脫一念入十方不思議刹海我見諸世界淨穢種種別於淨不貪樂於穢不憎惡普見諸世界如來坐道場皆於一念中悉放無量光一念能普入不可說衆會亦知彼一切所得三昧門一念能悉知彼諸廣大行無量地方便及以諸願海我觀菩薩身無邊劫修行一一毛孔量求之不可得一一毛孔刹無數不可說地水火風輪靡不在其中種種諸建立種種諸形狀種種體名號無邊種

莊嚴我見諸剎海不可說世界及見其中佛說法化衆生不了菩薩身及彼身諸業亦不知心智諸劫所行道

爾時善財童子頂禮其足繞無數帀辭退而去

第五指示後友分二先指後位如後當釋後頌前法臨行再述故三十一偈分三初一總顯菩薩益生超頌前見者不空生下女人染心之益次十五偈明遠劫前事長行所無長行語異淨發心但論德女今則收其雜善故叙遠緣以麤況妙後十五偈正頌長行德女因緣上寄位修行相竟

大方廣佛華嚴經疏鈔會本第七十五

大方廣佛華嚴經疏鈔會本第七十六之一　牧一

唐于闐國三藏沙門實叉難陀　譯

唐清涼山大華嚴寺沙門澄觀　撰述

自下大文第二從摩耶下有十一人明會緣入實相謂會前諸位差別之緣令歸一實法界生於佛果如摩耶生佛故次明之然人雖十一約法唯九約會爲十初一爲總餘九爲別故摩耶得智幻法門末後亦得幻住始終相會該於中間總別圓融歸實無二故摩耶既會緣入實何得更須十人豈不向言總別相會非別無以成總故又顯是所會之緣語十表其無盡無盡之緣皆成摩耶之實德故又此一相義當等覺等覺方能親生佛故等覺却入重玄門中故有十人多明入俗初天主光且須正念無失次可爲世師徧窮衆藝字智之門無依無盡無著清淨清淨則淨智發光發光則智相無盡無盡則誠願不違方能還歸幻住故雖十一不失入實之言始末皆幻方知諸緣體虛即實大文第二會緣入實相初天主下五

總釋諸會而有二意一即等覺入俗之意二即是前別明會緣後歸此實令初下釋文前五中皆牒彼所得初天主光且須正念無失者彼得菩薩解脫名無礙念清淨莊嚴故二可爲世師即遍友不得法門三遍窮下即善知衆藝童子得解脫名善知衆藝而廣說字母四無依無盡則賢勝優婆夷得無依處道場又得三昧名爲無盡故五無著清淨即堅固解脫長者得解脫名無著念清淨莊嚴故六清淨即淨智發光者即妙月長者得解脫名淨智光明故七發光則智相無盡者即無勝軍長者得無相解脫故八無盡則誠願不違者即最寂靜婆羅門得解脫名誠願語故九方能還歸幻住者即德生有德幻住法門故故雖下總結

爾時善財童子一心欲詣摩耶夫人所即時獲得觀佛境界智

今初總中文亦具六第一依教趣求中二初將詣觀成後勝緣引導前中三初標將詣觀成次作如是下別明觀念後如是之人下思欲親承今初摩耶昔云天后天后能生佛故權教中說生佛七日命終生天而晉經指在迦毗羅城則顯常不滅矣又上云此世界者亦表即佛境界故得觀佛境智然說摩耶或云是實非化或云是化非實或云亦化亦實或云非化非實皆帶方便約此宗說即法界實德人法圓融今初

摩耶昔云天后者新譯爲幻術故云昔也亦云幻生得幻智門故

作如是念是善知識遠離世間住無所住超過六處離一切著知無礙道具淨法身以如幻業而現化身以如幻智而觀世間以如幻願而持佛身隨意生身無生滅身無來去身非虛實身不變壞身無起盡身所有諸相皆一相身離二邊身無依處身無窮盡身離諸分別如影現身知如夢身了如像身如淨日身普於十方而化現身住於三世無變異身非身心身猶如虛空所行無礙超諸世眼唯是普賢淨目所見

二別明觀念中初總念勝德已能闇合願智幻門後隨意生下別念一十七身唯普眼見冥契下文天后所現已暗合願智幻門者以今文云具淨法身以如幻業而現化身以如幻智而觀世間等故冥契下文天后所現下見正報現無量身雲今此未見已知現身故云冥契賤但總意若別配之此十七身攝下經中四十種身身名有二上標下釋一隨意生身即總顯隨願二無生滅身即下二色身謂不生色身無生起故不滅色身常寂滅故三無來去身即下二身謂無去色身於一切趣無所滅故無來色身於諸世間無所出故四非虛實身亦攝二身即下經云非實色身得如實故非虛色身隨世現故五不變壞身即下不壞色身法性

無壞故六無起盡身即不生色身隨眾生身隨眾生業而出現故恆示現色身盡眾生界而無盡故上二句皆標之以性釋之以相異上一向無生滅也七所有諸相皆一相身下云一相色身無相為相故八離二邊身即是通意皆事理無礙故若別配者如下云法性色身性淨如空故大悲色身常護眾生故上句離有邊下句離空邊又上句有智不住生死下句有悲不住涅槃等九無依處身即下無處色身恆化眾生不斷絕故十無窮盡身即無盡色身盡諸眾生生死際故十一離諸分別如影現身即下無分別色身但隨眾生分別起故又即如影色身隨顯現生故十二知如夢身即如夢色身隨心而現故十三了如像身即下普對現色身以大自在而示現故猶如明鏡質對像生十四如淨日身即清淨色身同於如如無分別故皎日無私故十五普於十方而現化身即下化一切色身隨眾生心而現前故十六住於三世無變異身即下無動色身生滅永離故十七非身心身即下總顯其體云如是身者非色所有色相猶如影故乃至離識菩薩顯智空無性故以一切眾生言語斷故已得成就寂滅身故故今結云猶如虛空所行無礙超諸世眼唯是普賢淨目所見界為此配餘繳不盡可以類收

如是之人我今云何而得親近承事供養與其同住觀其狀貌聽其音聲思其語言受其教誨

三思欲親承可知

作是念已有主城神名曰寶眼眷屬圍繞於虛空中而現其身種種妙物以為嚴飾手持無量眾色寶華以散善財

二作是念已下勝緣引導中三初城神顯教修心次身眾神密加授法三法堂羅刹教求友之方初中三一以散華

作如是言善男子應守護心城謂不貪一切生死境界應莊嚴心城謂專意趣求如來十力應淨治心城謂畢究斷除慳嫉諂誑應清涼心城謂思惟一切諸法實性應增長心城謂成辦一切助道之法應嚴飾心城謂造立諸禪解脫宮殿應照耀心城謂普入一切諸佛道場聽受般若波羅蜜法應增益心城謂普攝一切佛方便道應堅固心城謂恆勤修習普賢行願應防護心城謂常專禦扞惡友魔軍應廓徹心城謂開引一切佛智光明應善補心城謂聽受一切佛所說法

二作如是下正以言教有三十門分三一明十度行有十二門初施後智各有二句中八各一城神既爾令護心城是知無有一事一塵非法門矣心名城者蓋其中有正覺法王萬德所聚故

應扶助心城謂深信一切佛功德海應廣大心城謂大慈普及一切世間應善覆心城謂集眾善法以覆其上應寬廣心城謂大悲哀愍一切眾生應開心城門謂悉捨所有隨應給施應密護心城謂防諸惡欲不令得入應嚴肅心城謂逐諸惡法不令其住應決定心城謂集一切智助道之法恆無退轉應安立心城謂正念三世一切如來所有境界應瑩徹心城謂明達一切佛正法輪修多羅中所有法門種種緣起應部分心城謂普曉示一切眾生皆令得見薩婆若道

二應扶下有十一句即初地淨治地法十種勝行文少不次而數全足上一信次慈三堅固四悲五捨六七皆慚愧謂不容惡故八無疲厭九如說修行十知諸經論十一即成就世智故能普曉眾生即初地淨治地法十種勝行文少不次者彼次云佛子菩薩如是成就十種淨治地法所謂信悲慈捨無有疲厭知諸經論善解世法慚愧堅固力供養諸佛依教修行釋曰其供養諸佛依教修行之一行即如說行耳

應住持心城謂發一切三世如來諸大願海

應富貴心城謂集一切周徧法界大福德聚應令心城明了謂普知衆生根欲等法應令心城自在謂普攝一切十方法界應令心城清淨謂正念一切諸佛如來應知心城自性謂知一切法皆無有性應知心城如幻謂以一切智了諸法性

三應住持下有七句福智圓滿上二是福下五是智前三權智後二實智

佛子菩薩摩訶薩若能如是淨修心城則能積集一切善法何以故獨除一切諸障難故所謂見佛障聞法障供養如來障攝諸衆生障淨佛國土障善男子菩薩摩訶薩以離如是諸障難故若發希求善知識心不用功力則便得見乃至究竟必當成佛

三佛子下結讚徵釋及成勝益

爾時有身衆神名蓮華法德及妙華光明無量諸神前後圍繞從道場出住虛空中於善財前以妙音聲種種稱歎摩耶夫人從其耳璫放無量色相光明網普照無邊諸佛世界令善財見十方國土一切諸佛其光明網右繞世間經一帀已然後還來入善財頂乃至徧入身諸毛孔善財即得淨光明眼永離一切愚癡闇故得離翳眼能了一切衆生性故得離垢眼能觀一切法性門故得淨慧眼能觀一切佛國性故得毗盧遮那眼見佛法身故得普光明眼見佛平等不思議身故得無礙光眼觀察一切刹海成壞故得普照眼見十方佛起大方便轉正法輪故得普境界眼見無量佛以自在力調伏衆生故得普見眼覩一切刹諸佛出興故

二爾時下身衆神密加授法文三初讚友令欣二從其下放光加被皆可知三善財下獲益所謂十眼言不思議身者十身無礙故佛平等者佛佛同故故異於前但明法身餘可準思

時有守護菩薩法堂羅刹鬼王名曰善眼與其眷屬萬羅刹俱於虛空中以衆妙華散善財上作如是言善男子菩薩成就十法則得親近諸善知識何等爲十所謂其心清淨離諸諂誑大悲平等普攝衆生知諸衆生無有真實趣一切智心不退轉以信解力普入一切諸佛道場得淨慧眼了諸法性大慈平等普覆衆生以智光明廓諸妄境以甘露雨滌生死熱以廣大眼徹鑒諸法心常隨順諸善知識是爲十

三時有下法堂羅刹教求友之方三初教二初教十法增其智何等下徵釋有十一直心二悲心三智四進五信六深七慈八淨九益十巧十一常後是爲下結

復次佛子菩薩成就十種三昧門則常現見諸善知識何等爲十所謂法空清淨輪三昧觀察十万海三昧於一切境界不捨離不缺滅三昧普見一切佛出興三昧集一切功德藏三昧心恒不捨善知識三昧常見一切善知識生諸佛功德三昧常不離一切善知識三昧常供養一切善知識三昧常於一切善知識所無過失三昧佛子菩薩成就此十三昧門常得親近諸善知識又得善知識轉一切佛法輪三昧得此三昧已悉知諸佛體性平等處處值遇諸善知識

二復次下示三昧息其亂三初標二何等下徵釋於境不捨離等者凡夫染境二乘捨境權教縱觀空有互陳並爲缺滅若圓修者觸目對境窮盡法源不取不捨故央掘經云應訶衍者所謂彼眼根於諸如來常了了分明見具足無減修等又云所謂眼入處於諸如來常明見來入門具足無減修等餘可知三佛子下結處處遇友者既定慧雙遊無境不契並爲道品則眞友懸通能如是行爲護正法堂也 故央掘經等者央掘之緣玄中已引今直釋所引之義然第二經後世尊令其受三歸依答云我唯一依佛即是法法即僧故意明一學至第三卷佛問云何爲一學偈云一切衆生命皆由飲食住是則聲聞乘斯非摩訶衍所謂摩訶衍離食常堅固云何名爲一謂一切衆生皆以如來藏畢竟常安住次二謂名色三謂三種受四謂四諦等皆然此即云何名爲五所謂彼五根是則聲聞乘斯非摩訶衍所謂彼眼根於諸如來常決定分明見具足無滅修耳聞鼻嗅舌嘗身觸一同於眼然有二本一本云了了分明一本云決定分明也次云云何名爲六所謂六入處是則聲聞乘斯非摩訶衍所謂眼入處於諸如來常明見六入門具足無滅修聞嗅嘗觸皆同眼也意入處云所謂意入處明說如來常不聞違逆心淨信來入門義如蹤釋過歷七覺八正九定十力皆舉大折小說如來藏如來常樂我淨爲無缺滅也故疏云餘可知可知有二一則例央掘二例此中餘三昧等

說是語時善財童子仰視空中而答之言善哉善哉汝爲哀愍攝受我故方便教我見善知識願爲我說云何往詣善知識所於何方處城邑聚落求善知識羅刹答言善男子汝應普禮十方求善知識正念思惟一切境界求善知識勇猛自在徧遊十方求善知識觀身觀心如夢如影求善知識

二說是下問三羅刹下答文有四法一以友無不在故二以法爲體故三身同友徧故四智與境合故如夢如影又前三離境界相四則離心緣相求善友者幸思此言

爾時善財受行其教

二爾時善財下見敬諮問三初見三初覲依二初受行其教躡前起後近躡羅刹之言遠通前三勝友以前二神並未有答故即由前三位調練故得覲斯勝報

卽時覩見大寶蓮華從地涌出金剛爲莖妙寶爲藏摩尼爲葉光明寶王以爲其臺衆寶色香以爲其鬚無數寶網彌覆其上於其臺上有一樓觀名普納十方法界藏奇妙嚴飾金剛爲地千柱行列一切皆以摩尼寶成閻浮檀金以爲其壁衆寶瓔珞四面垂下階陛欄楯周帀莊嚴其樓觀中有如意寶蓮華之座種種衆寶以爲嚴飾妙寶欄楯寶衣間列寶帳寶網以覆其上衆寶繒旛周帀垂下微風徐動光流響發寶華幢中雨衆妙華寶鈴鐸中出美音聲寶戶牖間垂諸瓔珞摩尼身中流出香水寶象口中出蓮華網寶師子口吐妙香雲梵形寶輪出隨樂音金剛寶鈴出諸菩薩大願之音寶月幢中出佛化形淨藏寶王現三世佛受生次第日藏摩尼放大光明徧照十方一切佛刹摩尼寶王放一切佛圓滿光明毗盧遮那摩尼寶王興供養雲供養一切諸佛如來如意珠王念念示現普賢神變充滿法界須彌寶王出天宮殿天諸采女種種妙音歌讚如來不可思議微妙功德

後即時下正明所見於中三初明蓮華所證法界自性無染故曰蓮華無明既開不離心内如從地涌亦表性淨萬行之因從

法性地而出現故此即十定中普賢之華也二於其臺下明臺上樓觀謂能證權實二智依於所證而重現故智包無外云普納十方總攝五位自分勝進故云千柱行列其一一事皆有所表恐厭繁文三其樓觀下明樓中寶座即智體自空故云樓中有座空具性德故廣顯莊嚴（普賢之華者此中雖不舉華量十定云無有邊際）

爾時善財見如是座復有無量眾座圍繞摩耶夫人在彼座上於一切眾生前現淨色身

二爾時善財下見友正報於中二先結前標後前但明主座今雙結主伴

所謂超三界色身已出一切諸有趣故隨心樂色身於一切世間無所著故普周徧色身等於一切眾生數故無等比色身令一切眾生滅倒見故無量種色身隨眾生心種種現故無邊相色身普現種種諸形相故普對現色身以大自在而示現故化一切色身隨其所應而現前故恒示現色身盡眾生界而無盡故無去色身於一切趣無所滅故無來色身於諸世間無所出故不生色身無生起故不滅色身離語言故非實色身得如實故非虛色身隨世現故無動色身生滅永離故不壞色身法性不壞故無相色身言語道斷故一相色身無相爲相故如像色身隨心應現故如幻色身幻智所生故如燄色身但想所持故如影色身隨願現生故如夢色身隨心而現故法界色身性淨如空故大悲色身常護眾生故無礙色身念念周徧法界故無邊色身普淨一切眾生故無量色身超出一切語言故無住色身願度一切世間故無處色身恒化眾生不斷故無生色身幻願所成故無勝色身超諸世間故如實色身定心所現故不生色身隨眾生業而出現故如意珠色身普滿一切眾生願故無分別色身但隨眾生分別起故離分別色身一切眾生不能知故無盡色身盡諸眾生生死際故清淨色身同於如來無分別故如是身者非色所有色相如影像故非受世間苦受究竟滅故非想但隨眾生想所現故非行依如幻業而成就故離識菩薩願智空無性故一切眾生語言斷故已得成就寂滅身故爾時善財童子又見摩耶夫人隨諸眾生心之所樂現超過一切世間色身所謂或現超過他化自在天女身乃至超過四大天王天女身或現超過龍女身乃至超過人女身

後所謂下別顯身雲於中亦二先明身相後顯身業前中亦二先明萬類難思身後明一類超色身前中亦二先顯別相後明通體今初有四十身於中或唯約事如普徧色身或唯約理如十二十三不生不滅身以本無生起滅亦不爲滅故或理事交徹如第三十二三十五無生不生色身以事顯理故於中無生則約自願所成無別有生不生則隨他而現生即不生餘可思準後如是身者下明其通體謂離有取蘊故二爾時善財下明一類超勝身約唯女故

現如是等無量色身饒益眾生集一切智助道之法行於平等檀波羅蜜大悲普覆一切

世間出生如來無量功德修習增長一切智心觀察思惟諸法實性獲深忍海具衆定門住於平等三昧境界得如來定圓滿光明消竭衆生煩惱巨海心常正定未嘗動亂恒轉清淨不退法輪善能了知一切佛法恒以智慧觀法實相見諸如來心無厭足知三世佛出興次第見佛三昧常現在前了達如來出現於世無量無數諸清淨道行於諸佛虛空境界普攝衆生各隨其心教化成就入佛無量清淨法身成就大願淨諸佛刹究竟調伏一切衆生心恒偏入諸佛境界出生菩薩自在神力已得法身清淨無染而恒示現無量色身摧一切魔力成大善根力出生正法力具足諸佛力得諸菩薩自在之力速疾增長一切智力得佛智光普照一切悉知無量衆生心海根性欲解種種差別其身普徧十方刹海悉知諸刹成壞之相以廣大眼見十方海以周徧智知三世海身普承事一切佛海心恒納受一切法海修習一切如來功德出生一切菩薩智慧常樂觀察一切菩薩從初發心乃至成就所行之道常勤守護一切衆生常樂稱揚諸佛功德願爲一切菩薩之母

二現如是等下明身業中二初總標後行於平等下別顯亦二先明十度行唯精進在於忍前餘皆如次謂初明檀次出生下戒戒能生長故三修習下進四觀察下忍五具衆下定六恒轉下般若七見諸如來下方便八成就大願下願九心恒偏入下力十得佛智光下智後修習一切如來下明二嚴行末爲佛母者是其本行故

爾時善財童子見摩耶夫人現如是等閻浮提微塵數諸方便門既見是已如摩耶夫人所現身數善財亦現作爾許身於一切處摩耶之前恭敬禮拜即時證得無量無數諸三昧門分別觀察修行證入從三昧起右繞摩耶并其眷屬合掌而立

第二爾時善財下設敬自道已深故現身等彼上一一並是住體徧應上二並是住體遍應者然此即緣起相由門中三義一諸緣各異義二互遍相資義三體用無礙義今言住體即諸緣各別召遍應皆即互遍相資即住體而遍應是第三體用無礙也然上摩耶萬類殊應即異體中多今此善財一類之身遍對摩耶即同體中多若約摩耶善財並不分而遍同異雖殊住體遍應義無別也摩耶亦是同體一即多以隨所應異無二體故下自言非一處住非多處住善財亦是同體多即一諸處善財即一身故又二聖互望並合同體異體以一摩耶應多善財故此即摩耶爲同體以多善財對摩耶故即善財異體

白言大聖文殊師利菩薩教我發阿耨多羅三藐三菩提心求善知識親近供養我於一一善知識所皆往承事無空過者漸來至此願爲我說菩薩云何學菩薩行而得成就

第三白言大聖下諮問所以敘文殊等者若約等覺則因位極故若約會緣從初發心一一善友皆是所會之緣同入此故

答言佛子我已成就菩薩大願智幻解脫門

第三答言佛子下授已法界分三初名體大有二義一願大願爲一切諸佛母故二智大智亦二義權智即能起大願能成幻事二實智即是般若生佛眞身幻亦二義一願智體虛當相名幻故上文云幻智即是菩薩菩薩即是幻智故能無不爲二者即智所作生佛之義謂於已身不壞小而

廣容若於佛身無生起而現起又願收普
賢智收文殊皆入大幻同爲般若亦名佛
母不壞小而廣容即廣狹無礙門無生起而生起即事理無礙門又願收普賢等者上約別願今是通願無願不收無智不攝等願智相融皆是大幻成不共般若故生佛也
是故常爲諸菩薩母佛子如我於此閻浮提
中迦毗羅城淨飯王家右脇而生悉達太子
現不思議自在神變如是乃至盡此世界海
所有一切毗盧遮那如來皆入我身示現誕
生自在神變又善男子我於淨飯王宮菩薩
將欲下生之時見菩薩身一一毛孔咸放光
明名一切如來受生功德輪一一毛孔皆現
不可說不可說佛刹微塵數菩薩受生莊嚴
彼諸光明皆悉普照一切世界照世界已來
入我頂乃至一切諸毛孔中又彼光中普現
一切菩薩名號受生神變宮殿眷屬五欲自
娛又見出家往詣道場成等正覺坐師子座
菩薩圍繞諸王供養爲諸大衆轉正法輪又
見如來往昔修行菩薩道時於諸佛所恭敬
供養發菩提心淨佛國土念念示現無量化

身充徧十方一切世界乃至最後入般涅槃
如是等事靡不皆見又善男子彼妙光明入
我身時我身形量雖不踰本然其實已超諸
世間所以者何我身爾時量同虛空悉能容
受十方菩薩受生莊嚴諸宮殿故
二是故下業用二初總二佛子如我下別
於中有四初爲現在遮那母二初標爲刹
海遮那母二又善男子下別顯生佛之相
文中四初毛光爲先相後分爲五初光入
身二又彼光中下光現變三又見出家下
現八相四又見如來下現因果五又善男
子下令身難思謂身不大而容十方無盡
法界
爾時菩薩從兜率天將降神時有十佛刹微
塵數諸菩薩皆與菩薩同願同行同善根同
收一 十六
莊嚴同解脫同智慧諸地諸力法身色身乃
至普賢神通行願悉皆同等如是菩薩前後
圍繞又有八萬諸龍王等一切世主乘其宮
殿俱來供養菩薩爾時以神通力與諸菩薩
普現一切兜率天宮一一宮中悉現十方一

切世界閻浮提內受生影像方便敎化無量
衆生令諸菩薩離諸懈怠無所執著又以神
力放大光明普照世間破諸黑闇滅諸苦惱
令諸衆生皆識宿世所有業行永出惡道又
爲救護一切衆生普現其前作諸神變現如
收一 十七
是等諸奇特事與眷屬俱來入我身彼諸菩
薩於我腹中遊行自在或以三千大千世界
而爲一步或以不可說不可說佛刹微塵數
世界而爲一步
第二正明自在入胎五初爾時菩薩下眷
屬翼從二菩薩爾時下菩薩現通三又以
神力下光明息苦四又爲救護下現變入
胎五彼諸菩薩下入已遊步
又念念中十方不可說不可說一切世界諸
如來所菩薩衆會及四天王天三十三天乃
至色界諸梵天王欲見菩薩處胎神變恭敬
供養聽受正法皆入我身雖我腹中悉能容
受如是衆會而身不廣大亦不迫窄其諸菩
薩各見自處衆會道場清淨嚴飾
三又念念中下腹包衆海

善男子如此四天下閻浮提中菩薩受生我爲其母三千大千世界百億四天下閻浮提中悉亦如是然我此身本來無二非一處住非多處住何以故以修菩薩大願智幻莊嚴解脫門故

四善男子下舉此類於百億世界稱一性故體周徧故不如事故又上句不壞多故下句不壞一故又上句理如事故下句事如理故又一與多相即入故此並釋中智幻之義本來無二稱一性故者疏以攝上即此多身便云本來無二多皆稱性故若約事說亦可本唯一耳下非一處住非多處住總有四釋第一唯就體上以辯非一多云不如事故者謂理唯一味不如事之多也第二對約不壞性相說上句不壞相下句不壞性亦是不壞一多說此一即是對別約事之一第三對約事理相如說相如即無礙之義耳亦是事理相遍第四對唯約於事互相融說即事事無礙義然具即入二門通緣起相由法性融通及同體異體言並是釋中智幻之義者以名中云大願智幻上廣引願爲諸佛之母竟故此結中是釋上名中智幻之義也

善男子如今世尊我爲其母往昔所有無量諸佛悉亦如是而爲其母善男子我昔曾作蓮華池神時有菩薩於蓮華藏忽然化生我即捧持瞻侍養育一切世間皆共號我爲菩薩母又我昔爲菩提場神時有菩薩於我懷中忽然化生世亦號我爲菩薩母善男子有無量最後身菩薩於此世界種種方便示現受生我皆爲母善男子如此世界賢劫之中過去世時拘留孫佛拘那含牟尼佛迦葉佛及今世尊釋迦牟尼佛現受生時我爲其母未來世中彌勒菩薩從兜率天將降神時放大光明普照法界示現一切諸菩薩衆受生神變乃於人間生大族家調伏衆生我於彼時亦爲其母如是次第有師子佛法幢佛善眼佛淨華佛華德佛提舍佛弗沙佛善意佛金剛佛離垢佛月光佛持炬佛名稱佛金剛楯佛清淨義佛紺身佛到彼岸佛寶燄山佛持明佛蓮華德佛名稱佛無量功德佛最勝燈佛莊嚴身佛善威儀佛慈德佛無住佛大威光佛無邊音佛勝寃敵佛離疑惑佛清淨佛大光佛淨心佛雲德佛莊嚴頂髻佛樹王佛寶璫佛海慧佛妙寶佛華冠佛滿願佛大自在佛妙德王佛最尊勝佛栴檀雲佛紺眼佛勝慧佛觀察慧佛熾盛王佛堅固慧佛自在名佛師子王佛自在佛最勝頂佛金剛智山佛妙德藏佛寶網嚴身佛善慧佛自在天佛大天王佛無依德佛善施佛燄慧佛水天佛得上味佛出生無上功德佛仙人侍衞佛隨世語言佛功德自在幢佛光幢佛觀身佛妙身佛香燄佛金剛寶嚴佛喜眼佛離欲佛高大身佛財天佛無上天佛順寂滅佛智覺佛滅貪佛大燄王佛寂諸有佛毗舍佉天佛金剛山佛智燄德佛安隱佛師子出現佛圓滿清淨佛清淨賢佛第一義佛百光明佛最增上佛深自在佛大地王佛莊嚴王佛解脫佛妙音佛殊勝佛自在佛無上醫王佛功德月佛無礙光佛功德聚佛月現佛日天佛出諸有佛勇猛名稱佛光明門佛娑羅王佛最勝佛藥王佛寶勝佛金剛慧佛無能勝佛無能映蔽佛衆會王佛大名稱佛敏持佛無量光佛大願光佛法自在不虛佛不退地佛淨天佛善天佛堅固苦行佛一切善友佛解脫音佛遊戲王佛滅邪曲佛瞻蔔淨光佛具衆

德佛最勝月佛執明炬佛殊妙身佛不可説佛最清淨佛友安衆生佛無量光佛無畏音佛水天德佛不動慧光佛華勝佛月燄佛不退慧佛離愛佛無著慧佛集功德蘊佛滅惡趣佛普散華佛師子吼佛第一義佛無礙見佛破他軍佛不著相佛離分別海佛端嚴海佛須彌山佛無著智佛無邊座佛清淨住佛隨師行佛最上施佛常月佛饒益王佛不動聚佛普攝受佛饒益慧佛持壽佛無滅佛具足名稱佛大威力佛種種色相佛無相慧佛不動天佛妙德難思佛滿月佛解脱月佛無上王佛希有身佛梵供養佛不瞬佛順先古佛最上業佛順法智佛無勝天佛不思議功德光佛隨法行佛無量賢佛普隨順自在佛最尊天佛如是乃至樓至如來在賢劫中於此三千大千世界當成佛者悉爲其母如於此三千大千世界如是於此世界海十方無量諸世界一切劫中諸有修行普賢行願爲化一切諸衆生者我自見身悉爲其母

二善男子下爲過去諸佛母三善男子下爲賢劫千佛母義通三世四如於此下結通横竪無窮

爾時善財童子白摩耶夫人言大聖得此解脱經今幾時答言善男子乃往古世過不可思議非最後身菩薩神通道眼所知劫數爾時有劫名淨光世界名須彌德雖有諸山五趣雜居然其國土衆寶所成清淨莊嚴無諸穢惡有千億四天下有一四天下名師子幢於中有八十億王城有一王城名自在幢有轉輪王名大威德彼王城北有一道場名滿月光明其道場神名曰慈德時有菩薩名離垢幢坐於道場將成正覺有一惡魔名金色光與其眷屬無量衆俱至菩薩所彼大威德轉輪聖王已得菩薩神通自在化作兵衆其數倍多圍繞道場諸魔惶怖悉自奔散故彼菩薩得成阿耨多羅三藐三菩提時道場神見是事已歡喜無量便於彼王而生子想頂禮佛足作是願言此轉輪王在在生處乃至成佛願我常得與其爲母作是願已於此道場復曾供養十那由他佛善男子於汝意云何彼道場神豈異人乎我身是也轉輪王者今世尊毗盧遮那是我從於彼發願已來此佛世尊於十方剎一切諸趣處處受生種諸善根修菩薩行教化成就一切衆生乃至示現住最後身念念普於一切世界示現菩薩受生神變常爲我子我常爲母善男子過去現在十方世界無量諸佛將成佛時皆於臍中放大光明來照我身及我所住宫殿屋宅彼最後生我悉爲母

三爾時善財下辨法眼根源二初問二答言下答文中六初輪王久遠非後身菩薩所知者顯唯佛知非但久遠亦顯時無時相佛智契故二彼王城下有佛魔來三彼大威德下聖帝動夆表智王動體本覺現故此時已得菩薩神通明今始成非實始也四時道場下場神興願智假慈興故神於王生如一子想五善男子下結會古今六我從於彼下爲母普周前來爲生時之母即是願母此明爲佛成道時母即是智母臍中放光者生長同氣之所表佛佛皆

從無二理生故

善男子我唯知此菩薩大願智幻解脫門如諸菩薩摩訶薩具大悲藏教化衆生常無厭足以自在力一一毛孔示現無量諸佛神變我今云何能知能說彼功德行善男子於此世界三十三天有王名正念其王有女名天主光汝詣彼問菩薩云何學菩薩行修菩薩道時善財童子敬受其教頭面作禮繞無數帀戀慕瞻仰却行而退

後三段可知

遂往天宮見彼天女禮足圍繞合掌前住白言聖者我已先發阿耨多羅三藐三菩提心而未知菩薩云何學菩薩行云何修菩薩道我聞聖者善能誘誨願爲我說

第二遂往天宮下十友別明會緣然位德已極託迹凡流深悲接生不標神異但以法利入又顯求者道深或但示法門之名則懸領旨趣第一天主光即幻智念力善友言天主光者謂悲智勝用光淨自在破闇義故父名正念者此由定發故故法門名無礙清淨念初一句即依教趣求第二見彼下見敬諮問（天主光女父名正念者即第三會問梵行之王也又云往三十三天者是摩耶捨化所生天也則知摩耶非獨在天故晉經云在迦毘羅城）

天女答言善男子我得菩薩解脫名無礙念清淨莊嚴善男子我於此解脫力憶念過去有最勝劫名青蓮華我於彼劫中供養恒河沙數諸佛如來彼諸如來從初出家我皆瞻奉守護供養造僧伽藍營辦什物又彼諸佛從爲菩薩住母胎時誕生之時行七步時大師子吼時住童子位在宮中時向菩提樹成正覺時轉正法輪現佛神變教化調伏衆生之時如是一切諸所作事從初發心乃至法盡我皆明憶無有遺餘常現在前念持不忘又憶過去劫名善地我於彼供養十恒河沙數諸佛如來又過去劫名爲妙德我於彼供養一佛世界微塵數諸佛如來又劫名無所得我於彼供養八十四億百千那由他諸佛如來又劫名善光我於彼供養閻浮提微塵數諸佛如來又劫名無量光我於彼供養二十恒河沙數諸佛如來又劫名最勝德我於彼供養一恒河沙數諸佛如來又劫名善悲我於彼供養八十恒河沙數諸佛如來又劫名勝遊我於彼供養六十恒河沙數諸佛如來又劫名妙月我於彼供養七十恒河沙數諸佛如來善男子如是憶念恒河沙劫我常不捨諸佛如來應正等覺從彼一切諸如來所聞此無礙念清淨莊嚴菩薩解脫受持修行恒不忘失如是先劫所有如來從初菩薩乃至法盡一切所作我以淨嚴解脫之力皆隨憶念明了現前持而順行曾無懈廢

第三天女答下示已法門於中二先標名謂以一念無礙智普觀三世無不明現而無去來今爲無礙念不雜異念爲清淨念念佛功德有益悲智故曰莊嚴後善男子下明業用於中三一念最初一劫二又憶下中間諸劫三善男子如是憶下總結多劫非唯憶念亦於彼多劫多佛聞持此門

善男子我唯知此無礙念清淨解脫如諸菩薩摩訶薩出生死夜朗然明徹永離癡冥未

嗇惛寐心無諸蓋身行輕安於諸法性清淨覺了成就十力開悟羣生而我云何能知能説彼功德行善男子迦毗羅城有童子師名曰徧友汝詣彼問菩薩云何學菩薩行修菩薩道時善財童子以聞法故歡喜踊躍不思議善根自然增廣頂禮其足遶無數帀辭退而去

抄一 二十五

後三段並可知下諸善友六段之文多有不具皆可思準

從天宮下漸向彼城至徧友所禮足圍繞合掌恭敬於一面立白言聖者我已先發阿耨多羅三藐三菩提心而未知菩薩云何學菩薩行云何修菩薩道我聞聖者善能誘誨願爲我説徧友答言善男子此有童子名善知衆藝學菩薩字智汝可問之當爲汝説

第二童子師徧友幻智師範善知識謂爲童蒙師徧與衆生爲善友故居迦毗羅黄色城者中道軌物故不得法者略有四義一與衆藝法門同故二法有所付顯流通故三表一切法門體無二故四表無所得方爲得故〃二過友可知

大方廣佛華嚴經疏鈔會本第七十六之一

大方廣佛華嚴經疏鈔會本第七十六之二　牧二

唐于闐國三藏沙門實叉難陀　譯

唐清涼山大華嚴寺沙門澄觀撰述

爾時善財即至其所頭頂禮敬於一面立白言聖者我已先發阿耨多羅三藐三菩提心而未知菩薩云何學菩薩行云何修菩薩道我聞聖者善能誘誨願爲我說

第三善知衆藝幻智字母善知識中初二可知

時彼童子告善財言善男子我得菩薩解脫名善知衆藝

第三時彼童子下授已法門中二初標名體謂以無礙智窮世間之伎藝故

我恒唱持此之字母

二我恒下顯其業用字母爲衆藝之勝書說之本故偏明之有標列結列有四十二門二我恒下顯其業用者文有三一標章正意言字母爲衆藝之勝者出徧示所以也標知衆藝而徧釋故智論云諸陀羅尼皆從分別語生四十二字是一切字根本因字有語因語有名因名有義菩薩若聞其字乃至能了其義是字初阿後荼中有四十得是字陀羅尼多所成益乃至廣說又如本行集云爾時菩薩爲諸童子一一分別字之本末乃至訓化三萬二千童子勸發無上眞正道意是知字爲衆藝之本故十地中以喻十地爲諸法本

皆言般若波羅蜜門者從字入於無相智故字義爲門故毗盧遮那經中皆言不可得智無所得即般若故又文殊五字經云受持此陀羅尼即入一切法平等速得成就摩訶般若纔誦一徧如持一切八萬四千修多羅藏然初五字若準阿目佉三藏即全是文殊眞言若準今本而第二一字不同今依彼經釋之皆言般若下三釋文先釋總標於中三一牒引毗盧遮那經彼有偈云甚深無相無相劣慧所不堪爲化是等故兼存有無說釋曰因字是有無相智是無故念誦喻伽之者先觀字相後入字義也阿字相觀云八葉白蓮一時開炳現阿字素光色斯即字相也而智表菩提心悟本不生圓滿具足猶如月輪即是義相有義無故云兼也是以今經唱阿字時即是相也入般若波羅蜜門即是無相智也智論云此字是實相門則顯三種般若不相捨離字即名字般若入般若波羅蜜門即觀照般若悟不生等即實相般若也故毗盧下第二明引遮那又上義證今即文證不可得言即般若相故般若中廣說無得爲般若故又文殊下第二引五字證爲般若門然初五字下第二釋別列中合爲四十二段今疏有三初別釋五字約五字陀羅尼經而引不空會通字音然古諸德於此經中不多解釋靜法有章名爲漩澓六門分別一釋名二體性三建立四釋相五判益六問答而其釋相亦廣引諸經而不全具又諸經字音參雖以梵音輕重三藏翻譯不看下義但取字同故多乖舛如涅槃以阿爲惡中以嘽字爲多此等不以義定故多訛謬今亦別有一章總引十經一論一與善譯華嚴四十二字門二大般若第四百九十三引大品般若第四放光般若第六五五光讚般若第十六若第八四經第三七興善三藏別譯文殊問般若字母八別譯金剛頂瑜伽字母九涅槃第八十即今經言一論一者即智度論共五字經嗟釋初之五字一一具引對會具同今疏但用大般若及與善別譯四十二字以二本多同初之五字用五字經餘文全妥鈔更引證餘在別章然上十字經前五釋四十二字母次四即釋五十二字母次第不同義則多同五字經中唯釋五字大品放光光讚但大般若廣略之異字義相同智論釋大品義亦同也故跋但用二經具釋三十七字故

唱阿字時入般若波羅蜜門名以菩薩威力入無差別境界

一阿者是無生義以無生之理統該萬法故經云無差別境而菩薩得此無生則能達諸法空斷一切障故云威力今案定用五字疏文分二先別釋五字後收攝圓融今初五字鈔卻廣引五字分爲五段文皆有三一牒本經字母二以彼經義釋之三會今經之意今初阿者即第一牒經字母即今經云唱阿字時今但略取所牒經之字下四十一字釋義皆然二是無生義即五字經釋義三以無生之理下會釋今經意云諸法皆悉無生故無差別故上經云一切法無生一切法無滅若能如是解斯人見如來大般若金剛頂全同上釋大品云阿字門一切法初不生故智論釋云若菩薩一切語法中聞阿字時即時隨義所謂一切法

從初來不生相阿提秦言初阿耨波陁秦言不生故釋曰論文二節一薩經釋義二阿提秦言初下會釋方言下四十一字皆然見此論文則知四十二字皆是所依之相從此入於無得般若故名為般若之門故光云阿者謂諸法來入不見有起光讚云阿者因緣之門一切法已過去者亦無所起釋曰上二經起即生義因緣之門從緣生也文跡間經云阿者是無常聲普曜云然此言云無者是宣無常若空無我之音上二經似同小乘之無苦取無彼常等即與無生義同此初阿字上聲短呼故譯涅槃不惡字當初雖呼小異義亦同也故云惡者不破壞故不破壞者名曰三寶喻如金剛亦同無生義

唱多字時入般若波羅蜜門名無邊差別門

二多者彼經第二當囉字是清淨無染離塵垢義今云多者毗盧遮那經釋多云如如解脫金剛頂云如如不可得故謂如即無邊差別故如不可得此順多字義應是譯人之誤囉多二字字形相近聲相濫故若順無塵垢釋以無邊之門方淨塵垢多二者此廣牒經也彼經第二下疏釋有五一依五字釋二今云多下秦今多釋三如即無邊差別者會經也四應是譯人下會釋偏正言字形相近者今示二花之形氏多字大囉字此二小近聲相濫者同疊韻故五若暆無塵下正以囉字會釋經文以諸經字義第二多同故大品云囉字悟一切法離塵垢故故光云二囉者垢貌於諸法無有塵光讚云是囉之門法離塵垢金剛頂云囉者一切法離故涅槃云囉者能壞貪嗔癡說真實法亦壞塵垢義智論云若闍囉字即隨義知一切法離垢相以囉闍秦言垢故以上諸經皆第二囉字同離垢義故無貳矣

唱波字時入般若波羅蜜門名普照法界

三波者五字經云亦無第一義諦諸法平等謂真俗雙亡是真法界諸法皆等即是普照三波者別譯及餘經論多是跛字今依五字跛字釋義大般若言跛者一切法勝義故大品云跛者第一義故放光云跛者諸法泥洹最第一義文殊問經云出脉義聲釋曰上諸經皆猶明第一義但是所遣唯金剛項云跛者第一義不可得則具般若相矣故跳云謂真俗雙亡下會經前二字以第一義遣俗今亦無第一義則復遣真為雙亡真俗是真法界上即所照從諸法皆等下含普照義智論云若闍跛字即知一切法入第一義以波囉末陁秦言第一義故釋曰此亦但入第一義耳

唱者字時入般若波羅蜜門名普輪斷差別

四者者諸法無有諸行謂諸行既空故徧摧差別四者與善譯為左字義則全同五字經也文中先釋義後諸行既空下會經大般若云入者字門悟一切法遠離生死若生若死皆無所得釋曰諸行即生死體也然諸經多明生死之行大品涅槃義當遮字俱明出世之行大品云遮字修不可得涅槃云遮者即是修義調伏一切諸衆生故然出世行亦不可得方為般若之門耳智論云若聞遮字即時知一切法諸行皆悉非行以遮利夜秦言行故

唱那字時入般若波羅蜜門名得無依無上

五那者諸法無有性相言說文字皆不可得謂性相雙亡故無所依能所詮亡是謂無上五那者別譯為最字義全同文中先依五字釋義後謂性相雙亡下會釋經文諸經多是那字大般若云闍那字門入一切法遠離名相若名若相皆以無所得而為方便故大品云那字門諸法離名性相不同不失故放光云那者謂於諸法字本性亦不得亦不失光讚云是那之門一切諸法離諸名字計其本淨而不可得普曜云其言不着出不隨衆生離名色之音故文殊問經云曩字是過知名色之聲金剛項亦云名色亦不可得上三經皆云名色名即名字總取二字為生死自性涅槃云那若三寶安住無有傾動喻如門闍釋曰真實三實永離名相智論云若聞那字即知一切法不得不失不來不去以那素秦言不故

又云以那字無性相故者字無有諸行者字無有諸行故跛字無第一義跛字無第一義故囉字無塵垢義以囉字無塵垢義故阿字法本不生又云以那字下第二收攝圓融於中有四一從後倒收謂由第五雙無性相何有第四諸行諸行即相故有相則有第三第一義諦既無有行何有第一義諦由第一義空故有第二本來清淨既無第三何有第二由第二本淨故方說不生既無第二何有不生阿字法本不生故那字無有性相阿字法本不生故那字無有性相者旋轉互收以初阿字生第五那字則周帀如環謂不生之中何有性相故令五字互相生起旋轉無礙汝知是要當觀是心本來清淨無染無著離我我所分別之相汝知是要下結成觀行悟本清淨成

三空觀云離我我所所即法故上三段皆五字經文

遮那經中字義與此無殊下多依彼經及阿目佉所譯而梵音輕重有殊釋義無別

遮那經下會釋二文亦是結前生後結前五字生後餘三十七字多依彼經即毗盧遮那經及阿目佉所譯即別譯華嚴四十二字門此別譯義既與大般若同則是依大般若而有二三字音小異故

唱邏字時入般若波羅蜜門名離依止無垢

不言依耳然阿目佉別譯皆先牒經般若之名而別名爲先後方釋義次下當見

六邏字悟一切法離世間故愛支因緣永不現故離世故無依愛不現故無垢

六邏字彼爲攞字云稱攞字時入無垢般若波羅蜜悟一切法出世間故愛支因緣永不現故

釋曰今疏但引釋義更不引經取與今經全同但此別名在下彼別名在上耳然準三字又彼譯四十二字初十二字唯第三有不可得言餘十一字即以不生清淨亦無無有等爲般若相餘三十字皆有不可得言不可得言即般若相其不生等亦般若相故有不生更不要於不可得言若諸字中無不可得及不生等則但是所依之法如前遮字無有諸行若無無有但言於遮遮即行故但是所依如色即是空是般若相若但云色但是所空耳諸字例然亦如下第十五迦字云作者不可得若無可得但是作者耳迦即作者故餘皆准之此下諸字文亦多三初牒字母次引彼釋後會經文牒字之文下鈔不科後二皆科而經若易兼無會經但引義耳今此具二先引彼擇後離世間下會釋今經可知然大品放光等多爲遍字耳智論云聞遍字即知一切法離輕重相以遍此云轉故意明有感爲重斷即爲輕今不可得亦無輕矣

即無無明亦盡也

唱拖字時入般若波羅蜜門名不退轉方便

七拖字悟一切法調伏寂靜眞如平等無分別故方爲不退轉方便

七拖字別譯爲娜字大品爲陁字放光爲拖義皆同也文中先釋義後方爲不退轉下會經也智論云若聞拖字知一切法善相以隨摩秦言善故釋曰調伏寂靜眞如平等善之極也

唱婆字時入般若波羅蜜門名金剛場

八婆字悟一切法離繫解故方入金剛場

八婆上聲字別譯及般若皆爲麼字與蒲我反大同文中先釋義後方入金剛場者會經如佛入金剛三昧斷如金剛惑在金剛場則無縛解爲眞斷也智論云若聞婆字即知一切法無縛脱以婆他此言縛故

唱荼字時入般若波羅蜜門名曰普輪

九荼字悟一切法離熱矯穢得清涼故是普摧義

九荼字別譯爲拏字二俱上聲大品放光亦爲荼字文中先釋義後是普摧義即會經也智論云若聞荼字即知諸法不熱天竺荼闍陀秦言不熱故釋曰若荼是不熱則前離熱已是所遣得清涼故方爲般若之相

唱沙字時入般若波羅蜜門名爲海藏

十沙字悟一切法無罣礙故如海含像

十沙使我字別譯爲灑字大品放光等皆爲沙字文中先釋義後如海含像者會經像之與水不相礙故智論云若聞沙字即知人身六種之相以沙此言六故釋曰以大品云沙字門諸法六自在王性清淨故即內六處爲六自在王心海湛然不礙見聞覺知猶如湛海不礙像故

唱縛字時入般若波羅蜜門名普生安住

十一縛字悟一切法言語道斷故能徧安住

十一縛嚩可字此下疏文恐繁不舉次第今鈔牒疏欲令不亂皆如次第若有會經即科出之其釋義或略不指文中會經遍安住即是會經此乃仍上釋義便會經文智論云若聞縛字知一切法離言語相以縛婆他秦云語言故

唱哆字時入般若波羅蜜門名圓滿光

哆字悟一切法眞不動故不動則圓滿發光

十二哆字從不動則圓滿發光會經由如密室燈定如上水影圓契於如如知無動矣智論云若聞哆字即知諸法在如中不動以哆他秦言如故

唱也字時入般若波羅蜜門名差別積聚

也字悟如實不生故則諸乘差別積聚皆不可得

十三也字悟如實不生是釋義則諸乘下會經智論云若聞夜字即知諸法入在實相等不生不滅以夜他跋秦言實故釋曰得此論釋知與第一阿字

彼云初不生今云如實不生則不生所依法體異也

唱瑟吒字時入般若波羅蜜門名普光明息煩惱

瑟吒字悟一切法制伏任持相不可得故普光明即能制伏任持煩惱即所制伏息

即伏義十四瑟吒字後普光明下會經智論單云吒字論云若聞吒字即知一切法無障礙相以吒秦言障礙故釋曰障礙即制伏任持

唱迦字時入般若波羅蜜門名無差別雲

迦字悟作者不可得則作業如雲皆無差別十五迦字悟作者不可得此字上略一切法下猶有不可得此後諸字皆上有悟一切法下有不可得疏文從簡故蓋略之下方總說耳從則作業如雲下會經智論云若聞迦字即知諸法中無有作者以迦謂迦羅迦此云作者故釋曰既無作者何有作業業既如雲不可承攬無我無造故無差別

唱娑字時入般若波羅蜜門名降霔大雨

娑上字即時平等性十六娑字但有釋義具云悟一切法時平等性不可得故智論云若聞娑字知一切法一切種不可得以薩婆秦言一切故釋曰論云一切種智故普曜云其言一切智者出智慧不壞音金剛頂云一切法諦不可得涅槃云娑者為諸衆生演說正法意明種智應時而說亦可得故今經名降注大雨也

唱麼字時入般若波羅蜜門名大流湍激衆峯齊峙

麼字即我所執性我慢高舉若峯齊峙我慢則生死長流湍馳奔激十七麼字若別譯為莽麼字却為第八大品云麼即悟一切法我所執性不可得我慢高舉下會經智論云若聞麼字知一切法離我我所義以麼迦秦言我所故

唱伽字時入般若波羅蜜門名普安立

伽字即一切法行取性十八伽字別譯為誐字義亦全同易故不會經若欲會者以行取故而能安立智論云若聞伽字即知一切法底不可得以伽陀秦言底故釋曰行取即生死底甚深故

唱他字時入般若波羅蜜門名真如平等藏

他字即是處所性十九他字疏但釋義易不會經會者真如平等是所依處出三一切終歸此故智論云若聞他字即知四句如去不可得以多他阿伽度秦言如去故如去即是處所如來時去故

唱社字時入般若波羅蜜門名入世間海清淨

社字即能所生起二十社字別譯為惹字但舉其義若會經者有能有所是世間海故賢首品能緣所緣力一切法出生速滅不暫停念念悉如是今不可得成壞若矣智論云若聞闍字即知諸法生死不可得以闍提闍羅秦言生死故

唱鎖字時入般若波羅蜜門名念一切佛莊嚴

鎖字即安隱性二十一鎖字別譯是娑嚩字若會經者念佛莊嚴最安隱故智論云若聞濕波字即知一切法不可得如濕波字不可得論云濕波字無別義而光讚中云無所起無所起即安隱義

唱拖字時入般若波羅蜜門名觀察簡擇一切法聚

拖字即能持界性二十二拖字別譯為馱字義必然若以第七亦有拖字法之為上故然經云揀擇法聚即能持界性法聚差別即是界義各各持自性也智論云若聞馱字知一切法性不可得以馱摩此云法故

唱奢字時入般若波羅蜜門名隨順一切佛教輪光明

奢字即寂靜性二十三奢字別譯為捨大般若亦云捨涅槃云奢若會經者寂靜則順佛教智論云若聞賒字即知諸佛寂滅相以賒多嚩此云寂滅故

唱佉字時入般若波羅蜜門名修因地智慧藏

佉字即如虛空性二十四佉字若會經者智慧等空故能含藏智論云若聞呿字知一切法等於虛空不可得義以呿伽秦言虛空故

唱叉字時入般若波羅蜜門名息諸業海藏

叉字即盡性二十五叉別譯為瀁複字若會經者業海深廣無不包含非是無為終竟須盡智論云若聞叉字則知一切法盡不可得以叉耶秦言盡

唱娑多字時入般若波羅蜜門名蠲諸惑障開淨光明

娑多字即任持處非處令不動性惑障爲非處開淨光明爲其處二十六娑多先釋義後惑障為非處下會經智論云若聞娑哆字即知諸法邊不可得以阿利迦哆度求那秦言是事邊

不可得釋曰以大品云多字門諸法有不可得故論爲此釋以有即有邊必對無故有是妄惑故爲非處以爲有邊無是眞空故名爲處故爲無邊惑智雙絕即不可得

唱壞字時入般若波羅蜜門名作世間智慧門

壞字即能所知性二十七壞攞字別譯爲壞字若會經者能所知性即智慧門能知爲智慧即門所知爲智慧智慧之門智論云若聞惹字即知一切法中無智相以惹那秦言智故釋曰但有能知必有所耳

唱曷攞多字時入般若波羅蜜門名生死境界智慧輪

曷攞多字即執著義性執著爲生死境義即智慧輪二十八曷攞多別譯爲攞他上後執著爲下會經言境義者總有四義一文義是所詮義二境義是所緣境三道理義謂若無常等四性義即第一義空今是第二生死是果執著是因並是智慧所觀境義智論云若聞曷攞多字即知一切法義不可得以阿利他秦言義故

唱婆字時入般若波羅蜜門名一切智宮殿圓滿莊嚴

婆字即可破壞性圓滿之言不空譯爲道場然此婆字宜滿餓反諸本多云滿我則與第八不殊二十九婆字圓滿之言下會經與善譯爲道場著故彼云稱婆字時入一切宮殿道場莊嚴般若波羅蜜門以梵云曼荼羅通圓滿道場二義故智論云若聞婆字了知一切法不可得破壞相以婆伽秦言破故釋曰經中宮殿莊嚴以從緣故亦可破壞以不可得即非莊嚴方爲圓滿咸嚴若矣從然此婆下會其文顯於諸經多是去聲故

唱車字時入般若波羅蜜門名修行方便藏各別圓滿

車字即欲樂覆性三十車字別譯爲縒若會經文既方便隨喜樂故各別圓滿智論云若聞車字即知一切法無所去以伽車秦言去故大品亦云聞車字時入諸法欲不可得而論云去者以放光云車者無可秦去即是樂欲所去耳

唱娑麼字時入般若波羅蜜門名隨十方現見諸佛

娑麼字即可憶念性三十一娑[illegible]麼會經可知智論云若聞濕尛字即知諸法堅牢如金剛石義以阿濕麼秦言石故釋曰意明有念堅牢我心匪石不可轉也亦不可得

唱訶婆字時入般若波羅蜜門名觀察一切無緣衆生方便攝受令出生無礙力

訶婆字即可呼召性無緣召令有緣故三十二訶婆字別譯爲訶轉文中釋義無緣召令有緣即會經也智論云若聞火字即知一切法無音聲以火夜秦言喚來故

唱縒字時入般若波羅蜜門名修行趣入一切功德海

縒字即勇健性三十三縒字別譯爲嗚婆字若會經者勇健方能修入功德智論云若聞縒字即知一切法無慳無施以末縒羅秦言慳故釋曰無慳最勇健施爲行首勇而能行故偏說耳

唱伽字時入般若波羅蜜門名持一切法雲堅固海藏

伽字即厚平等性二十四伽字若會經者如地之厚平等能持亦能含藏如海平等能持能包雲雨說法智論云若聞伽字即知諸法不厚不薄以伽那秦言厚故釋曰厚薄之事事則已入般若矣

唱吒字時入般若波羅蜜門名隨願普見十方諸佛

吒字即積集性三十五吒字別譯爲姹[illegible]字若會經者積集念佛故能普見智論云若聞馳字即知一切法無住處庫天竺吒那上言處故釋曰積即念念即處也

唱拏字時入般若波羅蜜門名觀察字輪有無盡諸億字

拏字即離諸諠諍無往無來行住坐卧謂以常觀字輪故三十六拏字別譯爲儜字先釋義後謂以常觀下會經智論云若聞拏字即知一切法及衆生不去不來不生不滅不卧不立衆生空法空以南天竺云拏秦言不故釋曰去等即是喧諍無即是不上二俱不可得方爲諍若

唱娑頗字時入般若波羅蜜門名化衆生究竟處

娑頗字即徧滿果報三十七娑頗字別譯但云頗字若會經者化生究竟方爲遍滿果報智論云若聞頗字即知一切法因果皆空以頗羅泰言空故釋曰因果俱空方爲圓滿亦不可得敉二

唱娑迦字時入般若波羅蜜門名十三廣大藏無礙辯光明輪徧照

娑迦字即積聚蘊性三十八娑迦字別譯爲塞迦若會經者蘊積爲廣大藏無礙光輪所積蘊也智論云若聞歌字即知一切法五衆不可得以歌大泰言衆故釋曰五衆即五蘊也略舉一蘊耳

唱也娑字時入般若波羅蜜門名宣說一切佛法境界

也娑字即衰老性相三十九也娑字若會經者衰老性即佛法境界兼餘老死者菩薩勇猛觀境也智論云若聞嗟字即知嗟字空諸法亦爾釋曰以是通相更無別釋然衰老性即是別義

唱室者字時入般若波羅蜜門名於一切衆生界法雷徧吼

室者字即聚集足迹謂聚集即一切衆生法雷即是足迹四十室者字別譯云室左文中先釋義謂積集即下會經諸處即是足跡者佛所行跡故智論云若聞遮字即知一切法不動相義以遮遮泰言動故釋曰以大品云遮字門諸法行不可得行即動義足即能行即因行有跡跡爲所行若依此義法雷遍吼即行法也

唱侘字時入般若波羅蜜門名以無我法開曉衆生

侘字即相驅迫性謂無我曉之即爲驅迫四十一吒別譯爲吒文中先釋義後謂無我下會經智論云若聞吒字即知一切法此彼岸不可得以吒羅泰言岸故釋曰即無我驅迫今至彼岸亦不可得若約表位此當等覺故法身欲滿始本欲齊故亡二岸

唱陀字時入般若波羅蜜門名一切法輪差別藏

陀字即究竟處所謂此究竟處含藏一切法輪然新譯乃是茶字去聲引之四十二隨剟文中先釋義後謂此究竟下會經從然新譯下會經字音即與善別譯也智論云若聞茶字即知一切法必不可得以彼茶泰言必故釋曰唯至究竟爲必不可得故般若中以無所得則得菩提又約表位此四十二當妙覺故敉二大品云茶字門十四入知諸法邊竟處光讚云是陀之門一切法究竟邊際盡其處所無生無死無有作者皆菩提意也若約初發心時便成正覺則初阿最後茶

上來從娑字來皆上有悟一切法下有不可得言今並略之若具皆如瑟吒字耳其中難者已釋餘以經疏相對文並可知更有對會及修觀儀所得功德並別章具也

上來從娑字下第二總相結束於中分三一會釋上文以疏恐繁故文略之若欲說時應須一一具共上下一切等言如云隨字悟一切法究竟處所不可得故而上引智論多具上下二其中離者下二會上之義更有對會下三指廣在餘於中有三一對會同異前已會竟二修觀儀式三所得功德後之二門皆與善別譯今當敘之先明所得功德者彼文結云又善男子如是字門是能悟入法界邊際除如是字表諸法門更不可得何以故如是字義不可宣說不可顯示不可執取不可了持不可觀察離諸相故善男子譬如虛空是一切佛所歸趣處此諸字門亦復如是諸法空義皆入此門方得顯了若菩薩摩訶薩於如是入諸字門得善巧智於諸言音所詮所表皆無罣礙於一切法平等空性盡能證持於衆言音咸得善巧若菩薩摩訶薩能聽如是入諸字門即順字印聞已受持讀誦通利爲他解說不貪名利由此因緣得二十種功德何等二十謂得強憶念得勝慚愧得堅固力得法旨趣得增上覺得殊勝慧得無礙辯得總持門得無疑惑得違順不生恚愛得無高下平等而住得於有情言音善巧得蘊善巧處善巧界善巧緣起善巧因善巧緣善巧得法善巧得根勝劣智善巧得他心智善巧得觀星曆善巧得天耳智善巧得宿住隨念智善巧得神境敉二智善巧生死智善巧漏盡智善巧得說處非處智善巧得往來威儀十五施說善巧是爲得二十種殊勝功德大般若放光光讚大同於此第三修觀儀式者彼文標名大方廣佛華嚴經入法界品頓證毗盧遮那法身字輪瑜伽儀軌釋云夫欲頓入一乘修習毗盧遮那如來法身觀者先應發起普賢菩薩微妙行願復應以三密加持身心則能悟入文殊師利大智慧海然修行者晨初於空閑處攝念安心閉目端身結跏

趺坐運心普緣無邊剎海諦觀三世一切如來遍於一一佛菩薩前慇懃恭敬禮拜旋繞又以種種供具雲海奉獻如是一切聖衆廣大供養已復應觀自心本不生自性成就光明遍照猶如虛空復應深起悲念哀愍衆生不悟自心輪廻諸趣我當普化拔濟令其開悟盡無有餘復應觀察自心諸衆生心及諸佛心本無有異平等一相成大菩提心瑩徹清淨廓然周遍圓明皎潔成大月輪量等虛空無有邊際復於月輪內右旋布列四十二梵字悉皆金色放大光明照徹十方分明顯現一一光中具無量剎海一一剎海有無量諸佛一一諸佛有無量聖衆前後圍繞坐菩提場成等正覺智入三世身遍十方轉大法輪度脫羣品悉令現證無住涅槃復應悟入般若波羅蜜四十二字門了一切法皆無所得能觀法界悉皆平等無異無別修瑜伽者若能與是旋陀羅尼觀行相應即能現證毗盧遮那如來智身於諸法中得無障礙

善男子我唱如是字母時此四十二般若波羅蜜門爲首入無量無數般若波羅蜜門

結云四十二門者謂表四十二位故故智論中諸位圓融明初同具後諸字

善男子我唯知此善知衆藝菩薩解脫如諸菩薩摩訶薩能於一切世出世間善巧之法以智通達到於彼岸殊方異藝咸綜無遺文字算數蘊其深解醫方呪術善療衆病有諸衆生鬼魅所持冤憎呪詛惡星變怪死屍奔逐癲癇羸瘦種種諸疾咸能救之使得痊愈又善別知金玉珠貝珊瑚瑠璃摩尼硨磲雞薩羅等一切寶藏出生之處品類不同價直多少村營鄉邑大小都城宮殿苑園巖泉藪澤凡是一切人衆所居菩薩咸能隨方攝護又善觀察天文地理人相吉凶鳥獸音聲雲霞氣候年穀豐儉國土安危如是世間所有技藝莫不該練盡其源本又能分別出世之法正名辯義觀察體相隨順修行智入其中無疑無礙無愚闇無頑鈍無憂惱無沈沒無不現證而我云何能知能說彼功德行

第四謙推十[illegible]就其所知衆藝寄勝推之不捨世俗皆與實相不相違背會同般若之門

善男子此摩竭提國有一聚落彼中有城名婆呾那有優婆夷號曰賢勝汝詣彼問菩薩云何學菩薩行修菩薩道

五指後婆呾那者此云增益以無盡三昧能出生故友名賢勝者賢猶直善無依道場直善之最故

時善財童子頭面敬禮知藝之足遶無數帀戀仰辭去向聚落城至賢勝所禮足圍遶合掌恭敬於一面立白言聖者我已先發阿耨多羅三藐三菩提心而未知菩薩云何學菩薩行云何修菩薩道我聞聖者善能誘誨願爲我說

第四賢勝優婆夷幻智無依善友初二可知

賢勝答言善男子我得菩薩解脫名無依處道場既自開解復爲人說又得無盡三昧非彼三昧法有盡無盡以能出生一切智性眼無盡故又能出生一切智性耳無盡故又能出生一切智性鼻無盡故又能出生一切智性舌無盡故又能出生一切智性身無盡故又能出生一切智性意無盡故又能出生一切智性功德波濤無盡故又能出生一切智性智慧光明無盡故又能出生一切智性速疾神通無盡故

三賢勝答下授已法門中二初得解脫後得三昧今初直就經文內外無依即是道

場賢首云梵名那阿頼耶曼荼羅那者此
云無也不也阿頼耶云依處也依止也曼
荼羅云道場也圓場也謂無阿頼耶染分
依處而有淨分圓場出生勝德不可窮盡
即轉依究竟顯德無盡故也下二句即二
利之用後得三昧先名後非彼下用即爲
釋名於中初揀濫後以能下顯是謂體則
雙超盡及無盡但從用出生說無盡耳然
則二門相成無依道場即空如來藏無盡
三昧即是不空要心無依契於本空方見
不空具性功德故云出生智性眼等息妄
顯出故曰出生出非本無猶稱智性
善男子我唯知此無依處道場解脫如諸菩
薩摩訶薩一切無著功德行而我云何盡能
知說善男子南方有城名爲沃田彼有長者 牧二 十八
名堅固解脫汝可往問菩薩云何學菩薩行
修菩薩道爾時善財禮賢勝足繞無數帀戀
慕瞻仰辭退南行
指後云沃田者是南天竺近水沃潤故顯
無念定水能滋長故長者名堅固解脫者
無著清淨惑不能壞即解脫故
到於彼城詣長者所禮足圍繞合掌恭敬於
一面立白言聖者我已先發阿耨多羅三藐
三菩提心而未知菩薩云何學菩薩行云何
修菩薩道我聞聖者善能誘誨願爲我說長
者答言善男子我得菩薩解脫名無著念清
淨莊嚴我自得是解脫已來於十方佛所勤
求正法無有休息善男子我唯知此無著念
淨莊嚴解脫如諸菩薩摩訶薩獲無所畏大
師子吼安住廣大福智之聚而我云何能知
能說彼功德行善男子即此城中有一長者
名爲妙月其長者宅常有光明汝詣彼問菩
薩云何學菩薩行修菩薩道時善財童子禮
堅固足繞無數帀辭退而行
第五堅固長者幻智無著善友示法門中 牧二 十九
先顯名無著約境離所知故無念約心心
體離念故無煩惱二障永盡是曰清淨淨
則能嚴法身後我自得下彰用既二障不
生則無愛見故無求求法無厭無休（第五堅固長者無念約心者即以無字兩用若無著念三字連釋則無著約止而不礙念念明記卽止觀雙行也亦離二障則以智斷而嚴法身三德備矣）
向妙月所禮足圍繞合掌恭敬於一面立白
言聖者我已先發阿耨多羅三藐三菩提心
而未知菩薩云何學菩薩行云何修菩薩道
我聞聖者善能誘誨願爲我說妙月答言善
男子我得菩薩解脫名淨智光明善男子我
唯知此智光解脫如諸菩薩摩訶薩證得無
量解脫法門而我云何能知能說彼功德行
善男子於此南方有城名出生彼有長者名
無勝軍汝詣彼問菩薩云何學菩薩行修菩
薩道是時善財禮妙月足繞無數帀戀仰辭
去
第六妙月長者幻智智光善友眞智廓妄
名爲淨智後智照法名爲智光能淨能光
若秋空滿月故名妙月
漸向彼城至長者所禮足圍繞合掌恭敬於
一面立白言聖者我已先發阿耨多羅三藐
三菩提心而未知菩薩云何學菩薩行云何
修菩薩道我聞聖者善能誘誨願爲我說長
者答言善男子我得菩薩解脫名無盡相我

以證此菩薩解脫見無量佛得無盡藏善男子我唯知此無盡相解既如諸菩薩摩訶薩得無限智無礙辯才而我云何能知能說彼功德行善男子於此城南有一聚落名之爲法彼聚落中有婆羅門名最寂靜汝詣彼問菩薩云何學菩薩行修菩薩道時善財童子二十禮無勝軍足繞無數帀戀仰辭去牧二

第七無勝軍長者幻智無盡相善友法門之名即所成德相無窮盡故我以證下以用釋名得無盡藏謂聞諸妙法又諸心境無非佛法故若佛若法皆無有盡既見佛得法無盡故無能勝衆德所聚從喩如軍亦能普勝諸魔軍故皆從體出故城名出生第七無勝軍解脫有二釋一約用無盡以又諸心境下二約體無盡既見佛下以法釋名

漸次南行詣彼聚落見最寂靜禮足圍繞合掌恭敬於一面立白言聖者我已先發阿耨多羅三藐三菩提心而未知菩薩云何學菩薩行云何修菩薩道我聞聖者善能誘誨願爲我說婆羅門答言善男子我得菩薩解脫名誠願語過去現在未來菩薩以是語故乃至於阿耨多羅三藐三菩提無有退轉無已退無現退無當退善男子我以住於誠願語故隨意所作莫不成滿

第八最寂靜婆羅門幻智誠願語善友授牧三法中先標名有二義故一始終無妄故如二十一從初發心立弘誓言必如言行不乖先語故二者隨行不虛故如忍辱仙人言我不瞋令身還復後過去下以用釋名即如次釋前二義虛誑言息故云寂靜寂靜即爲淨行言行君子之樞機苟能誠實斯則可法故城名爲法第八最寂靜即如次釋前二義者乇釋始終無妄義善男子我以住是下釋隨行不虛心行稱言故所作成滿通二利滿虛誑言息下以法釋名於中初釋最寂靜次寂靜即爲淨行釋婆羅門後言行君子之樞機下釋其城名然此一句即周易繫辭子曰君子居其室出其言善則千里之外應之況其邇者乎居其室出其言不善則千里之外違之況其邇者乎言出乎身加乎民行發乎邇見乎遠言行君子之樞機樞機制動之主樞機之發榮辱之主言行君子之所以動天地也可不慎乎雖爲外典意與斯合但所行內外異耳

善男子我唯知此誠語解脫如諸菩薩摩訶薩與誠願語行止無違言必以誠未曾虛妄無量功德因之出生而我云何能知能說善男子於此南方有城名妙意華門彼有童子名曰德生復有童女名爲有德汝詣彼問菩薩云何學菩薩行修菩薩道

指後云妙意華門者妙意華者即蘇滿那華其城門側有之故亦在南天當受其訓得求友之妙意勝因之華故童子表於淨智智則萬德由生童女表於淨悲悲爲衆德之本以悲智相導故二人同會會緣之終此二滿故將見慈氏紹佛位故會緣之終此二滿者即悲智滿言將見慈氏紹佛位者慈氏悲滿佛位智滿耳

時善財童子於法善重禮婆羅門足繞無數帀戀仰而去

大方廣佛華嚴經疏鈔會本第七十六之二

大方廣佛華嚴經疏鈔會本第七十七之一　牧三

唐于闐國三藏沙門實叉難陀　譯

唐清涼山大華嚴寺沙門澄觀撰述

爾時善財童子漸次南行至妙意華門城見德生童子有德童女頂禮其足右繞畢已於前合掌而作是言聖者我已先發阿耨多羅三藐三菩提心而未知菩薩云何學菩薩行云何修菩薩道唯願慈哀爲我宣說時童子童女告善財言善男子我等證得菩薩解脫名爲幻住

第九德生有德幻智歸幻門善友第一依教趣求第二見德生下見敬諮問第三時童子下示已法門於中二初標名後業用今初謂能所境智染淨之法皆從緣起無定性故如幻而住

得此解脫故見一切世界皆幻住因緣所生故一切衆生皆幻住業煩惱所起故一切世間皆幻住無明有愛等展轉緣生故一切法皆幻住我見等種種幻緣所生故一切三世皆幻住我見等顛倒智所生故一切衆生生滅生老病死憂悲苦惱皆幻住虛妄分別所生故一切國土皆幻住想倒心倒見倒無明所現故一切聲聞辟支佛皆幻住智斷分別所成故一切菩薩皆幻住能自調伏教化衆生諸行願法之所成故一切菩薩衆會變化調伏諸所施爲皆幻住願智幻所成故善男子幻境自性不可思議

二得此解脫下明業用中二初別明後結歎今初有十種幻皆上句標幻下句以緣生釋成十中初一爲總緣生世界並通染淨刹海亦名世界故餘九爲別初五約染分依他如幻緣生故一約有情苦果從業惑集生二約十二因緣順觀即世間故次第相由故云展轉三就五類法中但除無爲故云一切以無爲無有起非幻緣生故四惑相異熟識等從無始惡習內執爲我四惑相應故云我見等及外取妄境云種種幻緣故惑心等悉皆如幻四五二句別明不相應行四即是時謂依行相續不斷分位建立爲時所依行空時何所立妄計有體是顛倒智五即無常生老等謂依生已壞滅分位建立無常等皆妄分別有三就五類者疏文有三一釋一切法即有爲一切以無爲下出揀無爲所以同掌珍論真性有爲空故二從異熟識等下出餘四類之果異熟是心等餘七識及心所色法并不相應從無始下釋我見等能成之因然我見有二一與七識相應即執第八以爲內我或謂我所而四惑相應今言我見等者等取愛慢二者與六識相應我執兼外取妄境以爲我所及起餘惑故云種種三故惑已下辨因感果可知四五二句者然不相應有二十四今二門中略遣其四等於所餘四中言即是時者釋經三世三世是二十四中之一時故從謂依行下出三世如幻之由行即五蘊剎那生滅前後相續已謝爲過去未起爲未來生已未謝名爲現在離行之外何有分位而有三世耶況所依行空能依何有五即無常者即二十四中之三一無常二生三老等即等上經言生滅及死皆無常攝生老二字即是二法但略無住又諸聖教多合生滅名爲無常所以然者生名爲有有非恒有不如無爲滅名爲無無非恒無不如兔角由不同彼無爲兔角二常之相故名無常謂依生已下顯如幻所由故唯識第二云然有爲法因緣力故本無今有蹔有還無表異無爲假力四相本無今有有位名生生位蹔停即說爲住住別前後復立異名蹔有還無無時稱滅斯即依生已壞滅分位建立也言皆妄分別者正顯幻因然其憂悲苦惱即生老中事體非不相應行又上四五亦是前十二因中別義四明三世生老死耳次一切國土義通染淨衆生染土多從三倒所生以不了唯心妄取境界故上云一切國土但想所持既有妄

想故心見皆倒言無明所現亦通淨刹謂登地已上無明未盡所見國土種種不同旣云無明則揀非佛土（既有妄想者即出三倒也一想倒二心倒三見倒然十行品已廣分別彼有多義今是一義以心見非倒由想亂故令餘二皆倒耳）後三種但約淨分依他從緣如幻可以意得後善男子下結歎言自性不思議者幻法非有體不實故非無相非無故非一性相異故非異無二體故空有相即一異兩亡旣離二邊亦忘中道由斯交徹故能一中現多多皆即一重重無礙爲不思議故推勝云善入無邊諸事幻網（幻法非有者此中且約有無一異兼下中道以爲三觀亦應有離四句又以合性相非一非俱非句非異之義當非俱句旣離二邊已是中道亦亡中道絕待中也上即事理無礙由斯交徹下即事事無礙餘義如前）

善男子我等二人但能知此幻住解脫如諸菩薩摩訶薩善入無邊諸事幻網彼功德行我等云何能知能說

第四善男子我等下謙已推勝

時童子童女說自解脫已以不思議諸善根力令善財身柔輭光澤而告之言善男子於此南方有國名海岸有園名大莊嚴其中有一廣大樓閣名毘盧遮那莊嚴藏從菩薩善根果報生從菩薩念力願力自在力神通力生從菩薩善巧方便生從菩薩福德智慧生善男子住不思議解脫菩薩以大悲心爲諸衆生現如是境界集如是莊嚴 牒三 四

第五時童子下指示後友於中二初以力實加後而告下以言顯示於中三初指處二示人三教問今初國名海岸者南海北岸一生菩薩臨智海故園名大莊嚴因圓萬行而嚴果故又生死園苑以萬行樹林嚴自果故廣大樓閣等者約事則其中廣博同虛空故有多光明能徧照故阿僧祇等寶所嚴故藴多樓閣包多事故約法則二智相依緣起相由故云樓閣智即法界是爲廣大名毘盧等順成上義二智光明徧照事理故智能包含萬德即莊嚴藏華嚴萬行不離此故上約其果從菩薩下出因善根果報約其宿因是彼善根之果報故念力願等約其現緣後住不思議下現依所爲（約事則下先釋廣大有多光下釋此盧遮那阿僧祇下釋莊嚴蘊多樓下釋藏）

彌勒菩薩摩訶薩安處其中爲欲攝受本所生處父母眷屬及諸人民令成熟故又欲令彼同受生同修行衆生於大乘中得堅固故又欲令彼一切衆生隨住地隨善根皆成就 牒三 五 故又欲爲汝顯示菩薩解脫門故顯示菩薩徧一切處受生自在故顯示菩薩以種種身普現一切衆生之前常教化故顯示菩薩以大悲力普攝一切世間資財而不厭故顯示菩薩具修諸行知一切行離諸相故顯示菩薩處處受生了一切生皆無相故

二彌勒菩薩下示人先正示後爲欲下顯住因彌勒梵音具云迷帝隸此云慈氏其姓也（具云迷諦隸者西域記亦翻爲梅怛麗皆梵音輕重）然有三緣

一由本願過去值大慈如來因立大願願得斯號故二由此得慈心三昧故三由母懷時有慈心故如滿慈子名阿逸多此云無勝以生具相好勝德無過故今以姓而呼但云慈氏慈依智住故曰處中悲智雙

遊皆爲利物故云爲欲等經有三昧者此三辰轉報生謂由遇慈氏如來故得慈心三昧得三昧故母亦慈也慈依智住者上以樓閣爲二智故

汝詣彼問菩薩云何行菩薩行云何修菩薩道云何學菩薩戒云何淨菩薩心云何發菩薩願云何集菩薩助道具云何入菩薩所住地云何滿菩薩波羅蜜云何獲菩薩無生忍云何具菩薩功德法云何事菩薩善知識

三詣彼下教問中二先正教與十問者表無盡故

何以故善男子彼菩薩摩訶薩通達一切菩薩行了知一切衆生心常現其前教化調伏彼菩薩已滿一切波羅蜜已住一切菩薩地已證一切菩薩忍已入一切菩薩位已蒙授與具足記已遊一切菩薩境已得一切佛神六力已蒙一切如來以一切智甘露法水而灌其頂善男子彼善知識能潤澤汝諸善根能增長汝菩提心能堅汝志能益汝善能長汝菩薩根能示汝無礙法能令汝入普賢地能爲汝說菩薩願能爲汝說普賢行能爲汝說一切菩薩行願所成功德

後何以下釋廣問所由先徵後釋徵意云何以要須廣問釋有二意一所求德廣能具說故後善男子汝不應下能求大心法應爾故前中二初通顯彌勸德圓位滿後善男子彼善知識下别顯是其眞善友故設若德滿非已有緣亦難求故

善男子汝不應修一善照一法行一行發一願得一記住一忍生究竟想不應以限量心行於六度住於十地淨佛國土事善知識何以故善男子菩薩摩訶薩應種無量諸善根應集無量菩提具應修無量菩提因應學無量巧迴向應化無量衆生界應知無量衆生心應知無量衆生根應識無量衆生解應觀無量衆生行應調伏無量衆生應斷無量煩七惱應淨無量業習應滅無量邪見應除無量雜染心應發無量清淨心應拔無量苦毒箭應涸無量愛欲海應破無量無明闇應摧無量我慢山應斷無量生死縛應度無量諸有流應竭無量受生海應令無量衆生出五欲淤泥應使無量衆生離三界牢獄應置無量衆生於聖道中應消滅無量貪欲行應淨治無量瞋恚行應摧破無量愚癡行應超無量魔網應離無量魔業應淨治菩薩無量欲樂應增長菩薩無量方便應出生菩薩無量增上根應明潔菩薩無量決定解應趣入菩薩無量平等應清淨菩薩無量功德應修治菩薩無量諸行應示現菩薩無量隨順世間行應生無量淨信力應住無量精進力應淨無量正念力應滿無量三昧力應起無量淨慧力應堅無量勝解力應集無量福德力應長無量智慧力應發起無量菩薩力應圓滿無量如來力應分別無量法門應了知無量法門應清淨無量法門應生無量法光明應作無量法照耀應照無量品類根應知無量煩惱病應集無量妙法藥應療無量衆生疾應嚴辦無量甘露供應往詣無量佛國土應供養無量諸如來應入無量菩薩會應受無量諸佛教應忍無量衆生罪應滅無量惡道難應令無量衆生生善道應以四攝攝無量衆

生應修無量總持門應生無量大願門應修無量大慈大願力應勤求無量法常無休息應起無量思惟力應起無量神通事應淨無量智光明應往無量衆生趣應受無量諸有生應現無量差別身應知無量言辭法應入無量差別心應知菩薩大境界應住菩薩大宮殿應觀菩薩甚深妙法應知菩薩難知境界應行菩薩難行諸行應具菩薩尊重威德應踐菩薩難入正位應知菩薩種種諸行應現菩薩普徧神力應受菩薩平等法雲應廣菩薩無邊行網應滿菩薩無邊諸度應受菩薩無量記莂應入菩薩無量忍門應治菩薩無量諸地應淨菩薩無量法門應同諸菩薩安住無邊劫供養無量佛嚴淨不可說佛國土出生不可說菩薩願

二明能求大心法應爾故者即廣誡勸於中二先誡勸求法後誡勸事友前中二先標不應誡其去劣後何以下釋所應作令其廣修文中先徵後釋釋中亦二先別明應修後善男子舉要下結略顯廣前中有九十八門分爲十段一上求菩提行二應化下下救衆生行三應斷下自斷惑障行四應令無量衆生下勸物出離行五應消滅下淨自根欲行除三不善根則成三善根等故六應生淨信下力用自在行七應分別下攝法治惑行八應嚴辦下供佛攝生行九應修總持下悲願深廣行十應入差別心下證入圓滿行

善男子舉要言之應普修一切菩薩行應普化一切衆生界應普入一切劫應普生一切處應普知一切世應普行一切法應普淨一切剎應普滿一切願應普供一切佛應普同一切菩薩願應普事一切善知識

二結略顯廣者謂別陳難具故

善男子汝求善知識不應疲倦見善知識勿生厭足請問善知識勿憚勞苦親近善知識勿懷退轉供養善知識不應休息受善知識教不應倒錯學善知識行不應疑惑聞善知識演說出離門不應猶豫見善知識隨煩惱行勿生嫌怪於善知識所生深信尊敬心不應變改

第二善男子汝求下誡勸事友中三初誡次勸後雙結二門今初分二先正誡其離過後何以故下舉益釋成今初言見隨煩惱行勿嫌怪者善友有二一實二權權能行於非道內外生熟善巧難知故不應嫌實中復二一行二解今但求解不應觀行故如智論五十說亦如有目跛人猶能示道

何以故善男子菩薩因善知識聽聞一切菩薩諸行成就一切菩薩功德出生一切菩薩大願引發一切菩薩善根積集一切菩薩助道開發一切菩薩法光明顯示一切菩薩出離門修學一切菩薩清淨戒安住一切菩薩功德法清淨一切菩薩廣大志增長一切菩薩堅固心具足一切菩薩陀羅尼辯才門得一切菩薩清淨藏生一切菩薩定光明得一切菩薩殊勝願與一切菩薩同一願聞一切菩薩殊勝法得一切菩薩祕密處至一切菩薩法寶洲增一切菩薩善根芽長一切菩薩

智慧身護一切菩薩深密藏持一切菩薩福德聚淨一切菩薩受生道受一切菩薩正法雲入一切菩薩大願路趣一切如來菩提果攝取一切菩薩妙行開示一切菩薩功德往一切方聽受妙法讚一切菩薩廣大威德生一切菩薩大慈悲力攝一切菩薩勝自在力生一切菩薩菩提分作一切菩薩利益事

二舉益釋成中有二初明善友能示行故二明善友爲外護故今初先徵意云但起廣心足成大道何以要令事友誠離過耶

釋云法假人弘不因善友何能聞諸妙行於中有三十五句句各一行

善男子菩薩由善知識任持不墮惡趣由善知識攝受不退大乘由善知識護念不毀犯菩薩戒由善知識守護不隨逐惡知識由善知識養育不缺減菩薩法由善知識攝取超越凡夫地由善知識教誨超越二乘地由善知識示導得出離世間由善知識長養能不染世法由承事善知識修一切菩薩行由供養善知識具一切助道法由親近善知識不爲業惑之所摧伏由恃怙善知識勢力堅固不怖諸魔由依止善知識增長一切菩提分法何以故善男子善知識者能淨諸障能滅諸罪能除諸難能止諸惡能破無明長夜黑闇能壞諸見堅固牢獄能出生死城能捨世俗家能截諸魔網能拔衆苦箭能離無智險難處能出邪見大曠野能度諸有流能離諸邪道能示菩提路能教菩薩法能令安住菩薩行能令趣向一切智能淨智慧眼能長菩提心能生大悲能演妙行能說波羅蜜能擯惡知識能令住諸地能令獲諸忍能令修習一切善根能令成辦一切道具能施與一切大功德能令到一切種智位能令歡喜集功德能令踊躍修諸行能令趣入甚深義能令開示出離門能令杜絕諸惡道能令以法光照耀能令以法雨潤澤能令消滅一切惑能令捨離一切見能令增長一切佛智慧能令安住一切佛法門

第二善男子菩薩由善知識下明善友能爲外護前即能生此能養育於中二前正明能爲攝護後何以下舉因釋成於中初徵意云善惡在巳善友何能令我不墮惡趣等耶釋意云由友令離惡因故因亡果喪豈非友力以此四十句釋上正明十五句有通有別通則後諸惡因通對前果別則各各配屬如由除諸難不退大乘由止諸惡不犯淨戒由破無明不隨惡友下諸句或有二三對上一句可以意得恐繁不配

善男子善知識者如慈母出生佛種故如慈父廣大利益故如乳母守護不令作惡故如教師示其菩薩所學故如善導能示波羅蜜道故如良醫能治煩惱諸病故如雪山增長一切智藥故如勇將殄除一切怖畏故如濟客令出生死暴流故如船師令到智慧寶洲故善男子常當如是正念思惟諸善知識

第二善男子善知識者如慈母下教勸謂教其事友之方文有四段皆約喻顯一勸念友勝德於中先歎勝後常當如是下結勸

復次善男子汝承事一切善知識應發如大地心荷負重任無疲倦故應發如金剛心志願堅固不可壞故應發如鐵圍山心一切諸苦無能動故應發如給侍心所有教令皆隨順故應發如弟子心所有訓誨無違逆故應發如僮僕心不厭一切諸作務故應發如養母心受諸勤苦不告勞故應發如傭作心隨所受教無違逆故應發如除糞人心離憍慢故應發如已熟稼心能低下故應發如良馬心離惡性故應發如大車心能運重故應發如調順象心恒伏從故應發如須彌山心不傾動故應發如良犬心不害主故應發如旃荼羅心離憍慢故應發如牸牛心無威怒故應發如舟船心往來不倦故應發如橋梁心濟渡忘疲故應發如孝子心承順顏色故應發如王子心遵行教命故

二復次汝承事下教起事友心行有二十一句文顯

復次善男子汝應於自身生病苦想於善知識生醫王想於所說法生良藥想於所修行生除病想又應於自身生遠行想於善知識生導師想於所說法生正道想於所修行生遠達想又應於自身生求度想於善知識生船師想於所說法生舟楫想於所修行生到岸想又應於自身生苗稼想於善知識生龍王想於所說法生時雨想於所修行生成熟想又應於自身生貧窮想於善知識生毗沙門王想於所說法生財寶想於所修行生富饒想又應於自身生弟子想於善知識生良工想於所說法生技藝想於所修行生了知想又應於自身生恐怖想於善知識生勇健想於所說法生器仗想於所修行生破冤想又應於自身生商人想於善知識生導師想於所說法生珍寶想於所修行生捃拾想又應於自身生兒子想於善知識生父母想於所說法生家業想於所修行生紹繼想又應於自身生王子想於善知識生大臣想於所說法生王教想於所修行生冠王冠想服王服想繫王繒想坐王殿想

三復次汝應於自身下身友對辨文有十句句各四事可知句各四事者此四亦即涅槃四近因緣前已類釋故云可知初二句即親近善友第三句即聽聞正法第四句即如說修行正念思惟遍於四句故句句皆令如是想亦可第四句合正念思惟又第一句是具西之人餘三可知

善男子汝應發如是心作如是意近善知識何以故以如是心近善知識令其志願永得清淨復次善男子善知識者長諸善根譬如雪山長諸藥草善知識者是佛法器譬如大海吞納衆流善知識者是功德處譬如大海出生衆寶善知識者淨菩提心譬如猛火能鍊眞金善知識者出過世法如須彌山出於大海善知識者不染世法譬如蓮華不著於水善知識者不受諸惡譬如大海不宿死屍善知識者增長白法譬如白月光色圓滿善知識者照明法界譬如盛日照四天下善知識者長菩薩身譬如父母養育兒子

四善男子汝應發如是心下結勸成益於中二初正勸後何以下舉益釋成於中亦二先正釋事友之益後復次下重讚友爲能益故宜承事

善男子以要言之菩薩摩訶薩若能隨順善知識教得十不可說百千億那由他功德淨十不可說百千億那由他深心長十不可說百千億那由他菩薩根淨十不可說百千億那由他菩薩力斷十不可說百千億阿僧祇障超十不可說百千億阿僧祇魔境入十不可說百千億阿僧祇法門滿十不可說百千億阿僧祇助道修十不可說百千億阿僧祇妙行發十不可說百千億阿僧祇大願善男子我復略說一切菩薩行一切菩薩波羅蜜一切菩薩地一切菩薩忍一切菩薩總持門一切菩薩三昧門一切菩薩神通智一切菩薩迴向一切菩薩願一切菩薩成就佛法皆由善知識力以善知識而爲根本依善知識生依善知識出依善知識長依善知識住善知識爲因緣善知識能發起

第三善男子以要下雙結誡勸二門謂別說難窮故結廣從略於中亦二先寄數結多後我復略說下總收結多既通一切何但百千明知前云十不可說意顯無盡耳

時善財童子聞善知識如是功德能開示無量菩薩妙行能成就無量廣大佛法踊躍歡喜頂禮德生及有德足繞無量帀慇懃瞻仰辭退而去

第六時善財下戀德禮辭（第二明會緣入實相竟）

爾時善財童子聞善知識教潤澤其心正念思惟諸菩薩行向海岸國

自下大文第三慈氏一人明攝德成因相前既會緣入實定堪成佛故辦一生補處成因之義文唯五段以補處位極顯彰闕謙推故第一依教趣求中二初標念前趣後（慈氏一人者先來意後故辦一生已下釋攝德成因之名）

自憶往世不修禮敬即時發意勤力而行復憶往世身心不淨即時發意專自治潔復憶往世作諸惡業即時發意專自防斷復憶往世起諸妄想即時發意恒正思惟復憶往世（校三）（十六）所修諸行但爲自身即時發意令心廣大普及含識復憶往世追求欲境常自損耗無有滋味即時發意修行佛法長養諸根以自安隱復憶往世起邪思念顛倒相應即時發意生正見心起菩薩願復憶往世日夜劬勞作諸惡事即時發意起大精進成就佛法復憶往世受五趣生於自他身皆無利益即時發意願以其身饒益衆生成就佛法承事一切諸善知識如是思惟生大歡喜復觀此身是生老病死衆苦之宅（校三）願盡未來劫（十七）修菩薩道教化衆生見諸如來成就佛法遊行一切佛剎承事一切法師住持一切佛教尋求一切法侶見一切善知識集一切諸佛法與一切菩薩願智身而作因緣作是念時長不思議無量善根即於一切菩薩深信尊重生希有想生大師想諸根清淨善法增益起一切菩薩恭敬供養作一切菩薩曲躬合掌生一切菩薩普見世間眼起一切菩薩普念衆生想現一切菩薩無量願化身出一切菩薩清淨讚說音想見過現一切諸佛及諸菩薩於一切處示現成道神通變化乃至無有一毛端處而不周徧又得清淨智光明眼見一切菩薩所行境界其心普入十方剎網其願普徧虛空法界三世平等無有休息如是一切皆

以信受善知識教之所致耳

二自憶下別生勝念悔往修來於中四一觀昔非以行對治二復觀此身下觀其現苦策進當善諸修行者願審此倣之三作是念時下明觀念之益益其勝觀四如是一切下結益所屬

善財童子以如是尊重如是供養如是稱讚如是觀察如是願力如是想念如是無量智慧境界於毗盧遮那莊嚴藏大樓閣前五體投地暫時斂念思惟觀察以深信解大願力故入徧一切處智慧身平等門

第二善財童子以如是下見敬諮問於中二初見敬後諮問前中亦二先見依後見正各自申敬前中二先入定申敬後出定敬讚前中三初結前標後二別顯定用三總結成益今初斂念者標定思察者定加行信願者是定因入徧下辨定名相

入方廣佛華嚴經疏鈔會本第七十七之一

大方廣佛華嚴經疏鈔會本第七十七之二　牧四

唐于闐國三藏沙門實叉難陀　譯

唐清涼山大華嚴寺沙門澄觀撰述

普現其身在於一切如來前一切菩薩前一切善知識前一切如來塔廟前一切如來形像前一切諸佛諸菩薩住處前一切法寶前一切聲聞辟支佛及其塔廟前一切聖衆福田前一切父母尊者前一切十方衆生前皆如上說尊重禮讚盡未來際無有休息等虛空無邊量故等法界無障礙故等實際徧一切故等如來無分別故猶如影隨智現故猶如夢從思起故猶如像示一切故猶如響緣所發故無有生遞興謝故無有性隨緣轉故

二普現下別顯定用即雙運定慧於中二

一明即智定之妙用於中先羅身雲於法界後等虛空下契法性之真源契法性之者文有十句初四法說一向契實前三約法後一約人人亦得名圓成實故次四喻明就相契實即法而虛同實理故皆上句標相下句釋成後二句約法結其性相經言無有生遷與謝者以更與謝故無定生下句既從緣生明無定性無性即法界也

又決定知一切諸報皆從業起一切諸果皆從因起一切諸業皆從習起一切佛興皆從信起一切化現諸供養事皆悉從於決定解起一切化佛從敬心起一切佛法從善根起一切化身從方便起一切佛事從大願起一切菩薩所修諸行從迴向起一切法界廣大莊嚴從一切智境界而起

二又決定知下明稱法界之深觀於中三初了法從緣次離於斷下智契無性三知一切法如種生芽下會歸中道此三無礙即三觀一心此三無礙者初假次空後中說有前後善財觀心一念頓具非是從假入空等也

今初報酬善惡故云業起果自種生云從因起自修成佛信爲道源感他化身敬心便現今初報酬者文有十句但釋其四事相濫故業是增上緣即諸業習氣果即異熟由名言種從信起佛通真應信爲道源必到佛地故化佛應現敬心便感信機感於佛云感他化身信心成佛乃是自佛餘六可知故疏不釋

離於斷見知迴向故離於常見知無生故離無因見知正因故離顛倒見知如實理故離自在見知不由他故離自他見知從緣起故離邊執見知法界無邊故離往來見知如影像故離有無見知不生滅故離一切法見知空無生故知不自在故知願力出生故離一切相見入無相際故

二智契無性中離顛倒見者通三四倒四倒謂常計無常是名顛倒見於實理則無斯倒若以無常爲常亦非見如實理以壞相故自在見者謂自在天能生萬物故知由自業故不由他離自他見者單執自他則乖緣起邊執見者堅執生死等有其始末故離有無者從無之有名生自有還無稱滅體無生滅何得有無知空無生約理遣法知不自在約緣遣法知願力生約因遣法二契無性下有十一句略不釋初三及八十一若具釋者一既迴向菩提豈謂後身而無果也二即理故非常以執定有則著常故三既知正因非無因矣斷見無果此見無因釋第四句中常計無常是二乘倒不見涅槃妙有實理無常計常是凡夫倒寧知二空如實之理三自在見者即第五句妄謂自在能生萬物令知從業故不從他自修人業尚不生天安得由他令我苦樂釋次二句疏文可知其往來見易故不釋影像隨身去來無實隨業六道實無往來中論云諸行往來者常不應往來無常亦不應往衆生亦復然有無可知離一切法見釋有三句初以理遣者法性空中法即非法二緣會不得不生緣離不得不滅故一切法不得自在三以願爲

因出生諸法因感無性淨法亦無末句易見

知一切法如種生芽故如印生文故知質如像故知聲如響故知境如夢故知業如幻故了世心現故了果因起故了報業集故了知一切諸功德法皆從菩薩善巧方便所流出故

三會歸中道者然隨一句皆離上諸過今且通說三會歸中道者疏中有二先總明言隨一句皆離上諸過者如隨種生芽即離斷常無因顛倒等今且通說者不對諸過但通相說中道義耳如種生芽者從水土等緣生故非無此如初段緣生則無性故非有如第二段非有非無即是中道如是離斷常等可以思準種芽橫喻萬法如印生文即竪喻諸法涅槃云此陰亦滅彼陰續生如蠟印印泥印壞文成等自下諸句通於橫竪了世心現亦唯心觀以心爲緣現而無性即中道觀餘並可知如種生芽下二別釋唯就種芽示中道相餘並略之說此中觀便收前二即顯空假是此中道之空假耳非是從彼空假入斷中矣如是離斷常等者例釋上文總離諸過種芽橫喻者言知一切法故謂若善若惡若內若外皆從自種假緣生故如印生文竪喻者此陰亦滅言現在陰滅也彼陰續生者三世相望故即涅槃經須彌山頂品已引今復略示謂此陰亦滅者中陰生也而此五陰不至中陰中陰五陰非餘處來因現在陰有中陰如蠟印印泥者蠟印況於現陰滅也泥上文成喻中陰陰也印壞者現陰滅也文成者中陰陰生也印不至泥如現在陰不至後陰以印因緣而生是文即如因現在陰有中陰陰也現陰不至後陰即是不常後陰非餘處來因現陰有即是不斷不斷不常是中道義餘如前說了世心現亦唯心觀者正是中道故致亦言即就唯心以辨三觀假心緣現即假觀也現而無性即空觀也上二不二即中道觀也下法喻句對前可知

善財童子入如是智端心潔念於樓觀前舉體投地慇懃頂禮不思議善根流注身心清涼悅澤

三善財童子下總結成益

從地而起一心瞻仰目不暫捨合掌圍繞經無量帀

第二從地而起下出定敬讚於中三初以身敬繞次作是念言下以心敬念後偈頌中以言敬讚

作是念言此大樓閣是解空無相無願者之所住處是於一切法無分別者之所住處是了法界無差別者之所住處是知一切衆生不可得者之所住處是知一切法無生者之所住處是不著一切世間者之所住處是不著一切窟宅者之所住處是不樂一切聚落者之所住處是不依一切境界者之所住處是離一切想者之所住處是知一切法無自性者之所住處是斷一切分別業者之所住處是離一切想心意識者之所住處是不入不出一切道者之所住處是入一切甚深般若波羅蜜者之所住處是能以方便住普門法界者之所住處是息滅一切煩惱火者之所住處是以增上慧除斷一切見愛慢者之所住處是出生一切諸禪解脫三昧通明而遊戲者之所住處是觀察一切菩薩三昧境界者之所住處是安住一切如來所者之所住處

是以一劫入一切劫以一切劫入一劫而不壞其相者之所住處是以一剎入一切剎以一切剎入一剎而不壞其相者之所住處是以一法入一切法以一切法入一法而不壞其相者之所住處是以一衆生入一切衆生以一切衆生入一衆生而不壞其相者之所

住處是以一佛入一切佛以一切佛入一佛而不壞其相者之所住處是於一念中而知一切三世者之所住處是於一念中往詣一切國土者之所住處

是於一切衆生前悉現其身者之所住處是心常利益一切世間者之所住處是能徧至一切處者之所住處是雖已出一切世間爲化衆生故而恒於中現身者之所住處是不著一切剎爲供養諸佛故而遊一切剎者之所住處是不動本處能普詣一切佛剎而莊嚴者之所住處是親近一切佛而不起佛想者之所住處是依止一切善知識而不起善知識想者之所住處是住一切魔宮而不耽著欲境界者之所住處是永離一切心想者之所住處是雖於一切衆生中而現其身然於自他不生二想者之所住處是能普入一切世界而於法界無差別想者之所住處是願住未來一切劫而於諸劫無長短想者之所住處是不離一毛端處而普現身一切世界者之所住處是能演說難遭遇法者之所住處

是能住難知法甚深法無二法無相法無對治法無所得法無戲論法者之所住處

是住大慈大悲者之所住處是已度一切二乘智已超一切魔境界已於世法無所染已到菩薩所到岸已住如來所住處者之所住處是雖離一切諸相而亦不入聲聞正位雖了一切法無生而亦不住無生法性者之所住處是雖觀不淨而不證離貪法亦不與貪欲俱雖修於慈而不證離瞋法亦不與瞋垢俱雖觀緣起而不證離癡法亦不與癡惑俱者之所住處

是雖住四禪而不隨禪生雖行四無量爲化衆生故而不生色界雖修四無色定以大悲故而不住無色界者之所住處是雖勤修止觀爲化衆生故而不證明脫雖行於捨而不捨化衆生事者之所住處是雖觀於空而不起空見雖行無相而常化著相衆生雖行無願而不捨菩提行願者之所住處

是雖於一切業煩惱中而得自在爲化衆生故而現隨順諸業煩惱雖無生死爲化衆生故示受生死雖已離一切趣爲化衆生故示入諸趣者之所住處是雖行於慈而於諸衆生無所愛戀雖行於悲而於諸衆生無所取著雖行於喜而觀苦衆生心常哀愍雖行於捨而不廢捨利益他事者之所住處

是雖行九次第定而不厭離欲界受生雖知一切法無生無滅而不於實際作證雖入三解脫門而不取聲聞解脫雖觀四聖諦而不住小乘聖果雖觀甚深緣起而不住究竟寂滅雖修八聖道而不求永出世間雖超凡夫地而不墮聲聞辟支佛地雖觀五取蘊而不永滅諸蘊雖超出四魔而不分別諸魔雖不著六處而不永滅六處雖安住真如而不墮實際雖說一切乘而不捨大乘

此大樓閣是住如是等一切諸功德者之所住處

二中舉能住者德歎所住樓閣初句具顯故此大樓閣之言貫通諸句於中分十初約境顯勝二是入一切甚深下約德顯妙

三是以一劫下約用顯自在四是於一切衆生前下約行顯勝五是能住難知法下約觀顯深六是住大慈悲下約對治顯勝七是雖住四禪下約止觀明自在八是雖於一切業煩惱下約利他行顯勝九是雖行九次第定下約護小乘行明自在十此大樓閣下結德所住於前九中除初二及五餘皆約權實事理雙行歎所住樓閣義理宏博經文浩大類例可知故不委釋

爾時善財童子而說頌言

此是大悲清淨智利益世間慈氏尊灌頂地中佛長子入如來境之住處

一切名聞諸佛子已入大乘解脱門遊行法界心無著此無等者之住處

第三偈以言讚中五十五偈分二前三十四偈七言舉德歎處後二十一偈五言指處明德前中二初二總歎一約行位一約名德

施戒忍進禪智慧方便願力及神通如是大乘諸度法悉具足者之住處

智慧廣大如虛空普知三世一切法無礙無依無所取了諸有者之住處

善能解了一切法無性無生無所依如鳥飛空得自在此大智者之住處

了知三毒真實性分別因緣虛妄起亦不厭彼而求出此寂靜人之住處

三解脱門八聖道諸蘊處界及緣起悉能觀察不趣寂此善巧人之住處

十方國土及衆生以無礙智咸觀察了性皆空不分別此寂滅人之住處

普行法界悉無礙而求行性不可得如風行空無所行此無依者之住處

餘偈別約德行於中四初有七偈約自利行勝

普見惡道群生類受諸楚毒無所歸放大慈光悉除滅此哀愍者之住處

見諸衆生失正道譬如生盲踐畏途引其令入解脱城此大導師之住處

見諸衆生入魔網生老病死常逼迫令其解脱得慰安此勇健人之住處

見諸衆生嬰惑病而興廣大悲愍心以智慧藥悉除滅此大醫王之住處

見諸群生沒有海沈淪憂迫受衆苦悉以法船而救之此善度者之住處

見諸衆生在惑海能發菩提妙寶心悉入其中而濟拔此善漁人之住處

恒以大願慈悲眼普觀一切諸衆生從諸有海而拔出此金翅王之住處

譬如日月在虛空一切世間靡不燭智慧光明亦如是此照世者之住處

菩薩爲化一衆生普盡未來無量劫如爲一人一切爾此救世者之住處

於一國土化衆生盡未來劫無休息一一國土咸如是此堅固意之住處

二有十偈歎利他行勝

十方諸佛所說法一座普受咸令盡盡未來劫恒悉然此智海人之住處

徧遊一切世界海普入一切道場海供養一切如來海此修行者之住處

修行一切妙行海發起無邊大願海如是經

於衆劫海此功德者之住處一毛端處無量剎佛衆生劫不可說如是明見靡不周此無礙眼之住處一念普攝無邊劫國土諸佛及衆生智慧無礙悉正知此具德人之住處十方國土碎爲塵一切大海以毛滴菩薩發願數如是此無礙者之住處成就總持三昧門大願諸禪及解脫一一皆住無邊劫此真佛子之住處無量無邊諸佛子種種說法度衆生亦說世間衆技術此修行者之住處

三有八偈歎功德勝

成就神通方便智修行如幻妙法門十方五趣悉現生此無礙者之住處菩薩始從初發心具足修行一切行化身無量徧法界此神力者之住處一念成就菩提道普作無邊智慧業世情思慮悉發狂此難量者之住處成就神通無障礙遊行法界靡不周其心未嘗有所得此淨慧者之住處菩薩修行無礙慧入諸國土無所著以無二智普照明此無我者之住處了知諸法無依止本性寂滅同虛空常行如是境界中此離垢人之住處普見群生受諸苦發大仁慈智慧心願常利益諸世間此悲愍者之住處

四有七偈歎方便勝

佛子住於此普現衆生前猶如日月輪徧除生死闇佛子住於此普順衆生心變現無量身充滿十方剎佛子住於此徧遊諸世界一切如來所無量無數劫佛子住於此思量諸佛法無量無數劫其心無厭倦佛子住於此念念入三昧一一三昧門闡明諸佛境佛子住於此悉知一切剎無量無數劫衆生佛名號佛子住於此一念攝諸劫但隨衆生心而無分別想佛子住於此修習諸三昧一一心念中了知三世法佛子住於此結跏身不動普現一切剎一切諸趣中佛子住於此飲諸佛法海深入智慧海具足功德海佛子住於此悉知諸剎數世數衆生數佛名數亦然佛子住於此一念悉能了一切三世中國土之成壞佛子住於此普知佛行願菩薩所修行衆生根性欲佛子住於此見一微塵中無量剎道場衆生及諸劫如一微塵內一切塵亦然種種咸具足處處皆無礙佛子住於此普觀一切法衆生剎及世無起無所有觀察衆生等法等如來等剎等諸願等三世悉平等佛子住於此教化諸群生供養諸如來思惟諸法性無量千萬劫所修願智行廣大不可量稱揚莫能盡彼諸大勇猛所行無障礙安住於此中我合掌敬禮諸佛之長子聖德慈氏尊我今恭敬禮願垂顧念我

後五言指處明德中雖復語依意在歎正於中六初二下化次二上觀三有五偈明三昧自在四有七偈明智慧廣深五有一偈顯平等六有四偈結德申敬求哀請加

爾時善財童子以如是等一切菩薩無量稱揚讚歎法而讚毗盧遮那莊嚴藏大樓閣中諸菩薩已曲躬合掌恭敬頂禮一心願見彌勒菩薩親近供養乃見彌勒菩薩摩訶薩從

別處來無量天龍夜叉乾闥婆阿修羅迦樓羅緊那羅摩睺羅伽王釋梵護世及本生處無量眷屬婆羅門衆及餘無數百千衆生前後圍繞而共來向莊嚴藏大樓觀所

第二爾時下見正報中二一見二敬見中二先翹心願覩後乃見下正覩慈尊言別處來者攝化就機故還來歸本故亦顯慈氏應念而至不著處故

第二善財見已下明設敬儀於中五一身

善財見已歡喜踊躍五體投地

心敬禮二時彌勒下讚德記別三爾時彌勒下重申敬儀四時彌勒下再讚再記五時善財下慶遇念恩

時彌勒菩薩觀察善財指示大衆歎其功德而說頌曰

二中有二先長行指示者令衆同覩倣而行故

汝等觀善財智慧心清淨爲求菩提行而來至我所

後偈正讚有百一十三頌分三初一指衆總歎末後一偈略示後友

善來圓滿慈善來清淨悲善來寂滅眼修行無懈倦善來清淨意善來廣大心善來不退根修行無懈倦善來不動行常求善知識了達一切法調伏諸群生善來行妙道善來住功德善來趣佛果未曾有疲倦善來德爲體善來法所滋善來無邊行世間難可見善來離迷惑世法不能染利衰毀譽等一切無分別善來施安樂調柔堪受化諂誑瞋慢心一切悉除滅善來真佛子普詣於十方增長諸功德調柔無懈倦善來三世智徧知一切法普生功德藏修行不疲厭文殊德雲等一切諸佛子令汝至我所示汝無礙處具修菩薩行普攝諸群生如是廣大人今來至我所爲求諸如來清淨之境界問諸廣大願而來至我所去來現在佛所成諸行業汝欲皆修學而來至我所汝於善知識欲求微妙法欲受菩薩行而來至我所汝念善知識諸佛所稱歎令汝成菩提而來至我所汝念善知識生我如父母養我如乳母增我菩提分如醫療衆疾如天灑甘露如日示正道如月轉淨輪如山不動搖如海無增減如船師濟渡而來至我所汝觀善知識猶如大猛將亦如大商主又如大導師能建正法幢能示佛功德能滅諸惡道能開善趣門能顯諸佛身能守諸佛藏能持諸佛法是故願瞻奉欲滿清淨智欲具端正身欲生尊貴家而來至我所

中間諸偈別歎勝德於中三初二十二偈直對善財歎於中亦三初九讚德善來次二明來因緣以外由善友內具德行故後十一偈明來所爲

汝等觀此人親近善知識隨其所修學一切應順行以昔福因緣文殊令發心隨順無違逆修行不懈倦父母與親屬宮殿及財產一切皆捨離謙下求知識淨治如是意永離世間身當生佛國土受諸勝果報善財見衆生生老病死苦爲發大悲意勤修無上道善財見衆生五趣常流轉爲求金剛智破彼諸苦輪善財見衆生心田甚荒穢爲除三毒刺專求利智犂衆生處癡闇盲冥失正道善財爲

導師示其安隱處忍鎧解脱乘智慧爲利劒能於三有内破諸煩惱賊善財法船師普濟諸含識令過爾燄海疾至淨寶洲善財正覺日智光大願輪周行法界空普照群迷宅善財正覺月白法悉圓滿慈定清涼光等照衆生心善財勝智海依於直心住菩提行漸深出生衆法寶善財大心龍升於法界空興雲霔甘澤生成一切果善財然法燈信炷慈悲油念器功德光滅除三毒闇覺心迦羅邏悲胞慈爲肉菩提分支節長於如來藏增長福德藏清淨智慧藏開顯方便藏出生大願藏如是大莊嚴救護諸群生一切天人中難聞難可見如是智慧樹根深不可動衆行漸增長普蔭諸群生欲生一切德欲問一切法欲斷一切疑專求善知識欲破諸惑魔欲除諸見垢欲解衆生縛專求善知識當滅諸惡道當示人天路令修功德行疾入涅槃城當度諸見難當截諸見網當枯愛欲水當示三有道當爲世依怙當作世光明當成三界師示其解脱處亦當令世間普離諸想著普覺煩惱睡普出愛欲泥當了種種法當淨種種刹一切咸究竟其心大歡喜

二汝等觀下二十六偈對衆令觀讚於中五初四總讚次四讚其即智之悲次七歎即悲之智爾焰者此云所知入大衆論云爾焰地者是第十地此約盡斷十種所知障故次六偈總歎諸德後五偈讚妙果當成爾燄地者此云所知等者睺畧引入大乘論論云菩薩有無量無邊阿僧祇功德到爾燄地向於涅槃以慈衆生還入生死阿僧祇劫示受勤苦出過一切摩闍辟支佛上具足一切功德智慧是故超度爾燄之地乃至云菩薩度生死海中第一阿僧祇劫修淨治地行求淨解脱第二阿僧祇修淨禪定行第三阿僧祇修淨智慧行除爾燄地障是故菩薩名乘自在乘滿足十地得無礙無障一切具足故得阿耨多羅三藐三菩提是故以爾燄智得成大果釋曰爾燄梵語此云智母亦云智度亦云境界亦云所知即所知障亦名爾燄以經云令過爾燄海故而疏但用所知一義即論中第三劫過生死海也論中又云入十地特便能永斷由斯十地說斷二愚及彼麤重皆取爾燄為所知也若據初云到爾燄地及後結云以爾燄智得成大果即含餘義今取經意但舉一耳

汝行極調柔汝心甚清淨所欲修功德一切當圓滿不久見諸佛了達一切法嚴淨衆刹海成就大菩提當滿諸行海當知諸法海當度衆生海如是修諸行當到功德岸當上諸善品當與佛子等如是心決定當斷一切惑當淨一切業當伏一切魔滿足如是願當生妙智道當開正法道不久當捨離惑業諸苦道一切衆生輪沈迷諸有輪汝當轉法輪令其斷苦輪汝當持佛種汝當淨法種汝能集僧種三世悉周徧當斷衆愛網當裂衆見網當救衆苦網當成此願網當度衆生界當淨國土界當集智慧界當成此心界當令衆生喜當令菩薩喜當令諸佛喜當成此歡喜當見一切趣當見一切刹當見一切法當成此佛見當放破闇光當放息熱光當放滅惡光滌除三有苦當開天趣門當開佛道門當云解脱門普使衆生入當示於正道當絕於耶道如是勤修行成就菩提道當修功德海當度三有海普使群生海出於衆苦海當於衆生海消竭煩惱海令修諸行海疾入大智海汝當增智海汝當修行海諸佛大願海汝當咸滿足汝當入刹海汝當觀衆海汝當以智力普飲諸法海當覲諸佛雲當起供養雲當

聽妙法雲當興此願雲普遊三有至普壞衆惑室普入如來室當行如是道普入三昧門普遊解脱門普住神通門周行於法界普現衆生前普對諸佛前譬如日月光當成如是力所行無動亂所行無染著如鳥行虛空當成此妙用譬如因陀網刹網如是住汝當悉往詣如風無所礙汝當入法界徧往諸世界普見三世佛心生大歡喜汝於諸法門已得及當得應生大喜躍無貪亦無厭汝是功德器能隨諸佛教能修菩薩行得見此奇特如是諸佛子億劫難可遇況見其功德所修諸妙道汝生於人中大獲諸善利得見文殊等無量諸功德已離諸惡道已出諸難處已超衆苦患善哉勿懈怠已離凡夫地已住菩薩地當滿智慧地速入如來地菩薩行如海佛智同虛空汝願亦復然應生大欣慶諸根不懈倦志願恒決定親近善知識不久悉成滿菩薩種種行皆爲調衆生普行諸法門愼勿生疑惑汝具難思福及以真實信是故於今日得見諸佛子汝見諸佛子悉獲廣大利一諸大願一切咸信受汝於三有中能修菩薩行是故諸佛子示汝解脱門非是法器人與佛子同住設經無量劫莫知其境界汝見諸菩薩得聞如是法世間甚難有應生大喜慶諸佛護念汝菩薩攝受汝能順其教行菩哉住壽命已生菩薩家已具菩薩德已長如來種當升灌頂位不久汝當得與諸佛子等見苦惱衆生悉置安隱處如下如是種必獲如是果我今慶慰汝汝應大欣悅無量諸菩薩無量劫行道未能成此行今汝皆獲得信樂堅進力善財成此行若有敬慕心亦當如是學一切功德行皆從願欲生善財已了知常樂勤修習如龍布密雲必當霔大雨菩薩起願智決定修諸行若有善知識示汝普賢行汝當好承事愼勿生疑惑汝於無量劫爲欲安捨身今爲求菩提此捨方爲善汝於無量劫具受生死苦不曾事諸佛未聞如是行汝今得人身值佛善知識聽受菩提行云何不歡喜雖遇佛興世亦值善知識其心不清淨不聞如是法若於善知識信樂心尊重離疑不疲厭乃聞如是法若有聞此法而興誓願心當知如是人已獲廣大利如是心清淨常得近諸佛亦近諸菩薩決定成菩提若入此法門則具諸功德永離衆惡趣不受一切苦不久捨此身往生佛國土常見十方佛及以諸菩薩往因今淨解及事善友力增長諸功德如水生蓮華樂事善知識勤供一切佛專心聽聞法常行勿懈倦汝是真法器當具一切法當修一切道當滿一切願汝以信解心而來禮敬我不久當普入一切諸佛會善哉真佛子恭敬一切佛不久具諸行到佛功德岸

三汝行下重對善財讚於中分五初二十六偈歎其當果德初二總餘皆別二汝於下七偈雙歎當現德三諸根下八偈讚其遇友德四有五偈歎速成位行德五有十七偈總明諸德結歎令欣

汝當往大智文殊師利所彼當令汝得普賢深妙行

二略示後友

爾時彌勒菩薩摩訶薩在衆會前稱讚善財大功德藏善財聞已歡喜踊躍身毛皆竪悲泣哽噎起立合掌恭敬瞻仰繞無量帀以文殊師利心念力故衆華瓔珞種種妙寶不覺忽然自盈其手善財歡喜即以奉散彌勒菩薩摩訶薩上

第三重申敬儀中三初辨敬因聞讚德故次善財聞下身心悲敬後以文殊下華供展誠言文殊心念力者表由信智故華因德立瓔珞行成云盈手者信智滿故散彌勒者攝成因故辨當果故

時彌勒菩薩摩訶薩善財頂爲說頌言

善哉善哉真佛子　普策諸根無懈倦　不久當具諸功德　猶如文殊及與我

敎四

第四再讚再記

二十

時善財童子以頌答曰

我念善知識　億劫難值遇　今得咸親近　而來詣尊所　我以文殊故　見諸難見者　彼大功德尊　願速還瞻覲

第五慶遇念恩文並可知

大方廣佛華嚴經疏鈔會本第七十七之二

大方廣佛華嚴經疏鈔會本第七十八之一　牧五

唐于闐國三藏沙門實叉難陀　譯

唐清涼山大華嚴寺沙門澄觀撰述

爾時善財童子合掌恭敬重白彌勒菩薩摩訶薩言大聖我已先發阿耨多羅三藐三菩提心

第二爾時善財童子合掌下諮問中二先自陳發心

而我未知菩薩云何學菩薩行云何修菩薩道大聖一切如來授尊者記一生當得阿耨多羅三藐三菩提若一生當得無上菩提則已超越一切菩薩所住處則已出過一切菩薩離生位則已圓滿一切波羅蜜則已深入一切諸忍門則已具足一切菩薩地則已遊戲一切解脱門則已成就一切三昧法則已通達一切菩薩行則已證得一切陀羅尼辯才則已於一切菩薩自在中而得自在則已積集一切菩薩助道法則已遊戲智慧方便則已出生大神通智則已成就一切學處則已圓滿一切妙行則已滿足一切大願則已領受一切佛所記則已了知一切諸乘門則已堪受一切如來所護念則已能攝一切佛菩提則已能持一切佛法藏則已能持一切諸佛菩薩祕密藏則已能於一切菩薩衆中爲上首則已能爲破煩惱魔軍大勇將則已能作出生死曠野大導師則已能作治諸惑重病大醫王則已能於一切衆生中爲最勝則已能於一切世主中得自在則已能於一切聖人中最第一則已能於一切聲聞獨覺中最增上則已能於生死海中爲船師則已能布調伏一切衆生網則已能觀一切衆生根則已能攝一切衆生界則已能守護一切菩薩衆則已能談議一切菩薩事則已能往詣一切如來所則已能住止一切如來會則已能現身一切衆生前則已能於一切世法無所染則已能超越一切魔境界則已能安住一切佛境界則已能到一切菩薩無礙境則已能精勤供養一切佛則已與一切諸佛法同體性已繫妙法繒已受佛灌頂已住一切智已能普生一切佛法已能速踐一切智位大聖菩薩云何學菩薩行云何修菩薩道隨所修學疾得具足一切佛法悉能度脱所念衆生普能成滿所發大願普能究竟所起諸行普能安慰一切天人不負自身不斷三寶不虛一切佛菩薩種能持一切諸佛法眼

如是等事願皆爲説

後而我未知下正問法要於中三初標所問次大聖一切如來下歎慈氏有能答之德即以此德亦爲問端初總後別別有五十句皆因圓果滿德三大聖菩薩下結問請説兼顯問意

爾時彌勒菩薩摩訶薩觀察一切道場衆會指示善財而作是言諸仁者汝等見此長者子今於我所問菩薩行諸功德不

第三爾時彌勒菩薩下稱歎授法於中二先稱歎後授法前中二先爲大衆讚歎善財即是歎人後爲善財讚菩提心即是讚法前中亦二先指人示衆

諸仁者此長者子勇猛精進志樂無雜深心堅固恒不退轉具勝希望如救頭然無有厭

足樂善知識親近供養處處尋求承事請法後諸仁者此長者子下正讚其德於中四一明求友精勤二明所乘廣大三明具德無缺四明速證超權初中二先總顯精勤

諸仁者此長者子曩於福城受文殊教展轉南行求善知識經由一百一十善知識已然後而來至於我所未曾暫起一念疲懈

後諸仁者下別示精勤之相謂一時之勤猶未可歎自始暨末一念無懈故爲可稱言一百一十善知識者古有多釋一云理應具有但文脫漏賢首云前後諸友總五十四位分出德生有德爲二則五十五人各有自分勝進故有一百一十若依此解則違此巳言既云經百一十巳方至彌勒彌勒等三非百一十之數明矣有云減數十耳實唯一百八人謂此前除徧友但五十一人各具主伴成百二人徧友指示衆藝雖非主友而是伴友爲一百三更加無厭足王處空天瞿波處無憂德神摩耶處蓮華法德身衆神及妙華光明神守護法堂善眼羅剎合前總有百八以空天等相問答故得在友數非前主友稱名指示故非主友但名伴友若爾則違下餘城之言下自釋云前至童子童女巳經一百一十今更後文殊所故云餘也謂若此爲百八加於慈氏尚始百九并後文殊方正一十何有餘耶若爾下疏破其釋明其立義前後相違上皆敘昔若會通者三釋皆得一種取前更加不動處覺悟菩薩如來使天足成一百一十則餘義亦成以彼二聖亦教善財故得爲伴友其餘巳之言但是譯者之意故晉經無有巳字則通取前後於義無妨然下復云百一十城又云過百一十由旬皆言百一十者有所表故謂除佛位取其證入十地等覺爲百一十一中具十故亦顯位位十十相融設有三賢亦唯具十若合等覺屬十地勝進則開十信爲一故進退行布及與圓融皆順百一十言何必尅定前後若會通下疏爲會釋總會三釋從後倒會然下復云下二會藏和尚意取一百一十表法爲妙該有三賢者十地一一攝三位故一位尚得總攝於十況三賢望地類例相似攝之善成故十地中各修一度十行之位亦各一度十住之位初是發心後是灌頂十地之位初證發心後亦灌頂而受位故依開等覺合信屬住若合等覺卽開十信開信是退開等覺是進要令十一成百一十其第一師義說經來未盡者亦百一十

諸仁者此長者子甚爲難有趣向大乘乘於大慧發大勇猛擐大悲甲以大慈心救護衆生起大精進波羅蜜行作大商主護諸衆生爲大法船度諸有海住於大道集大法寶修諸廣大助道之法

第二諸仁者此長者子甚爲難有下明所乘廣大於中三初總歎希奇

如是之人難可得聞難可得見難得親近同居共行何以故此長者子發心救護一切衆生令一切衆生解脫諸苦超諸惡趣離諸險難破無明闇出生死野息諸趣輪度魔境界不著世法出欲淤泥斷貪鞅解見縛壞想宅絕迷道摧慢幢拔惑箭撤睡蓋裂愛網滅無明度有流離諂幻淨心垢斷癡惑出生死諸仁者此長者子爲被四流漂泊者造大法船爲被見泥没溺者立大法橋爲被癡闇昏迷者然大智燈爲行生死曠野者開示聖道爲

嬰煩惱重病者調和法藥爲遭生老死苦者飲以甘露令其安隱爲入貪恚癡火者沃以定水使得清涼多憂惱者慰喻使安繫有獄者曉誨令出入見網者開以智劒住界城者示諸脫門在險難者導安隱處懼結賊者與無畏法墮惡趣者授慈悲手拘害蘊者示涅槃城界蛇所纏解以聖道著於六處空聚落者以智慧光引之令出住邪濟者令入正濟近惡友者示其善友樂凡法者誨以聖法著生死者令其趣入一切智城

二如是之人下別明難遇於中二先標舉後何以下徵釋釋意云悲濟深廣故即開前總中救護衆生於中二先明總護一切後爲被四流下約類別明汨者流急之貌言界城者即十八界一一根境識中別別解脫故言界蛇者即地等四界六處空聚癡闇無人不以智光引之必爲塵賊所劫界城者十八界是生死因相故晉經云三界三界爲城郭約果相故言界蛇即地等四界者俱舍云大種謂四界即地水火風能成持等業堅濕煖動性故及六處等並如二地

諸仁者此長者子恒以此行救護衆生發菩提心未嘗休息求大乘道曾無懈倦飲諸法水不生厭足恒勤積集助道之行常樂清淨一切法門修菩薩行不捨精進成滿諸願善行方便見善知識情無厭足事善知識身無疲懈聞善知識所有教誨常樂順行未曾違逆

三諸仁者此長者子恒以下總結所作

諸仁者若有衆生能發阿耨多羅三藐三菩提心是爲希有若發心已又能如是精進方便集諸佛法倍爲希有又能如是求菩薩道又能如是淨菩薩行又能如是事善知識又能如是如救頭然又能如是順知識教又能如是堅固修行又能如是集菩提分又能如是不求一切名聞利養又能如是不捨菩薩純一之心又能如是不樂家宅不著欲樂不戀父母親戚知識但樂追求菩薩伴侶又能如是不顧身命唯願勤修一切智道應知展轉倍更難得

第三諸仁者若有衆生下明具得無缺有十三句有一在已已爲希有況有二三乃至全具故云展轉難有又復後後難於前前故云展轉

諸仁者餘諸菩薩經於無量百千萬億那由他劫乃能滿足菩薩願行乃能親近諸佛菩提此長者子於一生內則能淨佛刹則能化衆生則能以智慧深入法界則能成就諸波羅蜜則能增廣一切諸行則能圓滿一切大願則能超出一切魔業則能承事一切善友則能清淨諸菩薩道則能具足普賢諸行

第四諸仁者餘諸下明速證超權以依實教修行故謂即凡身一生亦解行生故千年之鳥不及朝生之鳳普賢生位互融攝故依實修者悉皆能爾胡不勉旃謂即凡身一生者約圓融說亦是解行一生約行布說故千年之鳥下成第一凡身一生之義依實修者下通伏難恐有問言約法圓融界則可爾豈得實有凡身一生而得成辦故爲此通非獨善財行者即得餘如發心功德品文有十句初二總明具諸位行三入十住四五入十行六入迴向又上四句亦皆十地行又上四義義含通別下四句通諸地位中三入十住者比十句文有三

節初一總具行位後四亦通中間四句自有三義一但攝三賢以三是智慧入法界同住義故四五皆行故六是願故二又上四下重以此四攝十地三即十地證智證十法界故四即別地行故五即稱理具修行故六即大願導諸行故三又上四下義含通別者別如初配通諸位故

爾時彌勒菩薩摩訶薩如是稱歎善財童子
八 種種功德令無量百千衆生發菩提心已告善財言善哉善哉善男子汝爲饒益一切世間汝爲救護一切衆生汝爲勤求一切佛法故發阿耨多羅三藐三菩提心善男子汝獲善利汝善得人身汝善住壽命汝善值如來出現汝善見文殊師利大善知識汝身是善器爲諸善根之所潤澤汝爲白法之所資持所有解欲悉已清淨已爲諸佛共所護念已爲善友共所攝受

第二爾時彌勒下爲善財歎菩提心文分二別初結前生後後告善財下正歎於中四初標歎發心二汝獲善利下歎其發心之器成益三何以下廣舉菩提心德釋成四善男子菩提心者成就如是下結釋所屬前二可知

何以故

二中先徵意云所以歎善哉獲善利者何耶釋意云菩提心具德故文有二百二十一句皆通三種發心頓具諸位功德且分爲二初一百一十八句明菩提心徧該諸地後得無畏藥下一百三句明菩提心頓具諸位功德又前多明信成就及解行發心後段多明證位發心故文多云得又前段明菩提心殊勝功德高齊佛果後段喻菩提心自在功德廣多無量又前段明下約高廣分即光統意故依之釋文若順第三意則前段但是三賢即分爲三攝上十二初三段十住次五十行後四十向二意皆通有宗法師於二百二十一喻皆立別名亦不分判亦無別理

九 善男子菩提心者猶如種子能生一切諸佛法故菩提心者猶如良田能長衆生白淨法故菩提心者猶如大地能持一切諸世間故

今初段中分二先別明後總結前中文通橫豎橫則一一發心皆具諸句之德豎則別配諸位發心以從菩薩種性至於究竟不出三種發心故光統配十二住初三句即種性住故云如種如田地皆是種性之義

菩提心者猶如淨水能洗一切煩惱垢故菩提心者猶如大風普於世間無所礙故菩提心者猶如盛火能燒一切諸見薪故菩提心者猶如淨日普照一切諸世間故菩提心者猶如盛月諸白淨法悉圓滿故菩提心者猶如明燈能放種種法光明故

二如淨水下六句明勝解行住中之益

菩提心者猶如淨目普見一切安危處故菩提心者猶如大道普令得入大智城故菩提心者猶如正濟令其得離諸邪法故菩提心者猶如大車普能運載諸菩薩故菩提心者猶如門戶開示一切菩薩行故菩提心者猶如宮殿安住修習三昧法故菩提心者猶如園苑於中遊戲受法樂故菩提心者猶如舍
十 宅安隱一切諸衆生故菩提心者則爲所歸利益一切諸世間故菩提心者則爲所依諸菩薩行所依處故菩提心者猶如慈父訓導一切諸菩薩故菩提心者猶如慈母生長一

切諸菩薩故菩提心者猶如乳母養育一切諸菩薩故菩提心者猶如善友成益一切諸菩薩故菩提心者猶如君主勝出一切二乘人故菩提心者猶如帝王一切願中得自在故

三淨目下十六句極喜增上住皆初地中義故

菩提心者猶如大海一切功德悉入中故菩提心者如須彌山於諸衆生心平等故菩提心者如鐵圍山攝持一切諸世間故菩提心者猶如雪山長養一切智慧藥故菩提心者猶如香山出生一切功德香故菩提心者猶如虛空諸妙功德廣無邊故菩提心者猶如蓮華不染一切世間法故

四如大海下七句戒增上住

菩提心者如調慧象其心善順不獷俠故菩提心者如良善馬遠離一切諸惡性故菩提心者如調御師守護大乘一切法故菩提心者猶如良藥能治一切煩惱病故菩提心者猶如坑穽陷沒一切諸惡法故菩提心者猶如金剛悉能穿徹一切法故菩提心者猶如香篋能貯一切功德香故菩提心者猶如妙華一切世間所樂見故菩提心者如白栴檀除衆欲熱使清涼故菩提心者如黑沈香能熏法界悉周徧故

五調慧象下十句增上心住

菩提心者如善見藥王能破一切煩惱病故菩提心者如毗笈摩藥能拔一切諸惑箭故菩提心者猶如帝釋一切主中最爲尊故菩提心者如毗沙門能斷一切貧窮苦故菩提心者如功德天一切功德所莊嚴故菩提心者如莊嚴具莊嚴一切諸菩薩故菩提心者如劫燒火能燒一切諸有爲故菩提心者如無生根藥長養一切諸佛法故菩提心者猶如龍珠能消一切煩惱毒故菩提心者如水清珠能清一切煩惱濁故

六善見藥下十句覺分相應增上慧住中云毗笈摩者此云普去

菩提心者如如意珠周給一切諸貧乏故菩提心者如功德瓶滿足一切衆生心故菩提心者如如意樹能雨一切莊嚴具故菩提心者如鵝羽衣不受一切生死垢故菩提心者如白氎線從本已來性清淨故菩提心者如快利犂能治一切衆生田故菩提心者如那羅延能摧一切我見敵故菩提心者猶如快箭能破一切諸苦的故菩提心者猶如利矛能穿一切煩惱甲故菩提心者猶如堅甲能護一切如理心故

七如意珠下十句諸諦相應增上住

菩提心者猶如利刀能斷一切煩惱首故菩提心者猶如利劍能斷一切憍慢鎧故菩提心者如勇將幢能伏一切諸魔軍故菩提心者猶如利鋸能截一切無明樹故菩提心者猶如利斧能伐一切諸苦樹故菩提心者猶如兵仗能防一切諸苦難故菩提心者猶如善手防護一切諸度身故菩提心者猶如好足安立一切諸功德故菩提心者猶如眼藥滅除一切無明翳故菩提心者猶如鉗鑷能拔一切身見刺故

八利刀下十句明緣起流轉止息相應增

上住

菩提心者猶如卧具息除生死諸勞苦故菩提心者如善知識能解一切生死縛故菩提心者如好珍財能除一切貧窮事故菩提心者如大導師善知菩薩出要道故菩提心者猶如伏藏出功德財無匱乏故菩提心者猶如涌泉生智慧水無窮盡故菩提心者猶如明鏡普現一切法門像故菩提心者猶如蓮華不染一切諸罪垢故菩提心者猶如大河流引一切度攝法故菩提心者如大龍王能雨一切妙法雨故

九卧具下十句明無相有功用住

菩提心者猶如命根任持菩薩大悲身故菩提心者猶如甘露能令安住不死界故菩提心者猶如大網普攝一切諸衆生故菩提心者猶如罥索攝取一切所應化故菩提心者猶如鉤餌出有淵中所居者故菩提心者如阿伽陀藥能令無病永安隱故菩提心者如善除毒藥悉能消歇貪愛毒故菩提心者猶如持咒能除一切顛倒毒故菩提心者猶如疾風能卷一切諸障霧故菩提心者如大寶洲出生一切覺分寶故

十命根下十句明無相無功用住

菩提心者如好種性出生一切白淨法故菩提心者猶如住宅諸功德法所依處故菩提心者猶如市肆菩薩商人貿易處故菩提心者如鍊金藥能治一切煩惱垢故菩提心者猶如好蜜圓滿一切功德味故菩提心者猶如正道令諸菩薩入智城故菩提心者猶如好器能持一切白淨法故菩提心者猶如時雨能滅一切煩惱塵故菩提心者則為住處一切菩薩所住處故菩提心者則為壽行不取聲聞解脫果故

十一好種性下十句明無礙解住言壽行者梵本云則為磁石不吸聲聞解脫果故

菩提心者如淨瑠璃自性明潔無諸垢故菩提心者如帝青寶出過世間二乘智故菩提心者如更漏鼓覺諸衆生煩惱睡故菩提心者如清淨水性本澄潔無垢濁故菩提心者如閻浮金映奪一切有為善故菩提心者如大山王超出一切諸世間故菩提心者則為所歸不拒一切諸來者故菩提心者則為義利能除一切衰惱事故菩提心者則為妙寶能令一切心歡喜故菩提心者如大施會充滿一切衆生心故菩提心者則為尊勝諸衆生心無與等故菩提心者猶如伏藏能攝一切諸佛法故菩提心者如因陀羅網能伏煩惱阿脩羅故菩提心者如婆樓那風能動一切所應化故菩提心者如因陀羅火能燒一切諸惑習故菩提心者如佛支提一切世間應供養故

十二淨琉璃下十六句明最上菩薩住梵本云因陀羅網網取煩惱阿脩羅故婆樓那風此云迅猛風也其中文義皆與彼位相應恐繁不屬故始於種子終於惑習明豎義彰矣然斷習等推功歸本由初發心則橫具諸德於理明矣

善男子菩提心者成就如是無量功德舉要言之應知悉與一切佛法諸功德等何以故因菩提心出生一切諸菩薩行三世如來從

菩提心而出生故是故善男子若有發阿耨
多羅三藐三菩提心者則已出生無量功德
普能攝取一切智道
二善男子下總結即功成由於始贊故初
心具於諸德況復初後圓融
善男子譬如有人得無畏藥離五恐怖何等
爲五所謂火不能燒毒不能中刀不能傷水
不能漂烟不能熏菩薩摩訶薩亦復如是得
一切智菩提心藥貪火不燒瞋毒不中惑刀
不傷有流不漂諸覺觀烟不能熏害善男子
譬如有人得解脫藥終無橫難菩薩摩訶薩
亦復如是得菩提心解脫智藥永離一切生
死橫難善男子譬如有人持摩訶應伽藥毒
蛇聞氣即皆遠去菩薩摩訶薩亦復如是持
菩提心大應伽藥一切煩惱諸惡毒蛇聞其
氣者悉皆散滅善男子譬如有人持無勝藥
一切寃敵無能勝者菩薩摩訶薩亦復如是
持菩提心無能勝藥悉能降伏一切魔軍善
男子譬如有人持毘笈摩藥能令毒箭自然
墮落菩薩摩訶薩亦復如是持菩提心毘笈

摩藥令貪恚癡諸邪見箭自然墮落善男子
譬如有人持善見藥能除一切所有諸病菩
薩摩訶薩亦復如是持菩提心善見藥王悉
除一切諸煩惱病善男子如有藥樹名珊陀
那有取其皮以塗瘡者瘡即除愈然其樹皮
隨取隨生終敎五不可盡菩薩摩訶薩十六從菩提心
生一切智樹亦復如是若有得見而生信者
煩惱業瘡悉得消滅一切智樹初無所損
第二善男子譬如下一百三句明菩提心
自在功德文中各有喻合說聽之人所見
深遠故所引喻多非凡境亦顯不共菩提
心故雖通橫竪且竪分五段初有一句攝
十住德覺心自性離惡覺等故
善男子如有藥樹名無生根以其力故增長
一切閻浮提樹菩薩摩訶薩菩提心樹亦復
如是以其力故增長一切學與無學及諸菩
薩所有善法善男子譬如有藥名阿藍婆若
用塗身身之與心咸有堪能菩薩摩訶薩得
菩提心阿藍婆藥亦復如是令其身心增長
善法善男子譬如有人得念力藥凡所聞事

憶持不忘菩薩摩訶薩得菩提心念力妙藥
悉能聞持一切佛法皆無忘失善男子譬如
有藥名大蓮華其有服者住壽一劫菩薩摩
訶薩服菩提心大蓮華藥亦復如是於無數
劫壽命自在善男子譬如有人執翳形藥人
與非人悉敎五不能見菩薩摩訶薩十七執菩提心翳
形妙藥一切諸魔不能得見善男子如海有
珠名普集衆寶此珠若在假使劫火焚燒世
間能令此海減於一滴無有是處菩薩摩訶
薩菩提心珠亦復如是住於菩薩大願海中
若常憶持不令退失能壞菩薩一善根者終
無是處若退其心一切善法即皆散滅善男
子如有摩尼名大光明有以此珠瓔珞身者
映蔽一切寶莊嚴具所有光明悉皆不現菩
薩摩訶薩菩提心寶亦復如是瓔珞其身映
蔽一切二乘心寶諸莊嚴具悉無光采善男
子如水清珠能清濁水菩薩摩訶薩菩提心
珠亦復如是能清一切煩惱垢濁善男子譬
如有人得住水寶繫其身上入大海中不爲
水害菩薩摩訶薩亦復如是得菩提心住水

妙寶入於一切生死海中終不沈没善男子譬如有人得龍寶珠持入龍宮一切龍蛇不能爲害菩薩摩訶薩亦復如是得菩提心大龍寶珠入欲界中煩惱龍蛇不能爲害

二無生根下十喻攝十行德

大方廣佛華嚴經疏鈔會本第七十八之一

大方廣佛華嚴經疏鈔會本第七十八之二　牧六

唐于闐國三藏沙門實叉難陀　譯

唐清涼山大華嚴寺沙門澄觀撰述

天衆菩薩摩訶薩亦復如是著菩提心大願善男子譬如帝釋著摩尼冠映蔽一切諸餘寶冠超過一切三界衆生善男子譬如有人得如意珠除滅一切貧窮之苦菩薩摩訶薩亦復如是得菩提心如意寶珠遠離一切邪命怖畏善男子譬如有人得日精珠持向日光而生於火菩薩摩訶薩亦復如是得菩提心智日寶珠持向智光而生智火善男子譬如有人得月精珠持向月光而生於水菩薩摩訶薩亦復如是得菩提心月精寶珠持此心珠鑒迴向光而生一切善根願水善男子譬如龍王首戴如意摩尼寶冠遠離一切冤敵怖畏菩薩摩訶薩亦復如是著菩提心大悲寶冠遠離一切惡道諸難善男子如有寶珠名一切世間莊嚴藏若有得者令其所欲悉得充滿而此寶珠無所損減菩提心寶亦復如是若有得者令其所願悉得滿足而菩提心無有損減善男子如轉輪王有摩尼寶置於宮中放大光明破一切闇菩薩摩訶薩亦復如是以菩提心大摩尼寶住於欲界放大智光悉破諸趣無明黑闇善男子譬如帝青大摩尼寶若有爲此光明所觸即同其色菩薩摩訶薩菩提心寶亦復如是觀察諸法迴向善根靡不即同菩提心色善男子如瑠璃寶於百千歲處不淨中不爲臭穢之所染著性本淨故菩薩摩訶薩菩提心寶亦復如是於百千劫住欲界中不爲欲界過患所染猶如法界性清淨故

三帝釋著摩尼下九句攝十迴向德

善男子譬如有寶名淨光明悉能映蔽一切寶色菩薩摩訶薩菩提心寶亦復如是悉能映蔽一切凡夫二乘功德善男子譬如有寶名爲火燄悉能除滅一切闇冥菩薩摩訶薩菩提心寶亦復如是能滅一切無知闇冥善男子譬如海中有無價寶商人采得船載入城諸餘摩尼百千萬種光色價直無與等者菩提心寶亦復如是住於生死大海之中菩薩摩訶薩乘大願船深心相續載之來入解脫城中二乘功德無能及者善男子如有寶珠名自在王處閻浮洲去日月輪四萬由旬日月宮中所有莊嚴其珠影現悉皆具足菩薩摩訶薩發菩提心淨功德寶亦復如是住生死中照法界空佛智日月一切功德悉於中現

四有寶名淨光明下六十喻攝十地德即分爲十初四攝初地德

善男子如有寶珠名自在王日月光明所照之處一切財寶衣服等物所有價直悉不能及菩薩摩訶薩發菩提心自在王寶亦復如是一切智光所照之處三世所有天人二乘漏無漏善一切功德皆不能及善男子海中有寶名曰海藏普現海中諸莊嚴事菩薩摩訶薩菩提心寶亦復如是普能顯現一切智海諸莊嚴事善男子譬如天上閻浮檀金唯除心王大摩尼寶餘無及者菩薩摩訶薩發菩提心閻浮檀金亦復如是除一切智心王大寶餘無及者

二如自在王下三喻攝二地德持戒頭陀等淨功德故

善男子譬如有人善調龍法於諸龍中而得自在菩薩摩訶薩亦復如是得菩提心善調龍法於諸一切煩惱龍中而得自在善男子譬如勇士被執鎧仗一切寃敵無能降伏菩薩摩訶薩亦復如是被執菩提大心鎧仗一切業惑諸惡寃敵無能屈伏善男子譬如天上黑栴檀香若燒一銖其香普熏小千世界三千世界滿中珍寶所有價直皆不能及菩薩摩訶薩菩提心香亦復如是一念功德普熏法界聲聞緣覺一切功德皆所不及善男子如白栴檀若以塗身悉能除滅一切熱惱令其身心普得清涼菩薩摩訶薩菩提心香亦復如是能除一切虛妄分別貪恚癡等諸惑熱惱令其具足智慧清涼

三善調龍法下四喻攝三地德入諸禪定離惑熱等故

善男子如須彌山若有近者即同其色菩薩摩訶薩菩提心山亦復如是若有近者悉得同其一切智色善男子譬如波利質多羅樹其皮香氣閻浮提中若婆師迦瞻蔔迦若蘇摩那如是等華所有香氣皆不能及菩薩摩訶薩菩提心樹亦復如是所發大願功德之香一切二乘無漏戒定智慧解脫解脫知見諸功德香悉不能及善男子譬如波利質多羅樹雖未開華應知即是無量諸華出生之處菩薩摩訶薩菩提心樹亦復如是雖未開發一切智華應知即是無數天人衆菩提華所生之處善男子譬如波利質多羅華一日熏衣瞻蔔迦華婆利師華蘇摩那華雖千歲熏亦不能及菩薩摩訶薩菩提心華亦復如是一生所熏諸功德香普徹十方一切佛所一切二乘無漏功德百千劫熏所不能及

四須彌山下四喻攝四地德同一切智焰得無漏故

善男子如海島中生椰子樹根莖枝葉及以華果一切衆生恒取受用無時暫歇菩薩摩訶薩菩提心樹亦復如是始從發起悲願之心乃至成佛正法住世常時利益一切世間無有間歇善男子如有藥汁名訶宅迦人或得之以其一兩變千兩銅悉成眞金非千兩銅能變此藥菩薩摩訶薩亦復如是以菩提心迴向智藥普變一切業惑等法悉使成於一切智相非業惑等能變其心善男子譬如小火隨所焚燒其燄轉熾菩薩摩訶薩菩提心火亦復如是隨所攀緣智燄增長善男子譬如一燈然百千燈其本一燈無減無盡菩薩摩訶薩菩提心燈亦復如是普然三世諸佛智燈而其心燈無減無盡

五椰子樹下四喻攝五地德利人不染俗故

善男子譬如一燈入於闇室百千年闇悉能破盡菩薩摩訶薩菩提心燈亦復如是入於衆生心室之內百千萬億不可說劫諸業煩惱種種闇障悉能除盡善男子譬如燈炷隨其大小而發光明若益膏油明終不絕菩薩摩訶薩菩提心燈亦復如是大願爲炷光照法界益大悲油教化衆生莊嚴國土施作佛事無有休息善男子譬如他化自在天王冠

閻浮檀眞金天冠欲界天子諸莊嚴具皆不能及菩薩摩訶薩亦復如是冠菩提心大願天冠一切凡夫二乘功德皆不能及善男子如師子王哮吼之時師子兒聞皆增勇健餘獸聞之即皆竄伏佛師子王菩提心吼應知亦爾諸菩薩聞增長功德有所得者聞皆退散善男子譬如有人以師子筋而爲樂絃其音既奏餘絃悉絕菩薩摩訶薩亦復如是以如來師子波羅蜜身菩提心筋爲法樂絃其音既奏一切五欲及以二乘諸功德絃悉皆斷滅善男子譬如有人以牛羊等種種諸乳假使積集盈於大海以師子乳一滴投中悉皆變壞直過無礙菩薩摩訶薩亦復如是以如來師子菩提心乳著無量劫業煩惱乳大海之中悉令壞滅直過無礙終不住於二乘解脫

六一蹬下六喻攝六地德般若現前頓破闇故

善男子譬如迦陵頻伽鳥在卵㲉中有大勢力一切諸鳥所不能及菩薩摩訶薩亦復如是於生死㲉發菩提心所有大悲功德勢力聲聞緣覺無能及者善男子如金翅鳥王子初始生時目則明利飛則勁捷一切諸鳥雖久成長無能及者菩薩摩訶薩亦復如是發菩提心爲佛王子智慧清淨大悲勇猛一切二乘雖百千劫久修道行所不能及善男子如有壯夫手執利矛刺堅密甲直過無礙菩薩摩訶薩亦復如是執菩提心銛利快矛刺諸邪見隨眠密甲悉能穿徹無有障礙善男子譬如摩訶那伽大力勇士若奮威怒於其額上必生瘡皰瘡若未合閻浮提中一切人民無能制伏菩薩摩訶薩亦復如是若起大悲必定發於菩提之心心未捨來一切世間魔及魔民不能爲害善男子譬如射師有諸弟子雖未慣習其師技藝然其智慧方便善巧餘一切人所不能及菩薩摩訶薩初始發心亦復如是雖未慣習一切智行然其所有願智解欲一切世間凡夫二乘悉不能及

七迦陵頻伽下五喻攝七地德善入方便得自在故

善男子如人學射先安其足後習其法菩薩摩訶薩亦復如是欲學如來一切智道先當安住菩提之心然後修行一切佛法善男子譬如幻師將作幻事先當起意憶持幻法然後所作悉得成就菩薩摩訶薩亦復如是將起一切諸佛菩薩神通幻事先當起意發菩提心然後一切悉得成就善男子譬如幻術無色現色菩薩摩訶薩菩提心相亦復如是雖無有色不可覩見然能普於十方法界示現種種功德莊嚴善男子譬如猫狸纔見於鼠鼠即入穴不敢復出菩薩摩訶薩發菩提心亦復如是暫以慧眼觀諸惑業皆即竄匿不復出生善男子譬如有人著閻浮金莊嚴之具映蔽一切皆如聚墨菩薩摩訶薩亦復如是著菩提心莊嚴之具映蔽一切凡夫二乘功德莊嚴悉無光色善男子如好磁石少分之力即能吸壞諸鐵鉤鎖菩薩摩訶薩發菩提心亦復如是若起一念悉能壞滅一切見欲無明鉤鎖善男子如有磁石鐵若見之即皆散去無留住者菩薩摩訶薩發菩提心

亦復如是諸業煩惱二乘解脫若暫見之即皆散滅亦無住者善男子譬如有人善入大海一切水族無能爲害假使入於摩竭魚口亦不爲彼之所呑噬菩薩摩訶薩亦復如是發菩提心入生死海諸業煩惱不能爲害假使入於聲聞緣覺實際法中亦不爲其之所留難善男子譬如有人飲甘露漿一切諸物不能爲害菩薩摩訶薩亦復如是飲菩提心甘露法漿不墮聲聞辟支佛地以具廣大悲願力故善男子譬如有人得安繕那藥以塗其目雖行人間人所不見菩薩摩訶薩亦復如是得菩提心安繕那藥能以方便入魔境界一切衆魔所不能見善男子譬如有人依附於王不畏餘人菩薩摩訶薩亦復如是依菩提心大勢力王不畏障蓋惡道之難善男子譬如有人住於水中不畏火焚菩薩摩訶薩亦復如是住菩提心善根水中不畏二乘解脫智火善男子譬如有人依倚猛將即不怖畏一切寃敵菩薩摩訶薩亦復如是依菩提心勇猛大將不畏一切惡行寃敵善男子如釋天王執金剛杵摧伏一切阿修羅衆菩薩摩訶薩亦復如是持菩提心金剛之杵摧伏一切諸魔外道

八如人學射下十四喻攝八地德無功發心能滅相惑等故

善男子譬如有人服延齡藥長得充健不老不瘦菩薩摩訶薩亦復如是服菩提心延齡之藥於無數劫修菩薩行心無疲厭亦無染著善男子譬如有人調和藥汁必當先取好清淨水菩薩摩訶薩亦復如是欲修菩薩一切行願先當發起菩提之心善男子如人護身先護命根菩薩摩訶薩亦復如是護持佛法亦當先護菩提之心善男子譬如有人命根若斷不能利益父母宗親菩薩摩訶薩亦復如是捨菩提心不能利益一切衆生不能成就諸佛功德善男子譬如大海無能壞者菩提心海亦復如是諸業煩惱二乘之心所不能壞善男子譬如日光星宿光明不能映蔽菩提心日亦復如是一切二乘無漏智光所不能蔽善男子如王子初生即爲大臣之所尊重以種性自在故菩薩摩訶薩亦復如是於佛法中發菩提心即爲耆宿久修梵行聲聞緣覺所共尊重以大悲自在故善男子譬如王子年雖幼稚一切大臣皆悉敬禮菩薩摩訶薩亦復如是雖初發心修菩薩行二乘耆舊皆應敬禮善男子譬如王子雖於一切臣佐之中未得自在已具王相不與一切諸臣佐等以生處尊勝故菩薩摩訶薩亦復如是雖於一切業煩惱中未得自在然已具足菩提之相不與一切二乘齊等以種性第一故善男子譬如清淨摩尼妙寶眼有翳故見爲不淨菩薩摩訶薩菩提心寶亦復如是無智不信謂爲不淨

九服延齡藥下十喻攝九地德延壽益生等故

善男子譬如有藥爲呪所持若有衆生見聞同住一切諸病皆得消滅菩薩摩訶薩菩提心藥亦復如是一切善根智慧方便菩薩願智共所攝持若有衆生見聞同住憶念之者諸煩惱病悉得除滅善男子譬如有人常持

甘露共身畢竟不變不壞善薩摩訶薩亦復如是若常憶持菩提心甘露令願智身畢竟不壞善男子如機關木人若無有楔身即離散不能運動菩薩摩訶薩亦復如是無菩提心行即分散不能成就一切佛法善男子如轉輪王有沈香寳名曰象藏若燒此香王四種兵悉騰虛空菩薩摩訶薩菩提心香亦復如是若發此意即令菩薩一切善根永出三界行如來智無爲空中善男子譬如金剛唯從金剛處及金處生非餘寳處生菩薩摩訶薩菩提心金剛亦復如是唯從大悲救護衆生金剛處一切智智殊勝境界金處而生非餘衆生善根處生善男子譬如有樹名曰無根不從根生而枝葉華果悉皆繁茂菩薩摩訶薩菩提心樹亦復如是無根可得而能長養一切智智神通大願枝葉華果扶踈蔭映普覆世間

譬如有藥爲呪所持下六喻攝十地德深除惑習成一切佛法故

善男子譬如金剛非劣惡器及以破器所能容持唯除全具上妙之器菩提心金剛亦復如是非下劣衆生慳嫉破戒懈怠妄念無智器中所能容持亦非退失殊勝志願散亂惡覺衆生器中所能容持唯除菩薩深心寳器善男子譬如金剛能穿衆寳菩提心金剛亦復如是悉能穿徹一切法寳善男子譬如金剛能壞衆山菩提心金剛亦復如是悉能摧壞諸邪見山善男子譬如金剛雖破不全一切衆寳猶不能及菩提心金剛亦復如是雖復志劣少有虧損猶勝一切二乘功德善男子譬如金剛雖有損缺猶能除滅一切貧窮菩提心金剛亦復如是雖有損缺不進諸行猶能捨離一切生死善男子如少金剛悉能破壞一切諸物菩提心金剛亦復如是入少境界即破一切無知諸惑善男子譬如金剛非凡人所得菩提心金剛亦復如是非劣意衆生之所能得善男子譬如金剛不識寳人不知其能不得其用菩提心金剛亦復如是不知法人不了其能不得其用善男子譬如金剛無能銷滅菩提心金剛亦復如是一切諸法無能銷滅善男子如金剛杵諸大力人皆不能持唯除有大那羅延力菩提之心亦復如是一切二乘皆不能持唯除菩薩廣大因緣堅固善力善男子譬如金剛一切諸物無能壞者而能普壞一切諸物然其體性無所損減菩提之心亦復如是普於三世無數劫中教化衆生修行苦行聲聞緣覺所不能者咸能作之然其畢竟無有疲厭亦無損壞善男子譬如金剛餘不能持唯金剛地之所能持菩提之心亦復如是聲聞緣覺皆不能持唯除趣向薩婆若者善男子如金剛器無有瑕缺用盛於水永不滲漏而入於地菩提心金剛器亦復如是盛善根水永不滲漏令入諸趣善男子如金剛際能持大地不令墜沒菩提之心亦復如是能持菩薩一切行願不令墜沒入於三界善男子譬如金剛久處水中不爛不濕菩提之心亦復如是於一切劫處在生死業惑水中無壞無變善男子譬如金剛一切諸火不能燒然不能令熱菩提之心亦復如是一切生死諸煩惱火不能燒

然不能令熱善男子譬如三千世界之中金剛座上能持諸佛坐於道場降伏諸魔成等正覺非是餘座之所能持菩提心座亦復如是能持菩薩一切願行諸波羅蜜諸忍諸地迴向受記修習菩提助道之法供養諸佛聞法受行一切餘心所不能持

牧六　十三

·五金剛非劣惡器下十七喻攝等覺位功德以金剛智終成菩提故其間梵語具如音義以金剛智者既始從種性終至金剛菩提之智豎配理明初心頓具諸位功德正順經宗故毗盧遮那品云一切功德皆在最初菩提心中住即其義也又後一百三句自在德中若唯配十地亦可束之十住爲初地十行爲二地十向爲三地初二三地並爲四地四五爲五地後五依前如次判之亦順本文恐繁不配其中行相其間梵語者恐繁故指疏中隨難已釋其二謂毗笈摩婆樓那餘未釋者今當具之大應伽者應伽云身然身有四名一曰迦耶二曰設理羅三曰第訶四曰應伽悉應伽又云分謂支分也次云樹名珊陀那者此云和合或云斷續謂此藥能令已斷傷者再續和合也阿藍婆者此云藥汁其藥出香山及雪山中天生在於石臼之內或云得喜謂得此藥生歡喜故四須彌下四地德中波利質多羅樹波利此云遍也亦曰周帀質多羅云間錯莊嚴也言此樹衆雜色華周帀嚴飾或曰圓妙莊嚴次云婆師迦華具云婆利史迦言婆利史者此云雨也迦謂迦羅此云時也雨時生故贍蔔迦華此云黃色華其華有香氣而形似梔子華也蘇摩那華此云悅意華其華形色俱嫣令見者心悅故五鄔子下明五地德訶宅迦此云金色水甚於九轉還丹之力也七迦陵頻伽鳥前已釋竟此云美音或曰妙聲此鳥本出雪山在㲉能鳴其音和雅聽者無猒摩訶那伽此云大龍亦云大象今此力士力如龍象八如人下八地德中摩竭魚者此云大體即是此方巨鼇之類兩目如日張口如暗谷能吞大舟凡出濆流即如潮上喻水如堅高下如山大者可長二百餘里安繕那青色藥

善男子菩提心者成就如是無量無邊乃至不可說不可說殊勝功德若有衆生發阿耨多羅三藐三菩提心則獲如是勝功德法是故善男子汝獲善利汝發阿耨多羅三藐三菩提心求菩薩行已得如是大功德故

第四善男子菩提心者下結釋所屬謂上來多德釋獲善利之言故

善男子如汝所問菩薩云何學菩薩行修菩薩道善男子汝可入此毗盧遮那莊嚴藏大樓閣中周徧觀察則能了知學菩薩行學已成就無量功德

第二善男子如汝所問下正授法界於中四一授法體二顯法名三窮嚴因之本源四嚴正報之性相故初中四一攝入方便二加令證入三見所證境四事訖起定初中先牒問勸證

大方廣佛華嚴經疏鈔會本第七十八之二

大方廣佛華嚴經疏鈔會本第七十九　牧七

唐于闐國三藏沙門實叉難陀　譯

唐清涼山大華嚴寺沙門澄觀撰述

爾時善財童子恭敬右繞彌勒菩薩摩訶薩已而白之言唯願大聖開樓閣門令我得入

後爾時善財下求證方便　牧七　一

時彌勒菩薩前詣樓閣彈指出聲其門即開命善財入善財心喜入已還閉

第二爾時彌勒下加令證入先約緣加令其就法亡言會旨則佛法門開故云前詣等即開理智門示令其悟入也後善財心喜下約因自證悟佛知見則入法界從迷之悟加行趣入有門理之殊證已契合能所兩亡即妄而真更無入處故云還閉

見其樓閣廣博無量同於虛空阿僧祇寶以爲其地阿僧祇宮殿阿僧祇門闥阿僧祇窻牖阿僧祇階陛阿僧祇欄楯阿僧祇道路皆七寶成阿僧祇旛阿僧祇幢阿僧祇蓋周迴間列阿僧祇衆寶瓔珞阿僧祇真珠瓔珞阿僧祇赤真珠瓔珞阿僧祇師子珠瓔珞處處垂下阿僧祇半月阿僧祇繒帶阿僧祇寶網以爲嚴飾阿僧祇寶鐸風動成音散阿僧祇天諸雜華懸阿僧祇天寶鬘帶嚴阿僧祇衆寶香鑪雨阿僧祇細末金屑懸阿僧祇寶鏡然阿僧祇寶燈布阿僧祇寶衣列阿僧祇寶帳設阿僧祇寶座阿僧祇寶繒以敷座上阿僧祇閻浮檀金童女像阿僧祇雜寶諸形像阿僧祇妙寶菩薩像處處充徧阿僧祇衆鳥出和雅音阿僧祇寶優鉢羅華阿僧祇寶波頭摩華阿僧祇寶拘物頭華阿僧祇寶芬陀利華以爲莊嚴阿僧祇寶樹次第行列阿僧祇摩尼寶放大光明如是等無量阿僧祇諸莊嚴具以爲莊嚴又見其中有無量百千諸妙樓閣一一嚴飾悉如上說廣博嚴麗皆同虛空不相障礙亦無雜亂善財童子於一處中見一切處一切諸處悉如是見爾時善財童子見毗盧遮那莊嚴藏樓閣如是種種不可思議自在境界生大歡喜踊躍無量身心柔輭離一切想除一切障滅一切惑所見不忘所聞能憶所思不亂入於無礙解脫之門普運其心普見一切普申敬禮

第三見其樓閣下明見所證境於中二先別明所見後總顯見相前中六一見依報二見正報三見伴菩薩四見諸佛五見閣中主閣六總見嚴具作用然此六皆是悲智之中所有（牧七）（然此等閣表悲智故）今初先見後益前中三一直見一重莊嚴有標列結同虛空者稱法性故次又見其中下依中有依一中見多即微細門亦主伴門後善財童子下一處見多即相在門二爾時下明得益

繞始稽首以彌勒菩薩威神之力自見其身徧在一切諸樓閣中具見種種不可思議自在境界所謂或見彌勒菩薩初發無上菩提心時如是名字如是種族如是善友之所開悟令其種植如是善根住如是壽在如是劫值如是佛處於如是莊嚴剎土修如是行發如是願彼諸如來如是衆會如是壽命經爾許時親近供養悉皆明見或見彌勒最初證得慈心三昧從是已來號爲慈氏或見彌勒修諸妙行成滿一切諸波羅蜜或見得忍或

見住地或見成就清淨國土或見護持如來正教爲大法師得無生忍某時某處某如來所受於無上菩提之記或見彌勒爲轉輪王勸諸衆生住十善道或爲護世饒益衆生或爲釋天呵責五欲或爲燄摩天王讚不放逸或爲兜率天王稱歎一生菩薩功德或爲化樂天王爲諸天衆現諸菩薩變化莊嚴或爲他化自在天王爲諸天衆演說一切諸佛之法或作魔王說一切法皆悉無常或爲梵王說諸禪定無量喜樂或爲阿修羅王入大智海了法如幻爲其衆會常演說法斷除一切憍慢醉傲或復見其處閻羅界放大光明救地獄苦或見在於餓鬼之處施諸飲食濟彼饑渴或見在於畜生之道種種方便調伏衆生或復見爲護世天王衆會說法或復見爲忉利天王衆會說法或復見爲燄摩天王衆會說法或復見爲兜率天王衆會說法或復見爲化樂天王衆會說法或復見爲他化自在天王衆會說法或復見爲大梵王衆會說法或復見爲龍王衆會說法或復見爲夜叉羅刹王衆會說法或復見爲乾闥婆緊那羅王衆會說法或復見爲阿脩羅陀那婆王衆會說法或復見爲迦樓羅摩睺羅伽王衆會說法或復見爲其餘一切人非人等衆會說法或復見爲聲聞衆會說法或復見爲緣覺衆會說法或復見爲初發心乃至一生所繫已灌頂者諸菩薩衆而演說法或見讚說初地乃至十地所有功德或見讚說滿足一切諸波羅蜜或見讚說入諸忍門或見讚說諸大三昧門或見讚說甚深解脫門或見讚說諸禪三昧神通境界或見讚說諸菩薩行或見讚說諸大誓願或見與諸同行菩薩讚說世間資生工巧種種方便利衆生事或見與諸一生菩薩讚說一切佛灌頂門或見彌勒於百千年經行讀誦書寫經卷勤求觀察爲衆說法或入諸禪四無量心或入徧處及諸解脫或入三昧以方便力現諸神變

第二總始稽首下見正報中二先總標所謂下別顯於中五一見初發心時二或見彌勒最初證得慈心下見其修行得法三或見彌勒爲轉輪下隨類攝生時四或復見爲護世下見處會說法於中先明所處會殊或見讚說初地下顯所說之法五或見彌勒於百千下總見行用

或見諸菩薩入變化三昧各於其身一一毛孔出於一切變化身雲或見出天衆身雲或見出龍衆身雲或見出夜叉乾闥婆緊那羅阿脩羅迦樓羅摩睺羅伽釋梵護世轉輪聖王小王王子大臣官屬長者居士身雲或見出聲聞緣覺及諸菩薩如來身雲或見出一切衆生身雲或見出妙音讚諸菩薩種種法門所謂讚說菩提心功德門讚說檀波羅蜜乃至智波羅蜜功德門讚說諸攝諸禪諸無量心及諸三昧三摩鉢底諸通諸明總持辯才諸諦諸智止觀解脫諸緣諸依諸說法門讚說念處正勤神足根力七菩提分八聖道分諸聲聞乘諸獨覺乘諸菩薩乘諸地諸忍諸行諸願如是等一切諸功德門

第三或見諸菩薩下明見伴菩薩身雲演法即前與無量眷屬

或復於中見諸如來大衆圍遶亦見其佛生處種姓身形壽命剎劫名號說法利益教住久近乃至所有道場衆會種種不同悉皆明見

第四或復於中見諸如來下明見諸佛攝化之德

又復於彼莊嚴藏內諸樓閣中見一樓閣高廣嚴飾最上無比於中悉見三千世界百億四天下百億兜率陀天一一皆有彌勒菩薩降神誕生釋梵天王捧持頂戴遊行七步觀察十方大師子吼現爲童子居處宮殿遊戲園苑爲一切智出家苦行示受乳糜往詣道場降伏諸魔成等正覺觀菩提樹梵王勸請轉正法輪升天宮殿而演說法劫數壽量衆會莊嚴所淨國土所修行願教化成熟衆生方便分布舍利住持教法皆悉不同爾時善財自見其身在彼一切諸如來所亦見於彼一切衆會一切佛事憶持不忘通達無礙

第五又復於彼下見閣中主閣別明慈氏一生當作於中先見後爾時下得益可知

復聞一切諸樓閣內寶網鈴鐸及諸樂器皆悉演暢不可思議微妙法音說種種法所謂或說菩薩發菩提心或說修行波羅蜜行或說諸願或說諸地或說恭敬供養如來或說莊嚴諸佛國土或說諸佛說法差別如上所說一切佛法悉聞其音敷暢辯了又聞某處有某菩薩聞某法門某善知識之所勸導發菩提心於某劫某剎某如來所某大衆中聞於某佛如是功德發如是心起如是願種於如是廣大善根經若干劫修菩薩行於爾許時當成正覺如是名號如是壽量如是國土具足莊嚴滿如是願化如是衆如是聲聞菩薩衆會般涅槃後正法住世經爾許劫利益如是無量衆生或聞某處有某菩薩布施持戒忍辱精進禪定智慧修習如是諸波羅蜜或聞某處有某菩薩爲求法故棄捨王位及諸珍寶妻子眷屬手足頭目一切身分皆無所悋或聞某處有某菩薩守護如來所說正法爲大法師廣行法施建法幢吹法蠡擊法鼓雨法雨造佛塔廟作佛形像施諸衆生一切樂具或聞某處有某如來於某劫中成等正覺如是國土如是衆會如是壽命說如是法滿如是願教化如是無量衆生善財童子聞如是等不可思議微妙法音身心歡喜柔輭悅懌即得無量諸總持門諸辯才門諸禪諸忍諸願諸度諸通諸明及諸解脫諸三昧門又見一切諸寶鏡中種種形像所謂或見諸佛衆會道場或見菩薩衆會道場或見聲聞衆會道場或見緣覺衆會道場或見淨世界或見不淨世界或見淨不淨世界或見不淨淨世界或見有佛世界或見無佛世界或見小世界或見中世界或見大世界或見因陀羅網世界或見覆世界或見仰世界或見平坦世界或見地獄畜生餓鬼所住世界或見天人充滿世界於如是等諸世界中見有無數大菩薩衆或行或坐作諸事業或起大悲憐愍衆生或造諸論利益世間或受或持或書或誦或問或答三時懺悔迴向發願又見一切諸寶柱中放摩尼王大光明網或青或黃或赤或白或玻瓈色或水精色或帝青

色或虹蜺色或閻浮檀金色或作一切諸光明色又見彼閻浮檀金童女及衆寶像或以其手而執華雲或執衣雲或執幢旛或執鬘蓋或持種種塗香末香或持上妙摩尼寶網或垂金鎖或挂瓔珞或舉其臂捧莊嚴具或低其首垂摩尼冠曲躬瞻仰目不暫捨又見彼眞珠瓔珞常出香水具八功德瑠璃瓔珞百千光明同時照耀幢旛網蓋如是等物一切皆以衆寶莊嚴又復見彼優鉢羅華波頭摩華拘物頭華芬陀利華各各生於無量諸華或大一手或長一肘或復縱廣猶如車輪一一華中皆悉示現種種色像以爲嚴飾所謂男色像女色像童男色像童女色像釋梵護世天龍夜叉乾闥婆阿脩羅迦樓羅緊那羅摩睺羅伽聲聞緣覺及諸菩薩如是一切衆生色像皆悉合掌曲躬禮敬亦見如來結加趺坐三十二相莊嚴其身又復見彼淨瑠璃地一一步間現不思議種種色像所謂世界色像菩薩色像如來色像及諸樓閣莊嚴色像又於寶樹枝葉華果一一事中悉見種種半身色像所謂佛半身色像菩薩半身色像天龍夜叉乃至護世轉輪聖王小王王子大臣官長及以四衆半身色像其諸色像或執華鬘或執瓔珞或持一切諸莊嚴具或有曲躬合掌禮敬一心瞻仰目不暫捨或有讚歎或入三昧其身悉以相好莊嚴普放種種諸色光明所謂金色光明銀色光明珊瑚色光明兜沙羅色光明帝青色光明毘盧遮那寶色光明一切衆寶色光明瞻波迦華色光明又見諸樓閣半月像中出阿僧祇日月星宿種種光明普照十方又見諸樓閣周迴四壁一一步內一切衆寶以爲莊嚴一一寶中皆現彌勒曩劫修行菩薩道時或施頭目或施手足脣舌牙齒耳鼻血肉皮膚骨髓乃至爪髮如是一切悉皆能捨妻妾男女城邑聚落國土王位隨其所須盡皆施與處牢獄者令得出離被繫縛者使其解脫有疾病者爲其救療入邪徑者示其正道或爲船師令度大海或爲馬王救護惡難或爲大仙善說諸論或爲輪王勸修十善或爲醫王善療衆病或孝順父母或親近善友或作聲聞或作緣覺或作菩薩或作如來教化調伏一切衆生或爲法師奉行佛教受持讀誦如理思惟立佛支提作佛形像若自供養若勸於他塗香散華恭敬禮拜如是等事相續不絕或見坐於師子之座廣演說法勸諸衆生安住十善一心歸向佛法僧寶受持五戒及八齋戒出家聽法受持讀誦如理修行乃至見於彌勒菩薩百千億那由他阿僧祇劫修行諸度一切色像又見彌勒曾所承事諸善知識悉以一切功德莊嚴亦見彌勒在彼一一善知識所親近供養受行其教乃至住於灌頂之地時諸知識告善財言善來童子汝觀此菩薩不思議事莫生疲厭

第六復聞一切下見聞嚴具作用於中十段一聞網等演法於中三一近聞次又聞某處下遠聞後善財下得益二見寶鏡作用三見寶柱放光四見寶像威儀五見瓔珞等出生六蓮華重現七寶地現像八樹現半身兜沙羅者此云霜冰九半月現光

十壁現本事於中初見慈氏修行隨類攝生後又見下覩所事友勸喻善財

爾時善財童子得不忘失憶念力故得見十方清淨眼故得善觀察無礙智故得諸菩薩自在智故得諸菩薩已入智地廣大解故於一切樓閣一一物中悉見如是及餘無量不可思議自在境界諸莊嚴事

二爾時善財下總顯見相先法後喻今初謂何力能見以何眼見將何智見依何位見於何處見如經屬之及結前來所不說境

譬如有人於睡夢中見種種物所謂城邑聚落宮殿園苑山林河池衣服飲食乃至一切資生之具或見自身父母兄弟內外親屬或見大海須彌山王乃至一切諸天宮殿閻浮提等四天下事或見其身形量廣大百千由旬房舍衣服悉皆相稱謂於晝日經無量時不眠不寢受諸安樂從睡覺已乃知是夢而能明記所見之事善財童子亦復如是以彌勒菩薩力所持故知三界法皆如夢故滅諸眾生狹劣想故得無障礙廣大解故住諸菩薩勝境界故入不思議方便智故能見如是自在境界譬如有人將欲命終見隨其業所受報相行惡業者見於地獄畜生餓鬼所有一切眾苦境界或見獄卒手持兵仗或瞋或罵囚執將去亦聞號叫悲歎之聲或見灰河或見鑊湯或見刀山或見劍樹種種逼迫受諸苦惱作善業者即見一切諸天宮殿無量天眾天諸采女種種衣服具足莊嚴宮殿園林盡皆妙好身雖未死而由業力見如是事善財童子亦復如是以菩薩業不思議力得見一切莊嚴境界譬如有人為鬼所持見種種事隨其所問悉皆能答善財童子亦復如是菩薩智慧之所持故見彼一切諸莊嚴事若有問者靡不能答譬如有人為龍所持自謂是龍入於龍宮於少時間自謂已經日月年載善財童子亦復如是以住菩薩智慧想故彌勒菩薩所加持故於少時間謂無量劫譬如梵宮名莊嚴藏於中悉見三千世界一切諸物不相雜亂善財童子亦復如是於樓觀中普見一切莊嚴境界種種差別不相雜亂譬如比丘入徧處定若行若住若坐若臥隨所入定境界現前善財童子亦復如是入於樓觀一切境界悉皆明了譬如有人於虛空中見乾闥婆城具足莊嚴悉分別知無有障礙譬如夜叉宮殿與人宮殿同在一處而不相雜各隨其業所見不同譬如大海於中悉見三千世界一切色像譬如幻師以幻力故現諸幻事種種作業善財童子亦復如是以彌勒菩薩威神力故及不思議幻智力故能以幻智知諸法故得諸菩薩自在力故見樓閣中一切莊嚴自在境界

後譬如下喻顯見相所以有十喻者所喻別故然有二意一喻能見因緣不同故二喻所見境相別故具初意者十中初一總喻能見所見皆如夢事大小無礙等如喻合文尋之餘九皆別二喻自因力隨自業故凡命將終故三四並喻緣力龍鬼所持故然鬼持自他不同龍持自他同體五喻友依報力六是定力七喻性空八喻法界

自在力九喻智定無二力大智海印之三昧故十幻智自在力二約所喻境相別者亦初總餘別別中一臨終現業喻喻所見冥應二非人所持喻喻所見能說三龍宮淹久喻喻念劫圓融四梵宮廣現喻喻一多無礙五徧處定境喻喻所見明了六乾城依空喻喻事理無礙七同處異見喻喻隱顯自在八海現三千喻喻頓現遠近九幻現衆多喻喻所見純雜無礙六乾城依空喻然一喻中前六有合七八九無至第十幻中一時總合從後倒合初以彌勒菩薩威神故合於幻師二及不思議幻智力故以合大海海印之義即智海故三能以幻智知諸法故印合夜叉與人互不相見以如幻故四得諸菩薩自在力故合於乾城依空無礙現自在故以在幻後皆帶幻字以有兩重之意故有十喻差別不同不為此釋則謂經文繁不要也

爾時彌勒菩薩摩訶薩即攝神力入樓閣中彈指作聲告善財言善男子起法性如是此是菩薩知諸法智因緣聚集所現之相如是自性如幻如夢如影如像悉不成就爾時善財聞彈指聲從三昧起彌勒告言善男子汝住菩薩不可思議自在解脫受諸菩薩三昧喜樂能見菩薩神力所持助道所流願智所現種種上妙莊嚴宮殿見菩薩行聞菩薩法知菩薩德了如來願善財白言唯然聖者是善知識加被憶念威神之力

第四爾時彌勒下事訖起定於中四一警覺令起亦彈指者前來得旨所謂忘言此中得旨令不滯寂前來得旨者則以定為門此則以用為門動寂無二真入法界二法性下畧示體相初句標此是下釋所見之相從法智緣生緣生故無自性故云如是自性如幻夢等悉不成就者結成上義從緣無性故事不成就無性從緣故理不成就由不守自性故能從緣成上之法雖成不離法性故即事得云法性如是亦是性自具故從法智者疏中以初法智為緣釋如是自性已下經文明自性如幻是所現相以後悉不成就結成自性如幻夢等初之一對是約依他即三論意緣生故無性無性故從緣從由不守自性下約真實性辨即法性宗真如不變隨緣之義上釋悉不成就明性相雙寂今云亦是性自具恒沙性德本來具足非今新成云不成就三爾時下得旨而起四彌勒告下問答所見約問親證推之在因云住不思議答中謙敬推之在緣云善友力師資互推反常情也

聖者此解脫門其名何等彌勒告言善男子此解脫門名入三世一切境界不忘念智莊嚴藏善男子此解脫門中有不可說不可說解脫門一生菩薩之所能得

第二聖者下顯法名先問後答答中先明主門後善男子下眷屬前中三世一切境界者即此所入所見之境不忘念智者即能入能現之智良以三世一如故念劫圓融隨一世中現三際之境智入三世了法空寂與如冥契故一念之中無所不見莊嚴藏者有二義一以法性嚴故一莊嚴中包含出生無盡嚴具如一閣中見多閣等二以無礙智契圓融境嚴如來藏則本具諸法故上云法性如是非是新成故此門中具不可說解脫莊嚴者前約理融事已是事事無礙後更明心境互融故此門下仍上主門釋眷屬也

善財問言此莊嚴事何處去耶彌勒答言於來處去

第三善財問言下窮嚴因之本源於中有

二問答初番窮其所歸由上覩希奇攝力之後忽然而失故問其去處答中以從本流末故來攝末歸本故去去不異來故引之於來一時併答

曰從何處來曰從菩薩智慧神力中來依菩薩智慧神力而住無有去處亦無住處非集非常遠離一切善男子如龍王降雨不從身出不從心出無有積集而非不見但以龍王心念力故霈然洪霔周徧天下如是境界不可思議善男子彼莊嚴事亦復如是不住於內亦不住外而非不見但由菩薩威神之力汝善根力見如是事善男子譬如幻師作諸幻事無所從來無所至去雖無來去以幻力故分明可見彼莊嚴事亦復如是無所從來亦無所去雖無來去然以慣習不可思議幻智力故及由往昔大願力故如是顯現

後番彰其本起於中先問雖蒙引歸來處既不究終歸寧知本起故復尋之答中先法後喩法中先相後性謂智力緣作故來智力緣加故住既從緣來則無來去故此嚴事非在閣中而住亦非別處持來從緣而來故非集緣謝則滅故非常若先定有處所則墮常過先有今無則爲斷滅既離斷常何有生滅一異等相故云遠離一切若先定有下上約順明此下反釋先有先無門會歸中道從既離下結釋經文後喩有二先龍王降雨喩偏喩無來之來合中不住內者菩薩力故不住外者自善力故以內外因緣互奪則內外兩亡後幻師現幻喩雙喩來去則無來去

善財童子言大聖從何處來彌勒言善男子諸菩薩無來無去如是而來無行無住如是而來無處無著不没不生不住不遷不動不起無戀無著無業無報無起無滅不斷不常如是而來善男子菩薩從大悲處來爲欲調伏諸衆生故從大慈處來爲欲救護諸衆生故從淨戒處來隨其所樂而受生故從大願處來往昔願力之所持故從神通處來於一切處隨樂現故從無動搖處來恒不捨離一切佛故從無取捨處來不役身心使往來故從智慧方便處來隨順一切諸衆生故從示現變化處來猶如影像而化現故然善男子汝問於我從何處來者善男子我從生處摩羅提國而來於此善男子彼有聚落名爲房舍有長者子名瞿波羅爲化其人令入佛法而住於彼又爲生處一切人民隨所應化而爲說法亦爲父母及諸眷屬婆羅門等演說大乘令其趣入故住於彼而從彼來

第四善財童子言大聖下覈正報之性相於中二先問從來後問生處前中先問後答問中上見慈氏從餘處來遽即設敬問法未遑諮問所從故此因前嚴事之來便問來處答中有三來處一約體實法身即無來之來來即無來文有十對思之二善男子菩薩從大悲下約相實報從萬行中來亦猶淨名從萬行道場來矣三汝問我下約用化現隨機熟處而來此三即法報化身亦體相用亦理行事又初唯理後唯事中一具理事此三以下結成上義都有四重然前之三重三段疏中一一具足如初云一約體是第一義二覺法身是第二義三來即無來是第三義約理也次二段對二亦然其第四云又初唯理者以義包含故言中一具事理者謂

從大悲大慈等即約事也從無動搖無取捨即約理也以行無事理故摩羅提者具云摩羅耶提數摩羅耶者此云鬘
施即山名也提數云中謂其山在此國中
故或國中近此山故瞿者地也波羅云守
護即守護土地及心地故摩羅提者隨難解釋即化用中
也
善財童子言聖者何者是菩薩生處答言善
男子菩薩有十種生處何者爲十善男子菩
提心是菩薩生處生菩薩家故深心是菩薩
生處生善知識家故諸地是菩薩生處生波
羅蜜家故大願是菩薩生處生妙行家故大
悲是菩薩生處生四攝家故如理觀察是菩
薩生處生般若波羅蜜家故大乘是菩薩生
處生方便善巧家故教化衆生是菩薩生處
生佛家故智慧方便是菩薩生處生無生法
忍家故修行一切法是菩薩生處生過現未
來一切如來家故
第二善財下問答生處問中由前云從生
處來故今窮之答中二先通明諸菩薩生
處後別顯慈氏生處前中三初正答生處

次明生緣眷屬後校量顯勝今初有十皆
上句爲能生之行下句爲所生之家謂若
發菩提心則是菩薩名爲生家若有深心
則見善友若得諸地則滿諸度教化衆生
即是覺他有智慧故了法無生有方便故
不取無生之相不滯二乘之寂故生無生
忍家餘可思準又上句亦通所生思之餘可思準者疏唯釋五句以難見故餘五易了故但例之然此十句一行因二行緣三行相此三疏已釋竟四以願狀行應云若發大願即生妙行五化他謂若有悲心即行四攝六觀理謂若觀妙理即成般若七隨事謂若事理雙遊是名大乘即方便善巧入益物故疏云教化衆生即是覺他九住果謂權實雙流則證無生忍故第十上順謂具修萬行合三世佛家上句亦通者翻將下句爲能生行謂上求下化名爲菩薩即得生於菩提心家下經以菩提心爲家故則前七可通二解後三必須依於前釋故疏先明上句以爲能生之行後方翻例耳
善男子菩薩摩訶薩以般若波羅蜜爲母方
便善巧爲父檀波羅蜜爲乳母尸波羅蜜爲
養母忍波羅蜜爲莊嚴具勤波羅蜜爲養育
者禪波羅蜜爲浣濯人善知識爲教授師一
切菩提分爲伴侶一切善法爲眷屬一切菩
薩爲兄弟菩提心爲家如理修行爲家法諸

地爲家處諸忍爲家族大願爲家教滿足諸
行爲順家法勸發大乘爲紹家業法水灌頂
一生所繫菩薩爲王太子成就菩提爲能淨
家族
二善男子下明生緣眷屬有二十句般若
爲母方便爲父者畧有三義一實知虛疑
與陰俱靜權智流動與陽齊波故二親生
法身實由般若若無方便多共二乘成菩
薩種乃由方便故三者內解外濟如父母
故次檀以福資尸以防護餘可思耳一實智等者此言本出莊子第五外篇天道章中彼云故曰天樂者其生也天行其死也物化靜而與陰同德動而與陽同波故知天樂者無天怨無人非無物累無鬼責故曰其動也天其靜也地一心定而王天下其鬼不祟其魂不疲一心定而萬物服言以虛靜推於天地通於萬物此之謂天樂今借其言況父母之爲陰陽之儀故易云先有天地然後有父母
善男子菩薩如是超凡夫地入菩薩位生如
來家住佛種性能修諸行不斷三寶善能守
護菩薩種族淨菩薩種生處尊勝無諸過惡
一切世間天人魔梵沙門婆羅門恭敬讚歎
善男子菩薩摩訶薩生於如是尊勝家已知

一切法如影像故於諸世間無所惡賤知一切法如變化故於諸有趣無所染著知一切法無有我故教化衆生心無疲厭以大慈悲爲體性故攝受衆生不覺勞苦了達生死猶如夢故經一切劫而無怖畏了二十知諸蘊皆如幻故疏七示現受生而無疲厭知諸界處同法界故於諸境界無所壞滅知一切想如陽燄故入於諸趣不生倒惑達一切法皆如幻故入魔境界不起染著知法身故一切煩惱不能欺誑得自在故於一切趣通達無礙

三善男子菩薩如是下校量顯勝於中二先總辨生家勝後生於如是尊勝家下別彰智勝

善男子我身普生一切法界等一切衆生差別色相等一切衆生殊異言音等一切衆生種種名號等一切衆生所樂威儀隨順世間教化調伏等一切清淨衆生示現受生等一切凡夫衆生所作事業等一切衆生想等一切菩薩願而現其身充滿法界

二善男子我身下別顯慈氏生處於中二先彰實報等周法界文有十句初句總次八別後一結先彰實報等周法界亦同出現品無量三輪

善男子我爲化度與我往昔同修諸行今時退失菩提心者亦爲教化父母親屬亦爲教化諸婆羅門令其離於種族憍慢得生如來疏七種性之中而生於此閻浮提界二十一摩羅提國拘吒聚落婆羅門家善男子我住於此大樓閣中隨諸衆生心之所樂種種方便教化調伏

二我爲化下顯爲順機當現生於中先明現生拘吒者此云樓閣此聚落中多樓閣故或慈氏閣在此中故拘吒聚落此云樓閣乃是一義或云小舍或曰多家故上經同譯爲房舍聚落今疏取一義耳

善男子我爲隨順衆生心故我爲成熟兜率天中同行天故我爲示現菩薩福智變化莊嚴超過一切諸欲界故令其捨離諸欲樂故令知有爲皆無常故令知諸天盛必衰故爲欲示現將降生時大智法門與一生菩薩共談論故爲欲攝化諸同行故爲欲教化釋迦如來所遣來者令如蓮華悉開悟故於此命終生兜率天

後我爲隨順下明當生於中先正顯當生所爲如蓮華者有三義一釋迦下種彼華開故二昔因含果如華未開因亡果現故如蓮華開三聞熏含實如蓮未開見實亡言故云開悟智論云菩薩善根不遇如來智慧日光翳死無疑通證前義如蓮華者初一生行解次一成果後義見理皆因聞敎則敎理行果四法備矣然疏但釋蓮華之言而經云爲欲教化釋迦如來所遣來者今當說緣案觀彌勒菩薩上生兜率天經佛於舍衛國說優波離問佛答此人從今十二年二月十五日上生閻浮提歲數五十六億萬歲爾乃下生於閻浮提佛滅度後我諸弟子若有精勤修諸功德威儀不缺掃塔塗地以衆名香妙華供養行衆三昧深入正受讀誦經典如是等人應當至心雖不斷結如得六通應當繫念念佛形像稱彌勒名如是等輩若一念頃受八戒齋修諸淨業發弘誓願命終之後譬如壯士屈身臂頃卽得往生兜率陁天於蓮華上結跏趺坐百千天子作天伎樂持天曼陁羅華摩訶曼陁羅華以散其上讚言善哉善哉又言如是等衆生若淨諸業行六事法必定無疑當得生於兜率天上值遇彌勒亦隨彌勒下閻浮提第一聞法於未來世值遇賢劫一切諸佛又云得聞彌勒名者聞已歡喜恭敬禮拜此人命終如彈指頃卽得往生又云善男子善女人犯諸禁戒造諸惡業聞是菩薩大悲名字五體投地誠心懺悔是諸惡業速得清淨未來世中諸衆生等聞是菩薩大悲名稱造立形像香華衣服繒蓋幢幡禮拜繫念此人命欲終時彌勒菩薩放眉間白毫大人相光與諸天子持天曼陁羅華來迎此人此人須臾

即得往生值遇彌勒頭面禮敬便得聞法於無上道得不退轉於未來世得值恒河沙等諸佛如來釋曰此亦釋迦所遺來者以行釋迦教故若彌勒下生經羅什法師譯無如是我聞直云大智舍利弗問佛佛誠聽爲說云舍利弗四大海水以漸減少三千由旬是閻浮提地長十千由旬廣八千由旬平坦如鏡名華軟草遍覆其地廣說莊嚴等華藏品已引次云城中有大婆羅門主名曰妙梵婆羅門女名摩婆提彌

廿七 二十二

勒託生爲父母身紫金色三十二相身長千尺胸廣三十丈面長十二丈四尺肉眼見千由旬常光四照面百由旬穰佉王奉七寶臺彌勒施諸婆羅門婆羅門見其數壞修無常想出家學道於龍華菩提樹下樹莖枝葉高五十里即以出家日得阿耨多羅三藐三菩提有無量人發心出家學道爾時彌勒見諸大衆作是念言今諸人等不以生天樂故亦復不爲今世樂故來至我所但爲得涅槃常樂因緣是諸人等

於佛法中種諸善根釋迦牟尼佛遣來付我是故今來皆至我所我今受之是諸人等或以讀誦分別決定修妬路毗奈耶阿毗達摩修諸功德來至我所廣敷布施持戒忍辱精進結云善哉釋迦牟尼佛善教化如是等百千萬億衆生令至我所彌勒如是三稱讚釋迦如來然後說法言汝等衆生能爲難事於彼惡世貪欲瞋恚愚癡迷惑短命人中能持戒行作諸功德甚爲希有善哉釋迦牟尼佛以大悲心能於苦

廿七 二十三

惱衆生之中說誠實語示我當來度脫汝等如是之師甚爲難遇深心憐愍惡世衆生救濟苦惱令得安隱釋迦如來爲汝等故以頭布施割截耳鼻手足支體受諸苦惱以利汝等彌勒如是廣安慰已然後說法其龍華樹園縱廣一百由旬大衆滿中初會說法九十六億人得阿羅漢第二會說法九十四億人第三會九十二億人更有諸經本大同小異可以意得此經正明釋迦遣來

善男子我願滿足成一切智得菩提時汝及文殊俱得見我

後我願滿下結會三聖言俱見我者亦有三意一俱助化故二善財表行文殊信智成正覺時俱證此故三者文殊古佛善財當佛慈氏現佛三世圓融浩然大均故云俱見

善男子汝當往詣文殊師利善知識所而問之言菩薩云何學菩薩行云何而入普賢行門云何成就云何廣大云何隨順云何清淨云何圓滿善男子彼當爲汝分別演說

第四善男子汝當下指示後友中三初勸往教問次何以下釋勸所由三是故善男子下結勸重釋初中令往文殊者因位將極令反照心源故

何以故文殊師利所有大願非餘無量百千億那由他菩薩之所能有善男子文殊師利童子其行廣大其願無邊出生一切菩薩功德無有休息善男子文殊師利常爲無量百千億那由他菩薩師教化成就一切衆生名稱普聞十方世界常於一切諸佛衆中爲說法師一切如來之所讚歎住甚深智能如實見一切諸法通達一切解脫境界究竟普賢所行諸行善男子文殊師利童子是汝善知識令汝得生如來家長養一切諸善根發起一切助道法值遇眞實善知識令汝修一切功德入一切願網住一切大願爲汝說一切菩薩祕密法現一切菩薩難思行與汝往昔同生同行

二中先徵意云文殊已見何爲勸往釋意云彼德深廣宿緣重故於中二先明行廣後顯緣深今初生菩薩功德者主信法門長養一切善故爲佛母者主般若門住甚深智見法實故爲菩薩師者具善巧智通達解脫究竟普賢行故後是汝善知識下顯其緣深已多成益

廿七 二十四

是故善男子汝應往詣文殊之所莫生疲厭文殊師利當爲汝說一切功德何以故汝先所見諸善知識聞菩薩行入解脫門滿足大願皆是文殊威神之力文殊師利於一切處

咸得究竟

三結勸重釋中三初結勸具上二義應往勿疲次徵釋先徵意云何以的知具前二義後釋意云已所成益皆是彼力故知德深緣重若當見者獲益尤增後文殊下結德究竟前見敓七爲信之首後見爲二十五智之終故云一切究竟

時善財童子頂禮其足繞無量帀慇懃瞻仰辭退而去

第五爾時善財下戀德禮辭

大方廣佛華嚴經疏鈔會本第七十九

大方廣佛華嚴經疏鈔會本第八十之一　牧八

唐于闐國三藏沙門實叉難陀　譯

唐清涼山大華嚴寺沙門澄觀撰述

爾時善財童子依彌勒菩薩摩訶薩教漸次而行經由一百一十餘城已到普門國蘇摩那城住其門所思惟文殊師利隨順觀察周旋求覓希欲奉覲

自下大文第四明智照無二相顯前因法生果體無分別絶境智等諸二相故又善財障盡惑除未始動念是故反照唯是初心更無異也即信智無二第四智照無二扣絶境智者謂一境智無二二始末無二亦信智無二三染淨無二四智斷無二五理事無二由證理事無二義故染淨無二惑性智性一性平等始末無差能所齊融亦不生二不二分別故前經云心不稱量諸二法但恒了違法無二諸法若二若不二於中必竟無所著方爲真不二耳文但有三第一依教趣求第二見聞證入第三轉過勝緣今初言經游百一十餘城已者百一十義已見上文然此游城復有二義一但從彌勒至於文殊自經百一十城非連取前二者加前百一十友故云餘城即通取前友普收諸法歸一照故若爾前友此城豈得同耶亦有二義一者友必依城則一城一友二者或於一城值於多友或求一友歷於多城而要具一百一十以順表法故或於一城者如諸夜神多在佛會言或求一友歷於多城者如解脱處經十二年求於普眼經歷城多等此義勝前到蘇摩那者此云悦意即華名也謂智照一性悦本心故即德生城有本云至普門國顯攝諸差別歸無二相即普門故言住其門所者顯解心已極將入般若無二之門故

是時文殊師利遥申右手過一百一十由句按善財頂

第二是時文殊下見聞證入此下即是所漏脱文義如前説然以極照無二心境兩亡故畧無敬問信解雙絶故不見現身而反照未移信心故申右手又不見乃爲真見但了自心空般若故文中三一摩頂攝受過百一十由句者徹過前位故始信該於極果故曰遥申隨順行成故曰右手然過城約超封域由句明超數量又前越諸位斷德後越諸位智地按頂表於攝受亦以普法置心頂故信至極故

作如是言善哉善哉善男子若離信根心劣憂悔功行不具退失精勤於一善根心生住著於少功德便已爲足不能善巧發起行願不爲善知識之所攝護不爲如來之所憶念不能了知如是法性如是理趣如是法門如是所行如是境界若周徧知若種種知若盡源底若解了若趣入若解説若分別若證知若獲得皆悉不能

二作如是言下誨示法門即舉失顯得謂若離信根等不了法性等反顯善財有信根等能了法性等於中先列所闕行法文有九句前七闕因一闕行本故二求小故心劣處生死而憂悔三横不具四竪不進五滯一善六不廣求七不起無住行願後二闕緣後不能了下不能成益中有十五句前五約所知理事後十約能知分齊例前諸文思之又前九中初一信根是所闕因餘皆不能成益約法功歸於信約人前

友之法皆由文殊

是時文殊師利宣說此法示教利喜令善財童子成就阿僧祇法門具足無量大智光明令得菩薩無邊際陀羅尼無邊際願無邊際三昧無邊際神通無邊際智令入普賢行道場及置善財自所住處文殊師利還攝不現

三是時文殊下結益歸本於中十句前九結益甚深初一總餘八別前智光明即般若方便後無邊智即智波羅蜜普賢行道場者舉足下足皆與普賢行相應故自所住處者即是法界是文殊大智無住住故又普行道場即法界理自所住處即文殊攝用歸本所作竟故信窮智境信相便亡智此亦義同示於後友普賢之境後一句故云不現（初一總者總即示教利喜示謂顯示法門教謂勸令修行利謂覺悟成益喜謂稱根令悅經從其足無量下別句疏隨難釋先出初句異於第六二三四五並皆不釋後釋七八二句而有二意一當句釋屬於二人二相合釋文殊能住普賢道場是所住故此亦義同者亦安普賢行道場故文無正示故云義同）

於是善財思惟觀察一心願見文殊師利及見三千大千世界微塵數諸善知識悉皆親近恭敬承事受行其教無有違逆

第三於是善財下轉遇勝緣修行敬事然此諸友及後普賢皆無指授者表證法界離此彼相故此三千友乃有多義一者成前尚是文殊之益二者順後爲入理方便又通論諸友更分三分初文殊一人爲信心之始次至後文殊爲智滿之終故此總見三千等友後之普賢理智無二又前諸友一一各逢即是純門此中諸友一時頓見即顯雜門後普賢一人具前諸友即純雜無礙又此諸友所得法門受行各別文所不具結廣從略故總云三千耳

大文第五增長趣求下顯因廣大相以前照理無二顯其甚深方堪成佛廣大之因以隨一一因皆稱法性故文殊般若即攝相歸體普賢法界即祕密重重若以二聖相對則文殊爲能證若以二聖對善財則文殊亦爲所證未得般若今證得故（大文第五顯因廣大相以隨一一因者釋廣大義異前攝德成因未說一一稱法界故又前但因今明因徹果海故文殊下對前辨異攝相歸性事理無礙融容重重事事無礙若以二聖下後二聖相望辨其能所）

增長趣求一切智慧廣大悲海益大慈雲普觀眾生生大歡喜安住菩薩寂靜法門普緣一切廣大境界學一切佛廣大功德入一切佛決定知見增一切智助道之法善修一切菩薩深心知三世佛出興次第入一切法海轉一切法輪生一切世間入於一切菩薩願海住一切劫修菩薩行照明一切如來境界長養一切菩薩諸根獲一切智清淨光明普照十方除諸闇障智周法界於一切佛刹一切諸有普現其身靡不周徧摧一切障入無礙法住於法界平等之地觀察普賢解脫境界

文中分三初依教趣求二聞觀前相三見聞證入今初有二十六句初一標求佛果後一總觀圓因中間諸句義通前後皆是趣佛之因並是普賢解脫境故就中間攝爲十對初四四等普周寂靜即捨故次二福智無外緣境是智故次二正增增助次二修因知果次三入法現生次二證願修

行次二照上增下次二得實照權次二智周身徧後三摧障入理其入無礙法向上成無二礙向下即成無礙法界其住平等地即前文殊自所住處後總句觀普賢境即前普賢行道場以是顯因廣大相故文殊通指善財普觀不同前文一友指於一友良以普觀方見普賢故

即聞普賢菩薩摩訶薩名字行願助道正道諸地地方便地入地勝進地住地修習地境界地威力地同住

第二即聞普賢下聞觀前相於中先聞後觀今初有十三句初一聞人名後十二聞行位即聞二字貫下諸句此中聞者非從一人多人聞之即稱法界而聞耳諸地者普賢位中自行依地及圓融所攝地也此句總下八別一地方便者即加行也二即入心三出心四住心五即修施戒等六即徧行真如等爲所證境亦是所得分齊之境七即神通作用摧邪攝生等八即同依佛智而住

渴仰欲見普賢菩薩

二渴仰欲見下明觀於中二先仰德修觀後觀見希奇今初初聞前人法故生渴仰

即於此金剛藏菩提場毗盧遮那如來師子座前一切寶蓮華藏座上

次即於下修觀菩提場者是所觀處金剛藏者約表即於本所信自心佛果菩提體中金剛智內起一切因陀羅網普賢心觀約事即前其地金剛而蘊德具嚴故名爲藏然此經體勢應具十會以順無盡又始起覺場義應歸本故(然此經下總釋文意謂所以却就金剛場起觀者何於中有二先繫表出意謂華嚴一切皆悉具十會亦應然合有第十攝末歸本重會覺場謂菩提場是根本會起於中八名爲末會謂第十會攝前八會歸於初會無不從此法界所流無不還歸此法界故)今且依文對前本末二會即是攝末歸本之義是以善財不假別指便於初會始成之處如來座前而起觀求(後今且依文者明其無干故就第九以明此三一者本會二者末會三自普賢以爲攝末歸本之會本有二種遍多乃是此會之本今歸覺場是諸會本)

起等虛空界廣大心捨一切刹離一切著無礙心普行一切無礙法無礙心徧入一切十方海無礙心普入一切智境界清淨心觀道場莊嚴明了心入一切佛法海廣大心化一切衆生界周徧心淨一切國土無量心住一切劫無盡心趣如來十力究竟心

後起等下正顯觀心有十一句皆稱普賢境而起於心故後得見

善財童子起如是心時由自善根力一切如來所加被力普賢菩薩同善根力故

二善財下觀見希奇於中二先結前生後兼顯見因

見十種瑞相何等爲十所謂見一切佛刹清淨一切如來成正等覺見一切佛刹清淨無諸惡道見一切佛刹清淨衆妙蓮華以爲嚴飾見一切佛刹清淨一切衆生身心清淨見一切佛刹清淨種種衆寶之所莊嚴見一切佛刹清淨一切衆生諸相嚴身見一切佛刹清淨諸莊嚴雲以覆其上見一切佛刹清淨一切衆生互起慈心遞相利益不爲惱害見一切佛刹清淨道場莊嚴見一切佛刹清淨一切衆生心常念佛是爲十又見十種光明

相何等爲十所謂見一切世界所有微塵一一塵中出一切世界微塵數佛光明網雲周徧照耀一一塵中出一切世界微塵數佛光明輪雲種種色相周徧法界一一塵中出一切世界微塵數佛色像寶雲周徧法界一一塵中出一切世界微塵數佛光燄輪雲周徧法界一一塵中出一切世界微塵數衆妙香雲周徧十方稱讚普賢一切行願大功德海一一塵中出一切世界微塵數日月星宿雲皆放普賢菩薩光明徧照法界一一塵中出一切世界微塵數一切衆生身色像雲放佛光明徧照法界一一塵中出一切世界微塵數一切佛色像摩尼雲周徧法界一一塵中出一切世界微塵數菩薩身色像雲充滿法界令一切衆生皆得出離所願滿足一一塵中出一切世界微塵數如來身色像雲説一切佛廣大誓願周徧法界是爲十

後見十種下正觀希奇於中二一見瑞相十句五對各先所依淨土後住處衆生一見瑞相者然其十句皆是淨土而其後句意在衆生如初對云見一切佛刹清淨一切如來成正覺即屬淨土二云見一切佛刹清淨無諸惡道無諸惡道即是住處衆生五對皆然二觀光明前瑞則直見一重淨刹此明重見又前麁此細前體相此業用然皆是普賢依報之刹又前麁者前但云見一切佛刹今一一塵中出一切世界故此爲細言前體相此業用者前但云見今塵中出故

時善財童子見此十種光明相已即作是念我今必見普賢菩薩增益善根見一切佛於諸菩薩廣大境界生決定解得一切智

第三時善財下見聞證入於中三初結前生後由觀前相生必見心

於時善財普攝諸根一心求見普賢菩薩起大精進心無退轉即以普眼觀察十方一切諸佛諸菩薩衆所見境界皆作得見普賢之想以智慧眼觀普賢道其心廣大猶如虛空大悲堅固猶如金剛願盡未來常得隨逐普賢菩薩念念隨順修普賢行成就智慧入如來境住普賢地

二於時善財普攝下起觀增修初攝散住定次策勤無退次觀其體徧以法界爲身故次悲智横廣次願行竪窮後得果圓因此乃總攝諸觀行人欲見當倣此修離此觀心見亦非勝

時善財童子即見普賢菩薩在如來前衆會之中坐寶蓮華師子之座諸菩薩衆所共圍繞最爲殊特世無與等智慧境界無量無邊難測難思等三世佛一切菩薩無能觀察

三時善財下正明見聞證入於中二先正見聞證入後聞佛德難思前中亦二先顯得益圓因後位滿齊佛前中分四一見身得益二摩頂得益三顯因深廣四觀用無涯初中二先見勝身後得深益前中四一總見勝德身相二別見毛孔出生三重觀體内包含四結通周徧今初由前於菩提場師子座前起勝想故

見普賢身一一毛孔出一切世界微塵數光明雲徧法界虛空界一切世界除滅一切衆生苦患令諸菩薩生大歡喜見一一毛孔出一切佛刹微塵數種種色香燄雲徧法界虛空界一切諸佛衆會道場而以普熏見一一毛孔出一切佛刹微塵數雜華雲徧法界虛

空界一切諸佛衆會道場雨衆妙華見一一毛孔出一切佛刹微塵數香樹雲徧法界虛空界一切諸佛衆會道場雨衆妙香見一一毛孔出一切佛刹微塵數妙衣雲徧法界虛空界一切諸佛衆會道場雨衆妙衣見一一毛孔出一切佛刹微塵數寶樹雲徧法界虛空界一切諸佛衆會道場雨摩尼寶見一一毛孔出一切佛刹微塵數色界天身雲充滿法界歎菩提心見一一毛孔出一切佛刹微塵數梵天身雲勸諸如來轉妙法輪見一一毛孔出一切佛刹微塵數欲界天王身雲護持一切如來法輪見一一毛孔念念中出一切佛刹微塵數三世佛刹雲徧法界虛空界爲諸衆生無歸趣者爲作歸趣無覆護者爲作覆護無依止者爲作依止見一一毛孔念念中出一切佛刹微塵數清淨佛刹雲徧法界虛空界一切諸佛於中出世菩薩衆會悉皆充滿見一一毛孔念念中出一切佛刹微塵數淨不淨佛刹雲徧法界虛空界令雜染衆生皆得清淨見一一毛孔念念中出一切佛刹微塵數不淨淨佛刹雲徧法界虛空界令雜染衆生皆得清淨見一一毛孔念念中出一切佛刹微塵數不淨佛刹雲徧法界虛空界令純染衆生皆得清淨見一一毛孔念念中出一切佛刹微塵數衆生身雲徧法界虛空界隨其所應教化衆生皆令發阿耨多羅三藐三菩提心見一一毛孔念念中出一切佛刹微塵數菩薩身雲徧法界虛空界稱揚種種諸佛名號令諸衆生增長善根見一一毛孔念念中出一切佛刹微塵數菩薩身雲徧法界虛空界一切佛刹宣揚一切諸佛菩薩從初發意所生善根見一一毛孔念念中出一切佛刹微塵數菩薩身雲徧法界虛空界於一切佛刹一一刹中宣揚一切菩薩願海及普賢菩薩清淨妙行見一一毛孔念念中出普賢菩薩行雲令一切衆生心得滿足具足修習一切智道見一一毛孔出一切佛刹微塵數正覺身雲於一切佛刹現成正覺令諸菩薩增長大法成一切智

二見普賢身下別見毛孔出生廣徧法界實則重重無盡畧顯二十重亦對前善財渴仰所起十一心故其初等虛空廣大等五心徧此諸句餘之六心別生諸句且除初一句次之五句由前觀道場明了心故出雲等嚴道場次歎菩提心下三句由前入佛法海心次一句及最初一句由化衆生界心次四由前淨一切國土心亦兼化衆生心後六句由前住一切劫及趣如來十力究竟心並如文思之是知各由自心所見分齊然毛孔出生等實如主中令更畧示課法普賢進入十方畧有十門一、世界法界緣起互即入故二入衆生界佛界無二體故三明入供養一一供具皆稱真故四明請法窮法界智無將不精諸佛無時不雨法故五大智攝生了生迷倒而無衆生不礙化故六明現通十方刹互入重重震動現相而無息故七常安定未曾一念有起動故八廣出生念念毛孔出現諸境無窮盡故九者說法念念常兩無邊法而雨一切故十明總說上之九義與一念收無前後故廣說難盡略廣如文

爾時善財童子見普賢菩薩如是自在神通境界身心徧喜踊躍無量

三爾時善財下重觀體内包含於中二初結前生後

重觀普賢一一身分一一毛孔悉有三千大千世界風輪水輪地輪火輪大海江河及諸寶山須彌鐵圍村營城邑宮殿園苑一切地獄餓鬼畜生閻羅王界天龍八部人與非人欲界色界無色界處日月星宿風雲雷電晝夜月時及以年劫諸佛出世菩薩衆會道場莊嚴如是等事悉皆明見如見此世界十方所有一切世界悉如是見如見現在十方世界前際後際一切世界亦如是見各各差別不相雜亂

後重觀下正顯於中亦二先見三千後如見此下類通十方三際

如於此毘盧遮那如來所示現如是神通之力於東方蓮華德世界賢首佛所現神通力亦復如是如賢首佛所如是東方一切世界如東方南西北方四維上下一切世界諸如來所現神通力當知悉爾如十方一切世界如是十方一切佛刹一一塵中皆有法界諸佛衆會一一佛所普賢菩薩坐寶蓮華師子座上現神通力悉亦如是彼一一普賢身中皆現三世一切境界一切佛刹一切衆生一切佛出現一切菩薩衆及聞一切衆生言音一切佛言音一切如來所轉法輪一切菩薩所成諸行一切如來遊戲神通

四如於此毗盧下結通周徧文有四重舉類末結塵中普賢是知前則身中包含法界廣無邊故顯其普義今則全此含法界身潛入塵中調柔無礙明其賢義內外周徧限量斯盡故名普賢

善財童子見普賢菩薩如是無量不可思議大神通力即得十種智波羅蜜何等爲十所謂於念念中悉能周徧一切佛刹智波羅蜜於念念中悉能往詣一切佛所智波羅蜜於念念中悉能供養一切如來智波羅蜜於念念中普於一切諸如來所聞法受持智波羅蜜於念念中思惟一切如來法輪智波羅蜜於念念中知一切佛不可思議大神通事智波羅蜜於念念中說一句法盡未來際辯才無盡智波羅蜜於念念中以深般若觀一切法智波羅蜜於念念中入一切法界實相海智波羅蜜於念念中知一切衆生心智波羅蜜於念念中普賢慧行皆現在前智波羅蜜

二善財童子見下明得深益既得智度巳彰地滿況十表無盡耶

善財童子既得是巳普賢菩薩即申右手摩觸其頂既摩頂巳善財即得一切佛刹微塵數三昧門各以一切佛刹微塵數三昧而爲眷屬一一三昧悉見昔所未見一切佛刹微塵數佛大海集一切佛刹微塵數一切智助道具生一切佛刹微塵數一切智上妙法發一切佛刹微塵數一切智大誓願入一切佛刹微塵數大願海住一切佛刹微塵數一切智出要道修一切佛刹微塵數諸菩薩所修行起一切佛刹微塵數一切智大精進得一切佛刹微塵數一切智淨光明如此娑婆世界毗盧遮那佛所普賢菩薩摩善財頂如是十方所有世界及彼世界一一塵中一切世界一切佛所普賢菩薩悉亦如是摩善財頂所得法門亦皆同等

第二善財童子既得下明摩頂得益於中

三初摩頂次既摩下得益前向外觀故得智度此摩頂親證故得三昧後如此娑婆下結通良以善財等普賢故

爾時普賢菩薩摩訶薩告善財言善男子汝見我此神通力不唯然已見大聖此不思議大神通事唯是如來之所能知

第三爾時普賢下明因深廣因深則果厚故文分爲三初問答審見二顯因深遠三結因成果

普賢告言善男子我於過去不可說不可說佛刹微塵數劫行菩薩行求一切智一一劫中爲欲清淨菩提心故承事不可說不可說佛刹微塵數佛一一劫中爲集一切智福德具故設不可說不可說佛刹微塵數廣大施會一切世間咸使聞知凡有所求悉令滿足一一劫中爲求一切智法故以不可說不可說佛刹微塵數財物布施一一劫中爲求佛智故以不可說不可說佛刹微塵數城邑聚落國土王位妻子眷屬眼耳鼻舌身肉手足乃至身命而爲布施一一劫中爲求一切智首故以不可說不可說佛刹微塵數頭而爲布施一一劫中爲求一切智故於不可說不可說佛刹微塵數諸如來所恭敬尊重承事供養衣服卧具飲食湯藥一切所須悉皆奉施於其法中出家學道修行佛法護持正教善男子我於爾所劫海中自憶未曾於一念間不順佛教於一念間生瞋害心我我所心自他差別心遠離菩提心於生死中起疲厭心懶惰心障礙心迷惑心唯住無上不可沮壞集一切智助道之法大菩提心

二中三一別明求菩提行於中二先順顯所行後善男子我於下結離過成德

善男子我莊嚴佛土以大悲心救護衆生教化成就供養諸佛事善知識爲求正法弘宣護持一切內外悉皆能捨乃至身命亦無所吝一切劫海說其因緣劫海可盡此無有盡

二我莊嚴下通明悲智行

善男子我法海中無有一文無有一句非是捨施轉輪王位而求得者非是捨施一切所有而求得者善男子我所求法皆爲救護一切衆生一心思惟願諸衆生得聞是法願以智光普照世間願爲開示出世間智願令衆生悉得安樂願普稱讚一切諸佛所有功德我如是等往昔因緣於不可說不可說佛刹微塵數劫海說不可盡

三我法海中下別明求法行於中先反顯無不能捨一文尚無所不捨況全部耶以一文即一切之一如海一滴故後我所求法下顯求所爲結說無盡

大方廣佛華嚴經疏鈔會本第八十之一

大方廣佛華嚴經疏鈔會本第八十之二　牧九

唐于闐國三藏沙門實叉難陀　譯

唐清涼山大華嚴寺沙門澄觀撰述

是故善男子我以如是助道法力諸善根力大志樂力修功德力如實思惟一切法力智慧眼力佛威神力大慈悲力淨神通力善知識力故得此究竟三世平等清淨法身復得清淨無上色身超諸世間隨諸衆生心之所樂而爲現形入一切刹徧一切處於諸世界廣現神通令其見者靡不欣樂

第三是故善男子我以如是下結因成果於中先結因以有成果之功故云力也文有十句初四緣因次二了因後四通於緣了後得此下成果謂由了因故得法身果由緣因故得色身果

善男子汝且觀我如是色身

第四善男子汝且觀下觀用無涯於中三初舉益勸觀次觀見奇特後校量顯勝今初有標釋結初標可知

我此色身無邊劫海之所成就無量千億那由他劫難見難聞善男子若有衆生未種善根及種少善根聲聞菩薩猶尚不得聞我名字況見我身善男子若有衆生得聞我名於阿耨多羅三藐三菩提不復退轉若見若觸若迎若送若暫隨逐乃至夢中見聞我者皆亦如是或有衆生一日一夜憶念於我即得成熟或七日七夜半月一月半年一年百年千年一劫百劫乃至不可說不可說佛刹微塵數劫憶念於我而成熟者或一生或百生乃至不可說不可說佛刹微塵數生憶念於我而成熟者或見我放大光明或見我震動佛刹或生怖畏或生歡喜皆得成熟善男子我以如是等佛刹微塵數方便門令諸衆生於阿耨多羅三藐三菩提得不退轉善男子若有衆生見聞於我清淨刹者必得生此清淨刹中若有衆生見聞於我清淨身者必得生我清淨身中

二我此下釋中二一明難見聞二若有衆生下明見聞皆益於中三初明不退菩提益次或有衆生下善根成熟益後我以如是下總結多門皆不退成熟於中先多門皆不退後若有衆生見聞下種種皆成熟淨刹可生身云何生此有二義一約法性身刹則與刹爲體名清淨刹與身爲體名清淨身從能依有殊欲顯所依體一故言生身二約相用淨刹是所依之刹淨身則身內之刹欲顯身土互融故言生淨身耳

善男子汝應觀我此清淨身

後汝應觀下總結

爾時善財童子觀普賢菩薩身相好肢節一一毛孔中皆有不可說不可說佛刹海一一刹海皆有諸佛出興于世大菩薩衆所共圍繞又復見彼一切刹海種種建立種種形狀種種莊嚴種種大山周帀圍繞種種色雲彌覆虛空種種佛興演種種法如是等事各各不同又見普賢於一一世界海中出一切佛刹微塵數佛化身雲周徧十方一切世界教化衆生令向阿耨多羅三藐三菩提時善財童子又見自身在普賢身內十方一切諸世界中教化衆生

第二爾時善財下觀見奇特於中三初見毛內含三世間次又見普賢下見普賢身徧諸剎中出生大用後時善財童子下自見已身等普賢化

又善財童子親近佛剎微塵數諸善知識所得善根智慧光明比見普賢菩薩所得善根百分不及一千分不及一百千分不及一百千億分乃至筭數譬喻亦不能及是善財童子從初發心乃至得見普賢菩薩於其中間所入一切諸佛剎海今於普賢一毛孔中一念所入諸佛剎海過前不可說不可說佛剎微塵數倍如一毛孔一切毛孔悉亦如是善財童子於普賢菩薩毛孔剎中行一步過不可說不可說佛剎微塵數世界如是而行盡未來劫猶不能知一毛孔中剎海次第剎海藏剎海差別剎海普入剎海成剎海壞剎海莊嚴所有邊際亦不能知佛海次第佛海藏佛海差別佛海普入佛海生佛海滅所有邊際亦不能知菩薩衆海次第菩薩衆海藏菩薩衆海差別菩薩衆海普入菩薩衆海集菩薩衆海散所有邊際亦不能知入衆生界知衆生根教化調伏諸衆生智菩薩所住甚深自在菩薩所入諸地諸道如是等海所有邊際善財童子於普賢菩薩毛孔剎中或於一剎經於一劫如是而行乃至或有經不可說不可說佛剎微塵數劫如是而行亦不於此剎沒於彼剎現念念周徧無邊剎海教化衆生令向阿耨多羅三藐三菩提

第三又善財下校量顯勝於中三初校量善根二從初發心下校量所入剎海三善財童子於普賢下雙顯上二超勝之相於中二先別明橫竪深廣於中有三世間一器世間一步超過顯橫廣盡未來劫明竪窮猶不能知顯深遠藏約包含普入約廣徧餘可知於中有下菩薩亦是衆生亦為正覺餘可知後善財童子於下總結平等周徧不於此沒彼現者以沒現相如法性故以此彼相相即故也以沒現相者斯則沒而無沒現而無現真法性中無出沒故此約事理無礙下句云以此彼相相即故者即事事無礙法界然相即有三一約剎即此彼剎一剎即多剎故二約人此身即彼身一步即多步故三約劫一念即是無量劫故又此彼相炳然具故祕密隱顯俱時成故此彼時處互相在故帝網重重同時具足皆不動故

當是之時善財童子則次第得普賢菩薩諸行願海與普賢等與諸佛等一身充滿一切世界剎等行等正覺等神通等法輪等辯才等言辭等音聲等力無畏等佛所住等大慈悲等不可思議解脫自在悉皆同等

第二當是之時下明位滿齊佛於中初句明自得餘皆等上初一等因圓次一等果滿一身下別顯等相此即義當等覺因位既滿更無所修故但說等不辨更求此則一生頓成行布亦足非唯但約理觀初後圓融上明見聞證入竟

爾時普賢菩薩摩訶薩即說頌言

汝等應除諸惑垢　一心不亂而諦聽
我說如來具諸度　一切解脫真實道
出世調柔勝丈夫　其心清淨如虛空
恒放智日大光明　普使群生滅癡闇
如來難可得見聞　無量億劫今乃值
如優曇華時一現　是故應聽佛功德

隨順世間諸所作譬如幻士現衆業但爲悅可衆生心未曾分別起想念

第二從爾時下明聞佛勝德難思前長行但顯因圓此偈方陳果用非頌前文然有二意一對普賢普賢意云上見我難思尚是因位今示汝果尤更甚深二對善財善財等佛但是因圓以果海離言故不說成佛今寄現佛之德以顯善財果相故長行偈文因果綺互文中三初偈頌標德誡聽許說故長行者長行顯普賢因偈顯善財果故云綺互故

爾時諸菩薩聞此說已一心渴仰唯願得聞如來世尊真實功德咸作是念普賢菩薩具修諸行體性清淨所有言說皆悉不虛一切如來共所稱歎作是念已深生渴仰

二爾時下長行舉衆渴仰欲聞

爾時普賢菩薩功德智慧具足莊嚴猶如蓮華不著三界一切塵垢告諸菩薩言汝等諦聽我今欲說佛功德海一滴之相即說頌言

三爾時普賢下廣陳德相令衆求滿於中二先長行重誡許說分齊

佛智廣大同虛空普徧一切衆生心悉了世間諸妄想不起種種異分別

一念悉知三世法亦了一切衆生根譬如善巧大幻師念念示現無邊事

後偈頌廣顯佛德難思九十五偈分二先九十三偈別歎佛德後二偈結德無盡勸信勿疑前中前八十偈法說後十三偈喩明然通讚毘盧遮那十身圓滿二十一種殊勝功德即分二十一段初有二偈即於所知一向無障轉功德謂佛無障礙智於一切事品類差別無著無礙故然通讚者通有兩重一者近通通前法喩二者遠通取此卷末結德無盡二偈經文良以二偈亦是最後無盡德故其二十一德一經數節出其名義文有隱顯欲彰如來無盡德故大體無異故復出之昇兜率品已廣分別今皆略指初有二偈者然此二偈含於總句妙悟皆滿妙悟即是妙覺智故以無著論不釋總句疏畧不明若欲明者初偈當之今但顯別即當第一然準上文二十一德皆有三節一舉經名如此德經即二行未絕二無著菩薩立功德名即今疏云於所知一向無障轉功德三引二論解其本論即今疏云佛無礙智下文是也是無性意即是智德故經偈云佛智廣大初之二句即是德體三從後偈即於所知無障轉也謂即於其極遠時處品類皆知故無有知及與不知之二相也第四句了俗由於證真故不起分別亦是真實諦智障也若觀光釋不二現行六謂凡夫二乘現行二障世事無故謂凡夫現行生死起諸雜染二乘現行涅槃棄利樂事今前偈唯了生死雜染後偈唯證涅槃廣大利樂

隨衆生心種種行往昔諸業誓願力令其所見各不同而佛本來無動念

二有一偈明於有無無二相眞如最淸淨能入功德謂了眞如無二故無動念二有一偈者約經即達無相法疏中先引無著立名後謂了真如下即無性釋意故無動念是疏以經恬然無性詺此為無住涅槃既自入真如故不住生死亦令他入故不住涅槃今經三句即不住涅槃第四句是不住生死

或有處處見佛坐充滿十方諸世界或有其心不淸淨無量劫中不見佛

或有信解離憍慢發意即得見如來或有諂誑不淨心億劫尋求莫値遇

或一切處聞佛音其音美妙令心悅或有百千萬億劫心不淨故不聞者

三有三偈即無功用佛事不休息功德謂住佛無住處作佛事不休息故云或見等三有二偈下約經即住於佛住疏中先依無著立功德名後謂住佛下即無性釋無性生起云為欲得上無住涅槃故次明之即是恩德謂佛雖過聖天梵住而空大悲偏善安住由住空故不住生死由住悲故不住涅槃一切時中觀所調伏故隨物欲

或見不同四有十五偈即於法身中所依意樂作事無差別功德謂由諸佛所依智同益生意樂同報化作用同故前經云得佛平等亦同攝論四種意趣中平等意趣故此廣列諸佛皆互相徧此釋已妙四有十五偈下約經即得佛平等䟽中分四一依無著立功德名二謂由諸佛下即彼論一釋諸佛有三事平等即䟽所引三同是也三釋故前經云下指經即離世間品初也以彼具足二十一種功德名故四亦同下引他論會釋二結云此釋已妙者古來諸德不知此即二十一德亦不知此是佛平等但云如來隨機隱顯忽列諸佛莫知其由今云顯佛平等故廣列諸佛皆相徧耳豈非妙耶今更以文理證此諸佛皆遮那之身今更下即就佛平等中顯實是本師更過平等之意趣耳謂此文言此三千界阿閦在中阿閦本在東方今云在此明不異此又無量壽佛月覺如來皆徧十方豈容隔此又皆言或見則知一佛隨見不同謂此文言下二引此經文質成正義自有三意一東方之佛云在此者明阿閦即是本師二阿彌陀光滿十方亦合遍此同於本方即釋迦矣三通取然見明是本師或有見為阿閦彌陀諸佛異耳若言別讚餘佛直言阿閦在此何成讚德若言別下三遮救中恐外救云今明阿閦彌陀遍等自是別讚彌陀阿閦何得引是本師佛耶故今進云若如此者昔賢本讚本師釋迦如來今云東西諸佛遍此何成讚我本師耶

況華藏剎海皆遮那化境無量壽等未出剎種之中豈非是此佛耶華藏下四引前經文成屬本師娑婆當中剎海種內第十三層而有十三佛剎塵數世界圍繞無量壽佛國但言從此西方過十萬億佛土尚未能滿一合之塵況於一剎塵數況十三佛剎塵數其十三重內皆是化境況華藏世界剎海有十不可說佛剎微塵數世界種一一種中有不可說佛剎微塵數世界皆是本師之所嚴淨其中皆是遮那如來分身化往安養近在十重之內何得非是本師釋迦故云豈非是此佛耶法華央掘並說十方分身法華下五引他經成立中二經分身已如前引既十方中皆是釋迦分身之佛何得彌陀阿閦佛等近而非耶故知法藏別緣十六王子皆方便說故知法藏下六遮其引難為決他經一引清淨平等覺經說法藏比丘然大寶積第十七無量壽如來會說名法處比丘佛在耆闍崛山說阿難起問白佛言大德世尊色身諸根悉皆清淨威光赫奕如融金聚又如明鏡凝照光輝從昔已來初來曾見喜得瞻仰生希有心世尊今者入大寂定行如來行皆悉圓滿善能建立大丈夫行思惟現在去來諸佛世尊何故住斯念也佛讚聖知便為說往昔過無邊阿僧祇無數大劫有佛出現號曰然燈此前展轉復舉諸佛最後乃云世主佛前無邊數劫有佛出世號世間自在王彼佛法中有一比丘名曰法處有殊勝願請如來所以偈讚佛既讚佛已佛為說二十一億清淨佛土具足莊嚴彼比丘悉皆攝受攝已滿足五劫思惟修習便向彼佛發四十八願發願已後更經多劫修行成就功德乃至成佛後阿難問此法處比丘成佛為過去耶未來耶為今現在佛告阿難西方去此十萬億佛剎改有世界名曰極樂法處比丘在

彼成佛號無量壽今現在說法然後廣說其土莊嚴釋曰既如來說他昔因今果何得剎為即本師耶二引法華經十六王子即第三大通智勝佛云彼佛弟子十六沙彌今皆得阿耨多羅三藐三菩提於十方國土現在說法有無量百千萬億菩薩聲聞以為眷屬其一沙彌東方作佛一名阿閦在歡喜國二名須彌頂東南方二佛一名師子音二名師子相南方二佛一名虛空住二名常滅西南方二佛一名帝相二名梵相西方二佛一名阿彌陀二名度一切世間苦惱西北方二佛一名多摩羅跋栴檀香二名須彌相北方二佛一名雲自在二名雲自在王東北方佛名壞一切世間怖畏第十六我釋迦牟尼佛於娑婆國土成阿耨多羅三藐三菩提釋曰既第一佛名曰阿閦第九王子即為彌陀十六釋迦本因既殊得佛又別云何渾亂言皆本師故䟽釋云皆是方便復更問言豈法華經判為方便今當還引法華答之法華壽量品云於是中間我說然燈佛等又復言其入於涅槃如是皆以方便分別則等言已等十六王子復應問言然燈去今方一僧祇可為方便自在王佛大通智勝已經無量無邊不可思議阿僧祇劫豈為方便故應答言云然燈雖已久矣比之壽量劫數不多謂說大通但書三千大千地種以為其墨過於東方千國土即下一點以為校量彼佛滅度但過是數無量無邊百千阿僧祇劫豈同壽量說成佛遠經云譬如五百萬億那由他阿僧祇三千大千世界假使有人抹為微塵過於東方五百千萬億那由他阿僧祇國乃下一塵如是東行盡是微塵是諸世界若著微塵及不著者盡以為塵一塵一劫我成佛已來復過於此百千萬億那由他阿僧祇劫釋曰以比之餘方之大通三千墨點非可類矣自此劫來吾是方便故然燈等言無不該也是以昔人云十六王子尚指成道之初斯言應當則知彌陀阿閦佛等皆是本師成佛

後事義縣表矣自在王佛展轉多劫但以數明劫豈如林塵為劫耶以理推之皆是如來海印所現何緣不說自所現佛而說他耶故知賢首佛等皆本師矣以理推下第七結成正義十方諸佛皆我本師海印頓現且法華分身有多淨土如來何不指已淨土而今別往彌陀妙喜思之故知賢首彌陀等佛皆本師矣復何怪哉言賢首者即壽量品中過百萬阿僧祇剎最後勝蓮華世界之如來也經中偈云或見蓮華勝妙剎賢首如來住其中若此不是歎本師者說他如來在他國土為何用也且如總持教中亦說三十七尊皆是遮那一佛所現謂毘盧遮那如來內心證自受用成於五智從四智流四方如來謂大圓鏡智流出東方阿閦如來平等性智流出南方寶生如來妙觀察智流出西方無量壽如來成所作智流出北方不空成就如來法界清淨智即自當毘盧遮那如來言三十七者五方如來各有四大菩薩在於左右復成二十謂中方毘盧遮那如來四大菩薩者一金剛波羅蜜菩薩二寶波羅蜜菩薩三法波羅蜜菩薩四羯磨波羅蜜菩薩東方阿閦如來四菩薩者一金剛薩埵菩薩二金剛王菩薩三金剛愛菩薩四金剛善哉菩薩南方寶生如來四菩薩者一金剛寶二金剛威光三金剛幢四金剛笑西方無量壽如來亦名觀自在王如來四菩薩者一金剛法二金剛利三金剛因四金剛語北方不空成就如來四菩薩者一金剛業二金剛法三金剛藥叉四金剛拳已上總有二十五也及四攝八供養故三十七言四攝者即鉤索鏁鈴八供養者即香華燈塗戲鬘歌舞皆上有金剛下有菩薩然此三十七等各有種子皆是本師智用疏出與今經中海印頓現大意同也問若依此義豈不違於平等意趣平等意趣云言即我者依於平等意趣而說非即我身如何皆說為本師耶答平等之言乃是一義唯識尚說一切衆生中有屬多佛多佛共化以為一佛若屬一一佛一佛能示現以為多身十方如來一一皆爾今正一佛能為多身依此而讚方讚本師然此段文亦兼顯第十七隨其勝解示現差別佛土功德然此段下第八辯其兼含此含第十七總故至下文說相則少所以此中兼此總者有二意故一為類例義相似故不欲繁文故現妙喜極樂等土二者以第十七成於此段全是今師由差別土皆是本師一佛現故不見此意豈知經旨勿輕圖也

大方廣佛華嚴經疏鈔會本第八十之二

大方廣佛華嚴經疏鈔會本第八十之三　牧十

唐于闐國三藏沙門實叉難陀　譯

唐清涼山大華嚴寺沙門澄觀撰述

或見清淨大菩薩充滿三千大千界皆已具足普賢行如來於中儼然坐

或見此界妙無比佛無量劫所嚴淨毗盧遮那最勝尊於中覺悟成菩提

或見蓮華勝妙刹賢首如來住在中無量菩薩衆圍繞皆悉勤修普賢行

或有見佛無量壽觀自在等所圍繞悉已住於灌頂地充滿十方諸世界

或有見此三千界種種莊嚴如妙喜阿閦如來住在中及如香象諸菩薩

或見月覺大名稱與金剛幢菩薩等住如圓鏡妙莊嚴普徧十方清淨刹

或見日藏世所尊住善光明清淨土及與灌頂諸菩薩充徧十方而說法

或見金剛大燄佛而與智幢菩薩俱周行一切廣大刹說法除滅衆生翳

一一毛端不可說諸佛具相三十二菩薩眷屬共圍繞種種說法度衆生

或有觀見一毛孔具足莊嚴廣大刹無量如來悉在中清淨佛子皆充滿

或有見一微塵內具有恒沙佛國土無量菩薩悉充滿不可說劫修諸行

或有見一毛端處無量塵沙諸刹海種種業起各差別毗盧遮那轉法輪

或見世界不清淨或見清淨寶所成如來住壽無量時乃至涅槃諸所現

普徧十方諸世界種種示現不思議隨諸衆生心智業靡不化度令清淨

如是無上大導師充滿十方諸國土示現種種神通力我說少分汝當聽

文中三初八主伴嚴土攝生同次四微細含容轉法同後三總攝多門結前生後文中有三前二云同者順功德中平等德故

或見釋迦成佛道已經不可思議劫或見今始爲菩薩十方利益諸衆生

或有見此釋師子供養諸佛修行道或見人中最勝尊現種種力神通事

或見布施或持戒或忍或進或諸禪般若方便願力智隨衆生心皆示現

五或見釋迦下三偈即修一切障對治功德謂一切時常修覺慧治六蔽等故既云已經多劫則不定始成五或見下約經即到無障礙處疏中先引無著立功德名後謂一切時下謂釋論意以會經文彼論具云謂一已慣習一切煩惱及所知障對治聖道即一切智及定目性以爲所知障故無著論諸爲修治又已到於永離一切障處故經名爲到無障處經中別說但明十度而偈總云供養諸佛修行道則無所不具疏有等言既云已經者即此段初半偈經云或見釋迦成佛道已經不可思議劫所以疏中牒此言者遮天台師之謬釋也謂彼學者多云華嚴則玄妙而有二事不如法華一乘別義是故不說聲聞作佛二說如來始成正覺不是說本師壽量久成故疏中指此經文即是此經說久成處若以此後不得該前則法華壽量不能該於我始坐道場於三七日思惟等迹然彼師以久成爲本始成爲迹今經之本則非古非今若就迹門則能今能久生公亦云是以極設長壽言伽耶是一若伽耶是者非復伽耶伽耶既非彼長安獨是乎長短斯非則所以長短存焉誠爲妙悟不說聲聞得作佛者約不共義既不默捨曾何棄之況一作成一切成無一衆生不具佛智善須得意勿雜釋經

或見究竟波羅蜜或見安住於諸地總持三昧神通智如是悉現無不盡

或現修行無量劫住於菩薩堪忍位或現住

於不退地或現法水灌其頂
或現梵釋護世身或現剎利婆羅門種種色
相所莊嚴猶如幻師現衆像
六有三偈即降伏一切外道功德於中初
二即教證二道後一現所攝同類之身六有

三偈下即經不可轉法疏中先引論立名後於中下便以論意釋經彼論具云由有上德故他不能轉利有情事故次明之謂教證二法皆不爲他所轉動故無有餘法勝過此故言初二即教證二道者二偈之中各含教證初句證道次諸地句含於教謂次半偈唯教後偈之中堪忍不退皆是證道餘即教道

或現兜率始降神或見宮中受嬪御或見棄
捨諸榮樂出家離俗行學道
或見始生或見滅或見出家學異行或見坐
於菩提樹降伏魔軍成正覺
或有見佛始涅槃或見起塔徧世間或見塔
中立佛像以知時故如是現
或見如來無量壽與諸菩薩授尊記而成無
上大導師次補住於安樂剎
或見無量億千劫作佛事已入涅槃或見今
始成菩提或見正修諸妙行
或見如來清淨月在於梵世及魔宮自在天
宮化樂宮示現種種諸神變
或見在於兜率宮無量諸天共圍繞爲彼說
法令歡喜悉共發心供養佛
或見住在夜摩天忉利護世龍神處如是一
切諸宮殿莫不於中現其像
於彼然燈世尊所散華布髮爲供養從是了
知深妙法恒以此道化羣生
或有見佛久涅槃或見初始成菩提或見住
於無量劫或見須臾即滅度
身相光明與壽命智慧菩提及涅槃衆會所
化威儀聲如是一一皆無數
或現其身極廣大譬如須彌大寶山或見加
趺不動搖充滿無邊諸世界
或見圓光一尋量或見千萬億由旬或見照
於無量土或見充滿一切剎
或見佛壽八十年或壽百千萬億歲或住不
可思議劫如是展轉倍過此
佛智通達淨無礙一念普知三世法皆從心
識因緣起生滅無常無自性
於一剎中成正覺一切剎處悉亦成一切入
一一亦爾隨衆生心皆示現
七或現兜率下十六偈即生在世間不爲
世法所礙功德於中初五八相現世無礙
次三處天宮殿無礙次六隨世巧化無礙
後二結無礙智之能徧隨機七或現下紗經即所行無

五礙疏中先出功德名於中下後科文解釋彼論具云顯示如來於所化中無高下礙故次明之謂世法八風不能拘礙故八風即利衰毀譽稱譏苦樂降神處宮即是利也素榮離俗即是衰也若生若滅有苦樂也學異行者兼於苦樂多明苦也坐道樹下降魔毀也正覺譽也涅槃起塔亦爲衰也次三處天多明四順次六巧化義兼違順

如來住於無上道成就十力四無畏具足智
慧無所礙轉於十二行法輪
了知苦集及滅道分別十二因緣法法義樂
說辭無礙以是四辯廣開演
諸法無我無有相業性不起亦無失一切遠
離如虛空佛以方便而分別
如來如是轉法輪普震十方諸國土宮殿山
河悉搖動不使衆生有驚怖
如來普演廣大音隨其根欲皆令解悉使發
心除惑垢而佛未始生心念

或聞施戒忍精進禪定般若方便智或聞慈
悲及喜捨種種言辭各差別
或聞四念四正勤神足根力及覺道諸念神
通止觀等無量方便諸法門
龍神八部人非人梵釋護世諸天衆佛以一
音爲說法隨其品類皆令解
若有貪欲瞋恚癡忿覆慳嫉及憍諂八萬四
千煩惱異皆令聞說彼治法
若未具修白淨法令其聞說十戒行已能布
施調伏人令聞寂滅涅槃音
若人志劣無慈愍厭惡生死自求離令其聞
說三脫門使得出苦涅槃樂
若有自性少諸欲厭背三有求寂靜令其聞
說諸緣起依獨覺乘而出離
若有清淨廣大心具足施戒諸功德親近如
來具慈愍令其聞說大乘音
或有國土聞一乘或二或三或四五如是乃
至無有量悉是如來方便力
涅槃寂靜未曾異智行勝劣有差別譬如虛
空體性一鳥飛遠近各不同

佛體音聲亦如是普徧一切虛空界隨諸衆
生心智殊所聞所見各差別
佛以過去修諸行能隨所樂演妙音無心計
念此與彼我爲誰說誰不說
如來面門放大光具足八萬四千數所說法
門亦如是普照世界除煩惱
八如來住下有十八偈明安立正法功德
於中初四偈立三乘法輪兼顯業用次三
明立六度道品對治法次七明一音隨類
聞法不同乃至無量後四明平等語業而
應一切八如來住下即經立不思議既中先依論立名後科文釋義論云由依前方便能作利益之事故次明之謂十二分教名所安立由深廣故不可思議釋經可知
具足清淨功德智而常隨順三世間譬如虛
空無染著爲衆生故而出現
示有生老病死苦亦示住壽處於世雖順世
間如是現體性清淨同虛空
一切國土無有邊衆生根欲亦無量如來智
眼皆明見隨所應化示佛道
九具足下三偈明授記功德謂記別過未

如現在故云悉明見九具足下即經普見三世疏中初依論立名次謂記別下是指論解論云以上加行利有情事三世諸佛悉皆平等故次明之謂於三世平等性中能隨解了過去未來曾當轉事皆如現在而授記故後從故云皆悉明見矣是舉經帖
究竟虛空十方界所有人天大衆中隨其形
相各不同佛現其身亦如是
若在沙門大衆會剃除鬚髮服袈裟執持衣
鉢護諸根令其歡喜息煩惱
若時親近婆羅門即爲示現羸瘦身執杖持
瓶恒潔淨具足智慧巧談說
吐故納新自充飽吸風飲露無異食若坐若
立不動搖現斯苦行摧異道
十有四偈明示現受用變化身功德十有四偈者約經即身恒充滿一切世間疏中但出功德之名耳無性論云顯上利益一切頓遍非次第作故次明之經中多分說變化身畧無受用
或持彼戒爲世師善達醫方等諸論書數天
文地衆相及身休咎無不了
深入諸禪及解脫三昧神通智慧行言談諷
詠共嬉戲方便皆令住佛道
十一或持下二偈明斷一切疑功德謂於

一切境善決定故能斷他疑十一等者約經即智恒明達一切諸法無性釋云以於上十方彼彼之處作斷疑事故次明之疏中先出功德名後於一切下論釋於一切境善決定下敘斷他疑要須自斷方能斷他經中既爲世師內外兼了故能斷疑

或現上服以嚴身首戴華冠蔭高盖四兵前
後共圍繞警衆宣威伏小土
或爲聽訟斷獄官善解世間諸法務所有與
奪皆明審令其一切悉欣伏
或作大臣專弼輔善用諸王治政法十方利
益皆周徧一切衆生莫了知
或爲粟散諸小王或作飛行轉輪帝令諸王
子采女衆悉皆受化無能測
或作護世四天王統領諸龍夜叉等爲其衆
會而說法一切皆令大欣慶
或爲忉利大天王住善法堂歡喜園首戴華
冠說妙法諸天覲仰莫能測
或住夜摩兜率天化樂自在魔王所居處摩
尼寶宮殿說眞實行令調伏
或至梵天衆會中說四無量諸禪道普令歡
喜便捨去而莫知其往來相

或至阿迦尼吒天爲說覺分諸寶華及餘無
量聖功德然後捨去無知者

十二有九偈令入種種行功德謂徧了一切有情性行隨根令入故十二等者約經了一切行疏中先出功德名後謂遍了下論釋無性生起云由所化生有差別故次明之離世間品但名了一切行若深密等云於一切行成就大覺無性云入種種行法皆成大覺故經文中隨其心行現種種形說種種法乃至爲說覺分諸寶華諸聖功德即是皆成大覺義也

如來無礙智所見其中一切諸衆生悉以無
邊方便門種種教化令成就

十三如來無礙智一偈即當來生妙智功德謂佛知久遠故十三如來下約經盡一切疑十一是斷自疑此斷他疑疏中先出功德名後謂佛智下解釋彼論具云由即於前所化有能善巧別知故謂聖聲聞言此人全無少分善根如來知彼善法當發現證過去微少善根種子所隨故故經文中無礙智見一切衆生以無邊門皆令成熟

譬如幻師善幻術現作種種諸幻事佛化衆
生亦如是爲其示現種種身
譬如淨月在虛空令世衆生見增減一切河
池現影像所有星宿奪光色
如來智月出世間亦以方便示增減菩薩心
水現其影聲聞星宿無光色
譬如大海寶充滿清淨無濁無有量四洲所
有諸衆生一切於中現其像
佛身功德海亦爾無垢無濁無邊際乃至法
界諸衆生靡不於中現其影

十四有五偈隨其勝解示現功德謂隨解現身故十四下即經無能測身疏中先立功德名後謂隨解現身故即論釋也若解深密云凡所現身不可分別不可分別即無能測無性生起云由上云善巧別知故此次云於前所化邪正及俱行中無有分別故令經中情與非情萬類皆現乃至云佛身功德海亦爾無垢無濁無邊際等

譬如淨日放千光不動本處照十方佛日光
明亦如是無去無來除世闇
譬如龍王降大雨不從身出及心出而能霑
洽悉周徧滌除炎熱使清涼
如來法雨亦復然不從於佛身心出而能開
悟一切衆普使滅除三毒火

十五有三偈即無量所依調伏有情加行功德意云佛智爲無量菩薩調伏衆生加行之所依故十五下即一切菩薩等所求智疏中先出功德名後意云下以論釋具足論云爲欲引發不定種性聲聞菩薩讚大乘故次明之言等所

求者無不求故

如來清淨妙法身一切三界無倫匹以出世間言語道其性非有非無故

雖無所依無不住雖無不至而不去如空中畫夢所見當於佛體如是觀

十六如來清淨下二偈明平等法身波羅蜜多成滿功德然同攝論法身具五種相初句白法爲相以是極果圓滿自在故次二句不思議相次一是無二相次一無依相次句常住相次句二喻者空畫喻無依夢喻非有無二相餘不可喻或略不喻

如來下約經即到佛無二究竟彼岸疏中先依論立名後釋經法身相今初無性釋云爲遍所化於大師疑一切智非一切智故次明之由滿諸度是一切智論云平等釋經無二平等有二一身平等於法身滿中諸受故二果位諸度無增減故名爲平等觀光則以住於法身即是彼岸無著則以彼岸是於法身所有二義俱通然同下二釋法身相即第九論彼相分中論云諸佛法身以何爲相應知法身略有五相一轉依爲相謂轉滅一切障離染分依他起性故轉得解脫一切障於法自在轉爲現前淨分依他起性故故經云雖無所依滅染依故也無不住得淨分也二白法所成爲相謂六波羅蜜圓滿得十自在故故疏云圓滿自在三無二爲相謂有無無二爲相由一切無所有故空所顯相是實有故有即爲二爲相業煩惱盡棄所爲故自在

示現有爲相故異一性無二爲相由一切佛所無差別故無量相續現等覺故故經云其性非有非無故正是初意四常住爲相謂真如清淨相故本頌所引故所應作事無竟期故此有三身常義故經雖無不至即應化普周受用廣遍二身常義而不去者自性身常不去即不變常無不至即相續不斷常耳五不思議相謂真如清淨自內證故無有世間喻能喻故非諸尋思所行處故故經云一切三界無倫匹即無喻能喻以出世間言語道故非尋思所行而五相相融爲法身體疏但略配故鈔委出或略不喻者以索文釋空中之畫若準新經乃有三喻謂如空白日亦如夢則空可喻二謂無所依及常住相如白日喻喻白法爲相如夢一喻喻無二相欲言其有覺竟無實欲言其無夢境歷然故非有無爲無二相其不思議後偈顯之

三界有無一切法不能與佛爲譬喻譬如山林鳥獸等無有依空而住者

十七有一偈明隨勝解示現差別佛土功德既隨解而現故不可喻此偈亦總拂前喻如山等必不依空有等必不能喻佛

下約經即具足如來平等解脫疏中先立名後既隨解而現下釋經論云以外人聞上平等謂同一性故次說言不相間雜謂一一如來十身體用各各別故猶如寶室千光結此一段差別佛土上第四門已兼明竟故此但略顯不思議故不可爲喻

大海摩尼無量色佛身差別亦復然如來非色非非色隨應而現無所住

十八一偈明三種佛身方處無分限功德

十八下即經證無中邊佛平等地䟽中但出功德名耳無性云由疑上如來妙智究竟非一非異其相云何故次明此無十處等常無常等皆二邊相論立名中言方處者謂諸世界無分限者釋無中邊無中邊言略有四義一虛空無中邊佛德如彼無有分限二世界無中邊諸佛十身即於其中稱世界量平等遍滿三此法身等於佛地中平等遍滿無中無邊無有分限四此法身等遍一切處爲諸衆生現作饒益然非自性無中邊故經中明身如摩尼具無量色即第二充遍一切然非色非非色爲無中邊即第三四義其隨現無住亦第三義及第一義無分限故親光諸此爲真如相殊勝功德義亦全同以其雙非復無住故

虛空眞如及實際涅槃法性寂滅等唯有如是眞實法可以顯示於如來

十九一偈攝三種功德同法性等即窮生死際常現利樂一切有情功德等虛空即無盡功德等實際等即究竟功德以如實際之際窮未來際故

十九下約經即極於法界等虛空界窮未來際配三德名疏文具之即以實際配於經中窮未來際然第十九功德無性云以上言無中邊相云何無相故次明之極於法界謂此法界最清淨故離諸戲論是法界最清淨相能起等流利益之事極此法界無有盡期第二十等虛空界無盡功德無性云謂上作利樂皆無盡故此約自利無盡故論云謂如虛空經成壞劫性常無盡如來一切真實功德亦復如是其窮未來際云究竟功德者論云如未來際無有盡期如來利他功德亦復如是究竟無盡然上二句無着但云無盡功德等不言關

合無性闕二故但第二十初有一生起

剎塵心念可數知　大海中水可飲盡　虛空可量風可繫　無能盡說佛功德

若有聞斯功德海　而生歡喜信解心　如所稱揚悉當獲　慎勿於此懷疑念

後二偈結德無盡，亦是別顯無盡功德，雖是總結即當別文。於中前偈結德，後偈勸信。古德亦有將此二偈為一部流通，已如前說。上來且欲將後二偈以為總結，故配三德。理實後二正是等虛空界窮未來際無盡功德，故疏云亦是別顯無盡功德。

全疏大科為四，中第三開章釋文一大科，自玄談第二卷第十三葉將釋經義四字起，至此方竟。言四大科者：一總序名意，終於玄談第一卷；二歸敬請加，終於玄談第二卷十二葉；三開章釋文，該括七十六本半；後一科即謙讚迴向。

法性深廣難思議　我已隨分略開解　願斯功德同實際　普令含識證菩提此一偈亦疏鈔同玄談

法性深廣下，即大文第四謙讚迴向。上半謙讚，上句讚，下句謙；下半迴向三處，初句迴向實際，後二迴向眾生及迴向菩提。總迴向菩提復有二意：一自成菩提，二令他成。令他成者，義同迴向眾生。菩薩發心不期自為，即以向他為自益耳，故令含識同證菩提。

賢首法師發願偈云：誓願見聞修習此，圓融無礙普賢法，乃至失命終不變，盡未來際願相應。以此善根等法性，普潤無盡眾生界，一念多劫修普行，盡成無上佛菩提。此八[illegible]

大方廣佛華嚴經疏鈔會本第八十之三

中華大藏經(漢文部分)

校勘凡例

一 《中華大藏經(漢文部分)》的底本以《趙城金藏》爲主;《趙城金藏》缺佚,則以《高麗藏》等作底本。各卷所用底本的名稱及涉及底本的其他問題,均在校勘記的第一條中說明。

一 《中華大藏經(漢文部分)》選用的參校本共八種,即《房山雲居寺石經》(石)、宋《資福藏》(資)、《影印宋磧砂藏》(磧)、元《普寧藏》(普)、明《永樂南藏》(南)、明《徑山藏》(徑)、《清藏》(清)、《高麗藏》(麗)。

一 校勘記中的「諸本」,若底本爲金藏,即包括石、資、磧、普、南、徑、清、麗全部八種校本;若底本爲麗藏,則包括石、資、磧、普、南、徑、清全部七種校本。其他情況若用「諸本」,校勘記中則另加說明。

一 校勘採用底本與校本逐字對校的辦法,只勘出經文中的異同及字句錯落,一般不加評注。參校本若有缺卷,或有殘缺、漫漶等字迹無可辨認者,則略去不校,校勘記亦不作記錄。

一 一經多卷,經名、譯者、品名出現同樣性質的問題,一般只在第一卷出校,並注明以下各卷同;分卷不同時,以底本爲主出校。

一 古今字、異體字、正俗字、通假字及同義字,一般不出校。如:

古今字:宍(肉);猗(倚);跂(跛);鉾(矛);誼(義)等。

異體字:脎(槃);剎(刹);皃(貌);惱(惱);㝵(碍、礙、閡)等。

正俗字:怪(恠);滴(渧);體(躰);刺(刾);閉(閇)等。

通假字:惟(唯);嫉(疾);頻(嚬、顰);揣(摶);尠(鮮)等。

同義字:言(曰);如(若);弗(不)等。